半导体科学与技术丛书

太阳能电池基础与应用

熊绍珍　朱美芳 等　主编

科学出版社
北　京

内 容 简 介

本书从社会发展和生态保护以及能源需求角度出发，阐述光伏利用太阳能的必然性与重要性；讲述半导体基础理论及光伏电池的基本原理。结合该领域的进展，既全面深入地介绍了常规晶体硅电池、III-V族化合物电池，同时又对CIGS电池、CdTe电池、硅基薄膜电池、染料敏化电池、有机电池等各种不同薄膜电池的光伏材料、电池结构及其工艺特色和技术发展予以详细阐述。除叙述光伏应用电力系统、常规应用及应用示例外，还从发展角度讲述了微电子学在未来能源领域中开发应用的途径。最后对更高效率光伏电池的新概念进行了综合的介绍与展望。

本书可作为高等院校高年级学生、研究生的教材或参考书，也可作为光伏电池、光电子器件科学及相关技术领域的科研人员、工程技术人员的参考书。

图书在版编目(CIP)数据

太阳能电池基础与应用/熊绍珍，朱美芳等主编.—北京：科学出版社，2009
(半导体科学与技术丛书)
ISBN 978-7-03-025549-5

Ⅰ.太… Ⅱ.①熊…②朱… Ⅲ.太阳能电池 Ⅳ.TM914.4

中国版本图书馆CIP数据核字（2009）第162872号

责任编辑：钱 俊 张 静 于宏丽/责任校对：邹慧卿
责任印制：吴兆东/封面设计：陈 敬

科学出版社 出版
北京东黄城根北街16号
邮政编码：100717
http://www.sciencep.com
北京厚诚则铭印刷科技有限公司印刷
科学出版社发行 各地新华书店经销
*
2009年10月第 一 版 开本：720×1000 1/16
2025年 9 月第六次印刷 印张：40 1/2
字数：790 000

定价：238.00元

(如有印装质量问题，我社负责调换)

《太阳能电池基础与应用》作者名录

第 1 章	熊绍珍	南开大学
第 2 章	朱美芳	中国科学院研究生院
	熊绍珍	南开大学
第 3 章	施正荣	尚德电力控股有限公司
第 4 章	向贤碧，廖显伯	中国科学院半导体研究所
第 5 章	阎宝杰	美国联合太阳能公司
	廖显伯	中国科学院半导体研究所
第 6 章	李长健，张力	南开大学
第 7 章	戴松元	中国科学院等离子体物理研究所
	李永舫	中国科学院化学研究所
第 8 章	王斯成	国家发展和改革委员会能源研究所
	李长健	南开大学
第 9 章	朱美芳	中国科学院研究生院

《半导体科学与技术丛书》编委会

《半导体科学与技术丛书》出版说明

半导体科学与技术在20世纪科学技术的突破性发展中起着关键的作用，它带动了新材料、新器件、新技术和新的交叉学科的发展创新，并在许多技术领域引起了革命性变革和进步，从而产生了现代的计算机产业、通信产业和IT技术。而目前发展迅速的半导体微/纳电子器件、光电子器件和量子信息又将推动本世纪的技术发展和产业革命。半导体科学技术已成为与国家经济发展、社会进步以及国防安全密切相关的重要的科学技术。

新中国成立以后，在国际上对中国禁运封锁的条件下，我国的科技工作者在老一辈科学家的带领下，自力更生，艰苦奋斗，从无到有，在我国半导体的发展历史上取得了许多“第一个”的成果，为我国半导体科学技术事业的发展，为国防建设和国民经济的发展做出过有重要历史影响的贡献。目前，在改革开放的大好形势下，我国新一代的半导体科技工作者继承老一辈科学家的优良传统，正在为发展我国的半导体事业、加快提高我国科技自主创新能力、推动我们国家在微电子和光电子产业中自主知识产权的发展而顽强拼搏。出版这套《半导体科学与技术丛书》的目的是总结我们自己的工作成果，发展我国的半导体事业，使我国成为世界上半导体科学技术的强国。

出版《半导体科学与技术丛书》是想请从事探索性和应用性研究的半导体工作者总结和介绍国际和中国科学家在半导体前沿领域，包括半导体物理、材料、器件、电路等方面的进展和所开展的工作，总结自己的研究经验，吸引更多的年轻人投入和献身到半导体研究的事业中来，为他们提供一套有用的参考书或教材，使他们尽快地进入这一领域中进行创新性的学习和研究，为发展我国的半导体事业做出自己的贡献。

《半导体科学与技术丛书》将致力于反映半导体学科各个领域的基本内容和最新进展，力求覆盖较广阔的前沿领域，展望该专题的发展前景。丛书中的每一册将尽可能讲清一个专题，而不求面面俱到。在写作风格上，希望作者们能做到以大学高年级学生的水平为出发点，深入浅出，图文并茂，文献丰富，突出物理内容，避免冗长公式推导。我们欢迎广大从事半导体科学技术研究的工作者加入到丛书的编写中来。

愿这套丛书的出版既能为国内半导体领域的学者提供一个机会，将他们的累累硕果奉献给广大读者，又能对半导体科学和技术的教学和研究起到促进和推动作用。

夏建白

2005年3月16日

《半导体科学与技术丛书》出版说明

半导体科学与技术在20世纪科学技术的突破性发展中起着关键的作用，[illegible]

[illegible]

序　　言

当今，越来越多的人认为，不论是通过光热途径还是光伏途径，直接应用太阳能不可避免地将成为人类使用能源的方式，特别是，这种方式将成为人类最终使用能源的重要组成部分。太阳能将在21世纪（或者可能在22世纪内）世界范围内直接替代数十亿吨人类现在主要使用的化石能源。太阳能具有环境友好特性，当前太阳能的一些直接应用，特别是前面提到的“光明前景”，驱使人们在言论中、在宣传上、在各国政策方面、在直接或风险投资方面都给予太阳能事业越来越强烈的支持。世界各国也确立了更多的太阳能项目，其中有一些在十万千瓦以上。这些情况的确使人激动，也将以前所未有的力量与速度推动整个太阳能事业，使太阳能大规模的使用更早到来。就拿我国来说，未来如果十几亿人都能过上“小康”的现代生活；如果我国要有与其他发达国家相比的生产能力与防卫能力；如果我国要承担在世界上应承担的责任，即便节能水平能与美、欧、日相当，到2050年左右我国能耗也将达到40亿～50亿吨标煤以上，我国发电能力也将达十几亿千瓦电功率。有些人还认为这些是比较保守的估计，因为到那时我国人均年能耗也只约是美国的1/3，西欧和日本的一半。长期支撑这样大的能耗，并考虑到我国资源情况及国际环境和我国的环境状况，到22世纪初如果不能用非化石能源，如核能、太阳能，替代相当一部分化石能源，我们国家、我们民族的发展都会受重大影响。因此，大规模推进太阳能的发展和应用，对我国尤为重要。这里特别强调的是着眼于为大规模发展太阳能、使太阳能在我国整个能源结构中占相当比重而去工作、去布局。在上述背景下，出版该书是非常有意义的。该书比较公正地、全面地介绍各主要光伏太阳能的途径、它们的基本过程及主要技术、它们各自的特点及发展前景。该书各章的作者基本上都是我国在各光伏太阳能途径上研究、开发的领军人物，因此各章除了介绍各途径外，对途径发展的分析和讨论，也是有很多亲身体会和真知灼见的。应该说，这些体会和见解是我国多年来发展太阳能工作的收获，在某种程度上的凝练。这是该书与其他介绍太阳能书籍的一个区别。对于今后越来越多投身太阳能事业的年轻科技工作者来说，阅读该书应该有可能得到更多的收益，产生一些真正的潜移默化。

从该书的结构也可以看出，在今后很多年内，发展大规模太阳能源都将是非常艰巨的工作和事业，当今也还只能看成是事业的起始。对所涉及的各种光伏太阳能，各有各的优点，也各有各的问题，尽管都发展多年，但都还未能确切地判断其是否适合于大规模发展。此外，由于太阳能的一些特点，如何在国家能源网络中接纳一定比例的太阳能，是从现在开始就必须考虑或准备的。例如，是否要发展大规模氢能系统，作为存储及传送太阳能及其他非均匀产能能源（如风能等）的调整、分配，或作为整个能源系统中的储能系统；如果以光伏太阳能途径为主，则发展和建设一个能接纳一定比例非均匀光伏电能输入的电网，其难度也不亚于建设相应规模的光伏电站。这些问题，通常的“环保人士”是不太会提及的，但却是从事太阳能事业的科技工作者、从事当前光伏应用的人士所必须考虑、必须反映的。

相信该书的出版，将会促进我国太阳能事业的发展与扩大。

中国科学院院士　郑州大学教授

霍裕平　2009 年 7 月 1 日

前　　言

面临严峻的能源形势和生态环境的恶化，改变现有能源结构、发展可持续发展的绿色能源已成为世界各国极为关注的课题。太阳能电池是从太阳获得洁净能源的主要途径之一，虽然从太阳能电池的发明到现在已有半个世纪，但从来没有像现在这样受到重视和获得高速的发展。《太阳能电池基础与应用》一书受到这样的大环境的推动，成为科学出版社的《半导体科学与技术丛书》之一。

本书旨在全面、深入地介绍光伏器件的工作原理及特性参数、各类电池的结构与制备技术及发展前景，并涉及光伏器件的应用及新型电池的基本概念。同时希望尽可能的反映目前科研和生产的最先进的水平和技术。力求写成一本既有较深基础理论又有实用价值；有实际指导意义又有前瞻性科学意义的光伏书籍，使读者对未来光伏器件发展的新概念和新技术有所启示，并能够成为有参考价值的教科书与光伏电池研究人员的参考书。

本书共分 9 章。从内容而言分 4 个层面：

- 太阳电池的发展史与基础理论（第 1 章，第 2 章）；
- 各类电池的基本结构、技术特点、产业化与展望（第 3～7 章）；
- 光伏应用的基本问题与示例（第 8 章）；
- 新概念电池的详细阐述，现状与展望（第 9 章）。

本书各章的主笔均是长期工作在光伏领域第一线的研究人员与工程技术人员。以他们在进行科研与生产指导时的丰富学识和专业经验，就太阳能电池的原理、相关技术，系统地进行了概括与阐述。

其中第 1 章由熊绍珍编写，该章详细介绍了太阳能电池的发展史，以及由此引出的物理与发展前景的思考。第 2 章由朱美芳和熊绍珍编写，主要内容为光伏电池的物理基础，包括半导体材料与物理的基本性质、太阳能电池工作原理、参数表征及模拟计算等。该章为后续各章提供了必要的基础知识。第 3 章由施正荣编写，主要介绍晶体硅太阳能电池及其组件，特别讨论了高效晶体硅电池产业化前沿中的重要问题。第 4 章由向贤碧及廖显伯编写，主要叙述高效 III-V 族化合物电池的发展和展望。第 5 章由阎宝杰与廖显伯编写，该章全面介绍了硅基薄膜材料与电池的基本性质，硅基薄膜电池的不同结构与工艺，并深入讨论了产业化中的关键问题。第 6 章是由李长健编写的铜铟镓硒化合物薄膜电池，该章全面介绍了铜铟镓硒薄膜材料的基本性质，电池结构与制备技术，讨论了该电池的发展动向。第 7 章由戴松元与李永舫编写，该章对染料敏化电池与有机电池进行了比较系统深入的介绍。第 8 章由王斯成与李长健编写，该章系统地介绍了太阳能电池实际应用中的相关技术，并结合实际，给出了有意义的示例。最后，第 9 章由朱美芳编写，该章主要介绍了太阳能电池的理论极限效率，以及为获得高的光电转换效率所提出的各类新概念太阳能电池，电池的基本物理过程及技术展望，给读者于深入思考的空间。

我们特别感谢王占国院士、耿新华教授、孙云教授、林原研究员和翟永辉研究员分别对本书第 4，第 5，第 6，第 7 章与第 8 章的审阅。该书受到国家重点基础研究发展计划项目（2006CB202600）的资助。特别感谢 973 项目首席专家戴松元研究员与赵颖教授对本书编写过程中的多方面支持。

在编写过程中，作者力求物理图像表述清晰，数学推导准确，文字叙述流畅。主编最后对全书各章进行了仔细评阅与校对。但由于作者学识有限，时间紧迫，错误及遗漏难免。特别是，本书的出版与近年光伏电池的许多创新性的结果，尤其是与光伏产业年均增长 50％以上的高速发展相比，仍有不够全面与完善之处。衷心希望能得到广大读者和同行的批评、指正。以便在后续再版中不断完善。

作　者

目　　录

第 1 章　光伏发电：人类能源的希望

熊绍珍　南开大学

从“蒸汽机”到“电动机”的一系列动力技术发明，人们逐渐认识到，能源技术的革新带动人类社会日益进步，并对社会发展起着巨大的推动作用。因此，能源是社会发展的动力，已逐步被人们接受。至今所采用的化石燃料能源，带给人类文明与进步的同时，却因能源需求消耗的大幅提高以及随之带来的环境污染，给人类生存环境造成灾难。因此“改变能源结构，保护地球”成为全球的呼声，被各国政府所关注。最新的资料表明，电解水产生的氢能、太阳光的充分利用，包括光热及阳光发电，是最清洁、环保，取之不尽、用之不竭的可再生能源。即使地球上所有的化石燃料已经用尽，阳光和水依旧存在，这时，它们将继续为人类提供新的能源！实际上深究煤和石油的来源，它们现在所发出的热量，无不是从亿万年前深埋地下时，将从太阳那里得到的能量储存至今，重新转换而来的。也就是说，即使是化石燃料，也来源于太阳！所以说，阳光和水始终是人类赖以生存的支柱！

1.1　光伏是创造社会发展与能源需求平衡的最佳能源形式

1.1.1　能源是当今社会发展水平的标志

联合国组织编制各类数据、图表，用以表述当今国际社会的各类问题。图 1.1 示出 60 多个国家、占全球人口 90%以上的国家的人类发展指数（human development index，HDI）与各国人均年电力需求量之间的关系[1]，表征各国发展的先进水平。现在很多国家都开始用 HDI 来标志各国的生活质量。这就是说，使用电量的多少描述该国人民的生活质量。为了进一步改善生活质量，电力消费要在现有水平上再提高 10 倍以上，即从现在的每人每年的几百度（kW・h）提高到几千度。面对这样强大的电力需求，能源从那里来？显然我们不能选择无节制地燃烧更多的化石燃料、释放更多兆吨级的温室气体（CO_2、SO_2 和 NO_2）；抑或不管是否有办法对大剂量辐射废料进行安全处置，仍然继续不断地建造更多的核工厂。而是应该开发利用不产生污染、可持续再生的清洁能源，以保障世界长期安全稳定的发展。

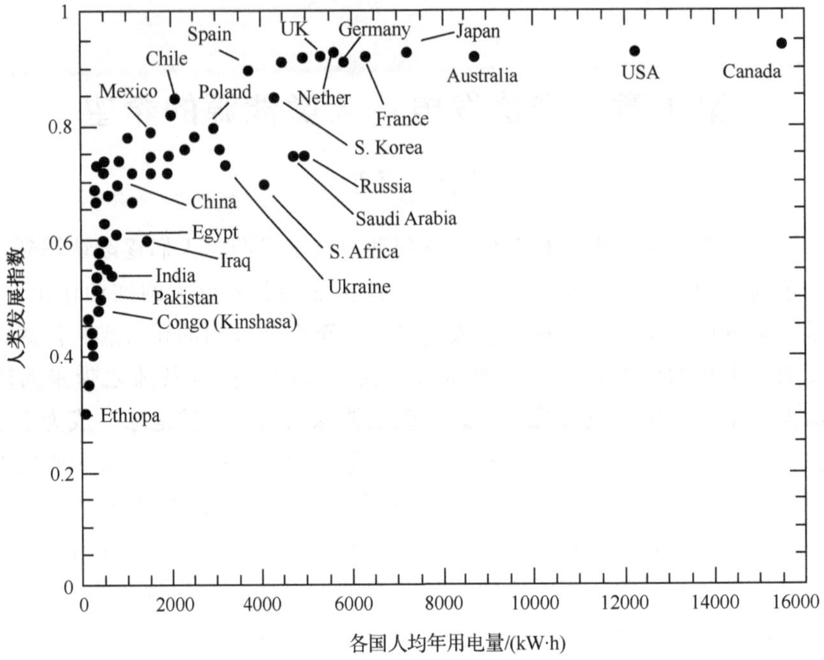

图 1.1　各国 HDI 与人均年电力需求量之间的关系[1]

1.1.2　社会进步要求新能源

图 1.2 和图 1.3 分别描述人类社会发展历史与能源需求的关系[2]以及由此带

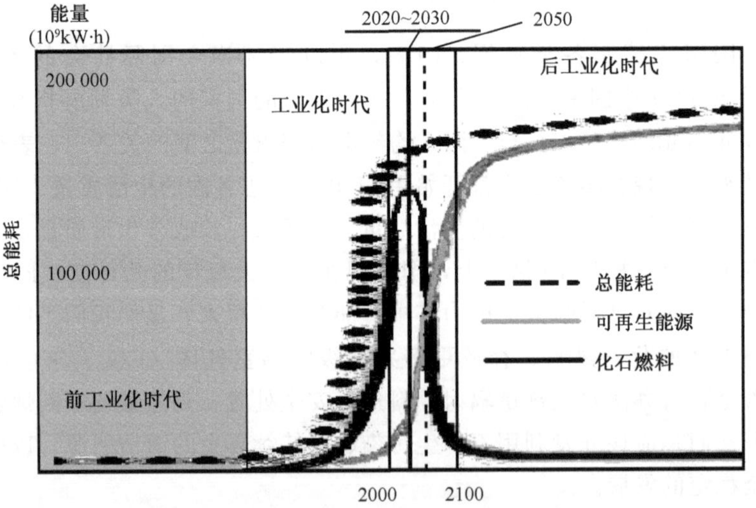

图 1.2　由人类能源演化看能源变革的前瞻性[2]

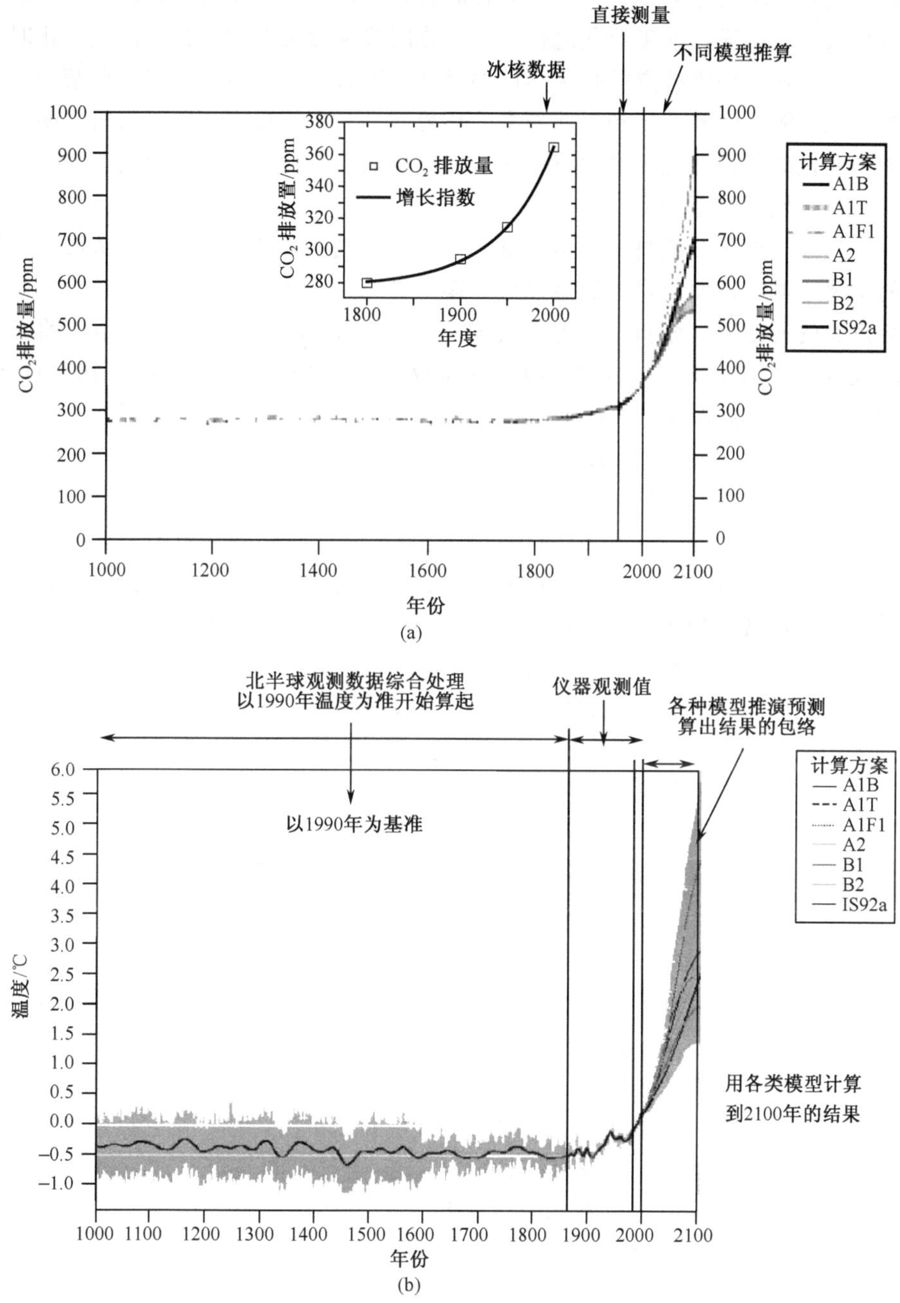

图 1.3　温室效应随年度增长

(a) CO_2 排放随年度增长趋势；(b) 全球气候变暖年度增长趋势[3]

来的温室效应增长趋势[3]。从图 1.2 我们看到，以工业革命为标志，社会发展大致可分成三个阶段：前工业化时代、工业化时代和后工业化时代。前工业化时代是一个以刀耕火种为特点的技术落后的时代，以人力、畜力、风能、薪柴为主的初级绿色能源，能源消耗和以此带来的环境问题基本不显现。以蒸汽机发明为先导的工业化时代，寻找到的化石燃料（如燃烧煤和石油作能源）就成为当时、乃至现今社会发展的原动力。

但是由燃烧化石燃料释放出大量 CO_2、SO_2 气体和烟尘，它们是造成大气污染的主要来源，进而引发的温室效应，逐渐显现、不断恶化。直至今日成为危害社会发展的元凶[3]。分析不同年代冰核数据表明，如图 1.3（a）所示，前工业化时代（公元 1000～1800 年），CO_2 的排放量不过 280ppm（$1ppm=10^{-6}$），然而到工业时代，如图 1.3（a）中的插图所示，几乎呈指数式增长，到 2000 年则达到约 365ppm。该图右侧示出用不同模型模拟 CO_2 的排放量随使用化石能源的增长而增长的趋势。可见从 2000～2100 年一百年间，如不予以限制，CO_2 排放量将增长 1～2 倍。化石燃料是对远古时代宇宙能量的储存，历经上亿甚至几十亿万年的时间，进行转化、演变而来。人类如此这般、乃至加速度地使用它们，只过二百年，就将趋于殆尽！图 1.3（b）描述的是因温室效应导致全球变暖随年度增长的趋势。其纵轴是相对于 1990 年地球平均温度的偏差，横轴是年份。该图显示，以北半球的观察数据作参考，至 19 世纪后半叶（工业革命初期），地球的平均温度较 1990 年还低 0.5℃。但是，随着工业的日益发达，温室效应开始受到关注，仪器实测的结果显示，环境温度快速递增。到 21 世纪，依据不同数学模型推演的预测，若对化石燃料不加以限制，至 22 世纪，整个地球的环境温度，相对 1990 年，将增长 1.5～5.5℃，其后果不堪设想。

图 1.4 展示各国温室排放状况以及预测的比较，该数据发表在 2006 年世界能源展望（IEA）上。对中国这样一个谋求快速发展的发展中国家，对环境保护考虑不够的情况下，随着工业化发展程度的提高，温室排放造成的危害速度十分惊人！经过约 20 年，排放温室气体的数量就赶上并将超过世界发达国家——美国。我国近年气候变化和云雾天气、自然灾害的增多，给人们的生产、生活均带来损失和严重不便。这应该给人以警示：环境是自洽的，你带给它以破坏，它会成倍予以“奉还”。为此 1997 年 12 月 11 日各国政府间签订了“京都议定书”，制订各国逐年减少温室气体排放量计划以及相应实施措施，以努力拯救地球环境。从另外一个角度，化石燃料来源于地层亿万年变化的能量储存的结果，与人类生活发展的年代相比非常漫长，这些能源是无法在短期内再生的。图 1. 5 示出了化石燃料能源的有限性以及各类可再生能源发展的潜力[4~5]，其中光伏与太阳热发电，其效能最为鲜明长远。

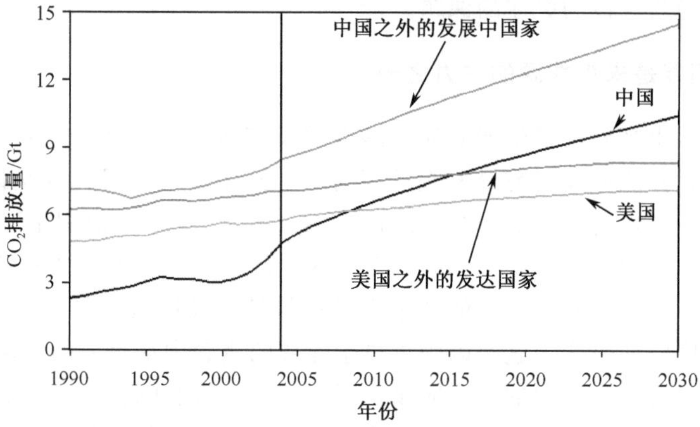

图 1.4　各国排放 CO_2 趋势比较

资料来源：世界能源展望 2006，IEA

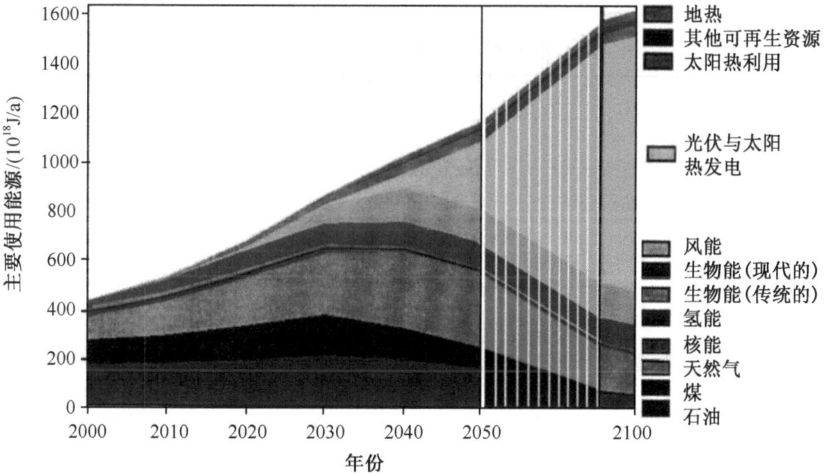

图 1.5　应用的初级能源[4,5]

CO_2 排放持续上升、温室效应致使气候变化的危险，唤起人们保护环境的安全意识。"可持续发展"的"绿色"之声，在各行各业的生产、科研，以及人们生活的各个领域正在积极响应[6]。人们对 CO_2 排放进行长期监控的状况极为推崇。2007 年 12 月 6 日出版的 *Nature* 杂志，称查尔斯·克翎（Charles Keeling）对夏威夷莫纳罗亚（Mauna Loa）活火山地区 CO_2 排放量连续监测 50 年的报告，是地球监控项目中最有价值的集锦[7]。要真正能解决环境问题，关键是要从根本上解决化石燃料带来的危害，找到能改变现有能源结构的、可持续发展的再生能源！如何改变现有能源结构，认真对待新能源的开发利用，已经成为世界各国人民与政府极为关注的课题。

1.1.3 太阳能是未来能源的主力之一

表 1.1 示出当前可再生能源的发展现状及其潜力。该数据取自 2000 年联合国开发署就世界能源发展前景发表的报告[8]。其中数据的可比性是以 1998 年全球总能源年需求量为 402exaJ 为依据的（1exa＝10^{18}）。“当前用量”一栏中的电力部分是以总能源需求乘以 0.385 的有效因子而来。由表 1.1 结果可知，无论从理论还是技术发展本身，太阳能利用都显示是最具发展潜力的支撑性能源技术。这是为什么呢？简言之，这是因为可再生能源的概念中最重要的要保证两点：第一，要求提供可再生能源的源头应该是巨大的、无限制的。第二，从整体技术效率而言，要有明显的安全保障性。以这两点作判据，太阳能来源无穷无尽，并具有稳定性，其技术与现有电力的技术完全兼容，同时呈现很高的安全保障性。这几方面表明它比其他再生能源在技术应用方面有更大的潜力。充分说明太阳能的利用在可再生能源领域中的重要地位。

表 1.1 现有可再生能源的现状和潜力比较 （单位：10^{18} J/a）[8]

种类	当前用量	技术潜力	理论潜力
氢能	9	50	147
生物能	50	＞276	2900
太阳能	0.1	＞1575	3 900 000
风能	0.12	640	6000

1.1.3.1 太阳是地球和大气能量的源泉

太阳能是来自于太阳内部核聚变所酝藏着的、并能爆发向外辐射的能量。据粗略估计，太阳的发光度（luminosity），即太阳向宇宙全方位辐射的总能量流是 4×10^{26} J/s。其中向地球输送的光和热可达 2.5×10^{18} cal/min，相当于燃烧 4×10^{8} t 烟煤所产生的能量。一年中太阳辐射到地球表面的能量，相当于人类现有各种能源在同期内所提供能量的上万倍。而地球从其他天体，如来自宇宙的辐射能仅为太阳辐射能的二十亿分之一。地球表面除了从太阳那里取得能源外，也从地球内部获得能量，地球内部传到地球表面的热量，全年仅约为 5.4×10^{4} cal/m^2，与太阳辐射能（约 9.12×10^{8} cal/m^2）相比可忽略不计。所以说，太阳是地球和大气能量的源泉。因此地面上能够接受到的太阳能量的大小及其光谱分布，以及太阳能随地域的分布状况，都是我们利用太阳能的依据。

1）对于太阳辐射能量的计量

在描述太阳离地球的距离中，有一个由天文学定义的距离，称为日地平均距离。它是一个天文单位，称为大气上界。它是指太空中的一个特定位置——太阳离地球垂直平均距离为 149 597 870km（约 1.5×10^8km）的上空位置。在大气上界处所接受到的太阳辐射能量流（flux），被定义为太阳常数（solar constant，W/m^2）。太阳常数具体的定义是，在大气上界垂直于太阳光线的单位面积上，在单位时间内所接受到的太阳辐射的全光谱的总能量流密度，用符号 Rsc 表示。根据不同测量技术，该数据有所差异。为统一起见，世界气象组织（WMO）于 1981 年公布推荐的数值为 1368（或 1367（±7））W/m^2。这就是常说的 AM0。一年中由于日地距离的变化所引起太阳辐射强度的变化不超过 3.4%。若采用热能单位（卡）来表示，最新测试的太阳常数为 1.96(±0.01)cal/(cm^2 · min)。意思是说，在离太阳一个天文单位的距离处，太阳辐射到该处的能量，可在 1min 内把 1000t 的水加热升温 2℃。

光要经过大气和云层之后才能到达地球，太阳光在传输至地球的过程中，将受到大气和云层的散射、反射和吸收等多种作用，如图 1.6 所示。其中向上的散射约为 40%，大气吸收含大气层吸收和云层的吸收，共约 14%（其中大气层吸收 11%，云层吸收约 3%），云层的反射为约 23%，直接辐射到大地的太阳能量粗略计不到 30%。再考虑那些被散射或反射的太阳辐射将有一部分再返回到地面，这部分称为太阳漫射能量。因此太阳光到达地面的总辐射为直接太阳辐射与漫射太阳辐射之和，只有 43%左右，而且随太阳光入射角的变化而变化。关于大气质量以及地球上太阳光入射角对物体接受光谱与能量的影响问题，将在第 8 章中予以阐述。

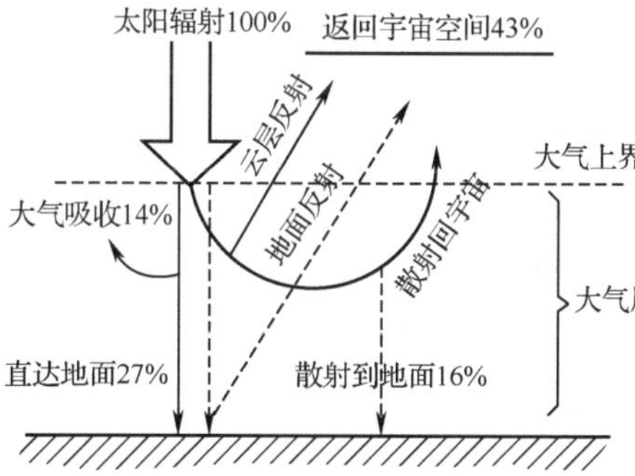

图 1.6　太阳辐射受大气和云层的散射、反射与吸收状况的示意图

可以预见，环境的污染造成大气层质量的变化，太阳漫射能量也会随之变化，从而亦会影响入射到地面的总太阳能量。

鉴于太阳辐射至地球上的能量将受到大气和云层的散射、再反射的影响，据气象学家说，倘若气候变化 1%的话，都会引起太阳常数的变化。对于电池的标定来说，这是需要注意的问题。

2）太阳光谱分布

太阳可以看成是在宇宙空间中燃烧着的一个大火球。由于宇宙是真空，认为是绝热的，因此它的光谱可以看成是一个绝对黑体的辐射光谱。图 1.7（该图请参见第 8 章图 8.1）中点画线示出大气上界太阳辐射的光谱曲线，虚线则是描述一个温度达 6000K 的绝对黑体辐射的光谱曲线。两者相比非常接近。因此可把太阳近似看成是温度达 6000K 的绝对黑体。图中实线为经大气层到达地球表面的太阳辐射光谱的实测曲线，它反映了大气层对太阳辐射吸收的结果。大气层对太阳光的吸收，使太阳的辐射能量流密度大幅下降，即由大气上界 AM0 的 $1368W/m^2$，降到通常用的大地表面上 AM1.5 的 $1000W/m^2$，比大气常数降低了 27%左右。同时出现很多的能量“谷”，它们是与大气中存在水气、氧气、臭氧和 CO_2 对太阳光的吸收特征谱相关的（见图 1.7）。正是大气中这些吸收的存在，不仅使地面的太阳光辐射能量比大气上界小得多，而且也明显改变了太阳光谱的能量分布。如在紫外光谱区（< 300nm）减少到几乎绝迹，可见光谱区所占能量的比例由原来约占 50%减少至约占 40%，红外光谱区则由 43%增至 55%以上，有的季节或不同时区甚至达 60%。

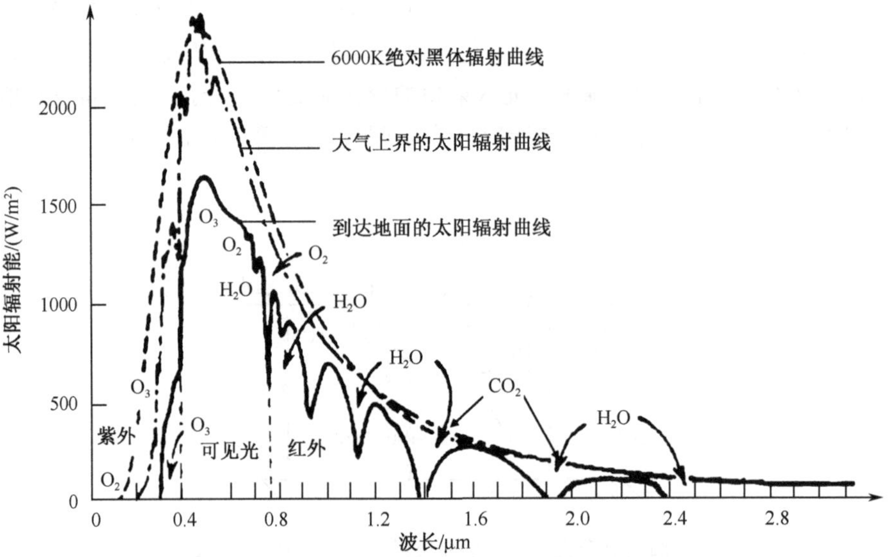

图 1.7 大气上界和地面太阳辐射光谱比较

如随后将会提到的，在光伏能量转换中，对能量转换更有意义的是带有足够能量的光子与电子之间的能量交换。因此太阳光谱中有多少能参与能量交换的光子数是我们更为关心的。图 1.8 示出辐射到地球表面太阳光的能量谱与太阳光子数的光谱分布之比较，它是按照标准 AM1.5 太阳光谱辐照度的数据画出（参见第 8 章的文献［1］）。其中实线为太阳光的能量谱分布，而点画线为太阳光光子流的谱分布。图示可见太阳光能量的峰值位于波长 475nm 处，而太阳光光子数的峰值则位于 670nm 处。在 500～800nm 太阳的光子数是最丰富的。考虑到电池效率主要关心的是光生伏特效应，也就是吸收光子产生光生电子-空穴对的问题，故对光子流的谱分布更感兴趣。

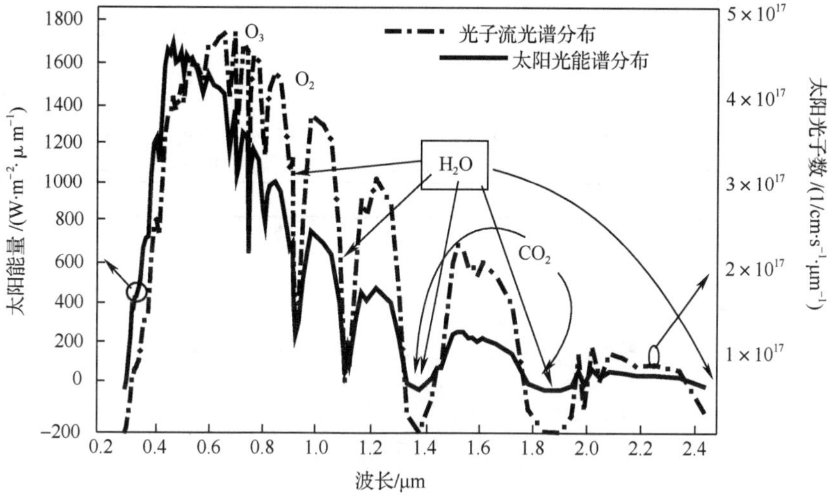

图 1.8　AM1.5 标准太阳光谱辐照度分布

3）太阳辐射能量与地域的关系

如在第 8 章中要讲到的，受高度角的影响，世界各国因所处经纬度的不同，以及地表高度的不同，它所接受到太阳辐射的能量会有所差异。同时季节变化、近日点距离的变化，亦会影响各地域间所接受到的太阳能量的大小。表 1.2 显示，随高度角的不同，辐射到地面上的太阳光的光谱分布将发生明显的变化，从而也就会影响所在地理位置处获得太阳辐射能量的多少。该数据表明，随高度角的增大，整个光谱发生蓝移，红光成分减少而蓝绿光成分明显增加。光谱蓝移的结果说明所能获得的能量也就越大。所在地域气候条件的变化亦会对该地区太阳辐照能量产生相应影响，所以即使同处相同经纬度，也将受到地形、地貌、气候条件的影响。图 1.9 示出，若按照太阳电池转换效率为 10％计算，世界各地地平面上每年能够从太阳那里获得的年平均电能（以度计算）的地域分布图。

表 1.2　不同太阳高度角时太阳直接辐射光谱中各部分的相对强度（总辐射量＝100％）

辐射波谱/nm	太阳高度角/(°)						
	0.5	5	10	20	30	50	90
紫外线（295～400）	0	0.4	1.0	2.0	2.7	3.2	4.7
可见光（400～760）	31.2	38.6	41.0	42.7	43.7	43.9	45.3

续表

辐射波谱/nm	太阳高度角/(°)						
	0.5	5	10	20	30	50	90
	其中可见光波段的能量						
紫光（400～440）	0	0.6	0.8	2.6	3.8	4.5	5.4
蓝光（440～495）	0	2.1	4.6	7.1	7.8	8.2	9.0
绿光（495～565）	1.7	2.7	5.9	8.3	8.8	9.2	9.2
黄光（565～595）	4.1	8.0	10.0	10.2	9.8	9.7	10.1
红光（595～760）	25.4	25.2	19.7	14.5	13.5	12.5	11.5
红外线（>760）	68.8	61.0	58.0	55.3	53.5	52.9	50.0

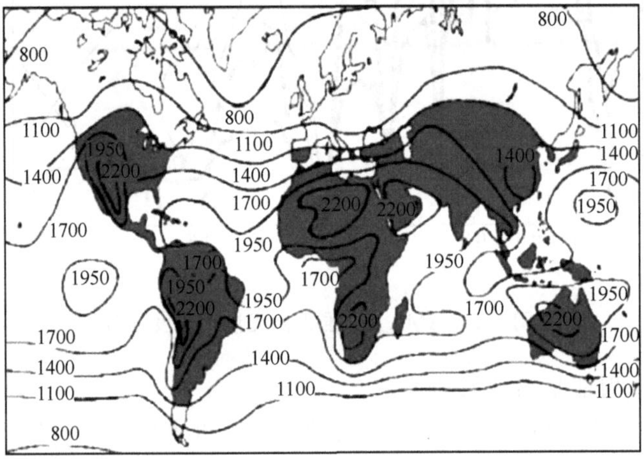

图 1.9　全球各地地平面上每年平均的太阳能量流（单位：kW·h/m^2）

我国太阳能资源主要分布在北纬 22°～35°。青藏高原为资源的高值中心，而四川盆地则处于低值中心；我国所接受到的太阳辐射总量，西部高于东部；南北比较，除青藏高原外，南部低于北部，这是因为我国南部地区多云雾常下雨的天气所致。我国平均日照时间大于 2000h/a，属于丰富或较丰富区。有阳光辐照地区占全国面积的三分之二以上，很有利用价值，我国是一个有条件大力发展太阳能利用的国家*。

1.1.3.2　光伏发电是最适合人类应用的可再生能源形式之一

太阳能利用中，除了光热利用外，最主要思路是太阳能发电。当前主要包括两大方面：光热发电（thermal power plants）和光伏（photovoltaic，PV）发电。至今光热发电，需要接受高的直接辐射太阳能才有价值，受到地域限制；而

* 本小节的图表数据取自中国气象局网站。

光伏产品是以电池板组件形式，既可转换太阳的直接辐射能，也可以相同的转换效率利用太阳光的漫射能。它可用在地球上任何有阳光的地方，不受地域的限制。

光伏利用的基础是光生伏特效应。最早是由 C. Fritts 于 1883 年所发现的一种饶有意义的物理现象[9]。C. Fritts 把 Au 片作为一个顶电极，压在熔化在另一个金属衬底电极上的 Se 薄片之上，当该片受到光照射，就可观察到有电流流过的现象。Fritts 指出这个电流可以储存起来；也可传输到你所想用到它的地方。这位一百多年前的科学先驱，预示了光伏技术的应用前景。

电力是当今人类生产、生活中最通用的能源形式。光伏产生的是电力，与现代人们广泛使用的电力形式完全匹配。除受白天黑夜的时间限制外，只要有阳光的地方都可以用阳光来发电。因此早在二三十年前，光伏就给那些居住在边远山区的住户、远离陆地的海岛渔民、驻守在海拔千米高山上的边防军带去电力，点亮灯、看电视；给那些设置在沿我国千里海岸线上的航标灯、漫长铁路线上的通信灯，那些安装在高耸山岩上的微波通信中继站自动供电，保障交通运输、信息通信的安全运行，而无需由人去点亮它们，也无需为那些中继站需要的发电机输送燃料而专门修一条路直通山顶。现在，随着光伏产业的发展，原先独立电源式的能源应用得以稳定供应，同时逐步开发了进入更为广阔的城市用电的能源市场，正由辅助能源，逐渐成为将来重要的能源形式。光伏发电可以并入城市的电力网点，在用电高峰时，为城市家庭补充生活用电，提供辅助能源。光伏发电为社会发展、人们的家庭生活和事业提供一个崭新可用的、有保障的和安全的再生能源。而且，光伏既可地面应用也可空间应用，为运转在地球轨道上或宇宙空间的人造卫星（satellite）、航天飞行器，提供可超过 30 年的电力。光伏电站易维护、无污染、可持续应用。光伏之所以能够成为可持续发展的能源，也正因为光伏没有地域的限制，只要在有阳光的地方，任何人都可以利用它来发电！

如前面所述，工业时代带来的大量化石燃料能源的消耗，在促进社会发展的同时，也使人类赖以生活的环境遭受越来越严重的破坏。自 1973 年 10 月，中东石油输出国组织首次提出世界石油禁运的时候，那一纸之令使得整个世界（尤其是工业发达国家）的股票大幅震荡，引起全世界第一次石油危机。这一危机促使大部分国家的政府开始认识到继续使用化石燃料已经到了危险境地，开始纷纷重新审视、制定相应能源政策和法规，特别是各种太阳能利用项目的启动，以推进可再生能源的发展。最为鲜明的几个示例是，美国为此专门成立了“能源研究和开发署（US Energy Research and Development Agency）”，也就是现今美国能源部的前身，专门设立基金对可再生能源，尤其是光伏项目予以支持。随后各个国家，如日本的“阳光（Sun Shine）”计划、德国的太阳能计划纷纷启动，开启了光伏的新纪元。

1992 年一份有关世界环境保护紧急状况的研究报告提交到政府首脑会

议[10]。该报告分析了在发展中国家既要减少 CO_2 排放又要维持高度经济增长速率的可能途径。其途径之一就是要逐年改变现有能源供应结构，不断提高可再生能源在国家总能源中的比例。在考虑新能源占总能源比例提高之时，还必须使其增长的速度逐步能与化石能源消耗带来环境破坏的程度相补偿，以满足社会进步和环境保障的综合平衡。其主要概念由图 1.10 所描述。图 1.10（a）中部那条

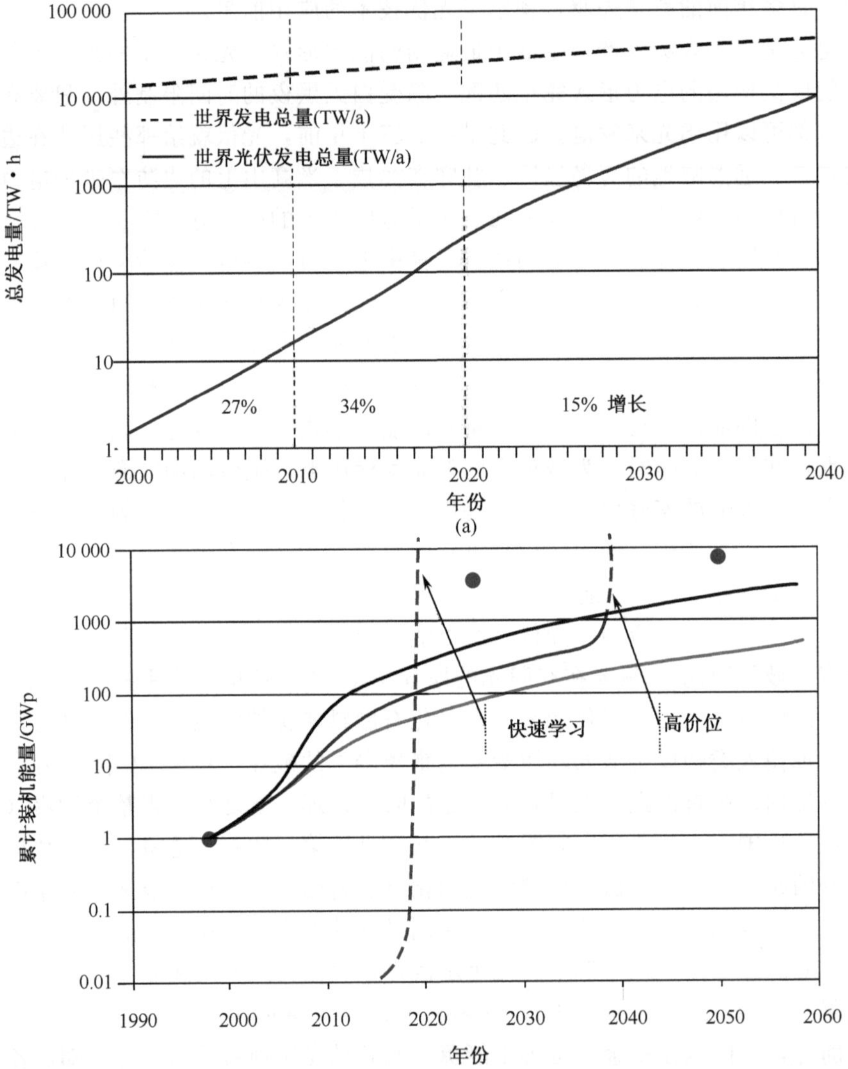

图 1.10　世界能源组织（IEA-PVPS）的预测 2020 年 PV 占 1%，2040 年>20%（a）和光伏电池装机容量预测（b）[10]

粗线描述的是为达到减少环境污染足以保持经济稳步发展、需要在发展中国家逐年累计建立光伏（PV）电力的趋势图。黑色虚线为世界电力总发电量需求数。按此预测，到 2040 年光伏将占到总能源需求的 1/6。图 1.10（b）是联合国提交到各国政府首脑文件中有关解决温室效应改变现有能源结构所作的光伏发展的预测[10]。该图描述，在现阶段（2000～2010 年）光伏电力的发展速度较快，而后有所变缓。在两条浅阴影线之间是与弹性需求相关联的预期装机容量。下面那条浅阴影线，对应工业化国家计划用国民经济总产值（general national product，GNP）的 0.05%用于光伏事业的发展，而中间那条浅影线对应将 GNP 的 0.2%用于发展光伏事业。而实线是开发奋斗的目标，希望将 GNP 的 0.3%用于光伏发展。在此发展期内，与常规能源相比，光伏价格是没有竞争力的，除非常规能源的价格成倍增长（见中间那根浅阴影线的迅速上升的长画线部分），或者，要想使光伏产品具有竞争力，就必须有创新型的发展，以“快速学习（quick learn）”的经验因子，像微电子的存储器发展的那样具有 0.32 的经验因子去实现商品化才行（见图中短虚线所示）。图中上部的两个黑点，分别代表 2025 年和 2050 年两个节点年所对应的光伏能源在总能源中所占比例的预测指标。预计到 2025 年，光伏能源占总能源的比例为 22%，到 2050 年将占 34%的比例。可以预期，到 21 世纪中叶，光伏能源占到整个能源体系中的 34%的时候，人类生产、生活用电的三分之一将取自于光伏发电，这时光伏已经不再是辅助性能源，而是实实在在的主力能源之一了！

1.2　光伏发电历史与现状

1.2.1　光伏里程中的重大事件[11]

光伏的历程应该追溯到 19 世纪 30 年代：

1839 年法国的 Becquerel 首先发现了液体电解液中的光电效应。

1873 年英国的 Smith 发现在 Se 中有光电导效应。

1877 年英国的 Adams 和 Day 在 Se 管中发现光生电流，这是首次在固体中观察到光伏效应。

1883 年美国的弗瑞兹（Fritts）在一个金属衬底上先将 Se 膜融化成片，再将 Au 片作顶电极压在 Se 片上，制出第一个大面积（$30cm^2$）的太阳电池（Au/Se/Metal 结构）。

1930 年肖特基（Schottky）首次提出 Cu_2O 势垒的“光伏效应”理论。同年，朗格（Longer）首次提出可以利用“光伏效应”制造“太阳电池”，使太阳能变成电能。

1941 年奥尔（Ohl）在 Si 上也发现了光伏效应。

1954 年美国贝尔实验室皮尔森（Pearson）偶然开启房间里的灯光时，发现单晶硅 pn 结会产生一个电压的物理现象。经对这种光伏现象的研究，1954 年底首次发表单晶硅太阳电池效率达 6%的报道，开启了“pn”结型电池的新时代，直至今日“pn”电池仍然占据着光伏事业的绝对地位。

1958 年美国 NASA 的 Vanguard 人造卫星上使用 Si 太阳电池组件排布的矩阵板。

1959 年美国 Hoffman 电子公司提供 10%效率的 Si 光伏电池板。

1960 年代，由 1954 年开始直至 1960 年，由 Prince[12]、Loferski[13]、Wysocki 等[14]，Shockley（肖克莱，诺贝尔桂冠获得者）和 Queisser 等[15]陆续发表一系列关键性的文章，系统地讲述了以 pn 结为基础的太阳电池工作原理，包括能带、光谱响应、温度、动力学和效率之间的理论关系。随后 CdTe 薄膜也能产生 6%的效率[16]。1960 年，首次实现 Si 太阳电池的并网运行。

1963 年日本 Sharp 公司最先生产出商业化的 Si 电池组件。

1970 年苏联（USSR）Alferov、Andreev 等，研制第一块 GaAs 异质结太阳电池。

1972 年的 IEEE 国际会议上，第一次把光伏电池的地面应用列为一个分会，这使光伏研究的国际同行第一次有了聚会的机会。

1973 年是光伏的大年：第一次世界石油危机刺激很多国家考虑包括光伏在内再生能源；美国 Cherry Hill 会议上确立了光伏作为可再生能源的地位；美国决定正式立法设立研究基金予以支持；世界上第一个太阳电力住宅在美国 Delaware 大学建立，当时用的不是 Si 电池，而是硫化亚铜（Cu_2S）的太阳电池组件。

1974 年日本宣布开始实施“阳光（Sun Shine)”计划，以培育光伏工业及其应用的增长；美国的 Tyco 研制出宽度能达到 2.5cm 光伏用的单晶 Si 带，首次找到可替代 Si 片的光伏材料。

1980 年第一个效率大于 10%的 CuInSe 电池在美国制出；效率达 8%的非晶硅太阳电池由 RCA 的 Carlson 研制出来，树立了非晶硅电池的里程碑。

1981 年在 Saudi Arabia 建立起 350kW 的聚光电池矩阵，开启了聚光电池的新纪元。

1982 年第一个 1MW 实用规模的光伏电站在美国加利福尼亚州安装。

1985 年是高效 Si 电池的大年：由澳大利亚西南威尔士大学（UNSW）报道了在一个标准太阳下 Si 电池效率大于 20%[17]，美国 Stanford 大学给出在 200 个太阳下聚光电池效率大于 25%的报道[18]。

1986 年美国 Arco Solar 的第一个商业化的薄膜 a-Si 功率型组件 G400 诞生。

1987 年世界第一次 14 台太阳电池动力汽车完成 3200km 的世界太阳能汽车

锦标赛在澳大利亚举行，冠军的平均时速为70km/h。

总结20世纪80年代光伏发展的特点：① 光伏工业开始成熟，各种类型电池效率得到不断的提升，如单晶硅太阳电池效率达20%、多晶硅电池效率达14.5%、砷化镓电池效率达22.5%、硫化镉电池效率达9.15%；② 在欧洲、美国和日本，制造太阳电池设备的公司建立，推动了产业化；③ 基于扩大产率和降低成本的考虑，大容量实用电站纷纷建立，以显示光伏应用的发展前景。然而也由于这时是发展的初期，光伏产业的发展也遇到困难。因缺乏私人投资或政府的连续支持，一些主营微电子的公司（如IBM、GE、Motorola）放弃研发，转让了技术，退出了光伏市场。

1990年太阳电池公用电力并网发电系统技术研究成熟，德国提出“2000个光伏屋顶计划”；而在电池生产方面，各国竞争极为激烈，“洗牌”现象波及全球。

1994年美国NREL发布GaInP/GaAs两端聚光多结电池效率大于30%[19]。

1995年德国、日本及欧盟，正式启动“光伏示范”计划，引发了私人家庭安装光伏的法律问题。

1996年瑞士诺桑Gratzel的“染料敏化”固/液电池效率达11%[20]。

1997年美国启动“克林顿总统百万屋顶计划”；日本启动“新新阳光计划”；荷兰政府提出“荷兰百万屋顶计划”；欧盟也计划到2010年生产37亿峰瓦的光伏电池。光伏年产达100MW。

1998年美国NREL宣称薄膜CnInSe电池效率达19%[21]，第一个GaInP/GaAs/Ge三结聚光电池宣布在1号空间站上应用。

1999年世界累计建立光伏电站达1000MW；M. Green研究组发表单晶硅电池效率24.7%创世界纪录的文章报道[22]，记录一直保持至今。

2000年的澳大利亚奥林匹克运动会的亮点是大范围地应用了太阳电池；图1.11为截至2000年各类电池应用领域的分布情况[23]，充分说明光伏应用有着非常广阔的市场。其中增长最快的当属并网发电，因为它省去了光伏电站所必需的多项辅助设施（balance of system，BOS）的投资。

2002年世界累计建立光伏电站达2GW。从1954年光伏电池出现，第一个累计1GW电站的建立，前后花了25年的时间，而第二个1GW，仅用了3年；仅日本Sharp公司一家，其晶硅电池年生产能力就超过100MW；

自2003年以来，因持久中东战争而引发第二次石油危机，再次唤起人们对发展可再生能源，尤其是太阳电池的专注。此时单晶硅太阳电池投入力度再次加大。中国无锡尚德电力的单晶硅电池生产得到发展，通过资金运作在纽约成功上市，当年就上升为世界第二大光伏产业公司。也正是单晶硅太阳电池投入力度的猛增，造成硅材料供应严重短缺（见图1.12）[24]，使得多晶硅价格由2005年的

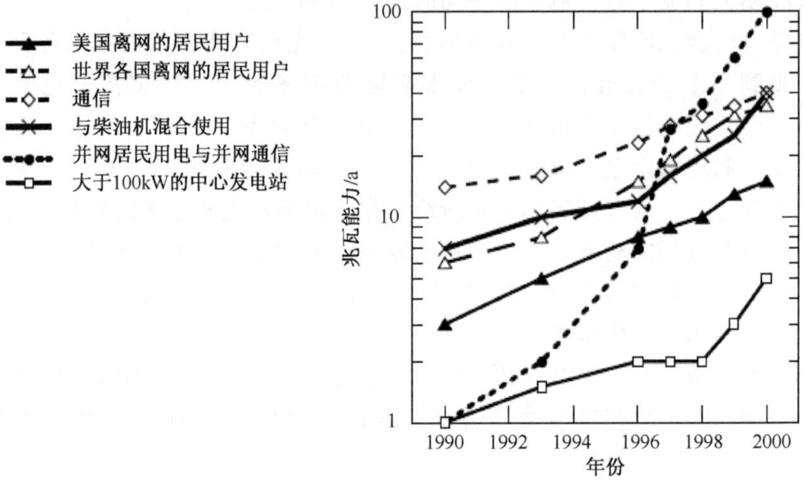

图 1.11　光伏市场应用领域[23]

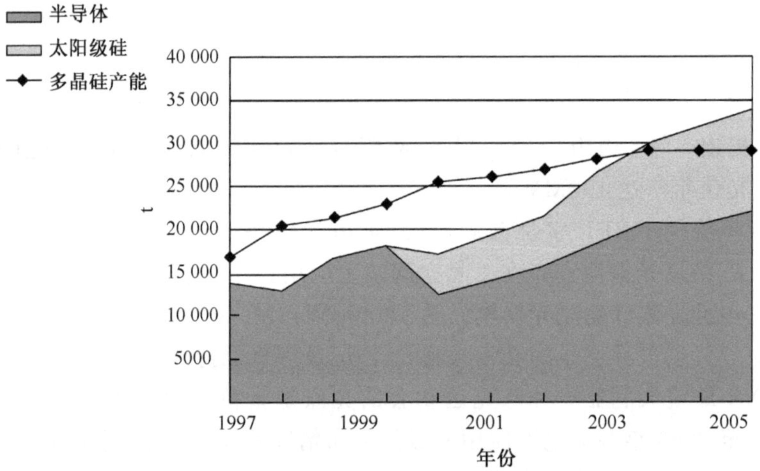

图 1.12　世界多晶硅供应情况[24]

每公斤几十美元，两三年内飙升到每公斤 300 美元以上。人们的目光再次转向薄膜电池。那些原先专注于发展大尺寸液晶显示制造设备的美国应用材料公司（Applied Materials，AM）和瑞士 Unaxis 公司，看准时机，纷纷重组，大力发展尺寸为平方米级的太阳电池制造设备，推出单片尺寸从 1.4m^2 到 5.7m^2、单台套生产能力达到 50MW 级的生产线。硅基薄膜电池以及与硅基薄膜相关的单晶硅异质结（HIT）电池技术逐渐成熟，效率稳步提高。至 2006 年三菱重工效率达 13.4%，三洋电机的 HIT 电池效率达 21.8%。据 2009 年 5 月日经新闻报道，United Solar 公司的非晶硅/非晶硅锗/微晶硅三结叠层薄膜电池效率达

15.4%[25]。三洋电机的HIT电池效率超过23%。

2007年，联合国政府间气候变化专门委员会（IPCC）2007年11月17日通过第4次报告，提出制定抑制地球变暖对策已迫在眉睫，今后二三十年加大力度投资新能源的建设是非常重要的。作为削减温室气体的第一大候选能源——太阳能电池越来越受到世人的期待。因而对太阳电池研究投入加大，电池效率逐年提高。然而各类电池效率随年度提高的速率差别并不大（除近期研究的有机太阳电池之外）。各种电池产业化受重视程度，随各自技术特色而异。

至今，晶体硅（单晶和多晶）电池仍然是光伏市场的主流，即使是第二次石油危机以来，单晶硅材料供应出现大量缺口，由于晶体硅电池的技术成熟，生产设备较便宜，人们对晶体硅电池的钟爱程度并未降低，而是迅速增加多晶硅原材料的生产能力，以维持晶硅电池的年增长20%～30%的势头，保证市场供应，并"注重低级硅的技术"[26]。人们认识到薄膜电池在降低价格方面的潜力，大力发展薄膜电池技术已成普遍趋势。以日本夏普公司为代表，预测2013年以前薄膜硅电池将和结晶硅电池产品齐头并进，2013年以后硅薄膜电池将成为夏普光伏产品的主流，并宣布将在大阪府堺市，与它的第十代（母板尺寸达2850mm×3050mm）的LCD生产线一起，建设一座年产能力为1GW的大规模硅基薄膜太阳电池的新工厂，构成"上下游垂直整合，进一步降低成本"的21世纪联合工厂模式[26]。日本力图尽快恢复其太阳电池世界领先地位。以瑞士Unaxis为主重组的Oliken公司宣布将于2008年推出8.5代线的底板尺寸的非晶硅/微晶硅叠层电池生产线。AM（Applied Materials）公司在2007年一年内与中国签订了销售数条、尺寸为第8.5代底板母板尺寸生产能力可达50MW的生产线的协定。表明中国在发展薄膜电池的新趋势。

进入21世纪以来，当单晶硅电池的效率长时间增长缓慢，最高记录徘徊在25%上下。在其难以提高的时候，澳大利亚西南威尔士大学的Marting Green教授提出了"第三代（third generation）"或"下一代（future generation）"电池的理念。要用全新的概念，采用清洁的、绿色环保的制造技术，达到电池的高效率与新概念、新材料、新技术并举。一种量子点型的太阳能电池理论转换效率可达60%以上，是备受瞩目的未来高效太阳能电池的候选技术之一，其中不乏借用微电子集成电路的技术。在2007年9月7号于意大利米兰召开的欧洲太阳能电池技术国际学会"EU PVSEC"上，日本筑波大学宣讲了利用量子点的太阳能电池单元，光电转换效率提高到8.54%的技术成果，得到与会者关注。他们在GaAs底板上交替累加沉积了30层GaNAs和30层InAs的超晶格，并利用其中在GaNAs上形成InAs时产生的晶格应变，自组装生成高为3～4nm、直径为20～30nm的多个量子点。利用超晶格结构与量子点之间的耦合，在导带上形成微能带，使得可以利用各种波长的光，拓展了光谱响应。其他如上转换材料、并联型叠层电池结构、各种窄带隙材料，以及更为新颖的近期提出的等离子（plasmon）振荡基元等新概念为光伏发展前景提供更为灿烂的明天。

真正意义上的光伏时代源于1954年贝尔实验室发明的pn结太阳电池。贝尔实验室能够从发现单晶硅材料的光伏现象开始，在一年内就将晶硅电池效率提高到6%[27]，发展速度之快当属光伏电池的里程碑。能够有此开发速度得益于该实验室是pn结奠基人、诺贝尔物理学奖得主Shockley的实验室[28]，该实验室有着良好的半导体物理和半导体器件物理基础与很高的研究水平，使得他们能够非常迅速地掌握技术、发展新工艺，作出高水平成绩。这也正是我们书写本书的目的，希望通过本书的讲述，使工作在我国光伏研究和产业界前沿的人士，在基础知识、器件理论与实用技术、工艺经验上得到提高，为我国光伏事业的发展作出贡献。

1.2.2 光伏发展历史的启示——寻找新材料，开发新技术，开拓新领域

由研究、开发，直至建立规模化生产，光伏行业已经打造成为现今有声势的可再生能源领域。当前太阳电池产业一直保持20%～30%的年增长率，预计2010年全球整体年产量将达到10GW[29]。据日经BP社2007年8月9日的报道，目前，薄膜光伏的产额不到太阳能发电系统市场的5%。到2015年薄膜太阳电池的发电系统，预计将增长至35%。

虽然光伏技术和产业的发展仍面临大量的技术难题，也包括政策的导向和支持，光伏发展的历程将不会是一帆风顺的。但人类有充分的智慧，坚持不懈地向太阳索取能量，推动光伏产业的发展。如何推动光伏技术的不断进步呢？为了便于理解，让我们简要介绍什么是光伏。

1.2.2.1 光生伏特电池

光生伏特电池（简称“光伏”），是当某种结构的半导体器件受到光照射时将产生直流电压（或电流）；当光照停止后，电压（或电流）则立即消失的现象。太阳电池就是利用光伏效应产生电力输出的半导体器件，其中一种最简单的结构示意图如图1.13（a）所示。它是在一个低掺杂浓度的n型层上，通过硼（B）扩散形成浅结的p^+发射层，再在该层上制备一定疏密程度的金属收集栅极与减反射膜，以有效收集电流并增加进入电池基区的入射光能量。图（b）示出该pn结的空间电荷示意图。在p^+区和n^-区相接触处，由于两边自由载流子的浓度差异，各区的自由载流子将在其浓度梯度的驱使下向对方扩散。这些自由载流子扩散离去之后，就会在原地留下不能运动的掺杂离子，形成空间电荷。由自由载流

子的扩散运动而产生的电动势将阻碍其继续扩散，最后达到动态平衡，从而在pn 接触处形成空间电荷区。在该区近似地认为，杂质均离化，由可动电荷离去后掺杂离子构成，称为耗尽层，产生一个由 n 区指向 p 区的内建电场 E_{bi}，图 1.13（b）示出 pn 结耗尽层的示意图，即常称的“pn 结”。

半导体材料中存在着被称为价带(E_V）和导带（E_C）的能带，两个带之间相隔一个间隙，称为带隙，用符号 E_g 表示。其中价带内，是基本占满的价电子以及在其顶部有着少量尚未占满的能级，我们称在价带内这些少量的、可以供价电子自由运动的空着的能级为“空穴”能级，用符号“h”表示（或称价带中空着的能级被空穴 h 占据着)。当相邻的价电子来占据这个空着的能级时，相邻的能级位置就空出来了，因此从相对运动角度，可以说是空穴是在价带中运动的。由于价带中被电子占据的能级是电中性的，那些电子走了之后留下来的空穴就应该带正电荷。由此可知空穴所带的电荷量具有和电子相同的电荷量，只不过极性相反，表示为“+e”。在半导体的导带内，只有少量的电子和大量空的能级，这些少量的电子可以在这些大量空的能级中自由运动。我们统称这些能自由运动在导带中的电子或在价带中的空穴为自由载流子。图 1.13（c）示出 pn 结的能带图，它给出半导体内不同空间位置处的能量分布。其中能带弯曲的部分正对应耗尽区电场分布，给出内建势的大小，以 qV_{bi} 表示。它由 p、n 区的掺杂程度决定，即取决于两区费米能级之差。

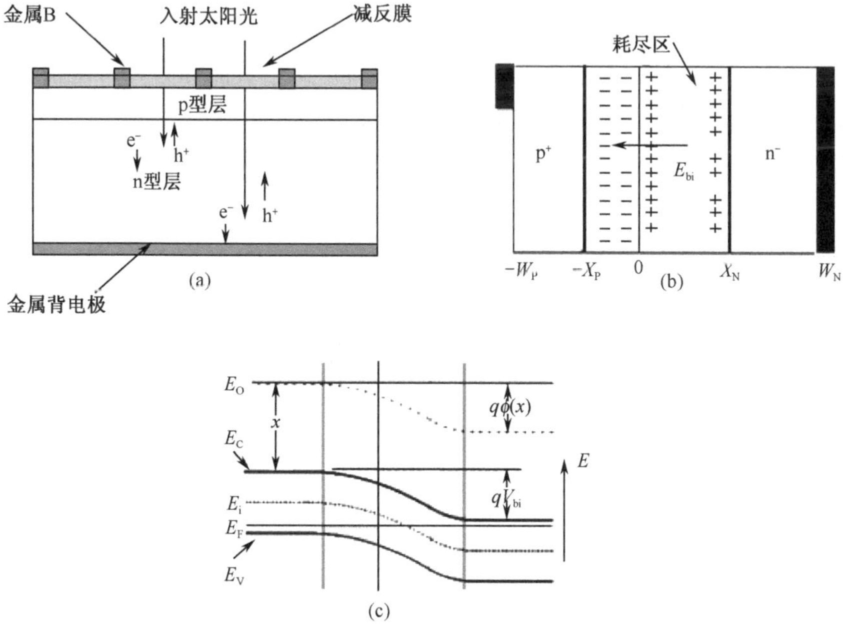

图 1.13　晶硅太阳电池的结构示意图（a)、pn 结（b）与能带图（c）

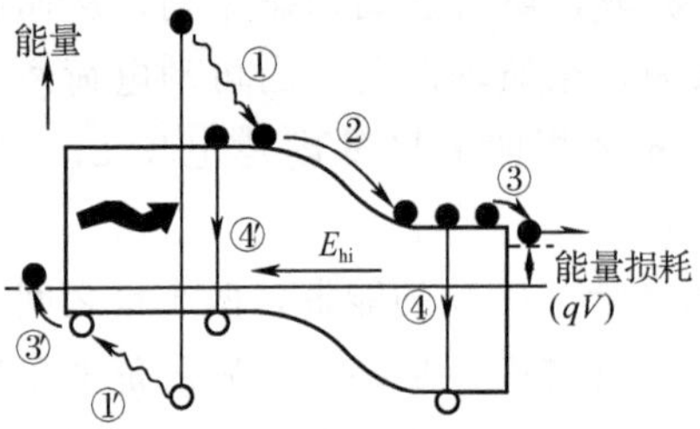

图 1.14 光辐照下光生载流子输运示意

当入射光子的能量（$h\nu$），大于半导体带隙宽度（$h\nu \geqslant E_g$）的时候，该光子就足以把价带中价电子的价键打断，使它成为自由电子。这就意味着，那些吸收了足够能量、价键被打断了的“价”电子，从价带跃迁到了导带，成为可在导带内“自由运动”的电子。正如图 1.14 所示，同时在价电子的位置上，就留下了一个空穴。因此价电子吸收光子跃迁到导带之后，将在半导体内产生一个自由电子和一个自由空穴，统称它们为光生电子-空穴对(e-h)。在空间电荷区内产生的 e-h 对，在内建电场作用下分离，电子被拉向 n 区，空穴被拉向 p 区。亦称光生电子或空穴分别被收集到 n 和 p 区。倘若 p、n 区外电极引线是开路的，光生载流子就分别积累在 p、n 区电极处。这些积累在 p、n 区之间光生电荷，将形成一个与原来内建电场方向相反的（光生）正向电场。这个电场的出现，使 n 区能带相对于 p 区的能带上移，起着阻止光生电子、空穴被反向抽取的作用，减弱光生电子、空穴被分离的能力，最后达到动态平衡。在稳态下，外电路呈现出开路电压。显然，开路电压的最大值由内建电势 qV_{bi}决定。倘若外电路接上负载，光伏就会对外输出电流，对外电路做功。

1.2.2.2 新材料带动技术的跨越

研究光伏的目的，在于改变现有能源结构，变化石能源为可再生清洁能源。要能够达到这一目的，必须使太阳电池的制造成本和系统应用成本降低到可与现有能源可比拟的程度，世人才愿意使用，从而达到替代的目的。因此“提高太阳电池和系统的效率，同时降低光伏系统的制造成本”，是光伏界的最终目标。在此，重要的是两点：一是要有理论指导，二是技术要切实可行。纵观光伏进步的历程，新材料、新结构的出现和与之相关新技术的开发是当今呈现有诸多类型电池的主要驱动力。

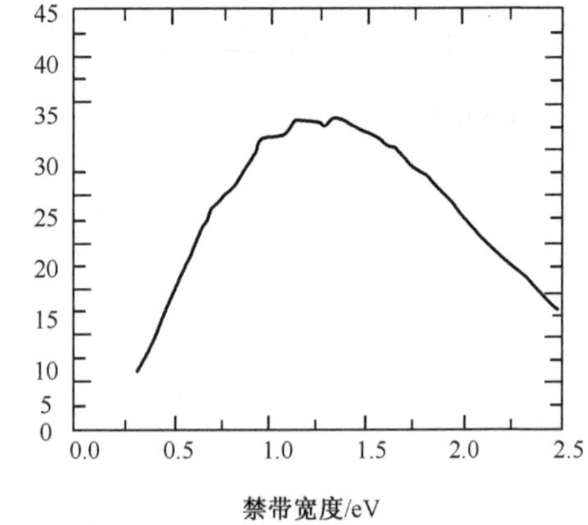

图 1.15 电池效率极限和材料带隙关系

图 1.15 是 Shockley 和 Queisser (肖克利-坤塞尔)[27,28] 等发表的电池效率极限和材料带隙的关系图。它的获得建立在双能级模型的基础上，认为

载流子产生与发射之间平衡。此处的关键在于两个基本条件：第一是光生载流子的产生与无辐射复合的分离，第二是有良好的无损电接触收集。只要达到这两个条件的器件都可以具有光伏转换能力，而且可以得到很高的转换效率。对于一个 pn 结电池，图 1.15 提供了选择合适光伏材料的依据。首先我们注意材料的选择。

1）化合物材料

GaAs 的带隙宽度处于高效电池范围。除此之外，如图 1.16（a）、（b）所示载流子的跃迁过程，鉴于直接带隙的特征是载流子从价带跃迁到导带，无需声子的参与就能满足能量守恒与动量守恒，因此吸收系数很高。这也是人们乐于选用 GaAs 电池的重要原因。采用非常精细的 MOCVD 沉积技术，获得高纯、高完整的晶格结构，将使得效率更高。加上其耐辐射的特点，适于空间应用，现在已成为航空、航天器上能源的主流。然而该类电池成本高昂，对地面应用难以推广。GaAs 类的Ⅲ-Ⅴ族化合物电池将在第 4 章中予以详述。

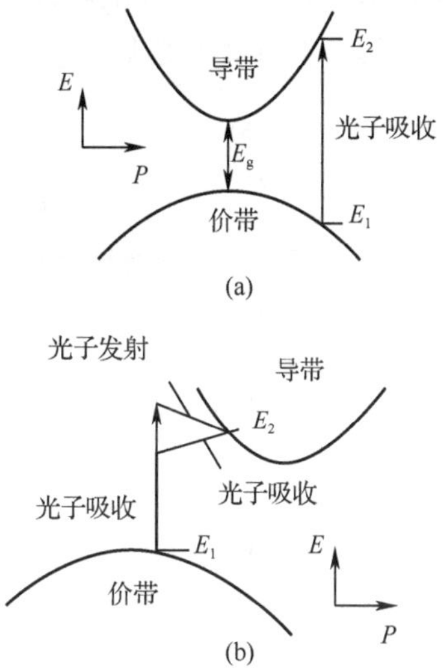

图 1.16　直接（a）和间接（b）带隙能带结构

$CuInGaSe_2$（CIS）及 CdTe 等直接带隙的化合物薄膜材料电池，属于高效电池材料之列，它们随 GaAs 化合物的出现而被研究者们所看中。2007 年 12 月在日本福冈召开的第 17 届国际光伏科学与工程会议上，丰田等单位纷纷报道 CIS 研究与产业化进展。$(60\times120)cm^2$ 电池转换效率已达 13%，CIS 从研发到中试，到 2007 年已有每年 10～30MW 水平，成为很有发展前途薄膜电池之一[30]。CIS 将在第 6 章中予以详述。

2）硅基薄膜电池

从其在地球含量的丰富度、对环境无污染，以及比单晶硅高两个量级的光吸收系数来看，非晶硅基薄膜电池具有明显特色。被认为是非常适于光伏应用的材料。随 Dundee 大学 Spear 和 LeComber 在非晶硅材料制备突破性的改进和掺杂的成功，以及由 1975 年开始，RCA 的 Carlson 领导的小组进行非晶硅电池的研究以来，硅基薄膜电池的效率开始仅为 2%，1980 年效率突破 8%。这标志着达到了可用于生产的技术水平，成为最早实现产业化的薄膜电池。它们将在第 5 章中予以详述。而晶体硅电池将在第 3 章中予以详述。

材料的选择，除参照图 1.15 规律之外，电池的研究已从体电池发展到薄膜电池，以实现高效、环保、低成本的目标。以下新材料、新原理电池的研究正遵循着这个概念。

3）染料敏化薄膜电池

如前所述，不是只有 pn 结才能产生光伏效应。只要能够有光生载流子的产生以及能够有效地被外电路收集，就能产生光生电流（电压）。1991 年瑞士洛桑高等工业学院（EPFL）的 Michael Grätzel 教授，首次在 *Nature* 上报道他所研究的染料敏化电池（dye-sensitized solar cell，DSC）[31]，这就是一个很好的例证。其基本原理不是基于 pn 结的光伏效应。图 1.17（a）示出 DSC 的结构及其

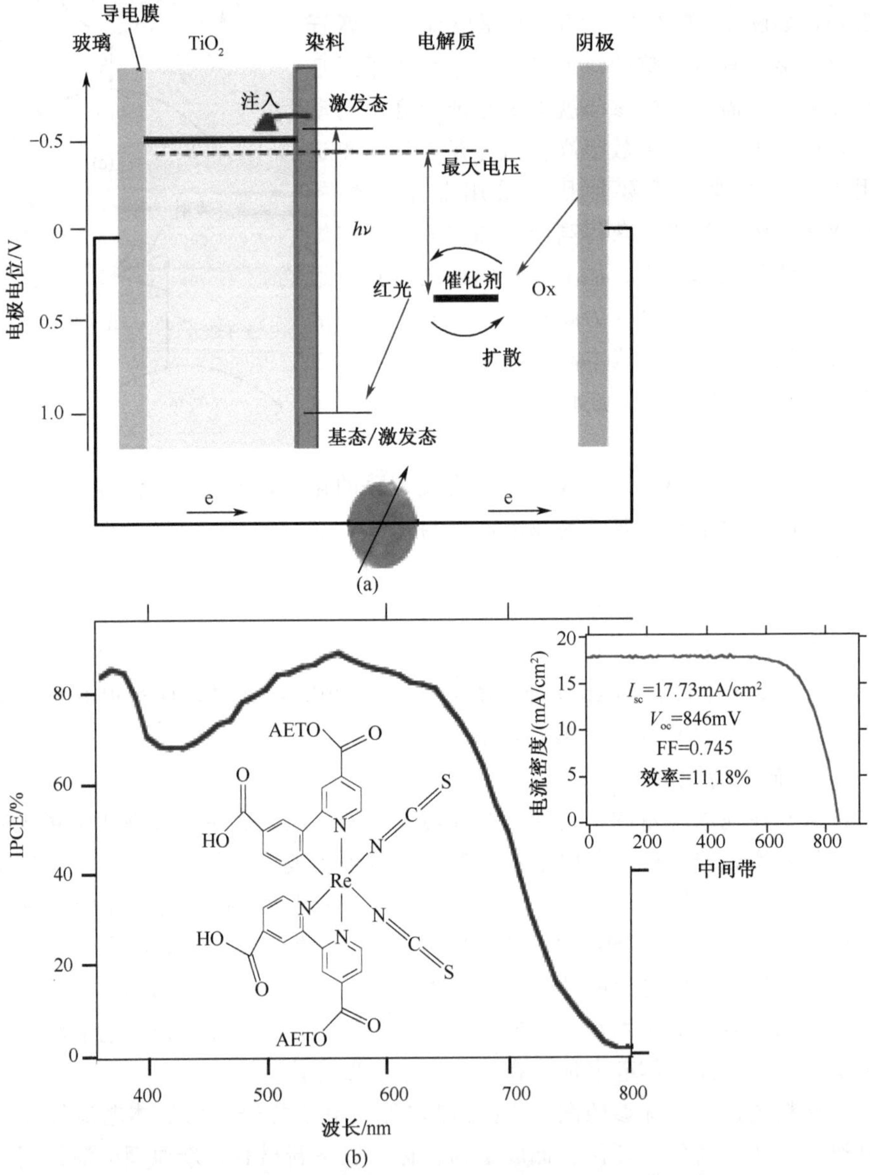

图 1.17　染料敏化太阳电池结构示意（a）及电荷交换的能带示意图（b）

能级的示意图。纳米 TiO_2 多孔薄膜固体是染料敏化太阳电池的核心之一，其作用是以高的比面积大量吸附染料分子。当受太阳光照后，吸附于 TiO_2 表面的染料分子吸收光后产生光生电子，通过 TiO_2 光生电子很容易地传导到称作"上阳极"的透明导电膜 TCO 上、与染料相连的电解质，则把光阳极处那些释放了电子之后、处于氧化态的染料予以还原；同时电解质自身也因失电子自身被氧化；它再从称为"对电极"处接受电子并被还原，这样构成了光生电流的闭合循环回路。这种新型电池示例，是利用了人们对有机染料敏化半导体材料的光电化学现象长期进行研究的结果。如 Putzeiko 等[32] 1949 年将有机染料吸附在压紧的 ZnO 粉末上，观测到光生电流产生的效应开始，直至 1991 年 Grätzel 电池的出现，才开创了染料敏化半导体在光电化学、乃至光伏的新领域。图 1.17（b）是采用 N-719 二氧化钌作敏化剂（图中给出其分子式）的 DSC 光谱响应的近期结果，可看出光电流对入射光子的转换效率（IPCE）有很宽的光谱响应范围，在紫外波段优异的响应、乃至可见直至近红外波段，显示出比单结非晶硅优越的宽谱响应特性[33]。电池的 *I-V* 曲线及其电池参数并列于图 1.17（b）的旁边，效率达 11.18%，为目前最高。为解决染料和电解液的液体封装的不稳定性，准固态和固态 DSC 的研究正在受到极大关注。有关 DSC 电池将在第 7 章中予以详述。

4）聚合物太阳能电池

随 21 世纪有机化学材料的进展，在光伏领域，一种被称为"有机光伏"（organic photovoltaics，OPV）或"聚合物太阳电池"（polymer solar cell，PSC）的有机类电池逐渐进入人们视线。它属于由"HOMO"、"LUMO"能级①描述的有机半导体"类 pn 结"的电池结构。这些仅有十来年历史、常常只有高校和研究所乐于不疲研究的新型电池，亦受到一向只对高效率感兴趣的公司的青睐，纷纷报道它快速成长的研究成果，表明它低成本的良好市场潜力。如夏普报道面积 $1cm^2$ 的有机太阳能薄膜电池，经由日本官方认证机构——产业技术综合研究所（AIST）测量，实现了 3.8%的转换效率。该电池是在 p 型半导体中采用了 P_3HT（聚 3-己基噻吩），在 n 型半导体中采用了 PCBH，通过提高 P_3HT 的取向性，从而使转换效率得以提高。三洋电机在两年前开始研究 OPV，2007 年日本福冈会议上报道了如何以 DBP 替代 CuPc，改善材料质量，得到效率比原来提高一倍以上的研究成果。日本 AIST 与日本 Tokki 共同试制了大尺寸（底板尺寸为 200mm ×200mm）的有机薄膜太阳能电池模块，效率不高（1%左右）但其组件具有使计算器正常演算的能力。由加利福尼亚州大学圣芭芭拉分校（UCSB）诺贝尔化学奖得主 Alan J. Heeger 研究小组与韩国光州科学技术学院材

① HOMO（the highest occupied molecular orbital）能级是指最高被电子占据的分子轨道；LUMO（the lowest unoccupied molecular orbital）能级是指最低的未被电子填充的分子轨道。

料科学与工程系的李光熙教授联合进行了有机薄膜太阳能电池研究。使有机薄2007膜太阳能电池单元的转换效率达到6.5%，为至今全球最高，结果发表在2007年7月13日的科学杂志 *Science*[34] 上。该电池采用“级联”结构，亦即像硅基薄膜叠层电池中的那样，将两种带隙宽度不同的OPV串联叠罗起来，以便更有效地利用太阳光的各种波长。图1.18（a）、（b）分别示出双层OPV电池能带示意以及叠层电池结构示意。更具有意义的是，在有机电池中还借用硅基薄膜叠层电池在顶、底电池之间插入中间层的概念，插入了一层钛氧化物（TiO_x）的中间层，以有效加强对透过顶电池的部分光的反射，增加光程，提高效率（由原来的5%提高到6.5%），几乎为当前其他报道OPV数据的两倍。这种情况就像20世纪80年代非晶硅电池发明以来的应用示例那样，标志了一种新型电池的诞生并展示了其光明的前景。其中的启示是，科学是相通的，应该充分利用现已成熟的概念和技术，才能在新领域中得到更大的发展。

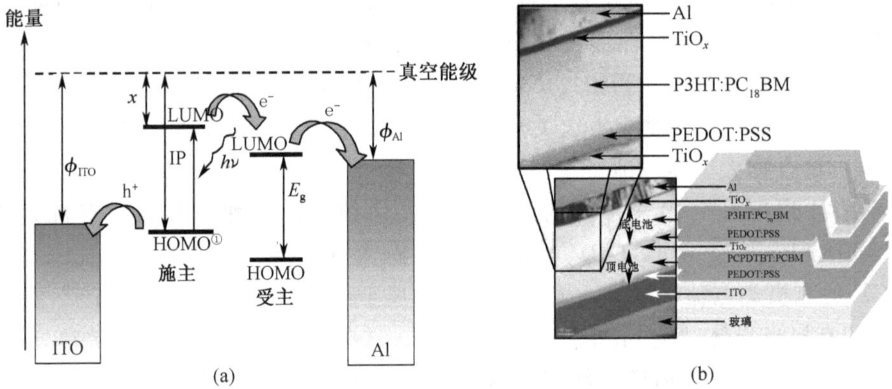

图1.18　双层OPV电池能带示意（a）及叠层电池结构示意图（b）

总结起来，在光伏材料方面，热门话题是，打破材料门类框框，寻找各类光电效应最佳的材料；开发有利吸收太阳光并能有效收集光生载流子的不同电池结构；借鉴其他成熟技术，采用降低成本的工艺，提高效率与产率，努力使光伏成为优势产业。

1.2.2.3　新结构、新技术的涌现

要想使新能源成为能源市场的主力之一，必须要具有与现代化石能源相比拟的价格。而效率与产率是至关重要的两大因素。这两方面除了与光伏材料和制备设备密切相关之外，新技术与新结构注入的活力和促进作用是必不可少的。

在提高效率方面，由光伏转换的概念可知，任一确定材料的极限效率是在考虑了自身本征特性之后的理想效果。为趋近其极值，应该做到的是以下两个方面：第一是减少电学损失：减小体内与界面复合，仅维持俄歇复合；理想接触特

性，以及无衬底内的输运损失。减少电学损失，主要关注的是光伏材料的选择及其高质量的优化制备（低缺陷、低光生载流子的复合）与精细的器件结构设计（有利光生载流子的产生、分离与收集）。其次是充分吸收太阳光谱并减少光学损失，充分利用每一个光子的能量。做好光学设计，要求无反射损失以及采用理想陷光技术以达到最大光吸收。光学设计（light management）更多地集中于光学设计思路与技巧，以实现低的反射损失，和最大的进入电池中光的能量。拓宽可吸收的太阳光谱，延长光在电池中传输的光程（多次反射，再反射的多次吸收利用），以有利吸收更多的光能。

各类新型结构的电池及新技术的不断涌现，使电池效率逐年得以增高。

1）叠层电池

太阳的光谱曲线，涵盖了从 0.3μm 的紫外区到 4μm 以上的红外区很宽的光谱范围。任何一种半导体材料，鉴于其固定的带隙（对单晶体）或有限可调范围（如多元化合物合金，氢化硅基薄膜），它的吸收光谱响应绝不可能覆盖太阳光那么宽的光谱区间。就太阳光能量吸收限而言，单结电池的能量损失很大。如何尽可能多地利用太阳光谱，提供一个拓展电池光谱响应的空间，早在 30 年前由 Wolf 引入叠层概念[35]为提高电池效率开辟了新途径，叠层电池的研究随之涌现[36]。图 1.19 示出叠层电池效率与顶、底电池带隙的关系的计算曲线，可以看到，当选用带隙为 1.4eV 的材料作顶电池，选 0.7eV 的窄带隙材料与之构成叠层电池，其最高理论效率可达到 59.9%。早期在Ⅲ-Ⅴ族化合物半导体电池方面的研究已经有非常好的示例[37]。纵观电池效率增长趋势，随 GaAs 多结电池于 20 世纪 80 年代后期的出现，使Ⅲ-Ⅴ族电池的效率得以突飞式的增长，至 2007 年，由 *Applied Physics Letter* 上的报道，$Ga_{0.44}In_{0.56}P/Ga_{0.92}In_{0.08}As/Ge$ 结构的三结聚光电池效率达到 40.7%[38]，现正向 45%努力[39]。

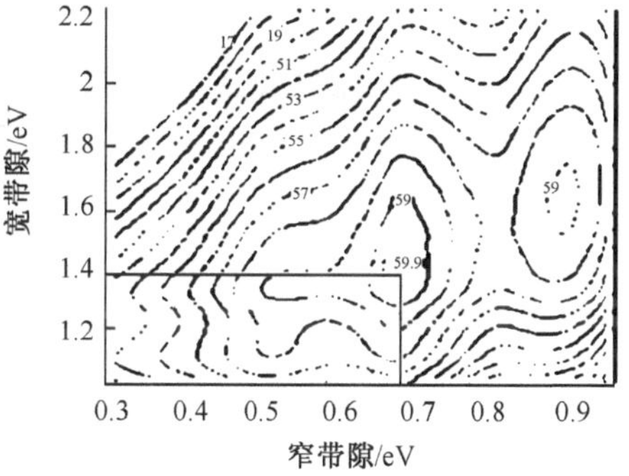

图 1.19　叠层电池计算效率和顶底电池带隙关系

在此概念的启发下[35~37]，如图 1.20（a）所示的提高效率的各种技术纷纷提出，其中硅基薄膜电池作为第二代太阳电池，也由单结非晶硅电池向非晶硅/微晶硅（锗）双结以及非晶硅/非晶硅（锗）/微晶硅（锗）三结叠层电池发展。图 1.20（b）示出不同结构的示意图[40]，以及由图 1.21 示出的不同硅基薄膜电池量子效率谱[41]不断进步的发展示例。当仅用非晶硅材料作有源层时，它的光谱吸收限在 700nm 附近。倘若采用非晶硅/微晶硅锗双结叠层结构，乃至非晶硅/非晶硅锗叠层/微晶硅三结叠层之后，其光谱响应可从 700nm 拓宽到 1000nm、以至到 1100nm。电池效率则由 9%到 11.7%，直至 15.1%。这种新型的电池结构正是建立在 United Solar 的科学家们认真思考材料特性之后所作设计的结果[40]。若能更好地借鉴不同类型叠层电池的经验，预期硅薄膜电池到 2020 年其效率能够大于 18%的目标是可能达到的[40]。

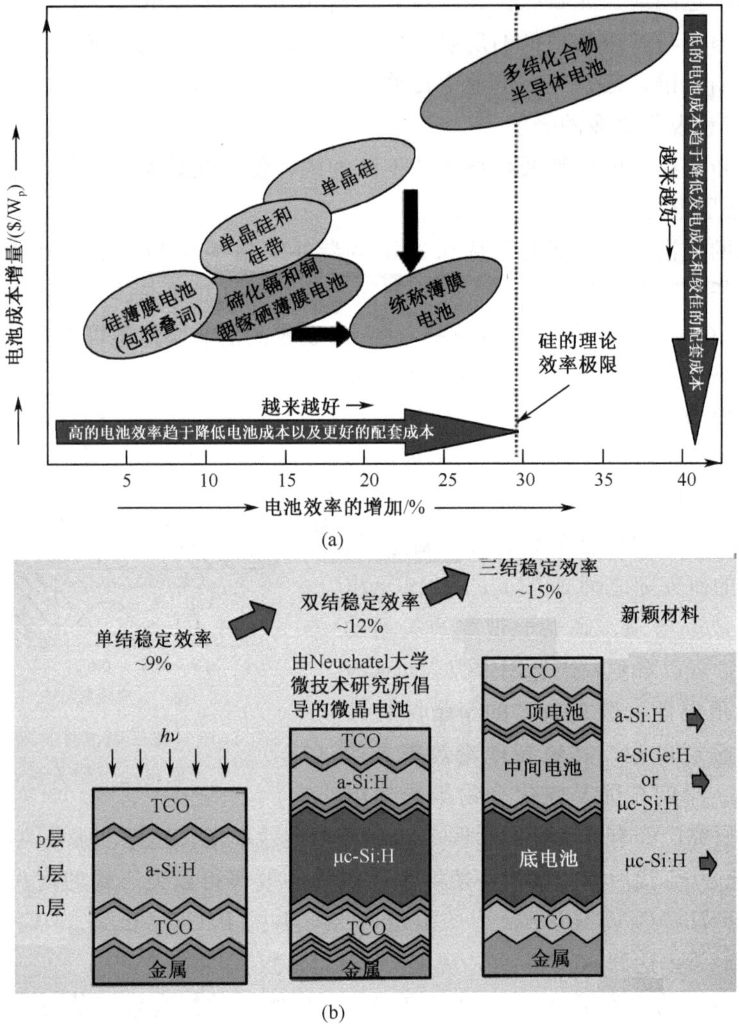

图 1.20　叠层电池成本与效率发展趋势（a）以及硅基薄膜叠层电池的结构示意（b）[40]

2）光学运筹[40]

电池的优化，要求有最大的对太阳光能的吸收和最小的光反射损失。所谓光学运筹（light managment），实际是仔细进行与光谱分配有关的光学系统的设计，将不同波段的太阳光按子电池逐层吸收，从而拓展光谱响应。图 1.22 给出

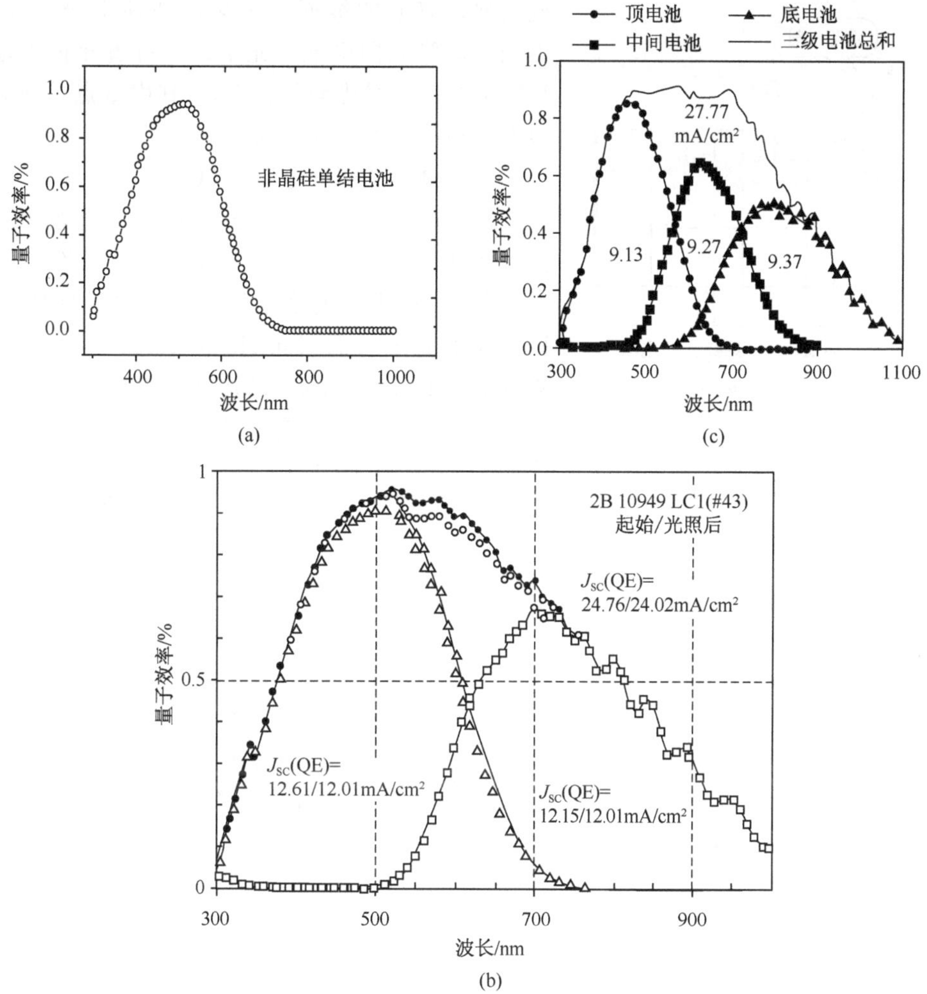

图 1.21　由单结、双结到三结叠层电池光谱的拓展

(a) a-Si：H 单结；(b) a-Si：H/a-SiGe：H 双结；(c) a-Si：H/a-SiGe：H/μc-Si：H 三结电池[41]

采用以电池带宽递减（$E_{g1}>E_{g2}>E_{g3}$）的串接形式的硅基薄膜叠层电池即为此示例[42]。另外加强绒面设计，降低受光面处的反射；各子电池之间，添加中间层以形成分布式布拉格反射（distributed Bragg reflectors，DBR）模式的微腔结构或其他有效结构，使得各子层能够获得最佳光学吸收效果；加强背电极的反射，提高光的二次利用率。按此消除上表面的反射、加强电池内部乃至背面的光反射。整套的光学运筹设计、综合管理的思路，对效率的贡献是极为重要的。

绒面结构能有效减少光损失，提高光的再利用率。澳大利亚西南威尔士大学Green 教授在这方面有出色的工作。他们连续创造几个单晶硅太阳电池效率的世界纪录中，主要贡献几乎均来源于在光利用率方面的创新成果[22]。对于单晶体

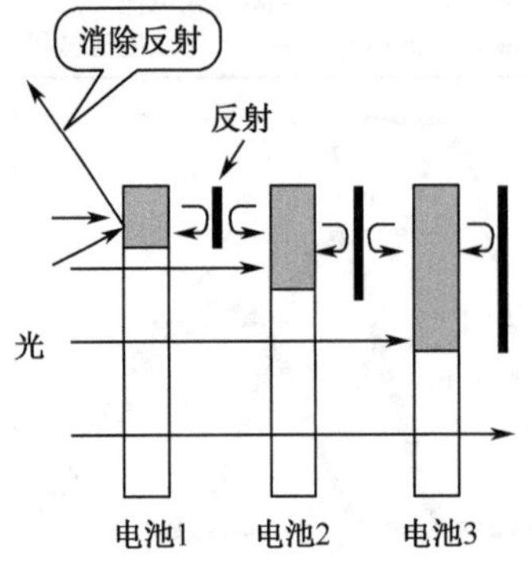

图 1.22　叠层陷光结构示意图[42]

硅电池，表面的绒面（黑化）处理十分重要，然而对薄膜太阳电池，光学设计有着比体电池更宽的空间（受光面与背面）。其中重点是前后绒面电极结构的设计及利用。

(1) 绒面透明导电膜（TCO）

薄膜电池制备中，常规市售的前电极用绒面优质 TCO，当属日本旭销子玻璃公司的带 U-type 结构的透明导电膜。随其技术的不断发展，已由原来的单绒面（single texture）开发出双重绒面（dual texture）结构（见图 1.23）[43,44]，使得在长波段仍旧具有较高的绒度（＞60％），可适用于结晶状态不同的薄膜电池的减反、增透的用途。从研究进展得知，真正 V 形的倒金字塔结构，鉴于其尖锐的 V 形底部，会引起长在它上面的膜出现微

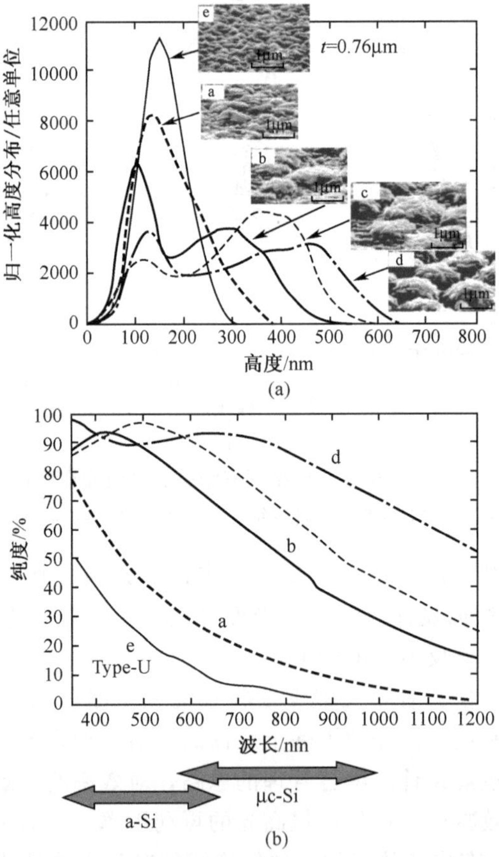

图 1.23　不同绒面 TCO 相应的表面粗糙度的归一化分布（a）及其绒度的光谱分布（b）[44]

裂缝，易使微区漏电增加。为此必须予以退火处理，以便获得圆滑谷底的形貌(U-shaped valleys)[44,45]。

(2) 中间反射层[46]

在叠层电池中，为了既减薄顶电池，提高非晶顶电池的稳定性，又能达到顶、底电池之间的电流匹配，提高整体电池效率，在顶、底子电池之间插一薄层反射层（interlayer）是有效的。该层应具有低的折射率及一定的导电性。将它插入具有高折射率的顶、底硅基薄膜电池之间，调节合适即可形成起增反作用的宽带 DBR 结构。它的反射率可表示如下：

$$R_{\mathrm{d}} = \left(\frac{n_{\mathrm{t}} - \left(\dfrac{n_{\mathrm{int}}}{n_{\mathrm{b}}} \right)^{2s} n_{\mathrm{b}}}{n_{\mathrm{t}} + \left(\dfrac{n_{\mathrm{int}}}{n_{\mathrm{b}}} \right) n_{\mathrm{b}}} \right)^2 \tag{1.1}$$

式中，n_{b}、n_{int}分别为构成 DBR 材料系的底电池（p^+层）和中间层的折射率，s 为 DBR 的周期数（图 1.24 所示的情况为一个周期的 DBR，$s=1$）。若没有中间层，对同质异性的顶、底电池（n^+/p^+）的界面，两者折射率几乎相当，故中间部分的反射为 0；但是如果将一个折射率低的薄层插在两子电池的中间，由式（1.1）所示，则相当于降低了底电池的折射率（由原来的 n_{b} 变成$(n_{\mathrm{int}}/n_{\mathrm{b}})^2 n_{\mathrm{b}}$），如是顶底电池界面处的反射得以加强。将图 1.24 所用结构的折射率参数代入式（1.1），此时插入或不插入中间层的反射率之比可达 196。这表明选用低折射率的中间层后，将可把从顶部透过来短波长的光再反射回去，得以再次吸收。中间层的折射率尽量选用低的为好（对硅基薄膜电池，n_{int}为 1.5～1.7 较好），厚度应与顶电池相容，以便反射具有一定的选择性。这些参数的选取将改善陷光作用的大小以及光谱范围，为此优化设计是必要的[47]。

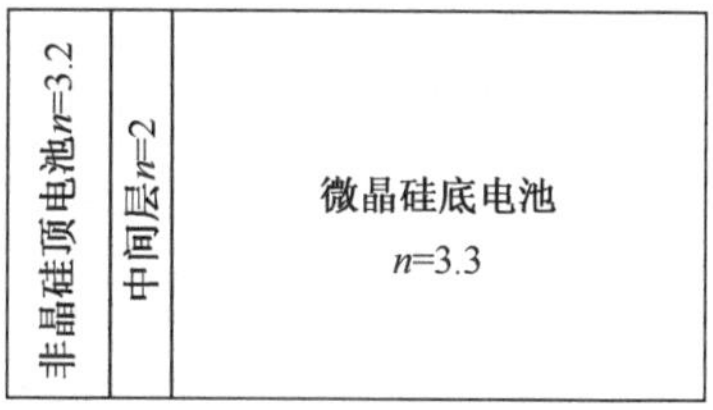

图 1.24　计算中间层作用的示意图

(3) 绒面背电极结构

我们已知，背反射层的作用。它需要利用其绒面结构，达到加强散射、增强反射，将光谱吸收限以内、但尚未被电池吸收完全的光子，经陷光结构再反射回到体内予以二次吸收。对不透明的体电池，背部无法制造陷光效果。背反射层给薄膜电池提供了可分担陷光效益的作用。因为沉积在绒面结构上的薄膜，厚度较厚之后，它将部分填满粗糙绒面表面上的凹部，减弱陷光效果，尤其在多层的沉积情况下。常规的背反射电极结构是在掺杂层与金属电极之间，采用与电池制备工艺相容的方法，沉积一层低折射率的 TCO 薄层，再制作外引线电极用的金属导电层，构成带 BDR 效果的 n^+（p^+）/TCO/Metal 结构，获得如上所述的提高反射率的效果，这已被文献的实验所证明[48]。

近期也有对金属层表面进行绒面处理的报道[49]，处理成如图 1.25（a）插图所示的、具有一定理想的光栅结构，也能够增强由散射作用带来的陷光效果。按照衍射理论可知，光栅的衍射角是由光栅的周期（Λ）、衍射级别（m）、介质的折射率（n），以及入射光的入射角（θ）决定的。对已知折射率材料的计算，得到图 1.25（a）所示由不同光栅（$m\Lambda$）在硅内感生的衍射角的光谱分布。衍射角大表明散射作用强。当光栅周期选 250～300nm 时，在微晶硅的吸收限 800～1100nm，仍有着较大的衍射角。说明选用合适周期的光栅，能增强微晶硅薄膜对红外部分（IR）的吸收，故有利提高微晶硅电池效率。一种背面金属电极绒面化的示例参见图 1.25（b）。按此处理的 μc-Si：H/ Ag/绒面 Al 结构的背电极，可使非晶/微晶硅叠层电池的短路电流从 16.9mA/cm^2 提高到 20.7mA/cm^2，改善率约 20%。

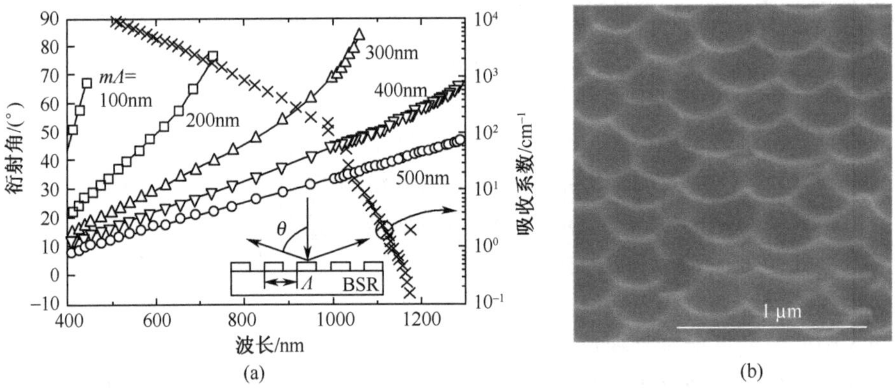

图 1.25　背金属电极绒面设计示意图

（a）具有不同特征常数的光栅在硅内引起入射光发生衍射的角度随光谱的分布（示出硅的吸收曲线以作参考）；（b）背电极 Al 金属薄膜绒面处理的效果[49]BSR

Berginski 等[50]对整个电池各部分在光传播过程中可能的损失，按照 Deckmant 等[51]理论进行了综合计算分析，作出图 1.26 所示的叠层电池各部分陷光改善贡献的示意图，该图表明当优化光学设计后，短路电流可从 24.3mA/cm^2，提高到 27mA/cm^2。改善效果约 10%。该图清晰给出光学管理设计应考虑的方面，很有实际意义。

图 1.27 示出 Kondo[40]在马丁·格林 Green 制作的光伏发展历程的基础上的补充。从 1954 年晶体硅 pn 结电池的诞生，太阳电池历经了从高效率、高成本的发展之路，被称为第一代电池。到 20 世纪 80 年代，第一次能源危机唤起低成本薄膜电池的兴起，光伏产业逐步开辟了一条低成本、低效率的产业化之路，也就是第二代薄膜电池。随近年技术的发展，在晶体材料成本居高不下的市场推动以

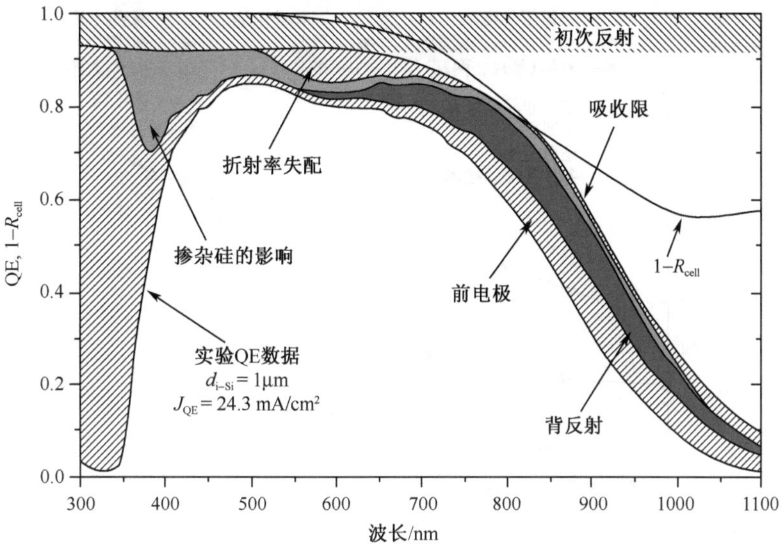

图 1.26　合理改善结构各部分的陷光效应后的贡献的示意图[50]

及对其高效率技术的借鉴，薄膜电池得到了长足的进步，CIGS 和 CdTe 电池效率逐渐趋于甚至高于体硅多晶电池产业化的效率，即使硅基薄膜电池采用非晶硅/非晶硅/微晶硅三结结构，其大面积电池也将趋于 14%的多晶硅产业化效率。针对这些明显的进步，为此在图 1.27 中特别标注了当前已经进入到“二代半”的时代。图 1.28 示出近期各类电池效率随年度提高的里程表[41]。该图纵轴为效率，横轴为年份。对此图分析发现，现有电池效率的进步速度日趋变缓，难有更大突破。目前存在的主要问题表现在何处？未来技术之路在哪里？

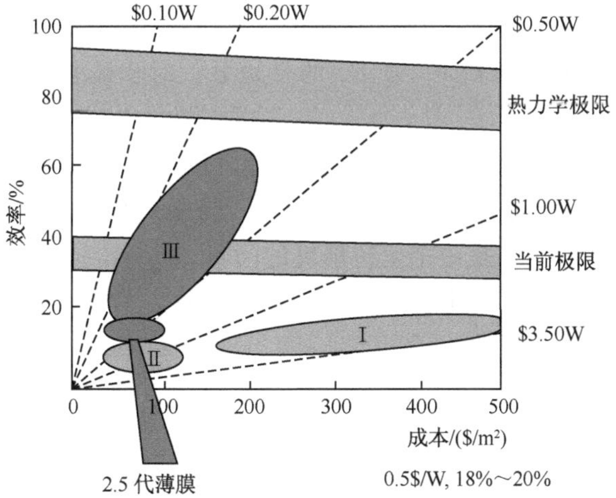

图 1.27　成本、效率对技术的依赖[41]

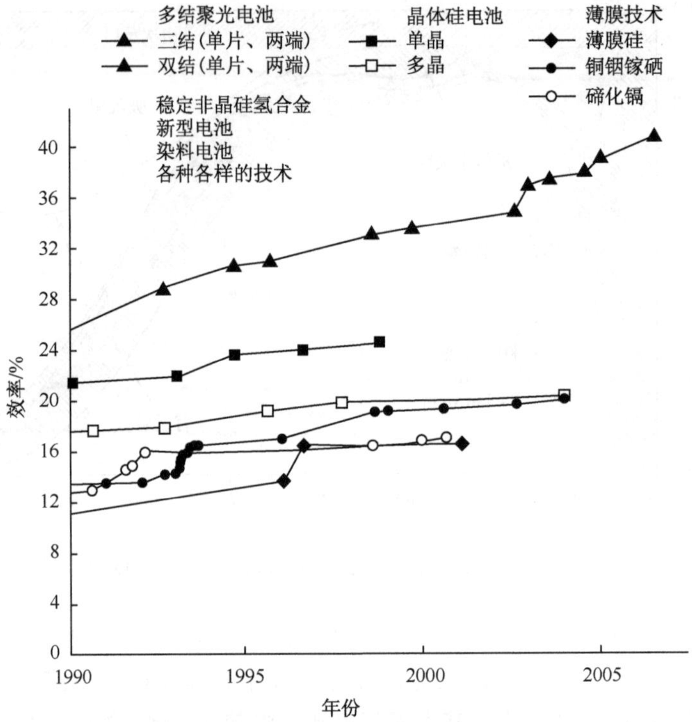

图 1.28 不同电池效率增长趋势

① 对现有电池光谱响应曲线的分析，几乎很少电池的短波限能接近于350nm 太阳光的紫光波段。这部分没有充分利用的损失几乎为 5%左右。

② 在可见光谱部分，那些能量大于有源层带隙 E_g 的光子，将价电子泵浦到远高于导带底能量的位置上，形成高能量热光生电子或空穴，它们通过热化弛豫，以发射声子的形式回到 E_C 或 E_V 的带边处。对于波长越短的可见光部分，能量损失越大。

③ 地球表面 50%的太阳能为红外线辐射。现有优质的光伏材料无法利用红外光，而正开发的窄带隙光伏材料质量较差，转换效率低。如何将 50%左右的红外光的能量利用起来，是一个亟待解决的问题。

根据上述分析，得知了电池中能量损失的途径，为此有针对性地找回损失，应该是提高效率的良好思路。

1.2.2.4 下一代电池

M. Green 于 2001 年提出第三代电池的定义。他认为，第三代电池应该是满足“绿色、环保、新概念、高效”的太阳电池。其中新概念是最为重要，因为经过半个世纪的努力（见图1.28），效率增长的速度似乎趋于当前概念和技术手段的极限了。探索、寻找新概念电池是当务之急。关于这一部分将在本书的第9章中重点予以阐述。在此仅给出几个新一代电池概念的示例。图1.29是2007年11月8日由美国能源部发布的太阳能下一代技术发展规划中提出的提高效率和降低成本的目标，可以引以思考和借鉴。

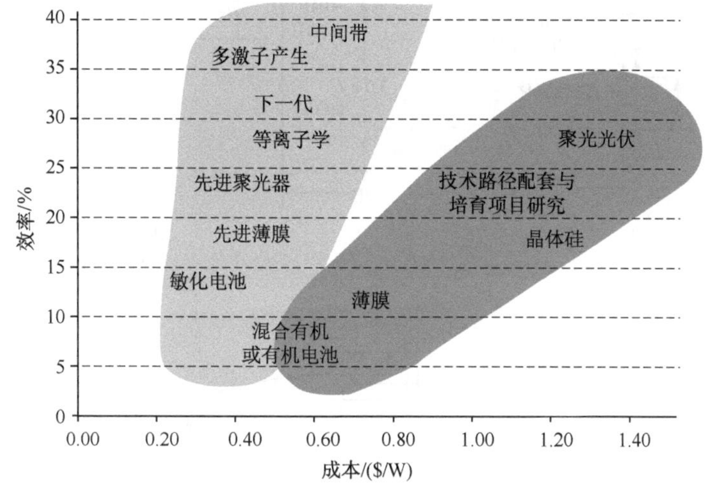

图1.29 美国能源部下一代电池研究计划要求提高效率与降低成本的指标关系

1）宽带隙——量子点

由于至今尚未开发出带隙位于紫外光范围的合适的半导体光伏材料，针对短波段太阳能的利用问题，M. Green借助超晶格“量子限制效应”概念，提出硅氧化物或氮化物介质中的硅量子点的宽带隙材料的概念[52]。他们采用15～20层3nm的n^+（掺P）的$SiO_x(x=0.7)/2nm\ SiO_2$的超晶格结构得到1.7eV的宽带隙材料[53]，虽然离紫外尚很远，用此材料与p型单晶硅构成的多结电池，其效率达10.58%的新型全硅单晶多结电池。

2）对可见光部分能量利用的新概念

（1）光生量子效率大于1的电池结构[54]

当前所有的光激发产生电子-空穴对的效率，不是0（光子能量小于E_g），就是1（光子能量大于E_g）。那些高于E_g的能量都被热化弛豫损失了。图1.30(a)～(c)分别示出对无机量子点、染料敏化电池和有机聚合物电池中所示的[55]那些获得高于E_g能量产生的电子空穴对，有能力把它们高于E_g的能量通过俄歇激发方式，同时激发出另一对电子空穴对，这就可以成倍地增加光生载流子的产生率，即称多激子产生（multiple exciton generation，MEG）效应。无机纳米半导体，如球状量子点、量子棒或者量子线都有可能通过 MEG 效应来改善体半导体电池的效率，这是近期国际热点课题。

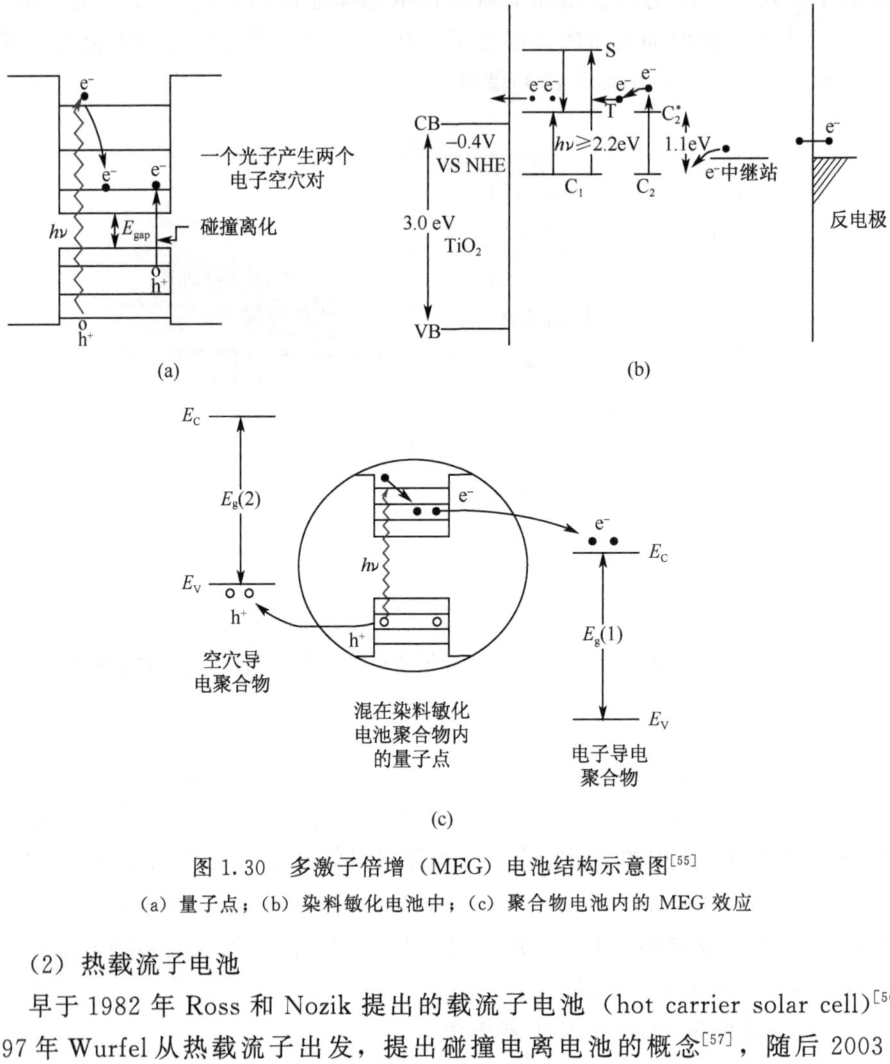

图 1.30　多激子倍增（MEG）电池结构示意图[55]

（a）量子点；（b）染料敏化电池中；（c）聚合物电池内的 MEG 效应

（2）热载流子电池

早于 1982 年 Ross 和 Nozik 提出的载流子电池（hot carrier solar cell）[56]，1997 年 Wurfel 从热载流子出发，提出碰撞电离电池的概念[57]，随后 2003 年 M. Green 更为明晰地给出热载流子电池定义[58]，其结构与能带图，由能量吸收体（absorber）及其两边各与电子或空穴形成“单能量滤过膜（membrane）”性质的能量选择接触层（energy-selective contact，ESC）组成。能量吸收体需能够将载流子的冷却速率从皮秒延长至纳秒[57,58]，ESC 是指能让能量高于 E_e 的电子或者低于 E_h 的空穴通过该层迅速被抽取到外金属电极中去。目的是为了让光生电子和空穴还没来得及冷却就被抽取流向外电极。ESC 的选择是能否迅速将尚未热化的光生载流子抽取至外电极的关键。要想热载流子在高能量处就被抽取，必须延长热化的弛豫时间，或者说降低“冷却”速度。对于没有热化过程的热载流子电池，理论计算的最高效率可达 60%；实验表明，采用聚光条件，产生高浓度的光生载流子，可使得电子与声子的相互作用减弱，从而延长热化弛豫时间，光生载流子能够及时被外回路抽取，有利效率提高。所以倘若施加优化的聚光条件，理想的热载流子电池的最高转换效率依计算参数选取的不同，可以达到或超过 85%[56,57] 或按照 Takeda 的计算，如图 1.31（b）所示，最大可达 76%[59]，NREL 的 A. Nozik 于 2002 年提出由量子点构成热载流子电池概念的示例[55]，由量子点形成的子能带，子能带间距远大于声子的能量，可降低热载流子冷却过程，有利于热载流子电池的实现。

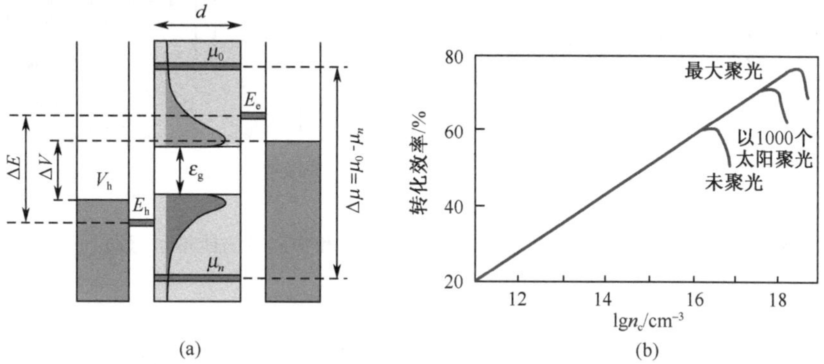

图 1.31　热载流子电池能带图（a）和极限效率计算比较（b）

3）红外部分能量的利用

（1）中间带电池

中间带电池是指采用某些特殊方法，在主要成分材料的带隙中，形成一个中间带隙的电池结构。这种电池内的光吸收不仅有基质内的“带-带”间的吸收，还可引入通过这些中间带的吸收，因为这些中间带是插在带隙内的，引入了窄带隙的吸收，有利对红外光的吸收，拓宽了电池的光谱响应，从而提高效率。如图 1.32（a）所示，清晰地显示了中间带的能带图以及量子跃迁的基本过程。形成这个中间带隙的方法，可采用量子点、超晶格结构，或者高度失配的合金材料中所产生。

1）量子点（QD）中间带

图 1.32（a）[60] 描述了中间带电池的具体结构示意图。当在基质“垒”材料薄层中插入“阱”材料的量子点，由于量子限制效应会引起微带结构从而成为中间带[60,61]，图 1.32（b）中是在带隙为 1.95eV 的垒材料 $Al_{0.4}Ga_{0.6}As$ 薄层中逐层插入带隙为 0.87eV、直径为 39nm 阱材料 $In_{0.58}Ga_{0.42}As$ 的量子点（QD）而产生的中间带（intermediate band），从其费米能级到垒的高度为 0.71eV。可以通

过垒材料的掺杂使 IB 带填满一半。这会有利红外波段的吸收而提高效率。

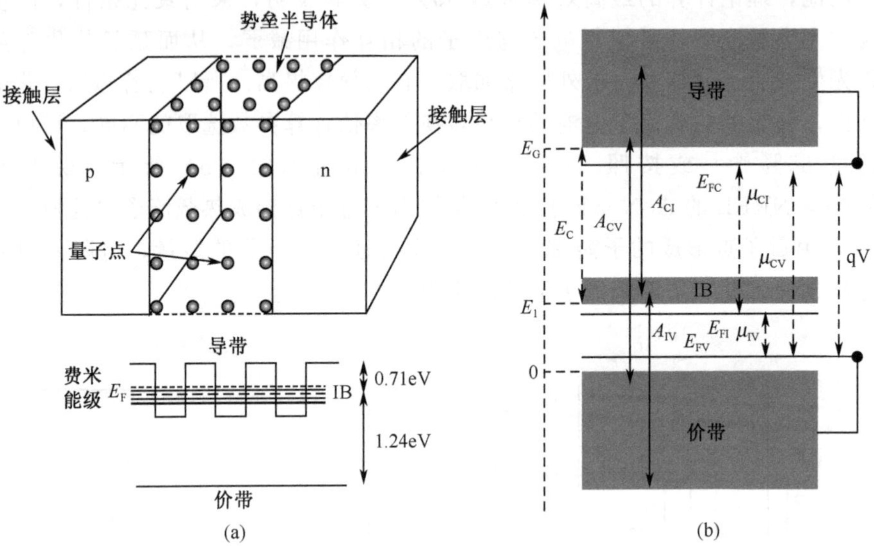

图 1.32 量子点电池结构及其中间带 (a)[60] 和中间带的能带示意图 (b)[61]

2）高失配合金[62]

高失配合金（highly mismatch alloy，HMA）中产生中间带的模型：按照“能带反交叉”（band anti-crossing，BAC）模型[63,64]中间带是由构成合金的基质成分的扩展态与添加成分的局域态之间的相互作用引起能带的杂化，导致能带重组而形成的。例如，N 对Ⅲ-Ⅴ族化合物或者 O 对Ⅱ-Ⅵ族化合物进行“稀释(dilution)”构成新型合金（GaN_xAs_{1-x} 或 $Zn_{1-y}Mn_yO_xTe_{1-x}$，ZnOTe）时，N 的局域态 E_N 与Ⅲ-Ⅴ（Ⅱ-Ⅵ）族基质扩展态 E_M 之间，会有强烈的反交叉互作用，使得基质的导带分裂成两个子带（E_- 和 E_+）。图 1.33（a）示出，当对 GaAs 和含不同 P 成分的 GaAsP 的Ⅲ-Ⅴ族化合物进行 2%的 N 离子注入之后，由光调制反射光谱（photo-modulated reflectance spectra，PRS）得到其能带发生分裂情况[63]。由图可见，对 E_M 处于 1.43eV 的 GaAs，注入 N 之后其能带将分列成 E_+ =1.82eV 和 E_- =1.24eV 的两个能带。E_- 能带基本上对应当用 1%的 N 替代 As 点阵位置后使能带变窄 0.18V 的实验规律。GaAs 掺 N 后其能带重组，分裂成导带底为 1.82eV，在离它 0.58eV 处有一个中间带，中间带的带隙为 1.24eV。

GaAs 中掺 P 将使带隙展宽，再进行 N 注入，此时的四元化合物的能带将发生分裂。为什么掺 P 不分裂而注入 N 则引起能带分裂？其原因来源于两方面引起的更大的应力失配，一是 N 原子半径非常小，二是 N 有较大的电负性（氮的电负性为 3.04 而磷为 2.19)。电负性大的 N 原子，具有比 P 更强的与基质原子离子性的耦合，也使失配增高。如图 1.33 (a) 所示，对掺 P 的四元化物，引入的中间带离新导带的距离较小，仅在 0.3eV 左右。这对红外吸收是有益的。

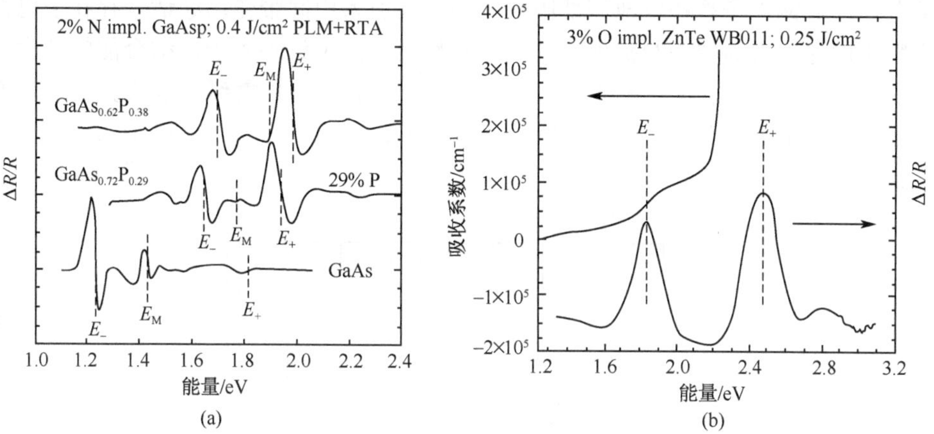

图 1.33 掺 N 的Ⅲ-Ⅴ族 GaA 类的能带分裂 (a) 和掺 O 的 ZnTe 化合物的能带分裂 (b)

在图 1.33 (b) 中，示出在Ⅱ-Ⅵ族掺 O 的 SnTe∶O 所引起的能带分裂情况。在导带底 2.45eV 处分裂出一个 1.7eV 的子带。它们的带隙差可调节到 0.65eV。由对不同化合物“稀释”掺杂，可以调节得到具有不同带隙差的中间带，这是有意义的。其工艺应该比量子能带工程的工艺简单实用。

从图 1.33(b)的吸收系数曲线，可以看到它们的吸收系数均大于 10^5cm^{-1}，是非常良好的直接带隙材料。而且在分裂的两个带的中间，吸收系数有一个突然增大的效应。反应 E_- 和 E_+ 这两个能带均有吸收，所以使吸收增高。这对光伏材料无疑是极为有益的现象。

(2) 并联式叠层结构[65]

相对于串接式的叠层电池，并联叠层使载流子输运无需跨越隧穿结所要遇到的诸多困难（详细参见本书Ⅲ-Ⅴ族电池和 Si 薄膜电池章节）以及为附加中间层的补救办法而引入的工艺复杂性，因而有诸多优点。图 1.34 示出并联叠层电池的结构示意图及其能带图。其结构的特点是整个电池为一个 pn 结，但是各相邻子层的掺杂是逐步减小直至本征层，过了本征层之后导电类型反向，即掺反型杂质，掺杂浓度逐渐增高直至接触层。受光面的带隙最宽，越往里带隙逐渐减小。按此材料构成的结构，其能带图如图 1.34 (b) 所示。由此能带图可以清晰看出，鉴于能带由表及里逐渐减小，多结电池体内存在着一个连续的内建电场，而不像串接式叠层电池中各个子电池内各有一个内建电场，各个电场是不连续的。各个子电池通过隧穿结连接起来。该隧穿结质量将对光生载流子输运与收集存在明显影响。但在并联式叠层结构中，在统一的同向电场的作用下，对光生电子-

空穴对的分离、抽取作用受到逐层的加速，输运畅通。当载流子加速到一定程度甚至可以产生雪崩效应，而进一步新增载流子，故而能够有利光生电流增大。另外杂质光伏[66]以及中间带的光伏效应[67]均易于在并联叠层电池中产生。红外光部分，即低能光子是在电池深部吸收。如果能引入中间带作用的话，存在于电池带隙中的那些由局域态与扩展态的强交互作用。两个红外光子的结合能够产生一个 e-h 对，它们又很容易被梯度的内场所分离、加速、收集到外电路。此类示例已由 I. M. Dharmadasa 等在 $CuInSe_2$ 电池以 p^+、p^-、i^-、n^- 和 n^+ 结构予以报道[68]。

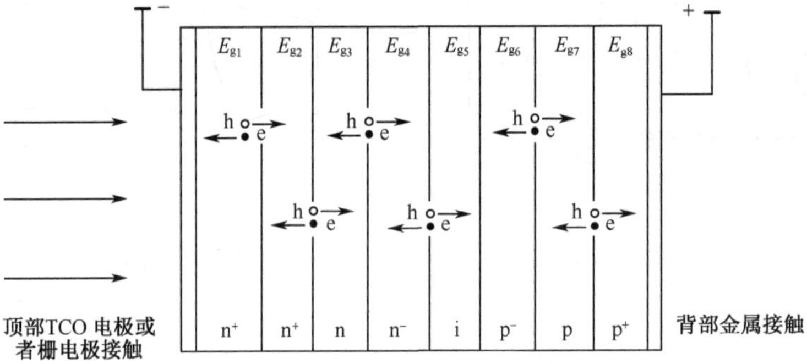

(a)

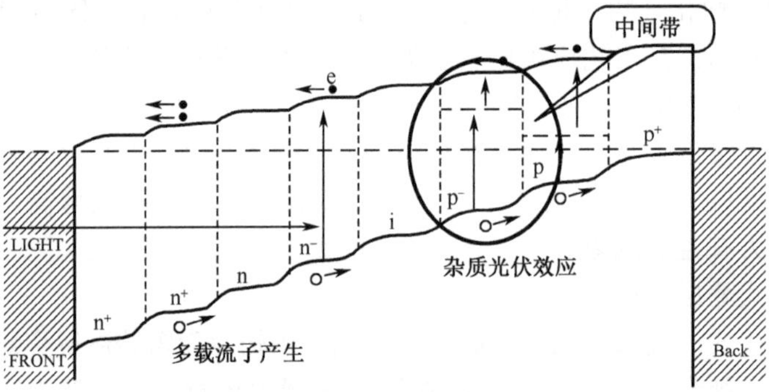

(b)

图 1.34 并联叠层电池结构 (a) 和能带图 (b)[66]

(3) 表面等离子极元。

金属表面存在着大量的自由电子，光照射到金属表面，当条件合适，表面大量的电子受光波作用会发生集体共振，金属表面电子的等离子振荡的振子称为表面等离子极元（surface plasmon polariton，SPP），这种共振将产生表面等离子波（surface plasmon，SP）。SP 的振荡频率 ω_p 与电子数相关，$\omega_p=\sqrt{\frac{4\pi ne^2}{m}}$，其中 n 为电子数，m 为金属中电子的有效质量。对于连续金属薄膜，电子浓度很高，所以 ω_p 非常大，达到 10^{16} Hz（10 倍的 THz），一般很难得到利用。但是如果将金属做成纳米颗粒，大量减少了电子数目，其振荡频率可降至可见光范围。等离子学（plasmonics）是一个刚开始研究的光子学的分支，起初属于典型的光子学研究的材料科学范畴，在光波导、光通信方面已经有较为深入的研究结果，而用在电池方面是近期才初见端倪。等离子学在光伏器件上的研究，是希望纳米结构的材料去控制光，使更多的光进入吸收层。因为等离子波是一种电子密度波（density waves of electrons），这些高密度电子集体振荡的电磁波与光耦合进入光伏电池，除了与一般的光吸收一样进行正常的吸收外，还能额外增加光吸收，它的机理尚是未解的方程待予开发。图 1.35 示出最近分别在单晶硅[69]和非晶硅电池[70]上进行研究的结构示例。其结果虽然尚未令人满意，但是作为新概念新思路的探索，研究还有很长的路要走[71]。新概念的实现有难度，需要一个艰难的不断深入、不断创新的过程。不过随化石燃料的耗尽而对光伏电池需求与希望的重托，这一过程显然会得到加速，它的生命力，以新材料、新技术的研究和开发的深入而会逐渐展现出来。有关新概念电池的讲述，请参见本书第 9 章。

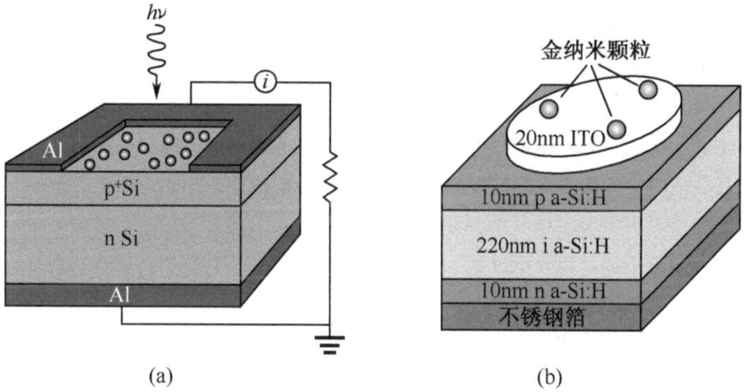

图 1.35　Au 纳米颗粒的太阳电池结构

(a) 单晶硅电池[69]；(b) 非晶硅电池[70]

所谓的新概念，其实是在现有科技前沿基础上总结不同的思路，巧妙结合电池的基本原理而创造出来的。这需要研究人员有深厚的物理功底以及博览群书、广纳当今最前沿科技新技术与新方法，包括光子学、光电子学，大规模集成电路制造学，介观物理、介观材料、低维材料、纳米材料等一系列先端科学的内涵；要有综合的、跨学科的、扎实的基础知识，广泛吸收、借鉴相关学科技术，才能不断开创光伏的新概念和新技术。其中知识积累是根本，只有相互融会贯通才能熟能生巧，灵活应用。

本书愿给读者以阶梯，熟练掌握基本理论与相应知识，使大家在光伏领域里创出一番事业，作出贡献。希望这本书能够成为大家的朋友。

参考文献

[1] Benka S. Phys. Today，2002，38：39.

[2] 赵玉文. 天津：南开大学，2007.

[3] 政府间有关气候变化讨论会（IPCC）2001年综合报告. 剑桥，纽约：剑桥大学出版社，2001.

[4] 联合国发展规划署（UNDP）就世界能源的评估报告. 纽约，2000.

[5] European Roadmap for PV R&D. European Commission Joint Research Center，2004 EUR 21087 EN.

[6] Poliakoff M，Licence P. Sustainable technology：green chemistry. Nature，450（7171）：810～812.

[7] Editorial. Patching together a world view. Nature，2007，450（7171）：761.

[8] United Nations Development Programme（UNDP）. World Energy Assessment，New York，2000.

[9] Fritts C. Proc. Am Assoc. Adv. Sci，1883，33，97.

[10] Johansson T，Kelly H，Reddy A，et al. Renewable Energy. Chip. 1. Washington，DC：Island Press，1993：1～71.

[11] Hegedus S，Luque A. Handbook of photovoltaic science and engineering. *In*：Luque A，Hegedus S. Great Britain by Antony Rowe Ltd，Chippenham，Wiltshire，2002.

[12] Prince M. J. Appl. Phys，1995，26：534～540.

[13] Loferski J. J. Appl. Phys，1956，27：777～784.

[14] Wysocki J，Rappaport P. J. Appl. Phys，1960，31：571～578.

[15] Shockley W，Queisser H. J. Appl. Phys，1961. 32：510～519.

[16] Cusano D. Solid State Electron，1963，6：217～232.

[17] Green M，et al. Proc. 18th IEEE Photovoltaic Specialist Conf.，1985：39～42.

[18] Sinton R，Kwark Y，Gruenbaum P，et al. Proc. 18th IEEE Photovoltaic Specialist Conf.，1985：61～65.

[19] Friedman D，et al. Prog. Photovolt.，1995，3：47.

[20] Gratzel M. Prog. Photovolt. 2000，8：171～186.

[21] Contreras M，et al. Prog. Photovolt.，1999，7：311～316.

[22] Zhao J，Wang A，Green M. Prog. Photovolt.，1999. 7：471～474.

[23] Maycock P. Renewable Energy World，2000，3：59～74.

[24] Takahashi H. Status and plans from Hemlock Semiconductors. 1st Solar Silicon Conference，Munich Germany，2004.

[25] Yan B，Yue G，Yan Y，et al. Mater. Res. Soc. Symp. Proc.，2008，1066，A3. 3.

[26] 在第十七届国际光伏科学与工程大会（PVSEC-17）尚德等全球太阳能电池厂商在日本公布业务战略. 日经BP社，2007-12-06：夏普新工厂——投建第10代液晶线与薄膜太阳能电池“联合工厂”. 日经BP社，2007-08-02.

[27] Chopin D，Fuller C，Pearson G. J. Appl. Phys.，1954，25：676～677.

[28] Shockley W，Queisser H. J. Appl. Phys.，1961，32，510～519.

[29] 尚德等全球太阳能电池厂商在日本公布业务战略PVSEC‘17. 日经BP社，2007-12-06.

[30] Kushiya K，Technical Digest of the International PVSEC-17，PL5-2. Fukuoka，Japan，2007：44.

[31] O'Regan B，Grätzel M，Low costand highly efficient solar cells based on tbe sensitization of colloidal titanium dioxide"，Nature，1991，335：7377.

[32] Putzeiko E K，Terein A. Zhurnal Prikladnoi Khimii，1949，23：676.

[33] Grätzel M. Mesoscopic solar cells for electricityand hydrogen production from sunlight. Chem. Lett., 2005, 34: 8～13.

[34] Kim J Y, Lee K, Coates N E, et al. Science, 2007, 317: 222.

[35] Wolf M. Proc. IRE, 1960, 48 (1): 246.

[36] Fan J, Tsaur B, Palm B. Proc. 16th IEEE Photovoltaic Specialist Conf., 1982: 692.

[37] Olson J, Gessert T, Al-Jassim M. Proc. 18th IEEE Photovoltaic Specialists Conf., 1985: 552～555.

[38] King R R, Law D C, et al. 40% efficient metamorphic GaInP/GaInAs/Ge multijunction solar cells. Applied Physics Letters, 2007, 90, 183516.

[39] Luther J, Bett A W. Progress in high-concentration photovoltac systems. Technical Digest of the International PVSEC-17, PL2-1, Fukuoka, Japan, 2007: 11

[40] Kondo M. Thin film silicon solar cells: latest development and future prospect. Technical Digest of the International PVSEC-17, PL4-1, Fukuoka, Japan, 2007: 32.

[41] Yan B J, Yue G Z, Subhendu G. Status of nc-Si: H solar cells at united solar and roadmap for Manufacturing a-Si: H and nc-Si: H based solar panels. Proceedings of MRS', 2007.

[42] Berginski M, Das C, Doumit A, et al. Proceedings of the 22th EPVSEC, Miland, Italy, 2007.

[43] Oyama T, Taneda N, Kambe M, et al. Reqirements for TCO substrate in Si-based thin film solar cells-toward tandem. Technical Digest of the International PVSEC-17, PL2-1, Fukuoka, Japan, 2007: 181.

[44] Oyama T, Kambe M, Taneda N, et al. Requirements for TCO substrate in Si-based thin film solar cells-toward tandem. Proc. MRS' 2008, 1101-KK02-01.

[45] Bailat J, Dominé D, Schlüchter R, et al. 4th World Conference on Photovoltaic Energy Conversion, Kona Island, Hawaii, USA, 2006: 1533～1536; Python M, Vallat-Sauvain E, Bailat J et al. 22nd International Conference on Amorphous and Nanocrystalline Semiconductors, Colorado, 2007.

[46] Krc J, Smole F, Topic M. Solar Energy Materials & Solar Cells, 2005, 86: 537.

[47] Ichikawa M, Meguro T, Sezaki F, et al. Enhancement of light trapping in the thin film silicon hybrid sollar cells. 4O-B5-04, Technical Digest of the International PVSEC-17, Fukuoka, Japan, 2007: 189.

[48] Zhang X D, Zhao Y, Gao Y T, et al. Influence of front electrode and back reflector electrode on the performances of microcrystalline silicon. solar cell's. Journal of Non-Crystalline. Solides, 2006, 352: 1863.

[49] Asens D E. Properties of crystalline silicon. INSPEC, 1999: 683～690.

[50] Michael, J H, Gordijnl A, Reetzl W, et al. Experimental studies of the light trapping and optical losses in microcrystaling silicon solar cells. 5O-B85-03. Technical Digest of the International PVSEC-17, Fukuoka, Japan, 2007: 341.

[51] Deckman H W, Wronski C R. Appl. Phys. Lett., 1983, 42: 968.

[52] Green M A, Conibeer G, König D, et al. Progress with all-silicon tandem cells based on silicon quantum dots in a dielectric matrix. 21st European Photovoltaic SolarEnergy Conference, Dresden, 2006.

[53] Cho E C, Hao X J, Park S W, et al. Toward silicon quantum dot junction to realize all-silicon tandem. 22nd European Photovoltaic Solar Energy Conference, Milan, 2007: 169.

[54] Queisser H, et al. Max Planck Inst., Solar Energy Materials and Solar Cells, 1996, 41/42419.

[55] Nozik A J. Quantum dot solar cells. Physica E，2002，14：115.
[56] Ekins-Daukes N J，Schmidt T W. A molecular approach to the intermediate band solar cells. Technical Digest of the International PVSEC-17，Fukuoka，Japan，2007：528.
[57] Ross R T，Nozik A J. J. Appl. Phys.，1982，53：3813.
[58] Würfel P. Solar Energy Materials & Solar Cells，1997，46：43.
[59] Green M A. Third Generation Photovoltaics. Berlin：Springer-Verlag，2003.
[60] Takeda Y，Ito T，Motohiro T，et al. Solar energy conversion using temperature-controlled carriers. 22nd European Photovoltaic Solar Energy Conference，Milan，Italy，2007：187.
[61] Luque A，Mart'A. Increasing the efficiency of ideal solar cells by photon induced transitions at intermediate level. Physical Review Letters，1997，78 (34)：5014～5017；Luque A et al. U. Politecnica de madrid. Phys. Rev. Lett.，1997：78 (26).
[62] Yu K M，Alberil K，Reichertzl L A. Highly mismatched semicoductor alloys for high-efficiency solar cessl. Proceedings of 22nd European Photovoltaic Solar Energy Conference，Milan，Italy，2007：5.
[63] Shan W，Walukiewicz W，Ager J W，et al. Phys. Rev. Lett. 1999，82：1221.
[64] Ⅲ-N-V Semiconductor Alloys. 2002. Semiconductor Science and Technology，2002，17：741～906.
[65] Dharmadasa I M. Third generation multi-layer tandem solar cells for achieving high conversion efficiencies. Solar Energy Materials & Solar Cells，2005，85：293～300.
[66] Green M A. Proceedings of the Third World Conference on PV Energy Conversion，Osaka，Japan，2003：50～54.
[67] Luque A，Marti A，Wahnon P，et al. Proceedings of 19th European PV Solar Energy Conference and Exhibition Paris，France，2004.
[68] Dharmadasa I M，Chaure N B，Samantilleke A P. Proceedings of 19th European PV Solar Energy Conference and Exhibition，Paris，France，2004.
[69] Pillai S，Catchople K R，Trupke T，et al. Surface plasmon enhanced silicon solar cells. J. Appl. Phys.，2007，101：093105.
[70] Darkacs D，Lim S H，Matheu P，et al. Improved performance of amorphous silicon solar cells vis scattering from surface plasmon polaritons in nearby metallic nanoparticles. Appl. Phys. Lett.，2006，89，093103.
[71] Temple T，Bagnall D. Plasmonic enhancement of silicon solar cells. Technical Digest of the International PVSEC-17，7O-A12-03，Fukuoka，Japan，2007：526.

第 2 章　光伏原理基础

朱美芳　中国科学院研究生院　　熊绍珍　南开大学

2.1　半导体基础

太阳电池起源于半导体中的光生伏特效应。当能量大于半导体材料的禁带宽度的一束光垂直入射到 pn 结表面，光子将在离表面一定深度的范围内被吸收，如果结深小于光吸收系数 α 的倒数 $1/\alpha$，入射光在结附近产生电子空穴对。离结区小于扩散长度内的光生载流子通过扩散到达结区，然后与产生于结区内的光生载流子汇集，在结电场的作用下 p 区的电子漂移到 n 区，n 区空穴漂移到 p 区，形成自 n 区向 p 区的光生电流。由于光生载流子的漂移，形成电荷堆积，产生一个与结电场方向相反的电场，它补偿结电场，使 pn 结正向电流增大。当 pn 结正向电流与光生电流相等时，结两端建立起一定的电势差，即光生电压。

对结型光电池，其有源层材料主要是半导体材料，除了Ⅳ族元素半导体 Si、Ge 以外，还有以 GaAs 为代表的Ⅲ-Ⅴ族化合物半导体，以 CdS、CdTe 等为代表的Ⅱ-Ⅵ族化合物半导体，以 $CuInSe_2$ 为代表的Ⅱ-Ⅲ-Ⅵ族元素组成的多元化合物半导体，以及一些氧化物半导体等，都是太阳电池无机类的基本材料。近期，一些有机材料、聚合物材料等更多的材料，被应用于太阳电池的研发。从总体来看，目前的光伏器件主要是采用无机半导体材料，而且是建立在半导体 pn 结光电转化的理论基础上的。因此，了解半导体太阳电池工作原理，需要熟悉固体物理及半导体的一些基本概念。本章将主要介绍与太阳电池相关的半导体材料的基本性质及其表征，包括晶体结构、电子态与能带结构及载流子分布与输运。在对 pn 结及其输运方程了解的基础上，再介绍太阳电池的特性及基本参数，并讨论太阳电池的模拟计算。此处为易于了解贯通全书的内容，故仅限于介绍而不作严格的理论推导与分析。详细的处理可阅读相关参考书[1~4]。

2.1.1　半导体材料结构与表征

应用于太阳电池的半导体材料，按结构分有单晶体（包含多晶体）、原子无序排列的非晶态材料及新发展的低维材料（纳米晶、量子点、超晶格量子阱）、有机材料等。晶体材料是目前电池应用量最大的，单晶材料的性质也是讨论其他材料的基础和参考。因此，这里主要介绍单晶体的结构特性。

晶体是原子在三维空间周期性重复排列拓展而成的。原胞为晶体的最小重复单元，按原胞结构的不同构成不同类型的晶体。以立方晶系的原胞为例，可构成如图 2.1 所示的简单立方（a）、体心立方（b）、面心立方（c）三种原胞。原胞的棱长为晶格常数 a。用密勒指数来表征晶体的不同晶向或晶面。通常器件的电学和光学性质与晶体的取向密切相关。确定密勒指数的方法：先获得一个晶面在原胞三个基轴上的截距，它们应是晶格常数 a 的整数倍（l，m，k）。取截距的倒数，按比例换算成最小的整数（h，k，l），（$h\ k\ l$）就是该晶面的密勒指数。若某一方向是负截距，密勒指数则表示成（$\bar{h}\ k\ l$）。由对称性决定的等价的晶面表示为 $\{h\ k\ l\}$，如所有等价的晶面（001）以 {001} 表示。例如，图 2.2（a）给出的晶面在 X、Y、Z 轴的截距为 $2a$、a、$2a$，它们倒数的最小整数为 1、2、1，该晶面的密勒指数是（1 2 1）。垂直于晶面的方向称为晶向，图 2.2（b）画出了立方晶格中的一个（111）晶面，它的晶向表示为［111］，与［111］等价的 8 个晶向表示为〈111〉。

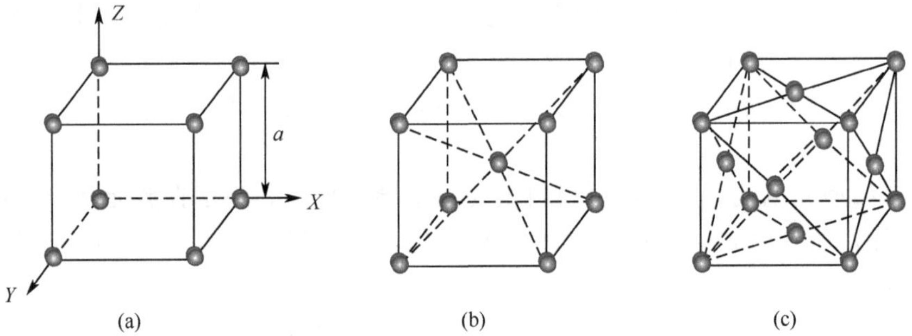

图 2.1　立方晶体原胞

（a）简立方；（b）体心立方；（c）面心立方

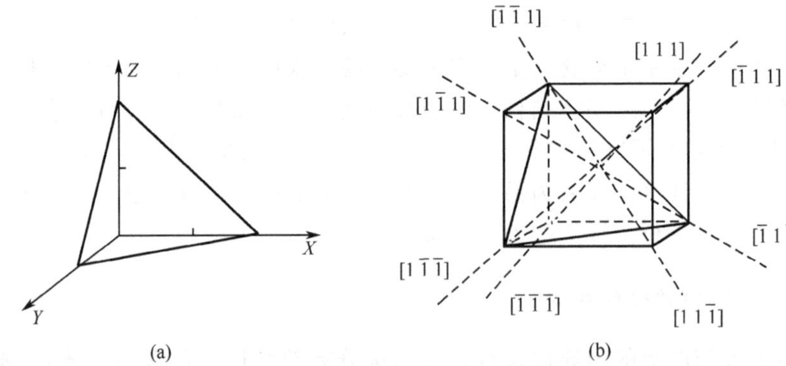

图 2.2　密勒指数（a）和立方晶格的（111）晶面，［111］方向及其等价晶向（b）

从结晶学的角度，Ge、Si、C 的晶体结构是金刚石结构，它是立方晶系中两个面心立方体结合的复式格子，这两个面心立方晶格在沿体对角线［111］方向相对移动（$a/4$，$a/4$，$a/4$）相嵌而成。如图 2.3（a）所示。每个原子与周围最近邻的四个原子成键，键与键之间的夹角是 129.5°。观察图 2.3（a）右前上方，如虚线围成的部分形成一个四面体结构。四面体是金刚石结构最小重复单元，又称物理学原胞。一个四面体包含了两个原子：一个中心原子和 4 个顶角原子分别对原胞贡献 1/4 个原子。

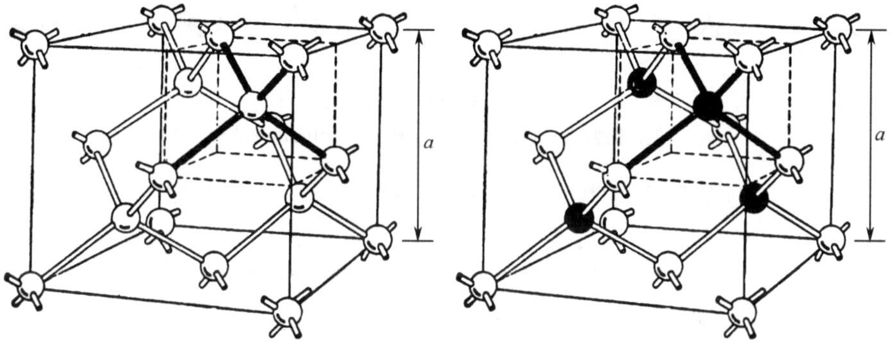

图 2.3　立方晶系中金刚石结构（a）和闪锌矿结构（b）
空心与实心圆分别代表 A 原子和 B 原子

大部分Ⅲ-Ⅴ族化合物及一些Ⅱ-Ⅵ族化合物，如 CdTe 等属于立方晶系闪锌矿结构。闪锌矿结构与金刚石结构的晶格点阵是相同的，不同的是金刚石结构是由同种原子组成，而闪锌矿结构是由两种不同原子组成。图 2.3（b）是 GaAs 原子排列结构，它是 Ga 原子（空心圆）的面心立方晶格与 As 原子（实心圆）面心立方晶格沿对角线方向相对移动（$a/4$，$a/4$，$a/4$）相嵌而成的。闪锌矿结构同样有四面体的物理学原胞，只是四面体的中心原子和顶角原子不同。

另外一些Ⅱ-Ⅵ族光伏材料 CdS、ZnS、CdSe、ZnSe 等则属于简六方的纤锌矿结构，如图 2.4（a）所示。该结构中每个原子与最近邻的四个原子成键，也形成四面体。虽然闪锌矿结构与纤锌矿结构都是由两个不同原子构成的四面体的堆积，但它们堆积的组态却不同。两个四面体是由一个共用键组合的，若其他三个键在垂直共用键平面上的投影是重合的，称重合组态；不重合的则称交错组态。图 2.4（b）所示的纤锌矿结构，六个键在垂直共用键平面上的投影是重合组态。而图 2.4（c）的闪锌矿结构六个键在垂直共用键平面上的投影是错开 60°的，是交错组态。

应用于薄膜太阳电池的一类材料是以非晶 Si、Ge 为代表的非晶半导体。其材料的结构特征是原子排列长程无序，指没有周期性。图 2.5（a）给出了非晶态固体二维结构示意图，有五原子环、六原子环构成。仔细观察三维原子排列网络示意图（b），非晶态材料也不是任意乱排，原子排列具有短程序，短程序是

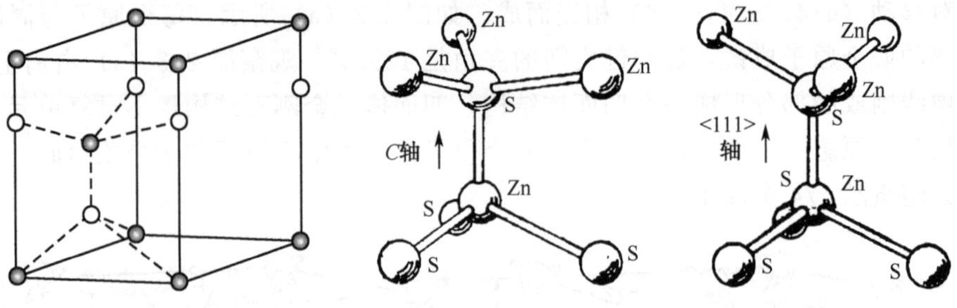

(a)　　　　(b)　　　　(c)

图 2.4　纤锌矿结构原胞

两个四面体键组合（a）、纤锌矿结构（b）和闪锌矿结构（c）

指：① 原子最近邻原子的类型、数目（称配位数）；② 近邻原子围绕该原子的空间距离（键长）；③ 键角分布，这三个参数与相应晶体的近程结构是相似的。如晶体 Si 是四面体结构，有四个最近邻原子，键与键之间的夹角是 129.5°。非晶 Si 原子最近邻配位数与晶体 Si 相同是四个原子，键角为 109.5°，其偏离为 ±10°，非晶 Ge 的键角为 108.5°±10°。如非晶硅与晶体硅的径向分布函数的第一近邻与第二近邻是十分接近的，说明它们的键长是相近的。非晶态固体结构的近程有序把非晶材料与相应晶体的基本特性联系了起来。然而长程拓扑无序又使它们的性质有大的差异。关于非晶硅的基本性质在第 5 章将有详述。

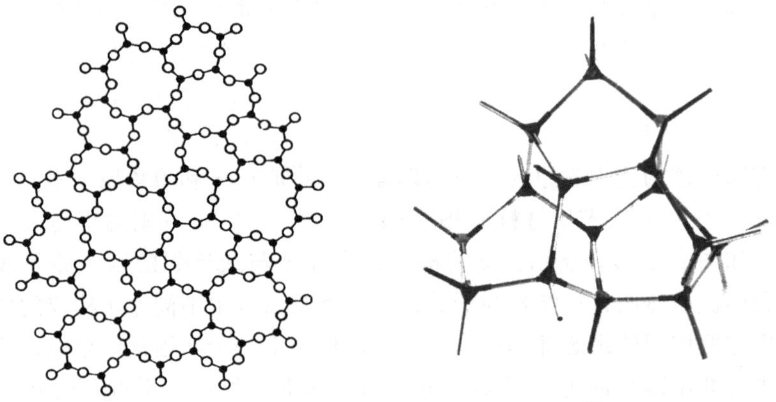

(a)　　　　(b)

图 2.5　非晶态固体

（a）二维网络；（b）三维网络

2.1.2　半导体中电子态与能带结构

2.1.2.1　半导体中能带结构

固体中电子态是由能带理论描述的。较完整的叙述及计算结果可参见文献

[1]。首先定性地介绍能带的形成。我们知道，一个孤立原子中电子运动的轨道由内到外依此排列为 1s；2s；2p；3s，…，如硅原子的电子组态是 $1s^2 2s^2 2p^6 3s^2 3p^2$，每一个态对应一个能级，如图 2.6 所示，原子间距很大的情况下，原子的能级为分立能级。当这些孤立原子逐渐靠近、按周期性排列形成固体时，各个原子的外层电子波函数会发生不同程度的交叠。外层电子波函数的交叠使电子的运动不再局限于某一个原子，而是可转移到邻近的原子乃至整个晶体，形成电子的共有化运动，此时孤立原子的能级扩展成为能带。能带宽度代表了电子共有化运动的程度。通过求解在晶体周期势场 $V(\boldsymbol{r})$ 作用下的单电子薛定鄂方程

$$\left[\frac{-\hbar^2}{2m}\nabla^2+V(\boldsymbol{r})\right]\psi_k(\boldsymbol{r})=E\psi_k(\boldsymbol{r}) \tag{2.1}$$

可得到电子以 Bloch 波函数 $\psi_k(\boldsymbol{r})$ 的方式 $\psi_k(\boldsymbol{r})=u(\boldsymbol{k})\mathrm{e}^{ikr}$ 在晶体中运动，形成新的电子能量状态。用波矢 $\boldsymbol{k}$ 来描述晶体中电子的运动状态，有了 $\boldsymbol{k}$ 就可了解电子运动的波函数及能量本征值，因此 $\boldsymbol{k}$ 是一个“好“量子数。若晶体由 N 个原子组成，则有 N 个不同的 $\boldsymbol{k}$ 值。电子的共有化运动使孤立原子的各能级扩展成包含 N 个波函数的不同的能带如图 2.6 所示，即每个带包含了能量基本上是连续的 N 个电子态。能带内电子的能量由波矢 $\boldsymbol{k}$ 确定。

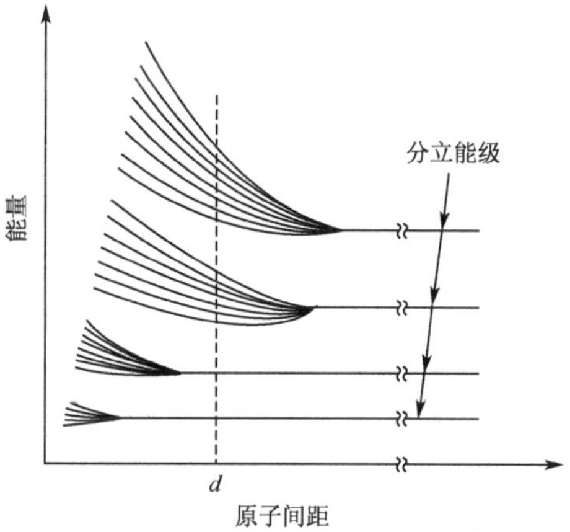

图 2.6　固体形成，原子的分立能级成为能带

电子从低能量到高能量填满一系列的能带。金属、绝缘体及半导体呈现电学性质的差别是由外层电子在最高能带的填充情况决定的。最高填充能带是由价电子组成的，称价带。价带上面较高的能带为导带。价带与导带之间是禁带，没有电子态存在。禁带的宽度或称带隙宽度，用 E_g 表示。图 2.7 为固体价电子填充能带的不同情况。绝对零度下，对于绝缘体与半导体而言，价带是由电子填满的，而导带是空的。而金属的价带中，是没有被电子填满的，有空的能态。在外

电场 $\boldsymbol{F}$ 作用下电子按式（2.2）运动，

$$\boldsymbol{F} = \hbar \frac{\mathrm{d}\boldsymbol{k}}{\mathrm{d}t} \tag{2.2}$$

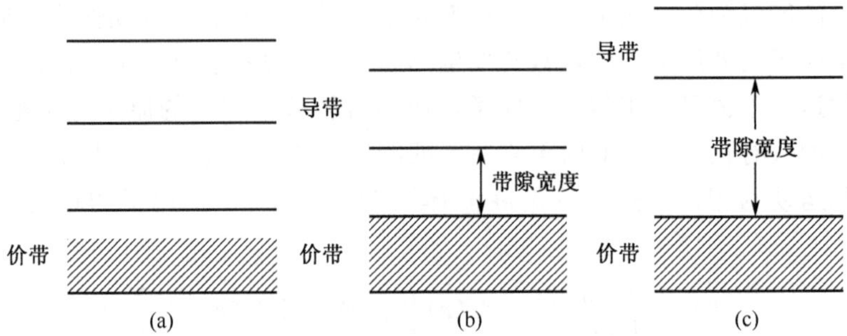

图 2.7　不同材料的能带示意图

（a）金属；（b）半导体；（c）绝缘体

对于一个填满电子的带，虽然带内电子在外场作用下是运动的，鉴于满带内总是有速度相等但方向相反的成对的电子运动，统计平均起来对外呈现的总的电流为零，因此被电子完全占据的满带对外不呈导电性。在绝对零度下，绝缘体和半导体均不导电。而金属的价带是半填满的，外场作用下电子运动不呈现对称性，因此显现良好的导电性。绝对零度下，对于绝缘体和半导体均是不导电的，但它们的导电性能仍是有差别的。这是由于绝缘体和半导体的带隙宽度 E_g 的不同。E_g 的大小影响了外场，如热场、电场、光场及电磁场将电子从价带激发到导带的能力。绝缘体的禁带宽度 E_g 很大，通常在 5.0eV 以上，因此不导电。半导体材料的 E_g 较小，在 0.5～3.0eV 范围。价带电子较容易激发到导带，此时价带与导带都不再是满带，虽然电导率较低，仍能呈现导电性，形成电导率较低的半导体。

通常由于热激发，半导体中的价带留下少量未填充的空状态 $\boldsymbol{k}$。固体物理证明，在此情况下价带的电流及其在外场作用下的变化，可以等价地用一个荷正电的有效质量为 $|\boldsymbol{m}^*|$ 的粒子来描述，这个假设的粒子称为空穴。空穴的特征是荷电量与电子相等但符号相反 $+\boldsymbol{q}$；运动速度 $v(\boldsymbol{k})$ 就是价带顶空态对应的电子速度；空穴的浓度等于空状态的浓度。空穴有效质量的性质将在下面介绍。

固体中电子状态由电子运动波矢 $\boldsymbol{k}$ 描述，求解单电子薛定谔方程得到电子波函数及其能量本征值 E。由于晶体的周期性结构，第一布里渊区中能量与波矢的关系 $E(\boldsymbol{k})$ 就反映了固体的能带结构。图 2.8 给出了具代表性的硅及砷化镓的 $E(\boldsymbol{k})$ 关系。

图 2.8 中纵轴是能量 E，横轴是 $\boldsymbol{k}$ 空间（动量空间）坐标。$\boldsymbol{k}$ 在动量空间各方向是从 0 到 $\pi/2$ 的变化。Γ 点是 $\boldsymbol{k}$ 空间的原点，Γ-X 为 Δ 轴是［100］方向，Γ-L 为 Λ 轴是［111］方向。我们感兴趣的是电子受外界条件激发从价带顶向导带

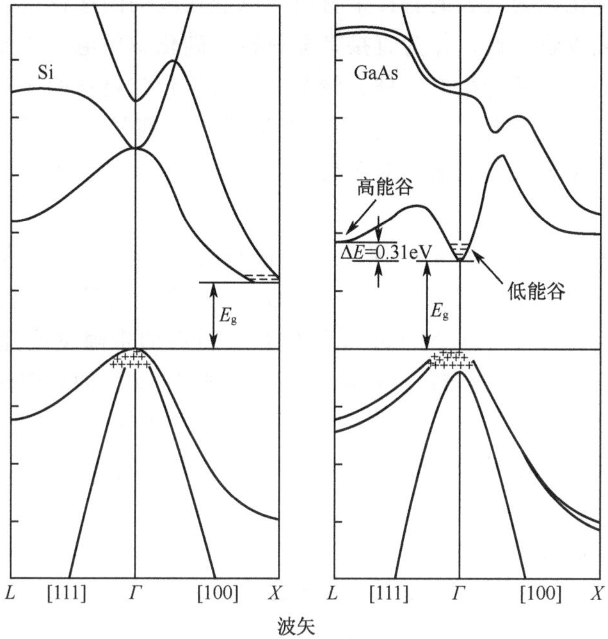

图 2.8　硅及砷化镓材料的能带图

底跃迁，设价带顶的能量为零，电子跃迁的最小能量为材料的基本带隙 E_g。跃迁过程满足能量与动量守恒规则。

对于砷化镓，其能带图显示有两个导带底，一个位于 Γ 点的“低谷（lower valley)”，另一个是位于 L 点附近的“高谷”（upper valley)，两个能谷的能量差为 0.31eV。因此 GaAs 具有两个带隙。一个是电子从价带顶 Γ 点跃迁到低谷 Γ 点，该跃迁过程中动量（$\boldsymbol{k}$）是不变的，称为直接跃迁，这种能带称为直接带。砷化镓基本吸收的带隙宽度为 1.42eV。电子另一个可能的跃迁是从 Γ 点到 L 点。这个跃迁在 $\boldsymbol{k}$ 空间不是同一点，电子跃迁过程需有声子参加才能满足动量守恒的要求，称为间接跃迁。计算表明砷化镓材料中，间接跃迁的跃迁概率要比直接跃迁概率小许多，砷化镓是直接带隙材料。

然而对于硅，图 2.8 显示的 Si 能带图中，有三个导带谷，按它们离价带顶能量排列，它们分别位于［100］方向上的近 X 点；［111］方向上的 L 点；布里渊区的原点 Γ 点。室温下，它们对应的三个带隙能量分别是 1.12eV、1.82eV 及 3.4eV。计算表明在硅中，Γ 点向 L 点及 Γ 点向 Γ 点这两种跃过程的概率是很小的，而在声子的帮助下电子改变动量从 Γ 向 X 方向［100］导带底的间接跃迁是容易发生的，因此硅的基本吸收带隙的能量是 1.12eV。锗也属于间接跃迁过程。对于锗和硅这类半导体称为间接带隙材料。

电子在以砷化镓为代表的直接带材料与以硅代表的间接带材料中的跃迁概率是不同的。以光吸收为例，作为直接带隙材料，砷化镓中电子在光跃迁过程中不需要声子的参加，光跃迁概率比硅、锗要高。直接带隙材料的光吸收系数比间接带材料要高。这就是为什么目前半导体光学器件大都是Ⅲ-Ⅴ族化合物半导体，而硅至今主要应用于太阳电池，对于其他功能光学器件的应用，如发光器件，还很困难。

对两元或多元的化合物半导体而言，它们的带隙可随元素成分比变化。如 Ge_xSi_{1-x}合金、多元的 $Al_xGa_{1-x}As$、CuInGaSe 薄膜材料等。材料的带隙可随摩尔分数 x 变化。图 2.9（a）给出单晶锗硅合金材料的带隙宽度随硅锗含量的变化的实验曲线。它显示，在锗含量为主从 100%降到 80%的范围内，随硅含量的增加，带隙宽度从 0.66eV 很快增加到 0.86eV。当硅含量大于 20%，带隙的增大变得缓慢，同时，随硅成分的增加，导带底从以锗的［111］方向上的 L 点，逐渐倾向于以硅在［100］方向上的 X 点处的结构为主。图 2.9（a）是从晶体材料得到的，在非晶硅基薄膜太阳电池中非晶 Ge_xSi_{1-x}合金薄膜有重要的应用，虽然单晶 Ge_xSi_{1-x}的数据不能在薄膜材料中准确地移植使用，从带隙调制的趋势而言，有重要的参考价值[5]。如两元或多元的半导体合金是由直接带隙和间接带隙材料的混晶，在一定比例下，合金材料将呈现从直接带隙向间接带隙的转变，如图 2.9（b）显示 GaAs 和 GaP 组分变化引起 $GaAs_{1-y}P_y$ 从直接带隙间接带隙的

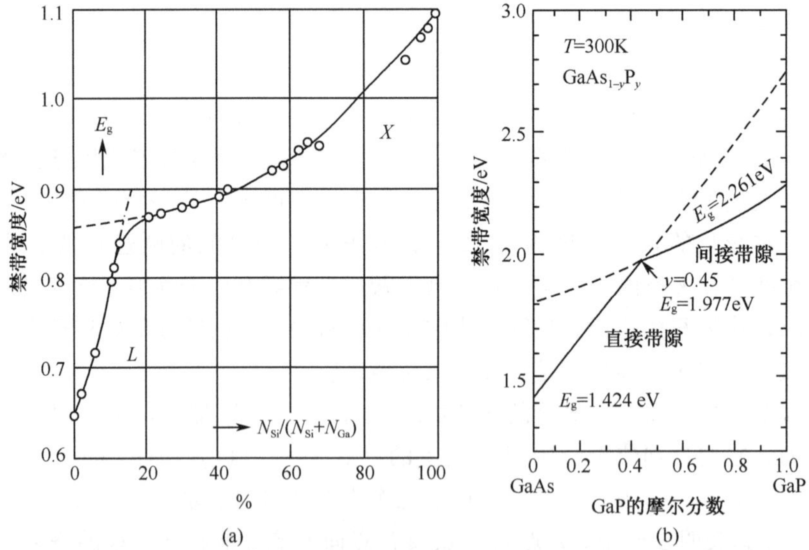

图 2.9 合金带隙宽度随组分变化的关系

（a）Ge_xSi_{1-x}合金带隙宽度随 Si 成分的变化[5]；（b）$GaAs_{1-y}P_y$ 中 GaAs 直接带隙和间接带隙 GaP 组分的关系[2]

转变，这转变发生在 $y=0.45$。带隙宽度随合金材料组分调制而变化的概念和技术已广泛地应用于太阳电池的研发中。通过带隙宽度的调制改变电池结构，提高太阳电池转换效率，已成为太阳电池创新的一个重要方面。

图 2.8 还表明，薛定谔方程给出的 $E(k)$ 关系在整个布里渊区是很复杂的。考虑到通常半导体材料中电子和空穴主要分别处于导带底及价带顶极值点附近很小的 k 空间范围，$E(k)$ 可以用一个近自由电子近似的式（2.3）来描述。式中（k_{0x}，k_{0y}，k_{0z}）代表导带底或价带顶极值点在 k 空间的位置，Ge、Si 等材料的在带顶和带底的能带可表示为

$$E(k)=E_0\pm\frac{1}{2}\left\{\frac{\hbar^2}{m_x^*}(k_x-k_{0x})^2+\frac{\hbar^2}{m_y^*}(k_y-k_{0y})^2+\frac{\hbar^2}{m_y^*}(k_z-k_{0z})^2\right\}$$
$$m_x^*=\hbar^2\left(\frac{\partial^2E}{\partial k_x^2}\right)^{-1},\quad m_y^*=\hbar^2\left(\frac{\partial^2E}{\partial k_y^2}\right)^{-1},\quad m_z^*=\hbar^2\left(\frac{\partial^2E}{\partial k_z^2}\right)^{-1} \tag{2.3}$$

式（2.3）中“±”为导带取“+”，价带取“−”；$\{m_x^*, m_y^*, m_z^*\}$ 分别代表电子在 x、y、z 方向的有效质量。从表达式看出，有效质量是由 $E(k)$ 关系决定的。在极值点附近，若 $E(k)$ 关系是抛物线关系，有效质量是能带曲率的倒数，可以是各向同性的常数，则 m_x^*、m_y^*、m_z^* 相等。若 $E(k)$ 是各向异性的，如 Ge、Si 等材料的导带底是椭球的等能面，是各向异性的，m_x^*，m_y^*，m_z^* 亦是一个各向异性的。

有效质量在物理上可理解为晶体场对电子作用的结果。电子有效质量与电子的惯性质量 m_0 它们的绝对值不同，有效质量可大于或小于 m_0，但在应用上有类似处。导带底的电子有效质量为正。价带顶电子有效质量为负，空穴的有效质量 $m_p^*=-m_e^*$ 为正。采用有效质量就可以将电子在实空间的运动规律应用于晶体中载流子。如外场对有效质量为 m_n^* 的电子运动的作用式（2.1）可表示为

$$F=m_n^*\frac{dv}{dt} \tag{2.4}$$

2.1.2.2　半导体中能态密度

固体能带的另一个表征是能带中电子状态密度按能量的分布 $N(E)$，它是与 k 空间态密度及固体能带结构相关的。k 空间单位体积的状态密度是 $2/(2\pi)^3$，其中 2 是考虑电子自旋。讨论在 $E-E+dE$ 范围内的电子状态数 $dN=N(E)dE$。应该是 dE 能量间隔在 k 空间所占的体积与 k 空间状态密度的乘积

$$dN=N(E)dE=\frac{2}{(2\pi)^3}4\pi k^2dk=\frac{2}{(2\pi)^3}4\pi k^2\frac{dk}{dE}dE \tag{2.5}$$

$$N(E)=\frac{2}{(2\pi)^3}4\pi k^2\frac{dk}{dE} \tag{2.6}$$

式（2.6）表明，有了 $E(k)$ 关系就可求出 $N(E)$。对于 GaAs 等材料的导带底的

$E(k)$ 关系是球对称的

$$E(k)=E_C+\frac{\hbar^2k^2}{2m_n^*} \tag{2.7}$$

将式（2.7）应用于式（2.6），得到导带底单位体积，单位能量的状态密度（$eV^{-1}\cdot cm^{-3}$）

$$N_C(E)=\frac{(2m_n^*)^{3/2}}{2\pi^2\hbar^3}(E-E_C)^{1/2} \tag{2.8}$$

对于 Ge、Si 等材料的导带底，是以式（2.9）表示的各向异性的椭球等能面

$$E(k)=E_C-\frac{\hbar^2}{2}\left(\frac{k_1^2+k_2^2}{m_t^*}+\frac{k_3^2}{m_l^*}\right) \tag{2.9}$$

其中，m_t^*、m_l^* 分别代表椭球等能面的横轴和纵轴方向的电子有效质量。如图 2.8 所示，导带底附近的能带称作能谷，Si 的导带底是在［100］方向，由［100］的简并度可知，Si 导带底等能谷数 S 为 6。而 Ge 的导带底在［111］方向，等能谷数 S 为 8。导带底的态密度仍可以式（2.8）形式表示

$$N_C(E)=\frac{(2m_C^*)^{3/2}}{2\pi^2\hbar^3}(E-E_C)^{1/2} \tag{2.10}$$

其中，m_C^* 为导带底电子态密度有效质量，计入简并度 S 之后，则 $m_C^*=S^{2/3}(m_t^{*2},m_l^*)^{1/3}$。

用类似的方法可得到价带顶附近的态密度

$$N_V(E)=\frac{2V(2m_V^*)^{3/2}}{2\pi^2\hbar^3}(E_V-E)^{1/2} \tag{2.11}$$

式（2.11）中价带态密度有效质量 m_V^* 由价带能带结构决定。通常 Ge、Si、GaAs 的价带顶位于 $k=0$ 处，是三重简并的（注：若考虑自旋则简并度为六），如图 2.10（a）所示。考虑了电子轨道与自旋的耦合作用，简并能带可分裂成如图 2.10（b）所示的三个带。通常起作用的是能量较低（对空穴而言）的上面两个各向同性的能带 E^+ 和 E^-，第三个带离价带顶能量为 Δ。根据式（2.3）计算

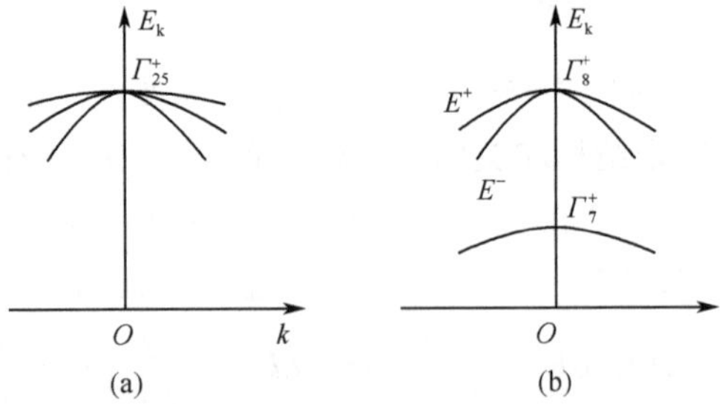

图 2.10　价带顶三重简并（a）和考虑电子轨道与自旋耦合作用后价带顶分裂成三个能带（b）（第三个带离价带顶能量为 Δ）

价带顶 E^+ 和 E^- 空穴的有效质量，E^+ 对应重空穴 m_{Vl}^* 能带，而 E^- 对应轻空穴 m_{Vl}^* 能带。因此价带态密度有效质量如式（2.12）所示，为

$$m_V^* = [(m_{Vl}^*)^{3/2} + (m_{Vh}^*)^{3/2}]^{2/3} \tag{2.12}$$

2.1.3　半导体中的杂质与缺陷

在理想的半导体晶体中，电子在严格的周期性势场中自由地运动。可以想象，如果晶体生长过程中有缺陷产生或有杂质引入，这都将对晶体的周期场产生扰动。凡晶体周期势场被破坏了的对应位置均称为缺陷。在实际材料中的缺陷是不可避免的。从缺陷产生来分，可分成两类：一类缺陷是在材料制备过程中无意引进的，称为本征缺陷，如在格点位置上缺少一个原子的空位缺陷、格点上原子排列倒置的反位缺陷、原子处于格点之间的间隙原子、较大尺寸范围的有位错、层错缺陷等。另一类是由于材料纯度不够，杂质原子替代晶体的基质原子引进的杂质缺陷。无论是本征缺陷或杂质，它们主要特征是破坏了晶体原子排列的周期性，引起晶体周期势场的畸变，其结果是在禁带中引进新的电子态，称为缺陷态或杂质态。

人们希望材料结构的本征缺陷尽量少、纯度高，这要通过制备工艺的改进和完善来实现。另一方面，在实际应用中，在充分认识杂质缺陷性质的基础上，引进所需的杂质，实现对材料性质的控制，正是器件应用所需的，因此对杂质缺陷的认识是重要的。硅是太阳电池的主要材料，以下用硅中的杂质为例讨论杂质的作用。

图 2.11 画出了Ⅴ族杂质如磷原子替代一个硅原子进入硅晶格的二维结构。硅原子的电子组态是 $1s^2 2s^2 2p^6 3s^2 3p^2$，有 4 个价电子。磷原子的电子组态是

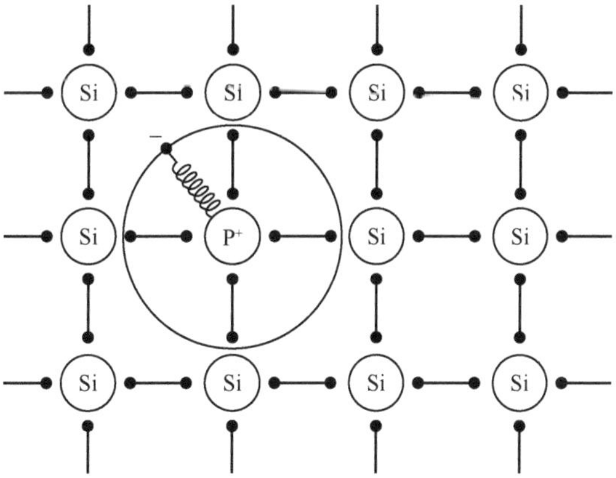

图 2.11　磷原子在硅晶格中替代一个硅原子

黑点代表电子，低温下多出的 3P 电子束缚在磷原子，束缚半径远大于原子间距

$1s^2 2s^2 2p^6 3s^2 3p^3$，有 5 个价电子。磷原子与周围四个硅原子形成 4 对共价键，还多出一个 3p 电子，低温下该电子束缚在磷离子（P^+）周围，保持电中性。在一定温度下该电子很容易摆脱束缚成为导带的自由电子。磷原子成为荷正电的离子，电子从杂质束缚态到自由态需要的能量称为杂质激活能 E_D，磷在硅晶体中的激活能为 0.044eV，因此磷原子束缚态能级在导带以下。Ⅴ族杂质在 Ge、Si 晶体中，均可提供电子，通常称这类能提供电子到导带并成为正电中心的杂质或缺陷称为施主杂质，该类杂质电离能称为施主杂质激活能 E_D。

另一种替代杂质是荷负电的中心。如Ⅲ族的硼原子，硼原子的电子组态是 $1s^2 2s^2 2p^1$，最外层有 3 个价电子。当它取代了 Si 晶格中一个格点位置后，硼原子与周围的 3 个 Si 原子形成 3 个 B—Si 共价键，尚缺一个电子与第四个 Si 原子成键，此处的硼原子相当于束缚了一个空穴。若硼原子从价带获得一个电子，即硼原子上的空穴激发到价带，空穴在价带是自由的，则自身成为荷负电的硼离子（B^-）。Ⅲ族的杂质在 Ge、Si 晶体中，处于束缚态时是电中性的，接受电子后形成荷负电中心的杂质。对于这类杂质称为受主杂质。杂质上的空穴从束缚态激发到价带需要的能量称为受主杂质激活能 E_A。由于空穴能量增加的方向是与电子能量方向相反的，因此受主杂质能级的位置在价带以上。表 2.1 列出了锗、硅晶体中Ⅲ及Ⅴ族杂质的激活能。从表中看出锗、硅材料中施主杂质和受主杂质的激活能都远小于禁带宽度，称这类杂质为浅杂质，所对应的杂质能级称为浅能级。在室温下晶格热振动传递给杂质原子能量，可使大部分杂质离化。这些浅杂质决定了半导体的导电类型。

表 2.1 Ⅲ及Ⅴ族杂质在锗和硅中的激活能(单位：eV)

	P	As	Sb	B	Al	Ga	In
Si	0.044	0.049	0.039	0.045	0.057	0.065	0.16
Ge	0.0126	0.0127	0.0096	0.01	0.01	0.011	0.011

固体中存在的另一种本征缺陷是表面缺陷。能带理论计算表明，由于原子周期性排列在表面的中断，表面周期势场的变化在禁带中产生本征的表面能级。从化学键的概念来说，固体表面最外层的原子将至少有一个未配对的电子，成为悬挂键即表面态。制备过程引起的表面损伤、外来原子的吸附等都将产生表面缺陷。这些结构的缺陷若存在于器件的界面，即称界面态。表面或界面缺陷态对器件性能有极重要的影响。

2.1.4 平衡态载流子分布

在一定温度下，半导体中载流子（电子、空穴）的来源：一是电子从价带直接激发到导带、在价带留下空穴的本征激发。二是施主或受主杂质的电离激发，与载流子的热激发过程相对应，还会伴随有电子与空穴的复合过程。最终系统中的产生与复合将达到热力学平衡。称此动态平衡下的载流子为热平衡载流子。电子作为费米子，服从费米-狄拉克统计分布，费米分布函数 $f(E)$ 描述，$f(E)$ 表示能量为 E 的能级上被电子填充的概率

$$f(E)=\frac{1}{\exp\dfrac{E-E_F}{k_B T}+1} \tag{2.13}$$

其中，E_F 为费米能级，是系统中电子的化学势，在一定意义上代表电子的平均能量，k_B 为玻尔兹曼常量。费米能级位置与材料的电子结构、温度及导电类型等有关。对于一定的材料 $f(E)$ 仅是温度的函数。如图 2.12 所示，当 $T=0\text{K}$，电子在能量小于 E_F 能级上的填充概率 $f(E)=1$。能量大于 E_F，$f(E)=0$。在 $T\neq 0\text{K}$ 情况下，电子在能量大于 E_F 能级上的填充概率 $f(E)\neq 0$。随温度升高，电子在高能量的填充概率逐渐增加，而在低能量的填充概率减小。图 2.12 中 $T_2>T_1$，电子在高能量填充概率的增加更明显。在 $E-E_F\gg k_B T$ 条件下，式 (2.13) 的分母远大于 1，费米分布可表示为

$$f(E)=\exp\left(-\frac{E-E_F}{k_B T}\right) \tag{2.14}$$

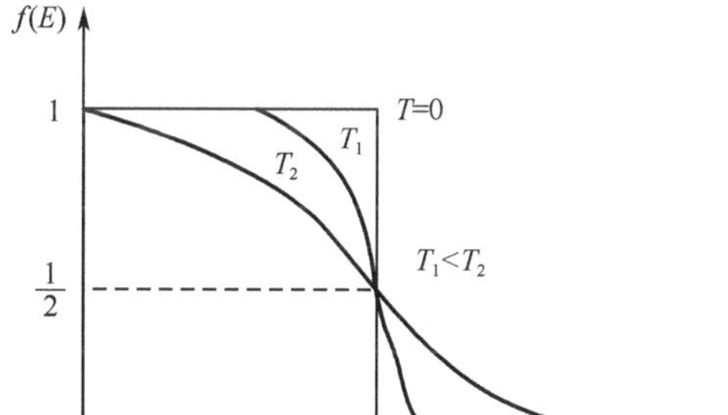

图 2.12　费米函数随温度的变化

式 (2.14) 称为电子的玻尔兹曼 (Boltzmann) 分布，一般高能量的电子很少，高能级上电子的填充可看成是随意的，此时对能量较高的能级的填充概率，可认为不受泡利不相容原理的限制。空穴在能量为 E 能级上填充的概率应该是能级未被电子填充的概率，表示成 $1-f(E)$。空穴的分布函数为

$$f(E)=\frac{1}{\exp\dfrac{E_F-E}{k_B T}+1} \tag{2.15}$$

有了导带和价带的态密度分布及电子与空穴的分布函数，就可计算在能带内的载流子浓度。以电子浓度为例：在能量 $E\rightarrow E+\mathrm{d}E$ 内的电子数 $\mathrm{d}n$，应是在该能量

范围内状态密度和分布函数的乘积，为

$$dn = f(E)N_C(E)dE \tag{2.16}$$

将式（2.10）及对于非简并半导体采用玻尔兹曼分布式（2.14）代入式（2.16）

$$dn = \frac{V(2m_C^*)^{3/2}}{2\pi^2\hbar^3}\exp\left(-\frac{E-E_F}{k_B T}\right)(E-E_C)^{1/2}dE \tag{2.17}$$

对式（2.17）在整个导带宽度积分，求出热平衡电子浓度 n_0

$$n_0 = 2\left(\frac{m_C^* k_B T}{2\pi\hbar^2}\right)^{3/2}\exp\left(-\frac{E_C-E_F}{k_B T}\right) = N_C\exp\left(-\frac{E_C-E_F}{k_B T}\right) \tag{2.18}$$

类似地求出热平衡空穴浓度

$$p_0 = 2\left(\frac{m_V^* k_B T}{2\pi\hbar^2}\right)^{3/2}\exp\left(-\frac{E_F-E_V}{k_B T}\right) = N_V\exp\left(-\frac{E_F-E_V}{k_B T}\right) \tag{2.19}$$

其中，N_C、N_V 分别称为导带底和价带顶的有效状态密度

$$N_C = 2\left(\frac{m_C^* k_B T}{2\pi\hbar^2}\right)^{3/2} \tag{2.20}$$

$$N_V = 2\left(\frac{m_V^* k_B T}{2\pi\hbar^2}\right)^{3/2} \tag{2.21}$$

图 2.13 图解了电子、空穴浓度与分布函数及能带态密度的关系。

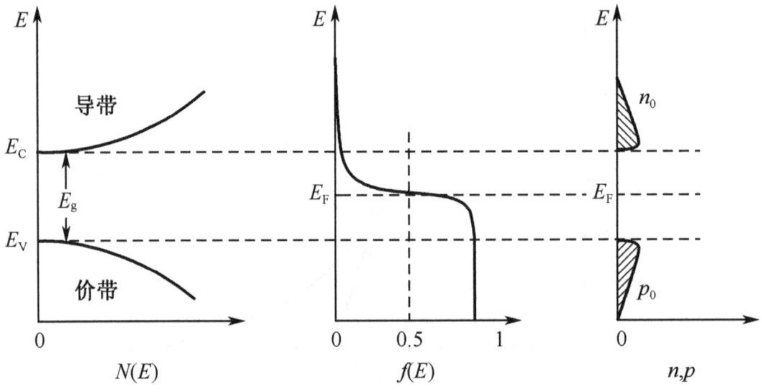

图 2.13 电子、空穴浓度与能带态密度及分布函数

取 n_0 与 p_0 的乘积为

$$n_0 p_0 = N_C N_V e^{-E_g/k_B T} \tag{2.22}$$

式（2.22）表明，对于一定的材料 $n_0 p_0$ 乘积仅是温度的函数，与费米能级无关。这表明在一定温度下 n_0 与 p_0 是相互制衡的。称 n_0 p_0 乘积为热平衡常数。

对于本征半导体，$n_0 = p_0 = n_i$，称 n_i 为本征载流子浓度。据式（2.18）和式（2.19），得出本征半导体的费米能级

$$E_F = E_i = \frac{1}{2}(E_C + E_V) + \frac{1}{2}k_B T\ln\frac{N_V}{N_C}$$

$$= \frac{1}{2}(E_C + E_V) + \frac{3}{4}k_B T \ln \frac{m_V^*}{m_C^*} \tag{2.23}$$

由式（2.23）看出，本征半导体的费米能级基本位于带隙中央，由于价带和导带态密度的不同（$N_V/N_C \neq 1$）导致稍偏离带隙中央。本征载流子浓度

$$n_i = n_0 = p_0 = (N_C N_V)^{1/2} e^{-E_g/2k_B T} \tag{2.24}$$

将本征载流子浓度 n_i 代回式（2.16）和式（2.17），它们可表示为

$$n_0 = n_i e^{\frac{E_F - E_i}{k_B T}} \tag{2.25}$$

$$p_0 = n_i e^{\frac{E_i - E_g}{k_B T}} \tag{2.26}$$

$$n_0 p_0 = n_i^2 \tag{2.27}$$

对于一定的材料，n_i 仅是温度的函数。如在 300K，Si 的 $n_i \approx 1.5 \times 10^{15}/\text{cm}^3$。

讨论掺杂半导体的载流子浓度。与讨论本征载流子浓度相类似，电子在施主能级 E_D 及空穴在受主能级 E_A 的填充概率可分别写为

$$f_D(E) = \frac{1}{1 + \frac{1}{2}\exp\frac{E_D - E_f}{k_B T} + 1} \tag{2.28}$$

$$f_A(E) = \frac{1}{1 + \frac{1}{2}\exp\frac{E_F - E_A}{k_B T} + 1} \tag{2.29}$$

若施主和受主杂质浓度分别为 N_D 和 N_A，在杂质能级 E_D 及 E_A 能级上电子和空穴的浓度为

$$n_D = N_D f_D(E_D) \tag{2.30}$$

$$p_A = N_A f_A(E_A) \tag{2.31}$$

由于杂质激发在导带和价带的电子和空穴浓度

$$n_{CD} = N_D[1 - f_D(E)] \tag{2.32}$$

$$p_{VA} = N_A[1 - f_A(E)] \tag{2.33}$$

以上分析可知，掺杂半导体的载流子有两个来源：一是从价带到导带的本征激发，二是杂质离化的贡献。这两部分均是温度的函数。图 2.14 是 n 型半导体电子浓度随温度变化的示意图。在低温下，本征激发很小，杂质是浅能级，离化能较小，载流子浓度主要随杂质的离化而指数上升，斜率为 $(E_C - E_D)/2k_B$，当温度上升到杂质完全离化，但本征激发仍是很小时，呈现一个平台。本征激发主要发生在高温区，以斜率为 $E_g/2k_B$ 的指数增加。我们这里感兴趣的是杂质完全电离的平台区。

以 n 型材料为例。在完全电离的温度条件下，半导体中的负电荷是导带中的电子浓度，正电荷是价带中的空穴与离化施主杂质 N_D^+ 之和，根据电中性条件

$$p_0 + N_D^+ - n_0 = 0 \tag{2.34}$$

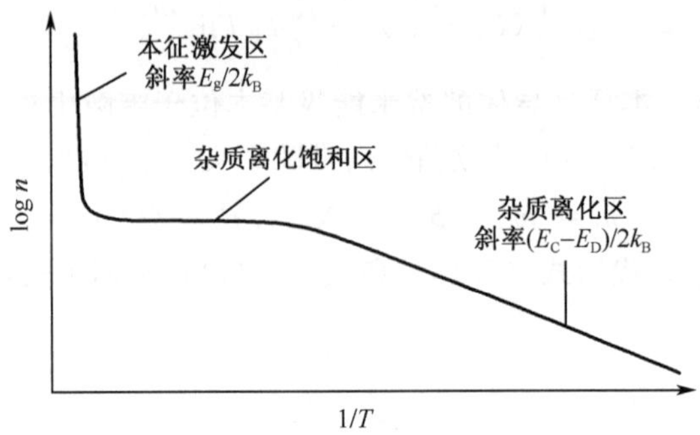

图 2.14 n型半导体电子浓度随温度的变化的示意图

通过关系 $n_0p_0=n_i^2$ 及费米分布函数可以求出 n_0、p_0 及 N_D^+ 的一般解。对于杂质完全电离的情况

$$N_D^+\approx N_D,\quad p_0+N_D-n_0=0 \tag{2.35}$$

当 N_D 较大，$p_0\ll N_D$，电子浓度基本上与施主杂质浓度相等，$n_0\approx N_D$。应用热平衡常数，可获得 $p_0=n_i^2/N_D$。例如，若晶体硅中掺磷浓度为 $10^{17}/cm^3$，在室温下认为是全部离化的，因此 $n_0=10^{17}/cm^3$；引用室温下 n_i 的值，计算空穴的浓度为 $p_0=n_i^2/10^{17}=2.1\times10^3/cm^3$。与电子相比，电子为多数载流子，空穴为少数载流子，$n_0\gg p_0$，为 n 型半导体。对于掺受主杂质的 p 型半导体，分析是类似的。

半导体材料中，可能同时有施主和受主杂质，将产生杂质补偿效应。设施主杂质浓度大于受主杂质浓度，在不考虑本征激发情况下，由于能级位置的关系，施主上束缚电子将先补偿受主杂质，再提供电子给导带。当杂质能级完全电离情况下 $n_0=|N_D-N_A|$。

2.1.5 半导体光吸收

半导体与光相互作用有一些基本的现象，如光吸收、光电导、光发射、光散射等。通过对半导体光学性质的了解有助于深入认识半导体的微观结构、电子态及其应用。我们主要介绍半导体光吸收的有关结果。光吸收详细的推导及其他现象和效应的内容可参考文献 [6] 和 [7]。

一束光在固体中的传播，实验上观察到其光强强度 I 是随离表面的距离 x 而衰减

$$I=I_0\exp(-\alpha x) \tag{2.36}$$

这里 I_0 是入射光强强度；α 是材料的光吸收系数。光强衰减是固体吸收了一定能量的光子将电子从较低的能态激发到较高的能态的结果。半导体中有多种光的吸收过程：能带之间的本征吸收、激子的吸收、子带之间的吸收、来自同一带内

载流子的跃迁的自由载流子吸收、与晶格振动能级之间的跃迁相关的晶格吸收等。图 2.15 画出了一个设想的半导体的不同光吸收及其相应的大致的能量位置[1]。吸收过程反映了电子或声子不同的跃迁的机制。对不同吸收过程的研究将有效地提供晶体能带结构及声子谱等的信息。我们不对每个吸收过程展开讨论，以下主要介绍与光伏电池有关的基本吸收过程——电子从价带跃迁到导带的本征吸收。发生本征吸收的条件是光子能量必须满足 $\hbar\omega \geqslant E_g$ 的关系。与光吸收相伴随的电子跃迁是由能带结构与能量、动量守恒原则确定的。

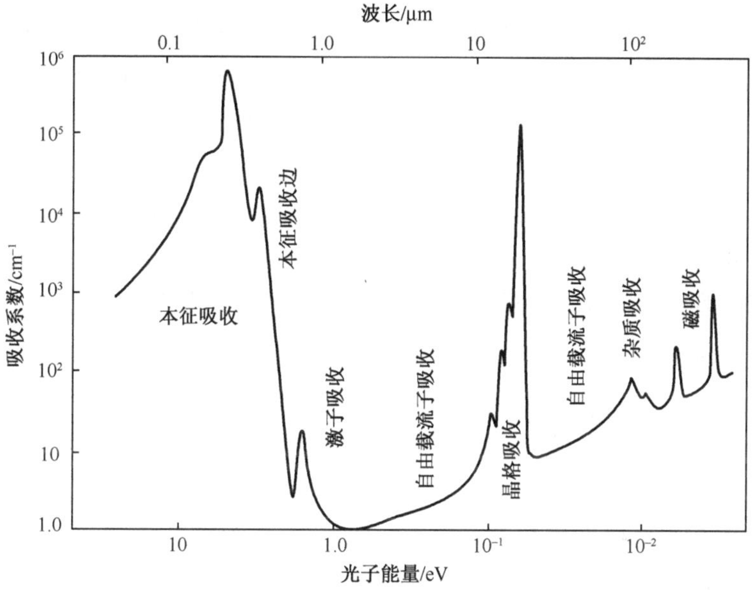

图 2.15　半导体光吸收谱示意图[1]

2.1.5.1　直接带隙半导体的光吸收

直接带隙半导体，即价带顶与导带底的波矢均位于 Γ 点（$\boldsymbol{k}=0$）的半导体材料，如图 2.16（a）所示意的能带结构。考虑电子与光子的相互作用，能量大于 E_g 的光子激发一个电子从价带跃迁到导带。在 $\boldsymbol{k}$ 空间，电子跃迁前、后的波矢分别是 $\boldsymbol{k}_V$ 和 $\boldsymbol{k}_C$，光子波矢为 $\boldsymbol{k}$，它们满足动量守恒

$$\boldsymbol{k}_V + \boldsymbol{k} = \boldsymbol{k}_C \tag{2.37}$$

若光子的能量约为 1eV 量级，光子波矢的绝对值 $k \approx 5^* 10^{-4} \text{Å}^{-1}$，而布里渊区的线度（即电子波矢的量级）约为 1Å^{-1}。因此与电子的波矢相比，光子的 k 值可忽略不计，式（2.37）可简化成：$\boldsymbol{k}_V=\boldsymbol{k}_C$。此时价带电子是竖直跃迁到导带，称直接的光吸收。

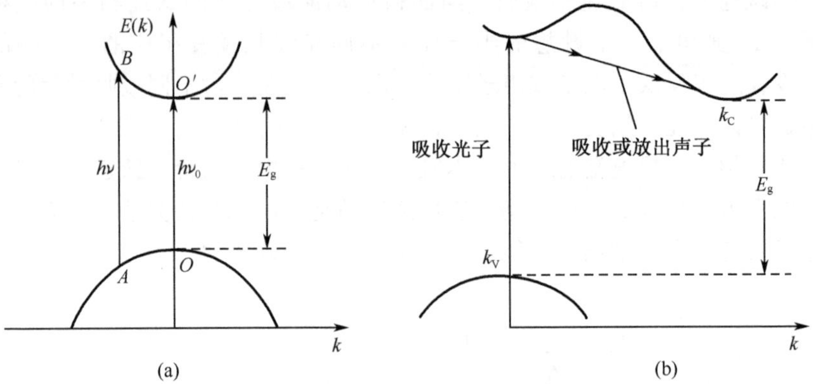

图 2.16 半导体光吸收过程中电子动量变化的示意图

(a) 直接跃迁；(b) 间接跃迁

光吸收可用光子与电子相互作用的量子理论求出。吸收系数 $\alpha(\omega)$ 定义为单位时间，单位体积净吸收光能量 $I_0(\omega)$ 与入射光能量 $I(\omega)$ 之比。根据量子力学，对于各向同性材料的计算，略去详细推导过程[6,7]，得到吸收系数为

$$\begin{aligned}\alpha(\omega) &= \frac{2(4\pi^2 e^2)}{m^2 n^2 \omega_k V_g}\int_{\text{布}} \frac{2}{(2\pi)^3}\left|\boldsymbol{\alpha}\cdot\boldsymbol{P}_{CV}(\boldsymbol{k})\right|^2\delta(E_{Ck}-E_{Vk}-\hbar\omega)\mathrm{d}\boldsymbol{k} \\ &= \frac{2(4\pi^2 e^2)}{m^2 n^2 w_k V_g}\left|\boldsymbol{\alpha}\cdot\boldsymbol{P}_{CV}(k)\right|^2 \underbrace{\int\frac{2\mathrm{d}k}{(2\pi)^3}\delta(E_{Ck}-E_{Vk}-\hbar\omega)}_{J_{CV}(\hbar\omega)}\end{aligned} \tag{2.38}$$

这里是对整个布里渊区积分，其中 $\left|\boldsymbol{\alpha}\cdot\boldsymbol{P}_{CV}(k)\right|^2$ 为跃迁矩阵元；ω_k 为光子频率；n 为折射率；V_g 为光的群速度；$J_{CV}(\hbar\omega)$ 是与导带、价带的能带 $E(k)$ 相关的联合态密度（joint density of states）。对于一定的材料，吸收系数与联合态密度有直接的关系，因此通过 $E(k)$ 求出 $\mathrm{d}k$ 与 $\mathrm{d}E$ 的关系，应用能量守恒条件，计算式（2.38）可获得吸收系数。

将式（2.38）应用于如 GaAs、GaInP、CdTe 和 $Cu(InGa)Se_2$ 等这类直接带隙半导体材料。这类材料的导带底与价带顶的 $E(k)$ 都是球对称的，可写成如下形式：

$$E(\boldsymbol{k}) = E_{C0} + \frac{\hbar^2\boldsymbol{k}^2}{2m_n^*} \tag{2.39}$$

$$E(\boldsymbol{k}) = E_{V0} - \frac{\hbar^2\boldsymbol{k}^2}{2m_p^*} \tag{2.40}$$

E_{C0} 和 E_{V0} 分别为导带底与价带顶的能量。对允许竖直跃迁的吸收系数表示为

$$\alpha(\omega) = \frac{A^*}{\omega}(\hbar\omega - E_g)^{1/2} \tag{2.41}$$

其中，A^* 是与材料有关的参量。吸收系数与 $(\hbar\omega - E_g)^{1/2}$ 成正比，这是与前面讨

论的价带与导带的态密度与能量成抛物线关系有关的。式（2.41）最直接的结果是当 $\hbar\omega=E_g$ 吸收系数为零，获得材料禁带宽度，见图 2.17（b）。

2.1.5.2　间接带隙半导体的光吸收

Si 为间接带隙材料，以下以 Si 的光吸收为例予以介绍。它的能带图及跃迁过程分别如图 2.8 和图 2.16（b）所示。价带的极大值 Γ 点与导带极小值（接近 X 点）出现在不同的波矢处。电子初态 $\boldsymbol{k}_V$ 与末态 $\boldsymbol{k}_C$ 之间存在着明显的差异。电子的跃迁在保证能量守恒的情况下，为满足动量守恒，除了光子与电子的相互作用外，须有第三个粒子介入，以满足能量与动量的双重守恒。这第三者可以是声子或是其他杂质、缺陷。借用它们的协助使间接跃迁成为可能。通常是波矢为 $\boldsymbol{q}$ 的声子参与，电子从初态到末态的跃迁可以是吸收一个声子，或发射一个声子，要求

$$\boldsymbol{k}_V = \boldsymbol{k}_C \pm \boldsymbol{q} \tag{2.42}$$

$$E_C - E_V = \hbar\omega \pm \hbar\omega_q \tag{2.43}$$

这是涉及三个粒子的跃迁过程，可采用量子力学含时微扰理论，通过计算二级微扰的贡献，获得吸收系数[6,7]。设价带顶在 Γ 点，$\boldsymbol{k}_V=0$，导带底 $k_C=k_{C0}$，由式（2.42），则有

$$-\boldsymbol{k}_C = \pm\boldsymbol{q} \tag{2.44}$$

设价带顶与导带底的 $E(\boldsymbol{k})$ 关系为

$$E_V(k_1) = \frac{-\hbar^2 k_1^2}{2m_V^*}, \quad E_C(\boldsymbol{k}_2) = \frac{\hbar^2(k_2-k_{C0})^2}{2m_C^*} + E_g \tag{2.45}$$

声子能量 $\hbar\omega_q = E_q$，对于 Ge、Si 这类材料，允许的间接跃迁吸收系数可表示为

$$\alpha(\omega) M \iint_{布} \frac{2}{(2\pi)^6} \mathrm{d}\boldsymbol{k}_1 \mathrm{d}\boldsymbol{k}_2 \delta\left[\frac{\hbar^2(k_2-k_{C0})}{2m_C^*} + \frac{\hbar^2 k_1^2}{2m_V^*} + E_g - \hbar\omega - E_q\right] \tag{2.46}$$

对于吸收一个声子

$$\alpha_a(\omega) = \begin{cases} 0, & \hbar\omega < E_g - E_q \\ C_1(\hbar\omega - E_g + E_q)^2 N_q(T), & \hbar\omega > E_g - E_q \end{cases} \tag{2.47}$$

对于放出一个声子

$$\alpha_e(\omega) = \begin{cases} 0, & \hbar\omega < E_g + E_q \\ C_1(\hbar\omega - E_g - E_q)^2 [N_q(T) + 1], & \hbar\omega > E_g + E_q \end{cases} \tag{2.48}$$

式中，N_q 为声子数，N_q 服从 Bose-Einstein 统计，通常 $E_q \ll E_g$。总的吸收系数为

$$\alpha(\omega) = \alpha_a(\omega) + \alpha_e(\omega) \tag{2.49}$$

直接跃迁的表达式（2.32）和间接跃迁的表达式（2.37）及式（2.38），全面反映了不同吸收过程的吸收系数与光子能量的关系。图 2.17 是几种半导体材料的

本征吸收光谱的比较[7,8]。吸收谱线的共同点是都有一个与带隙宽度 E_g 对应的能量阈值，光子能量小于 E_g 时吸收系数很快地下降，形成本征吸收边。光子能量大于 E_g，吸收系数快速上升，渐趋平缓。值得注意的是 Ge 和 Si 的吸收，当光子能量进一步增加，Ge 和 Si 的吸收呈现一个拐点，吸收系数又有快速的上升。在较高光子能量处吸收的快速上升反映了电子从间接跃迁向直接跃迁的转变。此外我们比较图 2.17（b）给出的 Si 和 GaAs 吸收光谱。Si 吸收系数比 GaAs 吸收系数小，这是从实验上验证了包含三粒子过程的间接跃迁的概率比直接带隙的跃迁概率要小许多。然而，当光子能量大于 3.4eV，Si 的直接跃迁发生，吸收系数有明显的上升直至与 GaAS 的吸收相当。我们注意到图 2.17（a）显示的吸收光谱是与温度有关的，这是因为带隙宽度与温度有 $E_g(T)=E_g(0)+\beta T$ 关系，温度系数 β 是负的。如 Si 与 GaAs 在 0K 时的 E_g 分别为 1.17eV 与 1.519eV。而在室温下 E_g 分别为 1.12eV 与 1.42eV。温度上升，带隙减小，光谱红移。

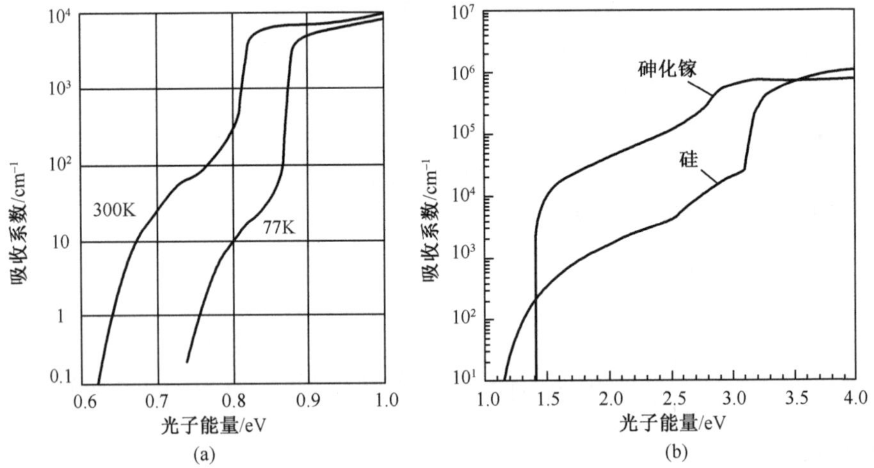

图 2.17　几种半导体材料的本征吸收光谱的比较

（a）Ge；（b）Si 与 GaAs[8]

实际上，一种材料总是存在着多种如图 2.15 所示的光吸收机制，净吸收系数 $\alpha(\hbar\omega)$ 则应该是所有光吸收过程的吸收系数之和，可表示为

$$\alpha(\hbar\omega)=\sum_j \alpha_j(\hbar\omega),\quad j=1,2,3 \tag{2.50}$$

对于非晶材料，它的结构特征是原子排列长程无序，没有长程周期性，因此不存在量子数波矢 $\boldsymbol{k}$。跃迁过程只要满足求能量守恒，无动量守恒的要求，可按直接带跃迁来处理。因此非晶材料的吸收系数往往比同质的晶体材料要大，在第 5 章将有详细的讨论。

2.1.6 非平衡载流子产生与复合

前面讨论的是用费米函数描述热平衡状态的载流子分布，它们仅是温度的函数。在实际应用中，总是有一定的外场（光照、电场等）条件。外场作用下，载流子分布将偏离热平衡状态。如在恒定光照下，电子被激发到导带产生电子与空穴，载流子浓度增加。同时也启动了另一过程：导带中新增加的电子与价带中空穴的复合。当两个过程达到动态平衡时，形成一个新的稳定状态称非平衡稳态。与非平衡过程相关的载流子的产生、复合及输运是与器件应用密切相关的，是极为重要的问题。

2.1.6.1 非平衡载流子产生

由外界条件如光照射半导体的光注入，或对一个 pn 结加上正向偏压引入的电注入，或高能粒子辐照等都能导致半导体内载流子的增加，使半导体处于非热平衡状态，那些偏离热平衡所增加的载流子统称为非平衡载流子。非平衡载流子浓度是非平衡稳态与热平衡态载流子浓度之差。对于太阳电池而言，光照是电池运作的原动力。因此以光吸收产生非平衡载流子为例展开讨论。

光吸收系数决定材料或器件产生电子-空穴对的能力。光在半导体中沿光照方向 x 处的产生率 $G(x)$ 定义为在单位时间、单位体积内光吸收产生的电子-空穴对数，单位为 $1/(\mathrm{cm}^3\cdot\mathrm{s})$。对频率为 ω_0 的单色光吸收系数 $\alpha(\omega_0)$，产生率可写成

$$G(x)=I_0\eta(\omega_0)[1-R(\omega_0)]\,\alpha(\omega_0)\mathrm{e}^{-\alpha(\omega_0)x} \tag{2.51}$$

式中，I_0 为入射光强；$R(\omega_0)$ 为光反射系数；$\alpha(\omega_0)$ 为光吸收系数；$\eta(\omega_0)$ 为量子效率，是指一个光子激发电子-空穴对的概率。讨论太阳光在半导体中沿光照方向 x 的产生率 $G(\omega,x)$ 应该是式（2.51）光频在 $\omega_g\to\infty$ 的积分，此处的 ω_g 由 $E_g=\hbar\omega$ 导出。式（2.52）中 $Q(\omega)$ 为太阳光子流密度的光谱分布（也称光子流谱密度），代表单位面积、单位时间入射太阳光中、能量为 $\hbar\omega$ 的光子数。

$$G(x)=\int_{\omega>\omega_g}[1-R(\omega)]\,\alpha(\omega)Q(\omega)\mathrm{e}^{-\alpha x}\,\mathrm{d}\omega \tag{2.52}$$

2.1.6.2 非平衡载流子复合

外界注入使半导体处于非热平衡状态。由能量最小原理得万物都有使非平衡态趋于回到平衡状态的趋势。在半导体内，这个驱使其回到平衡态的“驱动力”就是电子与空穴的“复合”。也就是说，当注入条件消失之后，非平衡的载流子将通过复合而回到它们各自的平衡状态。当光照结束，外界的产生率为零，而热产生率不为零，复合过程成为主要的。导带的光生自由电子与价带中的空穴复

合，非平衡载流子浓度逐渐减少，回到热平衡态。宏观上呈现光生载流子的衰退。光电导实验表明非平衡载流子的浓度呈指数衰退。如 p 型半导体，少数载流子电子浓度随时间变化规律为

$$\Delta n(t) = \Delta n_0 e^{-\frac{t}{\tau}} \tag{2.53}$$

用式（2.53）定义非平衡载流子浓度减少到 1/e 所需的时间为非平衡载流子在导带或价带平均存在时间为 τ，也称为非平衡载流子的寿命，τ 是材料质量的主要标志之一。

非平衡载流子寿命是由复合过程确定的。实际上复合过程在任何时间都是存在的。即使在热平衡情况下，载流子浓度是由一定温度下电子和空穴的产生与复合之间的平衡，即产生率等于复合率来确定。

电子与空穴的复合的微观过程或复合途径有两类，分别是带间的直接复合和通过带隙中复合中心的间接复合。图 2.18 画出了直接复合（a）和间接复合（b）的基本过程。

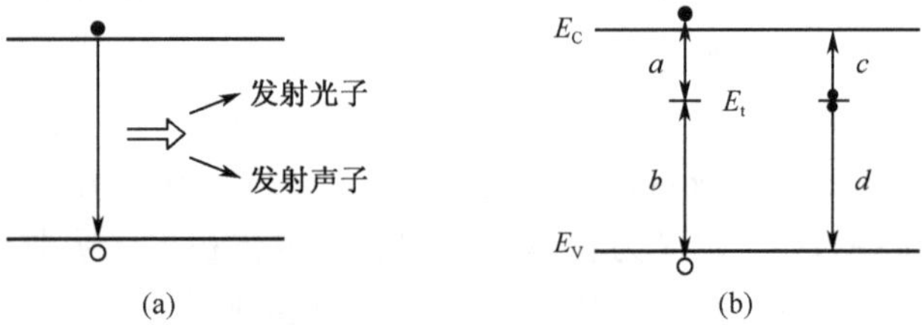

图 2.18　电子与空穴的复合途径

（a）直接复合；（b）间接复合的微观过程

E_t 为复合中心 a 和 b 分别代表复合中心 E_t 俘获电子和空穴的过程，c 和 d 分别代表复合中心 E_t 发射电子和空穴的过程

电子与空穴的复合过程是能量释放的过程，根据能量释放的方式也就是复合机制，又可分成几种情况：

（1）辐射复合。辐射复合是光吸收的逆过程。电子与空穴复合的能量以发射光子的方式释放，见图 2.18（a）。复合过程中能量释放的途径可以是直接的或间接的。直接复合是没有声子参加的绝热的电子跃迁，其复合概率较大。间接复合是需要声子参加的过程。因此直接跃迁材料的辐射复合概率比间接带隙材料辐射复合概率大很多。这就是为什么 GaAS 等直接带隙材料适合应用于发光器件。

（2）非辐射复合。无论直接或间接复合，释放的能量均以发射声子的方式交给晶格（图 2.18）。直接的效果是提高晶格温度。这是极容易发生的过程。间接带隙材料中非平衡载流子复合过程主要是非辐射复合。

（3）俄歇（Auger）复合，也是一种非辐射复合。它的能量释放的途径不同于（2）的释放能量方式。俄歇过程是导带中的电子 1 与价带中的空穴 2 复合，

带间复合释放的能量交给了晶体中另一个邻近的电子 3，将电子 3 从导带底跃迁到导带的高能态，最后高能态的电子再通过发射声子而回到导带底，具体过程请参见图 2.19（a）。

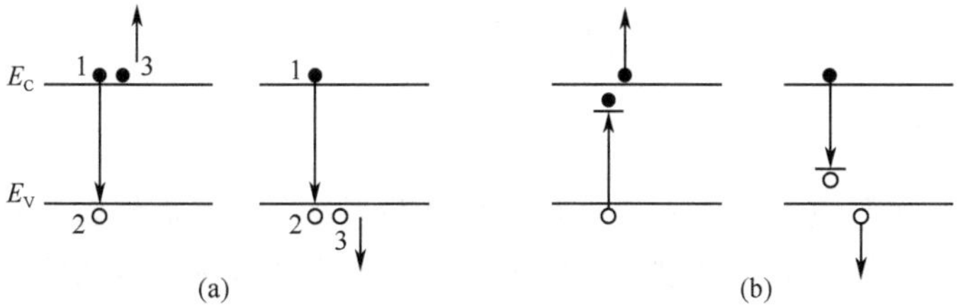

图 2.19　俄歇复合过程

（a）电子与空穴直接复合，能量传递给另一个邻近电子（左图）或空穴（右图），该载流子激发到高能态；（b）电子通过复合中心与空穴复合，能量传递给另一载流子，再被激发到高能态

上述复合有的是不可避免的具有本征特性，如辐射复合、俄歇复合。有的是与材料缺陷或杂质有关的，有人为因素，如通过带隙中缺陷态（复合中心）的间接复合，通常是非辐射复合。关于半导体中的复合问题的进一步了解，可参考文献［9］～［11］等。对于太阳电池，三种复合过程都是重要的，这里总结它们的主要结果。

1）直接带之间的辐射复合

直接带之间的复合往往是与辐射复合联系在一起，导带中电子向下跃迁与价带空穴相遇，电子-空穴对消失并发射一个光子［见图 2.18（a）］。在直接带隙的材料中，复合过程中没有动量的变化，故而直接复合概率高。复合率 R 定义为单位时间、单位体积复合的电子与空穴数。R 与载流子浓度 n 及 p 成正比

$$R = r_{\mathrm{rad}}\, np \tag{2.54}$$

式中，r_{rad} 为辐射系数或电子与空穴的辐射复合概率。热平衡时载流子浓度为 n_0 及 p_0，热平衡时的复合率 $R_0 = r\, n_0 p_0$，热平衡时复合率等于产生率，有 $G_0 = R_0$。

外场作用下，产生率 G 增加，非平衡载流子使复合率 R 也增加，达到一个新的非平衡稳态时 $G=R$。外场撤出，只有热产生率 G_0，复合率大于 G_0，非平衡载流子浓度发生衰减，净复合率 U 可写成

$$U = R - G_0 = r_{\mathrm{rad}}(np - n_i^2) \tag{2.55}$$

对 p 型半导体（$n_0 \ll p_0$），小信号条件下（Δn，$\Delta p \ll n_0 + p_0$），$U = r_{\mathrm{rad}}(p_0 + \Delta p)\Delta n = r_{\mathrm{rad}}\Delta n N_A$。净辐射复合率表示为

$$U_{\mathrm{rad}} = \frac{n - n_0}{\tau_{\mathrm{n,rad}}} \tag{2.56}$$

$$\tau_{\mathrm{n,rad}} = \frac{1}{r_{\mathrm{rad}} N_A} \tag{2.57}$$

式（2.56）表明净复合率 U_{rad} 正比于非平衡少数载流子浓度。这里 $\tau_{n,rad}$ 为少数载流子的辐射复合寿命，少数载流子寿命反比于掺杂浓度。同样分析可得 n 型（$p_0 \ll n_0$）半导体的净辐射复合率和少数载流子辐射复合寿命为 $\tau_{p,rad}$

$$U_{rad} = \frac{p - p_0}{\tau_{p,rad}} \tag{2.58}$$

$$\tau_{p,rad} = \frac{1}{r_{rad} N_D} \tag{2.59}$$

在实际的太阳电池运作中似乎辐射复合并不重要。然而辐射复合对理论分析太阳电池是不可缺少的，特别在计算理想电池的极限效率时（在第 9 章中将详细讨论），由细致平衡原理要求，辐射复合是不可忽略的重要因素，在第 9 章中对此将有详细的讨论。

2）通过复合中心的间接复合

非平衡载流子通过带隙中缺陷或杂质能级的复合是实际半导体中最重要的复合过程。对于 Ge、Si 这类间接带隙半导体材料，它们的导带底与价带顶不在 k 空间的同一点，带间直接复合概率极小，通过复合中心的间接复合成为复合的主要途径。间接复合途径是，导带电子先被带隙中的缺陷或陷阱能级俘获，该能级再俘获价带的空穴，电子与空穴通过缺陷或陷阱能级复合而消失。带隙中陷阱能级 E_t 亦称为复合中心。图 2.18（b）显示了非平衡载流子通过浓度为 N_t 的缺陷能级 E_t 产生-复合的微观过程。① E_t 从导带俘获电子；② E_t 从价带俘获空穴；③ 从 E_t 发射电子到导带；④ 从 E_t 发射空穴到价带。这种通过单陷阱能级 E_t 的复合称之为 Shockley-Read-Hall（SRH）复合，分析可得其净复合率，由式（2.60）表示[10]。其中 p_t 和 n_t 分别为空穴与电子的准费密能级与缺陷能级重合（$E_{Fp}=E_t$；$E_{Fn}=E_t$）时对应的空穴浓度和电子的浓度，由式（2.61）表示

$$U_{SRH} = \frac{np - n_i^2}{\tau_{n,SRH}(p + p_t) + \tau_{p,SRH}(n + n_t)} \tag{2.60}$$

$$p_t = n_i e^{\frac{E_i - E_t}{k_B T}}, \quad n_t = n_i e^{\frac{E_t - E_i}{k_B T}} \tag{2.61}$$

$\tau_{n,SRH}$ 及 $\tau_{p,SRH}$ 分别为电子与空穴寿命，由式（2.62）表示

$$\tau_{n,SHR} = \frac{1}{v_n \sigma_n N_t}, \quad \tau_{p,SRH} = \frac{1}{v_p \sigma_p N_t} \tag{2.62}$$

其中，v_n 与 v_n 分别为电子与空穴的平均热运动速度，此处用 σ_n 与 σ_p 分别表示复合中心 E_t 对电子与空穴的俘获截面。

实际半导体中，带隙中可能有多个复合能级，通过式（2.60）对能量求极值，发现当复合能级位于带隙中央即 $E_t=E_i$，对 SRH 的复合贡献最大。在小注入及 $E_t=E_i$ 情况下，可对式（2.60）予以简化。如 n 型半导体的小注入条件下，$n \approx n_0 \gg p_0$，$p_0 \leqslant p \ll n_0$，复合率可表示成

$$U_{\mathrm{SRH}} \approx \frac{p - p_0}{\tau_{\mathrm{p,SRH}}} \tag{2.63}$$

3）俄歇复合

俄歇复合与带间的辐射复合类似，是带间直接复合的又一种形式。它涉及第三个电子的加入。与带间直接复合不同的是，它的跃迁和复合虽然是带间的跃迁和直接的复合，然而复合释放的能量不是直接发射光子，而是交给了晶体中邻近的载流子，该载流子从导带（或价带）的低能态激发到高能态，随后从高能态通过发射声子回到导带底（或价带顶）。如图 2.19（a）所示。

俄歇复合是“三粒子”的相互作用，对于带-带的俄歇复合，涉及两个电子与一个空穴，或两个空穴与一个电子，因此其复合率与三粒子的浓度有关。对两个电子与一个空穴的碰撞，复合率为

$$R_{\mathrm{aug,n}} = r_{\mathrm{aug,n}} n^2 p \tag{2.64}$$

对于两个空穴与一个电子的过程，复合率为

$$R_{\mathrm{aug,p}} = r_{\mathrm{aug,p}} p^2 n \tag{2.65}$$

r_{aug}为俄歇复合系数。

俄歇复合的逆过程是碰撞电离，是电子-空穴对的产生过程。一个处于高能态的电子碰撞晶格中的原子，将原子价带的电子激发到导带产生一个电子-空穴对，然后该电子回落到导带底。碰撞电离的产生率比例于高能电子或空穴的浓度

$$G_{\mathrm{aug,n}} = g_{\mathrm{aug,n}} n \tag{2.66}$$

$$G_{\mathrm{aug,p}} = g_{\mathrm{aug,p}} p \tag{2.67}$$

g_{au}是碰撞电离的产生系数。热平衡时俄歇复合与碰撞电离平衡，因此

$$R_{\mathrm{aug,n0}} = G_{\mathrm{aug,n0}}, \quad R_{\mathrm{aug,p0}} = G_{\mathrm{aug,p0}} \tag{2.68}$$

将式（2.60）～式（2.63）应用于式（2.64），净复合率为

$$U_{\mathrm{aug}} = (r_{\mathrm{aug,n}} n + r_{\mathrm{aug,p}} p)(np - n_{\mathrm{i}}^2) \tag{2.69}$$

在小注入条件下，俄歇复合的寿命由式（2.70）表示

$$\tau = \frac{1}{r_{\mathrm{aug,n}} n_0^2 + (r_{\mathrm{aug,n}} + r_{\mathrm{aug,p}}) n_{\mathrm{i}}^2 + r_{\mathrm{aug,p}} p_0^2} \tag{2.70}$$

对于 n 型半导体，带-带俄歇复合的空穴寿命和 p 型半导体的带-带俄歇复合的电子寿命分别为

$$\tau_{\mathrm{aug,n}} = \frac{1}{r_{\mathrm{aug,n}} N_{\mathrm{A}}^2} \tag{2.71}$$

$$\tau_{\mathrm{aug,p}} = \frac{1}{r_{\mathrm{aug,p}} N_{\mathrm{D}}^2} \tag{2.72}$$

俄歇复合概率为载流子浓度的三次方关系，故俄歇过程容易发生在载流子浓度高的情况。对于高掺杂、窄带隙、强注入或高温条件下的半导体，俄歇过程将是主要的复合通道。图 2.20 是 p 型 GaAs 非平衡载流子寿命随温度的变化[12]。

从图看出，室温下 GaAs 以辐射复合为主，即使对高掺杂的 GaAs 也是如此。然而在高温下俄歇复合起主要作用。

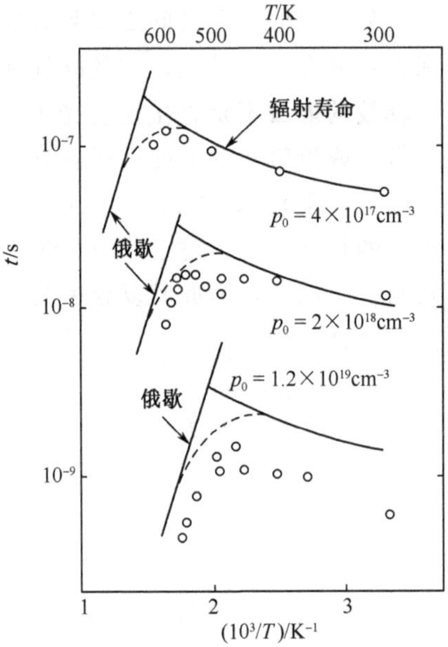

图 2.20 p 型 GaAs 少子寿命随 $1/T$ 的变化[12]

俄歇复合也可以通过复合中心完成，靠近导带的缺陷态上的电子与价带空穴复合，其释放的能量交给了导带中的一个电子，使其激发到导带较高能态如图 2.19（b)，当然它涉及的过程更复杂。注意到俄歇复合要求复合过程满足动量和能量守恒，因此俄歇过程也能在间接带隙材料中发生。俄歇复合的逆过程，碰撞电离是第三代太阳电池中碰撞电离太阳电池工作的基础，在第 9 章中将进一步讨论。

上述诸多复合过程彼此是独立或平行发生的，而且带隙中也可能有多个陷阱能级的分布，因此总复合率是由各种过程所引起的复合率之和

$$U=\sum_i U_{i,\mathrm{SRH}}+U_{\mathrm{rad}}+U_{\mathrm{aug}} \tag{2.73}$$

式中，i 代表不同的陷阱能级，对于掺杂材料，小信号输入情况下，少数载流子的有效寿命为

$$\frac{1}{\tau}=\sum_i \frac{1}{\tau_{i,\mathrm{SRH}}}+\frac{1}{\tau_{\mathrm{rad}}}+\frac{1}{\tau_{\mathrm{aug}}} \tag{2.74}$$

4）表面和界面复合

除了半导体的体性质如缺陷能级影响复合过程外，非平衡载流子复合也受材料尺寸、形状和表面状态的影响。晶体周期性在表面中断产生大量悬挂键、表面

损伤及外来杂质吸附等（见图 2.21），它们都可能在带隙中引进缺陷态即表面态。对于器件而言，任意两种不同材料之间的界面，如异质材料之间、同质异构材料之间、电极材料与有源层之间，由于晶格结构的突变，或晶格终止，都可能在交界面处产生缺陷态。表面态或界面态可在禁带中呈现连续的分布，这些与复合相关的表面或界面缺陷通常集中在二维空间，因此用单位面积而不是用单位体积来描述它们。

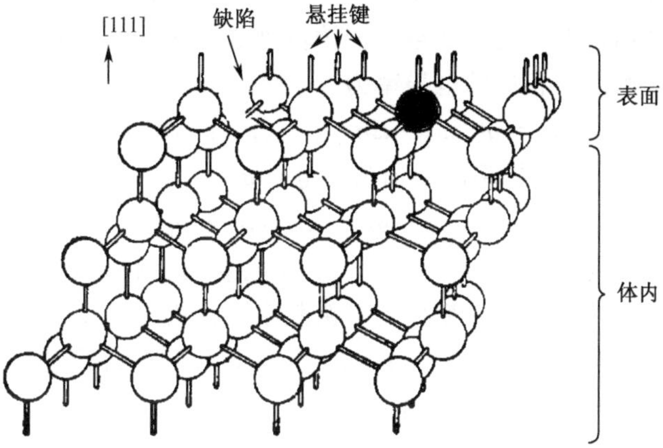

图 2.21　半导体表面原子结构示意图、可能的表面杂质（●）和缺陷

与体内的缺陷态一样，表面或界面态对电子和空穴起复合中心的作用，将增加载流子在表面或界面区的复合。表面复合的分析与通过复合中心的间接复合类似，结合式（2.60），单位面积、单位时间的表面复合率 U_S 可写成[11]：

$$U_S = \int_{E_V}^{E_C} \frac{np - n_i^2}{[p + n_i e^{(E_i - E_t)/k_B T}]/S_n + [n + n_i e^{(E_t - E_i)/k_B T}]/S_p} D_S(E_t) dE_t \quad (2.75)$$

式中，E_t 是陷阱能级；$D_S(E_t)$ 是表面态的态密度分布；S_n 和 S_p 具有速度的量纲，分别为电子与空穴的有效表面复合速度。表面复合速度与体载流子寿命有类似的意义。对 n 型半导体，表面复合率可简化成

$$U_S = S_p(p - p_0) \quad (2.76)$$

p 型半导体

$$U_S = S_n(n - n_0) \quad (2.77)$$

注意，有效复合速度不仅与材料的性质（如晶向等）有关，更常因工艺而异。为简单讨论起见，常被当作常数来处理。表面复合对半导体器件性能及稳定性具有极重要的意义，严重的表面复合将引起器件的失效。在太阳电池的制备中，表面及界面复合对短路电流产生直接的影响，低的表面与界面复合是制备高效电池的重要因素。器件的制备除了要有清洁的表面外，去除表面损伤及钝化表面缺陷态，降低表面复合速度，是制备工艺的重要环节。如太阳电池的前电极与背电场

处理等。实验上测得的非平衡载流子寿命应是体内复合与表面复合的综合结果。下式内的 f 是与表面相关的因子：

$$\frac{1}{\tau}=\frac{1}{\tau_{体}}+\frac{f}{\tau_{表面}} \tag{2.78}$$

2.1.6.3　非平衡载流子浓度

设热平衡时电子及空穴的浓度分别为 n_0、p_0，电导为 σ_0。在光照下载流子达到一个新的平衡稳态，电子及空穴的浓度增加到 $n_0+\Delta n$ 和 $p_0+\Delta p$，Δn、Δp 为非平衡载流子浓度。相应的电导率为

$$\sigma=q[(n_0+\Delta n)\mu_n+(p_0+\Delta p)\mu_p] \tag{2.79}$$

恒定光照下 $\Delta n=\Delta p$，电导率的增加为光电导 σ_p

$$\sigma_p=\sigma-\sigma_0=q\Delta n(\mu_n+\mu_p) \tag{2.80}$$

对于本征半导体，光照引起电子电导与空穴电导的变化是相近的，在同一个量级。对于掺杂半导体，电导的变化与平衡载流子的状况有关。仍依前面提及的晶体硅中掺磷为例（磷浓度为 $10^{17}/\text{cm}^3$），室温下杂质全部离化，因此 $n_0=10^{17}/\text{cm}^3$；空穴浓度 $p_0=n_i^2/n_0=2.1\times10^3/\text{cm}^3$。设光注入产生非平衡载流子浓度为 $\Delta n=\Delta p=10^{12}/\text{cm}^3$。$\Delta n\ll n_0$。光注入后电子浓度基本不变，而空穴浓度增加了 9 个量级。说明外场条件对少数载流子的影响更为灵敏。

在非平衡稳态，载流子不再遵循费米-狄拉克分布式（2.13）。若考虑载流子寿命是 $10^{-8}\sim10^{-3}$s，载流子与晶格相互作用弛豫时间 $\sim10^{-10}$s，表明在同一带内，仅需很短的时间即能实现带内载流子的新平衡。因此可认为电子在导带处于准热平衡态，相应的温度为 T_n。同样价带空穴也处于准热平衡态，相应的温度为 T_p。原则上 T_n、T_p 与晶格温度（环境温度）T 是不等的。倘若 $T_n>T$，则是热电子的情况。在外场作用不是很强的情况下，可认为 $T=T_n=T_p$。由于导带和价带之间能量差别大，电子与空穴没有统一的费米能级。对于处于准热平衡的导带和价带，分别引入电子和空穴的准费米能级 E_{Fn} 和 E_{Fp}，导带和价带非平衡载流子分布遵循式（2.81）及式（2.82）

$$f_n(E)=\frac{1}{\exp\frac{E-E_{Fn}}{k_BT}+1} \tag{2.81}$$

$$f_p(E)=\frac{1}{\exp\frac{E_{Fp}-E}{k_BT}+1} \tag{2.82}$$

此时的非平衡载流子浓度可表示成

$$n=N_C\exp\left(-\frac{E_C-E_{Fn}}{k_BT}\right) \tag{2.83}$$

$$p = N_V \exp\left(-\frac{E_{Fp} - E_V}{k_B T}\right) \tag{2.84}$$

电子和空穴浓度的乘积

$$np = n_0 p_0 \exp\left(-\frac{E_{Fn} - E_{Fp}}{k_B T}\right) = n_i^2 \exp\left(-\frac{E_{Fn} - E_{Fp}}{k_B T}\right) \tag{2.85}$$

式（2.85）表明，电子与空穴的准费米能级之差，$\Delta E_F = E_{Fn} - E_{Fp}$反映了半导体偏离热平衡的程度。若 $\Delta E_F = 0$ 电子和空穴费米能级重合，形成单一的费米能级，回到热平衡状态。

2.1.7　载流子输运性质

导带和价带自由载流子在外场（电场、磁场、温度场）作用下运动，如载流子在电场作用下的漂移运动、载流子空间分布不均匀引起的扩散运动等。载流子的各种运动统称为“输运”。需有参量来表征载流子运动的性质与规律。

2.1.7.1　漂移运动与迁移率

在电场作用下，自由空穴沿电场方向的漂移，或电子逆电场方向的漂移，均将形成电流。载流子从电场不断获得能量而加速，因此其漂移速度与电场有关。另一方面，载流子在晶体场中受到晶体体中偏离周期场的畸变势的散射作用，失去原来的运动方向或损失能量，经重新加速，再散射和再加速不断地进行，最后偏离周期势的散射作用使载流子漂移速度不会无限地增大。对于一个恒定电场，漂移运动速度 v_D 与电场强度 F 成正比，$v_D = \mu F$。比例系数 μ 称为迁移率，定义为单位电场下的载流子漂移速度。原则上迁移率是电场的函数，但在弱场下迁移率与电场无关，可看成是常数。太阳电池通常工作在低电场条件。电子浓度为 n 的漂移电流密度 J_n 为

$$J_n = -qnv_D = qn\mu_n F \tag{2.86}$$

空穴浓度为 p 的漂移电流密度 J_p 为

$$J_p = qpv_D = qp\mu_p F \tag{2.87}$$

n 型和 p 型半导体电导率分别表示成：

$$\sigma_n = nq\mu_n, \quad \sigma_p = pq\mu_p \tag{2.88}$$

电子和空穴对电导都有贡献的情况

$$\sigma = q(n\mu_n + p\mu_p) \tag{2.89}$$

对本征半导体

$$\sigma = n_i q(\mu_n + \mu_p) \tag{2.90}$$

迁移率是半导体材料主要的宏观参量之一其单位为 $cm^2/(V \cdot S)$。它是由固

体中载流子运动遭遇的散射过程确定的。它涉及晶体中的晶格缺陷、杂质及晶格振动等引起对载流子的弹性散射或非弹性散射。描述这种散射过程的参数是 τ 或散射概率 $1/\tau$。τ 可理解成载流子在两次散射之间的平均时间间隔，它的大小直接反映了载流子在晶体中运动的迁移能力。迁移率正比于 τ 反比于载流子的有效质量，有以下直接关系：

$$\mu_n = \frac{q\tau}{m_n^*},\quad \mu_p = \frac{q\tau}{m_p^*} \tag{2.91}$$

载流子平均自由时间 τ 由散射过程决定。半导体中有多种散射机制：电离杂质散射、中性杂质散射、声学波形变势散射、长光学波畸变势散射和长光学波极化势散射等。在诸多散射机制中电离杂质散射与声子散射对迁移率的影响是主要的[3,4]。与杂质散射有关的平均自由时间 τ_d 是反比于杂质浓度 N_i，随温度上升而增加

$$\tau_d \propto N_i^{-1} T^{3/2} \tag{2.92}$$

声子的散射涉及声学声子与光学声子，电子与声学声子散射的平均自由时间 τ_s

$$\tau_s \propto T^{-3/2} \tag{2.93}$$

电子与光学声子散射平均自由时间 τ_0 为

$$\tau_0 \propto e^{\hbar\omega/k_B T} - 1 \tag{2.94}$$

后者是在较高温度下起作用，因此在固体中，通常主要考虑电离杂质散射与声学声子散射。固体中声子散射是不可避免的。从式（2.92）、式（2.93）看出，温度对 τ_d 与 τ_s 的影响是相反的。高温使电子运动加速，降低了被电离杂质的散射概率。而高温加剧了晶格振动，使 τ_s 与 τ_0 减小，反之也成立。

每一种散射机制 i 有它相应的平均自由时间 τ_i。对于多种散射机制共存的情况，载流子平均自由时间 τ 由各种散射概率之和来决定：

$$\frac{1}{\tau} = \sum_i \frac{1}{\tau_i} \tag{2.95}$$

太阳电池的模拟计算中，对晶体 Si 材料，300K，电子迁移率近似地表示成[8]

$$\mu_n = 92 + \frac{1268}{1 + \left(\dfrac{N_D^+ + N_A^-}{1.3 \times 10^{17}}\right)^{0.91}} (\text{cm}^2/(\text{V} \cdot \text{s})) \tag{2.96}$$

空穴迁移率近似地表示成[8]

$$\mu_p = 54.3 + \frac{406.9}{1 + \left(\dfrac{N_D^+ + N_A^-}{2.35 \times 10^{17}}\right)^{0.88}} (\text{cm}^2/(\text{V} \cdot \text{s})) \tag{2.97}$$

根据式（2.96）、式（2.97），图 2.22 给出了硅的 μ_n 与 μ_p 随杂质浓度的变化。当杂质浓度大于 $10^{17}/\text{cm}^3$，载流子迁移率随杂质浓度的增加而明显地减少。

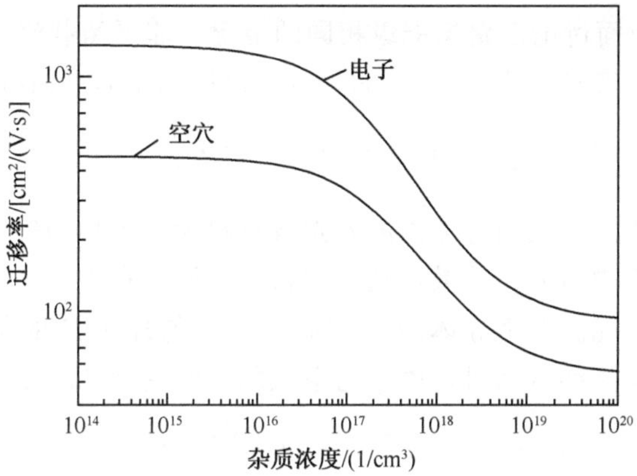

图 2.22　$T=300\text{K}$，Si 载流子迁移率随杂质浓度的变化[8]

2.1.7.2　载流子扩散运动

当固体中粒子浓度（原子、分子、电子、空穴等）在空间分布不均匀时将发生扩散运动。载流子从高浓度向低浓度（正好是梯度的反方向）的扩散运动是载流子重要输运方式。如一束光入射到半导体材料，半导体对光的吸收沿入射方向是衰减的，在离表面吸收深度的范围内（$1/\alpha$，α 为材料的光吸收系数）将激发大量的电子和空穴，形成从表面向体内，光生载流子浓度由高到低的不均匀分布。在此情况下，虽然半导体处于同一温度，载流子分布却是空间位置的函数。设在无光照时，n 型半导体电子浓度空间均匀分布为 $n_{\circ}$，光照后，在光照的 x 方向电子浓度分布为 $n(x)$，光生电子沿 x 方向的浓度变化为 $\Delta n(x)=n(x)-n_{\circ}$，扩散运动形成的电子扩散流密度可表示为

$$J_{\text{n扩}}=qD_{\text{n}}\frac{\mathrm{d}\Delta n}{\mathrm{d}x} \tag{2.98}$$

扩散流密度与浓度梯度方向相反，然电子带负电荷，因此式（2.98）电子的扩散电流密度 $J_{\text{n扩}}$ 没有负号。类似地，空穴的扩散电流密度

$$J_{\text{p扩}}=-qD_{\text{p}}\frac{\mathrm{d}\Delta p}{\mathrm{d}x} \tag{2.99}$$

式中，比例系数 D_{n}、D_{p} 分别为电子和空穴的扩散系数，单位是 cm^2/s。

热平衡条件下，既没有净的电子流也没有净的空穴流，此时材料中由载流子分布不均匀导致的扩散流与漂移流平衡，导出材料迁移率与扩散系数之间应满足著名的爱因斯坦关系

$$\frac{D}{\mu}=\frac{k_{\text{B}}T}{q} \tag{2.100}$$

式（2.100）表明，材料的迁移率与扩散系数并不是独立的，它们之间相差一个因子 $k_B T/q$。与前面讨论准费米能级相同的情况，非平衡载流子在很短的时间内就达到准平衡态。实验证明式（2.100）也可以应用于非平衡载流子。

2.1.7.3 非平衡载流子的扩散与漂移的基本方程

由于外场的注入，表面与体内的差别或材料掺杂不均匀等，非平衡载流子的空间分布通常是不均匀的。扩散运动与漂移运动同时存在。

考虑一维的情况。在半导体的 x 方向有一均匀外场 F 的作用下，非平衡载流子同时有扩散与漂移运动时，电子与空穴的电流密度 J_n、J_p 可分别为

$$J_n = J_{n扩} + J_{n漂} = qD_n \frac{d\Delta n}{dx} + q\mu_n nF \tag{2.101}$$

$$J_p = J_{p扩} + J_{p漂} = -qD_p \frac{d\Delta p}{dx} + q\mu_p pF \tag{2.102}$$

应用爱因斯坦关系，总的电流密度方程

$$J = J_p + J_n = q\mu_n\left(nF + \frac{k_B T}{q}\frac{d\Delta n}{dx}\right) + q\mu_p\left(pF - \frac{k_B T}{q}\frac{d\Delta p}{dx}\right) \tag{2.103}$$

载流子连续方程。同样考虑一维情况。若光沿 x 方向垂直入射半导体表面，在表面产生大量的非平衡载流子，此时，半导体内同时存在漂移、扩散、产生与复合。此时载流子的运动不仅是空间的函数也是时间的函数。讨论在 $x \to x+dx$ 小体积中电子数随时间的变化，它将由四部分的代数和决定；在 x 处流入小体积的电子数；在 $x+dx$ 处流出小体积的电子数，在小体积内电子的产生率与复合率。单位面积电子浓度的变化率则为

$$\frac{\partial n}{\partial t} = \frac{1}{q}\nabla \cdot J_n(x) + G - U_n \tag{2.104}$$

第一项代表在 $x \to x+dx$ 范围内电子电流密度的梯度引起的电子数的变化。G 和 U_n 表示产生率与复合率。同样可得空穴浓度的变化率

$$\frac{\partial n}{\partial t} = -\frac{1}{q}\nabla \cdot J_p(x) + G - U_p \tag{2.105}$$

把式（2.101）、式（2.102）代入式（2.104）、式（2.105），考虑电场 F 是位置的函数，可得到一维非平衡稳态载流子的连续方程

$$\frac{\partial n}{\partial t} = G_n - U_n + n\mu_n \frac{\partial F}{\partial x} + \mu_n F \frac{\partial n}{\partial x} + D_n \frac{\partial^2 n}{\partial x^2} \tag{2.106}$$

$$\frac{\partial p}{\partial t} = G_p - U_p - p\mu_p \frac{\partial F}{\partial x} - \mu_p F \frac{\partial p}{\partial x} + D_p \frac{\partial^2 p}{\partial x^2} \tag{2.107}$$

电场强度 F 的空间分布是由泊松方程决定的

$$\nabla \cdot F = \frac{\rho(x,y,z)}{\varepsilon_0 \varepsilon_s} \tag{2.108}$$

$\rho(x,y,z)$ 是半导体内电荷密度分布

$$\rho(x,y,z) = (p - n + N_D - N_A) \tag{2.109}$$

在稳态情况

$$\frac{\partial p}{\partial t} = \frac{\partial n}{\partial t} = 0 \tag{2.110}$$

设材料是均匀掺杂的，其带隙宽度、载流子迁移率、介电常数和扩散系数均与位置无关，稳态连续方程

$$\mu_n \frac{dnF}{dx} + D_n \frac{d^2 n}{dx^2} + G - U = 0 \tag{2.111}$$

$$\mu_p \frac{dpF}{dx} - D_p \frac{d^2 p}{dx^2} - (G - U) = 0 \tag{2.112}$$

方程（2.108）、（2.111）、（2.112）是确定半导体内载流子浓度、电荷密度和电场强度的基本方程组。这是一组相互关联的非线性微分方程，原则上有了边界条件就可求解。实际上方程的求解是很复杂的，通常要通过简化，采用数字解的方法获得器件特性。

考虑较简单的情况，在中性区内的电场极小 $F\approx 0$，因此与扩散电流相比，漂移电流可忽略不计。且是小注入条件，应用式（2.63），n 型材料的复合项可为

$$U = \frac{p_n - p_{0n}}{\tau_p} = \frac{\Delta p_n}{\tau_p} \tag{2.113}$$

p 型材料的复合项为

$$U = \frac{n_p - n_{0p}}{\tau_n} = \frac{\Delta n_p}{\tau_n} \tag{2.114}$$

式中 Δn_p 及 Δp_n 分别为 p 区和 n 区非平衡少数载流子浓度。少数载流子寿命 τ_n 和 τ_p 是由式（2.74）决定。在上述条件下，方程（2.111）、方程（2.112）可简化成为少数载流子扩散方程。对于 n 型半导体

$$D_p \frac{d^2 \Delta p_n}{dx^2} - \frac{\Delta p_n}{\tau_p} + G(x) = 0 \tag{2.115}$$

对于 p 型半导体

$$D_n \frac{d^2 \Delta n_p}{dx^2} - \frac{\Delta n_p}{\tau_p} + G(x) = 0 \tag{2.116}$$

上述方程组是分析半导体器件及太阳电池的基本方程。

2.2　半导体 pn 结基础

掺有施主杂质的 n 型半导体与掺有受主杂质的 p 型半导体的有机结合，形成具有特定功能的结构，该结构被称为 pn 结。pn 结是构成半导体器件及其应用组

件的基本单元。它在半导体的各类器件，如整流、开关、双极型晶体管、发光、太阳电池及集成电路中，均起重要的作用。了解 pn 结的形成、基本特性及表征是认识半导体应用的基础。pn 结可以是由同一种材料且带隙宽度相同但导电类型不同的材料形成，称为同质结。也可是由带隙宽度不同的材料形成，称为异质结。这两种结都是太阳电池的基本结构。本章主要以同质结为例讨论 pn 结形成的物理过程，热平衡 pn 结的表征、电场偏置下的伏安特性及外场作用下的输运与基本方程。并简单介绍异质结的结特性。

2.2.1 热平衡的 pn 结

pn 结的性质是与 p 型及 n 型材料的掺杂情况有关。如半导体的掺杂是均匀的，pn 结形成后在界面两边的杂质空间分布是突变的，称为突变结。工艺上采用离子注入、浅结扩散或早期的合金结来实现突变结的形成。若 pn 结界面两边杂质的空间分布是逐渐变化的则称为缓变结，例如深扩散结，杂质的空间分布是不均匀的，故属于这一类。这里的讨论是以突变结为例来展开的。

2.2.1.1 pn 结形成与空间电荷区

独立的 p 型及 n 型半导体分别有各自的费米能级，如图 2.23（a）所示，p 型材料有高的空穴浓度，n 型材料有高的电子浓度。当它们紧密接触形成 pn 结时，在交界面区分别形成空穴与电子的浓度梯度。在此浓度梯度驱使下，n 区的电子向 p 区扩散，留下荷正电的施主离子，形成正的空间电荷区。p 区的空穴向 n 区扩散，留下荷负电的受主离子，形成负的空间电荷区。结果是产生一个如图 2.23（b）底部图示的从正电荷指向负电荷，亦即从 n 区指向 p 区的电场 F。与此同时，该电场 F 产生漂移流，其方向与扩散流方向相反，将阻止由于扩散引起的空间电荷区电场的增强。当扩散流等于漂移流时两者达到平衡，空间电荷区最终建立的电场 F 称为内建场。同时随内建场的建立（相当于反向偏置），E_{Fn} 与 n 区能带一起下移，或 E_{Fp} 与 p 区能带一起上移。当扩散与漂移运动达到平衡时，pn 结有统一的费米能级，达到热平衡，对外不呈现电流。从图 2.23（b）可看到，pn 结的形成仅改变它们接触面附近的空间电荷区，如 p 区和 n 区足够厚，离开结一定距离的 p 和 n 区的能带保持不变，近似地认为是没有空间电荷的电中性区，或称准中性区。因此 pn 结可看成由三部分组成：① 空间电荷区，区内没有可移动的载流子，载流子耗尽，亦称耗尽区。在此区形成 pn 结势垒，故又称为势垒区。② 准中性的 p 区和 ③ 准中性的 n 区。结的内建场补偿了 E_{Fn} 与 E_{Fp} 的移动，结两端电势能差 qV_D，即 pn 结的势垒高度写为

$$qV_D = E_{Fn} - E_{Fp} \tag{2.117}$$

根据式（2.25）、式（2.26），在准中性区电子与空穴的热平衡浓度

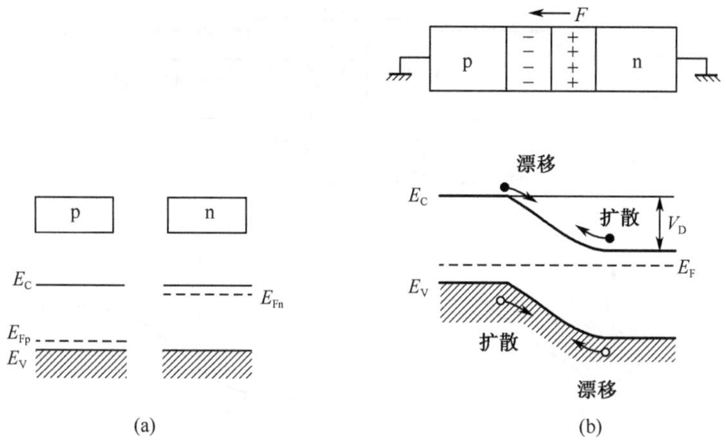

图 2.23　独立的 p 型与 n 型半导体 (a)（p 型：$p_0=N_A$，$n_0=n_i^2/N_A$；n 型：$n_0=N_D$，$p_0=n_i^2/N_D$）和热平衡态时 pn 结空间电荷区内电场和能带图 (b)

$$n_{0n}=n_i e^{\frac{E_{Fn}-E_i}{k_BT}} \tag{2.118}$$

$$p_{0p}=n_i e^{\frac{E_i-E_{Fp}}{k_BT}} \tag{2.119}$$

式（2.119）的下标“0”表示热平衡条件，下标“n”和“p”分别表示在 n 区和 p 区。对于突变结，室温下 $n_{0n}=N_D$，$p_{0p}=N_A$。由式（2.117）～式（2.119）可得势垒高度，它由两边的掺杂程度决定

$$V_D=\frac{E_{Fn}-E_{Fp}}{q}=\frac{k_BT}{q}\left(\ln\frac{N_DN_A}{n_i^2}\right) \tag{2.120}$$

2.2.1.2　空间电荷区电势与载流子分布

空间电荷区内的电场和电势分布，对 pn 结特性有极重要的影响。图 2.24 示出突变结杂质、电场以及电势的分布情况。其空间电荷区电势分布通过求解泊松方程（2.108）获得。

考虑一维情况

$$\frac{d^2V(x)}{dx^2}=-\frac{\rho(x)}{\varepsilon_0\varepsilon_s} \tag{2.121}$$

其中，电荷密度分布

$$\rho(x)=q[p(x)+p_D(x)-n_A(x)-n(x)] \tag{2.122}$$

这里 $p(x)$、$n(x)$ 为空间电荷区内的自由载流子浓度；$p_D(x)$、$n_A(x)$ 分别为荷正电的离化施主浓度和荷负电的离化受主浓度，ε_0、ε_s 分别为真空介电常数与半导体介电常数。在耗尽层近似条件下，空间电荷区内无可移动的载流子，即 $p(x)=n(x)=0$。以突变结为例，杂质完全离化，$p_D(x)$，$n_A(x)$ 由杂质浓度决

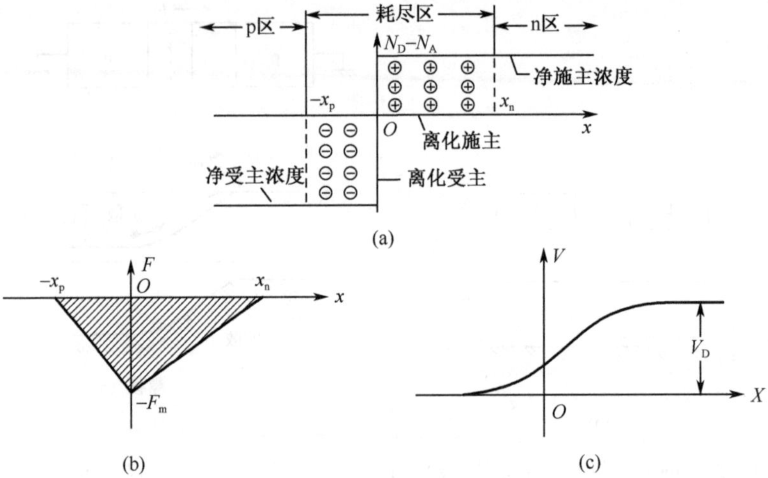

图 2.24　突变结杂质分布（a）、电场分布（b）和电势分布（c）

定。由于是均匀掺杂，电荷密度为

$$\begin{cases}\rho(x) = qN_D, & 0 < x \leqslant x_n \\ \rho(x) = -qN_A, & x_P \leqslant x < 0\end{cases} \tag{2.123}$$

x_n、x_p 分别为 n、p 区中空间电荷区宽度。将电荷密度代入泊松方程式（2.121）

$$\begin{cases}-\dfrac{\partial^2 V}{\partial x^2} \approx \dfrac{q}{\varepsilon_0 \varepsilon_s} N_D, & 0 < x \leqslant x_n \\ \dfrac{\partial^2 V}{\partial x^2} \approx \dfrac{q}{\varepsilon_0 \varepsilon_s} N_A, & -x_p \leqslant x < 0\end{cases} \tag{2.124}$$

1）电场分布

对式（2.124）一次积分，并应用边界条件：在界面处（$x=0$）电场连续及空间电荷区外电场为零，可得到如图 2.24（b）的电场的分布

$$\begin{cases}F(x) = -\dfrac{qN_A(x + x_p)}{\varepsilon_0 \varepsilon_s}, & -x_p \leqslant x < 0 \\ F(x) = -\dfrac{qN_D(x - x_n)}{\varepsilon_0 \varepsilon_s}, & 0 < x \leqslant x_n\end{cases} \tag{2.125}$$

式（2.125）表明空间电荷区电场是线性分布的，式中的负号表明内建场与 x 方向相反，从 n 区指向 p 区，这与图 2.23 的定性解释是一致的。在 $x=0$ 处有电场的极值 F_m

$$|E_m| = \frac{qN_A x_P}{\varepsilon_0 \varepsilon_s} = \frac{qN_D x_n}{\varepsilon_0 \varepsilon_s} \tag{2.126}$$

得到

$$\frac{x_n}{x_p} = \frac{N_A}{N_D} \tag{2.127}$$

式（2.127）表明空间电荷区两侧的宽度与其掺杂浓度的积是常数，即保持电中性之意。空间电荷区主要分布在低掺杂区。

2）电势分布

对式（2.124）的二次积分。考虑边界条件：① 在耗尽区的 p 区边界，$V(-x_p)=0$，在 n 区边界，$V(x_n)=V_D$。② $x=0$ 处电势连续。得到电势的分布

$$V(x)=\frac{qN_A}{2\varepsilon_0\varepsilon_s}(x+x_p)^2, \quad -x_p\leqslant x<0 \tag{2.128}$$

$$V(x)=V_D-\frac{qN_D}{2\varepsilon_0\varepsilon_s}(x-x_n)^2, \quad 0\leqslant x<x_n \tag{2.129}$$

热平衡条件下耗尽区总宽度为 $W=x_n+x_P$ 为

$$W=\left[\frac{2\varepsilon_0\varepsilon_s}{q}\left(\frac{N_D+N_A}{N_DN_A}\right)V_D\right]^{1/2} \tag{2.130}$$

3）载流子浓度分布

n、p 准中性区的载流子分布用式（2.18）及式（2.19）表示。在空间电荷区内，只要空间电荷区各处的电势分布确定，耗尽区内载流子分布仍可按式（2.18）及式（2.19）来表示。用 E_{Cn} 和 E_{Cp} 分别代表 n 区和 p 区的导带，E_{Vn} 和 E_{Vp} 别代表 n 区和 p 区的价带。n 区和 p 区的能量相差 $V(x)$，

$$E_{Cn}(x)=E_{Cp}-qV(x) \tag{2.131}$$

$$E_{Vn}(x)=E_{Vp}-qV(x) \tag{2.132}$$

电子浓度的分布

$$n_0(x)=N_C e^{(E_{Cn}(x)-E_F)/k_BT}=n_{0p}e^{qV(x)/k_BT} \tag{2.133}$$

耗尽区 n 边界的电子浓度 n_{0n} 和耗尽区 p 边界的电子浓度 n_{0p} 有如下关系：

$$n_{0n}=n_{0p}e^{qV_D/k_BT} \tag{2.134}$$

同样可得 n 区和 p 区在耗尽区边界的空穴浓度的关系

$$p_0(x)=p_{0p}e^{-qV(x)/k_BT} \tag{2.135}$$

$$p_{0n}=p_{0p}e^{-qV_D/k_BT} \tag{2.136}$$

式（2.134）与式（2.136）相乘可得

$$n_{0n}(x)p_{0n}(x)=n_{0p}p_{0p}=n_i^2 \tag{2.137}$$

说明虽然在空间电荷区载流子浓度是位置的函数，但 $n_{0n}(x)$ 与 $n_{0p}(x)$ 乘积（热平衡常数）与位置无关。

2.2.2　pn 结伏安特性

从上面的讨论可知，热平衡 pn 结的核心部分是空间电荷区。空间电荷区性质主要用电势的空间分布 $V(x)$ 及势垒宽度 W 来表征。势垒区中扩散电流及漂移电流的平衡，对外不呈现电流。在外电场作用下，pn 结处于非平衡状态，pn 结

对外呈现不对称的伏安特性。这里讨论理想 pn 结的伏安特性，分析是依以下假设为基础：

（1）耗尽区边界是突变的。耗尽区外是中性的，因此注入的少数载流子在准中性的 p 区和 n 区是纯扩散运动。

（2）采用玻尔兹曼近似。将耗尽区边界两端的载流子浓度数值，通过它们的电势差相联系。

（3）耗尽区内既无产生也无复合。区内电子流与空穴流是不变的。

（4）小注入近似。注入的少数载流子比多数载流子浓度小很多。当一外电压 V 接入 pn 结，由于准中性区载流子浓度高，电阻小。因此，外电压主要作用于载流子极少甚至耗尽的空间电荷区。

2.2.2.1　外电场作用下 pn 结基本过程

1）正向偏置：p 区接正 n 区接负

偏压为 V_F，其电场方向与内建场方向相反，内建场减弱，空间电荷相应减少，空间电荷区变窄，势垒高度从 qV_D 降低到 $q(V_D-V_F)$，如图 2.25 所示。势垒区中扩散电流与漂移电流不再平衡，电场减弱，因此漂移电流减小，扩散电流增加。产生电子从 n 区向 p 区及空穴从 p 区向 n 区的净扩散电流。电子进入 p 区，积累在边界成为 p 区的非平衡少数载流子。同样，空穴进入 n 区，积累在边界成为 n 区的非平衡少数载流子。积累在边界的非平衡载流子将向 pn 结两端方向扩散形成扩散流。扩散过程中它们将与多数载流子复合，扩散流逐渐减少，经过一定距离后，非平衡载流子完全复合。这一段距离称为扩散区。电场作用使非平衡载流子进入 n 区和 p 区称为电注入。上面分析可看出，正向偏压下，pn 结的电流是由从 n 区向 p 区的电子流和从 p 区向 n 区的空穴流组成。

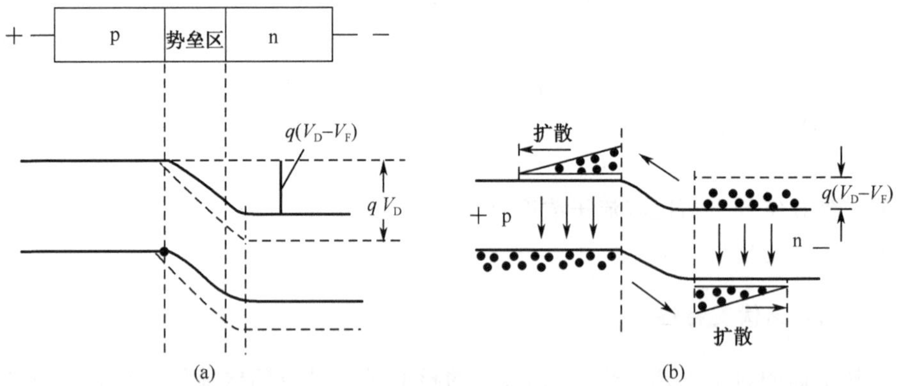

图 2.25　正向偏置 pn 结势垒（a）和载流运动（b）

2）反向偏置：p 区接负和 n 区接正

反向偏压为 V_R。反向偏压电场方向与内建场方向相同，因此内建场增强，势垒区变宽，空间电荷增加，势垒高度从 qV_D 升高到 $q(V_D+V_R)$。如图 2.26 所示。势垒区中扩散电流与漂移电流不再平衡，漂移电流增加，扩散电流减小。在增强的内建场作用下，n 区边界的少数载流子空穴向 p 区漂移，p 区边界的电子向 n 区漂移。边界的少数载流子被电场驱动而减少，内部少子不断的补充，形成了反向偏置下的空穴与电子的扩散电流，犹如少子不断地被抽出到另一区，称少数载流子的抽取或吸出。总的反向电流是势垒区边界少数载流子扩散电流之和。可见正向电流描述载流子的复合过程，而反向电流描述载流子的抽取过程。

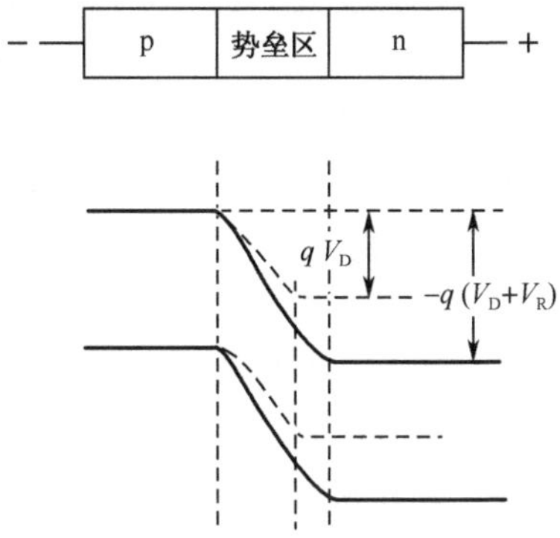

图 2.26　反向偏置下 pn 结势垒变化

2.2.2.2　pn 结中的费米能级

外电场作用下 pn 结偏离热平衡状态，载流子浓度用准费米能级 E_{Fp} 和 E_{Fn} 来表征。如上分析，外场主要的影响是 p 区和 n 区都有少子注入，因此少数载流子的费米能级 $E_{Fn}(x)$ 和 $E_{Fp}(x)$ 是空间位置的函数。图 2.27 给出了不同偏置下的能带图。由图可见，在扩散区少子的 E_{Fn} 和 E_{Fp} 随空间变化的方向是由外加偏压决定的。图中 L_n 和 L_p 分别是 p 区和 n 区少子的扩散长度。

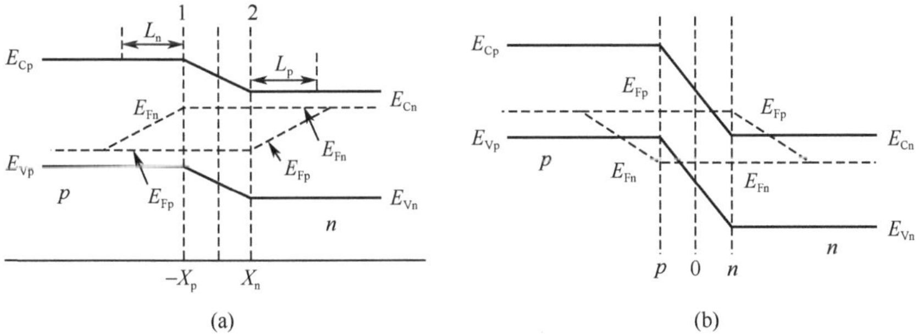

图 2.27　正向偏置下 pn 结能带图（a）和反向偏置下 pn 结能带图（b）

2.2.2.3　pn 结 I-V 特性

式（2.134）与式（2.136）说明势垒区两边电子浓度与空穴浓度是由势垒 $V(x)$ 联系起来的，在外加偏压下，上述关系仍然成立。外加偏压 V 引起势垒高度的变化为$q(V_D-V)$。正向偏压V为正，势垒高度降低。反向偏压V为负，势垒高度增加。式（2.134）可写成

$$n_n = n_p e^{q(V_D-V)/k_BT} \tag{2.138}$$

外加偏压下的pn结处于非平衡态，n_n, n_p分别是n区和p区在耗尽区边界的电子浓度。在小注入条件下，$n_n \cong n_{n0}$，将式（2.134）代入式（2.138），可给出在耗尽区p区边界$x=-x_p$处电子浓度

$$n_p = n_{0p} e^{qV/k_BT} \tag{2.139}$$

p区边界注入的电子浓度为非平衡条件下该处的电子浓度减去平衡时的电子浓度

$$n_p - n_{0p} = n_{0p}(e^{qV/k_BT}-1) \tag{2.140}$$

同样，在耗尽区的n区边界$x=x_n$处的空穴浓度P_n

$$P_n = p_{0n} e^{qV/k_BT} \tag{2.141}$$

n区边界注入的空穴浓度为边界处的空穴浓度与平衡空穴浓度之差

$$p_n - p_{0n} = p_{0n}(e^{qV/k_BT}-1) \tag{2.142}$$

在稳定的外场条件下，根据理想pn结假设，耗尽区内既无产生也无复合，电流主要来自准中性区。在小注入条件并设中性区电场≈0的情况下，n区稳态非平衡少数载流子连续方程写成

$$D_p \frac{d^2 p_n(x)}{dx^2} - \frac{p_n - p_{0n}}{D_p \tau_p} = 0 \tag{2.143}$$

应用式（2.113）及在准中性区少子浓度与热平衡时浓度相等$p_n(x=\infty)=p_{0n}$，解方程（2.143）可得注入n区的非平衡少数载流子（空穴）浓度为

$$p_n - p_{0n} = p_{0n}(e^{qV/k_BT}-1)e^{-(x-x_n)/L_p} \tag{2.144}$$

式中$L_p = \sqrt{D_p\tau_p}$，是空穴的扩散长度。同样可得注入p区非平衡少数载流子浓度为

$$n_p - n_{0p} = n_{0p}(e^{qV/k_BT}-1)e^{-(x-x_p)/L_n} \tag{2.145}$$

式中$L_n = \sqrt{D_n\tau_n}$，是电子的扩散长度。在n区边界$x=x_n$，得到空穴的扩散电流密度

$$J_p(x_n) = -qD_p \left.\frac{dp_n(x)}{dx}\right|_{x_n} = \frac{qD_p p_{0n}}{L_p}(e^{qV/k_BT}-1) = \frac{qD_p n_i^2}{N_D L_p}(e^{qV/k_BT}-1) \tag{2.146}$$

同样在p区电子的扩散电流密度为

$$J_n(-x_p) = qD_n \left.\frac{dn_p(x)}{dx}\right|_{-x_p} = \frac{qD_n n_{0p}}{L_n}(e^{qV/k_BT}-1) = \frac{qD_n n_i^2}{N_A L_n}(e^{qV/k_BT}-1) \tag{2.147}$$

通过pn结的总电流是电子与空穴扩散流之和，即式（2.146）与式（2.147）的叠加

$$J = J_n(-x_p) + J_p(x_n) = J_s(e^{qV/k_BT} - 1) \tag{2.148}$$

其中，J_s 为反向饱和电流密度

$$J_s = \frac{qD_p p_{0n}}{L_p} + \frac{qD_n n_{0p}}{L_n} = qn_i^2\left(\frac{D_p}{N_D L_p} + \frac{D_n}{N_A L_n}\right) \tag{2.149}$$

式（2.148）就是理想 pn 结的伏安特性。正偏压时，电流随偏压的增加指数上升。反向偏置时，指数项趋于零，结电流为恒定的反向饱和电流密度 J_s，显示典型的整流特性。图 2.28 给出由式（2.148）描述的理想 J-V 特性曲线与实测 pn 结 J-V 特性曲线的比较。

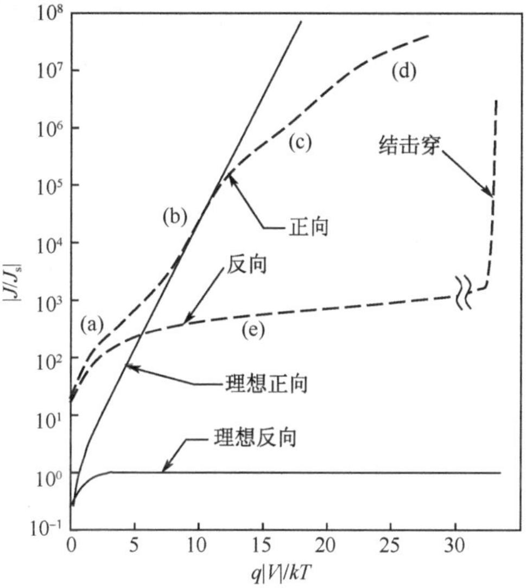

图 2.28　实际测量的硅 pn 结和理想 pn 结 J-V 特性的比较

（a）产生-复合电流区；（b）扩散电流区；（c）大注入区；

（d）串联电阻效应；（e）产生-复合与表面效应等引起的反向漏电流

2.2.2.4　势垒区的产生-复合及大注入效应

分析图 2.28 发现，式（2.148）可较好地描述小信号条件下 Ge 的 pn 结特性。对于 Si、GaAS 的 pn 结特性，实验与计算有明显的偏离。主要是实际的反向电流比理想的反向电流约大 2 个量级，实际的正向电流与理想的正向电流呈现不同的电压依赖关系。理想 pn 结的 J-V 特性是建立在前面的几个假设基础上得到的，它与实验的偏差说明有些假设并不适当。如小注入的假设在较高的正向偏置时是不成立的，因为在较大正向偏压下，注入的少子浓度可能接近或甚至超过所在区的多子浓度。此外耗尽区内载流子的产生与复合实际上是不能忽略的，表面效应-表面离子电荷，串联电阻效应等，使 J-V 特性偏离理想特性。

在热平衡条件下，pn 结势垒区内的产生与复合是相等的。外加电场后势垒区电场的变化，少子的注入使区内载流子产生与复合失去平衡，致使势垒区内电子和空穴浓度的乘积偏离其平衡常数

$$n(x)p(x) = n_i e^{(E_{Fn}-E_i)/k_BT} n_i e^{(E_i-E_{Fp})/k_BT} = n_i^2 e^{qV/k_BT} \tag{2.150}$$

以下讨论几种情况。

1）正向偏置时势垒区的复合流

pn 结在正向偏压下，从式（2.150）可得 $np > n_i^2$，势垒区内载流子浓度超过平衡态的值，为此需有更多的复合来达到新的平衡，有净复合率。电子从 n 区向 p 区的扩散流及空穴从 p 区向 n 区的扩散流，经过势垒区有载流子复合流。设 $r_n = r_p = r$。如在 2.1 节讨论过的，对复合最有效的陷阱能级位于带隙的中央 $E_t \approx E_i$，净复合率可表示成

$$U = \frac{N_t r(np - n_i^2)}{n + p + 2n_i} \tag{2.151}$$

在势垒区内 $n=p$ 时有最大的复合为 U_{max}。n 和 p 是空间位置的函数，对空间电荷区积分（0-W），得到复合电流 J_r 为

$$J_r = \int_0^W qU_{max}dx \approx \frac{qn_iW}{2\tau}e^{qV/2k_BT} \tag{2.152}$$

W 为势垒区宽度，正向偏置时总电流密度近似地为扩散电流密度与复合电流密度之和

$$J = J_r + J_F = qn_i\left(\sqrt{\frac{D_p}{\tau_p}}\frac{n_i}{N_D}e^{qV/k_BT} + \frac{W}{2\tau}e^{qV/2k_BT}\right) \tag{2.153}$$

2）反向偏置时势垒区的产生流

反向偏压下，pn 结势垒区电场强度提高，$V<0$，从式（2.150）给出 $np < n_i^2$。通过复合中心产生的电子和空穴很快被电场扫出势垒区，势垒区内载流子浓度低于平衡态的值，载流子产生率大于复合率，有净产生率。由此多出了一部分反向电流密度 J_g。利用 n 和 p 比 n_i 小很多，并同样认为对产生最有效的能级是 $E_t \approx E_i$，净复合率式（2.151）成为

$$U = -\frac{n_i}{2\tau} \tag{2.154}$$

净产生率 $G=-U$，由此获得势垒区产生电流密度

$$J_g = \frac{qn_iW}{2\tau} \tag{2.155}$$

反向电流由前面讨论的扩散电流式（2.149）与产生电流式（2.155）组成，总的表示成

$$J_R = \frac{qD_p p_{0n}}{L_p} + \frac{qD_n n_{0p}}{L_n} + \frac{qn_iW}{2\tau} \tag{2.156}$$

对于一个 p^+n 结，有 $N_A \gg N_D$ 关系，应用式（2.137），此时总的反向电流密度简化为

$$J_R = \frac{qD_p n_i^2}{L_p N_D} + \frac{qn_i W}{2\tau} \tag{2.157}$$

该式表明，J_R 比例于 n_i^2。Ge 的带隙宽度较小，室温下有较高的 n_i 值，式（2.157）的第一项起主要作用，反向电流符合理想 pn 结情况。对于如 Si 这类半导体具有较大的带隙，n_i 较小。当反向偏压较大，W 也大，势垒区的产生电流增加，因此 Si、GaAs 的 pn 结以势垒区产生电流为主，呈现高的反向电流。需要指出的是，除了势垒区的扩散电流与产生电流构成反向电流外，对实际器件，与工艺有关的表面电流也是不可忽视的。

3）正向大注入

图 2.28 表明正向偏压较大时，正向电流比理想 pn 结的电流要小，或者说电流随电压上升变慢。这有两个主要的原因。首先，理想 pn 结伏安特性是在小注入条件下导出的，是指区内少子浓度远低于多子浓度，认为准中性区电场≈0。在大注入情况，注入区内少子浓度可接近或高于多子浓度，区内不仅有少子的浓度梯度，为了保持电中性，亦会出现多子的浓度梯度，由此产生多子的扩散运动使“准中性区”电场不为零。因此在势垒区外也有能带的弯曲，此时，外加正向电压不再完全降落在势垒区，也会降落在扩散区，加在势垒区上的正向电压减少。对于电流密度的计算，必须同时考虑电子和空穴的漂移和扩散电流分量。以 p^+n 结为例（省略推导过程），得到正向大注入条件下正向扩散电流密度

$$J_{Fd} = \frac{2qn_i D_p}{L_p} e^{qV/2k_B T} \tag{2.158}$$

结合式（2.153）小注入正向电流与大注入的情况，正向 J-V 特性可用统一的经验公式来表示，此时指数项分母中多出一个理想因子 m

$$J \propto e^{qV/mk_B T} \tag{2.159}$$

m 取决于载流子的输运机制，当扩散电流起主要作用时 $m \approx 1$，复合电流为主时 $m \approx 2$，两种电流同时存在时 m 在 1～2 变化。由此我们可以通过分析 pn 结的正向伏安特性了解载流子的输运机制。

J-V 特性偏离理想特性的另一原因是大电流情况下串联电阻的影响显现了。实际 pn 结的准中性区和电极接触总会有一定的串联电阻 R，电阻大小与工艺有关。小电流运作的情况，R 对 J-V 特性的影响可忽略。在大注入时，必须考虑大电流通过中性区和欧姆接触的串联电阻的影响。电流流过串联电阻的压降为 IR，降低了耗尽区的偏压。理想电流降低一个因子 $\exp(qIR/k_B T)$，这就使电流随电压的上升变慢

$$I \approx I_s e^{q(V-IR)/k_B T} \tag{2.160}$$

总结 pn 结的整流特点。J-V 特性由正向或反向偏置时势垒区的变化决定。

正向偏压降低势垒高度，其伏安特性主要由以下三方面的影响：① 在边界形成少数载流子的扩散流。② 势垒区内载流子浓度超过平衡态的值，形成势垒区的复合电流。③ 大注入情况下，注入区内高的少子浓度，准中性区有电场存在，势垒区的正向电压减少。

反向偏压增加势垒高度，使势垒区变宽。pn 结的反向电流主要来源于：① 少数载流子的抽出扩散电流；② 势垒区内载流子浓度低于平衡态值，形成载流子产生电流。

2.2.3 pn 结电容

高频下 pn 结的整流特性的变异是来自于 pn 结的电容效应。结电容是与外加电压引起的势垒区及扩散区电荷的变化有关，分成势垒电容与扩散电容。

1）势垒电容

外加偏压使势垒区宽度改变。正向偏压的注入效应，部分电子和空穴进入势垒区并中和了其中的离化杂质，势垒区宽度减小。反向偏压的抽取效应，使势垒区宽度增加。这种电荷在势垒区两端电荷的进、出形成 pn 结势垒电容。

以下以突变结为例来分析。热平衡耗尽近似条件下，突变 pn 结势垒区宽度由式（2.130）表示。由此得单位面积电荷密度 $|Q| = qN_D x_n = qN_A x_p$。$x_n + x_p = W$。这表明，电荷密度与掺杂浓度及势垒区宽度或势垒高度有关

$$|Q| = q\frac{N_D N_A}{N_D + N_A}W = \left(\frac{2q\varepsilon_0\varepsilon_s N_D N_A}{N_D + N_A}V_D\right)^{1/2} \tag{2.161}$$

在外加反向电压 V_R 情况下，势垒区仍满足耗尽近似，势垒区宽度和电荷相应地变化为

$$W = \left[\frac{2\varepsilon_0\varepsilon_s}{q}\left(\frac{N_D + N_A}{N_D N_A}\right)(V_D + V_R)\right]^{1/2} \tag{2.162}$$

$$|Q| = \left[\frac{2q\varepsilon_0\varepsilon_s N_D N_A}{N_D + N_A}(V_D + V_R)\right]^{1/2} \tag{2.163}$$

给反向偏置 V_R 叠加上一个微小的交流电压 dV_R，耗尽层单位面积的微分电容可写成

$$C = \frac{dQ}{dV_R} = \left[\frac{q\varepsilon_0\varepsilon_s N_D N_A}{2(N_D + N_A)}(V_D + V_R)^{-1}\right]^{1/2} \tag{2.164}$$

式（2.164）表明，pn 结势垒电容可等效成是平板间距离为势垒区宽度 W、介质为半导体的平板电容器。与平板电容的差别是结势垒电容是外加电压的函数，是一个非线性电容。

正向偏置时，势垒区宽度变窄及空间电荷减少，势垒电容比反向偏置时要大。但式（2.164）没有考虑此时流经势垒区的电流也大，因此式（2.164）对正向偏置情况是不适合的。单位面积正向偏置势垒电容应用下式近似表示

$$C = 4C(0) = 4\left[\frac{q\varepsilon_0\varepsilon_s N_D N_A}{2(N_D + N_A)V_D}\right]^{1/2} \tag{2.165}$$

$C(0)$ 是零偏压时的势垒电容。

2）扩散电容

图 2.25 示意了正向偏置下势垒区两边少子注入的梯度分布，形成少数载流子扩散区。为了保持扩散区电中性，扩散区内也有多数载流子的积累。正偏压的变化导致在扩散区电荷数量的改变，形成扩散电容。具体分析少数载流子注入，扩散区非平衡少子浓度可由以下的式（2.166）和式（2.167）给出

$$p_n - p_{0n} = p_{0n}(e^{qV/k_BT} - 1)e^{-(x-x_n)/L_p} \tag{2.166}$$

$$n_p - n_{0p} = n_{0p}(e^{qV/k_BT} - 1)e^{-(x-x_p)/L_n} \tag{2.167}$$

将式（2.166）和式（2.167）对扩散区积分得到单位面积的电荷密度

$$Q_n = qL_n n_{0p}(e^{qV/k_BT} - 1) \tag{2.168}$$

$$Q_p = qL_p p_{0n}(e^{qV/k_BT} - 1) \tag{2.169}$$

单位面积微分扩散电容 $C_{扩}$

$$C_{扩} = C_{n扩} + C_{p扩} = \frac{q^2}{k_B T}(p_{0n}L_p + n_{0p}L_n)e^{qV/k_BT} \tag{2.170}$$

扩散电容与偏压呈指数关系。在反向偏压下，扩散电容是很小的，可忽略不计。在大的正向偏压时，扩散电容是主要的。

以上分析表明，pn 结电容是与材料的扩散长度，掺杂浓度等器件的基本参数有关的。通过对 pn 结 C-V 特性的分析，有助于了解器件结特性与制备之间的关系。上面的讨论并没有涉及 pn 结界面的缺陷。在实际的器件，界面缺陷不仅不可避免，而且对器件特性有十分重要的影响。与可预设的扩散长度、掺杂浓度等参数不同，界面缺陷是与工艺密切相关的。通过式（2.165）C-V 特性的分析，是了解界面缺陷的有效的常用方法。

2.2.4 异质结

以上讨论的是同一种材料但掺杂类型不同所形成的同质 pn 结。两种具有不同带隙宽度材料形成的结称为异质结。在异质结的表示方法中，用小写符号表示窄带隙材料，用大写表示宽带隙材料。结的两边可以是同类型掺杂的nN，pP 同型异质结，如 n- GaAs/N-$Al_xGa_{1-x}As$。也可是不同掺杂类型的 nP，pN 异型异质结，如 n-GaAs/P-$Al_xGa_{1-x}As$。这类结的主要特点是除了不同能隙宽度外，介电常数及电子亲和势均不同。半导体形成异质结时亦有与 pn 结相似

的两种情况，一是两材料界面的过渡区是几个原子间距，即所谓突变异质结。若过渡层大于几个扩散长度，则是缓变异质结。过渡区的宽窄是与实际工艺密切相关的，目前采用分子束外延，或金属有机化学气相沉积，过渡区宽度可做到 1～2 个原子层，可认为是突变异质结。有的工艺过渡区较宽，则是缓变异质结。

最重要的异质结是由Ⅲ-V 族化合物材料构成，应用十分广泛的 GaAs 及 $Al_xGa_{1-x}As$ 三元化合物。$Al_xGa_{1-x}As$ 中随 x 从 0～1 变化，其带隙宽度从 GaAs 的 1.42eV 逐渐增加到 AlAs 的 2.17eV，不同的 x 晶格常数基本不变，以保证异质结结构的完整性。异质结在半导体多子器件，光电子器件，光伏器件，集成电路，集成光学等方面有广泛的、不可替代的作用，它也是超晶格、量子阱的基本组成部分。关于异质结的详述见文献［13］、［14］。

异质结结构在太阳电池中有广泛的应用，如 CdTe、CuInGaSe 等薄膜电池，非晶 Si 薄膜与晶体 Si 的高效异质结 HIT（heterojunction with intrinsic thin-layer）电池等[15]。

2.2.4.1 理想异质结能带图

pn 结的能带图决定它的结特性、光电特性、载流子输运等基本性质。异质结的形成与两边半导体的带隙宽度、功函数、电子亲和势和结界面的缺陷情况有关。这里主要介绍不考虑界面缺陷的理想突变异质结的基本特性。

以 pN 异质结的形成为例讨论。具有不同禁带宽度的 p 型材料 1 和 n 型材料 2 单独存在时的能带图如图 2.29（a）所示。其中 E_0 为真空能级，指电子离开半导体所需的最低能量，X_1、X_2 分别为材料 1 及 2 的电子亲和势，W_1、W_2 分别为材料 1 及 2 的费米能级与真空能级之差即功函数。当两材料连接在一起时，设：① 对没有过渡层的突变异质结，各自的带隙宽度不变；② 电子亲和势不变，即晶格对原子的束缚力并没有因结的形成而改变；③ 内建场势垒由两侧的空间电荷决定。

当它们接触时，因 n 区有较高的费米能级，电子克服势垒到 p 区，同时 p 区空穴克服势垒流向 n 区，电荷在两边的流动，直到它们的费米能级一致，$E_{F1}=E_{F2}=E_F$，形成一个如图 2.29（b）所示的热平衡的突变异质结能带图。与同质 pn 结能带的差别是在界面，同质 pn 结界面的能带是连续的。对于异质结，由于带隙宽度的不同，能带在界面处是不连续的，有尖峰出现，分别称为导带和价带的“带阶”（offset）ΔE_C 和 ΔE_V。带阶是影响异质结性能的极为重要参量。目前有大量的关于带阶的理论和实验工作[13,16]。

与分析同质 pn 结相似，由于载流子的流动，在界面两侧也形成空间电荷

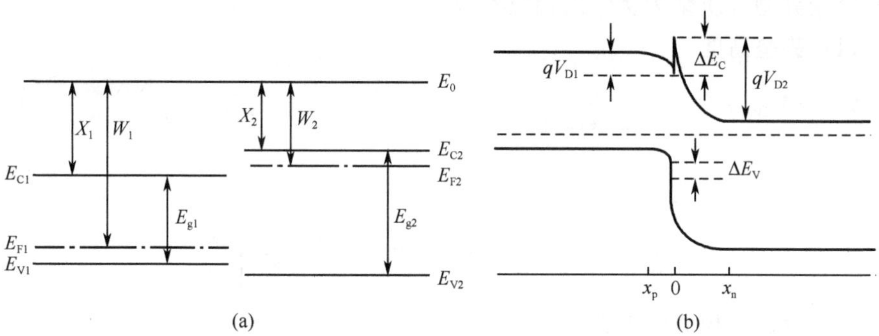

图 2.29　不同禁带宽度材料 1 和 2 接触前的能带图 (a) 和异质结形成后的能带图 (b)

区。n 区一侧为正，p 区一侧为负。空间电荷区的内建势 V_D 是半导体 1 与半导体 2 热平衡时静电势 V_{D1} 和 V_{D2} 之和。结势垒高度 $qV_D = E_{F2} - E_{F1} = W_2 - W_1$，亦为两材料费米能级之差。半导体材料的带隙宽度，掺杂类型和带阶的不同可形成多种类型的异质结能带结构（见图 2.30）。

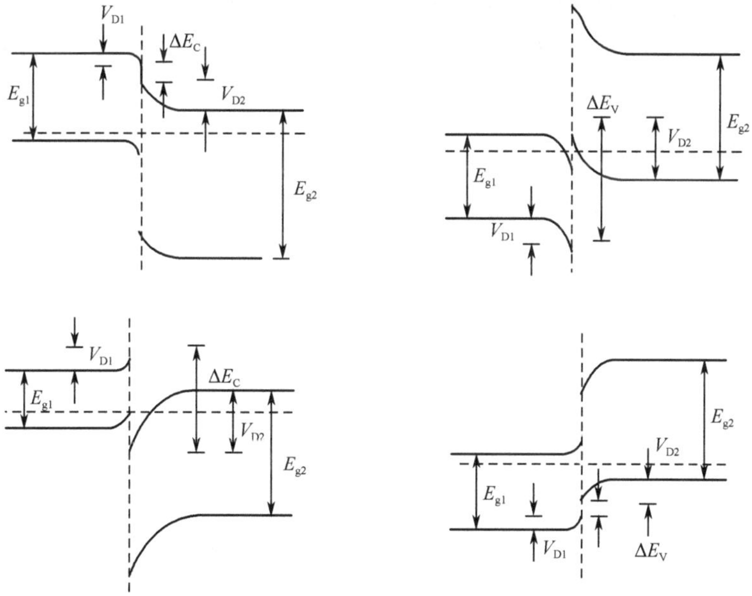

图 2.30　几种异质结的能带图

2.2.4.2　理想异质结势垒区

与分析同质 pn 结的方法类似，在耗尽近似条件下，利用泊松方程可以获得势垒高度及势垒区宽度 $W = x_n + x_p$。这里略去详细的数学过程，仅以图 2.29

(b) 突变异型异质结为例给出相应参数：

(1) 势垒高度

$$V_D = V_{D1} + V_{D2} = \frac{q}{2\varepsilon_0\varepsilon_1\varepsilon_2}\left[\varepsilon_1 N_{A1}\left(\frac{N_{D2}W}{N_{D2}+N_{A1}}\right)^2 + \varepsilon_2 N_{D2}\left(\frac{N_{A1}W}{N_{D2}+N_{A1}}\right)^2\right] \tag{2.171}$$

(2) 势垒区宽度

$$W = \left[\frac{2\varepsilon_0\varepsilon_1\varepsilon_2(N_{D2}+N_{A1})^2}{qN_{D2}N_{A1}(\varepsilon_2 N_{D2}+\varepsilon_1 N_{A1})}V_D\right]^{1/2} \tag{2.172}$$

(3) 单位面积势垒电容

$$C = \left[\frac{q\varepsilon_0\varepsilon_1\varepsilon_2 N_{D2}N_{A1}}{2(\varepsilon_2 N_{D2}+\varepsilon_1 N_{A1})}(V_D+V_R)^{-1}\right]^{1/2} \tag{2.173}$$

在讨论实际的异质结时，以下的因素需要特别注意：

(1) 界面缺陷是不可避免的，如由于半导体晶格常数的失配或其他生长缺陷，在界面将引入界面缺陷能级。低的界面态密度基本上不影响结的能带图，但高的界面态密度，界面能级上的电荷将影响异质结的能带图。

(2) 制备过程中从材料 1 到材料 2 总会有一个过渡区，过渡区很窄才是突变结（1～2 原子层）。材料 E_g 和 X 的渐变，对异质结界面的能带图有较大的影响，如一个宽的过渡区，有可能抹平势垒区的尖峰。

2.2.4.3 理想突变异质结电输运与伏安特性

首先引入 pn 结应用中的一个重要参数“载流子注入比”。注入比是指 pn 结加正向偏压后，从 n 区向 p 区的电子流与从 p 区向 n 区的空穴流之比。对同质 pn 结，应用式（2.146）与式（2.147），在杂质完全电离情况下，电子流与空穴流之比为

$$\frac{J_n}{J_p} = \frac{D_n n_{0p} L_p}{D_p p_{0n} L_n} = \frac{D_n L_p N_D}{D_p L_n N_A} \tag{2.174}$$

对同质材料 D_n、D_p、L_n、L_p 差别不大，因此注入比主要由掺杂比决定。某个区相对有高的掺杂可获得高注入比，这就是为什么发射区的掺杂浓度都高。

与理想同质 pn 结相比，突变 pN 异质结能带图的主要特点是有势垒尖峰即带阶 ΔE_C 和 ΔE_V。它们使电子和空穴在输运过程中的势垒高度有差别，对输运特性的影响很大，此时空穴自 p 区向 N 区的注入除了势垒 V_D 外还需考虑带阶 ΔE_V［见图 2.29（b）］的影响。空穴的注入电流

$$J_p \propto e^{-\frac{qV_D+\Delta E_V}{k_B T}} \tag{2.175}$$

电子自 N 区向 p 区的注入只需考虑势垒 V_{D2}，电子注入电流写成

$$J_n \propto e^{-qV_{D2}/k_BT} \tag{2.176}$$

注入比为

$$\frac{J_n}{J_p} \propto e^{\Delta E_V} \tag{2.177}$$

异质结的注入比是带阶的指数关系，大的带阶可产生高的注入比。

异质结 pN 结伏安特性的分析主要有扩散、热发射和隧穿三种模型。

1）扩散模型

扩散模型的分析与前面 pn 结的分析方法一样。在异质结 pN 结中，载流子从 N 区扩散流向 p 区与从 p 区流向 N 区克服的势垒是不同的[17]。以图 2.29（b）中电子扩散为例：从 N 区向 p 区的电子扩散流比例于 $\exp(-qV_{D2}/k_BT)$，电子从 p 区流向 N 区扩散流比例于 $\exp[-(\Delta E_C-qV_{D1})/k_BT]$。外加偏压 V 在 1 和 2 压降分别为 V_1、V_2，$V=V_1+V_2$。考虑载流子在异质结界面的透射系数 X，异质结电流-电压特性可写成

$$J = qX\frac{D_{n1}N_{D2}}{L_{n1}}e^{-qV_{D2}/k_BT}(e^{-qV_2/k_BT}-e^{-qV_1/k_BT}) \tag{2.178}$$

2）热发射模型

热发射模型的基本思路是载流子输运不是以扩散的方式，而是具有一定热运动速度的载流子才能越过势垒进入另一个区，处理方法与扩散模型相同，差别是描述电流的参数不是扩散系数和扩散长度，而是与热运动速度有关的温度。热发射电流密度的表达式为

$$J = qXN_{D2}\left(\frac{kT}{2\pi m}\right)^{1/2}e^{-qV_{D2}/k_BT}(e^{-qV_2/k_BT}-e^{-qV_1/k_BT}) \tag{2.179}$$

3）隧穿机制

带势垒尖峰的异质结能带结构，给电子提供了隧穿的机会，在势垒较薄的情况下，能量小于势垒高度的电子可以量子隧穿的方式从 N 区输运到 p 区（见图 2.31）。

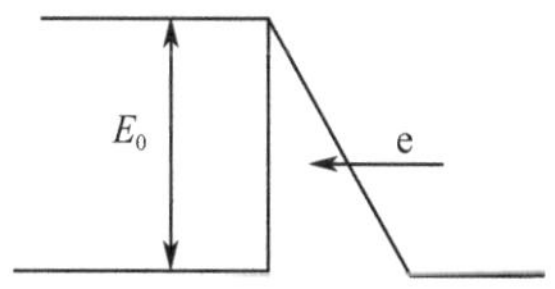

图 2.31　三角势垒与其隧穿模式

对于如图 2.31 所示势垒高度为 E_0、电场强度为 F_0 的三角势垒、正偏压为 V_f 时隧穿概率 D 写成[18]

$$D \approx \exp\left[-\frac{4(2m^*)^{1/2}}{3}\frac{E_0^{2/3}}{\hbar F_0}\right]\exp\left[2(2m^*)^{1/2}\frac{E_0}{\hbar F_0}qV_f\right] \tag{2.180}$$

将式（2.180）指数部分用 AV_f 表示，其中 A 是与温度无关的常数；D 基本上与温度无关。隧穿电流密度则是隧穿概率与入射电流密度 $J_s(T)$ 的乘积

$$J = J_s(T)e^{AV_f} \tag{2.181}$$

$J_s(T)$ 与温度有很弱的依赖关系，因此载流子隧穿输运的特点是基本与温度无关。对实际的异质结电流-电压特性，涉及异质结能带图的差别，特别是界面缺

陷的影响，不能用上述单个的模型解释。如界面态的存在，电子可通过界面缺陷隧穿输运，可能需要有几种输运模型来描述。

2.3 太阳电池基础

在对 pn 结基本特性已有初步了解的基础上，以下将主要分析和讨论光照下 pn 结偏离热平衡的电流-电压特性。结合太阳电池结构，介绍太阳电池模型，分析它的终端特性，表征参数及太阳电池转换效率。

2.3.1 光生伏特效应

光照下 pn 结基本的观察是光生伏特效应。当能量大于半导体材料禁带宽度的一束光垂直入射到 pn 结表面，参见图 2.32（a），光子将在离表面一定深度 $1/\alpha$的范围内被吸收，α 为光吸收系数，如 $1/\alpha$ 大于 pn 结厚度，入射光在结区及结附近的空间激发电子空穴对。如图 2.32（b）所示，产生在空间电荷区内的光生电子与空穴在结电场作用下分离，产生在结附近扩散长度范围的光生载流子扩散到空间电荷区，也在电场作用下分离。p 区的电子在电场作用下漂移到 n 区，n 区空穴漂移到 p 区，形成自 n 区向 p 区的光生电流如图 2.32（c）所示。由光生载流子漂移并堆积形成一个与热平衡结电场方向相反的电场 $-qV$ 并产生一个与光生电流方向相反的正向结电流，它补偿结电场，使势垒降低为 qV_D-qV。当光生电流与正向结电流相等时，pn 结两端建立稳定的电势差，即光生电压。光照使 n 区和 p 区的载流子浓度增加，引起费密能级的分裂，$E_{Fn}-E_{Fp}=qV$。pn 结开路时，光生电压 qV 为开路电压。如外电路短路，pn 结正向电流为零，外电路的电流为短路电流，理想情况下也就是光电流。

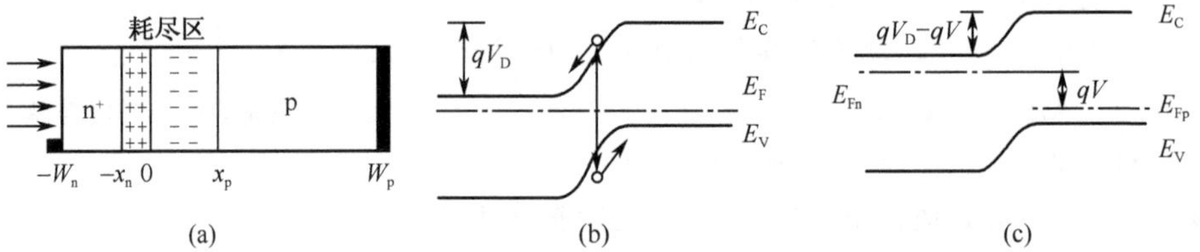

图 2.32 光照 pn 结表面（a）、热平衡 pn 结能带图（b）和光照 pn 结能带图（c）

2.3.2 太阳电池电流-电压特性分析

一个 n^+p 结太阳电池的基本结构如图 2.32（a）所示，如在 2.2 节中所述，n^+p 结由三个部分组成：掺杂浓度为 N_A 厚度为 W_p 的 p 型区（$x>0$）；掺杂浓

度为 N_D 厚度为 W_n 的 n 型区（$x<0$）；以及在它们之间的势垒区。势垒区在 p 区及 n 区的宽度分别为 x_p 和 x_n。势垒区两边的 p 与 n 区近似地认为是没有电场的准中性区。准中性区有相应的接触电极与外电路连接。前、后电极均是欧姆接触，光照面有前电极因此光照面积稍小。式（2.174）表明少数载流子注入比主要是由 n 区和 p 区的掺杂比决定。图 2.32（a）采用了 n^+p 结构，n^+ 区的高掺杂可获得高注入比，称其为发射区。轻掺杂的 p 区则为基区。通常发射区都很薄，使基区能吸收绝大部分的光，因此基区也称为吸收区。

前面已分析了热平衡情况下的载流子浓度，结的 I-V 特性等。在非平衡情况下（加偏压，光照等）引入准费密能级来表征非平衡载流子浓度。因此，原则上结合边界条件，通过求解光照下非平衡稳态的电子和空穴输运方程（2.115）和方程（2.116），可获得太阳电池的电流-电压特性。

首先讨论准中性区的电流密度。准中性区的电场≈0，多数载流子浓度是由掺杂决定的一个常数，因此主要分析少子的扩散电流。少子浓度遵循少子扩散方程，有了准中性区的边界条件，通过求解少数载流子扩散方程获得扩散电流。关于边界条件。参见图 2.32（a），n 区前表面处（$-W_n$）的少子浓度与表面复合有关。前表面复合有两部分，一是金属栅线与表面接触的复合，理想的欧姆接触表面复合速度趋向无限大，少子浓度 $\Delta p(-W_n)=0$。二是栅线之间的表面复合，表面复合较小。金属栅线仅占表面面积的很小部分，因此用有效表面复合速度 S_{Feff}来描述总的前表面复合，ΔP 由下式表示：

$$\frac{d\Delta p}{dx}=\frac{S_{Feff}}{D_p}\Delta p(-W_n) \tag{2.182}$$

n 区与势垒区边界 $x=-x_n$的空穴浓度由式（2.141）表示

$$p_n(-x_n)=p_{0n}e^{qV/k_BT}=\frac{n_i^2}{N_D}e^{qV/k_BT} \tag{2.183}$$

式中，p_{0n}是 n 区平衡态的少子浓度，表示为 $p_{0n}=n_i^2/N_D$。

p 区的边界条件。背表面 $x=W_p$，如果背表面是理想的欧姆接触，则 $\Delta n(W_p)=0$。然而太阳电池的基区背面通常有一层重掺杂区 p-p^+，称背表面场（back surface field，BSF），它使少数载流子不与欧姆电极直接接触，可提高少数载流子的收集，这等效于低的表面复合速度。用 S_{BSF}代表有效背表面复合速度。在 $x=W_p$ 的边界条件为

$$\left.\frac{d\Delta n}{dx}\right|_{x=W_p}=-\frac{S_{BSF}}{D_n}\Delta n(W_p) \tag{2.184}$$

p 区与势垒区边界 $x=x_p$ 的电子浓度，应用 p 区平衡态少子浓度为 $n_{0p}=n_i^2/N_D$

$$n_p(x_p)=\frac{n_i^2}{N_A}e^{qV/k_BT} \tag{2.185}$$

解方程（2.115）和方程（2.116）还需给出产生率。式（2.51）给出了光照

的产生率。设吸收的每个光子都产生一对电子-空穴，即式（2.51）中 $\eta(\omega)=1$。考虑前金属栅线占去一部分面积，引进隐蔽因子 s，它反映受光照的实际面积是 $(1-s)A$，A 为表面面积。光从前表面入射，在 x 点单位面积的光产生率

$$G(x)=(1-s)\int_{\hbar\omega>\hbar\omega_g}[1-R(\hbar\omega)]\,\alpha(\hbar\omega)Q(E)\mathrm{e}^{-\alpha(x+W_n)}\,\mathrm{d}\hbar\omega \qquad (2.186)$$

其中，$Q(E)$ 为入射光子流谱密度，它代表单位面积、单位时间入射光子能量为 $E=\hbar\omega$ 的光子数。太阳辐射的光子流谱密度表示为

$$Q_s(E)=\frac{2F_s}{h^3C^2}\left(\frac{E^2}{\mathrm{e}^{E/k_BT_s}-1}\right) \qquad (2.187)$$

式中，F_s 为太阳辐照的几何因子；T_s 为太阳表面温度。

有了以上边界条件及产生、复合的表达式。解少数载流子扩散方程（2.115）和方程（2.116），求出在准中性区少数载流子浓度。这里介绍 Jeffery L. Gray 的分析[19]。在 n 区，空穴浓度的空间分布

$$\Delta p_n(x)=A_n\sinh[(x+x_n)/L_p]+B_n\cosh[(x+x_n)/L_p]+\Delta p_n'(x) \qquad (2.188)$$

在 p 区，电子浓度的空间分布

$$\Delta n_p(x)=A_p\sinh[(x-x_p)/L_n]+B_p\cosh[(x-x_p)/L_n]+\Delta n_p'(x) \qquad (2.189)$$

其中，A_n、B_n、A_p 和 B_p 是可通过边界条件确定的常数。式（2.188）与式（2.189）中 $\Delta p_n'(x)$ 和 $\Delta n_p'(x)$ 是与产生率 $G(x)$ 有关的

$$\Delta p_n'(x)=-(1-s)\int_{\omega>\omega_g}\frac{\tau_p}{(L_p^2\alpha^2-1)}[1-R(\omega)]\,Q(\omega)\alpha(\omega)\mathrm{e}^{-\alpha(x+W_n)}\,\mathrm{d}\omega \qquad (2.190)$$

$$\Delta n_p'(x)=-(1-s)\int_{\omega>\omega_g}\frac{\tau_n}{(L_n^2\alpha^2-1)}[1-R(\omega)]\,Q(\omega)\alpha(\omega)\mathrm{e}^{-\alpha(x+W_n)}\,\mathrm{d}\omega \qquad (2.191)$$

在准中性区电场可忽略，只有少数载流子的扩散电流。用式（2.98）、式（2.99）给出 p 区和 n 区少子扩散电流密度

$$J_n(x)=qD_n\frac{\mathrm{d}\Delta n_p}{\mathrm{d}x} \qquad (2.192)$$

$$J_p(x)=-qD_p\frac{\mathrm{d}\Delta p_n}{\mathrm{d}x} \qquad (2.193)$$

总的扩散电流密度

$$J(x)=[J_p(x)+J_n(x)] \qquad (2.194)$$

注意这里的 x 仅代表电子电流与空穴电流是位置的函数，并不是在空间的同一点。因此要进一步分析。

讨论空间电荷区的电流可从稳态电流连续方程（2.104）、方程（2.105）积分得到。在耗尽区对 x 积分

$$\int_{-x_n}^{x_p} \frac{dJ_n(x)}{dx}dx = J_n(x_p) - J_n(-x_n) = q\int_{-x_n}^{x_p} [U(x) - G(x)]\, dx \qquad (2.195)$$

式中，产生率 $G(x)$，由式（2.186）积分得到。而复合率的计算，若在耗尽区是通过复合中心的复合机制，而且是通过带隙中央 $E_t = E_i$ 的复合能级。在耗尽区内的最大复合率 $U(x_m)$ 是常数，x_m 是定义在该点电子浓度等于空穴浓度，$n_D(x_m) = p_D(x_m)$。在采用式（2.60），代入有关的载流子浓度与边界条件，耗尽区的复合率可表示为

$$U_D = \frac{n_i(e^{qV/2k_BT} - 1)}{\tau_D} \qquad (2.196)$$

τ_D 为耗尽区有效寿命。由此，式（2.195）可写成

$$\begin{aligned} J_n(-x_n) &= J_n(x_p) - q\int_{-x_n}^{x_p} [U(x) - G(x)]\, dx \\ &= J_n(x_p) + J_D - q\frac{W_D n_i}{\tau_D}(e^{qV/2k_BT} - 1) \end{aligned} \qquad (2.197)$$

其中，J_D 为耗尽区产生电流密度

$$J_D = q(1-S)\int_{\omega} [1 - R(\omega)]\, Q(\omega)[e^{-\alpha(W_n - x_n)} - e^{-\alpha(W_n + x_p)}]\, d\omega \qquad (2.198)$$

式中，x_n 和 x_p 分别为 n 区和 p 区耗尽区的宽度；$W_D = x_n + x_p$ 为耗尽区总宽度。根据式（2.194），总的电流应该是在空间相同一点的电子电流与空穴电流之和，最后获得

$$\begin{aligned} I &= A[J_p(-x_n) + J_n(-x_n)] \\ &= A[J_p(-x_n) - J_n(x_p) + J_D - q\frac{W_D n_j}{\tau_D}(e^{qV/2k_BT} - 1)] \end{aligned} \qquad (2.199)$$

其中，A 为电池面积，第一、第二项分别代表少子的扩散电流，最后一项代表耗尽区的复合电流。应用已求出的少子电流密度式（2.188）、式（2.189）及扩散电流方程（2.98）、方程（2.99）等，代入式（2.199）整理后可得太阳电池的电流-电压特性

$$I = I_{SC} - I_{01}(e^{qV/k_BT} - 1) - I_{02}(e^{qV/2k_BT} - 1) \qquad (2.200)$$

第一项 I_{SC} 是当 $V=0$ 时的短路电流。短路电流由电池的势垒区及其的两边的中性区三个部分组成。其中 n 区少子短路电流[8,19]

$$I_{SCN} = qAD_p\left[\frac{\Delta p'(-x_n)T_{p1} - S_{Feff}\Delta p'(-W_n) + D_p \left.\frac{d\Delta p'}{dx}\right|_{x=-W_n}}{L_p T_{p2}} - \left.\frac{d\Delta p'}{dx}\right|_{x=-x_n}\right] \qquad (2.201)$$

注意到是与表面复合有关的。其中

$$T_{p1}=\frac{D_p}{L_p}\sinh\left[\frac{W_N-x_n}{L_p}\right]+S_{Feff}\cosh\left[\frac{W_N-x_n}{L_p}\right] \tag{2.202}$$

$$T_{p2}=\frac{D_p}{L_p}\cosh\left[\frac{W_N-x_n}{L_p}\right]+S_{Feff}\sinh\left[\frac{W_N-x_n}{L_p}\right] \tag{2.203}$$

与背面复合有关的 p 区短路电流

$$I_{SCP}=qAD_n\left[\frac{\Delta n'(x_p)T_{n1}-S_{BSF}\Delta n'(W_p)+D_n\left.\frac{d\Delta n'}{dx}\right|_{x=W_p}}{L_nT_{n2}}+\left.\frac{d\Delta n'}{dx}\right|_{x=x_p}\right] \tag{2.204}$$

其中

$$T_{n1}=\frac{D_n}{L_n}\sinh\left[\frac{W_p-x_p}{L_n}\right]+S_{BSF}\cosh\left[\frac{W_p-x_p}{L_n}\right] \tag{2.205}$$

$$T_{n2}=\frac{D_n}{L_n}\cosh\left[\frac{W_p-x_p}{L_n}\right]+S_{BSF}\sinh\left[\frac{W_p-x_p}{L_n}\right] \tag{2.206}$$

由式（2.198）得势垒区中的产生电流，$I_{SCD}=AJ_D$。

式（2.200）中的第二、第三项是表示二极管的，第二项中 I_{01} 是与 n 和 p 中性区的复合相关的暗饱和电流：

$$I_{01}=I_{01n}+I_{01p} \tag{2.207}$$

其中

$$I_{01p}=Aq\frac{n_i^2D_p}{N_DL_p}\left\{\frac{\frac{D_p}{L_p}\sinh\left[\frac{(W_n-x_n)}{L_p}\right]+S_{Feff}\cosh\left[\frac{(W_n-x_n)}{L_p}\right]}{\frac{D_p}{L_p}\cosh\left[\frac{(W_n-x_n)}{L_p}\right]+S_{Feff}\sinh\left[\frac{(W_n-x_n)}{L_p}\right]}\right\} \tag{2.208}$$

$$I_{01n}=Aq\frac{n_i^2D_n}{N_AL_n}\left\{\frac{\frac{D_n}{L_n}\sinh\left[\frac{(W_p-x_p)}{L_n}\right]+S_{BSF}\cosh\left[\frac{(W_p-x_p)}{L_n}\right]}{\frac{D_n}{L_n}\cosh\left[\frac{(W_p-x_p)}{L_n}\right]+S_{BSF}\sinh\left[\frac{(W_p-x_p)}{L_n}\right]}\right\} \tag{2.209}$$

第三项中 I_{02} 是与耗尽区复合有关的暗饱和电流：

$$I_{02}=Aq\frac{n_iW_D}{\tau_D} \tag{2.210}$$

I_{02} 与耗尽区宽度 W_D 有关，因此也是与偏压有关。

图 2.33 给出了电池暗的与光照下的 I-V 特性。从图看出光 I-V 特性曲线是将光电流叠加到通常的整流二极管的 I-V 电流。短路时的 I_L 就是短路电流 I_{SC}。

通过对式（2.200）的分析可知，太阳电池的 I-V 特性是与材料的基本性质：E_g、N_A、N_D、D_n、D_p、L_n、L_p，与器件结构和工艺：W_n、W_p、S_{Feff}、S_{RSF} 等参数密切相关的。

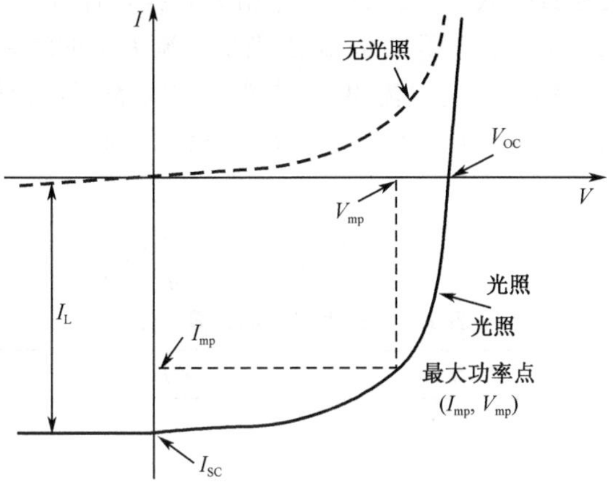

图 2.33　太阳电池无光照与有光照时的电流-电压输出特性

2.3.3　太阳电池性能表征

为了进一步理解太阳电池工作的特点及提出太阳电池性能的表征，将式（2.200）用一个等效电路来表示。图 2.34 由三个并联的元器件组成，一个理想的恒流源 I_{SC} 及理想因子分别为 1 和 2 的两个二极管 D_1 及 D_2。电流源 I_{SC} 的电流与两个二极管的电流方向是相反的，相当于二极管处于正向偏置。为了突出描述电池的主要特性，这里暂不考虑实际电池中总是存在的串联电阻 R_s 与并联电阻 R_{sh}，R_s 与 R_{sh} 的影响将在以后讨论。总的电流表示成

$$I(V) = I_{SC} - I_{D1} - I_{D2} \tag{2.211}$$

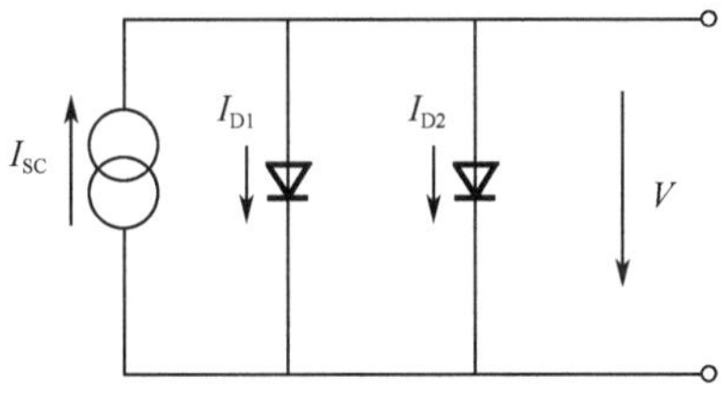

图 2.34　简化的双二极管模型等效电路

设在理想情况下，与耗尽区复合相关的二极管 D_2 对电流的贡献是很小的，式（2.211）则为

$$I = I_{SC} - I_{01}(e^{qV/k_BT} - 1) \tag{2.212}$$

具体计算一个 n^+p 结构太阳电池的 I-V 特性，表 2.2 列出一个硅太阳电池的材料与结构参数[19]。发射区的掺杂浓度（N_D）比基区掺杂浓度（N_A）高出五个量级，有高的注入效率。而发射区厚度仅是基区厚度的千分之一，保证了电池有充

分的吸收。将有关参数代入式（2.212）等相关方程，计算出典型的太阳电池电流-电压特性如图 2.35 所示。图 2.35 是以光生电流为正的结果，它与图 2.33 第四象限的结果是对应的。通过电流-电压特性来定义表征电池性能的参数。$V=0$，由光电流提供的电流为短路电流 I_{SC}。$I=0$ 时，电池的输出电压为开路电压，可由下式表示：

$$V_{OC}=\frac{kT}{q}\ln\frac{I_{SC}+I_{01}}{I_{01}}\approx\frac{kT}{q}\ln\frac{I_{SC}}{I_{01}} \tag{2.213}$$

表 2.2　Si 太阳电池计算参数

参数	数值	参数	数值
A	100cm^2	W_p	300μm
W_N	0.35μm	N_A	1×10^{15}cm^{-3}
N_D	1×10^{20}cm^{-3}	D_n	35cm^2/(V·s)
D_v	1.5cm^2/(V·s)	S_{BSF}	100cm/s
S_{Feff}	3×10^4cm/s	τ_n	350μs
τ_p	1μs	L_n	1100μm
L_p	12μm		

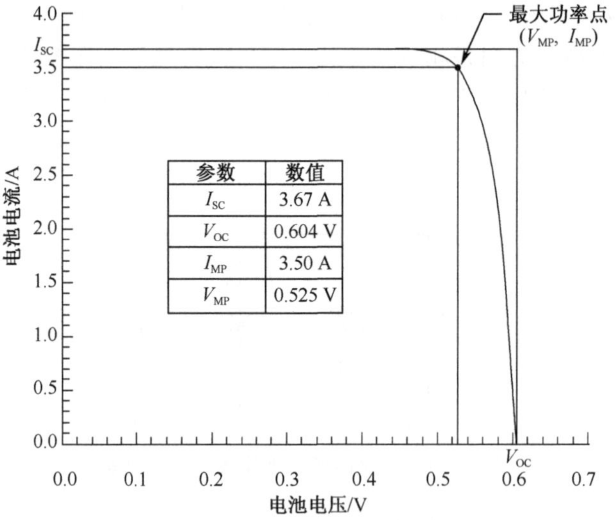

图 2.35　Si 太阳电池电流-电压特性[19]

对于一定的短路电流，V_{OC}随饱和电流 I_{01} 的增加而对数地减小。电池的输出功率为

$$P=IV=I_{SC}V-I_{01}V(e^{qV/k_BT}-1) \tag{2.214}$$

图 2.35 中不同工作点的功率（$I\cdot V$）相当于矩形的面积。求解式（2.214）的

极值，获得最大输出电压 V_{mp} 和最大输出电流 I_{mp}

$$V_{mp} = V_{OC} - \frac{k_B T}{q}\ln\left(1 + \frac{qV_m}{k_B T}\right) \tag{2.215}$$

$$I_{mp} \cong I_{SC}\left(1 - \frac{k_B T}{qV_m}\right) \tag{2.216}$$

最大功率输出 $P_{mp} = I_{mp}V_{mp}$，则是图 2.35 中 I-V 曲线内面积最大的矩形

$$P_{mp} = V_{mp}I_{mp} \cong I_{SC}\left[V_{OC} - \frac{k_B T}{q}\ln\left(1 + \frac{qV_m}{k_B T}\right) - \frac{k_B T}{q}\right] \tag{2.217}$$

定义 $I_{mp}V_{mp}$ 与 $I_{SC}V_{OC}$ 两个矩形的面积比为填充因子 FF

$$\mathrm{FF} = \frac{I_{mp}I_{mp}}{I_{SC}V_{OC}} \tag{2.218}$$

理想情况下的 FF 为 1。FF 与 V_{OC} 有直接的关系，有一经验表达式[20]

$$\mathrm{FF} = \frac{V_{OC} - \frac{kT}{q}\ln(qV_{OC}/kT + 0.72)}{V_{OC} + kT/q} \tag{2.219}$$

太阳电池光电转换效率 η 应是电池最大输出功率 P_{mp} 与入射功率 P_{in} 之比

$$\eta = \frac{P_{mp}}{P_{in}} = \frac{I_{mp}V_{mp}}{P_{in}} = \frac{\mathrm{FF}I_{SC}V_{OC}}{P_{in}} \tag{2.220}$$

至此用 I_{SC}、V_{OC}、FF 和 η 来描述太阳电池的性能。

2.3.4　量子效率谱

电池短路电流 I_{SC} 是与入射光子能量有关的。引入另一参数，量子效率：QE（quantum efficiency）或称收集效率（collection efficiency）来表征光电流与入射光的关系。QE 描述不同能量的光子对短路电流 I_{SC} 的贡献。对整个入射光谱，则是短路电流的光谱响应。QE 是能量的函数，有两种表述方式。其中之一是外量子效率 EQE（external quantum efficiency），它的定义：对整个入射太阳光谱，每个波长为 λ 的入射光子能对外电路提供一个电子的概率，用下式表示：

$$\mathrm{EQE}(\lambda) = \frac{I_{SC}(\lambda)}{qAQ(\lambda)} \tag{2.221}$$

式中，$Q(\lambda)$ 为入射光子流谱密度；A 为电池面积；q 为电荷电量。它反映的是对短路电流有贡献的光生载流子密度与入射光子密度之比。量子效率的另一种描述是内量子效率 IQE（internal quantum efficiency）。它定义为被电池吸收的波长为 λ 的一个入射光子能对外电路提供一个电子的概率。内量子效率反映的是对短路电流有贡献的光生载流子数与被电池吸收的光子数之比

$$\mathrm{IQE}(\lambda) = \frac{I_{SC}(\lambda)}{qA(1-s)(q - R(\lambda))Q(\lambda)(\mathrm{e}^{-\alpha(\lambda)}W_{opt} - 1)} \tag{2.222}$$

式中 W_{opt} 是电池的光学厚度，它是与工艺有关的。若电池采用表面光陷结构或背表面反射结构，W_{opt} 可以大于电池的厚度。比较这两个量子效率的定义，外量子效率的分母，没有考虑入射光的反射损失、材料吸收，电池厚度和电池复合等过程的损失因素，因此 EQE 通常是小于 1 的。而内量子效率的分母是考虑了反射损失、电池实际的光吸收等，因此对于一个理想的太阳电池，若材料的载流子寿命 $\tau \to \infty$，表面复合 $S \to 0$，电池有足够的厚度吸收全部入射光，IQE 是可以等于 1 的。对于电池常用与入射光谱相应的量子效率谱来表征光电流与入射光谱的响应关系。图 2.36 是晶体硅电池的内量子效率谱的示例，快速下降的长波段对应电池材料带隙的吸收限。式（2.223）清晰表明了内量子效率与外量子效率的关系

$$\mathrm{IQE}(\lambda) = \frac{\mathrm{EQE}(\lambda)}{1 - R(\lambda) - T(\lambda)} \tag{2.223}$$

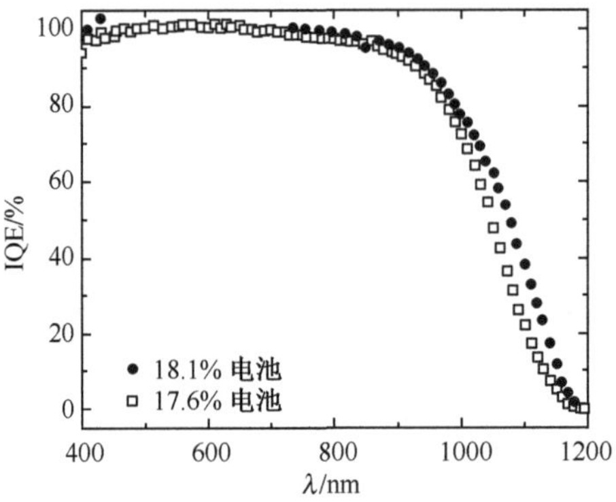

图 2.36　效率为 18.1%（●）及 17.6%（□）晶体 Si 电池的内量子效率谱[21]

其中，$R(\lambda)$ 是电池半球角反射；$T(\lambda)$ 是电池半球透射。如果电池足够厚 $T(\lambda) = 0$。

量子效率谱从另一个角度反映电池的性能，分析量子效率谱可了解材料质量，电池几何结构及工艺等与电池性能的关系。

讨论一个 p^+n 结电池的量子效率谱。短波长的光子主要在电池表面区被吸收，因此量子效率谱的短波方向主要反映发射区 p^+ 层的信息。产生在靠近表面一层的光生载流子必需扩散到势垒区，因为光生载流子必需在势垒区内实现电荷的分离，这是光伏电压产生的必要条件。可设想如发射区厚度 W_p 过宽，大于电子的扩散长度（$W_p > L_n$），产生在发射区的光生载流子扩散不到势垒区，对光生电流无贡献，势必降低量子效率。因此电池设计要求 W_p 尽可能的薄，至少 $W_p < L_n$。图 2.37 显示了发射区厚度如何影响电池的量子效率谱。从图看出厚的发射区严重破坏了电池的短波响应，是不可取的。再联系到注入效率，发射区的设计应是薄的和高掺杂的。此外，表面区光生载流子浓度直接受表面复合速度的

影响，因此短波响应直接反映表面复合的程度。

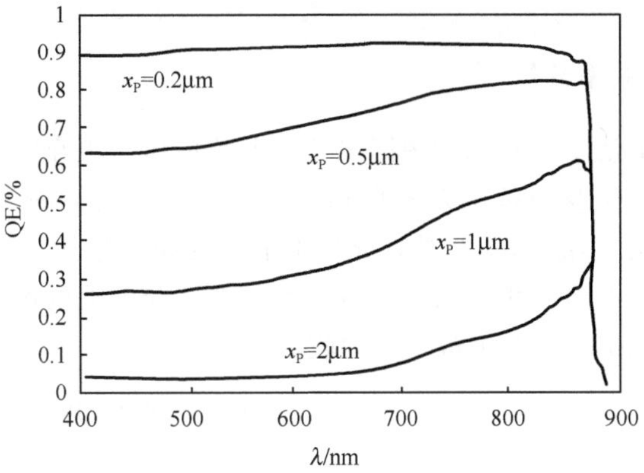

图 2.37　p^+n 结电池不同发射区厚度的量子效率谱[22]

低能光子在离表面较远的基区被吸收，因此量子效率谱的长波方向主要反映 n 层的信息，对于 n 层的厚度要足够的厚，有利于对长波的充分吸收。但也不能过厚。过厚的基区，载流子扩散不到输出电极，影响载流子的收集。在恰当的基区厚度情况下。影响长波响应的主要因素是 n 层背表面复合。长波响应的快速下降是电池带隙宽度决定的。对于中间波长的光子，主要是在靠近空间电荷区（SCR）被吸收。将这三部分对谱的影响总结在图 2.38。该图较清楚地揭示了不同工作区对量子效率谱的贡献。

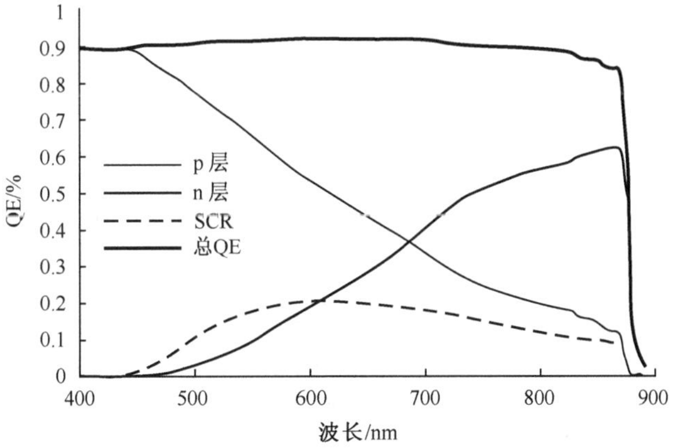

图 2.38　太阳电池中 p、n 及 SCR 各层对量子效率谱的贡献[22]

电池的外量子效率谱在实验上是可直接测量的。通过对外量子效率谱式（2.221）的积分，可得到短路电流。而电池的内量子效率谱的确定，需要考虑电池的反射、光学厚度、栅线结构等。从上面的讨论可看出，量子效率谱是很有效的分析工具，帮助我们了解电池结构及工艺对电池性能的影响，从而指导工艺的改进。

2.3.5 太阳电池效率分析

高效的太阳电池要求有高的短路电流、开路电压与填充因子。这三个参数与电池材料、几何结构及制备工艺密切相关。讨论一个实际的太阳电池，图 2.39 是电池的几何结构，除了 np 结外，光照面有一层抗反射膜，以减少光反射。测量用的金属栅线，电池面积为 $A(1-S)$，S 是栅线与电池的面积比。电池背面有 p-p^+ 背表面场（BSF）有助于载流子的收集。

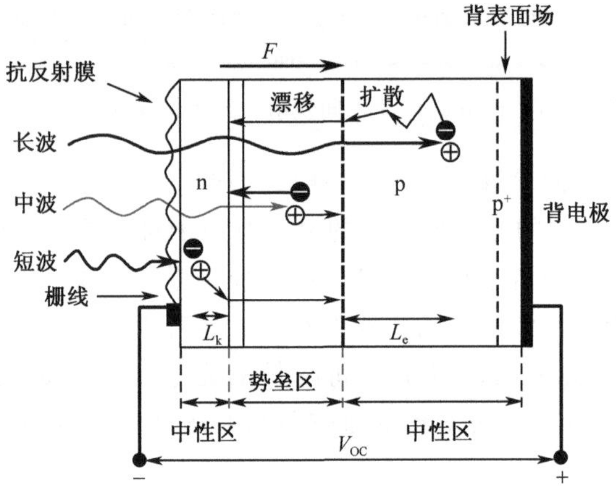

图 2.39 太阳电池几何结构示意图

2.3.5.1 材料带隙宽度

在对光生电流 I_{SC} 的分析中发现，对效率有贡献的是那些被电池吸收能产生电子-空穴对的光子。计算中能量的积分范围是 $E_g \to \infty$。带隙宽度 E_g 是入射光谱进入电池的下限，与太阳光谱利用率有密切的关系。小的带隙宽度可以拓宽电池对太阳光谱的吸收，但 E_g 的减小使本征载流子浓度 n_i 指数地增加。如前面分析，反向饱和电流 I_{01} 比例于 n_i^2 式［(2.208)、式 (2.209)］，其结果是大大提高 I_{01}，使开路电压降低［式 (2.213)］，因此，小的 E_g 引起输出电压的减少。虽宽的带隙有利于 V_{OC} 的提高，但过高的带隙宽度使材料的吸收光谱变窄，降低了载流子的激发，减少光电流。因此能隙宽度太窄或太宽都会引起效率的下降，必存在优化的 E_g 值。

为了对能隙宽度如何影响电池效率有定性的认识，用最简单的假设简化计算。设：电池表面无光反射，认为饱和电流与入射电流相等 $I_{SC}=I_{inc}$，

$V_{oc}=1/qE_g$及 FF=1 等。理论计算给出了如图 2.40 所示的电池转换效率随带隙宽度的变化。结果表明 E_g 在 0.8～1.6eV 范围有较高的效率输出，48%的最大效率发生在 E_g=1.1eV 处。虽然图 2.40 不是严格的计算，但它说明了带隙宽度对转换效率有重要的影响。由此看出对于 E_g=1.12eV 的硅是太阳电池的好材料。目前实际的单晶硅电池的最高记录是 24.7±0.5%[23]。能隙宽度对效率影响详细的理论分析和计算可参考文献［24］～［26］，在第 9 章将有较详细的讨论。

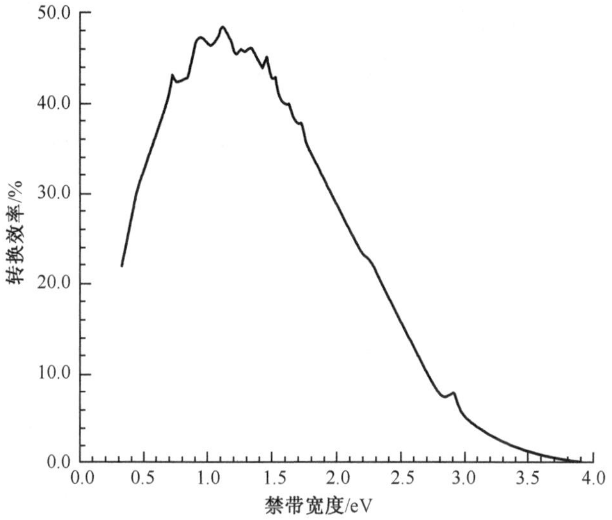

图 2.40　电池最大转换效率随带隙宽度的变化（计算中采用 AM1.5 的光谱）[19]

2.3.5.2　少数载流子寿命

少子寿命对器件的重要性是不言而喻的，结论也是显而易见的。长的少子寿命可制备高性能的电池。用表 2.2 的参数计算了基区少子寿命对电池 I_{SC}、V_{OC}及 FF 的影响，结果如图 2.41 所示。

当基区少子扩散长度远小于基区厚度，$L_n \ll W_p(L_n=\sqrt{D_n\tau_n})$，式（2.209）可写成

$$I_{01,n}=qA\frac{n_i^2D_n}{N_AL_n} \tag{2.224}$$

小的 L_n 导致大的饱和电流，从而降低 V_{OC}。另一方面，低扩散长度的载流子，在基区的输运过程中基本上被复合了，扩散不到背电极，因此无论 I_{SC}或 V_{OC}均很小。显然随少子寿命增加，I_{SC}、V_{OC}及 FF 均相应增加。图中的虚线对应的少子载流子寿命为 25.7μs，它相当于 $L_n=W_p$。图的右侧是 $L_n>W_p$，I_{SC}随少子寿命增加趋势更为明显。当 $L_n \gg W_p$，载流子基本上都能扩散到背电极，I_{SC}趋向饱和。

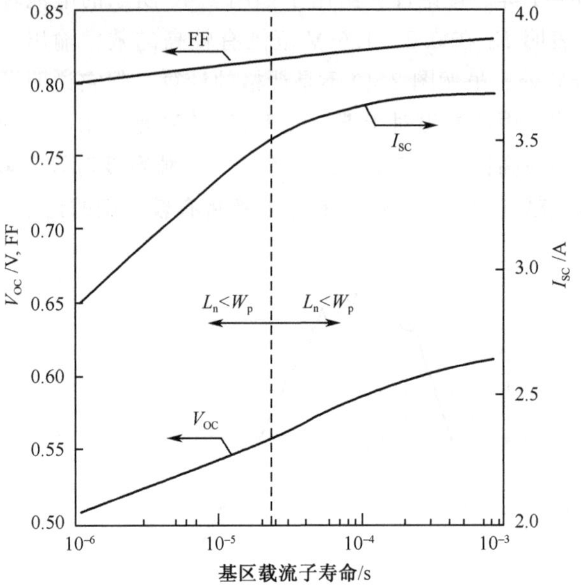

图 2.41　基区少子载流子寿命对电池参数的影响[19]

非平衡载流子复合是决定少子寿命的关键因素。在前面讨论的诸多复合机制中，通过深缺陷能级的复合是主要复合过程。体材料的深能级往往是制备过程中引进的。图 2.42（a）给出了晶体硅中金属杂质浓度对电池相对效率影响的分析，该图显示了电池效率对于如 Ta、Mo、Nb、W、Ti 及 V 等金属是极为灵敏的。上述金属含量只要达 10^{-5} ppm，电池效率就有明显下降[27]。相对而言，对有些金属，电池效率的灵敏程度较为减小，如 P、Cu、Ni、Al 等，即使金属杂质浓度超过 10^{-2} ppm 对电池的效率影响也不大。这比半导体级的晶体硅杂质浓度高出 100 倍，这就有可能使用较低成本的工艺技术提炼的所谓太阳级的太阳级

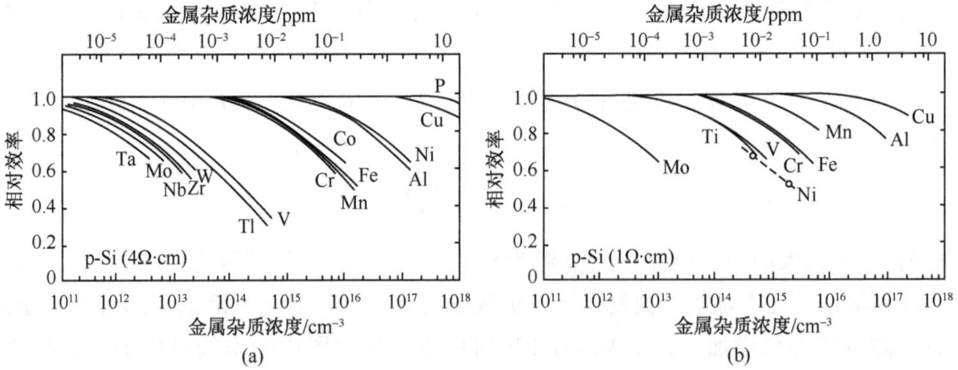

图 2.42　p-Si 基区金属杂质浓度对电池相对效率的影响

（a）电阻率为 4Ω · cm；（b）电阻率为 1Ω · cm[9]

硅，制备出低成本的电池。图 2.42 (b) 显示的是电阻率较低 (1Ω · cm) 的晶体硅，与图 2.42 (a) 相比，表明金属杂质浓度对电池的影响也与材料基质的纯度有关。对纯度较低的硅材料，金属杂质的影响更为灵敏。以 Cu 杂质为例，图 2.42 (a) 是电阻率为 4Ω · cm 的硅杂质浓度对电池效率的影响，当 Cu 的含量小于 20ppm，对电池效率的影响不明显。而 Cu 在电阻率为 1Ω · cm 的硅中，其含量必需小于 0.2ppm，才能减小金属杂质对电池性能的影响。

2.3.5.3　表面复合的影响

不论是前电极或背电极的表面复合对电池效率都有重要的影响。前面讨论到扩散长度与基区厚度的关系，当 $L_n \ll W_p$，载流子扩散不到背电极就完全被复合了。在此情况下，背表面的复合不影响饱和电流，由式 (2.224) 描述。当少子寿命足够长，$L_n \gg W_p$，基区载流子扩散到背表面并通过背表面输出，饱和电流将受背表面复合速度 S_{BSF} 的影响

$$I_{01,n} = qA\frac{n_i^2}{N_A}\frac{D_n}{(W_p - x_p)}\frac{S_{BSF}}{S_{BSF} + D_n/(W_p - x_p)} \tag{2.225}$$

表面复合是与工艺有关的参量，在没有背表面场 BSF 的情况，即 $S_{BSF} \to \infty$，式 (2.225) 是一个大的值。前面提到，背表面场可降低 S_{BSF}，从而减少 $I_{01,n}$，提高电池性能。图 2.43 给出了根据表 2.2 电池参数计算的 S_{BSF} 对 V_{OC}，I_{SC} 及 FF 的影响。可看到 V_{OC} 和 I_{SC} 随 S_{BSF} 的增加是单调下降的。

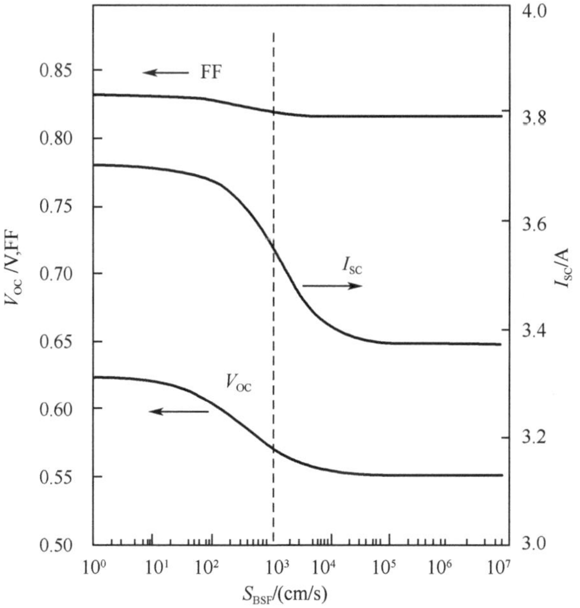

图 2.43　电池背表面复合速度对电池性能的影响[19]

前表面有一部分是与金属栅线电极接触，前表面复合由两部分组成：栅线之间的表面复合与金属栅线与电池表面接触之间的复合。栅线之间的表面复合速度 S_F 相对较低，金属与电池表面是欧姆接触，其表面复合速度极高 $S_g \to \infty$。用前表面有效表面复合速度 $S_{F,eff}$ 表示它们的综合结果。电池的前表面或背表面复合对电池性能的影响也可用量子效率谱来说明。图 2.44 计算了不同背表面和前表面复合对量子效率谱。正如前面讨论到的，背表面复合主要影响电池的长波响应，而前表面复合主要影响电池的短波响应。

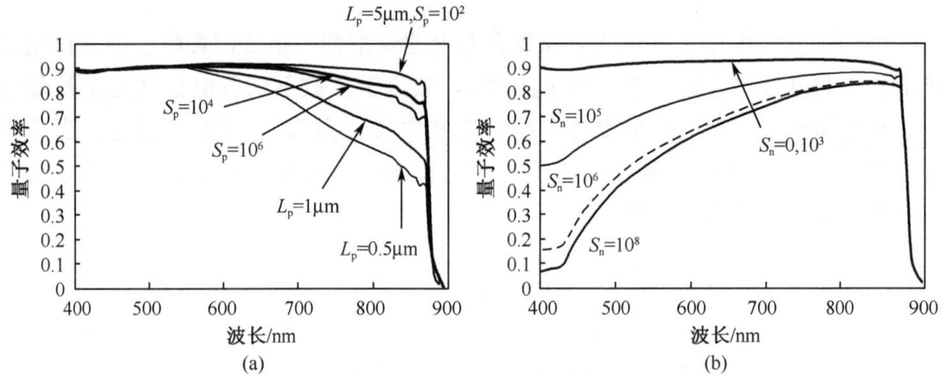

图 2.44　表面复合对于 pn 结电池量子效率谱的影响

(a) 背表面复合速度与基区扩散长度；(b) 前表面复合速度[22]

2.3.5.4　寄生电阻效应

为了得到电池材料与结构对其性能影响较清晰的物理图像，上面的分析没有考虑电池实际存在的寄生电阻：串联电阻 R_s 与并联（或旁路）电阻 R_{sh}。图 2.34 的双二极管模型等效电路中设 $R_s=0$，$R_{sh}=\infty$的理想情况。实际上，不为零的 R_s 与有限的 R_{sh} 对电池性能影响是不可忽略的。完整的双二极管模型表示成图 2.45。串联电阻主要来源于电池本身的体电阻、前电极金属栅线的接触电阻、栅线之间横向电流对应的电阻、背电极的接触电阻及金属本身的电阻等。

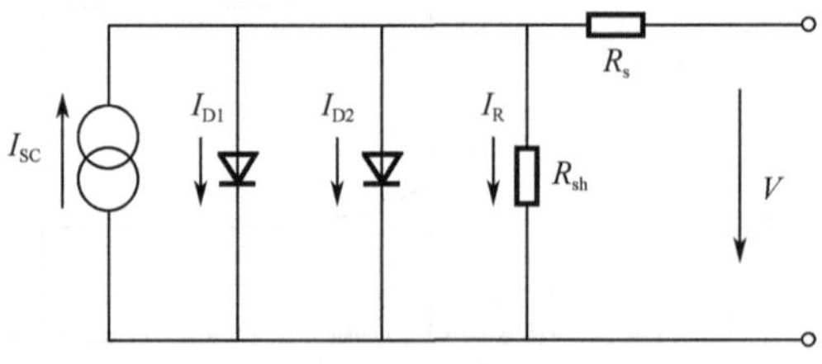

图 2.45　完整的太阳电池等效电路

电池的光生电压被串联电阻消耗了 IR_s，使输出电压下降。并联电阻主要来源于电池 pn 结的漏电，包括 pn 结内部的漏电流（晶体缺陷与外部掺杂沉积物）和结边缘的漏电流。R_{sh}表现为使电池的整流特性变差。考虑这两个因素后，电流表示成[19]

$$I = I_{SC0} - I_{01}\left[e^{q(V+IR_s)/kT} - 1\right] - I_{02}\left[e^{q(V+IR_s)/2kT} - 1\right] - \frac{(V+IR_s)}{R_{sh}} \quad (2.226)$$

I_{SC0}是不考虑寄生电阻时的短路电流。R_s 与 R_{sh}主要影响电池的填充因子。

图 2.46 是在假设 $R_{sh}=\infty$情况下不同串联电阻的电流-电压特性。从图可以看出，当电流为零的开路时，串联电阻不影响开路电压。电流不为零时，它使输出终端间有一压降 IR_s，因此串联电阻对填充因子的影响十分明显。串联电阻越大，短路电流的降低将越明显。

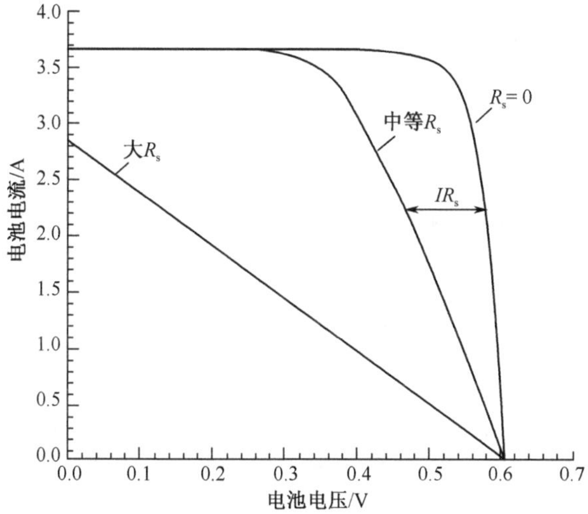

图 2.46　串联电阻对电流-电压特性的影响示意图[19]

为方便分析，将式（2.226）中两个二极管的理想因子合并用一个 n_0 代替，在 $V=0$ 的短路情况下，短路电流可表示为[19]

$$I_{SC} = I'_{SC} - I_0(e^{qI_{SC}R_s/n_0kT} - 1) - I_{SC}R_s/R_{sh} \quad (2.227)$$

n_0 可在 1～2 变化，取决于扩散区的复合电流与势垒区复合电流的比例。式（2.227）清楚地表明了 R_s 与 R_{sh}对短路电流的影响。

图 2.47 给出了并联电阻 R_{sh}对电流-电压特性的影响。当电压为零的短路情况，并联电阻不影响短路电流。电压不为零时，与 pn 结并联的电阻 R_{sh}将分流一部分电流，I-V 特性呈现为输出电流将减小 V/R_{sh}。填充因子对并联电阻也十分敏感，极低的并联电阻还将降低开路电压，V_{OC}与 R_{sh}的关系为

$$V_{OC}/R_{sh} = I'_{SC} - I_0(e^{qV_{OC}/n_0kT} - 1) \quad (2.228)$$

完美的 pn 结工艺将具有大的 R_{sh}，可提高填充因子。以上讨论看到，电池的 I-V 特性直接联系了电池性能与工艺的关系。I-V 特性的分析提供了与工艺的有关重要信息，是发现和改进电池工艺有效途径之一。

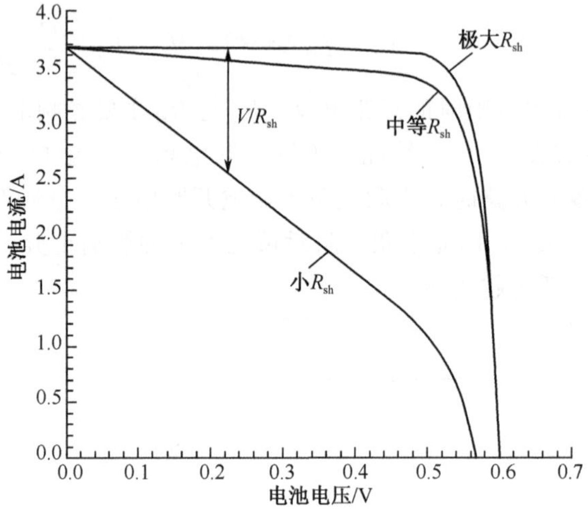

图 2.47 并联电阻对电流-电压特性的影响示意图（$R_s \sim 0$）[19]

2.3.5.5 温度对 I-V 特性的影响

处于工作状态的太阳电池，电池效率有衰退的现象，这是由于光照引起电池温度升高的缘故。电池温度系数是描述电池性能的另一个参数。分析电池的 I-V 特性可发现，除了二极管电流是与温度直接相关外，饱和电流也是温度的函数。饱和电流表示式（2.208）与式（2.209）表明，影响饱和电流的诸多参数：本征载流子浓度 n_i；扩散系数 D；复合寿命 τ 及表面复合速度 S 等都是温度的函数。其中 D、τ 及 S 对温度的依赖较弱。饱和电流的扩散电流分量比例于 n_i^2，产生-复合电流分量比例于 n_i（见式（2.152））。因此分析电池 I-V 温度特性主要是讨论 n_i 随温度的变化。再写本征载流子浓度式（2.24）

$$n_i = 2(m_n^* m_p^*)^{3/4}\left(\frac{2\pi k_B T}{\hbar^2}\right)^{3/2} e^{-E_g/2k_B T} \tag{2.229}$$

本征载流子浓度除了与温度有直接的关系外，其中电子与空穴的有效质量也与温度有关，它们是通过能带的 $E(k)$ 与温度发生关联的，是间接的弱的依赖关系。另外，带隙宽度也是温度的函数，带隙宽度与温度的关系可表示为

$$E_g(T) = E_g(0) - \frac{\alpha T^2}{T+\beta} \tag{2.230}$$

式中，α，β 是因材料而异的常数，$E_g(0)$ 为绝对零度时半导体的带隙。式

(2.230）表明温度上升带隙减小。虽然带隙宽度减小拓宽了电池的光吸收范围，短路电流有所提高，但带隙减小的直接结果是 n_i 增加。由于 n_i 与 T 的关系是与 E_g 成指数关系，因此温度上升的结果使 n_i 迅速增加，总的结果是 V_{OC} 下降。

开路电压与温度的依赖关系可近似地表示成[28]

$$\frac{\mathrm{d}V_{OC}}{\mathrm{d}T}=-\frac{\frac{1}{q}E_g(0)-V_{OC}+\zeta\frac{kT}{q}}{T} \tag{2.231}$$

开路电压随温度上升而下降，电池效率降低。温度引起电池 I-V 特性变化的示意图如图 2.48 所示。短路电流随温度上升稍有提高，但开路电压明显下降。

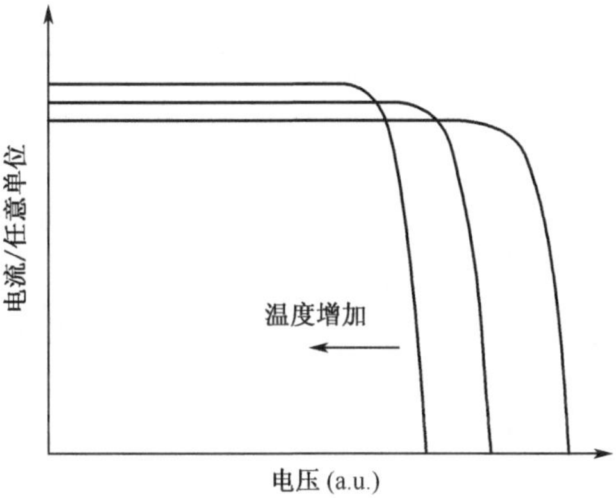

图 2.48　温度对电池电流-电压特性影响示意图

2.3.6　太阳电池效率损失分析

Shockley 等第一次计算了单结太阳电池转换效率的极限值是 31%[29]。目前最高 C-Si 电池的转换效率 24.7%，产业化生产的 C-Si 电池的转换效率（如 16%～18%）与理论结果仍有很大差距。下面讨论为什么有如此大的效率损失。图 2.49 表示了电池受光照后，光生载流子的产生、能量变化及其输运过程。电池吸收一个能量大于 E_g 的入射光子产生电子-空穴对，电子和空穴分别激发到导带与价带的高能态（1）。在激发后的瞬间，电子和空穴在激发态的能量位置取决于入射光子的能量。处于高能态的光生载流子很快与晶格相互作用，将能量交给声子而回落到导带底与价带顶，如图所示的过程（2），这过程也称热化过程(thermolization)，热化过程使高能光子的能量损失了一部分。过程（3）是光生载流子的电荷分离和输运，光生载流子输运过程（势垒区或扩散区）中将有复合

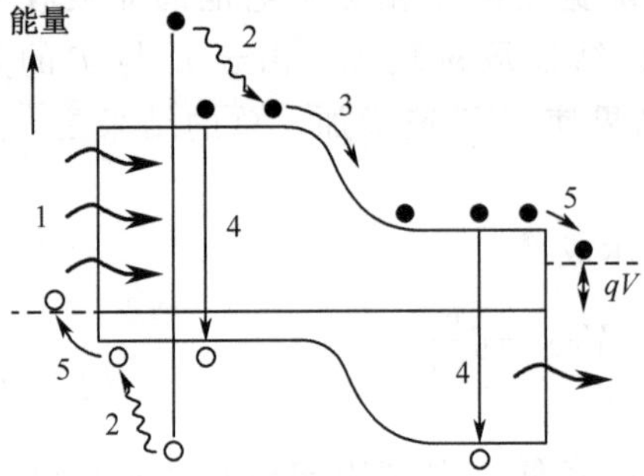

图 2.49　太阳电池工作示意图

损失（4），最后电压的输出又有一压降（5），它来源于与电极材料的功函数的差异。

图 2.50 定性地说明影响单结 C-Si 电池的各种因素。太阳电池效率受材料、器件结构及制备工艺的影响。它们包括电池的光损失、材料的有限迁移率、复合损失、串联电阻和旁路电阻损失等。对于一定的材料，电池结构与工艺改进对提高效率是重要的。

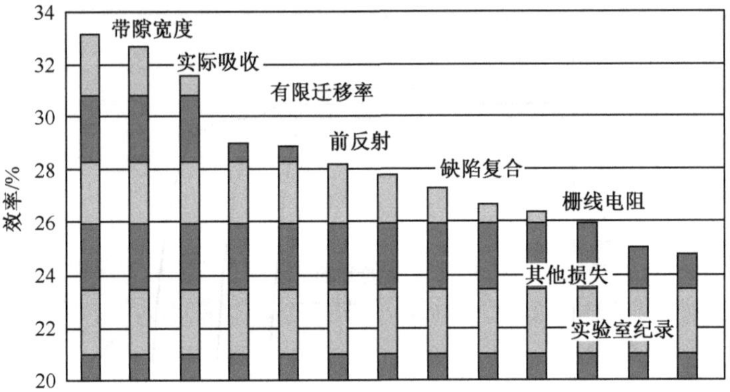

图 2.50　诸多因素对于电池效率的影响[30]

2.3.7　p-i-n 结电池

图 2.41 已讨论到，无论发射区或基区激发的光生载流子都要扩散到空间电荷区实现电荷的分离才对光电流有贡献。发射区或基区的少数载流子，通过扩散到达电极被收集，输出电流。因此，对电池而言，扩散长度越大越好。光生载流子的收集主要是扩散运动。

可见，对于扩散长度小但有高的吸收系数的材料，很难用 pn 结实现有效的光电转换。采用在 p 区和 n 区之间插入一本征层形成 p-i-n 结。与 pn 结一样，它也由 p 和 n 掺杂决定的内建场，只是内建场也在本征层扩展，与 p 区和 n 区的高掺杂相比，i 层电导较低，因此空间电荷区宽度基本上落入 i 层，甚至延展到整个 i 层的厚度。太阳光照下，光子被足够厚的 i 层有效地吸收，i 层的光生载流子在内建场作用下分离，并漂移到边界。由于 p 层与 n 层很薄，少数载流子容易通过 p 层与 n 层被收集，结果如图 2.51 所示。

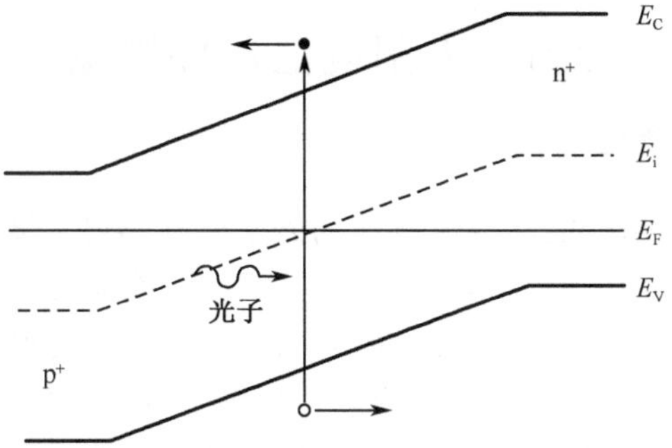

图 2.51　p-i-n 结能带示意图

p-i-n 结构中光生载流子主要是漂移运动，而不是扩散运动。对 p-i-n 结需要考虑以下几点：① i 层较厚、比掺杂层电导又较低，因此串联电阻将增加；② i 层中电子与空穴数是相近的，在正向偏压下 i 层也可能有复合；③ 虽然较厚的 i 层可有充分的吸收，考虑到 i 层内荷电缺陷有可能降低空间电荷区的电场，如图 2.52 定性地表示了 i 层内荷电的缺陷态密度对于空间电荷区的宽度的影响。图中实线代表 i 层有高的本底掺杂的电场分布，空间电荷区的宽度小于 i 层厚度，这相当于有一“死层”（dead layer），对光电流是无贡献的。电池设计时需考虑工作状态下，空间电荷区的宽度应大于 i 层厚度。电池结构的设计优化是必要的。

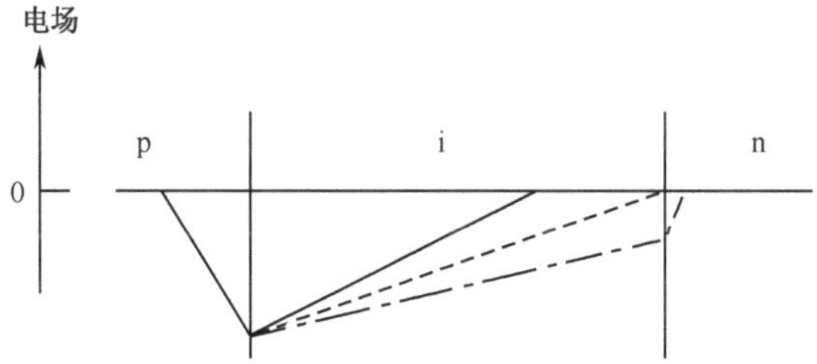

图 2.52　p-i-n 结 i 层电场分布

其中实线代表 i 层有高的背景掺杂。点划线代表 i 层低的背景掺杂。虚线代表空间电荷区的宽度等于 i 层厚度

对于 p-i-n 结的 *I-V* 特性的描述，原则上可应用前面的分析方法。作适当的修改。主要的是应用式（2.210）时，耗尽区宽度应是 $W_D = x_n + W_i + x_p$。W_i 为 i 层宽度。

非晶硅，微晶硅薄膜有高的吸收系数，但迁移率低，扩散长度小。p-i-n 结构的采用，使非晶硅和微晶硅薄膜电池效率提高得以成功，并实现了产业化。关于硅基薄膜电池将在第 5 章详细的介绍。

2.4 太阳电池器件模拟

2.4.1 器件模拟的意义

太阳电池是一类由光能转换成电能的光电转换器件。要提高电池转换效率，需要讨论的问题分为两大类：第一涉及那些可被电池吸收的太阳光子数目及其在电池内的空间分布。这属于光学设计的问题；第二是由吸收光子所产生的那些光生电子-空穴对，在电池内的产生、输运、分离（或复合）以及在电极处所能收集到的数目，这涉及由器件内载流子输运机理导致的光电转换特性的问题；由此计算出电池的光、暗态下的 *I-V* 特性、QE 谱，以及它们与光照条件、材料性能（电学特性、掺杂特性、缺陷态密度等）及器件结构（层构造、尺寸）的关系，等。其中与光吸收相关的光学问题，是产生光生载流子的源头；而光生载流子的分离、输运和收集是产生光电转换的基础。可见电池中光的有效利用（光管理）以及材料特性和电池结构的优化（电学管理）是最为重要的。

从光利用角度，要求电池能够最大限度地吸收并有效利用太阳光子。为此要拓宽电池的光谱响应，以能更多地吸收太阳光子；另外又要减少在入射面的光反射损失以及在背面的透过损失。如对硅这样折射率较高（可见光区域 $n_{Si}\approx3.5\sim3.8$）的间接带隙材料，裸硅表面的反射率可高达 30%以上，因此探索减少表面反射的各种技巧，成为目前创造单晶硅电池世界纪录的关键手段之一。

从光电转换而言，应使那些已吸收进入电池的光子产生的电子-空穴对，都能被分别收集到电极两端，形成电流、对外做功；减少光生载流子在输运过程中，由于材料自身性质以及由表面和体内复合而造成的电压或电流损失，亦是极为重要的。这就需要电池减少由光生载流子各类复合而造成的光能损失。从优良的电学特性材料、器件结构入手，努力优化工艺，使其具有高的光电转换能力。

在晶态电池发展的里程中，通过对光伏器件的理论研究，对效率极限的讨论，建立器件特性的物理模型和数学参数表述，获得了提高电池效率的主要方向。围绕构建电池的材料选择，电池结构以及工艺技术等多方面的研究，已逐步完善其物理模型与模拟计算的理论，找到了电池性能与材料之间的相关性，使得光伏器件的性能和效率得到明显提高。ⅢⅤ族电池最高效率达 40.7%[31]，体硅电池达 24.7%[32]。这种理论与实验相得益彰的发展，成就了当今体硅电池庞大的光伏产业。

对后起的薄膜光伏器件，鉴于材料物理模型与目前应用的晶体材料之间的明显差异，它无法像体硅电池那样，可以在稳定的高质量的材料基础上发展电池工艺，而是经历了从材料-器件的认识，到对材料的再认识，直至电池性能的再提高，这样一个反复的历程。究其原因是因为薄膜电池的特点是“材料和器件同步完成”所致。比如非晶硅电池，无序材料理论建立的不完全性，为适应其特性，使得其电池结构完全不同于体电池的结构；需建立新的理论模型来描述无序结构输运、复合特性及稳定性问题，通过不断和实验进行对比验证，才能更好阐述薄膜器件的工作原理。

对体电池而言，其背面是不透明的衬底，如果厚度足够厚，它的光利用问题只能在入射面上，或者努力减薄厚度上做文章。而由多层薄膜构成的薄膜电池，衬底的透明性使得要考虑的光学界面增多，需考虑各层内的吸收特性及在各界面的反射、透射特性。要做好光管理，除采用多结结构来分段利用阳光光谱之外，与体电池主要集中于上表面的各种减反图形的设计不同[33]，薄膜电池可在入射面的减反、中间层的光分配以及背面的增反三方面着手，使模拟设计有更多的灵活性。

关于电池的光电转换能力，取决于有源材料的光电转换特性以及结构的合理优化，加强光生载流子及时的分离与收集效果。体电池的模拟设计是建立在对材料特性完全认识的基础上，通过结构及规范性的工艺优化获得。薄膜电池中，如氢化非晶硅（a-Si：H）中原子排列的长程无序，带给它远高于晶体 Si 的光吸收能力。然而其无序结构又带给它极低的迁移特性（故而需要构建不同于 pn 结的 p-i-n 结形式），以及由高缺陷态密度导致的高复合率与不稳定性（故而需要认真设计各层尺寸及其界面过渡，并优化材料性能）。这就使得薄膜电池有着与体电池不同的设计理念。这是因为，薄膜性能的优化涉及诸多因素；电池制备是与薄膜沉积同步完成，因此电池的性能，将取决于制备构成电池的沉积条件及其过渡过程的优化。鉴于材料特性、结构尺寸以及沉积条件的多元性以及相关性，使得薄膜电池特性的优化难度加大。如果不能预先认识和理解它们之间的相互关系，仅由实验来摸索经验，将耗时又费力，难于获得理想结果。因此通过理论模拟，找到材料、工艺之间对影响电池性能的相互关系及其规律性趋势，对实际工艺控制起到有效的指导作用。

无论对哪一种电池，理论模型及其模拟计算，认识和预测影响效率的因素，以便优选光伏材料，构建合理结构，确定先进工艺技术，获得提高电池效率与稳定性的途径，使理论真正具有预示性和指导的意义。模拟的目也就正于此。

器件模拟设计的历史，要追溯到 1955 年。贝尔电话实验室 M. B. Princ 发表在应用物理杂志上题名为“硅太阳能转换器（silicon solar energy converters)”的文章[34]，它是理论设计的开篇。而那个时候，离扩散掺杂制备硅 pn 结的研究成功，也不过一年的时间[35,36]。从 1961 年 Shockley 等[37]首次计算电池极限效率的模型开始，至今历经了半个世纪的漫长岁月。范围涉及对不同阳光条件下的模拟，如不同大气参数、不同云雾参数等；涉及对不同类型光伏材料的优化模拟[38,39]；不同电池材料的模拟、如单晶硅材料、各类半导体化合物材料、各类薄膜材料、染料敏化材料、有机材料等；涉及对不同类型电池结构的模拟，如pn结、p-i-n结、单结、异质结、多结、串联叠层式、并联叠层式等[33]。所列部分文献，对电池的发展，均在一定程度、不同发展阶段上，起着重要的作用。对发展较晚的硅基薄膜电池的模拟问题，是随电池的进步而逐渐发展起来的。当今，一些用于单晶硅器件模拟的大型商业软件包，如TMA公司的Medici[40]，Silvaco公司的Atlas[41]，Crosslight公司的Apsys[42]，在当前能源日益热门的时候，亦随之跟进，将描述多晶硅和非晶硅的器件，如薄膜晶体管（TFT）和太阳电池的内容不断添加进来，以利扩大其应用范围。这些程序的优点在于模块化功能较强，用户只需利用模块进行很少的设置即可。但是它们，在一定程度上，对硅基薄膜所建立的模型过于简化，并不能完全适用。于是工作在该领域的科学家们，自己建立模拟非晶硅、微晶硅、甚至叠层太阳电池的计算机程序。例如，由Hack和Shur于1985年建立的模型[43]；1988年由宾州大学Fonash等开发的AMPS程序[44]以及1997年由荷兰Delft大学Zeman等开发的ASA软件包[45]等。还有一些发布在网站上供自由采用的模型，如德国R. Stangl教授基于光生载流子输运机制开发的描述同质和异质结太阳电池的专用模拟软件Afors-Het2.0[46]，只要输入太阳电池光学和电学参数，即可模拟计算异质结电池、非晶硅、微晶硅电池的QE、*I-V*等特性参数。该软件与其他太阳电池模拟软件相比具有界面人性化、操作简单、速度快等优点。这些后起开发出来的模型或程序，令人惊喜的是，它们较之以前的软件，能较为“精细”描述硅基薄膜材料的性质和器件的工作过程，能实现非晶硅电学性质的模拟。

但是理论模型的建立，是通过描述该器件或某个物理参数的理论公式、结合构建电池所用材料、结构参数所建立之模型基础上的。为了能够计算或者便于计算，对用以计算的公式，都会按需要作某些简化或者加入某些假设的条件，以使理论公式能获得解析解，或者能进行数字计算，便于得到最终结果。至今理论模型的正确与否，数字解的收敛程度，或者可解的程度，都决定着该模拟的有效性、正确性和可靠性。同时它的发展又离不开试验结果的验证。因此模拟计算与试验验证，仍在不断进步之中。

2.4.2 硅基薄膜电池的电学模型

要进行器件模拟，一般有以下三个主要步骤。第一步，建立拟讨论的器件结构模型，即建模。也就是，按照根据基本器件物理方程编制的实用软件，输入软件计算所模拟器件的相关参数。实际上建模是在设定计算机要算什么以及怎么算。第二步，采用好的数学方法，对所模拟器件的模型划分网格，对基本方程按照网格的分割，求解联立方程组。其中找好边界条件很为重要，这是求解成功的重要环节。第三步，要注意计算结果的收敛性，如果不能收敛将重新调整模型参数，重新计算，以期获得最终模拟结果。物理与数学这两个工具，缺一不可。其具体进行模拟计算的流程如图 2.53 所示。由于现在的软件几乎是“黑匣子”，内部的基本物理方程并未清晰给出，并不是所有软件均能够得到所需结果。因此获得好的模拟软件是很重要的。本节仅以硅基薄膜相关的太阳电池模拟计算思路为例，给出描述其工作的基本方程与基本运用方法，以使读者有所了解。

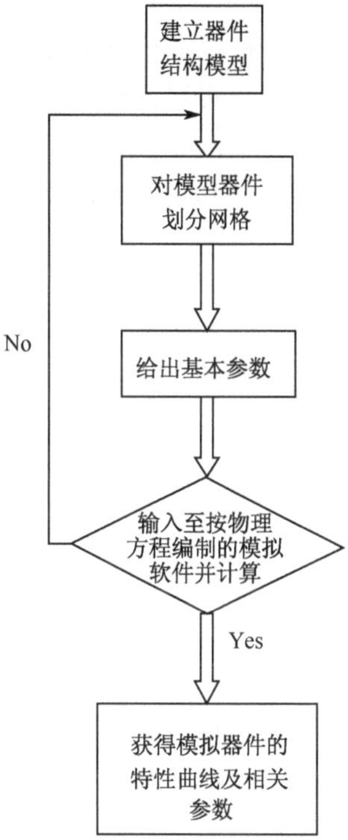

图 2.53　模拟计算流程示意图

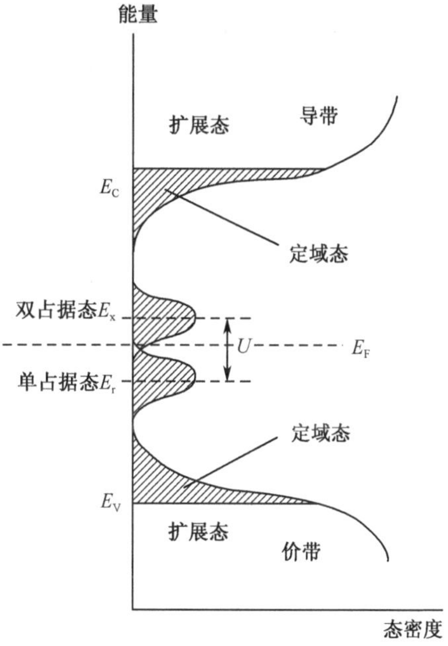

图 2.54　非晶硅的能带图[47]

2.4.2.1　电学模型方程

首先对硅基薄膜输运的问题作简单的描述。对 a-Si∶H 材料而言，原子排列的无序性，导致它的输运特性有如第 5 章将讲述的特点：

（1）有如图 2.54 所示的非晶硅能带图，用迁移率边替代晶体材料能带中的价带顶和导带底；

（2）在带隙中引入连续的带尾态和深能级悬挂键缺陷态，而不是晶体材料能带中的分离能级。

（3）载流子输运为多次陷落的扩展态输运机制[47]，迁移率比晶体硅的低 2～

3 个数量级；

(4) 计算尾态和悬挂键内载流子分布时，是先按照分离能级求解，再按照连续分布求和。

对非平衡态而言，复合与产生（R-G），是一对使器件获得稳态工作的矛盾体，因此对光伏器件工作状态的模拟必须考虑 R-G 问题。对 a-Si∶H 电池中复合问题的描述特点如下：

(1) 仍可用晶体硅中的肖克利-黎德-霍耳（Shockley-Read-Hall，SRH）模型[48]来描述 a-Si∶H 电池中的复合机制。针对非晶态材料带隙内的复合中心是连续分布的局域态，先求解单一能级 SRH 模型的复合率，再对连续的局域态密度（den sity of states，DOS）求积分[49]。

(2) 对于硅基薄膜叠层电池中特殊的隧穿结问题，引入了隧穿复合模型（tunnel-recombination junction，TRJ）[50,51]来模拟从非晶硅电池向微晶硅电池，乃至叠层电池的扩展。

(3) 把 a-Si∶H 器件模拟的一维计算机程序拓展至 2D 模型[52～54]。

描述非平衡条件下半导体器件的一维基本方程组归纳如下：

$$\frac{\mathrm{d}}{\mathrm{d}x}\left(\varepsilon\frac{\mathrm{d}\varphi}{\mathrm{d}x}\right)=-\rho \tag{2.232}$$

$$\frac{1}{q}\frac{\mathrm{d}J_{\mathrm{n}}}{\mathrm{d}x}+G_{\mathrm{opt}}-R_{\mathrm{net}}=0 \tag{2.233}$$

$$\frac{1}{q}\frac{\mathrm{d}J_{\mathrm{p}}}{\mathrm{d}x}+G_{\mathrm{opt}}-R_{\mathrm{net}}=0 \tag{2.234}$$

$$J_{\mathrm{n}}=qD_{\mathrm{n}}\frac{\mathrm{d}n}{\mathrm{d}x}+\mu_{\mathrm{n}}n\left(-q\frac{\mathrm{d}\varphi}{\mathrm{d}x}-\mathrm{d}\frac{\chi}{\mathrm{d}x}-\frac{kT}{N_{\mathrm{C}}}\frac{\mathrm{d}N_{\mathrm{C}}}{\mathrm{d}x}\right) \tag{2.235}$$

$$J_{\mathrm{p}}=qD_{\mathrm{p}}\frac{\mathrm{d}p}{\mathrm{d}x}+\mu_{\mathrm{p}}p\left(-q\frac{\mathrm{d}\varphi}{\mathrm{d}x}-\mathrm{d}\frac{\chi}{\mathrm{d}x}-\frac{\mathrm{d}E_{\mathrm{G}}}{\mathrm{d}x}+\frac{kT}{N_{\mathrm{V}}}\frac{\mathrm{d}N_{\mathrm{V}}}{\mathrm{d}x}\right) \tag{2.236}$$

式（2.232）为一维泊松方程，式（2.233）和式（2.234）分别为电子与空穴浓度的连续方程，随后的式（2.235）和式（2.236）分别为电子与空穴的电流连续方程。以上各方程式中相关符号的意义分别是：φ 为电势；ε 为介电常数；ρ 表示电荷密度；J_{n}、J_{p} 分别为 n、p 区的电流密度；G_{opt}、R_{net} 分别为光产生率和净复合率；D_{n}、D_{p} 分别为电子和空穴的扩散系数；χ 为材料的电子亲和势；μ 为迁移率；而 N_{V}、N_{C} 分别为价带与导带迁移率边的有效状态密度。

由上述方程的分析看出，求解的关键是由 Poisson 方程（2.232）求得电势 φ 的分布。这就需要得知非晶硅半导体中电荷密度 ρ 的分布。如将在第 5 章硅薄膜电池中阐述的，非晶硅的能带图如图 2.53 所示。其电荷密度可写成

$$\rho=q(p-n+p_{\mathrm{loc}}-n_{\mathrm{loc}}+N_{\mathrm{don}}-N_{\mathrm{acc}}) \tag{2.237}$$

与晶体中所掺入杂质基本处于离化状态的不同，在无序半导体中，由于结构无序引入的大量缺陷态，限制了杂质的离化率。因此无序网络中的电荷密度 ρ，分别计入了扩展态内的自由电子（n）和自由空穴（p）；带隙内局域态的载流子（n_{loc}，p_{loc}）和部分离化的施主（N_{don}）和受主（N_{acc}）。这类电荷在能带内的分布应满足 Fermi-Dirac 分布（室温下、低掺杂为玻尔兹曼分布）。

方程组中的复合率描述的是扩展态内的自由电子和空穴同时被陷于复合中心的概率，因此它们与缺陷态的分布密切相关。在如硅基薄膜的无序半导体中，复合率计算的特点如下：

（1）对复合率有贡献的是由起陷阱作用的带尾态和起复合中心的位于带隙深处的悬挂键缺陷态所构成；它们均属于局域态，带隙中的缺陷态是按高斯函数连续分布的；

（2）计算复合率时，假设这种复合属于非交互式复合。即只考虑这些局域态与导带或价带扩展态之间的载流子俘获和发射，局域态之间无载流子交换；

（3）可先按照单一缺陷态能级的肖克利-黎德-霍尔（SRH）模型，计算各能级的净复合率以及该能级捕获的电荷数，然后对连续分布态密度进行积分，以求得最终的净复合率和捕获的电荷总数。带隙内缺陷态总的复合速率是通过价带尾（VBT）、导带尾（CBT）和悬挂键（DB）能级上的净复合率之和

$$R_{\text{net}} = R_{\text{VBT}}^{\text{tot}} + R_{\text{CBT}}^{\text{tot}} + R_{\text{DB}}^{\text{tot}} \tag{2.238}$$

带隙内局域态里的总的空间电荷为

$$\rho_{\text{loc}}^{\text{tot}} = q(p_{\text{DBT}}^{\text{tot}} - n_{\text{CBT}}^{\text{tot}} + p_{\text{DB}}^{\text{tot}} - n_{\text{DB}}^{\text{tot}}) \tag{2.239}$$

式（2.239）加上上述自由电荷与杂质激活的数目，即可得到的总电荷分布 ρ，进而由泊松方程式（2.232）去获得电场分布，最终确定电流分布。

在室温下进行模拟计算时，依据已有程序，给出缺陷态密度的带尾宽度、悬挂键的峰值能级位置以及高斯分布半高宽，材料带隙宽度，材料掺杂的激活状况等预设参量，模拟程序将按需要自动计算，给出 I-V 曲线、量子效率 QE 等。更完善的模拟程序内，还分别内设了太阳能量的或光子数的光谱分布，及不同材料的物理参数（如折射率的光谱曲线）。

2.4.2.2　边界条件

2.3 节主要讨论的问题，是描述器件工作的基本方程组及相关的数学表达式。通过电荷分布，求解泊松方程，可以获得器件各处的电势分布，即他们与费米能级的相对位置，从而给出自由电荷浓度分布，以及随后的电流分布等。然而，一维联立偏微分方程组（2.232）～（2.236）具体的解，是由边界条件决定的。即一维模型的两个物理边界——器件前电极和后电极这两个接触层。边界条件依赖于器件接触的固有属性而与模型无关。一般的接触分为两类：欧姆接触和

肖特基接触。以下分别予以详述。

1）欧姆接触的边界条件

这是一种理想的情况。所指边界是指前电极 $x=0$ 和后电极 $x=L$ 的位置。对欧姆接触而言，要在 $x=0$，$x=L$ 接触处满足电中性的要求。如此处的电荷 ρ 为零。即有

$$\rho(x=0)=0 \tag{2.240}$$

$$\rho(x=L)=0 \tag{2.241}$$

定前电极的电势为 0。对金属-半导体接触，进入金属层的电子和空穴流由热发射流模拟。若选电压控制的边界条件，在前电极处（$x=0$）处可用如下方程组表示：

$$\varphi(0)=0 \tag{2.242}$$

$$J_{\mathrm{n}}(0)=+q\cdot S_{\mathrm{n}}^{\mathrm{f}}(n(0)-n_{\mathrm{eq}}(0)) \tag{2.243}$$

$$J_{\mathrm{p}}(0)=-q\cdot S_{\mathrm{p}}^{\mathrm{f}}(p(0)-p_{\mathrm{eq}}(0)) \tag{2.244}$$

$$\varphi(L)=\varphi_{\mathrm{f}}-\varphi_{\mathrm{b}}+V_{\mathrm{app}} \tag{2.245}$$

$$J_{\mathrm{n}}(L)=-q\cdot S_{\mathrm{n}}^{\mathrm{b}}(n(L)-n_{\mathrm{eq}}(L)) \tag{2.246}$$

$$J_{\mathrm{p}}(L)=+q\cdot S_{\mathrm{p}}^{\mathrm{b}}(p(L)-p_{\mathrm{eq}}(L)) \tag{2.247}$$

式中，电流 J 有正负符号，是表示电流向前电极方向的流动为正，反之为负。其背电极处（$x=L$）电势与所加的外加偏置电压相等。此处上角标 f、b 分别表示前、后电极。其中 φ_{f}、φ_{b} 是前后电极的功函数；V_{app} 为外加偏置电压；n、p 为接触处的载流子浓度；n_{eq}和 p_{eq}表示在热平衡条件下电极界面处的电子和空穴浓度；下角标 eq 代表热平衡；$S_{\mathrm{n}}^{\mathrm{f}}$、$S_{\mathrm{p}}^{\mathrm{f}}$，$S_{\mathrm{n}}^{\mathrm{b}}$、$S_{\mathrm{p}}^{\mathrm{b}}$ 分别表示前、后电极对电子、空穴的表面复合速度，它们决定了边界处的载流子浓度。表面复合速度的大小主要取决于表面钝化状况。

2）肖特基接触的边界条件

肖特基接触下，热平衡时接触处费米能级 E_{F} 的位置，取决于金半接触处的有效势垒高度 φ_{b}。它由金属的功函数 φ_{m} 及半导体的电子亲和势 χ_{s} 的差决定

$$\varphi_{\mathrm{b}}=\varphi_{\mathrm{m}}-\chi_{\mathrm{s}}=E_{\mathrm{C}}-E_{\mathrm{F}} \tag{2.248}$$

一旦与 φ_{b} 相关的费米能级位置确定了，界面处的电子、空穴浓度 n_{eq}、p_{eq}即可表示为

$$n_{\mathrm{eq}}=N_{\mathrm{C}}\exp\left(-\frac{q\varphi_{\mathrm{b}}}{kT}\right) \tag{2.249}$$

$$p_{\mathrm{eq}}=\frac{n_{\mathrm{i}}^{2}}{n_{\mathrm{eq}}} \tag{2.250}$$

n_{i} 为本征载流子浓度。越过肖特基势垒的电流输运是由多子的热发射机制决定。依照热发射理论其电流密度可为

$$J = A^{*} T^{2}\exp\left(-\frac{q\varphi_{b}}{kT}\right)\left[\exp\left(\frac{qV_{app}}{kT}-1\right)\right] \tag{2.251}$$

其中，A^{*} 是里查森（Richardson）常数。对比欧姆接触的边界电流，当将 S_n、S_p 分别以 $S_n = A^{*} T^{2}/qN_C$ 与 $S_p = A^{*} T^{2}/qN_V$ 来代替时，势垒边界的电子或空穴的热发射电流，就和欧姆接触边界条件下电子（空穴）电流的方程式相类似。

计算中，需预置选用何种边界条件以及它们的偏置参数，如表面复合率（对欧姆接触）或接触势（肖特基接触势垒）等。

2.4.2.3　网格式数字求解法

在前面电势、电荷浓度与电流密度的求解中，是针对空间某一位置下的变量对能级分布的求和。而对器件特性的模拟，是要对电池的上述变量对位置分布的求解。因此，我们对求解的器件，在对一组联立的偏微分方程组进行数字模拟求解之前，需将器件分成若干个（如 N 个）微小的单元结构。单元所含尺寸越小，描述器件工作特性的精度就越高。这一步称做产生栅格（grid，一维模型）或者网格（mesh，二维模型）化。然后这组方程用无限差分法或线性插值法对所有格点[55]分别逐个求解。方程中的非线性项，如泊松方程中含有二次微分的项，就用泰勒级数展开并忽略高阶项。求这组离散的空间解，对所有的 N 个格点的三个偏微分方程（泊松方程、电中性方程和电流连续方程）就具有 $3N$ 个未知数和对应的 $3N$ 个非线性代数方程组。一般，是用非线性代数方程系统的迭代法求解。最通用的迭代法就是牛顿法[55]。

有两个不同的途径用于求解这组 $3N$ 个代数方程：

(1) Gummel 方法（常称做退耦法——decoupled method），它采用迭代牛顿法解三个部分耦合的 N 个方程组[55,56]。

(2) 全耦合法，它用牛顿迭代法同时解 $3N$ 个方程组[56,57]

Gummel 方法的优点是具有相对简单的程序码以及宽范围的收敛性，这就可用相关性差的初始设置值作独立的变量。但是当方程之间相关性太强的话，收敛性也会变得很差。如 G-R 项较大时（a-Si∶H 电池中是常会遇到的），就会产生上述情况。

全耦合法，在具有强复合的情况下，也可有一个非常好的收敛率。然而此时初始设置值则和拟求得的解相当紧密。这就需要对材料与器件有深入的了解。

2.4.3　硅基薄膜电池的光学模拟

对太阳电池这种光电转换器件，所进行的设计一定要针对光照条件进行。1996 年 W. Green 就提出，好的光学设计是晶体硅太阳电池达到高效率的主要途径之一[58]。它包括降低表面反射（AR）和电池内部对光的陷获（light trapping）作用。这一方面要采用高吸收系数的光伏材料，尽量多地吸收光子；材料一定的情况下，最重要的就是做好器件的光学设计（包括材料、结构与尺寸的设计），使得射入有源层的光能被最有效的吸收。目前多种光陷阱技术用来实现这个目的[31]，包括各种规则表面形态构成的绒面效果的表面减反射膜（对晶态电池）、绒面透明导电氧化物（TCO）衬底（对基于玻璃衬底的电池）、建造称为背反射电极的复合电极层（如 TCO/metal）、叠层电池中的中间层等等，以保证入射光能尽量多地陷获在电池的有源区。这些陷光结构，都是由透明介质或导电功能薄膜构成，因此对光管理所进行的薄膜设计问题，实际就是在常规的薄膜光学的设计的基础上，配合电池吸收光谱与电流传输匹配的综合考虑。其中结合相关薄膜材料的制备技术更为重要，例如，在第 1 章中所描述的，对前电极绒面结构的不同制备技术可得到不同的减反与增强光散射的陷光效果。本节将以薄膜光学设计为主要内容。

已知光学的基本问题来自于材料界面处的反射、折射与吸收。折射率 n 对光在物质内的传播起着极为重要的作用。半导体材料吸收了能量大于其带隙的光子之后，在膜内 x 处，单位体积、单位波长、单位时间内被波长为 λ 的光子所激发产生的电子空穴对的数目 $g_{sp}(x,\lambda)$（假设无反射存在）

$$g_{sp}(x,\lambda) = \eta_g \Phi^{\circ}(\lambda)\alpha(\lambda)e^{-\alpha(\lambda)x} \tag{2.252}$$

其中，η_g 是量子产率，通常为 1。意指每个光子均能产生一对电子和空穴。$\Phi^{\circ}(\lambda)$为太阳辐射的光子谱密度材料吸收太阳光能量后，电子空穴对的总产生率 G_{opt}应是对太阳光谱中能量大于带隙的所有波长范围内产生率的积分

$$G_{opt}(x) = \int_{\lambda_1}^{\lambda_2} g_{sp}(x,\lambda)d\lambda \tag{2.253}$$

式（2.253）积分的下限 λ_1 是带隙所对应的波长吸收限。

对实际非晶硅太阳电池结构由图 2.55 所示，当计入了前、后接触处的反射损失以及在电池非有源区内的吸收损失（如玻璃、TCO，以及 n^+、p^+ 接触电极层内的吸收）后，薄膜电池有源层内，波长为 λ 的光子的产生率的光谱分布写为

$$g_{sp}(x,\lambda) = \eta_g \Phi^{\circ}(1-R_f)e^{-\alpha_{gl}d_{gl}}e^{-\alpha_{TCO}d_{TCO}}(e^{-\alpha x}+R_b e^{-\alpha d_i}e^{\alpha x}) \tag{2.254}$$

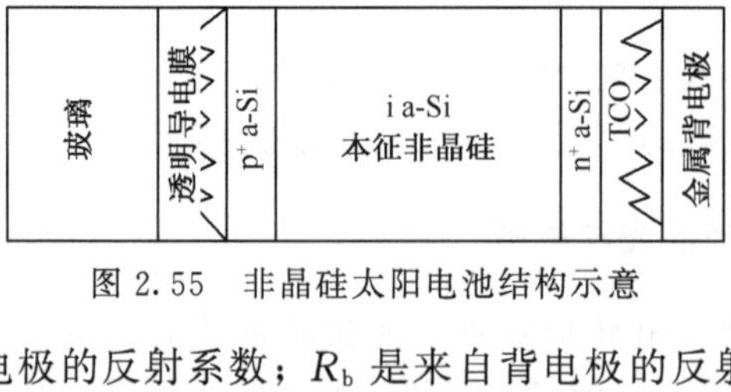

图 2.55　非晶硅太阳电池结构示意

式中，R_f 为来自前电极的反射系数；R_b 是来自背电极的反射系数；d_i 是电池有源层厚度（注：因掺杂层相对很薄，为简单计，将 n、p 接触层均计入有源层）；

α_{gl}、α_{TCO}分别为玻璃和 TCO 的吸收系数，d_{gl}、d_{TCO}分别是玻璃和 TCO 的厚度。若需精细计算时，此式也可计入 p^+、n^+层内的吸收。η_g 仍设为 1。以上所述参数一般均与的波长相关，结合反射系数与吸收系数的波长依赖，很容易算出电池内产生率与波长的关系以及空间分布。再对整个电池厚度方向的积分，就可得到电池总的光产生率。

对如图 2.55 所示薄膜电池，其界面包含有多个绒面和镜面（若绒面衬底的影响尚未波及到硅层内部的话，则非晶硅薄膜电池 p、i、n 之间的界面可当成镜面看待）。绒面和镜面对光在界面处的反射、散射状况是不同的，为此以下我们将分别讨论。

2.4.3.1　镜面光学薄膜系统

1）光在单层膜界面的传播性质

镜面的光学问题，可用常规折射率描述。材料的折射率常用复数表示，$\tilde{n}=n+\mathrm{i}k$。其中 n 为折射率，表示光进入物质后传导速度的变化，k 为消光系数，它与材料的吸收系数 α 的关系为$\kappa=\alpha\lambda/4\pi$。折射方程表示为

$$\tilde{n}_0\sin\theta_0=\tilde{n}_1\sin\theta_1=(n_0-\mathrm{i}k_0)\cdot\sin\theta_0=(n_1-\mathrm{i}k_1)\cdot\sin\theta_1 \quad (2.255)$$

例如空气与吸收很小的介质 1 的界面，其反射率可写成

$$R=\frac{|n_0-n_1|^2}{(n_0+n_1)^2} \quad (2.256)$$

依据光学方程，图 2.56 描述了介质 1（其复折射率为 N_1）与上下两介质（分别称为入射介质 0 和出射介质 2，它们的复折射率分别为 N_0 和 N_2）所构成界面处的光反射和透射情况。该层膜从上层入射、下层透过的光的关系可用式（2.257）表示，此式中的二维矩阵称为介质 1 的光学特征矩阵

$$\begin{bmatrix}E_0\\H_0\end{bmatrix}-\begin{pmatrix}\cos\delta & \dfrac{\mathrm{i}}{\eta_1}\sin\delta\\ \mathrm{i}\eta_1\sin\delta & \cos\delta\end{pmatrix}\begin{bmatrix}E_2\\H_2\end{bmatrix} \quad (2.257)$$

其中，由平面波传播特性可知，δ 为光由一个界面（称 0 介质与该膜构成的界

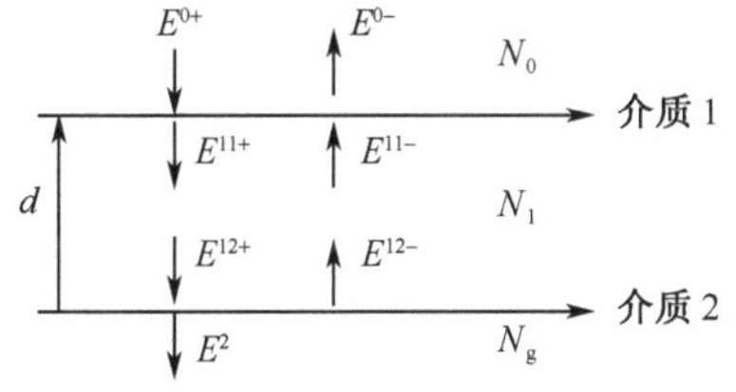

图 2.56　平面波在单层膜界面的反射和折射

面)，通过该层进入与第 2 介质构成的界面而导致的相位移。相移 δ 可写成：$\delta=\frac{2\pi}{\lambda}nd\cos\theta$，$\theta$ 是光在该层内传播时的角度，即折射角；n 为折射率；d 为膜厚。在其行进方向（透射）改变的位相因子为 $e^{-i\delta}$，负向行进波（反射）的位相因子变为 $e^{i\delta}$。η_1 为导纳，对在光入射面内振动的 s 偏振波，导纳 $\eta_1=n\cos\theta$。可见，该矩阵包含了光在薄膜中传输的位相与导纳所服从的关系。

2）光在多层膜的界面的传播性质

薄膜电池是由多层薄膜构成的。电池可看成是一个多层薄膜的光学体系，用多层薄膜的光学理论去计算该系统的光学行为，即需考虑计入在所有界面处的反射和透射及在各层内的吸收问题。

多层薄膜叠加的光学系统，如上所叙述的，可借助描述单层薄膜的光学矩阵方程式（2.257），通过逐层叠加来处理，即

$$\begin{bmatrix} E_0 \\ H_0 \end{bmatrix}=\left\{\prod_{j=1}^{k}\begin{pmatrix} \cos\delta_j & \frac{i}{\eta_j}\sin\delta_j \\ i\eta_j\sin\delta_j & \cos\delta_j \end{pmatrix}\right\}\begin{bmatrix} E_{k+1} \\ H_{k+1} \end{bmatrix} \tag{2.258}$$

其中，k 为多层膜的层数；j 为层的编号；0 和 $k+1$ 代表入射介质和出射介质。依据以上描述，多膜系的特征矩阵为

$$\begin{bmatrix} B \\ C \end{bmatrix}=\left\{\prod_{j=1}^{k}\begin{pmatrix} \cos\delta_j & \frac{i}{\eta_1}\sin\delta_j \\ i\eta_j\sin\delta_j & \cos\delta_j \end{pmatrix}\right\}\begin{bmatrix} 1 \\ \eta_{k+1} \end{bmatrix} \tag{2.259}$$

同理，各膜层厚度引入的光传输的相位移 δ_j 由下式决定

$$\delta_j=\frac{2\pi}{\lambda}N_j d_j\cos\theta_j \tag{2.260}$$

θ_j 为在 j 层的折射角；N_j 为 j 层复折射率，其导纳 η_j 由下式给出：

$$\eta_j=N_j/\cos\theta_j \quad \text{（p- 偏振波）} \tag{2.261}$$

$$\eta_j=N_j/\cos\theta_j \quad \text{（s- 偏振波）} \tag{2.262}$$

显然，多层膜和基片的组合导纳为 $Y=C/B$。

由此可得，能量反射率为

$$R=\left(\frac{\eta_0 B-C}{\eta_0 B+C}\right)\left(\frac{\eta_0 B-C}{\eta_0 B+C}\right)^* \tag{2.263}$$

能量透射率为

$$T=\frac{4\eta_0\eta_{k+1}}{(\eta_0 B+C)(\eta_0 B+C)^*} \tag{2.264}$$

反射相位变化为

$$\phi=\arctan\left[\frac{i\eta_0(CB^*-BC^*)}{\eta_0^2 BB^*-CC^*}\right] \tag{2.265}$$

式中，η_0 是入射介质的导纳。在具体计算时，可采用应用软件自行计算，也可用 Mlab 自己编程予以计算。

2.4.3.2　绒面光学薄膜系统

1）绒面的陷光行为

光垂直入射电池时，进入到电池中的光能最大。如何实现进入的光能尽量被电池吸收，概括来说，是减少反射和透射的损失。如式（2.256）所述，具有高折射率的硅（$n=3.5$）与空气相交的界面处，其反射率可高达 31%。若在两者之间插入一层折射率 $n=\sqrt{n_{\text{air}}\cdot n_{\text{Si}}}\approx 1.87$ 的材料，可以达到减反射的效果。SnO_2 类的透明导电膜（TCO）的折射率可在 1.8～2 调制，满足此要求。此时上界面的反射率就将降到 8%、甚至 4%以下。当采用粗糙界面（或称绒面）结构的 TCO（见图 2.57（a）），则入射到绒面上的光（光强记作 I），将受到常规镜面的反射和折射，以及由绒面导致漫散射的反射和折射。图中用实线表示镜面光的反射和透射，记作 R_s、T_s（下标 s 从 specular 而来）。用点线表示的漫射式（diffusion）反射、透过的记作 R_d、T_d。漫射光形成原因在于，绒面结构上分布着规则或不规则的斜面，不同方向的斜面，导致其反射或折射会向着不同方向散开而呈散射光。可见一束入射到不规则绒面的光 I，将分成上述 R_s、T_s、R_d、T_d 四部分。

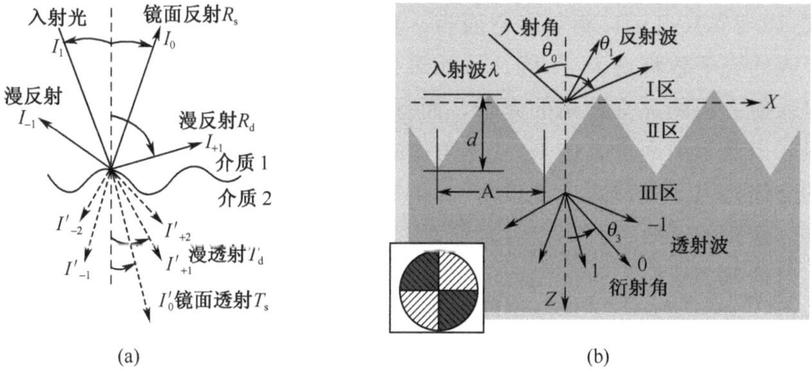

图 2.57　不规则（a）和规则（b）绒面上光的透、反和散射情况[31]

绒面结构可以减少反射的原因，正在于向不同方向散射的光，又会射到不规则分布的其他面上受到再次反射，改变光行进方向而再进入介质内，犹如增加吸收，减小反射。图 2.57（b）所示规则的光栅式的表面减反结构，其左下角示出该减反结构的顶视图。美国 Specturelab 公司，采用图 2.57（b）所示的起光陷阱作用的减反结构，于 2007 年创造Ⅲ-Ⅴ族聚光电池效率为 40.7%的世界纪录[31]。光陷阱的概念，是增加光在传输过程中的散射作用，把那些进入膜内的光子，最终都被限制在电池内部，由多次吸收以产生更多的光生载流子，达到最有效的光能利用的目的。对晶态电池，构建带织构的粗糙表面；对从透明衬底入射的薄膜电池，采用表面粗糙的绒面结构材料是非常必要的。

如果背面也附加了高反射的绒面电极，能使因光程不足以全部吸收、本来要透过的光，通过高反射率的背电极再反射回来。反射回的光重新进入电池内部，也可以再次吸收。当这部分反射回的光，又返回到达前电极时，对那些带有高折射率的光伏材料（如硅），这部分反射回来的光，若以大于临界角 θ_c^* 的角度再入射到上电极界面时，就会发生全反射。（注：临界角 $\sin\theta_c$ 由相邻两材料折射率之比决定。如 ZnO_2：F 的透明导电膜为衬底与硅基薄膜相邻界面的临界角 θ_c 约为 31°；硅基薄膜与空气相邻的临界角 θ_c 约为 16.8°）。这样那些光就又被反射回到 Si 膜内部。如此反复，终将把光完全限制在体内，进一步减少了反射损失。而被限制在电池内部的光，多次通过电池，多次被电池吸收，达到充分利用的目的。

已知，能吸收光子流密度（光子流定义是指单位时间内、单位立体角所含体积内所吸收到的流过单位能量间隔内的光子数目）的理论极值由以下方程表示[59]：

$$\mathrm{d}j_\gamma(\hbar\omega) = \frac{\alpha(\hbar\omega)\mathrm{d}\Omega}{4\pi^3\hbar^3(C_0/n)^2}\frac{(\hbar\omega)^2}{\exp(\hbar\omega/kT)-1}\mathrm{d}\hbar\omega \tag{2.266}$$

式（2.266）显示，相对真空而言，具有高折射率的介质，其光子流密度或有效吸收的光子数将增大 n^2 倍。另外对带有绒面效应的电池结构，它不仅能接受来自入射方向的 π 立体角的光子，而且由于散射的增强，将使电池对来自前、后电极，以及由绒面全方位 4π 立体角内散射来的光子，都能进行再反射和吸收。计入的立体角由 π 变成对全方位角 4π 的吸收，积分的结果将再增 4 倍。因此绒面半导体薄膜的有效吸收，相对真空而言，将增强 $4n^2$ 倍。其中 n 为半导体的折射率。对硅基薄膜，$n_{Si}\approx3.5$，$4n^2$ 约 50 倍。以上结果说明，绒面对具有高折射率的材料，可能得到相当大的增强光利用的效果[59,60]。

2）粗糙界面的光学描述

为实现光学模拟，模型中必然会涉及光的直射、散射以及光的相干传播问题[61]。对于不规则绒面模型，需要确切知道粗糙面的两个参数：① 在各个粗糙面散射光强的大小，② 这个光是怎样在不同方向上散射的。对于第①点，可用“标量散射理论（scalar scattering theory）”[62]，定义一个漫射光强与总的（包括漫射与直射之和）光强之比称为绒度（haze，简称 H）的参量来近似描述。绒度可由漫反射决定也可由漫透射决定，即 $H_{refl} = R_{RLdif}/R_0$ 和 $H_{trans} = T_{LRdif}/T_0$。它是由测试而得。鉴于绒度是波长的函数，通常提供材料的绒度数据指的是

650nm 处的反射绒度值。图 2.58 给出 U 型 Asahi 玻璃和用水解法获得 TCO 膜的绒度 H 的实测曲线的示例[63]。

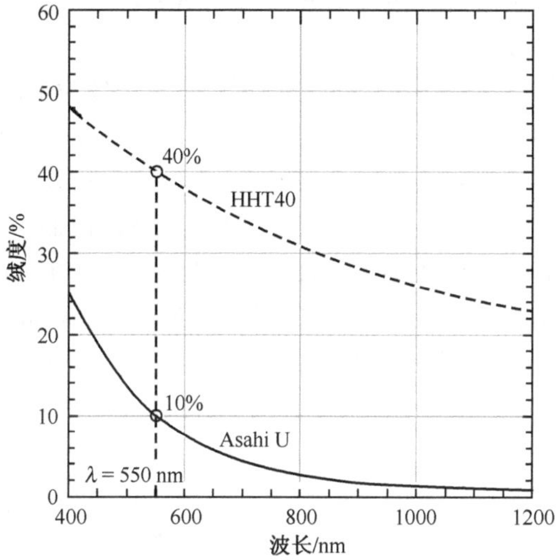

图 2.58　Asahi 和水解制备 TCO 膜光学系统测得绒度的光谱分布[63]

对于光是如何散射到各个方向的问题，则引用“角分布函数（angular distribution function，ADF）”来表征。由于散射作用，入射光被散射到各个不同的方向上，散射到各个方向上的光强是按椭球分布的，因此 ADF 定义为不同散射方向围成的椭球的短轴（b）与长轴的半径（a）之比（b/a）[64]，常用符号⋙来表示。比值越大，散射角的分布越宽，即散射光的分布越发散。因此绒度（H）和角分布函数（ADF）是表征粗糙界面处散射状态的特征参量。

当前对绒面的处理分成两类情况，一类是把那些不规则分布看成是孤立的颗粒，另一类是把颗粒看着是非常紧密膜上的起伏，那些不规则起伏结构的扰动引入的散射，可以近乎看作是连续的不可分离的散射中心来处理。此时各中心的作用与它的毗邻以及来自于总体的散射相关。这称为“微区无规散射（micro-in-regularity scattering）”[65]。目前对绒面的模型以第二种看法居多。

2.4.4　模拟计算示例

示例一　在非晶硅/微晶硅叠层电池中，表面的绒面特征参数对顶、底电池性能的影响

高效光伏器件要构建合适的陷光结构和叠层电池结构，以增强光的利用。要求模拟计算能够指导如何进行材料选择，结构尺寸选择，绒面形貌选择等。对晶体电池，光陷结构可以采用光刻、构建规则的陷光图形来完成（如图 2.57（b）

左下插图所示的整齐光栅）。对于薄膜电池，要求低成本，不允许采用光刻技术。什么样的陷光结构是合适的？利用光学模拟应该是一条良好途径[66]。以下将以绒面的作用以及中间层的设计两方面介绍模拟结果。

1）绒面参数的作用

J. Krc 等就叠层电池所用中间层的绒面影响进行了较为全面的计算[61]。所用模拟计算的电池结构为：玻璃/ TCO(1μm)/p^+ a-Si(20nm)/i a-Si(150nm)/n^+ μc-Si(20nm)/ ZnO(中间层50nm)/p^+ μc-Si(20nm)/I μc-Si(2μm)/n^+ μc-Si(20nm)/ ZnO(100nm)/Ag。其中用了两种 TCO，分别为 Asahi 公司出品绒度为 10%的 U-type SnO:F 和用水解法制备、绒度为 40%的 ZnO：Al（称 HHT40）。测试这两种 TCO 绒度的光谱分布如图 2.58 所示。计算了高绒度 TCO 的角分布函数对顶、底电池短路电流密度随 ADF 的变化关系，结果如图 2.59 所示。以图 2.58 和图 2.59 给出的测试和计算数据，按上述叠层电池模型，用 ASA 软件包[45]模拟计算了电池量子效率 QE，其结果由图 2.60 给出。该模拟结果表明：

（1）高绒度有利于拓展顶、底电池的长波限：比较角分布相同而绒度不同的实线和折线，低绒度的镜面作用明显，在长波段会出现干涉。随绒度增高，干涉消失。同时由于中间层对顶、底电池进行光谱的“再分配”，使得顶电池的部分长波吸收增强，故 QE_{top}光谱响应向长波方向展宽、底电池对这部分光的响应相应降低。但因背面高绒度 TCO 增反作用的加强，又增强了底电池对更长波长的红光响应，因此使 QE_{bott}光谱响应整体向长波方向移动。

（2）角度分布函数 ADF 的作用：图 2.59 模拟 ADF 对顶、底电池短路电流密度影响的计算结果表明，在顶电池已经接近其长波吸收极限时，ADF 的增大对底电池的作用较之顶电池要明显。

（3）高绒面和大的 ADF 有可能同时提高顶、底电池的电流密度。对电池特性的这种改善，相当于在保持原有电流的前提下可减薄电池有源层的厚度，这对非晶硅电池的稳定性是极为有利的。

（4）如果是底电池限制的话，如图 2.60 的所示，顶、底电池的短路电流难以调节得近乎相等。此时为了得到好的电流匹配效果，应加厚底电池，以期探明决定两者匹配的因素。

2）中间层折射率的影响

模拟计算用的叠层电池结构为：玻璃/ZnO：Al/p^+ a-Si/i-a-Si/n^+ μc-Si(20nm)/ZnO(中间层)/p^+ μc-Si/I μc-Si/n^+(μc-Si)/ZnO/Ag。在此电池模型中，已将微晶硅底电池的厚度增到 3μm，以保证顶电池限制。若选用厚度为 50nm 的中间层，将不会产生干涉现象。图 2.61 示出不同中间层和 n、p 硅基薄膜材料折射率的光谱分布。借此数据模拟计算了不同折射率中间层对短路电流的影响，其结果由图 2.62 所示。由图可以得知：

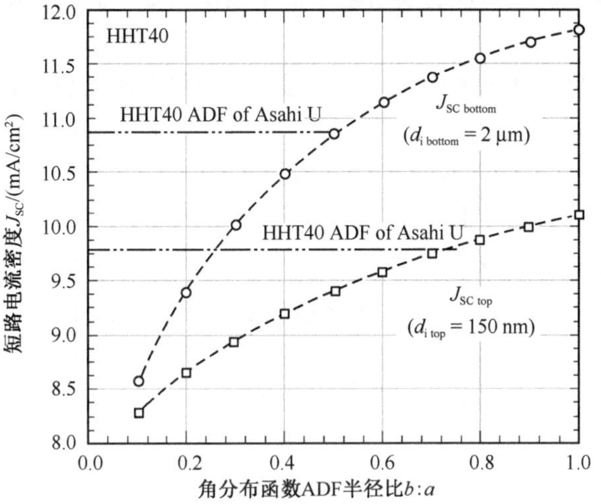

图 2.59　角分布函数 ADF 半径比 $b:a$ 对顶、底电池短路电流的影响[64]

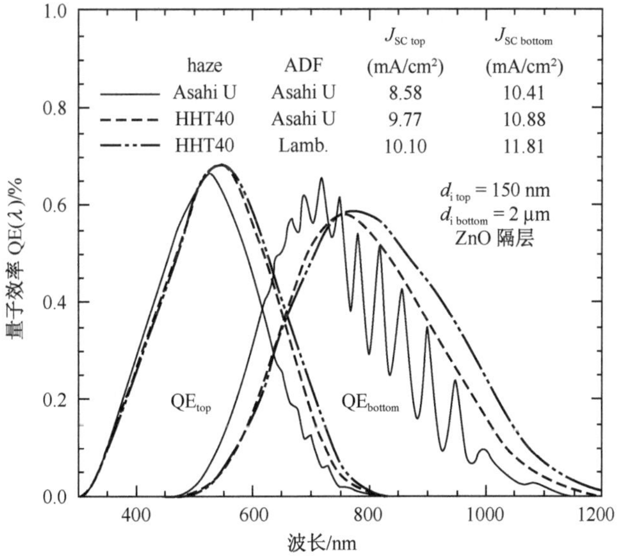

图 2.60　不同绒度和角分布函数对顶电池、底电池量子效率 QE 的影响[61]

(1) 以硅折射率为界，折射率落入硅范围的中间层材料，不会对叠层电池短路电流有改善作用；

(2) 选用低折射率材料（如折射率为 1.4 的氟化镁 MgF_2），可改善顶电池的量子效率，但将降低底电池的量子效率；

(3) 选用高于硅基薄膜材料折射率的中间层(如 $n_{int}=7$)则对顶、底电池改善甚微[67];

(4) 只有在顶电池电流限制下,可通过中间层来匹配顶、底电池的电流;

(5) 最终提高匹配的短路电流,还需综合光学和电学的优化。

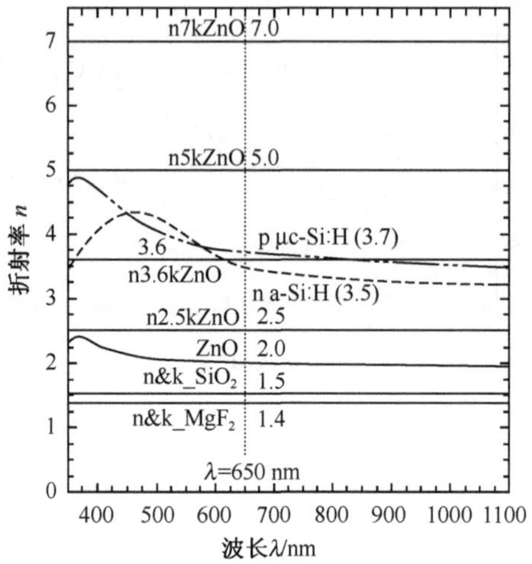

图 2.61 不同中间层材料及 n、p 硅基薄膜折射率的光谱分布[61,67]

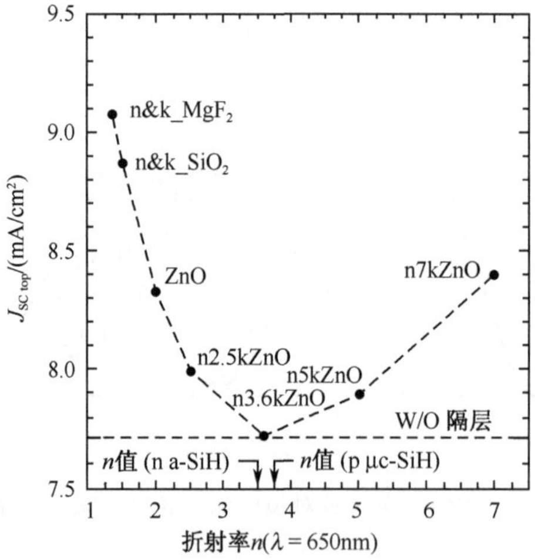

图 2.62 折射率对短路电流密度的影响[67]

示例二 异质结电池数值模拟分析[68]

本节介绍对 R. Stangl 等开发的异质结太阳电池数值模拟软件 AFORS-HET (automat for simulation of hetero-structures) (2.2 版本)[69] 的应用示例。这里以

纳米晶硅/晶体硅异质结太阳电池为例，示范给出材料参数或结构是如何影响太阳电池的特性的。用于模拟计算的纳米晶硅/晶体硅异质结太阳电池结构如图 2.63 所示，衬底为 300μm 厚的 p 型 CZ 晶体硅，掺杂浓度为 $1.5\times10^{16}cm^{-3}$，Buffer Layer 厚度为 5nm，n-nc-Si：H 厚度为 10nm，ITO 层厚度为 80nm。为讨论界面缺陷态的影响，在晶体硅和缓冲层间。引入 3nm 厚的界面层，考虑 ITO 层对光的吸收，不考虑陷光结构和背场，且假定前后电极与外电路接触为理想欧姆接触。

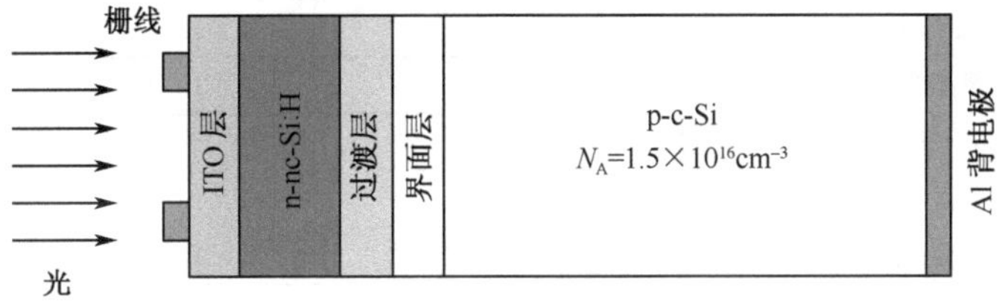

图 2.63　模拟计算单面 HIT 结构太阳能电池结构示意图[68]

关于缺陷态的设定，对于单晶硅电池，通常假定其带隙缺陷态是单缺陷能级为主，即在某个能量位置存在一个缺陷能级。对于异质结太阳电池，不仅有体的缺陷态，而且界面缺陷态的分布也直接影响其性能。因此在模拟计算过程中需要对界面缺陷态的分布进行合理的定义以保证计算的准确性。对于纳米晶硅则假定其带隙缺陷态是由连续的缺陷能级组成，即在带隙能量范围内缺陷态是连续分布的。对于 a-Si：H 假定带隙内缺陷态密度分布除了有指数分布的带尾态外，还有满足高斯分布的深能级缺陷态，总的缺陷态密度是各个能量位置缺陷态密度之和。用于模拟计算的 p 型晶体硅、n 型纳米晶硅、本征缓冲层以及界面层的材料参数如表 2.3 所示。对于 *J-V* 测试模拟计算，光照条件为 AM1.5，100mW/cm^2，对于 QE 测试模拟计算，采用波长在 300～1100nm 范围内的单色光。以下给出由 AFORS-HET 软件计算所用的参数和结果。

表 2.3　模拟计算中各层参数

参数	p-c-Si	界面层	缓冲层	n-nc-Si：H
厚度/nm	300 000	3	5	10
电子亲和势/eV	4.05	4.05	3.8～4.05	3.8～4.05
能隙宽度/eV	1.12	1.12	1.12～1.72	1.12～1.72
导带态密度 N_C/cm^{-3}	2.8×10^{19}	2.8×10^{19}	1×10^{20}	1×10^{20}
价带态密度 N_V/cm^{-3}	1.04×10^{19}	1.04×10^{19}	1×10^{20}	1×10^{20}
电子迁移率/(cm^2/(V·s))	1040	1040	5	25～100

续表

参数	p-c-Si	界面层	缓冲层	n-nc-Si：H
空穴迁移率/(cm^2/(V·s))	412	412	1	5～20
掺杂浓度/cm^{-3}	$N_A=1.5\times10^{16}$	$N_A=1.5\times10^{16}$	—	$N_D=1\times10^{19}$
电子热速率/(cm/s)	10^7	10^7	10^7	10^7
空穴热速率/(cm/s)	10^7	10^7	10^7	10^7
带尾态密度/($cm^{-3}\cdot eV^{-1}$)	—	—	$10^{19}\sim10^{22}$	—
Urbach 尾宽/eV	—	—	0.094/0.047	—
带尾电子俘获截面 /cm^{-2}	—	—	1×10^{-17}	—
带尾空穴俘获截面/cm^{-2}	—	—	7×10^{-16}	—
带隙态密度/($cm^{-3}\cdot eV^{-1}$)	1×10^{12}	$10^{12}\sim10^{19}$	$10^{16}\sim10^{19}$	$10^{16}\sim10^{20}$
带隙电子俘获截面/cm^{-2}	1×10^{-15}	1×10^{-15}	1×10^{-15}	1×10^{-15}
带隙空穴俘获截面/cm^{-2}	1×10^{-14}	1×10^{-14}	1×10^{-14}	1×10^{-14}

1）n 型纳米晶硅掺杂浓度对光伏特性的影响

图 2.64 给出具有不同掺杂浓度的 n 型纳米硅与 p 型单晶硅构成异质结太阳电池的性能参数的计算结果。可以看出随着掺杂浓度从 10^{15} cm^{-3} 增加到 $10^{17}cm^{-3}$，开路电压从 328.9mV 增加到 647.7mV。这是由于 n 型掺杂浓度的提高，使费米能级移向导带边，内建势场增加，从而提高开路电压。而当掺杂浓度从 $10^{17}cm^{-3}$继续增加时，开路电压几乎不变。该原因取决于纳米硅带尾态对费米能级的钳制作用，待费米能级接近于尾态之后，则难以随掺杂而继续抬高，故而开路电压几乎不变。

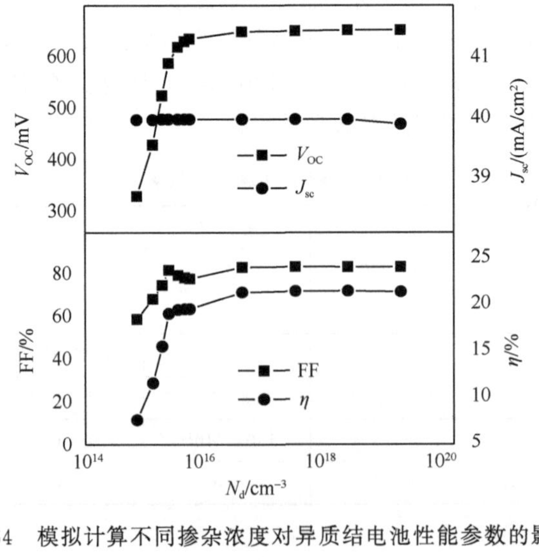

图 2.64　模拟计算不同掺杂浓度对异质结电池性能参数的影响[68]

2）缺陷态密度对光伏特性的影响

计算时，设纳米晶硅的发射极，其带隙为 1.4eV。缓冲层为外延硅，带隙设为 1.12eV。其他参数仍如表 2.3 所示。此处讨论两种缺陷态的影响：界面层的缺陷态和缓冲层的缺陷态密度对太阳电池性能参数的影响。单晶硅的缺陷态是以带隙中的某单一能级的缺陷态为主。而缓冲层紧邻纳米硅薄膜，因而对于缓冲层缺陷态认为是纳米晶硅和外延硅内由连续分布的缺陷能级组成。

图 2.65 和图 2.66 分别示出模拟计算所得不同界面缺陷态密度和缓冲层的缺陷态密度对异质结电池性能的影响。前面讨论可知，电池的短路电流除受吸收层内光生载流子的影响外，也与光生载流子的复合状况以及内建场对光生载流子的分离能力有关。由图 2.65 和图 2.66 所示结果说明，不论是何处存在的缺陷态，对电池产生的影响基本上是相当的。

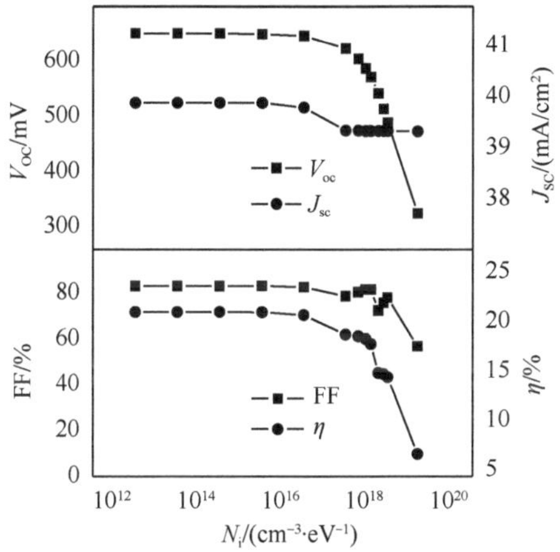

图 2.65　模拟计算不同界面缺陷态密度对异质结电池性能的影响

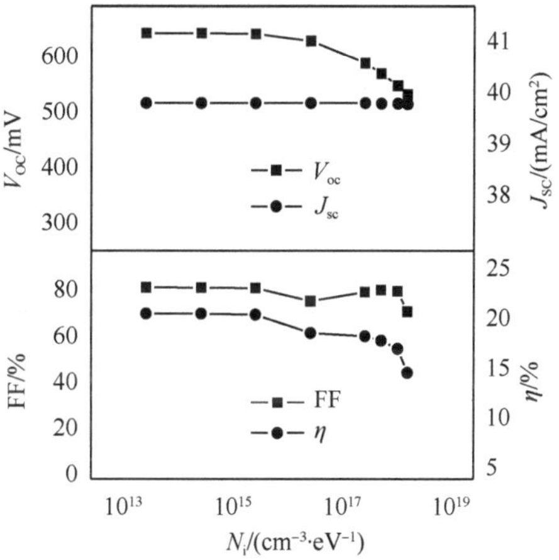

图 2.66　模拟计算不同缓冲层缺陷态密度对异质结电池性能参数的影响

图 2.65 表明界面态密度在高于 10^{18}cm^{-3}后，对电池参数的影响开始显现。而缓冲层缺陷态密度达到 10^{16}/(cm^3·eV)，就对电池参数有影响。当缺陷态密度为 6×10^{18}/(cm^3·eV) 该电池的开路电压从 650.8mV 降到 539.8mV，填充因子变差，转换效率降低。开路电压降低是缺陷态复合使反向饱和电流增加之故。

采用如图 2.67 所示的双面结构的非晶硅/晶体硅异质结太阳电池可进一步改善电池性能，Eiji Maruyama 等制备的双面结构非晶硅/晶体硅 HIT 太阳电池开路电压可以达到 718mV[70]，他们制备的太阳能电池转换效率已经达到 22.3%。所谓双面的结构，是在晶体硅背面生长一缓冲层和掺杂层，替代常用的 Al 背场（见图 2.67），实验证明采用了双面结构以后有效地改善了载流子在晶体硅背面的复合速率，改善太阳电池的开路电压[71]。模拟计算的单面结构和双面结构的纳米晶硅/晶体硅异质结太阳电池的性能如表 2.4 所示，可以看出当采用了纳米晶硅背场的双面结构以后，太阳电池的开路电压提高了 36mV，短路电流也增加了 $2mA/cm^2$，计算的转换效率从 21.6%增加到 24.2%。开路电压的增加主要是由于 p^+ 层的存在有效地提高了内建势场。采用了背场结构以后，电池背面处的载流子复合减少，从而能有效地改善该电池的长波响应，如图 2.68 所示，在 1000nm 时，单面结构太阳能电池量子效率仅为 0.64，而双面结构太阳电池的量子效率可以达到 0.93，因此如表 2.4 的 J_{sc} 数据显示，其短路电流较之提高了 5 个百分点。

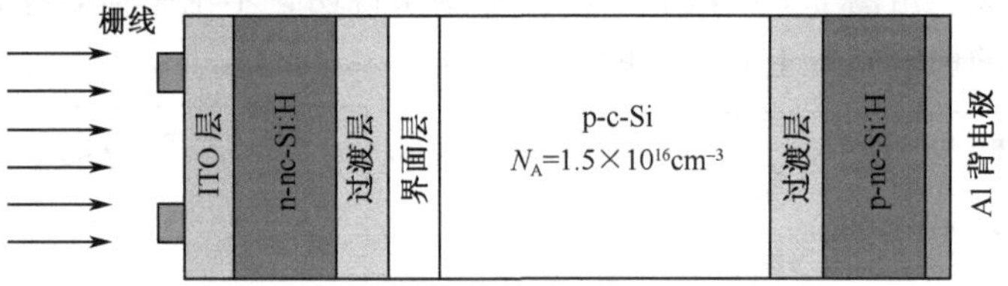

图 2.67 模拟计算双面 HIT 结构的太阳电池结构示意图[71]

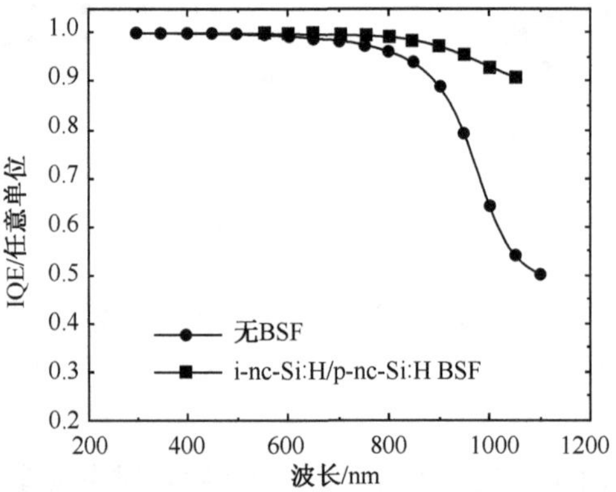

图 2.68 单面结构和双面结构太阳能电池量子效率比较[68]

表 2.4 单面结构和双面结构纳米晶硅/晶体硅太阳电池性能比较

BSF 结构	V_{oc}/mV	J_{sc}/(mA/cm^2)	FF/%	η/%
无	650.8	40.01	83.01	21.61
i-nc-Si：H/p+-nc-Si：H	686.7	42.02	83.88	24.2

参考文献

[1] 黄昆，韩汝琦．固体体物理学．北京：科学出版社，1988.

[2] Sze S M. 半导体器件物理与工艺. 王阳元，嵇光大，卢文豪等译. 北京：科学出版社，1992.
[3] 刘恩科，朱秉升. 半导体物理学. 北京：国防工业出版社，1979.
[4] 顾祖毅，田立林，富力文. 半导体物理学. 北京：电子工业出版社，1995.
[5] Johnson E R，Cgristian S M. Some properties of germanium-silicon alloys. Phys. Rev.，1954，95：560.
[6] 沈学础. 半导体光学性质. 北京：科学出版社，1992.
[7] Greenaway D L，Harbeker G. Optical Properties and Band Structure of Semiconductors. London：Pergamon，1968.
[8] Luque A，Hegedus S. Handbook of Photovoltaic Science and Engineering. John Wiley & Sons Ltd，2002.
[9] Pankove T I. Optical Properties of Semiconductors. Englewood Cliffs：Prentice Hall，1971.
[10] Landsberg P T. Recombination in Semiconductors. New York：Cambridge，University Press，1991.
[11] Pierret R. *In*：Pierret R，Neudeck G. Modular Series on Solid State Devices. Volume VI. Advanced Semiconductor Fundamentals. Chap. 5. Addison-Wesley，Reading，MA，1987：139～179.
[12] Kressel K. *In*：Willardson R K，Beer A C. Semiconductors and Semimetals Vol. 16. New York：Academic Press，1981.
[13] 虞丽生. 半导体异质结物理. 北京：科学出版社，2006.
[14] Sharma B L，Pirohit R K. Semiconductor Heterojunctions. London Pergamon，1974 .
[15] King R R，Law D C，Edmondson K M，et al. 22nd European Photovoltaic Solar Energy Conference，2007.
[16] 夏建白，朱邦芬，黄昆. 半导体超晶格结物理. 北京：科学出版社，1995.
[17] Anderson R J. Solid State Electronics，1962，5：341.
[18] Rediker R H，Stopek S，Ward J H R. Solid State Electronics，1964，7：621.
[19] Gray J L. Handbook of Photovoltaic Science and Engineering. Steven Hegedus John Wiley & Sons Ltd，2002.
[20] Green M. Solar Cells：Operating Principles，Technology，and System Applications. Chap. 5. Englewood Cliffs：Prentice Hall，1982：85～102.
[21] McCann M，Raabe B，Jooss W. Radovan Kopecek and Peter Fath，4th WCPEC.
[22] Nelson J. Physics of Solar Cells. Imperial College Press，2003.
[23] Zhao J，Wang A，Green M A，et al. Appl. Phys. Lett.，1998，73：1991.
[24] Mathers C. J. Appl. Phys.，1977，48：3181，3182.
[25] Shockley W，Queisser H. J. Appl. Phys.，1961. 32：510.
[26] Gray J. Schwartz R. Proc. 18th IEEE Photovoltaic Specialist Conf.，1985：568～572.
[27] Gray J. Two-dimensional modeling of silicon solar cells. Ph. D. thesis，Purdue University，West Lafayette，IN，1982.
[28] Green M. Solar Cells：Operating Principles，Technology，and System Applications. Chap. 5. Englewood Cliffs，Prentice Hall：1982：85～102.
[29] Shockley W，Queisser H J. J. Appl. Phys，1961，32：510.
[30] Swanson R M. Proc. 18th IEEE Meeting，2005：889.
[31] King R R. Multihunction cells record breaker. Nature Photonics，Technology Focus，2008：284.
[32] Zhao J，Wang A，Green M，et al. Appl. Phys. Lett.，1998，73：1991.

[33] McElheny P J，Arch H，Li H，et al. Range of validity of the surface-photovotage diffusion length measurement：a computer simulation. J. Appl. Phys.，1988，64 (3)：1254～1265.

[34] Prince M B. Silicon solar energy cinverters. J. Appl. Phys，1955，26 (5)：534～540.

[35] Chapin C S F，Pearson G L. J. Appl. Phys.，1954，25：676.

[36] Rappaport P. Phys. Rev. 1954，93：246：Pfann W G，van Roosbroeck W. J. Appl. Phys.，1954，25：1422.

[37] Shockley W，Queisser H. Detailed balance limit of efficiency of p-n junction solar cells. J. Appl. Phys. 1961，32 (3)：510～519.

[38] Loferski J J. Theoretical considerations governing the choice of the optimum semiconductor for photovoltaic solar energy conversion. J. Appl. Phys. 1956，27 (7)：777.

[39] Loque A，Marti A. Phys. Rev. Lett. 1997，78：5014；Trupke T，Green M A，Wurfel P. J. Appl. Phys.，2002，92：4117；Trupke T，Wurfel P. J. Appl. Phys.，2004，96：2347.

[40] http:// www. cynopsys. com/ products/tcad/taurus _ medici _ ds. html.

[41] http://www. silvaco. com/ products/device _ simulation/atlas. html.

[42] http:// www. crosslight. com/Product _ Overview/prod _ overv. html# APSYS.

[43] Hack M，Shur M. Physics of amorphous silicon alloy p-i-n solar cells. J. Appl. Phys.，1985，58：997～1020.

[44] McElheny P J，Arch J，Liu H，et al. Range of the surface-photovoltage diffusion length measurment：a computer simulation. J. Appl. Phys.，1988，64 (3)：1254～1265.

[45] Zeman M，Willemen J A，Vosteen L L A，et al. Computer modeling of current matching in a-Si/：H/a-Si：H tandem solar cells on texture substrates. Solar Energy Materials and Solar Cells，1997，46：81～99.

[46] Froitzheim A，Stangl R，Elmer L，et al. AFORS-HET：a computer-program for the simulation of Heterojunction _ Solar cells to be distri buted for public use，3rd World Conference on Photovoltaic Energy Conversion，1P-D3-34 post 279～282，Osokn. Jopon，2003：11～18. http://www. hmi. de/bereiche/SE/SE1 projects/aSicSi/AFORS-HET index _ en. html；Basore P A. Pilot production of thin-film crystalline silicon on glass modules. Proc. IEEE-29，New Orleans，USA，2002，3：49～52 .

[47] Mott N F，Davis E A. Electronic processes in non-crystalline materials. 2nd. *In*：Marshall W，Wilkinson D H. The International Series of Monographs on Physic. Oxford：Clarendon Press，1979.

[48] Shockley W，Read W T. Statistic of the recombinations of holes and electronics. Phys. Rev.，1952，87：835～842.

[49] Fonash S，Zhu H. Coputer simulation for solar cell application：Understanding and design. *In*：Schropp R，Branz H，Wagner S，et al. Amorphous and Microcrystalline Silicon Technology-1998 Materials Research Society Symp. Proc.，1998：507.

[50] Hou J Y，Arch J K，Fonash S J，et al. An examination of the "tunnerljuctions" in triple junction a-Si：H based solar cells：modeling and effects on performance. Proc. 22nd IEEE PV Specialists Conference，Las Vegas，1991：1260～1264.

[51] Willemen J A，Zeman M，Metselaar J W. Computer modeling of amorphous silicon tandem cells. 1st World Conference on Photovoltaic Energy Conversion. Proc. 24th TEEE PV Specialists Conference，Waikoloa，HI，USA，1994.

[52] Sawada T, Tarui H, Terada N, et al. Thoretical analysisnof textured thin-film solar cells and a guideline to achieving higher efficiency. Proc. 23rd IEEE PV Specialists Conference, Louisville, KY, 1993.

[53] Fantoni A, Vieira M, Cruz J, et al. A two-dimentional numberical simulation of a non-uniformity illuminated amorphous silicon solar cell. J. Physics D: Appl. Phys., 1966, 29: 3154~3159.

[54] Zemmer J, Stirbig H, Wagner H. Investigation of the electronic transport in PIN solar cells based on microcrystalline silicon by 2D numerical modeling, *In*: Schropp R, Branz H, Wagner S et al. Amorphous and Microcrystalline Silicon Technology-1998. Materials Research Society Symp. Proc., 1998: 507.

[55] Selberherr S. Analysis and Simulation of Semiconductor Devices. Springer-Verlag, Wien, 1984.

[56] Gummel H K. A self-consistent iterative scheme for one-demensional steady state transistor calculations, IEEE Trans., ED-11, 1964: 455~465.

[57] Kurata M. Numerical Analysis for Semiconductor Devices. Lexington, MA: Lexington Books, 1982.

[58] Wenham S R, Green M A. Silicon solar cells. Progress in Photovoltaics: Research and Applications, 1996, 4: 3~33.

[59] Yablenovitch E, Cody G D. Intensity enhancement in textured optical sheets for solar cells. IEEE Trans. Electron Dev. ED-29, 1982: 300~305.

[60] Schade H, Smith Z E, Optical properties and quantum efficiency of a-$Si_{1-x}C_x$: H/a-Si∶H solar cells. J. Appl. Phys., 1985, 57: 568.

[61] Krc J, Topic M, Vukadinovic M, et al. Optical modeling of a-Si: H-based solar cells with smooth and rough boundaries. Proceedings of the 16th E-PVSEC, Glasgow, 2000: 522~525.

[62] Zeman M, van Swaaij R A C M M, Metselaar J W, Schropp R E I. Optical modeling of a-Si∶H solar cells with rough interface: effect of back contact and interface roughness. J. Appl. Phys., 2000, 88: 6436~6443.

[63] Krc J, Brecl K, Smolr F, et al. The effect of enhanced light trapping in tandem micromoyph silicon solar cells. Solar Energy Materals & Solar cells, 2006: 90, 3339~3344.

[64] Krc J, Zema M, Smole F, et al. J. Appl. Phys., 2002, 92/2: 749.

[65] Elson J M, Bennett H E, Bennett J M. Scattering from optical surface. In applied optics and optical engineering. Academic Press, 1979: 191~244.

[66] Ichikawa H. Numerical analysis of microretroreflectors: transition reflection to diffraction. J. Opt. A, 2004, 6: S121~S127; Jiang M, Tamir T, Zhang S. Modal theory of diffraction by multilayered gratings containing dielectric and metallic components. J. Opt. Soc. Am. A, 2001, 18: 807~820.

[67] Krc J, Smolr F, Topic M. Advanced optical degsign of tandem micromoyph silicon solar cells. J. of Non-Cryst. Solids, 2006, 352: 1892~1895.

[68] 张群芳. 博士论文, 2006.

[69] Stangl R, Kriegel M, et al. IEEE WCPEC-4, Hawaii, USA, 2006.

[70] Maruyama E, Terakawa A, et al. IEEE, WCPEC-4, Hawaii, USA, 2006.

[71] Wang T H, Iwaniczko E, et al. IEEE, WCPEC-4, Hawaii, USA, 2006.

第 3 章　晶体硅太阳电池

施正荣　尚德电力控股有限公司

3.1　晶体硅太阳电池技术的发展

3.1.1　简介

尽管硅太阳电池的历史可以追溯到 20 世纪 60 年前硅双极性器件刚开发的时期，但直到 80 年代末、90 年代初，太阳电池技术才得到高速发展。现阶段无论是电池理论的研究还是实验室研制的电池性能的研究，都取得了很大的进展，电池性能已经提高到以往难以想象的水平。目前实验室单晶硅和多晶硅电池的光电转换效率已经分别达到 25％和 20.5％，远远高于过去认为 20％的极限值。

硅太阳电池的设计和对硅材料的要求都不同于其他的硅电子器件。为了获得高转换效率，不仅要求表面有理想的钝化，同时也要求体材料特性均匀、高质量。这是因为较长波段的光必需穿过几百微米的硅层后才被完全吸收，而由这些波长的光所产生的载流子必须要有较长的寿命才能被电池收集。

本章主要回顾硅太阳电池发展的历史，讨论现代电池设计的特点以及概括未来可能实现的电池性能改进的方向。

3.1.2　早期的硅太阳电池

最早的晶体硅电池起源于硅在点接触整流器中应用的研究。早在 1874 年金属接点和各种晶体接触的整流特性就为人所知了[1]。在无线电发展的早期，这种晶体整流器普遍用作无线电接收器的探测元件[2]。但是，随着热电子管的普及，除了在超高频领域，晶体整流器已经被替代。实践证明，最恰当的方法是钨接点与硅表面的接触。该发现对提高硅的纯度和对硅特性的进一步研究起到了推动作用。

贝尔实验室的 Russell Ohl 在研究纯硅材料的融熔再结晶时，意外发现在很多商用高纯硅衬底上生长出的多晶硅锭显示了清晰的势垒。这种“生长结”是重结晶过程中杂质分凝的产物。Ohl 还发现，当样品受光照或加热时，结的一端会产生负电势，而另一端必须在加负偏压时，才能降低电阻使电流通过“势垒”，这个现象导致了 pn 结的诞生。加负压的这一端材料被称为“n 型”硅，相反的一端则称为“p 型”硅。这一初步实验很明确地显示了施主杂质和受主杂质在 pn 结特性中各自的掺杂效果。

1941 年，首个基于这种“生长结”的光伏器件被报道[3]。图 3.1（a）示出了从再结晶材料中截取的电池的几何结构，结与光照表面是平行的，电极分布在器件顶部外围和整个背表面。虽未见当时该电池能量转换效率的数据报道，但有数据分析显示其光电转换效率应该远低于 1%。很明显，这种电池很难制备，因为它缺乏对结区定位的控制。

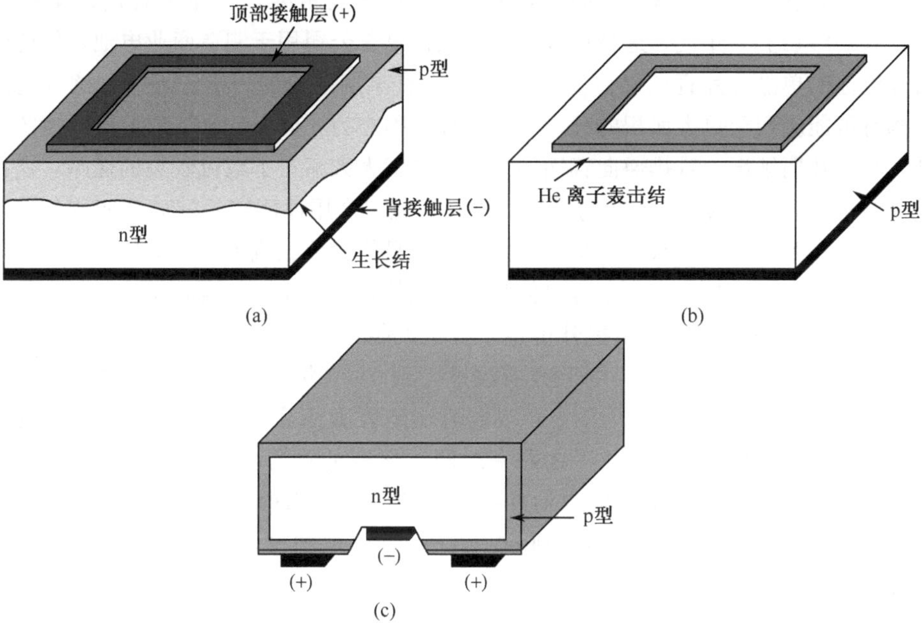

图 3.1　1941 年采用生长结的方法制备的硅太阳能电池（a）、氦离子注入形成“注入结”的太阳能电池（b）和扩散结太阳电池的结构（c）

Kingsbury 等在 1952 年提出了一种能够更好地控制结形成的方法。这种电池是使用纯硅原料生长的晶体硅制备而得[4]，从而有效阻止了“生长结”的随机形成。如图 3.1（b）所示，1952 年用氦离子轰击硅表面形成注入结，电极设计则和前一种电池类似。这种器件展示了良好的光谱响应特性，但仍然没有光电转换效率的相关报道，据估计大约仅在 1%。

在贝尔实验室，这些早期的成就很快被硅技术的快速发展所取代。晶体生长技术的进步带来了单晶硅制造技术的产生，同时，高温扩散掺杂工艺也被开发出来。在此基础上，1954 年，第一块现代意义上的单晶硅太阳电池问世了，它的发明者是贝尔实验室的 Pearson、Fuller 和 Chapin[5]。这一电池采用锂扩散的成结技术，获得的转换效率约 4.5%[6]。不久，他们又用硼扩散替代锂扩散，使效率提高到 6%[5,6]。图 3.1（c）所示的正是第一个于 1954 年发表的电池结构的示意图。它在单晶硅片上通过扩散掺杂形成 pn 结，并在背面配有双电极结构。这种电池的出现开创了光伏发电的新纪元。18 个月后，电池结构的改进又把效率提高至 10%[7]。

图 3.1（c）中所示的是一种称之为包绕型结，该结构的优点：① 顶层没有电极遮挡；② 因为正负电极都在电池的背面上，电极容易连接。但它也有缺点，就是电阻比较高。这是由于这种早期的电池，是制作在整块硅片上，其包绕型结构使得电流需沿着硅片表层的扩散层传输很长一段距离，才能被背面的电极收集。在 20 世纪 70 年代，这种设计概念再次被夏普公司用于制造商业电池，但此时每片电池的单晶硅片直径仅为 2～3cm[8]，只有早期电池的一半。近来，这种电池结构有可能应用于更大面积的硅片上，一种被称之为“polka-dot”的太阳电池的设计，将硅片腐蚀出一排排通向背面的孔洞，这就大大缩短了电流收集的通路。这种电池结构[9]，除了以上已经提过的优点外，还能提高用性能较差的硅片所制备太阳电池的转换效率。如带状硅、多晶硅等材料，只要少数载流子的扩散长度能达到硅片厚度的一半，这种方式几乎可以使整个电池的光生载流子都被收集。

太阳电池性能的进一步提升得益于将电极制备在硅片的上表面之上，并最终发展成栅线电极的新概念。由于这项改进，到 1960 年，地面应用的太阳电池的光电转换效率已经达到 14%[10]，n 型电池在地表太阳光及温度为 18℃时，测量得到 15%的转化效率[11]。几乎在同一时间，研究的重心从 n 型衬底开始转向 p 型衬底，这是因为人们对太阳电池在宇宙飞船上的应用前景越来越感兴趣，而 p 型衬底具有更好的抗辐射特性。到 60 年代初，电池的设计已经趋向成熟，随后十年逐步进入相对的稳定时期[12]。

3.1.3 传统的空间电池

空间电池的设计如图 3.2（a）所示[11,12]。主要特点包括，用 10Ω · cm p 型硅衬底来得到最大的抗辐射能力，使用约 40Ω/□的方块电阻，0.5μm 结深的磷扩散。尽管已知扩散的结越浅，蓝光响应越好，但此处仍采用了深结结构，主要是为了防止在上电极金属化过程中引起 pn 结漏电[12]。

后来又添加了钯的中间层，这一改进在之后的十年中被证明对于空间电池在其升空前的环境中提高防潮性有很大帮助[13]。对于 2cm×2cm 的空间应用标准电池，通常会在电池的一侧设计一条 1mm 宽的主栅线，与它垂直的是副栅线，一般总共有六条，这些都是通过金属掩模蒸发形成，以降低电阻、增强电流的收集能力。随后，在电池的上表面镀一层一氧化硅（SiO），作为减反膜，有利于减小电池表面的反射率。但是 SiO 薄膜对 0.5μm 以下波长的光吸收性很强[14]。

这种电池设计作为标准空间电池保持了十多年之久，直到现在还用于某些特定的空间任务。它的光电转换效率在太空辐射环境中为 10%～11%，在地面测试条件下会相对提高 10%～20%。

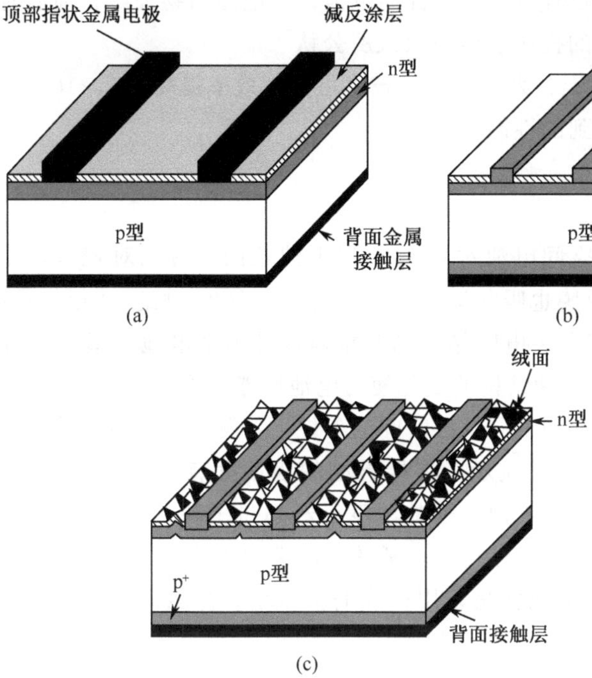

图 3.2　在 60 年代初期典型的硅太阳电池结构设计（a）、浅结“紫”电池（b）和化学制绒后零反射的“黑体”电池（c）

20 世纪 70 年代初，背面铝处理技术的优势变得明显起来[15,16]，特别是对于更薄的电池。由于铝背场的吸杂作用，空间电池的效率相应地提高到了 12.4%[13]。

3.1.4　背面场

Cummerow 首次把 Shockley 的扩散理论应用到光电能量转换器之中[17]。他论述了少数载流子的反射边界条件并强调指出了减薄电池的重要性。Wolf[18] 随后论述了内电场对电池电流收集能力的影响，以及可由梯度掺杂产生内电场等概念。正如在以上提到的，20 世纪 70 年代初，背面铝处理的优势逐渐被发掘，它的作用主要体现在提高开路电压、短路电流密度以及转换效率，而这一切应该归功于铝的吸杂作用[13,15,16]。

更详细的研究工作表明，背面电极的高掺杂区的存在带来了这些有利的影响[19]。起初假定这种作用是因为多数载流子从背面掺杂区进入到电池体内，从而增加了体内的有效掺杂浓度，降低了电池体内暗态的反向饱和电流，从而提高了开路电压[19]。随后发现正确的解释应该是减少了背表面处的有效复合速率。

虽然背面场（back surface field，BSF）对提高电池开路电压的物理解释前后时期有所不同，即便如此，BSF 的提法已经被众人所公认[20]。

在 10Ω · cm p 型硅衬底上，采用背面场技术可以把效率提高 5%～10%，使其达到此前 n 型衬底所能得到的性能水平[11]。

3.1.5 紫电池

正如前文所说，传统的空间电池对 0.5μm 以下波长的响应相对较差，原因是扩散的结较深和 SiO_2 减反膜也吸收该波长以下的光。在 20 世纪 70 年代早期，采用了浅结（0.25μm）和高方块电阻结，同时重新设计整个电池来适应这种变化，如图 3.2（b）所示的，这种结构的变化使得电池性能取得了显著的提高。

图 3.3 是在恒定扩散温度和不同扩散时间的条件下，测得磷电活性沿结的深度分布的实际结果[21]。图中曲线显示，在接近结的表面处有一段平坦的部分，它表示在所选定的扩散温度下，结内含磷的浓度已经超过了磷在硅中的固溶度。在此区域里相对于光伏效应的有效性而言，磷的电活性非常差。图 3.3 中这个平坦的区域被称为“死层”。紫电池就是采用很浅的扩散结，甚至比图 3.3 中最浅的扩散结还要浅，以避免“死层”的形成[22]。

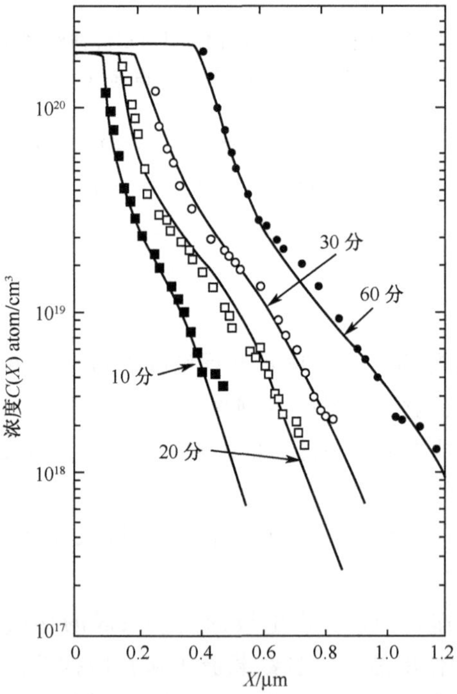

图 3.3　在扩散温度为 1000℃，随不同扩散时间，实测硅表面磷被活化的深度分布

为了与浅扩散层带来的使薄层电阻增加的弊端相抵，必须改用密集型的栅线电极。其结果使电池的电阻将比传统电池的电阻更低。随后对减反膜也做了相应的改善，如选用 TiO_2 以及之后的 Ta_2O_5，都比 SiO 吸收更少，透明度更好。同时也为电池在做成电池组件时和其表面需要覆盖的玻璃间提供了更好的光学匹配性。调整膜的厚度，使其对短波响应优于传统的膜，所以最后电池的外表呈现特有的紫色。随后又发展了采用更高折射率的新减反膜材料，以及使用双层减反膜的技术。

最后一项设计上的变化是采用较低电阻率（2Ω · cm）的衬底材料。这种改进，使电池在蓝光波段的抗辐射性相当好，而其余波段的抗辐射性至少也不比传统的电池差，这样整体的电压输出相比原来就有了提升。开路电压的提高（改变了衬底电阻率）、电流输出的提高（清除了死层，更好的减反膜，更少的表面电极遮挡）和填充因子的提高（开路电压的提高，电池串联电阻的减小）都有助于电性能极大的提升，与传统设计的空间电池电性能相比它要提高 30％。在空间辐射的条件下，转换效率达 13.5％。基于 n 型衬底的早期电池的进展则没有如此显著，地面测量紫电池效率 16％，而传统 n 型衬底电池则为 14％～15％。

3.1.6　“黑体电池”

在“紫电池”取得优异的电性能后不久，电池正表面制绒的技术使电性能实现了又一次大幅的提升[23]。早期的做法是用机械方法，在电池的受光面（称作上表面）形成类金字塔形的结构，可以降低表面的反射率[24]。而所谓的“黑体电池”是基于类似的概念，借用单晶硅晶面的各向异性特性，通过对不同晶向的选择性腐蚀，在（100）晶向的硅衬底上将（111）面露出来，而显露出来的（111）面交界便在电池表面随机形成不同尺寸的等边类金字塔形，如图 3.4（a）所示。

该技术对提高电池的电性能有两个显著的优势：第一，如图 3.4（b）所示，光照射到金字塔倾斜的表面时，光是向下方反射的，从而至少可增加一次光被电池吸收的机会。第二个优势如图中所示，光沿着不同倾斜的角度进入电池。大部分的入射光会在第一次到达金字塔表面时就被折入电池，这些光会以一定的角度折射，大大延长了光在电池内传播的路径长度，增加的光吸收部分大约是表面未制绒电池所能吸收光的 1.35 倍。等效于电池对光的吸收系数或者体内的扩散长度增加了相同的幅度。制绒工艺的第三个特点是可以更多地捕获入射光。对于地面用的电池来说，这是一个优势，因为它提高了电池的长波响应。但是，对于空间电池来说，却是一个弊端。因为电池背电极处对低能量光子吸收的增加，所以缺乏有效的散热措施，致使电池要在一个较高温度的空间的环境下工作，这样会极大地抵消掉之前得到的增益，同时在装配过程中也有可能对金字塔的塔尖造成磨损。由于之前在电性能方面体现出的优势并不能得到保证，这也就意味着表面绒面技术并不能在空间领域得到广泛的应用。

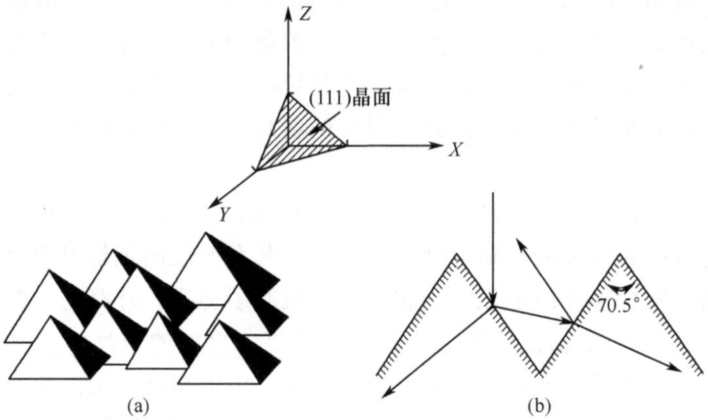

图 3.4 当（100）晶面的硅片经过选择性腐蚀以后，显露出来的（111）晶面所形成的金字塔示意图（a）和反射光和折射光的光路示意图（b）

起初通常是选用联氨、氢氧化物作为制绒用的选择性腐蚀剂，后来更多使用的是较为温和的 KOH 和 NaOH 溶液。这些腐蚀剂的选择性对温度和浓度都很敏感[25]。目前一般使用的溶液是加热到 90℃左右的 NaOH/异丙醇（质量比为 2%）的混合溶液。

和空间电池相比，“紫电池”和“黑体电池”在电性能方面的优势如图 3.5（a）、（b）所示。和早期使用的 10Ω · cm 的衬底相比，使用低阻衬底（2Ω · cm）在开路电压方面的优势更为明显。使用高阻衬底和背面场也可以实现相同的改进。这两种新电池的优势主要体现在短路电流密度的增加上。短路电流密度的增加则是源于以下改善：“死层”的去除；反射损失的减少和“黑体电池”使得光倾斜折入电池。这些改善对电池的光谱响应的影响如图 3.5（b）所示。“黑体电池”和“紫电池”在 0.6μm 波长处的光谱响应比较接近。与传统的电池相比，这两种电池的优势在于不存在表面死层。在短波范围内，这种优势更为明显。且“黑体电池”的优势比“紫电池”更显著，这是因为“黑体电池”表面反射损失更小，在长波范围内，“黑体电池”的优势是由于表面金字塔绒面导致光倾斜折入电池表面，从而增加光在电池内部的有效吸收长度。

“黑体电池”的性能如图 3.5（a）所示，在大气质量 AM0 的空间环境下转换效率为 15.5%[23,26]。在地面标准测试条件下（AM1.5，100mW/cm^2，25℃）转换效率大约为 17.2%。这些都体现了表面制绒技术的优势，在更重大技术革新出现之前，制绒技术和“紫电池”相结合几乎代表了一个时代技术的先进程度，而新的技术革新最后都体现在表面钝化和电极区钝化所带来的开路电压的提高。

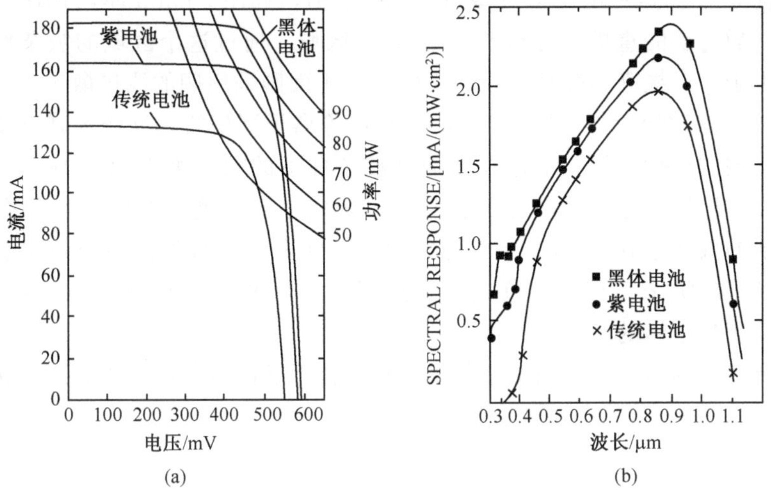

图 3.5　“黑体电池（卫星用的无减反系统的电池/CNR)”、“紫电池”和常规电池的电流-电压输出特性（a）和光电响应（b）[23]

3.1.7　表面钝化

表面钝化，对裸露于太阳光照下的单晶硅太阳电池的表面，其重要性是不言而喻的。采用热氧化工艺，可以很方便地得到所需的表面钝化效果。热氧化工艺作为硅器件相关工艺中的重要组成部分，其在当今微电子学领域内的地位举足轻重。不幸的是，二氧化硅过低的折射率，难于同时满足高效电池有效减反与表面钝化的双重作用的要求。事实上，如果电池正表面二氧化硅的厚度大于 20nm，再加上随后沉积的任意厚度的附加薄层，都会削弱减反膜的减反效果[27]。为此，以热氧化对电池表面进行钝化时，氧化层必须很薄。大约在 1978 年，两个很有说服力的实验结果证明了薄的氧化物对表面钝化是很有效的。其中之一源于将金属-绝缘体-半导体（MIS）隧道二极管应用于能量转换方面的研究成果[28]。根据这种思想，先在未扩散的硅衬底的上表面生长一层薄的氧化层，直接在这层氧化层上沉积栅状金属电极，然后在衬底两面都沉积含高密度固定电荷的减反膜[28]。因为这样生成的氧化层非常薄（$<$2nm），所以在电极和衬底直接可以形成隧道效应。使用高质量的低阻衬底来降低体内复合，采用如上工艺制成的电池的开路电压则主要取决于薄的氧化层和硅表面之间的复合[28]。这种结构电池的主要优势就体现在其开路电压上，这也是第一次在硅太阳电池上得到了 650mV 的开路电压的电池结构。该电池由于薄氧化层所提供的表面钝化而具有很好的蓝光响应。类似结构的电池已经实现了产业化[29]。

美国圣地亚哥国家实验室开发的诸多的研究结果，进一步表明了表面钝化的明显的优势[30]。这些电池都具备 p^+-n-n^+ 结构，选用 300μm 厚，10Ω·cm 的 n 型衬底。通过磷的重扩散得到了背面的 n^+ 区域。通过这个区域的吸杂作用使得体内的少子寿命提高到毫秒量级。而电池的正面则采用硼的浅扩散工艺得到薄层电阻为 200Ω/□的浅结（约 0.25μm），采用等离子沉积的 SiN 作为减反膜。如果没有氧化层的钝化作用，电池在地面标准条件下的效率为 15%～16%，而如果有在 800℃下干氧生长 5nm 厚的钝化层，短路电流密度和开路电压都有显著提高，电池的效率达到 16.8%[30]。尽管比“黑体电池”得到的转换效率要低，但是考虑到正电极未作优化，遮光面积达到 10%，以及使用单层减反膜等因素，这仍然是相当不错的结果。

所有后来的高效硅太阳电池都采用热氧化生长的氧化硅作为表面钝化层，从而取得了开路电压和短波响应方面增益的最大化。

3.1.7.1 电极区域钝化

一般电极和半导体表面相接触的区域都是高复合区。如果电极处的电子运动完全畅通，则可以实现电池最优的电性能。有三种工艺已得到验证，可以提高电极区域的钝化效果。

最早的一种做法是通过在电极区形成一个重掺杂的区域将少数载流子和电极区域隔离开来而达到钝化的效果。具体的钝化机理可以参考 3.1.4 节关于如何通过“背面场”效应来实现背电极钝化，从而实现电性能上的显著提高。目前，绝大多数的高效电池都采用了这种设计，即通过重掺杂将电极区域局域化。

第二种做法是尽可能地缩小电极区域来降低电极的影响[31,32]。这一改进已经通过在低阻的硅衬底上提高了开路电压而得以验证。目前绝大多数的高效电池采用了减小电极区域的做法。

第三种做法是采用一种电极接触模式，使其本征的电极区复合较小。如图 3.6 所示的 MINP 电池（金属-绝缘体-np 结），一种类似于 MIS 结构的接触模式，首次在太阳电池结构的设计研究中获得成功[34]。这层薄的氧化层位于金属电极的下面，可以有效降低其复合速率。在多晶硅[35]和半绝缘的多晶硅（SI-POS)[36]处的电极钝化同样也得到了验证。这也说明界面处的薄氧化层在这些工艺设计中起到了非常重要的作用。

3.1.7.2 顶部表面钝化太阳电池

20 世纪 70 年代中叶，“紫电池”和“黑体电池”实现光电转换性能的水平，在十多年内未曾受到任何挑战。综合前述章节所提到的氧化和电极钝化技术，以及接下来有关的顶部表面钝化技术，使太阳电池第一次超越了之前所确立的“水准”。此处所称“顶部”是指直接接受太阳光照射的表面，以下同。

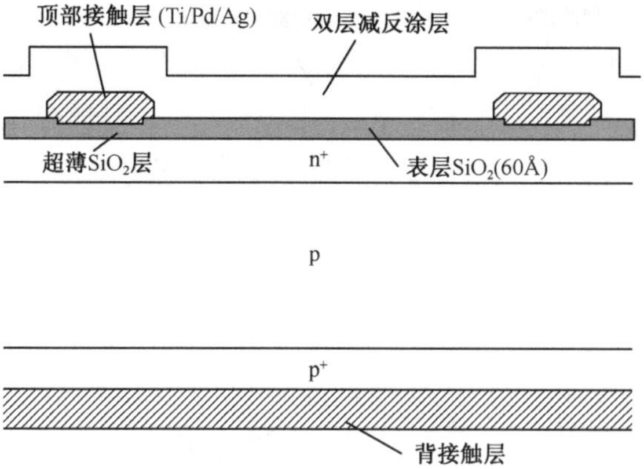

图 3.6　金属-绝缘体-np 结（MINP）太阳电池

基于早期 MIS 太阳电池而研制出的 MINP 结构的电池，使晶体硅基电池第一次实现了 18%的转换效率[28]，这将在 3.7 节中予以简要介绍。在图 3.6 所示的 MINP 太阳电池结构中，已经涉及了顶部上电极区域的钝化以及表面钝化问题。顶部上电极区的钝化是通过电极下面减薄了的氧化物薄层实现的，而表面钝化的氧化层未经减薄，比电极区的稍微厚一些。尽管厚度的差异导致工艺过程更加复杂，但为了实现电性能的最优化这一步是非常必要的。顶电极是通过多次沉积的 Ti/Pd/Ag 多层金属，采用 Ti 是其具有较低的功函数。它在硅的下表面形成一个静电感应电荷聚集层，从而降低接触电极处的复合。这种电池是在（100）晶向的低阻（0.2Ω·cm）抛光硅衬底上实现的，通过 Al/Si 合金工艺制得背电极，同时在背电极区域形成重掺杂区域。在抛光面上的钝化，比在绒面或者研磨后的表面更容易实现。为了尽可能地降低反射损失，双层减反膜是在顶部氧化薄层上沉积约 1/4 波长厚度的 ZnS 和约 1/4 波长厚度的 MgF_2 组成的。这个波长一般选在太阳光谱能量（或光子数）最大值附近。

如图 3.7 所示的 PESC（passivated emitter solar cell，钝化发射极电池）的电池结构，又将电池的转换效率提高了一步。PESC 和 MINP 电池的结构比较相似，除了 PESC 的电极是直接在氧化薄层上的细槽中制成。这也是通过缩小电极区面积来增强电极区钝化的效果。

以上两类电池的工艺过程包括上表面的浅扩散、钝化热氧化层的生成和电极区域的腐蚀。对于 MINP 电池来说，有隧穿效应的氧化薄层是在沉积金属电极之前，在电极区域生长的，随后采用设计好的掩模版来制成电池的顶电极（或称上电极）。PESC 电池的工艺流程稍许简化，采用光刻胶掩模来定位上表面金属电极。两种电池都采用镀银的工艺来增加金属电极的道电能力以提高电流性能。工艺过程还包括制备 Al 背电极的烧结步骤，以降低背电极电阻，并通过对入射

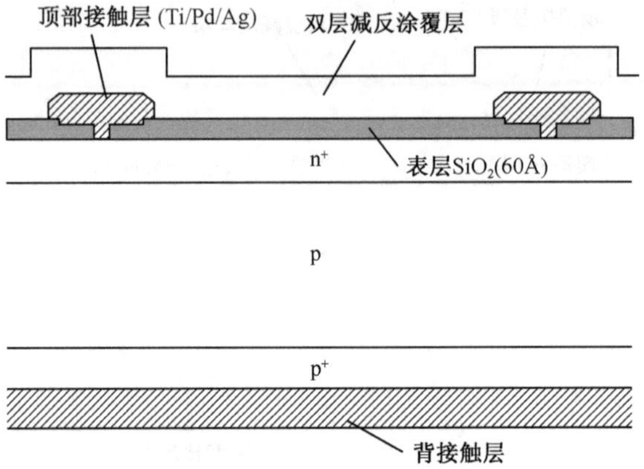

图 3.7　PESC 示意图

到电池背表面处的入射光的漫反射，以增强电池对长波光的吸收，且具有一定体吸杂的功能。

对于 MINP 和 PESC 电池来说，一种简便的电极设计是电极由一组间距 0.8mm 的平行细栅组成。两种电池的栅线的截面积为 150μm^2，其中 PESC 电池的细栅宽度为 20μm，而 MINP 电池的细栅宽度为 30μm，其厚度可比 PESC 的要薄。更详细的特征说明请参照其他相关文献[38]。此处的关键在于，在这些电池中，第一次在硅衬底上实现了真实的陷光结构，并证实了“结隔离”对于非理想状态下暗电流组成的影响。

1985 年，将表面制绒和 PESC 方法优势相结合，使硅太阳电池的转换效率，首次在非聚光状态下达到了 20%以上[40]。这个具有里程碑意义的“微槽”PESC 电池的结构如图 3.8 所示。

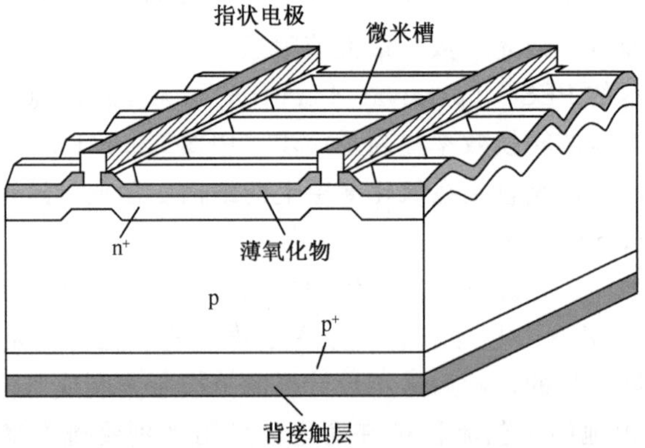

图 3.8　第一个转换效率达 20%的“微槽”PESC 电池结构

该电池所采用的“微槽”技术，可获得比通常金字塔形织构化技术更优的效果。微槽技术是采用光刻工艺实现的，在氧化层表面形成所设计的图形，用光刻胶保护那些不需要腐蚀的部分，而未被保护的区域的氧化层被腐蚀去除，并通过选择性腐蚀剂在裸露的硅表面制成微槽。此项技术可以和光刻工艺很好地结合，同时与常规金字塔形制绒相比，微槽技术可以更好地和光刻工艺匹配。且由于在交叉部分的扩散深度约是表面其余部分扩散深度的$\sqrt{3}$倍的影响，该技术有助于降低由串联电阻导致的损失。

和常规 PESC 电池相比，“微槽”PESC 电池的优势主要体现在电流输出上，与采用类似的工艺在抛光的硅衬底制成的电池相比，电流提高大约 5%。尽管由于表面积增大和裸露的不尽理想的（111）晶向表面的负面影响，表面钝化的效果还是降低了表面的总复合。综合电压提高，电阻损失降低导致的 FF 的下降，电性能和标准 PESC 电池相比仍有接近 10%的提高。

PESC 电池工艺过程中的关键点包括：表面氧化层的钝化效果、氧化层上电极的设计、上表面扩散需要较高的方块电阻、表面织构化或双层膜形成的减反系统。

PESC 已被证明是非常稳定和可重复的电池结构。在报道 20%的转换效率的一年内，已经有两组人员报道了采用同样的结构得到了接近这一数值的太阳电池，还有许多实验室也在再重复类似结构的电池[41~44]。

3.1.7.3　双面钝化电池

使电池性能取得更重要突破的是上下表面及电极区钝化的电池。图 3.9 为背

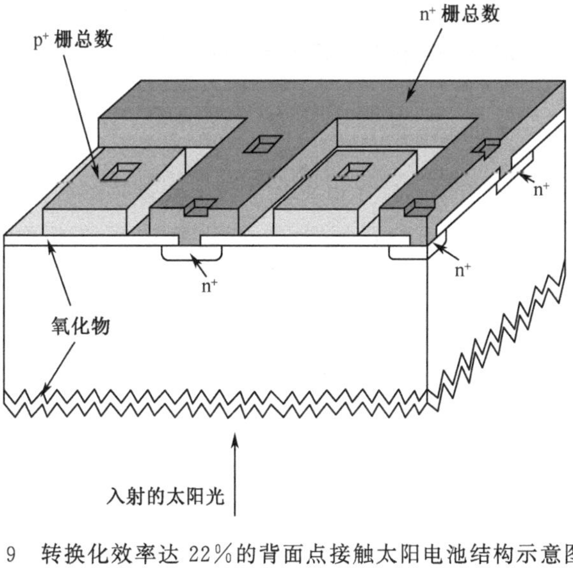

图 3.9　转换化效率达 22%的背面点接触太阳电池结构示意图[45]

面点接触太阳电池的结构，它树立起另一个里程碑。因为所有的接触都在电池背面，这种设计对表面钝化的质量以及后续工艺过程中能继续保持高的少子寿命，提出了严格的要求。为了达到设计目标，在很大程度上得益于借鉴了微电子加工技术。目前，美国 SunPower 公司已成功地实现了这一电池技术的规模商业化生产。

尽管开发的初衷是为了在聚光电池方面应用的[45]，但通过对受光面的磷扩散工艺的优化，该器件也可适用于在一个太阳下工作。采用这种方法首次突破了硅太阳电池 22%以上的转换效率[46]。

图 3.10 示出的 PERL 电池，结合了早先 PESC 的结构，双面钝化以及在电池制造过程中采用了氯化物，以进一步提高了硅衬底材料的少子寿命和表面钝化效果[47]。20 世纪 80 年代末，该结构的硅太阳电池效率达到 23%[48]。PERL 电池和常规背面点接触电池拥有许多共性，包括几乎覆盖氧化硅的钝化层和局部重扩散小区域接触。不管怎样，PERL 电池结构是更具活力的设计，这降低了对表面钝化质量和体少子寿命的要求[49]。

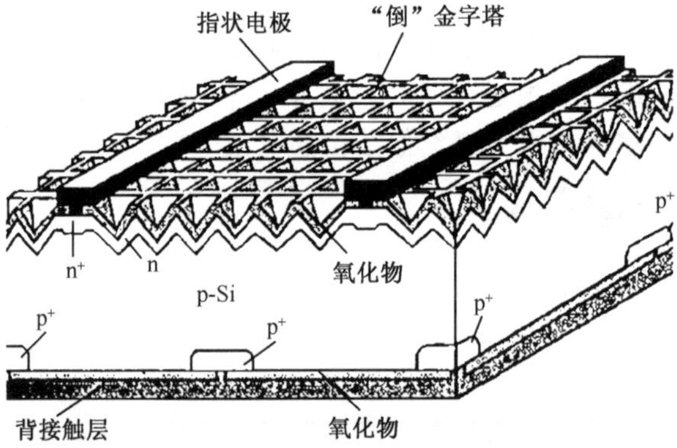

图 3.10 在 20 世纪 90 年代早期报道的 24%转化效率的 PERL 太阳电池

以上两种电池结构均需要好几道光刻步骤，这难于降低产业化成本，但在太阳能赛车设计上积累的经验还是为产业化奠定了一定的基础。1993 年，SunPower 公司制作了 7000 片简单条状电极设计的太阳能电池，实现了面积为 $18cm^2$、转换效率在 20%以上的晶体硅电池的产业化，最高效率可达 21.5%[50]。与此同时，新南威尔士大学也制作了超过 1000 片电池片，单块的面积达 $46cm^2$，比此前扩大 2.6 倍，转换效率均大于 21%，最高可达 21.6%[51]。在生产后期，用 16 片电池片封装成 30cm×30cm 的组件，效率仍能达到 20.8%，这是第一块采用非聚光技术得到的效率超过 20%的组件。背电极电池曾用作日本本田“梦之队”（Honda Dream）车队所需的效率在 20%以上矩阵组件，这辆太阳能车赢得 1993 世界太阳能挑战杯桂冠，这项比赛要求太阳能车跑完从澳大利亚的达尔文到阿德莱德之间 3000km 的路程。后来组件的转换效率又进一步提升到 21.6%[52]。

此后，PERL 电池又取得很大进展，效率在 24%以上。主要的改善包括：在更薄的氧化物钝化层上使用双层减反膜以提高短路电流密度[27]；利用对上层氧化和局部点接触的退火过程以增加开路电压；改善背表面的钝化和降低金属化接触电阻以增加填充因子。

转换效率 24%的 PERL 电池输出特性如图 3.11 所示[27]。该电池所展示出的短路电流密度为 $41mA/cm^2$，开路电压为 710mV 和填充因子为 83%。在 20 世纪 90 年代后期，PERL 电池创下了高达 24.7%的世界纪录[27]，并持续保持了该纪录长达十年之久。据新南威尔士大学 2008 年年度报告显示，对太阳光谱的重新修正使得这一保持世界纪录的电池的转换效率达到 25%，创造了新的世界纪录。经过进一步提高电池的参数，可望在无需过多改变电池结构的前提下，获得超过 25%的转换效率。值得关注的是金属电极的遮光问题。至今仍有许多有助于改善遮光问题的建议不断提出，如让斜光从金属上表面反射到电池的有效区域的设计思路等[53~56]。

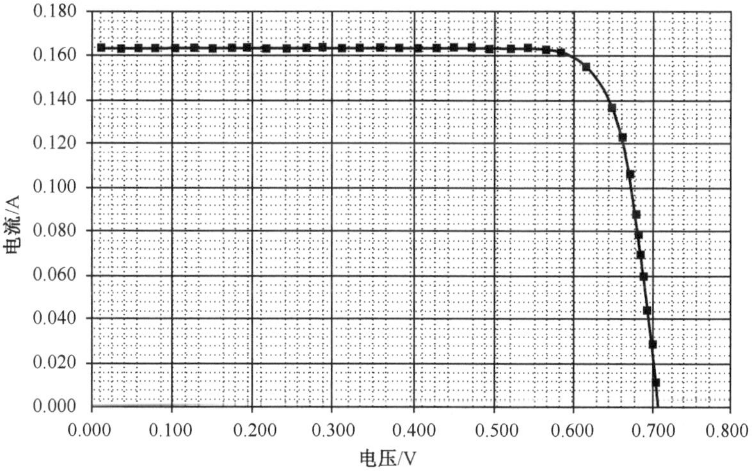

图 3.11　效率 24%PERL 电池的输出特性[27

3.1.8　PERL 电池设计

3.1.8.1　光学特征

为了实现最大限度地提高电池转化效率，正如在前几章中一再强调的，应该尽可能多地让有用波长的光折入电池并被吸收。如图 3.10 所示的 PERL 电池，该设计融合了许多重要的光学特征以便达到满意的效果，其中上表面的倒金字塔结构起了很重要的作用。该结构使大多数入射光在达到金字塔的一个壁面时，多数光在第一个入射点即能进入电池内部。部分的反射光又能再次向下反射，确保其至少有两次机会进入电池中。一些靠近金字塔底部的入射光则有三次进入电池的机会。金字塔覆盖着一层厚度适宜的（1/4 波长）氧化层作为减反膜，在将来更多的设计中，氧化层可以更薄以便适用于双层减反膜结构[27]。

光进入电池后，在朝着电池背面行进的过程中大部分能被吸收，残存的未被吸收的长波段的入射光在达到背面时会被反射回来，这是由于背面氧化层上蒸镀了一层铝之后，能形成一个有效的反射系统，这个系统的反射效果取决于光的入射角度和氧化膜的厚度。一般正常角度的入射光反射率在 95％以上，但在硅/氧化硅界面存在一个 24.7°的临界角度（即全反射角），当入射光角度接近 24.7°时反射在 90％以下，而一旦入射角度超过这一数值，就接近 100％的反射[57]。

电池体内的入射光从背面被再一次反射回上表面。部分光在碰到表面金字塔反方向的斜面时，又被重新反射回电池中，而大部分光从电池逃逸。光在碰到金字塔的其他面时的反射全部为内反射。这也致使反射到上表面的一半的光被再反射回电池背电极。在经过第一次双回路之后所逃逸的光的量可通过精确的几何计算得出，也可以通过打破一些几何平衡来降低光逃逸的数量，如使用倾斜倒金字塔。

倒金字塔和背面反射的相互结合形成了有效的陷光结构。可增加吸收光在电池里传播的长度。测得的有效光程增长 40 倍以上[57]，陷光结构能明显地改善电池的红外响应。PERL 电池在波长 1.02μm 处测得的外部响应值（A/W）比先前的硅太阳电池测得的 0.75A/W 还要高。测得在单色卤灯光同一波长下能量的转换效率值高于 45％以上[58]，进一步的改进可使波长为 1.06μm 处的转换效率达到 50％以上。

其他的光学损失是由于电池顶端金属栅线的反射或吸收所致。尽可能地缩小栅线的宽度可以使光学损失降到最少，理想的情况下是得到尽可能大的纵横比（高/宽比）。此外，可以通过光学手段让入射光远离这些栅线或确保那些从栅线反射后的光又能完全进入电池体内[53,56]。

目前，PERL 电池中有 5％的入射光损失，包括电池未金属化的上表面的反射，金属栅线的吸收或反射等。同样在效率方面会损失 1％～2％，因为实际的陷光结构同理想状态相比还是有一定差距，同时也不是 100％光都能从背面反射回来。通过进一步改善电池的光学特性，有可能使得转换效率在原基础上稍提高一些。

3.1.8.2　电特性

1）体复合

如第 2 章介绍所知，要获得高效的电池，电池的复合电流一定要尽可能小，光生载流子在被收集之前的复合是一种浪费。降低复合，对增加电流输出和提高开路电压，均有很大的益处。在电池内光照产生的非平衡载流子的增加及其被内电势的抽取，都将使得 pn 结耗尽层内部电势的变化，随即亦会加快内部的复合。在整个电池内部，少数载流子的净产生率和偏压效应导致的复合是要达到平衡的。由式（2.213）可知，电池的开路电压比短路电流更能表明电池内部的复合情况。

如图 3.10 所示，PERL 电池表面的扩散情况显然不均匀，可将电池分成电极区与无电极的表面区。尽可能选择高质量的材料以降低体内的复合，材料的质量通常可用少子寿命的大小来判断。一般而言，衬底掺杂浓度越低，少子寿命越高。复合速率的变化量受掺杂补偿的影响，即掺杂浓度越高，确定电压下少数载流子浓度越低。复合速率由掺杂浓度和载流子寿命所决定。对于理想的硅材料，低掺杂浓度无疑可使复合速率变小。对于实际的材料来说，还会有一些其他的决定因素，如最佳的掺杂浓度取决于电池的微观设计。显然体区域越薄，体复合越小。此处需要在减少电池机械强度和对光的吸收能力之间进行折中。上述陷光结构与最优化厚度的有效结合有可能获得最低复合速率。

2）表面复合

通过生长一层高质量的热氧化层可以将表面非接触区域的复合速率降到最低。生长低界面态密度的氧化层的条件可参考微电子领域相关文献。此处所指界面态通常是指上述区域的界面缺陷。一般微电子领域还有对氧化层其他性能方面的要求[59]，如氧化物的高击穿强度等，对于光伏领域来说不是那么重要。为此，我们更为关注的，是表面掺杂类型和界面氧化物的掺杂程度对复合速率的影响。

目前大多认为，对高质量的氧化层，界面态对电子的俘获截面要比对空穴的俘获截面大。这是一个基本的物理特性[60]。界面态对电子和空穴俘获截面如此明显的非对称性，意味着界面态的复合状态可能由于静电效应呈现出对电子有吸引力而对空穴不具有吸引力，就像未被占据的带正电的缺陷态，显示出“类施主”的特征。

图 3.12 给出俘获概率与界面态俘获截面以及相对应载流子浓度关系的示意图。该图说明，表面复合因界面态对电子和空穴的俘获截面的不同而呈现出不对称性。图中箭头的粗细代表俘获截面，箭头的数量代表载流子浓度。整个表面复合速率由箭头的最弱权重的关联性决定。不管对电子、空穴俘获截面非对称性的物理根源如何，差异的存在总之会导致在 n 型和 p 型表面呈现出不同的复合特性。在 n 型表面，表面的空穴浓度很低，因此对空穴的俘获概率成为限速过程，决定了表面的复合速率，如图 3.12（a）所示，由于低的空穴浓度和小的空穴俘获截面等综合因素的影响，复合的速率将会很小，空穴俘获是限速过程。

p 型表面的复合情况较为复杂。此处空穴的浓度较大，电子的浓度很小。在低电压时，如图 3.12（b）所示，电子的俘获是限速过程。而当电池电压输出增加时电子浓度会随之增加。在这些电压下由于电子具有大的俘获截面，与 n 型材料相比，p 型材料的复合过程的变化较为明显。当电池的电压形成之后，低的空穴俘获截面又将逐渐变成限速过程。相对而言，因为表面的空穴浓度不会迅速增加，而电池体内的电子有效表面复合速率在随着电池电压增加时迅速减少，最终复合速率在任何给定的大电压下与 n 型材料相似[57]。

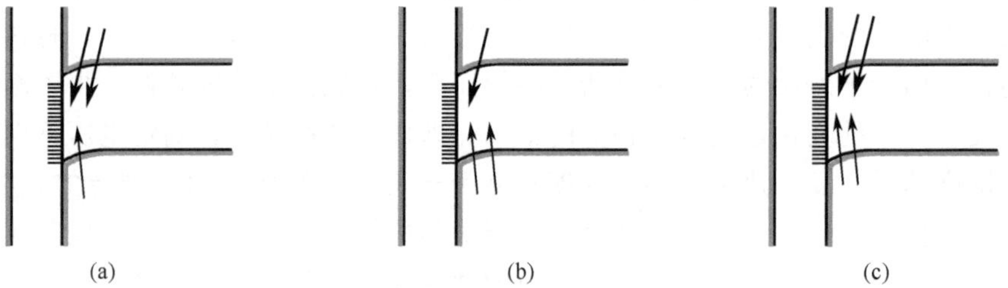

图 3.12　俘获概率与界面态的俘获截面以及相对应载流子浓度关系的示意图[57]

（a）低电压下的 n 型硅，空穴俘获是限速过程；（b）低电压下的 p 型硅，电子俘获是限速过程；（c）n 型硅和 p 型硅在高的电压下，空穴俘获是限速过程

这种效应由 Eades 等进行了分析[61]，他们假设电池表面是“平带”（0 势场）的条件。由于氧化层内的净的正电荷或由于 p 型硅与覆盖在氧化层的表面金属电极（如铝和钛）的功函数的失配而造成了 p 型表面耗尽的趋势。从而使得在低电压的情况下，这一效应比“平带”预测的更为明显。

对于 PERL 电池，这一效应对于电池背面的非接触区域尤为重要。随着电压从短路状态逐渐上升到开路状态，这些区域的有效复合速率从 10^4cm/s 的数量级降低到低于 30cm/s。对 PERL 电池的暗态 *I-V* 特性分析，可以得出复合速率随电压变化的特性[62,63]。对于非接触区域的 p 型硅表面，实验测量确认了表面复速率随注入浓度增加而逐渐降低。俘获截面的非对称性对电池设计的整体影响还有待进一步研究[60]。

3）电极处内的复合

在电池表面和电极金属接触的区域存在很高的复合。在 3.1.7.3 节里讲述了降低这种复合的两种途径。一是尽可能地降低电极接触面积，例如，对于 PERL 电池正面金属电极与表面氧化层接触宽度仅为 3μm，在背面金属电接触面积仅为 10μm×10μm，电极孔与孔之间距离一般为 250μm，这样的接触方式只占正面面积的 0.4%或更少，占背面面积的 0.2%。第二种是在金属接触区域进行重掺杂，这样可以有效抑制这些接触区域的少数载流子的浓度，从而降低表面复合率。这和 3.1.4 节中讲述到的“背面场效应”起到同样的作用。

此外，还存在着与现有电池设计上并不常用的其他一些降低电极接触区域复合的技术方案。一种是基于金属-绝缘体-半导体接触的隧道效应[28]。其他一些也是和通过隧道传输过程有关，这些都是基于半导体-绝缘体与多晶硅（SIPOS）接触的应用上[39]或者是掺杂的多晶硅或非晶硅与硅基体的接触上[35]。

3.1.9 总结

本节概括了晶体硅太阳电池技术的发展并归纳在表 3.1 中。近年来，世界上主要的太阳能光伏研究组织报道了多种高效太阳能电池结构，归纳起来，它们都是以本节描述的基本概念和原理作基础的，是本节所描述内容的延伸。

表 3.1　当前国际相关研究组报道的高效太阳电池结构一览表

月/年	效率/%	电池结构	单位	参考文献
3/41	<1	melt grown junction（熔融生长结）	贝尔实验室	[3]
3/52	～1	He bombardment（氦轰击）	贝尔实验室	[4]
～12/53	～4.5	Li diffused wraparound（锂全表面扩散）	贝尔实验室	[6]
1/54	～6	B diffused wraparound（硼全表面扩散）	贝尔实验室	[5]
11/54	～8	B diffused wraparound（硼全表面扩散）	贝尔实验室	[7]
5/55	～11	B diffused wraparound（硼全表面扩散）	Hoffman Elec.	[7]
～12/57	12.50	0.5×2cm B diffused（0.5cm×2cm 硼扩散）	Hoffman Elec.	[62]
8/59	14	Grid-contact B diffused（硼扩散栅线接触）	Commercial	[62]
8/61	14.5	B diff. AR coat, gridded（硼扩散减反栅线接触）	USASRDL	[11]
1/73	15.2	Violet cell（紫电池）	Comsat 实验室	[22]
9/74	17.2	textured non-reflecting（绒面非反射电池）	Comsat 实验室	[23]
9/83	18.0	MINP cell（金属绝缘层 pn 结电池）	新南威尔士大学	[49]
12/83	18.3	PESC cell（钝化发射极电池）	新南威尔士大学	[49]
5/85	19.0	PESC cell（钝化发射极电池）	新南威尔士大学	[49]
10/85	20.0	microgrooved PESC（密槽钝化发射极电池）	新南威尔士大学	[49]
7/86	20.6	microgrooved PESC（密槽钝化发射极电池）	新南威尔士大学	[49]
4/88	20.8	microgrooved PESC（密槽钝化发射极电池）	新南威尔士大学	[49]
9/88	22.3	rear point contact cell（背面点接触电池）	斯坦福大学	[49]
12/89	23.0	PERL cell（钝化发射极背面点接触电池）	新南威尔士大学	[49]
2/90	23.1	PERL cell（钝化发射极背面点接触电池）	新南威尔士大学	[49]
2/94	23.5	PERL cell（钝化发射极背面点接触电池）	新南威尔士大学	[64]
9/94	24.0	DLAR PERL cell（双层减反钝化发射极背面点接触电池）	新南威尔士大学	[65]

随着科学技术的不断发展，我们可以预期在不需要改变总体电池结构设计的情况下效率将要超过25%。

3.2 高效电池的产业化

3.2.1 介绍

自从20世纪90年代初期，以日本和德国为代表的发达国家首先制定了推广太阳能电池应用的一系列商业补贴政策之后，有效地推动了晶体硅电池的商业化生产和技术进步。1994年，日本政府出台了“阳光计划”，1996年又推出了“新阳光计划”。德国相继出台了“一万屋顶计划”、“十万屋顶计划”，到2004年，德国政府推出了可再生能源法（EEG），并制定了二十年内太阳能发电上网的电价政策，为太阳能光伏市场的持续发展奠定了基础。随后，西班牙、意大利、法国、希腊等欧洲国家相继制定了太阳能光伏发电上网电价政策。因此，自2004年以来，以德国、西班牙为代表的欧洲市场成为全球的最大市场，美国、韩国和澳大利亚也相继推出了税务优惠政策及上网电价政策，以鼓励太阳能光伏发电在当地市场的推广和应用。我国政府亦于2009年3月23日，由财政部发布了第一个《太阳能光电建筑应用财政补助资金管理暂行办法》，为扩大太阳能发电在建筑领域的应用，提供示范性地补助资金。正是在这样大的市场推动下，晶体硅电池的大规模生产制造技术和装备得到了迅速的发展，生产规模迅速扩大。除了传统的丝网印刷技术得到了不断发展和提高，一批高效电池技术也成功地实现了产业化。下面就对这些产业化电池技术进行一一描述。

3.2.2 丝网印刷电池

3.2.2.1 结构

图3.13显示了典型的晶体硅丝网印刷电池的结构。传统的电池生产方式包括[66]：通过腐蚀去除表面损伤层；如果原始硅表面是〈100〉界面，先在表面进行化学制绒；表层扩散至方块电阻40Ω/□；把硅片叠起来在真空情况下通过等离子刻蚀去除边缘结；去除表面磷硅玻璃；通过一个印刷框架进行正面金属印刷；烘干并烧结使正面形成合金；背面金属印刷；烘干并烧结形成背面金属接触；电池测试及分选。

正常使用的电阻率为0.5～5 Ω·cm的硼掺杂太阳能级CZ硅片，最后生产出来的电池效率一般为12%～14%。如果在表面加一层减反膜（一般是TiO_2或者是Si_3N_4）电池效率将会提高4%。

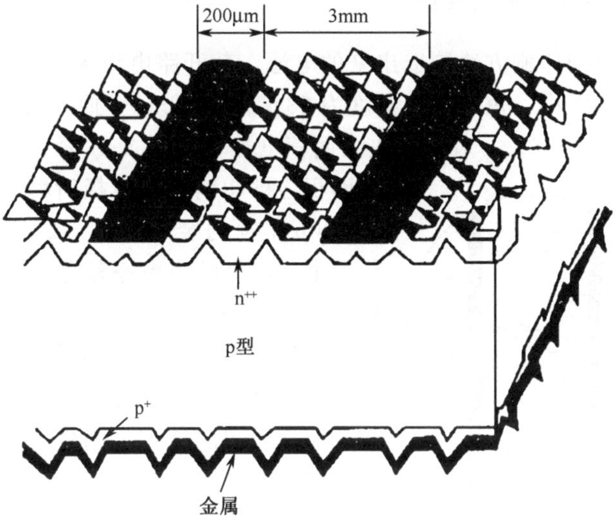

图 3.13　典型的晶体硅丝网印刷电池的结构示意图

丝网印刷方法最大的缺点就在于印刷过程中消耗的大量金属浆料的成本问题以及最后生产出的电池片效率相对较低。根本原因在于丝网印刷所得到的栅线宽度受到限制，另外一个重要原因是顶电极（亦称正面电极）和硅的接触电阻较高。烧结后的正面栅线的高宽比将会比烧结前降很多（大约是原先的 1/3），和纯金属相比，烧结后金属浆料较低的电导率亦是问题之一。

文献表明有过一些基于丝网印刷浆料的研究，但是除了银浆，其他如镍和铜的浆料都没有成功。

为了降低栅线宽度，应该开发更优化的印刷网版和新的印刷技术。尽管取得了很多好的研究结果，但是在商业化生产上还是存在很多问题。

正面电极和硅的接触电阻随着烧结环境和温度的变化影响很大。玻璃料（作为浆料中的一种添加剂）烧结前期首先在硅片表面和浆料之间形成一层氧化层，这样就导致了高的接触电阻，虽然很多时候为了降低这种电阻，在接触 n 型表面的浆料中添加磷源。在烧结后通过 HF 的浸泡可以降低接触电阻，据推测可能是 HF 去除了界面上的玻璃料的作用。不过，这个方法同样会导致电池片在潮湿环境中可靠性的降低。

背面接触电阻不是主要问题，即使在更少掺杂的材料上接触，也可以通过更大的接触面积来降低接触电阻。此外，银铝浆的接触或是纯铝浆可以通过形成合金来提高面上的掺杂程度。在适当的烧结条件下，铝浆可以形成重要的背面场接触。

3.2.2.2　典型的电池性能

一般通过丝网印刷方法制造出来的电池，其开路电压为 580～620mV。根据硅衬底电阻率的大小，短路电流密度为 28～32mA/cm^2，而大面积电池片的填充因子一般为 70%～75%。对于一块大面积电池，如图 3.13 所示，10%～15%的表面积会被印刷浆料电极所覆盖，主要包括大约 200μm 宽的金属栅线，2～3mm 的栅线间距。由于电极的道电率较差，对于大面积电池片需要设计一个收集电流的主栅线，如图 3.14 所示。虽然增加主栅线导致遮光面积的增加，但是这个设计有利于降低电池片的碎片率。随着电池片面积的增大，同样主栅线的条数也需要增加。

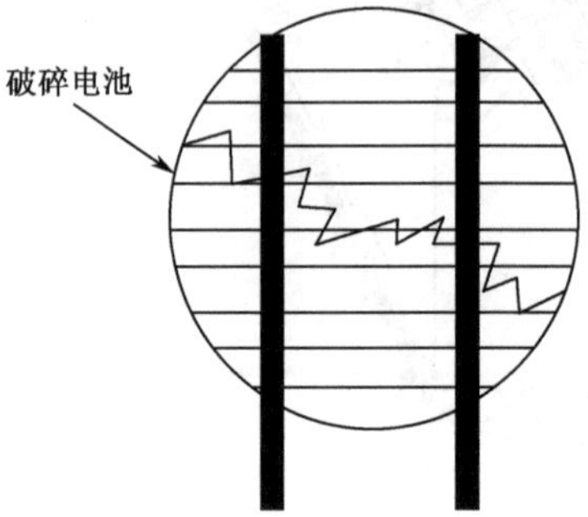

图 3.14　带有主栅线的电池设计，有助于降低栅线和减少破碎率

为获得比较合理的接触电阻，表面扩散层的薄层电阻应当相当低。因为表面“死层”的影响，如典型使用的 40Ω/□的薄层电阻，会显著降低电池的蓝光响应。较高的薄层电阻能提高电池的蓝光响应，但会降低电池的填充因子，重扩散也会限制电池的开路电压。由于这种限制因素，用表面氧化层钝化来提高电池性能将没有多大效果，使用质量较好的硅片，如悬浮区熔硅，也不会显著提高电池性能。为此需要改进丝网印刷的技术：

自从 21 世纪初以来，基于丝网印刷技术的晶体硅太阳电池的大规模制造技术和装备得到明显的改进。这主要体现在以下几个方面：① 由等离子体化学气相沉淀技术（PECVD）制作的氮化硅膜（SiN）作为电池的正表面的减反射膜，即降低了电池的表面反射；同时也有效地钝化了电池的表面，降低了电池表面复合。② 改进银浆配方，使得电池表面发射结的薄层电阻提高（55Ω/□）的情况下，也能实现较好的欧姆接触。较高的薄层电阻提高了氮化硅（SiN）的表面钝化效果，从而提高了电池对短波的响应，继而提高短路电流。③ 共烧技术，电池的正表面在丝网印刷银浆栅线后，随着在电池背面印刷上铝浆和银铝浆，在浆料烘干后，进入烧结炉，进行前后电极的共烧过程。通过对烧结炉的多个温度区域的温度设置、气体种类和气流的设置，以及承载电池片的金属传送带带速的设置和控制，以达到最佳的烧结效果。通常电池的填充因子（FF）可达77%～78%。

用改进的丝网印刷技术生产的单晶硅太阳电池技术的典型参数为 V_{oc} 为 615～625mV；J_{sc} 为 34～36mA/cm^2；FF 为 76%～78%；η 为 15.5%～17.5%。

改进的丝网印刷技术对多晶硅电池转换效率的提高尤为明显。这是因为由 PECVD 淀积的 SiN 薄膜含有大量的原子氢（15%）。在电极共烧的过程中，这些原子氢从 Si—H 和 N—H 键上断裂、扩散到多晶硅的体内和表面，饱和了体内晶界处和表面的悬挂键，从而实现了氢原子对多晶硅体内和表面缺陷的钝化。在电极的共烧过程中，背面铝浆和硅的合晶过程也有效地实现了对多晶硅片的吸杂作用，提高了少数载流子的扩散长度，从而提高了多晶硅电池的转换效率。典型多晶硅电池的技术参数为 V_{oc} 为 600～620mV；J_{sc} 为 32～34mA/cm^2；FF 为 76%～78%；η 为 14.5%～16%。

3.2.2.3　进一步的改进方向

通过引进新的方法可以进一步克服丝网印刷技术的局限性。

可以使用精细网版来降低栅线宽度，尽管在网版制作过程中需要使用较薄弱的材料，还不能实现量产。尽管这里还存在一定矛盾，但明显的商业预期还是说明了这种技术的可行性。一种类似于喷墨打印形成金属接触的方法也被用于商业化生产。近期在一些报道中指出，在用丝网印刷来改善接触电阻方面已取得一定进展，但并未披露具体细节[67,68]，不同浆料的配方和烧结条件需要合理匹配。推荐使用的是类似于图 3.15 中所示的方法，接触区和非接触区具有不同的薄层电阻[69,70]。将金属氧化物用可导电的减反射膜并与上述方法结合，可容许比较合理的金属间距。

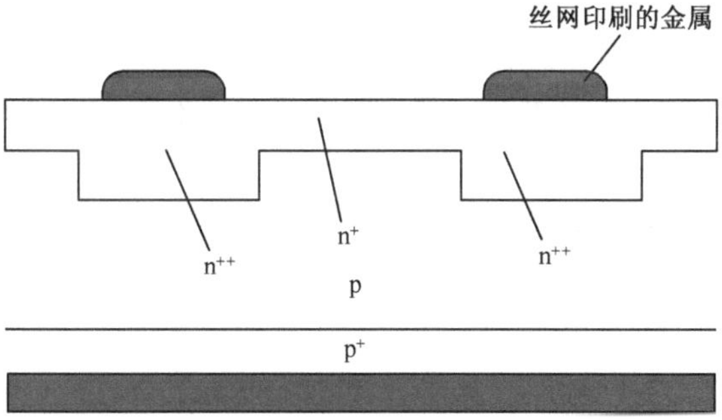

图 3.15　丝网印刷技术应用在选择性扩散结构的理想状态

3.2.3　掩埋栅太阳电池

3.2.3.1　结构

图 3.16 中所示的埋栅电池是为克服前面讨论的丝网印刷电池的缺陷而开发的。该电池最有特色的设计在于金属化是嵌入电池表面的一系列狭窄槽内。尽管初步研究时使用的是用丝网印刷将金属印刷在槽内，但使用化学镀形成金属接触得到了更好的结果[71]。

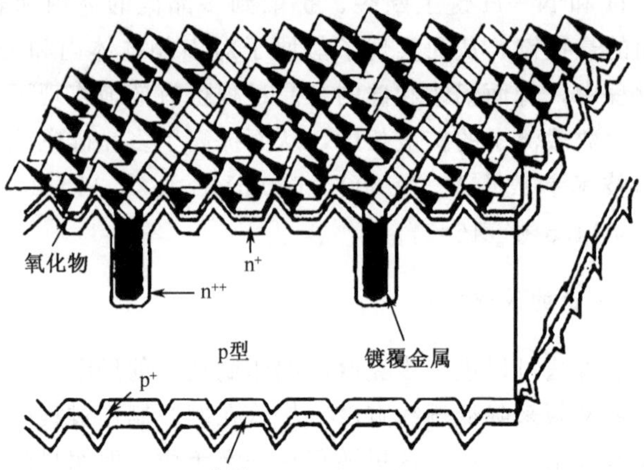

图 3.16 埋栅电池结构示意图

电池制作过程与之前讨论过的丝网印刷电池有一些类似。经去除损伤层和制绒后，在整个表面进行浅扩散和氧化。这层氧化层在电池制造工艺中起着非常重要的作用，也是使整个过程相对简单的关键。无需采用丝网印刷法中的除磷硅玻璃（PSG）的工艺。采用激光划片机、机械切割轮或其他机械或化学方法在电池表面形成槽。

用化学腐蚀的方法对槽进行了清洗后，进行第二次扩散，即实现在接触区域选择性的磷扩散，此次扩散浓度比第一次浓得多。然后用蒸发、溅射、丝网印刷的方法将铝沉积在电池背面。

经过铝烧结和腐蚀去除氧化层后，使用化学镀镍/铜/银的方法实现电池的金属化。首先沉积很薄的镍层，烧结后再沉积较厚的铜层，最后通过置换反应在表面形成很薄的银层。所有过程都是化学镀，盛放硅片的承载盒和硅片都是比较简单地浸没在镀液中。

有一种改进的工艺是用 Si_3N_4 代替 SiO_2 作为减反射膜，这层 Si_3N_4 能承受高温处理，并且能使电池的反射率更好。BP Solar 采用这种工艺已取得了极好的结果。

3.2.3.2 性能分析

埋栅电池的性能显著优于丝网印刷电池，图 3.17 是由 BP Solar 提供的对两者性能的比较，使用的都是理想的基材。埋栅电池的性能比丝网印刷电池高30%左右。同时，BP Solar 指出，每单位面积的生产成本事实上是相同的，不超过丝网印刷电池的 4%。单位面积的功率输出的增高，相应地使每瓦的生产成本更低了。虽然资产成本更高，但较低的材料成本可以补偿这一损失。

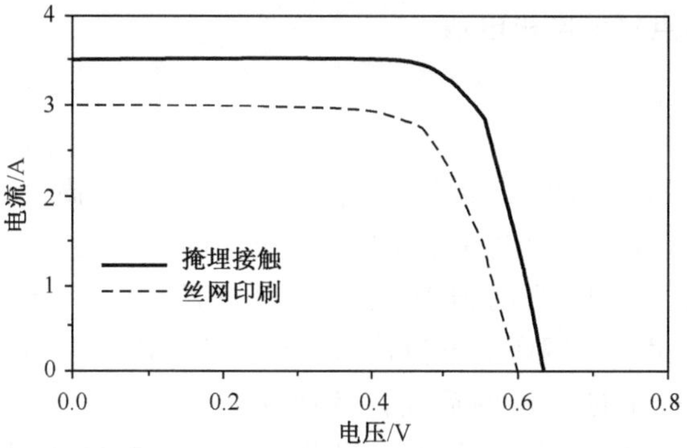

图 3.17　埋栅电池的性能与丝网印刷电池性能的比较

埋栅电池效率高的原因如下：由于金属栅线导电性更好，与槽内重扩散区的接触电阻更小，所以填充因子更高。表面顶层较高的薄层电阻，加上表面极好的氧化层钝化和由槽内重扩散提供的电极区钝化，使得埋栅电池的电压更高。已实现了接近 700mV 左右的开路电压，接近实验室电池中的最高电压。

电流高是由于表面遮光面积相对较少，对面积较大的电池，这种方法同样适用。结果是，使用埋栅结构增加了金属电极的高宽比，可实现 5∶1 的高宽比。金属化后，用激光刻槽的槽宽为 15～20μm，用机械法成槽的槽宽为 40μm。电流高的另外一个原因是，非电极接触区域近乎理想状态的表面特性，大大提高了电池的蓝光响应。

工艺处理过程中还显示出了工艺本身能产生相当大的吸杂作用。刻槽过程中产生的损伤似乎是有利的。有文献报道[57]，激光应用到电池背面时，其损伤能产生相当有效的吸杂作用。类似地，位于表面顶层的激光槽也能成为有效的吸杂区域。在对刻槽区域进行重扩散的过程中，磷会优先扩散进入损伤区域并自动钝化槽内损伤层。这种吸杂效果已得到证实。同槽内浓磷扩散区一样，电池背面的铝已被证实也起着吸杂作用[72]。

3.2.3.3　生产经验

20 世纪 80 年代后期和 90 年代早期，很多公司购买了埋栅电池技术的使用权，这些公司包括 BP Solar、Telefunken 和 Samsung 等。其中，Telefunken 生产的高效电池用于 1990 年参加的澳大利亚达尔文到阿德雷德的世界太阳能汽车大赛的瑞士赛车“Spirit of Biel”，该车获得了当年的冠军。BP Solar 已成功采用埋栅电池技术进行了大规模商业化电池的生产，其埋栅电池技术生产的电池的转换效率在 17.5%～18%，相应的“Saturn”组件的功率（72 片 125mm×125mm 电池）可达 180W 左右。

3.2.4 高效背面点接触电极电池

3.2.4.1 简述

美国 SunPower 公司于 20 世纪 80 年代后期一直从事高效背面点接触电池的生产开发和应用。该电池的设计原理是基于公司的创始人 Swason 博士早期在斯坦福大学的高效聚光电池的研究成果而引进的，20 世纪末到 21 世纪初，SunPower 公司借助于丝网印刷电池技术和装备的不断更新的成果，对其背面电池的制造工艺实行了进一步的简化，从而使其大规模生产成为可能。公司于 2003 年已在菲律宾建立工厂，到 2007 年底，其年产能已达到 200MW，大规模生产的年均电池转换效率达到 21%以上，在生产初期，公司主要采用 n 型区熔（FZ）单晶硅作为主要原材料，最近已逐步采用 n 型 CZ 单晶硅材料。

3.2.4.2 技术

1）电池设计

SunPower 的背面接触太阳能电池设计由图 3.18 所描述，有相互交叉的 n^+ 和 p^+ 扩散层以及在电池背面的收集光生电流的栅线。

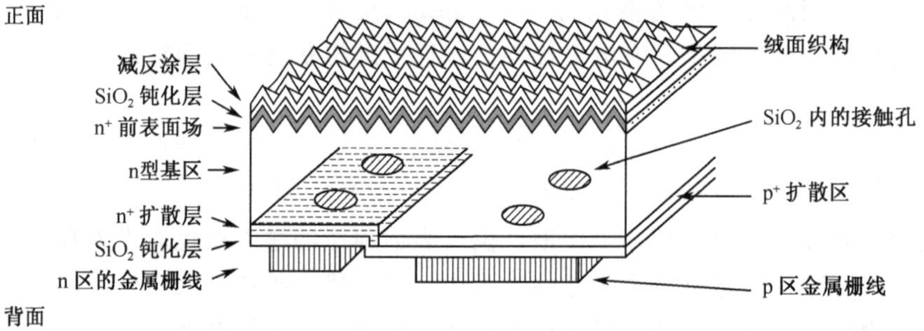

图 3.18 SunPower 公司的 A-300 型号太阳能电池的结构示意图（未精确刻度）

达到高效率的关键设计点包括：局部性的背面接触，这样可以有效控制接触处的复合损失；前表面无栅线，可以最大程度地吸收光辐射；另外，钝化和背面金属化，可以提供背表面的反射作用以及比较低的串联电阻。

2）硅材料

因为少数载流子必须扩散通过整个硅片厚度才能达到背面结区，所以这种电池设计就需要格外高的少子寿命的硅片作为基体材料。SunPower 使用了太阳能级的区熔硅材料（FZ），该材料主要由丹麦的 Topsil Semiconductor Materials A/S 公司制造。近年来，SunPower 逐渐由 n 型 CZ 单晶硅片取代区熔（FZ）单晶硅片。据报道，n 型 CZ 单晶硅片具有接近区熔单晶的少子寿命。

3）电池生产过程

之前，SunPower 的高效率背面接触太阳能电池是采用经典的包括光刻在内的半导体生产技术制造的。使用这样的制程，SunPower 生产的电池在一个太阳光下转换效率可达到 23%，但是受到成本影响，这种电池仅仅应用于很小的领域，如太阳能飞机和太阳能汽车。

为了降低制造成本，SunPower 在制造背面接触太阳能电池中，开发了低成本的丝网印刷技术来替代光刻技术。SunPower 也有其他一些低成本太阳电池生产设备可以满足我们的要求，如扩散炉、湿法刻蚀和清洗机。

3.2.4.3 控制生产

1）产品外观

在 2002 年末 SunPower 开始了在美国得克萨斯州的 Round Rock 的赛普拉斯半导体公司生产线上构建了一条年生产量为 1MW 的试制线（SunPower 现在属于赛普拉斯半导体公司）。在 2003 年 SunPower 开始在这条试制线上生产太阳电池。这个工厂生产的是 125mm 没有制绒的半圆形太阳电池。图 3.19 分别示出电池的正（左）和反面（右）的照片。注意，在正表面没有栅线存在。除了在 3.2.1 节中提到的没有栅线的正面可以减少光的损失，继而提高效率的作用外，美观的外貌结构还可以应用于一些新的领域。

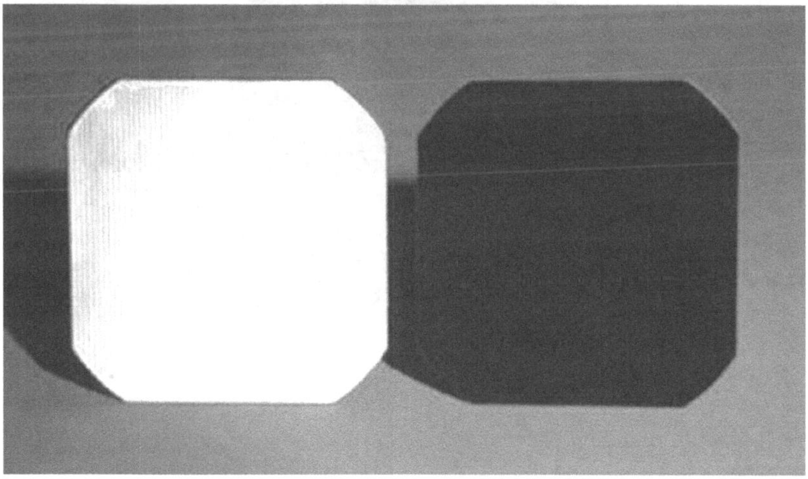

图 3.19 背面接触的 149cm² 太阳电池的正面（左）和反面（右）的照片

2）电池效率

表 3.2 示出 SunPower 在得克萨斯州试制线上生产的一片最高效率电池的测试结果。它完全是在生产线上使用了低成本的技术（没有使用光刻）制造出来

的。该测试结果是美国国家可再生能源实验室（NREL）测试出来的。

表 3.2 NREL 给出的 SunPower 低成本背面接触太阳能电池的测试参数

（测试条件 100mW/cm²，AM1.5g，25℃）

面积/cm²	Si	V_{oc}/mV	J_{sc}/(mA/cm²)	FF	Eff/%
148.9	PV-FZ 熔硅	678	39.5	0.803	21.5

3）光谱响应

电池的高电流（大于 40mA/cm²）可以通过它的光谱响应（即相关物外量子响应，见图 3.20）予以证明。由几个原因使得他们的太阳电池比传统的电池有更为宽泛的光谱响应。短波段的响应被加强是由于在前面掺杂比较少，这样可以避免了传统电池高掺杂产生的死层影响。长波段的响应被加强是由于点接触外的背面都有了 SiO_2，使背面有了极好的钝化效果。长波段响应被加强还在于极好的光学设计，它可以使电池的光学厚度相当于本身实际厚度的 6 倍，宽泛的光谱响应提升了每瓦传输的能量。

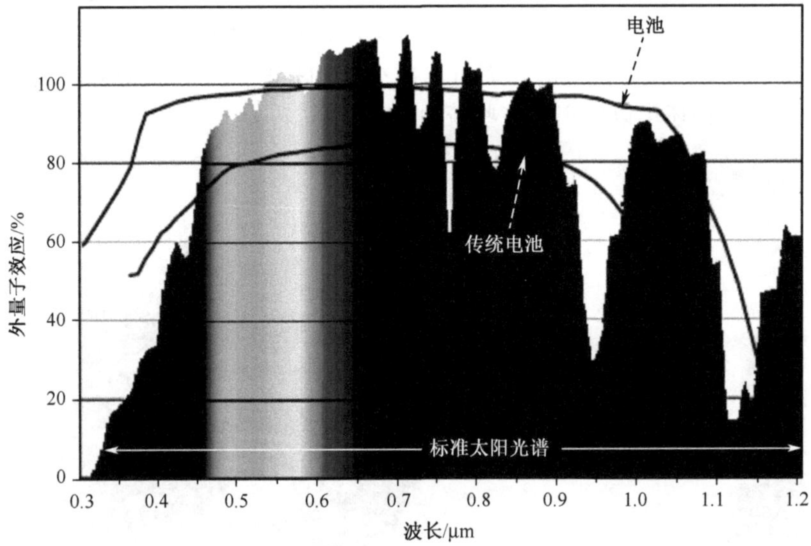

图 3.20 SunPower 电池的光谱响应

4）损失机理

图 3.21 显示了通过实验结果描述在最大功率点电池内部各种光子和复合损失所占比例。按该图所示结果可知，电池的光学厚度相当于电池实际厚度的 6 倍。好的设计模型和对实际物理过程精细的描述，是为了明白电池内所发生的主要损失机理。这些知识可有效应用到优化电池生产工艺和结构设计上。

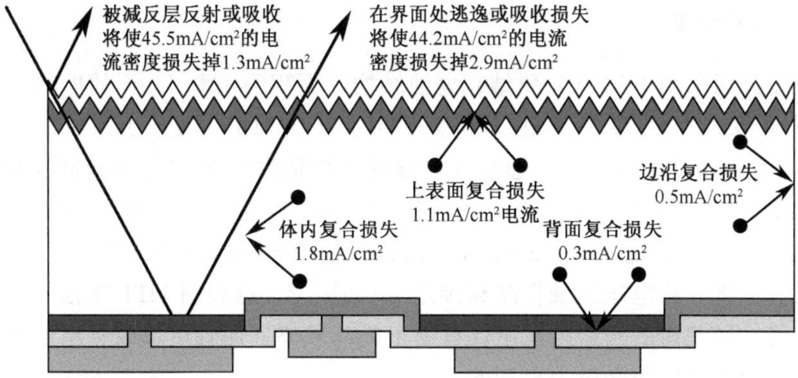

图 3.21　在最大功率点由光子损失和载流子复合损失所占比例的示意图

5）温度系数

开路电压和光伏材料能隙宽度之比，是一个预测太阳能电池的温度系数的主要参数。这些电池高的开路电压（约 667mV），将产生约为 0.38%/℃温度系数。这比传统太阳电池的温度系数（0.5%/℃）要低 20%，高开压电池可以在每 STC-Standard Test Condition，即标准测试条件、额定功率条件下提供更高的能量。图 3.22 显示出该类电池开路电压与温度的关系。

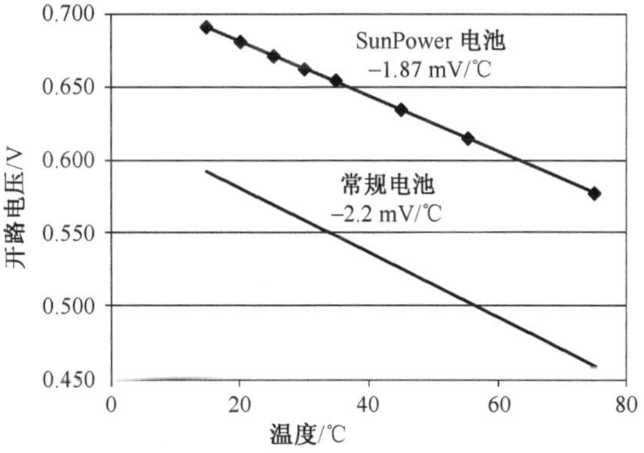

图 3.22　SunPower 高效电池的开路电压随温度变化的关系曲线

6）稳定性

用 SunPower 生产线生产的电池组成的组件已经通过了 IEC61215 和 IEEE1262 的质量认证，包括湿热循环、湿冷循环、热循环、热点和紫外辐射。SunPower 公司的 n 型 PV-FZ 电池并没有出现 p 型 CZ 硅电池中出现过的光照衰减现象。

3.2.5　HIT 电池

三洋公司采用 HIT（异质结）电池结构，面积为 100.4cm^2 的电池，曾创造过世界纪录，即转换效率达 21.8%（V_{oc} 为 0.718V，I_{sc} 为 3.852A，FF 为 79.0%，经 AIST 测定）[73]。通过优化硅片表面清洗工艺和高质量低损伤的 a-Si 沉积技术，实现了优异的 c-Si/a-Si 界面特性，进而得到了这一世界纪录的。HIT 结构所具有的优异的 c-Si/a-Si 界面特性使得电池开路电压高达 710mV。最近，他们又将开路电压记录提高到接近 730mV[74]，这表明 HIT 电池的效率还有上升空间。如此高的开路电压不仅有助于提高效率，而且可以改善温度系数，这对于实际的户外应用是极为有利的。

HIT 太阳电池的结构特色是在 p^+ 或 n^+ 型 a-Si 和 n 型 c-Si 之间夹有一层极薄的本征 a-Si 层[75]。这一结构基于三洋在制备高质量 a-Si 薄膜和 a-Si 电池时采用的低等离子体/热损伤沉积技术。这种简单而又新颖的结构吸引了越来越多的关注，原因如下：

（1）这一结构可以采用高质量的本征 a-Si 薄膜实现对 c-Si 表面缺陷出色的钝化效果，进而可以得到高效率，尤其是高开路电压。

（2）HIT 电池的低温（小于 200℃）工艺和对称结构可以抑制制备过程中的热应力和机械应力对硅片的影响，因而可以采用更薄的硅片。

（3）HIT 电池的温度系数优于传统 c-Si，因此可以在高温下实现更高的功率输出。

3.2.5.1　HIT 结构

图 3.23 给出了目前正在量产的标准的 HIT 电池的结构示意图。带有绒面的太阳能级 CZ 硅片夹在作为受光面的 p/i a-Si 和作为背表面电场（BSF）的 i/n a-Si之间，形成“三明治”结构。透明道电膜（TCO）和金属电极在 p 和 n 两层掺杂层上形成。所有的工艺都在 200℃以下完成。顶层的 TCO 还起着减反层的作用，其厚度需要满足减反层的要求。减反层上的指状电极间距为 2mm，这比传统的 p/n 结扩散电池的指状电极间距窄，目的是为了弥补 TCO 较差的方块电阻。背面电极也做成指状的，目的是为了获得对称的 HIT 电池，以此减小器件的热应力和机械应力。这使得 HIT 电池可以满足不同的应用需求，如双面组件[76]。这种对称结构和低温工艺有利于电池厚度的减薄。

3.2.5.2　HIT 结构的效果

图 3.24 给出了通过碘酒化学钝化和采用 a-Si 沉积的 HIT 结构钝化后用 μ-PCD[77] 法测得的少子寿命的比较。通常认为碘酒钝化的效果比热氧化钝化的

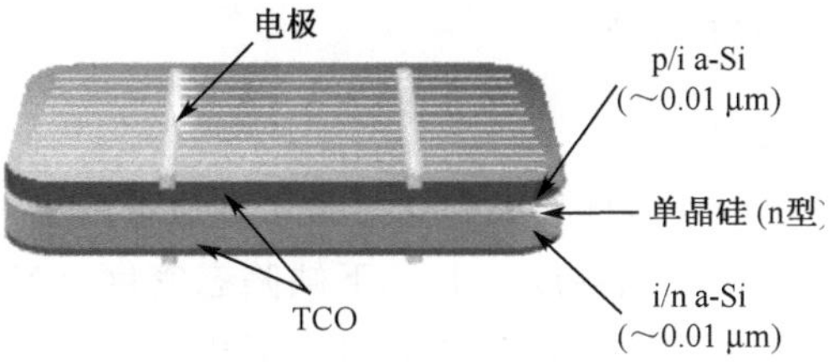

图 3.23　HIT 电池结构示意图

效果好[78]。如图所示，HIT 结构钝化的少子寿命高于碘酒化学钝化。这使得我们可以确认 HIT 结构对 c-Si 表面的钝化效果要优于热氧化钝化。

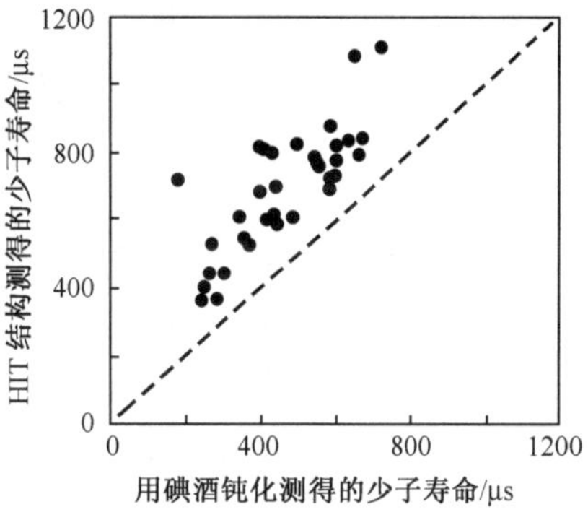

图 3.24　HIT 结构和碘酒钝化得到的少子寿命比较

图 3.25 给出了 HIT 电池和 p 型 a-Si/n 型 c-Si 异质结电池的暗态 *I-V* 曲线[79]。采用 HIT 结构，反向电流密度减小了 2 个数量级，并且在低压区域的正向电流明显增大。这一结果表明，由于 HIT 结构对 c-Si 实施了出色的表面钝化，由此得到了低的载流子复合速率和更好的 pn 结性能。

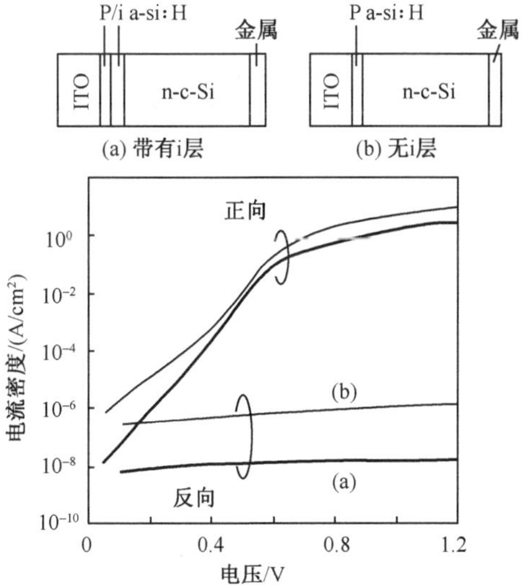

图 3.25　HIT 电池（a）和 pn 异质结电池（b）的暗态 *I-V* 曲线比较

3.2.5.3 高效 HIT 电池

1）高质量 a-Si 薄膜

为了在 HIT 结构中获得优异的钝化效果，高质量的 a-Si 膜必不可少。

图 3.26 给出了各种沉积温度（T_s）下缺陷态密度（N_d）和沉积速率（R_d）的关系[80,81]。可以通过调整 SiH_4 气体流量、沉积气压和沉积功率密度控制 a-Si 薄膜的沉积速率。图中给出了每一个 T_s 下的最优 R_d。结果表明可

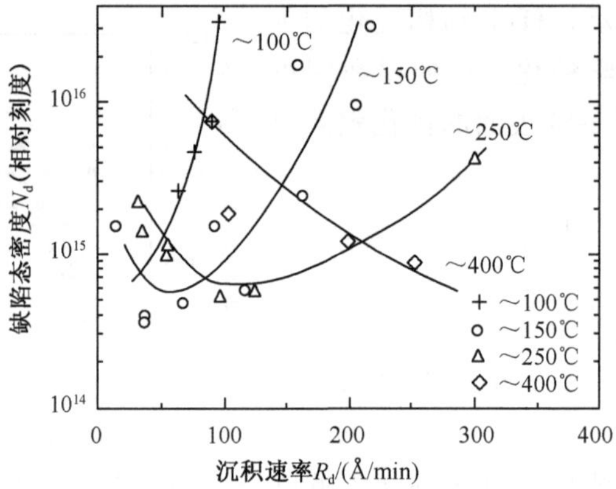

图 3.26 a-Si 薄膜缺陷态度密度（N_d）和沉积速率（R_d）的关系

以通过调整 T_s 和 R_d 来控制 a-Si 薄膜的性能。图 3.27 表明了 a-Si 薄膜的 N_d 与光学带隙的关系，其中光学带隙可以通过 $(\alpha h\nu)^{1/3}$ 与 $h\nu$ 的关系得出[82]。考虑到不同的符号代表不同的 T_s，图 3.27 的结果表明，N_d 主要取决于光学带隙而非诸如 T_s 等的沉积条件。而且，存在一个优化的光学带隙范围可以获得低的 N_d。低 N_d 的高质量 a-Si 薄膜有助于获得高效率的 HIT 太阳电池。

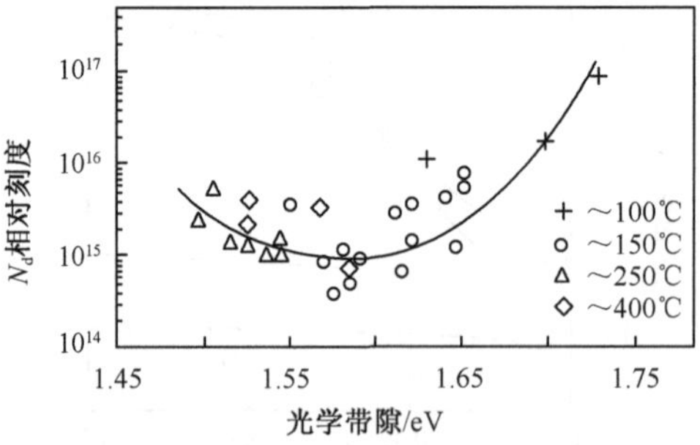

图 3.27 a-Si 薄膜缺陷态密度（N_d）和光学带隙（E_{opt}）的函数关系

2）低损伤工艺

在 a-Si 沉积过程中对界面性能的控制也是非常重要的。即使使用相同质量的 a-Si 薄膜，也可能由于以下两个因素而得到不同性能的电池。一个因素就是 c-Si 的表面清洗，另一个则是在 a-Si 沉积过程中引起的等离子体损伤和热损伤。由于 HIT 电池是在低温工艺下制备，需要确保放入化学气相沉积反应室的 c-Si 尽可能洁净。然而，昂贵的 RCA 清洗工艺并不适于大规模的太阳电池生产。三洋在制造工厂里建立了一套初步的、仅采用必不可少的关键清洗工艺步骤，并仍在不断改进以降低生产成本。图 3.28 给出了用 μ-PCD（微波光电导衰退）法测得的少子寿命和电池 V_{oc}的关系。在实验中，他们采用取自硅锭相同位置的硅片以避免体寿命的不同造成的影响。通过改变沉积条件，在洁净的硅片表面沉积 a-Si薄膜。随后测量少子寿命，制备 TCO 和电极以完成电池的制备。图 3.28 内同时给出了以前在 a-Si 沉积时因引入高等离子体/热损伤而导致 V_{oc}被限制在 680mV 以下的相应数据，以作比较。通过采用低等离子体/热损伤的 a-Si 沉积工艺，V_{oc}大幅提高并超过 700mV。这一结果表明，提高 a-Si 薄膜的质量和减小等离子体/热损伤都是获得高质量 HIT 电池的必要条件。

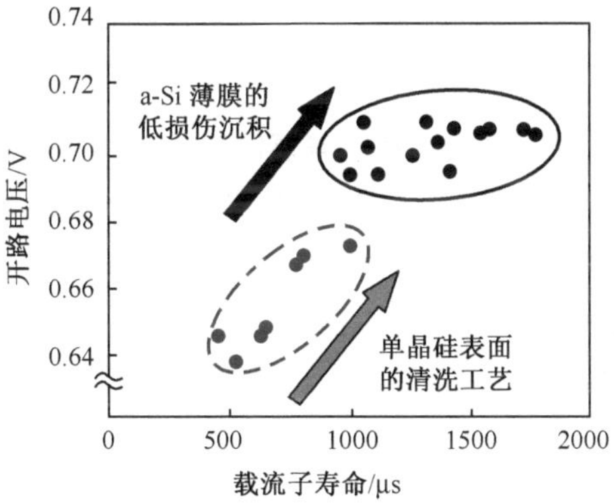

图 3.28 HIT 电池开路电压和沉积 a Si 之后 HIT 结构少子寿命的关系

3）效率进展

图 3.29 给出了具有 100cm² 实用面积的 HIT 电池效率的年度进展趋势。1990 年，三洋开始对 HIT 电池进行基础研究，当时电池的面积不大于 1cm²。到 1994 年在 1cm² 的面积上得到 20%的效率。此后，他们开发适于大规模生产的 HIT 电池技术。1997 年，生产出了第一批效率为 17.3%的 HIT 组件。从那以后，为了获得更高的实验室效率和量产组件效率，他们做出了许多努力，开发并采用了许多适于量产的新技术。2003 年 4 月，他们成功地把效率提高到 19.5%，并制造出 200W 的 HIT 组件。这对于量产的太阳电池来说是一个很高的突破。2005 年，他们在实验室水平上成功地在 100.3cm² 的硅片面积上获得了效率高达

21.5%（经 AIST 测定）的电池。

为了获得更高的效率，他们开发了新的道电浆料，还开发了新的印刷技术以获得大的高宽比（高/宽大于 0.5）。采用这些技术，可以同时获得高 FF 和高 I_{sc}。

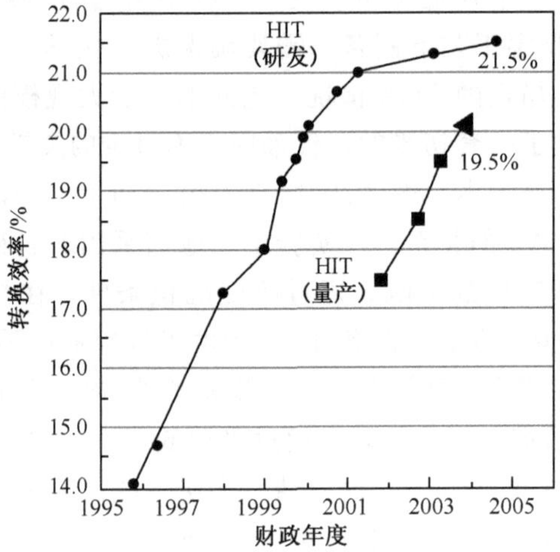

图 3.29　HIT 电池效率的年度进展趋势

4）获得高效率的方法

为了获得更高的 HIT 电池效率，需要同时改善 V_{oc}、I_{sc}和 FF。

为了获得更高的 V_{oc}，减小 a-Si 和 c-Si 界面的表面复合速率对于尽可能的抑制反向饱和电流是非常重要的。通过以下几种主要方法可获得更高的 V_{oc}：

(1) 在 a-Si 沉积之前清洁 c-Si 表面。

(2) 沉积高质量的本征 a-Si 层。

(3) 在 a-Si，TCO 和电极沉积过程中减小对 c-Si 表面的等离子体/热损伤。

(4) 优化 c-Si/a-Si 界面的能带弯曲。

图 3.30 给出了 HIT 太阳电池在不同 V_{oc}下的暗态 I-V 曲线。从实验的角度讲，控制 a-Si 的沉积条件可以改变势垒高度。在图 3.30 所示的暗态 I-V 曲线中，扩散电流区域向高压移动，与此同时，反向漏电流随着 V_{oc}的增大而减小。

为了获得更大的 I_{sc}，需要克服由 a-Si 和 TCO 的光吸收导致 HIT 结构的光学损失。图 3.31 给出了 HIT 电池与 PERL 电池典型的内量子效率 IQE 比较。该图表明无论是短波区域还是长波区域都有 I_{sc}增大的空间。光学损失主要取决于 a-Si 的光学吸收和 TCO 的自由载流子吸收。通过以下几种重要方法可获得更高的 I_{sc}：

(1) 使用优化的绒面增强对入射光的捕获。

(2) 采用高质量宽带隙合金如 a-SiC 以减小 a-Si 的光吸收。

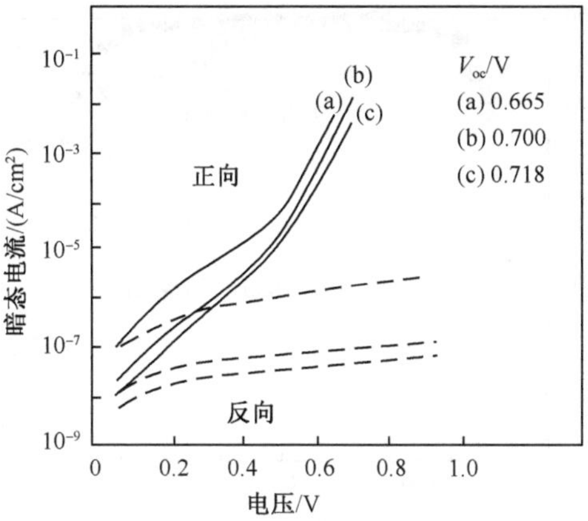

图 3.30 HIT 电池在不同 V_{oc} 下的暗态 I-V 曲线

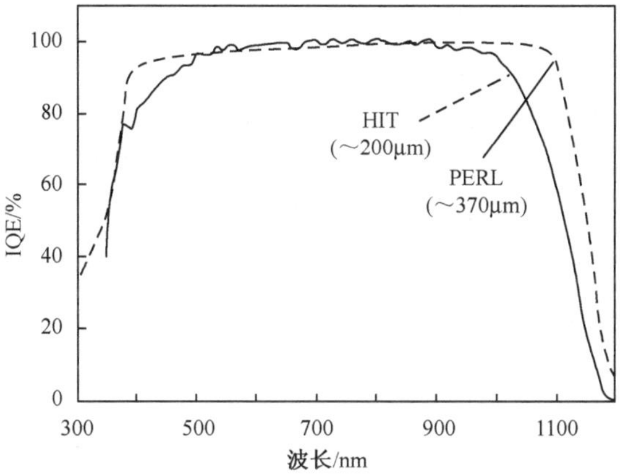

图 3.31 HIT 电池与 PERL 电池内量子效率的比较

(3) 开发具有高载流子迁移率的高质量 TCO。

(4) 优化 HIT 电池的背表面电场 (BSF)。

(5) 制备良好的栅线电极。

图 3.32 给出了 HIT 电池有无背面场 (BSF) 情况下内量子效率的比较。如图所示，HIT 背面电场有助于改善对长波长光子的吸收，进而有助于提高 I_{sc}。至于 a-Si 薄膜的钝化能力，文献[83]已经报道了背面 a-Si 和 c-Si 界面的表面复合速率估计小于 100cm/s。

为了获得更高的 FF，减小漏电和串联电阻尤为重要。通过以下几种重要方法可获得更高的 FF：

(1) 开发低电阻高质量的栅电极材料。

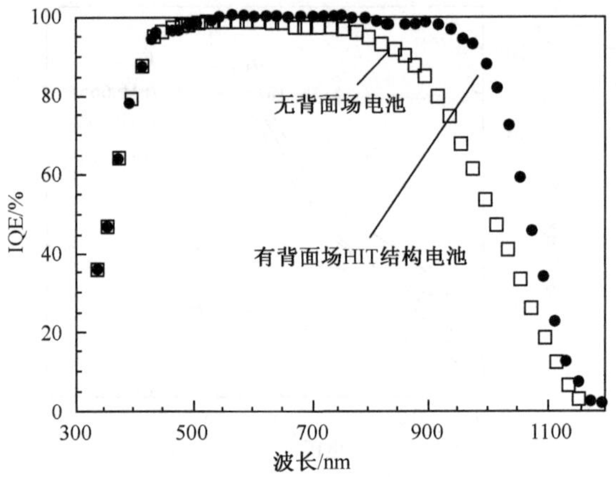

图 3.32 有无背面场的 HIT 电池内量子效率的比较

(2) 开发具有大的高宽比的栅电极。

(3) 开发高导电性的 p 型窗口层。

(4) 减小 TCO 的串联电阻。

根据这些原则，已经获得了高达 0.815 的 FF。通过综合运用以上优化方法，最近已在 100.4cm² 的面积上得到了效率高达 21.8% 的太阳电池（V_{oc} 为 0.718V，I_{sc} 为 3.852A，F.F 为 79.0%，经 AIST 测定）。具体 *I-V* 曲线参见图 3.33 由 AIST 测试的数据。

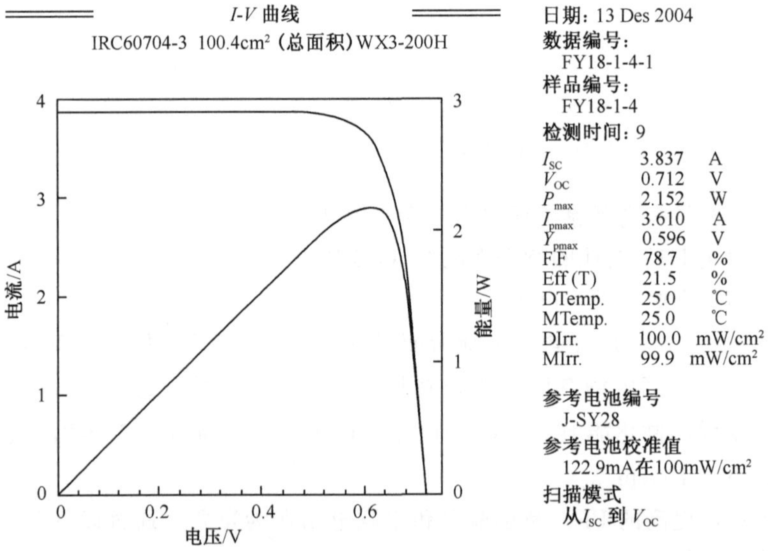

图 3.33 效率高达 21.8%的光照下 HIT 电池的 *I-V* 曲线

5）温度特性

太阳电池通常在室温下的标准条件下优化。然而，考虑到光伏组件的实际应用环境是在室外，高温下的电池性能更为重要。图 3.34 给出了 25℃下电池效率和温度的关系。正如以前所报道的[76]，HIT 电池的温度系数为－0.33％/℃，低于传统 pn 结扩散电池的温度系数－0.45％/℃。随着技术的进步，当开路电压升高到 710mV 时，温度系数也因此减小到－0.25％/℃。从经验上讲，具有良好表面钝化或者说具有较高 V_{oc} 的太阳电池通常表现出更好的温度系数。图 3.35 给出了各种 HIT 电池开路电压和温度系数的关系。从中可以清楚地看出，电池 V_{oc} 和温度系数之间很好的关联性。据此通过使用更高 V_{oc} 的电池就可以在实际应用中获得更多的电能。为了理解 a-Si/c-Si 异质结电池对降低温度系数的影响，需要进行更多的基础性研究。尽管以上这些用于进行对比的是实验室电池的制备工艺，但对改善量产的电池的温度系数同样有效。

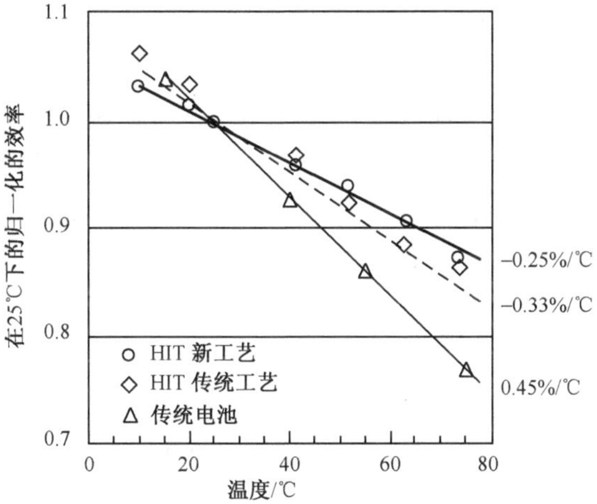

图 3.34　电池效率和温度的关系

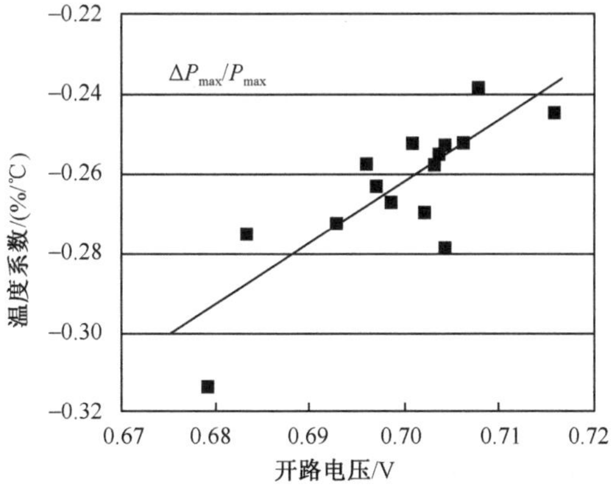

图 3.35　HIT 电池开路电压和温度系数的关系

图 3.36（a）、（b）分别示出双面组件和 200W 型号为 HIP-200DNCE1 双面组件应用安装示例的照片。

图 3.36　双面组件安装的示意图（a）和 200W 双面组件 HIP-200DNCE1 的照片（b）

6）HIT 太阳电池的生产

如前所述，由于高效率和良好的温度系数，HIT 电池受到日本消费者的广泛好评。三洋公司以建立在日本本土的 HIT 电池生产线作为新技术的研发基地，并很快地应用到了生产线上。已经在日本、匈牙利和墨西哥建立了 HIT 组件的生产厂，以实现对日本、欧洲和北美市场的快速供货。图 3.37 示出三洋 HIT 电池的产能增长趋势，说明该类电池良好的产能优势。

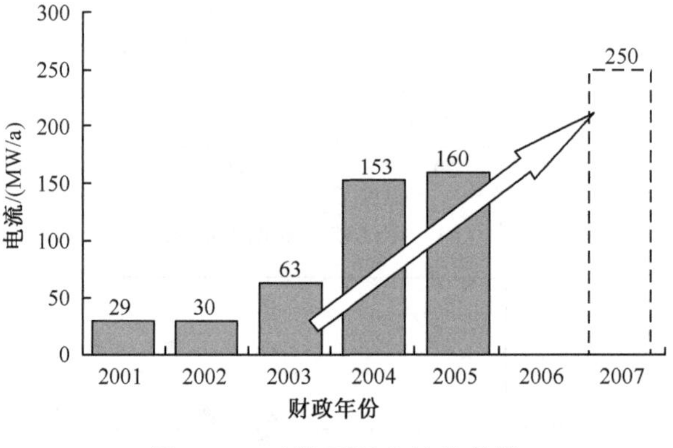

图 3.37　三洋 HIT 电池的产能

3.2.6　Pluto 电池

3.2.6.1　简介

我国的尚德电力控股有限公司（以下简称尚德）于 2008 年成功地实现了

PERL 和 PESC 电池的大规模商业生产。PERL 和 PESC 电池均有澳大利亚新南威尔斯大学设计的高效电池结构，前者实现并保持世界单晶硅电池 25%转换效率记录，后者是 20 世纪 80 年代初首次实现 20%转换效率的电池结构。为尚德的这一技术突破将对世界光伏行业和尽快实现 1 元/度电的成本目标产生巨大的影响。尚德公司发明了的一种称之为“Pluto 冥王星”的电池，所运用的 Pluto 技术是尚德开发的专利技术，能使单晶和多晶光伏电池取得较高转换率，比传统的丝网印刷技术增加电力输出约 12%。Pluto 技术能满足太阳能行业对太阳能产品的所有关键性要求，即不使用较高级别的硅材料就可以获得高转换率、高稳定性和高电力输出。客户可以在不增加生产成本的前提下，提高空间利用率和减少系统元部件成本，从而使该技术适合商业化规模生产和屋顶应用。Pluto 电池大大简化了实验室高效电池的制造工艺，避免采用光刻掩膜技术、真空镀膜、Ti/Pd/Ag 金属化、长时间的高温烧结、双层减反射膜和光刻表面制绒技术等。大部分工艺都能在现有的基于丝网印刷技术生产线上实现。Pluto 电池每片的制造成本跟丝网印刷电池相似，比丝网印刷电池的成本低 10%～15%。

3.2.6.2　Pluto 单晶硅电池

尽管 PERL 电池创造并保持着世界记录，但是复杂和昂贵的制造工艺、对制造设备的特殊要求以及昂贵的材料需求，阻碍其产业化的可行性。为此以下的工序和材料，必须去除或者予以简化，以便能用工业化生产方式取代：

（1）单晶区溶硅片。

（2）有热蒸发形成的双层减反射膜。

（3）光刻法所形成的倒金字塔绒面。

（4）长时间的高温热氧化。

（5）多次使用光刻掩模技术在介质层的表面实现各种图案和金属电极图案；Ti/Pd/Ag 金属化。

（6）长时间的高温气体管式炉扩散。

（7）2cm×2cm 小面积。

尚德公司经过多年的研发，将上述产业化的障碍一一解决，并成功地由商业化生产工艺和生产材料所取代，实现了 PERL 电池高转换效率的特性。诚然，在产业化过程中，PERL 电池转换效率亦会受到一定的损失。其中最大的损失是由 CZ 硅片替代 FZ 硅片带来的损失，以及由 4cm^2 的面积扩大到 148.5cm^2 的面积带来的损失；而由 Pluto 电池工艺简化和发展带来的效益相比，所造成的损失是微不足道的。

1）Pluto 电池的研究

表 3.3 列出了典型的 FZ 和 CZ 硅片的 2cm×2cm 的 PERL 电池的电性能参

数。以下就工业化生产的 Pluto 电池与实验室的 PERL 和 PERC 结构电池相比，所可能引入效率损失的问题进行讨论。

表 3.3 列出了典型的 FZ 和 CZ 硅片的 2cm×2cm 的 PERL 电池的电性能参数

	典型 PERL 电池（FZ）	典型的 PERL 电池（CZ）	典型的 PESC 电池（CZ）（Al 合金背电极）
J_{sc}/(mA/cm^2)	42.0	39.5	38.1
V_{oc}/mV	714	665	640
FF/%	82.8	81.8	81.9
Eff/%	24.8	21.5	20.0

（1）由标准的 p 型太阳能级 CZ 硅片取代 FZ 硅片。区熔（FZ）单晶硅的质量虽高，但是价格也非常昂贵，采用太阳能级 CZ 硅片去取代 FZ 硅片是造成电池转换效率下降的主要因素。它将使开路电压下降 49mV（6.9%）至 665mV，短路电流密度下降 2.5mA（6%）至 39.5mA/cm^2，相应的电池转换效率下降为 13.3%。这一损失主要是因为 CZ 硅片的少数载流子寿命较低。

（2）以单层 SiN 减反射膜取代双层减反射。当单层 SiN 减反射膜应用于具有“金字塔”绒面时，其减反效果与双层减反膜相差无几。由双层减反膜简化为单层减反膜所造成的电池损失仅为 1%。

（3）取消光刻法倒“金字塔”绒面。图 3.38 显示了在 Pluto 电池中采用由 NaOH 溶液各相异性化学腐蚀所形成的随机正“金字塔”绒面结构，因为随机正“金字塔”绒面不存在光刻法绒面在相邻“金字塔”处的小平面区域。但是随机正“金字塔”绒面在 SiN 膜表面钝化后，其表面有效复合速率高于倒“金字塔”绒面的表现复合速率。这一表面复合速率的差异在 FZ 硅片上会造成几毫伏

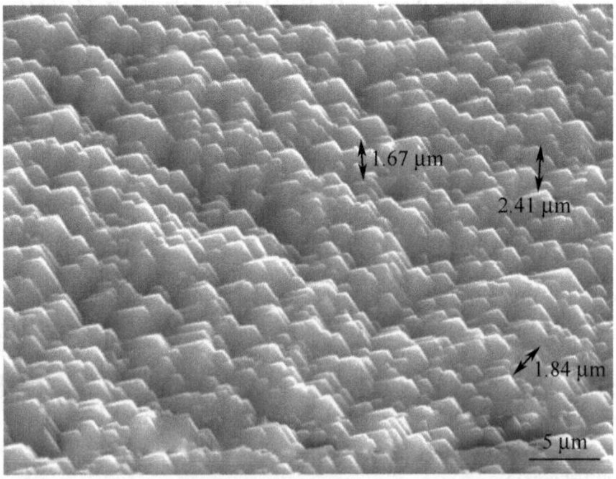

图 3.38 NaOH 溶液各相异性腐蚀所形成的随机正“金字塔”绒面结构

的开路电压（约 714mV）的差异。但在 CZ 硅片上，造成的开路电压（665mV）的差异几乎可忽略不计。

（4）取消热氧化和光刻工艺。Pluto 电池采用了一种新的专利，在 SiN 表面形成选择性扩散图案（见图 3.39），从而避免采用高温氧化和光刻方法的复杂工艺。新的方法所形成的选择性图案的尺寸与 PERL 电池相似，即在 20～25μm 宽，金属栅线的高度也在 10～12μm 高。这一工艺是 Pluto 电池技术的很重要的一个方面。因为它使得栅线之间的间距减小到 0.9mm 宽，跟 PERL 电池的一样，而不会增加电池表面的金属遮光面积。因此 Pluto 电池具有与 PERL 电池类似的短波光谱响应（见图 3.40）。因此取消热氧化和光刻工艺，没有对 Pluto 电池的转换效率带来很明显的影响。

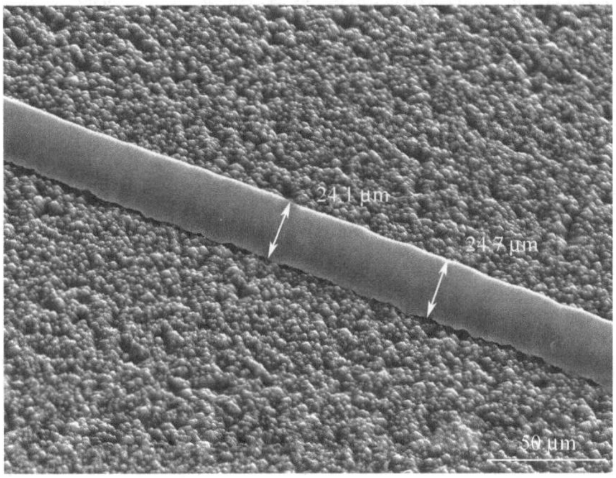

图 3.39　SiN 表面形成选择性打散图案

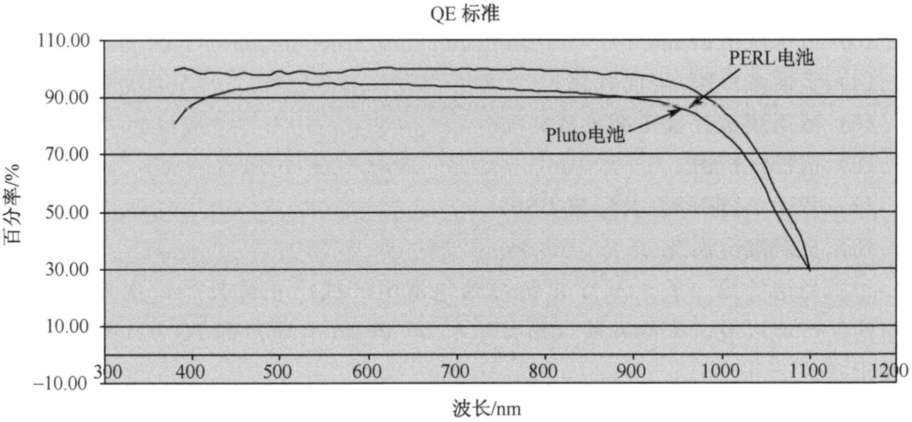

图 3.40　PERL 电池和 Pluto 电池光谱响应曲线的比较

(5) 取代热蒸发 Ti/Pd/Ag 电极金属化。相对于复杂而昂贵的热蒸发 Ti/Pd/Ag 多层金属电极工艺，Pluto 电池采用了简单、低成本和高产出的自对准金属化工艺所取代。在大规模生产中，当这一技术应用于 SiN 膜及其选择性图案时，金属栅线的宽高比和导电特性跟由光刻工艺所形成的 Ti/Pd/Ag 的金属栅线的特性几乎一致。这一产业化工艺的实现几乎没有造成任何转换效率的损失。

(6) 取代长时间高温气体管式扩散。在 Pluto 电池生产工艺中，传统的长时间高温气体管式扩散工艺已成功地由高产出、低成本、链式（即 in-line）扩散炉所取代。这转化在 FZ 硅片上造成了较小的 V_{oc} 损失。但在 CZ 硅片所造成的 V_{oc} 损失可忽略不计。

(7) 电池面积由 2cm ×2cm 增加到 12.5cm ×12.5cm。在 Pluto 电池的生产过程中，由于面积的增加所造成的转换效率的损失大约在 5%，其中 2%是由于表面金属遮掩（主栅线）而导致的短路电池损失，另外 3.4%是由于串联电阻的增加而造成的填充因子的损失。Pluto 电池在 Suns-V_{oc}的测试条件下的准填充因子（R_s=0）几乎跟 PERL 电池的填充因子一致（约 84%）。

跟实验室的小面积 FZ 硅片 PERL 电池相比，综合以上所有的因素所造成的大面积 CZ 硅片 Pluto 电池的转换效率损失大约为 17.3%，这相当于电池的转换效率从 25%下降到 20.5%。

2）Pluto 电池的大规模生产

上述为高效电池产业化技术的系列研究，加快了产业化的进程，从而在现有尚德丝网印刷电池线上实现了转化成高效 Pluto 电池的大规模生产，第一代简化了的 Pluto 电池采用了背面丝网印刷铝及烧结工艺，其工艺流程如下：

(1) 表面制绒与清洗；

(2) 链式（in-line）扩散；

(3) 边缘湿法刻蚀；

(4) 表面减反膜/表面钝化；

(5) 减反膜选择性图案形成；

(6) 选择性扩散；

(7) 背面 Al 浆印刷及形成 BSF；

(8) 自对准金属化。

中国尚德的第一条 30MW 电池高效电池生产线已正式投产，这为该公司提高电池的产能以及未来的发展（预计 2011 年 Pluto 电池达到 1GW）打下了坚实的技术基础。

3）结果

在第一条 30MW Pluto 高效电池生产线试生产初期，采用标准的 1Ω · cm 的太阳能级 CZ 硅片，几乎所有 Pluto 电池生产的转换效率均在 18.5%～19.5%，平均转换效率可达到 19%，最高单天（24h）的平均转换效率（30 000 片电池）为 19.1%。这一结果已得到德国 Fraunhofer 太阳能研究所的确认。迄今为止，Pluto 电池生产线的最高转换效率已达 19.5%。表 3.4 总结并比较了各种条件下 Pluto 电池的性能参数以及与传统丝网印刷电池的比较。图 3.41 给出了由 Fraunhofer 太阳能研究所测试的 Pluto 电池的 *I-V* 曲线。

表 3.4　各种工艺条件下 Pluto 电池性能参数以及与传统丝网印刷电池的比较

	最佳单 Pluto 电池	最佳一个批次 Pluto 电池	委托 Fraunhofer 测量	一天三万片 Pluto 电池平均值	两个月 Pluto 电池平均值	两个月内丝网印刷产品平均值
I_{sc}/(mA/cm^2)	38.7	38.5	37.9	38.5	38.4	36.5
V_{oc}/mV	636	633	639	630	630	622
FF/%	79.2	78.8	79.0	78.8	78.6	76.5
Eff/%	19.5	19.2	19.1	19.1	19.0	17.2

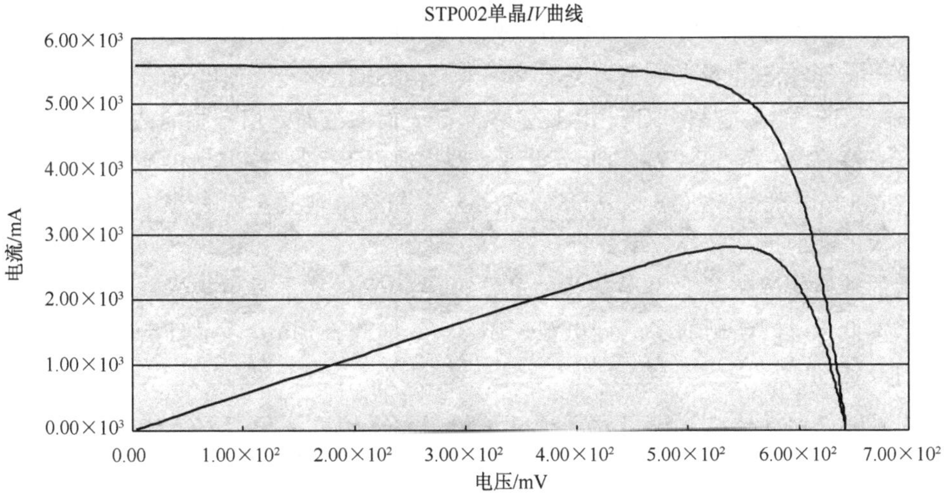

图 3.41　德国 Fraunhofer 太阳能研究所测得的单晶硅 Pluto 电池的 *I-V* 曲线

3.2.6.3　Pluto 多晶硅电池

光伏产业的发展趋势是采用越来越多的低成本、低质量的多晶硅片。然而，我们所熟知的选择性扩散和双面钝化的高效电池技术对于多晶硅片不匹配也不经济。相比之下，Pluto 电池技术对于提高低成本、低质量的多晶硅片的转换效率尤为实用。迄今为止，还没有任何一种高效电池技术（如 HIT 和背面点接触电池）能同时在单晶硅片和多晶硅片上实现高的转换效率。

Pluto 多晶硅电池是基于 20 世纪 80 年代由澳大利亚新南威尔斯大学设计的 PESC 电池技术的产业化技术。PESC 是世界上第一个实现 20％转换效率的电池结构。

高效多晶硅太阳能电池制造工艺应注意的事项：

（1）避免采用长时间的高温处理工艺，因为大部分多晶硅片，如铸造多晶硅和硅带（如 EFG 和 String Ribbon）在长时间的高温处理过程中都会造成其质量的衰减；

（2）采用低成本的工艺和材料；

（3）良好的晶界钝化；

（4）实现细窄的金属栅线（20～25μm），从而减小金属栅线之间的距离，在提高发射结的扩散方块电阻的情况下，可以保持较低的串联电池和金属遮光面积；

（5）金属栅线下面选择性重扩散，以降低金属电极接触电阻和电极区复合而造成的暗饱和电流；

（6）较好的前表面钝化；

（7）仍能采用传统的丝网印刷工艺在多晶电池的背面印刷 Al 浆和形成 BSF。

Pluto 多晶硅电池的制造工艺与单晶硅电池的制造工艺相似，由于多晶硅片不具备一致的（100）晶体取向，因此，多晶硅表面的绒面是由各相同性湿法而形成的。尚德的第一条 30MW 的 Pluto 电池线同样适用于多晶硅 Pluto 电池的生产。

在 Pluto 大面积（12.5cm ×12.5cm）多晶硅电池的生产过程中，单体电池和批次电池的最高转换效率分别达到 17.5％和 17％，这比传统丝网印刷多晶硅电池的转换效率高出 12％～13％。重要的是，Pluto 多晶硅电池的单位面积的制造成本低于丝网印刷的多晶硅电池。图 3.42 列出了 Pluto 多晶硅电池的 QE 和 RF 曲线。

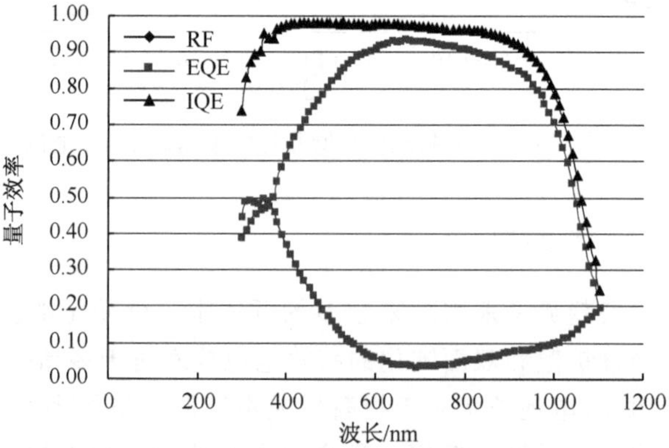

图 3.42　Pluto 多晶硅电池的 QE 和 RF 曲线

1）转换效率提高的分析

金属栅线局部区域的选择性重扩散和较窄的金属/硅接触面积，使得电池的暗态饱和电流比丝网印刷的电池降低了 2 倍，从而导致电池的 V_{oc} 提高 3%，从 608mV 到 632mV。狭窄的金属栅线减少了电池表面的遮光面积，提高了 3%的短路电流。电池发射结的浅结扩散以及较好的表面钝化，使得电池在短波的光谱响应提高近 100%，进一步增加了 3%左右的短路电流（见图 3.43、图 3.44）。Pluto 电池的填充因子（FF）也有 3%左右的提高，从 75%到 77%，综合以上因素，Pluto 多晶电池量产的平均转换效率比丝网印刷电池高 12%～13%。后者量产的转换效率在 15%，而 Pluto 电池的转换效率高于 17%，这些结果已在德国 Fraunhofer 太阳能研究所得到了确认。图 3.44 显示了由 Pluto 电池生产线制造的 17.2%的多晶硅电池的电性能参数和该电池的 *I-V* 曲线。对于 EFG 和 String Ribbon 多晶硅带硅片，批次的平均转换效率也分别达到 16.2%和 16.5%。尽管多晶硅太阳电池的世界最高记录是 20.5%，但那些数据是基于单个电池的性能参数。该结果对多晶硅太阳能电池技术开发的参数价值不大，因为多晶硅材料的质量变化较大，即使是在同一片多晶硅片上，不同区域的质量差异也很大。但是，对于 Pluto 电池，其实验室（2cm×2cm）的转换效率为 19.2%，而大规模生产的大面积（15.6cm×15.6cm）电池的转换效率高达 17.5%（见图 3.43）。表 3.5 示出 Pluto 多晶硅电池与丝网印刷电池特性参数的比较，结果表明其明显的优越性。

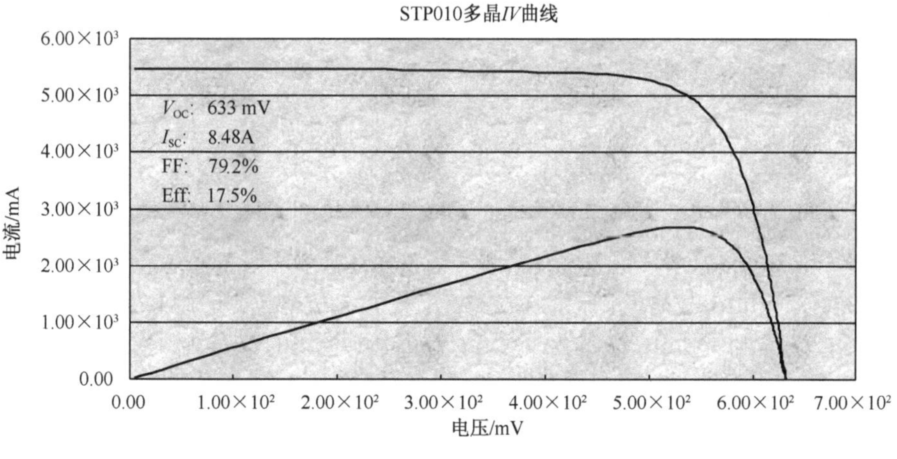

图 3.43　德国 Fraunhofer 太阳能研究所测得的多晶硅 Pluto 电池的 *I-V* 特性曲线

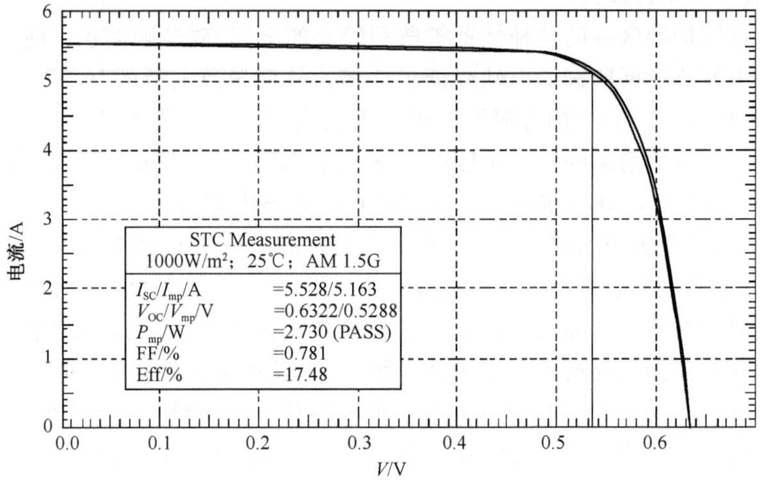

图 3.44 大规模生产大面积（12.5cm ×12.5cm）多晶硅 Pluto 电池的 *I-V* 特性曲线

表 3.5 Pluto 多晶硅（MC）太阳电池和丝网印刷电池参数的比较

	实验室最好电池性能参数（最高批次平均值）	产业化 Pluto 电池最好性能参数（最高批次平均值）	产业化参数 Pluto 电池最好电池性能参数（最高批次平均值）	由德国 Fraunhoffer 研究所验证的 Pluto 电池性能参数	产业化丝网印刷最好电池的性能参数（批次平均值）
电池面积	4cm×4cm	156mm×156mm	156mm×156mm	125mm×125mm	125mm×125mm
J_{sc}/(mA/cm²)	36.5 (35.6)	35.5 (34.5)	35.1 (34.5)	34.9	33.2 (33.0)
V_{oc}/mV	638 (635)	635 (634)	634 (633)	633	617 (608)
FF/%	82.5 (81.7)	77.4 (77.8)	77.8 (77.0)	79.2	75.8 (74.9)
Eff/%	19.2 (18.5)	17.5 (17.0)	17.3 (16.8)	17.5	15.5 (15.0)

2）Pluto 组件

在生产 Pluto 电池的同时，尚德亦开发了 Pluto 电池的组件生产技术，表 3.6 列出了由 72 片 125mm ×125mm 多晶硅电池生产的 Pluto 多晶硅组件，其组件输出功率在 190～195W，这是世界上大规模生产输出功率最高的多晶硅组件之一。经过德国 Fraunhofer 研究所认证的组件效率达到了 16.5%，该组件效率被 Progress in Photoveltaics 杂志确认为创造了一个新的世界记录。

表 3.6　典型的 Pluto 多晶硅及其组件的特性参数

	I_{sc}/A	V_{oc}	FF	Eff/%	功率/W
Pluto 多晶硅组件	5.47	45.4 V	0.767	16.9	191
Pluto 多晶世界纪录组件	5.51	45.3V	77.1	16.5	192
Pluto 多晶硅单片电池	5.48	633mV	0.776	17.2%	

注：已封装电池的效率为有效面积效率。

参 考 文 献

[1] Braun F. On conductance in metal sulphides. Ann. Phys. Lpz., 1874, 153: 556.

[2] Torrey H C, Whitmer C A. Crystal Rectifiers. New York: McGraw-Hill, 1948: 5~11.

[3] Ohl R S. Light sensitive electric device. US Patent, 2443542, filed 27 May 1941.

[4] Kingsbury E F, Ohl R S. Photoelectric properties of ionically bombard silicon. Bell Syst. Tech. J., 1952, 31: 8092.

[5] Chapin D M, Fuller C S, Pearson G L. A new silicon p-n junction photocell for converting solar radiation into electrical power. J. Appl. Phys., 1954, 8: 676.

[6] Pearson G L. PV founders award luncheon. Conf. Record, 18th IEEE Photovoltaic Specialists Conf., Las Vegas. New York: IEEE, 1985.

[7] Bell Labs. Record. November, 1954: 436; Bell Labs, Record, May, 1955: 166.

[8] Sharp Solar Battery S-224, Sharp Corporation, Osaka, Japan.

[9] Hall R N, Soltys T J. Polka-dot solar cell. conference record, 14th IEEE Photovoltaic Specialists Conference, San Diego, 1980: 550.

[10] Wolf M. Limitations and possibilities for improvement of photovoltaic solar energy converters. Proceedings of the IRE, 1960, 48: 1246~1263.

[11] Mandelkorn J, McAfee C, Kesperis J. et al. Fabrication and characteristics of phosphorus-diffused silicon solar cells. Journal of the Electrochemical Society, 1962, 109 (4): 313~318.

[12] Smith K D, Gummel H K, Bode J D, et al. The solar cells and their mounting. Bell Sys. Tech. J., 1963, 41: 1765~1816.

[13] Gereth R, Fischer H, Link E, et al. Contribution to the solar cell technology. Energy Conversion, 1972, 12: 103~107.

[14] Philip H R. Journal of the Physics and Chemistry of Solids, 1971, 342: 1935.

[15] Iles P A. Increased output from silicon solar cells. Conference Record, 8th IEEE Photovoltaic Specialists Conference, Seattle, 1970: 345~352.

[16] Gereth R, Fischer H, Link E, et al. Silicon solar technology of the seventies. Conf. Record, 8th IEEE Photovoltaic Specialists Conf., Seattle, 1970: 353.

[17] Cummerow R L. Use of p-n junctions for converting solar energy to electrical energy. Phys. Rev., 1954, 95: 561.

[18] Wolf M. Drift fields in photovoltaic solar energy conversion. Proceedings of the IEEE, 1963, 51: 593~674.

[19] Mandelkorn J, Lamneck J H. A new electric field effect in silicon solar cells. J. Appl. Phys., 1973.

44：4785.

[20] Godlewski M P，Baraona C R，Brandhorst H W. Low-high junction theory applied to solar cells. 10th IEEE Photovoltaic Specialists Conf.，Palo Alto，1973：40～49.

[21] Tsai J C C. Shallow phosphorus diffusion profiles in silicon. Proceedings of the IEEE，1969. 57：1499～1506.

[22] Lindmayer J，Allison J. The violet cell：an improved silicon solar cell. COMSAT Tech. Rev.，1973，3：1～22.

[23] Haynos J，Allison J，Arndt R，et al. The comsat non-reflective silicon solar cell：a second generation improved cell. Int. Conference on Photovoltaic Power Generation，Hamburg，September，1974：487.

[24] Rudenberg H G，Dale B. Radiant energy transducer. US Patent 3，150，999，filed 17 February，1961.

[25] King D，Buck M E. Experimental optimization of an anisotropic etching process for random texturization of silicon solar cells. Conf. Record，22nd IEEE Photovoltaic Specialists Conf.，Las Vegas，1991：303～308.

[26] Rittner E S，Arndt R A. Comparison of silicon solar cell efficiency for space and terrestrial use. J. Appl. Phys.，1976，47：2999～3002.

[27] Zhao J，Green M A. Optimized antireflection coatings for high efficiency silicon solar cells. IEEE Trans. Electron Devices，1991，38：1925～1934.

[28] Godfrey R B，Green M A. 655 mv open circuit voltage，17.6% efficient silicon MIS solar cells. Appl. Phys. Lett.，1979，34：790～793.

[29] Hezel R，Hoffmann W，Jaeger K. Recent advances in silicon inversion layer solar cells and their transfer to industrial pilot production. 10th European Photovoltaic Solar Energy Conf.，Lisbon，April，1991：511～514.

[30] Fossum J G，Burgess E L. High efficiency p^+nn^+ back-surface-field silicon solar cells. Appl. Phys. Lett.，1978，33：238～240.

[31] Green M A. Enhancement of schottky solar efficiency above its semiempirical limit. Appl. Phys. Lett.，1975，28：268～287.

[32] Lindmayer J，Allison J F. Dotted contact fine geometry solar cell. U. S. Patent3，982，964，Sept. 1976.

[33] Arndt R A，Meulenberg A，Allison J F. Advances in high output voltage silicon solar cells. Conf. Record，15th IEEE Photovoltaic Specialists Conf.，Orlando，1981：92～96.

[34] Green M A，Blakers A W，Shi J，et al. High-efficiency silicon solar cells. IEEE Trans. on Electron Devices，1984，ED-31：671～678.

[35] Lindholm F A. Neugroschel A，Arienze M，et al. Heavily doped polysilicon-contact solar cells. Electron Device Letters，1985，EDL-6：363～365.

[36] Yablonovitch E，Gmitter T，Swanson R M，et al. A 7209 MV open circuit voltage，SiO_x：c-Si：SiO_x double heterostructure solar cell. Appl. Phys. Lett.，1985，47：1211～1213.

[37] Van Halen P，Pulfrey D L. High-grain bipolar transistors with polyslilicon tunnel junction emitter contacts. IEEE Trans. on Electron Devices，1985，ED-32：1307.

[38] Green MA，Blakers A W，Osterwald C R. Characterization of High-efficiency silicon solar cells. J.

Appl. Phys., 1985, 58: 4402～4408.

[39] Thompson R D, Tu K N. Low temperature gettering of Cu, Ag, and Au across a wafer of Si by Al. Appl. Phys. Lett., 1982, 41: 440～442.

[40] Blakers A W, Green M A. 20% efficiency silicon solar cells. Appl. Phy. Lett., 1986, 48: 215～217.

[41] Saitoh T, Uematsu T, Kida T, et al. Design and fabrication of 20% efficiency, medium-resistivity silicon solar cells. Conf. Record, 19th IEEE Photovoltaic Specialists Conf., New Orleans, 1987: 1518～1519.

[42] Callaghan W T. Evening presentation on jet propulsion lab. Photovoltaic activities, Seventh E. C. Photovoltaic Solar Energy Conf., Sevilla, Oct., 1986.

[43] Khemthong S, Cabaniss S, Zhao J, et al. Low cost silicon solar cells with high efficiency at high concentrations. Conf. Record, 22nd IEEE Photovoltaic Specialists Conf., Las Vegas, 1991: 268～272.

[44] Fukui K, Fukawa Y, Takahashi H, et al. Large area high efficiency single crystalline silicon solar cell. Tech. Digest, Int. PVSEC-7 Nagoya, Japan, 1993: 87～88.

[45] Sinton R A, Kwark Y, Gan J Y, et al. 27.5% Si concentrator solar cells. Electron Device Letters, 1986, EDL-7: 567.

[46] King R R, Sinton R A, Swanson R M. Front and back surface fields for point-contact solar cells. Conf. Record, 20th IEEE Photovoltaic Specialists Conf., Las Vegas, September, 1988: 538～544.

[47] Blakers A W, Wang A, Milne A M, et al. 22.6% efficient silicon solar cells. Proceedings, 4th International Photovoltaic Science and Engineering Conference, Sydney, February, 1989: 801～806.

[48] Zhao J, Wang A, Green M A. 24% efficient PERL structure silicon solar cells. 21st IEEE Photovoltaic Specialists Conf., Orlando, May, 1990: 333～335.

[49] Green MA. Recent advances in silicon solar cell performance. Proc. 10th European Communities Photovoltaic Solar Energy Conf., Lisbon. Dordrecht: Kluwer Academic Publishers, 1991: 250～253.

[50] Verlinden P J, Swanson R M, Crane R A. 7000 high efficiency cells for a dream. Progress in Photovoltaics, 1994, 2: 143～152.

[51] Zhao J, Wang A, Taouk M, et al. 20% efficient photovoltaic module. Electron Device Letters, 1993, EDL-14: 539～541.

[52] Green M A. World solar challenge 1993: the trans-Australian solar car race. Progress in Photovoltaics, 1994, 2: 73～79.

[53] Green MA, Zhao J, Blakers A W, et al. 25% efficient low-resistivity silicon concentrator solar cells. IEEE Electron Device Letters, 1986, EDL-7: 583～585.

[54] Blakers A W, Kosel P B, Willison M R, et al. Fabrication of thick narrow electrodes on concentrator solar cells. J. Vac. Sci. Tech., 1982, 20: 13～15.

[55] Iles P A. A survey of grid technology. Conf. Record, 16th IEEE Photovoltaic Specialists Conf., San Diego, 1982: 340.

[56] Cuevas A, Sinton R A, Swanson R M. Point and planar-junction p-i-n silicon solar cells for concentration applications, fabrication, performance and stability. Conf. Record, 21st IEEE Photovoltaic Specialists Conf., Kissimimee, May, 1990: 327～332.

[57] Green M A. Silicon Soalr Cells: Advanced Principles & Practice. Dordrecht: Kluwer Academic, March 1995.

[58] Green MA, Zhao J, Wang A, et al. 45% efficient silicon photovoltaic cell under monochromatic light. IEEE Electron Device Letters, 1992, 13: 317～318.

[59] Balk P. The SI-SiO_2 System. Elsevier, Amstrdam, 1988.

[60] Aberle A, Glunz S, Warta W. Impact of illumination level and oxide parameters of shockley-read-hall recombination at the Si-SiO_2 interface. J. Appl. Phys., 1992, 71: 4422.

[61] Eades W, Swanson R. Calculation of the surface generation and recombination velocities at the Si-SiO_2 interface. J. Appl. Phys., 1985, 58: 4267

[62] Green M A, Wenham S R, Zhao J, et al. One-sun silicon solar cell research. Final Report, Sandia Contract 66-5863, 1992.

[63] Yablonovittch E, Swanson R M, Eades W D, et al. Electron-hole recombination at the Si-SiO_2 interface. Appl. Phys. Lett., 1986, 48: 245.

[64] Zhao J, Wang A, Green M A. 23.5% efficient silicon solar cells. Progress in Photovoltaics, 1994, 2: 227～230.

[65] Green M A, Emery K, Bucher K, et al. Solar cell efficiency tables (Version 5). Progress in Photovoltaics, 1995, 3: 51～55

[66] Green M A, Wenham S R. Silicon cells: single junction, one sun, terrestrial, single-& multi-crystalline. *In*: Partain L. Solar Cells and Their Applications. New York: Wiley, 1995.

[67] Mertens R. Silicon solar cells. 12th European Photovoltaic Solar Energy Conf., Amsterdam, 1994: 1～6.

[68] King R R, Mitchel K W, Gee J M. Back surface cell structures for reducing recombination in CZ silicon solar cells. Conf. Record, 1st World Conf. on Photovoltaic Energy Conversion, Hawaii, Dec., 1994.

[69] Wenham S R, Willison M R, Narayanan S, et al. Efficiency improvement in screen printed polycrystalline silicon solar cells by plasma treatment. 18th IEEE Photovoltaic Specialists Conf., Las Vegas, Oct., 1985: 1008.

[70] Szlufcik J, Elgamel H E, Ghannam M, et al. Simple integral screen printing process for selective emitter polycrystalline silicon solar cells. Appl. Phys. Lett., 1991, 59: 1583～1584.

[71] Wenham S R. Buried-contact silicon solar cells. Progress in Photovoltaics, 1993, 1: 3～10.

[72] Sopori G L, Jastrzebski L, Tan T Y, et al. Gettering effects in polycrystalline silicon, Conf. Proceedings, 12th, European Photovoltaic Solar Energy Conference, Amsterdam, April, 1994: 1003～1006.

[73] Maruyama M, Terakawa A, Taguchi M, et al. Sanyo's challenges to the development of high-efficiency HIT solar cells and the expansion of HIT business. Proceeding of the IEEE, 2006: 1455～1460.

[74] Tsunomura Y, Yoshimine Y, Tagnchi M, et al. Twenty-two percent efficiency HIT solar cell. Sol. Energy Mater. & Sol. Cells., 2008, 37: 1～4, 2008.

[75] Taguchi M, et al. Improvement of the conversion efficiency of polycrystalline silicon thin film solar cell. Proc. 5th PVSEC, 1990: 689～692.

[76] Taguchi M, et al. HIT^{HM}Cells-high efficiency crystalline si cells with novel structure. Prog. Photovolt: Res. Appl, 2000: 503～513.

[77] Der S, et al. Measurement of lifetime of carrier in semiconductors through microwave reflection. J. Appl. Phys., 1962, 33: 1604.

[78] Kurita K, et al. Low surface recombination velocity on silicon wafer suerface due to iodine-ethanol treatment. Jpn. J. Appl. Phys., 1999, 38: 5710～5714.

[79] Tanaka M, et al. Development of new a-Si/c-Si heterojunction solar cells: ACJ-HIT (artificially constructed junction-heterojunction with Intrinsic thin-layer). Jpn. J. Appl. Phys., 1992, 31: 3518～3522.

[80] Sasaki M, et al. Characterization of the defect density and band tail of an a-Si: H i-layer for solar cells by improved CPM measurements. Sol. Energy Mater. & Sol. Cell., 1994, 34, 541～547.

[81] Hishikawa Y, et al. Effects of the i-layer properties and impurity on the performance of a-Si solar cells. Sol. Energy Mater. & Sol. Cells., 1994, 34: 303～312.

[82] Hishikawa Y, et al. Interference-free determination of the optical absorption coefficient and the optical gap of amorphous silicon thin film. Jpn. J. Appl. Phys., 1991, 30: 1008～1014.

[83] Sawada T, et al. High efficiency a-Si/c-Si heterojuction solar cells. Proc. 1st WCPEC, 1994: 1219～1226.

第4章 高效Ⅲ-Ⅴ族化合物太阳电池

向贤碧 廖显伯 中国科学院半导体所

周期表中Ⅲ族元素与Ⅴ族元素形成的化合物简称为Ⅲ-Ⅴ族化合物。Ⅲ-Ⅴ族化合物是继锗（Ge）和硅（Si）材料以后发展起来的半导体材料。由于Ⅲ族元素与Ⅴ族元素有许多种组合可能，因而Ⅲ-Ⅴ族化合物材料的种类繁多。其中最主要的是砷化镓（GaAs）及其相关化合物，称为GaAs基系Ⅲ-Ⅴ族化合物，其次是以磷化铟（InP）和相关化合物组成的InP基系Ⅲ-Ⅴ族化合物。但近年来在高效叠层电池的研制中，人们普遍采用3元和4元的Ⅲ-Ⅴ族化合物作为各个子电池材料，如GaInP、AlGaInP、InGaAs、GaInNAs等材料，这就把GaAs和InP两个基系的材料结合在一起了。

以GaAs为代表的Ⅲ-Ⅴ族化合物材料有许多优点，例如，它们大多具有直接带隙的能带结构，光吸收系数大，还具有良好的抗辐射性能和较小的温度系数，因而GaAs材料特别适合于制备高效率、空间用太阳电池。GaAs太阳电池，无论是单结电池还是多结叠层电池所获得的转换效率都是至今所有种类太阳电池中最高的（见表4.1）。2006年底，美国Spectrolab公司（光谱实验室）已研制出效率高达40.7%的GaInP/GaInAs/Ge三结叠层聚光太阳电池[1]。2009年1月16日德国弗朗和费（Fraunhofer）太阳能研究所宣布，他们研制叠层太阳电池GaInP/GaInAs/Ge的在454倍AM1.5D光强下效率达到41.1%[2]。图4.1示出了他们研制高效太阳电池的照片，图4.2给出了该太阳电池的光照 *I-V* 曲线。2009年9月，Spectrolab公司报道了新进展，他们研制的晶格匹配GaInP/GaInAs/Ge三结叠层聚光电池（0.3/74cm^2），由于减小了栅极挡光面积，在346倍AM1.5D光强下效率为41.6%。2010年6月日本夏着公司在第35届IEEE光伏专家会议上报道，他们采用反向外延技术生长的GaInP/GaInAs/GaInAs三结叠层电池，在1倍AM1.5D太阳光强下效率为35.8%，在230倍聚光下效率达到42.1%。

表4.1 各类太阳电池效率的世界记录（2002年）

Cell	效率/%	面积/cm^2	光强/sun	光谱	备注
GaAs	25.1±0.8	3.9	1	地面光谱	Kopin，AlGaAs窗口
GaAs(薄膜)	23.3±0.7	4.0	1	地面光谱	Kopin，5mm
GaAs(多晶)	18.2±0.5	4.0	1	地面光谱	Res，Triangle Inst(RTI) Ge衬底

续表

Cell	效率/%	面积/cm^2	光强/sun	光谱	备注
InP	21.9±0.7	4.0	1	地面光谱	Spire，外延
GaInP/GaAs	30.3	4.0	1	地面光谱	Japan Energy
GaInP/GaAs/Ge	28.7±1.4	29.93	1	地面光谱	Spectrolab
Si	24.7±0.5	4.0	1	地面光谱	UNSW，PERL
GaAs	27.6±1.0	0.13	255	直射光谱	Spire
GaInAsP	27.5±1.4	0.08	171	直射光谱	NREL，ENTECH 封装
InP	24.3±1.2	0.08	99	直射光谱	NREL，ENTECH 封装
GaInP/GaAs/Ge	32.4±2.0	0.1025	414	直射光谱	Spectrolab
GaAs/GaSb	32.6±1.7	0.053	100	直射光谱	Boeing，四端器件 机械叠层
InP/GaInAs	31.8±1.6	0.063	50	直射光谱	NREL，三端器件 单片
GaInP/GaAs	30.2±1.4	0.103	180	直射光谱	NREL，单片
Si	26.8±0.8	1.6	96	直射光谱	SunPower，背面接触

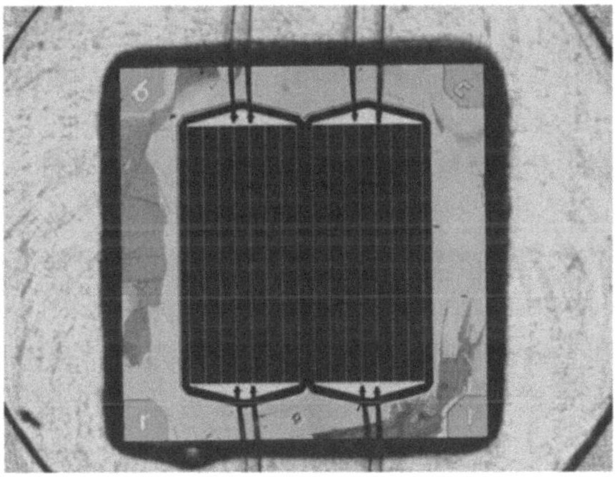

图 4.1　弗朗和费学会太阳能研究所研制的效率高达 41.1%的 GaInP/GaInAs/Ge 叠层太阳电池

尽管 GaAs 太阳电池及其他Ⅲ-Ⅴ族化合物太阳电池具有上述诸多优点，但由于其材料价格昂贵、制备技术复杂，导致太阳电池的成本远高于 Si 太阳电池，因而除了空间应用之外，GaAs 太阳电池的地面应用很少。但近几年来，叠层电池效率的迅速提高以及聚光太阳电池技术的发展和设备的不断改进，使聚光Ⅲ-Ⅴ族化合物太阳电池系统的成本已大大降低，因而Ⅲ-Ⅴ族化合物太阳电池的地面应用已成为现实可能。以下本章将介绍Ⅲ-Ⅴ族化合物太阳电池的特点、制备技术、发展历史和研究及其应用现状。

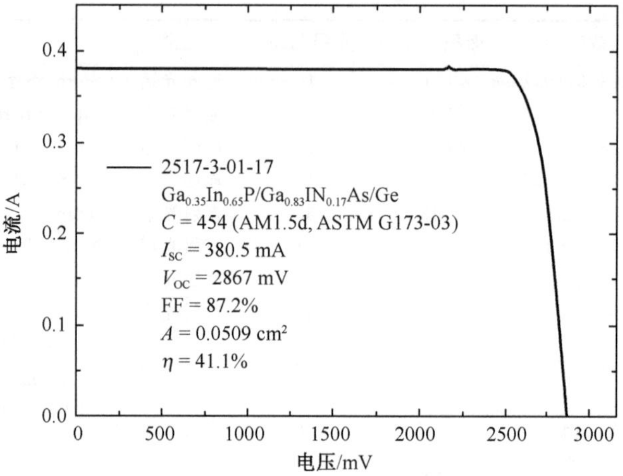

图 4.2　图 4.1 所示的 GaInP/GaInAs/Ge 叠层太阳电池的光照 *I-V* 曲线

4.1　Ⅲ-Ⅴ族化合物材料及太阳电池的特点

Ⅲ-Ⅴ族化合物半导体材料中最具代表性的是 GaAs 材料。GaAs 材料的研究始于 20 世纪 50 年代。60 年代初，发现 GaAs 具有独特的发光特性，并研制出了 GaAs 红外激光器。60 年代末，国外开始了 GaAs 太阳电池的研究。由于 GaAs 材料具有许多优良的性质，GaAs 太阳电池的效率提高很快，迅速超过了其他各种材料制备的太阳电池的效率。几十年来，随着光电子技术产业的迅速发展，GaAs 材料和器件的研究已日趋成熟。本小节将介绍 GaAs 材料和 GaAs 太阳电池的性质和特点。

GaAs 是一种典型的Ⅲ-Ⅴ族化合物半导体材料。GaAs 的晶格结构与硅相似，属于闪锌矿晶体结构；与硅不同的是，Ga 原子和 As 原子交替地占位于沿体对角线位移 1/4（111）的各个面心立方的格点上。与 Si 材料相比较，GaAs 材料具有以下优点：

（1）GaAs 具有直接带隙能带结构，其带隙宽度 $E_g = 1.42$eV（300K），处于太阳电池材料所要求的最佳带隙宽度范围。目前 GaAs 单结太阳电池以及与其他相关材料组成的叠层电池所获得的效率是所有类型太阳电池中最高的，如表 4.1 所示，列出了 2002 年各类太阳电池效率的世界记录[3]。

表 4.2 列出了 2008 年各类太阳电池及小组件效率的认证结果[4]，表 4.3 列出了 2008 年各类聚光太阳电池及小组件效率的认证结果[5]。从表 4.2 和表 4.3 看出，无论是 GaAs 单结电池，还是 GaInP/GaAs 两结叠层电池，以及 GaInP/

GaAs/Ge 三结叠层电池的效率都是所有种类太阳电池中最高的。而且只有 GaInP/GaAs 两结叠层电池，以及 GaInP/GaAs/Ge 三结叠层电池的效率超过了 30%，聚光 GaInP/GaAs/Ge 三结叠层电池的效率达到了 40.7%。

表 4.2　2008 年各类太阳电池及小组件效率的认证结果

（测量条件 AM1.5（1000W/M²），25℃）

电池类别	效率/%	面积/cm^2	V_{oc}/V	J_{sc}/(mA/cm^2)	FF/%	测试单位及日期	备注
硅							
Si(单晶)	24.7±0.5	4.00	0.706	42.2	82.8	Sandia(3/99)	UNSW PERL
Si(多晶)	20.3±0.5	1.002	0.664	37.7	80.9	NREL(5/04)	FhG-ISE
Si(薄膜)	16.6±0.4	4.017	0.645	32.8	78.2	FhG-ISE(7/01)	U. Strttgart(45μm厚)
Si(薄膜组件)	10.4±0.3	94.0	0.492	29.5	72.1	FhG-ISE(8/07)	CSG Solar(1-2μm 玻璃衬底 20 个电池)
Ⅲ-Ⅴ电池							
GaAs(单晶)	25.1±0.8	3.91	1.022	28.2	87.1	NREL(3/90)	Kopin. AlGaAs 窗口
GaAs(薄膜)	24.5±0.5	1.002	1.029	28.8	82.5	FhG-ISE(5/05)	Radboud U,NL
GaAs(多晶)	18.2±0.5	4.011	0.994	23.0	79.7	NREL(11/95)	RTI,Ge 衬底
Inp(单晶)	21.9±0.7	4.02	0.878	29.3	85.4	NREL(4/90)	Spire,外延
Ⅱ-Ⅵ族薄膜							
ClGS(电池)	18.8±0.6	1.00	0.703	34.0	78.7	FhG-ISE(8/06)	NREL，CIGS 玻璃衬底
GIGS(组件)	16.6±0.4	16.0	0.661	33.4	75.1	FhG-ISE(3/00)	U. Uppsala，4 个串联电池
CdTe(电池)	16.5±0.5	1.032	0.845	25.9	75.5	NREL(9/01)	NREL,玻璃衬底
非晶硅/纳米硅							
Si(非晶)	9.5±0.3	1.070	0.859	17.5	63.0	NREL(4/03)	U. Neuchatel
Si(纳米晶)	10.1±0.2	1.199	0.539	24.4	76.6	JQA(12/97)	Kaneka(2μm 玻璃衬底)
光化学							
染料敏化电池	10.4±0.3	1.004	0.729	21.8	65.2	AIST(8/05)	Sharp
染料敏化电池组件	7.9±0.3	26.48	6.27	2.01	62.4	AIST(6/07)	Sharp
有机电池							
有机聚合物电池	5.15±0.3	1.021	0.876	9.40	62.5	NREL(12/06)	Konarka
多结器件							
GaInP/GaAs/Ge	32.0±1.5	3.989	2.622	14.37	85.0	NREL(1/03)	Spectrolab(单片)
GaInP/GaAs	30.3	4.0	2.488	14.22	85.6	JQA(4/96)	Japan energy(单片)
GaAs/CIS(薄膜)	25.8±1.3	4.00	—	—	—	NREL(11/89)	Kopin/Boeing(四端器件)
a-Si/μc-Si(薄膜组件)	11.7±0.4	14.23	5.462	2.99	71.3	AIST(9/04)	Kaneka(薄膜)

表 4.3 2008 年各类聚光太阳电池及小组件效率的认证结果（测量条件 AM1.5D，25℃）

电池类别	效率/%	面积/cm²	光强/sun	测试单位及日期	备注
单晶电池					
GaAs	27.8±1.0	0.203	216	Sandia(8/88)	Varian，Entech 封装
Si	27.3±1.0	1.00	93	FhG-ISE(9/07)	Amonix 背面接触
GIGS(薄膜)	21.5±1.5	0.102	14	NREL(2/01)	NREL
多结电池					
GaInP/GaAs/Ge(2 端)	34.7±1.7	0.267	333	NREL(9/03)	Spectrolab，单片
电池小组件					
GaInP/GaAs/Ge	27.0±1.5	34	10	NREL(5/00)	ENTECH
电池组件					
Si	20.3±0.8	1875	80	Sandia(4/89)	Sandia/UNSW/ENTECH 12 个电池
低-AOD 光谱					
GaInP/GaInAs/Ge(2 端)	40.7±2.4	0.267	240	NREL(9/06)	Spectrolab 晶格失配
Si	27.6±1.0	1.00	92	FhG-ISE(11/04)	Amonix 背面接触
若干高效电池					
GaAs/GaSb(4 端)	32.6±1.7	0.053	100	Sandia(10/89)	Boeing 机械叠层
InP/GaInAs(3 端)	31.8±1.6	0.063	50	NREL(8/90)	NREL，单片
GaInP/GaInAs(2 端)	30.2±1.2	0.1330	300	NREL/FhGISE (6/01)	Fraunbofer，单片
GaAs(高光强)	26.2±1.0	0.203	1000	Sandia(8/88)	Varian
Si(大面积)	21.6±0.7	20.0	11	Sandia(9/90)	UNSW 激光刻槽

(2) 由于 GaAs 材料具有直接带隙结构，因而它的光吸收系数大。GaAs 的光吸收系数，在光子能量超过其带隙宽度后，剧升到 $10^4 cm^{-1}$ 以上，如图 4.3 所示。经计算，当光子能量大于其 E_g 的太阳光进入 GaAs 后，仅经过 1μm 左右的厚度，其光强因本征吸收激发光生电子-空穴对便衰减到原值的 1/e 左右，这里 e 为自然对数的底，经过 3μm 以后，95%以上的这一光谱段的阳光已被 GaAs 吸收。所以，GaAs 太阳电池的有源区厚度多选取在 3μm 左右。这一点与具有间接能带隙的 Si 材料不同。Si 的光吸收系数在光子能量大于其带隙宽度（E_g = 1.12eV）后是缓慢上升的，在太阳光谱很强的可见光区域，它的吸收系数都比 GaAs 的小一个数量级以上。因此，Si 材料需要厚达数十甚至上百微米才能充分吸收太阳光，而 GaAs 太阳电池的有源层厚度只有 3～5 μm。

(3) GaAs 基系太阳电池具有较强的抗辐照性能。辐照实验结果表明，经过 1MeV 高能电子辐照，即使其剂量达到 $1\times10^{15} cm^{-2}$ 之后，GaAs 基系太阳电池的能量转换效率仍能保持原值的 75%以上，而先进的高效空间 Si 太阳电池在经受同样辐照的条件下，其转换效率只能保持其原值的 66%。对于高能质子辐照的情形，两者的差异尤为明显。以低地球轨道的商业卫星发射为例，对于初期效

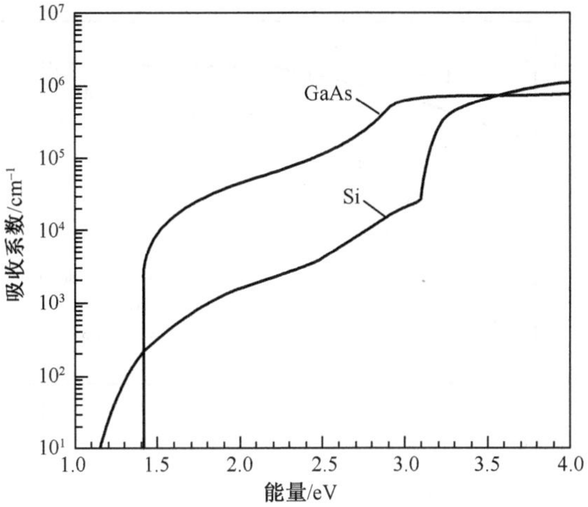

图 4.3　Si 和 GaAs 材料的光吸收系数随光波长的变化

率（BOL 效率）分别为 18%和 13.8%的 GaAs 电池和 Si 电池，初始两效率之比为 1.3。然而经低地球轨道运行的质子辐照后，其终期效率（EOL 效率）将分别下降为 14.9%和 10.0%，此时 GaAs 电池的 EOL 效率为 Si 电池的 1.5 倍。图 4.4 示出了各类太阳电池在 1MeV 电子辐照后效率衰退与辐照剂量的关系曲线[5]。图 4.5 示出了各类太阳电池在 1MeV，$1\times10^{15}/cm^2$ 电子辐照后效率衰退与光吸收系数的关系曲线[5]。从图 4.4 和图 4.5 看出，大多数Ⅲ-Ⅴ族化合物太阳电池的抗辐照性能都好于 Si 太阳电池，抗辐照性能最好的是 InP 太阳电池。但Ⅱ-Ⅵ族化合物太阳电池，如 CuInSe 太阳电池的抗辐照性能超过了 InP 太阳电池，是抗辐照性能最好的太阳电池。

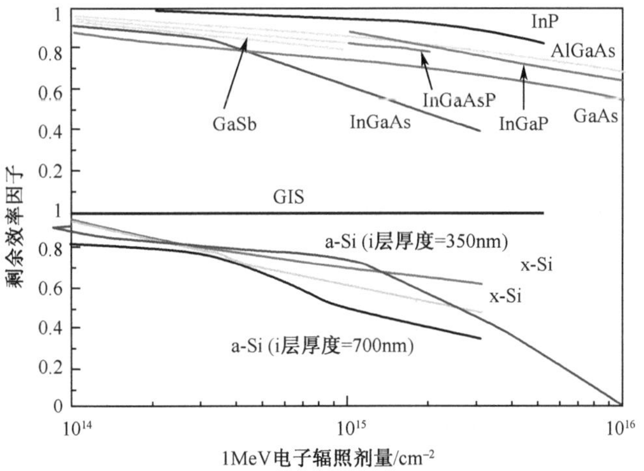

图 4.4　1MeV 电子辐照剂量与各类太阳电池效率衰退的关系[5]

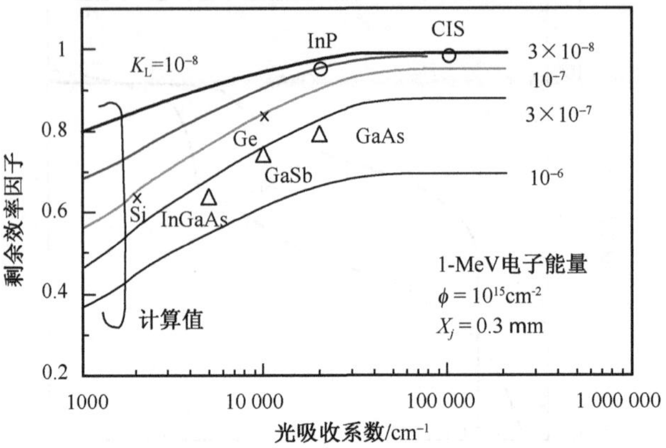

图 4.5　具有不同光吸收系数的各类太阳电池经 1MeV，$10^{15}cm^{-2}$ 剂量的电子辐照后，剩余效率的实验值与理论计算结果的比较[5]

(4) GaAs 太阳电池的温度系数较小，能在较高的温度下正常工作。太阳电池的效率随温度的升高而下降，这主要是由于电池的开路电压 V_{oc} 随温度升高而下降的缘故；而电池的短路电流 I_{sc} 随温度升高还略有增加。在较宽的温度范围内，电池效率随温度的变化近似是线性关系，GaAs 电池效率的温度系数约为 −0.23%/℃，而 Si 电池效率的温度系数约为 −0.48%/℃。GaAs 电池效率随温度升高的降低比较缓慢，因而可以工作在更高的温度范围。例如，当温度升高到 200℃，GaAs 电池效率下降近 50%，而硅电池效率下降近 75%。这是因为 GaAs 的带隙较宽，要在较高的温度下才会产生明显的载流子的本征激发，因而 GaAs 材料的暗电流随温度的提高增长较慢，这就使与暗电流有关的 GaAs 太阳电池的开路压 V_{oc} 减小较慢，因而效率降低较慢。

GaAs 基系太阳电池的上述优点正好符合空间环境对太阳电池的要求：效率高、抗辐照性能好、耐高温、可靠性好。因此，GaAs 基系太阳电池在空间科学领域正逐渐取代 Si 太阳电池，成为空间能源的重要组成部分。

但是，GaAs 基系太阳电池也有其固有的缺点，主要有以下几方面：① GaAs材料的密度较大（5.32g/cm³），为 Si 材料密度（2.33g/cm³）的两倍多；② GaAs 材料的机械强度较弱，易碎；③ GaAs 材料价格昂贵，约为 Si 材料价格的 10 倍。所以，GaAs 基系太阳电池的效率尽管很高，但因有这些缺点，多年来一直得不到广泛应用，特别是在地面领域的应用微乎其微。

InP 基系太阳电池的抗辐照性能比 GaAs 基系太阳电池还好，但转换效率略低，而且 InP 材料的价格比 GaAs 材料更贵。所以，长期以来对单结 InP 太阳电池的研究和应用较少。但在叠层电池的研究开展以后，InP 基系材料得到了广泛的应用。用 InGaP 三元化合物制备的电池与 GaAs 电池相结合，作为两结和三结叠层电池的顶电池具有特殊的优越性。GaInP/GaInAs/Ge 三结叠层聚光电池已获得了高达 40.7%的效率，并在空间能源领域获得了日益广泛的应用。

4.2　Ⅲ-Ⅴ族化合物太阳电池的制备方法

4.2.1　液相外延技术

在Ⅲ-Ⅴ族化合物太阳电池研究初期，人们普遍采用液相外延（LPE）技术来制备 GaAs 及其他相关化合物太阳电池，获得了效率高于 20%的 GaAs 太阳电池。现以 GaAs 材料的生长为例简单介绍 LPE 技术的原理。

金属 Ga 与高纯 GaAs 多晶或单晶材料在高温下（约 800℃）形成饱和溶液(称为母液)，然后缓慢降温，在降温过程中母液与 GaAs 单晶衬底接触；由于温度降低，母液变为过饱和溶液，多余的 GaAs 溶质在 GaAs 单晶衬底上析出，沿着衬底晶格取向外延生长出新的 GaAs 单晶层。LPE 是一种近似热平衡条件下的外延生长技术，因而生长出的外延层的晶格完整性很好；另外，由于在外延生长过程中杂质在固/液界面存在分凝效应，所以生长出的 GaAs 外延层的纯度很高。选择适当的掺杂剂，很容易在 LPE-GaAs 外延生长中实现 n 型或 p 型掺杂。n 型掺杂剂通常采用 Sn、Te、Si 等Ⅳ族或Ⅵ族元素；而 p 型掺杂剂通常采用 Zn、Mg 等Ⅱ族元素。外延层的掺杂浓度的控制通过调节掺杂剂与母液的克原子比和生长温度来实现。外延层的厚度由生长温度和生长的降温范围决定。液相外延生长系统的结构如图 4.6 所示。系统由外延炉、石英反应管、石墨生长舟、氢气发生器以及真空机组组成。中国科学院半导体所曾在 20 世纪 80 年代初期利用 LPE 法生长出了高纯度、高完整性的 GaAs 外延材料。其室温和低温（77K）电子迁移率分别高达到 $9000cm^2/(V \cdot s)$ 和 $195000cm^2/(V \cdot s)$，本征载流子浓度低达 $1 \times 10^{13}cm^{-3}$，达到世界先进水平[6]。

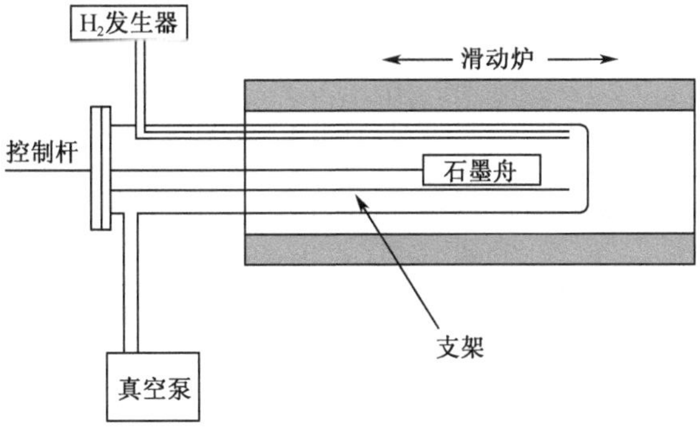

图 4.6　液相外延生长系统的结构图

LPE技术的优点是设备简单，价格便宜，生长工艺也相对简单、安全，毒性较小。LPE技术的缺点主要是难以实现多层复杂结构的生长。因为液相外延生长受相图和溶解度等因素的限制，有许多异质结构不能用LPE技术生长出来。例如，很难在Si衬底上和Ge衬底上外延GaAs。因为Si或Ge在Ga母液中的溶解度非常大，在外延生长的高温下，Si或Ge衬底几乎完全被Ga母液溶解，因而不能实现GaAs/Si，GaAs/Ge的外延生长。即便换成Sn作母液，情况改善也不多。其次，LPE生长的外延层的厚度不能精确控制，厚度均匀性较差，小于1μm的薄外延层生长困难；另外，LPE外延片的表面形貌不够平整。由于LPE技术的上述缺点，近10年来已逐渐被MOCVD技术和MBE技术所取代。但作者注意到，国外的一些研究小组仍然坚持用LPE技术研制聚光GaAs太阳电池，取得了很好的成果。相关内容将在4.3.1.1节中介绍。

4.2.2 金属有机化学气相沉积技术

金属有机化学气相沉积（MOCVD）技术，也称金属有机气相外延（MOVPE）技术，是目前研究和生产Ⅲ-Ⅴ族化合物太阳电池的主要技术手段。它的工作原理是在真空腔体中用携带气体H_2通入三钾基镓（TMGa）、三钾基铝（TMAl）、三钾基铟（TMIn）等金属有机化合物气体和砷烷（AsH_3）、磷烷（PH_3）等氢化物，在适当的温度条件下，这些气体进行多种化学反应，生成GaAs、GaInP、AlInP等Ⅲ-Ⅴ族化合物，并在GaAs衬底或Ge衬底上沉积，实现外延生长。n型掺杂剂为硅烷（SiH_4），H_2Se，p型掺杂剂采用二乙基锌（DEZn）或CCl_4。MOCVD生长系统的结构示意图如图4.7所示[7]。

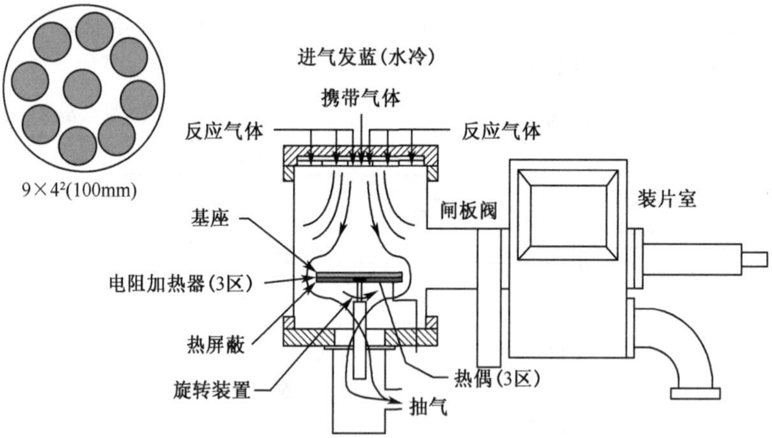

图4.7　立式MOCVD设备示意图[7]

同 LPE 技术相比较，MOCVD 技术的设备和气源材料的价格昂贵，技术复杂，而且这种气相外延生长使用的各种气源，包括各种金属有机化合物以及砷烷（AsH_3）、磷烷（PH_3）等氢化物都是剧毒气体，因而 MOCVD 技术具有一定的危险性。但是 MOCVD 技术在材料生长方面有一些突出的优点。例如，用 MOCVD 技术生长出的外延片表面光亮，各层的厚度均匀，浓度可控，因而研制出的太阳电池效率高，成品率也高。用 MOCVD 技术容易实现异质外延生长，可生长出各种复杂的太阳电池结构，因而有潜力获得更高的太阳电池转换效率。因为在同一次 MOCVD 生长过程中，只需通过气源的变换，便可以生长出不同成分的多层复杂结构，增大了电池设计的灵活性，使多结叠层电池结构的生长成为可能。而且近年来，各 MOCVD 设备生产厂家已对设备进行了改进，实现了一炉多片生长，扩大了 MOCVD 设备的生产规模，因而可大大降低生产成本。

MOCVD 一般采用低压（约 0.1bar）生长，生长系统要求有严格的气密性，以防止这些剧毒气体泄漏，同时避免系统被漏进的氧和水汽等沾污。MOCVD 的生长参数包括气体压力、气体流速、Ⅴ/Ⅲ气体比率、生长温度以及 GaAs 或 Ge 衬底的晶体取向等。

4.2.3　分子束外延技术

分子束外延（MBE）技术是另一种先进的Ⅲ-Ⅴ族化合物材料生长技术。它已经有三十几年的发展历史。MBE 技术的工作原理与真空蒸发镀膜技术的原理是相似的，只是 MBE 技术要求的真空度比真空蒸发镀膜技术要高得多，但其蒸发的速率则慢得多。MBE 技术的工作原理是，在一个超高真空的腔体中（$<10^{-10}$ Torr），用适当的温度分别加热各个源材料，如 Ga 和 As，使其中的分子蒸发出来，这些蒸发出来的分子在它们的平均自由程的范围内到达 GaAs 或 Ge 衬底并进行沉积，生长出 GaAs 外延层。MBE 技术的特点是：① 生长温度低，生长速度慢，可以生长出极薄的单晶层，甚至可以实现单原子层生长；② MBE技术很容易在异质衬底上生长外延层，实现异质结构的生长；③ MBE 技术可严格控制外延层的层厚，组分和掺杂浓度；④ MBE 生长出的外延片的表面形貌好，平整光洁。

MBE 技术在量子阱激光器材料、超晶格材料、二维电子气等领域获得了巨大成功，但在太阳电池研究领域它的应用比 MOCVD 技术要少得多；MBE 制备的太阳电池的效率也不如 MOCVD 制备的太阳电池的效率高，这可能与 MBE 的生长机制是非平衡过程有关。另外，MBE 的设备复杂，价格昂贵，而且生长速率太慢，不易产业化，也影响了它在太阳电池研究领域的发展。但近两年来，随着量子阱，量子点太阳电池研究的升温，MBE 技术在太阳电池研究领域的应用已愈来愈多。图 4.8 给出了用于Ⅲ-Ⅴ族材料生长的 MBE 设备的示意图[7]。

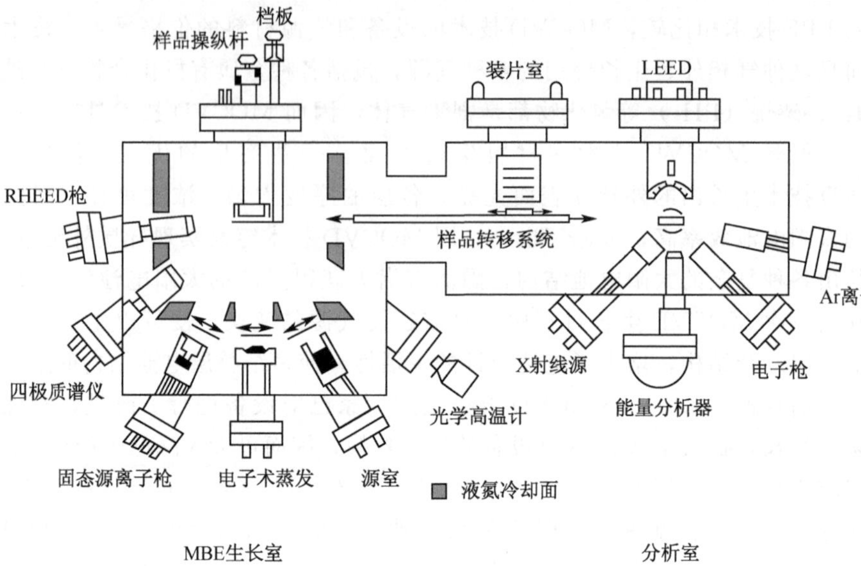

图 4.8 用于Ⅲ-Ⅴ族材料生长的 MBE 设备的示意图

4.3 Ⅲ-Ⅴ族化合物太阳电池的发展历史

GaAs 太阳电池是众多Ⅲ-Ⅴ族太阳电池中研究得最深入、应用最广泛的一种太阳电池，是Ⅲ-Ⅴ族太阳电池的典型代表。本章以 GaAs 太阳电池为主来介绍Ⅲ-Ⅴ族太阳电池的发展历史。

4.3.1 GaAs 基系单结太阳电池

4.3.1.1 GaAs/GaAs 同质结太阳电池

GaAs 太阳电池的研究始于 20 世纪 60 年代。尽管从 GaAs 材料的优良性质预见到 GaAs 太阳电池可获得高的转换效率，但初期的研究并不顺利。人们用研究 Si 太阳电池的方法来研究 GaAs 太阳电池未获得成功。这是因为 GaAs 体单晶材料的质量远比 Si 体单晶材料的质量差。GaAs 是二元化合物，它的问题比单质 Si 材料的问题复杂得多，因而 GaAs 体单晶材料无论是纯度还是完整性都远不如 Si 体单晶材料好。用简单的扩散技术制成的 GaAs 的 p/n 结性能很差，不能满足器件的要求。与其他的 GaAs 光电子器件一样，GaAs 太阳电池必须采用外延材料来制作。在研究初期，人们普遍采用液相外延（LPE）技术来研制 GaAs 太阳电池。衬底采用 GaAs 单晶片，生长出的电池为 GaAs/GaAs 同质结太阳电池。前面已经介绍过，LPE 技术的设备简单，价格便宜，生长工艺也相对简单、安全，毒性较小，是生长 GaAs 太阳电池材料的简便易行的技术。

用 LPE 技术研制 GaAs 太阳电池时遇到的主要问题是 GaAs 材料的表面复合速

率高。因为 GaAs 是直接带隙材料，对短波长光子的吸收系数高达 $10^5 cm^{-1}$ 以上，高能量光子基本上被数百埃厚的表面层吸收，在表面层附近产生了大量的光生载流子，但许多光生载流子被表面复合中心复合掉了，不能被收集成为太阳电池的电流。因而，高的表面复合速率大大降低了 GaAs 太阳电池的短路电流 I_{sc}；加之，GaAs 没有像 SiO_2/Si 那样好的表面钝化层，不能用简单的钝化技术来降低 GaAs 表面复合速率。因而，在 GaAs 太阳电池研究的初期，电池效率长时间未能超过10%。直到 1973 年，Hovel 等提出在 GaAs 表面生长一薄层 $Al_xGa_{1-x}As$ 窗口层后，这一困难才得以克服[8]。当 $x=0.8$ 时，$Al_xGa_{1-x}As$ 是间接带隙材料，$E_g\approx$ 2.1eV，对光的吸收很弱，大部分光将透过 $Al_xGa_{1-x}As$ 层进入到 GaAs 层中，$Al_xGa_{1-x}As$ 层起到了窗口层的作用。由于 $Al_xGa_{1-x}As$/GaAs 界面晶格失配小，界面态的密度低，对光生载流子的复合较少；而且 $Al_xGa_{1-x}As$ 与 GaAs 的能带带阶主要发生在导带边，即 $\Delta E_C \gg \Delta E_V$，如果 $Al_xGa_{1-x}As$ 为 p 型层，那么 ΔE_C 可以构成少子（电子）的扩散势垒，从而减小了光生电子的反向扩散，降低了表面复合。同时 ΔE_V 不高，基本上不会妨碍光生空穴向 p 边的输运和收集。采用 $Al_xGa_{1-x}As$/GaAs 异质界面结构使 LPE-GaAs 电池的效率迅速提高，最高效率超过了 20%。1997 年俄罗斯约飞技术物理所（Ioffe Physical-Technical Institute）的 V. M. Andreev 等报道，他们用 LPE 技术研制的 GaAs 太阳电池，在 AM0 光谱，100 倍的聚光条件下，效率高达 24.6%（AM0，100 倍太阳光强）[9]。而 1995 年西班牙 Cuidad 大学的 Estibaliz Ortiz 等研制的 LPE-GaAs 太阳电池，在 AM1.5 光谱，600 倍聚光条件下，效率高达 25.8%，（AM1.5，600 倍太阳光强）[10]。图 4.9 示出了 Estibaliz Ortiz 等研制的 LPE-$Al_xGa_{1-x}As$/GaAs 异质结构太阳电池的结构图。

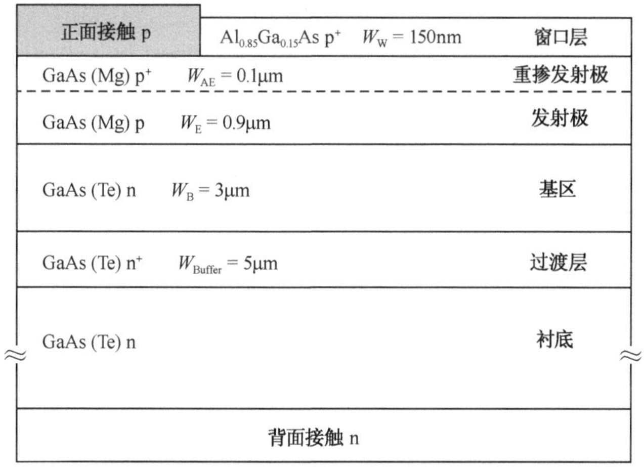

图 4.9　西班牙 Cuidad 大学研制的高效 LPE-$Al_xGa_{1-x}As$/GaAs 异质结构太阳电池的结构图

国内几家研究单位，从 20 世纪 80 年代开始用 LPE 技术研制 GaAs/GaAs 单结太阳电池，取得了很好的成果。作者所在的中国科学院半导体所，在国家自然科学基金和“863”计划的支持下，发展了两步外延法和多片 LPE 技术，多片外延的规模达到了每炉生长 20 片 GaAs 外延片，1993 年用此技术研制的 p^+/n 型 $Al_xGa_{1-x}As/GaAs$ 异质界面太阳电池的效率达到 19.34%（4.4cm²，AM0，28℃），达到当时国外同类电池的先进水平[11]。

LPE-GaAs 太阳电池在空间能源领域得到了很好的应用。一个典型的例子是苏联于 1986 年发射的和平号轨道空间站，上面装备了 10kW 的 $Al_xGa_{1-x}As/GaAs$ 异质界面太阳电池，单位面积比功率达到 180W/m²。这些 GaAs 太阳电池便是用 LPE 技术生产的。据 1994 年 IEEE 光伏会上报道，这些 GaAs 太阳电池阵列在空间运行 8 年后输出功率总衰退不超过 15%[12]。

1990 年以后，MOCVD 技术逐渐被应用到 GaAs 太阳电池的研究和生产中。MOCVD 技术生长的外延片表面平整，各层的厚度和浓度均匀并可准确控制。因而用 MOCVD 技术制备的 GaAs 太阳电池的性能明显改进，效率进一步提高，最高效率已超过 25%。

GaAs 太阳电池的器件工艺主要包括光刻、蒸发、合金、退火、选择腐蚀等。器件工艺的优化对电池效率的提高十分重要，与图 4.9 所示的 n 型 GaAs 衬底接触的背面电极材料是 AuGeNi/Au，与 p^+ GaAs 接触的正面电极材料是 Cr/Au、Ti/Au 或 Ti/Pa/Ag。图 4.10 给出了一个典型的 MOCVD 高效 GaAs 太阳电池的光照 *I-V* 曲线，这个太阳电池是作者的实验室在 1999 年研制的，效率达到 21.95%（AM0，4cm²），经北京市太阳能研究所和航天部 514 所联合测试标定。

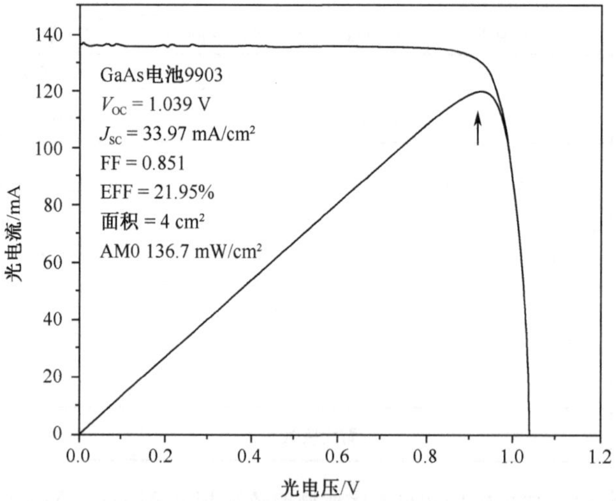

图 4.10 中国科学院半导体所研制的高效 MOCVD-GaAs 太阳电池的光 *I-V* 曲线

4.3.1.2 GaAs/Ge 异质结太阳电池

用 LPE 技术和 MOCVD 技术在 GaAs 衬底上生长的 GaAs/GaAs 同质结太阳电池获得了大于 20%的高效率，为 GaAs 太阳电池的空间应用打下了很好的基础。但如前面所述，GaAs 材料存在密度大、机械强度差、价格贵等缺点，又使 GaAs 太阳电池的空间应用受到限制。人们想寻找一种廉价材料来替代 GaAs 衬底，形成 GaAs 异质结太阳电池，以克服上述缺点。由于 Si 材料具有密度小、机械强度强、价格便宜等许多优点，人们自然首先想到用 Si 衬底来代替 GaAs 衬底，试图生长出 GaAs/Si 异质结太阳电池。在本章 4.2.1 节已经介绍过，用 LPE 技术不可能生长出 GaAs/Si 异质结，采用先进的 MBE 技术和 MOCVD 技术，可以在 Si 衬底生长出 GaAs 外延层，但由于 GaAs 与 Si 两者的晶格常数相差太大（4%），热膨胀系数相差两倍，也很难生长出晶格完整性好的 GaAs 外延层；而且，即便在 Si 衬底上生长出了 GaAs 外延层，但当生长出的 GaAs 外延层的厚度约大于 4μm 时，便会出现龟裂。T. Soga 等用多次循环热退火方法对 MOCVD 生长出的 GaAs/Si 外延片进行处理，使外延片的质量得到很大改进，但位错密度仍然很高（大于 $10^5 cm^{-2}$），因而制备出的 GaAs/Si 太阳电池的效率受到限制[13]。由于上述困难不易克服，20 世纪 90 年代中期以后，GaAs/Si 异质结的研究报道逐渐减少。近年来，随着多结叠层电池研究的进展，对 Si 衬底上生长 GaAs 外延层的研究课题表现出新的兴趣。

由于在 Si 上生长 GaAs 存在诸多困难，注意力转向了 Ge 衬底。Ge 的晶格常数（5.646Å）与 GaAs 的晶格常数（5.653Å）相近；热膨胀系数两者也比较接近；所以容易在 Ge 衬底上实现 GaAs 单晶外延生长。Ge 衬底不仅比 GaAs 衬底便宜，而且机械牢度是 GaAs 的两倍，不易破碎，从而提高了电池的成品率。

在本章 4.2.1 节和 4.2.2 节中已经论述过，采用 LPE 技术不可能实现 GaAs/Ge 异质结构的生长，而用 MOCVD 技术和 MBE 技术则容易实现 GaAs/Ge 异质结构的生长。用 MOCVD 技术在 Ge 衬底上生长 GaAs 外延层的技术关键是避免在 GaAs/Ge 界面形成寄生的 p/n 结，而将此界面变为有源界面。因为这一寄生的 Ge p/n 结的极性可能与 GaAs p/n 结的极性相反，这使太阳电池的开路电压 V_{oc} 下降；即使寄生的 Ge p/n 结的极性与 GaAs-p/n 结的极性相同，但 Ge p/n 结的电流同 GaAs p/n 结的电流不相匹配将导致太阳电池的短路电流 I_{sc} 下降，因而使得太阳电池的效率下降；同时，Ge 的温度系数较大，寄生的 Ge p/n 结的存在也降低了电池的耐温性能。寄生结的形成可能同 Ga 原子在 Ge 中扩散较快，在 Ge 中形成了 p 型掺杂有关。解决这一问题的途径是采用两步生长法，首先在 600～630℃下用慢速（0.2μm/h）在 Ge 衬底上生长一薄层（1000Å）GaAs 层，然后在 680℃或 730℃下快速（4μm/h）生长较厚（3.2μm）的 GaAs

基区。Ge 衬底的晶体取向也会影响外延层的表面形貌，以（001）面偏向［110］方向 6°为佳[14]。如在 Ge 衬底与 GaAs 外延层之间插入一薄层$Al_{0.16}Ga_{0.84}As$过渡层（50nm），可以进一步改善异质界面的晶格匹配，从而提高 GaAs/Ge 电池的 V_{oc}和转换效率[15]。

近年来，大型 MBE 设备也加入到研制 GaAs/Ge 电池的行列，对 GaAs/Ge 界面上反向畴（APD）、螺旋位错以及非控制界面扩散等关键因素进行了研究[16]。结果表明，为了消除界面缺陷，关键的工艺步骤是首先在 Ge 衬底上外延生长一薄层 Ge（厚度约 100nm），以形成平整的、化学上清洁的 Ge 表面。如果没有这一外延 Ge 层，直接让 GaAs 在 Ge 衬底表面成核，由于表面状态不清洁和失去控制，将导致很高的位错密度。而且，外延 Ge 层必须在 640℃退火大约 20min，加之采用（001）衬底沿［110］方向偏 6°角，将会形成双台阶 Ge 表面，大大抑制了反向畴的形成。如果退火处理不充分，就会有反向畴出现。而在继后的 GaAs 生长过程中，无论先生长 Ga 面还是先生长 As 面都可以获得无缺陷的界面。然而，由于 Ga 面在 Ge 上的生长不是自终止的，而 As 面在 Ge 上的生长超过 350℃是自终止的，所以，如果先生长 Ga 面，其淀积的速率需要校正，以确保生长一个完整的 Ga 单层。

据报道，在亚毫米的多晶锗衬底上也已研制出大面积、高效率的多晶 GaAs 太阳电池，其效率达到 20%（AM1.5，$4cm^2$），其结构如图 4.11 所示。在p^+-GaAs发射区与 n-GaAs 基区之间插入一层未掺杂的 GaAs 过渡层，可以阻止

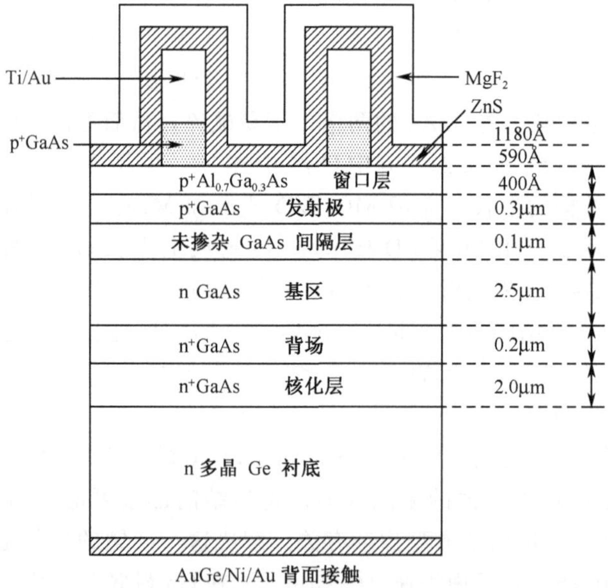

图 4.11 多晶 Ge 衬底上生长的 p^+/n-GaAs 太阳电池结构图

p^+ 区与在 n 区晶粒间界上形成的 n^+ 子区之间载流子的隧道穿透，减小了暗电流，从而改善了电池的性能。多晶 GaAs/Ge 电池的研制成功，为进一步在玻璃或 Mo 衬底上研制 GaAs 电池打下了基础[17]，这将为廉价 GaAs 多晶太阳电池的发展开辟一条新路。

MOVPE-GaAs/Ge 电池在空间发射中已获得日益广泛的应用。第一个例子是德国的 TEMPO 数字通信卫星，采用 80 000 片 GaAs/Ge 电池（$(43\times43)\text{mm}^2$/片）组成三块太阳电池阵列，电池效率为 18.3%[18]。第二个例子是美国的两次火星探测发射。“火星地表探测者”（MGS）两翼共有四块太阳电池阵列，其中，两块用 GaAs/Ge 电池组成，两块用高效 Si 电池组成。每块太阳电池阵列面积为 $(1.85\times1.7)\text{m}^2$，GaAs/Ge 电池效率 18.8%，Si 电池效率 15%[19]。“火星探路者”1996 年在火星上登陆，它的供电系统由三块 GaAs/Ge 电池阵列与可充电银/锌电池组成，超过了预期工作寿命（30 天）。由于火星灰尘在电池表面的积累，使电池效率每天下降 0.28%[20]。

4.3.2　GaAs 基系多结叠层太阳电池

用单一材料成分制备的单结太阳电池效率的提高受到限制，这是因为太阳光谱的能量范围很宽，分布在 0.4～4eV，而材料的禁带宽度是一个固定值 E_g，太阳光谱中能量小于 E_g 的光子不能被太阳电池吸收；能量远大于 E_g 的光子虽被太阳电池吸收，激发出高能光生载流子，但这些高能光生载流子会很快弛豫到能带边，将能量大于 E_g 的部分传递给晶格，变成热能浪费掉了。解决这一问题的途径是寻找能充分吸收太阳光谱的太阳电池结构，其中最有效的方法便是采用叠层电池。

叠层电池的原理是用具有不同带隙 E_{gi} 的材料作成多个子太阳电池，然后把它们按 E_g 的大小从宽至窄顺序摞叠起来，组成一个串接式多结太阳电池；其中第 i 个子电池只吸收和转换太阳光谱中与其带隙宽度 E_{gi} 相匹配的波段的光子，也就是说，每个子电池吸收和转换太阳光谱中不同波段的光，而叠层电池对太阳光谱的吸收和转换等于各个子电池的吸收和转换的总和。因此，叠层电池比单结电池能更充分地吸收和转换太阳光，从而提高太阳电池的转换效率。以三结叠层电池为例来说明叠层电池的工作原理，选取三种半导体材料，它们的带隙分别 E_{g1}、E_{g2} 和 E_{g3}，其中 $E_{g1}>E_{g2}>E_{g3}$，按顺序、以串接的方式将这三种材料连续制备出 3 个子电池，如是形成由这 3 个子电池构成的叠层电池。带隙 E_{g1} 子电池在最上面（称为顶电池），带隙为 E_{g2} 的子电池在中间（称为中电池），带隙为 E_{g3} 的子电池在最下面（称为底电池）；顶电池吸收和转换太阳光谱中 $h\nu\geqslant E_{g1}$ 部分的光子，中电池吸收和转换太阳光谱中 $E_{g1}\geqslant h\nu\geqslant E_{g2}$ 部分的光子，而底电池吸收和转换太阳光谱中 $E_{g2}\geqslant h\nu\geqslant E_{g3}$ 部分的光子；也就是说，太阳光谱被分成 3

段，分别被 3 个子电池吸收并转换成电能。很显然，这种三结叠层电池对太阳光的吸收和转换比任何一个带隙为 E_{g1}，或 E_{g2}，或 E_{g3} 的单结电池有效得多，因而它可大幅度地提高太阳电池的转换效率。

根据叠层电池的原理，构成叠层电池的子电池的数目愈多，叠层电池可望达到的效率愈高。Henry 对叠层电池的效率与子电池的数目的关系进行了理论计算，在地面光譜，1 个光强的条件下，他计算出了 1 个、2 个、3 个和 36 个子电池组成的单结和多结叠层电池的极限效率分别为 37％、50％、56％和 72％[21]。从 Henry 的计算结果看出，两结叠层电池比单结电池的极限效率要高很多，而当子电池的数目继续增加时，效率提高的幅度变缓，三结叠层电池比两结叠层电池的极限效率只提高了 6％，而 36 结叠层电池的极限效率比三结叠层电池的极限效率只提高了 12％。另外，从实验的角度考虑，制备四结，五结以上的叠层电池是十分困难的，各子电池材料的选择和生长工艺都将变得非常复杂，这势必影响到材料和器件的质量，因而给太阳电池的性能造成不利影响，这样反而降低了太阳电池的转换效率。因次，有人对于四结以上的多结叠层电池的实用性表示怀疑。实际上，目前三结叠层电池获得的效率最高，由于工艺的复杂性，四结、五结和六结叠层电池的效率，目前反而都比三结叠层电池获得的效率要低一些。

叠层电池按输出方式可分为两端器件、三端器件和四端器件。以两结叠层电池为例来说明这几种结构的区别。两端器件是指叠层电池只有上、下两个输出端，即只有上电极和下电极，与单结电池的输出方式相同，如图 4.12（a）所示；三端器件的意思是除了上、下两个电极外，在两个子电池之间还有一个中间电极，如图 4.12（b）所示，中间电极既是顶电池的下电极，也是底电池的上电极，顶电池通过上电极和中电极向外输出电能，而底电池通过中电极和底电极向外输出电能；四端器件的意思是顶电池和底电池各有自己的上、下两个电极，分别向外输出电能，互不影响，如图 4.12（c）所示。两端器件中的两个子电池在光学和电学意义上都是串联的，而三端器件和四端器件中的两个子电池在光学意义上是串联的，而在电学意义上是相互独立的。三端器件和四端器件中的两个子电池的极性不要求一致，可以不同（如顶电池为 p/n 结构，而底电池可以为 p/n 结构，也可以是 n/p 结构）；此外，三端器件和四端器件对两个子电池的电流和电压没有限制，计算叠层电池的效率时，先分别计算两个子电池的效率，然后把两个效率相加，便得到了叠层电池的总效率。

两端器件中的两个子电池属于串联连接，对其有许多限制。首先要求两个子电池的极性相同，即都是 p/n 结构或都是 n/p 结构；此外，要求两个子电池的短路电流 I_{sci} 尽可能接近，这样整个叠层电池才能获得最大的短路电流 I_{sc}，否则，短路电流 I_{sc} 将受子电池中最小的 I_{sci} 的限制，这就将影响叠层电池效率的提高。因为在串联的两端器件结构中，叠层电池的开路电压 V_{oc} 等于各子电池的开

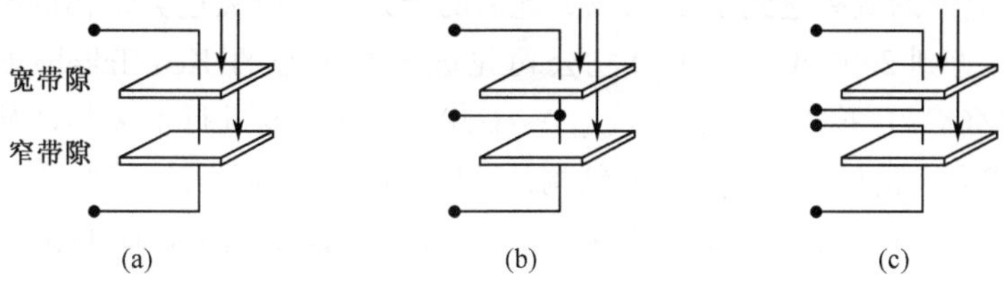

图 4.12　二端（a）、三端（b）、四端（c）器件叠层电池原理图

路电压 V_{oci} 之和，如下式所示：

$$V_{oc} = \sum V_{oci} \tag{4.1}$$

而叠层电池的短路电流 I_{sc} 必须满足电流连续性原理，即

$$I_{sc} = I_{sc1} = I_{sc2} = \cdots = I_{sci} \tag{4.2}$$

很显然，I_{sc} 受最小的光生电流 I_{sci} 的限制，可近似认为等于最小的 $I_{sci} = I_{min}$。

两端叠层电池器件，即单片多结叠层电池，虽然存在上述的一些限制，使它的制备工艺过程比单结电池复杂得多，但因为它能大幅度地提高太阳电池效率，而且它组成太阳电池组件的工艺过程简单，与单结太阳电池组成太阳电池组件的工艺过程几乎相同，因而受到广泛重视，近十年来获得了飞速的发展，成为Ⅲ-Ⅴ族太阳电池研究和应用的主流。三端和四端的叠层电池器件，虽然对子电池的限制较少，也能获得高效率，但因器件工艺复杂，而且在实际应用中需要复杂的外电路，通过各种串，并联实现电压和电流的匹配，因此实用价值较差，近年来对这类叠层电池器件的研究报道已不多。本章将重点介绍单片多结叠层电池的研究历史和发展现状。

4.3.2.1　AlGaAs/GaAs 叠层电池

在前面 4.3.1 节中已经介绍过，在 GaAs 单结太阳电池的研究过程中，应用 AlGaAs 作为 GaAs 太阳电池的窗口层材料，对 GaAs 单结太阳电池效率的提高起到了重要作用。因而人们在开始研究叠层电池时，自然首先想到应用 $Al_xGa_{1-x}As$ 作为与 GaAs 太阳电池相匹配的顶电池材料，因而 AlGaAs/GaAs 系列结构是最早进行研究的叠层电池结构。

1988 年，B. Chung 等用 MOCVD 技术生长了 AlGaAs/GaAs 双结叠层电池，其 AM0 和 AM1.5 效率分别达到 22.30％和 23.9％，电池面积为 0.5cm^2[22]。他们遇到的困难首先是如何生长高质量的 AlGaAs 层，其次是如何实现上下电池之间的电学串联连接。他们未能实现隧道结连接，而是采用了复杂的电极制作工艺。正是由于这些困难的存在，以后长期没有人在这个方向取得新的进展。

日本 NTT 电子通讯实验室的 Chikara Amano 等采用 MBE 技术研制隧道结连接的 $Al_{0.4}Ga_{0.6}As$/GaAs 叠层电池，获得了成功。1987 年他们研制的 $Al_{0.4}Ga_{0.6}As$/

GaAs 叠层电池的效率达到了 20.2%。此后的十几年，有关这类结构的叠层电池的报道很少。直到 2001 年，日本日立公司先进研究中心的 Ken Takahashi 等报道，他们采用 MOCVD 技术对 $Al_{0.36}Ga_{0.64}As$/GaAs 叠层电池进行了多年的研究，并取得了显著成果。他们采用 pp^-n^-n 结构的 $Al_{0.36}Ga_{0.64}As$ 顶电池，和 n^+- $Al_{0.15}Ga_{0.85}As$ /p^+- GaAs 隧道结连接顶电池和 pn 结构的 GaAs 底电池，研制出了效率高达 27.6%（AM1.5，25℃，0.25cm^2）的 $Al_{0.36}Ga_{0.64}As$/GaAs 叠层电池[23]。图 4.13 示出了他们研制的 $Al_{0.36}Ga_{0.64}As$/GaAs 叠层电池结构。

正面接触			
p^+-GaAs	MgF_2/ZnS	ARC	
p-$Al_{0.85}Ga_{0.15}As$	$1\times10^{18}cm^{-3}$	0.04μm	AlGaAs 电池
p-$Al_{0.36}Ga_{0.64}As$	$1\times10^{18}cm^{-3}$	0.07μm	
p^--$Al_{0.36}Ga_{0.64}As$	$6\times10^{15}cm^{-3}$	0.3μm	
n^--$Al_{0.36}Ga_{0.64}As$	$4\times10^{16}cm^{-3}$	0.6μm	
n-$Al_{0.6}Ga_{0.4}As$	$2\times10^{17}cm^{-3}$	0.1μm	
n^+-$Al_{0.15}Ga_{0.85}As$	$5\times10^{18}cm^{-3}$	0.02μm	隧道结
p^+-GaAs	$4\times10^{19}cm^{-3}$	0.008μm	
p-$Al_{0.85}Ga_{0.15}As$	$1\times10^{18}cm^{-3}$	0.1μm	GaAs 电池
p-GaAs	$1\times10^{18}cm^{-3}$	0.5μm	
n-GaAs	$8\times10^{16}cm^{-3}$	3.5μm	
n-$Al_{0.2}Ga_{0.8}As$	$5\times10^{17}cm^{-3}$	0.1μm	
n-GaAs	$5\times10^{17}cm^{-3}$	1μm	
n-GaAs 衬底			
背面接触			

图 4.13　效率为 27.6%的 AlGaAs/GaAs 叠层电池结构

2005 年 Ken Takahashi 等又报道了新的研究结果[24]，他们在 $Al_xGa_{1-x}As$ 顶电池的生长过程中采用 Se 代替 Si 作为 n 型掺杂剂，提高了 $Al_xGa_{1-x}As$ 层的少子寿命，因而提高了 $Al_xGa_{1-x}As$ 顶电池的短路电流密度 J_{sc}；此外，他们又采用 GaAs 隧道结连接顶电池和底电池，只是用 C 代替 Zn 作为 p 型掺杂剂，减少了隧道结内部 p 型杂质的扩散，提高了隧道结的峰值电流密度，因而减小了隧道结的电学损失。经过这些改进，Ken Takahashi 等研制的 $Al_{0.36}Ga_{0.64}As$/GaAs 叠层电池的效率提高到 28.85%（AM1.5，25℃，0.25cm^2），这是迄今为止AlGaAs/GaAs 叠层电池的最高效率。图 4.14 示出了效率为 28.85%的 AlGaAs/GaAs 叠层电池结构。但是 Ken Takahashi 等承认，与 InGaP/GaAs 叠层电池结构相比较而言，AlGaAs/GaAs 的界面复合速率要高许多，这导致 AlGaAs/GaAs 叠层电池的短路电流密度 J_{sc} 比 InGaP/GaAs 叠层电池的 J_{sc} 小。效率为 28.85%的 Al-

GaAs/GaAs 叠层电池的短路电流密度 J_{sc} 为 13.34mA/cm^2，而高效率 InGaP/GaAs 叠层电池的 J_{sc} 都大于 14mA/cm^2。这一缺点是影响 AlGaAs/GaAs 叠层电池效率提高的主要障碍。

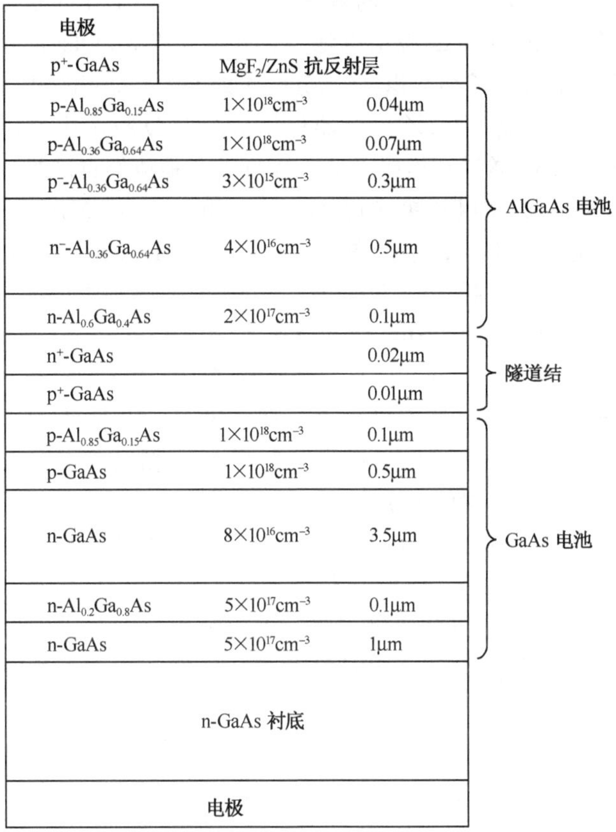

图 4.14　效率为 28.85%的 AlGaAs/GaAs 叠层电池结构[24]

4.3.2.2　GaInP/GaAs 叠层电池

美国国家可再生能源实验室（NREL）的 J. M. Olson 等在 20 世纪 80 年代末提出了一种新的叠层电池结构，$Ga_{1-x}In_xP$/GaAs 叠层电池结构。

$Ga_{0.5}In_{0.5}P$ 是另一种宽带隙的与 GaAs 材料晶格匹配的材料。J. M. Olson 等比较了 $Ga_{0.5}In_{0.5}P$/GaAs 与另外两个晶格匹配系统 $Al_{0.4}Ga_{0.6}As$/GaAs 和 $Al_{0.5}In_{0.5}P$/GaAs的界面质量[25]，根据光致发光衰减时间常数推算，$Ga_{0.5}In_{0.5}P$/GaAs 界面的复合速率最低，约为 1.5cm/s；而 $Al_{0.4}Ga_{0.6}As$/GaAs 和 $Al_{0.5}In_{0.5}P$/GaAs 的界面复合速率（上限）分别为 210cm/s 和 900cm/s。显然，$Ga_{0.5}In_{0.5}P$/GaAs 界面质量最好。J. M. Olson 指出，这可能是由于 GaInP/GaAs 界面比较清

洁，而 AlGaAs/GaAs 界面可能受到与氧有关的深能级的沾污的结果。同时，J. M. Olson 等还对 $Ga_{0.5}In_{0.5}P$ 的带隙宽度与生长温度和生长速率之间的关系进行了细致的研究[26]，指出在同样组分条件下，$Ga_{0.5}In_{0.5}P$ 的 E_g 可以在 1.82eV 到 1.89eV 之间变化，取决于结构的有序程度。在这些工作的基础之上，他们研制出了创记录的 GaInP/GaAs 叠层电池。1990 年，J. M. Olson 等报道，他们在 p 型 GaAs 衬底上生长出了小面积（0.25cm^2）的高效 $Ga_{0.5}In_{0.5}P$/GaAs 双结叠层电池，其 AM1.5 效率达 27.3%[27]。器件用 MOCVD 技术生长，上下电池之间实现了高电导的 GaAs 隧道结连接。MOCVD 设备是他们自己组装的，Ⅲ族源采用三甲基铟（TMIn）、三甲基镓（TMGa）、三甲基铝（TMAl）；Ⅴ族源采用磷烷（PH_3）和砷烷（AsH_3）；掺杂剂是二乙基锌（DEZn）和硒化氢（H_2Se）。衬底托为包 SiC 的石墨托，垂直向上，采用高频感应加热，反应温度大约 700℃。生长磷化物时Ⅴ/Ⅲ＝30，生长速率为80～100nm/min；而生长 GaAs 隧道结时，生长速率为 40 nm/min。上下电池的基区均为 p 型，掺 Zn，浓度为 $1\times10^{17}\sim4\times10^{17}cm^{-3}$，发射区和窗口层为 n 型，掺 Se，浓度约 $10^{18}cm^{-3}$，而隧道结掺杂浓度近 $10^{19}cm^{-3}$。上下电极接触均为镀 Au、栅线面积大约占全面积 5%。抗反射层为 MgF_2/ZnS，层厚分别为 120nm 和 60nm。

他们还用白光光电流法研究了 $Ga_{0.5}In_{0.5}P$ 层的质量，发现少子扩散长度对生长温度和Ⅴ/Ⅲ比不敏感，但密切依赖于 $Ga_{0.5}In_{0.5}P$/GaAs 晶格失配度，尤其是其伸张应力，使光电流值明显下降。上电池用 AlInP 层作为窗口层，改善了电池的兰光响应和短路电流。经计算分析，他们认为上电池偏厚，上下电池的电流不够匹配。

1994 年，J. M. Olson 等报道了他们对 $Ga_{0.5}In_{0.5}P$/GaAs 双结叠层电池的进一步改进的结果[28]。同样面积（0.25cm^2）的 $Ga_{0.5}In_{0.5}P$/GaAs 双结叠层电池，其 AM1.5 和 AM0 效率分别达到 29.5%和 25.7%。电池的结构和 AM1.5G 光照 *I-V* 曲线如图 4.15(a)、(b) 所示。值得注意的是，考虑到 AM0 含有更多的紫外成分，AM0 效率最佳的电池结构与 AM1.5 效率最佳的电池结构的区别，仅仅是将上电池基区的厚度从 0.6μm 减小到 0.5μm。电池结构的改进，首先是采用了背场结构（BSF）。对于 GaAs 底电池，背场为 0.07μm 薄层 GaInP，p 型掺杂浓度为 $3\times10^{17}cm^{-3}$，并且指出，如果降低此浓度将影响开路电压。对于 GaInP 顶电池，其背场也是采用 0.05μm 的薄层 GaInP，但具有较宽的带隙 E_g＝1.88eV。这一层的组分也是 $Ga_{0.5}In_{0.5}P$，以保持晶格与 GaAs 匹配。带宽的增加是控制生长速率或生长温度的结果，这得益于 Olson 等对 GaInP 层带宽对生长速率和温度之关系的长期细致的研究。第二点改进，是有关栅线的设计，从所占面积 5%降为 1.9%，而不影响电池的填充因子，这是由于叠层电池的光电流密度近乎减半，同时发射极的薄层电阻又减小到 420Ω/□的缘故。第三点改进是，

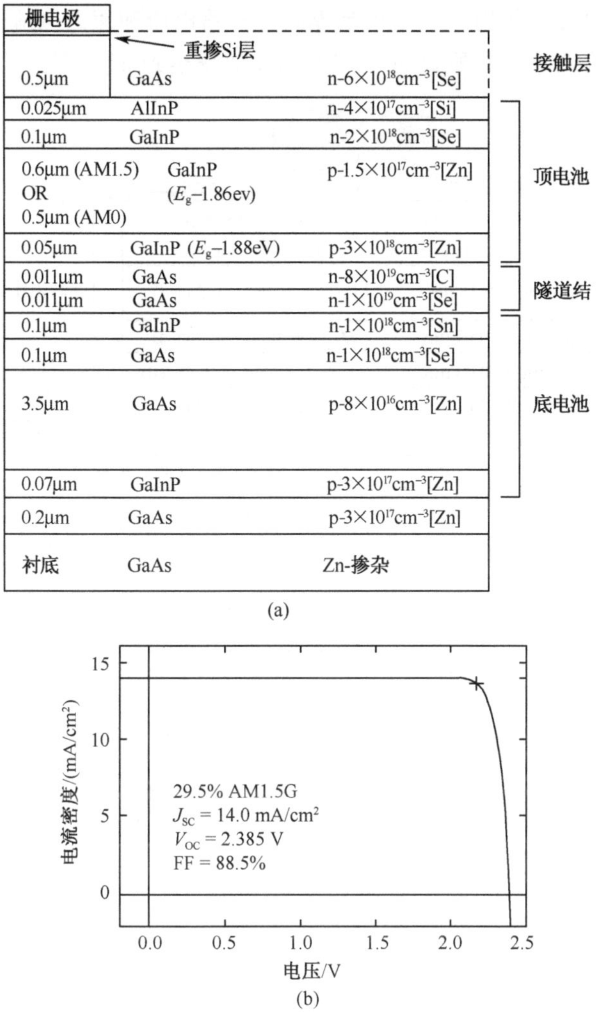

图 4.15　效率为 29.5%的 InGaP/GaAs 叠层电池的结构（a）和光照 I-V 曲线（b）

降低了窗口层 AlInP 中的氧含量，将磷烷纯化或用乙硅烷取代硒化氢作掺杂剂。第四点改进是在隧道结生长过程中减少了掺杂记忆效应，用 Se-C 取代 Se-Zn，同时调整降低了砷烷分压。

1997 年日本能源公司的 T. Takamoto 等报道了更好的结果[29]。他们在 p^+ GaAs衬底上研制了大面积（4cm^2）InGaP/GaAs 双结叠层电池，其 AM1.5 效率达到 30.28%。他们所采用的电池结构和 I-V 特性曲线如图 4.16(a)、(b) 所示。同 Olson 等的电池结构相比较，主要的改进之点是用 InGaP 隧道结取代 GaAs 隧道结；并且隧道结处于在高掺杂的 AlInP 层之间，对下电池起窗口层作用，对上电池起背场作用，其结果是提高了开路电压和短路电流；填充因子虽略有下降，而总的效率却有所提高，AM1.5G 效率达到 30.28%。

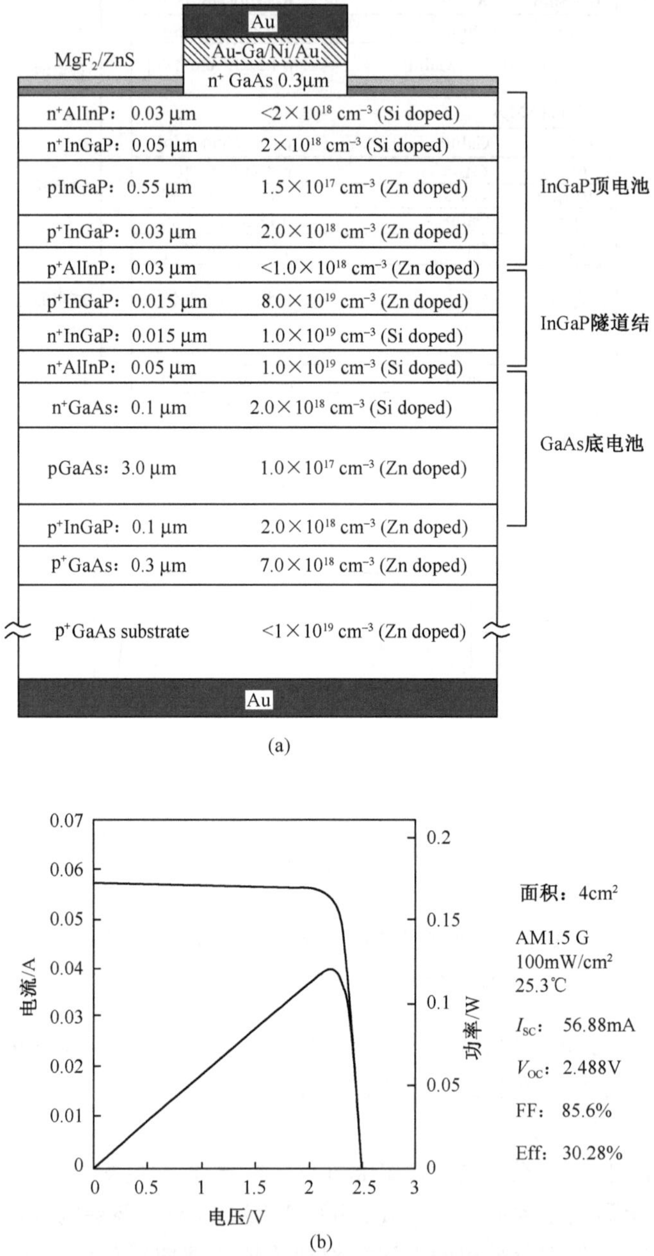

图 4.16 效率达到 30.28% 的 $In_{0.49}Ga_{0.51}P/GaAs$ 叠层电池结构 (a) 和图 4.15 的叠层电池在 AM1.5G 光谱、1 个太阳光强条件下测量的 *I-V* 曲线 (b)

J. Olson 等在研究提高 GaInP/GaAs 叠层太阳电池效率的同时，还对 GaInP/GaAs 叠层太阳电池的抗辐照性能进行了研究。他们发现，GaInP/GaAs 叠层太阳电池具有很好的抗辐照性能，适合于用作空间能源。Kurzt 等的实验结果表明，效率为 25.7% （AM0）的高效 GaInP/GaAs 叠层太阳，在经过能量为 1MeV，剂量为 $10^{15}cm^{-2}$的电子辐照后，太阳电池仍然具有很高的效率，η=19.6%(AM0) [30]。这个效率值高于 Si 太阳电池未经辐照的初始效率（BOL 效率）。

4.3.2.3 GaInP/GaAs/Ge 三结叠层太阳电池的发展

J. Olson 和他的同事们在 GaInP/GaAs 叠层太阳电池领域所获得的重大成果吸引了空间科学部门和产业界的注意力，这些成果很快被产业化。在产业化的过程中，GaAs 衬底被 Ge 衬底取代。Ge 衬底不仅比 GaAs 衬底便宜，而且因为 Ge 衬底的机械强度比 GaAs 衬底强许多，因而 Ge 衬底的厚度可以大大减薄。生产上使用的 Ge 衬底的厚度通常为 140μm。从此以后，GaInP/GaAs/Ge 叠层太阳电池结构成为Ⅲ-Ⅴ族太阳电池领域研究和应用的主流。

美国能源部光伏中心在 1995 年 9 月提出了发展 GaInP/GaAs/Ge 太阳电池的产业计划[31]。该计划的要点是：到 1997 年底试生产出 16 000cm^2的$Ga_{0.5}In_{0.5}P$/GaAs/Ge 叠层电池组件；电池的批量平均效率为 24% （AM0，1 个太阳光强），单块电池面积 16cm^2，电池厚度 140μm；电池的抗辐照性能与单结 GaAs/Ge 电池相当，即经过 1MeV 剂量为 $1\times10^{15}/cm^2$的电子辐照后，其转换效率仍保持原值的 75%以上；而叠层电池的生产成本不超过单结 GaAs/Ge 电池生产成本的 15%。

这一计划，主要由 TECSTAR 和 Spectrolab 两家公司承担。前者主要采用 pn/pn/n(Ge) 双结叠层电池结构，Ge 为无源衬底；后者采用 np/np/np(Ge) 三结叠层电池结构，Ge 衬底中包含第三个有源 np 结。小批量试生产的结果，TECSTAR 生产的双结叠层电池的批量平均效率为 22.4%，最高效率为 24.1%；而 Spectrolab 试生产的三结叠层电池的批量平均效率为 24.2%，最高效率为 25.5%。前者生产的 $Ga_{0.5}In_{0.5}P$/GaAs/Ge 叠层电池的抗辐照性能和温度系数均与 GaAs/Ge 电池相当或略优于后者。

1998 年，美国 Spectrolab(SPL) 公司和日本 JE 公司研制的 GaInP/InGaAs/Ge 三结叠层电池 AM1.5 效率达到 31.5%。在 GaAs 中引入 1%的 In 后，使其晶格与 Ge 衬底更好地匹配[32]。2002 年，美国 SPL 公司利用无序 GaInP 提高了顶电池带隙到 1.89eV，将 GaInP/InGaAs/Ge 三结叠层电池 AM1.5 效率提高到 32%[33]。计算表明，如果利用更宽带隙的 AlInGaP(1.95eV) 作为顶电池，可望将 AlInGaP/InGaAs/Ge 三结叠层电池的效率提高到 33% [34]。表 4.4 列举了近年来 GaInP/InGaAs/Ge 三结叠层电池的研究和生产的最新进展。

表 4.4 近年来 InGaP/InGaAs/Ge 三结叠层电池的研究和生产的最新进展

公司	最高效率		产品平均效率
	AM1.5	AM0	AM0
SPL（美国）	32%（4cm²）	30.5%（4cm²）	28.1%（26.4cm²）
Emcore（美国）		29%（27.5cm²）	27.6%（27.5cm²）
RWE,Fh-ISE（德国）		28.6%（30.2cm²）	27.8%（30.2cm²）
SHARP（日本）	31.5%（1cm²）	29.2%（1cm²）	28.9%（27.5cm²）

国内上海空间电源所和信息产业部天津 18 所等几家单位从 2000 年以后开始研制 GaInP/GaAs/Ge 三结叠层电池，最高效率达到 28%（AM0，2cm×4cm）[35]，已开始应用于空间能源系统。

4.3.2.4 GaAs/GaSb 机械叠层电池

GaAs/GaSb 机械叠层电池是另一类叠层电池。它是由美国的 L. M. Fraas 首先提出的。这种电池是由 GaAs 电池和 GaSb 电池用机械的方法相叠合而成。GaAs 顶电池和 GaSb 底电池在光学上是串联的，而在电学上是相互独立的，用外电路的串并联实现子电池的电压匹配。这类机械叠层电池是四端器件，如图 4.12（c）所示。它们对于子电池的极性不要求相同，也不要求子电池材料的晶格常数匹配。叠层电池的效率简单地等于 GaAs 顶电池的效率和 GaSb 底电池的效率之和，因而容易获得高效率。GaAs 顶电池是用 MOCVD 技术生长的，而 GaSb 底电池是用扩散方法制备的。1990 年，L. M. Fraas 报道，他们研制的 GaAs/GaSb 机械叠层电池的效率已达到 31%（AM0，100 倍太阳光强）[36]，这是当时太阳电池效率的世界记录。后来，俄罗斯约飞（Ioffe）技术物理所和德国弗郎和费太阳能系统研究所（ISE）等单位的研究小组也进行了 GaAs/GaSb、GaAs/Si 等机械叠层电池的研究，也获得了很高的效率。最近，L. M. Fraas 等报道了他们在这一领域的新的研究结果。他们把单体结构的 GaInP/GaAs 两结叠层电池与 GaSb 电池组成 3 结机械叠层电池，获得了 34%（AM0，15 倍太阳光强）的高效率[37]。图 4.17(a)、(b) 给出 InGaP/GaAs/GaSb 机械叠层电池的原理 (a) 和器件结构 (b)，图中 GaSb 底电池之间串联连接，InGaP/GaAs 叠层顶电池并联连接，以便两组电池的电压相近，可以进行并联输出。

但是这类机械叠层电池的器件工艺复杂，顶电池的下电极需做成梳状电极，而且必须与底电池的上电极的图形相同，并严格对准，才能让未被顶电池吸收的红外光透过顶电池，进入底电池。在实际应用时，需通过复杂的电路进行串并联，实现电压匹配。机械叠层电池存在上述的缺点使它们不太适宜于空间应用，也许将来可应用于地面聚光电池领域。

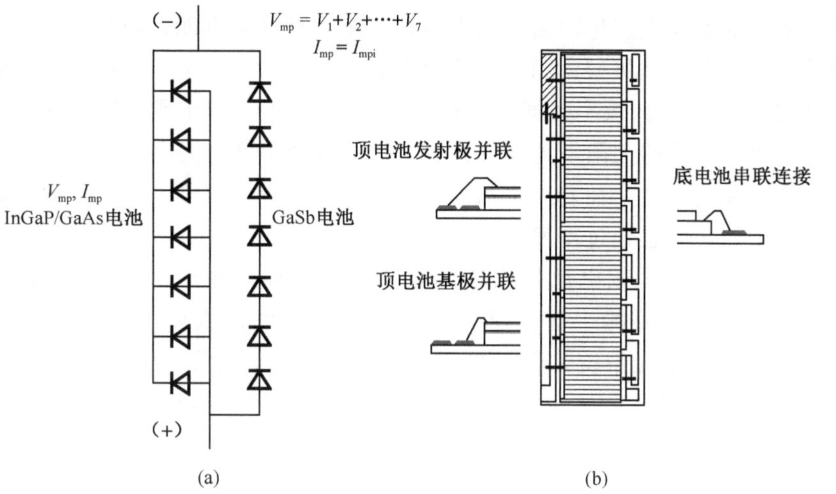

图 4.17　InGaP/GaAs/GaSb 机械叠层电池的原理（a）和器件结构（b）[36]

4.3.3　Ⅲ-Ⅴ族聚光太阳电池

太阳能是人类取之不尽，用之不竭的能源。因而太阳电池发电被认为是解决人类社会能源危机的重要手段之一。可是太阳能具有分散性，在地面单位面积上可接收到的太阳能密度不是很大。在标准的 AM1.5 条件下，每平方米地面接收到的最大的太阳能量为 $1000W/m^2$。但由于天空中总是存在云、雾等物质，太阳光在到达地面之前已被吸收了一部分，实际上在最好的天气条件下，地面上每平方米面积上接收到的太阳能只有约 $850W/m^2$。太阳能的这一特点为太阳电池的大规模应用造成了困难。J. Olson 在他的书中论述了[3]，如果要想用 Si 太阳电池生产出 1GW 的电能，那就需要用 Si 太阳电池铺满 10^7m^2 的地面，即 $10km^2$ 的地面。问题不在于 10^7m^2 的地面面积，因为在沙漠中容易找到这样大的地面，问题在于需要生产出 10^7m^2 的 Si 片和太阳电池！这无疑是一项艰巨的任务。解决这一困难的途经有两条，一是采用薄膜太阳电池，二是采用聚光太阳电池。本书有专门的章节论述薄膜太阳电池的研究状况，这里不再重复。本节介绍Ⅲ-Ⅴ族聚光太阳电池的工作原理，研究成果和应用现状。

聚光太阳电池的原理是，用凸透镜或抛物面镜把太阳光的光强聚焦到几倍，几十倍，或几百倍，甚至上千倍太阳光强，然后投射到太阳电池上。这时太阳电池因接受能量的增加产生的电功率亦会相应增加。可能产生出相应倍数的电功率吗？最终增加的电功率会达到多少、它又与什么因素有关呢？已知在理想情况下，太阳电池的短路电流 I_{sc}应当与入射光强成正比，而开路电压 V_{oc}应当随光强的对数而增加，因此与在一个太阳光强下工作的普通平板型太阳电池相比较，聚光型太阳电池不仅能产生出高达数十倍，甚至数百倍的电能，而且，聚光太阳电池的效率也比普通平板型太阳电池的效率有所提高。实际上，近两年报道的高效率Ⅲ-Ⅴ族太阳电池的效率数据，包括40.7%的最高效率都是在聚光条件下获得的[1]。然而，实际的太阳电池器件具有一定的等效串联电阻和热效应，因此对可容许的最大聚光倍数存在着一定的限制。超过这一聚光限度，太阳电池的输出功率将不再增加，而且会过度发热，导致效率下降。

与普通平板型太阳电池相比较而言，它的优势是在产出相同电能情况下，聚光太阳电池所需要的半导体材料大大减少，这就使太阳电池的成本大大降低；虽然增加了聚光系统，但是采用成熟的费涅尔透镜聚光系统或抛物面镜聚光系统，其成本相对半导体材料（尤其是Ⅲ-Ⅴ族化合物材料）的成本，还是比较低的，因此综合比较，聚光太阳电池系统的成本比普通平板型太阳电池系统的成本要降低许多。Ⅲ-Ⅴ族化合物太阳电池比 Si 太阳电池耐高温，因而更适合于做成聚光太阳电池。图 4.18 示出了聚光太阳电池系统的价格与聚光度的关系。从图中清楚地看出，随着聚光度的增加，系统的成本不断降低，聚光度大于 100 以后，系统成本降低至 1 美元以下[38]。这为降低Ⅲ-Ⅴ族化合物太阳电池系统的成本找到了一条可行之路，使Ⅲ-Ⅴ族化合物太阳电池实现大规模地面应用成为可能。

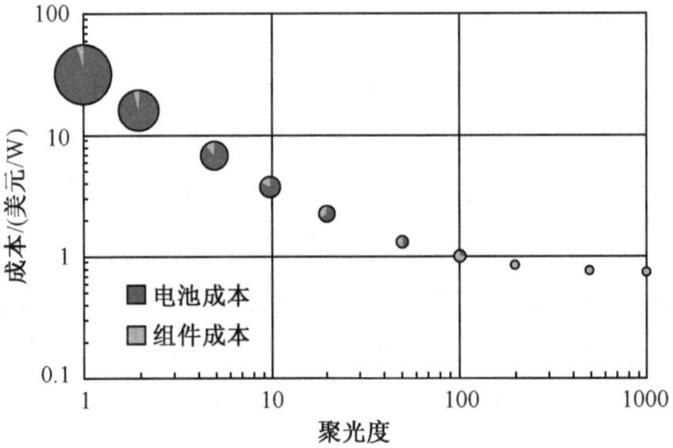

图 4.18　聚光太阳电池系统的价格与聚光度的关系[38]

俄罗斯约飞技术物理所和德国弗郎和费太阳能系统研究所（ISE）在Ⅲ-Ⅴ族聚光太阳电池的研究和应用方面做了许多工作，取得了很好的成果。他们不仅提高了Ⅲ-Ⅴ族聚光太阳电池的效率，还研制出了多种聚光系统，包括菲涅尔透镜点聚光式太阳电池系统、线聚光式太阳电池系统。近年来，美国 NREL 的科学家也开展了聚光Ⅲ-Ⅴ族叠层太阳电池的研究，取得了可喜的进展。他们预言，聚光Ⅲ-Ⅴ族叠层太阳电池的成本将会降至 0.3 美元/W[39]。如果能达到这一目标，建立大规模的聚光Ⅲ-Ⅴ族叠层太阳电池发电站将成为可能。最近一两年，不少太阳电池生产的大公司，如日本 Sharp 公司，也开展了Ⅲ-Ⅴ族聚光太阳电池系统的开发和生产。这些大公司的加入，无疑将加快Ⅲ-Ⅴ族聚光太阳电池系统的研制和应用的步伐。图 4.19 示出了一个抛物面镜聚光太阳电池系统，而图 4.20 示出了一个菲涅尔透镜聚光太阳电池系统[38]。图 4.21 示出了线聚焦式太阳电池系统[38]。

图 4.19　抛物面镜式聚光太阳电池系统

图 4.20　菲涅尔透镜式聚光太阳电池系统

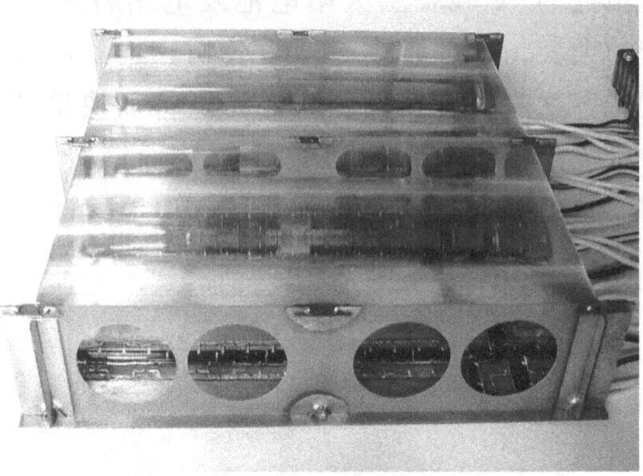

图 4.21 线聚光式太阳电池系统

4.3.4 薄膜型Ⅲ-Ⅴ族太阳电池

以 GaAs 太阳电池为代表的Ⅲ-Ⅴ族太阳电池有一个共同的缺点，即材料密度大，重量重。因而它们的效率尽管很高，但功率质量比并不高，比非晶硅(a-Si)，CdTe，CuInSe 等薄膜太阳电池的功率质量比要低许多。GaAs 太阳电池的功率质量比（specific power）大于 300W/kg，而生长在柔性衬底上的 a-Si 的功率质量比可高于 1000W/kg。GaAs 太阳电池的这一缺点限制了它的空间应用范围。为了克服这一缺点，从 20 世纪 80 年代开始科学家们开始研制薄膜型（超薄型）GaAs 太阳电池。采用的技术多为剥离技术（lift-off)。这一技术的特点是，在太阳电池制备完成后，把它的正面粘贴到玻璃或塑料膜上，然后采用选择腐蚀方法把 GaAs 衬底剥离掉，只将约 3μm 厚的电池有源层转移到金属膜上。这样一来便获得了柔性薄膜型（超薄型）GaAs 太阳电池。剥离下来的 GaAs 衬底可重复使用。

近年来，日本 Sharp 公司在这一领域获得了突破性进展。在 2005 年 10 月在上海举办的 PVSEC-15（第 15 届国际光伏科学与工程会议）会议上，Sharp 公司展出了他们研制的效率高达 28.5%（AM1.5）的柔性薄膜型（超薄型）GaInP/GaAs 两结叠层电池，其功率质量比为 2631W/Kg。这是迄今为止获得的最高功率质量比。而且，这种超薄型太阳电池的抗辐照性能好，背面金属膜可增加光反射，使电池有源层可减薄到 1μm[40]。这一成果将为扩大Ⅲ-Ⅴ族太阳电池的空间应用范围和减低成本开辟有效途径。

美国 NREL 的 M. Wanlass 等 2006 年第四届 WCPEC（第四届世界光伏大会）会上报道，他们在 GaAs 衬底上用反向生长和剥离技术研制出了超薄型的 GaInP/GaAs/GaInAs 三结叠层电池。其中，上、中、下三个子电池的带隙宽度近似于理想值，分别为 1.9eV、1.4eV 和 1.0eV。其子电池窗口层分别为 n 型的 AlInP、GaInP 和 GaInP。为解决 GaAs 与 1.0eV GaInAs 之间的晶格失配问题，采用了 GaInP 组分渐变缓冲层结构。在 AM1.5 光谱，10.1 倍太阳光强下，该电池获得了 37.9%的高效率[41]。图 4.22 和图 4.23 分别示出了这个三结叠层电池的结构图和光照 *I-V* 特性曲线。

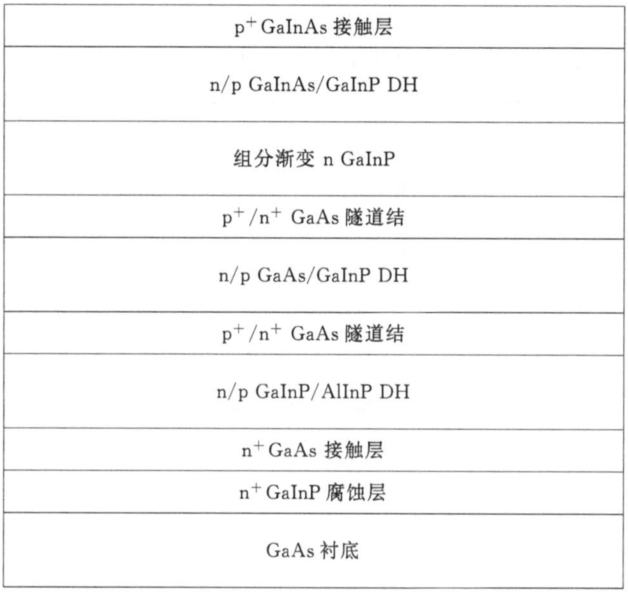

图 4.22　超薄型 GaInP/GaAs/GaInAs 三结叠层电池（剥离前）的结构图

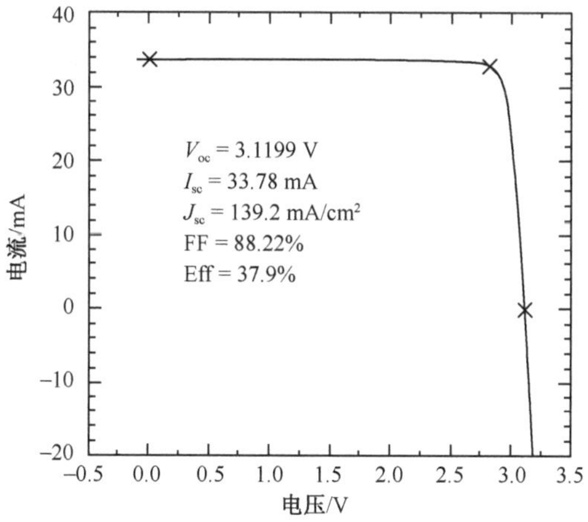

图 4.23　超薄型 GaInP/GaAs/GaInAs 三结叠层电池的 *I-V* 曲线

4.4　Ⅲ-Ⅴ族化合物太阳电池的研究热点

近几年来国际上在Ⅲ-Ⅴ族太阳电池领域的研究非常活跃，研究范围广泛，进展迅速。当前Ⅲ-Ⅴ族化合物太阳电池的研究热点大致包括以下几个方面：①更多结（三结以上）叠层电池的研究；②聚光型Ⅲ-Ⅴ族太阳电池研究；③超薄型（薄膜型）Ⅲ-Ⅴ族太阳电池研究；④量子阱、量子点太阳电池研究；⑤热光伏（TPV）太阳电池研究；⑥分光谱叠层太阳电池研究等。其中有些内容已在本章前面的有关小节中论述过了，例如，聚光型Ⅲ-Ⅴ族太阳电池和超薄型（薄膜型）Ⅲ-Ⅴ族太阳电池的研究，本节就不再重复，本节着重介绍其余的 4 部分内容。

4.4.1　更多结（三结以上）叠层电池的研究

在前面 4.3.2 节中已经介绍了叠层电池的工作原理。三结叠层电池即是把太阳光谱分为 3 段分别分配给 3 个子电池来吸收；顶电池、中电池和底电池分别吸收太阳光谱的短波部分、中波部分和长波部分。虽然三结叠层电池对太阳光谱的吸收范围比单结电池充分得多，但由于分段不够多，三结叠层电池对太阳光谱的吸收和转换还不是很理想。因此需要开展更多结叠层电池的研究。

根据叠层电池的工作原理，如果太阳光谱被拆分为子波段的数目愈多，也就是组成叠层电池的子电池的数目（结数）愈多，叠层电池可获得的理论效率愈高。图 4.24 示出了叠层电池的理论效率随带隙数目（子电池数目）的增加而增加的关系曲线，从图中可清楚地看出，叠层电池的理论效率确实随子电池的数目（结数）增加而增加，但当结数超过 4 以后，效率增长的趋势变缓。

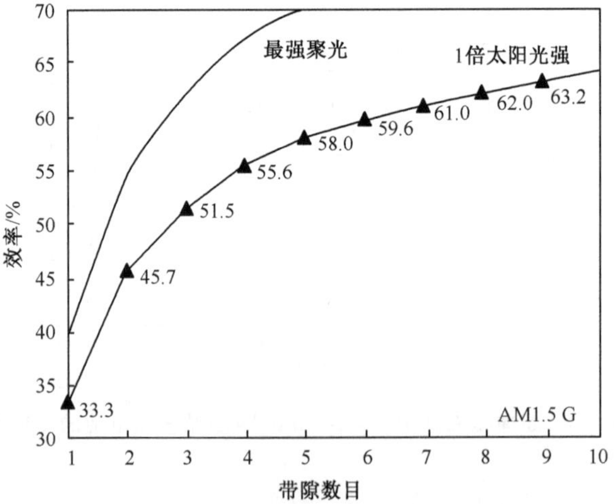

图 4.24　叠层电池效率随子电池数目变化关系曲线

GaInP/InGaAs/Ge 系列三结叠层电池的研究已获得了巨大成功，在 1 个太阳常数下的转换效率已达到 32%（AM1.5），在聚光条件下的转换效率已达到 41.1%（AM1.5D，454 倍太阳常数）。但是，GaInP/InGaAs/Ge 叠层结构的能带匹配并不理想，它们的带宽分别约为 1.8eV/1.4eV/0.65eV；很显然，第二结的带宽 1.4eV 与第三结的带宽 0.65eV 相差太大，与太阳光谱的匹配不理想。为匹配更佳，它们之间还缺少一个带宽约为 1eV 过渡的中间结；也就是说，如果能形成 1.8eV/1.4eV/1eV/0.65eV 的四结叠层结构，能带匹配将会理想得多，这种 4 结叠层太阳电池对太阳光谱的吸收将会更加充分。近十年来，各国的科学家为了寻找这种带宽约为 1eV，晶格常数与 GaAs 和 Ge 相近的Ⅲ-Ⅴ族材料，进行了许多研究工作。J. Olson 等提出采用 $Ga_{1-x}In_xN_{1-y}As_y$ 四元系材料来研制第 3 结子电池。因为通过调节 x 和 y 的值，$Ga_{1-x}In_xN_{1-y}As_y$ 可以获得 1eV 的带隙。在光电子领域，$Ga_{1-x}In_xN_{1-y}As_y$ 材料已研究得很多，通过 x 值和 y 值的调整，$Ga_{1-x}In_xN_{1-y}As_y$ 材料可以发射出不同波段的光，因而 $Ga_{1-x}In_xN_{1-y}As_y$ 已成为重要的 LED 和激光器光电子器件材料。但是，带隙为 1eV 的窄带隙 $Ga_{1-x}In_xN_yAs_{1-y}$ 材料的材料质量很差，缺陷很多，载流子迁移率很低，因而研制出的 $Ga_{1-x}In_xN_yAs_{1-y}$ 太阳电池的短路电流 I_{sc} 很小，不能与 GaInP/InGaAs/GaInNAs/Ge 四结叠层电池中的其他三结的电流相匹配，限制了四结叠层电池的短路电流 I_{sc}。至今虽对 $Ga_{1-x}In_xN_yAs_{1-y}$ 材料进行了深入研究，但仍未见在材料和器件性能方面有突破性的报道。因此，有些科学家开始把注意力转向了寻找其他的带隙在约 1eV 附近的半导体材料。Si 是大家都很熟悉的半导体材料，其带隙宽度接近 1eV，为 1.12eV；而且 Si 材料已研究得很成熟，它的纯度很高，完整性很好，是微电子和太阳电池的基础材料，因而是否可以用 Si 来形成四结叠层电池中的第三结呢？但这又回到了前面（4.3.1.2 节）所讨论的问题，即 GaAs/Si 异质结生长的老问题。由于 GaAs 和 Ge 与 Si 的晶格常数和热膨胀系数都相差很大，所以要想生长出 GaAs/Si/Ge 异质结构是十分困难的。

2006 年第四届 WCPEC 会议上，德国 Fraunhofer ISE 的 J. Schone 等报道了一种在 Si 衬底上异质外延生长 GaAs 材料的新技术。他们应用这种技术研制出了高质量的 GaAs/Si 外延材料，位错密度降低到 $4\times10^5 cm^{-2}$ 以下，用这种异质结构材料研制出的单结 GaAs/Si 太阳电池的效率为 12% [42]。

在同一个会议上，美国 NREL 的 J. F. Geisz 等报道了他们的 GaAsP/Si 异质结构太阳电池研究成果。他们的特点是，采用组分渐变缓冲技术研制出了晶格失配的 GaAsP/Si 异质结构太阳电池，在没有减少反射膜的条件下，电池效率为 9.8%（AM1.5G）[43]。

但是，这两篇最新文献报道的结果都没有超过 1995 年日本名古屋工大的 T. Soga 等的结果。T. Soga 等采用多次循环热退火（TCA）方法使晶格失配的

AlGaAs/Si异质结构的应力得以弛豫，减少了位错，改善了 AlGaAs/Si 异质结构的材料质量。用此材料研制出的 $Al_{0.1}Ga_{0.9}As$/Si 异质结构单结太阳电池的效率达到 12.9%。而 $Al_{0.15}Ga_{0.85}As$/Si 两结叠层电池的效率达到约 20%（AM0）[44]。

综上所述，在 Si 衬底上生长 GaAs、AlGaAs、GaAsP 等Ⅲ-Ⅴ族材料的研究虽然取得了一些成果，但与在 GaAs 或 Ge 衬底上生长的同类材料相比，还有很大差距。因此要想把 Si 材料应用为 GaInP/GaAs/Si/Ge 四结叠层电池的第三结材料还有很长的路要走。

为了避免寻找带隙约为 1eV 的第三结材料的困难，德国 Fraunhofer ISE 的 A. Bett 等绕过四结叠层电池的研究，直接由三结电池的基础去研究五结、六结叠层电池[45]。图 4.25 给出了欧洲发展三结、五结、六结叠层电池的路线图。三结叠层电池的结构为 GaInP/GaInAs/Ge。五结叠层电池的结构是在 GaInP 子电池的上面增加一结 AlGaInP 顶电池，在 GaInAs 子电池的上面增加一结 AlGaInAs子电池，形成 AlGaInP/GaInP/AlGaInAs/GaInAs/Ge 五结叠层电池结构。而六结叠层电池的结构是在 GaInAs 结和 Ge 结之间增加一个带隙为0.9～1eV 的 GaInNAs 第五结，形成 AlGaInP/GaInP/AlGaInAs/GaInAs/GaInNAs/Ge 六结叠层电池结构。

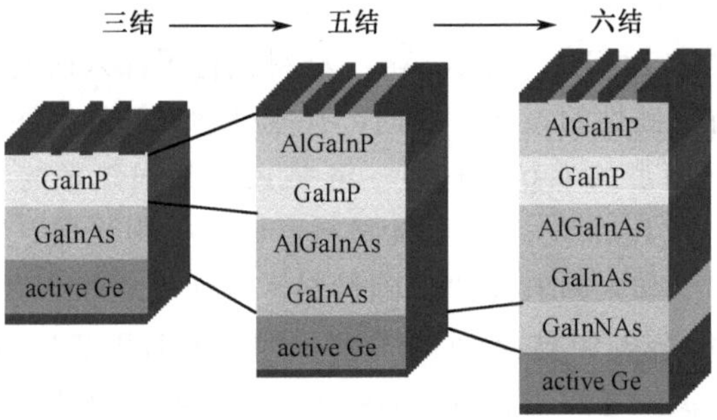

图 4.25　欧洲发展三结、五结、六结叠层电池的路线图

五结叠层电池的实验研究已获得了显著进展。开路电压 V_{oc}已达到 5.2V，其测量的外量子效率（QE）曲线示于图 4.26。从图中可看出，前面四结的 QE 曲线互相之间有较大的重叠，这是因为五结叠层电池中每一个子电池的厚度很薄，不能完全吸收相应波段的光子所致；而 Ge 底电池的 QE 曲线很宽，表明 Ge 电池中的光生电流很大。

未来六结叠层电池的开路电压 V_{oc}将会更高，而短路电流密度 J_{sc}将会更小，这样一来对材料质量的要求便降低了，因而 GaInNAs 材料迁移率低，光电流小的缺点在六结叠层电池的情况下将变得不再显著。随着材料质量的提高，E_g 约 1eV 的 GaInNAs 子电池有可能成功地用作六结叠层电池的第五结电池。但目前

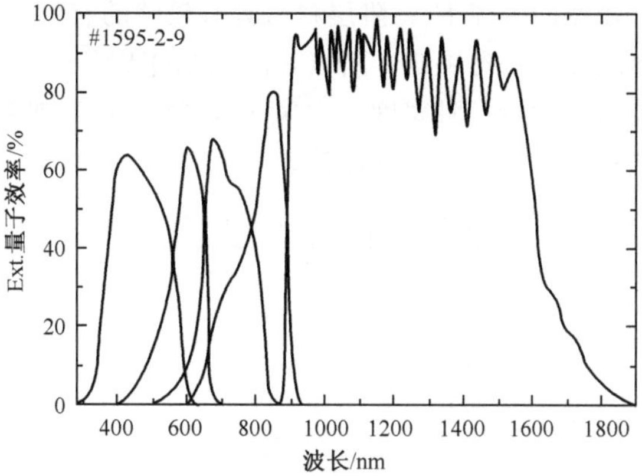

图 4.26　一个典型的 AlGaInP/GaInP/AlGaInAs/GaInAs/Ge 五结叠层电池 QE 曲线[45]

还未见有关六结叠层电池的实验结果报道。

前面已经论述过，叠层电池的效率随组成叠层电池的子电池的数目（结数）的增加而增加，但在结数超过 4 以后，效率增长的趋势变缓。在实际工作中，结的数目的增加带来的了许多设计及工艺繁琐的问题。由于叠层电池的结构愈来愈复杂，各子结材料的选择，子结之间的隧道结材料的选择都变得很困难；生长工艺也将十分复杂。这势必影响叠层电池结构材料的质量，大大增加成本，这就抵消了由于结数的增加带来的效率提高的好处。事实上目前报道的最高效率（40.7% 和 41.1%）仍然是由三结叠层电池所得到的。

4.4.2　Ⅲ-Ⅴ族量子阱、量子点太阳电池

如 4.4.1 节所述，Ⅲ-Ⅴ族多结叠层电池的发展取得了巨大成功，大大提高了太阳电池的效率。但由于多结叠层电池的结构复杂，各子结材料之间要求晶格常数匹配和热膨胀系数匹配，因而对各个子电池材料的选择和连接各个子电池的隧道结材料的选择都十分严格，MOCVD 外延生长工艺也十分复杂，因而Ⅲ-Ⅴ族多结叠层电池的成本较高，这一缺点限制了它的应用范围。人们企图寻找其他途径来提高太阳电池的效率，目的是希望能采用相对较为简单的工艺实现高效率。在众多的技术路线中，量子阱、量子点结构太阳电池是比较新颖，已有了较好的进展，也可能是比较有成功希望的一种。

4.4.2.1　Ⅲ-Ⅴ族量子阱太阳电池

1990 年，K. Barnham 等首先提出在 p-i-n 型太阳电池的本征层中植入多量子阱（MQW）或超晶格低维结构，可以提高太阳电池的能量转换效率[46]。含多量子阱的 p-i（MQW）-n 型太阳电池的能带结构如图 4.27 所示。电池的基质材

料和垒层材料具有较宽的带隙 E_b；阱层材料具有较窄的有效带隙 E_a，E_a 值的大小由阱层量子限制能级的基态决定。所以，p-i（MQW）-n 型电池的吸收带隙可以通过阱层材料的选择和量子阱宽度（垒宽 L_b，阱宽 L_z）来剪裁，以扩展对太阳光谱长波范围的吸收，从而提高光电流。

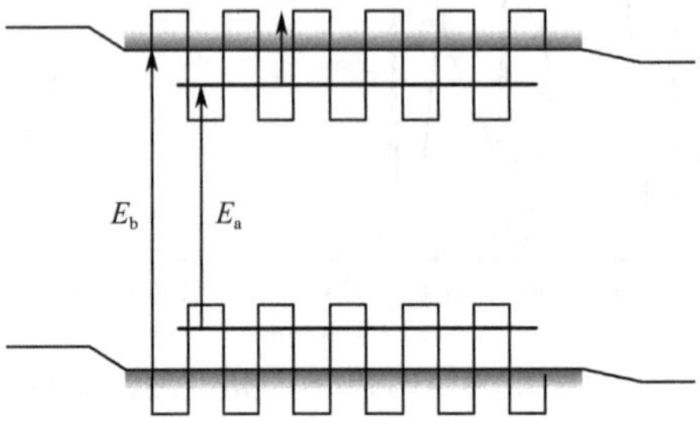

图 4.27　p-i-n 型多量子阱超晶格结构示意图

量子阱电池结构的光电流密度 J 仍可用电流叠加原理来描述

$$J = J_d - J_{sc} \tag{4.3}$$

其中，暗电流密度 J_d 为标准的 Shockley 二极管电流电压方程的

$$J_d = A\exp\left(\frac{-E_b}{\gamma kT}\right)\left[\exp\left(\frac{eV}{nkT}\right)-1\right] \tag{4.4}$$

这里 E_b 为垒层带隙，控制着暗饱和电流密度的大小；γ 和 n 为理想因子；A 为比例常数，依赖于器件的结构。而短路电流密度为

$$J_{sc} = QqN(E_a) \tag{4.5}$$

其中，Q 为量子效率；$N(E_a)$ 为单位时间、单位面积上入射的能量大于阱层带隙 E_a 的光子数目。所以，开路电压 V_{oc} 可表示为

$$qV_{oc} = n\left[\frac{E_b}{\gamma} - kT\ln\left(\frac{A}{J_{sc}}\right)\right] \tag{4.6}$$

可以看出，p-i (MQW) -n 太阳电池的 J_{sc} 主要取决于阱层的有效吸收带隙 E_a，而 V_{oc} 不仅决定于基质材料的带隙 E_b，还与 A/J_{sc} 之比值有关。所以，一般来讲，p-i(MQW)-n 太阳电池的 V_{oc} 将小于不含 MQW 基质材料电池的开路电压。

多量子阱电池的实验研究，主要集中在晶格匹配的 AlGaAs/GaAs 和 InP/InGaAs 系统，以及晶格不匹配的应变超晶格 GaAs/InGaAs 和 InP/InAsP 系统。

多量子阱太阳电池的效率目前还不够高。日本丰田工大 M. J. Yang 等用 MBE 技术研制了应变超晶格 GaAs/InGaAs p-i（MQW）-n 太阳电池，效率达到 18%（AM1.5，1 个太阳常数），而在 4 倍光强下，效率上升到 22%[47]。强光下 MQW 太阳电池效率的增加是由于复活中心得到填充，导致少子寿命增长。图 4.28示出了 M. J. Yang 等研制的 GaAs/InGaAs 多量子阱（MQW）太阳电池的结构图。

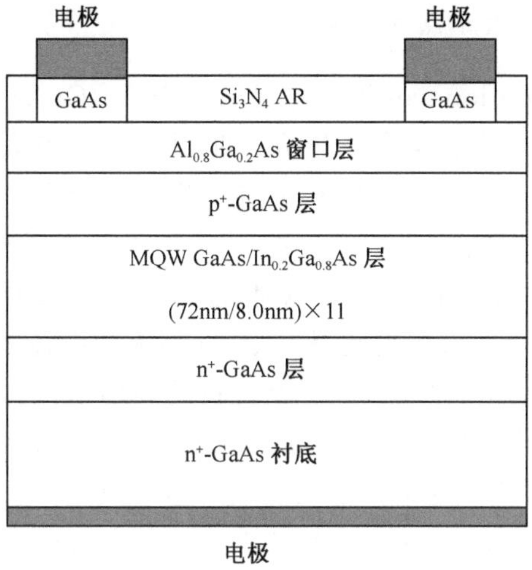

图 4.28　日本丰田工大 Mingju Yang 等研制的 GaAs/InGaAs MQW 太阳电池结构

英国伦敦帝国理工大学（Emperial College London）的 D. B. Bushnell 等对 GaAs/InGaAs 多量子阱太阳电池进行了多年的研究，制备方法采用 MBE 和 MOCVD。他们采用 GaAsP/InGaAs 应变超晶格系统来减轻 GaAs 和 InGaAs 之间的晶格失配应力，改进了 GaAs/InGaAs 多量子阱太阳电池的性能，获得了 21.9%（AM1.5）的效率[48]。他们还研究了 GaAsP/InGaAs 应变超晶格量子阱数目对电池性能的影响，如表 4.5 所示。可以看出，当量子阱数目从 1 增加到 50 时，V_{OC}和 FF 略有降低，而 J_{SC}显著增加，导致电池的 AM0 效率从 18.4%增加到 19.4%。

从总体来看，量子阱太阳电池还处于探索试验阶段。量子阱太阳电池的优点是，扩展了长波响应，能在很薄的有源层（约 0.6μm）中获得较高的短路电流密度；另外，它可以形成应变结构，因而扩充了晶格匹配的容限选择；但是器件的暗电流密度较大，降低了电池的开路电压。量子阱太阳电池性能的提高有赖于结构设计与工艺的进一步优化。

表 4.5　GaAsP/InGaAs 应变超晶格量子阱数目与电池性能的关系

样品号	量子阱数	V_{OC}/V	J_{SC}/(A·m^{-2})	V_{mp}/V	J_{mp}/(A·m^{-2})	FF/%	η_{AM0}/%
Qt163IU	1	0.963	302	0.88	283	85.8	18.4
Qt1629	10	0.976	305	0.86	290	84.8	18.4
Qt1597	20	0.952	314	0.84	299	83.8	18.5
Qt1630	35	0.959	325	0.82	309	81.4	18.7
Qt1628	50	0.958	333	0.84	312	82.1	19.4

4.4.2.2 Ⅲ-Ⅴ族量子点太阳电池

2001 年，V. Aroutiounian 等首先提出了 InAs/GaAs 量子点太阳电池的概念[49]。随后，国外的许多科学家也开始了Ⅲ-Ⅴ族量子点太阳电池的研究，近两年来量子点太阳电池已成为下一代Ⅲ-Ⅴ族太阳电池的研究热点。

Ⅲ-Ⅴ族量子点太阳电池的原理与Ⅲ-Ⅴ族量子阱太阳电池的原理是相似的。量子阱太阳电池是在 p-i-n 型太阳电池的 i 层（本征层）中植入多量子阱（MQW）结构，而量子点太阳电池是在 p-i-n 型太阳电池的 i 层（本征层）中植入多个量子点层，形成基质材料/量子点材料的周期结构。由于量子点的量子尺寸限制效应，可通过改变量子点的尺寸和密度对量子点材料层的带隙进行调整，有效带隙 E_{eff} 由量子限制效应的量子化能级的基态决定。量子点太阳电池的结构图和能带图示于图 4.29。相临量子点层的量子点之间存在很强的偶合，使得光生电子和空穴可通过共振隧穿效应穿过垒层，这就提高了光生载流子的收集效率，也就是提高了太阳电池的内量子效率 QE，因而提高了太阳电池的短路电流密度 J_{sc}。另外，量子点太阳电池的开路电压 V_{oc}有所降低，但不明显；因而量子点太阳电池的理论效率比普通 p-i-n 型太阳电池的效率要高。理论计算表

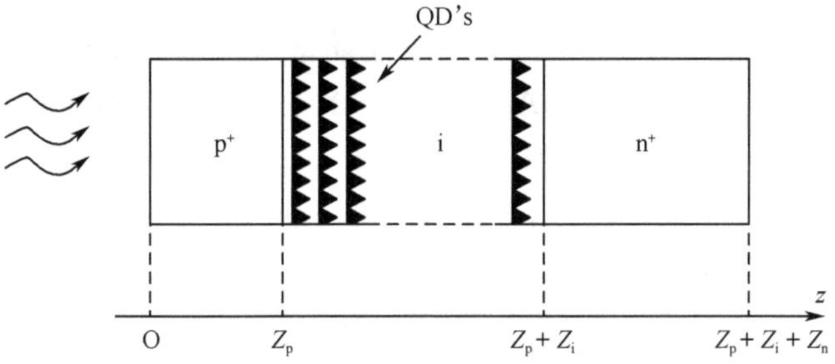

(a)

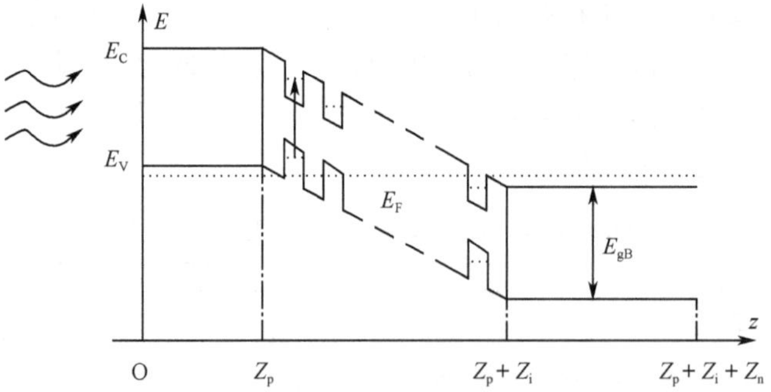

(b)

图 4.29 p$^+$-i（QDs）-n$^+$型量子点太阳电池的结构图（a）和能带图（b）[49]

明[49]，InAs/GaAs 量子点太阳电池的效率可高达 25%，而没有量子点层的 p-i-n 型 InAs/GaAs 太阳电池的效率只有 19%。

量子点太阳电池的实验研究目前主要进行的是材料制备和有关材料性能的研究，还未见太阳电池的器件性能报道。

4.4.3　热光伏电池

热光伏（TPV）电池是太阳电池在红外条件下的一种特殊应用类型。在无电的边远地区，白天人们采用太阳电池来发电，而在没有太阳光的夜间，人们可用 TPV，利用燃气，燃煤等取暖炉发出的红外线来发电，为人们提供电能。也可把 TPV 安置在锅炉或发动机的周围，利用锅炉或发动机散发出的热能来发电，可算废物利用绿色环保，因此属于第三代电池的范畴。

TPV 由 Ge 或 GaSb 等窄禁带半导体材料形成，电池结构与单结Ⅲ-Ⅴ族电池类似。制备方法可采用扩散技术，也可采用液相外延技术。图 4.30 示出了俄罗斯约飞技术物理所研制的一个 GaSb-TPV 电池的结构图[38]。该电池是用液相外延技术和扩散技术相结合制备的，其中的 n-GaSb 层是用液相外延技术制备的，而 p^+-GaSb 层是用 Zn 扩散技术制备的。但因为 GaSb 的带隙太窄（$E_g=0.726$eV，300K），普通的扩散技术容易造成边缘短路，所以必须采用选择扩散方法，顶部的 SiO_2 部分便是用来在选择扩散中作掩膜的。

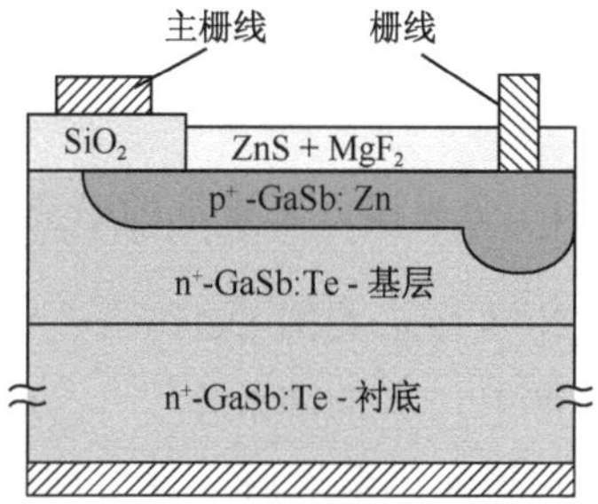

图 4.30　俄罗斯约飞技术物理所研制的一个 GaSb-TPV 电池的结构图

俄罗斯约飞技术物理所近年来又发展了一种太阳能发电和热光伏发电的混合系统，称为 STPV 系统[38]。这种 STPV 系统的原理是白天采用高倍聚光系统加热钨丝，使钨丝发光并照射到 TPV 电池上，TPV 电池吸收钨丝发光并把它转换为电能；夜间 TPV 电池被移动到锅炉旁，吸收锅炉发射出的热能（红外线）来发电。图 4.31 示出了 STPV 系统的原理图。入射的阳光经菲涅耳透镜和二次透镜聚光后将钨丝加热发光，经过滤波后照射到热光伏电池上发电。钨丝侧面有反光鏡，而电池背面有增反器，以增强光的利用和吸收。电池背面有散热系统，以保持电池不过热。该图左面为夜晚备用照明系统，以维持 TPV 系统的发电。该 GaSb-TPV 电池的效率已达到 19%（钨丝温度 2000K）。

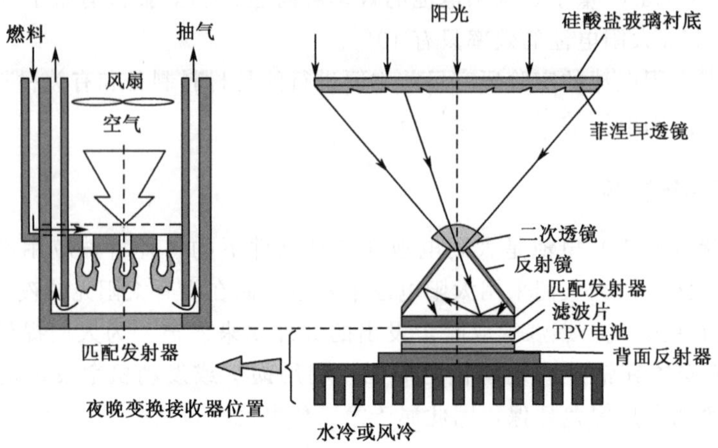

图 4.31 太阳光与燃料混合型 STPV 系统示意图[38]

4.4.4 分光谱太阳电池的研究

2008 年，美国 Delaware 大学的 A. Barnett 等报道他们的分光谱太阳电池已获得 42.3%的高效率[50]。分光谱太阳电池的原理于图 4.32 所示 。入射的太阳光经聚光镜聚光后，投射到一个双色半反镜（dichroic mirror）上，波长较短的光被半反镜反射，入射到一个带隙较宽的两结叠层电池（如 GaInP/GaAs）上；而波长较长的光透过半反镜，入射到一个带隙较窄的两结叠层电池（如 Si/GeSi）上；这两个电池分别吸收太阳光谱中不同波段的光，产生电能。他们的两个叠层电池都是 3 端器件，计算叠层电池的效率时，只是简单的将顶电池的效率

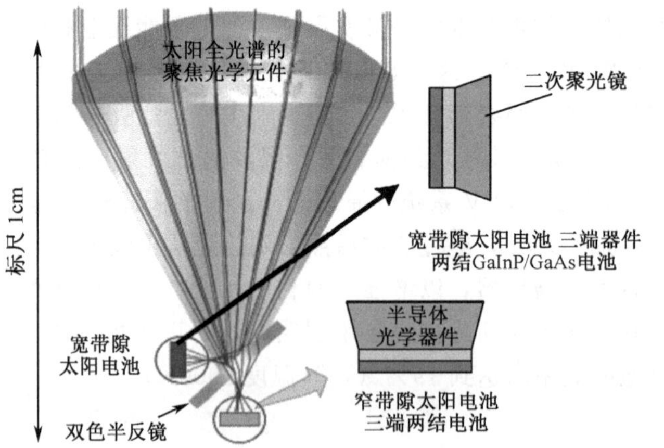

图 4.32 分光谱太阳电池原理图

和底电池的效率相加。3端器件的原理已在4.3.2节中作过介绍，这里不再重复。文章的作者把4个子电池的效率相加，便得到了分光谱太阳电池的总效率42.3% 。还须说明一点，他们在计算效率时，未计入聚光镜和半反镜的光学损失，如果计入光学损失，分光谱太阳电池的转换效率应为36.2% 。

4.4.5 其他类型新概念太阳电池

最近两三年来，有关第三代太阳电池的报道很多。根据M. Green的分类，半导体晶片太阳电池为第一代太阳电池，薄膜太阳电池为第二代太阳电池，而高效、薄膜新概念太阳电池称为第三代太阳电池。新概念太阳电池包括以下几种类型：①量子阱、量子点太阳电池；②多带隙太阳电池；③热载流子太阳电池；④碰撞离化太阳电池；⑤上转换、下转换材料太阳电池等。

有关新概念太阳电池将在第9章中作较全面的介绍，量子阱、量子点太阳电池的原理和研究现状已在4.4.2节中作了简述，此处仅对Ⅲ-Ⅴ和Ⅱ-Ⅵ族化合物半导体中间带太阳电池作一些介绍。

前面谈到，对于单带隙材料而言，能量低于带隙的光子不能被吸收，不能将电子从价带激发到导带以产生光生载流子，这是造成电池效率不高的主要原因之一。如果在带隙中引入另一个中间带，原来不能被吸收的低能光子就有可能被价带电子吸收而跃迁到这个中间带，然后再吸收另一个低能光子从中间带跃迁到导带，实现多光子吸收，从而提高电池的效率。

计算表明，带隙为1.95eV的材料中，引入一个很窄的中间带后，如果中间带的费米能级距导带边的距离为0.71eV，可得到聚光电池的极限效率为63.2%[51]。这一效率高于两结叠层电池（带宽分别为1.54eV和0.8eV）的聚光极限效率54.5%。可能作为中间带引入的材料包括某些稀土材料，过渡金属材料，Ⅲ-Ⅴ-Ⅳb材料等。例如，能带理论计算表明，将过渡金属Ti掺入GaP中形成$Ti_xGa_{1-x}P$合金（$x = 0.25-0.3125$）[52]，或者将Ti掺入$CuGaS_2$中形成$Cu_4TiGa_3S_8$合金[53]，都有可能产生中间带结构。

近两年来，美国伯克利罗伦兹国家实验室的K. M. Yu等在这一领域进行了深入的理论研究，取得了显著进展[54]。他们提出，在某些Ⅲ-Ⅴ族和Ⅱ-Ⅵ族半导体材料中掺入少量负电性很不相同的元素如O或N等，可以形成高度失配合金（HMA）材料。由于O或N引入的局域态与基质材料中电子的扩展态相互作用的结果，会导致导带分裂出一个子带，形成中间带隙。他们采用离子注入氮（N）原子到GaInAs材料中，注入氧（O）原子到MnZnTe材料中，再利用脉冲激光熔化和快速退火，制备出了新材料GaInAsN和MnZnTeO。在这两种新材料中，导带发生了分裂，即变成了2个子导带。图4.33示出对$Zn_{0.88}Mn_{0.12}O_xTe_{1-x}$材料在$x=0.01$时计算出的能带图，其中形成两个直接带隙，其带隙宽度分别约为 1.77eV 和 2.7eV。

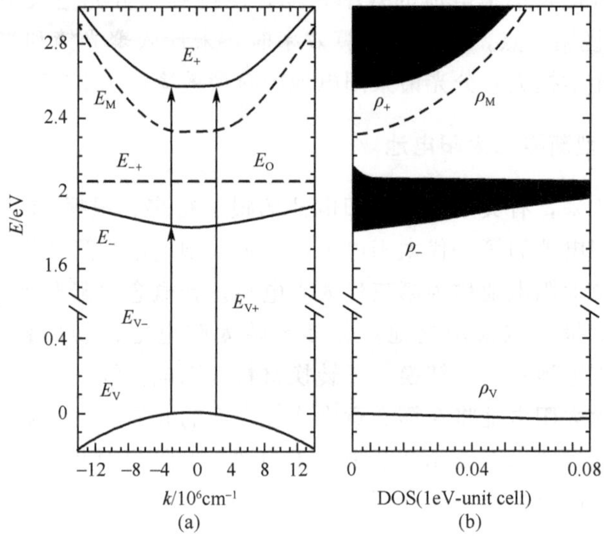

图 4.33 对 $Zn_{0.88}Mn_{0.12}O_xTe_{1-x}$ 在 $x=0.01$ 时计算出的能带图（a）和态密度图（b）
在左图中还标明了 3 种可能的跃迁途径[54]

由于中间带隙的形成，太阳电池的光吸收将向长波方向扩展，因而短路电流 J_{sc} 将会显著提高。虽然太阳电池的开路电压 V_{oc} 会有所降低，但他们预计，这种中间带隙材料太阳电池可获得比多结叠层电池更高的效率，预计效率可高达 50%以上。而且这种中间带隙材料太阳电池是单结太阳电池，没有晶格匹配问题，因而它应该比多结叠层电池的工艺简单，价格便宜。

中间带隙材料太阳电池的研究目前还处于理论研究和材料研究阶段，还未见有太阳电池的实验结果报道。作者认为，采用离子注入技术在获得高掺杂的同时，也产生了大量的晶格缺陷，而晶格缺陷多为陷阱或复合中心，它们势必会俘获和复合掉许多光生载流子，因而降低光生电流，这就抵消了由于长波吸收的扩展而带来的短路电流增加的优点。另外，中间带隙的形成将会使太阳电池的开路电压 V_{oc} 降低多少，也是一个不容忽视的重要问题。

总的来说，对包括中间带隙电池在内的新概念电池的研究，还有许多理论和实验问题需要解决，应该是一个较为长期的、极具魅力令人向往的研究课题。

参考文献

[1] King R R, Law D C, Edmondson K M, et al. 40% efficient metamorphic GaInP/GaInAs/Ge multi-junction solar cells. Appl. Phys. Lett., 2007, 90: 183516.

[2] Schneider K. World Record: 41.1% efficiency reached for multi-junction solar cells. Fraunhofer ISE (online).
http://www.ise.fraunhofer.de/press-and-media/press-releases/press-releases-2009/world-record-41.1-efficiency-reached-for-multi-junction-solar-cells-at-fraunho fer-ise. 01/09/2009.

[3] Olson J M. Chapter 9 in Handbook of Photovoltaic Science and Engineering. Hoboken, NJ USA: John Wiley and Sons, Ltd., 2003: 362.

[4] Green M A, Emery K, Hisikawa Y, et al. Solar cell efficiency tables (Version 31). Prog. Photovolt: Res. Appl., 2008, 16: 61-67.

[5] Yamaguchi M. Radiation-resistant solar cells for space use. Solar Energy Materials & Solar Cells, 2001, 68: 31-53.

[6] Lin L Y, Fang Z Q, Zhou B J, et al. Study of high purity LPE- GaAs materials. Journal of Crystal Growth, 1981, 35: 535.

[7] Ferguson I T, Thompson A G, et al. Hetero-Structures for High Performance Devices. Amsterdam: Academic Press, 2000.

[8] Hovel H J, Woodall J M. $Ga_{1-x}Al_xAs$-GaAs P-P-N heterojunction solar cells. Journal of the Electrochemical Society, Solid State Science and Technology, 1973, 120 (9): 1246-1252.

[9] Andreev V M, Khvostikov V P, Rumyantsev V D, et al. Monolithic two-junction AlGaAs/GaAs solar cells. Proceedings of 26th IEEE- PVSC; Sept. 30-Oct. 3, 1997, Anaheim CA, USA.

[10] Ortiz E, Algora C. A High-efficiency LPE GaAs solar cell at concentrations ranging from 2000 to 4000 Suns. Prog. Photovolt: Res. Appl., 2003; 11: 155-163.

[11] Xiang X B, Fei X Y, Xu Y, et al. A multi-wafers LPE technique for $Al_xGa_{1-x}As$/GaAs heterojunction solar cells. Solar Energy Materials and Solar Cells, 1994, 35 (1-4): 69.

[12] Kagan M, Nadorov V, Rjevsky V. An analysis of eight-year operation of GaAs solar array at space station MIR. Proceedings of First WCPEC; Dec. 5-9, 1994, Hawaii.

[13] Soga T, Yang M, Kato T, et al. Dislocation reduction of GaAs and AlGaAs on Si substrate for high efficiency solar cells. Material Science Forum, 1995, 196-201: 1779-1784.

[14] Chen J C, Ristow M L, Cubbage J I, et al. High-efficiency GaAs solar cells grown on Passive-Ge substrates BY atmospheric pressure OMVPE. Proceedings of 22nd IEEE PVSC, 1991: 133-136.

[15] Takahashi K, Yamada S, Unno T, et al. Characteristics of GaAs solar cells on Ge substrate with a preliminary grown thin layer of AlGaAs. Solar Energy Materials and Solar Cells, 1998, 50: 169-176.

[16] Ringel J A, Sieg R M, Ting S M, et al. Anti-phase domain-free GaAs on Ge substrates grown by molecular beam epitaxy for space solar cell application. Proceedings of 26th IEEE- PVSC; Sept. 30-Oct. 3, 1997, Anaheim CA, USA.

[17] Venkatasubramaian R, O'Quinm B C, Silvola E. 20% (AM1.5) efficiency GaAs solar cells on Sub-mm grain-size Poly-Ge and its transition to low-cost substrates. Proceedings of 26th IEEE-PVSC; Sept. 30-Oct. 3, 1997, Anaheim CA, USA.

[18] Schultze W D. Design and manufacturing experience with GaAs /Ge solar cells as gained with the TEMPO solar generator program. Proceedings of 25th IEEE PVSC, May 13-17, 1996, Washington D. C. USA.

[19] Stella P M, Ross R G, Smith B S, et al. Mars global surveyor (MGS) high temperature survival solar array. Proceedings of 25th IEEE PVSC, May 13-17, 1996, Washington D. C. USA.

[20] Landis G A, Jenkins P P. Dust on mars: materials adherence experiment results from mars pathfinder. Proceedings of 26th IEEE-PVSC, Sept. 30-Oct. 3, 1997, Anaheim CA, USA.

[21] Henry C H. Limiting efficiencies of ideal single and multiple energy gap terrestrial solar cells. J. Appl. Phys., 1980, 51: 4494.

[22] Chung B C, Virshup G F, et al. High efficiency one sun (22.3% at AM0; 23.9% at AM1.5) monolithic two-junction cascade solar cell grown by MOVPE. Appl. Phys. Lett., 1988, 52: 1889-1891.

[23] Takahashi K, Yamada S, Unno T. High-efficiency AlGaAs/GaAs tandem solar cells. U. D. C. 621.383.51 : 523.9-7 : [546.681'62'19 : 546.681'19].

[24] Takahashi K, Yamada S, Minagawa Y, et al. Characteristics of $Al_{0.36}Ga_{0.64}As$/GaAs tandem solar cells with pp^-n^-n structural AlGaAs solar cells. Solar Energy Materials & Solar Cells, 2001, 66: 517-524.

[25] Olson J M, Ahrenkiel R K, Dunlavy D J, et al. Ultralow recombination velocity at $Ga_{0.5}In_{0.5}P$/GaAs heterointerfaces. Appl. Phys. Lett., 1989, 55: 1208-1210.

[26] Kurtz S R, Olson J M, Kibller A. Effect of growth rate on the band gap of $Ga_{0.5}In_{0.5}P$. Appl. Phys. Lett., 1990, 57: 1922-1924.

[27] Olson J M, Kurtz S R, Kibbler A E, et al. A 27.3% efficient $Ga_{0.5}In_{0.5}P$/GaAs tandem solar cell. Appl. Phys. Lett., 1990, 56: 623-625.

[28] Bertness K A, Kurtz S R, Friedman D J, et al. 29.5%-efficient GaInP/GaAs tandem solar cells. Appl. Phys. Lett., 1994, 65: 989-991.

[29] Takamoto T, Ikeda E, Kurita H, Ohmori M. Over 30% efficient InGaP/GaAs tandem solar cells. Appl. Phys. Lett., 1997, 70: 381-383.

[30] Bertness K A, Kurtz S R, Friedman D J, et al. High-efficiency GaInP/GaAs tandem solar cells for space and terrestrial application. Proceeding of First WCPEC; Dec. 5-9. 1994, Hawaii.

[31] Keener D N, Marvin D C, Brinker D J, et al. Progress toward technology transition of GaInP/GaAs/Ge multijunction solar cells. Proceedings of 26th IEEE PVSC, Sept. 30-Oct. 3, 1997, Anaheim CA, USA.

[32] Cavicchi B T, Karam N H, Haddad M, et al. Multilayer semiconductor structure with phosphide-passivated germanium substrate. US Patent: 6, 380, 601 2002.

[33] King R R, Fetzer C M, Colter P C, et al. High-efficiency space and terrestrial multijunction solar cells through bandgap control in cell structures. proceeding of the 29th PVSC 2002, New Orleans.

[34] Takamoto T, Agui T, et al. Investigation on AlInGaP solar cells for current matched multijunction cells. Proceeding of the 3rd World Conference on Photovoltaic Conversion, May 11-18, 2003, Osaka.

[35] Tu J L, Zhang Z W, Wang L X, et al. 28.28% of GaInP/InGaAs/Ge triple-junction tandem cells. Proceedings of 31st IEEE PVSC, Jan. 3-7, 2005, LAKE BUENA VISTA, FL.

[36] Fraas L M, Avery J E, Sundaram V S, et al, Over 35% efficient GaAs/GaSb stacked concentrator cell assembies for terrestrial applications. Proceedings of 21st IEEE PVSC, 1990.

[37] Fraas L M, Avery J E, Huang H X, et al. Toward 40% and higher solar cells in a new cassegrainian PV module. Proceedings of 31st IEEE PVSC, Jan. 3-7, 2005, LAKE BUENA VISTA, FL.

[38] Andreev V M. 中国科学院半导体所学术讨论会，北京，2005.

[39] Cotal H L, Lillington D R, Ermer J H, et al. Triple-junction solar cell efficiencies above 32%: the promise and challenges of their application in high concentration ratio PV Systems. 28th IEEE

PVSC，2000.

[40] Takamoto T，Kodama T，Yamaguchi H，et al. Paper-thin InGaP/GaAs solar cells. WCPEV-4，2006，Hiwaii.

[41] Wanlass M，Ahrenkiel P，Albin D，et al. Monolithic ultra-thin GaInP/GaAs/GaInAs tandem solar cells. WCPEV-4，2006，Hiwaii.

[42] Schone J，Dimroth F，Bett A W，et al. Ⅲ-Ⅴ solar cell growth on wafer-bonded GaAs/Si-substrates. WCPEV-4，2006，Hiwaii.

[43] Geisz J F，Olson J M，Romero M J，et al. Lattice-mismatched GaAsP solar cells grown on silicon by OMVPE. WCPEV-4，2006，Hiwaii.

[44] Soga T，Kato T，Yang M，et al. High efficiency AIGaAs/Si monolithic tandem solar cell grown by metalorganic chemical vapor deposition. J. Appl. Phys.，1995，78 (6)：4197～4199.

[45] Dimroth F，Baur C，Bett A W，et al. 3-6 Junction photovoltaic cells for space and terrestrial concentaror applications. WCPEV-4，2006. Hiwaii.

[46] Barnham J，K W，Duggen G. A new approach to high-efficiency multi-band-gap solar cells. J. Appl. Phys.，1990，67：3490～3493.

[47] Yang M J，Yamaguchi M. Properties of GaAs/InGaAs quantum well solar cells under low concentration operation. Solar Energy Materials & Solar Cells，2000，60：19～26.

[48] Bushnell D B，Tibbits T N D，Barnham K W J，et al. Effect of well number on the performance of quantum-well solar cells. J. Appl. Phys.，2005，97：124908.

[49] Aroutiounian V，Petrosyan S，Khachatryan A，et al. Quantum dot solar cells. J. Appl. Phys.，2001，89 (4)：2268.

[50] Barnett A，Wang X T，Waite N，et al. Initial test bed for very high efficiency solar cells. Proceedings of 33rd IEEE PVSC，May 10-14，2008，San Diego，CA.

[51] Luque A，Marti A. Increasing the efficiency of ideal solar cells by photon induced transitions at intermediate levels. Phys. Rev. Lett.，1997，78 (26)：5014.

[52] Palacios P，Fernández J J，Sánchez K，et al. First-principles investigation of isolated band formation in half-metallic $Ti_xGa_{1-x}P$ (x=0.3125－0.25). Phys. Rev. B，2006，73：085206.

[53] Wahnón P，Palacios P，Sánchez K，et al. AB-initio modeling of intermidiate band materials based on metal-doped chalcopyrite compounds. WCPEV-4，2006，Hiwaii.

[54] Yu K M，Walukiewicz W，Wu J，et al. Diluted Ⅱ-Ⅵ oxide semiconductors with multiple band gaps. Phys. Rev. Lett.，2003，91 (24)：246403.

第 5 章　硅基薄膜太阳电池

阎宝杰　美国联合太阳能公司　　廖显伯　中国科学院半导体研究所

5.1 引　言

光子、电子和声子都是能量的载体。太阳电池作为光电能量转换器件，主要研究光子和电子之间的相互作用，以及声子对过程的参与。这种相互作用一般主要发生在太阳电池材料表面数微米的范围内，这就为制造薄膜太阳电池提供了物理基础。

由于太阳光具有弥散性，为了获得数百瓦的电功率，往往需要数平方米的太阳电池器件。为了降低成本，有必要发展大面积薄膜（微米量级）太阳电池。

大面积薄膜太阳电池半导体材料，一般是在低温下沉积在廉价的异质衬底上的，如玻璃、不锈钢带、塑料薄膜等都是常用的薄膜太阳电池衬底材料。薄膜太阳电池固有的优势是用料省、工艺温度低、工艺过程相对简单，从而成本低。但是，这样制备的薄膜材料具有多晶、微晶、纳米晶或非晶态结构，具有较低的迁移率和少子寿命。所以，这种薄膜材料是不适合用以制备高速度、高密度的微电子器件的。而对于大面积太阳电池而言，由于它对光电转换的速度没有高的要求，器件结构又相对简单，仅由一个或数个“巨型”pn 结构成，薄膜材料是可以胜任的。经过多年的努力，已经在几种薄膜太阳电池上取得了较大的进展，这主要包括硅基薄膜电池、铜铟镓硒薄膜电池、碲化镉薄膜电池和染料敏化电池。

本章介绍硅基薄膜太阳电池，包括非晶硅、纳米硅和微晶硅薄膜太阳电池。我们首先简介硅基薄膜材料的结构和基本物理性质、硅基薄膜材料制备方法和沉积动力学，然后介绍硅基薄膜太阳电池的结构和工作原理，以及硅基薄膜太阳电池的制备技术和产业化。

在过去 10 多年的时间里，硅基薄膜太阳电池的研究和开发主要集中在提高非晶硅、微晶硅和非晶锗硅合金的质量。氢稀释是提高材料质量的重要技术，高氢稀释等离子体沉积的非晶硅具有少量的纳米晶结构或叫中程有序。这种材料缺陷态密度低，稳定性好。与此同时，以非晶硅和纳米硅（也有称微晶硅①）电池

① 关于纳米硅和微晶硅的称谓，目前国际上尚存在着一种心照不宣的分歧，两种名称实际指的是同一种结构的硅基薄膜材料，有关说明请参见 5.2.7 节的描述。

组成的多结薄膜硅电池将成为新一代硅基薄膜太阳电池产品。因此，本章将重点放在氢稀释的作用、纳米硅（或称微晶硅）的特性和纳米硅电池（或称微晶硅电池）的优化。限于篇幅，本章不能覆盖硅基薄膜太阳电池的全部领域。另外本章作者之一在美国联合太阳能公司（United Solar）工作多年，对非晶硅薄膜电池卷-到-卷柔性衬底上沉积工艺有一定了解，因此本章的另一个重点是硅基薄膜太阳电池的卷-到-卷的生产过程。

5.2　硅基薄膜物理基础及其材料特性

5.2.1　硅基薄膜材料的研究历史和发展现状

硅基薄膜材料是包括硅与其他元素构成合金的各种晶态（如纳米晶、微晶、多晶）和非晶态薄膜的统称。硅基薄膜材料作为一种极具潜力的光电能量转换材料的研究历史，可追溯到 20 世纪 60 年代末，英国标准通讯实验室用辉光放电法制取了氢化非晶硅（a-Si∶H）薄膜，发现有一定的掺杂效应。1975 年，W. E. Spear 等在 a-Si∶H 材料中实现了替位式掺杂，做出了 pn 结。发现氢有饱和硅悬键的作用，a-Si∶H 材料具有较低的缺陷态密度（约 $10^{16}\,cm^{-3}$）和优越的光敏性能[1]。1976 年，美国 RCA 的 D. E. Carlson 等研制出了 p-i-n 结构非晶硅太阳电池，光电能量转换效率达到 2.4%[2]，在国际上掀起了研究非晶硅材料和器件的热潮。1980 年，Carlson 将非晶硅电池效率提高到 8%，具有产业化标志意义。随后日本三洋公司的 Kowano，推动了非晶硅电池在消费产品的批量生产。而在此之前用蒸发或溅射技术制备的不含氢的非晶硅薄膜，其缺陷态密度高达约 $10^{19}\,cm^{-3}$ 以上，没有什么器件应用价值。

在理论研究方面，1958 年，P. W. Anderson 发表了开创性的论文《扩散在一定的无规网络中消失》，首先提出在无序体系中电子态定域化概念[3]。其后，在 Anderson 定域化理论基础上，N. F. Mott 在非晶态材料能带中引入了迁移率边和定域化带尾态概念[4]。1977 年，P. W. Anderson 和 N. F. Mott 一道因对非晶态理论方面的贡献而获得诺贝尔物理学奖。与此同时，N. F. Mott[5] 和 M. H. Cohen 等[6]提出了非晶态半导体的 Mott-CFO 能带模型，为非晶硅基薄膜材料和器件研究打下良好的理论基础。

1977 年 D. L. Staebler 等观察到 a-Si∶H 薄膜经长时间光照后其光电导率和暗电导率下降，而经过 150℃以上温度退火后又可以恢复[7]。他们指出产生这种可逆光致变化效应（后来称为 Staebler-Wronski 效应，简称 S-W 效应）的原因可能是光照在 a-Si∶H 带隙中引起了亚稳缺陷态。此后，研究光致变化效应的微观机理及其抑制途径一直是非晶硅领域的焦点课题。

经过多年的努力，在改进非晶硅基薄膜材料和太阳电池器件性能，以及产业化技术方面取得了重大的进展。例如，发现在等离子增强化学气相沉积（PECVD）a-Si∶H材料过程中，用氢气稀释硅烷可以显著改善a-Si∶H材料的稳定性[8]。这种氢稀释技术已广泛应用于改善a-Si∶H材料和太阳电池的微结构和稳定性，大量氢稀释甚至可以促进氢化纳米硅（nc-Si∶H）和氢化微晶硅（μc-Si∶H）的形成。并发现p-i-n型或n-i-p型a-Si∶H电池最佳本征层可以在增加氢稀释以临近非晶到微晶相变阈的模式下获得[9]。

另一项重要进展是发现非晶硅基材料的带隙宽度可以通过形成合金进行调节。例如，发现非晶硅碳（a-SiC∶H）合金薄膜具有较宽的带隙，用作p-i-n型a-Si∶H电池的p型窗口层可以显著提高电池的开路电压和短路电流[10]。而非晶硅锗（a-SiGe∶H）合金薄膜具有较窄的带隙，可用以与a-Si∶H材料构成叠层电池，以显著扩展电池的长波吸收光谱范围[11]。

在此基础上，发展了a-Si∶H/a-SiGe∶H两结叠层电池和a-Si∶H/a-SiGe∶H/a-SiGe∶H三结电池，不仅显著改善了电池的长波吸收，还降低了各子电池的本征层厚度，从而提高了电池的光照稳定性，使a-Si∶H/a-SiGe∶H/a-SiGe∶H三结叠层电池小面积初始效率达到14.6%，光照后稳定效率达到13.0%[12]。

近几年的重要进展是发现利用甚高频（VHF）电源激发等离子体，在较高气压和较大功率激发下，可以高速沉积（约3nm/s）高质量的窄带隙微晶硅膜，用以取代a-SiGe∶H合金膜，与a-Si∶H构成a-Si∶H/μc-Si∶H两结叠层电池和a-Si∶H/a-SiGe∶H/μc-Si∶H或a-Si∶H/μc-Si∶H/μc-Si∶H三结叠层电池，其小面积（$1cm^2$）电池效率达到了15.0%，而大面积（$4140.5cm^2$）电池效率达到13.4%[13]。

此外，在非晶硅固相晶化以制备微晶硅或多晶硅薄膜材料和电池器件方面也取得了重要进展[14]。

目前，全世界有数十所大学、国家实验室和公司从事硅基薄膜太阳电池的研究，其产业化技术正日趋成熟。据报道2007年硅基薄膜电池产量已达到400MW，十多条大规模（约30MW/a）硅基薄膜电池生产线正在世界各地运行或兴建。

5.2.2 非晶硅基薄膜材料的结构和电子态

5.2.2.1 非晶硅基薄膜材料的结构

晶体硅中硅原子的键合为sp^3共价键，原子排列为正四面体结构，具有严格的晶格周期性和长程序（LRO）。而非晶硅中原子的键合也为共价键，原子的排列基本上保持sp^3键结构，只是键长和键角略有变化，这使非晶硅中原子的排列在保持短程序（SRO）的情况下，丧失了严格的周期性和长程序。

晶体硅的 X 射线衍射谱和电子衍射谱呈现明亮的点状（单晶）或环状（多晶）。而非晶硅的 X 射线衍射谱和电子衍射谱呈现两圈模糊的晕环，表明非晶硅中短程序的保持范围大体在最近邻和次近邻原子之间。

图 5.1 给出非晶硅的三维原子结构模型，每个硅原子与其他 4 个硅原子成键，其结构特征由 5 个几何结构参数及一个环状结构“参数”决定。这 5 个几何结构参数分别是：最近邻原子间距（Si—Si_1），即键长 r_1，键角 θ；次近邻原子间距（Si—Si_2）r_2；第 3 近邻原子间距（Si—Si_3）r_3 和二面角 φ。这里 φ 是指由 Si—Si_1 键和 Si_1—Si_2 键构成的晶面与 Si_1—Si_2 键和 Si_2—Si_3 键构成的晶面之间的夹角，所以称为二面角。为清晰起见，图示的 φ 选取了另一组参考原子。关于环状结构“参数”，图中示出一个五环结构。在晶体硅中硅原子是成六环结构排列，只有在非晶硅中才有五环或七环结构生成。

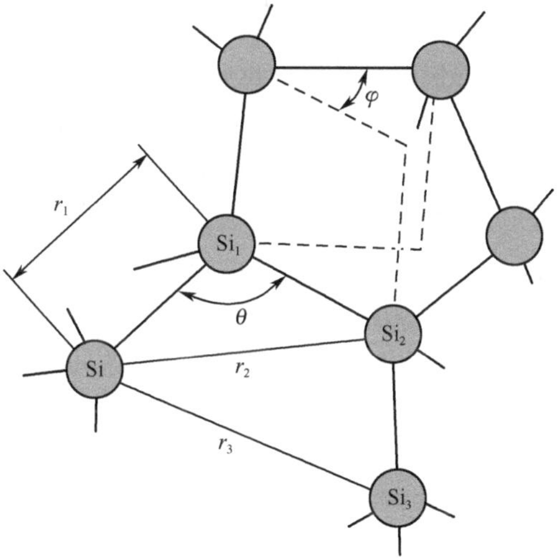

图 5.1　非晶硅的三维原子结构模型和相关参数[15]

晶体硅和非晶硅的结构特征可以用其原子排列的径向分布函数 $g(r)$来说明。图 5.2 示出由 X 射线衍射谱（XRD）得到的非晶硅与晶体硅原子排列的径向分布函数[16,17]。分子动力学模拟计算表明，晶体硅的径向分布函数具有一系列的峰值，相应于一系列的原子配位壳层，显示出晶体硅中所存在的短程序和长程序。而非晶硅的径向分布函数只显示出第一个和第二个峰值，表明非晶硅中只存在最近邻和次近邻的短程序。

图中非晶硅 $g(r)$ 第一峰的位置、强度和宽度与晶体硅都很相近。此峰位相应于 Si 原子与最近邻 Si_1 原子的间距 $r_1 = 2.34\text{Å} \pm \Delta r_1$。与晶体硅比较，非晶硅键长 r_1 的相对偏差 $\Delta r_1/r_1$ 在 2%～3%。由此峰的积分面积得到最近邻硅原子数或配位数，与晶体硅一样都为 4。

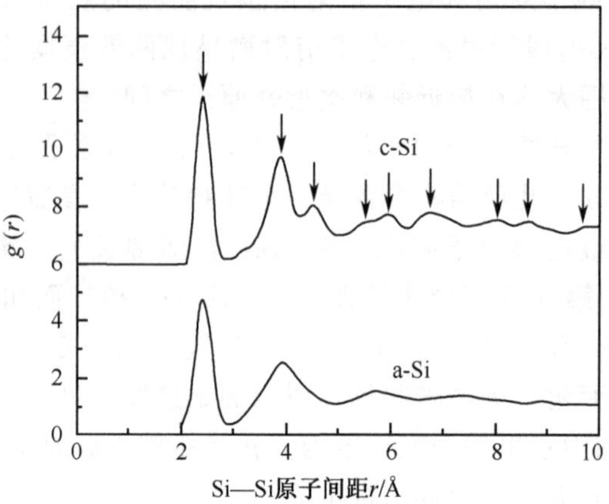

图 5.2 晶体硅与非晶硅原子排列的径向分布函数 $g(r)$[16]

非晶硅 $g(r)$ 第二峰的位置与晶体硅也相近，相应于 Si 原子与次近邻 Si_2 原子的间距 $r_2=3.82\text{Å}\pm\Delta r_2$，但峰的强度降低，宽度增加，表明非晶硅中次近邻原子间距的偏差 Δr_2 有较宽的分布范围，这主要是由键角 θ（$\theta=109.28°\pm\Delta\theta$）的偏差引起的，因为 r_2 由键长 r_1 和键角 θ 决定：$r_2=2r_1\sin(\theta/2)$，其中 $\Delta\theta/\theta<10\%$。这一结果表明，同 r_1 比较，r_2 表征的短程序已有所降低。

非晶硅与晶体硅径向分布函数的主要差别在于，非晶硅 $g(r)$ 的第三峰已不复存在，表明非晶硅中 Si 原子与第 3 近邻 Si_3 原子的间距 r_3 已不再有序。从图 5.1 可以看出，r_3 取决于键长 r_1、键角 θ 和二面角 φ。通常晶体硅中 $\varphi=60°$，其内能最低，形成类金刚石结构。而非晶硅中，模型计算表明，只需一部分 $\varphi=0°$（类纤锌矿结构特征），就会导致 r_3 的有序性消失[17]。

氢化使非晶硅的结构发生变化。但 a-Si∶H 的 $g(r)$ 与不含氢的 a-Si 相似，只是随着 H 含量的增加，a-Si∶H 的密度和表观配位数降低，其网络结构得到弛豫。从拉曼散射谱的结果推知，a-Si∶H 的键角偏差 $\Delta\theta$ 下降，表明 H 的键入导致短程序的改善[17,18]。

在 a-Si∶H 网络中，无序结构的应变还导致多种结构缺陷和微空洞的形成。除正常 4 配位键 T_4^0 外，主要结构缺陷如图 5.3 所示，其中包括 Si—Si 弱键（WB），三配位 Si 悬键 T_3^0（D^0）及其原生共轭对缺陷——五配位 Si 浮键 T_5^0[19]，以及 Si—H—Si 三中心键（TCB）等。此外还有多种结构缺陷与杂质形成的络合物。

从非晶硅的短程序到晶体硅的长程序之间，还存在着一个过渡尺寸范围，即中程序（IRO），这大体上相应于 4～20Å。上面讲过，非晶硅短程序保持到次近邻原子排列 $r_2=3.82\text{Å}$；而从热力学观点来看，纳米硅颗粒得以稳定存在的最小

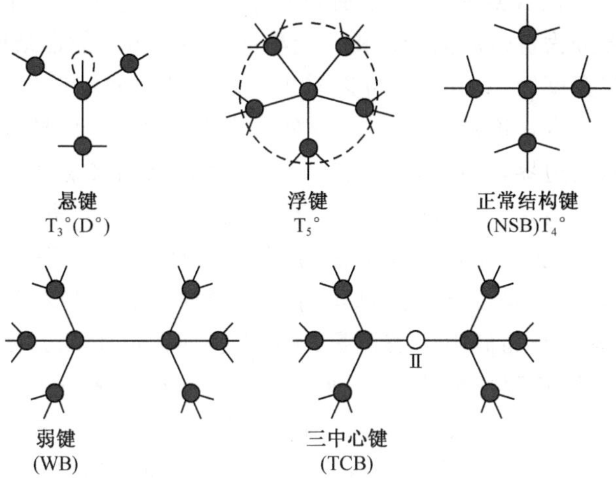

图 5.3　a-Si∶H 正常网络结构和几种主要的结构缺陷[15]

尺寸大致是 1～2nm[20]。上面讨论的二面角和环状结构应属中程序范围，中程序对于非晶硅的光电性质和相变过程有重要影响，H 的键入也有助于中程序的改善，但至今研究还很不充分。近年来发展了一种涨落电镜技术（fluctuation electron microscopy），可以对中程序加以表征[21]。

5.2.2.2　非晶硅基薄膜材料的电子态

晶体硅中的电子态可以用能带来表征。每个硅原子与最近邻 4 个硅原子之间形成了 8 个 sp^3 杂化轨道，它们分为成键态和反键态两组，分别构成价带和导带。价带充满电子，导带没有电子，其间隔为禁带。无论成键态和反键态都是一种周期函数（Bloch 函数）的线性组合，所以这些电子态是共有化的态或扩展态。晶体硅中电子的价带和导带的特征可以用电子的能态密度分布函数$N(E)$和电子的能量 E 与波矢 κ 的色散关系 $E=E(\kappa)$ 来描述。图 5.4 示出用第一性原理计算得到的晶体硅中电子的 $E(\kappa)$ 能带图[22]。晶体硅电子的能带结构比较复杂，图中只给出了沿［100］和［111］方向的计算结果。其中横坐标为波矢 κ

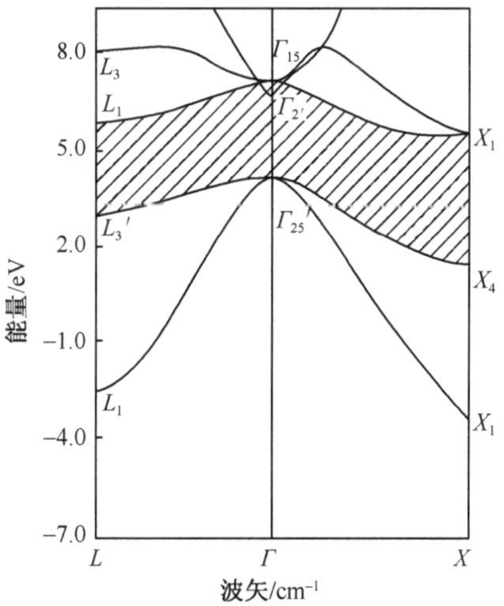

图 5.4　晶体硅中电子的 $E(\kappa)$ 能带图[22]

轴，原点为Γ点，而X点和L点分别为沿［100］和［111］方向布里渊区的边界。图中下半部分为价带的能带结构，上半部分为导带的能带结构，其间阴影部分为带隙，带隙宽度约1.10eV。可以看出，晶体硅为间接带隙材料，价带顶与导带底的值不相吻合，价带顶位于$\kappa=0$处，为4重简并；而导带底在［100］方向，靠近布里渊区边界，距中心Γ点的距离约为Γ点到X点距离的0.82，导带底或导带谷为六重简并。晶体硅的第一直接带隙（$\Gamma_{25'}$-$\Gamma_{2'}$）宽度约3eV。

由于非晶硅的原子排列基本上保持了sp^3键结构和短程序，非晶硅中的电子态保持了晶体硅能带结构的基本特征，同样具有价带和导带，其间隔为禁带。无序结构对非晶硅电子态的影响主要表现在以下几方面：非晶硅中原子排列的周期性和长程序的丧失，使电子波失κ不再是一个描述电子态的好量子数，E与κ的色散关系不确定，所以只能用电子的能态密度分布函数$N(E)$来描述非晶硅能带的特征。因此，非晶硅是间接带隙还是直接带隙材料的问题也就无从谈起。关于这一点，我们在后面介绍非晶硅的光学性质时将要进一步讨论。

无序结构的另一影响是使价带和导带的一些尖锐的特征结构变得模糊，一些奇点（如范霍夫奇点）消失，特别是使明锐的能带边向带隙延伸出定域化的带尾态。而且，在带隙中部形成了由结构缺陷如悬键等引起的呈连续分布的缺陷态。

图5.5给出非晶硅的Mott-CFO能带模型[6]，简单表明了能带边和带隙的电子态密度随能量的分布。在能带扩展态与定域化带尾态之间存在一条明显的分界线，即导带迁移率边E_C和价带迁移率边E_V。而在带隙中部存在由于悬键等缺陷造成的定域态密度分布E_x和E_y，他们分别相当于硅悬键的双占据态（类受主态）和单占据态（类施主态）。这里假定悬键获得第二个电子时比获得第一个电子需要更多的能量，即相关能是正的（约0.4eV），这一点已为许多实验所证实。但在a-Si：H中，一些局部网络的结构弛豫也可能导致负相关能的出现[23]。

在a-Si：H中氢的键入引起的能带结构变化主要使带隙态密度降低和使价带顶下移，从而使其带隙加宽，因为Si—H键的键合能要大于Si—Si键。这些Si—H_x（$x=1$，2）键在价带中形成了一些特征结构，已为紫外光电子发射谱（UPS）观测所证实。而同时导带底的上移要小得多。实验上发现，a-Si：H薄膜的光学带隙E_g(eV）与其氢含量C_H之间存在近似线性比例关系[24]：$E_g=1.48+0.019C_H$。

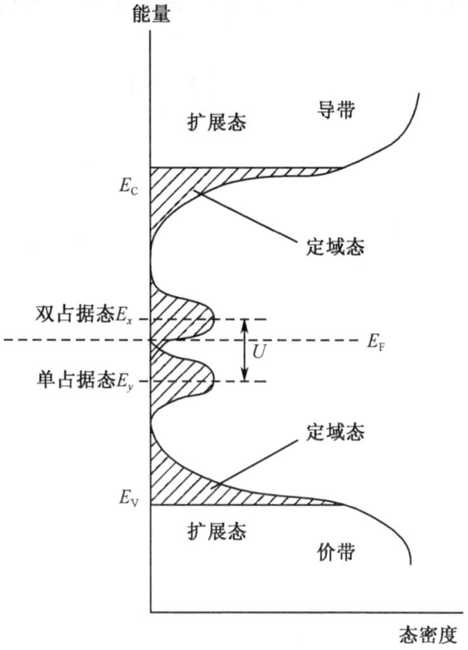

图 5.5　非晶硅 Mott-CFO 能带模型[6]

5.2.3　非晶硅基薄膜材料的电学特性

用辉光放电分解硅烷（SiH_4）或乙硅烷（Si_2H_6）制备的 a-Si∶H 的光电性质密切依赖于沉积参量。具有器件质量（device quality）本征 a-Si∶H 薄膜中，一般含有 8%～12%（原子分数）的氢，光学带隙宽度 E_g 1.7～1.8eV。导带尾和价带尾的斜率分别约为 25 meV 和 40 meV，深带隙态密度在 10^{15}～$10^{16}cm^{-3}$。在室温下，器件质量本征 a-Si∶H 的暗电导率 σ_d 小于 $10^{-10}(\Omega\cdot cm)^{-1}$，暗电导激活能 E_a 在 0.8～0.9eV，大约相当于 E_g 的 1/2。在 AM1.5、$100mW/cm^2$ 光照下的光电导率大于 $10^{-5}(\Omega\cdot cm)^{-1}$，相应的光灵敏度达到 10^5～10^6。

本节先介绍本征和掺杂非晶硅基薄膜的电学特性。

5.2.3.1　本征非晶硅基薄膜材料的电学特性

本征 a-Si∶H 的直流暗电导率 σ_d 主要由电子的输运特性决定，表现出弱 n 型电导特征，这主要是因为电子的漂移迁移率［约 $1\ cm^2/(V\cdot s)$］远大于空穴的漂移迁移率［约 $0.01cm^2/(V\cdot s)$］。本征 a-Si∶H 的直流暗电导率 σ_d 随温度 T 的变化关系大约可区分为 4 段：迁移率边上的扩展态电导，带尾态跳跃电导，费米能级 E_F 附近的近程和变程跳跃（variable-range hopping）电导[17]，如图

5.6 所示。在室温和较高温度下，电子电导表现为由激发到迁移率边 E_C 以上的扩展态电子的输运

$$\sigma_d = \sigma_0 \exp\left(-\frac{E_c - E_F}{kT}\right) \tag{5.1}$$

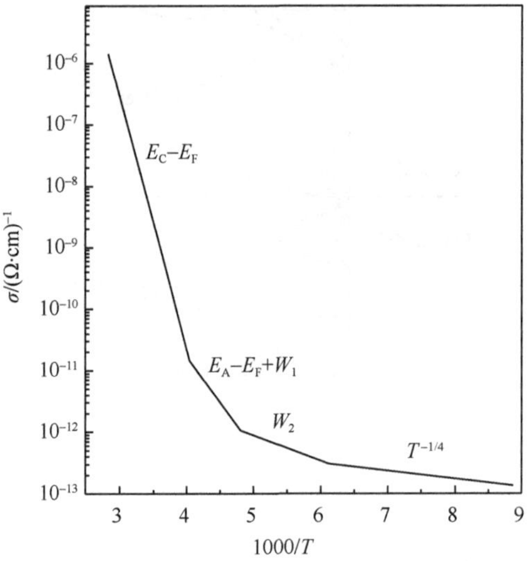

图 5.6 非晶硅直流电导率的温度依赖关系[17]

式中，k 为玻耳兹曼常量；σ_0 为指数前因子，$\sigma_0 = q\mu_e N_c$，其中 q 为电子电荷；μ_e 为电子漂移迁移率；N_c 为导带的有效态密度，它与导带迁移率边的态密度 $N(E_c)$的关系近似为 $N_c = kTN$ (E_c)，因为激发到导带迁移率边的扩展态电子大约只占据迁移率边以上 kT 宽度的能量范围。由于电子漂移迁移率随温度变化不大，$\ln(\sigma_d)$ 与 $1/T$ 近似呈热激活线性关系，由直线的斜率可导出激活能 $E_a = E_c - E_F$。在某些场合，由于 E_a 与 σ_0 之间存在一定的依存关系（Meyer-Nedel 定律），需要对所导出的 E_a 值进行修正。

第二段为激发到带尾定域态中去的载流子的跳跃电导

$$\sigma_d = \sigma_1 \exp\left(-\frac{E_A - E_F + W_1}{kT}\right) \tag{5.2}$$

其中，E_A 是导带尾特征能量；W_1 是带尾定域态上跳跃激活能，随温度的降低而减小。但是温度关系主要由载流子激发项决定，σ_1 可能比 σ_0 小几十倍。

如果在费米能级 E_F 附近缺陷态密度（DOS）不为 0，则在 E_F附近的载流子也将通过在这些缺陷态上的跳跃对电导有贡献

$$\sigma_d = \sigma_2 \exp\left(-\frac{W_2}{kT}\right) \tag{5.3}$$

其中，$\sigma_2 \leqslant \sigma_1$，$W_2$ 是载流子在费米能级附近缺陷态上的跳跃激活能，约为 E_F 附

近缺陷态带宽的一半。

最后，当温度很低时，就会出现变程跳跃电导

$$\sigma_d = \sigma_2 \exp\left(-\frac{B}{T^{\frac{1}{4}}}\right) \tag{5.4}$$

即电子倾向于越过近邻跳到更远的格点上去，以寻求在能量上比较相近的格点，其中 $B=1.66(\alpha^3/kN(E_F))^{1/4}$，$\alpha$ 为原子间距；$N(E_F)$ 为费米能级处的缺陷态密度。

对于 a-Si∶H 太阳电池应用而言，我们主要关心在室温或更高温度下激发到迁移率边 E_C 以上和 E_V 以下的载流子的扩展态输运。带尾定域态对于这种输运的影响主要是起一定的陷阱作用，使在扩展态中漂移的载流子陷落，停留一段时间后再加以释放，因而使载流子的漂移迁移率比其扩展态迁移率低很多。常温下，电子的漂移迁移率约为 $1\sim10cm^2/(V\cdot s)$；空穴的漂移迁移率则为 10^{-2} $cm^2/(V\cdot s)$ 量级[25]。同时，这种陷阱效应还使得载流子输运表现出弥散输运的特征，特别是对低迁移率的空穴，其弥散输运特征表现得更为明显。

5.2.3.2　n 型和 p 型非晶硅基薄膜材料的电学特性

与没有氢化的非晶硅（a-Si）相比，氢化非晶硅（a-Si∶H）具有较低的带隙态密度，可以进行 n 型和 p 型掺杂以控制电导率，使室温电导率的变化达到约 10个数量级。像晶体硅一样，加入Ⅴ族元素磷得到 n 型掺杂，加入Ⅲ族元素硼就得到 p 型掺杂。通常在辉光放电分解硅烷制备 a-Si∶H 过程中，掺入 $[PH_3]/[SiH_4]=1\%$气体体积比的磷烷，可将 a-Si∶H 费米能级的位置从带隙中部提高到接近导带尾，距导带迁移率边约 0.2eV，相应其暗电导率 σ_d 增大约为 $10^{-2}(\Omega\cdot cm)^{-1}$。掺入 $[B_2H_6]/[SiH_4]=1\%$气体体积比的乙硼烷，可将费米能级的位置从带隙中部降低到接近价带尾，距价带迁移率边为 0.3～0.5eV，相应其暗电导率 σ_d 约为 $10^{-3}(\Omega\cdot cm)^{-1}$。三甲基硼（$B(CH_3)_3$）和三氟化硼（$BF_3$）也常被用作硼掺杂源。

然而，在非晶硅中，磷和硼的替位式掺杂效率很低。因为无序结构，原子排列没有严格的拓扑结构限制，使磷或硼原子可以处于 4 配位，也可以处于 3 配位的状态。而且，3 配位状态的能量更低，化学上更有利，所以大部分磷或硼原子处于 3 配位态，它的能级位置处于硅的价带之中，起不了掺杂作用。只有小部分磷或硼原子处于 4 配位态，它的能量位置处于非晶硅带尾的一定的范围内，起浅施主或浅受主作用[26]。

而且，掺杂会在带隙中部引入缺陷态，因为伴生硅悬键缺陷的形成可降低生成 4 配位态的总能量，促进 4 配位态的生成。这样一来，大多数施主电子和受主空穴将被这些伴生悬键缺陷态所浮获，降低了自由载流子的密度。所以，n 型和

p 型 a-Si∶H 层具有高的缺陷态密度，因此光生载流子复合速率较高，它们只能在非晶硅电池中用来建立内建电势和欧姆接触，而不能用作光吸收层，这就是为什么非晶硅太阳电池要依靠本征层（i 层）吸收阳光，采用 p-i-n 结构，而不能像晶体硅太阳电池那样采用 pn 结构。同时，p-i-p 结构还有助于光生载流子的场助收集。

此外，重掺硼所形成的杂质带与价带边相连接，使有效带隙宽度降低，p 型 a-Si∶H 的光吸收增加，不利于用作太阳电池窗口层材料。

5.2.4 非晶硅基薄膜材料的光学特性

5.2.4.1 非晶硅基薄膜材料的光吸收

本征非晶硅的光吸收谱可分为三个区域，即本征吸收、带尾吸收和次带吸收区，如图 5.7 所示①。

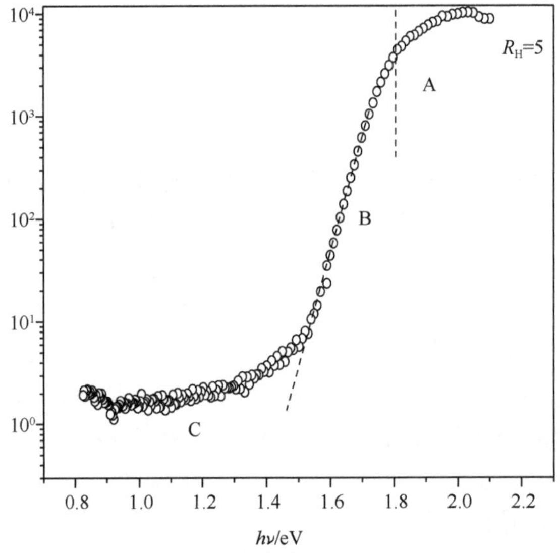

图 5.7 本征非晶硅的光吸收谱

本征吸收（A 区）是由电子吸收能量大于光学带隙的光子从价带跃迁到导带而引起的吸收。本征吸收的长波限，也称吸收边，就是光学带隙 E_g，器件质量 a-Si∶H 的 E_g 为 1.7～1.8eV，它比由电导激活能确定的迁移率带隙稍小些，因为迁移率边位于更高态密度的能量位置。内光电发射测量表明两者的差值约为 0.16eV[27]。

① 该图取自中国科学院半导体研究所博士生郝会颖的博士论文。

本征 a-Si∶H 的光吸收系数 α，在其吸收边处为 $10^3 \sim 10^4 cm^{-1}$，以后随光子能量增大而增加。在可见光谱范围，非晶硅的本征光吸收系数要比晶体硅的大得多（高 1～2 个数量级），所以有人称非晶硅为准直接带隙材料。因为晶体硅的本征光吸收存在严格的选择定则，除能量守恒外，还必须遵守准动量守恒，而晶体硅是间接带隙（约 1.1eV）材料，本征光吸收过程必须有声子参与，直到光子能量达到晶体硅的第一直接带隙（约 3eV）。而在非晶硅中由于结构无序，电子态已没有确定的波矢，电子在吸收光子从价带跃迁到导带的过程中，也就不受准动量守恒的限制；或者也可以理解为，在非晶硅中，由于电子的运动在晶格长度范围就会受到散射，按照测不准原理，其准动量的测不准量将有较大范围的延伸，从而准动量守恒限制被大大放宽。

然而，a-Si∶H 的光吸收系数 α 随光子能量 $h\nu$ 的变化关系在吸收边附近遵循 Tauc 规律

$$(\alpha h\nu)^{1/2} = B(E_g - h\nu) \tag{5.5}$$

式中，B 是一个与带尾态密度相关的参数。这是一个典型的间接带隙半导体材料的本征吸收关系式，所以从这种意义上说，a-Si∶H 仍然保持着间接带隙半导体材料的特征。实验上，常利用光透射谱来导出 a-Si∶H 的复折射率，由式（5.5）计算出 Tauc 光学带隙 E_g。

带尾吸收（B 区）相应于电子从价带扩展态到导带尾态或从价带尾态到导带扩展态的跃迁。在这一区域，$1 < \alpha < 10^3 cm^{-1}$，$\alpha$ 与 $h\nu$ 呈指数关系，$\alpha \propto \exp(h\nu/E_{t0})$，所以也称指数吸收区。这一指数关系来源于带尾态的指数分布，特征能量 E_{t0} 与带尾结构有关，它标志着带尾的宽度和结构无序的程度，E_{t0} 越大，带尾越宽，结构越无序。E_{t0} 也称为 Urbach 能量，而指数分布的带尾也称为 Urbach 带尾。这是因为 F. Urbach 在 1953 年首先发现，无序固体中电子从价带尾跃迁到导带尾的光吸收系数随光子能量呈指数变化，并指出它起源于电子带尾态密度的指数分布[28]。

次带吸收（C 区）：$\alpha < 10 cm^{-1}$，相应于电子从价带到带隙态或从带隙态到导带的跃迁。这部分光吸收能提供关于带隙态的信息。在 C 区，若材料的 α 在 $1 cm^{-1}$ 以下，则表征该材料具有很高的质量。

5.2.4.2　非晶硅基薄膜材料的光电导

在光照下非晶硅的电导会显著增加，这部分增加的电导就是光电导。在室温下，a-Si∶H 的暗电导率 σ_d 很小［小于 $10^{-10}(\Omega \cdot cm)^{-1}$］，而在太阳光照下（AM1.5、$100mW/cm^2$）a-Si∶H 的光电导率大于 $10^{-5}(\Omega \cdot cm)^{-1}$，相应的光电导灵敏度达 $10^5 \sim 10^6$。依赖照射光波长的不同，光生载流子可以来源于从价带到导带的激发（本征激发），也可以来源于从隙态到扩展态（导带或价带）的激发。

对于本征激发，同时产生电子和空穴对，但由于非晶硅的空穴迁移率远小于电子的迁移率，光电导主要来自电子的贡献。

非晶硅光电导的大小不仅取决于光吸收和激发情况，还与材料中复合和陷阱有关。因而可以通过对光电导的测量，确定光吸收和带隙态的情况。非晶硅薄膜的定态光电导 σ_{ph} 可写为

$$\sigma_{ph} = q\eta\mu\tau F(1-R)[1-\exp(-\alpha d)] \tag{5.6}$$

式中，q 为电子电荷；η 为量子产额；μ 为光生载流子的迁移率；τ 为寿命；F 为入射到薄膜表面单位面积上的光子数（或光通量）；R 为薄膜表面的反射系数；α 为吸收系数。在高吸收区（本征吸收区），$\alpha d \gg 1$，式（5.6）变为

$$\sigma_{ph}(H) = e\eta\mu\tau F(H)(1-R) \tag{5.7}$$

式中，$\sigma_{ph}(H)$ 表示 σ_{ph} 在高吸收区的值。而在低吸收区，即 $\alpha d \leqslant 0.4$ 的区域

$$\sigma_{ph} = e\eta\mu\tau F(1-R)\alpha d \tag{5.8}$$

如果 R 和 $\eta\mu\tau$ 不随入射光子能量 $h\nu$ 而变化，则在低吸收区的光电导正比于吸收系数 α，比较式（5.7）和式（5.8），得到

$$\alpha = \frac{\sigma_{ph}}{\sigma_{ph}(H)d}\frac{F(H)}{F} \tag{5.9}$$

我们可以在强吸收区选定一点，比如光子能量为 2.0eV 处，测定 $F(2.0)$ 和 $\sigma_{ph}(2.0)$，这两个量与样品厚度 d 对光子能量 $h\nu$ 而言，都是常量，因而

$$\alpha(h\nu) \propto \frac{\sigma_{ph}(h\nu)}{F(h\nu)} \tag{5.10}$$

只要测出光电导谱 $\sigma_{ph}(h\nu)$ 和入射光通量 $F(h\nu)$，就可以得到光吸收谱 $\alpha(h\nu)$。

上面假设 $\eta\mu\tau$ 不随入射光子能量而变化，这一假设只有在小信号时，即光电导远小于暗电导时才成立，也就是说，要求光照时准费米能级不能偏离平衡费米能级太远。因为 $\mu\tau$ 乘积很依赖于复合中心的情况，而准费米能级的位置对复合中心的情况影响很大。如果小信号的条件不能满足，我们可以采用恒定光电导法（CPM）[29]，来保持准费米能级的位置不变，也就是在保持光电导 $\sigma_{ph}(h\nu)$ 恒定下，测量入射光通量 $F(h\nu)$，再按式（5.10）求出吸收系数 $\alpha(h\nu)$。这样得到的次带吸收区的光吸收谱可以给出费米能级以下带隙态的信息。带尾吸收区的光吸收谱则能提供带尾态的信息。

5.2.4.3 非晶硅基薄膜材料的光致发光和激发谱

在氩离子激光（波长 488 nm 和 514.5 nm）或其他能量大于带隙的光子激发下，a-Si∶H 膜会发射出较强的荧光。这就是 a-Si∶H 膜的光致发光或光荧光（PL）。通常在低温下（77K），在未掺杂的 a-Si∶H 膜的光荧光谱中可观测到一

个峰值能量在 1.3～1.4eV 的发光峰，其半高宽达 0.3eV；在掺杂的或缺陷密度高的 a-Si∶H 中，还可观测到另一个发光峰，峰值能量在 0.8～0.9eV，其强度较弱，大约为前者的 1%。

非晶硅光致发光过程中存在着辐射跃迁和非辐射跃迁的竞争。a-Si∶H 的辐射跃迁模型如图 5.8 所示。据报道，1.3eV 附近的发光带是带边发光，来自热弛豫到导带带尾态和价带带尾态的光生载流子之间的辐射复合；而 0.9eV 附近的发光带是由于俘获到悬键上的光生电子和弛豫到价带尾态的光生空穴之间的辐射复合[30]。在含细小晶粒（3～5nm）的纳米硅膜中，由于量子尺寸限制效应，还可观测到更高能量的发光峰；而在缺陷态密度较高的 a-Si∶H 中，可观测到两个缺陷峰，为不同缺陷中心的存在提供了证据[31]。

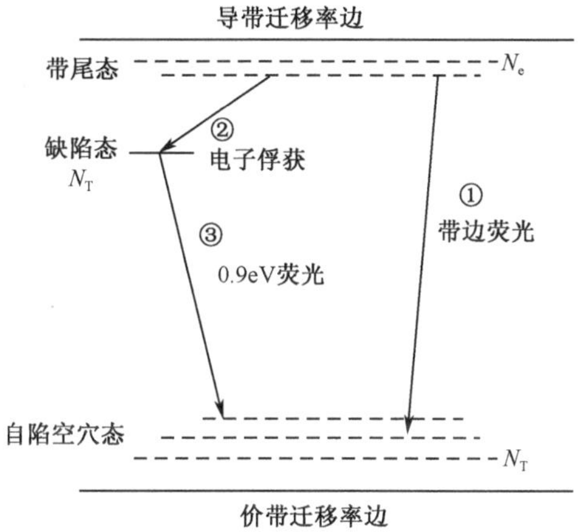

图 5.8　a-Si∶H 的辐射跃迁模型[30]

如果改变激发波长，在某一个选定的固定波长下探测光荧光强度随激发波长的变化，我们可以得到非晶硅光荧光的激发（PLE）谱。光荧光的激发谱主要反应了材料的吸收特性。值得注意，在 a-Si∶II 光致发光峰与由激发谱测定的光吸收峰之间存在着 0.4～0.5eV 的能量差，即存在明显的斯托克斯（Stokes）位移。这是因为在光的吸收和发射的电子跃迁过程中分别吸收和发射了声子的缘故。此能量差的 1/2（为 0.2～0.25eV），即为复合过程引起的晶格畸变能。这一结果表明，非晶硅仍然在一定程度上保有晶体硅间接带隙材料光跃迁的特征。图 5.9 示出 a-Si∶H 的辐射跃迁能带图。图中给出了上述带边发光和缺陷发光的零声子能量，分别为 1.7eV 和 1.2eV。图中的 $W_1=(0.2-0.25)$eV 和 $W_2=0.1$eV，分别为与价带尾和导带尾相关的晶格缺陷畸变能[30]。

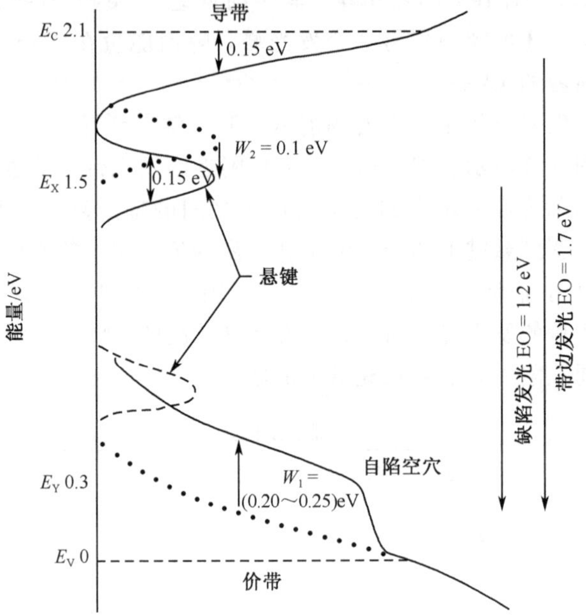

图 5.9　a-Si∶H 的辐射跃迁能带图[30]

5.2.4.4　硅基薄膜材料的红外吸收和拉曼散射

氢在缓和 a-Si∶H 网络结构的内应力，以及饱和或钝化硅悬键方面起着重要的作用。在 a-Si∶H 网络结构中 Si 原子是四配位的，它的最近邻原子可以是 Si 原子，也可以是 H 原子，可能形成 SiH_1 键、SiH_2 键和 SiH_3 键。Si 原子与 H 原子的键合组态和键合氢的总含量，可以用红外（IR）吸收谱来测定。

红外吸收谱所揭示的固体原子局域振动模式可分成两类：一类是成键原子之间有相对位移的振动模式，包括键长有变化的伸缩模（stretching mode）和键角有变化的弯曲模（bending mode)。另一类是成键原子之间没有相对位移的转动模式，如摆动模（waging mode)、滚动模（rocking mode）和扭动模（twisting mode)，这三者的区别仅在于转轴的不同[29]。a-Si∶H 红外吸收谱属中红外谱范围（400～4000cm^{-1}），SiH_1 键的伸缩模在 2000cm^{-1}处，弯曲模在 640cm^{-1}处；SiH_2 和 SiH_3 伸缩模分别蓝移到 2090cm^{-1}处和 2140cm^{-1}处，但其弯曲模仍在 640cm^{-1}处。值得注意的是 $(SiH)_n$、$(SiH_2)_n$ 基团以及硅晶粒表面 SiH_1 的伸缩模吸收峰也在 2100cm^{-1}附近，因而不易与前二者相区分。此外，在 830～920cm^{-1}还有 SiH_2 和 SiH_3 的摆动模和滚动模等。图 5.10 给出两个 PECVD a-Si∶H 样品典型的 IR 吸收谱。

其中，样品（a）是在衬底温度 200℃下制备的，其 Si—H 键合组态基本上

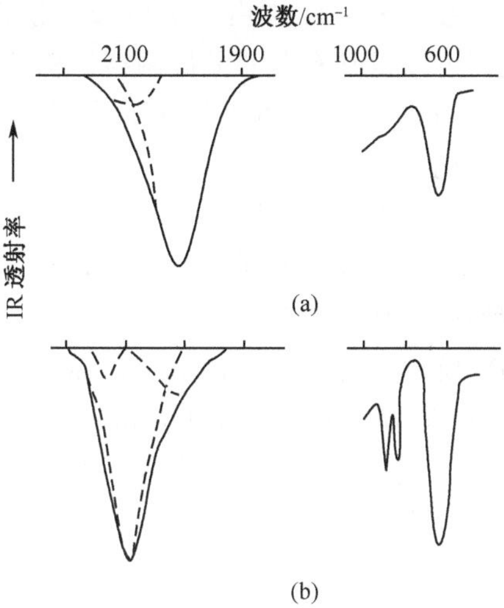

图 5.10　a-Si∶H 薄膜的红外透射谱[32]

是 SiH_1 键，伸缩模在 $2000cm^{-1}$ 处，弯曲模在 640 cm^{-1} 处。伸缩模中含有少量来自 SiH_2 键合组态的 $2090cm^{-1}$ 分量。伸缩模两组分的强度 I_{2000} 和 I_{2090} 的相对比值定义为 R^*，有如下的表示：

$$R^* = \frac{I_{2090}}{I_{2000} + I_{2090}} \tag{5.11}$$

R^* 标志着 a-Si∶H 中氢键的结构特征，称为结构因子。对于样品（a），$R^* = 0.11$。通常，器件质量本征 a-Si∶H 膜 R 约为 0.1。样品（b）在室温下制备，其 Si—H 键合组态基本上是 SiH_2 键，伸缩模在 $2090cm^{-1}$ 处，只含少量来自 SiH_1 键合组态的 $2000cm^{-1}$ 分量，其结构因子 $R^* = 0.81$。而且，在 $830cm^{-1}$ 和 $920cm^{-1}$ 处还有 SiH_2 的摆动模和滚动模。a-Si∶H 样品键合氢的总含量 C_H（不包括分子态氢）可以利用 $640cm^{-1}$ 弯曲模的积分强度按下式进行计算：

$$C_H = A_{640}\int \frac{\alpha(\omega)}{\omega}d\omega \tag{5.12}$$

式中，α（cm^{-1}）为吸收系数；ω（cm^{-1}）为波数。常数 A_{640} 经核反应分析（NRA）较正，为（2.1 ± 0.2）$\times 10^{19}$ cm^{-2}，积分范围涉及整个 $640cm^{-1}$ 弯曲模。当 a-Si∶H 薄膜样品厚度 d 小于 1.5μm 时，由于光的多次内反射，所导出的吸收系数 α 值可能偏大，需要乘以因子 $1/(1.72\sim0.0011\omega d)$ 进行修正[33]。

在 a-Si∶H 薄膜发生相变到微晶硅的过程中，其红外吸收谱也会发生相应的变化，我们将在后面讨论。a-Si∶H 红外吸收谱，除用以研究 Si—H 键外，还可用以表征 Si 与其他杂质如 P、B、O、N 等的键合特征。

下面介绍非晶硅的拉曼（Raman）散射。拉曼散射是指光子（一般能量在可见光或近红外光谱范围）在 a-Si∶H 中由于吸收或发射声子而发生的非弹性散射。通过拉曼散射谱我们可以得到有关非晶硅网格结构的信息。非晶硅的一级拉曼散射谱主要在 100～600cm^{-1}，属远红外谱区，在研究非晶硅原子振动性质方面，与红外吸收谱互为补充。

非晶硅的拉曼散射谱与晶体硅的有很大的不同。晶体硅的一级拉曼散射谱中只有横光学（TO）模是激活的，峰位约在 520cm^{-1}，半高宽约 3cm^{-1}。而非晶硅的一级拉曼谱中有多种振动模式都是激活的，其中包含有 TO 模，峰位约在 480cm^{-1}；纵光学（LO）模，峰位约在 410cm^{-1}；纵声学（LA）模，峰位约在 310cm^{-1}；以及横声学（TA）模，峰位约在 170cm^{-1}。图 5.11 是 PECVD a-Si∶H 样品典型的拉曼散射谱，制备时的衬底温度为 200℃，氢稀释 [H_2] / [SiH_4] =10。图中已将用高斯分解得到的 a-Si∶H 的 4 个振动模式标出。

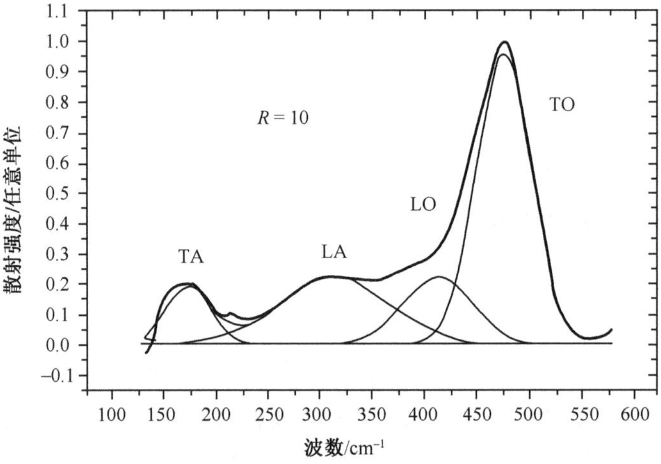

图 5.11　PECVD a-Si∶H 拉曼散射谱[34]

非晶硅与晶体硅的拉曼谱之所以有这样大的差别，是因为晶体硅拉曼散射要遵从严格的选择定则，只有声子波矢 $\boldsymbol{Q}$ 近似为零的 TO 声子才能参与拉曼散射，而此声子的能量约为 64meV，所以晶体硅拉曼谱的 TO 模峰位约在 520cm^{-1}。而非晶硅由于网络的无序性，使光学跃迁的动量选择定则放宽，原有的禁戒模式获得不同程度的激活，它们的峰位基本上对应于声子态密度谱的峰值，而且这些模式的峰形有明显的展宽，如图 5.11 中 TO 模的半高宽达 51.3cm^{-1}。

非晶硅拉曼散射谱的峰位、强度和峰宽受到薄膜微结构的影响。例如，拉曼谱的 TO 模是非晶硅短程序的灵敏量度。TO 模散射峰的面积对应着 Si—Si 键键角振动的态密度。利用 TO 模的半高宽（FWHM），可以计算出薄膜中硅网络的

平均键角畸变 $\Delta\bar{\theta}$ [35]，借此推知图 5.11 所示的氢稀释样品的平均键角畸变为 7.0°左右，略小于前面介绍的一般非晶硅的键角畸变 $\Delta\theta/\theta<10\%$。而随着氢稀释程度的增加，拉曼谱的 TO 模的峰位向高波数方向移动，半高宽减小。非晶硅拉曼谱的 TA 模是薄膜中程有序度的表征。TA 模散射峰的面积与二面角振动的态密度有关，TA 模强度的降低，表明薄膜的中程有序度提高[36]。为了便于比较，常用 TA 模和 TO 模的散射强度的比值来表征薄膜的中程有序度。在 a-Si∶H 薄膜发生相变到微晶硅的过程中，其拉曼散射谱也会发生明显的变化，我们将在后面讨论。

5.2.5　非晶硅基薄膜材料的光致变化

5.2.5.1　非晶硅基薄膜材料光电性质的光致退化

1977 年 D. L. Staebler 等首先发现[7]，用辉光放电法制备的 a-Si∶H 薄膜经光照后（光强为 200mW/cm^2，波长为 0.6～0.9μm），其暗电导率和光电导率随时间而逐渐减小，并趋向于饱和，但经 150℃以上温度退火处理 1～3h 后，光暗电导又可恢复到原来的状态，如图 5.12 所示。

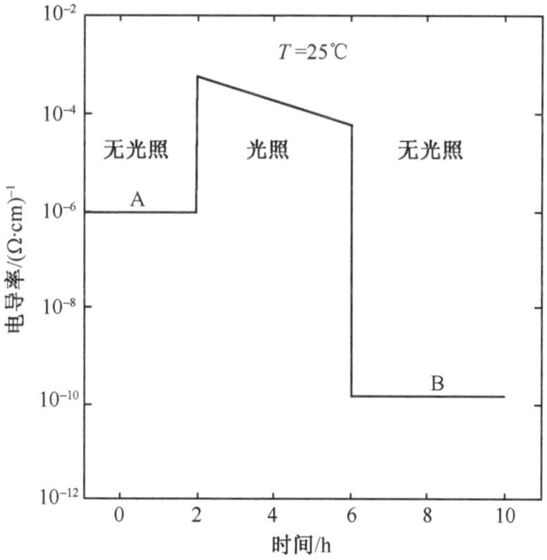

图 5.12　a-Si∶H 暗电导率和光电导率的光致变化[7]

这种非晶硅光致亚稳变化后来称为光致变化效应，亦称 Staebler-Wronski 效应（SWE）。SWE 是 a-Si∶H 膜的一种本征的体效应，并非由杂质引起或表面能带弯曲所致。经电子自旋共振和次带吸收谱等技术测定，光照在 a-Si∶H 材料中产生了亚稳悬键缺陷态，其饱和缺陷浓度约为 10^{17}cm^{-3}，这些缺陷态的能量位置靠近带隙中部，主要起复合中心的作用，导致 a-Si∶H 薄膜材料光电性质和太阳电池性能的退化，限制了 a-Si∶H 电池可达到的最高稳定效率。

光照除导致 a-Si∶H 的光电导和暗电导下降，亚稳悬键密度增加外，还引起 a-Si：H 物理性质的一系列变化，如费米能级向带隙中心移动，载流子寿命降低、扩散长度减小，带尾态密度增加，光致发光主峰强度下降，缺陷发光峰强度增加，光致发光的疲劳效应等。

5.2.5.2 非晶硅基薄膜材料光致亚稳态的产生机制

对于光照导致 a-Si∶H 亚稳悬键产生的微观机制，提出过很多模型，迄今没有一致的看法，这里介绍三个主要的模型。

1）Si—Si 弱键断裂模型[37]

在 a-Si∶H 中存在着 $10^{18}\sim10^{19}\,cm^{-3}$ 弱 Si—Si 键，这些弱键就是带尾态的来源。光照时，产生了电子-空穴对，电子-空穴的直接无辐射复合提供的能量会使 Si—Si 弱键断裂。但是，这样产生的两个彼此相对的悬键是不稳定的，很容易重构而消失。在氢含量约为 10％的 a-Si∶H 中，会有 1/5 的弱键与氢相邻，邻近的 Si—H 键有可能同新生的悬键交换位置（转换方向）而使两个悬键分离。

2）电荷转移模型（负相关能模型）[23]

在前面曾提到，悬键获得第二个电子比获得第一个电子需要更多的能量，这能量差就是电子的相关能。这时，图 5.5 中的 E_x 在 E_y 之上，相关能是正的。D. Adler[23] 认为，由于 a-Si∶H 网络的不均匀性和无序性，有些区域可能比较松弛，当悬键捕获第二个电子时，伴随发生的晶格弛豫，会使总能量降低，E_x 降到了 E_y 之下，电子的有效相关能是负值。在这些区域，带有两个电子的悬键态比带有一个电子的悬键态能量要低，因而，稳定存在的将不是带有一个电子的中性悬键，而是带正电的空悬键态和带负电的双占据悬键态。当光照激发载流子时，这些带电的悬键可能捕获电子或空穴而转变为亚稳的中性悬键。

3）氢碰撞模型[38]

1998 年 H. Branz 提出了一个新的模型来解释 SW 效应的微观机制。他认为，光生载流子的非辐射复合释放能量打断 Si—H 弱键，形成一个 Si 悬键和一个可运动的氢。氢在运动的过程中，不断地打断 Si—Si 键形成 Si—H 键和 Si 悬键，氢跳走时每个被打断的 Si—Si 键又恢复到打断之前的状态，因此运动的氢可以看成是一个运动的 Si—H 键伴随着一个运动的 Si 悬键，运动的氢最后会形成稳定的 Si—H 键。这有两种方式，一种方式是运动的氢又重新陷落在一个不动的 Si 悬键缺陷中，形成 Si—H 键，这个过程不产生亚稳变化，大部分运动的 H 都属于这种方式。第二种方式是，两个运动的 H 在运动的过程中相遇或发生碰撞，最后形成一个亚稳的复合体，用 M $(Si\text{-}H)_2$ 表示。这个过程发生的概率要远远小于前一种过程，但它却是产生 SW 效应关键的一步。综合这两种过程，光照最后的结果是产生了一个亚稳复合体 M(Si-H)$_2$和在氢开始激发的位置留下一个悬键。

前面 Si—Si 弱键断裂模型和电荷转移模型基本上都具有局域的性质，都只考虑了个别键构型的变化，而对硅网络结构本身有否变化尚未引起注意。而在氢碰撞（hydrogen collision）模型中，硅悬键的产生不只是孤立地由某种键构型转化而来，还伴随着 H 和结构缺陷的长程输运。

5.2.5.3　非晶硅基薄膜材料光致结构变化

将 a-Si∶H 光致亚稳悬键密度的产生与其他物理性质（如 $\mu\tau$ 乘积）的光致亚稳变化相联系时，发现它们之间并不存在确切的对应关系。而且，许多物理性质的光致亚稳变化幅度太大，不可能仅用所观测到的亚稳悬键密度的产生来解释。这预示着，a-Si∶H 在光照下不仅产生了亚稳悬键密度的变化，而且整个无序网络结构可能都发生了光致亚稳变化。a-Si∶H 作为一种无序固体材料是处于非平衡态的，在外界条件的扰动下易发生结构的亚稳变化，是其固有的特征。

前面一节介绍的 a-Si∶H 光致亚稳悬键的产生机制表明，亚稳悬键的产生总是与光生电子-空穴对通过带尾态无辐射复合所释放的能量有关。每对光生电子-空穴通过带尾态复合所释放的能量大约为 1.3eV，这一能量将传递给周围的硅原子，可将它们加热到很高的温度。例如，传递给周围 10 个硅原子，可将它们加热到大约 1600K。这样高的温度范围足以使它们的原子结构发生改变，偏离其退火的平衡态，并将其热量扩散到更远的网格范围。在前面提到的光照条件下，非晶硅光致变化效应所涉及的光生电子-空穴对复合事件大约可达 $10^{25}\mathrm{cm}^{-3}$，这么多光生电子-空穴对复合事件的总和，很可能使 a-Si∶H 的整个网络结构发生光致变化。而相应所产生的亚稳悬键密度，在饱和情况下，仅大约 $10^{17}\mathrm{cm}^{-3}$，因此，光致亚稳悬键的产生是一个与光致结构变化相伴生的效率很低的过程[39]。

后来报道的许多 a-Si∶H 光致变化实验结果，都需要凭借光致结构变化才能得到说明。例如：① 核磁共振（NMR）实验发现，偶极自旋弛豫时间与较大范围（10%）的键合氢原子有关[40]；② X 射线光电子谱（XPS）测量表明，光照使 Si 原子的整个 $2p$ 峰发生了可逆的 0.1eV 的红移，而不只是产生了一个峰肩[41]；③ 光照使 a-Si∶H 的 $1/f$ 噪声谱发生了从非高斯型向高斯型的转变，表明光照使整个、至少大部分材料结构发生了变化[42]；④ a-Si∶H 膜中 Si—H 键拉伸振动模（$2000\mathrm{cm}^{-1}$）的强度，在光照后增加了 1.3%，这可能是由于光致结构变化使 Si—H 键振子强度和数目增加的缘故[43]；⑤ 光照使各向同性和各向异性极化电吸收的比例发生了显著变化，表明发生了与非晶硅键角无序相关的长程网络应变[44]；⑥ 观测到 a-Si∶H 低频介电常数因光照而发生可逆变化[45]；⑦ 甚至材料的几何体积也因光照而发生可逆膨胀[46]等。

这些实验结果清楚地表明，在非晶硅的光致退化过程中，不仅有亚稳悬键的产生，还有 Si—H 键和非晶硅网络结构的光致变化，而前者正是后者的后续效应[47]。

5.2.5.4　非晶硅基薄膜材料光致变化的抑制途径

总体上说，非晶硅的光致亚稳变化与非晶硅的无序网络结构和氢的运动有关。因此，a-Si∶H 膜稳定性的改进应当从无序网络结构的改善和降低 H 含量入手。

为此，发展了氢稀释（hydrogen dilution）技术[8]。早在 20 世纪 80 年代发现，在 PECVD 制备 a-Si∶H 过程中，增加硅烷（SiH_4）或乙硅烷（Si_2H_6）的氢稀释度可以增强原子态氢与生长表面的反应，选择腐蚀掉一些能量较高的缺陷结构；或者使反应基团在生长表面的迁移率增加，从而容易找到低能量的生长位置；甚至一些原子态氢可扩散到薄膜体内，增强钝化效果。总之，其结果是改善了 a-Si∶H 的网络结构，降低了缺陷密度和光致退化幅度，从而氢稀释技术在制备 a-Si∶H 薄膜材料和电池器件方面得到了广泛应用。

稍后，在 20 世纪 90 年代，发展了热丝分解硅烷化学气相沉积（HW-CVD）a-Si∶H 薄膜的技术，可将薄膜的 H 含量降低到 1%以下，并且可获得更有序的硅网络结构[48]。不过，这种技术至今仍处于实验研究阶段。

从热力学的观点看，无序网络结构的改善最终将导致结构的微晶化，所以应在非晶到微晶的相变区去寻求稳定优质的非晶硅薄膜[49]。非晶到微晶的相变不是突变的，不仅存在非晶相与微晶相共存的复相区，而且在微晶晶粒出现于非晶硅基质之前，非晶硅网络虽仍是长程无序的，但其短程序和中程序均逐渐有所改善。可以说，这时的材料是一种邻近非晶到微晶相变阈、而处于非晶一侧的材料，即所谓初晶态硅（protocrystalline silicon，或 proto-Si）[50]。随着网络结构的进一步改善，在其非晶网络中开始形成一些微晶晶粒，这种含晶粒非晶硅（polymorphous silicon）[51]，具有复相结构，其晶相比低于逾渗阈值（percolation threshold)，非晶相的电导输运仍占支配地位。近年来，国际上关于初晶态硅与含晶粒非晶硅在作为太阳电池本征吸收层方面孰优孰劣虽存争议，但有一点它们是共同的，即同属于相变域或结晶边缘（on the edge of crystallinity）的材料。

氢稀释虽是改善非晶硅的微结构和形成微晶硅的有效手段，但并不是唯一途径。除氢稀释外，反应室的几何结构，沉积的诸多参数，如功率密度、激发频率、沉积温度、气体压力、气体流量等都对 a-Si∶H 膜的微结构有直接影响。近年来发现，在反应气体为纯硅烷的条件下，也可以通过调节其他沉积参数，制备出器件质量微晶硅膜[52]。这一发现不仅带来观念上的变革，对降低生产设备和源气体的成本也有重要作用。

5.2.6 非晶硅碳和硅锗合金薄膜材料

像晶态材料一样，a-Si∶H 材料的带隙宽度，也可以通过与元素 Ge、C、O、N 等形成合金来调节。宽带隙 a-SiC∶H 合金可用于异质结太阳电池的 p 型窗口层，由于其缺陷态密度较高，不适合在太阳电池中用作本征吸收层。而窄带隙的 a-SiGe∶H 合金可用于叠层电池结构的本征吸收层。

5.2.6.1 非晶硅碳合金薄膜材料

20 世纪 80 年代初，Y. Tawada 等利用辉光放电分解 SiH_4 和 CH_4 混合气体制备了宽带隙 a-SiC∶H 合金膜，并将 B_2H_6 掺杂的 p 型 a-SiC∶H 合金膜用作玻璃衬底 p-i-n 型 a-Si∶H 太阳电池的窗口层，显著提高了电池的开路电压，短路电流和转换效率[53]。B 掺杂易于与 Si 形成合金，使 p 型非晶硅薄膜的带隙宽度降低，而 C 的引入起到了补偿作用。a-SiC∶H 合金膜的带隙宽度 E_g 随 C 含量的增加而增加，p 型 a-SiC∶H 的 E_g 也可达 2.0eV 以上（含 C 的原子分数约在 15%以上），相应暗电导率 σ_d 约为 $5\times10^{-9}(\Omega\cdot cm)^{-1}$，暗电导激活能 E_a 约 0.54eV；在 AM1.5、$100mW/cm^2$ 光照下的光电导率 σ_{ph} 约为 $1\times10^{-6}(\Omega\cdot cm)^{-1}$。

以 B_2H_6 作为 B 掺杂源，容易在非晶硅网络中形成 B 原子团，使材料透明度降低。因此，现常用 B 的单原子化合物如氟化硼 BF_3 和三甲基硼 $B(CH_3)_3$ 等作为 p 型 a-SiC∶H 的掺杂源。另外发现，p 型 a-SiC∶H 层中的 C 原子会通过界面向 a-Si∶H 本征层扩散，导致本征层载流子寿命下降和电池性能退化，所以在 a-SiC∶H/a-Si∶H 异质结界面需要加入界面缓冲层以提高太阳电池的性能[54]。

内光电发射技术测量发现，a-SiC∶H 层带隙的展宽主要是因为导带底的上移，因此 a-SiC∶H 材料适合用作 p-i-n a-Si∶H 太阳电池的 p 型窗口层，以限制光生电子的反扩散；而不适合用作电池的 n 层，因为它会阻碍光生电子流向 n 层而被收集。

为改进 p 型 a-SiC∶H 的性能，对 p 型微晶硅碳膜（μc-SiC∶H）进行了研究。通过对反应气体 SiH_4 和 CH_4（或 SiH_3CH_3）进行高氢稀释，利用 RF-PECVD 制成了 p 型 μc-SiC：H 膜，在 E_g 约为 2eV 的条件下，显著提高了 σ_d，达到 $10^{-3}\sim10^{-2}(\Omega\cdot cm)^{-1}$[55]。同时，对电子回旋共振（ECR）激发微波等离子体和紫外光激发（Photo-CVD）等技术制备 μc-SiC∶H 的可能性进行了探索。

5.2.6.2 非晶硅锗合金薄膜材料

利用辉光放电分解 SiH_4 和 GeH_4 混合气体，可制备窄带隙的 a-SiGe∶H 合金膜。这种合金膜可在两结叠层电池中用作底电池的吸收层，或三结叠层电池中用作底电池和中间电池的吸收层。

1977 年 J. Chevallier 等首先用 RF-PECVD 制备出 a-SiGe∶H 合金膜，合金膜的带隙宽度 E_g 随锗含量的增加而降低，可在 1.7eV(a-Si∶H) 到1.0eV (a-Ge∶H) 范围调节[56]。但器件质量的 a-SiGe∶H 膜，其 E_g 一般不低于 1.4eV，因为随着锗含量的增加，材料的缺陷态密度上升。在拓扑结构相同的无定型网络中，由于 Ge—Ge 键比 Si—Si 键弱，结构应变会驱使 Ge 含量高的 a-SiGe∶H 产生较高的悬键密度。同时，a-SiGe∶H 合金膜材料的组分和结构不均匀，也是导致缺陷态密度随 Ge 含量增加的原因[57]。

拉曼散射谱测量发现，当 a-$Si_{1-x}Ge_x$∶H 合金膜的 Ge 含量较低，x 值小于 0.3 时（$x=0.3$ 相当于 Tauc 光学带隙 $E_g=1.5$eV），合金膜仍呈现类 Si-Si 网络结构；而当 Ge 含量较高，x 值大于 0.3 时，合金膜不再是类 Si-Si 网络结构，而呈现 Si 原子和 Ge 原子相互作用形成的合金结构，导致材料性能的下降。光电导谱测量也显示，a-SiGe∶H 合金膜导带尾随 Ge 含量增加而变宽，相应导致电子漂移迁移率的降低[58]。

在 PECVD 制备 a-SiGe∶H 过程中，衬底温度对 a-SiGe∶H 合金膜的性能有显著影响，最佳温度范围约为 230～280℃[59]；增加反应气体的氢稀释度也有助于材料质量的改善，在高氢稀释条件下，可以在较低温度下（180℃）制备出高质量窄带隙 a-SiGe∶H 膜。

影响 a-SiGe∶H 材料组分均匀性的一个因素是 SiH_4 和 GeH_4 在等离子体中分解速率的不同，GeH_4 分解速率较快，大体为 SiH_4 分解速率的 3～5 倍，这易使 Ge 含量分布不均匀。而 Si_2H_6 的分解速率和 GeH_4 的相近，所以在工艺上，常用 Si_2H_6 和 GeH_4 混合气体制备 a-SiGe∶H 合金膜[60]。

应用于叠层底电池吸收层的 a-SiGe∶H 合金膜，一般其 Tauc 光学带隙宽度 E_g 为 1.4～1.45eV，带尾 Urbach 能量小于 60 meV。室温暗电导率 $\sigma_d<5\times10^{-8}$ $(\Omega\cdot cm)^{-1}$，暗电导激活能 E_a 约为 0.7eV。在 AM1.5、100mW/cm^2 光照下的光电导率大于 10^{-5} $(\Omega\cdot cm)^{-1}$。

5.2.7 微晶硅及纳米硅薄膜材料

习惯上，氢化微晶硅（μc-Si∶H）或简称微晶硅（μc-Si）是划归为非晶硅基薄膜材料一类的。这有其历史的渊源。20 世纪 80 年代初发现，在辉光放电分解硅烷制备非晶硅的过程中，适当增加硅烷的氢稀释度和等离子体功率，可制得一种电导率高很多的薄膜，其电子衍射谱呈现一些结晶的环状特征，故称之为微晶硅。它是由晶粒尺寸在数纳米至数十纳米的硅晶粒自镶嵌于氢化非晶硅基质中构成的。

纳米尺度的晶硅（nanometer-sized crystalline silicon）或纳米硅（nanocrystalline silicon，nc-Si）一词出现在 20 世纪 80 年代中期，原指从氢等离子体化学输运沉积的多晶硅或微晶硅膜。M. Konuma 等提出，为了与金属和陶瓷领域关于纳米材料的定义相吻合，在那里纳米尺寸涵盖了 1～100nm 的整个范围，他们把这种硅薄膜称为纳米硅[61]。随着纳米技术的兴起，“纳米硅”的概念使用愈来愈广泛。近年来，国际上有将微晶硅统称为纳米硅的趋向。事实上，在纳米硅与微晶硅之间并没有严格的区分。但是，在某些场合，氢化纳米硅（nc-Si：H）或简称纳米硅（nc-Si）是特指其硅晶粒尺寸仅为数纳米的硅基薄膜。这时，硅晶粒尺寸可以同其电子的德布罗意波长相比拟，从而可以从中观测到明显的量子尺寸限制效应和量子输运现象。

5.2.7.1　n 型和 p 型微晶硅及纳米硅薄膜材料

微晶硅中微晶相的原子排列具有一定的有序性、且带隙变窄，同非晶硅比较，具有较高的电导率、较高的掺杂效率、较低的电导激活能以及较低的光吸收系数，所以微晶硅最初是用作 p-i-n 型 a-Si：H 电池的 n 型和 p 型掺杂层，因为它们可以对透明导电电极和金属电极提供良好的欧姆接触；同时也被用作叠层电池隧道复合结的重掺杂层，以减少复合结的能量耗损。表 5.1 比较了典型的 n 型和 p 型掺杂微晶硅和非晶硅样品的电导率、激活能和 Tauc 光学带隙宽度。

表 5.1　典型掺杂的微晶硅与非晶硅样品性能

性能＼样品	a-Si：H		μc-Si：H	
	n-a-Si：H	p-a-SiC：H	n-μc-Si：H	p-μc-SiC：H
电导率/(Ω · cm)$^{-1}$	10^{-2}	5×10^{-9}	20	1.5
激活能/eV	<0.3	<0.54	<0.01	<0.06
Tauc 带隙/eV	>1.7	>2.0	>1.7	>1.4

值得注意的是，微晶硅的 Tauc 光学带隙宽度只是两相结构材料有效带隙宽度的近似表征，它与微晶硅的迁移率隙并不相合。前面讲过，对于非晶硅而言，迁移率隙的宽度一般应大于 Tauc 光学带隙宽度；但对于所谓真正的微晶硅（具有较大晶粒尺寸和晶相比）材料而言，其晶相比已远超过有效介质理论的逾渗阈值或形成晶相电导沟道的阈值（约 0.3），载流子将主要在电导沟道输运。这时，载流子所感受的迁移率隙将与晶体硅的带隙（1.1eV）相近。

这一点对于 p 型微晶硅尤其重要，因为 p 层作为 a-Si：H 电池迎光面窗口层，其带隙宽度对内建电势和 p/i 界面能带边的衔接和补偿有直接影响。许多研究组的报道表明，在玻璃衬底 p-i-n 型 a-Si：H 电池中用 p-μc-Si：H 取代 p-a-SiC：H层都没有取得预期的好效果[62]。

然而，S. Guha 等报道了一种宽带隙的高电导 p 型微晶硅层，将不锈钢衬底 n-i-p型 a-Si∶H 电池的开路电压提高到 0.96～0.99 V[63]。但 1992 年 R. Koval 和 R. Collins 等在实时椭圆偏振谱（RTSE）技术观测非晶硅相变过程的基础上提出，这种所谓宽带隙 p 型微晶硅，由于其厚度很薄（10～20nm），又是生长在 i-a-Si∶H 层表面上的，实际上是一种非晶硅或初晶态硅（proto-Si），并称，最高 V_{oc}的a-Si∶H 电池是用 p 型初晶态硅获得的，p 层中任何一点结晶比都是有害的[64]。

近年来，Toledo 大学研究组在扫描透射电镜技术（STEM）的基础上，研究了不同 p 层微结构对不锈钢衬底 n-i-p 型非晶硅电池开路电压的影响，结果如表 5.2 所示[65]。表中列出了 7 种不同 p 层的 a-Si：H 太阳电池的光伏性能，它们的 i 层和 n 层生长条件都是相同的。其中包括两个不同晶相比的纳米硅 p 层（样品 A 和 B），1 个初晶态硅 p 层（样品 C）和 4 个不同晶相比的微晶硅 p 层（样品 D、E、F 和 G）。纳米硅 p 层样品 A 和 B 的 V_{oc}都在 1V 以上，而样品 B 的 V_{oc}最高（1.042V），因为样品 B 在 p 层生长之前，先用 H 等离子体对 i 层表面进行了处理，以产生多个结晶中心，使继后生长的纳米硅 p 层具有较高的晶相比。初晶态硅 p 层样品（C）的 V_{oc}为 0.973V，与 R. Koval 等报道的最大 V_{oc}值（0.963V）相近[64]。微晶硅 p 层样品（D、E 和 F）的 V_{oc}，随着晶相比的增加从 0.745V 降低致 0.526V，而样品 G 与样品 F 的 p 层制备条件相似，只是 p 层厚度增加了 1 倍，V_{oc}进一步降低到 0.369V。因此他们提出，不锈钢衬底 n-i-p 型 a-Si∶H 电池最佳的 p 层微结构既不是微晶硅，也不是初晶态硅，而应当是具有一定晶相比和较高氢含量的纳米硅。这里，纳米硅是指狭义意义上的，所含晶粒尺寸 3～5nm，其带隙宽度大于 1.9eV，暗电导激活能约 0.1eV，从而可导致较高的内建电势和开路电压。纳米量级的小晶粒尺寸是必需的，可以凭借量子尺寸限制效应获得较宽的有效带隙，而且不易在很薄的 p 层（10～20nm）中形成导电沟道。

表 5.2　不同 p 层微结构对不锈钢衬底 n-i-p 型 a-Si∶H 电池性能的影响[65]

p 层	V_{oc}/V	J_{sc}/(mA/cm^2)	FF	Eff/%	p 层条件
A	1.022	8.371	0.727	6.22	不锈钢上的 nc-Si
B	1.042	11.540	0.734	8.87	有背反射的 nc-Si
C	0.973	7.323	0.702	5.01	不锈钢上的初晶硅(proto-Si)
D	0.745	12.188	0.658	5.98	有背反射的 μc-Si
E	0.676	12.914	0.648	5.65	有背反射的 μc-Si
F	0.526	12.580	0.644	4.26	有背反射的 μc-Si
G	0.369	12.610	0.632	2.94	有背反射的 μc-Si

关于是否可以在玻璃衬底 p-i-n 型 a-Si∶H 电池中用 p-nc-Si∶H 取代 p-a-SiC∶H，还有待研究。困难在于，玻璃衬底 p-i-n 型 a-Si∶H 电池的生长次

序与不锈钢衬底电池相反，p 层是最先生长的，而制备宽带隙 p-nc-Si：H 层需要低温，在继后生长 i 层和 n 层的高温下，将会使低温生长的 p-nc-Si：H 层的性状发生改变。

5.2.7.2　本征微晶硅及纳米硅薄膜材料

微晶硅由于具有较窄的能隙和较好的光照稳定性，原则上可用作单结硅基薄膜太阳电池的吸收层，或与非晶硅构成叠层电池作为底电池吸收层。近年来，这方面的研究已获得重要进展。

制备器件质量本征微晶硅存在许多困难。首先，在 PECVD 技术制备的微晶硅中，常含有高达 10^{17} cm^{-3}的类施主态密度（可能与膜中 O 含量有关），导致未掺杂微晶硅具有较高的暗电导率、较低的激活能和较低的光敏度（光电导与暗电导之比，简称光敏度）。为提高微晶硅的光敏度，应降低膜中氧含量（如提高系统的本底真空度和源气体的纯度），或进行微量硼补偿掺杂。其次，随着晶相比的增加，微晶硅愈加显示出间接带隙材料的特征，吸收系数减小，即使在有良好陷光结构的条件下，也需要增加厚度到 1.5μm 以上才能达到所需要的短路电流。而微晶硅往往是在高氢稀释条件下制备的，一般沉积速率在 RF-PECVD 系统中远小于 1Å/s。最后，随着晶相比的提高，晶粒之间的微空洞增加，使得微晶硅容易发生自然氧化，导致性能下降。

1994 年 J. Meier 等首先研制出微量硼补偿的 μc-Si：H 电池和 a-Si：H/μc-Si：H叠层电池（后称为 Micromorph 叠层电池）[66]。继后，他们用在线纯化的硅烷气体，无需硼烷补偿，制备出高效 μc-Si：H 电池和 a-Si：H/μc-Si：H 叠层电池；并采用 VHF-PECVD 技术将沉积速率提高到 1.2Å/s[67]。采用 VHF 替代 RF 激发等离子体，可增加到达衬底表面的离子流密度，降低离子流的能量，减小高能离子对生长表面的轰击，有利于高速沉积器件质量的微晶硅[68]。

经过多年的努力，发展了一种新的高气压 VHF-PECVD 沉积模式，即用甚高频激励等离子体激发，在高气压（约 10Torr）、高功率密度（约 1W/cm^2）、喷淋气流和小电极间距（约 1cm）下沉积微晶硅膜。在这种模式下沉积，不仅提高了微晶硅膜生长速率，而且提高了微晶硅膜的致密度和质量。源气体硅烷或乙硅烷也得到充分的分解和利用，几近耗尽模式。据报道，器件质量微晶硅膜的生长速率可达到 30Å/s 以上。

微晶硅作为一种微晶粒镶嵌于非晶硅基质中的两相结构材料，其光电性质密切依赖于结构参数，它们之间的依赖关系可以用有效介质理论描述，包括其带隙宽度、光吸收系数、光电导、暗电导，以及太阳电池的光伏参数等。一般来讲，器件质量的本征微晶硅，要求具有一定的晶相比，(220) 择优晶粒取向，暗电导率小于 $1.5\times10^{-7}(\Omega\cdot cm)^{-1}$，光电导率大于 $1.5\times10^{-5}(\Omega\cdot cm)^{-1}$，暗电导激活能在 0.53～0.57eV。

微晶硅两相结构的突出特点如图 5.13 所示[69]。图左面的晶相比较高，非晶相只是作为晶粒间界而存在。随着晶相比的减少（从左到右），非晶相占据优势，形成晶粒镶嵌结构。从纵向看，晶粒是呈柱状生长的，因为在低温下晶粒之间不易发生合并，这就形成柱状生长的晶粒和晶界，在某些晶界处还有微空洞存在。靠近衬底表面的区域可能存在一个微晶粒孵化层。在孵化层内主要是从非晶相向微晶相的过渡。随着膜厚增加，微晶粒长大，晶相比增大。

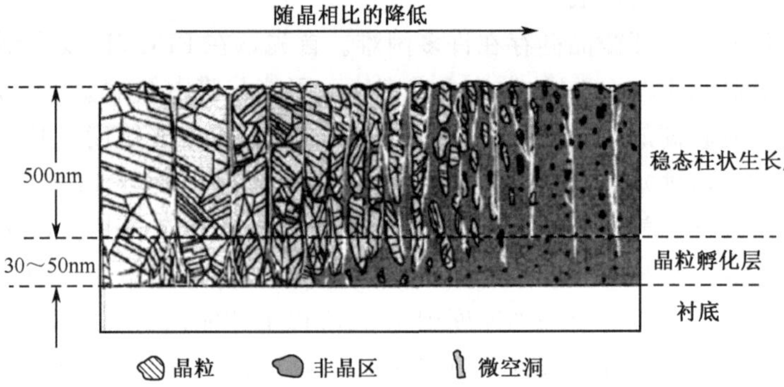

图 5.13　微晶硅的两相结构示意图[69]

关于器件质量微晶硅的最佳晶相比，存在不同看法。例如，R. Schropp 等认为，器件质量本征微晶硅基本上应当是晶相结构，晶相比大于 90%，不应含有非晶相[70]。Canon 公司也报道，由 TEM 照片显示，他们研制的 μc-Si∶H 膜不显含非晶相，用此所制备的 a-Si∶H/μc-Si∶H/μc-Si∶H 三叠结电池的短路电流密度高达约 $10mA/cm^2$[71]。

但是，也有不少研究组报道了不同的结果。例如，德国 Julich 光伏研究所报道[72]，他们最高效率的微晶硅电池是在靠近非晶-微晶相变阈的微晶硅生长模式下获得的。他们的结果显示（见图 5.14），随着沉积气压增加（到 8～9Torr）或硅烷浓度增加（到 0.9%），发生了微晶生长模式向非晶生长模式的转变，而在邻近相变阈（约 8Torr）下沉积的本征 μc-Si∶H 获得了最高的电池效率（约 8%），且其 μc-Si∶H 层仍具有较高的非晶相比。

美国联合太阳能公司报道[73]，将本征微晶硅（该公司称之为纳米硅）吸收层的晶相比控制在一定范围，可以获得较好的光伏性能。他们指出，在沉积过程中，随着膜厚增加，微晶晶粒尺寸和晶相比增大，需要将氢稀释递减，形成一个氢稀释分布，以保持微晶硅膜内在纵向具有相近的晶粒尺寸和晶相比，这样可获得较高的稳定效率，如表 5.3 和表 5.4 所示。其中，列出了不同制备条件的微晶硅电池光伏参数和相应的结构数据。可以看出，对于 RF-PECVD 制备的单结微

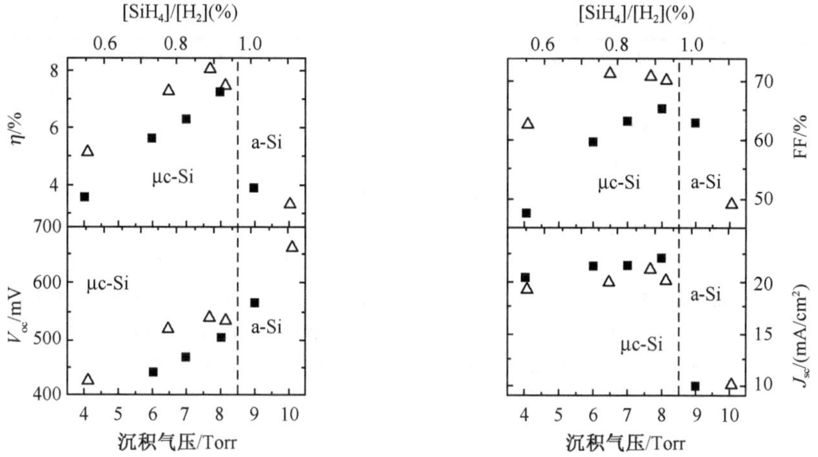

图 5.14　微晶硅电池光伏参数与本征微晶硅层沉积气压（■）和硅烷浓度（△）的关系[72]

表 5.3　微晶硅电池的初始效率（*A*）和稳定效率（*B*），以及光致退化率（*Δ*）[73]

批号	沉积方法	H 稀释率	State	Eff/%	J_{sc}/(mA/cm²)	V_{oc}/V	FF
10514	RF	恒定稀释率	*A*	7.85	23.06	0.499	0.682
			B	6.73	22.44	0.470	0.638
			Δ	−14.3%	−2.7%	−5.8%	−6.5%
10521	RF	恒定稀释率	*A*	7.21	23.03	0.461	0.679
			B	6.12	22.65	0.426	0.634
			Δ	−15.1%	−1.7%	−7.6%	−6.6%
10505	RF	稀释率动态变化	*A*	7.56	22.76	0.520	0.638
			B	7.30	22.91	0.517	0.616
			Δ	−3.5%	+0.7%	−0.6%	−3.4%
12085	MVHF	稀释率分步变化	*A*	6.62	21.76	0.479	0.635
			B	6.06	21.65	0.470	0.596
			Δ	−8.5%	−0.5%	−1.9%	−6.1%
13324	MVHF	稀释率动态变化	*A*	6.75	23.89	0.490	0.577
			B	6.52	23.16	0.481	0.585
			Δ	−3.4%	−3.1%	−1.8%	+1.4%
13348	MVHF	稀释率动态变化	*A*	7.82	22.72	0.524	0.657
			B	7.72	21.85	0.527	0.670
			Δ	−1.3%	−3.9%	+0.6%	+2.0%

表 5.4 用绿光和红光分别测量的微晶硅电池拉曼散射数据[73]

批号	波长 /nm	a			i			c		
		p_a /cm^{-1}	w_a /cm^{-1}	f_a /%	p_i /cm^{-1}	w_i /cm^{-1}	f_i /%	p_c /cm^{-1}	w_c /cm^{-1}	f_c /%
10514	532.0	469.1	78.7	45.1	501.2	37.8	27.3	517.1	10.2	27.6
	632.8	481.6	65.7	59.0	510.7	21.5	16.7	519.1	10.3	24.3
10521	532.0	483.7	65.5	36.5	508.4	27.6	24.7	518.6	10.2	38.9
	632.8	485.4	65.6	46.1	511.6	24.3	21.2	520.9	10.3	32.8
10505	532.0	457.5	70.1	45.2	486.8	53.9	50.9	514.2	13.1	3.9
	632.8	471.3	64.8	57.0	499.4	41.2	26.5	518.1	11.2	16.5
12085	532.0	479.4	69.9	56.5	505.5	29.1	17.1	518.6	11.6	26.4
	632.8	483.5	63.8	49.9	509.7	24.3	19.6	520.0	11.2	30.5
13324	532.0	480.8	67.0	58.0	508.4	26.1	18.4	518.6	8.7	23.5
	632.8	484.4	65.6	47.3	511.6	25.2	23.9	520.9	9.3	28.8
13348	532.0	467.7	68.5	61.8	496.8	43.6	30.4	518.6	10.2	7.7
	632.8	480.7	63.8	60.1	508.8	29.0	19.1	520.0	10.3	20.8

注：a、i 和 c 代表非晶、中间相和晶体的 TO 峰。p、w 和 f 分别表示峰位、峰宽和积分面积百分比。

晶硅电池，最高稳定效率（7.3%）为氢稀释递减的样品所获得，效率的光致退化幅度约 3.5%。对于 VHF-PECVD 制备的微晶硅电池，最高稳定效率（7.7%）也为氢稀释递减的样品获得，效率的光致退化幅度约 1.3%。这些样品的晶相比都比较低，如果只考虑晶相峰的面积比，其晶相比为 3.9%～7.7%（绿光探测）或 16.5%～20.8%（红光探测），即使包括中间相在内，其晶相比也在 38.1%～54.8%。这里绿光探测所感知的是浅表层（约 100nm）结构，而红光探测范围可深达近微米量级。绿光探测所得晶相比低一些，是由于氢稀释分布的结果。看来，微晶硅电池的稳定性主要并不取决于材料所含非晶相的多寡，而是非晶相的结构和空间分布，以及晶粒间界的性质。

这里需要考虑两个问题。第一，晶粒间界的钝化。无疑晶粒间界势垒和缺陷态密度对微晶硅和多晶硅电池的性能有很大的影响。对于采用高温 CVD（大于 700℃）制备的多晶硅电池而言，为了获得高的电池效率，要求其晶粒尺寸大于 50μm，并需要进行后氢化处理，以减少和钝化晶粒间界。对于采用低温 PECVD（小于 300℃）制备的微晶硅而言，晶粒尺寸一般都很小（小于 20nm），如果材料中能保持一定比例的非晶相，由于非晶相富含氢，晶粒间界容易得到较好的钝化，从而获得良好的光伏性能。如果微晶硅晶相比过大，晶粒间界得不到较好的钝化，微晶硅材料的性能就会变坏，甚至形成一些微空洞。这时材料在空气中存放，无需光照，性能也会自然衰退，这是由于氧或水汽分子渗透到微空洞使微晶硅发生后氧化的缘故[74]。第二，需要考虑晶相比对微晶硅光电性质的影响。如果微晶硅的晶粒较大，达到 20nm 以上，则可不考虑量子尺寸限制效应，微晶粒的光学性质应当与晶体硅相近，即具有间接带隙，其带隙宽度大约 1.1eV。图 5.15给出了 a-Si：H，μc-Si：H，晶体硅（c-Si）光吸收系数与光子的能量关系[69]。可以看出，μc-Si：H 具有良好的长波吸收，与晶体硅相近，在 1.0eV 附近还略高于晶体硅，这是因为微晶硅小晶粒的散射作用增加了有效光程，或者由于微晶硅薄膜的内应力使光跃迁选择定则放宽的缘故。而在能量高于 1.7eV 范围，微晶硅的吸收系数明显高于晶体硅，是由于有非晶相的存在。

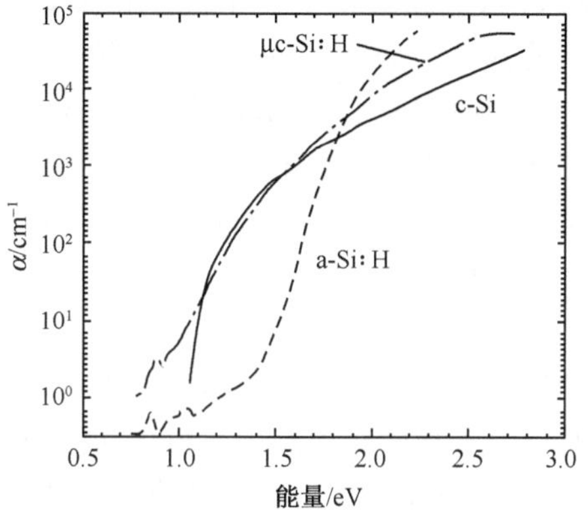

图 5.15　a-Si：H，μc-Si：H，c-Si 光吸收系数与光子的能量关系

微晶硅具有良好的长波响应完全是因为含有微晶相的缘故，如果微晶硅的晶相比降低，势必导致微晶硅长波吸收的总量降低，这就限制了电池的短路电流。因此，为提高微晶硅电池的短路电流，原则上需要增加本征吸收层的晶相比和厚度。问题在于在高晶相比的情况下，如何通过 PECVD 工艺参数的调整或者后氢化处理妥善解决晶粒间界的钝化问题。至今微晶硅电池的开路电压（500～550mV）仍远低于晶体硅电池的开路电压（650～700mV），主要原因就在于光生载流子在晶粒间界上的复合速度高，降低了微晶硅电池少子寿命。进一步改善晶粒间界的钝化，提高微晶硅电池的开路电压，是当前微晶硅电池研究中的一项迫切课题。

微晶硅材料的结构分析常用的手段包括 XRD 谱，拉曼散射谱，IR 吸收谱和各种超精细电镜技术等。器件质量 μc-Si：H 中，微晶晶粒呈柱状生长，垂直于衬底表面，在 XRD 谱中显示出峰位在 $2\theta=47.311^\circ$的（220）择优取向。此外在 XRD 中还常有（111）和（311）取向的衍射峰，其 2θ 分别为 28.451° 和 56.131°。微晶硅的晶粒尺寸 d 和内应力 η 可用 Debye-Scherrer 公式进行计算

$$\Delta\theta\cos\theta=\frac{k\lambda}{d}+\eta\sin\theta \tag{5.13}$$

式中，λ 为 X 射线波长，常用 Cu 的 Kα 射线作为射线源，$\lambda=0.15418\text{nm}$；2θ 为衍射角，$\Delta\theta$ 为衍射峰半高宽（FWHM）。将 $\Delta\theta\cos\theta$ 对 $\sin\theta$ 作图，两者之间存在线性关系，由直线的斜率可求得内应力 η，由直线的截距可求得 $k\lambda/d$，这里 k 为常数，在 0.8～1.39。值得注意，Debye-Scherrer 公式只对球形晶粒适用，对于微晶硅柱状晶粒而言，依此所估计的晶粒尺寸会明显偏小。

应用拉曼散射谱也可对微晶硅的结构进行分析。微晶硅的拉曼散射谱与非晶硅的拉曼散射谱（见图 5.11）相似，主要不同是微晶硅具有两相结构，其 TO 模中包含了三个分量：非晶峰（480～490cm^{-1}）、晶相峰（510～520 cm^{-1}）和中间峰（500～505 cm^{-1}），如图 5.16 所示。非晶峰与纯非晶硅的 TO 模相比较，峰宽会变窄，峰位会蓝移；晶相峰与晶体硅的 TO 模相比较，峰宽会变宽，峰位会红移；中间峰可能与晶粒间界有关，也可能来源于材料中的中程序结构。利用晶相峰的半高宽和峰位的红移，可以根据声子的量子尺寸限制效应对晶粒尺寸进行估计[75]，但这仅限于数纳米的尺寸范围，而且还需要考虑薄膜内应力的影响。同时，拉曼散射测量过程中使用的入射激光功率应当很小，以避免局部热效应带来散射峰的展宽。因此，为了得到对微晶硅晶粒尺寸的精确估计，需要应用透射电镜（TEM）或扫描电镜（SEM）技术对材料的剖面进行观测。

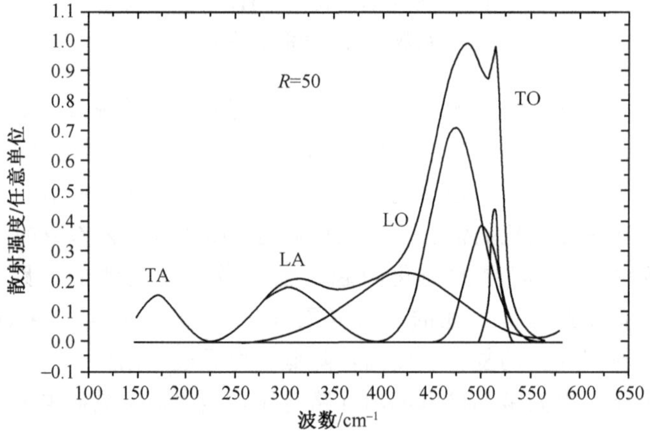

图 5.16　两相结构微晶硅的典型拉曼散射谱

微晶硅的晶相比 f_c 定义为晶相和中间相所占有的体积与材料总体积之比，常用下式进行估算：

$$f_c=\frac{I_c+I_i}{I_c+I_i+mI_a} \tag{5.14}$$

其中，I_c、I_i 和 I_a 分别为拉曼散射谱中晶相峰，中间峰和非晶峰的积分强度；m 为与晶粒尺寸 d_c(Å）相关的校正系数

$$m = 0.1 + \exp\left(-\frac{d_c}{250}\right) \tag{5.15}$$

红外吸收谱也可用于研究微晶硅的结构特征。与前面 a-Si：H 的红外吸收谱相比较，μc-Si：H 红外吸收谱的弯曲模从 640cm^{-1}发生了红移，因为其中出现了 620cm^{-1}分量，这来源于晶粒表面的弯曲振动模[76]；而在 μc-Si：H 的伸缩模中，除可观测到与非晶成分相关的在 2000cm^{-1}和 2100cm^{-1}附近的吸收峰外，在其高能端和低能端还有与微晶成分相关的新结构产生，如在 μc-Si：H 伸缩模的低能端出现了 1895cm^{-1}、1929cm^{-1}和 1950cm^{-1}峰；在高能端出现了 2120cm^{-1}和 2150cm^{-1}峰；特别是在高度微晶化的薄膜中还可观测到位于 2083cm^{-1}，2103cm^{-1}和 2137cm^{-1}的三个小吸收峰，分别起源于微晶晶粒间界上的 $Si—H_n$ 键，其中 n=1，2，3。这些 $Si—H_n$ 键吸收峰的存在标志着微晶晶粒间界尚未被非晶相充分钝化，将影响微晶硅薄膜的器件质量，还容易发生后氧化，在晶粒间界上形成硅的氢氧化物（O_ySiH_x），导致微晶硅电池性能变坏[77]。

5.3　非晶硅基薄膜材料制备方法和沉积动力学

5.3.1　非晶硅基薄膜材料制备方法

在过去近 30 年中人们开发研制了许多种硅基薄膜材料的制备方法。主要包括化学气相沉积法（chemical vapor deposition，CVD）和物理气相沉积法(physical vapor deposition，PVD)。成功地应用在硅基薄膜太阳电池制备过程中的沉积方法主要是各种各样的化学气相沉积法，这也是本节介绍的重点。从一般的概念上讲，化学气相沉积是在反应室中将含有硅的气体分解，然后分解出来的硅原子或含硅的基团沉积在衬底上。常用的气体有硅烷（SiH_4）和乙硅烷(Si_2H_6)。在制备 n 型掺杂材料过程中需要加入磷烷（PH_3），而 p 型掺杂材料需要加入乙硼烷（B_2H_6）、三甲基硼烷（$B(CH_3)_3$），或三氟化硼（BF_3）。为了提高材料的质量，人们通常用氢气（H_2）或惰性气体（如氦气（He）和氩气(Ar)）稀释硅烷。在常规半导体工艺中，最简单而常用的方法是热分解化学气相沉积法。这种方法是将反应气体加热到很高的温度（大于 1000℃），在高温下反应气体被分解而沉积在衬底表面。热分解化学气相沉积法在常规半导体工业中应用很广，主要用来制备多晶硅薄膜。由于反应温度太高，氢原子很难与硅键合存在于薄膜中。如前面所讨论的，氢原子在非晶硅基材料中起到饱和悬挂键的作用。没有氢原子的存在，材料中缺陷态密度很高，所以热分解化学气相沉积法不适合用来制备氢化硅基薄膜材料。为了降低沉积温度，需要额外的激发源来分解气体。常用的技术有等离子体辉光放电法（glow discharge)，热丝催化化学气相沉积法（how wire CVD)，和光诱导化学气相沉积法（photo-CVD)。根据激发源的不同，等离子体辉光放电法又可分成直流（DC）、射频（RF）、超高频（VHF）和微波等离子体辉光放电。在下面的各节中，我们将分别讨论这些制备方法。

5.3.1.1　直流等离子体化学气相沉积法

从物理学的角度来讲，直流（DC）等离子体辉光放电化学气相沉积是最容易理解的，图 5.17 展示了直流等离子体辉光放电电极结构示意图，在真空室内的两个平行板电极上加上直流电压，在一定的真空度下，被电场加速的电子与气体分子碰撞使气体分子离解。在这个过程中有新的电子释放出来，当电场足够强时，电子与气体分子碰撞所产生的新电子以及从阴极，阳极和其他部位发射的二次电子数等同于所损失掉的电子，一个稳定的等离子体就形成了，其中的平均电子浓度和正离子浓度相等。由于在电子与气体分子碰撞和分解过程中有光子释放出来，所以这个过程叫做等离子体辉光放电。通过测量等离子体的发光光谱可以研究等离子体的空间反应过程，这一方面的内容将在后面讨论。等离子体辉光放电是一个相当复杂的物理和化学过程，在这里我们不做详细的论述。我们只讨论一些简单的概念。

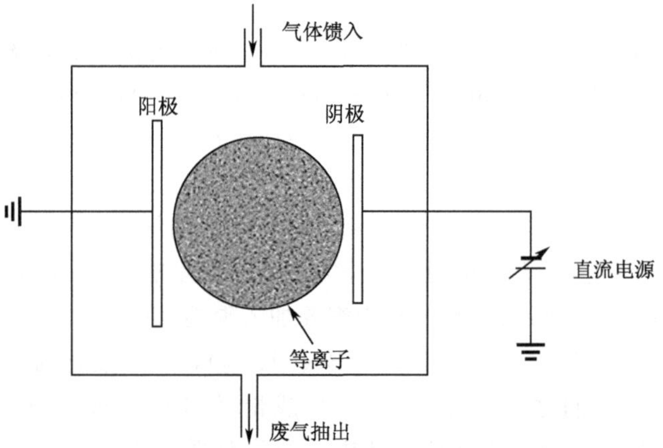

图 5.17　直流辉光放电等离子体反应系统示意图

直流等离子体辉光放电过程在文献中有比较系统的描述，在此只做简单介绍，有兴趣的读者可参阅相关文献[78]。通常情况下两电极间的距离比较小，其中一个电极接地（和反应室的壁相接），另一个电极接直流电源的负极，即阴极。维持一个稳定的等离子体需要维持电子和离子的产生率等于消失率。电子和离子的产生率取决于外加电场的强度，电子在电场的加速下获得足够的能量，电子和中性分子碰撞使中性分子分解而产生新电子和离子。所以在一定的范围内，电场越强分子的离化程度越高。电子和离子的消失过程包括电子与离子的碰撞复合、阴极和阳极以及其他表面对电子和离子的吸收等。所以在一定的条件下，维持稳定的等离子体所加的直流电压要高于一个阈值电压。影响这个阈值电压的因素有反应室的结构，特别是两电极间的距离、工艺参数（如气压、衬底温度）和气体的种类（如氢气稀释度）。其中最为重要的参数是两电极的间距和气压的乘积(pd)，阈值电压与 pd 之间遵循“巴邢”曲线关系。

下面介绍几个描写等离子体的物理参数。一个重要的参数是等离子体的电子温度和离子温度。由于电子的质量比分子或离子的质量小得多，电子和离子不能达到热平衡，所以在等离子体中电子和离子具有不同的温度。对于气体来讲，温度是描写气体分子平均能量的参数，在给定温度 T，分子的平均动能为

$$E=\frac{1}{2}mv^2=\frac{3}{2}kT \tag{5.16}$$

其中，m 是气体分子质量；v 是气体分子平均速度；k 是玻尔兹曼常量。这个概念也适用于等离子体中的离子和电子。相应的温度分别为离子温度 T_i 和电子温度 T_e。由于离子可以从电场中得到能量，所以离子温度通常比环境温度高一些。同样电子也从电场中得到能量，而电子的质量比离子质量小得多，所以相应的电子温度要高许多。例如，1eV 相当于 11600K。

在稳定的等离子体辉光条件下，等离子体内部的平均电子浓度和平均正离子的浓度相等。平均电子浓度是等离子体特性的另一个重要参数。通常条件下，高浓度等离子体是高速沉积的重要方法。虽然等离子体的平均电荷为零，但是在特定的时刻，特定位置可能有局部电荷浓度的起伏。由于电子的速度比离子的速度大得多，电子的移动会引起电荷分布的振动。振荡的频率叫等离子体频率，由下列公式给出：

$$\omega_e=\left(\frac{ne^2}{m_e\varepsilon_0}\right)^{1/2}=8.98\times10^3 n^{1/2}(\mathrm{Hz}) \tag{5.17}$$

其中，n 是平均电子浓度；e 为电子电荷；m_e 是电子质量；ε_0 是真空介电常数。对于等离子体浓度为 $10^{10}/\mathrm{cm}^3$，等离子体频率为 900MHz，远远大于常用的 13.56MHz。因此直流等离子体的许多概念可以用到射频或超高频等离子体中。

第三个重要的参数是等离子体电势 V_p。由于电势是一个相对数值，一般取悬浮电势 V_f 为参考。所谓的悬浮电势是指当一个金属物体被悬浮在等离子体中，在金属表面所形成的电势。由于电子的扩散速度比正离子的扩散速度大得多，在金属物体被放入等离子体的瞬间，大量的电子会扩散到金属表面，从而使金属表面的电势低于等离子体电势。等离子体和其中悬浮金属的电势差起到排斥和阻挡更多电子扩散到金属表面，同时吸引正离子到金属表面。稳定的等离子体电势和悬浮电势的差值是保证流到金属表面的电子电流和离子电流相等。这两个电势的差值为

$$V_p - V_f = \frac{kT_e}{e}\ln\left(\frac{v_e}{v_i}\right) = \frac{kT_e}{2e}\left(\frac{m_i T_e}{m_e T_i}\right) \tag{5.18}$$

其中，v_e 和 v_i 分别为电子和离子的平均速度；m_e 和 m_i 为电子和离子的质量。对于用于非晶硅沉积用的等离子体，这个差值在几伏到几十伏。与悬浮电势相对应的另一个参数是德拜长度（λ_D），用来描述在等离子体中接近悬浮金属表面区正电荷层的厚度，亦即电荷对等离子体电势产生微扰的范围。德拜长度由下列公式给出：

$$\lambda_D = \left(\frac{kT_e\varepsilon_0}{ne^2}\right)^{1/2} \tag{5.19}$$

为了保证等离子体的电中性，从等离子体流出带负电荷的粒子（包括电子）数应和流出的带正电荷的粒子（包括正离子）数相等。由于电子的扩散速度比离子的扩散速度大很多，所以等离子体电势要高于周围任何部位的电势。通常情况下，衬底接地，直流电源的负电极接到阴极上。图 5.18 所示为等离子区内两电极间电势分布示意图，其中分为三个区：阳极鞘层区（anode sheath）、等离子体区（plasma）和阴极鞘层区（cathode sheath）。由于鞘区没有辉光，所以也叫暗区（dark space）。阴极鞘层区的电势差是外加电压和等离子体电势之和，大于阳极鞘层区的电势差。阳极鞘层区的电势差等于等离子体电势。阳极鞘层区和阴极鞘层区的这种电势差的不同使得更多的正离子流到阴极，而相对多的电子流到阳极。在这种条件下净电流从正电极流到负电极。这种电极设计减少正离子对衬底表面的轰击，有利于提高材料的质量。由于设备比较简单，直流(DC)等离子体辉光放电法在非晶硅太阳电池的制备中得到了一定的应用。BP Solar 曾经在 20 世纪 90 年代后期建成一个 20MW（20MW/a）的非晶硅太阳电池生产线[79]。虽然这条生产线于 2002 年关闭，关闭的原因并非是直流等离子体的技术问题。

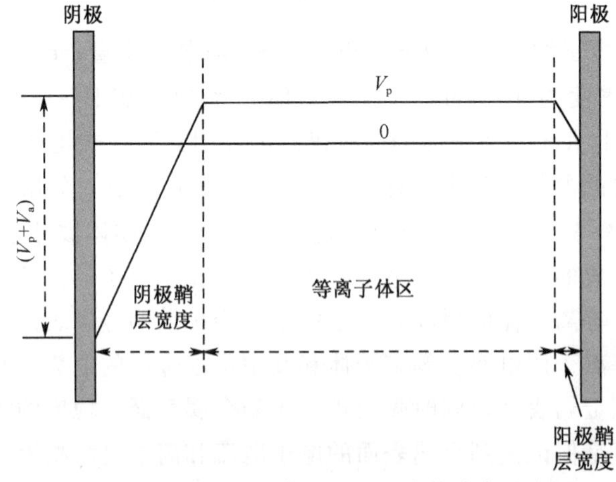

图 5.18　直流等离子体中电极间电势分布示意图

DC 等离子体辉光放电法确实有它的技术弱点。由于要保持电流的连续性，衬底必须具有良好的导电性。绝缘衬底很难用在直流等离子体辉光系统中。射频等离子体克服这一缺点，所以在非晶硅太阳电池的生产中得到了更广泛的应用。

5.3.1.2　射频等离子体化学气相沉积法

射频（RF）等离子体辉光放电用射频电源取代直流电源。由于射频信号可能从沉积系统中辐射出来，从而干扰无线电通信系统，所以国际上统一规定工业用射频等离子体辉光放电的射频频率为 13.56MHz。图 5.19 所示是射频等离子体辉光放电反应系统示意图[80]，与直流等离子体辉光放电系统类似。常用的射频等离子体辉光放电系统包括平行板电极，射频电源通过耦合器接到其中的一个电极上，而另一电极接地。通常地电极是接在系统的反应室的壁上，所以地电极的有效面积比射频电极面积大。由于所用的射频频率比等离子体频率小的多，所以直流等离子体的许多概念在射频等离子体中也是适用的，如等离子体电子温度、电子浓度、等离子体电势和德拜长度。因此在稳定的等离子体条件下，射频等离子体，如同图 5.18 所示的那样，也可以分成三个区：等离子体辉光区、阳极鞘层区（暗区）和阴极鞘层区（暗区）。由于射频的频率比等离子体频率低得多，所以等离子体区仍然可以形成等离子体电势。除了中性的粒子外，电子和带正电的离子也可以从等离子体扩散出来，达到射频电极、地电极和其他部件的表面。由于电子的质量比带正电的离子小的多，所以电子的扩散速度比正离子大的多。在等离子体稳定的瞬间，很多的电子就到达射频电极，从而使射频电极产生负电压。这个负电压降低电子的速度，增加正离子的速度。经过短暂的瞬间，到达射频电极的正电荷和负电荷达到平衡。这时一个稳定的直流负电压就在射频

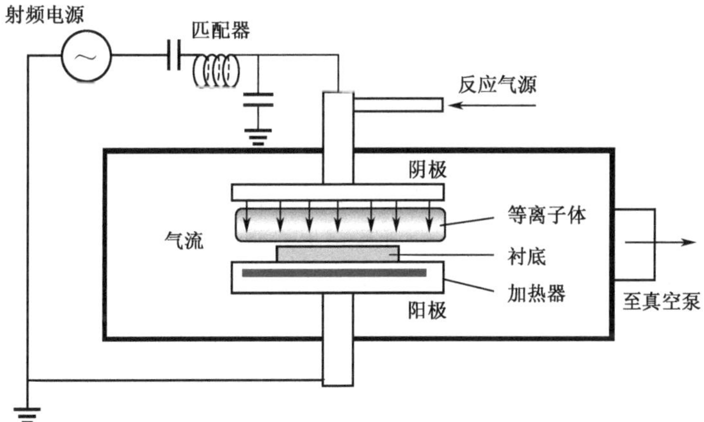

图 5.19　射频辉光放电等离子体反应系统示意图[80]

电极上建立起来。这个直流负电压叫做等离子体自偏压（self-bais）。通常自偏压为负电压，所以射频电极也叫做阴极。自偏压的幅度随射频功率的增加而增加。通常可以监测和控制自偏压的幅度来监测和控制射频的功率。另一个影响自偏压的参数是阳极和阴极的面积比。早期的理论分析给出自偏压的幅度与阴极与阳极面积比的四次方成正比，即

$$\frac{V_c}{V_a} = \left(\frac{A_a}{A_c}\right)^4 \tag{5.20}$$

其中，V_c 和 V_a 分别是阴极和阳极上电压的直流分量，A_c 和 A_a 分别是阴极和阳极的面积。这个公式是在许多假设条件下得出的，其中包括离子在通过电屏区时不与其他离子和粒子发生碰撞，电流由空间电荷控制并且流向两电极的电流直流成分相等符号相反，电屏区的电容正比于电极的面积反比于电屏区的厚度，电压与电容成反比。而实际情况中，自偏压的幅度与理论计算的并不相符。首先离子在通过电屏区时会和离子及中性粒子碰撞。不过可以利用经验得出的自偏参数来监测和控制非晶硅的沉积过程。另外自偏压的大小与等离子体中的气体的种类，衬底温度，反应室压力等因素有关，任何自偏压的偏离都可能预示反应过程有问题，例如，反应室漏气，压力失控。所以监测阴极自偏压是监测和控制非晶硅太阳电池生产过程的重要手段。

5.3.1.3　超高频等离子体化学气相沉积（VHF-PECVD）法

早在 1987 年，瑞士 Neuchatel 大学 A. V. Shah 教授的研究室首先使用超高频（VHF）等离子体辉光放电法制备非晶硅[81～83]。随后他们利用这种高速沉积技术成功地沉积出微晶硅薄膜材料并应用于太阳电池[66,74,84,85]。超高频等离子体辉光放电法与常规的射频等离子体辉光放电法基本原理相同。在一般小面积沉积系统中，常用的也是平行板电极结构，所不同的是激发源的频率在超高频区。目前常用的超高频在 40～130MHz。广泛应用的频率是 60～75MHz。超高频等离子体辉光放电法制备非晶硅的主要优点是在相同的功率密度条件下可以提高生长速率。用通常的射频等离子体，高速沉积需要高功率密度。高功率引起以下几个副作用。首先，高功率对应于较高的等离子体电势，从而产生较强的高能离子对生长表面的轰击，使得材料中含有较高的缺陷态。其次，高功率产生高能量的电子，使等离子体中含有高浓度的 SiH_2 和 SiH 粒子和离子，导致材料中双氢硅（SiH_2）结构密度增加，从而使材料的稳定性变坏。最后，高功率还增加等离子体二次及多次反应的频率，在等离子体中产生大颗粒粒子和离子（或称多硅烷）。一方面大颗粒沉积到材料中产生微空洞，增加材料的缺陷态，降低材料的稳定性，另一方面等离子体中的大颗粒在反应室中产生大量粉尘，从而增加设备的维护和清理的时间。通常情况下用射频等离子体，高质量的非晶硅薄膜的沉积速率在 1Å/s 左右。为了兼顾生产效率和产品

质量，非晶硅太阳电池的沉积速率一般在 2～3Å/s。

超高频等离子体辉光放电在相同的功率密度条件下，生长速率随着激发频率的增加而增加。图 5.20 所示是早期发表的非晶硅生长速率和激发频率的关系[74]。其中不同的符号是不同研究室利用不同反应系统所得到的结果。从图中可以看出对于每个系统都有一个峰值频率。在相同的功率条件下，频率低于峰值频率时，生长速率随着频率的增加明显增加，在峰值频率时沉积速率达到最大。在更高的频率条件下，随着频率的增加，生长速率反而降低。后来的研究表明，在高于峰值频率后，超高频功率很难耦合到等离子体中，进入等离子体中的有效功率随频率的增加而降低。人们用改进的耦合器证明生长速率可以随着频率的增加而增加。在综合考虑生长速率，材料均匀性，以及设备的复杂程度情况下，广泛被采用的频率是 40～75MHz。目前超高频等离子体辉光放电法被广泛应用到微晶硅太阳电池的制备过程中。详细的讨论将在 5.3.1.6 节给出。

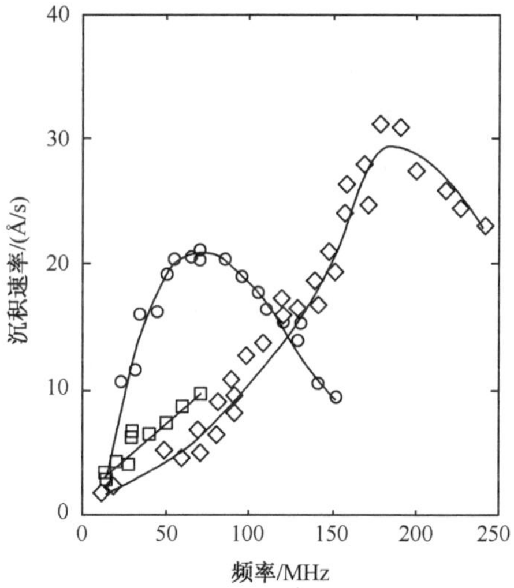

图 5.20　非晶硅生长速率和激发频率的关系[74]

从等离子体物理和化学的角度来讲，超高频等离子体与常规的射频等离子体有那些不同呢？为什么在同样的功率密度条件下，生长速率随着频率的增加而增加。高速率沉积预示着到达衬底表面的粒子和离子流密度高，相应的等离子体密度（等离子体中的电子浓度和正离子浓度）较高。也就是说在超高频激发条件下，气体的离化率随频率的增加而增加。

超高频等离子体沉积非晶硅不仅沉积速率高，而且更重要的是高速沉积的材料可以保持良好的性能。最近的研究表明超高频等离子体沉积的非晶硅太阳电池的初始效率和稳定效率跟生长速率没有明显的依赖关系[86]。如前面讨论，影响高速沉积非晶硅材料性能的一个重要因素是高能离子对生长表面轰击。研究表明在相同的功率、压力、温度和气体流量条件下，超高频辉光等离子体中到达衬底表面的离子能量比射频等离子体中的离子能量小的多。图 5.21 所示是用离子减速法测量的离子能量分布图[87]，其中横坐标是收集极电压，而图中的 V_s 是屏蔽网电压。图（a）所示是超高频（75MHz）等离子体中离子能量分布曲线；图（b)是射频（13.56MHz）等离子体中离子能量分别曲线。实验中所用的激发功率都是 10W，所用的气体为氢气。从图中可以看出，在低压（0.1Torr）条件下超高频（VHF）等离子体具有一个很窄的能量分布，其峰值在 22V，半宽度为 6V，并且在高能量变化非常陡；而在 1.0Torr 压力条件下，离子能量分布的峰值降低到零附近，其分布明显变宽。由于实验中参考电势是屏蔽网电压(V_s)，其值为－40V，所以其能量分布到达负值，而实际离子能量并不是负值。相对于超高频等离子体，在相同的激发功率条件下，射频等离子体中离子能量分布要高得多。从图 5.21(b) 可以看出，在 0.1Torr 条件下，其峰值能量为 37V，半宽度为 18V。另一重要的发现是到达衬底的正离子电流。在相同的条件下，超高频等离子体的离子电流是射频等离子体的 5 倍。这就预示着超高频等离子体中正离子的浓度高，即等离子体密度高。决定沉积速率的重要参数是等离子体密度，所以在相同的激发功率条件下，超高频等离子体沉积速率比射频等离子体高。从以上实验结果，我们可以总结出以下两点结论：其一是超高频等离子体中离子能量低；其二是离子束流浓度高。这种低能量高束流的离子对于高速沉积尤为重要。一方面低能量的离子对生长材料表面的轰击比较轻，不会造成材料中的高缺陷态浓度。另一方面大量的低能量离子可以增加离子和中性粒子在生长表面的扩散速度，从而找到低能位置。在此种条件下沉积的材料具有较高的质量。

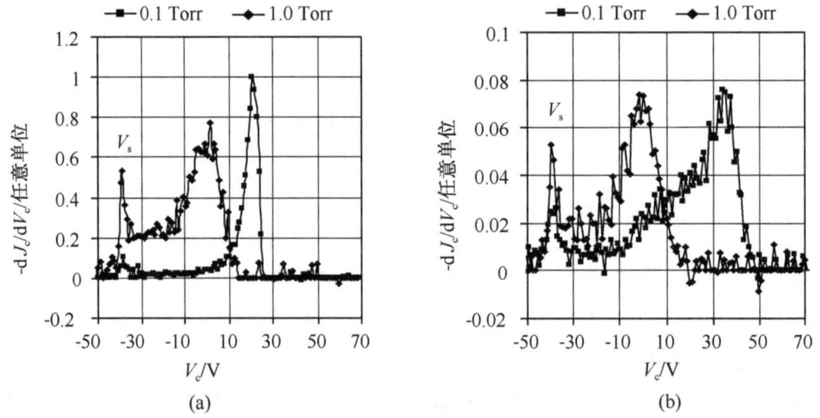

图 5.21 VHF（75MHz）等离子体中离子能量分布图（a）和 RF（13.56MHz）等离子体中离子能量分布图（b）[87]

决定正离子能量的主要因素是等离子体电势和衬底电势的差值（也叫 sheath voltage）。通常情况下衬底接地，所以等离子体电势是决定正离子对沉积表面轰击的重要参量。等离子电势的高低直接与阴极上电压锋-锋值（V_{PP}）成正比，所以阴极上电压的锋-锋值是决定离子轰击的重要参量。早期的研究发现阴极上峰-峰值电压和激发频率有直接的关系，V_{PP} 随激发频率的增加而降低。从通常的 13.56MHz 到 70MHz，V_{PP} 从 180V 连续降低到 50V[83]。

5.3.1.4　微波等离子体化学气相沉积法

微波（microwave）等离子体化学气相沉积法是工业界广泛应用的一种高速沉积方法。在常规晶体硅太阳电池的生产过程中，微波等离子体被用来沉积非晶氮化硅（a-SiN：H）钝化膜。其次微波等离子体还被广泛应用于多晶金刚石薄膜的沉积。早在 20 世纪 90 年代美国能源转换器件公司（Energy Conversion Device，INC（ECD））就开始利用微波等离子体沉积非晶硅和非晶锗硅材料。特别是对于那些要求非常厚的非晶硅基材料的器件，微波等离子体是一个有效的高速沉积方法。

通常的微波等离子体沉积方法是将微波通过与波导管相连的微波窗口输入到微波腔中。常用的微波窗口材料是 Al_2O_3 陶瓷。在一定的压力条件下，反应气体被微波能量所分解，形成等离子体。微波等离子体的特点是沉积速率非常高。S. Guha 和他的同事们利用微波等离子体在 100Å/s 的沉积速率下制备出较高质量的非晶硅和非晶锗硅太阳电池[88]。由于微波等离子体的沉积速率过快，材料的特性始终没有射频或超高频等离子体沉积的材料的质量好。所以到目前为止还没有用微波等离子体为主要沉积方法的硅基薄膜太阳电池生产线。

近几年来，随着微晶硅作为薄膜电池的本征材料而得到广泛的研究，微波等离子体在微晶硅的制备方面得到一些应用。美国能源转换器件公司的 S. Jonse 等利用改进的微波等离子体，采用称之为气体喷射法（gas jet）的微波等离子体方法，成功地制备出微晶硅电池[89]。随后美国联合太阳能公司的 B. Yan 和他的同事们利用微波等离子体法成功地实现了微晶硅的高速沉积，其生长速率达到30～40Å/s[90]。

日本国家先进工业科学与技术研究院（National Institute of Advanced Industrial Science and Technology，AIST）联合其他一些日本的研究机构重新开始微波等离子体的研究。主要研究目标是高速沉积微晶硅太阳电池。图 5.22 所示是其中一个沉积设备的示意图。详细的沉积参数和材料的优化在文献［91］～［93］中有详细的介绍。2.45GHz 的微波通过 Al_2O_3 窗口耦合到反应室中。反应气体（SiH_4+H_2）通过带有小孔的圆形气体环（G1）流入反应室。由于 G1 是一个较大的环，所以气体以 45°角向衬底射出。另外一个喷头型气体输入系统（G2）将硅烷输入到靠近衬底的部位。G2 与衬底的距离为 2cm。另一个重要的

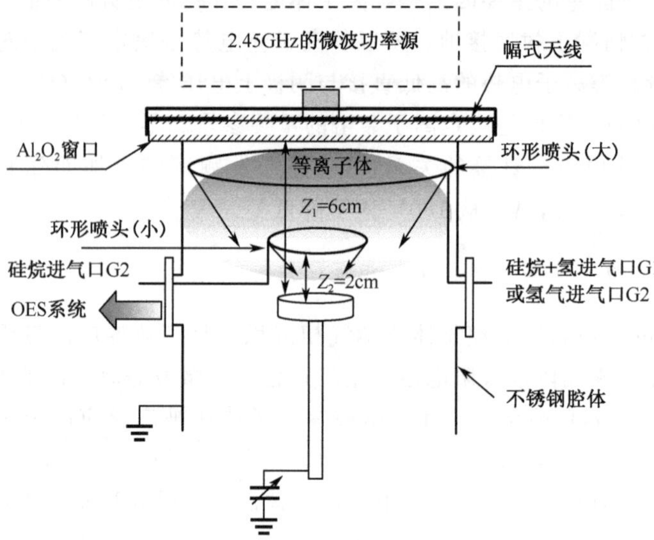

图 5.22 日本国家工业科学与技术研究院使用的微波等离子体沉积设备示意图[93]

技术是在衬底上加上直流偏压，通过调解直流偏压的大小来控制离子对衬底表面的轰击。经优化沉积参数，他们成功地制备出微晶硅材料，其生长速率高达65Å/s，并且材料中缺陷态较低（$1\sim2\times10^{16}$ cm^{-3}）。

最近荷兰的 ECN-SOLAR ENERGY 公司利用线性微波等离子体系统成功地制备了大面积微晶硅材料。他们沉积系统的特点是衬底在线性微波等离子体下面移动，这样沉积的材料均匀度得到改善[94,95]。

5.3.1.5 热丝化学气相沉积法

热丝化学气相沉积法（hotwire-CVD）是在真空反应室中安装加热丝。常用的加热丝是钨丝（W）和钽丝（Ta)。热丝通常被加热到 1800～2000℃，当气体分子碰到热丝时被热分解，所以这种方法也叫热丝催化法。热分解产生的粒子通过扩散而沉积到衬底表面。热丝化学气相沉积法会集了热化学气相沉积法和等离子体热化学气相沉积法的优点。首先气体分子是热分解，不存在电场加速的高速离子对衬底表面的轰击。其次衬底的温度可以控制在较低的范围（150～400℃)，从而使材料中含有足够的氢原子来饱和悬挂键。由于这两个特点，热丝化学气相沉积法在高速沉积方面有一定的优势。

早在 20 世纪 70 年代，R. Weisman 和他的同事将热丝化学气相沉积法引进到非晶硅的沉积过程中[96]。他们在真空室中将钨丝加热到 1400～1600℃，硅烷气体分子在碰撞到高温热丝后而分解，被分解的硅氢粒子扩散到衬底表面而沉积成薄膜。由于早期的沉积参数没有优化，例如，反应室的压力太低，衬底温度过高，而热丝的温度也不够高，所以当时的材料质量不是很好。

1985 年日本的 H. Matsumura 和他的同事改进了热丝化学气相沉积法的设备和沉积工艺[97,98]。他们通过降低衬底的温度使材料的质量得到了大幅度的提高。比如光暗电导比得到了大幅度的改进；硅悬挂键密度降低到 $5\times10^{15}cm^{-3}$。随后他们又用这种方法成功地制备了掺杂的非晶硅和非晶锗硅合金（a-SiGe：H）。当时他们所用的反应室压力在 1Torr 左右。

J. Doyle 和他的同事们深入地研究了热丝化学气相沉积法沉积机理[99]。他们发现从热丝上反射出来的大部分是硅原子和氢原子。由于在低气压时，粒子的扩散长度大于热丝到衬底的距离，所以硅原子是主要对成膜有贡献的粒子；而在高压力条件下，从热丝反射回来的硅原子和氢原子与周围的其他气体分子发生反应，从而使多种粒子对成膜有贡献。通过改变反应室的压力可以有效地改变材料的特性。J. Doyle 和他的同事优化了压力并确定 4～30mTorr 是沉积非晶硅的最佳压力。

从 20 世纪 90 年代初期美国国家再生能源实验室（NREL）对热丝化学气相沉积法进行了系统深入地研究[48,100]。他们将热丝的温度提高到大于 1900℃，并将衬底温度固定在 360～380℃，他们得到了高质量的非晶硅材料，其特点是氢含量低，只有百分之一。而通常用辉光等离子体沉积的高质量非晶硅含有至少百分之十到十五的氢。在通常的等离子体辉光反应中，如果衬底温度很高，所沉积的材料中氢的含量也会很低，但伴随着高缺陷态密度和较宽的带尾态分布，原因是没有足够的氢原子来饱和悬挂键。大量的氢原子是产生光诱导亚稳缺陷态的一个根源，而 NREL 的热丝化学气相沉积的非晶硅不仅氢含量低，而且其他材料质量参数并没有受到影响，比如光暗电导比仍然在 10^5。由于这一特性，热丝化学气相沉积法在世界范围内受到广泛的关注，并对这种材料进行了深入地研究。正像预期的一样，热丝化学气相沉积法制备的低氢含量的非晶硅确实在稳定性方面优于等离子体辉光放电法制备的非晶硅材料。

人们在研究热丝化学气相沉积法制备非晶硅的同时也开始用这种方法制备微晶硅材料。并将这些材料应用到各种器件中。其中热丝化学气相沉积法在非晶硅太阳电池和场效应薄膜晶体管有源选址液晶显示（TFT AM-LCD）两个方面有着良好的应用前景。

为了更好地优化材料的质量，人们对热丝化学气相沉积法的沉积机理进行了深入地研究，其中包括各种分子与热丝表面碰撞而分解，原子硅和原子氢与其他分子和粒子的气相反应，各种粒子在衬底表面的成膜反应。文献中对热丝化学气相沉积法的反应机理有详细的说明，有兴趣的读者可以参考 A. H. Mahan 的总结文章[101]。概括起来讲，SiH_3 和 Si_2H_4 仍然是沉积高质量非晶硅的主要粒子。因为硅烷分子在高温热丝表面主要被分解成硅原子和氢原子，所以空间气相反应也是非常重要的。决定空间气相反应的参数是反应室压力和热丝与衬底间的距离。粒子间发生碰撞的概率与压力成正比，而对于特定的粒子在从热丝扩散到衬底的过程中与其他粒子发生碰撞的概率与衬底和热丝间的距离成正比。图 5.23 所示是红外结构参数 R^* 和压力 P_s 与热丝衬底间距 L 乘积的关系[102]。如前所述，红外结构参数 R^* 是红外吸收谱中 $2090cm^{-1}$ 峰和 $2000cm^{-1}$ 峰积分面积的比值，它代表材料中 Si-H_2 和 Si-H 的比值。R^* 的大小直接决定材料中的缺陷态的密度特别是光照后稳定态时缺陷态的密度。从图中可以看出，在 P_sL 为 10Pa · cm 时，材料的质量最佳。图 5.23 可以作为反应室设计和反应参数优化的指导。热丝对衬底的加热是选择衬底和热丝间距应考虑的因素。如果热丝和衬底的间距太小，衬底可能会被加热到很高的温度，通常 5～10cm 是最佳的热丝衬底间距。

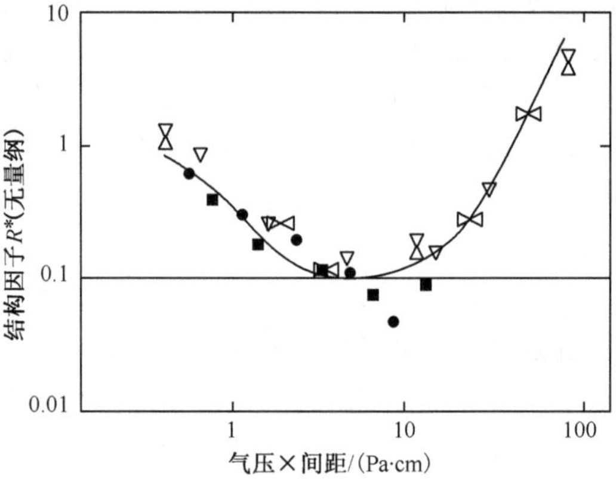

图 5.23 材料红外结构参数 R^* 和压力 P_s 与热丝衬底间距 L 乘积的关系[102]

热丝化学气相沉积法也存在一些缺点。首先加热丝可能对沉积的材料产生污染，二次粒子测量确实发现薄膜中有残留钨存在[103]，其含量可能高于 10^{18} 原子/cm^3。A. H. Mahan[101] 发现残留钨的含量与热丝的新旧有关，新热丝沉积的材料中钨的含量比较高，而旧热丝沉积的材料中钨的含量低。所以 A. H. Mahan[101] 认为钨污染是由于热丝表面的氧化钨在加热后蒸发引起的。他们用一个挡板挡在衬底前，最初沉积的材料长在挡板上，在经过最初的沉积后，打开挡板，这样沉积的材料中钨的含量比较低。为了解决这一问题，也可以在新热丝安装后将热丝加热到比材料沉积时热丝温度还要高的温度，这样可以将热丝表面的氧化钨蒸发掉，从而降低非晶硅中钨的含量。经过特定处理，非晶硅中钨的含量可以降低到二次粒子谱测量极限以下的水平，这时残留钨对非晶硅的特性没有影响[104]。

另一个问题是热丝的寿命。当热丝温度不是特别高时，在热丝表面容易形成金属硅化物，如 W_5Si_2。由于金属硅化物容易使热丝断裂[105]，所以钨丝的寿命取决于金属硅化物的形成。一般来讲金属硅化物容易在热丝的两端形成，因为那里的温度低于热丝中间的温度。为了增加热丝的寿命，人们进行许多不同的工程设计，比如在热丝的两端安装上额外的氢气（或惰性气体）出口来降低硅烷在热丝两端的浓度，从而降低金属硅化物的形成，增加热丝的寿命。

大面积材料的均匀性也是热丝化学气相沉积法所面临的一个技术问题。这一问题可以通过合理地设计热丝的分布和气体分布来解决。图 5.24 所示是特殊设计的大面积热丝化学气相沉积系统的热丝分布和喷头式气体输入器示意图[106,107]。由于拥有多个长度较短的钨丝，所以在加热后钨丝的弯曲较小。并且钨丝是由弹簧连接，易于更换。这一系统设计被用到大面积沉积系统中[108]，并成功地沉积出大面积非晶硅（100cm×40cm）薄膜，其沉积速率超过 5Å/s。

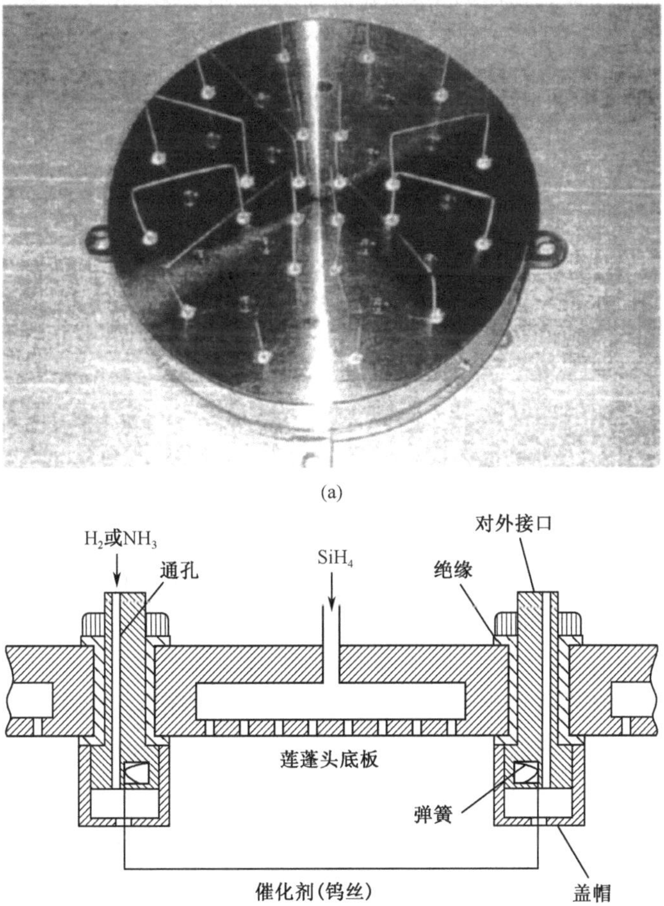

(b)

图 5.24　特殊设计的大面积热丝化学气相沉积系统的热丝分布（a）和喷头式气体输入器示意图（b）[106,107]

许多研究机构都用热丝化学气相沉积法制备非晶硅和微晶硅太阳电池，其中比较有代表性的有美国国家再生能源实验室、德国 Kaiserslautern 大学、德国 Juelich 研究中心和荷兰 Utrecht 大学。与辉光等离子体制备的太阳电池相比，热丝化学气相沉积法制备的非晶硅太阳电池的效率还比较低。理论上讲热丝化学气相沉积过程中没有高能离子对沉积表面的轰击，所制备非晶硅材料中缺陷态密度应当相对低。但在实际器件制备过程中还包含许多关于器件设计和界面控制等许多技术环节。用热丝化学气相沉积法制备非晶硅基太阳电池已经有 20 多年的历史。虽然它是一种很好的薄膜沉积技术，但还没有得到广泛的应用，特别是没有在生产上得到应用。其主要原因是电池的性能还不如辉光放电等离子体制备的太阳电池好，在器件设计和界面控制方面还有许多工作要做。

值得一提的是最近德国的 Juelich 研究中心利用热丝化学气相沉积法改进微晶硅太阳电池的 p/i 界面特性使其电池的效率得到一定的提高[109]。在以玻璃为衬底的 p-i-n 微晶硅太阳电池的沉积过程中，为了降低本征层中最初的非晶孵化层的厚度，人们通常利用高氢稀释和高能量的等离子体来沉积本征微晶硅层。在这种条件下，高能离子会对 p 层产生负面影响。利用热丝化学气相沉积法可以有效地改进 p/i 界面的特性，从而提高电池的转换效率。

5.3.1.6 光诱导化学气相沉积法

光诱导化学气相沉积法（photo-CVD）是用光子的能量来分解反应气体的分子。被分解的分子形成电子和正离子，以及各种中性粒子。这些离子和粒子扩散到衬底表面而沉积成薄膜材料。根据所用的光源的种类，光诱导化学气相沉积法可分为紫外光激励光诱导化学气相沉积法和激光激励光诱导化学气相沉积法。在目前条件下，激光激励光诱导化学气相沉积法只能用于很小面积的沉积，所以研究和应用得都不广泛。相比之下，紫外光激励光诱导化学气相沉积法在过去的 20 多年里得到了深入的研究和广泛的应用。在这一领域日本东京工业大学的高桥清（K. Takahashi）和小长井诚（M. Konagai）研究室始终处于领先地位并做出了许多有意的成果[110]。

常用的紫外光光诱导化学气相沉积法是用水银灯作为激励光源。低压水银灯有两个主要的紫外光谱线：1849Å 和 2537Å。能否成膜和沉积速率取决于所用气体对这两种光谱的光子的吸收系数。硅烷（SiH_4）对水银灯的两条谱线基本上没有吸收，所以直接用低压水银灯是不能分解硅烷的。乙硅烷（Si_2H_6）对 1849Å 的光子有一定的吸收，并且可以发生以下反应：

$$
\begin{aligned}
Si_2H_6 + h\nu\ (1849\text{Å}) &\longrightarrow SiH_2 + SiH_3 + H \\
&\longrightarrow SiH_3SiH + 2H \\
&\longrightarrow SiH_2H_5 + H
\end{aligned}
$$

这三种反应产生的概率分别为 61%、18%和 21%。虽然乙硅烷对波长为 1849Å 的光子有一定的吸收，但是吸收系数太小，所以沉积速率很低，一般情况下为 0.1～0.3Å/s。这种速率对于沉积太阳电池中较薄的掺杂层（p 层和 n 层）还可以，而对于较厚的本征层（i 层）所需的沉积时间会太长。特别是考虑到生产成本时，这种方法很难在大规模生产中应用。

另一个方法是水银感应光诱导化学气相沉积法。其原理是在反应气体进入反应室之前先通过一个加热到一定温度的水银（Hg）槽，气体在流过水银槽时将部分水银分子带入反应室中。水银分子在水银灯的紫外光（2537Å）照射下跃迁到激发态，处于激发态的水银分子与气体分子碰撞，将能量传给气体分子使其分解。以硅烷为例

$$Hg + h\nu\ (2357Å) \longrightarrow Hg^{*}\ (6^{3}P_{1})$$

$$Hg^{*} + SiH_4 \longrightarrow SiH_3 + H + Hg\ (6^{1}P_{0})$$

这一过程在水银感应光诱导化学气相反应中分解出 100%的 SiH_3，它的寿命较长，有利于提高非晶硅的沉积速率。从表面反应动力学的角度来看，SiH_3 是成膜的最佳粒子，它有利于提高材料的质量。在反应室中的 SiH_3 离子和粒子会发生相互碰撞而发生二次过程

$$SiH_3 + SiH_3 \longrightarrow Si_2H_6$$

各种气体在光诱导化学气相反应中分解的难易程度取决于该气体的消光截面(quenching cross section)。消光截面大的气体容易分解，反之不容易分解。硅烷的消光半径为 26Å^2，而乙硅烷的消光半径为 2660Å^2。由此看出在光诱导化学气相沉积过程中，使用乙硅烷比使用硅烷沉积速率高的多。

由于没有电场的存在，正离子得不到电场的加速，所以没有离子的轰击。这是光诱导化学气相沉积法的最大优点。这一特点不仅使材料中的缺陷态密度低，而且有利于界面处掺杂原子的分布。光诱导化学气相沉积法也有许多技术问题。首先紫外光要通过窗口进入反应室，薄膜在衬底上沉积的同时也会在窗口上沉积，从而降低光的透过率和薄膜的生长速率。尽管可以在窗口的内表面涂抹一层不易挥发的油脂（fumnlin）来降低在窗口上的沉积，但是要经常清洗和重新涂抹这层油脂。水银感应光诱导化学气相沉积法的另一个主要问题是水银的污染。

光诱导化学气相沉积法在大面积，高速沉积方面还有许多技术难点，目前该方法还没有在大规模太阳电池生产中得到应有。

5.3.1.7　微晶硅薄膜材料的高速沉积

如前所述，微晶硅（μc-Si：H）和纳米硅（nc-Si：H）其实本质上指的是同样的材料，是指硅薄膜材料中含有一定的小晶粒。尽管其中晶粒的大小在纳米(nm）量级，早期的研究中人们还是称其为微晶硅。其中微晶是指很小晶粒的意

思。后来随着纳米科学的蓬勃发展，人们开始称其为纳米硅。也有人将晶粒小的材料叫纳米硅，而将晶粒稍大的材料叫微晶硅。但目前没有统一的规定，在文献资料中微晶硅和纳米硅是混用的。在以下的章节中我们统一用微晶硅。

在太阳电池中应用的微晶硅实际上与非晶硅一样都含有一定量的氢，氢的作用是饱和悬挂键。由于悬挂键大部分位于晶粒间以及和非晶结构的界面处，所以人们也通常称氢的作用是钝化晶界。为了保持氢含量，微晶硅也必须在较低的温度下生长。通常的衬底温度在150～400℃，优化的衬底温度在180～250℃。最早的微晶硅是在1968年由Veprek和Marecek用氢等离子体化学运输的方法制备的[20,111]。他们所用的方法是用等离子体产生原子氢来刻蚀处于室温的硅，然后将硅粒子带到被加热的衬底上。由于硅的刻蚀速率随温度的升高而降低，所以处于低温的硅被刻蚀并被沉积到加热的衬底上。另外原子氢也刻蚀生长在衬底上的硅薄膜。由于原子氢刻蚀非晶硅的速率比晶体硅的速率快，所以在衬底上沉积的是微晶硅。原子氢对硅的刻蚀作用对微晶硅沉积起到了关键的作用，在后来的各种化学气相沉积中氢稀释是必不可少的。

从早期的非晶硅太阳电池的研究，人们就注意到微晶硅。早在20世纪80年代初，美国ECD公司用SiF_4来沉积非晶硅，他们发现所沉积的材料中含有微晶粒结构[112,113]。早期的微晶硅主要是用在太阳电池的掺杂层中。其中主要原因是微晶硅的掺杂效率比非晶硅高得多，通过掺杂可以将费米能级移到导带底或价带顶，从而增加电池的开路电压（V_{oc}），降低串联电阻。另一个原因是微晶硅对杂质非常敏感，特别是对氧。由于反应室中以及反应气体中的残留杂质，在没有人为掺杂的条件下，微晶硅通常显n型导电。

瑞士Neuchatel大学A. Shah教授的研究室首先将微晶硅用做太阳电池的光敏层中。他们用超高频（VHF）等离子体辉光放电法，通过微量硼掺杂的方法来制备补偿型微晶硅作为太阳电池的光敏层。他们于1994年报道全部由微晶硅组成的太阳电池，其转换效率为4.6%，并显示出没有光诱导退化[84,85]。从此微晶硅作为光敏层材料得到了广泛的重视和深入的研究。目前其单结微晶硅电池的效率已经超过了10%。用微晶硅作为底电池的多结电池的初始效率已经超过了15%[13,114]。

微晶硅电池的本征层厚度一般要在1～3μm。为了使微晶硅电池能在太阳电池大规模生产中得到应用，高速沉积是必不可少的。由于氢稀释是沉积微晶硅的必要条件，而氢稀释的增加降低沉积速度，因此微晶硅的高速沉积比非晶硅更为困难。就射频（RF）等离子体而言，为了提高沉积速率，人们通常需要增加射频功率。而增加功率的副作用是增加了带电离子对生长表面的轰击。如前所述，超高频等离子体中离子的能量比相同激发功率时射频等离子体中离子能量低，因此超高频等离子体是高速沉积微晶硅的有效手段。除此之外，高压耗尽（high pressure depletion）型等离子体是高速沉积微晶硅的另一重要手段[115,116]。高压耗尽型等离子体是一种特指的等离子体，其沉积条件是高功率和高压力（5～10Torr）。在此种条件下生长速率随功率没有明显的增加，大部分反应气体都被离化，所以此时的等离子体叫耗尽型等离子体。其原理是在高压的情况下气体的平均自由程较低，离子和粒子间的相互碰撞导致到达沉积表面的离子能量降低，对沉积表面的轰击较轻；另外在耗尽型等离子体中硅烷的分解较为彻底，同时产生大量的原子氢。在这种条件下形成微晶硅所需的氢稀释度相对较低。为了达到耗尽型等离子体和高速沉积，高功率是必要的条件。图 5.25 所示是沉积速率和所沉积的材料中 Raman 晶相比与反应室压力的关系[80]。从图中可以看出，在低压力条件下，沉积速率随压力的增加而增加，这是由于中性粒子以及带电离子和硅烷分子间的碰撞概率增加，尽而增加硅烷的分解率。沉积速率在 4Torr 时到达最大。继续增加压力，生长速率开始降低，这是由于在高压力条件下电子的温度降低，因此降低了硅烷分子的分解率。晶化率随压力的降低是由于到达沉积表面的原子氢的密度降低。原子氢在流向衬底的过程中与众多硅烷分子发生反应（$H+SiH_4 \longrightarrow H_2+SiH_3$），因此许多原子氢在达到衬底之前就损失掉了。在耗尽型等离子体中一方面硅烷分子的密度随压力的增加而降低，使得原子氢的损失率降低；另一方面硅烷的分解率增加同时增加了原子氢的产生率。综合两种因素，高压耗尽型等离子体是高速沉积微晶硅的另一重要手段。

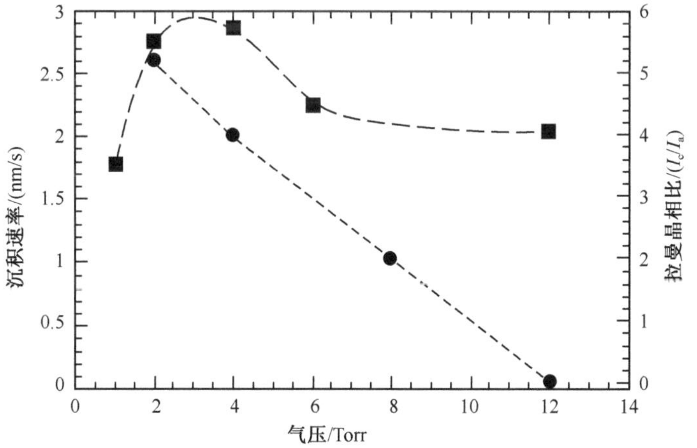

图 5.25　超高频（VHF）等离子体硅薄膜沉积速率（■）和晶相比（●）与沉积过程中反应室压力的关系[80]

将超高频和高压耗尽型等离子体结合起来是目前高速沉积微晶硅的重要方法。图 5.26 所示是射频和超高频激发条件下生长速率及晶化率和激发功率的关系。就射频等离子体而言，在低功率时生长速率随激发功率的增加迅速增加，而

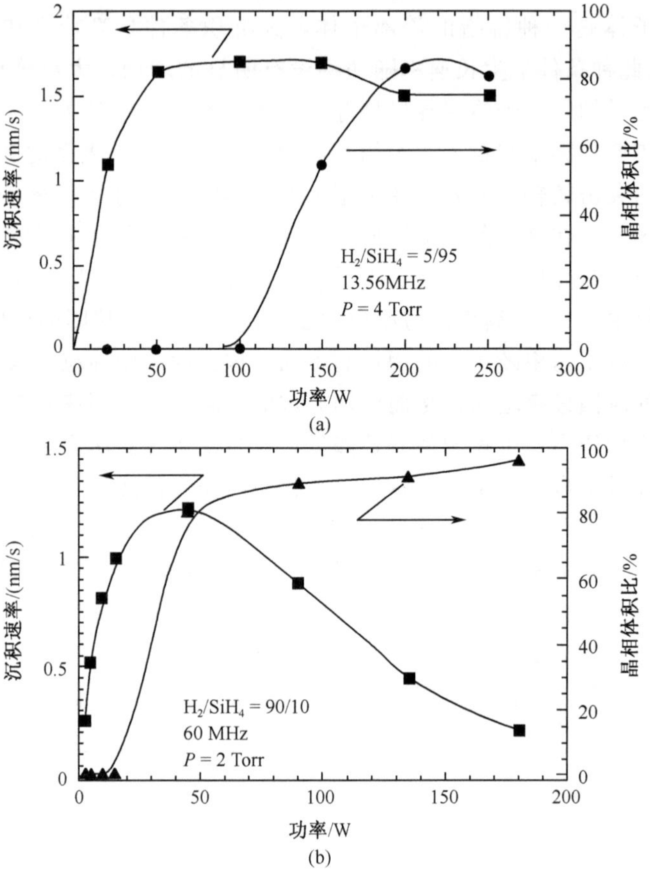

图 5.26　射频（RF）(a) 和超高频（VHF）等离子体沉积的硅薄膜沉积速度和晶相体积比与沉积过程中激发功率的关系 (b)[80]

后趋于饱和，标志着此时的等离子体到达了耗尽型。在激发功率大于一定的阈值（100W）时，材料中的晶化率开始增加，这是由于等离子体中的原子氢浓度增加的结果；与此同时生长速率有所降低，这是由于原子氢的刻蚀作用。激发功率的作用在超高频等离子体中表现的更加明显。首先在低功率条件下生长速率随功率迅速增加，而后随功率的增加明显降低，这表明到达沉积表面的氢原子随功率的增加明显增加。其次在较低的功率条件下材料中的晶化率随功率的增加迅速增加，尽而趋近饱和。由此表明耗尽型超高频等离子体是高速沉积微晶硅的有效手段。

即使是在耗尽型等离子体条件下，高速沉积的微晶硅中缺陷态的密度随沉积速率的增加而明显地增加，其主要原因是带电离子的轰击。为了降低带电离子的轰击，日本AIST研究室设计了三极等离子体系统，他们在衬底表面加入网状栅极，通过调节栅极的电压来控制到达衬底表面的离子能量，从而控制带电离子对生长表面的轰击。图5.27所示是三种条件下沉积的微晶硅中缺陷态密度与沉积速率的关系[80]。从图中可以看出在常规的射频等离子体沉积条件下（a），微晶硅材料中的缺陷态密度随沉积速率的增加而迅速增加；而在耗尽型射频等离子体条件下（b），缺陷态密度随生长速率的增加较缓；而在衬底前加入网状栅极控制离子的能量后（c），材料中的缺陷态密度随生长速率的增加明显放缓。通过以上实验，人们可以看出到达沉积表面的带电离子对沉积表面的轰击是产生缺陷态的重要因素。

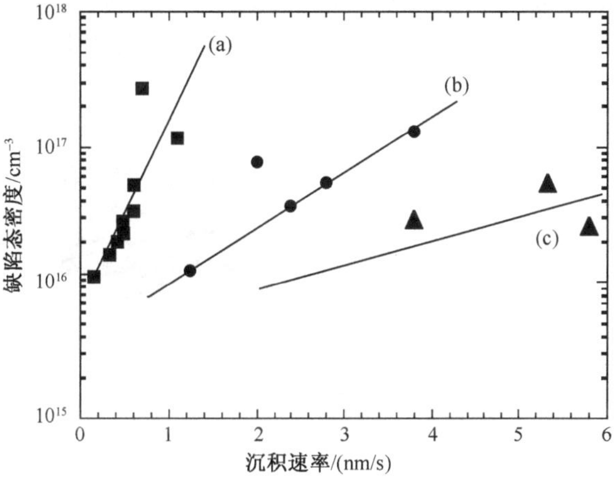

图5.27　不同条件下沉积的纳米硅中缺陷态密度与沉积速率的关系[80]

（a）常规射频等离子体；（b）耗尽型射频等离子体；（c）衬底前加入网状栅极控制离子的能量

在高压耗尽型等离子体沉积过程中，另一个重要的参数是阴极和衬底（阳极）间的距离。根据帕邢（Paschen）曲线，在给定的激发功率条件下，为了维持稳定的等离子体，增加压力需要降低阴极和衬底间的间距。另一个重要的因素是降低阴极和衬底间的距离等同于增加单位体积中激发功率（激发功率体密度），从而增加反应气体的分解率。在相同的激发功率条件下，阴极和衬底间较小间距易于达到耗尽型等离子体。小间距还有利于降低反应室中粉尘的形成。粉尘是由于带电离子间相互复合而形成，降低阴极和衬底间的距离可以降低离子间的相互碰撞的概率，从而降低形成大颗粒的概率。

近年来人们利用超高频和耗尽型等离子体相结合，在阴极和衬底间小间距的条件下，使微晶硅的沉积速率得到了显著地提高。荷兰Utrecht大学利用超高频等离子体在阴极和衬底间距为6mm的条件下沉积出微晶米硅电池[117]。在 5Å/s 的沉积速率时，他们取得了转换效率为 10% 的单结微晶硅电池；在 10Å/s 沉积速率条件下，他们取得了转换效率为 8% 的单结微晶米硅电池。日本大阪大学在 4mm 的阴极和衬底间距条件下，取得了 80Å/s 的微晶硅沉积速率[118]。

高压耗尽型等离子体需要较小的阴极和衬底间距，在这种条件下很难实现大面积沉积。首先较小的间距对衬底的平整度要求较高，其次容易形成局部高浓度等离子体。为了解决这两个问题，日本 AIST 开发设计了多孔阴极。通过在阴极表面加工出不同的小孔型状结构，使每一个小孔开口处都有一个局部强等离子体区[119~121]。图 5.28 所示是多孔阴极结构示意图。图 5.29 所示是在不同压力条件下 H_α 线发光谱分布图。从图中可以看出随着压力的增加高浓度等离子体区移动到小孔中。每个小孔中的强等离子体起到稳定等离子体并使等离子体分别均匀。利用多孔阴极结构，他们使微晶硅的沉积速率增加到 93Å/s。

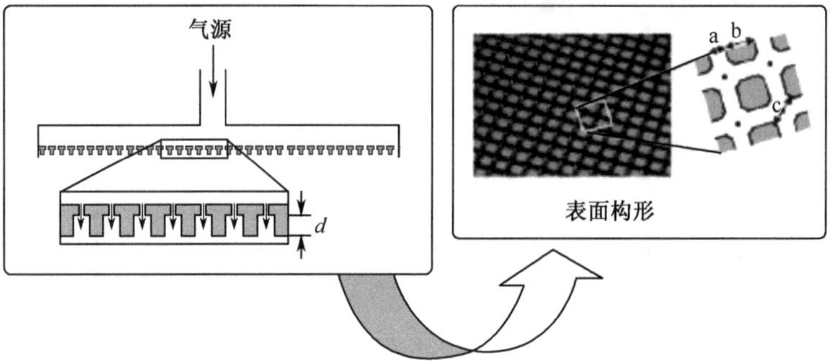

图 5.28　多孔阴极结构示意图[121]

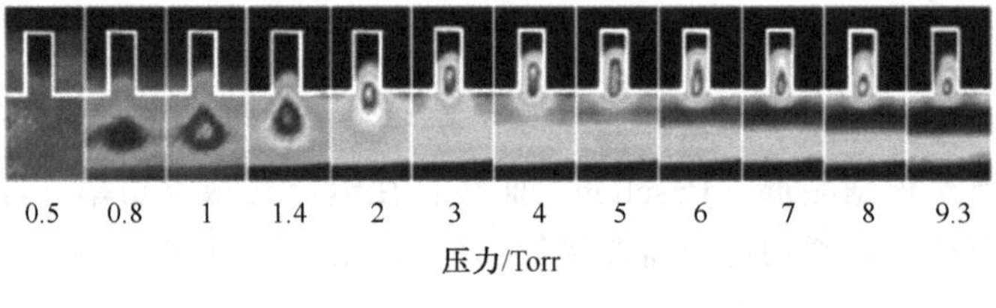

图 5.29　不同压力条件下 H_α 线发光谱分布[121]

5.3.1.8　其他沉积方法

除了以上介绍的沉积方法外，还有一些其他的沉积方法。由于种种原因这些方法还没有得到广泛的应用。比较传统的沉积方法有反应溅射（reactive sputtering）[122,123]，利用氢气和氩气混合气体进行直流或射频等离子体溅射，将硅靶中的材料沉积到衬底上，形成非晶硅或微晶硅。其次是电子束蒸发（e-beam evaporation)[124,125]，由于电子束蒸发过程中没有氢气，所以沉积的材料要进行氢化处理来降低材料中的缺陷态密度。再有就是电子回旋共振（electron cyclotron resonance，ECR）等离子体[126,127]，ECR 与微波等离子体相似，也是在低压（mTorr）条件下用微波作为激发源，所不同的是 ECR 用磁场来控制等离子体的范围。

值得一提的还有两种新的沉积技术。其一是荷兰 Eindhoven 大学开发研究的热膨胀等离子体沉积法[128,129]。图 5.30 所示是热膨胀等离子体沉积设备示意图，此系统的特点是等离子体产生区和薄膜沉积区是分离的。等离子体是通过多极弧光（cascaded arc）放电产生，高压等离子体通过喷口（nozzle）喷射到沉积室。这种沉积技术在高速沉积非晶硅和微晶硅方面取得了良好的结果。瞬态测量发现热膨胀等离子体高速沉积的非晶硅具有相对高的空穴迁移率-寿命积（$\mu\tau$）[130]，空穴迁移率-寿命积是影响非晶硅太阳电池性能的重要参数。进一步研究发现，热膨胀等离子体在高速沉积微晶硅方面也显示出明显的优势。由此可见热膨胀等离子体在高速沉积硅薄膜电池方面具有一定的应用前景。

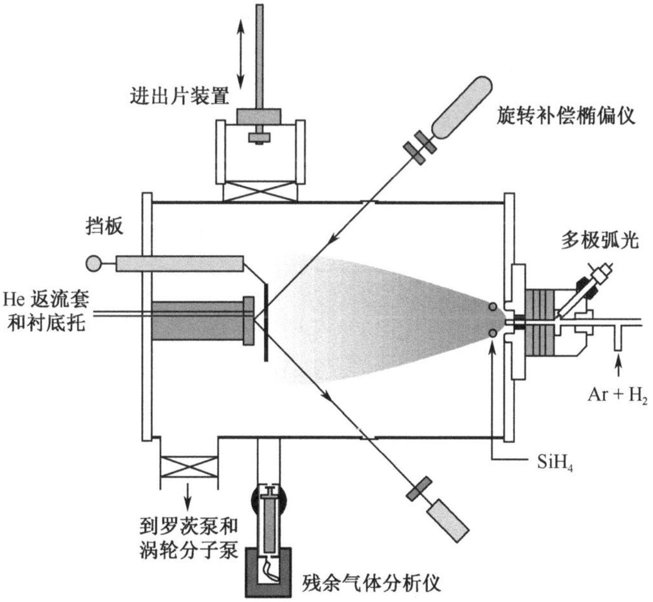

图 5.30　热膨胀等离子体沉积设备示意图[129]

其二是常压等离子体气相沉积法。最近日本大板大学报道了改进的常压等离子体沉积系统[131,132]。利用这种方法，他们成功地实现了非晶硅和微晶硅的高速沉积以及单晶硅外延，其微晶硅的沉积速率高达 21.7nm/s。

5.3.2 硅基薄膜材料制备过程中的反应动力学

5.3.2.1 硅基薄膜沉积的气相化学反应

本征非晶硅的沉积通常是用硅烷（SiH_4）或乙硅烷（Si_2H_6）。由于等离子体中存在各种离子，气相化学反应过程是一个相当复杂的过程。人们对这一过程的理解还比较有限。就硅烷分解为例，其分解过程是多种多样的。图 5.31 所示是硅烷在等离子体中分解所产生的粒子和离子，以及产生各种粒子和离子所需的能量[133]。下面列出一些可能的一级化学反应过程以及所需的能量：

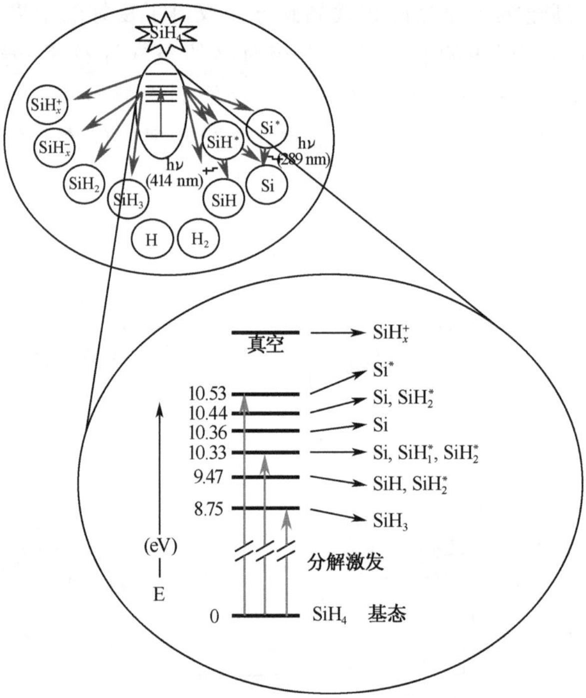

图 5.31 硅烷等离子体中分解所产生的粒子和离子，以及产生各种粒子和离子所需的能量[133]

$$SiH_4 + e^-(8.75eV) \longrightarrow SiH_3 + H + e^-$$

$$SiH_4 + e^-(9.47eV) \longrightarrow SiH^* + H_2 + H + e^- \text{ 或 } SiH_2 + H_2 + e^-$$

$$SiH_4 + e^-(\sim 10eV) \longrightarrow SiH_x^- + (4-x)H$$

$$SiH_4 + e^-(10.33eV) \longrightarrow SiH^* + H_2 + H + e^- \text{ 或 } Si + 2H_2 + e^-$$

$$SiH_4 + e^-(10.53eV) \longrightarrow Si^* + 2H_2 + e^-$$

$$SiH_4 + e^-(>13.6eV) \longrightarrow SiH_x^+ + (4-x)H + 2e^-$$

其中，SiH_x^+ 是带正电的离子；SiH^* 和 Si^* 是处于激发态的粒子，它们通过释放光子能量回到基态：

$$SiH^* \longrightarrow SiH + h\nu \ (414nm)$$
$$Si^* \longrightarrow Si + h\nu \ (288nm)$$

通过测量等离子体的发光光谱（OES）可以研究等离子体的特性。由于将硅烷分解成不同的粒子和离子需要不同的能量，而且各种粒子和离子的寿命不同，所以等离子体中各种粒子和离子的浓度不同。表 5.5 列出了在常规硅烷等离子体中各种粒子和离子的浓度。从表中可以看出等离子体中主要的成分是 SiH_3。

表 5.5　常规硅烷等离子体中各种粒子和离子的浓度[133]

基团和离子	探测方法	浓度/cm^{-3}
SiH_x^+,H^+	质谱仪	$10^8 \sim 10^9$
Si^*,SiH^*	发光亮度测量	10^5
Si	激光诱导荧光测定术	$10^8 \sim 10^9$
SiH	激光诱导荧光测定术	$10^8 \sim 10^9$
SiH_2	内腔激光吸收	10^9
SiH_3	红外激光吸收	10^{12}

在通常情况下中性 SiH_3 粒子被认为是生长高质量非晶硅的前驱物。原子氢在非晶硅的沉积过程中也有很重要的作用。首先在沉积过程中硅表面的化学键需要氢来饱和。其次原子氢还有刻蚀的作用。在沉积过程中氢原子刻蚀那些结构松散的部分，使沉积的材料结构密集，降低微空洞的密度，从而得到高质量的材料。在沉积微晶硅的过程中，原子氢的作用尤为重要。与中性粒子相比，带电离子虽然浓度很低，但是在材料的沉积过程中也有不可忽视的作用。其负面作用是带正电的离子扩散出等离子区，进入暗区，在电场的加速下得到能量。这些具有一定能量的离子一方面对生长表面产生轰击作用，导致生长的材料有高浓度的缺陷态；另一方面，带电离子对沉积表面的轰击也有正面作用，带电离子的轰击有助于粒子在生长表面的扩散系数，使粒子容易找到低能量的区域，从而改进材料的质量。薄膜的表面生长是一个非常复杂的过程。一个简单的图像可以理解为许多中性粒子和带电离子在变成固体薄膜之前要在生长表面移动从而找到能量较低的位置。带电离子的轰击一方面可以将能量传递给其他粒子，另一方面可以使生长表面局部温度升高，从而提高粒子和离子的表面扩散系数。这一作用在高速沉积过程中尤为重要。所以适当控制高能量带电离子的轰击是优化高速沉积薄膜硅材料的重要手段。由于等离子体为正电势，带负电的离子被束缚在等离子体内。这些被束缚在等离子体内的负电离子与中性粒子相互结合形成大颗粒，又会对沉积材料的质量造成负面影响。

除了一级化学反应过程外，还有一些二级或高级化学反应过程：

$$SiH_x^+ + SiH_4 \longrightarrow SiH_x + SiH_4^+$$

$$SiH_2^+ + SiH_4 \longrightarrow SiH_3^+ + SiH_3$$

$$SiH + SiH_4 \longrightarrow Si_2H_5$$

$$Si + SiH_4 \longrightarrow SiH_3 + SiH$$

$$SiH_2 + H_2 \longrightarrow SiH_4$$

$$SiH_2 + SiH_4 \longrightarrow Si_2H_6$$

$$SiH_3 + SiH_4 \longrightarrow SiH_4 + SiH_3$$

$$H + SiH_4 \longrightarrow H_2 + SiH_3$$

一般认为 SiH_2 对材料的稳定性有不利的影响。SiH_2 的产生需要高能量的电子，所以高功率条件下沉积的材料一般稳定性都不好。二级或高级化学反应过程中易于产生高硅烷或大质量颗粒，高硅烷对材料的质量和稳定性也有负面的影响。高硅烷导致材料中含有 Si—H_2 和多氢集团，使材料在光照条件下容易产生缺陷态。大质量颗粒一方面导致材料中含有微空洞和高缺陷态密度，另一方面导致反应室内粉尘的累积，增加反应系统的维护费用。所以反应腔室内产生的无论是 SiH_2 还是高硅烷，都对材料的质量产生负面影响。在材料的优化过程中要考虑这两方面的影响。

5.3.2.2 硅基薄膜沉积过程的气相化学反应的测量

从上面的讨论可以看出气相化学反应对材料的特性有着非常重要的影响，所以气相反应的测量对等离子体的理解和材料的优化是非常重要的。常用的方法有等离子体发光光谱（OES）、等离子体吸收光谱、激光散射、尾气质谱分析等。图 5.32 所示是装有不同等离子体分析系统的反应装置示意图[133]，其中有等离子体发光光谱测量仪，质量分析仪和电压-电流测试仪。对于测量等离子体的发光光谱，通常是在反应室的壁上安装光学窗口，用光纤将等离子体发出的光输入到光谱仪中进行分析。不同的气相反应条件下，各种发光谱线的强度不同。如前所述，硅烷等离子体中 $SiH^* \longrightarrow SiH + h\nu$（414nm）和 $Si^* \longrightarrow Si + h\nu$（288nm）。由于产生 SiH 和 Si 所需的能量不同，所以通过测量 Si 和 SiH 发光谱线的相对强度可以得到等离子体中电子能量分布的信息[115,134]。等离子体发光光谱近年来被广泛应用在微晶硅的优化过程中。图 5.33 所示是制备微晶硅所用的纯硅烷（图(a)）和氢稀释硅烷（图（b)）等离子体发光光谱[134,135]。

质量分析仪是另外一个研究等离子体特性的有效手段。通常测量等离子体中质量电荷比为 90 和质量电荷比为 30 的相对比值，人们可以研究等离子体中高硅烷相对应的粒子（higher silane related reactive species，HSRS）浓度[133]。由于高硅烷对材料的质量和稳定性有负面的影响，因此有效的测量和控制高硅烷的浓

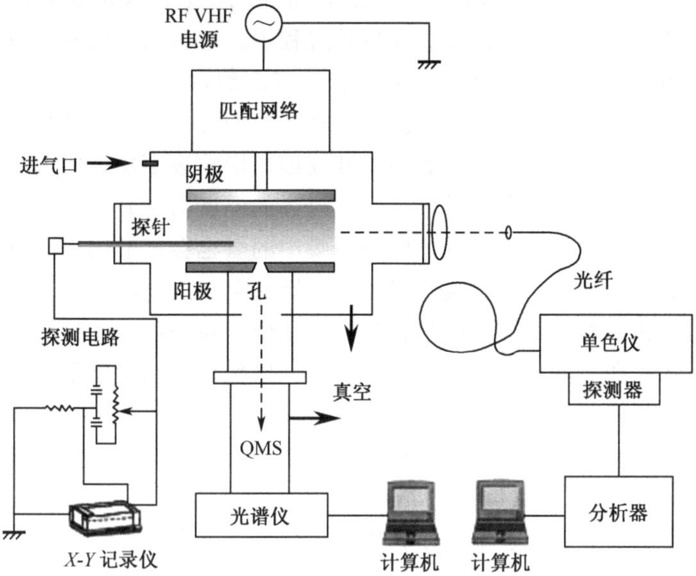

图 5.32 装有不同等离子体分析系统的反应装置示意图[133]

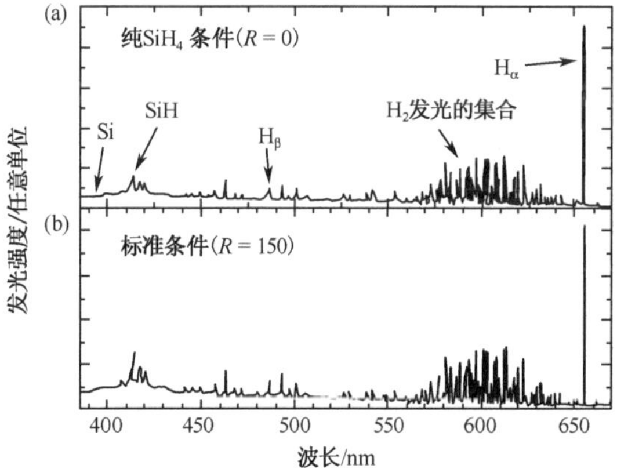

图 5.33 纯硅烷（a）和氢稀释硅烷（b）等离子体发光光谱[134]

度对提高材料的质量是至关重要的。测量等离子体特性的方法还有很多，在此不作详细介绍。

5.3.2.3 硅基薄膜沉积的表面化学反应

表面化学反应是非晶硅沉积过程中的一个重要部分。从等离子体中出来的中性粒子和带电离子到达生长表面后，部分与表面的化学键结合形成固体材料，部分从表面返回到气体中。图 5.34 所示是非晶硅沉积表面反应示意图[136~138]，其中包括多种可能的表面反应过程。在生长过程中，硅材料表面的硅原子大部分被氢原子所饱和，而部分表面硅原子形成悬挂键。到达表面的中性粒子（以 SiH_3 为例）和带电的离子在生长表面作扩散运动。它们可以与表面悬挂键成键，另外它们可以除掉表面的氢原子而与表面的硅成键。影响表面反应的主要因素是衬底的温度。为了增加粒子的表面扩散系数，衬底的温度需要升高。而过高的衬底温度会使生长表面氢的覆盖度降低，同时薄膜中的氢也会扩散出来。所以过高的衬底温度下生长的非晶硅中氢含量相对较低，因此存在过高的缺陷态。相反在低温下，虽然非晶硅中含有足够高的氢含量，但是由于粒子的表面扩散系数太低，材料中的无序度太高，并且缺陷态也会升高。所以优化衬底温度是优化非晶硅材料质量的一个重要环节。一般情况下，根据其他沉积参数，非晶硅的衬底温度在 150～350℃。在低速沉积过程，优化的衬底温度可以相对低一些。例如，在小于 1Å/s 沉积速度下，衬底温度可以小于 200℃。在高速沉积条件下，到达沉积表面的粒子需要更快的表面扩散速度，因此优化的衬底温度相对较高。例如，在大于 10Å/s 沉积速度下，衬底温度需要大于 300℃。另外，生长表面氢覆盖率与反应室中氢稀释度有关。高氢稀释度条件下，生长表面氢覆盖率相对较高，所以衬底温度可以相对较低。

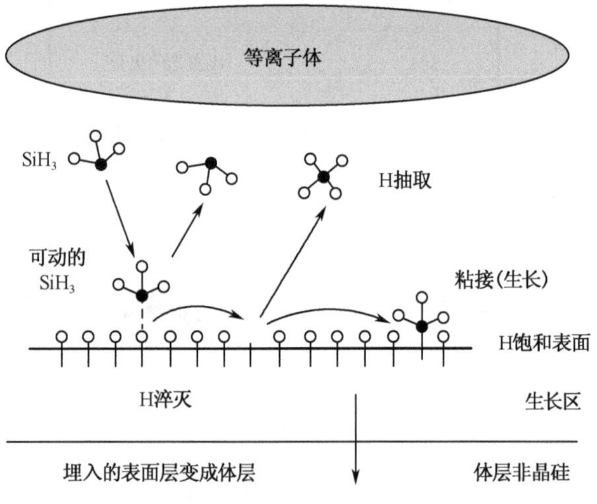

图 5.34 非晶硅沉积表面反应示意图[138]

非晶硅中的氢含量与衬底温度有直接的关系，在一定的条件下，氢含量随着衬底温度的增加而减少。由于氢含量直接影响非晶硅的禁带宽度，所以通过优化衬底温度可以调整材料的禁带宽度。衬底温度对于非晶锗硅合金材料的影响更为明显。由于 GeH_3 比 SiH_3 重，在生长表面的扩散系数小，所以非晶锗硅材料的沉积温度通常要比非晶硅要高。另外，Ge—H 的键能比 Si—H 的键能低，所以非晶锗硅中缺陷态密度比较高。降低非晶锗硅合金材料中缺陷态密度是提高非晶硅基多结太阳电池效率的重要环节。

5.3.3　硅基薄膜材料的优化

硅基薄膜材料的质量和特性依赖于制备条件，所以沉积条件的优化是提高硅基薄膜太阳电池效率的主要手段。然而各种气相沉积过程中包含许多参数，如反应室气体压力、辉光功率、衬底温度和气体流量等。这些参数相互影响，而且每个反应系统的结构都不一样，在特定的条件下从特定系统中得到的一组优化参数不一定适用于其他系统，所以硅基薄膜制备条件的优化经过了近 30 年的研究后仍然还有许多改进的地方。在此我们只是总结一下对于每一个参数优化的基本指导思想。

5.3.3.1　非晶硅基薄膜沉积参数的优化

(1) 我们讨论衬底温度。如上所述，在辉光等离子体或其他的沉积方法中衬底温度是决定非晶硅薄膜质量的重要参数。衬底温度的高低可从两方面来考虑。一方面升高衬底温度有助于增加到达衬底表面的粒子和离子在生长表面的扩散系数，使粒子和离子在生长表面可以扩散足够的距离，从而找到能量较低的位置。从这一角度来讲，升高衬底温度有助于提高材料的质量，即降低缺陷态和微空洞的密度。另一方面，过高的衬底温度会使非晶硅中的氢含量降低，从而使材料中缺陷态的密度升高。这两个相反的效应使得非晶硅的沉积有一个最佳的衬底温度，通常这个最佳温度在 200～300℃。最佳衬底温度还取决于其他参数，首先最佳衬底温度与沉积速率有关，高速沉积需要较高的衬底温度。在高速沉积过程中，在生长表面的粒子和离子需要有较大的表面扩散速度使其能在较短的时间内找到能量较低的位置。其次在较高的氢稀释条件下，大量的氢原子覆盖在生长表面，他们可以有效地增加粒子和离子的表面扩散系数，在此条件下最佳衬底温度可以相对较低。图 5.35 给出了非晶硅中缺陷态密度和衬底温度的关系。从图中可以看出，在特定的条件下，衬底温度为 250℃时沉积的材料具有较低的缺陷态密度[133]。

非晶锗及非晶锗硅的最佳衬底温度要比非晶硅高，其原因是锗氢粒子（如 GeH_3）比相应的硅氢粒子（如 SiH_3）重。特别是在高速锗硅合金的沉积过程中衬底温度的优化尤为重要，较重的锗氢粒子和高速沉积都需要较高的衬底温度。而锗氢键又比硅氢键弱，过高的衬底温度会使得材料中存在很高的锗悬挂键。由于这个原因，非晶锗硅合金中缺陷态密度比非晶硅中高，而且随着锗含量的增加而增加。同时材料中氢含量也相应地降低。

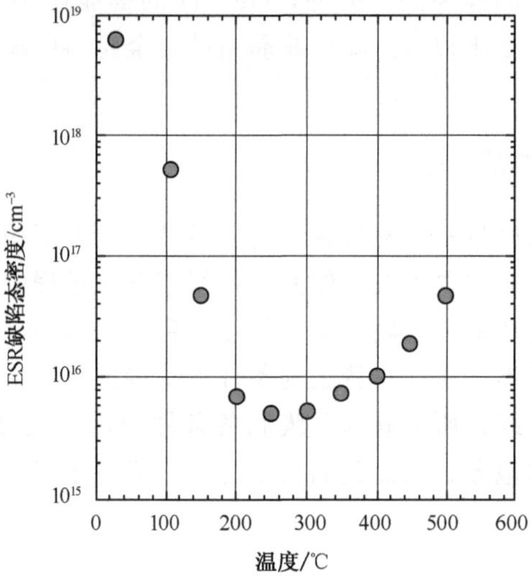

图 5.35　非晶硅中缺陷态密度和衬底温度的关系[133]

(2) 我们讨论反应室的压力。不同的沉积方法中最佳反应室的压力相差很大。比如利用常规射频辉光等离子体沉积非晶硅和非晶锗硅合金，其最佳压力在1Torr左右。而最近的研究表明，微晶硅沉积的最佳压力相对较高，可以在5～10Torr。而热丝化学气相沉积法的最佳压力在几个毫乇到几十毫乇范围内，微波等离子体沉积和电子共振等离子体沉积也都只需要毫乇的压力。

由于目前在非晶硅基薄膜电池沉积过程中普遍应用的方法是射频和超高频辉光等离子体，而这两种方法本质上是相同的，所以我们主要讨论在辉光等离子体沉积过程中的最佳压力。压力的高低对材料的质量有以下几方面的影响。压力的选择要考虑等离子体的稳定。根据帕邢曲线能够保持稳定等离子体的最低功率与反应室中的压力和阴极与衬底间距的乘积有关。通常条件下较小的阴极与衬底间距需要较高的压力，而较大的阴极与衬底间距需要较低的压力。另一决定最佳压力的因素是氢稀释的程度。纯硅烷等离子体需要较低的压力，而高氢稀释的硅烷等离子体需要较高的压力。一个简单的指导思想是在增加氢稀释的同时保持反应腔室内硅烷的分压不变。对于氢稀释对材料特性的影响将在5.4节中介绍。

(3) 等离子体激发功率是决定硅基薄膜材料特性的另一重要参数。首先为了维持稳定的等离子体一定的激发功率是必不可少的。其次为了提高沉积速率，通常情况下高功率也是必需的。然而高功率引起许多不利于材料质量的副作用。如前所述，随着激发功率的增加，等离子体中电子的浓度增加。但是，相应的高能量使电子的能量增加，引起许多不利于材料质量的化学反应，产生一些除了SiH_3以外的粒子，如SiH和SiH_2等。高能量电子还激发那些产生带电离子的反应。首先带电离子间的相互吸附是产生大颗粒的原因。在通常的条件下，高功率等离子体易于产生粉尘。带正电的离子对沉积表面有轰击作用，对沉积表面产生破坏，进而增加材料中的缺陷态，降低材料的质量。因此在满足沉积速率的情况下，应当选用尽量低的激发功率。

5.3.3.2　氢稀释的作用以及对薄膜硅材料微结构的影响

氢稀释在非晶硅、非晶锗硅和微晶硅的沉积和优化过程中起到重要的作用。早在 1981 年，S. Guha 和他的同事们发现在氢稀释条件下制备的非晶硅具有较低的光诱导缺陷态密度[8]。随后氢稀释在提高非晶硅[139~141]、非晶锗硅[142,143]和非晶碳化硅[144]的质量方面得到了广泛的应用，并被证明是提高材料性能的有效方法。特别是在微晶硅的沉积过程中氢稀释是不可缺少的沉积条件。由于氢稀释在高质量薄膜硅基材料中的重要作用，我们在此花一定的篇幅对氢稀释对材料性质的影响作一详细的介绍。

我们介绍氢稀释对非晶硅材料特性的影响。随着氢稀释度的提高，非晶硅材料的结构发生变化。在氢稀释到达一定程度时，非晶硅中会含有一定的微结构，或叫中程有序结构（medium range order），链状结构（chain-like structure）。D. Tsu 和他的同事们对含有微结构的非晶硅进行了深入地研究 [145,146]。通过透射电镜（TEM），他们观测到在高氢稀释条件下制备的非晶硅材料中含有纳米大小的结构（见图 5.36[146]）。通过电子散射图，这些微结构被确认为由不同晶相组成的晶粒。具有微结构的非晶硅表现出许多独特的性能。在红外（IR）吸收谱中[147]，单氢摇摆模型（wag mode）在低氢稀释的材料中位于 635cm^{-1}，随氢稀释的增加，吸收峰移到 620cm^{-1}，对应于单晶硅（100）或（111）表面氢的摇摆模型。因此红外吸收峰的移动表明在高氢稀释条件下制备的材料中含微晶粒结构。在拉曼谱中[145~147]，在非晶硅中含有少量的微晶结构，通常是观测不到晶体硅的拉曼峰（520cm^{-1}），而是观察到 480cm^{-1}非晶峰向高能方向的移动。通过光谱分解可以发现在 490～500cm^{-1}有一个附加峰，这个附加峰被认为是由纳米微结构所致。虽然在通常的拉曼谱中很难看到晶体拉曼峰，但通过微区拉曼（micro-拉曼）扫描，当激光光束正好打到晶粒区，明显的晶体拉曼峰会被观察到[148]。在高氢稀释条件下制备的非晶硅在氢释放谱中也存在一个显著的特征[149]。在低氢稀释条件下制备的非晶硅通常具有一个很宽的氢释放峰，其峰值在 500℃左右；而在高氢稀释条件下制备的非晶硅在较低的温度下（400℃）具有一个明显的氢释放峰。这个低温氢释放峰可能是由于在微晶晶粒周围的氢释放所致。如果在高氢稀释条件下制备的非晶硅中大部分的氢聚集在微晶晶粒的周围，那么在其非晶区域内相应的氢含量会较低。研究发现在一定条件下，热丝 CVD 制备的材料中氢的含量比通常的等离子体辉光制备的材料中氢含量低。同

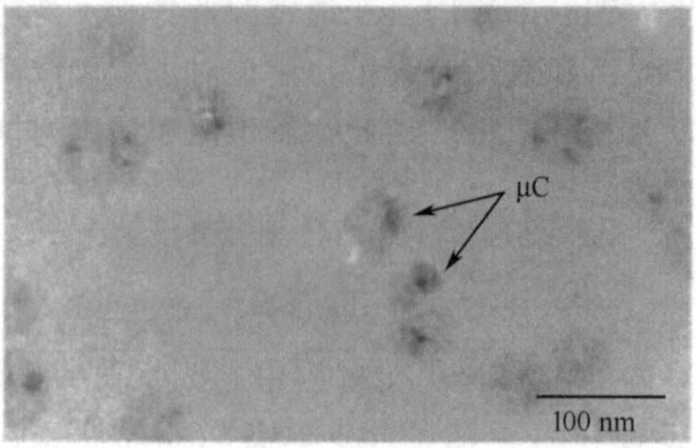

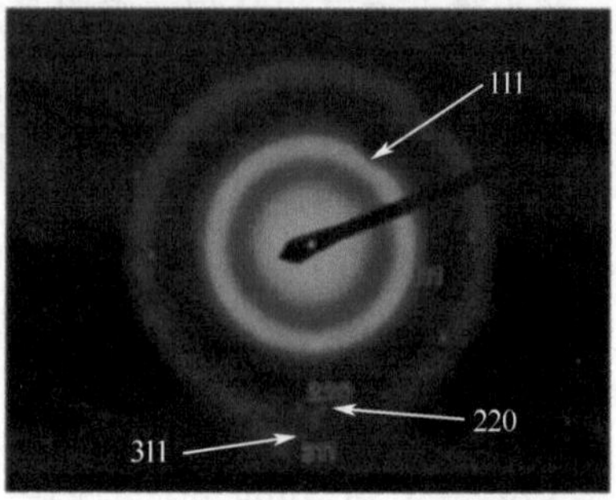

图 5.36 含有微结构的非晶硅平面 TEM 结构图（a）和含有微结构的非晶硅选择区域背向散射电子影像图（b）

（a）发暗的区域为微晶晶粒结构。（b）圆环代表非晶结构，明显的散射斑是来自不同晶向的微晶晶粒结构[146]

时热丝 CVD 法制备的氢含量低的材料表现出相对低的光诱导缺陷，所以在高氢稀释条件下制备的非晶硅中，由于大部分氢可能分布在微晶粒周围，而真正的非晶区的氢含量较低，所以稳定性较好。

光诱导发光谱（PL）在研究非晶硅材料的结构和电子特性方面得到了广泛的应用。G. Yue 和他的合作者发现，通常的 1.2～1.3eV 的发光峰移到 1.4eV，并且其发光峰的宽度也相应变窄[150]。一般认为这个发光峰是由于导带尾态和价带尾态间的复合所至，所以发光峰的蓝移预示着尾态宽度变窄。太阳电池的研究发现在高氢稀释条件下制备的非晶硅电池的开路电压较高。根据E. A. Schiff的理论和模拟计算，在相同的禁带宽度条件下非晶硅电池的开路电压由价带尾态的宽度决定[151,152]，因此我们可以肯定氢稀释条件下制备的非晶硅的尾态宽度较窄。

在过去的 10 年中，氢稀释对非晶硅和非晶锗硅太阳电池特性的影响得到了广泛的研究。表 5.6 列出了在高氢稀释和低氢稀释条件下制备的非晶硅和非晶锗硅太阳电池的特性参数。从这些数据中可以看出，在高氢稀释条件下制备的电池不仅初始效率高，而且稳定性也较高。

表 5.6 在高、低氢稀释条件下制备的非晶硅和非晶锗硅太阳电池的 *J-V* 特性参数的比较[153]

材料类型	T_s	H 稀释率	状态	J /(mA/cm²)	V_{oc} /V	FF	P_{max} /(mW/cm²)
a-Si∶H	300℃	低	初始值	12.3	0.94	0.65	7.5
			稳定值	11.6	0.91	0.55	5.8
a-Si∶H	300℃	高	初始值	11.6	0.96	0.68	7.6
			稳定值	11.2	0.94	0.61	6.4
a-Si∶H	175℃	低	初始值	11.4	0.96	0.64	7.0
			稳定值	9.5	0.91	0.46	4.0

续表

材料类型	T_s	H 稀释率	状态	J /(mA/cm²)	V_{oc} /V	FF	P_{max} /(mW/cm²)
a-Si：H	175℃	高	初始值	10.9	1.00	0.69	7.5
			稳定值	10.5	0.97	0.60	6.1
a-SiGe：H	300℃	低	初始值	17.6	0.92	0.55	7.1
			稳定值	14.9	0.64	0.41	3.9
a-SiGe：H	300℃	高	初始值	18.0	0.74	0.59	8.1
			稳定值	16.3	0.69	0.45	5.1

当氢稀释增加到一定的程度，材料中晶粒的含量增加到一定的程度时，相应的太阳电池的特性发生急剧的变化。图 5.37 所示是非晶硅太阳电池的开路电压和氢稀释度（H_2/SiH_4）的关系。其中 R 是制备非晶硅电池的最佳氢稀释度。图中给出了三组数据。在氢稀释度小于 R 时，电池的开路电压随氢稀释度的增加而有微小的增压。这是由于材料的禁带宽度增加、尾态宽度变窄，以及缺陷态密度降低的结果。当氢稀释度超过一定的阈值，电池的开路电压随氢稀释度的增加而急剧下降，并且其开路电压的大小有较宽的分布。简单的理解是，在一定的氢稀释条件下，材料中的微晶晶粒达到一定的阈值，从而形成纵向的微晶连续结构，电子可以通过连续的晶相流过整个电池。由于晶相的禁带较窄，所以电池的开路电压急剧下降。当材料中的晶相成分达到一定的程度，电池的开路电压由微晶晶相所决定，此时的电池叫微晶硅电池。在从非晶到微晶的相变过程中，电池的开路电压介于非晶和微晶硅电池的开路电压之间。并且在同一衬底上开路电压值的分布很宽，这是由于在过渡区材料的特性对等离子体的特性非常敏感。另外从非晶到微晶硅的转变还与样品的厚度有关。由于微晶晶粒的浓度（即材料中的结晶度）随材料的厚度而增加，所以具有较厚的本征层的电池需要较低的氢稀释度来达到从非晶到微晶的过渡。图 5.38 所示是过渡区条件下制备的太阳电池的开路电压与厚度的关系，这种电池表现出许多有趣的特性，如光诱导的开路电压的增压[154,155]。

对于非晶硅和非晶锗硅电池而言，在氢稀释达到从非晶到微晶硅的相变之前，材料的性能最好。表 5.7 列出在不同氢稀释条件下沉积的非晶硅单结电池的特性参数。其电池结构是沉积在不锈钢衬底上 n-i-p 结构。从表中可以看出最佳的氢稀释是在向微晶硅过渡之前。在此条件下电池的开路电压和填充因子都有明显的改进。然而当氢稀释超过一定的程度时，材料中微晶晶粒导致开路电压和填充因子明显降低，这是由于大部分材料仍然处于非晶结构，小部分的微晶硅形成的局部电流通道，相应地降低了电池的并联电阻，从而降低器件的开路电压和填充因子。

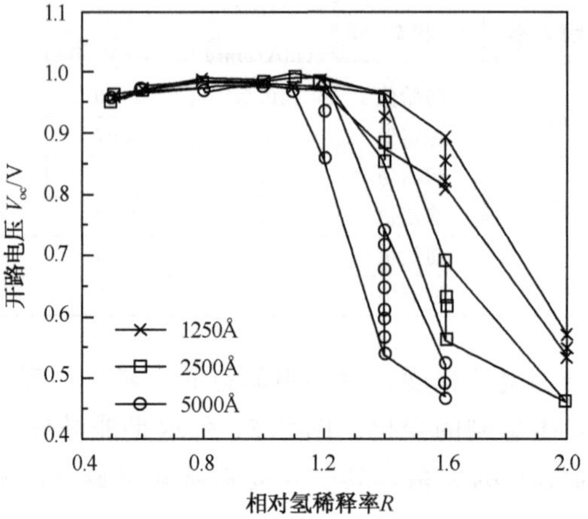

图 5.37 非晶硅太阳电池的开路电压和氢稀释度的关系[153]

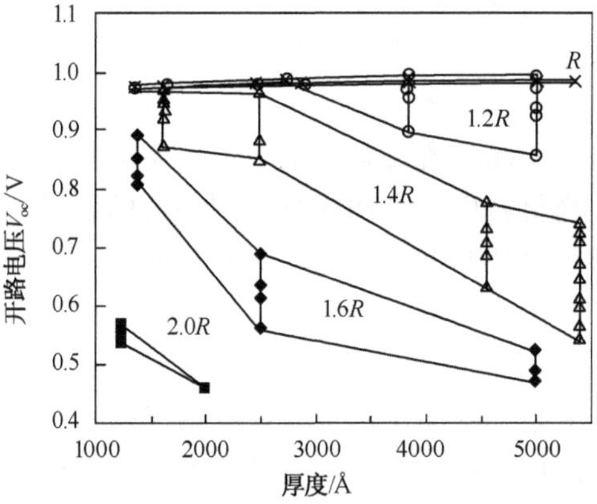

图 5.38 在过渡区沉积的混合相硅薄膜电池的开路电压和厚度的关系[153]

表 5.7 不同氢稀释条件下沉积的硅薄膜电池的特性参数[153]

H 稀释率	J_{sc}/(mA/cm²)	V_{oc}/V	FF	P_{max}/(mW/cm²)
接近最佳条件	10.04	1.018	0.732	7.48
优化条件	9.88	1.028	0.761	7.73
混合相	9.82	0.624	0.426	2.61
μc-Si:H	8.95	0.459	0.562	2.31

优化的氢稀释条件也适用于非晶锗硅合金电池。表 5.8 所列出的是非晶锗硅合金太阳电池的特性参数。其中第一组是沉积在不锈钢衬底上的电池，这种电池

被用作三结电池的中间电池，表中的参数是用 AM1.5 光源并用 530nm 长通滤光片所测量。而表中的第二组数据是沉积在镀有银/氧化锌（Ag/ZnO）背反射膜的不锈钢衬底上的窄带隙非晶锗硅电池，而测量是通过 630nm 的长通滤光片，此种电池是用作三结叠层电池的底电池。从这两种非晶锗硅电池的特性参数可以看出，优化的氢稀释条件下沉积的电池在性能上具有明显的提高。当氢稀释超过优化值时，电池的性能随氢稀释度的增加而明显变坏，此种情况与非晶硅相似。

表 5.8　不同氢稀释条件下沉积的锗硅合金薄膜电池的特性参数[153]

类型	H 稀释率	J_{sc}/(mA/cm^2)	V_{oc}/V	FF	P_{max}/(mW/cm^2)
a-SiGe：H（中间电池）	接近最佳条件	10.70	0.738	0.596	4.71
	优化条件	10.60	0.756	0.654	5.24
	混合相	10.64	0.617	0.607	4.00
	μc-SiGe：H	10.94	0.447	0.439	2.15
a-SiGe：H（底电池）	接近最佳条件	10.81	0.656	0.555	3.94
	优化条件	10.78	0.654	0.639	4.54
	混合相	11.35	0.494	0.453	2.54
	μc-SiGe:H	11.64	0.356	0.427	1.77

综上所述，氢稀释在非晶硅和非晶锗硅合金的优化过程中起到重要的作用。氢稀释度在到达从非晶到微晶的转变之前所沉积的非晶材料中含有一定量的纳米晶粒结构，或叫中程有序结构。利用这种材料制备的非晶硅和非晶锗硅薄膜电池不仅具有较高的初始效率，而且电池的稳定性也得到了改进。

5.3.3.3　氢稀释与从非晶硅到微晶硅相变的关系

从含有孤立纳晶结构的非晶硅近一步增加氢稀释度，所沉积的材料叫微晶硅。图 5.39 所示是在不同氢稀释度条件下沉积的薄膜硅的 X 射线衍射图[74,156,157]。从图中可以看出，在硅烷含量小于 8.6%时，材料中没有晶化的特征；当硅烷浓度为 7.5%时，在（220）衍射峰处出现晶化的迹象；随着氢稀释度的增加（硅烷含量的降低），材料中（111）、(220) 和（311）三个衍射峰明显增强，说明材料中晶相成分的增加。通过分析衍射峰的宽度，人们发现随着氢稀释度的增加，材料中晶粒的大小随之增加。进一步与拉曼相结合，人们发现材料中的晶相体积比也相应增加。根据这一结果，人们提出了氢稀释与非晶硅到微晶硅的相变模型。图 5.40 所示为氢稀释度与晶相结构的关系模型。在氢稀释度较低时，材料中只含有孤立的小晶粒，这时的材料基本上呈现非晶的特征，但是材料的性能具有明显的改进，如稳定性得到提高。增加氢稀释度材料中的晶相比和晶粒的尺寸都会随之增加。在氢稀释度到达一定程度时，锥形结构的微晶硅形成。过高的氢稀释条件时，材料中形成较大的柱型晶相结构。

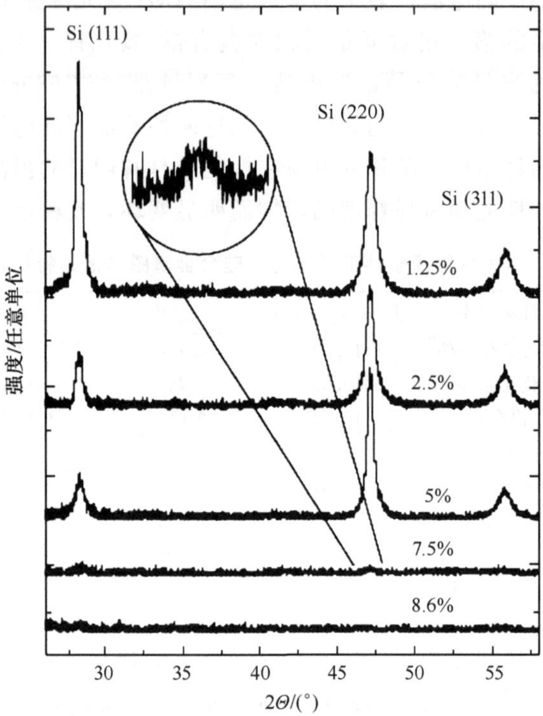

图 5.39　不同氢稀释度条件下沉积的薄膜硅的 X 射线衍射图[74]

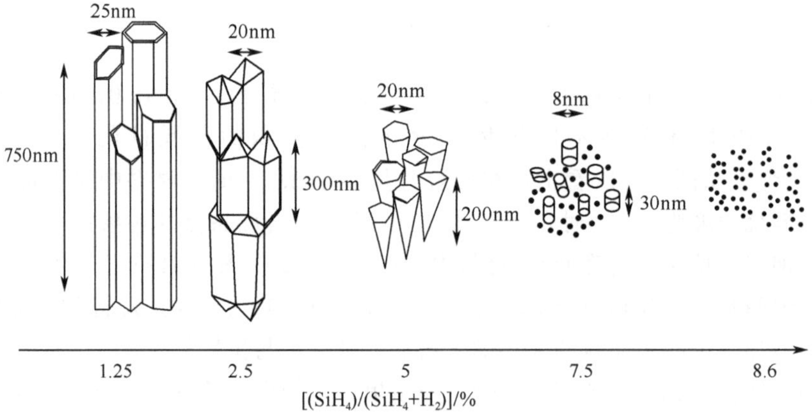

图 5.40　材料结构与氢稀释度关系示意图[74]

如前所述，氢稀释是导致从非晶硅到微晶硅转变的主要参数。在低氢稀释条件下沉积的硅薄膜呈现典型的非晶特性，随着氢稀释度的增加，材料中出现孤立的微晶晶粒；进一步增加氢稀释度，非晶硅和微晶硅混合相材料形成；最后当氢稀释到达一定的阈值时，沉积的材料含有大量的微晶晶粒。

关于氢稀释导致从非晶到微晶的转变有以下三种模型进行解释。第一个模型是表面扩散模型。图 5.41 所示是表面扩散模型示意图[158,159]，从高氢稀释的等离子体中流向衬底表面的氢原子饱和薄膜硅表面的硅悬挂键，同时释放一定的能量，这两个作用使得从等离子体中到达生长表面的粒子的扩散系数增加。具有较高扩散系数的粒子和离子容易在沉积表面找到能量较低的位置，这些低能量的位置通常是在晶粒表面，所以在氢稀释条件下容易形成微晶硅。

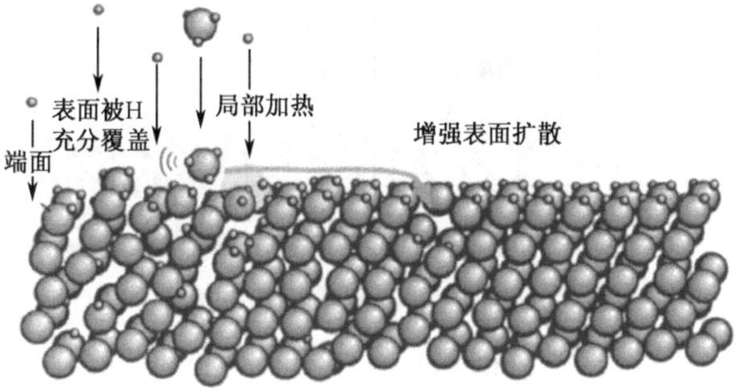

图 5.41　微晶硅形成的表面扩散模型示意图[159]

第二个模型是刻蚀模型[160]。这个模型是根据在氢稀释条件下非晶硅的生长速率比没有氢稀释时低。另外，氢气等离子体对非晶硅的刻蚀速率比对晶态硅的刻蚀速率高。图 5.42 所示是刻蚀模型示意图，到达生长表面的原子氢将 Si—Si 弱键打断，而将此硅原子从生长表面刻蚀掉。因为氢原子宜于将 Si—Si 弱键打断，而 Si—Si 弱键通常是在非晶相，所有氢原子将非晶相刻蚀掉，同时新到达生长表面的含硅粒子和离子在生长表面形成稳定的晶相结构。由于晶相结构稳定，表面 Si—Si 键多为较强的键结构，所以晶相的生长比非晶相宜于形成。

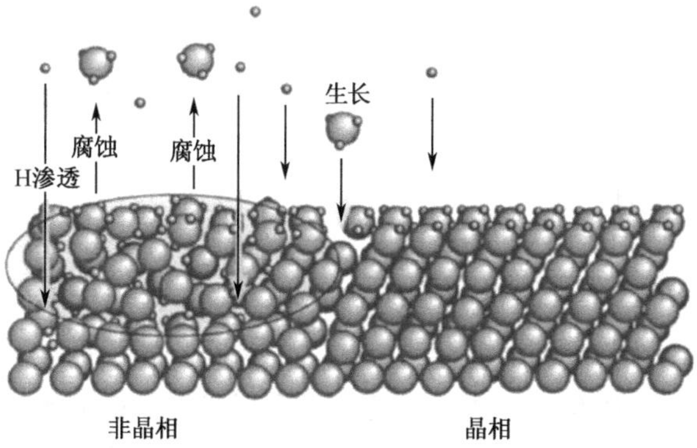

图 5.42　微晶硅形成的刻蚀模型示意图[159]

第三个模型是化学退火模型[161]。这个模型是根据利用一层一层的沉积，在每一层沉积后用氢等离子体将沉积的材料进行处理。通过调整氢等离子体处理时间和每层的沉积时间可以沉积出微晶硅材料。在氢等离子体处理过程中没有明显的厚度降低。根据这些实验结果，人们提出了化学退火模型。图 5.43 所示是化学退火模型示意图，在氢等离子体过程中，原子氢进入材料的次原子层，进入薄膜次原子层的氢原子使非晶结构转化为晶体结构。

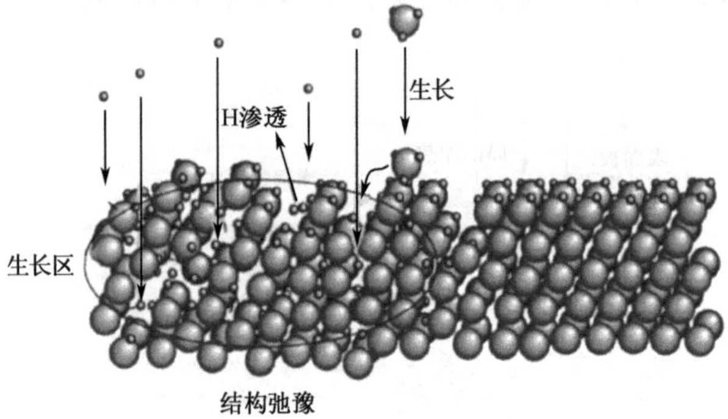

图 5.43 微晶硅形成的化学退火模型示意图[159]

为了鉴别哪种模型更为正确，人们设计了许多实验来研究微晶硅的生长机理[159]。通过分析和测量从等离子体中到生长表面的粒子和离子的浓度和生长速率的关系，A. Matsuda 总结出刻蚀模型不能解释微晶硅的沉积机理。进一步，他们在一层一层的沉积过程中在阴极表面加入快门挡板，在氢等离子体处理时用挡板将阴极挡住，这样氢气等离子体不能将从阴极刻蚀的硅沉积到衬底上。通过这种方法进行一层一层沉积的材料与没有挡板的一层一层沉积的材料结构有明显的不同。在没有挡板时，一层一层沉积的材料表现出明显的微晶结构，而有挡板时沉积的材料是完全的非晶结构。由此证明在没有挡板时，在氢气等离子体处理时，实际的过程是原子氢将阴极上的非晶硅刻蚀后，沉积到衬底上。由于氢气等离子体处理相当于很高的氢稀释等离子体，所以沉积的材料具有明显的微晶晶粒结构。最后他们设计了其他实验证明表面扩散模型可以合理地解释在高氢稀释条件下微晶薄膜的沉积机理。

5.3.3.4 硅基薄膜沉积的表面粗糙度的测量

如前节所述，在薄膜硅的优化过程中，氢稀释是其中最重要的手段。优质非晶硅是在氢稀释接近微晶硅形成，但是还没有形成微晶硅的条件下沉积的；而优质微晶硅是在氢稀释度刚刚超过从非晶硅向微晶硅过渡的条件下沉积的。因此，无论是非晶硅还是微晶硅，优化沉积条件都是在接近从非晶到微晶的转变区，或称过渡区。由此可见，有效地测量从非晶到微晶的转变并合理地控制和利用这种转变是制备优质材料的重要手段。

近年来，实时椭偏仪（real time spectroscopic ellipsometry）成为测量薄膜硅表面粗糙度（roughness）的重要手段。R. Collins 在开发和应用实时椭偏仪方面作出了重要的贡献。在文献［162］中，他总结了近年来的研究成果。其中典型的表面粗糙度的测试结果如图 5.44 所示，其中图（a）是氢稀释度（H_2/SiH_4）为 $R=0$ 和 $R=10$，图（b）为 $R=20$。实验中薄膜硅是用射频辉光放电法沉积在带有自然氧化层的单晶硅衬底上的。沉积过程中衬底温度为 200°C，RF 功率密度为 $0.08W/cm^2$。从图可以看出，对于这三种氢稀释条件，在最初 100Å 的沉积过程中，薄膜的粗糙度随薄膜厚度的增加而降低。这种最初的粗糙度的降低是由于分离的岛状结构逐渐连接到一起。当氢稀释为零（$R=0$）时，在样品厚度为 250Å 左右有一个明显的粗糙度增加。由于在粗糙度转变两侧材料的结构都是非晶相，所以这种微弱的粗糙度变化被定义为从非晶到非晶的转换（a→a），此时，粗糙度的增加是由于生长表面粒子的扩散长度的降低。在这种条件下，材料的稳定性降低。

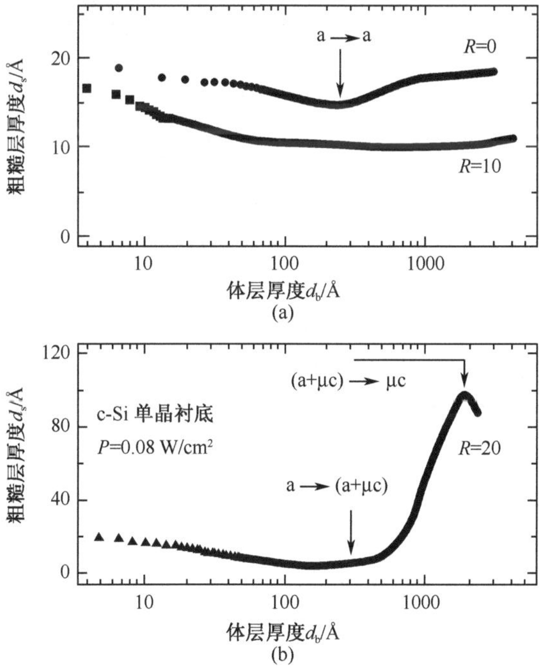

图 5.44　表面粗糙层厚度和样品厚度的关系

当氢稀释度 $R=20$ 时，在样品厚度大约为 300Å 时，材料的粗糙度随样品的厚度迅速增加，这种粗糙度的明显增加是由于从非晶硅到非晶＋微晶硅混合相的相变所引起的（a—a+μc），而在样品厚度为 1900Å 时，材料的粗糙度随样品的厚度的增加而降低，这是由于从混合相向微晶硅的相变。图 5.45 给出了在此种条件下材料的粗糙度随样品厚度的变化以及相应的材料结构变化示意图。

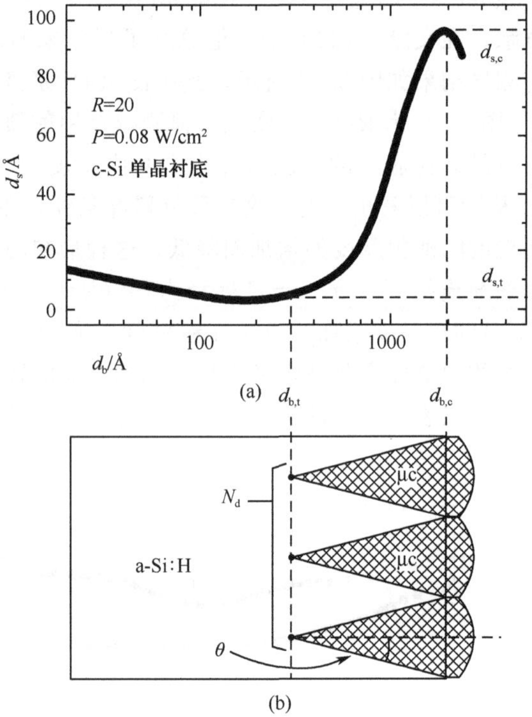

图 5.45　表面粗糙度的变化（a）以及相应的材料结构示意图（b）[162]

在氢稀释度 R=10 时，材料表面粗糙度没有明显的变化，这是由于无论是从非晶到非晶的变换还是从非晶到混合相的相变都发生在样品厚度大于 4000Å。

通过测量材料表面的粗糙度，可以建立材料结构与沉积参数的关系相变图。图 5.46 所示是薄膜硅结构相变图，即在不同氢稀释条件下相变发生时对应的样品厚度。类似的相变图可以用其他沉积参数为变量，如衬底温度、激发功率和压力。通过分析材料相变与反应条件的关系可以知道材料质量的优化。例如，优质非晶硅沉积在接近非晶到混合相转变区的非晶区的一侧；而优质微晶硅沉积在接近非晶到混合相转变区的微晶区的一侧。相变图为连续控制氢稀释的变化来控制材料的结构提供了指导依据。

近年来用实时椭偏仪测量材料粗糙度被广泛地应用在材料质量的控制。美国再生能源研究所和日本 ASIT 利用这种技术控制非晶/单晶异质结（a-Si：H/c-Si，HIT）电池的优化[163,164]。

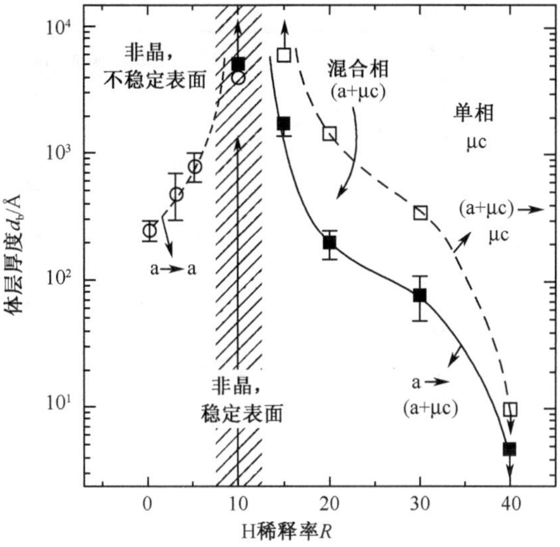

图 5.46　薄膜硅结构相变图

5.4　硅基薄膜太阳电池结构及工作原理

5.4.1　单结硅基薄膜太阳电池的结构及工作原理

在常规的单晶和多晶太阳电池中，通常是用 pn 结结构。由于载流子的扩散长度很高，所以电池的厚度取决于所用硅片的厚度。但对于硅基薄膜太阳电池，所用的材料通常是非晶和微晶材料，材料中载流子的迁移率和寿命都比在相应的晶体材料中低很多，载流子的扩散长度也比较短。选用通常的 pn 结的电池结构，光生载流子在没有扩散到结区之前就会被复合。如果用很薄的材料，光的吸收率会很低，相应的光生电流也很小。为了解决这一问题，硅基薄膜电池采用 p-i-n 结构。其中，p 层和 n 层分别是硼掺杂和磷掺杂的材料；i 层是本征材料。图 5.47 所示是非晶硅 p-i-n 电池的能带示意图[165]，其中 E_C 和 E_V 分别是导带底和价带顶；E_F 是费米能级。对于 p-i-n 结构，在没有光照的热平衡状态下，p-i-n 三层中具有相同的费米能级，这时本征层中导带和价带从 p 层向 n 层倾斜形成内建势。在理想情况下，p 层和 n 层费米能级的差值决定电池的内建势，相应的电场叫内建场。鉴于掺杂层内缺陷态浓度很高，光生载流子主要产生在本征层中。在内建势的作用下，光生电子流向 n 层，而光生空穴流向 p 层。在开路条件下，光生电子积累在 n 层中，而光生空穴积累在 p 层中。这时在 p 层和 n 层中的光生电荷在本征层中所产生的电场抵销部分内建场。此时 n 层中积累的光生电子和 p 层中的光生空穴具有向相反的方向扩散的趋向、以抵消光生载流子的收集电

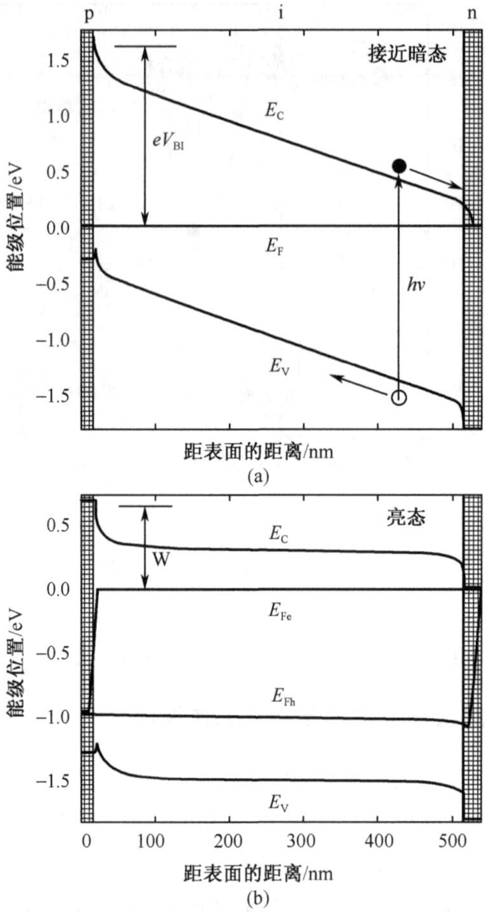

图 5.47　非晶硅 p-i-n 电池的能带示意图

（a）在暗态；（b）强光照条件下的能带分布[165]

流。当扩散电流与内建场作用下的收集电流这两个方向相反的电流之间达到动态平衡时，本征层中没有净电流。此时在 p 层和 n 层中累积的电荷产生的电压叫开路电压，用 V_{oc}表示。开路电压是太阳电池的重要参数之一，其大小与许多材料特性有关。首先它取决于本征层的带隙宽度，宽带隙的本征材料可以产生较大的开路电压，而窄带隙的材料产生较小的开路电压，比如非晶锗硅电池的开路电压比非晶硅电池的开路电压小。开路电压的大小还取决于掺杂层的特性，特别是掺杂浓度。n 层和 p 层的费米能级的差值决定开路电压的上限，所以掺杂层的优化也是相当关键的，特别是 p 层。为了增加开路电压，人们通常采用非晶碳化硅合金（a-SiC∶H）或微晶硅（μc-Si∶H）作为 p 层材料。虽然非晶碳化硅合金通常有较高的缺陷态，但其较宽的带隙，使其费米能级可以较低。另外其宽带隙可以减少 p 层中的吸收。而微晶硅的带尾态宽度较小，掺杂效率高，费米能级可以接近价带顶，所以微晶硅也可以增加开路电压的幅度。最后，开路电压的幅度还取决于本征层的质量，即带尾态的宽度和缺陷态密度所决定的反向漏电电流的大小。

5.4.1.1　p-i-n 单结非晶硅薄膜太阳电池

非晶硅基薄膜电池通常分为两种结构，即 p-i-n 和 n-i-p 结构。所谓 p-i-n 结构的电池一般沉积在玻璃衬底上，以 p、i、n 的顺序连续沉积各层而得。此时由于光是透过玻璃入射到太阳电池的，所以人们也将玻璃叫做衬顶（superstrate）。在玻璃衬底上先要沉积一层透明导电膜（TCO）。透明导电膜有两个作用，其一是让光通过衬底进入太阳电池，其二是提供收集电流的电极（称顶电极）。在透明导电膜上依次沉积的 p 层、i 层和 n 层，其中 p 层通常采用非晶碳化硅合金（a-SiC∶H）。由于非晶碳化硅合金的禁带宽度比非晶硅宽，其透过率比通常的 p 型非晶硅高，所以 p 型非晶碳化硅合金也叫窗口材料（window material）。一方面使用 p 型非晶碳化硅合金可以有效地提高电池的开路电压和短路电流。另一方面由于 p 型非晶硅碳合金和本征非晶硅在 p/i 界面存在带隙的不连续性，在界面处容易产生界面缺陷态，从而产生界面复合，降低电池的填充因子（FF）。为了降低界面缺陷态密度，一般采用一个缓变的碳过渡层（buffer layer），这样可以有效地降低界面态密度，提高填充因子。在过渡层上面可以直接沉积本征非晶硅层，然后沉积 n 层。在沉积完非晶硅层后，背电极可以直接沉积在 n 层上。常用的背电极是蒸发铝（Al）和银（Ag）。一方面由于银的反射率比铝高，使用银电极可以提高电池的短路电流，所以实验室中常采用银作为背电极。另一方面由于银的成本比铝高，而且在电池的长期可靠性方面存在一些问题，在大批量非晶硅太阳电池的生产中铝背电极仍然是常用的。为了提高光在背电极的有效散射，在沉积背电极之前可以在 n 层上沉积一层氧化锌（ZnO）。氧化锌有两个作用，首先它有一定的粗糙度，可以增加光散射，其次它可以起到阻挡金属离子扩散到半导体中的作用，从而降低由于金属离子扩散所引起的电池短路。

5.4.1.2　n-i-p 单结非晶硅薄膜太阳电池

与 p-i-n 结构相对应的是 n-i-p 结构。这种结构通常是沉积在不透明的衬底（substrate）上，如不锈钢（stainless steel）和塑料（polyimide）。由于硅基薄膜中空穴的迁移率比电子的要小近两个数量级，所以硅基薄膜电池的 p 区应该生长在靠近受光面的一侧。以不透光的不锈钢衬底为例，制备电池结构的最佳方式应该是 n-i-p 结构。亦即首先在衬底上沉积背反射膜。常用的背反射膜包括银/氧化锌（Ag/ZnO）和铝/氧化锌（Ag/ZnO）。同样考虑到成本因素，银/氧化锌常用在实验室中，而铝/氧化锌多用在大批量太阳电池的生产中。在背反射膜上依次沉积 n 型，i 型和 p 型非晶硅或微晶硅材料，然后在 p 层上沉积透明导电膜。常用的透明导电膜是氧化铟锡（indium-tin-oxide，ITO）。由于 ITO 膜的表面电导率不如通常在玻璃衬底上的透明导电膜的表面电导率高，加上为达到起减反作用，其厚度一般仅为 70nm，厚度很薄，所以要在 ITO 面上添加金属栅线，以增加光电流的收集率。

与 p-i-n 结构相比，n-i-p 结构有以下几个特点。首先是先在背反射膜上沉积 n 层，由于通常的背反射膜是金属/氧化锌，氧化锌相对稳定，不易被等离子体中的氢离子刻蚀，所以 n 层可以是非晶硅或微晶硅。另外，电子的迁移率比空穴的迁移率高的多，所以 n 层的沉积参数范围比较宽。其次，p 层是沉积在本征层上，所以 p 可以用微晶硅。使用微晶硅 p 层有许多优点。微晶硅对短波吸收系数比非晶硅小，所以电池的短波响应好。微晶硅 p 层的掺杂效率比非晶硅高，相应的电导率高，所以使用微晶硅 p 层可以有效地提高电池的开路电压。

n-i-p 结构也有一些缺点。首先，由于要在顶电极 ITO 上加金属栅电极来增加其电流的收集率，所以电池的有效受光面积会减小。其次，由于 ITO 的厚度很薄，ITO 本身很难具有粗糙的绒面结构，所以这种电池的光散射效应主要取决于背反射膜的绒面结构，因此对背反射膜的要求比较高。

5.4.1.3 单结非晶锗硅合金薄膜太阳电池

由于非晶硅的禁带宽度在 1.7～1.8eV，相应的长波吸收比较少。为了提高电池的长波响应，非晶锗硅（a-SiGe：H）合金成为本征窄带隙材料的首选。通过调整材料中的锗硅比，材料的禁带宽度可以得到相应的调整。随着锗含量的增加，材料的禁带宽度相应降低。电池的长波响应随之得到提高，相应的短路电流会增加。然而作为代价，电池的开路电压会降低，表 5.9 列出了 a-Si：H/a-SiGe：H/a-SiGe：H 三结电池中相应的 a-Si：H 顶电池、a-SiGe：H 中间电池和 a-SiGe：H 底电池参数的一般示例[166]。其中中间电池的本征层中锗的含量在 15%～20%，而底电池的本征层中锗的含量在 35%～40%。为了模拟单结电池在三结电池中的特性，a-Si：H 顶电池和 a-SiGe：H 中间电池是沉积在不锈钢衬底上，而 a-SiGe：H 底电池是沉积在 Ag/ZnO 背反射膜上。表中顶电池是直接在 AM1.5 太阳能模拟器下测量的，而中间电池和底电池分别是在 AM1.5 太阳能模拟器并通过 530nm 和 630nm 长通滤波片测量的。背反射薄膜起到提高长波光吸收的作用，进而提高电池的短路电流密度。图 5.48 给出了沉积在不锈钢衬底和 Ag/ZnO 背反射膜衬底上的单结 a-SiGe：H 电池的量子效率光谱。从图中可以看出，一方面沉积在背反射薄膜上的电池的光谱响应明显比沉积在不锈钢衬底上电池的要宽，特别是长波响应得到显著的提高。另一方面也注意到，随着锗含量的增加，在增加短路电流和降低开路电压的同时，电池的填充因子也随之降低。这是由于随着材料中锗含量的增加，缺陷态密度也相应地增加。其原因是非晶锗硅合金中锗氢键的强度比硅氢键的强度低。

表 5.9　a-Si∶H 顶电池，a-SiGe∶H 中间电池和 a-SiGe∶H 底电池的特性参数[166]

电池类型	状态	J_{sc}/(mA/cm²)	V_{oc}/V	FF	P_{max}/(mW/cm²)
a-Si∶H 顶电池	初始值	9.03	1.024	0.773	7.15
	稳定值	8.76	0.990	0.711	6.17
a-SiGe∶H 中间电池	初始值	10.29	0.754	0.679	5.27
	稳定值	9.72	0.772	0.600	4.21
a-SiGe∶H 底电池	初始值	12.2	0.631	0.671	5.17
	稳定值	11.1	0.609	0.622	4.21

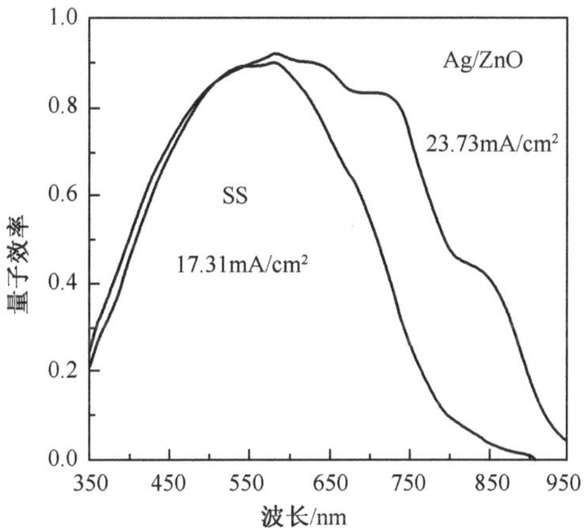

图 5.48　美国联合太阳能公司报道的沉积在不锈钢衬底和 Ag/ZnO 背反射膜上的单结 a-SiGe∶H 电池量子响应谱的比较[166]

5.4.1.4　单结非晶和微晶混合相薄膜太阳电池

如前所述，氢稀释在非晶硅和非晶锗硅的优化过程中起到了重要的作用。当氢稀释度达到一定程度时，材料的结构从非晶转变到出现原子排列有序的纳米尺度小晶粒。当材料中的这种小晶粒含量较小时，可称为纳米晶。它们表现出许多奇特的性质。我们把这种含有少量纳米晶的材料叫做混合相材料，相应的电池叫混合相电池。混合相电池的典型特点是电池的特性参数对沉积参数非常敏感，比如辉光等离子体中很小的变化都会引起材料特性及电池性能的明显变化。其次是电池的开路电压介于非晶硅电池和微晶硅电池之间。通常较好的非晶硅电池的开路电压在 1.0V 左右，而微晶硅电池的开路电压在 0.5V 左右。混合相硅薄膜电池的开路电压介于 0.5V 到 1.0V 之间，并随材料中纳米晶成分的多少而有明显的变化。

由于混合相材料的结构对辉光等离子体的特性非常敏感，所以通常在一块衬底上可以得到不同特性的电池分布。图 5.49 所示是在 4cm×4cm 衬底上电池开路电压的分布[167]。从图中可以看出，在衬底的中间，电池表现出常规的非晶硅电池的特征，其开路电压在 0.9～1.0V，而在边缘区域电池的开路电压在 0.7～0.8V，而衬底的四个角，电池的开路电压在 0.4～0.6V。由此可见，在衬底的边缘区，电池中材料的结构具有明显的混合相特征。

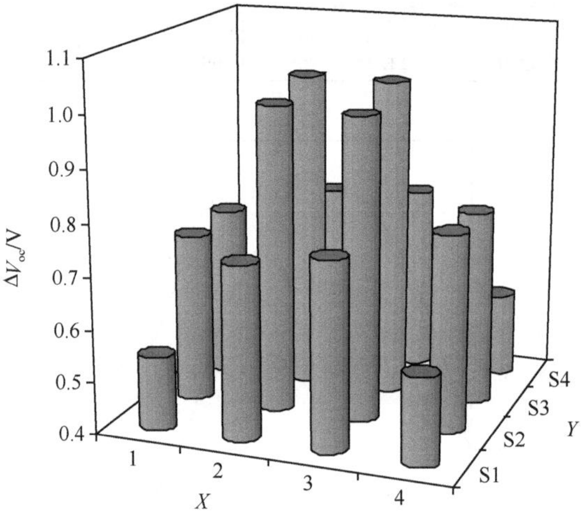

图 5.49　在 4cm×4cm 衬底上混合相硅薄膜电池开路电压的分布[167]

混合相电池具有一些独特的特性。首先是光诱导使开路电压增加。对于通常的非晶硅电池而言，由于 Staebler-Wronski 效应，经过长时间的光照非晶硅和非晶锗硅电池的开路电压都有明显的降低，这是由于材料中的缺陷态的增加。而混合相电池表现出相反的结果。图 5.50 所示是光诱导开路电压的变化和电池初始开路电压的关系。从图中可以看出，当电池具有非晶结构时（高 V_{oc} 区）光诱导开路电压的变化为负值；而当电池具有混合相特性时（中间区），光诱导开路电压的变化为正值；随着材料中微晶硅成分的增加，电池表现出明显的微晶硅特性（低 V_{oc} 区），此时的光诱导开路电压的变化又变成负值。

对于混合相硅薄膜电池的光诱导开路电压的增加的早期解释为光诱导的结构变化[147]。由于非晶硅电池的开路电压高于微晶硅电池的开路电压，并且电池的开路电压随纳米晶相的增加而降低，所以人们自然地会认为在长时间的光照条件下材料中的部分纳米晶相结构变成非晶相结构。这种假设得到了理论分析和计算

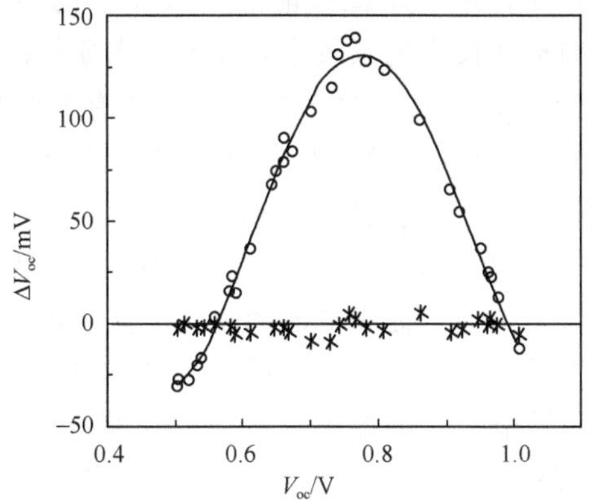

图 5.50　在过渡区沉积的混合相硅薄膜电池的光诱导开路电压的变化和初始开路电压的关系[155]

（○）是光照后的开路电压变化；（×）退火后的开路电压变化

机模拟的证实[168]。然而人们试图通过各种测试手段来观察混合相材料中光诱导的结构变化。但是到目前为止还没有可靠的证据来证明光诱导的晶相结构变化。其原因首先是光诱导结构变化可能根本难以发生。其次是即使在长时间光照条件下，其晶相结构发生变化，但变化量太小，通常的拉曼谱和 X 射线散射难以观察到。B. Yan 和他的同事提出了一个补充解释[169]。他们提出了两个二极管并联的模型来解释混合相电池的开路电压随晶相比的变化，他们利用这一模型解释了光诱导开路电压的增加。对于一个混合相的电池，可以将其看成是由两个并联的电池构成，其一具有非晶硅电池的特性，开路电压为 1.0V 左右；其二是具有微晶硅电池的特性，开路电压为 0.5V 左右。当外加电压介于两个开路电压之间时，含微晶硅的电池处于正电流状态（其电流主要是二极管的正向注入电流），而非晶硅电池处于负电流状态（其电流主要是光电流）。当含微晶硅的电池的正电流和非晶硅电池的负电流相等时，混合相电池处于开路电压状态。由于微晶硅电池的正向电流与含纳米晶相的多少成正比，所以混合相电池的开路电压与纳米晶相结构的多少成正比。在长时间光照的条件下，不仅非晶硅电池在衰退，微晶硅电池也有一定的衰退。如果长时间光照使微晶硅的正向电流降低，测量开路电压时，为了达到相同的微晶硅电池正向注入电流和非晶硅电池的负向光电流相抵，所需外加的正偏压就要增加，由此导致混合相电池具有光诱导的开路电压增加。这一解释得到了导电模式的原子力显微镜（C-AFM）测量的证实[170]。

5.4.1.5　单结微晶硅薄膜太阳电池

近年来微晶硅电池作为多结电池的底电池或中间电池得到了深入的研究和初

步的应用。与非晶硅相比，虽然本征微晶硅中载流子的传输特性有了明显的提高，但材料中载流子的扩散长度仍然较小，比如较高质量的微晶硅中空穴的扩散长度仍然小于1μm。为了提高电池对光生载流子的有效收集，微晶硅电池仍然采用和非晶硅类似的p-i-n或n-i-p结构。同样p-i-n结构一般是沉积在玻璃衬底上，而n-i-p结构沉积在不锈钢或塑料衬底上。

如图5.15所示，与非晶硅相比，虽然其长波吸收系数比非晶硅高，但短波吸收系数比非晶硅小得多。为了提高电池的短路电流，微晶硅电池的本征层要比非晶硅电池的本征层厚得多。通常情况下微晶硅的本征层厚度都在1～2μm。由于微晶硅电池的优良长波响应，因此单结电池的短路电流比非晶硅电池的要大。图5.51（a）所示是非晶硅和微晶硅太阳电池光电流的光谱响应曲线的比较。从图中可以看出，非晶硅电池在波长为800nm时，光谱响应基本为零。这是由于非晶硅的禁带宽度一般在1.75～1.85eV。而微晶硅电池的光谱响应延伸到超过1000nm，在1000nm处，光谱相应还有将近15%～20%。良好的长波响应是由于微晶硅的禁带宽度较小。微晶硅的光学禁带宽度介于非晶硅和单晶硅之间，根据材料中纳米晶粒成分的多少决定电池的长波相应。微晶硅的迁移率禁带宽度接近于单晶硅的禁带宽度，通过测量微晶硅电池的反向饱和电流的温度依赖关系，B. Yan和他的同事们发现微晶硅的迁移率禁带宽度在1.2～1.3eV。较小的禁带宽度决定了微晶硅电池的开路电压较小，一般条件下微晶硅电池的开路电压在0.5V左右。

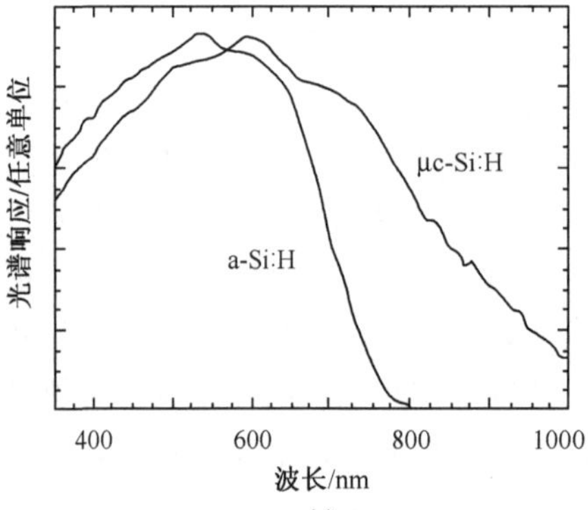

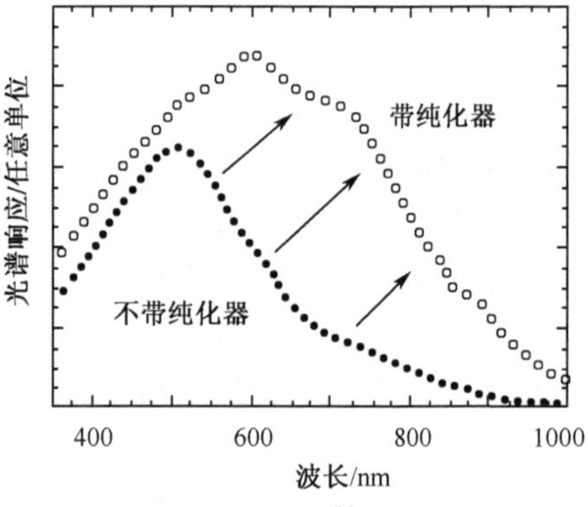

图5.51　微晶硅电池与非晶硅电池量子响应曲线的比较（a）含杂质较高和含杂质较低的微晶硅电池量子响应曲线的比较（b）[74]

与非晶硅电池相比，微晶硅电池对杂质比较敏感。图5.51（b）所示是两个微晶硅电池量子响应曲线的比较。其中一个电池是在没有气体过滤器（purifier）的条件下制备的，而另一个是在装有气体过滤器的条件下制备的。从图中可以看到，在没有气体过滤器时，电池的中长波响应较差，而在装有气体过滤器的条件下制备的微晶硅电池的中长波量子响应得到明显的改进。微晶硅电池对杂质的敏感主要是对氧，氧原子在微晶硅中形成弱施主掺杂，使微晶硅电池的本征层中费米能级向上移动。同时本征层中的内建场集中到 p/i 界面，而使本征层中大部分区域与 n 区之间的内建场强度降低，从而使电池的长波响应变坏。

对于非优化的微晶硅材料，其结构具有多孔性。制备好的材料放在通常的室温环境下，其电导率随时间的增加而增加。图 5.52（a）中所示是微晶硅材料在放置于大气条件下其电导率随时间的变化。图 5.52（b）所示是微晶硅 p-i-n 电池效率随储存时间的变化。其中电导率测量所用的样品是沉积在玻璃衬底上，并在薄膜的表面沉积两条金属电极而得。在这种条件下，在金属电极间的薄膜表面直接和空气接触，空气中的氧气和水汽扩散到材料中，引起材料的电导率增加。就图中的样品而言在室温环境下 70 天后，其暗电导率从 10^{-7} 增加到 10^{-4} ($S \cdot cm^{-1}$)。通过红外吸收谱和二次离子质谱仪测量，发现非优化的微晶硅材料中氧的含量随时间的增加而增加。杂质的扩散对微晶硅太阳电池的性能存在潜在的影响。然而从图 5.52（b）可以看出，电池的效率并没有衰退。这是由

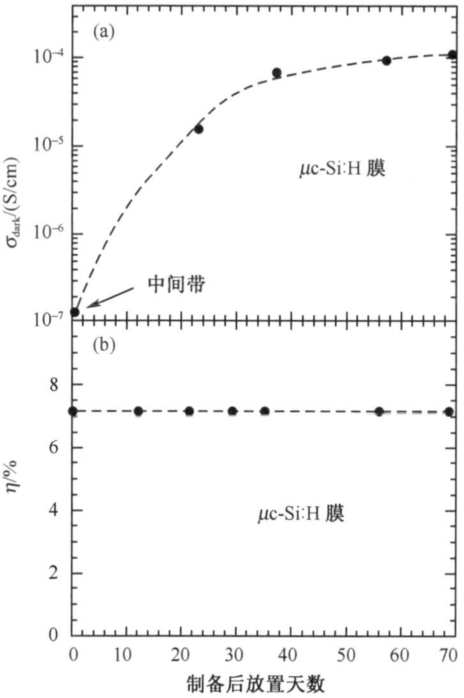

图 5.52　非优化微晶硅材料暗电导率随样品在室温环境下储存时间的关系（a）和 p-i-n 电池效率随时间的关系（b）[74]

于这个电池是沉积在玻璃衬底上，而电池的背面是金属电极。首先杂质不能通过玻璃衬底扩散到微晶硅中，其次金属背电极是良好的杂质阻挡层。因此在这种 p-i-n 电池结构中，即使微晶硅存在一定的多孔性，电池的性能并不会随时间有明显的衰退。

对于 n-i-p 结构的微晶硅电池，杂质的扩散就是一个较为严重的问题。因为 n-i-p 电池的上电极是 ITO，ITO 不是很好的杂质（主要是水和氧气）隔离层，所以 n-i-p 微晶电池的杂质扩散问题更为突出。B. Yan 和他的同事们对 n-i-p 微晶硅电池中杂质扩散问题进行了深入的研究[171]。他们发现非优化的微晶硅电池的转换效率随时间的增加而明显降低，其中电流的降低最为明显，主要是由于长波区量子响应的降低。小角度 X 射线衍射测量发现此种测量中存在较高的微空洞。通过优化微晶硅的沉积条件，微晶硅的致密性可以得到明显的提高，从而降低由于杂质扩散所引起的微晶硅电池效率的衰退。微晶硅电池的另一个主要特征是光诱导稳定性较好。许多研究机构发现微晶硅电池不存在光诱导衰变。图 5.53 所示是早期的微晶硅电池的光照实验结果[74]。由于微晶硅结构的多样性，不是所有微晶硅电池在长时间光照后都是稳定的。特别是那些含有较大比例非晶成分的微晶硅电池，在强光照条件下产生衰退也是不足为奇的。

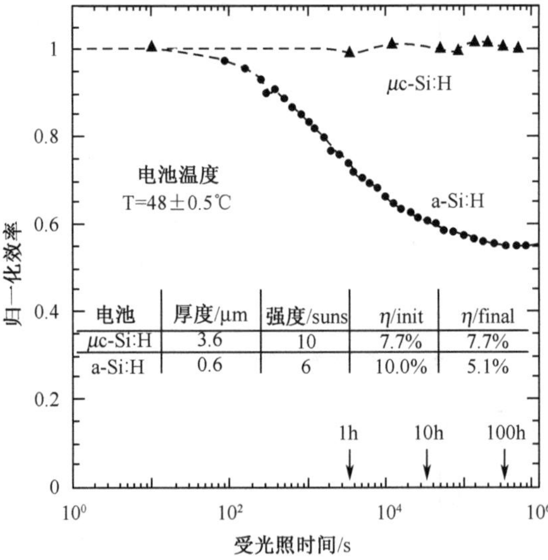

电池	厚度/μm	强度/suns	η/init	η/final
μc-Si:H	3.6	10	7.7%	7.7%
a-Si:H	0.6	6	10.0%	5.1%

图 5.53　非晶硅和微晶硅太阳电池光稳定性的比较[74]

许多微晶硅电池表现出不同程度的光诱导衰退。美国联合太阳能公司的研究发现，微晶硅电池的光诱导衰退主要是由于短波长的光引起的[172]。表 5.10 列出了在不同光照条件下非晶锗硅合金电池和微晶硅电池的 J-V 特性参数的变化。

图 5.54 所示是两种电池在不同光谱的光源照射下电池效率的衰变曲线。其中所用的白光光源是一个接近于 AM1.5 的太阳能模拟器，红光是白光光源经过一个 655nm 的长通滤光片（long pass）的光，而蓝光是白光光源经过一个 585nm 的短通滤光片（short pass）的光。在实验中，通过调节光强使微晶硅电池在三种光源下具有相同的短路电流，由此来确定电池中光生载流子的浓度近似相当。从图中可以看出，对于非晶锗硅合金电池，无论是红光还是蓝光，电池的效率都随光照时间明显降低；而对于微晶硅电池，在红光照射下电池的效率没有明显的变化。由于通过滤光片的光子能量小于非晶相的禁带宽度，这些光子只能在晶相中被吸收，由此可以断定在晶相中被吸收的光子不会引起微晶硅电池效率的衰退。而在白光和蓝光照射下，微晶硅电池的效率都表现出明显的衰退，并且在蓝光照射下电池的衰退比在白光照射下衰退的多。这是由于白光中含有部分光子能量小于非晶相禁带宽度的红光，而这些红光不会产生光诱导缺陷。通过以上实验他们总结出微晶硅电池的光诱导衰退主要是由于在非晶相中产生的光生电子空穴对，而在晶相中产生的电子空穴对不会引起微晶硅电池效率的衰退。

表 5.10　不同光谱光照条件下微晶硅（μc-Si：H）和非晶锗硅（a-SiGe：H）电池的 *J-V* 特性参数的变化[172]

样品类型	光源	状态	J_{sc}/(mA/cm^2)	V_{oc}/V	FF	Eff/%
μc-Si：H	白光	初始状态	22.20	0.474	0.621	6.53
		光照后	22.00	0.467	0.598	6.14
		光诱导衰退率	0.9 %	1.5 %	3.7 %	6.0 %
	红光	初始状态	22.19	0.472	0.620	6.49
		光照后	22.11	0.473	0.619	6.47
		光诱导衰退率	0.4 %	0 %	0 %	0.3 %
	蓝光	初始状态	21.98	0.476	0.621	6.50
		光照后	21.78	0.469	0.591	6.04
		光诱导衰退率	0.9 %	1.5 %	4.8 %	7.1 %
a-SiGe：H	白光	初始状态	23.10	0.628	0.601	8.72
		光照后	22.88	0.601	0.567	7.80
		光诱导衰退率	1.0 %	4.3 %	5.7 %	10.6 %
	红光	初始状态	23.91	0.614	0.587	8.62
		光照后	23.48	0.601	0.563	7.94
		光诱导衰退率	1.8 %	2.1 %	4.1 %	7.9 %
	蓝光	初始状态	23.50	0.621	0.572	8.35
		光照后	22.91	0.591	0.539	7.30
		光诱导衰退率	2.5 %	4.8 %	5.8 %	12.6 %

注：IN 表示初始状态，LS 表示光照后的状态，DEG 表示光诱导衰退率。

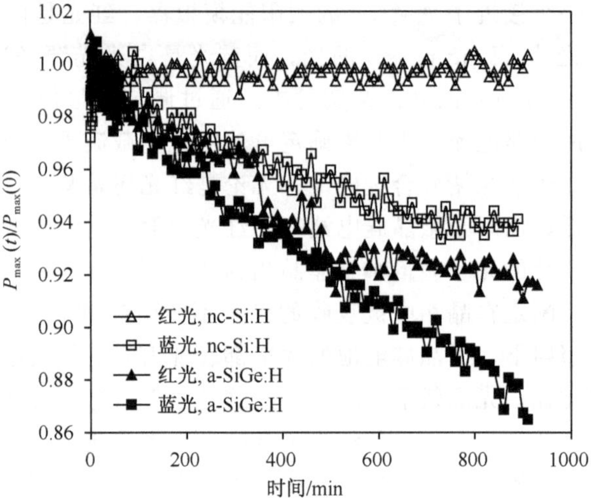

图 5.54 微晶硅（μc-Si：H）和非晶锗硅电池（a-SiGe：H）在不同光谱的光源照射下电池效率的衰变曲线[172]

微晶硅电池稳定性中另一个有趣的现象是偏置电压对光诱导衰变的影响。对于非晶硅电池，在光老化实验中，如果在电池上加上负偏压，电池效率的衰退就会明显地降低或根本就没有光诱导衰退[173]。这是由于在负偏压条件下，在本征层中产生的光生电子、空穴对被电场分离并被外电路收集，在本征层中被复合的概率很小。通常的理解是光诱导缺陷的产生是由于光生载流子的复合引起的，外加电场有效地降低光生载流子的复合，因此降低光诱导缺陷的产生和电池效率的降低。令人惊奇的是在光老化实验中负偏压不仅不降低微晶硅电场的光诱导效率的衰退，反而增加效率的衰退[174~176]。表 5.11 列出了一组微晶硅电池的初始和稳定效率，其中稳定效率是在相同的光照条件下，但是在不同的电偏压条件下取得的，其中短路电流条件相当于零偏压，开路电压条件相当于 0.48V 正偏压。从数据中可以看出，光诱导 FF 的衰退随负偏压幅度的增加而增加。如在负 1.0V 的偏压时，FF 的光衰退率为 10.9%，零偏压时，FF 的光衰退率为 7.6%，而在开路电压和正 1.0V 时，其 FF 的衰退率仅为 3.8%。反向偏压所引起的光诱导衰变的增加的机理并不很清楚。G. Yue 和他的同事们给出了一个形象的解释。他们认为在负偏压条件下，在非晶相中产生的光生载流子被电场移动到晶界处，从而增加了晶界处的复合，在晶界处产生更多的亚稳态缺陷。有兴趣的读者可以参考文献 [174]～[176] 中详细的解释。

表 5.11　微晶硅电池的初始和稳定效率[176]

电池号	偏压/V	状态	V_{oc}/V	ΔV_{oc}/mV	FF	$\Delta FF/FF_{in.}$/%	FF_b	$\Delta FF_b/FF_{bin.}$/%	FF_r	$\Delta FF_r/FF_{rin.}$/%
1	−1 V	初始	0.479		0.634		0.663		0.664	
		衰退	0.464	−15	0.563	−11.2	0.624	−5.9	0.579	−12.8
2	−1V	初始	0.479		0.633		0.659		0.664	
		衰退	0.464	−15	0.566	−10.6	0.624	−5.3	0.580	−12.7
3	短路	初始	0.483		0.618		0.664		0.660	
		衰退	0.472	−9	0.580	−6.1	0.636	−4.2	0.617	−6.5
4	短路	初始	0.480		0.631		0.663		0.663	
		衰退	0.474	−6	0.574	−9.0	0.638	−3.8	0.599	−9.7
5	开路	初始	0.477		0.622		0.650		0.653	
		衰退	0.470	−7	0.600	−3.5	0.617	−5.1	0.622	−4.7
6	开路	初始	0.478		0.628		0.655		0.655	
		衰退	0.470	−8	0.603	−4.0	0.618	−5.6	0.622	−5.0
7	+1 V	初始	0.482		0.608		0.655		0.655	
		衰退	0.467	−15	0.587	−3.5	0.607	−7.3	0.621	−5.2
8	+1 V	初始	0.478		0.629		0.656		0.651	
		衰退	0.465	−13	0.604	−4.0	0.612	−6.7	0.624	−4.1

注：表中光照测试是在不同偏压条件下进行的。FF 为填充因子，FF_b 和 FF_r 分别是用蓝光和红光照射下测量的填充因子；FF_{bin}和 FF_{rin}是在初始态下用蓝光和红光照射下测量的填充因子。

5.4.2　多结硅基薄膜太阳电池的结构及工作原理

由于太阳光具有很宽的光谱，对于太阳电池有用的光谱区覆盖紫外光，可见光和红外光。显然用一种禁带宽度的半导体材料不能有效地利用所有太阳光子的能量。一方面对于光子能量小于半导体禁带宽度的光在半导体中的吸收系数很小，对太阳电池的转换效率没有贡献。另一方面对于光子能量远大于禁带宽度的光，有效的能量只是禁带宽度的部分，大于禁带宽度的部分能量通过热电子的形式损失掉。基于这种原理，利用多结电池可以有效地利用不同能量的光子。如第 4 章所述，多结电池结构最先在高效三五族（Ⅲ-Ⅴ）化合物半导体太阳电池中得到了广泛的应用。在以非晶硅，非晶锗硅合金，和微晶硅为吸收材料的太阳电池中，多采用双结或三结的电池结构。利用多结电池，除可以提高对不同光谱区光子的有效利用外，还可以提高太阳电池的稳定性。如前所述，非晶硅及非晶锗硅在长时间光照条件下产生光诱导缺陷。相同密度的光诱导缺陷态对具有薄本征层的太阳电池效率的影响比对厚本征层电池的影响要小。而在多结电池中每结的厚度都可以相对较薄，故而有利提高内建场（假定各子电池的 p、n 掺杂层与单结电池的相同），因此多结硅基薄膜电池不仅效率比单结电池高，而且稳定性也比单结电池好。

图 5.55 所示是单结、双结和三结电池结构示意图[166]。通常顶电池的本征层选择禁带宽度较宽的非晶硅。在早期的研究中人们也曾采用过非晶碳化硅合金作为顶电池的本征层，但是由于其缺陷态密度太高，电池的转换效率太低，所以目前已经很少有人采用非晶碳化硅合金了。理论上讲底层电池的本征层应选用禁带宽度小的材料。早期使用的窄带隙材料为非晶锗硅合金。目前非晶锗硅合金仍然是美国联合太阳能公司和日本富士电力公司（Fuji Electric）太阳电池生产中使用的窄带隙材料。自从微晶硅被用来作为太阳电池的本征层以来，微晶硅作为多结电池中底电池的本征层得到了深入的研究。然而由于许多技术上的困难，目前微晶硅还处于实验室阶段。一些公司（如日本三菱重工业公司、Kaneka 公司和 Sharp 公司）开始中试或小规模的生产。

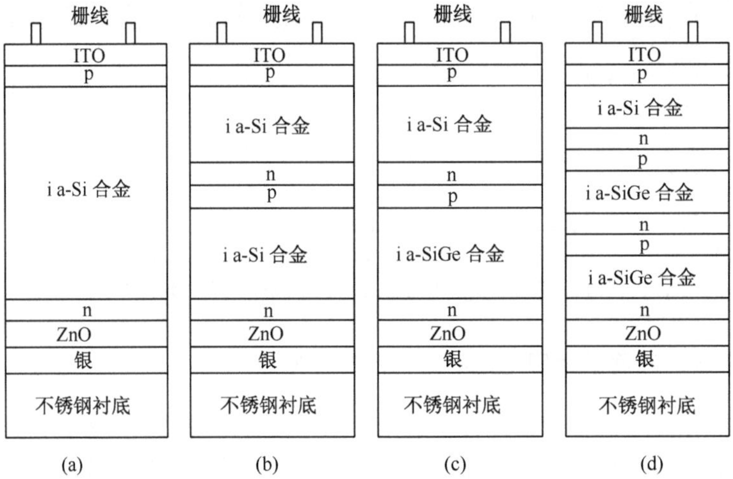

图 5.55 美国联合太阳能公司开发研究的单结、双结和三结电池结构示意图[166]

(a) 单结；(b) 同带隙双结；(c) 两带隙双结；(d) 三结

在介绍具体多结电池之前，先介绍一下多结电池的工作原理。以双结电池为例，其结构是由两个 n-i-p 结串联而成。所以在理想情况下整体器件的光电压等于两个子电池光电压之和，而光电流等于两个子电池光电流中较小的一个。而整体器件的填充因子由两个子电池的填充因子和两个子电池光电流的差值来决定[177]。另外一个重要的环节是两个子电池的连接。在两个电池的连接处是顶电池的 n 层和底电池的 p 层相连，这是一个反向 pn 结，在此，光电流是以隧道复合的方式流过的。简化的图像是顶电池的 n 层中的电子通过隧道效应进入底电池 p 层中与其中的空穴复合，或者是底电池 p 层中的空穴通过隧道效应进入顶电池的 n 层中与那里的电子复合。为了提高隧道效应，提高载流子的迁移率是最为有效的方法。在实际器件中通常采用微晶硅 p 层或微晶硅 n 层。不同的多结电池，在器件的设计中会遇到不同的问题。下面就常用的几中多结电池做一介绍。

5.4.2.1　a-Si：H/a-Si：H 双结太阳电池

非晶硅/非晶硅（a-Si：H/a-Si：H）双结电池不仅是最简单的多结电池，而且是目前在大规模生产中被广泛采用的一种器件结构。虽然其顶电池和底电池都是非晶硅，但是通过调整顶电池和底电池中本征层的沉积参数可以使其禁带宽度有所不同。一般顶电池的本征层在较低的衬底温度下沉积。在低温下材料中氢的含量较高，所以禁带较宽。而底电池的本征层可以在相对较高的衬底温度下沉积。高温材料中氢的含量相对较低，材料的禁带宽度较小。但是无论如何非晶硅的禁带宽度的可调整的范围都很小。为了使其底电池有足够的电流，底电池的本征层要比顶电池的本征层厚得多。例如，在以镀有银/氧化锌的不锈钢（SS/Ag/ZnO）为衬底的 a-Si：H n-i-p /a-Si：H n-i-p 双结电池，其顶电池和底电池本征层的厚度分别为 100nm 和 300nm 左右。表 5.12 列出了两个 a-Si：H/a-Si：H 双结电池的特性参数。其中第一个电池是采用通常的隧道复合结，而第二电池是采用优化的隧道复合结。从这些数据可以看出，通过优化隧道复合结可以有效地提高电池的效率。

表 5.12　a-Si：H/a-Si：H 双结太阳电池特性参数

遂穿结	J_{sc} /(mA/cm^2)	V_{oc}/V	FF	Eff/%	QE(top) /(mA/cm^2)	QE(Bottom) /(mA/cm^2)	QE(total) /(mA/cm^2)	R_s /(Ω · cm^2)
标准	7.80	1.901	0.752	11.15	7.97	7.80	15.77	15.0
优化	8.06	1.919	0.766	11.85	8.06	8.28	16.34	14.3

注：其中短路电流是通过积分顶电池和底电池的量子效应与 AM1.5 光谱计算得到[166]。

5.4.2.2　a-Si：H/a-SiGe：H 双结太阳电池

从上面的数据可以看出，限制 a-Si：H/a-Si：H 双结电池转换效率的主要参数是短路电流。从量子效应曲线可以看出主要问题是底电池的长波响应不好。为了提高底电池的长波响应，非晶锗硅合金（a-SiGe：H）是理想的底电池本征材料。如前所述，通过调节等离子体中硅烷（或乙硅烷）和锗烷的比率可以调节材料中的锗硅比来调节材料的禁带宽度。对于 a-Si：H/a-SiGe：H 双结电池的底电池，其最佳锗硅比在 15%～20%。相应的禁带宽度在 1.6eV 左右。利用这种材料得到的单结 a-SiGe：H 电池的开路电压在 0.75～0.8V，短路电流可达 21～22mA/cm^2。利用这种 a-SiGe：H 底电池和 a-Si：H 顶电池组成双结电池可以得到总电流约为 22～23mA/cm^2。美国联合太阳能公司所报道的最佳 a-Si：H/a-SiGe：H 的初始和稳定转换效率分别为 14.4%和 12.4%[178]。

5.4.2.3 a-Si∶H/a-SiGe∶H/a-SiGe∶H 三结太阳电池

为了进一步提高太阳电池的效率，三结电池成为研究的对象。早在 20 世纪 80 年代，美国能源转换器件公司（ECD）就开始了 a-Si∶H/a-SiGe∶H/a-SiGe∶H 三结太阳电池的研究。其电池结构是以不锈钢为衬底，在衬底上沉积背反射膜，然后三结 n-i-p 电池依次沉积在衬底上。早在 1987 年 J. Yang 等就取得了 13%的初始转换效率[179]。在 1997 年他们又取得了 14.6%的初始效率和 13.0%的稳定转换效率[12]。图 5.56 所示是高效三结 a-Si∶H/a-SiGe∶H/a-

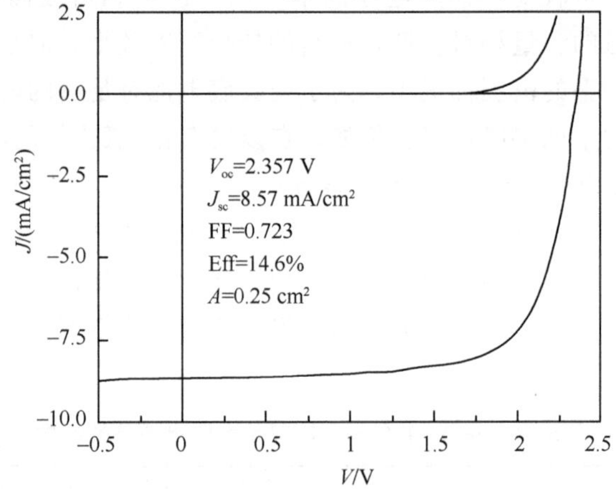

(a)

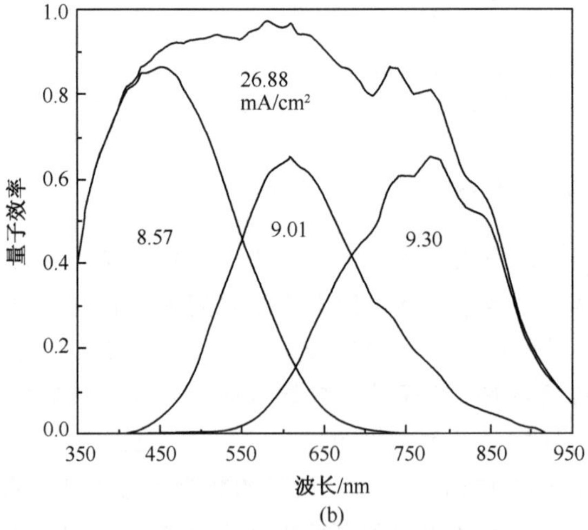

(b)

图 5.56 美国联合太阳能公司报道的 a-Si∶H/a-SiGe/a-SiGe 三结电池的 J-V 曲线（a）和量子效率（QE）曲线（b）该电池的稳定效率为 13%[12]

SiGe：H电池的电流-电压曲线（a）以及量子转换效率曲线（b）。首先三结电池可以有效地利用太阳光的光谱。从图 5.56（b）可以看出，其光谱响应覆盖整个 300～950nm 光谱区。其次三结电池的填充因子（FF）比单结电池的填充因子高。a-Si：H/a-SiGe：H/a-SiGe：H 三结电池中三个单结电池的填充因子不同。由于顶电池是很薄的非晶硅电池，其本征层中的缺陷态的密度比非晶锗硅中缺陷态密度低，而底电池的本征层中锗的含量比中间电池本征层的锗含量高，相应的缺陷态密度高，所以底电池的填充因子最低。在 a-Si：H/a-SiGe：H/a-SiGe：H 三结电池的设计中一般的设计是顶电池的电流为三个电池中最小的，由此来限制三结电池的短路电流（也就是顶电池限制模式），提高三结电池的填充因子。表 5.13 列出了美国联合太阳能公司所报道的各种以非晶硅和非晶锗硅为本征层的多结电池的初始和稳定效率。因为 a-Si：H/a-SiGe：H/a-SiGe：H 三结电池不仅效率高，而且稳定性好，所以这种电池结构被美国联合太阳能公司用在大规模太阳电池的生产中。

表 5.13　United Solar 报道的各种非晶硅和非晶锗硅合金电池的最高稳定效率[166]

电池结构	状态	J_{sc} /(mA/cm²)	V_{oc} /V	FF	Eff /%	Deg. /%
a-Si：H 单结	初始	14.65	0.992	0.730	10.6	12.3
	稳定	14.36	0.965	0.672	9.3	
a-Si：H/a-Si：H 双结	初始	7.90	1.89	0.760	11.4	11.4
	稳定	7.90	1.83	0.700	10.1	
a-Si：H/a-SiGe：H 双结	初始	11.04	1.762	0.738	14.4	13.9
	稳定	10.68	1.713	0.676	12.4	
a-Si：H/a-SiGe/a-SiGe 三结	初始	8.57	2.357	0.723	14.6	11.0
	稳定	8.27	2.294	0.684	13.0	

注：电池的有效面积为 0.25cm²。

5.4.2.4　a-Si：H/μc-Si：H 双结太阳电池

如前所述，微晶硅电池（μc-Si：H）在长波响应和稳定性方面比非晶锗硅要好，因此 a-Si：H/μc-Si：H 双结电池成为广泛研究的器件结构。特别是微晶硅的禁带宽度接近于单晶硅的 1.1eV，是理想的底电池的本征层。在具有良好的背反射膜的情况下，单结 μc-Si：H 电池的短路电流可以达到 27～29mA/cm²，甚至超过 30mA/cm²。为了与底电池的电流相匹配，要求顶电池的电流要达到 13～14mA/cm²，如此高的电流对于本征层的厚度控制要求很高。厚的 a-Si：H 本征层有两个问题。首先是顶电池的填充因子会下降，其结果是直接影响双结电池的转换效率。其次是影响双结电池的稳定性。正如前面提到的，厚的本征层直接导致本征层中内建电场强度的降低，导致载流子的收集困难。这种情况在光照后的电池中尤为明显。

为了解决这一问题，瑞士 Neuchatel 大学的研究人员发明了在 a-Si∶H 顶电池和 μc-Si∶H 底电池之间插入一层起半反射膜作用的中间层（interlayer）[180]。利用这层半反射膜将部分光子反射回顶电池，从而增加顶电池的电流。而作为代价，底电池的电流会相应的降低。半发射膜一般为氧化锌（ZnO）或其他电介质材料，其厚度和折射率是影响其作用的两个重要参数。顶电池的电流随半反射层厚度的增加而增加；相反底电池的电流随半反射层厚度的增加而减少。当半反射层超过一定的厚度，理论上讲在光干涉作用下，顶电池和底电池的光电流都会随半反射层的厚度发生周期性变化。但如果电池是沉积在有一定粗糙度的绒面衬底上的话，绒面结构对光的散射作用将部分消除光的干涉效应，这种周期性变化则不很明显。总体而言，虽然半反射膜增加了顶电池的电流，却降低了底电池的电流，并且顶电池电流的增加小于底电池电流的减少。其原因是部分被反射的长波光子不能被顶电池所吸收，所以半反射膜对双结电池的总电流没有正面贡献。不过可以通过对其优化，调节顶、底电池的电流匹配，以获得较大的双结叠层电池的输出电流。另外，在顶电池和底电池间插入半反射膜后，在顶电池厚度不是特别厚的情况下也可以使顶电池和底电池达到电流匹配，从而取得高转换效率和高稳定性的双结电池。

日本 Kaneka 公司利用半反射膜技术取得了高转换效率的 a-Si∶H/μc-Si∶H 双结电池。图 5.57 所示是有和没有半反射膜的双结电池结构示意图。图 5.58 所

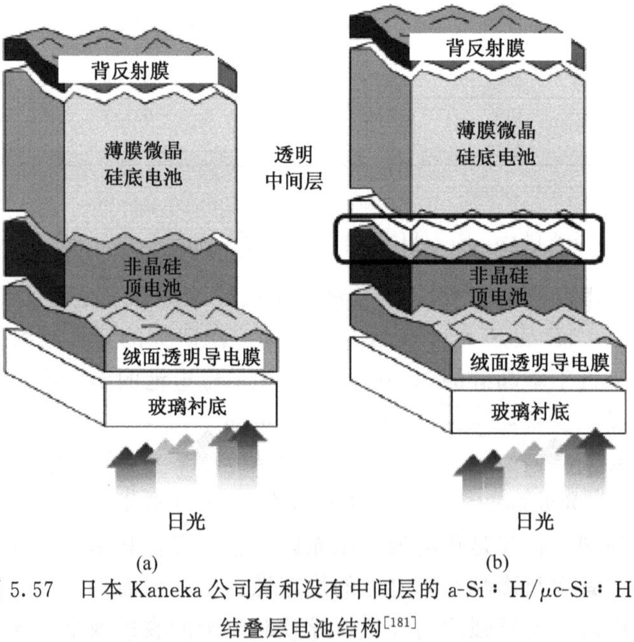

图 5.57 日本 Kaneka 公司有和没有中间层的 a-Si∶H/μc-Si∶H 双结叠层电池结构[181]

(a) 常规非晶微晶组合电池；(b) 新型非晶微晶组合电池

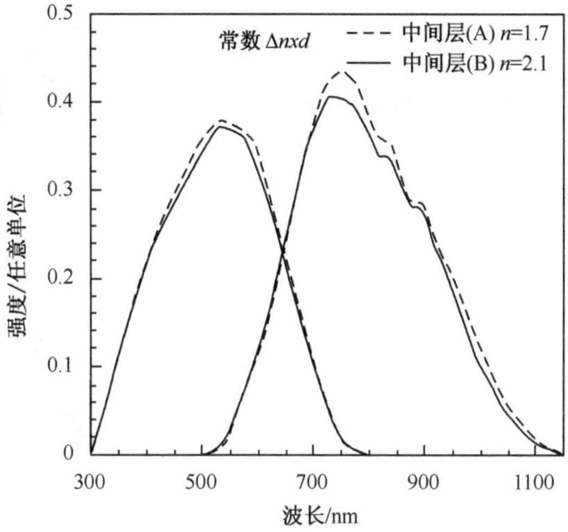

图 5.58　采用不同介电常数的双结电池的光谱响应曲线[181]

示是采用不同折射率的双结电池的量子响应曲线。从图中可以看出，折射率为 1.7 比折射率为 2.1 的效果好。利用这种电池结构，Kaneka 公司取得了初始转换效率为 14.7%的双结叠层电池[181,182]。

a-Si∶H/μc-Si∶H 双结电池是新一代硅薄膜电池的主要电池结构。首先这种电池结构的转换效率比常规的纯非晶电池的转换效率高。其次是电池的稳定性好。最后是生产过程中不需要锗烷，可以降低生产成本。目前日本三菱重工、Sharp 和 Kaneka，欧洲的 Oerliko 和 Applied Thin Films 公司都在着手生产大面积 a-Si∶H/μc-Si∶H 双结太阳电池。

5.4.2.5　a-Si∶H/a-SiGe∶H/μc-Si∶H 三结太阳电池

近年来随着微晶硅电池研究的深入，美国联合太阳能公司利用微晶硅电池作为三结电池的底电池。他们利用 a-Si∶H/a-SiGe∶H/μc-Si∶H 三结电池结构取得了 15.4%的初始转换效率[183]。图 5.59 所示是高效 a-Si∶H/a-SiGe∶H/μc-Si∶H三结电池的电流-电压曲线和量子效率（QE）曲线。从图中可以看出，电池的长波响应非常好，其中底电池的光谱响应可延伸到 1100nm。这是由于微晶硅电池的长波响应比非晶锗硅好，可以对太阳光谱进行有效的利用。与 a-Si∶H/a-SiGe∶H/a-SiGe∶H 三结电池相比，a-Si∶H/a-SiGe∶H/μc-Si∶H 三结电池有以下几个特点。首先是短路电流比较高。这是由于微晶硅底电池的禁带宽度较小，长波响应好。其次是电池的填充因子比较高，一方面这是由于微晶硅电池的填充因子比非晶锗硅电池的填充因子好，另一方面是由于微晶硅材料禁带宽度的较小，电池的开路电压低[177]。这两方面因素使得在电池的设计中采用底电池

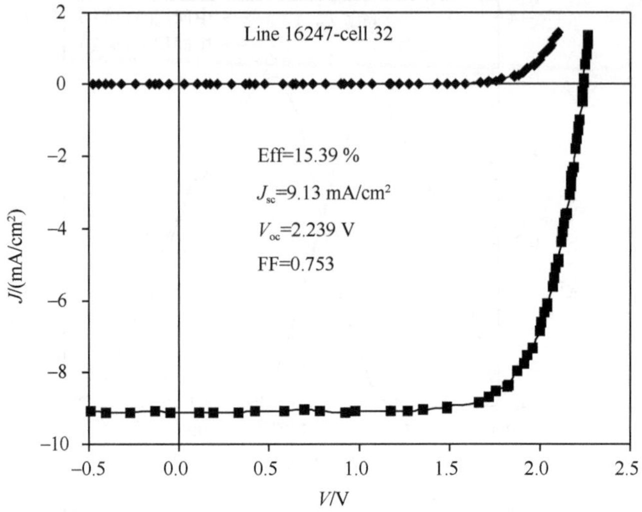

(a)

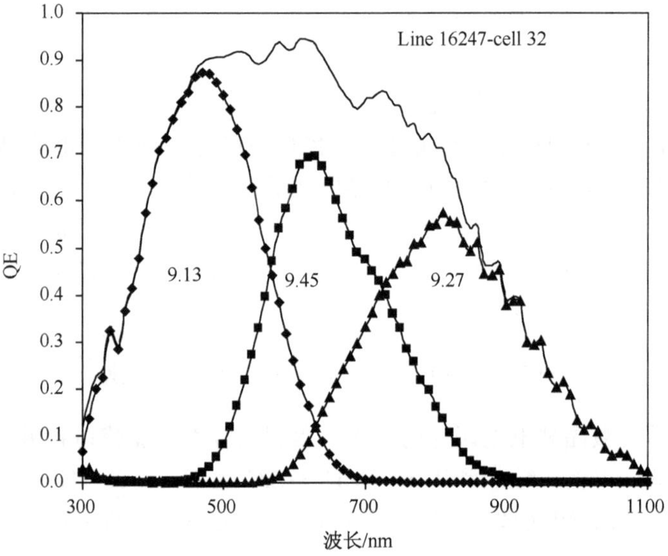

(b)

图 5.59　美国联合太阳能公司报道的高效 a-Si：H/a-SiGe：H/μc-Si：H 三结电池的电流-电压曲线（a）和量子效率（QE）曲线（b）[183]

限制的短路电流有助于提高电池的填充因子。最后，稳定的微晶硅底电池不仅可以提高电池的填充因子，而且可以提高电池的稳定性。

5.4.2.6　a-Si∶H/μc-Si∶H/μc-Si∶H 三结太阳电池

利用 a-Si∶H/μc-Si∶H/μc-Si∶H 三结电池结构可以有效地提高电池的稳定性。美国联合太阳能公司利用这种电池结构取得了 14.1%的初始效率，经过 100mW/cm² 白光，1000h，在 50℃下光照，稳定电池效率达到 13.3%[73]，超过了用 a-Si∶H/a-SiGe∶H/a-SiGe∶H 三结太阳电池得到的 13.0%的稳定效率（该电池的初始效率为 14.6%）。图 5.60 所示是 a-Si∶H/μc-Si∶H/μc-Si∶H 三结电池的电流-电压曲线和量子效应曲线。从图中可以看出，不仅底电池的长波响应好，而且中间电池的长波响应也延伸到 1100nm。更为重要的是它的稳定性好，长时间光照所引起的衰变一般在 5%左右。

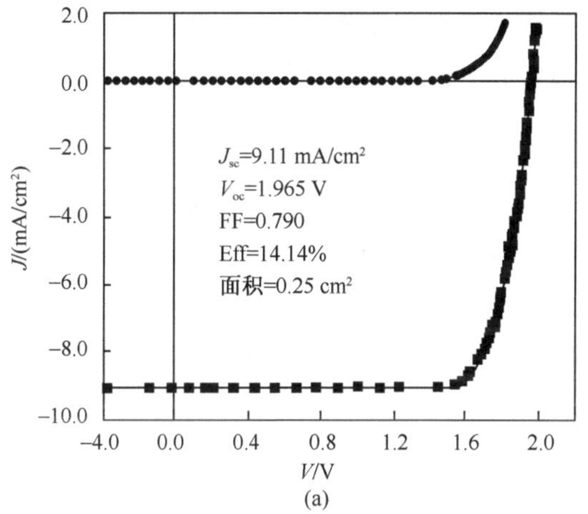

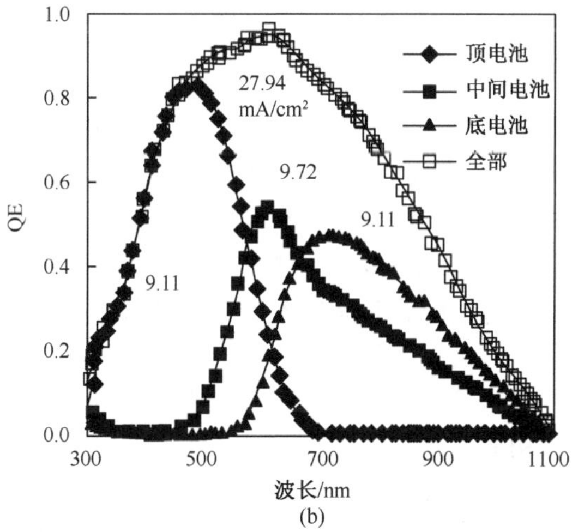

图 5.60　美国联合太阳能公司报道的高效 a-Si∶H/μc-Si∶H/μc-Si∶H 三结电池的电流-电压曲线（a）和 QE 曲线（b）[73]

5.4.2.7 a-Si：H/a-Si：H/μc-Si：H 三结太阳电池

日本 Kaneka 公司[181,182]和 Sharp 公司[184]采用 a-Si：H/a-Si：H/μc-Si：H 三结太阳电池来提高电池的效率。其中 Kaneka 公司取得了 15.1%的初始电池效率。在这种电池结构中，首先遇到的困难是中间电池的电流很难与顶电池和底电池相匹配。为了克服这种困难，在中间电池和底电池间插入半反射膜，从而将部分光反射到中间电池中，提高中间电池的电池。最近 Sharp 公司采用这种电池结构，使大面积电池的稳定效率提高到 10%[184]。

5.4.3 硅薄膜太阳电池的计算机模拟

半导体器件的计算机模拟，在今天的大规模集成电路设计中起到了重要的作用。相应的半导体器件和电路模拟的商业化程序也在不断的发展和更新。这些商业化程序大都是用于晶体半导体器件的，其中的材料参数，如载流子的迁移率和寿命，都是很确定的。

非晶半导体器件的计算机模拟要比晶体器件复杂得多。首先是非晶半导体材料的结构和特征参数比较复杂。以非晶硅为例，其材料中带隙态，包括价带尾态、导带尾态和各种缺陷态，相当复杂。虽然人们经过了若干年的研究，但对这些缺陷态的特性（如对电子和空穴的俘获截面）的了解还是很有限。其次是非晶半导体的材料特性，随着制备工艺的不同而不同。在优化条件下和非优化条件下沉积的材料的缺陷态密度可以相差几个数量级。载流子的迁移率和寿命也相应地变化很大。最后是非晶半导体的材料特性不稳定，特别是光诱导缺陷的产生。以上三个方面使得非晶半导体器件的模拟变得非常复杂。常规的商业化晶体半导体模拟程序都不能满足非晶半导体器件模拟的需要，特别是微晶硅材料中结构的非均匀性使得器件的模拟难度和复杂性更为增加。

虽然非晶半导体器件的模拟非常复杂，人们还是进行了不懈的努力。早在 20 世纪 80 年代初 M. Shur 等就开始了非晶硅太阳电池的模拟[185]，其中主要的设计思想是解一维泊松方程和电流连续性方程。根据当时所得到的材料参数，他们对非晶硅 p-i-n 电池进行了模拟，得到的电池的电压-电流曲线和量子效率曲线与实际测量的结果相吻合。随着非晶硅太阳电池研究的不断深入，器件结构也变化多样，这样就要求计算机模拟程序能够处理这些不同的器件结构。具体来讲，除能够处理典型的非晶半导体特性，如连续的缺陷态分布外，模拟程序还应考虑以下几个有关器件结构的问题：首先是要能够计算多结电池。由于高效薄膜电池都采用多结，多带隙，光谱分段结构，因此模拟程序应能包含每一层的带隙宽度以及相应的吸收系数。同时应考虑到层与层间的导带和价带的不连续性。其次是要求模拟程序能够处理连续变化的禁带宽度。实验和理论都证明，渐进的变化非晶锗硅的禁带宽度，可以有效地提高电池的效率[186]。最后是模拟程序还要考虑电池的光学特性，如绒面结构对光子的散射作用。考虑到以上硅薄膜电池的特殊性，人们开发了针对硅薄膜电池的模拟程序，如美国宾夕法尼亚州立（Penn State）大学的 AMPS-1D 程序[187]、Ljubljana 大学的 ASPIN 程序[188]、Delft 工业大学的 ASA 程序[189,190]、Ghent 大学的 SCAPS 程序[191]和柏林 Hahn-Meitner 研究所的 AFORS 程序[192]。

为了提高半导体材料对入射光的有效吸收，通常采用具有一定表面粗糙度的绒面技术。因此计算机模拟程序不仅需要考虑电学特性还要考虑器件的光学特性。为此人们开发了可以计算光学散射的模拟程序，如 Ljubljana 大学的 Sunshine 程序[193]和 Delft 工业大学包含有光学散射模型的 ASA 程序[194]。

计算机模拟的重要作用在于优化器件结构和预期电池的最高效率。对于多结硅薄膜电池，结构的复杂性使进行实际工艺优化的难度增加。如果没有可靠的器件结构设计，即使有高质量的材料，也很难制备出高效的太阳电池。人们虽然可以通过实验手段来优化器件结构，但是所需的时间和经费都是庞大的。最佳的优化设计是将计算机模拟和实验相结合。图 5.61 所示是模拟的非晶硅/微晶硅双结和三结电池的电压-电流曲线[190]。其中改进的电池包括了电学和光学两个方面的改进。从图中可以看出双结电池的效率可以达到 15.8%，而三结电池可以达到 17.3%。目前实验室中的实际双结电池效率是 14.7%[182]，而三结电池是 15.4%[183]。尽管与模拟预期的最高效率仍有距离，但是要想进一步提高电池的效率是比较困难的。

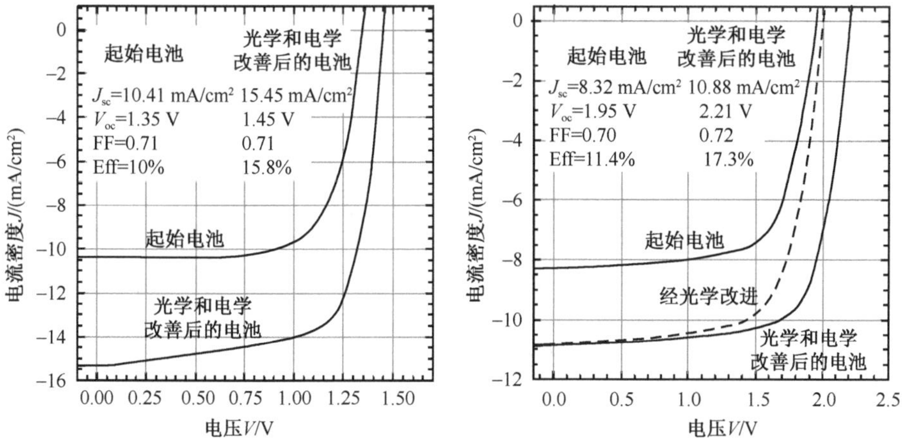

图 5.61　计算机模拟的非晶硅/微晶硅双结和三结电池的电压-电流曲线[190]

5.5　硅基薄膜太阳电池制备技术及产业化

随着整个太阳电池市场的不断扩大，世界范围内的硅基薄膜电池的生产能力也在迅速增加。特别是传统的单晶硅和多晶硅电池的发展受到源材料的制约，硅基薄膜电池的发展尤为重要。目前在硅基薄膜太阳电池的生产中主要有两种技术。其中一种是以玻璃为衬底的 p-i-n 结构，另一种是以不锈钢或塑料薄膜等为柔性衬底的 n-i-p 结构。就所用的材料而言，早期的生产线是以非晶硅和非晶锗硅合金为主要材料。近年来随着纳微晶硅研究的深入，以微晶硅为底层电池的多结电池的生产也迅速崛起。在本节中我们分别介绍目前应用较为广泛的生产技术。

5.5.1　以玻璃为衬底的硅基薄膜太阳电池制备技术

以玻璃为衬底的硅基薄膜电池是目前广为应用的电池结构。目前世界范围内大部分硅基薄膜电池的生产都是采用玻璃为衬底，其中包括日本 Kaneka 公司[13,182,195]、日本 Sharp 公司[196]、日本的三菱重工、德国的应用薄膜公司（Applied Thin Films)[197] 和瑞士的 Oerlikon 公司[198]。图 5.62 所示是日本 Kaneka 公司的非晶硅太阳电池的自动化生产设备[195]。

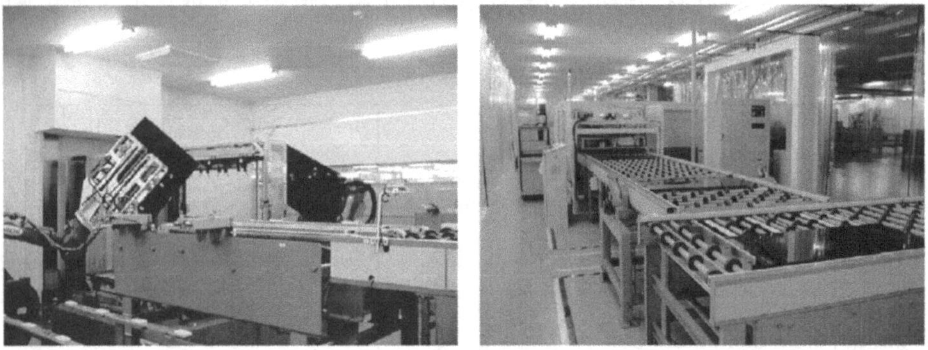

图 5.62　日本 Kaneka 公司非晶硅和微晶硅多结电池自动生产设备[195]

p-i-n 电池的结构已经在前面做了阐述，在此就生产过程中的一些技术问题作一简要介绍。早期的生产线主要是以非晶硅单结电池为主。其特点是生产设备简单，生产成本低。但是由于电池的效率低，相应地后道工序成本会相应增加。目前应用较为广泛的是以非晶硅/非晶硅双结和非晶硅/非晶锗硅双结电池。随着微晶硅电池转化效率和沉积速率的提高，一些公司已经开始非晶硅/微晶硅双结电池的生产。以玻璃为衬底的电池模板的生产分为以下几个步骤：制备透明导电膜，透明导电膜的激光切割，非晶硅电池的沉积和氧化锌的沉积，非晶硅层的激光切割，金属背电极的沉积，金属背电极的激光切割，漏电流的钝化，边缘绝缘处理，EVA 封装。我们将这一生产构成分为三个部分来介绍。

5.5.1.1　玻璃衬底的制备

以玻璃为衬底的硅基薄膜电池的首道工序是制备透明导电膜。常用的透明导电膜是氧化锡（SnO_2）。用于太阳电池需要大量的透明导电膜，因此有专门的公司生产透明导电膜。所用的玻璃是含钠离子较低的玻璃。为了阻挡金属离子扩散到半导体材料中，在沉积透明导电膜之前首先要沉积一层二氧化硅。二氧化硅的厚度在 50nm 左右。然后再用热分解或溅射等方法沉积氧化锡。衡量透明导电膜的质量有三个指标。首先电导率，由于透明导电膜本身是电池的正电极，因此透明导电膜的电导率直接影响电池的串联电阻，进而影响电池的填充因子。其次是光透过率，透过率的大小直接影响电池的电流。最后是透明电导膜表面的绒面织构（texture)，绒面质量决定光的散射效果。由于非晶硅电池本身比较薄，光的散射效应对于增加电池的短路电流是极为重要的。常规的氧化锡透明导电膜有一个重要的缺点，在高氢稀释的等离子体作用下，氧化锡易被原子氢还原，大大降低透明导电膜的透过率。所以常规非晶硅电池模板的生产过程中通常采用 p 型非晶碳化硅作窗口层，而不是采用 p 型微晶硅窗口层，其主要原因是在沉积微晶硅时需要很高的氢稀释度，而高浓度的原子氢会损伤氧化锡透明导电膜。特别是在透明导电膜上微晶硅电池，这一问题显得尤为突出。为了解决这一问题，人们开始研究新的透明导电膜。较为理想的材料是氧化锌（ZnO）。首先氧化锌在氢气等离子体条件下较为稳定，其次氧化锌的透光率较高。本征氧化锌的主要问题是电导率不够高。为了解决这样问题，人们采用掺杂的方法来增加其电导率。常用的掺杂元素是铝（Al）或镓（Ga）。为了提高光的散射效应，人们利用化学刻蚀的方法增加氧化锌的粗糙度[199]。

5.5.1.2　硅基薄膜层的沉积

与所有的非晶硅生产线相同，非晶硅薄膜的沉积设备是整个生产线中最重要的设备。其中最简单的是单室设备，也就是非晶硅电池的 p-i-n 层都在同一反应室中沉积。目前应用较广泛的是由美国 EPV 公司设计的单室设备，这种设备可以同时装入 48 片玻璃衬底，太阳电池中所有不同层都在同一反应室内沉积。设备的优点是成本低，运行稳定；缺点是气体的交叉污染。由于设备的成本低，所以相应的太阳电池的成本低，投资方可以在较短的时间内将投资收回。由美国 EPV 公司所提供的单室非晶硅生产线已经输入到好几个国家。其中天津津能太阳能公司的 2.5MW 设备从 2004 年投产以来运行良好。新的 5.0MW 设备也已于 2007 年投产。所生产的电池是 a-Si∶H/a-Si∶H 双结结构，太阳能模板的稳定效率在 5%～6%。单室设备的最大问题是反应气体的交叉污染。电池的简单结构是 p-i-n，其中 p 层的生长过程中需要含硼的气体，常用的气体是硼烷（B_2H_6），三甲基硼（B（CH_3）$_3$），或三氟化硼（BF_3）。在沉积完 p 层后，反应室中总是会有一定的含硼的残留气体，这些含硼的残留气体影响本征层的质量。同样 n 层的沉积过程中需要含磷的气体，如磷烷（PH_3）。在沉积完 n 层后，残留的含磷气体也会对下结电池的 p 层产生一定的影响。为了将交叉污染的影响降低，在每层沉积后要用氢气对反应室进行冲洗。

虽然单室设备存在反应气体交叉污染的问题，但是由于设备造价低、运行稳定等特点，单室设备还是吸引了许多公司的重视。日本 Kanaka 公司最近利用单室设备制备出初始效率为 13.4%的 a-Si∶H/μc-Si∶H 双结电池[181]。从这一结果可以看出，如果在技术上能有效地控制减少掺杂气体的交叉污染，利用单室反应系统是降低生产成本最为有效的方法。

多室反应系统是生产高效硅基薄膜电池的重要手段。多室系统可以有效地避免反应气体的交叉污染，降低本征层中的杂质含量，提高太阳电池的效率。同时电池的不同层可以同时沉积。多室系统的缺点是设备成本高，需要维护的部件多。对于生产规模较大的企业，多室分离沉积系统仍然是以玻璃为衬底的硅基薄膜太阳电池的重要沉积设备。目前包括美国应用材料公司（Applied Materials）在内的一些主要半导体设备企业开始研究和开发为薄膜硅太阳电池生产用的大型等离子体辉光放电沉积设备。

近年来随着微晶硅太阳电池的深入研究，开发大面积高速沉积微晶硅成为硅基薄膜电池生产设备的重要课题。如前所述，超高频等离子体是高速沉积微晶硅的重要手段。然而随着激发频率的增加，电磁波的波长降低，因此引起大面积沉积的均匀性问题。为了提高超高频等离子体沉积的均匀性，日本三菱重工开发设计了新的梯型电极结构[200,201]。图 5.63 所示是他们设计的梯型超高频电极结构。电极由通常的平面电极改进成网状梯型结构，超高频信号被分成上下两支，分别接到电极的两侧。该电极的另一个重要的特点是通过调节两支激发信号的相位可以有效的改进电场分布的均匀性，从而提高微晶硅薄膜的均匀性。利用这种改进的电极结构，他们生产出如图 5.64 所示的世界最大的太阳电池板。这种改进的电极不仅提高了微晶硅薄膜的均匀性及其电池的转换效率。图 5.65 所示是三菱重工所报道的微晶硅单结电池的转换效率和沉积速率的关系。从图中可以看出，利用常规的沉积方法，微晶硅电池的效率较低，并且随沉积速率的增加明显降低；而利用新设计的电极，不仅电池的效率高，而且随沉积速率的变化较小。利用这种技术日本三菱重工于 2007 年开始生产非晶硅/微晶硅双结电池，其电池的设计效率为 12%左右。

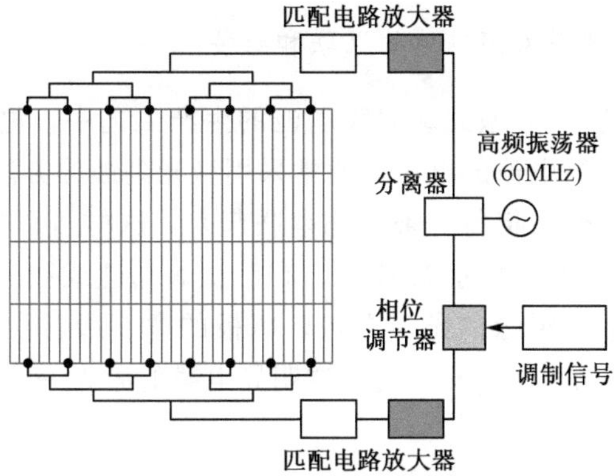

图 5.63　日本三菱重工公司设计的梯型超高频等离子体电极结构[200,201]

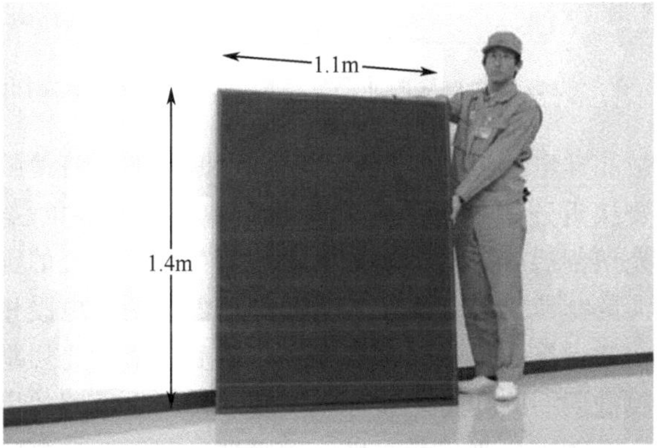

图 5.64　日本三菱重工报道的 1.1m×1.4m 的太阳电池板[200,201]

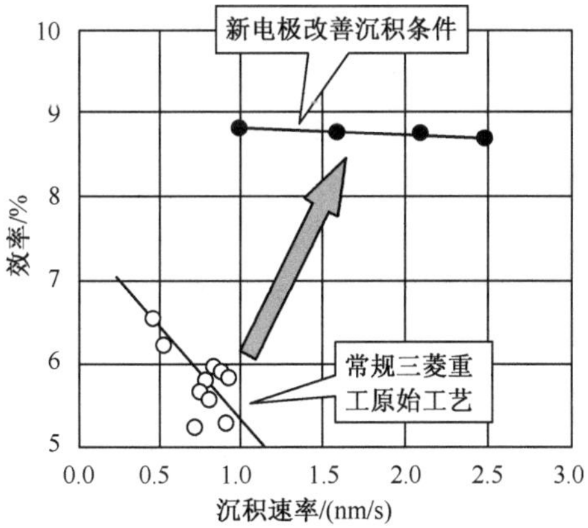

图 5.65　日本三菱重工报道的微晶硅太阳电池的转换效率和沉积速率的关系[201]

5.5.1.3　硅基薄膜太阳电池的互联和封装

以玻璃为衬底的 p-i-n 型硅基薄膜电池的生产工艺中，电池的互联和封装是非常重要的。为了提高电池的电压，通常采用激光刻蚀的方法将大面积的电池分割成较窄的电池条，然后将每一条电池串联起来，这样可以提高电池板的电压。图 5.66 所示是电池串联结构示意图[79]。在沉积非晶硅或微晶硅之前，先用激光将透明导电膜刻成相互绝缘的条形电极，电极的宽度通常设计在 1cm 左右；激光刻蚀的刻痕宽度为 10～20μm。刻蚀透明导电膜的激光一般是 Nd-YAG 激光。

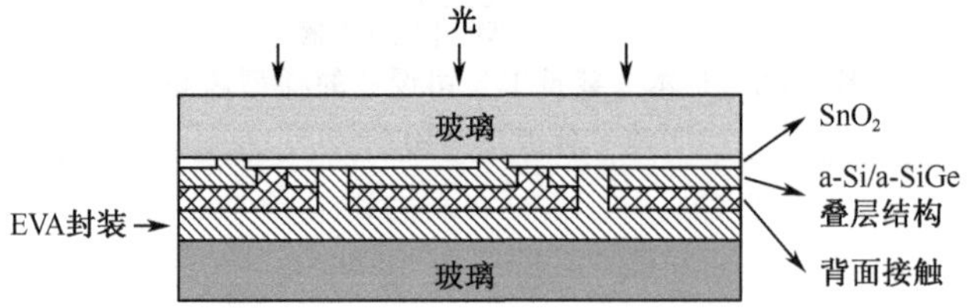

图 5.66　以玻璃为衬底的非晶硅薄膜电池串联结构示意图[79]。

在非晶硅或微晶硅电池沉积完成后，第二次激光切割将薄膜硅切成条。薄膜硅的激光切割线要接近透明导电膜的切割线，如离透明导电膜的切割线 10μm。在完成第二次激光切割后，进行金属背电极的沉积。背电极的沉积一般是用溅射法。在被激光刻蚀的硅薄膜处，金属背电极与前面透明导电膜相连接。在完成背电极的沉积后，在靠近第二道激光刻痕处进行最后一道激光切割，第三次激光切割将背电极和薄膜硅层一同切开，这样就实现了每条电池间的串联。在电池的边缘还要进行最后一次激光切割将背电极，薄膜硅，和透明导电膜一同切掉，从而实现电池与周边的绝缘。

在完成所有的激光切刻后要进行超声波清洗，将激光切刻的残留物清除。之后还要进行电池的钝化，利用反向偏压产生的电流将所有的短路区烧掉。在进行最后封装之前要进行特性的测试。一般是在大面积太阳模拟器下测量电池的短路电流，开路电压和填充因子，并将不合格的产品去除。生产电池板的最后一道工序是电池的封装，包括利用乙烯醋酸乙烯酯共聚物（ethylene vinyl acetate，EVA）将另一块玻璃封装到电池板上，将电池接上引线，装上框架等。在出厂之前还要进行电池特性的测量。

太阳电池板的生产是一个非常复杂的多步骤过程。任何工艺过程中的失控都会影响产品的质量，因此生产过程中的在线监测和控制是非常重要的。特别是非晶硅和微晶硅各层的沉积过程必须严格稳定的控制。除了通常的监测等离子体的偏压外，人们还利用监测等离子体发光光谱（OES）来监测等离子体的稳定性。随着现代自动化控制水平的不断提高，硅基薄膜太阳电池的生产工艺得到改进，产品合格率逐渐提高。

5.5.2　柔性衬底，卷-到-卷非晶硅基薄膜太阳电池制备技术

与玻璃衬底相对应的另外一种非晶硅基太阳电池生产技术是卷-到-卷（roll-to-roll）的连续沉积法。美国能源转换器件公司（Energy Conversion Device，Inc.，ECD）和其子公司联合太阳能公司（United Solar Ovonic LLC）在卷-到-卷连续沉积方面处于国际领先地位[146,153,166]。因此本章将以联合太阳能公司的生产工艺为例将卷-到-卷非晶硅太阳电池的生产过程做一简单的介绍。

第一代的卷-到-卷连续沉积实验设备始建于 20 世纪 80 年代初。1982～1983 年建成第二代卷-到-卷连续沉积中试生产设备。这套设备具有 5 个分离室，包括一个装卷室、三个沉积室和一个出卷室。这三个沉积室分别沉积太阳电池的 p 层、i 层和 n 层。各反应室间用气筏（gas gate）隔离。从此以后，能源转换公司和联合太阳能公司不断改进卷-到-卷连续沉积技术。第一个大型 5MW（5MW/a）生产线于 1997 年建成。该生产线包括一个卷-到-卷连续衬底清洗设备，一个卷-到-卷连续背反射膜沉积设备，一个大型非晶硅和非晶锗硅合金三结电池沉积设备，一个上电极透明导电膜卷-到-卷连续乘积设备，以及一套电池的封装设备。这个 5MW 生产设备的设计，制造和生产为以后更大型的卷-到-卷连续沉积生产线的建造奠定了稳定的基础。

2002 年新一代的大型 30MW 卷-到-卷非晶硅太阳电池设备在美国密西根建成投产。随后他们又建成了多套类似的生产线，到 2007 年底，联合太阳能公司具有 118MW 的生产能力[114]。

5.5.2.1　卷-到-卷非晶硅基薄膜太阳电池沉积的前道工序

联合太阳能公司的卷-到-卷太阳电池的生产过程分成几个步骤。首先是衬底的清洗。具有一定光洁度要求的 0.13mm 厚的不锈钢卷，经过一个连续的卷-到-卷清洗设备将衬底清洗干净。然后经过另外一个卷-到-卷的背反射膜沉积设备在衬底上沉积背反射膜。由于非晶硅和非晶锗硅合金中载流子（特别是空穴）的迁移率和寿命积比较低，所以非晶硅基电池的本征层不能太厚，否则电池的填充因子会比较低。为了在有限厚度的本征层中有效地吸收阳光，背反射膜成为非晶硅电池的重要组成部分。特别是在以不锈钢为衬底的 n-i-p 结构中尤为重要，因为在这种结构中，上电极通常采用氧化铟锡（ITO）。为了使 ITO 起到抗反射的作用，ITO 的厚度一般取最佳光谱区光波长的 1/4。对于非晶硅基电池，ITO 的厚度一般为 70nm。这样薄的 ITO 不可能具有绒面结构，所以光的散射效应主要来自衬底的绒面结构。由于不锈钢的反射率不高，为此必需在不锈钢上镀一层高反射的金属，常用的材料是银或铝。虽然银是最好的光反射材料，但是由于成本等

方面的考虑，目前生产中所采用的背反射膜为铝/氧化锌材料。虽然铝的反射率不如银高，但从成本和可靠性等方面考虑，目前铝/氧化锌背反射膜仍然是生产线上常用的材料。

在卷-到-卷连续太阳电池的生产系统中，最主要的生产设备是非晶硅薄膜的沉积设备。图 5.67 所示是 30MW 生产线中非晶硅基薄膜卷-到-卷沉积设备。图 5.68 所示是卷-到-卷非晶硅三结电池的沉积原理图。这个设备可以同时装载六卷 2.6km 长 36cm 宽的不锈钢卷。其中在射频（RF）电极的两侧各有三卷衬底连续运转。射频电极采用立式结构，这样两侧的衬底和电极的结构是对称的。六卷衬底一次装入沉积设备中，经过 62h 的连续沉积，组成三结电池的九层不同结构的半导体材料在不同反应室中依次沉积在衬底上。反应室间是用气体隔离阀相隔离，能够有效避免不同反应气体间的相互交叉污染。

图 5.67 美国能源转换器件和联合太阳能 30MW 卷-到-卷非晶硅太阳电池连续沉积生产线[202]

在完成非晶硅沉积后，最后一个卷-到-卷设备是 ITO 上电极的沉积。以上卷-到-卷连续沉积是太阳电池生产过程的核心部分，也叫前道工序。

日本富士电力公司是另外一家具有特色的非晶硅太阳电池研究和生产企业。他们也是用卷-到-卷的沉积技术。他们所用的衬底是柔性塑料。其设备可以同时在两卷 1.5km 长 0.5m 宽的塑料上沉积 a-Si∶H/a-SiGe∶H 双结电池。与美国联合太阳能公司的卷-到-卷工艺不同，日本富士电力公司的是“卷-停-卷（stepping-roll apparatus)”生产工艺。在衬底的传输过程中是不沉积的，当衬底移动到指定的反应室后，衬底就停在反应室中，这时衬底会被加热到指定的温度，而且每个反应室被隔开，并同时在各反应室中沉积太阳电池所需的不同层。

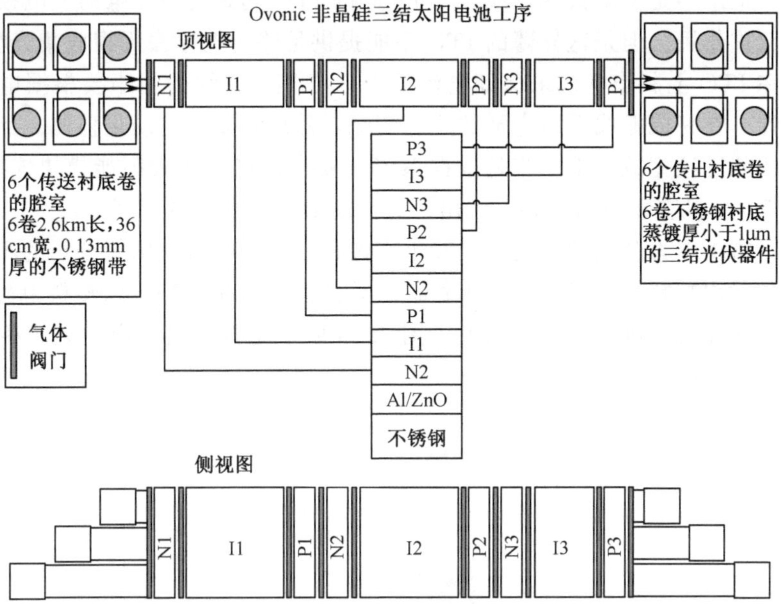

图 5.68　美国能源转换器件和联合太阳能 30MW 卷-到-卷非晶硅太阳电池连续沉积过程示意图[202]

5.5.2.2　卷-到-卷的非晶硅基薄膜太阳电池生产的后道工序

太阳电池的后封装是整个生产过程中不可缺少的组成部分。图 5.69 给出了后封装生产过程的流程图。从前道工序生产出来的 2.6km 长的太阳电池首先要经过切割过程。根据对电池电流的要求，将电池切成一定的大小。经过切片后，首先要经过质量监测。然后是对电池的微缺陷进行钝化。在非晶硅的沉积过程中，等离子体中总是有一定的颗粒物。这些颗粒物沉积在衬底上会引起漏电流。经过钝化后，这些微缺陷被去除。然后要再进行质量监测。

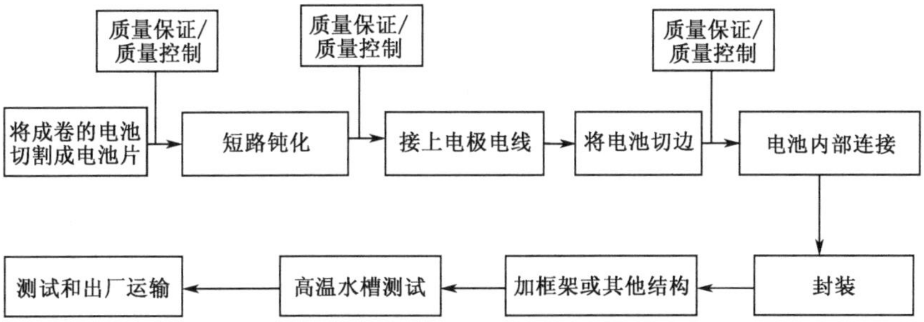

图 5.69　美国联合太阳能公司非晶硅太阳电池后道封装工序流程图[166]

下一道工序是上电极的栅线。70nm 厚的 ITO 起到透明导电的上电极以及抗反射的双重作用。但是这样薄的 ITO 不能提供足够的电导去无损收集光生电流，因此要在 ITO 上制作栅线来保证电流的有效收集。栅线的间距要根据电流的大小来设计。在完成栅线后将电池的边缘切除，然后还要进行质量监测。到此太阳电池模块就已经完成。下一步是根据系统的要求，将多块太阳能模块连接起来。最后是 EVA 封装和边缘封装。在出厂之前还要进行最后的测试。

日本富士电力公司的电池结构和生产过程与美国联合太阳能公司的不同。首先他们是采用塑料作为衬底。由于材料的柔韧性比不锈钢好，以塑料为衬底的电池可以安装在弯曲度较大的曲面上。图 5.70 所示是日本富士电力公司生产的柔性非晶硅基太阳电池。

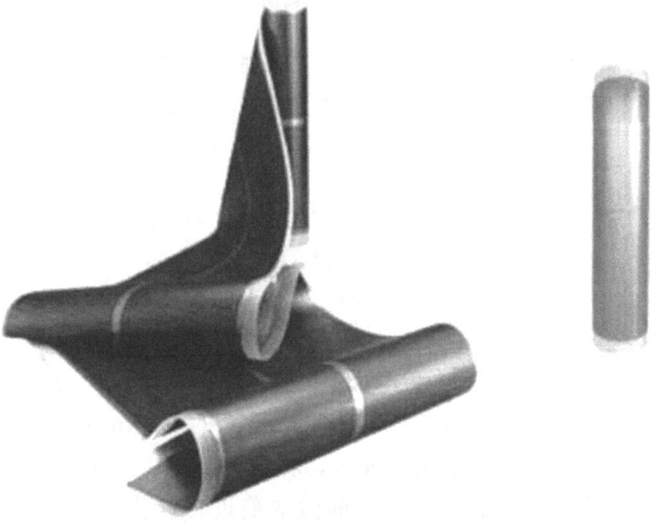

图 5.70 日本富士电器公司所生产的以柔性塑料为衬底的非晶硅基太阳电池[203]

日本富士电力公司的太阳电池的串联方式比较独特。由于 ITO 较薄，在以玻璃为衬底的电池中的常规激光切割连接法在柔性衬底电池上很难应用，所以他们设计了新的连接方法。如图 5.71 所示，首先要在衬底上用机械的方法打孔。这些小孔被用来将电池串联起来。然后用连续卷-到-卷的方法在柔性塑料衬底的两面沉积金属导电膜[203]。在沉积完电极后，要用机械的方法打第二种小孔。第二种小孔是用来收集电流的。在打完第二种小孔后，通过卷-停-卷的方式在衬底上依次沉积非晶硅和非晶锗硅合金双层电池，然后用卷-到-卷的方式沉积 ITO 电极。最后用激光切割的方法将每条电池分开。同时也用激光切割的方法将背电极切开。这样就实现了太阳电池的串联。

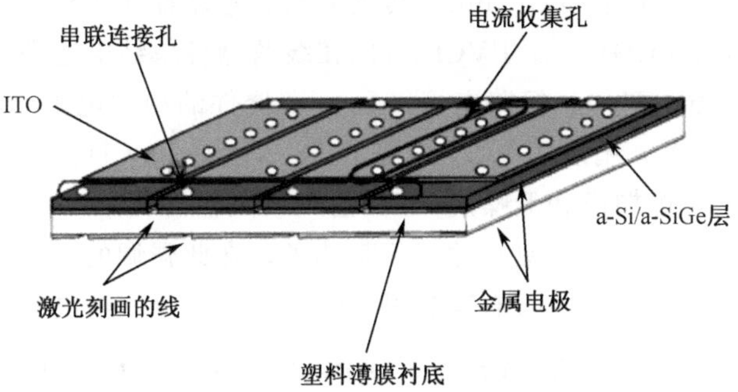

图 5.71　日本富士电器公司所生产的以柔性塑料为衬底的非晶硅基太阳电池连接示意图[203]

由于采用塑料衬底，所以沉积过程都要在较低的衬底温度下进行。一般沉积温度要低于 300℃。在通常的条件下，增加衬底温度可以有效地增加背反射膜的绒度，特别是银的粗糙度。为了在较低温度下也能沉积出有一定绒度的背反射膜，采用含有少量铝的银溅射靶，并且采用选择性反应溅射的方法来增加银表面的粗糙度。据介绍，他们采用的溅射靶是含有 0.1%～3.0%铝原子比的银靶。在 Ar/O_2 混合气体的等离子体溅射过程中少量的铝被氧化，并形成粗糙面结构。这种方法在低温沉积条件下尤其重要。然后在金属层上再沉积 ZnO 层。

日本富士电力公司采用 27.12MHz 的等离子体来沉积非晶硅和非晶锗硅合金。这种频率虽然没有通常概念的超高频的频率高，但在这一频率激发下太阳电池的稳定性得到了改善。同时沉积速率也可以得到提高，而且大面积的均匀性也可以得到兼顾。

5.5.2.3　非晶硅薄膜太阳电池的卷-到-卷生产过程中的在线监测和控制

在联合太阳能公司的卷-到-卷的生产过程中，在线监测和控制（inline diagnostic and control system）系统是其中的一个重要组成部分[202]。以电池的半导体层沉积为例，在正常的三结非晶硅和非晶锗硅沉积过程中，要在 2.6km 长的不锈钢卷上连续沉积九层半导体材料，整个沉积过程需要 60 多小时。在任何一个环节出现问题都会影响产品的质量，因此及时有效地监测各反应室中等离子体的情况和经过各层沉积后器件的特性是非常重要的。在线监测可以随时掌握电池沉积过程中各等离子体沉积室中的情况，避免不必要的不合格的产品，提高电池的生产效率。在目前的 30MW 生产线的前道工序中的 4 个卷-到-卷沉积设备中都有相应的在线监测系统。表 5.14 列出了生产线所用的在线监测系统，其中包括两种测量技术。首先是光学测量系统。通过测量沉积表面对光的散射和反射来监测各层的厚度，表面的平整度。比如通过测量反射光谱，可以在 30s 内测量 n

层和 i 层的厚度，其精确度在 1nm。其次是光伏电容监测（photo voltage capacitive diagnostic，PVCD）[202]。PVCD 可以在线监测各单结电池和三结电池的电学特性，如开路电压（V_{oc}）、短路电流（J_{sc}）和器件的串联电阻（R_s），其开路电压的测试时间为 30s，精度为 0.2%。图 5.72 所示是 PVCD 的示意图，其中包括脉冲光源，两个导电栅极和低噪声 FET 输入放大器。文献［202］中对 PVD 的原理有详细的介绍，限于篇幅在此就不赘述了。在此强调的一点是在线随时监控是大规模卷-到-卷硅薄膜太阳电池沉积系统中必不可少的组成部分。

表 5.14　联合太阳能公司 30MW 非晶硅卷-到-卷太阳电池生产线各工艺过程中在线监测系统[202]

卷-到-卷工艺	诊断系统	台数	测量
清洗机	光激发电子发射谱(OSEE)	2	清洁度
背反射	散射仪	1	镜面反射和漫反射
	反射光谱仪	2	ZnO 薄膜厚度
30MW a-Si	反射光谱仪	8	各个 n 层和 i 层的厚度
	光伏电容诊断仪(PVCD)	4	成分与器件的电学性质
ITO	薄膜电导	1	ITO 电导
	反射谱	2	ITO 薄膜厚度
	光伏电容诊断仪(PVCD)		器件电学性质,钝化前的短路程度

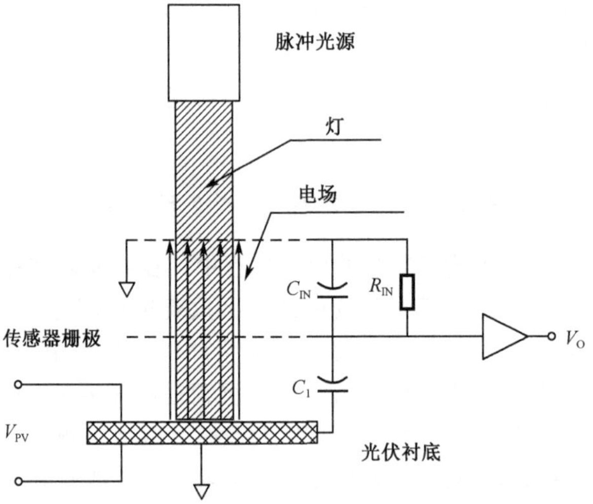

图 5.72　美国联合太阳能公司生产线上使用的 PVCD 时时监测系统示意图[202]

5.6　硅基薄膜太阳电池的产业化：现状、发展方向以及未来的展望

硅基薄膜电池是薄膜电池家族中的一个重要成员。由于原材料的短缺，常规单晶硅和多晶硅太阳电池的发展速度受到了限制。在这种条件下，新型薄膜太阳电池的发展尤为迅速。在 2007 年，美国薄膜太阳电池的产量已经超过了多晶和单晶硅太阳电池的产量。其中主要的薄膜电池是非晶硅和碲化镉电池。联合太阳能公司（United Solar Ovoinc LLC）是最大的非晶硅太阳电池生产企业。截止 2007 年底，他们的生产能力达到 118MW/a。图 5.73 所示是联合太阳能公司的发展计划[107]。其次是日本的 Kaneka 公司和三菱重工。在过去的几年里，随着世界范围太阳电池市场的蓬勃发展，许多传统的单晶硅和多晶硅太阳电池企业也开始开发薄膜硅电池。其中有日本的 Sharp 公司、三洋公司、德国的 Q-Cells 和中国的尚德（Suntech）公司。与此同时，许多新兴硅基薄膜太阳能企业也迅速增加，特别是在中国和印度等发展中国家。德国银行对各种薄膜电池以及与常规单晶和多晶硅电池的技术和发展前景进行了分析[204]。他们对几个重要的非晶硅太阳电池生产企业今后几年生产规模预测结果的估计认为，到 2010 年硅基薄膜太阳电池的年产量将达到 1.6～1.8GW。

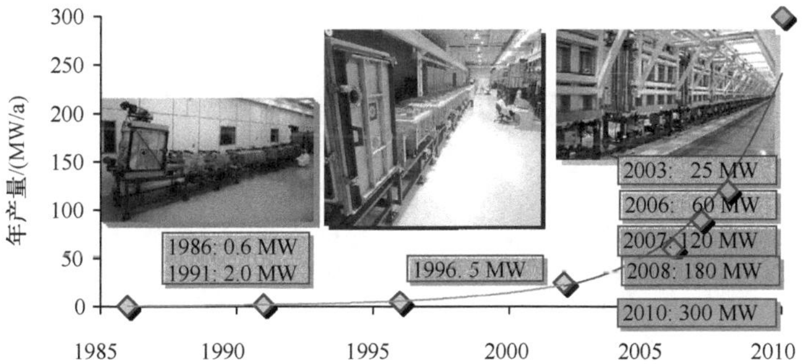

图 5.73　联合太阳能公司的发展计划[114]

5.6.1 非晶硅基薄膜太阳电池的优势

与晶体硅电池相比薄膜硅太阳电池有明显的优势。首先是所需的原材料较少，特别是在晶体硅短缺的条件下，对原材料较弱的依赖关系是薄膜硅电池的重要优势。其次是薄膜硅电池的生产成本较低。虽然在目前条件下，薄膜硅电池的生产成本还没有碲化镉电池低[204]，但是确比单晶硅和多晶硅电池低。另一个重要的优势是大面积沉积。随着生产规模的扩大，大面积沉积是非常重要的。大面积沉积可以有效地降低生产成本。如前所述，日本三菱重工生产出（1.1×1.4）m^2 的电池板。美国联合太阳能公司在 2.6km 长的不锈钢衬底上沉积太阳电池。大面积的沉积是硅薄膜电池所独特的优势。除了以上三条主要优势外，硅薄膜电池还可以沉积到柔性衬底上，如塑料、铝箔、不锈钢片等。柔性衬底上的电池可以安装在非平整的建筑物表面上，这种特点对于可利用空间较小的地区尤为中要。图 5.74 所示是日本富士电气公司生产、安装在曲面形状的建筑物上的电池。沉积在柔性衬底上的电池重量轻，宜于安装在建筑物上，对建筑物的设计没有特殊的载重要求。这一特点使得柔性硅薄膜电池在光伏建筑一体化（BIPV）设计中得到了广泛的应用。图 5.75 所示是由美国联合太阳能公司生产的，安装在曲面建筑物上的柔性非晶硅太阳电池系统。从图中可以看出，此系统不仅很好地利用弯曲的建筑物表面，而且具有良好的装饰效果。硅薄膜电池这种美观的特点，特别是由美国联合太阳能公司开发的屋瓦型产品，很适合别墅型建筑物。

图 5.74　日本富士电气公司生产的，安装在曲面形状的建筑物上的电池[203]

图 5.75　由美国联合太阳能公司生产的，安装在曲面建筑物上的柔性非晶硅太阳电池系统[204]

5.6.2　硅基薄膜太阳电池所面临的挑战

在具有以上优势的同时，硅基薄膜电池也有其难以克服的弱点。首先，与单晶和多晶硅电池相比，薄膜硅电池的转换效率还较低。目前产品电池的效率较高的非晶硅电池板是三结电池，其稳定效率在 7.5%～8.5%，而单结非晶硅电池的效率就更低，因此对于硅基薄膜电池的重大挑战是提高电池的效率。较低的效率使薄膜硅电池难以进入对电池效率有严格要求的市场。对于相同的发电量，硅基薄膜需要较大的空间，并且需要较多的支承结构，这样从系统的角度讲，硅基薄膜电池可能失去成本低的优势。其次，非晶硅和非晶锗硅合金电池的光诱导衰退。就单结电池而言，其衰退率可达 30%，即使是多结电池，其衰退率也在 10%～15%。虽然在过去的几十年里，人们对非晶硅电池光诱导衰退进行了深入的研究，并试图降低光衰退的幅度，但是非晶硅电池的光衰退并没有得到彻底的解决。在目前的情况下，与碲化镉电池相比，非晶硅基电池的生产成本还较高。为了实现太阳电池的电价与电网电价相同的目标，非晶硅电池的成本还需进一步降低。随着产量的增加，非晶硅电池的生产成本会随之降低，同时人们还在不断地提高材料的质量，优化器件设计，优化生产工艺。人们有信心将硅基薄膜太阳电池的电价降低到与电网电价相同的水平。

5.6.3　硅基薄膜太阳电池的发展方向

目前硅薄膜电池产品有主要的三种结构：以玻璃为衬底的单结或双结非晶硅

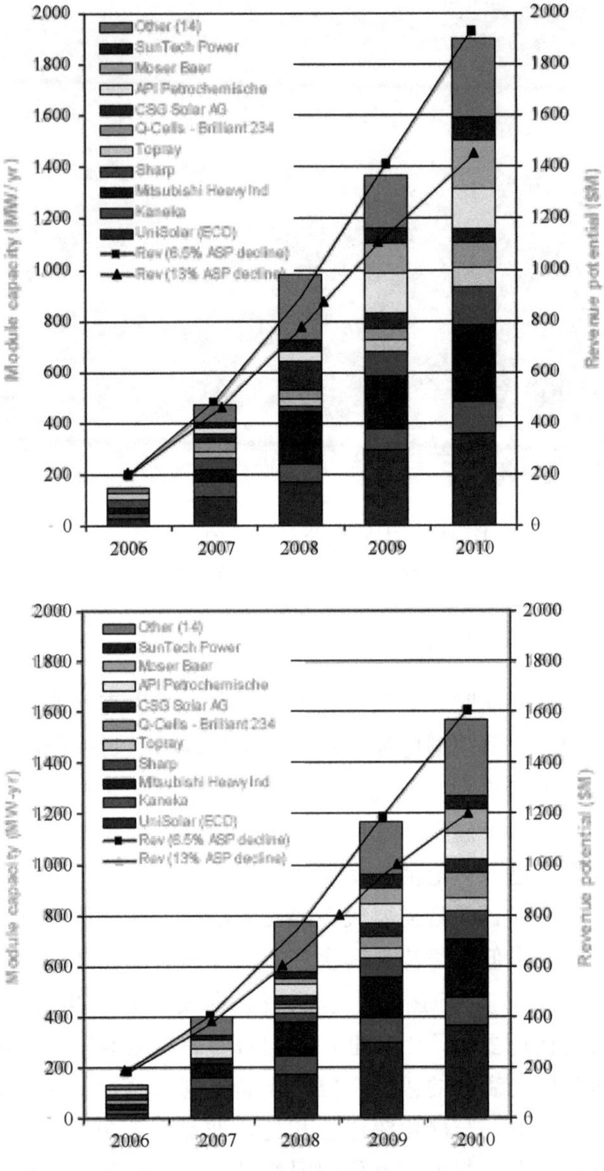

图 5.76　德国银行对主要非晶硅太阳电池生产企业今后几年生产规模的预测[204]

电池，以玻璃为衬底的非晶硅和微晶硅双结电池，和不锈钢为衬底的非晶硅和非晶锗硅合金三结电池。由于各种产品都有其独特的优势，在今后一定的时间里这三种电池结构还会同步发展。硅薄膜电池的长远发展方向是很明显的。在充分利用其独特的优势外，主要是要克服产品开发，生产和销售方面存在的问题。首先是进一步提高电池的效率。如前所述，利用微晶硅电池作为多结电池的底电池可以进一步提高电池的效率，降低电池的光诱导衰退。目前非晶硅和微晶硅多结电池板的稳定效率在 10%左右。人们预计在不远的将来，多结硅薄膜电池的稳定效率可以达到 12%左右。如果微晶硅大面积高速沉积方面的技术难题可以在较短的时间里得到解决，预计在不远的将来，非晶硅和微晶硅相结合的多结电池将成为硅基薄膜电池的主要产品。非晶硅和微晶硅多结电池可以沉积在玻璃衬底上，也可以沉积在柔性衬底上，因此无论是玻璃衬底还是柔性衬底的硅薄膜电池都可以采用非晶硅和微晶硅多结电池结构。在提高电池转换效率的同时，增加生产的规模是降低生产成本的重要途径。随着生产规模的增加，单位功率的成本会随之降低，相应的原材料的价格也随之降低。另外，开发新型封装材料和优化封装工艺也是降低成本的重要研究和开发方向。

非晶硅薄膜电池从发明到真正的产业化生产经过了 30 多年的历史[2]，目前硅薄膜电池已经发展成太阳电池产业的一个重要分支。随着原油价格的不断攀升和太阳能价格的持续降低，太阳能的市场规模会不断扩大。由于在不同的环境中对太阳电池的要求不同，因此不同的电池结构都有其独特的发展空间。硅基薄膜电池有许多优点，同时也存在一些技术问题。我们相信经过科学技术领域的不断研究和开发，硅薄膜电池必将成为太阳能产业中的一个重要组成部分。

参考文献

[1] Spear W E, LeComber P G. Solid State Commun.，1975，17：1193.

[2] Carlson D，Wronski C. Appl. Phys. Lett. 1976，28：671.

[3] Anderson P W. Phys. Rev.，1958，109：1492.

[4] Mott N F. Adv. Phys.，1967，16：49.

[5] Mott N F. Phil. Mag.，1966，13：989.

[6] Cohen M H，Fritzsche H，Ovshinsky S R. Phys. Rev. Lett.，1969，22：1065.

[7] Staebler D L，Wronski C R. Appl. Phys. Lett.，1977，31：292.

[8] Guha S，Narasimhan K L，Pietruszko S M. J. Appl. Phys.，1981，52：859.

[9] Koh J，Lee Y，Fujiwara H，et al. Appl. Phys. Lett.，1998，73：1526.

[10] Tawada Y，Tauge K，Kondo M，et al. Appl. Phys. Lett.，1982，53：5273.

[11] Ovshinsky S R. 18th IEEE Photovoltaic Specialists Conference. IEEE，New York，1985：1365.

[12] Yang J，Banerjee A，Guha S. Appl. Phys. Lett.，1997，70：2975.

[13] Yamamoto K，Nakajima A，Yoshimi M，et al. Record of the 4th World Conference on Photovoltaic Energy Conversion，Waikoloa，Hawaii，May，2006：1489.

[14] Basore P A. Proc. of 3rd World Conference on Photovoltaic Energy Conversion，May 2003，Osaka，Japan：40-D7-01.

[15] Okamoto H，Tanaka K，Maruyama E. *In*：Amorphous Silicon. John Wiley & Sons，1999.

[16] Sriraman S，Agarwal S，Aydil E S，et al. Nature，2002，418：62.

[17] Mott N F，Davis E A. *In*：Electronic Process in Non-crystalline Materials. 2nd ed. Oxford：Claren-

don Press，1979：322.
[18] Ishidate T，Inoue K，Tsuji K，et al. Solid State Commun.，1982，42：197.
[19] Pantelides S T. Phys. Rev. Lett.，1986，57：2979.
[20] Veprek S. Thin Solid Films，1997，297：145.
[21] Voyles P M，Gerbi J E，Treacy M M J，et al. J. Non-Cryst. Solids，2001，293：45.
[22] Stuke D J，Euwema R N. Phys. Rev.，1970，B1：1635.
[23] Adler D. J. Phys.，1981，42：C4-3.
[24] Matsuda A，Matsumura M，Nakagawa K，et al. *In*：Street R A，Biegelsen D K，Knights J C. Tetrahedrally Bonded Amorphous Semiconductor. New York：American Inst. Phys.，1981：192.
[25] Joannopoulos J D，Lucovsky G. Topics in Applied Physics V56，The Physics of Hydrogenated Amorphous Silicon I and II. New York Tokyo，1984.
[26] Stutzmann M，Street R A. Phys. Rev. Lett.，1985，54：1836.
[27] Wronski C R，Lee S，Hicks M，et al. Phys. Rev. Lett.，1989，63：1420.
[28] Urbach F. Phys. Rev.，1953，92：1342.
[29] Fritzsche H，Kakalios J，Dernstein D. *In*：Taylor P C，Bishop S G. Optical Effects in Amorphous Semiconductors. AIP Conference Proceedings，No. 120. New York：American Inst. of Phys.，1984：229.
[30] Street R A. Advances in Physics，1981，30：593.
[31] Han D，Wang K，Yang L. J. App. Phys.，1996，80：2475.
[32] Joannopoulos J D，Lucovsky G. Topics in Applied Physics V56，The Physics of Hydrogenated Amorphous Silicon I and II. New York Tokyo，1984.
[33] Langford A，Fleet M，Nelson B，et al. Phys. Rev.，1992，B 45：13367.
[34] Zhang S，Xu Y，Hu Z，et al. Proc. PVSC IEEE-29 New Orleans，Loisiana，USA，21-24 May，2002：1182.
[35] Beeman D，Tsu R，Tporpe F M. Phys. Rev.，1985 B 32：874.
[36] Fortner J，Lannin J S. Phys. Rev.，1989，B 39：5527.
[37] Stutzmann M，Jackson W B，Tsai C C. Appl. Phys. Lett.，1984，45：1075.
[38] Branz H M. Solid State Commun.，1998，105：387.
[39] Fritzsche H. Solid State Commun.，1995，94：953.
[40] Hari P，Taylor P C，Street R A. Mater. Res. Soc. Symp. Proc.，1994，336：329.
[41] Masson D P，Ouhlal A，Yelon A. J. Non-cryst. Solids，1995，190：151.
[42] Fan J，Kakalios J. Phil. Mag.，1994，B69：595.
[43] Zhao Y，Zhang D，Kong G，et al. Phys. Rev. Lett.，1995，74：558.
[44] Hata N，Kamei T，Okamoto H，et al. Mater. Res. Soc Symp. Proc.，1997，467：61.
[45] Yue G，Kong G，Zhang D，et al. Phys. Rew.，1998，B57：2387.
[46] Kong G，Zhang D，Yue G，et al. Phys. Rev. Lett.，1997，79：4210.
[47] Shimizu K，Tabuchi T，Iida M，et al. J. Non-Cryst. Solids，1998，227：267.
[48] Mahan A H，Carapella J，Nelson B P，et al. J. Appl. Phys.，1991，69：6728.
[49] Sheng S，Liao X，Kong G. Appl. Phys. Lett.，2001，78：2509.
[50] Koh J，Lee Y，Fujiwara H，et al. Appl. Phys. Lett.，1998，73：1526.
[51] i Cabarrocas P R，i Morral A F，Poissant Y. Thin Solid Films，2002，403：39.

[52] van den Donker M N，Rech B，Finger F，et al. Appl. Phys. Lett.，2005，87：263503.
[53] Myong S Y，Kim S S，Lim K S. J. Appl. Phys. 2004，95：1525.
[54] Komuro S，Aoyagi Y，Segawa Y，et al. J. Appl. Phys.，1984，55：3866.
[55] Demichelis F，Pirri C F，Tresso E. J. Appl. Phys.，1992，72：1327.
[56] Chevallier J，Wieder H，Onton A，et al. Solid State Comm.，1977，24：867.
[57] Paul W. Fritzsche H. *In*：Amorphous Silicon and Related Materials. Singapore：World Scientific Publishing Company，1988：63.
[58] Bauer G，Neder C，Schubert M，et al. Mater. Res. Soc Symp. Proc.，1989，149：485.
[59] Lundszien D，Folsch J，Finger F，et al. Proc. of 14th European Photovoltaic Solar Energy Conference. Barcelona，Spain，June 1997：578.
[60] Liao X，Du W，Yang X，et al. PVSC IEEE-31 Orlando，Florida，USA，3-7 January，2005：1444.
[61] Konuma M，Curtins H，Sarott F-A，et al. Philos. Mag.，1987，B 55：377.
[62] Rath J K，Schropp R E I. Solar Energy Materials and Solar Cells，1998，53：189.
[63] Guha S，Yang J，Nath P，et al. Appl. Phys. Lett.，1986，49：218.
[64] Koval R J，Chen C，Ferreira G M，et al. Appl. Phys. Lett.，2002，81：1258.
[65] Liao X，Du W，Yang X，et al. J. Non-Cryst. Solids，2006，352：1841.
[66] Meier J，Dubail S，Fluckiger R，et al. Proc. of 1st World Conference on Photovoltaic Energy Conversion，1994：409.
[67] Fischer D，Dubail S，Anna Selvan J A，et al. Proc. of 25th IEEE Photovoltaic Specialists Conerence，IEEE New York，1996：1053.
[68] Haintze M，Zedlitz R. J. Non-Cryst. Solids，1993，198～200：1038.
[69] Vetterl O，Finger F，Carius R，et al. Solar Energy Materials & Solar Cells，2000，62：97.
[70] Schropp R，Zeman M，*In*：Amorphous and Microcrystalline Silicon Solar Cells：Modeling，Materials and Device Technology. New York：Kluwer Academic Publishers，1998：48.
[71] Saito K，Sano M，Okabe S et al. Solar Energy Materials & Solar Cells，2005，86：565.
[72] Rech B，Roschek T，Repmann T，et al. Thin Solid Films，2003，427：157.
[73] Yue G，Yan B，Ganguly G，et al. Record of the 4th World Conference on Photovoltaic Energy Conversion，Hawaii，USA，May 2006：1588.
[74] Shah A V，Meier J，Vallat-Sauvain E，et al. Materials & Solar Cells，2003，78：469.
[75] Zi J，Buescher H，Falter C，et al. Appl. Phys. Lett.，1996，69：200.
[76] Mahan A H，Yang J，Guha S，et al. Phys. Rev.，2000，B 61：1677.
[77] Smets A H M，Matsui T，Kondo M. J. Appl. Phys.，2008，104：034508.
[78] Chapman B. *In*：Glow Discharge Process：Sputtering and Plasma Etching. New York，Chichester，Brisbane，Toronto，Singapore：John Wiley & Sons，1980，Chapter 4.
[79] Carson D. Solar Energy Materials & Solar Cells，2003，78：327.
[80] Kondo M. Solar Energy Materials & Solar Cells，2003，78：543.
[81] Curtins H，Wyrsch N，Shah A. Electron. Lett.，1987，23：228.
[82] Curtins H，Wyrsch N，Favre M，et al. Plasma Chem. and Plasma Process，1987，7：267.
[83] Shah A，Dutta J，Wyrsch N，et al. Mater. Res. Soc. Symp. Proc.，1992，258：15.
[84] Meier J，Fluckiger R，Keppner H，et al. Appl. Phys. Lett.，1994，65：860.
[85] Meier J，Torres P，Platz R，et al. Mater. Res. Soc. Symp. Proc.，1996，420：3.

[86] Yue G, Yan B, Yang J, et al. Mater. Res. Soc. Symp. Proc., 2007, 989: 359.
[87] Yan B, Yang J, Guha S, et al. Mater. Res. Soc. Symp. Proc., 1999, 557: 115.
[88] Guha S, Xu X, Yang J, et al. Appl. Phys. Lett., 1994, 66: 595.
[89] Jones S, Crucet R, Deng X, et al. Mater. Res. Soc. Symp. Proc., 2000, 609: A4.5.
[90] Yan B, Yue G, Yang J, et al. Proc. of 3rd World Conference on Photovoltaic Energy Conversion, Osaka, May 11-18, 2003: 2773.
[91] Shirai H, Sakuma Y, Ueyama H. Thin Solid Films, 1999, 345: 7.
[92] Jia H, Saha J K, Shirai H. Jpn. J. App. Phys., 2006, 45: 666.
[93] Jia H, Shirai H, Kondo M. Mater. Res. Soc. Symp. Proc., 2006, 910: 309.
[94] Biebericher A C W, Burgers A R, Devilee C, et al. Proc. of 19th European Photovoltaic Solar Energy Conference, Paris, France, 2004: 1485.
[95] Löffler J, Devilee C, Geusebroek M, et al. Proc. of 21st European Photovoltaic Solar Energy Conference, Dresden Germany, 2006: 1597.
[96] Weismann R, Ghosh A K, McMahon T, et al. Appl. Phys., 1979, 50: 3752.
[97] Matsumura H, Tachibana H. Appl. Phys. Lett., 1985, 47: 833.
[98] Matsumura H. J. Appl. Phys., 1987, 65: 4396.
[99] Doyle J, Robertson R, Lin G H, et al. J. Appl. Phys., 1988, 64: 3215.
[100] Mahan A H. Thin Solid Films, 2001, 395: 12.
[101] Mahan A H. Solar Energy Materials & Solar Cells, 2003, 78: 299.
[102] Molenbroek E C, Mahan A H, Gallagher A C. J. Appl. Phys., 1997, 82: 1909.
[103] Horbach C, Beyer W, Wagner H. J. Non-Cryst. Solids, 2001, 137, 138: 661.
[104] Mahan A H, Mason A, Nelson B P, et al. Mater. Res. Symp. Proc., 2000, 609: A6.6.
[105] Holt J K, Swiatek M, Goodwin D G, et al. Mater. Res. Symp. Proc., 2002, 715: 165.
[106] Matsumura H. Thin Solid Films, 2001, 395: 1.
[107] Ishibashi K. Thin Solid Films, 2001, 395: 55.
[108] Masuda A, Izumi A, Umemoto H, et al. Mater. Res. Symp. Proc., 2002, 715: 111.
[109] Mai Y, Klein S, Carius R, et al. Appl. Phys. Lett., 2005, 87: 073503.
[110] Nishida S, Tasaki H, Konagai M, et al. J. Appl. Phys., 1985, 58: 1427.
[111] Veprek S, Marecek V. Solid State Electron., 1968, 11: 683.
[112] Madan A, Ovshinsky S R, Benn E. Phil. Mag. B., 1979, 40: 259.
[113] Tsu R, Izm M, Ovshinsky S R, et al. Solid State Commun., 1980, 36: 817.
[114] Yan B, Yue G, Guha S. Mater. Res. Soc. Symp. Proc., 2007, 989: 335.
[115] Guo L, Kondo M, Fukawa M, et al. Jpn. J. Appl. Phys., 1998, 37: L1116.
[116] Fukawa M, Suzuki S, Guo L, et al. Sol. Energy Mater. Sol. Cells, 2001, 66: 217.
[117] Gordijn A, Francke J, Hodakova L, et al. Mater. Res. Soc. Symp. Proc., 2005, 862: 87.
[118] Kakiuchi H, Ohmi H, Kuwahara Y, et al. Proc. of 21st European Photovoltaic Solar Energy Conference, 4-8 September 2006, Dresden, Germany: 1582.
[119] Niikura C, Kondo M, Matsuda A. J. of Non-Crystal. Solids, 2004, 338-340: 42.
[120] Niikura C, Itagakib N, Kondo M, et al. Thin Solid Films, 2004, 457: 84.
[121] Smets A H M, Matsui T, Kondo M. Record of 4th World Conference on Photovoltaic Energy Conversion, Hawaii, USA May 2006: 1592.

[122] Moustakas T, Maruska H, Friedman R. J. Appl. Phys., 1985, 58: 983.
[123] Abelson J, Doyle J, Mandrell L, et al. Mater. Res. Soc. Symp. Proc., 1992, 268: 83.
[124] Miller D, Lutz H, Weismann H, et al. J. Appl. Phys., 1978, 49: 6192.
[125] Shimizu T, Kumeda M, Morimoto A, et al. Mater. Res. Soc. Symp. Proc., 1986, 70: 311.
[126] Sakamoto Y. Jpn. J. Appl. Phys., 1977, 16: 1993.
[127] Dalal V, Maxson T, Girvan R, et al. Mater. Res. Soc. Symp. Proc., 1997, 467: 813.
[128] van de Sanden M C M, Severens R J, Kessels W M M, et al. J. Appl. Phys., 1998, 84: 2426.
[129] Smets A H M. Growth related material properties of hydrogenated amorphous silicon. PhD. thesis, Eindhoven: Eindhoven University of Technology, 2002.
[130] Brinza M, Adriaenssens G J. Mater. Res. Soc. Symp. Proc., 2006, 910: 169.
[131] Kakiuchi H, Ohmi H, Kuwahara Y, et al. Jpn. J. Appl. Phys., 2006, 45: 3587.
[132] Kakiuchi H, Ohmi H, Kuwahara Y, et al. Proc. of 21st European Photovoltaic Solar Energy Conference, 4-8 September 2006, Dresden, Germany: 1582.
[133] Matsuda A, Takai M, Nishimoto T, et al. Solar Energy Materials & Solar Cells, 2003, 78: 3.
[134] Howling A A, Strahm B, Colsters P, et al. Plasma Sources Sci. Technol., 2007, 16: 679.
[135] van den Donker M N, Rech B, Schmitz R, et al. Mater. Res. Soc. Symp. Proc., 2006, 910: 701.
[136] Flewitt A J, Robertson J, Milne W I. J. Appl. Phy., 1999, 85: 8032.
[137] Robertson J. J. Appl. Phy., 2000, 87: 2608.
[138] Robertson J. Mater. Res. Soc. Symp. Proc., 2000, 609: A1.4.1.
[139] Yang J, Xu X, Guha S. Mater. Res. Soc. Symp. Proc., 1994, 336: 687.
[140] Lee Y, Jiao L, Liu H, et al. Technical Digest of 9th International Photovoltaic Science Engineering Conference, 1996: 643.
[141] Yang L, Chen L F. Mater. Res. Soc. Symp. Proc., 1994, 336: 669.
[142] Xu X, Yang J, Guha S. J. Non-Cryst. Solids, 1996, 198-200: 60.
[143] Ganguly G, Matsuda A. J. Non-Cryst. Solids, 1996, 198-200: 559.
[144] Lu Y, Kim S, Gunes M, et al. Mater. Res. Soc. Symp. Proc., 1994, 336: 595.
[145] Tsu D V, Chao B S, Ovshinsky S R, et al. Appl. Phys. Lett., 1997, 71: 1317.
[146] Tsu D V, Chao B S, Jonse S J. Solar Energy Materials & Solar Cells, 2003, 78: 115.
[147] Mahan A H, Yang J, Guha S, et al. Phys. Rev., 2000, B 61: 1677.
[148] Owens J M, Han D, Yan B, et al. Mater. Res. Soc. Symp. Proc., 2003, 762: 339.
[149] Xu X, Yang J, Guha S. J. Non-Cryst. Solids, 1996, 198-200: 96.
[150] Yue G, Han D, Williamson D L, et al. Appl. Phys. Lett., 2000, 77: 3185.
[151] Schiff E A. Solar Energy Materials & Solar Cells, 2003, 78: 567.
[152] Zhu K, Yang J, Wang W, et al. Mater. Res. Soc. Symp. Proc., 2003, 762: A3.2.
[153] Guha S, Yang J, Banerjee A, et al. Solar Energy Materials & Solar Cells, 2003, 78: 329.
[154] Lord K, Yan B, Yang J et al. Appl. Phys. Lett., 2001, 79: 3800.
[155] Yang J, Lord K, Yan B, et al. Mater. Res. Soc. Symp. Proc., 2002, 715: 601.
[156] Kroll U, Meier J, Torres P, et al. J. Non-Cryst. Solids, 1998, 227-230: 68.
[157] Vallat-Sauvain E, Kroll U, Meier J, et al. J. Pohl, J. Appl. Phys., 2000, 87: 3137.
[158] Matsuda A. J. Non-Cryst. Solids, 1983, 59/60: 676.

[159] Matsuda A. Thin Solid Films, 1999, 337: 1.
[160] Tsai C C, Anderson G B, Thompson R, et al. J. Non-Cryst. Solids, 1989, 114: 151.
[161] Nakamura K, Yoshida K, Takeoka S, et al. Jpn. J. Appl. Phys., 1995, 34: 442.
[162] Collins R W, Ferlauto A S, Ferreira G M, et al. Solar Energy Materials & Solar Cells, 2003, 78: 143.
[163] Teplin C W, Levi D H, Wang Q, et al. Mater. Res. Soc. Symp. Proc., 2004: A5.1.
[164] Fujiwara H, Kondo M. Mater. Res. Soc. Symp. Proc., 2005, 862: A14.1.
[165] Deng X, Schiff E A. *In*: Luque A, Hegedus S. Handbook of Photovoltaics Engineering. John Wiley and Sons, Chichester, England, 2003, Chapter 12.
[166] Yang J, Banerjee A, Guha S. Solar Energy Materials & Solar Cells, 2003, 78: 597.
[167] Yan B, Jiang C-S, Teplin C W, et al. J. Appl. Phys., 2007, 101: 033711.
[168] Biswas R. private communication.
[169] Yan B, Yang J, Guha S. Proc. of 3rd World Conference on Photovoltaic Energy Conversion, Osaka, Japan, 2003: 1627.
[170] Jiang C S, Yan B, Moutinho H R, et al. Mater. Res. Soc. Symp. Proc., 2007, 989: 15.
[171] Yan B, Lord K, Yang J, et al. Mater. Res. Soc. Symp. Proc., 2002, 715: 629.
[172] Yan B, Yue G, Owens J M, et al. Appl. Phys. Lett., 2004, 85: 1755.
[173] Yang L, Chen L, Hou J Y, et al. Mater. Res. Soc. Symp. Proc., 1992, 258: 365.
[174] Yue G, Yan B, Yang J, et al. Appl. Phys. Lett., 2005, 86: 092103.
[175] Yue G, Yan B, Yang J, et al. J. Appl. Phys., 2005, 98: 074902.
[176] Yue G, Yan B, Ganguly G, et al. Mater. Res. Soc. Symp. Proc., 2006, 910: 29.
[177] Yan B, Yue G, Yang J, et al. Proc. of 33rd IEEE Photovoltaic Specialists Conference, IEEE New York, 2008.
[178] Yang J, Banerjee A, Lord K, et al. Proc. of 2nd World Conference and Exhibition on Photovoltaic Solar Energy Conversion, 6-10 July 1998, Vienna, Austria: 387.
[179] Yang J, Ross R, Mohr R, et al. Mater. Res. Soc. Symp. Proc., 1986, 70: 475.
[180] Fischer D, Dubail S, Anna Selvan J A, et al. Proc. of 25th IEEE Photovoltaic Specialists Conference, IEEE, New York, 1996: 1053.
[181] Fukuda S, Yamamoto K, Nakajima A, et al. 21st European Photovoltaic Solar Energy Conference, 4-8 September: Dresden, Germany, 2006: 1535.
[182] Yamamoto K, Nakajima A, Yoshimi M, et al. Proc. of 3rd World Conference on Photovoltaic Energy Conversion, Osaka, May 11-18, 2003: 2789.
[183] Yan B, Yue G, Yan Y, et al. Mater. Res. Soc. Symp. Proc., 2008, 1066: A3.3.
[184] Reported in 2007 Photovoltaic Forum&Exhibition Taiwan.
[185] Shur M, Hack M J. Appl. Phys., 1985, 58: 997.
[186] Guha S, Yang J, Pawlikiewicz A, et al. Appl. Phys. Lett., 1989, 54: 2330.
[187] Arch J K, Rubinelli F A, Hou J Y, et al. J. Appl. Phys., 1991, 69: 7674.
[188] Topic M, Smole F, Furlan J. J. Appl. Phys., 1996, 79: 8537.
[189] Zeman M, Willemen J A, Vosteen L L A, et al. Solar Energy Materials and Solar Cells, 1997, 46: 81.
[190] Zeman M, Krc J. Mater. Mater. Res. Soc. Symp. Proc., 2007, 989: 23.

[191] Burgelman M，Nollet P，Degrave S. Thin Solid Films，2000，361，362：527.
[192] Froitzheim A，Stangl R，Elstner L，et al. Proc. of 3rd World Conference on Photovoltaic Energy Conversion，Osaka，May 11-18，2003：279.
[193] Krc J，Smole F，Topic M. Prog. in Photovolt：Res. Appl.，2003，11：15.
[194] Krc J，Zeman M，Campa A，et al. Mater. Res. Soc. Proc.，2006，910：669.
[195] Tawada Y，Yamagishi H，Yamamoto K. Solar Energy Materials & Solar Cells，2003，78：647.
[196] http：//sharp-world. com/corporate/news/080327. html.（New Thin-Film Solar Cell Plant in Sakai Horizontal Deployment of Thin-Film Technology for TFT LCDs Annual Production Capacity on 1 GW Scale.
[197] Repmann T，Wieder S，Klein S，et al. Record of the 4th World Conference on Photovoltaic Energy Conversion，Waikoloa，Hawaii，May，2006：1724.
[198] Meier J，Kroll U，Benagli S，et al. Mat. Res. Soc. Symp. Proc.，2007，989：545.
[199] Berginski M，Rech B，Hüpkes J，et al. Proc. of 21st European Photovoltaic Solar Energy Conference，4-8 September，Dresden，Germany，2006：1539.
[200] Takatsuka H，Yamauchi Y，Takeuchi Y，et al. Record of the 4th World Conference on Photovoltaic Energy Conversion，Waikoloa，Hawaii，May 7-12，2006：2028.
[201] Takatsuka H，Yamauchi Y，Fukagawa M，et al. Proc. of 21st European Photovoltaic Solar Energy Conference，4-8 September 2006，Dresden，Germany：1531.
[202] Izu M，Ellison T. Solar Energy Materials & Solar Cells，2003，78：613.
[203] Takano A，Tabuchi K，Uno M，et al. Mater. Res. Soc. Symp. Proc.，2006，910：687.
[204] http：//gm/db. com/（Solar Photovoltaics），2008.

第 6 章　铜铟镓硒薄膜太阳电池

李长健　张力　南开大学

铜铟硒薄膜太阳电池是以多晶 $CuInSe_2$（CIS）半导体薄膜为吸收层的太阳电池，金属镓元素部分取代铟，又称为铜铟镓硒（CIGS）薄膜太阳电池。CIGS 材料属于Ⅰ-Ⅲ-Ⅵ族四元化合物半导体，具有黄铜矿的晶体结构。CIGS 薄膜太阳电池自 20 世纪 70 年代出现以来，得到非常迅速的发展，目前已经成为国际光伏界的研究热点，并将逐步实现产业化。此电池具有以下特点：①三元 CIS 薄膜的禁带宽度是 1.04eV，通过适量的 Ga 取代 In，成为 $CuIn_{1-x}Ga_xSe_2$ 多晶固溶体，其禁带宽度可以在 1.04～1.67eV 范围内连续调整。②CIGS 是一种直接带隙材料，其可见光的吸收系数高达 10^5cm^{-1} 数量级，非常适合于太阳电池的薄膜化。CIGS 吸收层厚度只需 1.5～2.5μm，整个电池的厚度为 3～4μm。③技术成熟后，制造成本和能量偿还时间将远低于晶体硅太阳电池。④抗辐照能力强，用作空间电源有很强的竞争力。⑤转换效率高。2005 年美国国家可再生能源实验室（NREL）研制的小面积 CIGS 太阳电池的转换效率已达到 19.9%，是当前薄膜电池中的最高记录。⑥电池稳定性好，基本不衰减。⑦弱光特性好。因此 CIGS 薄膜太阳电池有望成为新一代太阳电池的主流产品之一。

本章将对 CIGS 薄膜电池的发展历史、CIGS 薄膜的制备方法及材料性能、CIGS 薄膜电池的典型结构和异质结特性等方面进行详细介绍。同时本章也将介绍该类电池的新工艺及新技术等发展新动向，如无镉电池和柔性衬底电池等。

6.1　CIGS 薄膜太阳电池发展史

20 世纪六七十年代，人们开始研究Ⅰ-Ⅲ-Ⅵ族三元黄铜矿半导体材料(Cu，Ag)(In,Ga,Al)$(Se,S,Te)_2$ 的结构、光学和电学等基本物理特性[1]。1974 年，美国 Bell 实验室的 Wagner 等[2]首先研制具有单晶 $CuInSe_2$（CIS)/CdS 结构的 pn 异质结光电探测器。并首次报道了光电转换效率 5%的单晶 $CuInSe_2$ 太阳电池。晶体 $CuInSe_2$ 由熔体生长技术制备，经切片、抛光、王水刻蚀，最后在 Se 气氛下 600℃退火 24 小时得到 p 型半导体材料。1975 年，Wagner 等通过器件优化，制备了单晶 $CuInSe_2$/CdS 太阳电池，光电转换效率达到了 12%（活性面积 0.79mm^2，入射光强 92mW/cm^2)[3]。

多晶 CIGS 薄膜电池的发展历史如图 6.1 所示，主要可分为以下几个阶段：Maine 大学首先研制了 CIS 薄膜电池；Boeing 公司采用共蒸发工艺在此后的十几年中保持着世界领先水平；ARCO 公司的溅射后硒化工艺在 1988 年取得世界记录的效率；在 1992～1993 年，欧洲的 CIS 研究取得了短暂的领先水平；从 1994 年至今，美国国家可再生能源实验室（NREL）一直保持着小面积电池的世界记录。

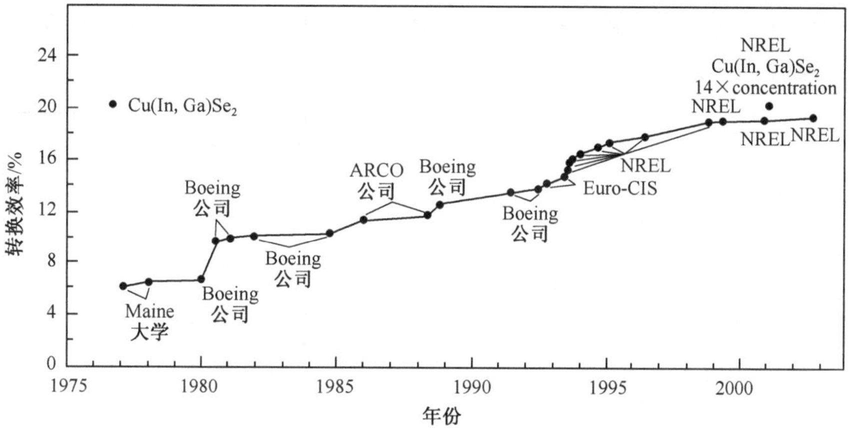

图 6.1　CIGS 薄膜电池的发展历史[4]

1976 年，Maine 大学的 L. L. Kazmerski 首次报道了 CIS/CdS 异质结薄膜太阳电池，CIS 薄膜材料由单晶 $CuInSe_2$ 和 Se 二源共蒸发制备。厚度 5～6μm 的 p-CIS 薄膜沉积在附有金膜的玻璃衬底上，然后蒸发沉积 6μm 的 CdS 作为窗口层形成异质结，电池的效率达到了 4%～5%，开创了 CIS 薄膜电池研究的先例[5]。

1981 年，波音（Boeing）公司的 Mickelsen 等制备出转换效率 9.4%的多晶 CIS 薄膜太阳电池以后[6]，人们才充分认识到 CIGS 薄膜电池在光伏领域的重要性。Chen 等制备的电池具有图 6.2 的结构。衬底选用普通玻璃或者氧化铝，溅射沉积 Mo 层作为背电极。$CuInSe_2$ 薄膜采用“两步工艺”制备，又称 Boeing 工艺，即先沉积低电阻率的富 Cu 薄膜，后生长高电阻率的贫 Cu 薄膜。蒸发本征 CdS 和 In 掺杂的低阻 CdS 薄膜作为 n 型窗口层，最后蒸发 Al 电极完成电池的制备，由此奠定了 CIS 薄膜电池的器件结构基础。在此后的六七年，Boeing 公司一直处于多晶 CIS 薄膜电池研制的领先地位。他们制备的 CIS 薄膜电池的转换效率稳步提高。1982 年 Chen 等采用蒸发 $Cd_{1-x}Zn_xS$ 代替 CdS 做缓冲层，提高了器件的开路电压，使多晶 CIS 薄膜太阳电池的转换效率达到了 10.6%[7]；1984 年，达到了 10.98%[8]；1986 年，转换效率达到了 11.9%[9]。

1988 年，CIS 薄膜电池的研究取得了重大进展。ARCO 公司（现美国 Shell 公司前身）采用溅射 Cu、In 预置层薄膜后，用 H_2Se 硒化的工艺制备了转换效率达到 14.1%的 CIS 电池，电池 *I-V* 曲线及各性能参数见图 6.3[10]。ARCO 制备的电池采用玻璃衬底/Mo 层/CIS/CdS/ZnO/顶电极结构，这种器件结构的设计增大了电池的短路电流密度（J_{SC}）和填充因子（FF）。其中缓冲层 CdS 厚度低于 50nm，可以透过大量的光并拓宽了吸收层的光谱相应，使电池的短路电流密度达到了 $41mA/cm^2$。另外，织构 ZnO 抑制了光学反射也对 J_{SC} 有贡献。ARCO公司的成功使溅射预置层后硒化法和多元共蒸发法共同成为制备高效率 CIS 薄膜电池的主流技术。

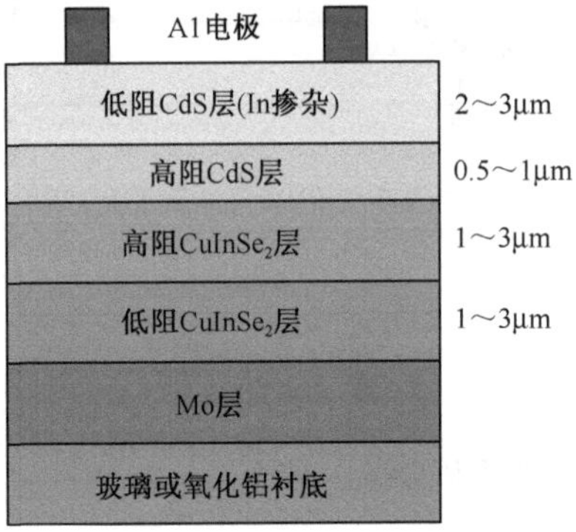

图 6.2　Boeing 公司 CIS 电池典型结构

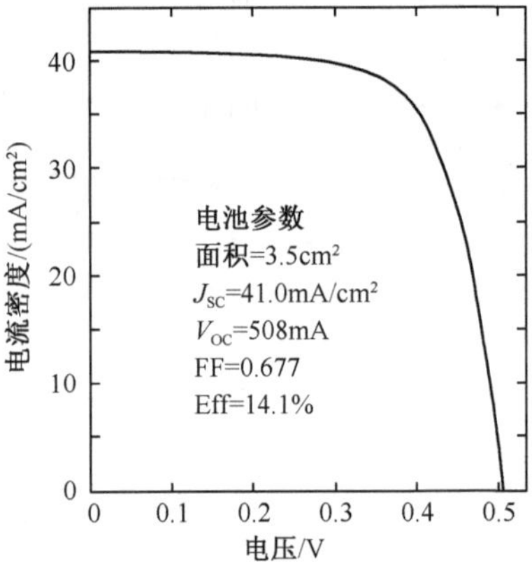

图 6.3　ARCO 公司 CIS 电池的 *I-V* 曲线

CIS 薄膜电池经历了连续十几年的发展以后，研究重点变为提高器件的开路电压，需要拓宽吸收层材料的带隙。$CuGaSe_2$ 和 $CuInS_2$ 比 $CuInSe_2$ 带隙宽，分别为 1.67eV 和 1.5eV。元素 Ga 和 S 的掺入可形成 $Cu(In, Ga)Se_2$ 和 $CuIn(S, Se)_2$ 合金，既可增加材料的禁带宽度，又使之与太阳光谱更加匹配，提高器件的性能。1989 年，Boeing 公司通过 Ga 的掺入制备了 $Cu(In_{0.7}, Ga_{0.3})Se_2$/CdZnS 太阳电池，电池的转换效率达到了 12.9%。此电池的开路电压为 555mV，这是不含 Ga 的 $CuInSe_2$ 薄膜电池所达不到的[11]。

进入 20 世纪 90 年代，CIS 薄膜电池得到了快速的发展。1993 年，L. Stolt 等采用四极质谱仪控制多源共蒸发制备 CIS 薄膜，并使用化学水浴法沉积(CBD)10～20nm 厚 CdS 作为缓冲层，太阳电池效率达到 14.8%。湿法制备的 CdS 层改善了 pn 的质量，提高了电池的开路电压与填充因子[12]。1993 年，Tarrent 等采用掺入元素 Ga、S 的方法，制备了具有梯度带隙结构的 $Cu(In, Ga)(Se, S)_2$（简称 CIGSS）吸收层[13]，器件结构为苏打玻璃衬底/Mo 电极/梯度 CIGSS 吸收层/50nmCdS 过渡层/ZnO 窗口层/MgF_2 减反层，电池转换效率达到

15.1%。吸收层靠近背电极处的高 Ga 浓度可以提供强的背电场，表面高 S 含量可以降低界面复合。同时，Ga、S 元素的掺入也提高了吸收层沉积工艺容忍度，梯度带隙的引入增加了开路电压而保持着电流密度，为 CIGS 薄膜电池效率的进一步提高奠定了基础。

1994 年，美国国家可再生能源实验室（NREL）在小面积 CIGS 电池研究领域取得突破，这主要归因于“三步共蒸发工艺”的成功应用。1994 年，使用“三步法工艺”制备的 CIGS 太阳电池的转换效率达到了 15.9%，器件结构如图 6.4 所示，这也是至今为止高效率 CIGS 薄膜电池的典型结构。1994 年至今，NREL 研制的小面积 CIGS 电池处于绝对领先地位，电池效率稳步提高，见表 6.1。2008 年报道的转换效率达到了 19.9%，是当前世界上转换效率最高的薄膜太阳电池。

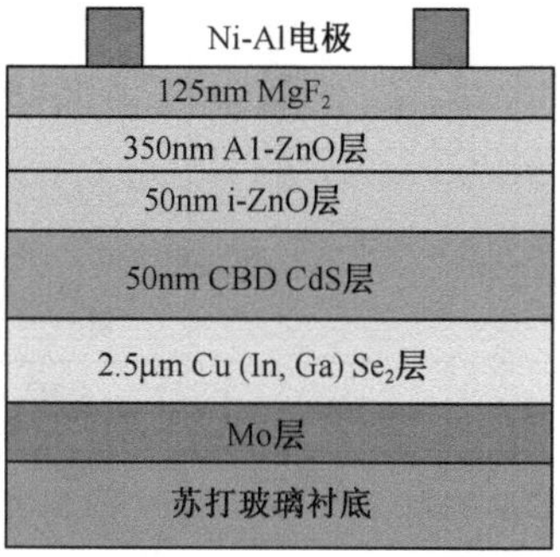

图 6.4　NREL 研制的 CIGS 电池的典型结构

表 6.1　NREL 共蒸发 CIGS 电池的进展

年份	电池面积/cm²	电池效率/%	开路电压/mV	电流密度/(mA/cm²)	填充因子/%
1994	0.437	15.9	649	31.88	76.6 [14]
1999	0.449	18.8	678	35.22	78.65 [15]
2003	0.408	19.2	689	35.71	78.12 [16]
2008	0.41	19.9	69.3	35.5	81.2 [17]

小面积 CIGS 薄膜太阳电池性能得以显著提高的主要原因：① S 和 Ga 的掺入不仅增加了吸收层材料的带隙，还可控制其在电池吸收层中形成梯度带隙分布，调整吸收层与其他材料界面层的能带匹配，优化整个电池的能带结构。② 用CBD 法沉积 CdS 层和双层 ZnO 薄膜层取代蒸发沉积厚 CdS 窗口层材料，提高了电池异质结的质量，改善了短波区的光谱响应。③ 用含钠普通玻璃替代无钠玻璃，Na 通过 Mo 的晶界扩散到达 CIGS 薄膜材料中，改善 CIGS 薄膜材料结构特性和电学特性，提高了电池的开路电压和填充因子。

CIGS 薄膜光伏组件发展始于小面积电池效率超过 10%以后。很多公司一直致力于 CIGS 薄膜电池的产业化发展，并在组件的研制方面取得了很大的进展，见图 6.5。NREL 在小面积电池中绝对领先，瑞典乌勃苏拉大学（ASC）小组件的研制处于最高水平，2003 年 19.59cm² 的组件效率达到了 16.6%[18]。在这些公司中，美国 ARCO SOLAR 在大面积 CIGS 组件研制中处于领先水平。1987

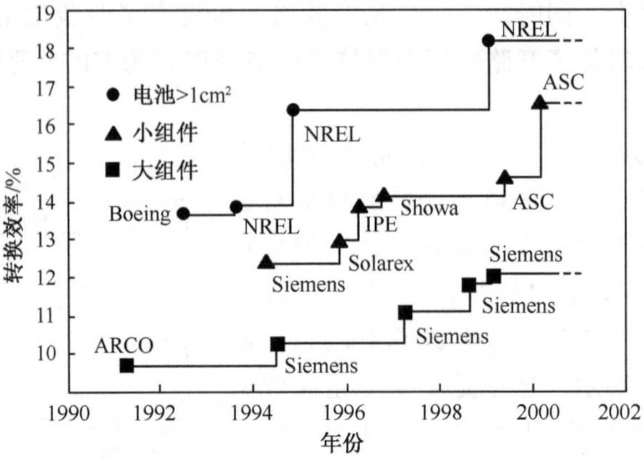

图 6.5　小面积 CIGS 电池及组件的发展[18]

年，ARCO 公司采用溅射金属预制层，用 H_2Se 硒化的两步工艺在小面积（3.6cm^2）电池效率 12.5%的基础上制备大面积组件。在 65cm^2 的面积上制作 14 个子电池串联的组件效率为 9.7%，在 30cm×30cm 上制作 50 个子电池的组件效率达到 9.1%[19]。此后该公司几经转手，2001 年成为美国 Shell Solar 公司。该公司在溅射后硒化的基础上，开发了快速热处理（RTP）技术，使 10cm×10cm 组件的效率达到 14.7%，2004 年制备的 60cm×90cm 的大面积组件效率为 13.1%[20]，单片输出功率可到 65W_P，达到产业化水平。

德国氢能和可再生能源研究中心（ZSW）与斯图加特大学合作研究，采用共蒸发工艺制备吸收层 CIGS 薄膜，电池组件效率逐年提高。1995 年，100cm^2 组件效率 10%。到 1998 年，面积 1000cm^2 组件效率达到 12%。2000 年，ZSW 与德国 Würth 公司合作建立了 60cm×120cm 大面积组件中试线，年产量达到 1MW_P。到 2005 年，该公司 60cm×120cm 大面积组件的最高效率达到 13%，平均转换效率 11.5%，是大面积 CIGS 薄膜电池的最高记录[21]。

2005 年是 CIGS 薄膜电池产业化快速发展的一年。日本的 Showa Shell 和 Honda Motor 分别建立了 20MW/a 和 27.5MW/a 的生产线。德国 Würth 公司的 15MW 生产线也宣布投产，到 2007 年 CIGS 电池全球产能达到了 70MW。然而，与其他材料光伏电池相比，CIGS 薄膜电池的发展是处于中试向产业化开发阶段。大面积 CIGS 薄膜电池的研究进展见表 6.2，其中包括了目前生产线制造出的最高水平 CIGS 电池组件。从表中可以看出，CIGS 组件效率已经接近晶体 Si 组件水平，近一步的发展需要提高电池的产量和成品率。

表 6.2　大面积 CIGS 薄膜电池的研究进展[22]

公司	吸收层	电池面积/cm^2	转换效率/%	功率/W	公布时间(月/年)
Globle solar	CIGS	8390	10.2	88.9	05/05
Shell solar	CIGSS	7376	11.7	86.1	10/05
Wurth solar	CIGS	6500	13	84.6	06/04
Shell solar GmbH	CIGSS	4938	13.1	64.8	02/04
Shell solar	CIGSS	3626	12.8	46.5	03/03
Showa shell	CIGS	3600	12.8	44.15	05/03

6.2　CIGS 薄膜太阳电池吸收层材料

6.2.1　CIGS 薄膜的制备方法

CIGS 薄膜材料的制备方法很多，一般认为有真空沉积和非真空沉积两大类。从多年实验研究和产业化发展历史过程来看，依其工艺程序又可分为多元素直接合成法和先沉积金属预制层后在硒气氛中硒化的两步法。各种共蒸发工艺属于第一种方法，这种方法必须在高真空条件下沉积，因此属于真空沉积一类。后硒化方法中金属预制层可用蒸发、溅射等真空工艺沉积也可用电化学法、纳米颗粒丝网印刷等非真空工艺制备。这里重点介绍多元共蒸发方法和金属预制层后硒化法，同时也对其他非真空工艺作简单介绍。

6.2.1.1　多元共蒸发法

多元共蒸发法是沉积 CIGS 薄膜使用最广泛和最成功的方法，用这种方法成功地制备了最高效率的 CIGS 薄膜电池。典型共蒸发沉积系统结构如图 6.6 所示。Cu、In、Ga 和 Se 蒸发源提供成膜时需要的四种元素。原子吸收谱（AAS）和电子碰撞散射谱（EEIS）等用来实时监测薄膜成分及蒸发源的蒸发速率等参数，对薄膜生长进行精确控制。

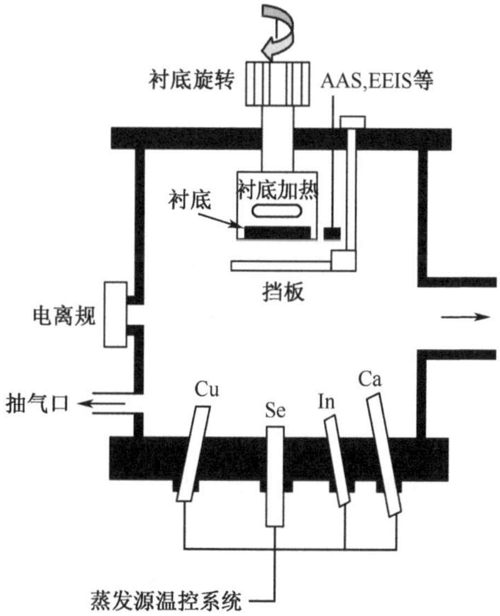

图 6.6　共蒸发制备 CIGS 薄膜的设备示意图

高效 CIGS 电池的吸收层沉积时衬底温度高于 530℃，最终沉积的薄膜稍微贫 Cu，Ga/(In＋Ga) 的比值接近 0.3。沉积过程中 In/Ga 蒸发流量的比值对 CIGS 薄膜生长动力学影响不大，而Cu蒸发速率的变化强烈影响薄膜的生长机制。根据Cu的蒸发过程，共蒸发工艺可分为一步法、两步法和三步法[23]。因为Cu在薄膜中的扩散速度足够快，所以无论采用那种工艺，在薄膜的厚度中，Cu基本呈均匀分布。相反In、Ga的扩散较慢，In/Ga流量的变化会使薄膜中Ⅲ族元素存在梯度分布。在三种方法中，Se的蒸发总是过量的，以避免薄膜缺Se。过量的Se并不化合到吸收层中，而是在薄膜表面再次蒸发。

所谓一步法就是在沉积过程中，保持Cu、In、Ga、Se四蒸发源的流量不变，沉积过程中衬底温度和蒸发源流量变化见图6.7(a)。这种工艺控制相对简单，适合大面积生产。不足之处是所制备的薄膜晶粒尺寸小且不形成梯度带隙。

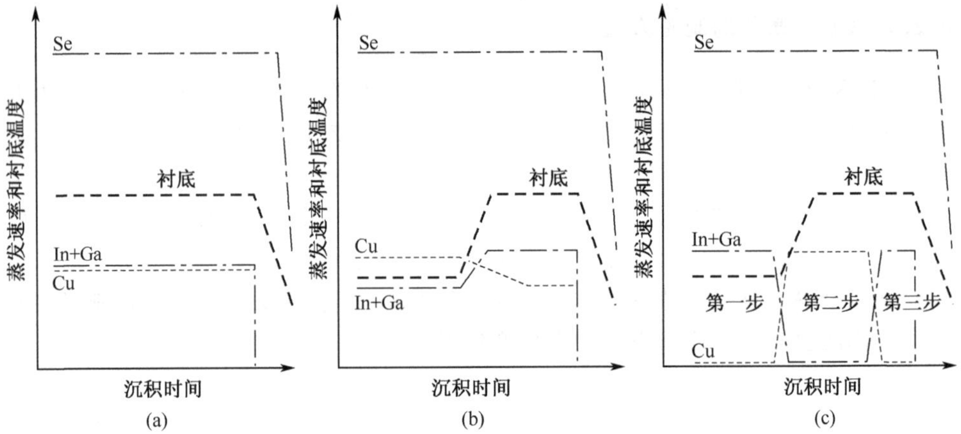

图6.7 共蒸发制备CIGS工艺

(a) 一步法；(b) 两步法（双层工艺）；(c) 三步共蒸发工艺

两步法工艺又叫Boeing双层工艺，是由波音公司的Mickelsen和Chen提出的。两步法工艺的衬底温度和蒸发源流量变化曲线如图6.7(b)所示。首先在衬底温度400～450℃时，沉积第一层富Cu(Cu/Ⅲ>1)的CIS薄膜，薄膜具有小的晶粒尺寸和低的电阻率。第二层薄膜是在高衬底温度500～550℃（对于沉积CIGS薄膜，衬底温度为550℃）下沉积的贫Cu的CIS薄膜，这层薄膜具有大的晶粒尺寸和高的电阻率。“两步法工艺”最终制备的薄膜是贫Cu的。与一步法比较，双层工艺能得到更大的晶粒尺寸。Klenk等[24]认为液相辅助再结晶是得到大晶粒的原因：只要薄膜的成分富Cu，CIGS薄膜表面就被Cu_xSe覆盖，在温度高于523℃时，Cu_xSe以液相的形式存在，这种液相存在下的晶粒生长将增大组成原子的迁移率，最终获得大晶粒尺寸的薄膜。

三步法工艺过程见图6.7(c)：第一步，在衬底温度250～300℃时共蒸发90%的In、Ga和Se元素形成$(In_{0.7}Ga_{0.3})_2Se_3$预置层（precursors），Se/(In+

Ga）流量比大于 3；第二步，在衬底温度为 550～580℃时蒸发 Cu、Se，直到薄膜稍微富 Cu 时结束第二步；第三步，保持第二步的衬底温度，在稍微富 Cu 的薄膜上共蒸发剩余 10%的 In、Ga、Se，在薄膜表面形成富 In 的薄层，并最终得到接近化学计量比的 $CuIn_{0.7}Ga_{0.3}Se_2$ 薄膜[14]。三步法工艺是目前制备高效率 CIGS 太阳电池最有效的工艺，所制备的薄膜表面光滑、晶粒紧凑、尺寸大且存在着 Ga 的双梯度带隙。

三步共蒸工艺生长模型见图 6.8[25]，成膜相变路径沿着 Cu_2Se-（Ga，In)$_2$Se$_3$ 相图从富 In 侧经历富 Cu 区域最后形成表层具有 Cu 缺陷薄层的高质量 CIGS 薄膜。第一步，共蒸发 In、Ga、Se 形成纤锌矿结构的（$In_{0.7}Ga_{0.3}$)$_2$Se$_3$（(a) 过程），它的结晶状态对其后 CIGS 膜的生长和晶面取向有重要影响[26]。第二步，蒸发 Cu 和 Se。Cu、Se 与预制层反应，逐渐形成贫 Cu 的 Cu（In，Ga)$_5$Se$_8$、Cu（In，Ga)$_3$Se$_5$ 和 Cu（In，Ga)$_2$Se$_{3.5}$ 等有序缺陷化合物（(b) 过程），这一系列化合物和黄铜矿 Cu（In，Ga）Se_2 具有类似的晶格结构，不同之处是这些化合物中存在替位缺陷 In_{Cu} 和 Ga_{Cu} 以及 Cu 空位（V_{Cu}）。继续蒸发 Cu 和 Se，Cu 向缺陷化合物内部扩散同时伴随着薄膜中 In 和 Ga 的向外扩散，扩散出来的

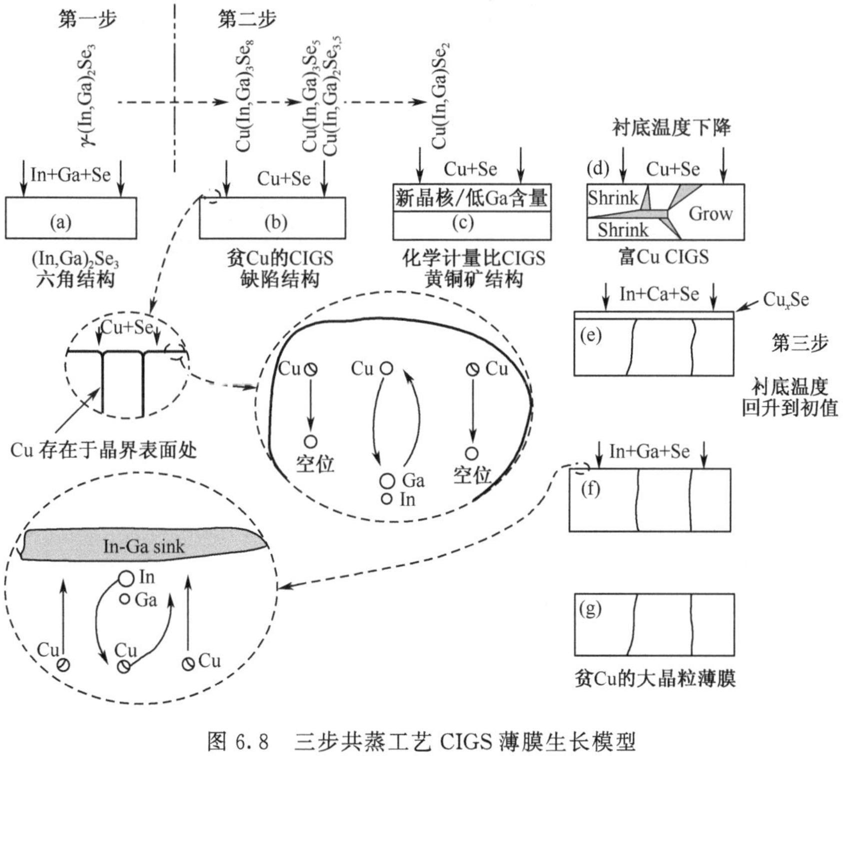

图 6.8　三步共蒸工艺 CIGS 薄膜生长模型

In 和 Ga 和蒸发到薄膜表面的 Cu、Se 反应形成新的晶核，增加了薄膜的厚度。In 比 Ga 的扩散速度快，这导致表面形成低 Ga 含量的薄膜((c) 过程)。在薄膜接近化学计量比后，继续蒸发 Cu 和 Se，薄膜变得富 Cu，过量的 Cu 以二次相 Cu_xSe 的形式存在((d) 过程)。当温度高于 523°时，Cu_xSe 以液相的形式存在。第二步完成后，薄膜由满足化学计量比的 CIGS 薄膜和存在于薄膜表面和晶界处的液相 Cu_xSe 二次相组成。第三步，蒸发 In 、Ga 和 Se 元素，直至 Cu_xSe 被完全消耗掉，形成满足化学计量比的 CIGS 薄膜。这种在液相 Cu_xSe 存在下的 CIGS 薄膜的再结晶可以得到柱状大晶粒。第三步发生的扩散反应与第二步恰好相反，即 Cu 向外扩散与新蒸发的 In、Ga 和 Se 元素反应，同时 In 、Ga 向薄膜内部扩散，导致形成富 In 、Ga 的 CIGS 表面层。三步法制备薄膜各元素的分布及薄膜断面结构见图 6.9[16]。从图 6.9(a) 中可以看出 Cu 和 Se 元素分布均匀，而 Ga 存在着双梯度的分布，即背接触处和表面含量高，这种梯度的形成原因与三步法工艺以及 In、Ga 元素的扩散系数有关。从图 6.9(b) 中可以看出，三步法工艺制备的 CIGS 薄膜晶粒尺寸为 3～5μm，且呈柱状生长，柱状大晶粒密集紧凑贯穿整个薄膜。

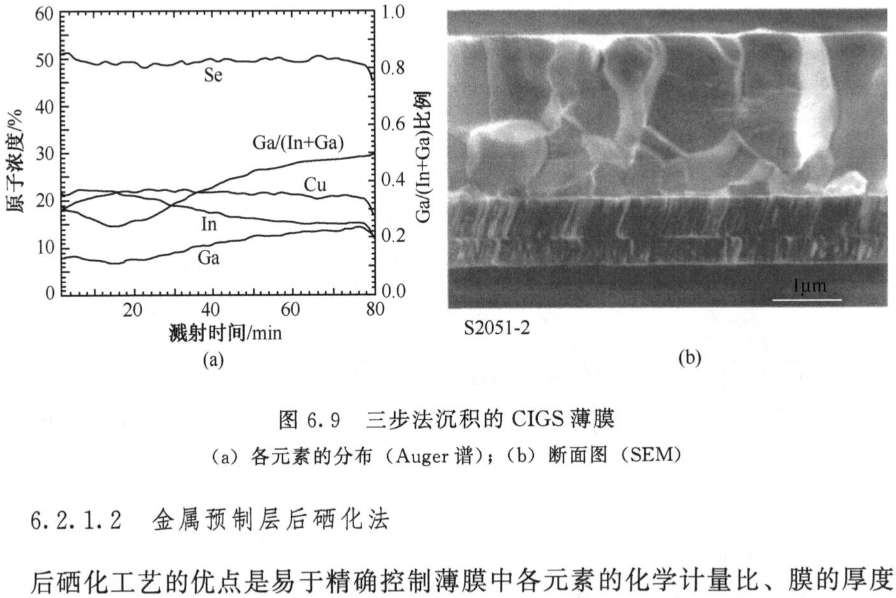

图 6.9　三步法沉积的 CIGS 薄膜

(a) 各元素的分布（Auger 谱）；(b) 断面图（SEM）

6.2.1.2　金属预制层后硒化法

后硒化工艺的优点是易于精确控制薄膜中各元素的化学计量比、膜的厚度和成分的均匀分布，且对设备要求不高，已经成为目前产业化的首选工艺。后硒化工艺的简单过程是先在覆有 Mo 背电极的玻璃上沉积 Cu-In-Ga 预置层，后在含硒气氛下对 Cu-In-Ga 预置层进行后处理，得到满足化学计量比的薄膜。与蒸发工艺相比，后硒化工艺中，Ga 的含量及分布不容易控制，很难形成双梯度结构。因此有时在后硒化工艺中加入一步硫化工艺，掺入的部分 S 原子替代 Se 原子，在薄膜表面形成一层宽带隙的 Cu（In，Ga）S_2。这样可以降低器件的界面复合，提高器件的开路电压。

后硒化工艺流程见图 6.10。预置层的沉积有真空工艺和非真空工艺。真空工艺包括蒸发法和溅射法沉积含 Se 或者不含 Se 的 Cu-In-Ga 叠层、合金或者化合物。非真空工艺主要包括电沉积、喷洒热解和化学喷涂等。其中溅射预制层后硒化法已成为目前获得高效电池及组件的主要工艺方法。一般采用直流磁控溅射方法制备 Cu-In-Ga 预置层，在常温下按照一定的顺序溅射 Cu、Ga 和 In。溅射过程中叠层顺序、叠层厚度和 Cu-In-Ga 元素配比对薄膜合金程度、表面形貌等影响尤为明显，并直接影响薄膜与 Mo 电极间的附着力。后硒化工艺的难点在于硒化过程。硒化过程中，使用的 Se 源有气态硒化氢（H_2Se）、固态颗粒和二乙基硒(($(C_2H_5)Se_2$：DESe)）等三种，下面介绍这三种硒源的硒化过程。

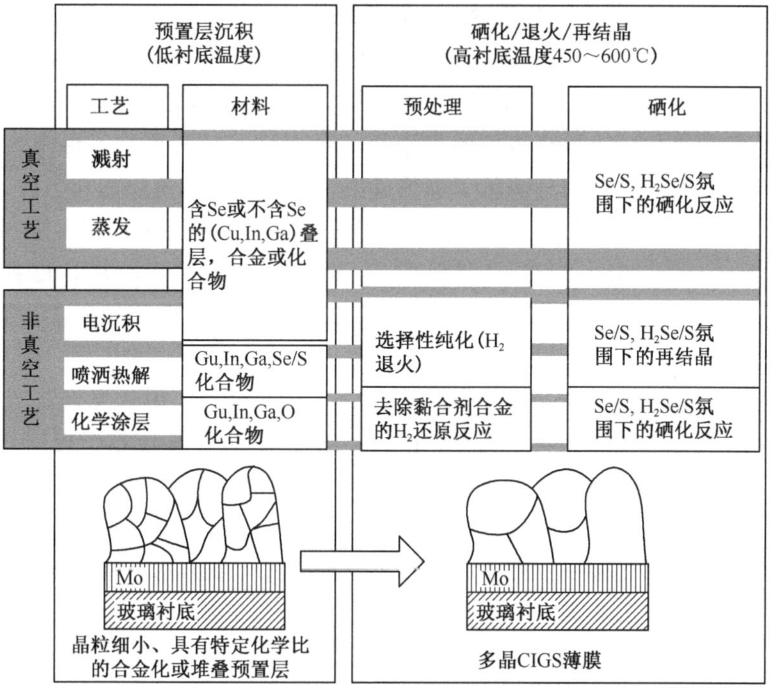

图 6.10 后硒化工艺制备 CIGS 薄膜的流程图[23]

在 H_2Se 硒化工艺中，气态 H_2Se 一般用 90%的惰性气体 Ar 或 N_2 稀释后使用，并精确控制流量。硒化过程中，H_2Se 能分解成原子态的 Se，其活性大且易于与预制层 Cu-In-Ga 化合反应得到高质量的 CIGS 薄膜。H_2Se 硒化装置比较简单，如图 6.11 所示。硒化时，把惰性气体稀释的 H_2Se 通入硒化炉中，同时对预制层进行加热退火，即可得到 CIGS 薄膜。硒化过程中预制层的加热曲线对制

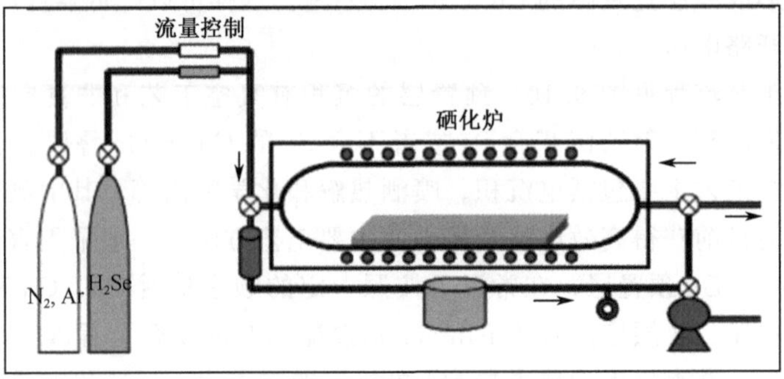

图 6.11　H_2Se 硒化装置示意图[27]

备薄膜质量有很大影响。目前使用 H_2Se 硒化最成功的工艺是快速热退火工艺(RTP)。RTP 工艺中，一薄层 Se 必须预先沉积在 Cu-In-Ga 预置层上，以防止薄膜缺 Se。然后在 1～2min 把衬底温度快速提高到 500℃以上，加热速率达到 10K/s，对预制层进行退火。快速升、降温可以避免造成过多的材料损失和有害杂质的扩散和氧化。为提高表面的带隙可以通过 H_2S 或者单质 S 再作 S 化处理。这种工艺大大缩短了时间，降低了加热成本，同时不影响薄膜的均匀性。这是因为 RTP 工艺的加热源面对衬底而不是从边缘加热。德国 Shell solar GmbH 用此法制备的 30cm×30cm 组件的转换效率已经达到了 14%，并且已经完成了 20MW/a 的生产厂。H_2Se 作为硒源的最大缺点是其有剧毒且易挥发，需要高压容器储存。

固态 Se 源硒化是将 Se 颗粒作为硒源放入蒸发舟中，用蒸发方法产生 Se 蒸气对预制层进行硒化。优点是无毒、廉价，缺点是 Se 蒸气压难于控制，Se 原子活性差，易于造成 In 和 Ga 元素的损失，降低材料利用率的同时导致 CIGS 薄膜偏离化学计量比。因此，需要对固态 Se 采用高温活化等措施。

固态硒源的硒化多以“密闭式硒化工艺”为主，该方法可在薄膜硒化时获得很高的硒气压强，图 6.12 为封闭式固态 Se 硒化装置图。在此装置中，Se 颗粒放在密闭的石墨盒中（也可以是不锈钢等密闭容器中）加热蒸发，对样片进行硒化。

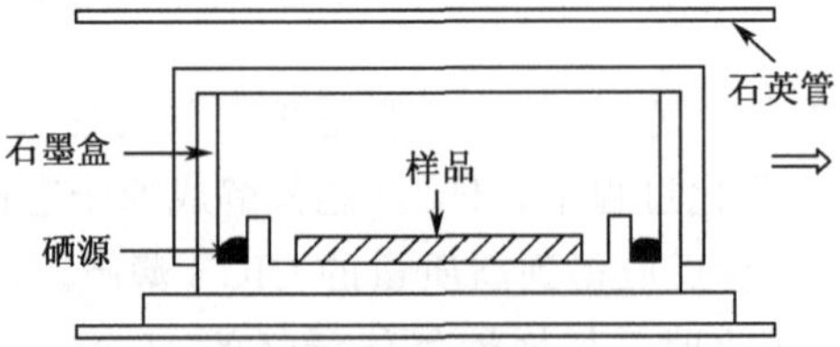

图 6.12　封闭式固态源硒化装置[28]

“密闭式硒化工艺”可以用于批量化生产，将大批的已配比好的预置层衬底放入很大的密闭式硒化室内进行一次性硒化，Se 源可采用固态或 H_2Se 气体。但由于硒化装置热容量大，升降温时间长，对于金属预置层采用真空溅射工艺，不能与 Se 化工艺连续化作业，是影响生产效率的重要因素。真空溅射金属预置层后进行移动式硒化，在真空条件下完成 CIGS 薄膜制备的“敞空间硒化工艺”具有生产效率高的优点，该工艺使用固态 Se 或 H_2Se 气体均可。固态 Se 源是将硒盒中的固态 Se 气化，由 Ar 气或其他惰性气体携带输送到加热的预置层衬底进行硒化，缺点是容易造成 Se 压不足，影响 CIGS 薄膜的质量和大面积均匀性。

有机金属 Se 源（$(C_2H_5)Se_2$：DESe）有望成为剧毒 H_2Se 的替代硒化物。用 MOCVD 法已使用 DESe 制备出了高质量的 Cu(Al，In，Ga)Se(S)$_2$ 薄膜。相比于 H_2Se，DESe 在常温下是液体，可在常压不锈钢容器中储存，泄漏的危险更低。尽管目前每摩尔 DESe 的成本比 H_2Se 高 5 倍左右，但是由于 DESe 具有更高的分压，硒化等量的预置层的消耗量也仅为 H_2Se 的 1/3～1/4，综合比较使用 DESe 硒化的成本并不高。Chichibu[29] 等采用 DESe 硒化 Cu-In 和 Cu-In-O 预置层所制备的 CIGS 薄膜晶粒尺寸为 1～2μm，呈现了良好的结构特性和光学特性，薄膜与衬底间也有良好的附着力。进一步的研究将使这种工艺应用于器件的制备。

6.2.1.3 非真空沉积方法和混合法工艺

1）电沉积制备 CIGS 薄膜

电沉积 CIGS 薄膜的工艺是一种潜在的低成本沉积技术。沉积过程一般在酸性溶液中进行，使用的溶液体系大致分两类：氯化物体系和硫酸盐体系。其中氯化物体系制备的电池效率较高。氯化物体系主要用 CuCl 或 $CuCl_2$、$InCl_3$、$GaCl_3$、H_2SeO_3 或 SeO_2 作为主盐，溶液中加入导电盐如 KCl 或 KI 以及 KSCN、柠檬酸等络合剂。美国国家可再生能源实验室（NREL）采用一步电沉积工艺，溶液组成为 0.02～0.05M① $CuCl_2$，0.04～0.06M $InCl_3$，0.01～0.03M H_2SeO_3，0.08～0.1M $GaCl_3$ 和 0.7～1M LiCl，pH 为 2～3，室温下进行反应。沉积的薄膜组成范围为 $CuIn_{0.32}Ga_{0.01}Se_{0.93}$～$CuIn_{0.35}Ga_{0.01}Se_{0.99}$，厚度一般为 2μm。由于成分偏离化学计量比较大，必须用真空气相法再沉积一定的 In、Ga 和 Se，将成分调整到 Cu（$In_{0.7}Ga_{0.3}$）Se_2，经处理后的 CIGS 吸收层制备的太阳电池转换效率达到 15.4%[30]。

2）微粒沉积技术[31]

美国国际太阳能技术集团（ISET）致力于非真空工艺的研发，并取得了超

① 1M=1mol/L

过10%的器件转换效率。沉积工艺如下：①制备含有Cu、In的合金粉末：高纯度的金属Cu和In粉末按一定比例在高温氢气氛下熔融，成为液体合金。液体合金在氩气喷射下退火形成粉末，尺寸大于20μm的粒子被筛选出来。②Cu、In粉末被溶解于水，并加入润湿剂和分散剂。所制备的混合物在球形研磨器中研磨形成“墨水”。③“墨水”被喷洒在覆有Mo的玻璃衬底上，并烘干形成预置层。④预置层在95%N_2+5%H_2Se混合气体中440℃硒化退火30min，得到满足化学计量比的薄膜。

3）喷雾高温分解法[32]

喷雾高温分解法（spay pyrolysis）是一种潜在的、低成本制备CIGS薄膜的方法。工艺流程如下：首先把金属盐或者有机金属溶解形成溶液，一般选用$CuCl_2$、$InCl_2$及有机物混合溶液，然后把雾状溶液喷射在加热的衬底上，高温分解后得到CIGS薄膜。不同的溶液配比、衬底温度以及喷射速率都对制备的薄膜质量有影响。研究表明，通过控制工艺参数，可以抑制各种二次相的生成，并制备出厚度2μm左右，具有良好结构和电学性能的CIGS薄膜。这种工艺的不足之处是制备的薄膜不致密，存在针孔，这将增大器件的串联电阻和降低填充因子。

4）激光诱导合成法[33,34]

此法是先连续蒸发沉积Cu、In、Ga和Se元素形成接近化学计量比的多层膜结构（sanwich），然后把多层膜快速高强度的加热（如Ar离子激光器等），形成CIGS薄膜。早在20世纪80年代，L. D. Laude等采用这种工艺制备了厚度为0.1μm的CIGS薄膜，但薄膜太薄不适合于制备器件。单元素Cu层在In层和Se层之间，先熔化的In和Se渗透到Cu层中形成化学计量比的薄膜。薄膜的晶粒尺寸在0.1～1μm，在使用高能激光的情况下，增大晶粒尺寸是可能的，材料的光学带隙0.95±0.1eV。

5）混合法工艺[35]

共蒸发工艺沉积的CIGS薄膜质量高，但是在大面积蒸发时，Cu蒸发源的蒸发速率很难控制，这是目前大面积共蒸发工艺的一个难点。溅射工艺简单、易于大面积沉积，但薄膜质量稍差。

美国EPV公司很好地结合了蒸发、溅射工艺的优点，研究出了混合法三步工艺。第一步与“三步共蒸工艺”的第一步基本相同，采用线性蒸发源蒸发In-Ga-Se预置层，这样可以增强薄膜的附着力并易于调整Ga的分布；第二步溅射Cu层，这样即可以精确控制Cu的含量还可以降低热损耗；第三步继续共蒸发In-Ga-Se层，形成化学计量比的CIGS薄膜。

采用混合法工艺，在CIGS吸收层厚度为1.3μm取得了14.1%的转换效率，甚至在厚度0.71μm时，电池的转换效率也达到了12.1%。这说明混合法工艺在提高工艺重复性和降低材料成本方面具有广泛应用前景。

此外，制备 CIGS 薄膜的方法还有液相沉积法（liquid phase deposition）、电泳沉积法、气相输运技术[35]和机械化学法等。

6.2.2　CIGS 薄膜材料特性

CIGS 是Ⅰ-Ⅲ-Ⅵ族化合物半导体材料，结构与Ⅱ-Ⅵ族化合物半导体材料相近。由于 CIGS 材料的研究起源于 CIGS 薄膜太阳电池的研究与发展，所以目前大家重点研究 CIGS 多晶薄膜。而对 CIGS 单晶材料的研究反而较少，这与 Si、Ge 及二元半导体 InSb 和 GaAs 的情况大不相同。尽管存在着晶界的影响，单晶和多晶薄膜材料依然有许多相似的特性。表 6.3 给出了 CIS 薄膜一般的特征参数。后面将对 CIGS 材料的结构、光电特性等做进一步阐述。

表 6.3　CIS 薄膜的特性[11]

材料特性	数值	单位
分子式	$CuInSe_2$	
相对分子质量	336.28	
密度	5.77	$g \cdot cm^{-3}$
颜色	灰色	
闪锌矿结构转变温度	810	℃
熔点	986	℃
结构	黄铜矿结构	
空间群	$I42d\text{-}D_{2d}^{12}$	
晶格常数		
a_0	0.5789	nm
c_0	1.162	nm
热膨胀系数(273K)		
（a 轴）	8.32×10^{-6}	K^{-1}
（c 轴）	7.89×10^{-6}	K^{-1}
热导率	0.086	$W \cdot cm^{-1} \cdot K^{-1}$
比热		
c_1	7.67×10^{-4}	K^{-1}
c_2	4.06×10^{-6}	K^{-2}
c_3	4.3×10^{-9}	K^{-3}
德拜温度	221.9	K
硬度(112 面)	3.2×10^{9}	$N \cdot m^{-2}$
压缩系数	1.4×10^{-11}	$M^2 \cdot N^{-1}$
介电常数		
低频	13.6 ± 2.4	
高频	8.1 ± 1.4	
声速(纵向)	2.2×10^{5}	$cm \cdot s^{-1}$

续表

材料特性	数值	单位
电阻率(多晶薄膜)		
富 Cu	0.001	Ω·cm
富 In	>100	Ω·cm
迁移率		
电子(n 为 $10^{14}\sim10^{17}cm^{-3}$)	100～1000(300K)	$cm^2\cdot V^{-1}\cdot s^{-1}$
空穴(p 为 $8\times10^{15}\sim6\times10^{16}cm^{-3}$)	50～180(300K)	$cm^2\cdot V^{-1}\cdot s^{-1}$
有效质量		
电子	0.09	m_e
空穴(重)	0.71	m_e
(轻)	0.092	m_e
带隙(富 In 的多晶薄膜)	1.02	eV
dE_g/dT(77～330K)	$-2\pm1\times10^{-4}$	$eV\cdot K^{-1}$
dE_g/dP	2.8×10^{-11}	$eV\cdot Pa^{-1}$

6.2.2.1 CIS 和 CIGS 的晶体结构

热力学分析表明，$CuInSe_2$ 固态相变温度分别为 665℃和 810℃，而熔点为 987℃。低于 665℃时，CIS 以黄铜矿结构晶体存在。当温度高于 810℃时，呈现闪锌矿结构。温度介于 665℃和 810℃之间时为过渡结构。CIS 两种典型结构如图 6.13(a)、(b) 所示。在 CIS 晶体中每个阳离子（Cu、In）有四个最近邻的阴离子（Se）。以阳离子为中心，阴离子位于体心立方的四个不相邻的角上，如图 6.13(b) 所示。同样，每个阴离子（Se）的最近邻有两种阳离子，以阴离子为中心，2 个 Cu 离子和 2 个 In 离子位于四个角上。由于 Cu 和 In 原子的化学性质完全不同，导致 Cu—Se 键和 In—Se 键的长度和离子性质不同。以 Se 原子为中心构成的四面体也不是完全对称的。为了完整地显示黄铜矿晶胞的特点，黄铜矿晶胞由四个分子构成，即包含 4 个 Cu、4 个 In 和 8 个 Se 原子，相当于两个金刚石单元。室温下，CIS 材料晶格常数 $a=0.5789nm$，$c=1.1612nm$，c/a 的比值为 2.006。Ga 部分替代 $CuInSe_2$ 中的 In 便形成 $CuIn_xGa_{1-x}Se_2$。由于 Ga 的原子半径小于 In，随 Ga 含量的增加黄铜矿结构的晶格常数变小。如果 Cu 和 In 原子在它们的子晶格位置上任意排列，这对应着闪锌矿结构，如图 6.13(a) 所示。

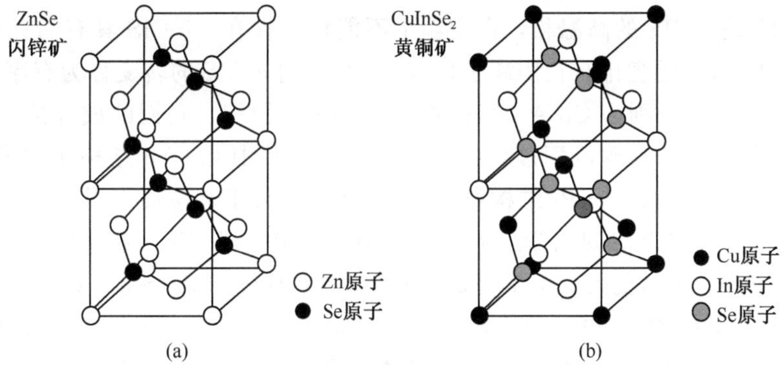

图 6.13　闪锌矿（a）和黄铜矿（b）晶格结构示意图[36]

6.2.2.2　CIS 和 CIGS 相关相图

CIS 和 CIGS 分别是三元和四元化合物材料。它们的物理和化学性质与其结晶状态和组分密切相关。相图正是这些多元体系的状态随温度、压力及其组分的改变而变化的直观描述。与之相关的相图包括 In-Se、Cu-Se、Ga-Se 和 Cu_2Se-In_2Se_3、Cu_2Se-Ga_2Se_3、In_2Se_3-Ga_2Se_3 等许多二组分相图。下面介绍 Cu_2Se-In_2Se_3 和 Cu_2Se-In_2Se_3-Ga_2Se_3 两个相图。

Cu_2Se-In_2Se_3 相图如图 6.14 所示。低于 780℃ 时，光伏应用的单相 α-$CuInSe_2$ 相存在的范围在 Cu 含量 24%～24.5%原子分数的窄小区域内。随着富 Cu 量的增大，薄膜为富 Cu 相和 α-CIS 的两相混合物。在相图贫 Cu 一侧存在着其他相，随着 Cu 含量的减低，依次存在着 β-CIS($CuIn_3Se_5$，$CuIn_2Se_{3.5}$）和 γ-CIS($CuIn_5Se_8$)，最终到 In_2Se_3。

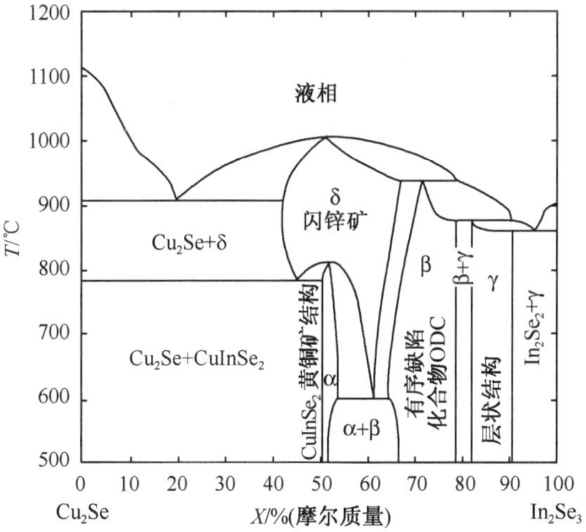

图 6.14　Cu_2Se-In_2Se_3 相图[37]

δ-CIS 是 α-CIS 的高温相，在室温下不能稳定存在。δ-CIS 具有闪锌矿结构，即 Cu 和 In 原子任意排布在阳离子位置。α-CIS 向 δ-CIS 的转变称为有序–无序转变。两种亚稳相分别为 Cu-Au 结构相和 Cu-Pt 结构相，它们的成分接近 CIS 化学计量比并在 CIS 薄膜沉积过程中有重要意义，其中 Cu-Au 结构相的形成能稍高于黄铜矿结构，而 Cu-Pt 结构相在富 Cu 生长条件下起重要作用。

四元化合物 CIGS 热力学反应较为复杂，目前对于 CIGS 相图的理解仍然只能基于图 6.15 所示的 Cu_2Se-In_2Se_3-Ga_2Se_3 体系相图（550～810℃）。此相图指出了获得高效率 CIGS 电池的相域（10%～30%（原子分数）Ga），与目前实际器件中约 25%（原子分数）Ga 含量基本一致。室温下，随着 Ga/In 比例在贫 Cu 薄膜中的增大，单相 α-CIGS 存在的区域出现宽化现象。这是由于 Ga 的中性缺陷对（$2V_{Cu}+Ga_{Cu}$）比 In 缺陷对（$2V_{Cu}+In_{Cu}$）具有更高的形成能。同时 α 相、β 相和 δ 相也在该相图中出现。

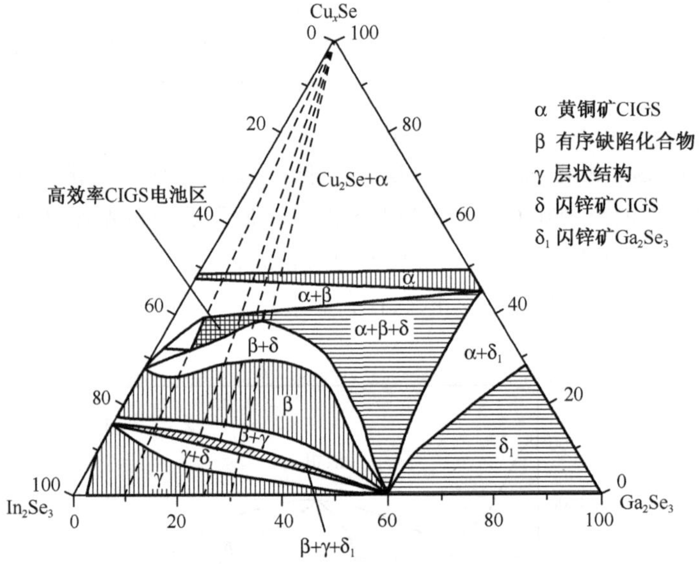

图 6.15 Cu_2Se-In_2Se_3-Ga_2Se_3 相图[38]

6.2.2.3 CIGS 薄膜材料的光吸收和光学带隙

半导体材料的光吸收过程其实是其价带电子吸收足够的能量之后的跃迁过程。这一过程与半导体的能带结构密切相关。研究证明，CIGS 材料是一种直接带隙的半导体，具有高达 10^5cm^{-1} 的光吸收系数，是制作薄膜太阳电池的理想材料。图 6.16 给出了几种半导体材料吸收系数与光子能量的关系。

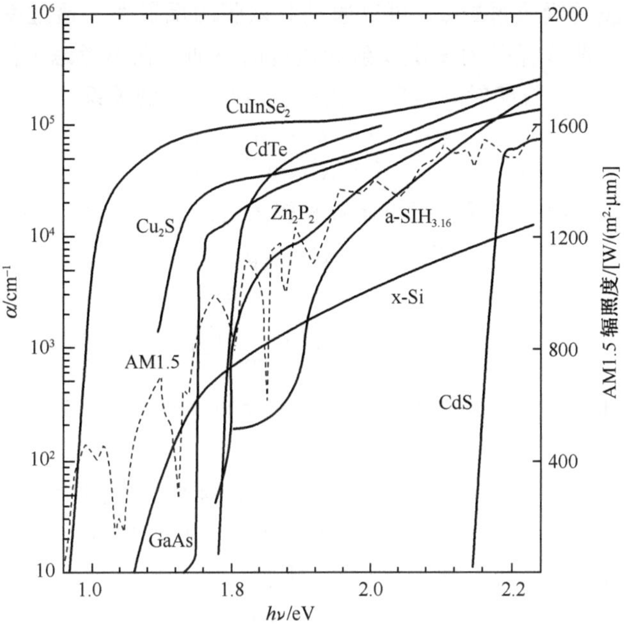

图 6.16　几种材料吸收系数与光子能量的关系[39]

利用量子力学中电子跃迁的理论可以推导出半导体材料的光吸收系数与其能带结构的关系。对于直接跃迁的半导体，若其禁带宽度为 E_g，它对能量为 $h\nu$ 的光子的吸收系数为 α，且有

$$\alpha h\nu = \mathrm{Aa}(h\nu - E_g)^{1/2} \tag{6.1}$$

式中，Aa 为与光子能量无关的常数。如果测量半导体材料在不同光子能量下的吸收，然后依照式（6.1）做 $(\alpha h\nu)^2 \sim h\nu$ 的关系图。此图线性区在 $h\nu$ 轴上的截距即为此材料的光学带隙 E_g。图 6.17 即是用此法描绘的相关曲线，由此得到的 CIGS 薄膜的带隙 E_g 为 1.32eV。

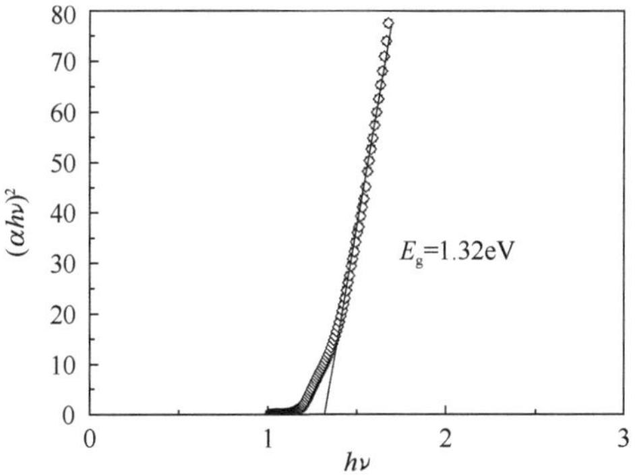

图 6.17　CIGS 薄膜的带隙计算结果示例

半导体薄膜的吸收系数 α，可以通过对该膜的反射率、透过率及厚度的测量得到。根据光在薄膜样品内多次反射和透过的叠加，在不考虑干涉的情况下，可得到其透过率（T）与反射率（R）及吸收系数（α）的关系

$$T=\frac{(1-R)^2\exp(-\alpha d)}{1-R^2\exp(-2\alpha d)} \tag{6.2}$$

其中，d 为薄膜厚度。在反射很小而吸收较大时式（6.2）可简化为

$$T=(1-R)^2\exp(-\alpha d) \tag{6.3}$$

据此可得到

$$\alpha=\frac{1}{d}\ln\left[\frac{(1-R)^2}{T}\right] \tag{6.4}$$

因此通过薄膜厚度及其反射率和透过率的测量便可得到其吸收系数，进而可得到其光学带隙。

CIGS 薄膜带隙与 Ga/(In＋Ga）的比值直接相关，同时也和 Cu 的含量有关。当薄膜中 Ga 原子含量为 0 时，即 $CuInSe_2$ 薄膜，带隙为 1.02eV；当薄膜中 Ga 原子含量为 100％时，即 $CuGaSe_2$ 薄膜，带隙为 1.67eV；带隙随其 Ga/(In＋Ga）比值在 1.02～1.67eV 变化[8]。假设薄膜中 Ga 的分布是均匀的，则带隙与薄膜 Ga 原子百分含量的关系式如下[9]：

$$E_{gCIGS}(x)=(1-x)E_{gCIS}+xE_{gCGS}-bx(1-x) \tag{6.5}$$

式中，b 为弯曲系数，数值为 0.15～0.24eV，x＝Ga/(In＋Ga)。

6.2.2.4　CIGS 薄膜的缺陷和导电类型

CIGS 薄膜的导电类型与薄膜成分直接相关。CIGS 偏离化学计量比的程度可以表示如下：

$$\Delta x=\frac{[Cu]}{[In+Ga]}-1$$

$$\Delta y=\frac{2[Se]}{[Cu]+3[In+Ga]}-1 \tag{6.6}$$

Δx 表示化合物中金属原子比的偏差；Δy 表示化合物中化合价的偏差。[Cu]、[In] 和 [Se] 分别表示相应组分的原子分数。根据 Δx 和 Δy 的值可以初步分析 CIGS 中存在的缺陷类型和导电类型。

（1）当材料中 Se 含量低于化学计量比时，$\Delta y<0$，晶体中缺 Se 就会生成 Se 的空位。在黄铜矿结构的晶体中，Se 原子的缺失使得离它最近的一个 Cu 原子和一个 In 原子的一个外层电子失去了共价电子，从而变得不稳定。这时 V_{Se} 相当于施主杂质，向导带提供自由电子。当 Ga 部分取代 In，由于 Ga 的电子亲和势大，Cu 和 Ga 的外层电子相互结合形成电子对，这时 V_{Se} 就不会向导带提供自由电子。所以 CIGS 的 n 型导电性随 Ga 含量的增加而下降。

（2）当 CIS 中缺 Cu，即 $\Delta x<0$，$\Delta y=0$ 时，晶体内形成 Cu 空位 V_{Cu}，或者 In 原子替代 Cu 原子的位置，形成替位缺陷 In_{Cu}。Cu 空位有两种状态，一是 Cu 原子离开晶格点，形成的是中性的空位，即 V_{Cu}；另一种是，Cu^+ 离子离开晶格点，将电子留在空位上，形成−1 价的空位 V_{Cu}^-。此外，替位缺陷 In_{Cu} 也有多种价态。Δx 和 Δy 取不同值时，CIS 中点缺陷的种类和数量有所不同，各种点缺陷见表 6.4 所示。表中还列出了各种点缺陷的生成能、能级在禁带中的位置和电性能。

表 6.4　CIS 中点缺陷的种类及形成能级[40]

电缺陷类型	生成能/eV	在禁带中的位置/eV	电性质
V_{Cu}^0	0.6		
V_{Cu}^-	0.63	$E_v+0.03$	受主
V_{In}^0	3.04		
V_{In}^-	3.21	$E_v+0.17$	受主
V_{In}^{2-}	3.62	$E_v+0.41$	受主
V_{In}^{3-}	4.29	$E_v+0.67$	受主
Cu_{In}^0	1.54		
Cu_{In}^-	1.83	$E_v+0.29$	受主
Cu_{In}^{2-}	2.41	$E_v+0.58$	受主
In_{Cu}^{2+}	1.85		
In_{Cu}^+	2.55	$E_c-0.34$	施主
In_{Cu}^0	3.34	$E_c-0.25$	施主
Cu_i^+	2.04		
Cu_i^0	2.88	$E_c-0.2$	施主
V_{Se}	2.4	$E_c-0.08$	施主

研究认为 CIS 中施主缺陷能级有五种，分别用 D1～D5 表示；受主缺陷能级有六种，分别用 A1～A6 表示，它们都处于 CIS 的禁带中。这些缺陷能级均对应于某种晶格点缺陷，如图 6.18 所示。从表 6.4 和图 6.18 可以看出，Cu 空位的生成能很低，容易形成，它的能级在 CIS 价带顶上部 30meV 的位置，是浅受主能级。此能级在室温下即可激活，从而使 CIS 材料呈现 p 型导电。V_{In} 和 Cu_{In} 也是受主型点缺陷，而 In_{Cu} 和 Cu_i 是施主型点缺陷。在一定条件下，能起作用的受主型点缺陷的总和若大于同一条件下能起作用的施主型点缺陷的总和，则 CIS 材料为 p 型，否则为 n 型。因此，通过调节 CIGS 材料的元素配比便可改变其点缺陷，从而调控其导电类型。

点缺陷 V_{Cu} 和 In_{Cu} 可以组合成复合缺陷对（$2V_{Cu}^-+In_{Cu}^{2+}$），这是一种中性缺陷。这种缺陷的形成能低，可以大量稳定地存在，对 CIGS 材料的电性能几乎没有影响。

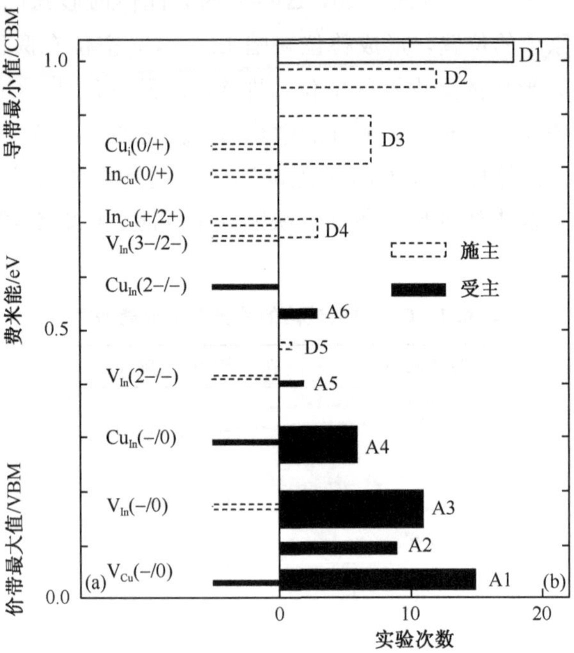

图 6.18　缺陷跃迁能级的对比

（a）计算值；（b）实际测试值[41]

复合缺陷对（$2V_{Cu}^{-}+In_{Cu}^{2+}$）在 Cu-In-Se 化合物中以一定的规则排列，每 n 个晶胞的 $CuInSe_2$ 中有 m 个（$2V_{Cu}^{-}+In_{Cu}^{2+}$）缺陷对，可用 $Cu_{(n-3m)}In_{(n+m)}Se_{2n}$ 表示，其中 $m=1，2，3\cdots$，$n=3，4，5\cdots$。Cu-In-Se 化合物满足这个关系式，则可以稳定存在。如 $CuIn_5Se_8$（$n=4$、$m=1$）、$CuIn_3Se_5$（$n=5$、$m=1$）和 $Cu_2In_4Se_7$（$n=7$、$m=1$）等，他们是贫 Cu 的 CIS 化合物。人们把这类化合物叫做有序缺陷化合物（ordered defect compound，ODC）。

6.2.2.5　Na 对薄膜电学性能的影响

20 多年前，人们就发现以钠钙玻璃为衬底的 CIS 薄膜太阳电池的性能远优于其他衬底。研究表明，是玻璃衬底中的 Na 进入 CIS 中起到优化的作用。只要 Na 在 CIGS 薄膜中占 0.01%～0.1%的原子比例，就能明显提高太阳电池的光电转换效率。可以认为少量的 Na 是高效率 CIGS 薄膜太阳电池中必不可少的成分。

加入 Na 的传统方法是采用普通廉价的钠钙玻璃作为电池的衬底，此种玻璃中含有的 Na 可以通过 Mo 背电极向 CIGS 薄膜中扩散。可以想到，Mo 层的结晶状态、形貌等性质会对 Na 的扩散产生影响。如果采用不含 Na 的其他材料做衬底，例如，各种柔性金属衬底材料和聚酰亚胺（PI）衬底，则必须采用适当的方法向 CIGS 薄膜中掺入 Na。

多年来，人们对 Na 在 CIGS 薄膜太阳电池中的作用机理进行了广泛深入的研究，提出了许多看法，目前尚无统一认识，大体有以下两种说法[42]：

（1）如果 Na 的量足够大，Na 将取代 Cu 形成更加稳定的 $NaInSe_2$ 化合物，$NaInSe_2$ 比 $CuInSe_2$ 有更大的带隙。$CuInSe_2$ 中 1/8 的 Cu 原子被 Na 代替，按照理论推测，带隙将增加 0.11eV，带隙的提高可以增加开路电压；作为沿着 c 轴［111］取向的层状结构，$NaInSe_2$ 的存在可以改变 $CuInSe_2$ 的微观形态，使它具有（112）的择优取向。

（2）少量 Na 的掺入会形成点缺陷，而不是形成类似体材料的二次相。与 Na 相关的缺陷如下：Na_{Cu} 替位缺陷：一般情况下，CIS 中仅仅部分 Cu 空位被 Na 取代形成 Na_{Cu}，Na_{Cu} 在电学上不活泼，在 CIS 中不引入能级；Na_{In} 缺陷：Na_{In} 形成比 Cu_{In} 更浅的受主能级，这就提高了 $CuInSe_2$ 中的空穴密度。如果 In 在 Cu 的位置，Na 能有效地减少 In_{Cu} 施主缺陷提高有效空穴密度。后者的影响在 CIS 中可能是最重要的，因为高效率的 CIS 电池都是缺 Cu 的，含有大量的 In_{Cu} 施主缺陷束缚着受主 V_{Cu}。因为 ODC 是周期性重复的（$2V_{Cu}^{-}+In_{Cu}^{2+}$）缺陷对，Na 的存在可以去除 In_{Cu} 空位，抑制形成 ODC；Na 诱导的 O 点缺陷：Na 在 CIS 表面催化分解 O_2 成为原子氧替代 Se 空位（浅施主），把它们转化成 O_{Se}。O_{Se} 是一种深能级缺陷。这等于增加了 CIGS 层的受主浓度。这对贫 Cu 的 CIGS 层是很重要的。可以认为，正是 Na 的上述作用，使 CIGS 薄对组分失配的容忍度大大增加。

6.2.2.6　Ga 或 Ga/S 掺杂与梯度带隙

在吸收层制备工艺中通过掺入适当的 Ga 形成 CIGS 化合物来调整带隙，实现太阳光谱的匹配优化，是提高电池性能的主要途径之一。对于获得较高效率的电池，其吸收层稍微贫 Cu。在生长 CIGS 薄膜的过程中，由于 Cu、In 和 Ga 等元素扩散反应的机理不同，同时受化学组分、反应温度影响，薄膜中自然形成的线性带隙梯度为图 6.19（a）所示。Mo 背接触处存在的高 Ga 浓度所产生的宽带隙，为提高光生电流收集提供了良好的背面场。进一步地优化带隙分布，使之形成双带隙梯度（见图 6.19(b)），不仅可以增强薄膜在 $E_{g2} \leqslant h\nu < 2.42eV$(CdS) 区间的光生载流子收集，而且通过 E_{g1} 调整 ΔE_C 将 pn 结界面复合最小化，以获得最佳的 V_{OC} 和 I_{SC}。获得这种双带隙结构的关键在于表层梯度的形成。目前只有多元共蒸三步工艺，能有效地利用元素蒸发速率、生长温度等工艺参数调整，在薄膜表层形成宽带隙实现薄膜带隙的双梯度。利用后续的表层硫化工艺也可以将硒化工艺制备的薄膜带隙结构转变为图 6.19(b) 的形状。Ga/S 双掺杂是目前硒化法制备高效电池、组件的主要工艺。

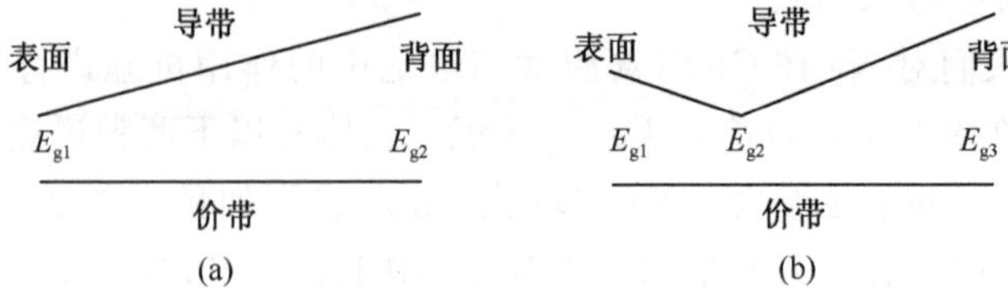

图 6.19　CIGS 梯度带隙结构

(a) 线性带隙梯度；(b) 双带隙梯度[43]

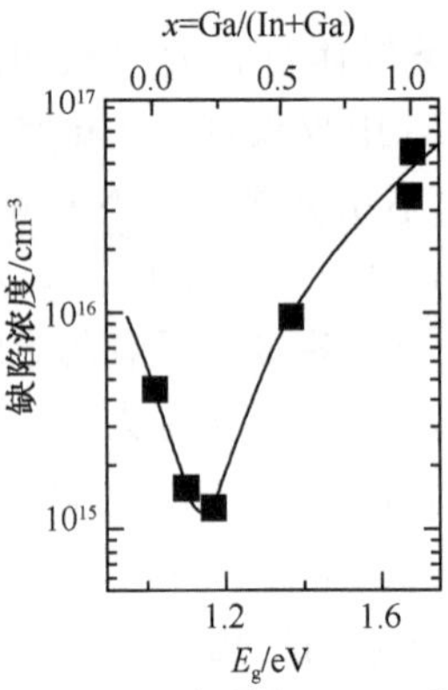

图 6.20　Ga 含量与 CIGS 薄膜中缺陷浓度的关系[44]

目前取得高效率电池的 Ga/(In＋Ga) 比率为 0.2～0.3。图 6.20 为 Ga 含量与薄膜中缺陷浓度的关系曲线，当 Ga/(In＋Ga) 的比率在 0.30 左右时，薄膜的缺陷浓度最低。当 Ga 比率高于 0.5 后，离价带边 0.8eV 的缺陷能级移向带中形成附加的复合中心。同时薄膜中大量形成深施主 Ga_{Cu}（相对于 In_{Cu}），一方面减少了电子的自补偿能力而导致薄膜过高的空穴密度，另一方面通过降低缺陷对（V_{Cu}＋In_{Cu}/Ga_{Cu}）的稳定性而抑制了 Cu 缺陷薄层的形成，导致薄膜表面 n 型薄层的消失。

6.3　CIGS 薄膜太阳电池的典型结构

图 6.4 已给出 CIGS 薄膜太阳电池的典型结构。除玻璃或其他柔性衬底材料以外，还包括底电极 Mo 层、CIGS 吸收层、CdS 缓冲层（或其他无镉材料）、i-ZnO 和 Al-ZnO 窗口层、MgF_2 减反射层以及顶电极 Ni-Al 等七层薄膜材料。下面将分别叙述除吸收层 CIGS 外的其他各层材料的制备方法和性能。

6.3.1　Mo 背接触层

背接触层是 CIGS 薄膜太阳电池的最底层，它直接生长于衬底上。在背接触层上直接沉积太阳电池的吸收层材料。因此背接触层的选取必须要求与吸收层之间有良好的欧姆接触，尽量减少两者之间的界面态。同时背接触层作为整个电池的底电极，承担着输出电池功率的重任，因此它必须要有优良的导电性能。从器件的稳定性考虑还要求背接触层既要与衬底之间有良好的附着性，又要求它与其上的 CIGS 吸收层材料不发生化学反应。经过大量的研究和实用证明[45,46]，金属 Mo 是 CIGS 薄膜太阳电池背接触层的最佳选择。图 6.21 给出了 Mo/CIS 间的能

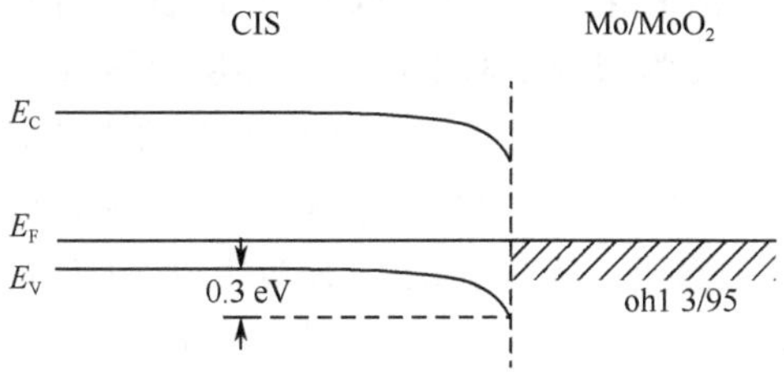

图 6.21　CIS/Mo 欧姆接触能带图[47]

带图，可以看出，由于 Mo 和 CIS 之间形成了 0.3eV 的低势垒，可以认为是很好的欧姆接触。

Mo 薄膜一般采用直流磁控溅射的方法制备。在溅射的过程中，Mo 膜的电学特性和应力与溅射气压直接相关，Ar 气压强低，Mo 膜呈压应力，附着力不好，但电阻率小；Ar 气压强高，Mo 膜呈拉应力，附着力好，但电阻率高。所以，采用先在较高 Ar 气压下沉积一层具有较强附着力的 Mo 膜，然后在低气压下沉积一层电阻率小的 Mo 膜，这样在增强附着力的同时降低背接触层的电阻，可以制备出适合 CIGS 薄膜电池应用的 Mo 薄膜。NREL 制备 Mo 背电极就是采用 DC-磁控溅射双层 Mo 工艺。第一层在 10mTorr 的气压下溅射沉积 0.1μm 的 Mo 层，与玻璃具有较好的结合力，电阻率较高为 $6\times10^{-5}\Omega\cdot cm$。第二层在 1mTorr 的气压下沉积 0.9$\mu$m，电阻率为 $1\times10^{-5}\Omega\cdot cm$。这种双层的 Mo 是目前制备高效率 CIGS 薄膜太阳电池背电极通用工艺。

Mo 的结晶状态对 CIGS 薄膜晶体的形貌、成核、生长和择优取向等有直接的关系。一般来说，希望 Mo 层呈柱状结构，以利于玻璃衬底中的 Na 沿晶界向 CIGS 薄膜中扩散，也有利于生长出高质量的 CIGS 薄膜。

6.3.2　CdS 缓冲层

高效率 Cu(In，Ga) Se_2 电池大多在 ZnO 窗口层和 CIGS 吸收层之间引入一个缓冲层。目前使用最多且得到最高效率的缓冲层是Ⅱ-Ⅵ族化合物半导体 CdS 薄膜。它是一种直接带隙的 n 型半导体，其带隙宽度为 2.4eV。它在低带隙的 CIGS 吸收层和高带隙的 ZnO 层之间形成过渡，减小了两者之间的带隙台阶和晶格失配，调整导带边失调值，对于改善 pn 结质量和电池性能具有重要作用。由于沉积方法和工艺条件的不同，所制备的 CdS 薄膜具有立方晶系的闪锌矿结构和六角晶系的纤锌矿结构。这两种结构均与 CIGS 薄膜之间有很小的晶格失配。CdS 层还有两个作用：①防止射频溅射 ZnO 时对 CIGS 吸收层的损害；②Cd、S 元素向 CIGS 吸收层中扩散，S 元素可以钝化表面缺陷，Cd 元素可以使表面反型。

CdS 薄膜可用蒸发法和化学水浴法（CBD）制备。CBD 法得到广泛的应用。它具有如下一些优点：①为减少串联电阻，缓冲层应尽量做薄，而为了更好地覆盖粗糙的 CIGS 薄膜表面，使之免受大气环境温度的影响，免受溅射 ZnO 时的辐射损伤，要求 CdS 层要致密无针孔。蒸发法制备的薄膜很难达到这一要求，CBD 法可以做出既薄又致密、无针孔的 CdS 薄膜；②CBD 法沉积过程中，氨水可溶解 CIGS 表面的自然氧化物，起到清洁表面的作用；③Cd 离子可与 CIGS 薄膜表面发生反应生成 CdSe 并向贫 Cu 的表面层扩散，形成 Cd_{Cu}施主，促使 CdS/CIGS 表面反型，使 CIGS 表面缺陷得到部分修复；④CBD 工艺沉积温度低，只有 60～80℃，且工艺简单。

化学水浴法中使用的溶液一般是由镉盐、硫脲和氨水按一定比例配制而成的碱性溶液，有时也加入氨盐作为缓冲剂。其中镉盐可以是氯化镉、醋酸镉、碘化镉和硫酸镉，这就形成了 CBD 法制备 CdS 薄膜的不同溶液体系，但其反应机理是基本相同的。一般是在含 Cd^{2+} 的碱性溶液中硫脲分解成 S^{2-} 离子，它们以离子接离子的方式凝结在衬底上。将玻璃/Mo/CIGS 样片放入上述溶液中，溶液置于恒温水浴槽中，从室温加热到 60～80℃并施以均匀搅拌，大约 30min 以内便可完成。CBD 工艺制备 CdS 薄膜的装置见图 6.22。

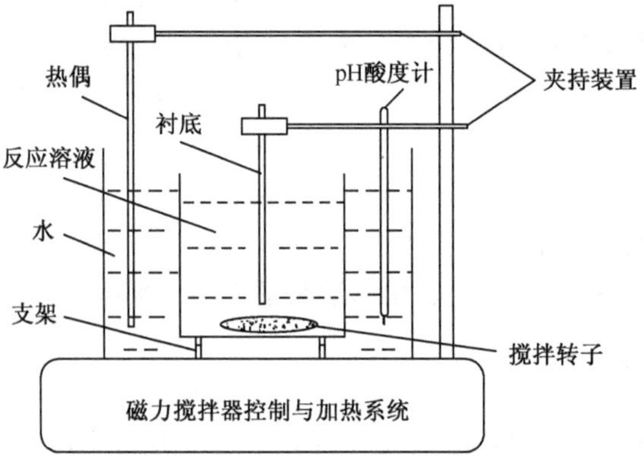

图 6.22　CBD 法制备 CdS 薄膜装置

CdS 材料存在着明显的绿光（$h\nu>2.42$eV）吸收，显然不利于短波谱段的光生电流收集。随 CdS 层厚度或 CdS 薄膜中缺陷密度（$>10^{17}\,cm^{-3}$）的增加，不仅会降低短路电流密度 J_{sc}，还会使 $CuInSe_2$ 和低 Ga 含量 CIGS 电池出现明显的 J-V 扭曲现象（crossover）。薄化 CdS 层（≤50 nm）可以基本消除 J-V 扭曲，从而提高填充因子值。另外，工艺过程中含 Cd 废水的排放以及报废电池中 Cd 的流失均造成环境污染，这无疑是使用 CdS 缓冲层的缺点。

6.3.3　氧化锌（ZnO）窗口层

在 CIGS 薄膜太阳电池中，通常将生长于 n 型 CdS 层上的 ZnO 称为窗口层。它包括本征氧化锌（i-ZnO）和铝掺杂氧化锌（Al-ZnO）两层。ZnO 在 CIGS 薄膜电池中起重要作用。它既是太阳电池 n 型区与 p 型 CIGS 组成异质结成为内建电场的核心，又是电池的上表层，与电池的上电极一起成为电池功率输出的主要通道。作为异质结的 n 型区，ZnO 应当有较大的少子寿命和合适的费米能级的位置。而作为表面层则要求 ZnO 具有较高的电导率和光透过率。因此 ZnO 分为高、低阻两层。由于输出的光电流是垂直于作为异质结一侧的高阻 ZnO，但却横向通过低阻 ZnO 而流向收集电极，为了减小太阳电池的串联电阻，高阻层要薄而低阻层要厚。通常高阻层厚度取 50nm，而低阻层厚度选用 300～500nm。

ZnO 是一种直接带隙的金属氧化物半导体材料，室温时禁带宽度为 3.4eV。自然生长的 ZnO 是 n 型，与 CdS 薄膜一样，属于六方晶系纤锌矿结构。其晶格常数为 $a=3.2496\text{Å}$，$c=5.2065\text{Å}$，因此 ZnO 和 CdS 之间有很好的晶格匹配。

由于 n 型 ZnO 和 CdS 的禁带宽度都远大于作为太阳电池吸收层的 CIGS 薄膜的禁带宽度，太阳光中能量大于 3.4eV 的光子被 ZnO 吸收，能量介于 2.4eV 和 3.4eV 之间的光子会被 CdS 层吸收。只有能量大于 CIGS 禁带宽度而小于 2.4eV 的光子才能进入 CIGS 层并被它吸收，对光电流有贡献。这就是异质结的“窗口效应”（如果，ZnO 和 CdS 很薄，可有部分高能光子穿过此层进入 CIGS 中）。可以看出，CIGS 太阳电池似乎有两个窗口。由于薄层 CdS 被更高带隙且均为 n 型的 ZnO 覆盖，所以 CdS 层很可能完全处于 pn 结势垒区之内使整个电池的窗口层从 2.4eV 扩大到 3.4eV。从而使电池的光谱响应得到提高。

ZnO 的制备方法很多，其中磁控溅射方法具有沉积速率高、重复性和均匀性好等特点成为当今科研和生产中使用最多、最成熟的方法。此法沉积的高低阻 ZnO 在波长 300～700nm 的透过率均大于 85%。高阻 ZnO 的电阻率为 100～400Ω · cm，低阻 ZnO 的电阻率为 $5\times10^{-4}\Omega\cdot\text{cm}$，均能很好地满足 CIGS 薄膜太阳电池的需要。

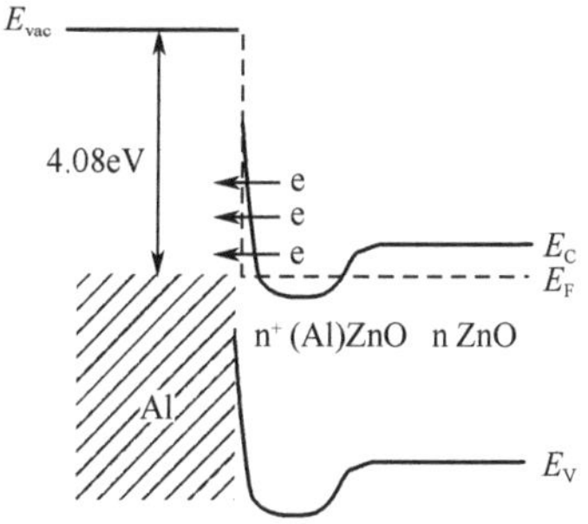

图 6.23　前电极 Ni-Al 与低阻 ZnO 之间的欧姆接触[48]

6.3.4　顶电极和减反膜

CIGS 薄膜太阳电池的顶电极采用真空蒸发法制备 Ni-Al 栅状电极。Ni 能很好地改善 Al 与 ZnO：Al 的欧姆接触，见图 6.23。同时，Ni 还可以防止 Al 向 ZnO 中的扩散，从而提高电池的长期稳定性。整个 Ni-Al 电极的厚度为 1～2μm，其中 Ni 的厚度约为 0.05μm。

太阳电池表面的光反射损失大约为 10%。为减少这部分光损失，通常在 ZnO：Al 表面上用蒸发或者溅射方法沉积一层减反射膜。在选择减反射材料时要考虑以下一些条件：在降低反射系数的波段，薄膜应该是透明的；减反膜能很好地附着在基底上；要求减反膜要有足够的机械性能，并且不受温度变化和化学作用的影响。在满足上述条件后，减反膜在光学方面有如下一些要求：

（1）薄膜的折射率 n_1 应该等于基底材料折射率 n 的平方根，即 $n_1=n^{1/2}$。

对 CIGS 薄膜电池来讲，ZnO 窗口层的折射率为 1.9，故减反射层的折射率应为 1.4 左右，MgF_2 的折射率为 1.39，满足 CIGS 薄膜电池减反射层的条件。

（2）薄膜的光学厚度应等于该光谱波长的 1/4，即 $d=\lambda/4$。

目前，仅有 MgF_2 减反膜广泛应用于 CIGS 薄膜电池领域，并且在最高效率 CIGS 薄膜电池中得到应用。

6.3.5 CIGS 薄膜光伏组件

太阳电池组件一词来源于晶体硅太阳电池。为了适应实际应用中对电源电压和电流的要求，必须把多个单体太阳电池进行串联和并联，并使用能够经受自然环境等外界条件的支撑板、填充剂、涂料等进行保护。这样的大功率实用型器件称为太阳电池组件。

大面积、大功率薄膜太阳电池是用与小面积电池基本相同的工艺做成。虽然它也是由多个小电池串联而成，但互联工艺与电池生长工艺交互同时完成。可以认为大面积薄膜的互联是内部连接。人们习惯上把这种由若干个子电池串联而成的大面积电池也称为光伏组件。应当注意的是，目前大面积薄膜光伏组件子电池间只有串联。图 6.24（a）为 CIGS 薄膜光伏组件极联集成原理图。首先对 Mo 电极进行激光划线（P_1），将之分割成宽 5～7mm 的条，是未来子电池的基础。沉积 CIGS、CdS 和 i-ZnO 层后，继续第二次划线（P_2），此次划线要将 CIGS、CdS 和 i-ZnO 全部划开而保留 Mo 层。此时多个子电池已经形成。最后沉积 ZnO：Al 作为电池上表面收集层，它将各个子电池又都连在一起。然后进行最后一步划线（P_3）将各子电池分开，形成多个子电池串联而成的薄膜光伏组件。对玻璃衬底 CIGS 薄膜光伏组件，除 P_1 外，P_2 和 P_3 均采用机械方法划线，划线宽度均为 50μm。

可以看出，除了 P_1、P_2 和 P_3 线宽所占面积无光伏效应之外，P_1 和 P_2 之间及 P_2 和 P_3 之间的部分也基本上是不能收集的所谓死区。为了提高光伏器件的输出功率，不但希望三条线宽尽量小，而且希望三条线尽量靠近以减小它们之间的间隔。

CIGS 薄膜光伏组件制备工艺与单体电池的主要区别是大面积均匀性和极联

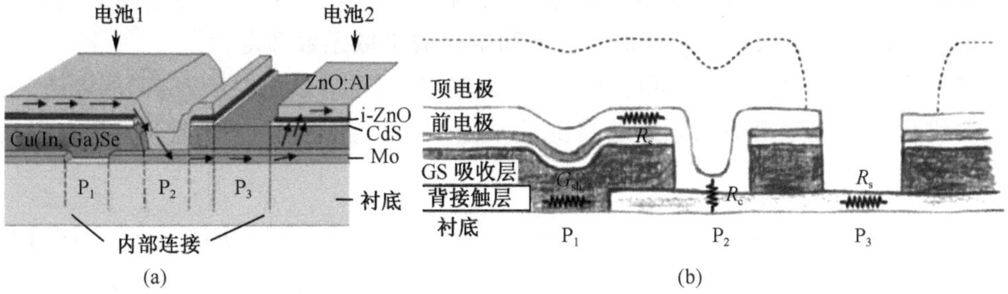

图 6.24　CIGS 光伏组件的内部极联（a）[49] 和极联技术引入的串、并联电阻（b）

技术两个问题。前者取决于大型设备的设计与加工，后者取决于划线技术的精度。图 6.24（b）给出了极联引入的串联和并联电阻示意图。ZnO∶Al 和 Mo 层除引入横向串联电阻 R_s 外，还在 P_2 处引入 ZnO∶Al 和 Mo 层之间的接触电阻 R_c，在 P_1 处则引入并联电导 G_{sh}。一般来说这几个参数越小越有利于提高组件的性能。

6.4　CIGS 薄膜太阳电池的器件性能

6.4.1　CIGS 薄膜太阳电池的电流-电压方程和输出特性曲线

太阳电池是一个大面积的 pn 结。太阳电池的电流-电压方程就是光照下 pn 结的电流-电压方程。为获得这个方程，我们画出图 6.25 的等效电路图。图中把光照下的 pn 结看成一个恒流源与一个二极管并联，恒流源的电流即为光生电流。二极管上的电流即 Shockley 方程所表示的 pn 结电流，即太阳电池的暗电流。图中 R 为串联电阻，$1/G$ 为并联（分路）电阻。结上的电压为 $V_j = V + Rj$，由此可得到太阳电池的输出电流 j 和输出电压 V 的关系式如下：

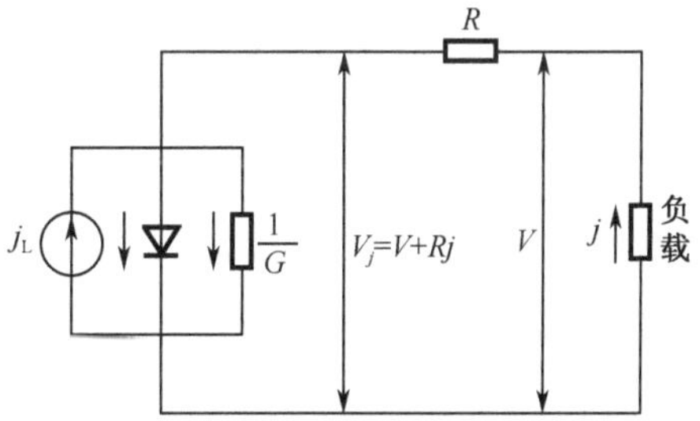

图 6.25　太阳电池等效电路图

$$j = j_L - j_0 \exp\left[\frac{q}{AKT}(V + Rj) - 1\right] - G(V + Rj) \tag{6.7}$$

式中，A 为二极管品质因子。j_0 为二极管反向饱和电流，其表达式为

$$j_0 = j_{00}\,\mathrm{e}^{-Eg/AkT} \tag{6.8}$$

$$j_{00} = qN_C N_V\left[\frac{1}{N_A}\left(\frac{D_n}{\tau_n}\right)^{\frac{1}{2}} + \frac{1}{N_D}\left(\frac{D_p}{\tau_p}\right)^{\frac{1}{2}}\right] \tag{6.9}$$

式中，N_C、N_V 分别为导带和价带的有效态密度；N_A、N_D 分别为电离受主和施主浓度；D_n、τ_n 和 D_p、τ_p 分别为电子和空穴的扩散系数和寿命。

按式（6.7）作图，便可得到太阳电池输出特性曲线。此线与实测的电流-电压曲线相同，位于第一象限。若将此式乘上（−1），并用 $-j$ 代替 j。此方程就变为

$$j = j_0 \exp\left[\frac{q}{AKT}(V - Rj) - 1\right] - j_L + G(V - Rj) \tag{6.10}$$

实际上是将光照下的 J-V 曲线翻转 180°，由第一象限到第四象限。而暗态 J-V 曲线则与平常 pn 结方程一样，在第一象限。从式（6.10）可以看出，光照 I-V 曲线相当于暗态 J-V 曲线按短路电流值往下平移得到，如图 6.26 所示。此图是效率为 11.31%的 CIGS 薄膜电池的光照和暗态的 J-V 曲线。

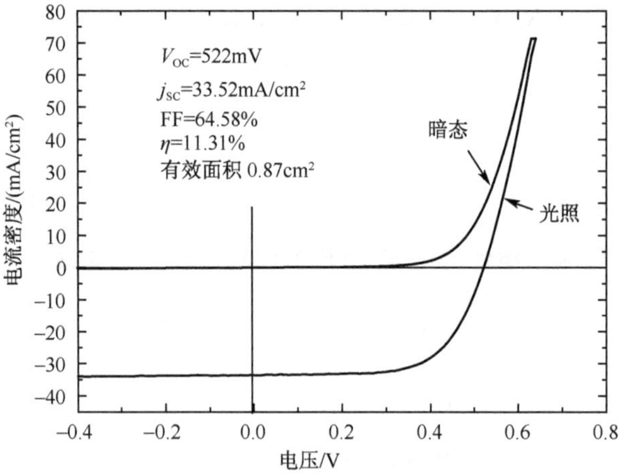

图 6.26　CIGS 薄膜电池的光照和暗态特性曲线[50]

从方程（6.10）可以看出，影响电池输出特性的参数有电池的串联电阻 R、并联电阻 $1/G$、二极管品质因子 A 和反向饱和电流 j_0。下面我们将对此方程进行分析并找出从电池的输出特性曲线得到上述四个参数的方法。利用方程（6.10）进行数学处理可以得到如下结果：

$$\frac{dj}{dV} = j_0 \frac{q - R\dfrac{dj}{dV}}{AKT} \exp\left[\frac{q(V - jR)}{AKT}\right] + G \tag{6.11}$$

$$\frac{dV}{dj} = R + \frac{AKT}{q}(j + j_L - GV)^{-1} \tag{6.12}$$

$$\ln(j + j_L - GV) = \ln j_0 + \frac{q(V - jR)}{AKT} \tag{6.13}$$

在 $V \leqslant 0$ 的情况下，式（6.11）中的第一项可以忽略并简化为

$$\left(\frac{\mathrm{d}j}{\mathrm{d}V}\right)_{V\leqslant 0}=G \tag{6.14}$$

根据式（6.12）～式（6.14），利用实测的光态和暗态 I-V 曲线便可以分别求出上述四个参数。

采用上述方法对电池的各项参数进行分析，需要满足如下条件：① 测量时，注意电压取值范围要足够密，以保证 J-V 曲线在反向和大于开路电压的正向都有足够的数据点；② 认为方程（6.10）是理想状态。不考虑经常发生在薄膜电池中的正偏压下光态与暗态曲线的交叉（cross-over）和反向偏压时早击穿（breakdown）等现象。

图 6.27(a) 是一个效率 15.5%的 CIGS 薄膜电池的光态和暗态 I-V 曲线。利用图 6.27(a) 中的数据，以 $\mathrm{d}j/\mathrm{d}V$ 为纵坐标，以 V 为横坐标作图，如图 6.27(b) 所示。在 $V\leqslant 0$ 的区域为一直线，此时 $\mathrm{d}j/\mathrm{d}V$ 为常数。从式（6.14）可知，此即为并联电阻的倒数 G。一般来说，太阳电池的并联电阻很大，因此此处得到

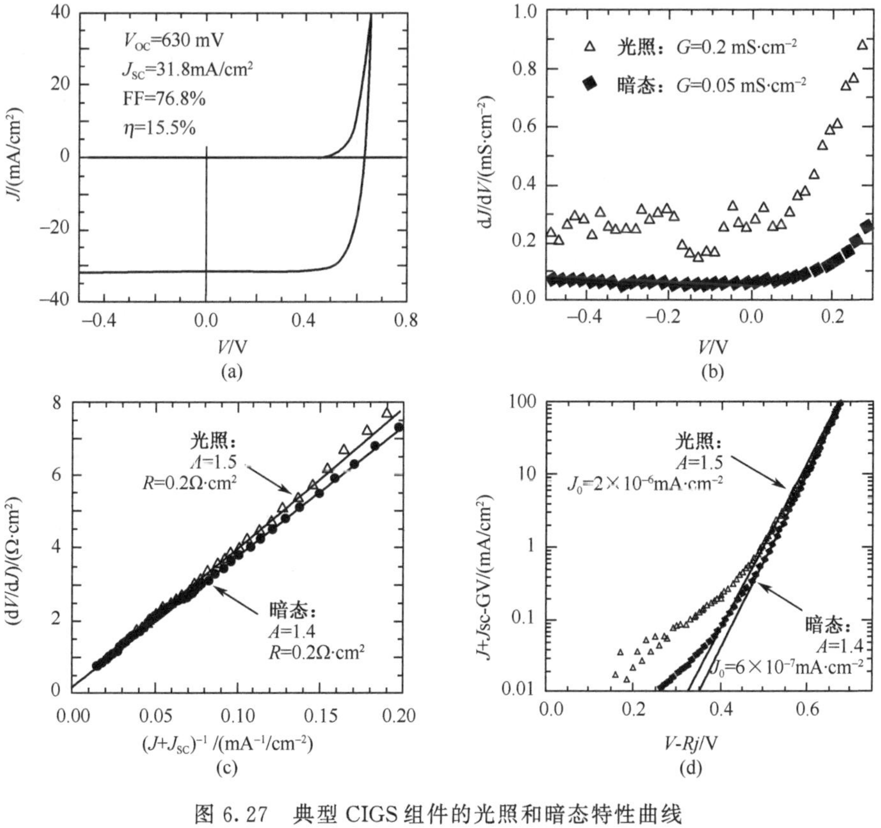

图 6.27　典型 CIGS 组件的光照和暗态特性曲线

(a) 标准的 J-V 曲线；(b)$G(V)$ 曲线；(c)$R(J)$ 曲线；(d)$\ln(j+j_{\mathrm{SC}})$ 与 V-$Rj(V)$ 曲线[51]

的 G 值很小。从图中可以看出，光态和暗态得到的 G 值不同，而且光态下的曲线有很大的噪声。

图 6.27(c) 为 dV/dj 与 $(j+j_{SC})^{-1}$ 的关系图。图中已将式（6.12）中的光电流 j_L 改为短路电流密度 j_{SC}，并忽略 GV 项。此图为一条直线，它在纵轴上的截距即为串联电阻 R。此线的斜率为 AKT/q，因此 A 值亦可同时求出。如果 GV 项不忽略，则可利用图 6.27(b) 求出的 G，用 $(j+j_{SC}-GV)^{-1}$ 作图，对所得的 R 和 A 值进行修正。在恒定光照下，j_{SC} 为常数，而在暗态下 $j_{SC}=0$，数据处理将更为简化。

图 6.27(d) 为 $\ln(j+j_{SC}-GV)$ 与 $V\text{-}Rj$（V）的关系图。其中同样将（6.13）式中的 j_L 改为 j_{SC}，并分别利用了从图 6.27(c) 和图 6.27(b) 中求出的串、并联电阻的数据。此图至少在电流密度坐标上 1～2 个数量级是线性的，与二极管方程吻合很好。直线部分外推到纵轴的截距即为反向饱和电流 j_0，而此线的斜率即为 q/AKT，从而又可求出二极管品质因子 A。

此电池具体的计算结果已列于图 6.27 中，除了图 6.27（b）中并联电导 G 的计算结果有些不同外，其他各参数的光照、暗态得到的结果基本一致，而且图 6.27（c）和图 6.27（d）中 A 的计算结果完全一致，表明此方法是相当可信的。

以上分析可以看出，测量太阳电池光照、暗态 $J\text{-}V$ 曲线，不但很容易的得出太阳电池的短路电流密度、开路电压、填充因子和光电转换效率等四大输出参数，而且经过简单的数据处理还可得到串、并联电阻、反向饱和电流及二极管品质因子等与电池质量有关的物理参数，这对研究和提高太阳电池性能是至关重要的。上述分析也表明，作为异质结的 CIGS/CdS 太阳电池，其 $J\text{-}V$ 特性与以同质结为基础的方程（6.10）吻合很好，这至少可以认为 CIGS 薄膜太阳电池虽然结构复杂，但却合理。

6.4.2 CIGS 薄膜太阳电池的量子效率

量子效率是指在某一波长的入射光照射下，太阳电池收集到的光生载流子与照射到电池表面的该波长的光子数之比。它是一个无量纲参数，与光子的波长有关，可以由实验直接测得，也叫外量子效率，记作 QE 或 EQE。太阳电池的电流密度 J_{SC} 就等于量子效率与光子流密度乘积在整个波长范围内的积分

$$J_{SC}=q\int_0^{\infty}F_{1.5}(\lambda)\cdot \mathrm{EQE}(\lambda)\cdot \mathrm{d}\lambda \tag{6.15}$$

其中，$F_{1.5}(\lambda)$ 为 AM1.5 光照下，波长为 λ 的光子流密度。

量子效率测试是确定太阳电池短路电流密度 j_{sc} 的有效方法，常用于分析影响 j_{sc} 的原因。如果入射光全部转变为电流，则电池的 j_{sc} 达到最大值。但是，由于电池的反射、吸收以及复合等造成的损失，j_{sc} 往往要小得多。这些损失可以

分为两类，一类是电池反射、吸收等造成的光损失；另一类是吸收层内光生载流子复合造成的电学损失。

CIGS 太阳电池是由多层薄膜组成的，入射光照射在电池上，须通过窗口层和缓冲层，才能进入到吸收层。由于窗口层和缓冲层的反射和吸收，到达 CIGS 层的光已经减小了。CIGS 薄膜电池的光电流主要由 CIGS 吸收层产生。如果定义内量子效率 IQE（λ）为每一个波长下收集的电子-空穴对数与这一波长进入到 CIGS 吸收层中的光子数量之比，则 EQE 与 IQE 之间存在以下关系：

$$\mathrm{EQE}(\lambda) = T_G(\lambda)\cdot[1-R_F(\lambda)]\cdot[1-A_{WIN}(\lambda)]\cdot[1-A_{CdS}(\lambda)]\cdot \mathrm{IQE}(\lambda) \tag{6.16}$$

其中，$T_G(\lambda)$ 是电池受光照的有效面积比；$R_F(\lambda)$ 为入射光到达吸收层之前各层薄膜对光的总反射率；$A_{WIN}(\lambda)$ 和 $A_{CdS}(\lambda)$ 为窗口层和 CdS 层的光吸收率。

图 6.28 为 CIGS 太阳电池典型的 QE 模拟曲线。另有几条虚线将整个图分为几个区，由图中的数字标出。分析如下。

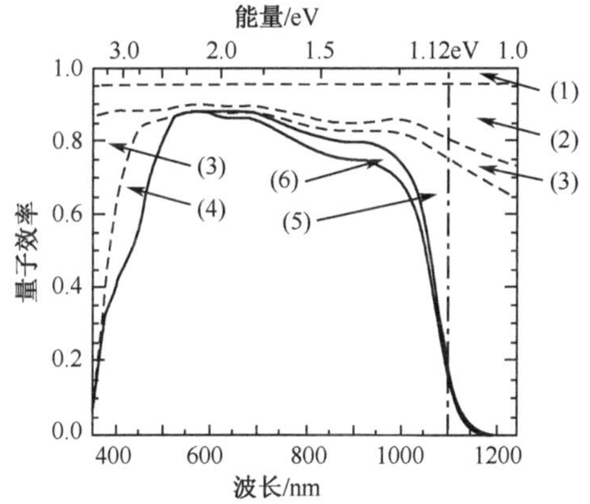

图 6.28　CIGS 薄膜电池的量子效曲线

下实线为偏压 0V，上实线为偏压－1V[51]

（1）区：电流收集栅极遮挡电池表面，减少了光照面积引起的光损失；

（2）区：空气与 ZnO/CdS/CIGS 界面间的反射损失，这种损失通过增加减反射层可以降低；

（3）区：ZnO 窗口层吸收造成的光损失，分为两部分，一部分是能量大于其禁带宽度的光子被吸收形成电子-空穴对，但是不能收集形成电流。另一部分是能量小的红外光被自由电子吸收，产生热能；

（4）区：CdS 吸收波长 λ＜520nm 的光子造成的光损失，这部分的光损失随 CdS 的厚度增加而增加，一般认为在 CdS 中产生的光生电子-空穴对是不能被收集的；

(5) 区：光子能量在 CIGS 的 E_g 附近，不能完全被吸收。Ga 浓度梯度的变化使长波区的吸收边界不是很陡峭，而是以一定的坡度变化。如果吸收层的厚度小于 $1/\alpha$（吸收系数），则不完全吸收的损失就很明显；

(6) 区：吸收层中的光生载流子不完全收集造成的损失，这是电学损失。

将上述各种损失换算成 j_{sc} 的损失如表 6.5 所示。可以看出，上述各项损失总数为 11.4mA/cm^2。如果没有这些损失，可以用式（6.15）算出在大于 CIGS 光学带隙的光子全部被吸收的情况下最大的电流密度可达到 42.8mA/cm^2。这只是一个模拟的结果，从中大体上可以看出 CIGS 薄膜太阳电池的光电流损失途径。事实上，由于工艺条件的制约，以及各层膜的光学性质和器件结构设计的不同，可能使电流损失情况有所变化。

表 6.5　CIGS 薄膜电池光电流的损失

图 6.28 中的区域	光损失机制	ΔJ/(mA/cm^2)	$\Delta J/J_{tot}$/%
(1)	栅电极遮挡面积损失 4%	1.7	4
(2)	ZnO/CdS/CIGS 的反射	3.8	8.9
(3)	ZnO 的吸收	1.9	4.5
(4)	CdS 的吸收	1.1	2.5
(5)	CIGS 的不完全吸收	1.9	4.4
(6)	CIGS 的不完全收集	1.0	2.3

6.4.3　CIGS 薄膜太阳电池的弱光特性

太阳电池不但可以用于大型电站，而且也可以用于室内作为小型电器的电源。前者主要在室外安装，入射阳光大体上是 AM1.5 的光谱和大约 100mW/cm^{2}辐照度的标准条件。而室内光照的辐照度却要低三个数量级，大约只有 0.05～5mW/cm^2。为适应室内条件下的应用，要对太阳电池的弱光特性进行研究。图 6.29 是一个玻璃衬底 CIGS 薄膜太阳电池光电转换效率与入射光强的关系图。它在标准测试条件下的光电转换效率为 14%～15%。该电池的转换效率随光强的降低逐渐减小，在光强为 5mW/cm^2 时，效率为 10%，到 0.1 mW/cm^2 时，效率只有不到 3%了。是什么原因造成太阳电池效率随光强而下降呢?

太阳电池的短路电流是随光强而线性下降的，而开路电压和填充因子的变化趋势较为复杂。图 6.30 给出 CIGS 电池开路电压和填充因子与光强的关系曲线。图中的理论和模拟曲线都是对串联电阻 $R_s=0$、并联电阻 $R_{sh}=\infty$的理想情况下作出的。开路电压的理论曲线中用 $A=1.7$，$j_0=1.5\times10^{-8}$ A/cm^2。可以看出，低光强下，V_{oc}和 FF 的测量值均低于理论值。

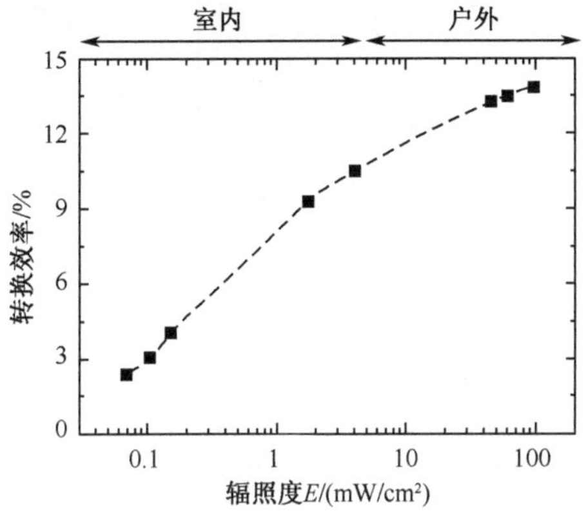

图 6.29　CIGS 电池转换效率与辐照度的关系[52]

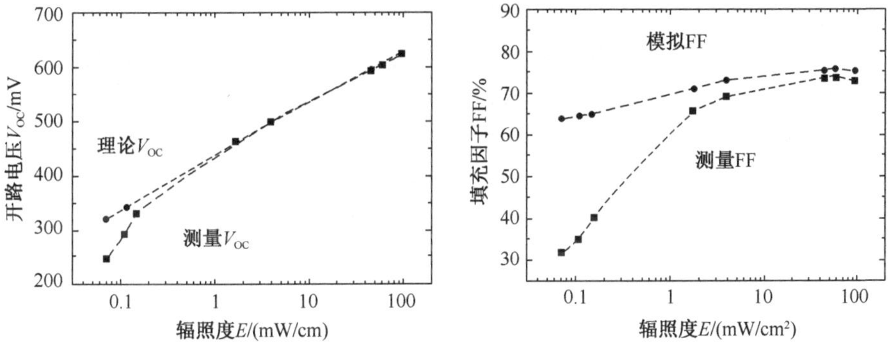

图 6.30　CIGS 电池开路电压和填充因子与光强的关系[52]

图 6.31 分别给出二极管品质因子 A、反向饱和电流 j_0、串联电阻 R_s 和并联电阻 R_{sh} 与光强的关系图。可以看出，A 和 j_0 随光强的变化很小，它们不足以影响电池的开路电压和填充因子。而串联电阻和并联电阻均随光强的降低而明显增大。因此可以初步认为串联、并联电阻的变化才是 V_{OC} 和 FF 偏离理想值的原因。串联电阻的增加会使电池性能下降是很明确的，但是并联电阻增加也使电池性能变差这点就值得研究了。上面提到的太阳电池在标准条件下的串联电阻只有 0.5Ω · cm²，是相当令人满意的。而并联电阻为 4kΩ · cm²，却是比较低的。考虑到并联电阻对开路电压的影响，太阳电池的开路电压可以表示为

$$V_{OC} = \frac{AKT}{q}\ln\left(\frac{J_{SC} - V_{OC}/R_{sh}}{j_0} + 1\right) \tag{6.17}$$

在并联电阻较低时，它对电池的开路电压的影响是不可以忽略的。而低光强下，随着 J_{SC} 的线性减小，并联电阻的影响便更为明显。如上所述，虽然在低光强

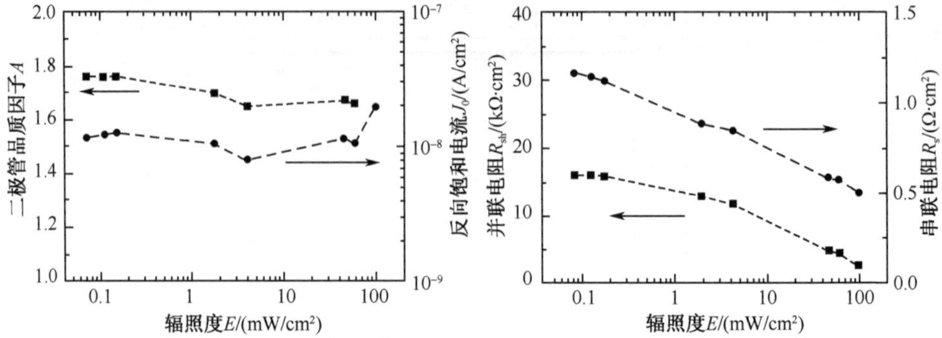

图 6.31 二极管品质因子 A、反向饱和电流 j_0 及 R_s、R_{sh}与光强的关系[52]

下，R_{sh}稍有增加（如上面例子，由 4 kΩ · cm² 增加到 15 kΩ · cm²），仍抵挡不了开路电压下降的趋势。可以认为，若想改善在低光强下的电池开路电压，必须使其在标准测试条件下有更高的并联电阻值。

表 6.6 列出了低光强下串联电阻和并联电阻对电池开路电压和填充因子的影响的模拟结果。此结果明确表示，在低光强下，必须有更大的并联电阻，才会有比较好的电池性能。研究表明，CIGS 薄膜太阳电池的并联电阻与其吸收层材料的电阻率成比例，而 CIGS 薄膜材料的电阻率又与其 Cu 含量有关[53]。图 6.32 给出不同 Cu 含量下，CIGS 薄膜太阳电池参数与光强的关系。表 6.7 列出了不同 Cu 含量下该电池在 0.1mW/cm² 光照下的太阳电池参数及其并联电阻值。可以看出对于含 Cu 量 18％的 CIGS 电池，其低光强下的并联电阻高达142kΩ · cm²。它在 0.1mW/cm² 的低光强下光电转换效率达 6％，而在5mW/cm² 光照下的效率为 10％，但在标准条件下的效率却只有 12.8％。这比标准含 Cu 量的 CIGS 电池的 14％要低，这主要是由于其短路电流低造成的。

表 6.6 光强 0.1mW/cm² 时，R_{sh}和 R_s 对太阳电池参数的影响

光强/(0.1 mW/cm²)		FF/％	V_{oc}/mV	η/％
测量值				
R_{sh}=15 kΩ · cm²	R_s=2.3Ω · cm²	34.9	289	3
模拟结果				
R_{sh}(R_s=2.3Ω · cm²)	R_{sh}=30kΩ · cm²	48.6	331	4.7
	R_{sh}=50kΩ · cm²	55	340	5.5
	R_{sh}=∞	61.5	346	6.3
R_s(R_{sh}=15 kΩ · cm²)	R_s=0	35	289	3
	R_s=10Ω · cm²	34.9	289	3
	R_s=40Ω · cm²	34.8	288	2.9

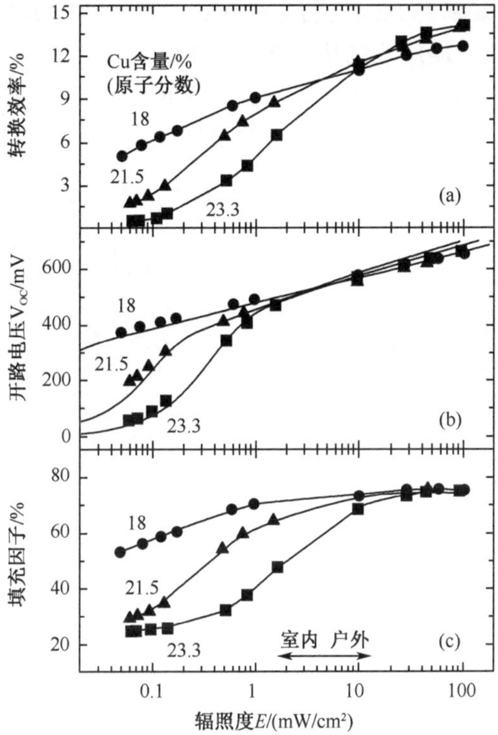

图 6.32　不同 Cu 含量时，CIGS 电池参数与光强的关系[54]

表 6.7　不同 Cu 含量下，CIGS 电池在 0.1 mW/cm² 光强下的电池参数

Cu 含量/%	R_{sh}/kΩ·cm²	FF/%	V_{oc}/mV	I_{sc}/(μA/cm²)	η/%
23.3(富 Cu)	3.5	25.4	93.9	27.8	0.66
21.5(标准)	11.8	31.6	256	25.4	2.05
18(贫 Cu)	142	57.1	405	23.6	5.46

可以认为 CIGS 薄膜电池优良的弱光性能取决于其吸收层材料对 Cu 含量具有较大的宽容度，它允许使用偏离化学计量比的较低的 Cu 含量来提高其电阻率，并作出性能优良的太阳电池。

6.4.4　CIGS 薄膜太阳电池的温度特性

温度对太阳电池性能的影响主要来源于组成太阳电池各层半导体材料性能对温度的敏感。温度首先通过载流子浓度、迁移率等参数影响材料的电阻率；其次是影响半导体材料的禁带宽度；最后太阳电池各个界面上的缺陷态也由于温度的不同而呈现不同的激发状态，从而影响器件的性能。太阳电池性能参数随温度的改变是上述各种影响的综合反应。

图 6.33 是一个效率为 16.4% 的 ZnO/CdS/CIGS/Mo 太阳电池的 J-V 特性与温度关系的模拟曲线。温度范围从 350～200K。其中 273K、298K 和 325K 三个温度进行了光照和暗态特性的实验测量。表 6.8 为 298K 下模拟参数与实测参数的对比，表明模拟结果和实测结果符合的很好。

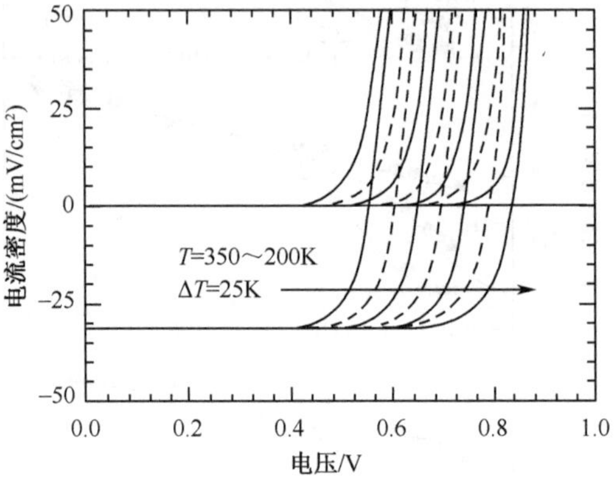

图 6.33　AM1.5 光照下，ZnO/CdS/CIGS/Mo 电池的光暗 J-V 曲线与温度的关系

实线为实测结果，虚线为模拟结果[55]

表 6.8　当 T=298K 时，CIGS 太阳电池的模拟和实测参数

电池参数	模拟结果		实测电池	
	暗态	AM1.5	暗态	AM1.5
J_{sc}/(mA/cm²)	—	31.8	—	31.5
V_{oc}/mV	—	655	—	657
FF	—	0.785	—	0.786
效率/%	—	16.4	—	16.4
n	1.32	1.37	1.34	1.39
j_0/(A/cm²)	8×10^{-11}	—	4×10^{-10}	—
dJ_{sc}/dT	—	+0.014	—	−0.013
dV_{oc}/dT	—	−1.85	—	−1.86

由模拟曲线可以得到短路电流的温度系数为 +0.0046mA/cm²/K = +0.014%/K。如果模拟中将 dE_g/dT 忽略，则短路电流的温度系数为 −0.007%/K。因此人们通常认为 CIGS 薄膜太阳电池的短路电流不随温度改变。

开路电压的温度系数为 −1.85mV/K。模拟结果与实测结果完全一致。填充因子随温度降低而缓慢增加，到 200K 时达到 0.805。

图 6.34 给出了上述电池的二极管品质因子和反向饱和电流随温度变化的曲线。随着温度的下降，二极管品质因子逐渐增加，而反向饱和电流却逐渐下降。

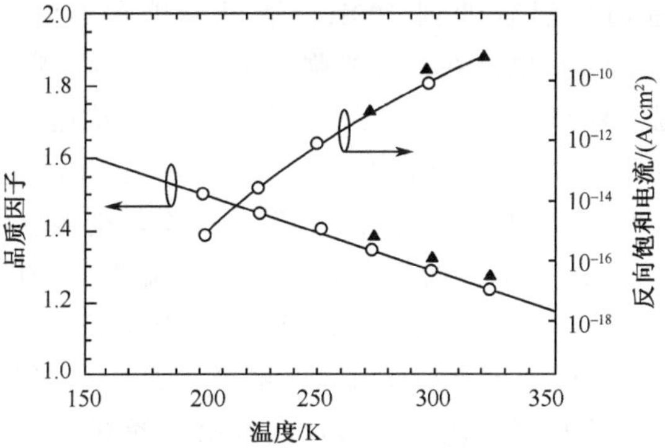

图 6.34　二极管品质因子和反向饱和电流与温度的关系[55]

图 6.35 是另一个效率大于 18％的 CIGS 薄膜太阳电池的输出参数与温度关系的模拟结果[56]。可以看出，在 240～320K 的范围内短路电流密度几乎不随温度改变，而开路电压、填充因子和光电转换效率均随温度的升高而下降。这个结论与上述 16.4％的 CIGS 电池是完全一致的。

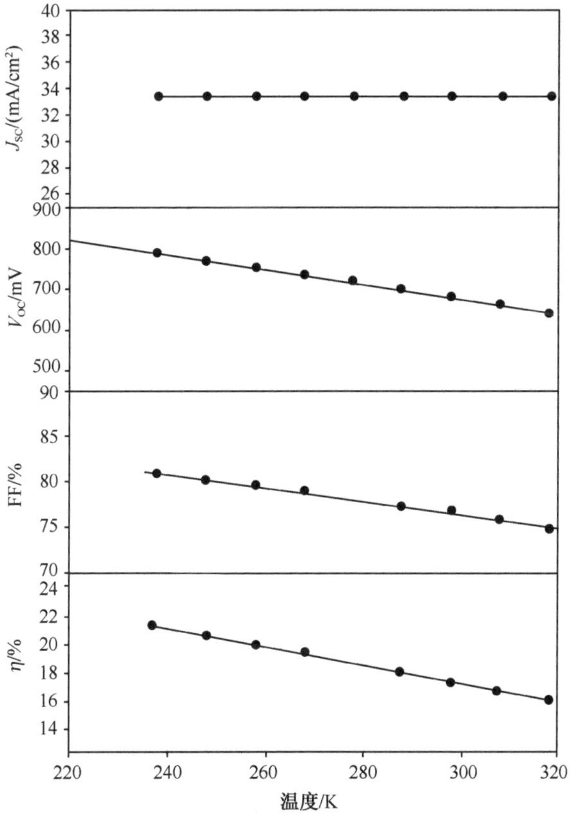

图 6.35　高效率 CIGS 薄膜电池输出参数与温度关系的模拟结果

如果温度范围向低温延伸到 100K，情况将稍有不同。表 6.9 是效率为 12.4%的 CIS（不含 Ga）电池在标准光强下的 *J-V* 特性与温度关系的数据。其温度范围是从室温下降到 100K，这是一个实测结果。从这组数据可以看出：直到 122K 短路电流密度仍然是个常数；在 165K 以上开路电压的温度系数为 −1.78mV/K；在 210K 以上，填充因子和转换效率均随温度下降而增加。这些均与 16.4%和 18%的两个电池的情况相同。只当温度在 210K 以下到 100K 之间，填充因子明显减小，从而使电池的转换效率也出现随温度下降的趋势。这种现象可用电池串联电阻随温度下降而升高来解释。表 6.10 和图 6.36 给出了电池串联电阻随温度变化的数据。研究表明，从室温下降到 77K，ZnO 的电阻只增加 8%。可以认为，低温下电池串联电阻的急剧上升，来源于 CIS 膜层的体电阻和 Mo/CIS 之间的接触电阻。

表 6.9　光照下，转换效率 12.4%的 CIS 电池参数与温度的关系[57]

温度/K	J_{sc}/(mA/cm^2)	V_{oc}/mV	FF/%	效率/%
299	40.8	455	64.9	12.0
276	40.9	499	67.2	13.7
255	41.1	540	68.9	15.3
232	41.1	581	69.9	16.7
210	41.4	621	69.9	18.0
188	41.1	659	68.8	18.36
166	40.7	691	66.1	18.6
144	40.6	718	60.3	17.6
122	41.0	738	47.9	14.5
100	38.7	742	25.3	7.3

表 6.10　串联电阻与温度的关系

温度/K	303	279	258	235	214	191	165	144	123	101
R_s/(Ω·cm^2)	0.37	0.41	0.49	0.73	1.12	2.46	7	17	60	240

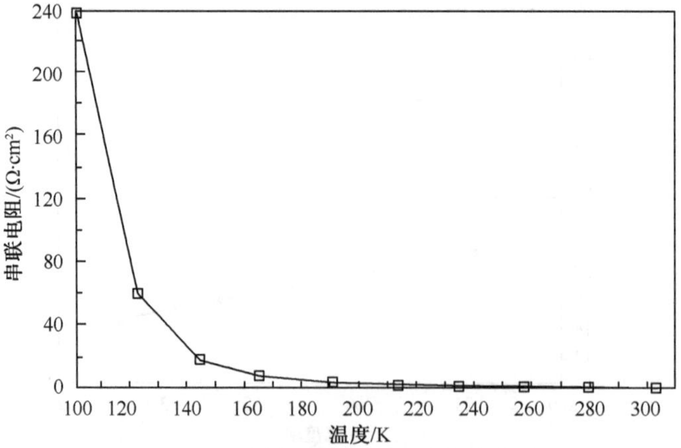

图 6.36　器件串联电阻与温度的关系

6.4.5 CIGS 薄膜太阳电池的抗辐照能力

CIGS 薄膜太阳电池，尤其是柔性衬底 CIGS 薄膜电池，由于其高效率、高比功率（kW/kg）和可弯曲性使之成为空间应用最有吸引力的薄膜太阳电池。空间应用的前提是太阳电池必须有较好的抗辐照能力。研究表明，CIGS 薄膜电池具有相当好的抗辐照能力。图 6.37 为几种太阳电池在 1MeV 电子辐照下，输出功率的衰减情况。可以看出，在这种辐照条件下，当大多数电池输出功率明显衰退时，CIGS 电池却无任何衰减。

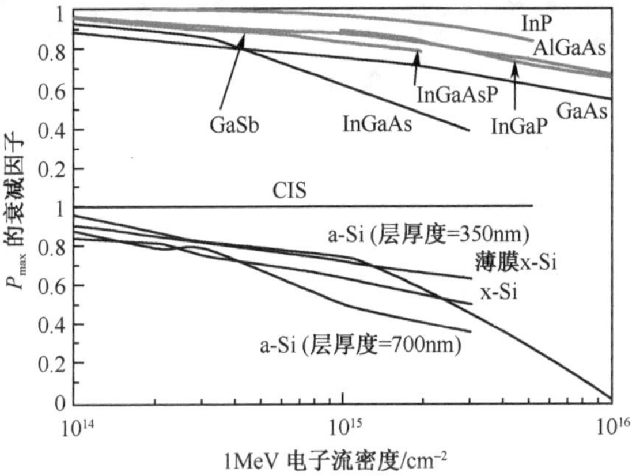

图 6.37　1MeV 电子辐射下，各种电池的功率衰减曲线[58]

图 6.38 给出在不同粒子流密度、不同能量的电子和质子辐照下，CIGS 薄膜电池的输出参数的衰减情况。以辐照前的电池参数为参考，该图纵轴表示辐照前后电池参数的衰减因子。对于 1MeV 的电子辐照，在粒子流小于 $10^{16}cm^{-2}$ 时，电池参数无任何衰退。而在粒子流密度大于 $10^{17}cm^{-2}$ 时，电池效率衰减 10%。这个粒子流密度比硅和砷化镓电池达到同样衰减时的粒子流大一个数量级。在粒子流密度为 $10^{18}cm^{-2}$ 时，CIGS 电池效率下降 21%。如果以 r_V、r_I 和 r_F 分别表示开路电压、短路电流和填充因子的衰减值，则 CIGS 太阳电池辐照后的效率为 $r\eta=r_V\times r_I\times r_F=0.80\times0.99\times0.96=79\%$。这表明，在 1MeV、$10^{18}cm^{-2}$ 粒子流密度的电子辐照下，CIGS 电池效率的降低主要是由于其开路电压的衰减引起的。

从图 6.38 可以看出，电子能量在 1～3MeV 时，只当其粒子密度大于 $10^{18}cm^{-2}$ 时才对短路电流和填充因子有显著影响。因此有人认为，这时电子辐照只在太阳电池吸收层中产生起复合中心作用的缺陷损伤。

对于质子辐照，如图 6.38 中三角所示。在质子流密度为 $10^{14}cm^{-2}$ 时，电池各个参数都有不同程度的衰减。其光电转换效率降到初始值的 49%：$r\eta=r_V\times$

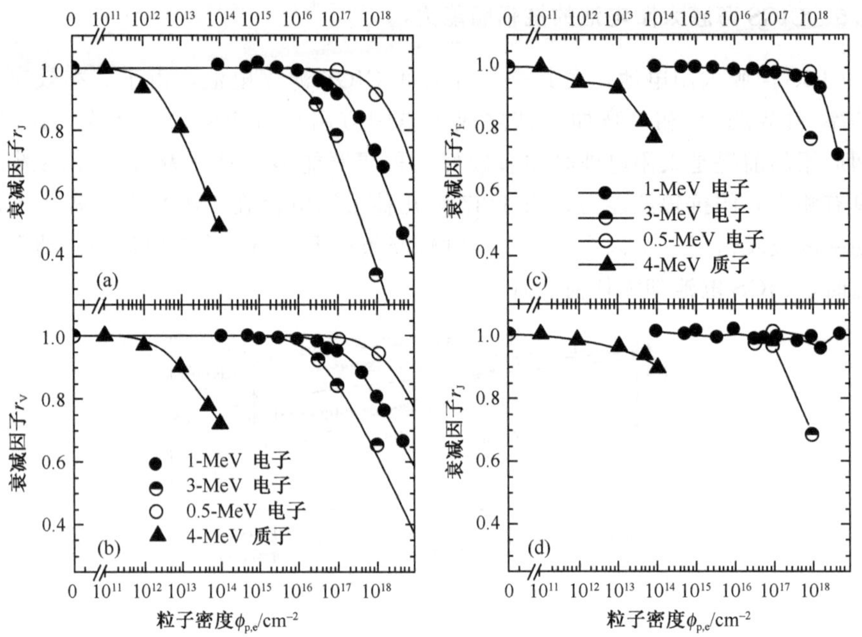

图 6.38　高能电子、质子辐照下电池参数的衰减

(a) 效率；(b) 开路电压；(c) 填充因子；(d) 短路电流[59]

$r_I \times r_F = 0.72 \times 0.89 \times 0.77 = 49\%$。高能质子造成的损伤使电池填充因子的衰减几乎与电子辐照时开路电压的衰减一样大。而电池的填充因子的大小与该电池的二极管品质因子 A、开路电压 V_{oc}、串联电阻 R_s 及并联电阻 R_{sh} 密切相关。这表明，质子辐射对电池造成的损伤机制是更为复杂的。表 6.11 列出了在 0.2～2MeV 质子辐照下，CIS 太阳电池的二极管品质因子 A 和反向饱和电流的变化情况。可以看出，在相对较低的质子能量和粒子密度辐照下，CIS 薄膜电池的二极

表 6.11　0.2～2MeV 质子辐照下，CIS 太阳电池的二极管品质因子和反向饱和电流的变化[60]

能量/MeV	密度	A(品质因子)	J_0/(A/cm^2)
	0	1.6	7.5×10^{-7}
2.0	5.0×10^{11}	1.7	1.6×10^{-6}
	5.0×10^{12}	1.8	2.4×10^{-6}
	0	1.5	5.3×10^{-7}
0.4	5.0×10^{11}	1.5	1.2×10^{-6}
	5.0×10^{12}	1.6	1.9×10^{-5}
	0	1.4	1.4×10^{-6}
0.2	5.0×10^{11}	1.5	2.5×10^{-6}
	5.0×10^{12}	1.6	9.3×10^{-6}

管品质因子和反向饱和电流便开始衰减了（即 A 和 j_0 变大）。虽然如此，CIGS 薄膜太阳电池对高能质子的耐受能力，仍然好于其他地面应用电池。而与专门为空间应用设计的外延 InP 太阳电池相当。因此可以认为 CIGS 薄膜电池具有非常好的抗高能电子和质子辐照的能力，其抗电子辐照能力更为优良。

和其他太阳电池一样，CIGS 薄膜电池的辐照损伤可以用真空退火的方法得到部分恢复。图 6.39 是 3MeV 电子辐照后的 CIGS 薄膜电池进行退火处理的结果。退火时间为 100s，间隔 20K，即每隔 20K 停留 100s，用来测量电池参数。其短路电流在稍高于室温下退火即开始恢复，到 360K 时基本恢复到辐照前的值。而开路电压从 360K 才开始恢复，到 440K 恢复到 600mV，与 650 mV 的初始值相比有 50mV 未能恢复[61]。

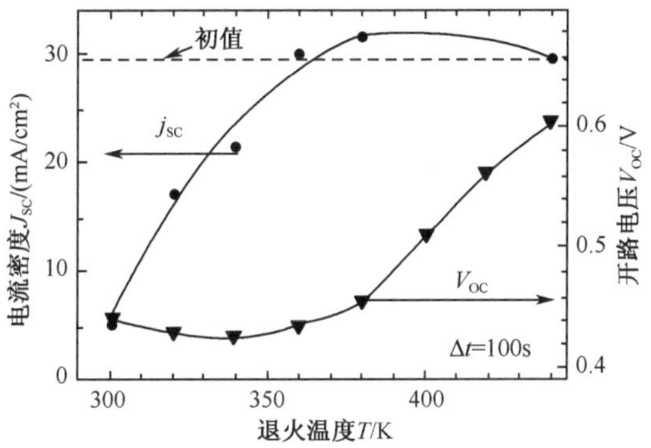

图 6.39　退火后，J_{SC}和 V_{OC}的恢复曲线[61]

6.4.6　CIGS 薄膜电池的稳定性

和任何半导体器件一样，太阳电池的稳定性是其作为产品的重要指标。稳定性的真正判据是它在工作环境条件下能正常工作的时间。这个时间当然是越长越好。对于单晶硅电池，人们总结多年经验，规定其使用寿命为 20 年。这也就成为许多新研制的太阳电池的目标。太阳电池性能的衰退包括以 pn 结为核心的各层半导体材料的衰减及其界面、外封装引线材料性能的退化等。太阳电池的稳定性是一个长期使用寿命的预期问题。为了预知其使用寿命，人们进行了大量的实验研究，也提出了许多所谓“加速老炼”的方法。但是至今为止，最可信的方法仍然是在室外太阳电池真正工作的环境下，进行长期的观察和细心测试，再进行总结和判断。

下面介绍 CIGS 薄膜太阳电池室外试验结果，也介绍一些加速老炼的湿热试验结果。

6.4.6.1　户外长期稳定性试验

图 6.40(a) 为科罗拉多太阳能研究中心（SERI）对 CIS 组件的户外稳定性的研究结果。CIS 组件在户外条件下工作 5 个月，电池的性能没有任何的衰减[62]。为了进一步验证 CIGS 电池户外的长期稳定性，Siemens 太阳能公司对 CIS 组件进行了 8 年的户外测试，结果如图 6.40(b) 所示。除了 1989 年、1990 年更换模拟器时电池效率稍有变动以外，其他时间电池的平均效率基本不变甚至有所增加[63]。近来日本 Showa Shell 公司对 11kW 的 CIGS 电池方阵进行了户外测试。图 6.40(c) 是该方阵的实物图。从方阵中定期取出相同的组件在标准条件（25℃，AM1.5）下测试，测试时间持续 3 年，结果如图 6.40（d）所示。结果表明 CIGS 组件的效率没有发现任何的衰减，再次证明了 CIGS 电池的稳定性[64]。

可以得到初步结论：CIGS 薄膜太阳电池是相当稳定可靠的新型薄膜光伏器件，它将具有广阔的发展空间和产业化前景。

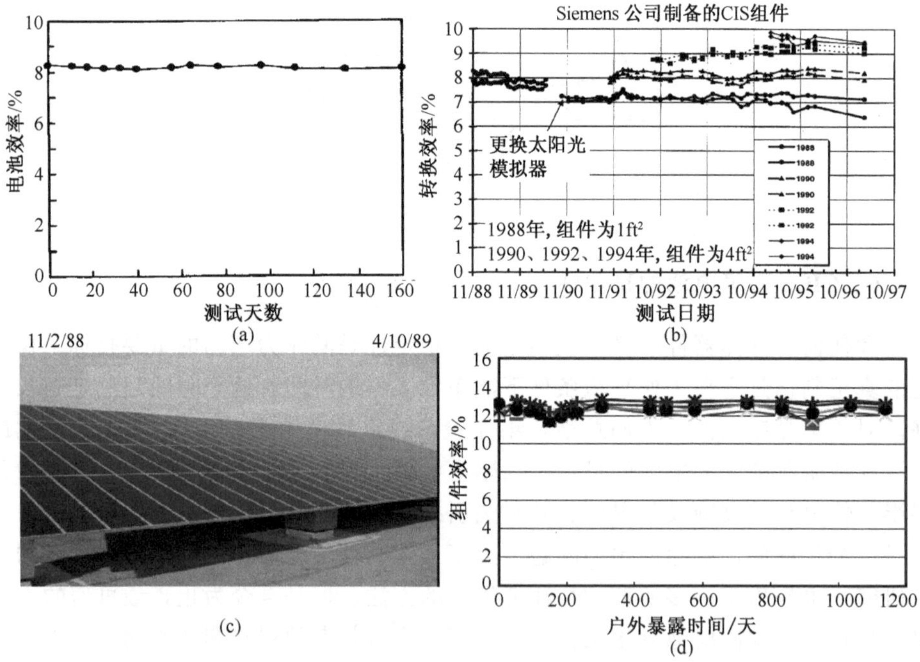

图 6.40　CIS 组件的户外测试

(a) SERI；(b) Siemens；(c) Showa Shell 户外测试电池方阵；(d) Showa Shell 方阵效率测试结果

6.4.6.2　湿热试验

研究表明，湿热试验对 CIGS 电池是有害的。对电池性能的主要影响是降低开路电压和填充因子[65]。Showa Shell 的湿热试验结果见图 6.41，试验条件为相关国际标准 IEC 61646 所规定。从图 6.41 可以看出，电池输出功率随着试验时间的延长明显衰减，但在“光老炼”后可恢复到最初功率的 95%左右。所谓“光老炼”（light soaking）是指在稳态模拟器或者户外阳光下进行一定时间的辐照。

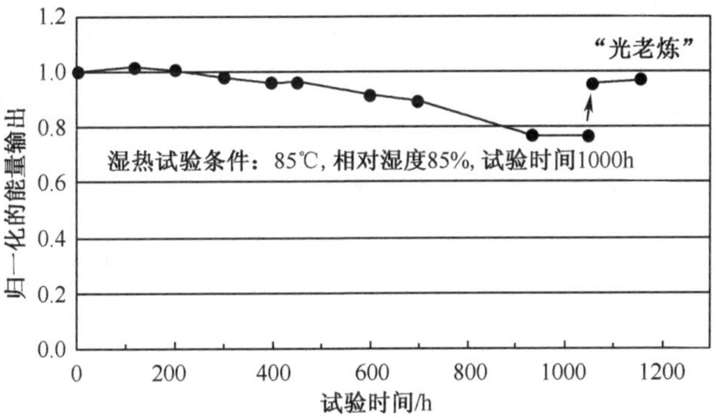

图 6.41　典型的 CIGS 组件的湿热试验结果

湿热条件下，对小面积 CIGS 电池的研究表明，电池的填充因子降低 20%～50%，开路电压降低 5%～10%[66]。湿热试验引起电池性能衰退的原因如下：ZnO 电阻率的降低导致空间电荷区变宽，pn 结向 n 型区偏移，增大了光生载流子的收集势垒，降低了填充因子；导纳谱和变温 *C-V* 测试表明，湿热试验增加了 CIGS 薄膜中的缺陷态密度，这势必会增强复合并降低电池的开路电压，因此抗湿热的封装材料与结构对电池组件的长期使用具有至关重要作用。

表 6.12 为湿热试验对 CIGS 组件性能的影响，组件的内部连接见图 6.24(b)。从表中可以看出，组件效率的主要损失是由于电压和填充因子的降低引起的，短路电流密度基本不变（表中未列出）。前电极 Al-ZnO 和背电极 Mo 的薄层电阻在 1000h 的湿热试验后分别增加了 3 倍和 1 倍，这都会增加电池的串联电阻。而 CIGS 层电阻率的降低会增加 P_1 处的分路损失，进而影响器件的开路电压。

可以看出，在湿热条件下，电池的效率会降低。必须通过改进封装工艺和材料，优化设计电池的内部连接结构，才可降低湿热条件对 CIGS 电池性能的影响。

表 6.12　湿热条件下，加速寿命测试导致未封装 CIGS 电池和材料的衰减

参数	测试前	500h	1000h
开路电压/mV	640	540	510
填充因子/%	75	62	58
ZnO:Al 前电极电阻/(Ω/cm²)	10	20	30
Mo 背接触层电阻/(Ω/cm²)	0.5	0.7	1
CIGS 吸收层电阻率/(Ω/cm²)	20	10	10
P_2 接触电阻/(Ω/cm²)	10^{-4}	10^{-3}	10^{-3}
P_3 处的 Mo 电阻	0.5	100	∞

6.5　CIGS 薄膜太阳电池的异质结特性

6.5.1　CIGS 薄膜太阳电池异质结能带图

CIGS 薄膜太阳电池的 pn 结是由 p 型 CIGS 膜和 n 型 ZnO/CdS 双层膜组成的反型异质结。目前常用的能带图如图 6.42 所示[56]。它的 p 型区只有 CIGS 薄膜，而 n 型区则相当复杂，不仅有 n^+-ZnO、i-ZnO 和 CdS，而且还含有表面反型的 CIGS 薄层。

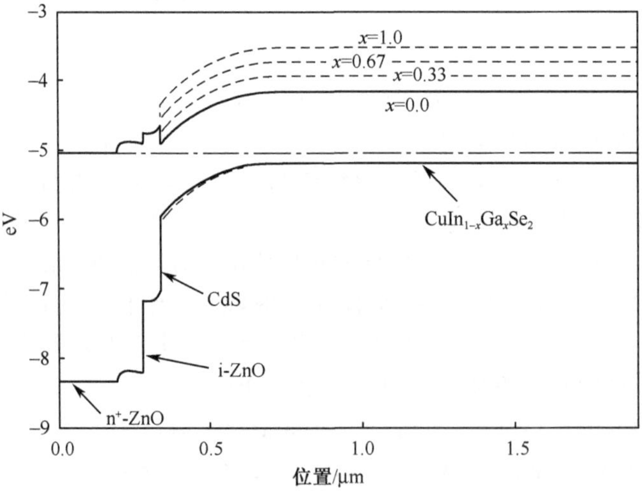

图 6.42　CIGS 薄膜电池 pn 结能带图（不同 Ga 含量）

研究表明，高效 CIGS 薄膜太阳电池的 CIGS 吸收层表面都是贫 Cu 的，它的化学配比与体内不同，可能变为 $CuIn_3Se_5$、Cu (In，Ga)$_3$Se$_5$ 或类似的富 In、Ga 的有序空位化合物（OVC）。不少研究小组测出 OVC 层是 n 型的，它的禁带宽度比 CIS 的大 0.26eV，而且禁带的加宽主要是由价带下移而导带基本不变，因此得到图 6.43 所示的能带结构[67]。从图中可以看出，一个由 CIS 组成的同质 pn 结深入到 CIS 内部而远离有较多缺陷的 CdS/CIS 界面，从而降低了界面复合率。同时，吸收层附近价带的下降形成一个空穴的传输势垒，使界面处空穴浓度减小，也降低界面复合。因此，CIGS 表面缺 Cu 层的存在有利于太阳电池性能的提高。

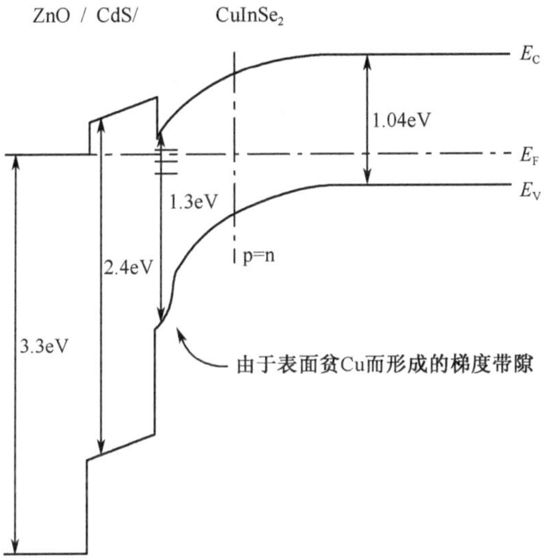

图 6.43　CIGS 薄膜电池的能带图

由于本征 ZnO 层的费米能级离导带较远，它的存在必定使 CdS 和低阻 ZnO 间的能带有所调整。图 6.44 表明，高阻 ZnO 使界面处导带底与平衡费米能级间的能量差 ΔE_F 增加，而使空穴势垒 Φ_B^p 减小[68]，结果使界面处的复合增加。与上面关于 OVC 的存在使此空穴势垒增加而减小界面复合的作用刚好相反。从这个意义上讲，本征 ZnO 的存在似乎是不利的。但大量的实验证明，本征 ZnO 的存在能明显提高电池的开路电压。如果去掉这一层，电池的开路电压将下降20～40mV，效率也将相应下降。这说明 i-ZnO 对能带图的调整并未影响电池的性能。至于为何使电池性能提高，还有待于研究。联系到本章 6.4.1 节讲到作为典型异质结薄膜太阳电池，高效率 CIGS 电池的输出 *I-V* 曲线与同质结的 *I-V* 方程很好地吻合。这充分说明 CIGS 薄膜太阳电池的实验成果远高于其器件物理的研究水平。

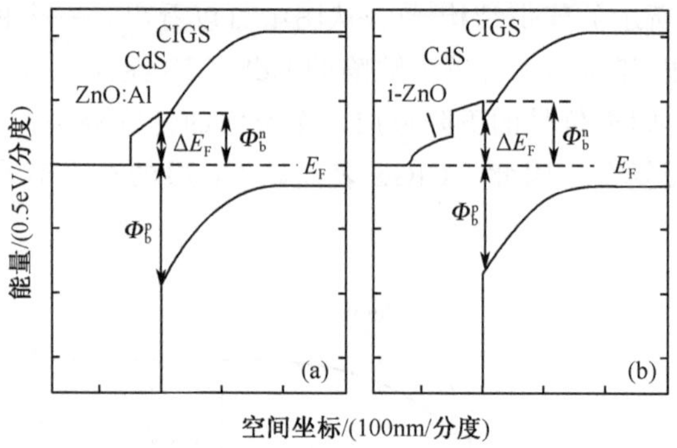

图 6.44　CIGS 薄膜电池能带图

（a）无本征 ZnO；（b）有本征 ZnO

6.5.2　能带边失调值

当两种不同的半导体形成异质结时，在界面处导带及价带都会产生连续或不连续的突变，这种突变来源于两种材料不同的电子亲和能。常把这种能带边的不连续称为能带边失调值（band offset）。其中，以 CdS/CIGS 的导带边失调值 ΔE_C 对 CIGS 薄膜太阳电池的性能影响最大。虽然为了减少 Cd 对环境的污染，人们大力研究无 Cd 的 CIGS 薄膜电池。但至今为止，最高效率的 CIGS 电池仍然使用 CdS/CIGS 结构。其重要原因之一就是它们之间有合适的导带边失调值 0.2～0.3eV 和很低的晶格失配率。图 6.45 为利用窗口层/OVC/CIGS 的结构模型，经过模拟计算得到的导带边失调值与太阳电池参数之间的关系图[69]。图中 $+\Delta E_C$ 表示窗口层导带边高于 CIGS 导带边，而 $-\Delta E_C$ 表示窗口层导带边低于 CIGS 的导带边。图中符号表示窗口层/OVC 界面处的载流子寿命与 CIGS 体内载流子寿命的比值：“○”表示 1∶1；“□”表示 1∶10；“△”表示 1∶100；“▽”表示 1∶1000。

1）短路电流密度 J_{SC}

导带边失调值 ΔE_C 在 −0.7～0.4eV 变化时，J_{SC} 几乎不变；导带边失调值大于 0.4eV 时，J_{SC} 骤然下降。对于 CdS 的导带高于 CIGS 层的导带，即 $\Delta E_C>0$ 时，两者之间的界面形成凹口（notch）。这个凹口对于 CIGS 中的光生电子来说是一个势垒，阻碍光生电子的输运。如果势垒高度超过 0.4eV，光生电子就不能越过势垒，因此，J_{SC} 骤然减小；当 CdS 的导带低于 CIGS 层的导带，即 $\Delta E_C<0$ 时，形不成光生电子的势垒，光生电子能被很好地输运，因此 J_{SC} 几乎不变，为一常数。

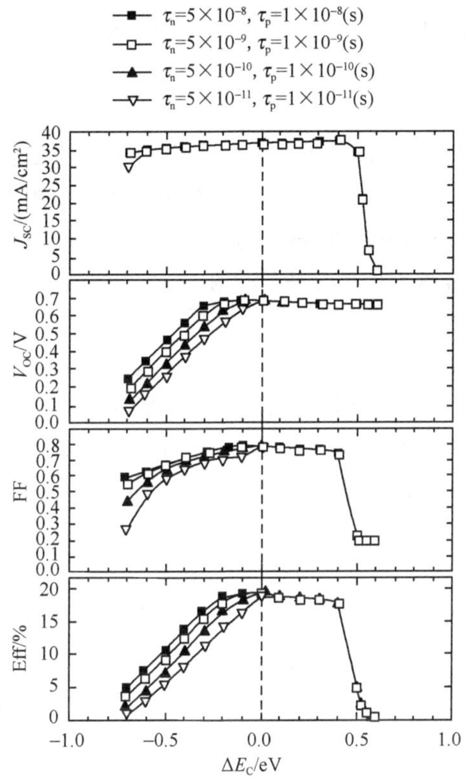

图 6.45　CdS/CIGS 的导带边失调值 ΔE_C 与电池性能各参数的关系

τ_n 和 τ_p 分别表示 CdS/CIGS 界面处电子和空穴的寿命

2）开路电压 V_{OC}

导带边失调值 $\Delta E_C<0$，即在 0.7～0eV 变化时，开路电压 V_{OC} 随着导带边失调值绝对值的增大或 CdS 与 CIGS 界面载流子寿命的减小而减小；当导带边失调值 $\Delta E_C>0$ 时，V_{OC} 几乎为一常数。CdS 的导带低于 CIGS 层的导带时，CdS/CIGS 界面出现断续，形成尖峰（cliff）。在正偏的情况下，这个断续对于注入电子来说是一势垒，CdS/CIGS 界面多数载流子经由缺陷的复合归因于这一势垒。因此，整体复合增加，V_{OC} 随着导带边失调值绝对值的增大和 CdS 与 CIGS 界面处缺陷态密度的增大而减小；当 CdS 的导带高于 CIGS 层的导带时，引起多数载流子之间复合的势垒不存在，当然 V_{OC} 几乎为一常数了。

3）填充因子 FF

当导带边失调值 $\Delta E_C<0$，即在 0.7～0eV 变化时，填充因子 FF 随着导带边失调值绝对值的增大和 CdS 与 CIGS 界面载流子寿命的减小而减小。这与

V_{OC}的变化趋势相同；当导带边失调值 ΔE_C 在 0～0.4eV 变化时，填充因子 FF 几乎为一常数；而当 ΔE_c 值大于 0.4eV 时，FF 骤然减小。这又与 J_{SC}的变化趋势相同。

4）转换效率 η

由上面的讨论可知，当 CdS/CIGS 的导带边失调值 ΔE_C 处于 0～0.4eV 时，CIGS 薄膜太阳电池具有极好的性能，转换效率高（忽略界面载流子寿命的影响）。因此可以调节 CdS/CIGS 的导带边失调值 ΔE_C 来改善有镉或者无镉 CIGS 薄膜太阳电池的性能。这对 CIGS 薄膜太阳电池异质结材料的选取和工艺很具指导意义。

图 6.42 的能带图上还表示出随着 CIGS 中 Ga 含量的增加其禁带宽度变大，而电子亲和能却变小，表示导带顶逐渐上移。大约在 $x=0.5$ 时，其与 CdS 间的导带边失调值为 0，只有当 x 值在 0.3 以下时，其导带失调值才成为 0.2eV 左右。这从另一侧面说明 CIGS 薄膜中掺 Ga 量不能超过 30%。

6.5.3 贫 Cu 的 CIGS 表面层

绝大多数光伏器件都是一个单边突变的 pn 结。光伏效应的主体在有较高电阻率的基层区，亦即在其吸收层内。CIGS 薄膜作为高效 CIGS 薄膜电池的吸收层材料必须是具有较高电阻率的贫 Cu 材料。在形成异质结过程中，CIGS 表面会变成贫 Cu 的 n 型薄层。尽管人们关于这个表面层是否一定是以 $CuIn_3Se_5$ 为主的 OVC 或者 ODC 层尚存异议，但对于表面贫 Cu 层的存在还是取得了共识。这正是我们在讲述 CIGS 薄膜电池异质结结构时把 CIGS 表面层看成一个具有比其体材料层呈现更宽带隙的原因。

由于贫 Cu 表面层的重要性，近年来这方面的研究很多。其中很多人支持表面存在 OVC 或 ODC 层的看法。也有不少人持反对的观点。在此不再赘述。

6.6 柔性衬底 CIGS 薄膜太阳电池

6.6.1 柔性衬底 CIGS 薄膜太阳电池的性能特点

航空航天领域需要太阳电池有较高的质量比功率，即希望单位质量的太阳电池能发出更多的电量。而对于地面光伏建筑物的曲面造型和移动式的光伏电站等要求太阳电池具有柔性、可折叠性和不怕摔碰，这就促进了柔性衬底太阳电池的发展，所谓柔性电池是以金属箔或高分子聚合物做衬底的薄膜太阳电池。一般说来，所有薄膜太阳电池都可以做成柔性的。柔性 CIGS 薄膜太阳电池的结构如图 6.46 所示，除衬底和 CIGS 吸收层工艺略有不同之外，其他各层与玻璃衬底 CIGS 电池工艺基本相同。

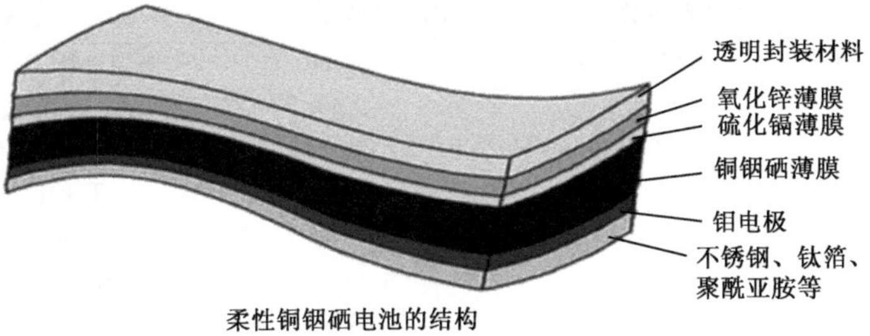

图 6.46　柔性 CIGS 电池结构

柔性 CIGS 薄膜电池具有以下优异性能。

(1) 高的质量比功率 (W/kg)，见表 6.13。在空间电池领域，柔性 CIGS 电池具有最高的比功率和最低的成本，功率密度与硅、砷化镓薄膜电池相当。

(2) 相比于高转换效率的 Si 电池、单结和三结 GaAs 太阳电池，CIGS 电池耐高能电子和质子辐照的能力更强。

(3) 适合于建筑一体化 (BIPV)，尤其适合于在不平的屋顶上使用。柔性电池可以裁切成任何形状及尺寸，同时也可以作光伏瓦片。

(4) 柔性衬底 CIGS 电池具有降低成本的最大潜能，适合大规模生产的卷-卷 (roll-to-roll) 工艺。

(5) 适合单片集成：金属衬底材料可通过在其表面沉积绝缘层实现单片集成，PI 衬底由于其本身的绝缘性，在单片集成领域更有前景。

表 6.13　几种空间应用的太阳电池的性能参数比较[70]

电池类型	质量比功率/(W/kg)	功率密度/(W/m^2)	成本/($/W)
晶体 Si 电池	260	230	130
三结砷化镓电池	210	300	260
铜铟镓硒薄膜电池	1430	210	30～50

选择衬底材料首先考虑的是热稳定性，要求衬底可以承受制备高效率器件需要的温度，同时要有合适的热膨胀系数，并与电池吸收层材料匹配良好。其次是化学和真空稳定性，即在 CIGS 吸收层沉积过程中不和 Se 反应，水浴法制备 CdS 时不分解，真空稳定性则要求衬底材料加热不放气。最后，衬底材料要适合卷-卷工艺，这样可以实现吸收层的连续生长，降低制造成本。表 6.14 列出了几种典型的柔性衬底材料、电池吸收层和阻挡层的特性。

表 6.14 衬底材料、电池吸收层和阻挡层的材料特性[71]

材料	热膨胀系数/$10^{-6}K^{-1}$	T_{max}(最高承受温度)	注释
苏打-石灰玻璃	9(200～300℃)	～600	玻璃衬底,含有 Na,K 等
Corning 玻璃	4.6	>600	无碱玻璃
Cr 钢	10～11	>600	Fe,Cr 等会扩散,成本低
Ti	8.6	>600	Ti 的扩散很少
Ni/Fe 合金(Kovar)	5～11	>600	与 CIS 热膨胀系数匹配很好
Al	23～24	600	低成本、低质量、高的热膨胀系数
Kapton E	17(20～200℃)	<500	聚酰亚胺
Upitex	12～24(20～400℃)	<500	聚酰亚胺
ETH-PI	3	<500	聚酰亚胺
Mo	4.8～5.9(20～600℃)		背电极
CIGS	11.2～11.7/7.9～9.6(20℃)		垂直 *c* 轴/平行 *c* 轴
ZnO	4.75/2.9		垂直 *c* 轴/平行 *c* 轴
SiO_2	1～9	>600	绝缘层或阻挡层
Al_2O_3	6～8	>600	绝缘层或阻挡层

6.6.2 柔性金属衬底 CIGS 太阳电池

金属衬底主要指不锈钢、钼、钛、铝和铜等金属箔材料。美国、日本和德国的研究机构在柔性金属衬底 CIGS 电池研究方面处于领先水平。表 6.15 列出了目前的各种金属衬底 CIGS 电池的最高效率。美国国家可再生能源实验室(NREL)研制的小面积不锈钢电池的最高转换效率达到了 17.5%[70]，是柔性衬底 CIGS 电池的世界记录。

从表 6.15 可以看出，与转换效率 19.9%的玻璃衬底 CIGS 电池相比，不锈钢衬底电池仍有差距。这种器件性能的差异主要与衬底粗糙度、杂质阻挡层和 Na 的掺入等问题有关。

表 6.15 不同柔性金属衬底 CIGS 太阳电池的研究水平 (AM1.5)

柔性衬底	转换效率/%	吸收层制备技术	研制单位
SS	17.5	CIGS(共蒸发)	NREL
Mo	11.7	CIGS(氧化物预置层,硒化)	ISET[72]
Cu	9.0	CIGS(电沉积预置层,RTP)	CIS Solartechnik[73]
Al	6.6	共蒸发 CIGS	ETH[74]
Ti	16.2	CIGS(共蒸发)	HMI[75]

6.6.2.1 衬底粗糙度的影响

一般金属衬底的表面粗糙度在几百到几千纳米之间，而玻璃衬底的粗糙度低于 100nm。粗糙的衬底将通过以下三种机制影响 CIGS 吸收层质量，如图 6.47 所示：①粗糙的表面可以提供更多的 CIGS 成核中心，导致形成小的晶粒和更多的晶体缺陷；②金属衬底上的尖峰可穿过电池吸收层，导致 pn 结短路[76]；③在高温生长 CIGS 期间，衬底存在大的突起会增加杂质从衬底向 CIGS 扩散。降低表面粗糙度须对柔性金属衬底进行抛光处理。覆盖一层绝缘层也能有效地降低粗糙度。

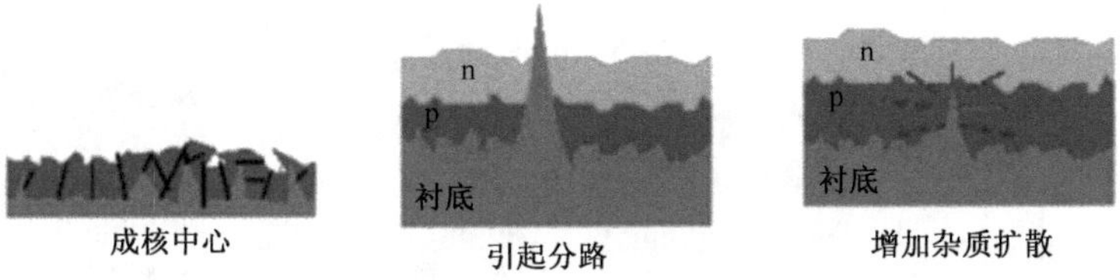

图 6.47　衬底粗糙度的三种影响机制

6.6.2.2　绝缘阻挡层

柔性金属衬底太阳电池的绝缘阻挡层一般夹在金属和 Mo 背接触层之间，它有两个作用：① 在金属衬底和单片集成电池之间提供电绝缘层；② 减少金属衬底中杂质向 CIGS 中扩散。因此柔性金属衬底大面积组件是必须有此阻挡层的。对小面积单体电池，只要所选的金属衬底材料的纯度足够高，可以不用阻挡层。例如，纯 Ti、纯 Mo 等衬底上的小面积 CIGS 太阳电池不需要阻挡层。而 Cr 不锈钢等含杂质的衬底，由于衬底中有害杂质的扩散会钝化器件的性能，需要阻挡层。研究表明，绝缘且稳定的氧化物 SiO_x 和 Al_2O_3 等是阻挡层的首选材料。SiO_x（等离子体 CVD 法）/SiO_x（溶胶-凝胶法）和 SiO_x（等离子体 CVD 法）/Al_2O_3（溅射法）等双层结构具有最佳的阻挡效果[77,78]。

6.6.2.3　Na 的掺入

Na 对 CIGS 薄膜电池性能的提高是不容置疑的。由于各类柔性衬底都不可能像钠钙玻璃那样向吸收层提供足够的 Na。因此为提高柔性衬底 CIGS 薄膜电池的性能，必须采取其他方式掺入 Na。

Na 的掺入工艺多种多样，图 6.48(a) 为目前广泛使用的玻璃衬底 CIGS 太阳电池的情况，其 Na 来自于衬底本身。图 6.48(b) 是 Na 预制层工艺，即在沉积 CIGS 之前，在 Mo 背接触层上预先沉积含 Na 的预制层，包括 NaF、Na_2S、Na_2Se 和 Na_2O 等化合物，厚度 10～30nm。厚度小于 10 nm 时，掺 Na 的作用不大。而厚度超过 30nm 会影响薄膜的附着力，因为后续水浴沉积 CdS 缓冲层时，NaF 极易溶于水引起薄膜脱落。图 6.48(c) 为 Na 共蒸发工艺，在 CIGS 沉积过程中，同时沉积 Na。这种方法与 CIGS 薄膜大规模生产工艺相兼容。6.48(d) 为 Na 的后处理工艺：完成 CIGS 薄膜沉积、冷却后，在薄膜上沉积 30nm 厚的

NaF 层，400℃退火 20min（如果 CIGS 的沉积温度低的话，退火温度也随之降低）。由于是在 CIGS 薄膜生长以后进行 Na 的掺入，所以这种工艺不改变薄膜生长动力学、晶粒尺寸和择优取向，但明显提高了电池的性能。

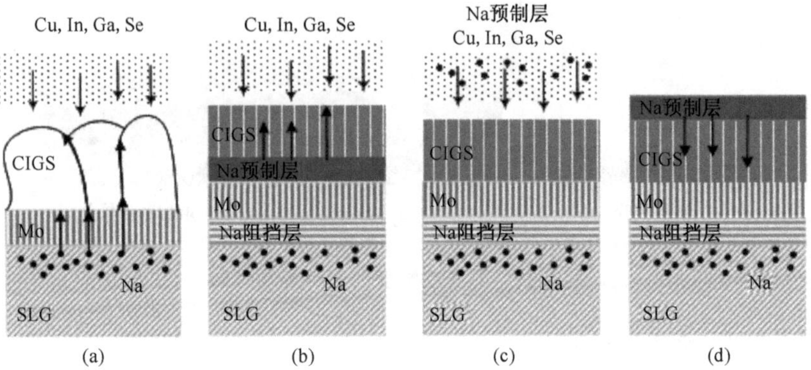

图 6.48　Na 掺入 CIGS 吸收层的主要途径[23]

6.6.3　聚合物衬底 CIGS 薄膜电池

与柔性金属衬底 CIGS 薄膜太阳电池相比，聚合物衬底质量更轻，适合于大规模生产的卷-卷工艺，是柔性电池研究发展的热点。目前，在聚合物衬底 CIGS 薄膜电池研究领域，聚酰亚胺（PI）是唯一取得成功的衬底材料。这主要是由于这种聚合物衬底相对较强的耐高温能力和低的热膨胀系数。

由于聚酰亚胺薄膜表面平整且具有较好的绝缘性能，在其使用温度下性能稳定无任何杂质向 CIGS 吸收层中扩散。因此不锈钢等衬底所考虑的粗糙度和绝缘阻挡层问题，这里无须考虑。Na 掺入问题与不锈钢衬底一样，也是通过含 Na 预制层、Na 共蒸发和后处理三种方法来解决。由于性能最好的聚酰亚胺也只能承受 450℃左右的温度，因此柔性聚酰亚胺衬底 CIGS 薄膜太阳电池只能采用低温沉积工艺。沉积温度低导致 CIGS 薄膜的结晶质量差，晶粒细小并产生大量晶界，降低了光生载流子的扩散长度使太阳电池的性能变差。但是低温工艺降低了能耗、缩短了升降温时间、降低电池生产成本和提高生产率。低温沉积工艺的研究工作大多首先在玻璃衬底上用蒸发工艺进行，使用温度在 350～450℃。得到的电池效率在 12%～15%[71]。使用 PVD 方法合成 CIGS 吸收层的最低温度通常超过 350℃。在钠-钙玻璃上，瑞典 Uppsala 大学在衬底温度 310℃时做出了效率为 9.1%的 CIGS 电池。

瑞士联邦工学院（ETH）制备的聚酰亚胺衬底 CIGS 电池的转换效率达到了 14.1%[79]，比功率超过 1400kW/kg，是 PI 衬底 CIGS 电池的世界纪录。其中 CIGS 吸收层采用低温三步共蒸发工艺：第一步，衬底温度为 400℃时沉积 In-

Ga-Se 预制层；第二、三步衬底温度维持在 400～500℃，分别沉积 Cu-Se 和剩余的 In-Ga-Se。Na 的掺入采用后处理工艺。电池的 *J-V* 曲线见图 6.49。

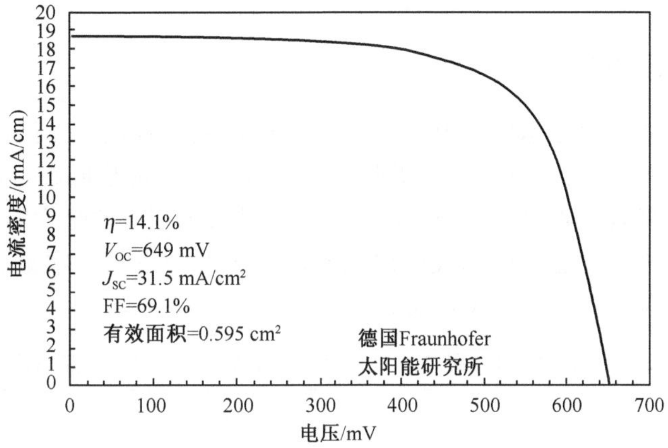

图 6.49　最高效率 PI 衬底 CIGS 薄膜电池

6.6.4　CIGS 柔性光伏组件

广泛而迫切的应用前景使柔性 CIGS 产业化得到迅速发展。和玻璃衬底一样，CIGS 柔性光伏组件的集成互联工艺也需要三步划线工序，如图 6.24（a）所示。但是对于柔性衬底来讲，直接的机械划线技术不可避免地损伤聚酰亚胺衬底的表面和金属衬底的绝缘阻挡层。尤其对于金属衬底，一旦绝缘层被破坏就会引起短路，无法制备集成组件。背接触 Mo 层的直接划线法对 PI 衬底是可以使用的，但是对金属衬底很难适用。对 PI 衬底，P1 和 P2 划线仍用激光法，P3 需使用光刻技术。对柔性金属衬底，除 P2 可用激光划线外，P1、P3 都必须用光刻技术。鉴于柔性衬底上互连划线的困难，人们正在使用一些诸如外部连接等工艺方法。

柔性光伏组件的中试和产业化已经取得了令人瞩目的发展。IEC 和 Solarion 均使用卷-卷工艺沉积吸收层。IEC 使用两步法工艺：首先沉积富 Cu 层，时间大约为 32min。接着沉积 In-Ga-Se 层，时间是 12min。在整个过程中，In、Ga 的流量保持一致，所以不存在梯度带隙。Solarion 公司采用离子束辅助共蒸发（ion-assisted co-evaporation）技术制备的大面积 PI 衬底 CIGS 薄膜电池的转换效率达到了 6%～8%，在大面积柔性 PI 衬底 CIGS 薄膜研究领域处于领先地位。

6.7　CIGS 薄膜太阳电池的发展动向

发展 CIGS 薄膜太阳电池有两个问题影响着产业投资者，一个是 In、Ga 等稀有金属元素的资源对该电池发展到多大规模时将受到制约？另一个是电池中的缓冲层 CdS 再薄，也要考虑 Cd 元素的存在会对环境的影响。因此，人们进行了大量研究和试验，采用无 Cd 材料作缓冲层和用其他材料代替 CIGS 方面都取得了许多新成果。

6.7.1 无 Cd 缓冲层

缓冲层选取需要考虑以下因素。首先，缓冲层材料应该是高阻 n 型或者本征的，以防止 pn 结短路。其次，和吸收层间要有良好的晶格匹配，以减少界面缺陷，降低界面复合。再次，需要较高的带隙，使缓冲层吸收最少的光。最后，对于大规模生产来讲，缓冲层和吸收层之间的工艺匹配也是非常重要的。表 6.16 给出了目前研制的各种无镉缓冲层。

表 6.16 各种无 Cd 缓冲层 CIGS 太阳电池最高效率及研究单位[80]

缓冲层种类	制备方法	最高效率电池		研究单位
		面积/cm^2	效率/%	
ZnS	CBD	0.155	18.6	NREL 和日本青山学院大学
Zn(O,S,OH)	CBD	30×30	14.2	日本 Showa Shell Sekuyu K. K.
	CBD	1.08	15.7	德国 Shell solar
Zn(Se,OH)	MOCVD	0.55	11	德国 HMI
$In(OH)_3:Zn^{2+}$	CBD	0.2	14	东京工业大学
In(OH,S)	CBD	0.38	15.7	德国斯图加特大学
$ZnIn_2Se_4$	PVD	0.19	15.1	东京工业大学
$Zn_{1-x}Mg_xO$	共溅射(co-sputtered)	0.96	16.2	日本松下
ZnO	ALD	0.19	14.6	东京工业大学
In_2S_3	ALCVD	714	12.9	德国 ZSW
	ALCVD	0.1	16.4	德国 ZSW

从表 6.16 中可以看出，无镉缓冲层可以分为含 Zn 的硫化物、硒化物或氧化物，以及含 In 的硫化物或硒化物两大类，制备方法主要是化学水浴法。已经能够用于生产大面积 CIGS 薄膜电池的无镉缓冲层的有：化学水浴法（CBD）制备的 ZnS、原子层化学气相沉积（ALCVD）的 In_2S_3。

ZnS 带隙为 3.8eV，可以增强太阳电池短波区的光谱响应，非常适合作为缓冲层材料。化学水浴制备的薄膜性能取决于沉积参数，如 pH 值、温度、络合剂、沉积时间、反应物浓度、超声波应用和溶液搅拌等。化学水浴法制备的 ZnS 成分比较复杂，其中含有大量的氧和氢，简单地记为 CBD-ZnS，有的记为 ZnS（O，OH）或 Zn(O，S，OH)x。

日本青山大学的 Nakada 采用锌盐、氨水和硫脲配成的溶液分三次连续 CBD 沉积 ZnS，所制备的 CIGS 电池效率达到 18.6%。用略微改进的 CBD 工艺制备的单层 ZnS(O，OH）制备的电池效率达到 18.5%。此外，锌化合物缓冲层也用于大面积 CIGS 薄膜电池，面积为 51.7 cm^2 和 864cm^2 的电池效率分别达到 14.2%和 12.9%。尽管在蓝光区具有较高的透过率和较高的电流收集效率，无 Cd 缓冲层器件的效率仍低于 CdS 器件约 1%。最近的研究表明，采用 CdZnS 缓冲层制备的 CIGS 薄膜电池取得了世界记录的效率 19.5%。

ZnSe 和 $ZnIn_2Se_4$ 两种缓冲层均可采用“干法”工艺制备。采用 ZnSe 和 $ZnIn_2Se_4$ 制备 CIGS 薄膜电池的效率都在 15%左右。一般采用 MOCVD 工艺制备 ZnSe 层，带隙为 2.67eV，高于 CdS 材料，所以采用 ZnSe 缓冲层的 CIGS 薄膜电池的光电流高于参考的 CdS 电池，但是开路电压低于参考电池。虽然 $ZnIn_2Se_4$ 的带隙仅为 2.0eV，从带隙角度考虑不大适合作为窗口层材料，但是 $ZnIn_2Se_4$ 材料与 CIGS 层有很好的晶格匹配，同时 $ZnIn_2Se_4$ 的制备工艺与在线共蒸发（in-line co-evaporation）工艺相兼容，非常适合大规模生产。

最近含 In 的缓冲层材料 In_2S_3、$In(OH)_xS_y$ 也受到了重视。采用 ALCVD 法沉积的 In_2S_3 的带隙为 3.2eV 左右，非常适合作为缓冲层材料。由于 ALCVD 是一种“软”方法，不会损伤 CIGS 薄膜的表面，德国 ZSW 采用这种工艺制备的 CIGS 薄膜电池效率分别达到了 16.4%（0.1cm^2）和 12.9%(714 cm^2)。

$Mg_{1-x}Zn_xO$ 也是一种非常合适的缓冲层材料，通过调解薄膜中 Mg 的含量，可以调解薄膜的带隙在 3.3～7.7eV 变化。$Mg_{1-x}Zn_xO$ 可以通过直接溅射沉积和 ALCVD 等工艺制备。直接溅射沉积 $Mg_{1-x}Zn_xO$ 所制备的电池效率相对较低为 11.3%，效率的损失是由于溅射工艺损伤表面引起表面复合所致。ALCVD 不损伤表面，制备的电池效率相对较高，超过 16%。Shell Solar 公司溅射 $Mg_{1-x}Zn_xO$作为缓冲层代替 i-ZnO 和 CdS 层，简化了电池的制备工艺，CIGS 薄膜电池的效率达到了 12.5%。使用相同的 CIGS 层，采用双层 ZnO 和 CdS 结构的电池效率为 13.2%，而仅使用 i-ZnO 无 CdS 的电池效率为 6.3%。

无 Cd 缓冲层 CIGS 电池的研究已经取得了巨大的进展，将取代 CdS 成为 CIGS 薄膜太阳电池缓冲层的主角。

6.7.2　其他Ⅰ-Ⅲ-Ⅵ族化合物半导体材料

Cu(In，Ga)Se_2 薄膜太阳电池已经取得了接近 20%的转换效率。但取得最高效率的 CIGS 薄膜带隙仅为 1.13eV，远不到太阳电池的最佳带隙 1.4eV。目前大量的研究集中在代替金属 In 和 Ga 或者采用 S 代替 Se 发展宽带隙的高效率电池。目的是在保证组件最大输出的同时，尽量提高器件的开路电压减小电流密度，这样可减少组件集成时的划线次数降低面积损失。高电压还可以降低器件的温度系数。另外，考虑到 In 和 Ga 材料为稀有金属及 Se 相对较高的价格等因素，所以研究其他Ⅰ-Ⅲ-Ⅳ族化合物半导体材料是很必要的。下面将对几种主要的Ⅰ-Ⅲ-Ⅳ族化合物半导体材料 $CuGaSe_2$、Cu(In，Al)Se_2、Cu(In，Ga)$Se(S)_2$、

$CuInS_2$ 等进行介绍。

6.7.2.1 $CuGaSe_2$

$CuGaSe_2$（CGS）和 $CuGa_3Se_5$ 为宽带隙的半导体材料，带隙值分别为 1.67eV 和 1.82eV。其制备方法包括 PVD、CVD、MOCVD 等。

CGS 材料的应用主要在以下几个方面：①$CuGaSe_2$ 可以作为叠层电池的顶电池，$Cu(In, Ga)Se_2$ 的带隙在 1～1.3eV，$CuGaSe_2$ 为 1.67eV，经理论计算 $CuGaSe_2/Cu(In, Ga)Se_2$ 串联叠层电池的效率可达到 33%；②这种宽能隙半导体 $CuGaSe_2$ 和 $CuGa_3Se_5$ 适合于制备各种光发射器件，光谱范围从可见光到紫外光；③富 Ga 的 $CuGaSe_2$ 器件的最高开路电压可以超过 950mV。

目前最高效率的 CGS 电池的转换效率已经达到 10.2%（V_{OC}＝823mV，J_{SC}＝18.61mA/cm^2，FF＝66.7%），其中 CGS 材料的制备采用三步法工艺[81]。CGS 薄膜沉积结束后在薄膜表面沉积少量的 In 元素来进行表面改性。从电池参数可以看出，CGS 薄膜电池具有高的开路电压，但是电流密度和填充因子都较低。

与 CIGS 薄膜电池相比，CGS 薄膜电池的效率还很低。这与 CGS 材料本身特性有关系。由于 CGS 材料不能掺杂形成 n 型，所以 CGS 电池不能形成类似 CIGS 电池那样的表面层，难以形成高质量的浅埋结。另外 CGS/CdS 之间的能带边失调值为负，而 CIGS/CdS 的为正，这就决定了 CGS 电池具有隧穿加强的复合和更大的界面复合。

6.7.2.2 Cu（In，Al）Se_2

使用 Al 元素代替 CIGS 中的 Ga 元素可形成 $CuIn_{1-x}Al_xSe_2$ 化合物半导体材料。通过改变 Al/(Al＋In) 的比值，禁带宽度在 1.0～2.6eV 可调。与 $Cu(In_{1-x}Ga_x)Se_2$ 相比，Al 替代了稀有金属 Ga，即降低了材料的成本又拓宽了带隙。

$CuIn_{1-x}Al_xSe_2$ 材料的制备方法包括蒸发法和后硒化法。蒸发法即采用与 CIGS 类似的蒸发工艺，共蒸发 Cu、In、Al 和 Se 四种元素形成薄膜。后硒化法即溅射沉积 Cu-In-Al 预制层，然后在 Se 气氛下退火。

IEC 制备了具有 $Mo/CuIn_{1-x}Al_xSe_2/CdS/ZnO/ITO/Ni\text{-}Al$ 电极/MgF_2 结构的太阳电池，单结太阳电池的转换效率达到了 16.9%[82]。效率的改进是通过在两层之间加入厚度为 5nm 的 Ga 薄层，提高了 $Cu(In_{1-x}Al_x)$ Se_2 和衬底之间的附着力来实现的。Ga 的掺入可以在背表面形成 Ga-In-Se 相，这种二次相和 Mo/玻璃衬底之间具有良好的附着力。

6.7.2.3 $CuInS_2$、$Cu(InGa)(SSe)_2$

$CuInS_2$ 带隙为 1.5eV，更接近太阳电池的理想带隙，且无毒。

$CuInS_2$ 材料的研究始于 20 世纪 70 年代，与 $CuInSe_2$ 电池同步。小面积 $CuInS_2$ 电池的最高效率为 13.2%。目前，德国 HMI 研究中心已经建立了 $CuInS_2$ 薄膜太阳电池的中试线。采用溅射 Cu、In 预制层后进行硫化处理的工艺。其组件的最高效率达到了 9.4%。$CuInS_2$ 薄膜必须在富 Cu 条件下生长才能得到大的晶粒尺寸，而富 Cu 相会导致电池短路，因此需要使用消除富 Cu 相的表面刻蚀工艺。

部分 S 代替 $Cu(In, Ga)Se_2$ 中的 Se 元素可形成 $Cu(In, Ga)(S, Se)_2$ 材料。带隙为 1.0～2.4eV。目前最高效率的 $Cu(In, Ga)(S, Se)_2$ 电池的转换效率为 11.2% (V_{OC}=770mV，J_{SC}=19.2mA/cm^2，FF=77.3%)。对于这种电池，高的填充因子是其他宽带隙材料所不具备的。

6.7.3　叠层电池

叠层电池结构对于发展高效率薄膜电池来讲是一种很有前景的技术。在叠层结构中，顶电池和底电池被串联起来，分别吸收蓝光和红光光子。CIGS 单结电池的转换效率已经接近 20%。与Ⅲ-Ⅴ族材料相似，Ⅰ-Ⅲ-Ⅵ族材料形成一系列多元合金的固溶体。在这一系列材料中，Cu 基黄铜矿化合物的带隙为 0.9～2.9eV，Ag 基黄铜矿化合物的带隙为 0.6～3.1eV，见表 6.17。近来的理论计算表明，最适合叠层电池的带隙分布为顶电池 1.71eV，底电池 1.14eV。$CuGaSe_2$ 和 Cu (In，Ga) Se_2 材料非常适合理论设计叠层电池的带隙结构。

表 6.17　Ⅰ-Ⅲ-Ⅵ族化合物材料的带隙[1]

低带隙		高带隙	
材料	带隙/eV	材料	带隙/eV
$CuInSe_2$	1.0	$CuAlSe_2$	2.71
$CuInTe_2$	1.0～1.15	$CuInS_2$	1.53
$CuInTe_2$	1.0～1.1	$CuAlTe_2$	2.06
$CuGaTe_2$	1.23	$CuAlTe_2$	2.06
$CuGaTe_2$	1.23	$CuGaSe_2$	1.7
$CuGaTe_2$	1.23	$CuGaS_2$	2.5
$AgInSe_2$	1.2	$AgGaSe_2$	1.8
$AgInSe_2$	1.2	$AgAlSe_2$	1.66
$AgInSe_2$	1.2	$AgInS_2$	1.8
$AgGaTe_2$	1.1～1.3	$AgGaSe_2$	1.8
$AgGaTe_2$	1.1～1.3	$AgGaS_2$	2.55
$AgAlTe_2$	0.26	$AgAlS_2$	3.13

1988 年 ARCO 制备的 a-Si：H/CIS 叠层电池取得了成功。薄膜 a-Si 电池作为顶电池，CIS 电池作为底电池，两种薄膜电池采用聚合物在中间黏结，并使用四端输出，电池的效率达到了 15.6%[83]，开创了 CIS 基叠层电池研究的先例。

近来，NREL 的研究者们采用表面 In 改性的 $CuGaSe_2$ 薄膜制备了转换效率 10.2%的 CGS 电池，并应用于 CGS/CIS 叠层电池。叠层电池结构如图 6.50 所示，$CuGaSe_2$ 薄膜直接热蒸发沉积在覆有 ITO 的玻璃衬底上，顶电池具有 ZnO/CdS/CGS/ITO/苏打-玻璃的结构。叠层电池的转换效率为 15.31%[82]。T. Nakada[84]等采用 $Ag(In_{0.2}Ga_{0.8})Se_2$（AIGS）作为顶电池，Cu(In，Ga)Se_2 作为底电池，制备了开路电压 1.46V 的叠层电池。并通过采用高迁移率的 Mo 掺杂 In_2O_3 和低 Ga 含量的底电池吸收层，优化了器件的性能，电池的效率也达到了 8%。

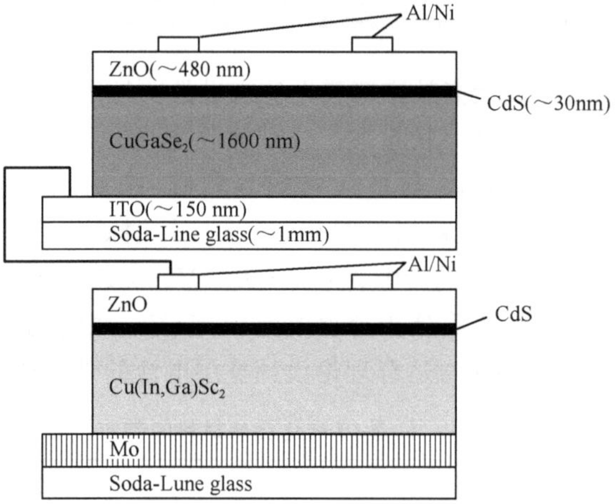

图 6.50　CGS/CIS 叠层电池结构示意图[82]

发展叠层电池的关键问题：①发展合适的宽带隙材料作为顶电池，带隙 1.5～1.8eV，效率超过 15%；②顶电池的生长工艺与底电池工艺兼容；③顶电池和底电池有效的内部连接。

20 年来，CIGS 薄膜太阳电池得到迅速的发展，目前已开始了产业化的新里程。随着研究工作的深入，新工艺、新技术还会不断出现，电池性能还会进一步提高。与此同时，与 CIGS 相关的材料物理和器件物理的研究也会有新的进展。这些基础研究工作又会促进 CIGS 薄膜电池向更高水平前进。

参 考 文 献

[1] Birkmire R W. Compound polycrystalline solar cells：recent progress and Y2K perspective. Solar Energy Materials & Solar Cells，2001，65：17～28.

[2] Wagner S，Shay J L，Migliorato P. $CuInSe_2$/CdS heterojunction photovoltaic detectors. Appl. Phys.

Lett.，1974，25：434，435.

[3] Shay J L，Wagner S，Kasper H M. Efficient $CuInSe_2/CdS$ solar cells. Appl. Phys. Lett.，1975，27：89，90.

[4] Schock H W，Noufi R. CIGS-based Solar Cells for the Next Millennium. Prog. Photovolt. Res. Appl. 2000，8：151～160.

[5] Kazmerski L L，White F R，Morgan G K. Thin-film $CuInSe_2/CdS$ heterojunction solar cells. Appl. Phys. Lett.，1976，29：268～270.

[6] Mickelsen R A，Chen W S. Development of A 9.4% efficient thin-film $CuInSe_2/CdS$ solar cell. Proceeding of 15th IEEE Photovoltaic Specialist Conf.，1981.

[7] Mickelsen R A，Chen W S. Polycrystalline thin-film $CuInSe_2$ solar. Cells. Proc. IEEE PVSC. San Diego，California，1982.

[8] Mickelsen R A，Chen W S，Hsiao Y R. Polycrystalline thin-film $CuInSe_2/CdZnS$ solar cells. Proc. IEEE PVSC. Kissimmee，Florida，1984.

[9] Michelsen R A，Chen W S. Proceedings of 7th International Conference on Ternery and Multinary Compounds，Snowmass，Colorado，1986.

[10] Mitchell K W，Eberspacher C，Ermer J，et al. Single and tandem junction $CuInSe_2$ cell and module technology. Proceeding of 20th IEEE PVSC，Las Vagas，1988.

[11] Rockett A，Birkmire R W. $CuInSe_2$ for photovoltaic applications. J. Appl. Phys.，1991，70：R81～R97.

[12] Stolt L，Hedstrom J，Kessler J，et al. $ZnO/CdS/CuInSe_2$ thin-film solar cells with improved performance. Appl. Phys. Lett.，1993，62：597～599.

[13] Tarrant E，Ermer J. Ⅰ-Ⅲ-$Ⅵ_2$ multinary solar cells based on $CuInSe_2$. Proc. of 23th IEEE PVSC，1993，372～378.

[14] Gabor A M，Tuttle J R，Albin D S，et al. High-efficiency $CuIn_xGa_{1-x}Se_2$ solar cells made from $(In_xGa_{1-x})_2Se_3$ precursor films. Appl. Phys. Lett.，1994，65：198～200.

[15] Contreras M A，Egaas B，Ramanathan K，et al. Progress toward 20% efficiency in Cu (In，Ga) Se_2 polycrystalline thin-film solar cells. Prog. Photovolt：Res. Appl.，1999，7：311～316.

[16] Ramanathan K，Contreras M A，Perkins C L，et al. Properties of 19.2% efficiency $ZnO/CdS/CuInGaSe_2$ thin-film solar cells. Prog. Photovolt：Res. Appl.，2003，11：225～230.

[17] Repinsl I，Contreras M A，Egaas B，et al. 19.9%-efficient $ZnO/CdS/CuInGaSe_2$ solar cell with 81.2% fill factor. Prog. Photovolt. Res. Appl.，2008，16：235～239.

[18] Kessler J，Wennerberg J，Bodegard M. Highly efficient Cu(In，Ga)Se_2 mini-modules. Solar Energy Materials & Solar Cells，2003，75：35～47.

[19] Mitchell K，Eberspacher C，Ermer J，et al. Single and tandem junction $CuInSe_2$ cell and module technology. Proc. of 20th IEEE PVSC，Las Vegas，1988.

[20] Dhere N G，Dhere R G. Thin film photovoltaic. J. Vac. Sci. Technol. A，2005，23：1208～1214.

[21] Dimmler B，Powalla M，Schaeffler R. CIS solar modules：pilot production at wuerth solar. IEEE PVSC，2005：189～194.

[22] Noufi R，Zweibel K. High-efficiency cdte and CIGS thin-film solar cells：highlights and challenges. IEEE PVSC：2006，319，320.

[23] Romeo A, Terheggen M, Abou-Ras D, et al. Development of thin-film Cu (In, Ga) Se_2 and CdTe Solar Cells. Prog. Photovolt: Res. Appl., 2004, 12: 93～111.

[24] Klenk R, Walter T, Schock H W, et al. A model for the successful growth of polycrystalline films of $CuInSe_2$ by multisource physical vacuum evaporation. Adv. Mater., 1993, 5: 114～119.

[25] Gabor A M, Tuttle J R, Bode M H, et al. Band-gap engineering in Cu(In, Ga)Se_2 thin films grown from (InxGa1-x) 2Se3 precursors. Solar Energy Materials & Solar Cells, 1996, 41/42: 247～260.

[26] 张力，何青，孙云，等. Cu (In, Ga) Se2 集成电池吸收层的三步共蒸工艺研究. 太阳能学报，2006，27：895～899.

[26] Ramanathan K, Contreras M A, Perkins C L, et al. Properties of 19.2% efficiency ZnO/CdS/CuInGaSe_2 thin-film solar cells. Prog. Photovolt: Res. Appl., 2003, 11: 225～230.

[27] Kapur V K, Bansal A. Le P, et al. Lab to large scale transition for non-vacuum thin film CIGS solar cells. Phase I Annual Technical Report 1 August 2002-31 July 2003.

[28] Adurodija F O, Carter M J, Hill R. A novel method of synthesizing p-$CuInSe_2$ thin films from the stacked elemental layers using a closed graphite box. Proceeding of IEEE PVSC, Hawaii, 1994.

[29] Chichibu S F, Sugiyama M, Ohbasami M, et al. Use of diethylselenide as a less-hazardous source for preparation of CuInSe2 photo-absorbers by selenization of metal precursors. Journal of Crystal Growth, 2002, 243: 404～409.

[30] Bhattacharyaa R N, Hiltnerb J F, Batchelora W, et al. 15.4% CuIn1-xGaxSe2-based photovoltaic cells from solution-based precursor films. Thin Solid Films. 2000, 361, 362: 396～399.

[31] Norsworthy G, Leidholm C R, Halani A. CIS film growth by metallic ink coating and selenization. Solar Energy Materials & solar cells, 2000, 60: 127～134.

[32] Brown B J. Chemical spary pyrolysis of copper indium diselenide/cadmium sulfide solar cells. Stanford University, 1989.

[33] Joliet M C, Antoniadis C, Andrew R. Laser-induced synthesis of thin $CuInSe_2$ films. Appl. Phys. Lett., 1984, 46: 266, 267.

[34] Laude L D, Joliet M C, Antoniadis C. laser-induced synthesis of thin $CuInSe_2$ films. Solar Cells, 1986, 16: 199.

[35] Sang B, Chen L, Akhtar M, et al. Simplified hybrid process: application to normal, sub-micron, and light-trapping CIGS devices. U. S. DOE Solar Energy Technologies Program Review Meeting, Denver, 2005.

[36] Rudmann D. Effect of sodium on growth and properties of Cu (In, Ga) Se_2 thin films and solar cells. Swiss Federal Institute of Technology (ETH), 2004.

[37] Stanbery B J. Copper indium selenides and related materials for photovoltaic devices. Crit. Rev. Solid State, 2002, 27: 73～117.

[38] Beilharz C. Charakterisierung von aus der Schmelze gezüchteten Kristallen in den Systemen Kupfer-Indium-Selen und Kupfer-Indium-Gallium-Selen für photovoltaische Anwendungen. Albert-Ludwigs-Universität, Freiburg i. Br. 1999.

[39] Jaffe J E, Zunger A. Theory of the band-gap anomaly in ABC_2 chalcopyrite semiconductors. Phys. Rev. B, 1984, 29: 1882～1906.

[40] Masse G. Concerning lattice defects and defect levels in $CuInSe_2$ and the I-III-VI2 compounds. J. Appl. Phys., 1990, 68: 2206～2210.

[41] Zhang S B, Wei S H, Zunger A. Defect physics of the $CuInSe_2$ chalcopyrite semiconductor. Phys. Rev. B, 1998, 57 (6): 9642～9656.

[42] Wei Su-Huai, Zhang S B, Zunger A. Effects of Na on the electrical and structural properties of $CuInSe_2$. J. Appl. Phys. 85: 7214～7218.

[43] 薛玉明. CIGS 薄膜太阳电池的表界面研究. In: 南开大学博士论文, 2007.

[44] Hanna G, Jasenek A, Rau U, et al. Open circuit voltage limitations in $CuIn_{1-x}Ga_xSe_2$ thin-film solar cells-dependence on alloy composition. Phys. Stat. Sol. (a), 2000, 197: R7, R8.

[45] Wada T, Kohara N, Nishiwaki S, et al. Characterization of the Cu (In, Ga) Se_2/Mo interface in CIGS solar cells. Thin Solid Films, 2001, 387: 118～122.

[46] Orgassa K, Schock H W, Werner J H. Thin Solid Films, 2003, 431, 432: 387～391.

[47] Schmid D, Ruckh M, Schock H W. A comprehensive characterization of the interfaces in Mo/CIS/CdS/ZnO solar cell structures. Solar Energy Materials and Solar Cells, 1996, 41/42: 281～294.

[48] Orgassa K, Schock H W, Werner J H. Alternative back contact materials for thin film Cu (In, Ga) Se_2 solar cells. Thin Solid Films, 2003, 431, 432: 387～391.

[49] Powalla M, Hariskos D, Lotter E, et al. Large-area CIGS module: processes and properties. Thin Solid Films, 2003 431, 432: 523～533.

[50] Zhang L, He Q, Xu C M, et al. Structural, optical and electrical properties of Cu ($In_xGa_{1-x}Se_2$ films deposited in low temperature. Submitted to Thin Solid Films, 2007.

[51] Hegedus S S, Shafarman W N. Thin-film solar cells: device measurements and analysis. Prog. Photovolt: Res. Appl., 2004, 12: 155～176.

[52] Virtuani A, Lotter E, Powalla M. Performance of Cu (In, Ga) Se_2 solar cells under low irradiance. Thin Solid Films, 2003, 431, 432, 443～447.

[53] Virtuani A, Lotter E, Powalla M. Influence of Cu content on electric transport shunting behavior of Cu(In,Ga)Se_2 solar cells. J. Appl. Phys., 2006, 99: 014906.

[54] Virtuani A, Lotter E, Powalla M. High resistive Cu(In, Ga)Se_2 absorbers for improved low-irradiance performance of thin-film solar cells. Thin Solid Films, 2004, 451, 452: 160～165.

[55] Topic M, Smole F, Furlan J, et al. Examination of CdS/CIGS solar cell temperature. dependence. 14th EU-PVSEC. Barcelona, 1997: 2139～2142.

[56] Pudov A O. Impact of secondary barriers on $CuIn_{1-x}Ga_xSe_2$ solar-cell operation. In Partial Fulfillment of the Requirements for the Degree of Doctor of Philosophy Colorado State University Fort Collins, Colorado, 2005.

[57] Mitchell K W, Liu H I. Device anlysis of $CuInSe_2$ solar cells. 1988 IEEE PVSC, Las Vagas, 1988.

[58] Yamaguchi M. Radiation resistance of compound semiconductor solar cells. J. Appl. Phys., 1995, 78: 1476～1480.

[59] Jasenek A, Rau U. Defect generation in Cu (In, Ga) Se_2 heterojunction solar cells by high-energy electron and proton irradiation. J. Appl. Phys., 2001, 90: 650～658.

[60] Mickelsen R A, Chen W S, Stanbery B J, et al. Electron and proton radiation effects on GaAs and $CuInSe_2$ thin film solar cells. Proc. 18th IEEE PVSC (New York), 1985: 1069.

[61] Weinert K, Jasenek A, Rau U. Consequence of 3-MeV electron irradiation on the photovoltaic output parameters of Cu (In, Ga) Se_2 solar cells. Thin Solid Films, 2003, 431, 432: 453～456.

[62] Mrig L. Outdoor stability performance of thin-film photovoltaic modules at SERI. 1989 IEEE PVSC-

89, 1989: 761～763.
[63] Gay R R. Prerequisites to manufacturing thin-film photovoltaics. Progress in Photovoltaics: Research and Applications. 1997, 5: 337～343.
[64] Kushiya K, Kuriyagawa S, Tazawa K. Improved stability of CIGS-based thin film PV modules. Proc. IEEE PVSC, 2006: 348～351.
[65] Wennerberg J K, Stolt L. Damp heat testing of high performance CIGS thin film solar cells. Proc. of the Second World Conference of Photovoltaic Energy Conversion, Vienna, 1998.
[66] Wennerberg J, Kessler J, Stolt L. Cu(In, Ga)Se2-basedthin-film photovoltaic modules optimized for long-term performance. Solar Energy Materials & Solar Cells, 2003, 75: 47～55.
[67] Dullweber T, Hanna G, Rau U. A new approach to high-efficiency solar cells by band gap grading in Cu(In, Ga)Se_2 chalcopyrite semiconductors. Solar Energy Materials & Solar Cells, 2001, 67: 145～150.
[68] Rau U, Schmidt M. Electronic properties of ZnO/CdS/Cu (In, Ga) Se_2 solar cells aspects of heterojunction formation. Thin Solid Films, 2001, 387: 141～146.
[69] Minemoto T, Matsui T, Takakura H. Theoretical analysis of the effect of conduction band offset of window/CIS layers on performance of CIS solar cells using device simulation. Solar Energy Materials & Solar Cells, 2001, 67: 83～88.
[70] Tuttle J R, Szalaj A, Keane J, et al. A 15.2% AM0 /1433 W/KG thin-film CU(IN, GA)SE_2 solar cell for space applications. 2000 28th PVSC Proc., 2000: 1042～1045.
[71] Kessler F, Rudmann D. Technological aspects of flexible CIGS solar cells and modules. Solar Energy, 2004, 77: 685～695.
[72] Kapur V K, Bansal A, Le P, et al. Non-vacuum processing of CIGS solar cells on flexible polymeric substrates. Proceedings of the 3rd World Conference on Photovoltaic Energy Conversion, 2003: 465～468.
[73] Kampmann A, Rechid J, Raitzig A, et al. Electrodeposition of CIGS on metal substrates. Mater. Res. Soc. Symp. Proc., 2003, 763: 323～328.
[74] Brémaud D, Rudmanna D, Kaelin M, et al. Flexible Cu (In, Ga) Se_2 on Al foils and the effects of Al during chemical bath deposition. Thin Solid Films, 2007, 515: 5857～5861.
[75] Kaufmann C, Neisser A, Klenk R, et al. Transfer of Cu (In, Ga) Se_2 thin film solar cells to flexible substrates using an in situ process control. Thin Solid Films, 2005, 480, 481: 515～519.
[76] Batchelora W K, Repinsa I L, Schaefera J, et al. Impact of substrate roughness on $CuIn_xGa_{1-x}Se_2$ device properties. Solar Energy Materials & Solar Cells, 2004, 83: 67～80.
[77] Herz K, Kessler F, Wachter R, et al. Dielectric barriers for flexible CIGS solar modules. Thin Solid Films, 2002, 403, 404: 384～389.
[78] Herz K, Eicke A, Kessler F, et al. Diffusion barriers for CIGS solar cells on metallic substrates. Thin Solid Films, 2003, 431, 432: 392～397.
[79] Brémaud D, Rudmannl D, Bilger G, et al, Towards the development of flexible CIGS solar cells on polymer films with efficiency exceeding 15%. Proc. of 31th PVSC, 2005: 223～226.
[80] 敖建平. CIGS电池及无Cd缓冲层的研究//南开大学博士论文. 天津：南开大学，2007.
[81] AbuShama J, Noufi R, Johnston S, et al. Improved performance in $CuInSe_2$ and surface-modified $CuGaSe_2$ solar cells. Proc. IEEE PVSC, 2005: 299～302.

[82] Marsillac S，Paulson P D，Haimbodi M W，et al. High-efficiency solar cells based on Cu（InAl）Se_2 thin films. Appl Phys. Lett.，2002，81：1350～1352.

[83] Mitchell K，Eberspacher C，Ermer J，et al. Single and tandem junction $CuInSe_2$ cell and module technology. Proc. IEEE PVSC 1988：1384～1389.

[84] Nakada T，Kijima S，Kuromiya Y，et al. Chalcopyrite thin-film tandem solar cells with 1.5 V open-circuit-voltage. Proc. IEEE PVSC 2006：400～403.

第 7 章　染料敏化太阳电池

戴松元　中国科学院等离子体物理研究所
李永舫　中国科学院化学研究所

本章简要介绍了染料敏化太阳电池的发展历史、结构与组成以及工作原理，重点阐述了染料敏化太阳电池的衬底材料、纳米多孔薄膜电极、染料、电解质和对电极等关键材料的物理化学特性和性能表征方法。同时详细论述了有机聚合物太阳电池结构、工作原理及给体、受体等材料特性。此外，本章还对染料敏化太阳电池测试原理、测试标准、测试因素和实时跟踪测试设计等方面进行了介绍。

7.1　引　言

7.1.1　染料敏化太阳电池的发展历史

1837 年，Vogel 发现用染料处理过卤化银颗粒的光谱响应从 460nm 拓展到红光甚至红外光范围，这一研究奠定了所谓“全色”胶片的基础，是有机染料敏化半导体的最早报道。1839 年，Becquerel 发现把两个相同的涂敷卤化银颗粒的金属电极浸在稀酸溶液中，当光照一个电极时会产生光电流，首先意识到光电转换的可能性。1887 年，Moser 在赤藓红染料敏化卤化银电极上观察到光电响应现象，并将染料敏化的概念引入到光电效应中。1949 年，Putzeiko 和 Trenin[1] 将罗丹明 B、曙红、赤藓红、花菁等有机染料吸附于压紧的 ZnO 粉末上，观测到光电流响应，从此染料敏化半导体成为光电化学领域的研究热点。人们认识到要想获得最佳的光电效率，染料必须以一种紧密的单分子层吸附在半导体表面，但对染料敏化半导体本质的认识仍不清楚。

系统地研究光诱导有机染料与半导体之间的电荷转移反应是从 1968 年开始的。Gerischer 等[2]采用玫瑰红、荧光素及罗丹明 B 敏化单晶 ZnO 电极，发现敏化电极光电流谱和染料吸收光谱在外形上基本一致。此后，科学家们根据光诱导下有机染料与半导体间的电荷转移反应，提出染料敏化半导体在一定条件下产生电流的机理，成为光电化学电池的重要基础。

20 世纪 70 年代初，Fujishima 和 Honda 成功地利用 TiO_2 进行光解水制氢，将光能转换为化学能储存起来[3]。该实验成为光电化学发展史上的一个里程碑，使人们认识到 TiO_2 在光电化学电池领域中是比较重要的半导体材料。由于所使用的单晶 TiO_2 半导体材料在成本、强度及制氢效率上的限制，这种方法在此后的一段时间内并没有得到很大的发展。

进入 20 世纪 80 年代，光电转换研究的重点转向人工模拟光合作用，除了自然界光合作用的模拟实验研究外，还有光能-化学能（光解水、光固氮和光固二氧化碳）和光电转换等应用研究。美国亚利桑那州立大学的 Gust 和 Moore 领导的研究小组，在三元化合物 C-P-Q 类胡萝卜素（carotenoid）-卟啉（porphyrin）-苯醌（quinone）上第一次成功模拟了光合作用中光电子转移过程[4]。在这以后，他们又进行了四元、五元化合物的研究，并取得了一定的成绩。利用有机多元分子的光电特性制作光电二极管，这是 80 年代以来光电化学领域里取得的又一大成就。Fujihira 等将有机多元分子用 LB 膜组装成光电二极管，获得了 0.28mA/cm^2 的短路电流[5]，成为该领域开拓性工作。经过几年来的研究，短路电流已提高了一个量级。

自 20 世纪 70～90 年代，有机染料敏化宽禁带半导体的研究一直非常活跃，Memming、Gerischer、Hauffe、Bard、Tributsch 等大量研究了有机染料与半导体薄膜间的光敏化作用。这些染料包括玫瑰红、卟啉、香豆素和方酸等，半导体薄膜主要包括 ZnO、SnO_2、TiO_2、CdS、WO_3、Fe_2O_3、Nb_2O_5 和 Ta_2O_5 等。Fujihara 等报道罗丹明 B 上的羧基能与半导体表面上的羟基脱水形成酯键。Goodenough 等把这个化学反应扩展到联吡啶钌配合物上希望能够有效地进行水的光氧化，虽然氧化产率很低，但他们的工作阐明了含有羧基的联吡啶配合物与金属氧化物之间的有效结合方式。早期在这方面的研究主要集中在平板电极上，由于平板电极表面只能吸附单分子层染料，其光电转换效率始终在 1%以下，远未达到实用水平。1991 年，瑞士洛桑高等工业学院（EPFL）Grätzel 教授在该研究领域中取得了突破性进展[6]，他们将高比表面积的纳米多孔 TiO_2 电极代替传统的平板电极引入到染料敏化太阳电池的研究中，得到国际上广泛的关注和重视。经过近几年的研究，染料敏化太阳电池的光电转换效率已经超过了 11%，已经可以与非晶硅(a-Si)基太阳电池相媲美。图 7.1 列出了近 20 多年来小面积染

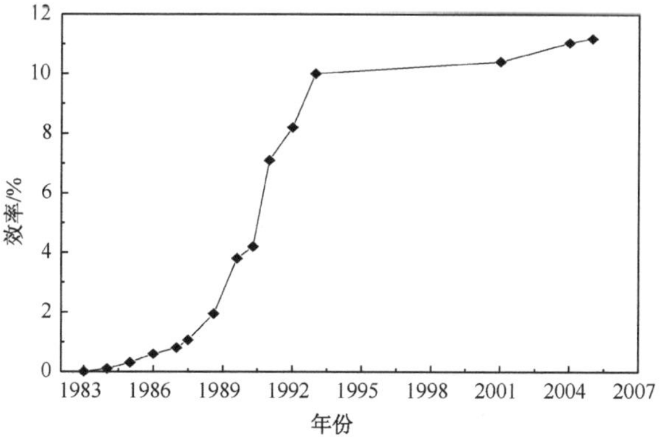

图 7.1　小面积染料敏化太阳电池的光电转换效率变化图

料敏化太阳电池在光电转换效率上取得的长足进步。

7.1.2 染料敏化太阳电池的结构和组成

染料敏化太阳电池主要由以下几部分组成：导电基底材料（透明导电电极）、纳米多孔半导体薄膜、染料光敏化剂、电解质和对电极。其结构如图 7.2 所示。以下分别简要介绍各部分组成、功能和性能要求。

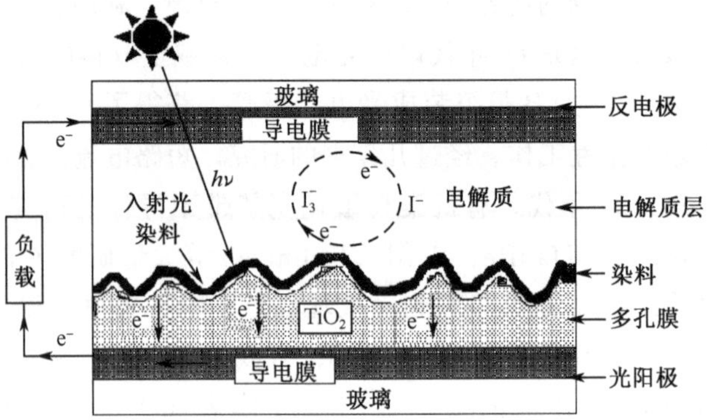

图 7.2 染料敏化太阳电池结构示意图

7.1.2.1 导电基底材料

导电基底材料又称导电电极材料，分为光阳极材料和光阴极（或称反电极）材料。目前用作导电基底材料的有透明导电玻璃（transparent conducting oxides，TCO）、金属箔片、聚合物导电基底材料等。一般要求导电基底材料的方块电阻越小越好（如小于 20Ω/□的导电玻璃），光阳极和光阴极基底中至少要有一种是透明的，透光率一般要在 85%以上。光阳极和光阴极衬底的作用是，收集和传输从光阳极传输过来的电子，并通过外回路传输到光阴极并将电子提供给电解质中的电子受体。

7.1.2.2 纳米多孔半导体薄膜

应用于染料敏化太阳电池的半导体薄膜主要是纳米 TiO_2 多孔薄膜。它是染料敏化太阳电池的核心之一，其作用是吸附染料光敏化剂，并将激发态染料注入的电子传输到导电基底。除了 TiO_2 以外，适用于作光阳极半导体材料的还有 ZnO、Nb_2O_5、WO_3、Ta_2O_5、CdS、Fe_2O_3 和 SnO_2 等，其中 ZnO 因来源比较丰富、成本较低、制备简便等优点，在染料敏化太阳电池中也有应用，特别是近年来在柔性染料敏化太阳电池中的应用取得了较大进展。

制备半导体薄膜的方法主要有化学气相沉积、粉末烧结、水热反应、RF 射频溅射、等离子体喷涂、丝网印刷和胶体涂膜等。目前，制备纳米 TiO_2 多孔薄膜的主要方法是溶胶-凝胶法。制备染料敏化太阳电池的纳米半导体薄膜一般应具有以下显著特征：

(1) 具有大的比表面积，使其能够有效地吸附单分子层染料，更好地利用太阳光；

(2) 纳米颗粒和导电基底以及纳米半导体颗粒之间应有很好的电学接触，使载流子在其中能有效地传输，保证大面积薄膜的导电性；

(3) 电解质中的氧化还原电对（一般为 I_3^-/I^-）能够渗透到纳米半导体薄膜内部，使氧化态染料能有效地再生。

7.1.2.3　染料光敏化剂

染料光敏化剂是影响电池对可见光吸收效率的关键，其性能的优劣直接决定电池的光利用效率和光电转换效率。应用于染料敏化太阳电池的染料光敏化剂一般应具备以下条件：

(1) 具有较宽的光谱响应范围，其吸收光谱尽量与太阳的发射光谱相匹配，有高的对太阳光的吸收系数；

(2) 应能牢固地结合在半导体氧化物表面并以高的量子效率将电子注入导带中；

(3) 具有高的稳定性，能经历 10^8 次以上氧化-还原的循环，寿命相当于在太阳光下运行 20 年或更长；

(4) 它的氧化还原电势应高于电解质电子给体的氧化还原电势，能迅速结合电解质中的电子给体而再生。

经过 20 多年来的研究，人们发现卟啉和第Ⅷ族的 Os 及 Ru 等多吡啶配合物能很好地满足以上要求，后者尤其以多吡啶钌配合物的光敏化性能最好。

7.1.2.4　电解质

电解质是染料敏化太阳电池的一个重要组成部分，其主要作用是在光阳极将处于氧化态的染料还原，同时自身在对电极接受电子并被还原，以构成闭合循环回路。根据电解质的状态不同，用于染料敏化太阳电池的电解质可分为液态电解质、固态电解质和准固态电解质三大类。从现阶段染料敏化太阳电池的研究和发展状况看，基于液体电解质的太阳电池已经在中试规模实验中获得初步成功，在澳大利亚 STA 公司、荷兰 ECN 研究所和中国科学院等离子体物理研究所等单位的大面积染料敏化太阳电池研发中得到了充分的应用，且已在电池稳定性实验中证明了其长期稳定性，并有望在近期内投入工业化和商业化生产。作者研究组通过解决液体电解质对电池密封和电极材料的不良影响，成功研制了大面积电池组件和商业化电池板，获得了较高性能的电池参数，为商业化应用打下了良好的基础。

7.1.2.5 对电极

对电极又称光阴极或反电极，它是在导电玻璃等导电基底上沉积一层金属铂（5～10mg/cm^2）或碳等材料，其作用是收集从光阳极经外回路传输过来的电子并将电子传递给电解质中的电子受体使其还原再生完成闭合回路。对电极除了收集电子外，还能加速电解质中氧化-还原电对与阴极电子之间的电子交换速度，起到催化剂的作用。目前最常用的对电极材料为铂和碳。铂可以大大提高电子的交换速度，另外厚铂层还能反射从光阳极方向照射过来的太阳光，提高太阳光的利用效率。目前可以采用多种途径来获得铂对电极，如电子束蒸发、DC 磁控溅射以及氯铂酸高温热解等方法。

7.1.3 染料敏化太阳电池的工作原理

染料敏化太阳电池的工作原理与自然界中的光合作用类似。光合作用是绿色植物通过叶绿素，利用光能，把二氧化碳和水转化为储存能量的有机物，并且释放出氧的过程。染料敏化太阳电池模仿绿色植物光合作用把自然界中光能转换为电能。

液体电解质染料敏化太阳电池主要是由光阳极、液态电解质和光阴极组成的“三明治”结构电池（见图 7.3）。光阳极主要是在由导电衬底材料上制备一层多孔半导体薄膜，并吸附一层染料光敏化剂；光阴极主要是在导电衬底上制备一层含铂或碳等催化材料。在光阳极中，电极主要材料如 TiO_2，带隙为 3.2eV，不吸收可见光。当 TiO_2 表面吸附一层具有很好吸收可见光特性的染料光敏化剂时，基态染料吸收光后变为激发态，接着激发态染料将电子注入到 TiO_2 的导带而完成载流子的分离，再经过外部回路传输到对电极，电解质溶液中的 I_3^- 在对电极上得到电子被还原成 I^-，而电子注入后的氧化态染料又被 I^- 还原成基态，I^- 自身被氧化成 I_3^-，从而完成整个循环。电池内发生的所有过程基本可以用下面表达式来描述表示：

（1）染料受光激发由基态（S）跃迁到激发态（S^*）

$$S + h\nu \longrightarrow S^* \tag{7.1}$$

（2）激发态染料分子（S^*）将电子注入半导体的导带（cb）中

$$S^* \longrightarrow S^+ + e^-\ (cb) \tag{7.2}$$

（3）导带电子与氧化态染料的复合

$$S^+ + e^-\ (cb) \longrightarrow S \tag{7.3}$$

（4）导带电子与 I_3^- 离子的复合

$$I_3^- + 2e^-(cb) \longrightarrow 3I^- \quad (7.4)$$

（5）导带电子在纳米薄膜中传输至导电玻璃导电面（bc：背接触面），然后流入到外电路

$$e^-(cb) \longrightarrow e^-(bc) \quad (7.5)$$

（6）I_3^- 离子扩散到对电极上得到电子变成 I^- 离子

$$I_3^- + 2e^- \longrightarrow 3I^- \quad (7.6)$$

（7）I^- 还原氧化态染料而使染料再生完成整个循环

$$3I^- + 2S^+ \longrightarrow 2S + I_3^- \quad (7.7)$$

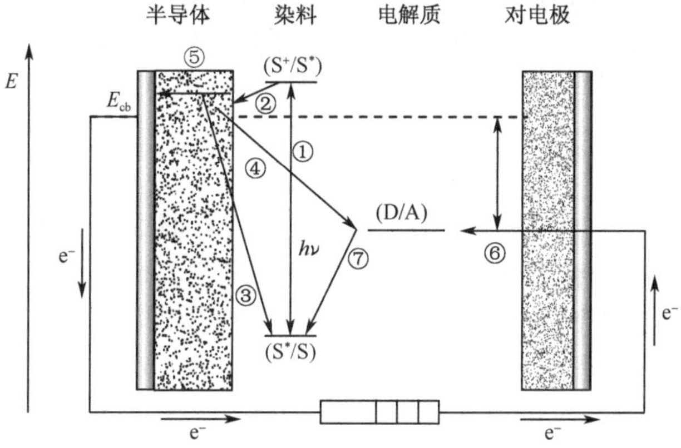

图 7.3　液体电解质染料敏化太阳电池

为了保证电池能够正常工作，应满足以下要求：

（1）光敏化染料分子能够在较宽的光谱范围内吸收太阳光，尽可能充分利用太阳能；

（2）染料分子的激发态能级与半导体的导带底能级相匹配，尽可能减少电子转移过程中的能量损失；

（3）电解质中的氧化还原电位和染料分子的氧化还原电位能级匹配，保证染料分子通过电解质中的电子给体或空穴材料中的电子再生。

7.2　染料敏化太阳电池及材料

7.2.1　衬底材料

目前用作染料敏化太阳电池的导电基底材料主要是透明导电玻璃。它是在厚度为 1～3mm 的普通玻璃表面镀上导电膜制成的。其主要成分是掺氟的透明 SnO_2 膜（FTO），在 SnO_2 和玻璃之间还有一层几个纳米厚度的纯 SiO_2 膜，其目

的是防止高温烧结过程中普通玻璃中的 Na^+ 和 K^+ 等离子扩散到 SnO_2 导电膜中去。此外，氧化铟锡（ITO）也可作为该电池的导电衬底材料。ITO 相对于 FTO 导电膜的透光率要好，但 ITO 导电膜在高温烧结过程中电阻急剧增大，较大地影响了染料敏化太阳电池的性能。

由于普通玻璃容易碎裂，安装不便，金属箔片或聚合物薄膜基底等也被广泛应用于染料敏化太阳电池中，制作柔性太阳电池。金属箔片有不锈钢、镍、钛等，其优点是耐高温，可以采用高温烧结的方法来将多孔膜沉积在基底上，且电阻小，但由于其不透明，太阳光只能从对电极一侧照射，光利用率较低。聚合物薄膜基底有聚对苯二甲酸乙二醇酯（PET）和聚对萘二甲酸乙二醇酯（PEN）等，与金属箔片相比，聚合物基底材料具有柔韧性好、透光率高等优点，但基底的耐热温度较低，不适合高温烧结法制备纳米半导体薄膜。

7.2.2 纳米半导体材料

在染料敏化太阳电池中应用的半导体薄膜材料主要有纳米 TiO_2、ZnO、SnO_2 和 Nb_2O_5 等半导体氧化物。其主要作用是利用其巨大的表面积来吸附单分子层染料，同时也是电荷分离和传输的载体。这些材料中，基于纳米 TiO_2 的染料敏化太阳电池光电转换效率已超过 11%，基于纳米 ZnO 材料的电池光电转换效率也达到了 4.1%（AM 1.5）。

7.2.2.1 纳米多孔薄膜在染料敏化太阳电池中的应用

首先，纳米 TiO_2 在电池中起着重要作用，其结构性能决定染料吸附量的多少。虽然薄膜表面只能吸附单层分子染料，但海绵状的 TiO_2 多孔薄膜内部却能吸附更多的染料分子。内部表面积的大小主要取决于 TiO_2 颗粒的大小，为使染料分子和电解质能进入到多孔薄膜内部，TiO_2 的颗粒又不能太小；随着膜厚的增加，光吸收效率显著增加，但界面复合反应也增大，电子损耗增加，因而纳米 TiO_2 薄膜存在着一个最优化问题。我们研究表明，膜厚在 10～15μm 将是一个最优化的厚度，其光电转换效率能达到最大值。

其次，纳米 TiO_2 对光的吸收、散射、折射产生重要影响。光照下太阳光在薄膜内被染料分子反复吸收，大大提高染料分子对光的吸收效率。

再次，纳米 TiO_2 薄膜对染料敏化太阳电池中电子传输和界面复合起着很重要的作用。在染料敏化太阳电池中，并不是所有激发态的染料分子都能将电子有效地注入到 TiO_2 导带中，并有效地转换成光电流，有许多因素影响着电流输出，从染料敏化太阳电池的工作原理可以看出，主要有以下三方面产生的暗电流影响着电流的输出：

(1) 激发态染料分子不能有效地将电子注入到 TiO_2 导带，而是通过内部转换回到基态；

(2) 氧化态染料分子不是被电解质中的 I^- 还原，而是与 TiO_2 导带电子直接复合；

(3) 电解质中 I_3^- 不是被对电极上的电子还原成 I^-，而是被 TiO_2 导带电子还原。

因此，纳米 TiO_2 多孔薄膜在很大程度上决定了电池的光电转换效率。纳米 TiO_2 制备工艺对 TiO_2 多孔薄膜表面形貌、导电特性有至关重要的影响，而纳米 TiO_2 薄膜电极性能的优劣又直接影响到染料的吸附量、吸光效率和电子转移，从而影响到电池的效率。

7.2.2.2　纳米多孔薄膜电极的制备

纳米 TiO_2 薄膜可以通过化学气相沉积、电沉积、磁控溅射、等离子体喷涂和溶胶-凝胶法等方法在导电玻璃或其他导电基底材料上制备，然后经 450～500℃的高温烧结除去表面活性剂即可。制备纳米 TiO_2 薄膜的方法是采用溶胶-凝胶法，是以钛酸酯类化合物为前驱体水解制备出 TiO_2 溶胶，经高压热处理、蒸发去除溶剂、加表面活性剂研磨制备 TiO_2 浆料，或者将商业级的纳米 TiO_2 粉体（如 P25）加表面活性剂和适量溶剂研磨制备 TiO_2 浆料，然后经丝网印刷、直接涂膜或旋涂等方法在导电基底上淀积 TiO_2 薄膜，经高温烧结后即可得到纳米 TiO_2 多孔电极。下面以溶胶-凝胶法为例，详细介绍制备纳米 TiO_2 多孔薄膜的实验过程。

溶胶-凝胶法制备纳米 TiO_2 时是以钛酸四异丙酯 [$Ti(i\text{-}OC_3H_7)_4$]、硝酸、去离子水等为原料。具体过程：在室温下，将一定量的钛酸四异丙酯滴加到强力搅拌下的硝酸溶液中（可根据需要控制硝酸溶液 pH 为 1.5～6），同时还可以用三乙胺或氨水溶液（pH 随着颗粒的要求控制在 8～13）来调节水解反应的 pH。随着钛酸四异丙酯的加入，立刻有白色沉淀物出现。将溶液充分搅拌后，水浴加热到 80℃，恒温并保持强力搅拌 5～12h，获得透明的 TiO_2 胶体。如果溶液混浊，可以适当延长恒温搅拌时间，得到透明的 TiO_2 溶胶。

将溶胶或处理好的溶液放入高压釜内，热处理温度一般为 190～250℃，热处理时间为 8～24h，不同实验条件下获得的纳米 TiO_2 颗粒大小和晶形可参阅文献 [7]。从高压釜取出的溶液是呈白色、有团聚颗粒沉淀的乳浊液。充分搅拌，使溶液均匀，最好采用超声的方法尽可能粉碎团聚颗粒，以便获得分散性较好的纳米 TiO_2 颗粒。经超声分散后，将胶体溶液进行真空蒸发除水，使溶液浓缩，最终使 TiO_2 质量分数为 10%～15%。蒸发除水后，再通过高速离心沉降纳米 TiO_2 颗粒。如果制作纳米 TiO_2 粉末，将去水离心后的纳米 TiO_2 湿团块放入马弗炉中烘干，然后充分研磨，即可得到纳米 TiO_2 粉末。制作 TiO_2 浆料时，将离心后的团块加入一定量的高分子聚合物（如聚乙二醇 20000）和表面活性剂等，充分研磨后，就可以得到均匀的纳米 TiO_2浆料。

纳米多孔薄膜的制备是采用丝网印刷技术将浆料均匀印刷在导电玻璃上，制成纳米 TiO_2多孔薄膜。在纳米 TiO_2浆料中加入一定比例的表面活性剂，这样不仅可以防止纳米 TiO_2薄膜在烧结过程中龟裂，又可调节多孔薄膜的孔洞率。将印刷有纳米 TiO_2薄膜的 TCO 放入红外烧结炉进行 450℃高温烧结 30 min，即可得到纳米 TiO_2多孔薄膜，膜厚可通过丝网的目数等条件来控制，一般控制在4～20μm。

7.2.2.3 纳米多孔薄膜电极研究进展

应用于染料敏化太阳电池的半导体薄膜材料主要是纳米 TiO_2、ZnO、SnO_2、$SrTiO_3$、Nb_2O_5等半导体氧化物，主要作用是利用其巨大的表面积来吸附单分子层染料，同时也是电荷分离和传输的载体。到目前为止，电池光电转换效率最高的仍是以纳米 TiO_2半导体材料的电极。近几年来，有关染料敏化太阳电池中纳米半导体薄膜方面的研究主要集中在以下三个方面：薄膜的制备方法、薄膜的物理-化学处理以及其他半导体薄膜的应用。

在纳米 TiO_2薄膜制备方法上，目前有两大热点：一个是在柔性衬底上制备纳米 TiO_2薄膜；另一个是规整有序纳米 TiO_2薄膜制备方面的研究。在柔性衬底上制备纳米 TiO_2薄膜研究上，Dürr 等将经过高温烧结过的纳米 TiO_2多孔层从镀金的玻璃上转移到涂有胶黏剂的 ITO/PET 柔性导电基底上，获得了 5.8%（AM1.5）的高光电转换效率[8]，但由于该方法制备工艺复杂而很难得以大规模应用。2006 年，Grätzel 所在研究组开发出一种基于钛箔柔性基底的高温法 TiO_2光阳极和基于 ITO/PEN 导电基底的镀铂对电极柔性太阳电池，效率达到 7.2%[9]，这也是目前柔性电池光电转换效率的最高值。这些研究成果使人们看到了柔性太阳电池应用的希望，但柔性电池的光电极与导电基底的附着强度和电接触等问题仍需要做更深入的研究。在规整有序纳米结构 TiO_2薄膜研究上，孟庆波等[10]利用不同粒径纳米粒子的纳米晶三维周期孔组装而制作的染料敏化太阳电池，开路电压达到了 0.9V。目前 TiO_2纳米管的研究和应用也备受关注，将其应用于染料敏化太阳电池电极材料，获得了较好的光电转换效率。总之，利用半导体复合体系（如 TiO_2、Nb_2O_5、ZnO、SnO_2和 Al_2O_3等）组装复合半导体多孔薄膜电极也是纳米半导体研究的一个重要方向。

纳米结构的半导体在太阳电池中通过其巨大的表面积，吸附大量的单分子层染料，提高了太阳光的收集效率，同时，纳米半导体将激发态染料分子注入的电子传输到电极。半导体电极的巨大表面积也增加了电极表面的电荷复合，从而降低太阳电池的光电转换效率。为了改善电池的光电性能，人们采用了多种物理化学修饰技术来改善纳米 TiO_2 电极的特性，这些技术包括 $TiCl_4$ 表面处理、表面包覆和掺杂等。

采用 $TiCl_4$ 水溶液处理纳米 TiO_2 光阳极，可以在纯度不高的 TiO_2 核外面包覆一层高纯的 TiO_2，增加电子注入效率；同时和电沉积一样，在纳米 TiO_2 薄膜之间形成新的纳米 TiO_2 颗粒，增强了纳米 TiO_2 颗粒间电接触。研究发现，$TiCl_4$ 处理后，尽管纳米 TiO_2 薄膜的比表面积下降，但单位体积内 TiO_2 的量增加，从而增大了 TiO_2 薄膜的表面积和电池的光电流。$TiCl_4$ 处理纳米 TiO_2 光阳极提高光电流的可能机理是改变 TiO_2 的导带边位置，增大光电子的注入效率。与 $TiCl_4$ 表面处理作用类似的方法有酸处理、表面电沉积等。盐酸处理有机染料敏化的 TiO_2 薄膜，电池的光电流和光电压及效率均有大幅提高，处理效果要较其他无机酸好。

同时，表面包覆是纳米 TiO_2 电极表面修饰的又一个重要方法。由于纳米 TiO_2 多孔薄膜电极具有较高的比表面积，TiO_2 粒子的尺寸又比较小，多孔薄膜内表面态数量相对单晶材料来说比较多，导致 TiO_2 导带电子与氧化态染料或电解质中的电子受体复合严重[11]。为此人们在纳米 TiO_2 表面包覆具有较高导带位置的半导体或绝缘层形成所谓的核-壳结构的阻挡层来减小复合概率。在 TCO 和纳米 TiO_2 界面引入一层 TiO_2 或 Nb_2O_5 致密层，用以减少 TCO 与电解质的直接接触面积，电池的开路电压、填充因子和光电转换效率均有较大提高。也有研究表明阻挡层在短路条件下可以很好地阻止导带电子和电解质溶液中的 I_3^- 离子的背反应，但在开路条件下，电子在 TiO_2 阻挡层表面积聚，从而使得 TiO_2 阻挡层的阻挡效果受到限制。

实验表明，单一纳米多孔薄膜电池的光电转换性能并不是很理想，而适当的掺杂则可以增强其光电性能。研究发现，金属离子掺杂单晶或多晶 TiO_2 可以减少电子-空穴对的复合，延长电荷寿命，从而提高电池的光电流[12]。如 ZrO_2 掺杂 TiO_2 纳米薄膜可以增大电池的开路电压、短路电流密度和光电转换效率[13]。TiO_2 与其他半导体化合物复合制备半导体复合膜可改善电池的光电性能，常用的半导体化合物有 ZrO_2、CdS、ZnO 和 PbS 等。复合膜的形成改变了 TiO_2 薄膜中的电子分布，抑制载流子在传输过程中的复合并提高电子传输效率，可能成为今后复合膜研究的一个重点。

在其他可替代 TiO_2 半导体材料研究方面，ZnO 半导体电极在染料敏化太阳电池，特别是在柔性太阳电池上的应用研究有了很大进展。Lee 等采用曙红-Y 染料敏化 ZnO 半导体，组装的太阳电池光电转换效率达到 2.4％[14]。日本岐阜大学开发的基于二氢吲哚类有机染料敏化的电沉积纳米氧化锌薄膜的塑性彩色电池效率达到 5.6％[15]。日本 TDK 公司采用改进的染料和 ZnO，获得了 7.9％的光电转换效率。

采用合适的制备方法制备颗粒尺寸均匀、比表面积大、空隙呈垂直于导电基底的纳米半导体多孔薄膜，是提高染料敏化太阳电池性能的关键之一。此外，为了提高染料敏化太阳电池的便携性能和使用范围，基于柔性衬底的光阳极制备技术是当前纳米半导体的一重要研究方向。如何在低温条件下制备高效纳米半导体光阳极，是当前柔性太阳电池研究的一个亟待解决的问题。

7.2.2.4 纳米多孔薄膜性能表征

实验过程中，常用的纳米 TiO_2 微粒的性能所用的评估方法有：X 射线衍射法（XRD）、透射电子显微镜观察法（TEM）、扫描电子显微镜（SEM）、比表面积以及孔隙测量分析法（BET）以及电化学方法等。

为了了解纳米 TiO_2 样品的晶相组成及晶粒尺度，采用 X 射线衍射仪对纳米 TiO_2 粉末进行物相分析，同时根据衍射峰的半高宽，用谢勒（Scherrer）公式计算纳米 TiO_2 粉末的晶粒尺寸。谢勒公式为

$$D_{\mathrm{hkl}} = \frac{k\lambda}{\beta\cos\theta} \tag{7.8}$$

式中，D_{hkl} 为（hkl）晶面法线方向上晶粒的尺寸；常数 k 与晶体的形状、晶面指数、β 以及 D_{hkl} 有关，常数 K 的值取 0.89；λ 为 X 射线的波长，约为 0.1540 6 nm；β 为衍射峰的半高宽，单位为弧度；其中的 θ 为衍射角，是经过各项校验后，纯粹由晶粒大小而引起的衍射线条变化时衍射线峰的半高宽或者是积分宽度，计算中常用的是衍射峰的半高宽。

同时由公式

$$X_{\mathrm{R}} = \frac{1}{1 + 0.8 \cdot \left(\frac{I_{\mathrm{A}}}{I_{\mathrm{R}}}\right)} \tag{7.9}$$

$$X_{\mathrm{A}} = 1 - X_{\mathrm{R}} \tag{7.10}$$

可以计算出金红石相 TiO_2 在粉体中所占的比例。其中，X_{R} 为金红石相 TiO_2 的百分比；I_{A} 和 I_{R} 分别是锐钛矿相和金红石相 TiO_2 的［101］和［110］衍射峰的强度；X_{A} 为锐钛矿相 TiO_2 的百分比，可以由 X_{R} 计算出。

另外，为了观察纳米 TiO_2 晶体粉末颗粒的形貌，用 TEM 观察粉末颗粒的微观形状和颗粒大小，同时，通过 FE-SEM 观察薄膜表面及截面形貌图。图 7.4 和图 7.5 分别给出了 TEM 和 FESEM 照片，结合纳米多孔 TiO_2 薄膜的比表面积、孔洞直径、孔洞分布情况和孔洞率，便于分析染料吸附和电解质中离子传输等情况。

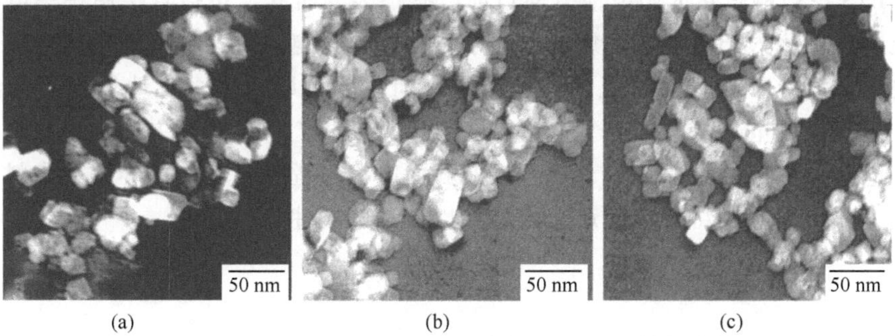

图 7.4 不同颗粒大小的纳米 TiO_2 颗粒 TEM 图

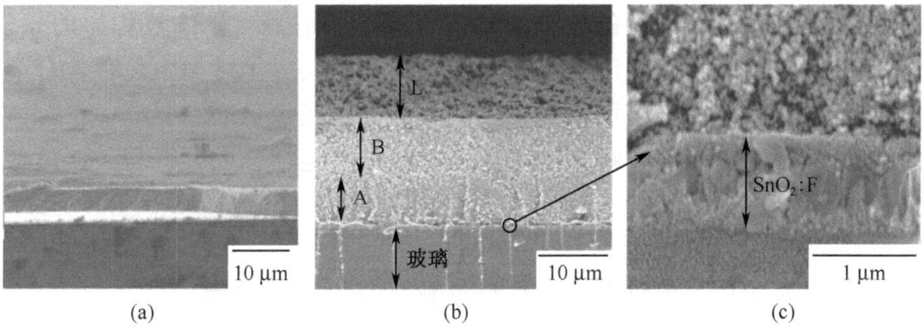

图 7.5 纳米 TiO_2 多孔薄膜 FESEM 截面形貌图

除了晶体结构及形貌测试外，目前涉及纳米 TiO_2 薄膜测试的手段还有电化学手段，包括循环伏安特征（CV）、电化学阻抗谱（EIS）以及调制光电流/电压谱（IMPS/IMVS）等。

三电极系统组成的循环伏安方法可以研究电荷传输动力学过程。根据不同的扫描速率和返回电压，采用常用的多孔薄膜内模拟等效电路，可以得到电子在多孔薄膜内传输时的转移电阻以及此时多孔薄膜内的电容特性。

EIS 是一种以小振幅的正弦波电位（或电流）为扰动信号的电化学测量方法。由于以小振幅的电信号对体系扰动，一方面可避免对体系产生大的影响，另一方面也使得扰动与体系的响应之间近似呈线性关系，这就使测量结果的数学处理变得简单。同时，电化学阻抗谱方法又是一种频率域的测量方法，它以测量得到的频率范围很宽的阻抗谱来研究电极系统，因而能比其他常规的电化学方法得到更多的动力学信息及电极界面结构的信息。对于简单的电极系统，也可以从测得的一个时间常数的阻抗谱中，在不同的频率范围得到有关从参比电极到工作电极之间的溶液电阻、双电层电容以及电极反应电阻的信息。

EIS 在染料敏化太阳电池方面目前已有很多的研究，包括直接用铂黑电极来研究染料敏化太阳电池电解质的电化学性能，以导电玻璃为衬底的铂黑电极来研究电解质溶液中 I^-/I_3^- 的氧化还原行为，同时还可以较为直观地得到不同纳米多孔薄膜中的电荷传输电阻。这些方法可以帮助我们从电化学方面了解染料敏化太阳电池中内部的电荷传输、复合以及界面电极过程，具体的内容和在染料敏化太阳电池上的应用将在后面章节内容加以详细的阐述。

7.2.3 染料光敏化剂

染料光敏化剂作为染料敏化太阳电池的光吸收剂，其性能直接决定染料敏化太阳电池的光吸收效率和电池的光电转换效率。理想的染料光敏化剂应能够吸收尽可能多的太阳光产生激发态，染料的激发态能级应比纳米半导体氧化物的导带底位置略高以使激发态染料的电子能够顺利地注入纳米半导体氧化物的导带中。目前应用于染料敏化太阳电池的染料光敏化剂根据其分子结构中是否含有金属可以分为无机染料和有机染料两大类。无机类的染料光敏化剂主要集中在钌、锇等金属多吡啶配合物、金属卟啉和酞菁等；有机染料包括合成染料和天然染料。

7.2.3.1 无机染料

与有机染料相比，无机金属配合物染料具有较高的热稳定性和化学稳定性。金属配合物敏化剂通常含有吸附配体和辅助配体。吸附配体能使染料吸附在 TiO_2 表面，同时作为发色基团。辅助配体并不直接吸附在纳米半导体表面，其作用是调节配合物的总体性能。目前应用前景最为看好的是多吡啶钌配合物类染料光敏化剂。多吡啶钌染料具有非常高的化学稳定性、良好的氧化还原性和突出的可见光谱响应特性，在染料敏化太阳电池中应用最为广泛，有关其研究也最为活跃。这类染料通过羧基或膦酸基吸附在纳米 TiO_2 薄膜表面，使得处于激发态的染料能将其电子有效地注入到纳米 TiO_2 导带中。多吡啶钌染料按其结构分为羧酸多吡啶钌、膦酸多吡啶钌和多核联吡啶钌三类，其中前两类的区别在于吸附基团的不同，前者吸附基团为羧基，后者为膦酸基，它们与多核联吡啶钌的区别在于它们只有一个金属中心。羧酸多吡啶钌的吸附基团羧基是平面结构，电子可以迅速地注入 TiO_2 导带中。这类染料是目前应用最为广泛的染料光敏化剂，目前开发的高效染料光敏化剂多为此类染料。在这类染料中，以 N3、N719 和黑染料为代表，保持着染料敏化太阳电池的最高光电转换效率。近年来，以 Z907 为代表的两亲型染料及以 K19 和 C101 为代表的具有高吸光系数的染料光敏化剂是当前多吡啶钌类染料研究的热点[16]。图 7.6 为几种有代表性的多吡啶钌配合物的分子结构示意图。表 7.1 列出了这些染料的紫外光谱及其敏化太阳电池的光伏性能数据。

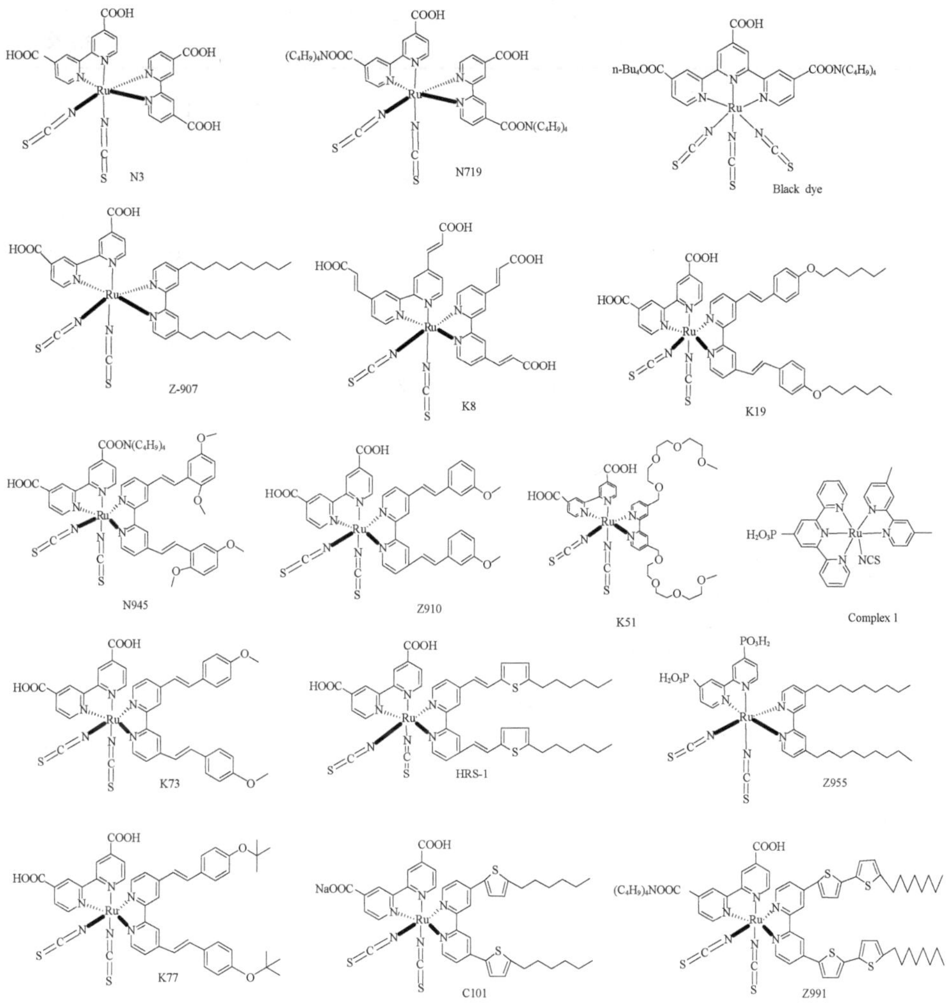

图 7.6　几种具有代表性的无机染料结构示意图

表 7.1　多吡啶钌（Ⅱ）配合物的吸收光谱和光电性能

染料	abs/nm ($\varepsilon/10^3 m^2 \cdot mol^{-1}$)	IPCE/%	J_{SC}/ ($mA \cdot cm^{-2}$)	V_{OC}/mV	FF	η/%
N3	534 (1.42)	83	18.12	720	0.73	10.0[17]
N719	532 (1.4)	85	17.73	846	0.75	11.18[18]
Black dye	605 (0.75)	80	20.53	720	0.704	10.4[19]
Black dye	—	80	20.9	736	0.722	11.1[20, 21]
Z907	526 (1.22)	72	13.6	721	0.692	6.18[22, 23]

续表

染料	abs/nm ($\varepsilon/10^3m^2 \cdot mol^{-1}$)	IPCE/%	J_{SC}/ ($mA \cdot cm^{-2}$)	V_{OC}/mV	FF	η/%
Z907	526 (1.22)	72	14.6	722	0.693	7.3[23]
K8	555 (1.80)	77	18.0	640	0.75	8.6[24]
K19	543 (1.82)	70	14.61	711	0.671	7.0[25]
N945	550 (1.89)	80	16.5	790	0.72	9.6[26]
Z910	543 (1.70)	80	17.2	777	0.764	10.2[27]
K73	545 (1.80)	80	17.22	748	0.694	9.0[28]
K51	530 (1.23)	70	15.40	738	0.685	7.8[29]
HRS-1	542 (1.87)	80	20.0	680	0.69	9.5[30]
Z955	519 (0.83)	80	16.37	707	0.693	8.0[31]
C101	547 (1.68)	80	17.94	778	0.785	11.0[16]

注：abs 为染料吸收峰峰值波长。

羧酸多吡啶钌染料虽然具有许多优点，但在 pH>5 的水溶液中容易从纳米半导体的表面脱附。而膦酸多吡啶钌的吸附基团是膦酸基，其最大特性是在较高的 pH 下也不易从 TiO_2 表面脱附。单就与纳米半导体表面的结合能力而言，膦酸多吡啶钌是比羧酸多吡啶钌优越的染料光敏化剂。但膦酸多吡啶钌的缺点也是显而易见的，由于膦酸基团的中心原子磷采用 sp^3 杂化，为非平面结构，不能和多吡啶平面很好地共轭，电子激发态寿命较短，不利于电子的注入。Péchy 等[32]开发第一种膦酸多吡啶钌染料（见图 7.6 中 complex 1），其激发态寿命为 15ns，而在 TiO_2 上的 Langmuir 吸附常数约为 8×10^6，大约是 N3 染料的 80 倍，其 IPCE（incident photo-current conversion efficiency）在 510 nm 处达到了最大值 70%。Grätzel 组[31]开发了结构与 Z907 类似的膦酸多吡啶钌染料 Z955，利用其作敏化剂，电池获得了不小于 8%的光电转换效率。

多核联吡啶钌染料是通过桥键把不同种类联吡啶钌金属中心连接起来的含有多个金属原子的配合物。它的优点是可以通过选择不同的配体，改变染料的基态和激发态的性质使其吸收光谱更好地与太阳光谱匹配，增加其对太阳光的吸收效率。根据理论研究，这种多核配合物的一些配体可以把能量传递给其他配体，具有“能量天线”的作用。Grätzel 等[33]的研究认为，天线效应可以增加染料的吸收系数。可是，在单核联吡啶钌染料光吸收效率极低的长波区域，天线效应并不能增加光吸收效率。此类染料分子由于体积较大，比单核染料更难进入纳米 TiO_2 的孔洞，而且合成复杂，限制了其在染料敏化太阳电池中的应用。

7.2.3.2　有机染料

有机类染料具有种类多、成本低、吸光系数高和便于进行结构设计等优点。近年来，基于有机染料的染料敏化太阳电池发展较快，其光电转换效率与多吡啶钌类染料敏化太阳电池相当。有机染料光敏化剂一般具有“给体(D)-共轭桥(π)-受体（A）结构”。借助电子给体和受体的推拉电子作用，使得染料的可见吸收峰向长波方向移动，有效地利用近红外光和红外光，进一步提高电池的短路电流。基于 D-π-A 结构的有机染料已经广泛用于染料敏化太阳电池中，图 7.7 分别列出了几种具有较高摩尔消光系数的高效有机染料的结构及其相应敏化电池的效率。黄春辉等[34]以半花菁染料 BTS 和 IDS 作敏化剂的 TiO_2 电极经盐酸处理之后，电池效率分别达到 5.1%（BTS）和 4.8%（IDS）。Yang 等[35]合成了两种包含并噻吩基和噻吩基共轭结构单元的有机染料，用 D-SS（结构式见图 7.7）作敏化剂的太阳电池获得了 6.23%的光电转换效率。Yanagida 组[36]和 Arakawa 组[37]分别用多烯染料或称苯基共轭寡烯染料作敏化剂，获得了 6.6%和 6.8%的光电转换效率。Hara 及其合作者[38]合成了系列香豆素衍生物染料作敏化剂，获得了与 N719 染料接近的光电转换效率。Uchida 组[39]用二氢吲哚类染料 D149 作敏化剂，在没有反射层的情况下获得了 8%的光电转换效率，对 TiO_2 膜等进行优化后，得到了 9%的光电转换效率。上述结果代表了有机染料光敏化剂研究的最新成果。

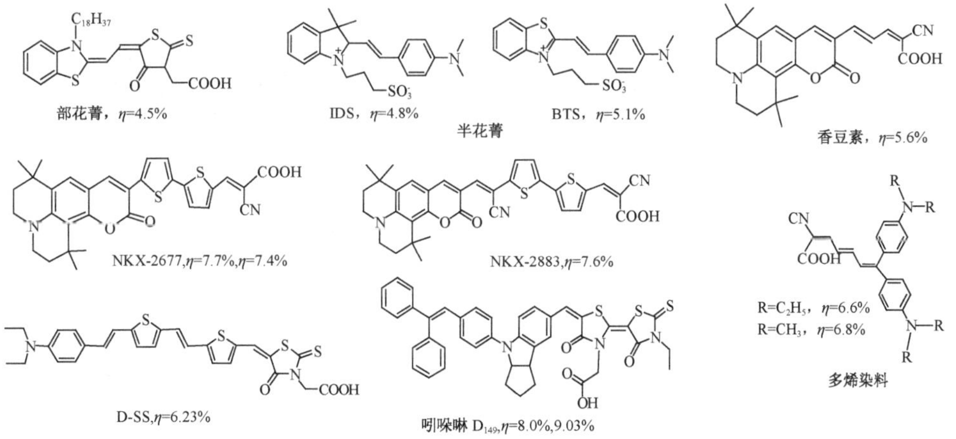

图 7.7　几种有代表性有机染料的结构示意图

η 为电池效率

7.2.3.3　协同敏化

单一染料敏化受到染料吸收光谱的限制，很难与太阳发射光谱相匹配。人们采用光谱响应范围具有互补性质的染料配合使用，取得了良好的效果。张宝文等[40]设计合成了系列方酸菁染料，它们的吸收光谱与钌配合物有非常好的互补性，在600～700nm呈现一个非常强的吸收带，消光系数较N3染料高一个数量级，最大吸收峰较N3染料红移了100nm。图7.8为三种方酸菁染料的结构及其与不同比例的N3染料协同敏化的光电流谱[40]。表7.2列出了三种染料单独敏化及其与N3染料协同敏化太阳电池的光伏性能数据。利用该类染料与N3染料以一定的比例协同敏化TiO_2纳米电极的IPCE最大值超过85%，电池光电转换效率较N3染料单一敏化时提高了13%。通过方酸菁和羧酸多吡啶钌染料按照一定比例的协同敏化，拓宽了羧酸多吡啶钌染料的光谱响应范围，获得了较理想的电池参数。陆祖宏等[41]研究了四羧基酞菁锌和CdS协同敏化的TiO_2电极，发现协同敏化与单一染料敏化相比，不仅拓宽了四羧基酞菁锌的光谱响应范围，使吸收光谱红移，而且提高了太阳电池的量子效率。

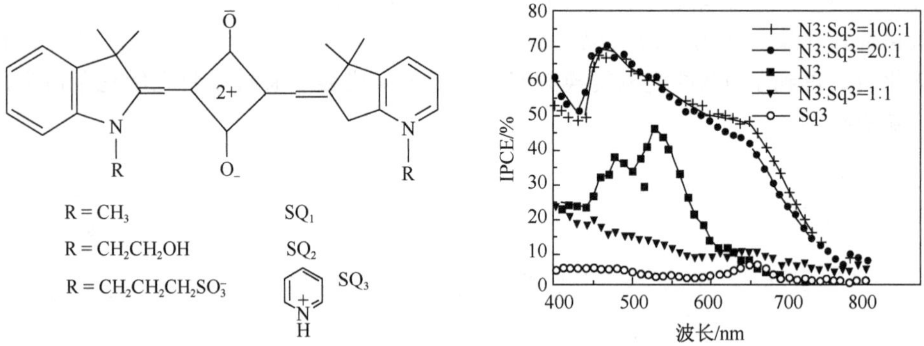

图7.8　三种方酸菁染料的结构图及其与N3染料协同敏化的光电流谱

表7.2　三种方酸菁染料及其和N3染料协同敏化的染料敏化太阳电池的光电性能数据[40]

染料	V_{OC}/V	J_{SC}/（$mA\cdot cm^{-2}$）	FF/%	η/%
SQ1	0.47	2.1	53.1	0.84
SQ2	0.45	2.8	52.6	1.07
SQ3	0.54	4.4	56.7	2.17
N3	0.55	15.0	44.1	5.87
SQ3∶N3=1∶1	0.52	10.5	46.5	4.10
SQ3∶N3=1∶100	0.60	15.2	45.0	6.62

7.2.4　电解质

在染料敏化太阳电池中，电解质起到在工作电极和对电极之间输运电荷的作用，并且电解质也是影响电池光电转换效率和长期稳定性的重要因素之一。因此，历来对电解质的研究始终是染料敏化太阳电池研究的一个重要组成部分。电解质可分为有机溶剂电解质、离子液体电解质、准固态电解质和固态电解质几个部分，以下将对其逐一介绍。

7.2.4.1　有机溶剂电解质

有机溶剂电解质由于其扩散速率快、光电转换效率高、组成成分易于设计和调节、对纳米多孔膜的渗透性好等优点，一直被广泛应用和研究。目前在制备高效率的染料敏化太阳电池中，有机溶剂电解质仍然是无可替代的。

有机溶剂电解质主要是由三个部分组成：有机溶剂、氧化还原电对和添加剂。用作液体电解质中的有机溶剂常见的有腈类（如乙腈（ACN））、甲氧基丙腈等（MePN）、酯类（如碳酸乙烯酯（EC））、碳酸丙烯酯（PC）和 γ-丁内酯（GBL）等。与水相比，这些有机溶剂对电极是惰性的，不参与电极反应，具有较宽的电化学窗口，不易导致染料的脱附和降解，其凝固点低，适用的温度范围宽。此外，它们也具有较高的介电常数和较低的黏度，能满足无机盐在其中的溶解和离解，且溶液具有较高的电导率。如乙腈溶剂，对纳米多孔膜的浸润性和渗透性很好，其介电常数大、黏度很低、介电常数和黏度的比值高，对许多有机物和无机物的溶解性好，对光、热、化学试剂等十分稳定，是液体电解质中一种较好的有机溶剂。1991 年，M. Grätzel 研究小组首先在这种电解质系统中取得了突破。它主要是由三个部分组成：有机溶剂、氧化还原电对和添加剂。瑞士 EPFL和日本 Sharp 研究小组采用这种系统，利用红色染料和黑色染料，在 2005 年和 2006 年分别获得光电转换效率为 11.18%和 11.1%的电池[18,19]。

液体电解质中的氧化还原电对主要是 I^-/I_3^-，虽然有用联吡啶钴（II）等配合物作为氧化还原电对的报道，但从目前研究来看，用其制成的染料敏化太阳电池性能还是难以和 I^-/I_3^- 相比。I^-/I_3^- 氧化还原电对能级很好地与纳米半导体电极能级、氧化态及还原态染料的能级相匹配。在氧化还原电对 I^-/I_3^- 中，由于 I_3^- 在液体有机溶剂中的扩散速率较快，通常 $0.1mol \cdot dm^{-3}$ 的 I_3^- 就可满足要求。但氧化态染料是通过 I^- 来还原的，因此 I^- 的还原活性和碘化物中阳离子性质强烈影响染料敏化太阳电池的性能。

对于 I^-/I_3^- 扩散速率的测量通常采用超微圆盘电极的稳态伏安法。常规电极在电极表面反应物浓度较低时，电容电流大于法拉第电流，限制了电化学测定中的检出限，同时也歪曲了电极在较短的时间内的循环伏安和计时电流特征。而微电极由于面积很小，双电层电容正比于电极面积，因此微电极双电层电容非常低，电极极化电流的衰减时间低于 1μs，能够快速响应。由于超微圆盘电极上极化电流随时间而衰减的速度很快，迅速达到稳态，即电流不再随时间而变化。测量电解质中氧化还原电对的扩散系数常用以下公式：

$$I_{ss} = 4n\,cFaD_{app} \tag{7.11}$$

其中，I_{ss}代表稳态扩散电流；c 为氧化还原电对的本体浓度；a 表示电极的半径；D_{app}为表观扩散系数；F 为法拉第常数；n 为电化学反应的电子得失数。

用于电解质中的阳离子通常是咪唑类阳离子和 Li^+，如碘化 1，2-二甲基-3-丙基咪唑（DMPII）和碘化锂。咪唑类阳离子不但可以吸附在纳米 TiO_2 颗粒的表面，而且也能在纳米多孔膜中形成稳定的 Helmholtz 层，阻碍了 I_3^- 与纳米 TiO_2 膜的接触，有效地抑制了导带电子与电解质溶液中 I_3^- 在纳米 TiO_2 颗粒表面的复合，从而大大提高了电池的填充因子和光电转换效率。此外，咪唑类阳离子的体积大于碱金属离子的体积，导致阳离子对 I^- 的束缚力减弱。这样，一方面可提高碘盐在有机溶剂中的溶解度，从而可提高 I^- 的浓度；另一方面因阳离子对 I^- 的束缚力减弱，I^- 的还原活性和在有机溶剂中的迁移速率将会增强。这样有利于提高氧化态染料再生的速率，有利于染料在光照条件下光吸收和光稳定，所以咪唑类阳离子在染料敏化太阳电池中的应用是十分重要的。

当在电解质溶液中加入 Li^+ 时，如果 Li^+ 浓度很小，主要是 Li^+ 在 TiO_2 膜表面的吸附；增大 Li^+ 的浓度，则 Li^+ 在 TiO_2 膜表面的吸附和 Li^+ 嵌入 TiO_2 膜内这两种情况共存。这时吸附在表面的 Li^+ 和嵌入在 TiO_2 膜内的 Li^+ 均可与导带电子形成偶极子 Li^+-e^-[42]。由于表面的 Li^+-e^- 偶极子既可在 TiO_2 膜表面迁移，也有可能脱离 TiO_2 膜表面迁移，其结果是明显缩短了导带电子在相邻的或不相邻的钛原子之间传输的阻力和距离。因此，在电解质溶液中加入 Li^+，可大幅度改善电子在 TiO_2 膜中的传输，从而提高太阳电池的短路电流。同时，形成的 Li^+-e^- 偶极子与溶液中 I_3^- 复合反应的速率也快，会导致太阳电池的填充因子下降。

染料敏化太阳电池电解质溶液中常用的添加剂是 4-叔丁基吡啶（TBP）或 N-甲基苯并咪唑（NMBI）。由于 TBP 可以通过吡啶环上的 N 原子与 TiO_2 膜表面上不完全配位的 Ti 原子配合，阻碍了导带电子在 TiO_2 膜表面与溶液中 I_3^- 复合，可明显提高太阳电池的开路电压、填充因子和光电转换效率。在吡啶环上引入叔丁基等大体积基团，以增大导带电子与溶液中 I_3^- 在 TiO_2 膜表面复合的空间位阻，从而减小导带电子与 I_3^- 的复合速率。此外，叔丁基的给电子诱导效应强，可促进吡啶环上的 N 原子与 TiO_2 膜表面上不完全配位的 Ti 原子配合。

虽然有机溶剂电解质具有诸多优点，但同时也存在一些不足。例如，有机溶剂如腈类具有一定的毒性，某些有机溶剂在光照下容易降解，使用有机溶剂制备的染料敏化太阳电池内部蒸气压较大，不利于电池的长期稳定性等。因此研究人员尝试采用其他类型电解质来获得更稳定的电池。

7.2.4.2　离子液体电解质

离子液体电解质是近年来发展起来的一类新型液态电解质。与基于有机溶剂的液态电解质相比，离子液体电解质具有非常小的饱和蒸气压、不挥发、无色无臭；具有较大的稳定温度范围，较好的化学稳定性及较宽的电化学稳定电位窗口；通过对阴阳离子的设计可调节其对无机物、水及有机物的溶解性等一系列突出的优点。以离子液体介质为基的染料敏化太阳电池中构成离子液体的有机阳离子常用的是二烷基取代咪唑阳离子，如碘化 1-甲基-3-丙基咪唑（MPII）和碘化 1-甲基-3-己基咪唑（HMII）。这两种离子液体相比较，MPII 的黏度低，对许多有机物和无机物的溶解性好，工作物质在其中的扩散速率较高；Kubo 等经过实验证实 HMII 中的长脂肪链可有效抑制导带电子在 TiO_2 膜表面与溶液中 I_3^- 的复合[43]，用其制备的电池效率要高于 MPII。但总体来说这两种离子液体的黏度都较大，目前应用这两种离子液体制备的电池光电转换效率达到 5.5%。

染料敏化太阳电池适用的离子液体其阴离子主要有 I^-、$N(CN)_2^-$、$B(CN)_4^-$、$(CF_3COO)_2N^-$、BF_4^-、PF_6^-、NCS^- 等。虽然离子液体在室温下呈液态，但其黏度远高于有机溶剂电解质，I_3^- 扩散到对电极上的速率慢，质量传输过程占据主导地位，因此降低离子液体的黏度，增大扩散速率成为研究人员选择离子液体的主要依据。虽然离子液体的黏度与结构之间的关系尚未完全清楚，但采用大阴离子可以显著降低阴阳离子的离子间作用力，从而降低黏度。基于上述原因人们开发和研究了多种低黏度离子液体。采用低黏度离子液体和 MPII 混合溶剂制备离子液体电解质，获得了很好的结果。最近王鹏工作组[44]采用混合离子液体基电解质，配合 Z907 染料，获得了 8.2%的效率，为本领域的最新进展。图 7.9 为可应用到太阳电池中的一些离子液体的结构和黏度[45]。

除了烷基咪唑类阳离子，人们还尝试开发了烷基吡啶类和三烷基锍类离子液体。Paulsson 等[46]研究了基于三烷基锍离子液体，用 1% I_2 的 $(Bu_2Me)SI$ 离子液体作电解质，获得了 3.7%（$10mW/cm^2$）的光电转换效率。Watanabe 等[45]开发了烷基吡啶类离子液体，将其应用于染料敏化太阳电池，获得了 2%的光电转换效率。除 I^-/I_3^- 电对外，Wang 等[47]利用不含有机溶剂的基于 $(SeCN)_3^-/SeCN^-$ 电对的 EMISeCN 离子液体电解质，获得了 7.5%的光电转换效率，说明该电对在离子液体电解质中的性能已与 I^-/I_3^- 电对相当。鉴于 Se 在地球上含量稀少，成本较高，该电对还很难取代 I^-/I_3^-。最后值得一提的是，Matsui 等[48]将离子液体电解质应用于大面积电池，获得了 2.7%的光电转换效率。使人们看到离子液体电解质在大面积染料敏化太阳电池中应用的可行性，为

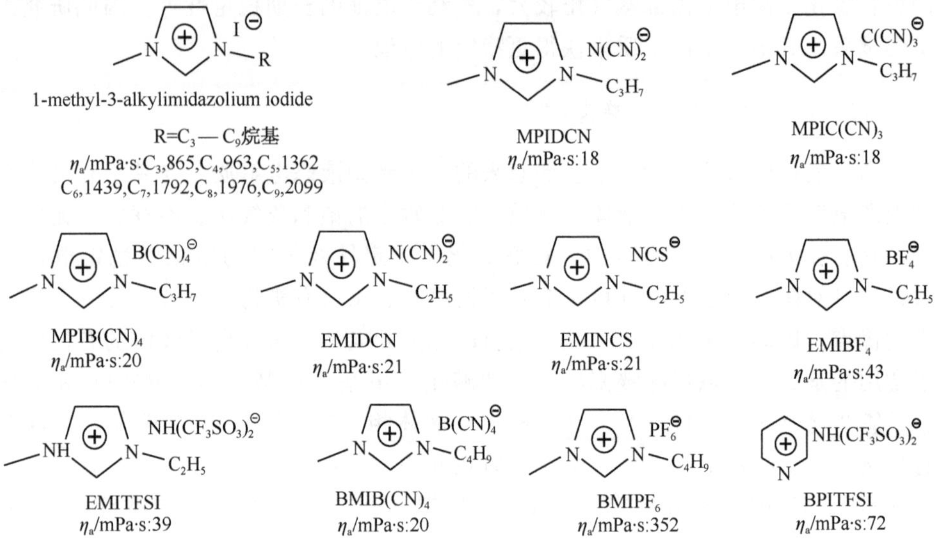

图 7.9 几种离子液体的结构及黏度

η_a 为黏度

大面积染料敏化太阳电池的应用打下了良好基础。

7.2.4.3 准固态电解质

准固态电解质是染料敏化太阳电池未来发展的一个方向。准固态电解质主要是在有机溶剂或离子液体基液态电解质中加入胶凝剂形成凝胶体系，从而增强体系的稳定性。准固态电解质按照胶凝前的液体电解质不同，可以分为基于有机溶剂的准固态电解质和基于离子液体的准固态电解质。根据胶凝剂的不同，分为有机小分子胶凝剂、聚合物胶凝剂和纳米粒子胶凝剂。准固态电解质近年来发展很快，人们开发出不同的胶凝体系。

在有机溶剂电解质中加入有机小分子或聚合物胶凝剂，形成凝胶网络结构而使得液态电解质固化，得到准固态的凝胶电解质。已有研究的基于有机溶剂介质的凝胶电解质染料敏化太阳电池光电性能归纳在表 7.3 中。基于有机溶剂介质的有机小分子胶凝剂，主要包括氨基酸类化合物、酰胺（脲）类化合物、糖类衍生物、联（并）苯类化合物和甾族衍生物等，其中最为典型的是含有酰胺键和长脂肪链的有机小分子。通过酰胺键之间的氢键和在有机液体中伸展开的长脂肪链之间的分子间力，能够使液态电解质固化形成准固态的凝胶电解质。有机小分子胶凝属于物理胶凝型，该凝胶化过程是热致可逆的。用于胶凝液态电解质的有机小分子胶凝剂还可以通过胺与卤代烃形成季铵盐的反应在有机液体中形成凝胶网络结构而使得液态电解质固化。Murai 等[60]利用各种多溴代烃和含杂原子氮的芳香环（如吡啶、咪唑等）的有机小分子或有机高分子这两者之间能形成季铵盐的反应，也能够胶凝有机溶剂液态电解质，得到准固态电解质，这类胶凝属于化学胶凝型，其凝胶化过程是热不可逆的。用于有机溶剂电解质胶凝的聚合物胶凝剂可以分为高分子胶凝剂和齐聚物胶凝剂。其中高分子胶凝剂常见的有聚氧乙烯醚（PEO）、聚丙烯腈（PAN）和聚硅氧烷、聚(偏氟乙烯-六氟丙烯)(P(VDF-HFP))等，这些有机高分子化合物在液态电解质中形成凝胶网络结构而得到准固态的聚合物电解质。在有机溶剂电解质中加入有机小分子胶凝剂或聚合物胶凝剂，虽然能使其固化得到准固态的凝胶电解质，有效地防止电解质的泄漏和减缓有机溶剂的挥发，但随着时间的延长，这类电池依然会存在有机溶剂的挥发损失问题。

表 7.3　基于不同胶凝剂和有机溶剂的准固态电解质的光电性能

电解质组成	胶凝剂	染料	效率
DMPII，LiI，I_2，TBP，MePN	有机小分子	N719	7.4% [43]
DMPII，LiI，I_2，TBP，MePN	有机小分子	N719	5.91%[49]
DMPII，I_2，NMBI，MePN	山梨糖衍生物	Z907	6.1%[50]
NaI，I_2，EC，PC，ACN	PAN	N3	3%～5%[51]
KI，I_2，EC，PC	聚硅氧烷	N3	3.4%[52]
NMPI*，EC，PC	PAN-PS 共聚物**	N719	3.1%[53]
DMPII，LiI，I_2，TBP	PVDF-HFP	N719	6.61%[54]
MPII，NMBI，I_2，PC	纳米 SiO_2	N3	5.4% [55]
DMPII，I_2，NMBI，MePN	PVDF-HFP	Z907	6.1% [22]
PMII，I_2，NMBI，MePN	PVDF-HFP*** 和纳米 SiO_2	Z907	6.7%，6.6%[56]
KI，I_2	聚氧丙烯齐聚物	N3	5.3% [57]
DMPII，LiI，I_2，EC，GBL	聚（氧乙烯-共-氧丙烯）三（甲基丙烯酸酯）齐聚物	N3	8.1% [58]
MPII，LiI，I_2，TBP，PC，ACN	PEO，PPO**** 和 PPO-PEO-PPO 共聚物	N3	4.7%～5.0%[59]

* NMPI：*N*-甲基吡啶碘；** PAN-PS 共聚物：苯乙烯和丙烯腈的共聚物；*** PVDF-HFP：聚（偏氟乙烯-六氟丙烯）；**** PPO：聚氧丙烯醚，PEO：聚氧乙烯醚。

基于离子液体介质的太阳电池电解质溶液的胶凝，与有机溶剂电解质溶液的胶凝相似，可以采用有机小分子和聚合物来胶凝。此外，无机纳米粒子也可用作离子液体介质的电解质溶液胶凝剂。表 7.4 列出了基于离子液体介质的准固态电解质的胶凝体系及电池的光电性能。Kubo 等[43]和 Wang 等[62]分别采用有机小分子和无机纳米粒子作为离子液体基电解质溶液的胶凝剂，得出了胶凝前后太阳电池光电性能基本不变的结论。Yanagida 等[66]研究了不同无机纳米粒子胶凝离子液体电解质，发现纳米 TiO_2 粒子作胶凝剂时电池性能理想。Jovanovski 等[64]合成了一种 3-丙基末端被三甲氧基硅烷取代的碘化 1-甲基-3-丙基咪唑衍生物(TMS-PMII)，在加入碘后能通过自身溶胶-凝胶缩合作用，形成凝胶电解质，获得了 3.2%的光电转换效率。Stathatos 等[55,57]开发基于脲代硅酸酯的 SiO_2 前驱体，采用酸作催化剂，通过溶胶-凝胶生成 Si—O 键连接的三维网络来制备凝胶电解质。离子液体电解质胶凝前后电池光电性能稳定，可以有效地防止电解质的泄漏和挥发，是值得关注的研究方向之一。

表 7.4 基于不同胶凝剂和离子液体的准固态电解质的光电性能

电解质组成	胶凝剂	染料	效率
HMII，I_2	有机小分子	N719	5.01%[43]
MPII，I_2，NMBI	PVDF-HFP	Z907	5.3%[61]
MPII，I_2，NMBI	纳米 SiO_2	Z907	6.1%[62]
EMINCS，PMII，I_2，GuSCN*，NMBI	有机小分子	K-19	6.3%[63]
EMImI，LiI，I_2，TBP，EMITFSA	PVDF-HFP	N3	2.4%，3.8%[48]
PMII，I_2	离子液体自身胶凝	N3	3.2%[64]
LiI，I_2，TBP，MPII	琼脂糖	N719	2.93%[65]
LiI，I_2，TBP，DMPII，EMIDCA**	琼脂糖	N719	3.89%[65]
EMII，LiI，I_2，TBP，EMITFSI	纳米 SiO_2 和纳米碳管	N3	4.57%～5.00%[66]
PMII，EMINCS，I_2，GuSCN，NMBI	有机小分子	K19	6.3%[63]

* GuSCN：硫氰酸胍；** EMIDCA：1-乙基-3-甲基咪唑双氰胺。

7.2.4.4 固体电解质

采用固体电解质，发展固态染料敏化太阳电池，可以克服液态染料敏化太阳电池存在泄漏、不易密封等缺点。固态染料敏化太阳电池电解质包括离子导电高分子电解质、空穴导电高分子电解质、无机 p 型半导体电解质和有机小分子固态电解质等。

导电高分子有着相对高的离子迁移率和较易固化等优点，因而逐渐成为近年来固态电解质的一个研究热点。用于固态电解质的离子导电高分子可以采用多种方法进行合成。Paoli 等[67]将环氧氯丙烷和环氧乙烷的共聚物溶于丙酮溶液中与 9% NaI (w/w) 和 0.9% I_2 (w/w) 混合后制成的聚合物固体电解质，组装成固态染料敏化太阳电池，其光电转换效率达 2.6% ($10mW \cdot cm^{-2}$)。与液态染料敏化太阳电池相比，其效率还是很低，主要原因是全固态电解质的电导率在室温下很低，并且电解质与电极的界面接触不充分。为了提高电解质的电导率及改善界面接触，人们对聚合物和盐组成的复合体系进行了改进，提出了无机复合型聚合物固体电解质的概念。无机复合型聚合物固体电解质是由聚合物、盐和无机粉末组成的多组分体系。与单纯的 PEO/盐复合物相比，研究表明加入纳米无机粉末后，体系的离子传导率有较大幅度的提高，可以抑制 PEO 的结晶，增大电解质与电极界面的稳定性。聚环氧乙烷（PEO）是一种常见的高分子，其醚氧链中的氧原子 O 可以与 Li^+ 配位，常用于锂电池电解质，但由于室温下聚合物电解质的黏度大、流动性小、易结晶，导致其室温下离子电导率较低，不能满足电池电解质的需要。向 PEO 电解质中加入无机氧化物最初目的是为了提高聚合物电解质的机械和界面性能，但当加入纳米或微米的无机氧化物（TiO_2、SiO_2 和 $LiAlO_2$等）添加剂时，发现室温下能抑制 PEO 的结晶，增大电解质的电导率。G. Katsaros 等[68]在高分子聚环氧乙烷（PEO，MW 2000000）中加入纳米 TiO_2 作为增塑剂，组装成固态染料敏化太阳电池，得到的电池光电转换效率也有明显的提高。

高分子空穴导电材料主要有聚（3,4-二氧乙基噻吩）（PEDOT）、聚苯胺（PANIs）、poly [3-十一烷基磷酸二乙酯噻吩]（P3PUT）、聚（4-十一烷基-2,20-二噻吩）(P4UBT）和 poly（3-十一烷基-2,20-二噻吩）（P3UBT）等。Yanagida 等[69]采用原位聚合方法合成聚合物电解质 PEDOT 组装的空穴传输固态电池，其光电转换效率达 0.53%，电池稳定性有了一定的改善。朱道本等[70]合成导电性较好的高分子 PANIs 用于染料敏化太阳电池，电池的光电转换效率达 0.1%；Smestad 等[71]采用 P3PUT 组装的空穴导电固态电池其效率只有 0.04%。高分子空穴导电材料作为染料敏化太阳电池的全固态电解质，研究十分活跃，但由于纳米多孔膜存在着孔径大小、分布和形貌等许多复杂性因素，如何改善高分子空穴导电材料和纳米多孔膜的接触，提高空穴传输的速率，降低有机空穴传输材料电阻，提高固态电解质太阳电池的光电转换效率等许多问题尚需进一步深入研究。

无机 p 型半导体电解质，包括 CuI、CuSCN 等[72~74]。在 120℃ 的热板上滴加 CuI 的乙腈溶液（0.15 mol/L）于 TiO_2/Dye 的导电玻璃上得到的 CuI 表面电阻小于 100Ω，组装的固态太阳电池的光电转换效率达 4.7%。在 70～85℃ 的热板上滴加 CuSCN 的 $(CH_3CH_2CH_2)_2S$ 饱和溶液于 TiO_2/Dye 的导电玻璃上组装的固态太阳电池其光电转换效率达 2%。Tennakone 等[73]研究了 p-CuI 固态染料敏化太阳电池，他们发现用 CuI 乙腈溶液制备的固体电池短路光电流 J_{SC}和开路光电压 V_{OC}衰减很快，若在 CuI 的乙腈溶液中加入少量的 1-乙基-3-甲基咪唑硫氰酸，电池的稳定性显著增加。其原因可能是 CuI 晶体生长使纳米 TiO_2 与 CuI 之间产生的松散结构造成的。如果 CuI 晶体长大，则不能穿透到 TiO_2 介孔中，在纳米 TiO_2 介孔外形成松散结构；体积小些的 CuI 晶体可以在纳米介孔内生长，但破坏了纳米 TiO_2 薄膜结构。EMISCN 的作用是抑制 CuI 晶体的生长，有利于孔洞的填充形成紧密结构，形成良好的导电接触面从而提高电池的光电性能。无机 p 型半导体材料作为染料敏化太阳电池中的固态电解质，如何解决其稳定性，尽快提高空穴传输的速率，是提高这类固态电解质太阳电池光电转换效率所必须解决的问题。

采用有机小分子固态电解质能较好地渗入到纳晶 TiO_2 介孔中，可以克服聚合物等渗入纳晶 TiO_2 介孔的困难，导致电解质与电极的界面接触不充分等问题，进一步提高了电池的光电性能。近年来，采用有机小分子 2，2′，7，7′-四（N，N-二对甲氧基苯荃氨基）9、9′-螺环二芴（OMeTAD）作为空穴传输材料[75]和 N-甲基-N-叔丁基吡咯烷碘盐（$P_{1,4}I$）[76]以及纳米-SiO_2/LiI（3-羟基丙烯腈）$_2$[77] 等具有 3-D 传输通道的小分子化合物组装成固态电解质电池，减小了界面电阻，改善了电解质与电极界面性能，明显提高电池的光电转换效率。目前固态染料敏化太阳电池电池的效率与液态电池还有较大的差距，电池稳定性还不是很理想，因此有待开发新型高效的固体电解质。

7.2.5 对电极

对电极也是染料敏化太阳电池的重要组成部分，用作对电极的材料主要是铂、碳等。目前，广泛应用于染料敏化太阳电池的对电极是表面镀有一层 Pt 膜的导电玻璃，其中 Pt 用作 I_3^- 还原反应的催化剂。铂对电极的制备方法主要有磁控溅射、溶液热解和电镀等。Fang 等[78]研究了溅射铂层的厚度对太阳电池性能的影响，发现铂层的厚度大于 100nm 后，铂层的厚度对电阻和电池性能的影响很小，但出于成本考虑，一般溅射层厚度为 10nm。Wei 等[79]采用室温下两步浸泡包覆方法制备聚乙烯基吡咯烷酮包覆的铂纳米簇作为对电极，获得 2.8%的光电转换效率，该方法不需要高温条件，制备容易且载铂量少。铂对电极由于其电阻小和催化效果好在太阳电池中应用最为广泛，然而由于其为贵金属，成本高，人们尝试了采用其他材料替代铂作太阳电池的对电极材料。成本低廉的碳成为人们研究的一个热点，许多基于碳的对电极被开发出来。采用碳纳米管作为对电极材料，获得与普通铂对电极相当的光电转换效率[80]。为增强碘还原催化性能，在 PEDOT-PSS 的水-乙醇分散相中加入一定量的纳米 TiO_2 颗粒制成浆料，通过压印包覆的方法制备出半透明的对电极，将柔性太阳电池的效率提高到 4.4%；Hino 等[81]采用电解胶束破裂方法和二茂铁基表面活性剂，在 ITO 导电玻璃上沉积一层 C_{60} 富勒烯及其衍生物作为对电极材料，这些都是寻求替代贵金属铂的有益尝试。

7.3 有机聚合物太阳电池

1986 年，柯达公司邓青云博士使用酞菁铜为给体、苝为受体制备了具有双层结构的有机光伏打器件[82]，在模拟太阳光下能量转换效率接近 1%，激发了有机太阳电池的研究兴趣。1992 年，美国加利福尼亚州大学圣巴巴拉分校

(UCSB)的 Heeger 教授研究组发现共轭聚合物/C_{60}之间光诱导超快电荷转移的现象[83]，在此基础上 1993 年制备了以共轭聚合物 PPV 衍生物为给体、C_{60}为受体的具有双层结构的聚合物光伏器件，继而在 1995 年又发明了可溶液加工的共轭聚合物/可溶性 C_{60}衍生物共混型“本体异质结”(bulk heterojunction)聚合物太阳电池[84]。本体异质结型太阳电池（器件结构见图 7.10）简化了制备工艺、通过扩大给受体界面面积提高了能量转换效率，因而后来的有机聚合物太阳电池研究主要都采用本体异质结结构。聚合物薄膜太阳电池具有成本低、重量轻、制作工艺简单、可制备成柔性器件等突出优点。另外，有机聚合物材料种类繁多、可设计性强，有希望通过材料的改性来提高太阳电池的性能。因此，这类太阳电池相关材料和器件的研究近年来受到广泛关注。

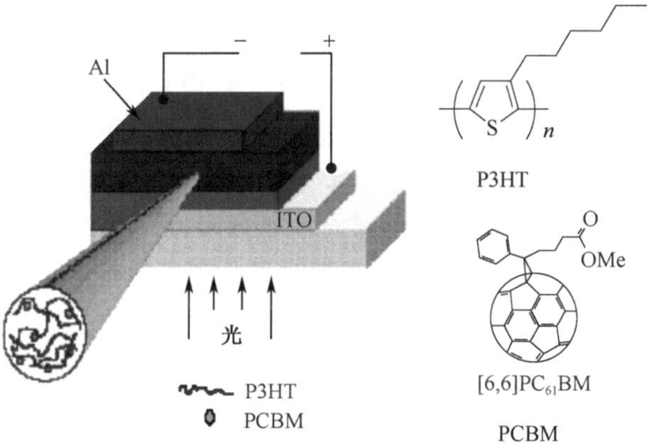

图 7.10　共轭聚合物（P3HT）/PCBM 本体异质结聚合物太阳电池结构以及常用共轭聚合物给体 P3HT 和可溶性 C_{60}衍生物 PCBM（受体）的分子结构

聚合物太阳电池（polymer solar cell，PSC）最近几年呈加速发展之势。2002 年，Brabec 等在器件的铝电极和光敏活性层之间蒸镀一层 LiF 修饰层，使聚合物太阳电池的能量转换效率达到 2.5%。接着他们通过使用聚（3-己基噻吩）(P3HT) 为共轭聚合物给体、与可溶性 C_{60}衍生物 PCBM 受体共混，并使用二氯苯为溶剂，2004 年使聚合物太阳电池模拟太阳光下的能量转换效率提高到 3.85%[85]。此后，P3HT 给体和 PCBM 受体共混体系成为聚合物太阳电池研究的主流。2005 年，杨阳教授研究组通过控制旋涂光敏活性层时的溶剂蒸发速度和器件热处理，使基于 P3HT 和 PCBM 体系的聚合物太阳电池的能量转换效率达到 4.38%[86]。同时，另外有几个小组也报道了通过热处理使聚合物太阳电池的能量转换效率达到约 5.0%。2007 年 Heeger 教授研究组又通过制备叠层器件，使聚合物太阳电池的能量转换效率超过了 6.0%[87]，上了一个新的台阶。

国内最近几年在共轭聚合物光伏材料和聚合物太阳电池的研究方面也取得了

可喜的进展。中国科学院化学研究所通过共轭支链取代制备了宽吸收的聚噻吩衍生物，基于这种宽吸收聚噻吩的聚合物太阳电池的能量转换效率达到 3.18%，比同样条件下基于 P3HT 的器件的能量转换效率有明显提高[88,89]。华南理工大学曹镛院士领导的研究组最近合成了一种窄禁带宽吸收共聚物，使用这种聚合物为给体制备的聚合物太阳电池的能量转换效率超过 5.0%[90]，达到国际先进水平。

但是，这种聚合物太阳电池的能量转换效率与硅基太阳电池相比还比较低，主要是由于目前使用的共轭聚合物存在太阳光利用率低（吸收光谱与太阳光谱不匹配，吸收谱带较窄）和电荷载流子迁移率低（一般共轭聚合物半导体材料的电荷载流子迁移率为 $10^{-5}\sim10^{-3}$ $cm^2/(V\cdot s)$）的问题，器件也存在电荷传输和收集效率低以及填充因子小等缺点。这为今后的研究工作留下了很大的发展空间。

7.3.1 器件结构和工作原理

邓青云博士最早报道的有机太阳电池（文献中常称为 Tang-Cell）是一种具有给体/受体双层异质结（heterojunction）结构的器件[82]。其器件结构为 ITO/有机受体/有机给体/Ag，其中有机给体、有机受体和银电极层分别通过真空蒸镀制备。由于这种结构给体/受体界面面积受到限制，并且多步真空蒸镀也增加了器件制备的复杂性和成本，所以这种器件结构逐渐被可溶液加工的本体异质结有机太阳电池所代替。

当前有机太阳电池研究的主流是上面提到的基于共轭聚合物的本体异质结聚合物太阳电池，这类器件通常由共轭聚合物（电子给体）和 PCBM（C_{60}的可溶性衍生物）（电子受体）的共混膜（光敏活性层）夹在 ITO（indium-tin oxide，氧化铟锡）透光电极（正极）和 Al 等金属电极（负极）之间所组成（见图 7.10）。一般地，ITO 电极上需要旋涂一层透明导电聚合物 PEDOT：PSS 修饰层，厚度为 30～60nm，光敏活性层的厚度一般为 100～200nm. 正极应该具有高的功函数，而负极应该使用低功函数的金属电极。

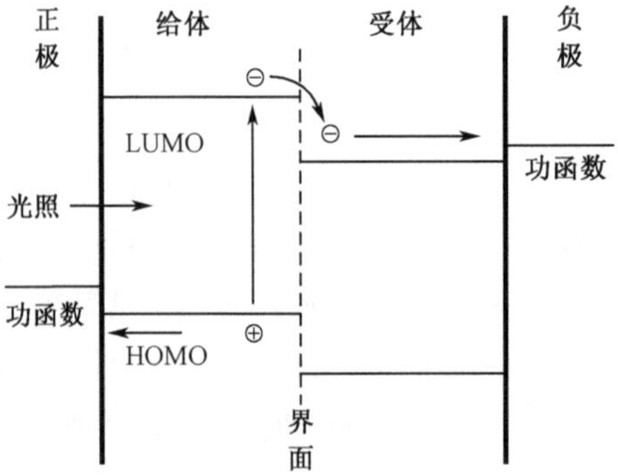

图 7.11 聚合物太阳电池工作原理示意图

这类太阳电池的工作原理可以用图 7.11 加以说明。当光透过 ITO 电极照射到活性层上时，活性层中的共轭聚合物给体吸收光子产生激子（电子-空穴对），激子迁移到聚合物给体/受体界面处，在那里激子中的电子转移给电子受体 PCBM 的 LUMO（the lowest unoccupied molecular orbital，最低空分子轨道或最低未占有分子轨道）能级，空穴保留在聚合物给体的 HOMO（the highest occupied molecular orbital，最高占有分子轨道）能级上，从而实现光生电荷分离，然后在电池内部势场（其大小正比于正负电极的功函数之差、反比于器件活性层的厚度）的作用下、被分离的空穴沿着共轭聚合物给体形成的通道传输到正极，而电子则沿着受体形成的通道传输到负极。空穴和电子分别被相应的正极和负极收集以后形成光电流和光电压，即产生光伏效应。有机聚合物太阳电池中使用的受体一般为 PCBM，但也可以是具有高电子亲和能的共轭聚合物受体或无机半导体纳米晶。从上面的工作原理可以看出，有机聚合物太阳电池工作过程可以分为以下 5 个步骤：

（1）吸收入射光子产生激子；

（2）激子向给体/受体界面扩散；

（3）激子在给体/受体界面上的电荷分离，产生受体 LUMO 能级上的电子和给体 HOMO 能级上的空穴；

（4）光生电子和空穴分别向负极和正极的传输；

（5）在活性层/电极界面上电子和空穴分别被负极和正极收集。

器件的能量转换效率受这五个步骤效率的影响。

值得注意的是，由于有机（包括共轭聚合物）半导体材料具有较小的介电常数和分子间弱的相互作用，受入射光子激发而形成的电子和空穴是以具有较强束缚能的电子-空穴对（即激子）的形式存在，其电子和空穴之间的距离小于 1 nm，其结合能在 0.4eV 左右。由于激子受激子寿命及传输距离的影响而具有高度的可逆性，它们可通过发光、弛豫等方式重新回到基态，不产生光伏效应，并且共轭聚合物中的激子扩散长度一般认为小于 10nm，因此，要求本体异质结活性层中聚合物聚集尺度必须小于 20nm。另外，给体的 LUMO 和 HOMO 能级必须分别高于受体的 LUMO 和 HOMO 能级，否则界面上发生的将不是电荷分离而是激子的能量转移。不仅如此，给体和受体的 LUMO 和 HOMO 能级之差也必须大于 0.4eV，否则在界面上的电荷分离效率也会受到影响。

聚合物太阳电池研究的核心是提高器件的光电能量转换效率。聚合物太阳电池的效率和其他太阳电池一样与其开路电压、短路电流和填充因子的乘积成正比。下面分别讨论这几个重要参数。

（1）开路电压（V_{oc}）：聚合物太阳电池的开路电压与其受体的 LUMO 能级和给体的 HOMO 能级之差密切相关，基本上存在正比的关系。器件最高理论开路电压等于受体的 LUMO 能级和给体的 HOMO 能级之差除于电子电荷 e，但实际的开路电压要小于这一数值，这主要受电极材料的功函数、活性层形貌和互穿网络结构等的影响。正负极功函数之差增加也有利于开路电压的提高。

（2）短路电流（I_{sc}）：短路电流的大小与上面提到的光电转换过程的 5 个步骤的效率相关，要得到大的短路电流，第一，需要光伏材料在可见区有宽光谱和强的吸收，以提高太阳光的利用率。第二，需要吸收光子后产生的激子有较长的寿命和较短的到达给体/受体异质结界面的距离，使得激子都能够扩散到异质结界面上。第三，需要激子在给体/受体界面上有高的电荷分离效率，使到达界面的激子都能够分离成位于受体 LUMO 能级上的电子和位于给体 HOMO 能级上的空穴，这要求给体的 LUMO 和 HOMO 能级分别高于受体的对应能级 0.4 eV 以上，以克服激子的束缚能而发生电子和空穴的电荷分离（这一点对于常用的给受体体系基本能够满足，MEH-PPV/PCBM 和 P3HT/PCBM 体系在给体/受体界面上激子电荷分离的效率都可以达到 100%）。第四，需要分离后的电子和空穴在分别向负极和正极的传输过程中有高的电荷传输效率，避免途中被陷阱捕获或发生电子和空穴的复合，这就要求光伏材料有高的纯度和高的电荷载流子迁移率。第五，电子和空穴是在器件内建电场的驱动下向负极和正极传输的，而内建电场来自于器件正负极功函数之差，因此使用高功函数的正极和低功函数的负极也非常重要。最后，需要电极/活性层界面上有高的电荷收集效率，使得到达电极界面的电荷都能够收集到电极上，这要求电极/活性层界面是欧姆接触，并且界面接触电阻要小。

(3) 填充因子（FF）：填充因子受电荷传输与分离的电荷再复合的影响，同时与器件的串联电阻、活性层的形貌和给受体互穿网络结构密切相关。有机太阳电池的填充因子往往偏低，这也是其器件效率较低的因素之一。共轭聚合物光伏材料本身的性质以及器件结构都会影响填充因子，提高光伏材料的电荷载流子迁移率可以提高器件的填充因子，改善给受体共混活性层形貌和互穿网络结构以及活性层/电极界面结构都可以改善器件的填充因子。

7.3.2 给体光伏材料

共轭聚合物给体光伏材料追求的目标是在可见光区具有宽光谱和强的吸收、高的空穴迁移率（并且与 PCBM 共混后仍可保持高的空穴迁移率）、高的纯度、高的溶解度和好的成膜性。

7.3.2.1 聚合物给体材料

己基取代聚噻吩 P3HT（分子结构见图 7.10）是当前最具代表性的共轭聚合物光伏给体材料，结构规整的 P3HT 在固体薄膜中具有强的链间相互作用，并且与 PCBM 共混后仍可保持其适度的聚集状态，使其固体薄膜的吸收峰较其溶液的吸收峰有显著红移和拓宽，并且具有高的空穴迁移率。基于 P3HT/PCBM 共混体系（重量比 1∶1）为活性层的光伏器件，经过热处理，在 AM1.5，100mW/cm^2 模拟太阳光照条件下能量转换效率达到 4%～5%[86]。

烷氧基取代的 PPV（包括 MEH-PPV 和 MDMO-PPV）在早期（1995～2004年）的聚合物太阳电池研究中是主导性的聚合物给体材料[85,86]，基于这类聚合物和 PCBM 共混制备的光伏器件的最高能量转换效率达到 2%～3%。但由于其吸收光谱和空穴迁移率都不如结构规整的 P3HT，所以最近几年逐渐被 P3HT 所替代。

近年来，窄禁带、宽光谱吸收共轭聚合物成为聚合物给体材料的研究热点。图 7.12 给出了这些窄带隙共轭聚合物的分子结构，表 7.5 列出了这些聚合物的光伏特性。侯剑辉等通过引入共轭支链获得了一系列的宽光谱吸收聚噻吩衍生物，其中一种含二噻吩乙烯共轭链的聚噻吩（图 7.12 中的聚合物 8）吸收光谱覆盖 350～650 nm 的光谱范围，其与 PCBM 共混制备的光伏器件最高能量转换效率达到 3.18%[88]。在窄带隙聚合物光伏材料的研究中，含苯并噻二唑受体单元和一些给体单元的 D-A 共聚物（图 7.12 中的 1～7，9）引起格外注意[89]。其中聚合物 1、4、9 的最高光电转换效率都超过了 5%，是很有希望的聚合物给体光伏材料。

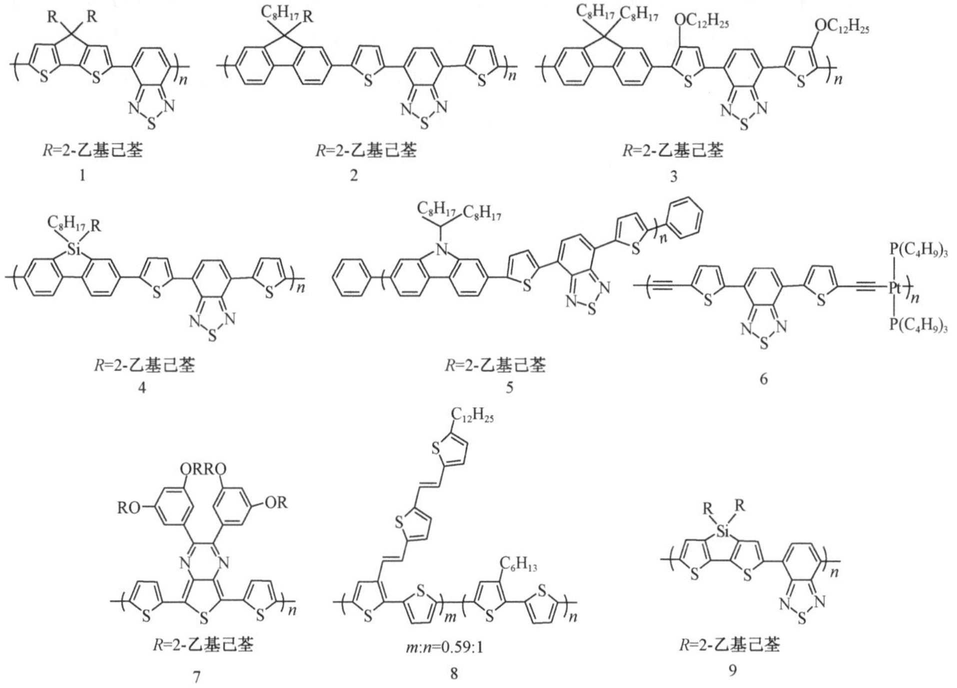

图 7.12　一些窄带隙共轭聚合物给体光伏材料的分子结构

表 7.5　一些窄带隙聚合物光伏材料的电子能级和优化的光伏性能

聚合物	E_g^* / eV	E_{HOMO}/eV	E_{LUMO}/eV	V_{OC}/ V	J_{SC} /(mA · cm^{-2})	FF	IPCE/%	参考文献
1	1.46	−5.3	−3.57	0.62	16.2	0.55	5.5	[91]
2	1.98	—	—	1.04	4.66	0.46	2.2	[92]
3	1.78	−5.14	−3.36	0.76	4.31	0.486	1.6	[93]
4	1.82	−5.39	—	0.90	9.5	0.507	5.4	[90]
5	1.88	−5.5	−3.6	0.89	6.92	0.63	3.6	[94]

续表

聚合物	E_g^* / eV	E_{HOMO}/eV	E_{LUMO}/eV	V_{OC}/ V	J_{SC}/ (mA·cm^{-2})	FF	IPCE/%	参考文献
6	1.85	−5.37	−3.14	0.82	13.1	0.37	4.1	[95]
7	1.20	—	—	0.56	3.1	0.58	1.1	[96]
8	1.82	−4.93	−2.96	0.72	10.3	0.43	3.18	[88]
9	1.45	−5.05	−3.27	0.68	12.7	0.55	5.1	[97]

* 根据吸收带边计算的光学带隙。

7.3.2.2　有机分子给体光伏材料

聚合物给体材料具有可溶液加工和成膜性好的优点，但也存在相对分子质量分布宽、提纯困难等缺陷。有机小分子具有确定的相对分子质量，并且可以得到很高的纯度，可溶液加工的共轭有机分子兼具聚合物的可溶液加工和小分子的高纯度的优点，近年来受到研究工作者的重视。图 7.13 给出了近几年报道的一些共轭分子给体光伏材料的分子结构。其中以三苯胺为核具有 D-A-D 结构的星形分子 13 与 PCBM 共混，最高能量转换效率达到 1.33%[98]。

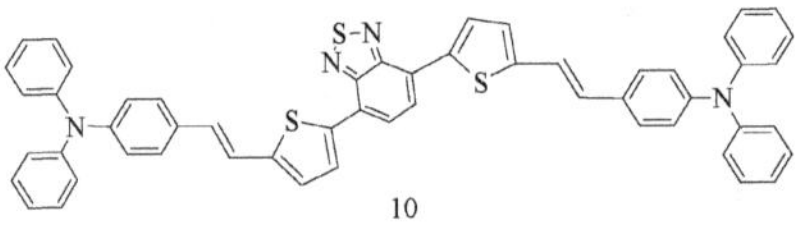
10

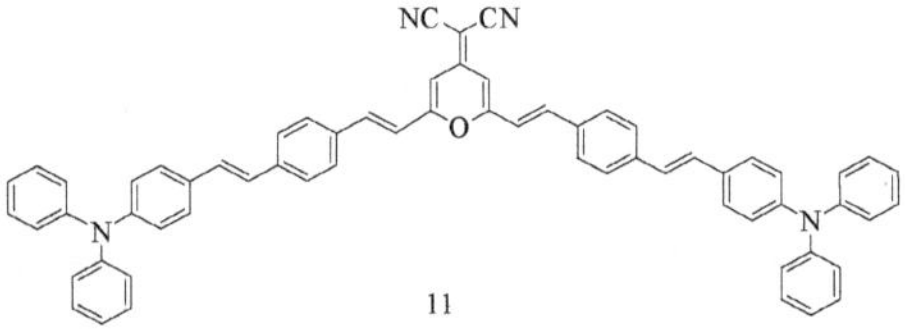
11

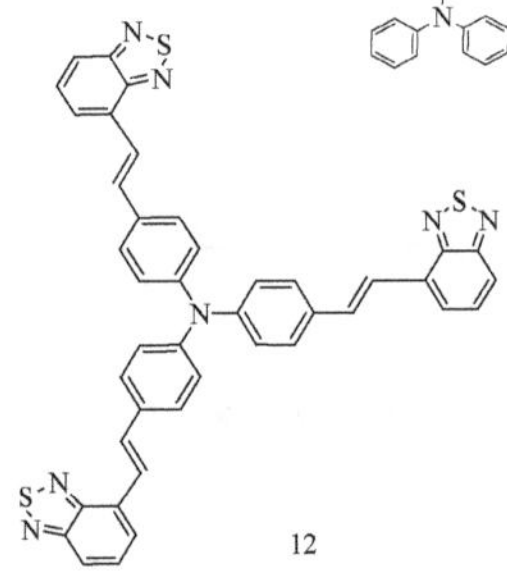
12

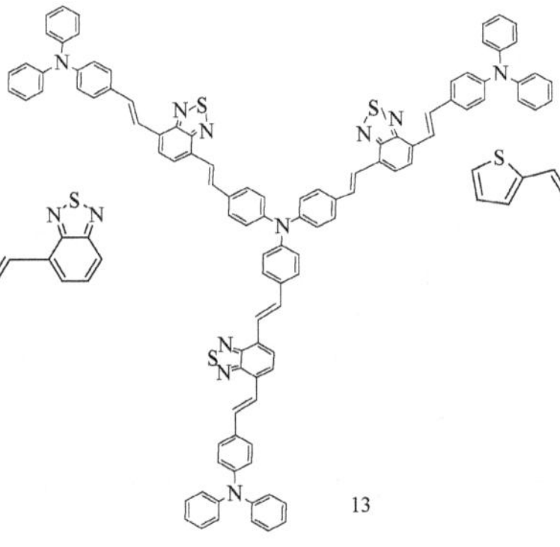
13

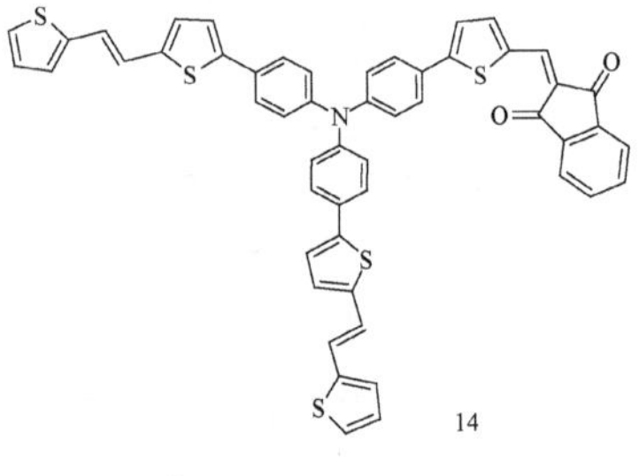
14

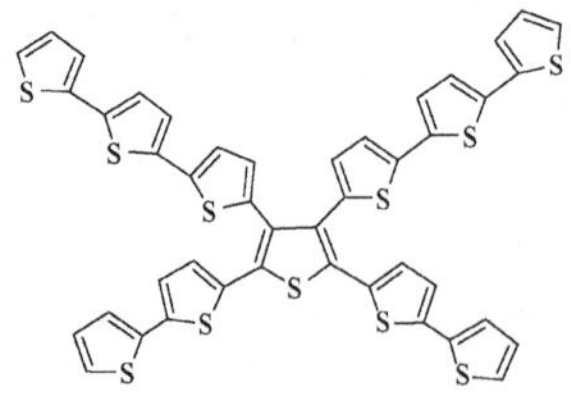
15

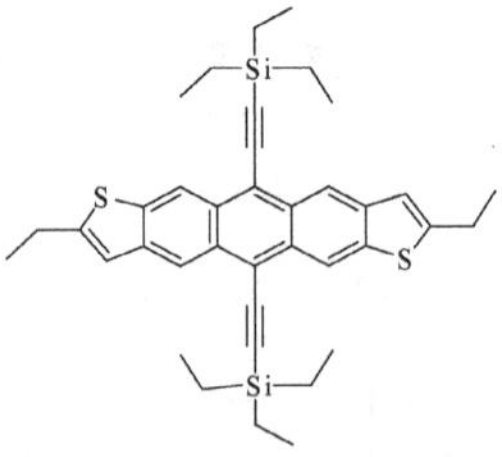
16

图 7.13　一些共轭有机分子给体光伏材料的分子结构

7.3.3　受体材料

有机聚合物太阳电池中使用的受体光伏材料主要是可溶性 C_{60} 衍生物 PCBM（分子结构见图 7.10），此外还包括共轭聚合物受体材料和无机半导体纳米晶受体材料。

7.3.3.1　可溶性富勒烯受体材料

PCBM 是最具代表性的用于有机聚合物太阳电池的受体光伏材料，PCBM 具有低的 LUMO 能级（高的电子亲和势），文献报道的 PCBM 的 LUMO 能级为 −3.8～−4.2eV。PCBM 还具有较高的电子迁移率（$10^{-3}\ cm^2/(V \cdot s)$）。但其可见光区吸收很弱，主要功能是使共轭聚合物给体的激子电荷分离、接受电子和传输电子。在器件活性层中 PCBM 与聚合物给体共混时两种材料的重量比对器件性能有重要影响，MEH-PPV（或 MDMO-PPV）/PCBM 体系最佳重量比为 1∶4，而 P3HT/PCBM 最佳重量比为 1∶1。

为了克服 PCBM 可见区吸收较弱的缺点，最近在 400～500nm 有较强吸收的可溶性 C_{70} 衍生物 [70] PCBM（具有与 PCBM 同样取代基的 C_{70} 的衍生物）代替 PCBM 被用作聚合物太阳电池的受体，使器件的能量转换效率较使用 PCBM 提高 20%以上。但 [70] PCBM 价格昂贵，使其实际应用受到限制。

7.3.3.2　共轭聚合物受体光伏材料

聚合物太阳电池中的受体也可以使用具有较高电子亲和势（较低 LUMO 能级）的共轭聚合物材料，这种给体和受体都是聚合物的器件是真正意义上的聚合物太阳电池，也称作全聚合物太阳电池。另外，聚合物受体材料也可以通过结构设计获得在可见光区宽光谱和强的吸收，克服 PCBM 吸收较弱的缺点。

聚合物受体材料一般是通过强吸电子基团（如氰基）取代或与具有高电子亲和势的受体单元（如苝）共聚来实现。图 7.14 为文献报道的几种有代表性的共轭聚合物受体光伏材料。聚合物 17（又称为 MEH-CN-PPV）和 18 为氰基取代的共轭聚合物，聚合物 19 和 20[99]是苝和三并噻吩的共聚物，这种含苝的共聚物具有与 PCBM 类似的 LUMO 能级，将 20 与含三噻吩乙烯共轭支链聚噻吩共混制备的全聚合物光伏器件，在给体与受体的重量比为 3∶1 的情况下能量转换效率达到 1.48[99]，显示了这类聚合物良好的受体性能。

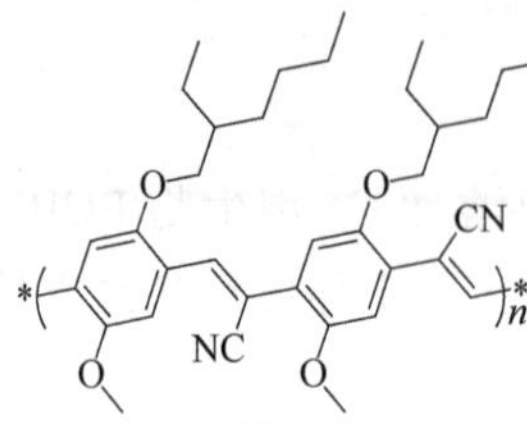

17

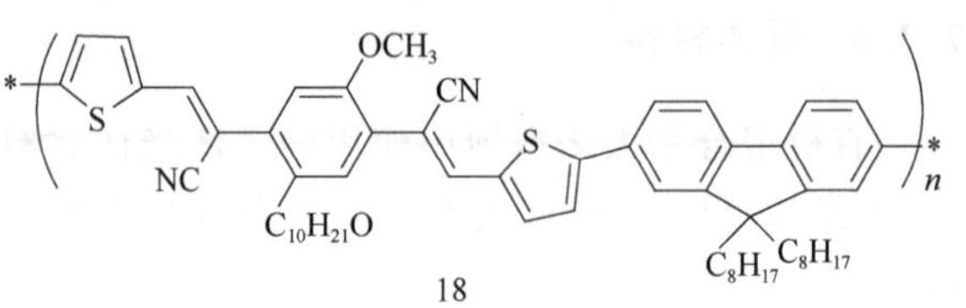

18

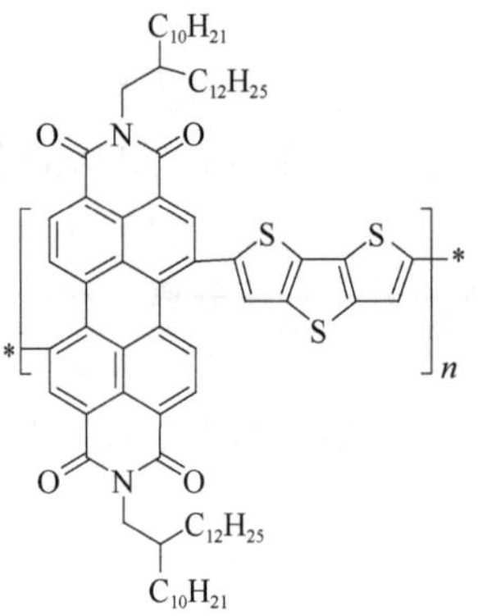

19

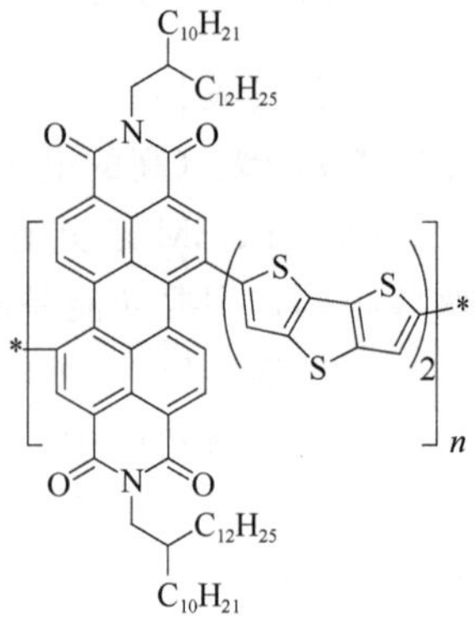

20

图 7.14　几种共轭聚合物受体光伏材料的分子结构

7.3.3.3　无机半导体纳米晶受体材料

美国加利福尼亚州立大学伯克利分校的 Alivisatos 研究组报道了使用 CdSe 半导体纳米棒作为受体，与 P3HT 共混制备的共轭聚合物/无机半导体纳米晶杂化型太阳电池，能量效率达到 1.7%[100]，这为半导体纳米晶的应用打开了一个新的领域，引起广泛关注。后来 Sun 等使用四角棒状的 CdSe 纳米晶与 MDMO-PPV 共混使这类太阳电池的效率达到了 2.8%[101]，这是迄今共轭聚合物/无机半导体纳米晶杂化太阳电池能量转化效率文献报道的最高值。除了 CdSe 纳米晶外，ZnO 纳米晶也被成功地用于这类杂化太阳电池受体材料，以 P3HT 为给体、ZnO 纳米晶为受体的杂化太阳电池的能量转换效率也达到了 1.4%[102]。

值得注意的是，在共轭聚合物/无机半导体纳米晶杂化太阳电池中，纳米晶与共轭聚合物给体的 LUMO 能级和 HOMO 的匹配是至关重要的，纳米晶受体的 LUMO 和 HOMO 能级必须同时低于聚合物给体的 LUMO 和 HOMO 能级，然而纳米晶 LUMO 和 HOMO 能级的正确测量不是一件容易的事情。CdTe 半导体是一个高效的薄膜太阳电池的光伏材料，但用于共轭聚合物/无机半导体纳米晶杂化光伏器件时效率却非常低，比对应的 CdSe 纳米晶低 2～3 个数量级。为阐明这一现象，李运超等制备了四角棒状的 CdSe、CdTe 以及不同 Se、Te 含量

的 $CdSe_xTe_{1-x}$三元半导体纳米晶，并用电化学方法测量了它们的 LUMO 和 HOMO能级。周祎等使用这些半导体纳米晶与 MEH-PPV 共混制备了杂化光伏器件，发现 MEH-PPV/CdSe 器件的效率达到 1.13%，而 MEH-PPV/CdTe 器件的效率只有 0.003%，通过比较这些半导体纳米晶和 MEH-PPV 的电子能级发现，CdSe 的 LUMO 和 HOMO 能级都位于 MEH-PPV 对应能级的下方，激子在给受体界面上应该会发生电荷分离。而 CdTe 的 LUMO 和 HOMO 能级位于 MEH-PPV 对应能级的中间，激子在给受体界面上将会发生能量转移而非电荷分离。这就解释了基于 CdTe 纳米晶的杂化太阳电池效率低的原因[103]。

从目前的情况看，最好的受体材料仍然是 PCBM（包括［70］PCBM），寻找性能优于 PCBM 的受体光伏材料是聚合物太阳电池光伏材料研究中的一个挑战。

7.4　染料敏化太阳电池性能

染料敏化太阳电池性能分为电化学性能及光伏性能。其中电化学性能测试主要有电化学阻抗的测试、暗电流的测试、调制光电压谱/光电流谱的测量等；光伏性能的测试则可获取电池的伏安特性曲线。

7.4.1　电化学性能

7.4.1.1　电化学阻抗方法

电化学阻抗方法是电化学测试技术中一类十分重要的研究方法，是对研究体系施加一小振幅的正弦波电位（或电流），收集体系的响应信号并且测量其阻抗谱，然后根据数学模型或等效电路模型对测得的阻抗谱进行分析、拟合，来研究界面电化学特征反应的方法。由于所施加的扰动信号很小，不会对样品体系的性质造成不可逆的影响。界面电化学阻抗近几十年来发展迅速，其应用范围已经超出传统的电化学领域，被广泛地用来研究电极过程动力学、界面双电层电容、金属腐蚀机理和耐蚀性能、缓蚀剂性能评价和生物膜的性能等。

电化学阻抗对研究电解质和电池暗态及工作条件下的性能具有非常重要的意义，近年来人们越来越多地利用交流阻抗法以研究、分析电池的界面反应动力学问题，包括扩散系数等的测定。下面作者将以实例说明交流阻抗方法在染料敏化太阳电池中的应用。

1）电解质/铂电极界面电化学阻抗特征研究

图 7.15 为含不同浓度 MPII 和 I_2 的 MePN 溶液在 25℃时的铂黑电极表面的电化学阻抗谱研究测试图，表 7.6 是用等效电路（见图 7.16）对实验数据进行拟合的结果。其中 R_s 反映溶液的电阻，其大小与用电导率仪测量出的溶液电导

率的结果相一致。当溶液中［I_2］为 0.1mol/L 时，低浓度 MPII 溶液的电导率低；当 MPII 的浓度为 1.40mol/L 时，增大 I_2 的浓度溶液电导率略有增大。电解质界面传输电阻 R_{ct} 反映了 I_3^- 和 I^- 扩散到铂黑电极上得失电子的难易程度，当增大 I^- 的浓度时，界面传输电阻 R_{ct} 减小；当增大 I_3^- 的浓度时，界面传输电阻 R_{ct} 也减小，这与其阳极和阴极稳态扩散电流的结果是相一致的。结果表明适当提高 I_3^- 和 I^- 的浓度，对提高染料敏化太阳电池的光电性能是有利的。

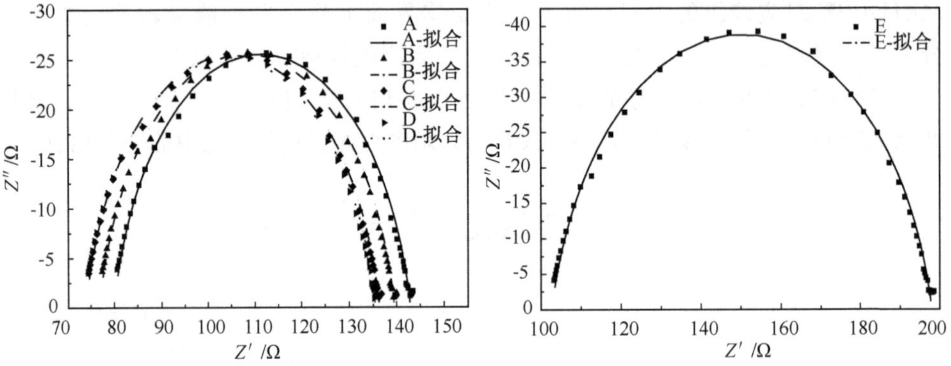

图 7.15 不同浓度 MPII 和不同浓度 I_2 的 MePN 溶液在 25℃时的 Nyquist 图[104]

A（1.40 mol/L MPII，0.10 mol/L I_2）；B（1.40 mol/L MPII，0.135 mol/L I_2）；C（1.40 mol/L MPII，0.17 mol/L I_2）；D（1.40 mol/L MPII，0.20 mol/L I_2）

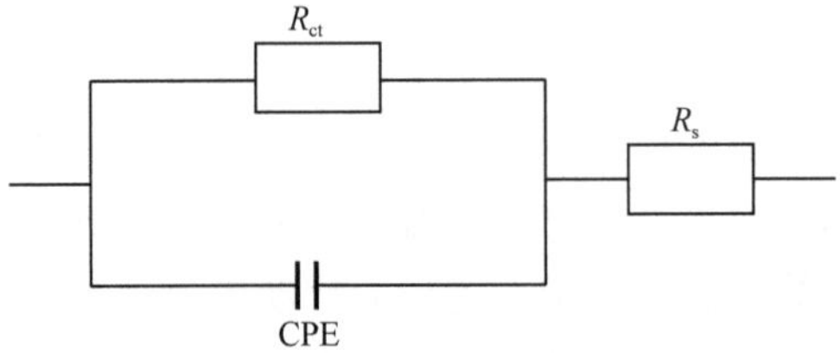

图 7.16 电化学阻抗谱的等效电路

电解池界面双电层电容可通过常相位角元件 CPE 反映，其导纳公式为 $Y_Q = Y_0(j\omega)^n$，指数 $n(0\leqslant n\leqslant 1)$反映 Pt 黑电极表面的粗糙程度，即偏离平板电容的程度。Y_0 的数值反映 Pt 黑与电解质溶液界面的双电层电容大小。表 7.6 中所有 Y_0 的数值变化不大，说明 MPI^+ 阳离子在 Pt 黑电极表面的吸附已达到饱和。值得注意的是烷基咪唑阳离子在 TiO_2 电极表面上的吸附，能有效地抑制 I_3^- 与 TiO_2 导带电子的复合，这对提高染料敏化太阳电池的填充因子是十分有利的。研究烷基咪唑阳离子中的脂肪链发现，较长脂肪链的烷基咪唑阳离子比短链烷基咪唑阳离子能更好地抑制电极界面的复合反应。

表 7.6　电化学阻抗谱的拟合结果

溶液	A	B	C	D	E
R_s/Ω	79.88	76.78	73.92	73.72	102.70
R_{ct}/Ω	63.05	62.76	62.43	61.78	95.29
$Y_0/(\mu F\cdot s^{n-1})$	20.90	21.00	22.30	22.10	21.30
N	0.87	0.87	0.87	0.87	0.87

2）染料敏化太阳电池的电化学阻抗特征研究

电池内部的电化学特征反应可以通过交流阻抗（EIS）方法来研究。恒电位仪给电池施加一个合适的负偏压，通过小振幅的正弦交变信号检测电池界面反应，从而提供传质和电荷转移特征等大量信息。图 7.17 是染料敏化太阳电池的电化学阻抗谱图，图中表明电池中至少有 4 个电阻，高频 1～100kHz 的阻抗定义为 Z_1，中频 1Hz～1kHz 的阻抗为 Z_2，低频 20mHz～1Hz 的电阻定义为 Z_3；电池阻抗的实部对应的内阻分别是对电极界面跃迁电阻 R_1、电子在纳米 TiO_2 半导体中输运和界面跃迁电阻 R_2 和 I^-/I_3^- 在电解质中传输电阻 R_3。由于仪器噪声的原因，对频率超过 100 kHz 的电阻，阻抗仪器不能检测，这部分频率范围的电阻为电池的系统电阻 R_h，包括导电玻璃、电解质等的电阻。减小电池的内阻，特别是减小对电极界面跃迁电阻 R_1，能明显提高电池在光照下的光电转化效率。

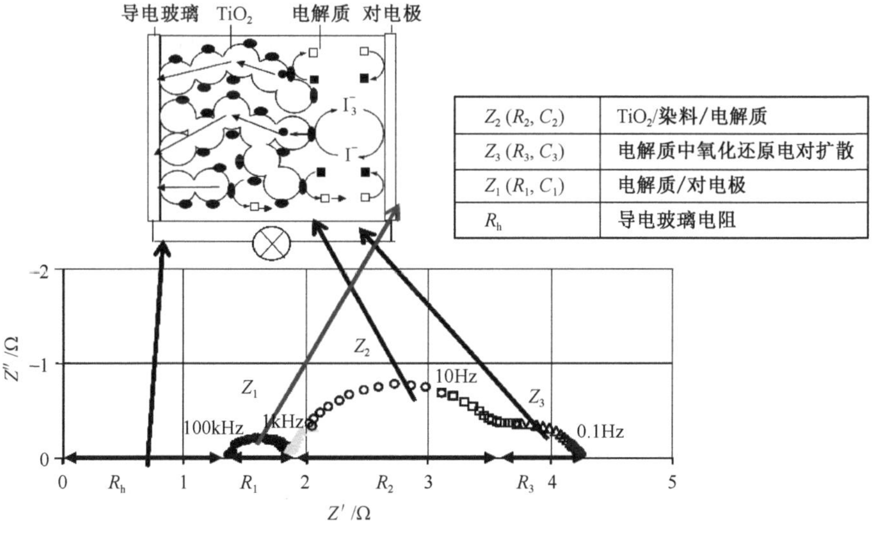

图 7.17　含 I^-/I_3^- 电解质染料敏化太阳电池的电化学阻抗谱图

Z_1、Z_2和 Z_3为阻抗；R_1、R_2、R_3和 R_h是电池内阻元件。其中 R_1、R_2、R_3 和 R_h 分别为 0.9Ω，2.0Ω，0.6Ω 和 0.8Ω（频率范围：20mHz～1mHz）

由于 EIS 只是向被测体系加一个小振幅的正弦交变信号，所以电化学阻抗技术与直流电化学技术相比，对体系的破坏作用甚小，可以对样品反复进行长时间的测试而不改变电池的性能，从而能在不同频率范围内分别得到电池内部传质和电荷转移特征信息。但是，阻抗谱反映的是整个表面的平均信息，无法提供局部信息。

7.4.1.2 暗电流的测量

暗态下通过在染料敏化太阳电池工作电极施加一定负偏压，测得电极上阴极电流随偏压的变化曲线。阴极电流的方向与光电转化时的电荷复合电子的流向相同，因此线性伏安特征曲线能够反映电池的光阳极与电解质中 I_3^- 间的复合反应程度。纳米半导体薄膜通过其巨大的表面积，吸附大量的单分子层染料，增大了其对太阳光的收集。同时，半导体电极的巨大表面积也增加了电极表面的电荷复合，从而降低太阳电池的光电转换效率。为了改善电池的光电性能，人们开发了 $TiCl_4$ 处理、表面包覆纳米 TiO_2 电极等物理化学修饰技术和电解质中加入暗电流抑制剂方法。

暗电流抑制剂 TBP 和染料对纳米 TiO_2 电极上 I^-/I_3^- 氧化还原行为可通过暗态下电池的阴极电流随偏压的变化来研究。图 7.18 中的线性伏安特征曲线表明吸附染料的电池暗电流比不吸附染料的要大些，这可能是由于离子液体 1，2-二甲基-3-丙基咪唑碘（DMPII）的体积较大，能够吸附在 TiO_2 表面起到一定的抑制暗电流作用；当纳米 TiO_2 表面吸附染料时，与电解质接触的裸露 TiO_2 表面空间很小，并且由于染料的空间位阻作用，体积较大的离子液体 DMPII 很难吸附在 TiO_2 表面，而体积较小的 I_3^- 却能自由地进入空间与裸露的 TiO_2 表面反应导致暗电流产生。比较不吸附染料的 TiO_2 电池的暗电流，不难发现 TBP 与 TiO_2 间的相互作用比离子液体 DMPII 与 TiO_2 间的作用力大些，主要是由于 TBP 分子中的较强给电子的 N 与 TiO_2 之间的化学作用。对于电解质中含 TBP 的太阳电池，发现 TiO_2 表面吸附染料电池的暗电流比不吸附染料的要小些。主要是由于当纳米 TiO_2 表面吸附染料时，TBP 通过化学吸附进入空间很小的裸露 TiO_2 表面，减小纳米 TiO_2 电极与电解质间直接接触面积，从而有效地抑制电池工作中的暗电流损耗。

纳米 TiO_2 电极表面包覆和修饰对电极上 I^-/I_3^- 氧化还原行为影响也可以通过暗态循环伏安测试来研究。杨术明等[105]研究了 Yb^{3+} 离子修饰 TiO_2 电极的阴极电流，发现低于没有修饰的电极。同时提出 TiO_2 表面的氧化镱层对电子的穿越具有阻碍作用，可能是由于氧化镱在 TiO_2 表面形成了一个势垒，使得电子更

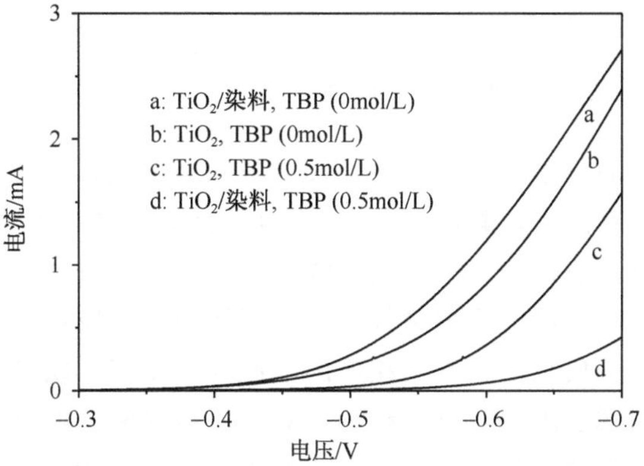

图 7.18 暗态下吸附与不吸附染料 TiO_2 电极电池的线性扫描特征曲线

电解质组成：a、b：DMPII＋LiI＋I_2＋MePN；c、d：DMPII＋TBP＋LiI＋I_2＋MePN；

TBP：4-叔丁基吡啶

难以通过电极。Grätzel 等采用 $TiCl_4$ 水溶液处理研究纳米 TiO_2 电池暗电流，发现在纯度不高的 TiO_2 核外面包覆一层高纯的 TiO_2，尽管纳米 TiO_2 薄膜的比表面积下降，但光电子注入效率增加，改善了电池的光电性能。

7.4.1.3 调制光电流谱/光电压谱

强度调制光电流/光电压谱（IMPS/IMVS）是一种非稳态技术，激励半导体的入射光由背景光信号和调制光信号两部分组成，其中调制光信号强度按照正弦调制对半导体进行激励，通过不同频率下光电流/光电压响应来研究界面动力学过程[106]。对于染料敏化太阳电池内部电子的产生、运输、复合可以建立一个数学模型，将输入的光强和输出的电流密度或电压联系起来。模型中的各种参数代表实际染料敏化太阳电池内部过程中相应事件的发生，这样可以由实验测量的结果与理论数值进行拟合，得到各种反应电子传输参数。

在染料敏化太阳电池中，从光生载流子产生到扩散至收集基底需要一段时间，输出光电流/光电压的波动分量相位将滞后于入射光的调制分量而反映在 IMPS/IMVS 图谱中。IMPS 的测量是在短路状态下调制信号的光电流响应，提供了电池在短路条件下电荷传输和背反应动力学的信息，可以得到有效电子扩散系数 D[106]。IMVS 是与 IMPS 相关的一种技术，测量的是在开路状态下调制信号的光电压响应，可以得到电池在开路条件下的电子寿命 τ_n[107]。IMPS/IMVS 为认识染料敏化太阳电池内载流子的传输和复合过程提供了全新的视角。目前有关 IMPS/IMVS 在染料敏化太阳电池研究中的应用相当广泛[108]。

7.4.2　光伏性能

7.4.2.1　太阳电池四线法测试原理

为了保证电池的测量精度，消除导线电阻和夹具接触电阻引入的影响，太阳电池一般采用四线测试法，其原理如图 7.19 所示，当电子负载给电池施加一个由负到正的电压时，在被测电池与电流线的回路中便有一个变化的电流产生，其值通过电流测量线测出，再用测量仪表经电压线测出对应每一个电流值的电池端电压。依次改变电子负载值，测出相应的电压与电流值，便得到电池伏安曲线的测量数据。四线测试法用一对电流线和一对电压线将驱动电流回路和感应电压回路分开，并采用高阻抗的测量仪表对电压值进行测量，所以几乎没有任何电流流经电压线，这样电压测量不会受接触电阻及导线电阻的影响而产生误差，从而使测量精度大大提高。上面所述的是电压源，电流源测试原理与电压源相同。图 7.20 就是采用四线法获得的不同面积染料敏化太阳电池的光伏测试曲线。

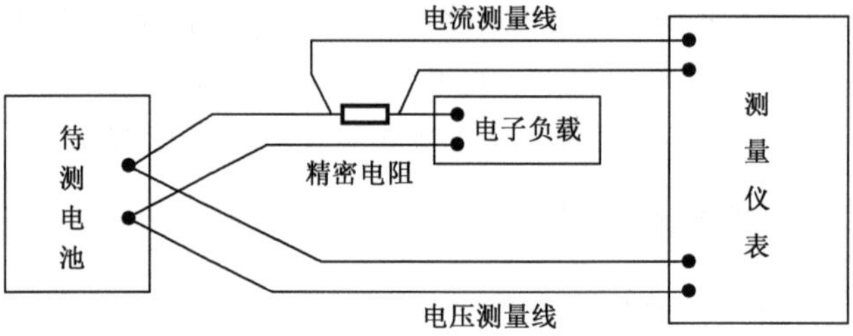

图 7.19　四线测试法原理图

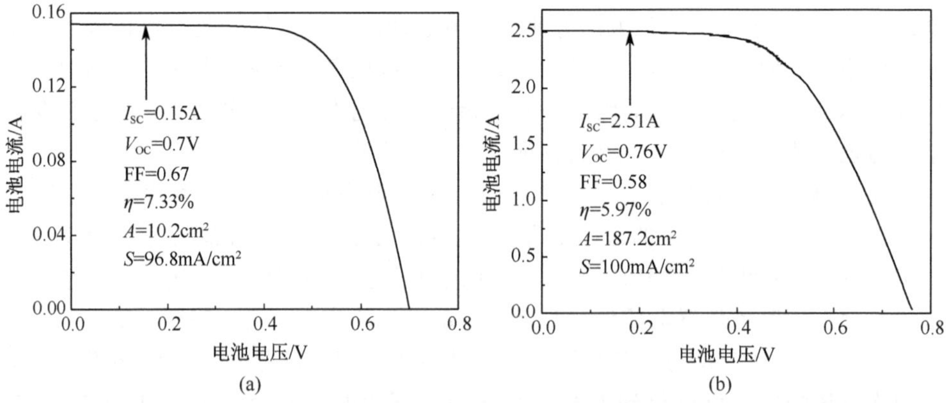

图 7.20　不同面积染料敏化太阳电池的光伏曲线

(a) 电池有效面积为 10.2cm^2 (96.8mW · cm^2)；(b) 电池有效面积为 187.2 cm^2 (100 mW/cm^2)

I_{SC}：短路电流；V_{OC}：开路电压：FF：填充因子；η：光电转换效率；A：有效面积；S：光强

7.4.2.2　染料敏化太阳电池的测试标准[109]

太阳电池的电性能测量归结为电池的伏安特性测试，由于伏安特性与测试条件有关，所以必须在统一规定的标准测试条件下进行测量，或将测量结果换算到标准测试条件。标准测试条件包括标准阳光（标准光谱和标准辐照度）和标准测试温度。测试光源可选用模拟测试光源（太阳模拟器或其他模拟太阳光光源）或自然阳光。使用模拟测试光源时，辐照度用标准太阳电池短路电流的标定值来校准。

根据中华人民共和国国家标准 GB6495《光伏器件第 1 部分：光伏电流-电压特性的测量》及染料敏化太阳电池特性，染料敏化太阳电池的电性能测试（标定测试）一般规定如下。

1）标准测试条件

（1）规定地面标准阳光光谱采用 AM1.5 的标准阳光谱，且采用具有高稳定度的稳定光源，光强最好可调；

（2）地面阳光的标准总辐照度规定为 $1000W/m^2$（实际总辐照有两种标准，即 $1350W/m^2$ 和 $950\ W/m^2$）；

（3）标准测试温度为 25℃；

（4）对定标测试，标准测试温度的允差为±1℃；对非定标测试，标准测试的允差为±2℃。

2）测试仪器与装置

（1）标准太阳电池或辐照计，用于校准测试光源的辐照度；

（2）数字源表测试速度能达到毫秒量级（最好可调），测试时仪器的数据采集速率不能超过染料敏化太阳电池的电子传输速率；

（3）电压表的精确度不低于 0.5 级，内阻不低于 20kΩ/V；

（4）电流表的精确度不低于 0.5 级，内阻小至能保证在测试短路电流时，被测电池两端的电压不超过开路电压的 3%；

（5）温度计或测温系统的仪器误差不超过±5℃，最好有恒温装置。

3）负载

（1）负载电阻应能从零平滑地调节到画出完整的伏安特性曲线为止；

（2）必须有足够的功率容量，以保证在通电测量时不会因发热而影响测量精确度。

4）采用四线测量法

四线测量法用一对电流和一对电压线将驱动电流回路和感应电压回路分开，并采用高阻抗的测量仪表对电压值进行测量，可以消除测量时接触电阻和导线电阻引入的误差，从而使测量精度大大提高。

7.4.2.3　测试条件对染料敏化太阳电池性能的影响

染料敏化太阳电池的测试方法与硅太阳电池相比，既有相似点，又存在着一定的特殊性。它与硅太阳电池一样，即需要进行测试的参数：开路电压 V_{oc}、短路电流 I_{sc}、最佳工作电压 V_m、最佳工作电流 I_m、最大输出功率 P_m、光电转换效率 η、填充因子 FF 和伏安特性曲线等。伏安特性曲线能直接反映出电池的各个特征（I_{sc}、V_{oc}、FF、η），是太阳电池的主要测试项目。由于染料敏化太阳电池自身的某些特征，电池在测试上有一些特殊的要求，比如，染料敏化太阳电池对光谱的响应速度较慢，无法采用脉冲光源，必须采用具有高稳定度的稳定光源；同时考虑到光照时间对电池性能的影响，电池的恒温也很重要；染料敏化太阳电池较硅电池有更强的电容性质，数据采集更易受电池电容性质的影响。因此，在染料敏化太阳电池性能测试中，需注明详细的测试条件，最好采用染料敏化太阳电池定标。

1）染料敏化太阳电池的光谱响应[110]

染料敏化太阳电池对光的吸收主要取决于其中敏化染料的吸收光谱。图 7.21 是应用于染料敏化太阳电池上的常用染料（$RuL_2(NCS)_2$，其中 L 为 2，2′-联吡啶-4，4′-二羧酸）的吸收光谱图。可以看出：在可见光（400nm $\leqslant\lambda\leqslant$ 760nm）区域，染料敏化太阳电池与单晶硅太阳电池类似，但在紫外光（$\lambda<$ 400nm）区域，染料敏化太阳电池还有一个次吸收峰。虽然电池中的导电玻璃能够吸收波长低于 320nm 的紫外光（见图 7.22），但波长在 320nm 以上的紫外光依然可以进入电池中，并对电池的电流和效率产生不可忽视的影响。因此，正确选用标准光源是决定电池性能测试准确性的主要条件之一。

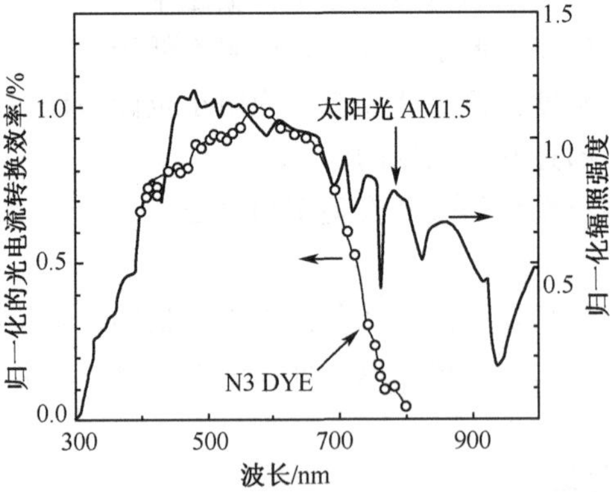

图 7.21　染料的吸收光谱图

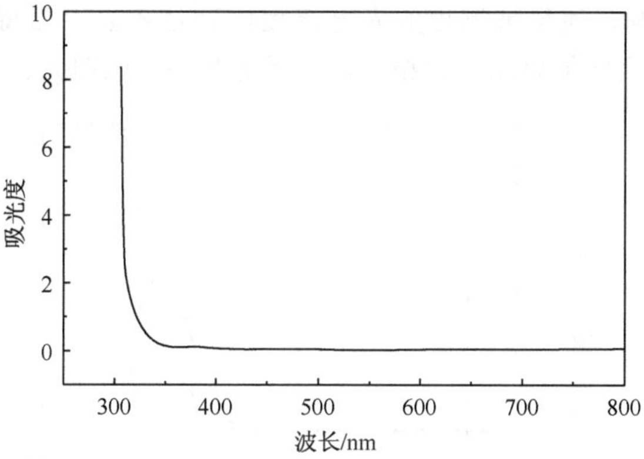

图 7.22　导电玻璃的吸收曲线

2）扫描速度与扫描偏压对染料敏化太阳电池性能测试结果的影响[111]

染料敏化太阳电池性能与硅电池存在差别，其测试性能受扫描速度和扫描偏压的影响，其中扫描速度由采样延迟时间（T_d）、测量积分时间（T_m）和施加偏压步幅（ΔV）等因素决定（见图 7.23）。表 7.7 是在不同采样延迟时间（即不同扫描速度）下测得的电池数据，从表中可以看出，随着采样延迟时间的增加，电池短路光电流基本不变，开路电压和填充因子增大，导致电池效率提高。这是因为 DSC 具有电容性，给电池加扫描偏压时，瞬时有过冲电流出现，当采样延迟时间过短时电池内部光电子传输还没有达到平衡，不能准确反映出电池的真实特性。另一方面，不同方向的偏压同样对 DSC 性能测试产生影响。图 7.24 是以 1ms 的采样延迟时间，分别给电池加到－0.1～0.9V 和 0.9～－0.1V 正反两个方向扫描偏压，测得电池的 *I-V* 曲线。图中显示反向扫描测试获得的开路电压、填充因子和效率都明显高于正向扫描所获得的电池参数。这是因为正向测试时，

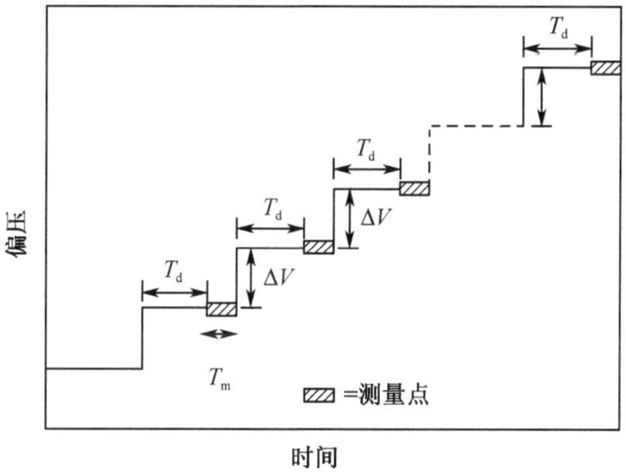

图 7.23　电池 *I-V* 测量外加偏压随时间逐步变化示意图

受过冲电流的影响，使得被测出的光电流提前到达零点，测得的开路电压稍小（见图 7.25）；而反向加偏压与之相反，测得的开路电压偏大。

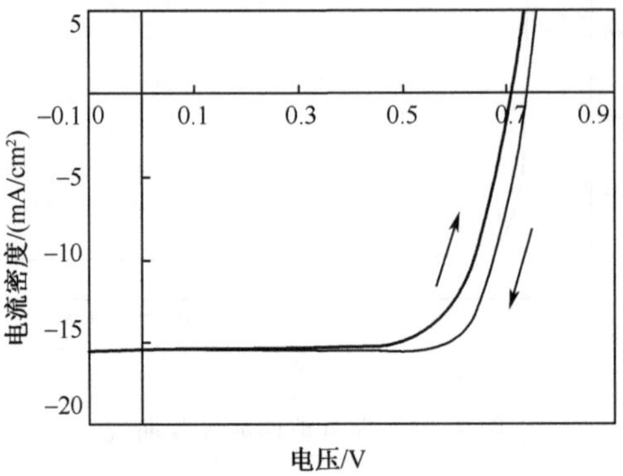

图 7.24　正负偏压下电池 I-V 曲线图

粗线为正偏压扫描；细线为负偏压扫描，采样延迟时间为 1ms

表 7.7　正偏压下不同采样延迟时间测得的 DSC 光电性能数据

电池类型	T_d/ms	J_{SC}/(mA/cm²)	V_{OC}/V	FF	η/%
DSC	1	15.5	0.714	0.717	7.94
	10	15.5	0.719	0.731	8.13
	40	15.5	0.722	0.733	8.19
	100	15.5	0.724	0.733	8.22

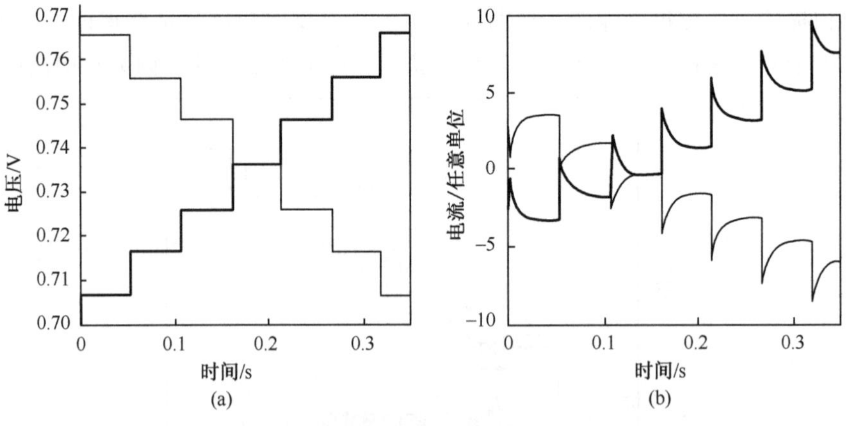

图 7.25　正负偏压下电池瞬态光电流图

(a) 所加偏压图；(b) 电池瞬态光电流图

粗线为正偏压测试；细线为反偏压测试，采样延迟时间为 1ms

3）温度对染料敏化太阳电池测试结果的影响[112]

染料敏化太阳电池测试的环境温度同样影响着电池的光伏性能参数，由于材料与反应过程对温度的变化响应差异，性能随温度变化差别较大。由于电解质溶剂的黏度随温度的升高而减小，离子在溶剂中的传输速率也相应的增加，所以填充因子与短路电流都上升，如图 7.26 所示。但当温度上升到一定程度，溶剂黏度变化很慢，电解质的电导却变化很快，暗电流迅速增加，使得染料敏化太阳电池开路电流开始下降。

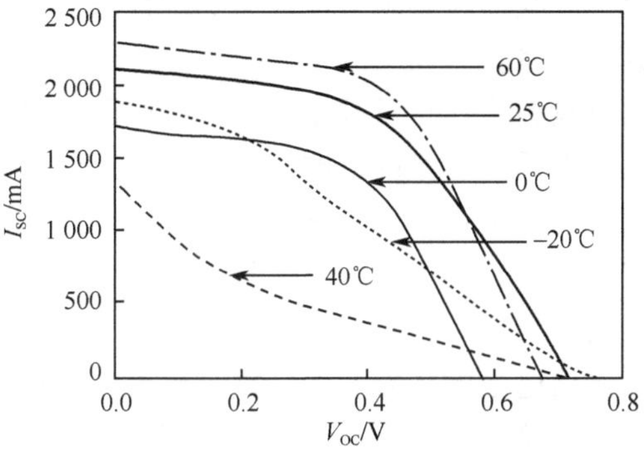

图 7.26　染料敏化太阳电池不同温度下的 *I-V* 曲线

4）光强对染料敏化太阳电池测试结果的影响[113]

由于染料敏化太阳电池属于弱光电池，染料敏化太阳电池的效率随着光强的减弱上升很快。图 7.27 为小面积的染料敏化太阳电池随入射光强变化的光伏曲

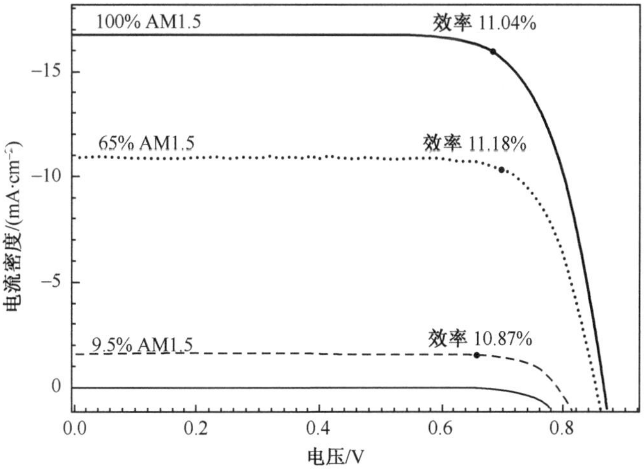

图 7.27　染料敏化太阳电池不同光强下的 *I-V* 曲线

线[114]。染料敏化太阳电池在弱光下，被激发的染料分子数少，I^-/I_3^- 离子的传输足够还原被太阳光激发的染料分子。而当太阳光强度增大时，被激发的染料分子数增多，I^-/I_3^- 离子的传输速率不能够满足染料分子再生速率，从而使得 I^-/I_3^- 离子在多孔膜内的传输成为制约电流输出的“瓶颈”，最终也就影响到电池效率的提高。

7.4.2.4 染料敏化太阳电池的实时跟踪测试

从电池实用化考虑，我们还必须对电池的稳定性及其寿命进行研究，这就要求测试系统能够达到以下目标[115]：

(1) 达到较高的测量精度，尽量减小测量导线电阻和夹具接触电阻引入的误差，同时减小电池电容性质对测量的影响；

(2) 为了保持数据的完整性，得到较为精确的开路电压 V_{OC} 和短路电流 I_{SC} 以及对电池其他性能的分析，要求系统能测量染料敏化太阳电池在第一、二、四等三个象限的伏安曲线；

(3) 可连续采集多路电池的伏安曲线，并自动对数据进行存储和分析；

(4) 能同时实现对环境因素（如温度、光强等）的实时记录；

(5) 可调控采集时间间隔。

为了保证电池的测量精度，消除导线电阻和夹具接触电阻引入的影响，可以采用四线测试法。而采用电子负载代替普通电阻可实现对电池在一、二、四象限的伏安曲线进行测量，保证了 I-V 曲线的完整性。

如果系统采集采用多路通道，单个数据采集卡无法完成，需要通过外部接口电路来扩展通道。可以采用时分复用技术，利用不同的时隙在数据采集卡同一路物理通道上传送不同的信号；如采用 64 路通道，则其中每 8 个通道采用数据采集卡的同一个物理输入通道。各个通道间的逻辑转换以及时序控制，都由接口电路来实现，接口电路的动作由软件控制完成，如图 7.28 所示。同时在软件中实现对所采集的数据进行实时分析和存储功能，解决多路采集时数据量过大、内存不够的问题。实时监控能方便地根据情况调节测试时间间隔，保持数据的连续性，能更准确地测出电池的波动点，而且操作方便，数据可自动存储处理。图 7.29显示的是常规间断测试和实时监控测试得到的染料敏化太阳电池效率随时间的变化曲线图。

为了使测试系统达到一机多用，实现对不同型号太阳电池的不同方式的测试，对采集时间间隔的调控和数据的存储分析，可以采用虚拟仪器技术。由于虚拟仪器技术可通过丰富的软件资源来扩展硬件设备，所以在具备了少量必要的基本硬件后，仅需编制不同的软件，便可实现各种不同需要的测试功能。

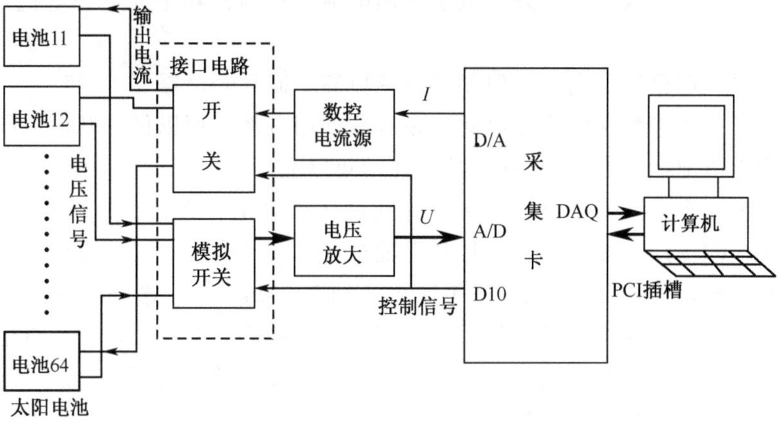

图 7.28　染料敏化太阳电池伏安特性测试系统硬件结构图

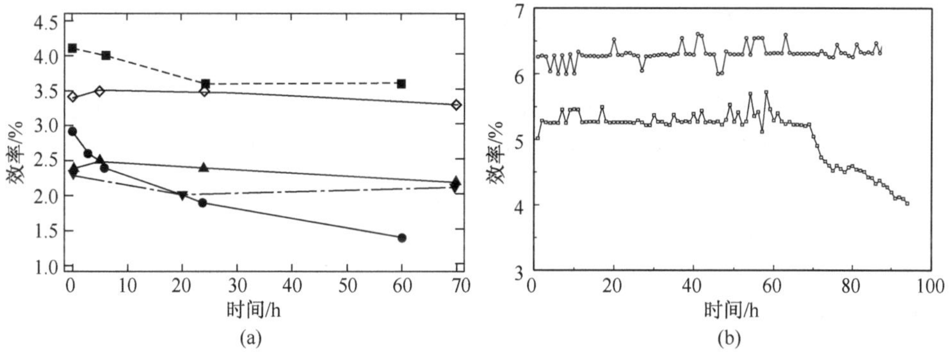

图 7.29　不同测试方法得到的电池效率随时间的变化曲线图

(a) 间断测试；(b) 实时监控测试

7.5　染料敏化太阳电池未来的发展

自 1991 年染料敏化太阳电池取得突破性进展以来，从实验室小面积电池的基础研究到大面积电池的产业化研究，从电池的各种关键组成材料到电池的制作等各项研究都获得了长足进步。染料敏化太阳电池已成为十分活跃的研究领域，除了染料敏化太阳电池在低成本、高效率以及未来可能产生巨大潜在市场的原因以外，相对比较低的技术门槛使工业界易于介入，区别于硅基薄膜太阳电池高的资金投入，这是使公司乐于投入染料敏化电池的主要原因。从太阳电池应用的范围来讲，染料敏化太阳电池具有其一定的优势和范围。目前染料敏化太阳电池的研究和应用研究基本朝以下三个应用方向发展：

方向一 折叠式移动户外充电设备用电池或室内低功率充电用电池，寿命5年左右。

方向二 部分同方向一，但要求效率更高，而且寿命需要10年。

方向三 用于解决家庭用电的屋顶或墙壁用电池，可以像硅基电池同样应用范围的太阳电池，寿命要求10年甚至几十年以上。

目前第一个方向研究进展较快，特别是在产业化研究上。英国G24 Innovations Ltd（G24i）在2007年10月利用辊对辊薄膜印刷技术开始进行规模化生产柔性衬底电池，公司预期在2008年底扩产到200MW/年。这种电池可广泛应用于便携式和移动式充电系统，如手机、笔记本电脑等。索尼公司宣布将生产用于小电器和手机充电系统的染料敏化太阳电池，其功率在几毫瓦到几百毫瓦之间。索尼公司对染料敏化太阳电池感兴趣的原因主要是电池在室内应用和温度变化上比硅基太阳电池优越。其他一些公司也沿用G24i公司的发展模式，如日本的Peccell Technologies公司，同样加紧研究户用辅助充电系统，目前公司的效率在3%左右，下一部目标希望提高到8%。

2008年3月，澳大利亚Dyesol公司在威尔士联合政府（WAG）“SMART-Cymru”项目的支持下（项目总预算达到500万澳元），与Corus公司成立合资公司，生产屋顶用不锈钢衬底的染料敏化太阳电池。该项研发主要朝上述方向二和三发展，希望能和硅太阳电池一样，可直接应用于民用。在2008年9月12日，韩国京畿道省政府、澳大利亚Dyesol公司和韩国Timo Technology公司签订战略合作备忘录，预计在韩国城南市建立一个合资工厂，2008年京畿道省政府将会在此项目上投资超过100万美元。同时Dyesol与韩国Acrosol公司签下60万欧元合约，建立研发实验室，并提供染料敏化太阳电池发展的全方位培训。2008年9月11日，意大利ERG Renew公司和Permasteelisa公司签订协议，准备投资染料敏化太阳电池墙体建筑系统，预计未来每年可生产染料敏化太阳电池墙面$5\times10^5m^2$。

Dyesol公司目前的研发基本上朝上述三个方向同时展开，但各有侧重。在世界各地建立不同的研发基地和工厂，同时他们通过加速老化实验获得了染料敏化太阳电池在室外长期稳定的数据：20000h的老化数据（0.8个太阳，55～60℃），这一结果相当于太阳电池在中欧室外可稳定运行32年，或在澳大利亚悉尼运行18年，这些结果的获得充分体现了染料敏化太阳电池较好的稳定性。

我国无论在染料敏化太阳电池的科学研究和产业化研究上都与世界研究水平相接近。国内高校和科研机构的研究人员广开思路，开展了各种电解质材料和电池结构的研究，并创新性地提出各种结构和思想，如福州大学魏明灯博士提出的染料敏化太阳电池与储能结合的思想；物理研究所孟庆波博士提出的环境友好的复合电解质；清华大学林红博士提出的新型高效低成本叠层柔性薄膜太阳电池等，都是对染料敏化太阳电池各项关键技术和材料提出新的思路和方法。中国科学院长春应用化学研究所在新型染料研究和离子液态电解质上取得突破，实现自主研发染料 C101，效率达到 11%，离子液态电解质电池效率达到 8.2%，在该领域具有一定的影响。国家重点基础研究计划和纳米专项（973）先后三次对染料敏化太阳电池进行立项；中国科学院知识创新工程也把染料敏化太阳电池项目作为重要方向，重点解决目前染料敏化太阳电池所遇到的关键科学问题，并先后在基础科学问题和关键技术问题上取得突破。中国科学院等离子体物理研究所在国家重点基础规划项目、863 计划项目和中国科学院知识创新项目以及地方政府资助下成功完成 500W 示范系统的建设，并至今保持稳定运行，今后将在企业项目的大力支持下，完成染料敏化太阳电池的中试实验，为染料敏化太阳电池下一步的推广应用打下了坚实的基础。

充分开发利用太阳能，已成为世界各国政府可持续发展能源的战略决策。降低太阳电池成本和实现太阳电池的薄膜化，已被我国定为发展太阳电池的主要方向。染料敏化太阳电池作为一种长期置于户外的装置，必将受到各种自然条件的影响。而基于液体电解质的染料敏化太阳电池，无疑将会存在一个长期稳定性的问题，因此研究长寿命、高稳定性的染料敏化太阳电池是一个十分迫切的问题。

参 考 文 献

[1] Putzeiko E K，Terein A. Zhurnal Prikladnoi Khimii，1949，23：676.

[2] Gerischer H，Tributsch H. Elektrochemische untersuchungen zur spektralen sensibilisierung von ZnO-einkristallen. Berichte der Bunsen-Gesellschaft Physical Chemistry Chemical Physics，1968，72：437～445.

[3] Fujishima A，Honda K. Electrochemical photolysis of water at a semiconductor electrode. Nature，1972，238：37，38.

[4] Moore T A，Gust D. Photodriven charge separation in a carotenoporphyrin-quinone triad. Nature，1984，307：630～632.

[5] Fujihira M，Nishiyama K，Yamada H. Photoelectrochemical responses of optically transparent electrodes modified with Langmuir-Blodgett films consisting of surfactant derivatives of electron donor，acceptor and sensitizer molecules. Thin Solid Films，1985，132：77～82.

[6] Oregan B，Grätzel M. A low-cost，high-efficiency solar-cell based on dye-sensitized colloidal TiO_2 films. Nature，1991，353（6346）：737～740.

[7] Hu L H，Dai S Y，Wang K J. Structural transformation of nanocrystalline titania grown by sol-gel technique and the growth kinetics of crystallites. Acta Physica Sinica，2003，52（9）：2135～2139.

[8] Dürr M，Schmid A，Obermaier M，et al. Low-temperature fabrication of dye-sensitized solar cells by transfer of composite porous layers. Nature Materials，2005，4（8）：607～611.

[9] Ito S，Ha N L C，Rothenberger G，et al. High-efficiency（7.2%）flexible dye-sensitized solar cells with Ti-metal substrate for nanocrystalline-TiO_2 photoanode. Chem. Comm.，2006，(38)：4004～4006.

[10] Meng Q B, Fu C H, Einaga Y, et al. Assembly of highly ordered three-dimensional porous structure with nanocrystalline TiO_2 semiconductors. Chem. Mater., 2002, 14 (1): 83～88.

[11] Gregg B A, Chen S G, Ferrere S. Enhanced dye-sensitized photoconversion efficiency via reversible production of UV-induced surface states in nanoporous TiO_2. J. Phys. Chem. B, 2003, 107 (13): 3019～3029.

[12] Wang Y Q, Hao Y Z, Cheng H M, et al. The photoelectrochemistry of transition metal-ion-doped TiO_2 nanocrystalline electrodes and higher solar cell conversion efficiency based on Zn^{2+}-doped TiO_2 electrode. J. Mater. Sci., 1999, 34 (12): 2773～2779.

[13] Kitiyanan A, Yoshikawa S. The use of ZrO_2 mixed TiO_2 nanostructures as efficient dye-sensitized solar cells' electrodes. Mater. Lett., 2005, 59 (29, 30): 4038～4040.

[14] Lee W J, Suzuki A, Imaeda K, et al. Fabrication and characterization of Eosin-Y-sensitized ZnO solar cell. Japanese Journal of Applied Physics Part 1-Regular Papers Short Notes & Review Papers, 2004, 43 (1): 152～155.

[15] Dentani T, Funabiki K, Jin J Y, et al. Application of 9-substituted 3, 4-perylenedicarboxylic anhydrides as sensitizers for zinc oxide solar cell. Dyes & Pigments, 2007, 72 (3): 303～307.

[16] Gao F, Wang Y, Shi D, et al. Enhance the optical absorptivity of nanocrystalline TiO_2 film with high molar extinction coefficient ruthenium sensitizers for high performance dye-sensitized solar cells. J. Am. Chem. Soc. 2008, 130: 10720～10728.

[17] Nazeeruddin M K, Kay A, Rodicio I, et al. Conversion of light to electricity by Cis-X2bis (2, 2′-Bipyridyl-4, 4′-Dicarboxylate) Ruthenium (Ii) charge-transfer sensitizers ($X=Cl^-$, Br^-, I^-, CN^-, and SCN^-) on nanocrystalline TiO_2 electrodes. J. Am. Chem. Soc., 1993, 115 (14): 6382～6390.

[18] Nazeeruddin M K, Angelis F D, Fantacci S, et al. Combined experimental and DFT-TDDFT computational study of photoelectrochemical cell ruthenium sensitizers. J. Am. Chem. Soc., 2005, 127: 16835～16847.

[19] Nazeeruddin M K, Péchy P, Renouard T, et al. Engineering of efficient panchromatic sensitizers for nanocrystalline TiO_2-based solar cells. J. Am. Chem. Soc., 2001, 123: 1613～1624.

[20] Chiba Y, Islam A, Watanabe Y, et al. Dye-sensitized solar cells with conversion efficiency of 11.1%. Jpn. J. Appl. Phys., 2006, 45: L638～L640.

[21] Han L, Chiba Y, Islam A, et al. High efficiency of dye-sensitized solar cells and model. 16th International Conference of Photochemical Conversion and Solar Sstorage. Uppsala, Sweden, 2006. W42P211.

[22] Wang P, Zakeeruddin S M, Moser J E, et al. A stable quasi-solid-state dye-sensitized solar cell with an amphiphilic ruthenium sensitizer and polymer gel electrolyte. Nature Materials, 2003, 2 (6): 402～407.

[23] Wang P, Zakeeruddin S M, Humphry-Baker R, et al. Molecular-scale interface engineering of TiO_2 nanocrystals: improve the efficiency and stability of dye-sensitized solar cells. Adv. Mater., 2003, 15: 2101～2104.

[24] Klein C, Nakeeruddin M K, Liska P, et al. Engineering of a novel ruthenium sensitizer and its application in dye-sensitized solar cells for conversion of sunlight into electricity. Inorg. Chem., 2005, 44: 178～180.

[25] Wang P, Klein C, Humphry-Baker R, et al. A high molar extinction coefficient sensitizer for stable dye-sensitized solar cells. J. Am. Chem. Soc., 2005, 127: 808, 809.

[26] Nazeeruddin M K, Wang Q, Cevey L, et al. DFT-INDO/S modeling of new high molar extinction coefficient charge-transfer sensitizers for solar cell applications. Inorg. Chem., 2006, 45: 787～797.

[27] Wang P, Zakeeruddin S M, Moser J E, et al. Stable new sensitizer with improved light harvesting for nanocrystalline dye-sensitized solar cells. Adv. Mater., 2004, 16: 1806～1811.

[28] Kuang D B, Ito S, Wenger B, et al. High molar extinction coefficient heteroleptic ruthenium complexes for thin film dye-sensitized solar cells. J. Am. Chem. Soc., 2006, 128 (12): 4146～4154.

[29] Kuang D B, Klein C, Snaith H J, et al. Ion coordinating sensitizer for high efficiency mesoscopic dye-sensitized solar cells: influence of lithium ions on the photovoltaic performance of liquid and solid-state cells. Nano Lett., 2006, 6: 769～773.

[30] Jiang K J, Masaki N, Xia J B, et al. A novel ruthenium sensitizer with a hydrophobic 2-thiophen-2-yl-vinyl-conjugated bipyridyl ligand for effective dye sensitized TiO_2 solar cells. Chem. Commun., 2006, 2460～2462.

[31] Wang P, Klein C, Moser J E, et al. Amphiphilic ruthenium sensitizer with 4, 4′-diphosphonic acid-2, 2′-bipyridine as anchoring ligand for nanocrystalline dye sensitized solar cells. J. Phys. Chem. B, 2004, 108 (45): 17553～17559.

[32] Péchy P, Rotzinger F P, Nazeeruddin M K, et al. Preparation of phosphonated polypyridyl ligands to anchor transition-metal complexes on oxide surfaces: application for theconversion of light to electricity with nanocrystalline TiO_2 films. J. Chem. Soc., Chem. Comm., 1995: 65, 66.

[33] Kohle O, Ruile S, Grätzel M. Ruthenium (Ⅱ) charge-transfer sensitizers containing 4, 4′-dicarboxy-2, 2′-bipyridine. Synthesis, properties, and bonding mode of coordinated thio- and selenocyanates. Inorganic Chemistry, 1996, 35 (16): 4779～4787.

[34] Wang Z S, Huang C H, Li F Y, et al. Alternative self-assembled films of metal-ion-bridged 3, 4, 9, 10-perylenetetracarboxylic acid on nanostructured TiO_2 electrodes and their photoelectrochemical properties. J. Phys. Chem. B, 2001, 105 (19): 4230～4234.

[35] Li S L, Jiang K J, Shao K F, et al. Novel organic dyes for efficient dye-sensitized solar cells. Chem. Comm., 2006, (26): 2792～2794.

[36] Kitamura T, Ikeda M, Shigaki K, et al. Phenyl-conjugated oligoene sensitizers for TiO_2 solar cells. Chem. Mater., 2004, 16 (9): 1806～1812.

[37] Hara K, Kurashige M, Ito S, et al. Novel polyene dyes for highly efficient dye-sensitized solar cells. Chem. Comm., 2003, (2): 252, 253.

[38] Hara K, Wang Z S, Sato T, et al. Oligothiophene-containing coumarin dyes for efficient dye-sensitized solar cells. J. Phys. Chem. B, 2005, 109 (32): 15476～15482.

[39] Horiuchi T, Miura H, Sumioka K, et al. High efficiency of dye-sensitized solar cells based on metal-free indoline dyes. J. Am. Chem. Soc., 2004, 126 (39): 12218, 12219.

[40] Zhao W, Hou Y J, Wang X S, et al. Study on squarylium cyanine dyes for photoelectric conversion. Solar Energy Materials & Solar Cells, 1999, 58 (2): 173～183.

[41] Shen Y C, Deng H H, Fang J H, et al. Co-sensitization of microporous TiO_2 electrodes with dye molecules and quantum-sized semiconductor particles. Colloids & Surfaces a-Physicochemical & Engineering Aspects, 2000, 175 (1, 2): 135～140.

[42] Kambe S, Nakade S, Kitamura T, et al. Influence of the electrolytes on electron transport in mesoporous TiO_2-electrolyte systems. J. Phys. Chem. B, 2002, 106 (11): 2967～2972.

[43] Kubo W，Kitamura T，Hanabusa K，et al. Quasi-solid-state dye-sensitized solar cells using room temperature molten salts and a low molecular weight gelator. Chem. Comm.，2002，(4)：374，375.

[44] Bai Y，Cao Y M，Zhang J，et al. High-performance dye-sensitized solar cells based on solvent-free electrolytes produced from eutectic melts. Nature Mater.，2008，7：626～630.

[45] Kawano R，Matsui H，Matsuyama C，et al. High performance dye-sensitized solar cells using ionic liquids as their electrolytes. J. Photochem. & Photobio. A：Chemistry，2004，164 (1～3)：87～92.

[46] Paulsson H，Hagfeldt A，Kloo L. Molten and solid trialkylsulfonium iodides and their polyiodides as electrolytes in dye-sensitized nanocrystalline solar cells. J. Phys. Chem. B，2003，107 (49)：13665～13670.

[47] Wang P，Zakeeruddin S M，Moser J E，et al. A solvent-free，$SeCN^-$/ $(SeCN)_3^-$ based ionic liquid electrolyte for high-efficiency dye-sensitized nanocrystalline solar cells. J. Am. Chem. Soc.，2004，126 (23)：7164，7165.

[48] Matsui H，Okada K，Kawashima T，et al. Application of an ionic liquid-based electrolyte to a 100 mm×100 mm sized dye-sensitized solar cell. J. Photochem. & Photobio. A：Chemistry，2004，164 (1～3)：129～135.

[49] Kubo W，Murakoshi K，Kitamura T，et al. Quasi-solid-state dye-sensitized TiO_2 solar cells：effective charge transport in mesoporous space filled with gel electrolytes containing iodide and iodine. J. Phys. Chem. B，2001，105 (51)：12809～12815.

[50] Mohmeyer N，Wang P，Schmidt H W，et al. Quasi-solid-state dye sensitized solar cells with 1，3：2，4-di-O-benzylidene-D-sorbitol derivatives as low molecular weight organic gelators. J. Mater. Chem.，2004，14 (12)：1905～1909.

[51] Ileperuma O A，Dissanayake M A K L，Somasundaram S. Dye-sensitised photoelectrochemical solar cells with polyacrylonitrile based solid polymer electrolytes. Electrochimica Acta，2002，47 (17)：2801～2807.

[52] Li W Y，Kang J J，Li X P，et al. Quasi-solid-state nanocrystalline TiO_2 solar cells using gel network polymer electrolytes based on polysiloxanes. Chinese Science Bulletin，2003，48 (7)：646～648.

[53] Wu J H，Lan Z，Wang D B，et al. Polymer electrolyte based on poly (acrylonitrile-co-styrene) and a novel organic iodide salt for quasi-solid state dye-sensitized solar cell. Electrochimica Acta，2006，51 (20)：4243～4249.

[54] 郭力，戴松元，王孔嘉等. P (VDF-HFP) 基凝胶电解质染料敏化纳米 TiO_2 薄膜太阳电池. 高等学校化学学报，2005，26 (10)：1934～1937.

[55] Stathatos E，Lianos R，Zakeeruddin S M，et al. A quasi-solid-state dye-sensitized solar cell based on a sol-gel nanocomposite electrolyte containing ionic liquid. Chem. Mater.，2003，15 (9)：1825～1829.

[56] Wang P，Zakeeruddin S M，Gratzel M. Solidifying liquid electrolytes with fluorine polymer and silica nanoparticles for quasi-solid dye-sensitized solar cells. J. Flu. Chem.，2004，125 (8)：1241～1245.

[57] Stathatos E，Lianos P，Vuk A S，et al. Optimization of a quasi-solid-state dye-sensitized photoelectrochemical solar cell employing a ureasil/sulfolane gel electrolyte. Adv. Funct. Mater.，2004，14 (1)：45～48.

[58] Komiya R，Han L Y，Yamanaka R，et al. Highly efficient quasi-solid state dye-sensitized solar cell with ion conducting polymer electrolyte. J. Photochem. & Photobio. A：Chemistry，2004，164 (1～3)：123～127.

[59] Xia J B，Li F Y，Huang C H，et al. Improved stability quasi-solid-state dye-sensitized solar cell

based on polyether framework gel electrolytes. Solar Energy Materials & Solar Cells, 2006, 90 (7, 8): 944～952.

[60] Murai S, Mikoshiba S, Sumino H, et al. Quasi-solid dye-sensitized solar cells containing chemically cross-linked gel-How to make gels with a small amount of gelator. J. Photochem. & Photobio A: Chemistry, 2002, 148 (1～3): 33～39.

[61] Wang P, Zakeeruddin S M, Exnar I, et al. High efficiency dye-sensitized nanocrystalline solar cells based on ionic liquid polymer gel electrolyte. Chem. Comm., 2002, (24): 2972, 2973.

[62] Wang P Zakeeruddin S M, Comte P, et al. Gelation of ionic liquid-based electrolytes with silica nanoparticles for quasi-solid-state dye-sensitized solar cells. J. Am. Chem. Soc., 2003, 125 (5): 1166, 1167.

[63] Mohmeyer N, Kuang D B, Wang P, et al. An efficient organogelator for ionic liquids to prepare stable quasi-solid-state dye-sensitized solar cells. J. Mater. Chem., 2006, 16 (29): 2978～2983.

[64] Jovanovski V, Stathatos E, Orel B, et al. Dye-sensitized solar cells with electrolyte based on a trimethoxysilane-derivatized ionic liquid. Thin Solid Films, 2006, 511: 634～637.

[65] Suzuki K, Yamaguchi M, Kumagai M, et al. Dye-sensitized solar cells with ionic gel electrolytes prepared from imidazolium salts and agarose. Comptes Rendus Chimie, 2006, 9 (5, 6): 611～616.

[66] Usui H, Matsui H, Tanabe N, et al. Improved dye-sensitized solar cells using ionic nanocomposite gel electrolytes. J. Photochem. & Photobio. A: Chemistry, 2004, 164 (1～3): 97～101.

[67] Nogueira A F, Durrant J R, De Paoli M A. Dye-sensitized nanocrystalline solar cells employing a polymer electrolyte. Adv. Mater., 2001, 13 (11): 826～830.

[68] Stergiopoulos T, Arabatzis I M, Katsaros G, et al. Binary polyethylene oxide/titania solid-state redox electrolyte for highly efficient nanocrystalline TiO_2 photoelectrochemical cells. Nano Letters, 2002, 2 (11): 1259～1261.

[69] Saito Y, Fukuri N, Senadeera R, et al. Solid state dye sensitized solar cells using in situ polymerized PEDOTs as hole conductor. Electrochem. Comm., 2004, 6 (1): 71～74.

[70] Tan S X, Zhai J, Xue B F, et al. Property influence of polyanilines on photovoltaic behaviors of dye-sensitized solar cells. Langmuir, 2004, 20 (7): 2934～2937.

[71] Smestad G P, Spiekermann S, Kowalik J, et al. A technique to compare polythiophene solid-state dye sensitized TiO_2 solar cells to liquid junction devices. Solar Energy Materials & Solar Cells, 2003, 76 (1): 85～105.

[72] Kumara G R A, Okuyaa M, Murakamia S K, et al. Dye-sensitized solid-state solar cells made from magnesiumoxide-coated nanocrystalline titanium dioxide films: enhancement of the efficiency. J. Photochem. & Photobio. A: Chemistry, 2004, 164: 183～185.

[73] Kumara G R A, Kaneko S, Okuya M, et al. Fabrication of dye-sensitized solar cells using triethylamine hydrothiocyanate as a CuI crystal growth inhibitor. Langmuir, 2002, 18 (26): 10493～10495.

[74] O'Regan B, Lenzmann F, Muis R, et al. A solid-state dye-sensitized solar cell fabricated with pressure-treated P25-TiO_2 and CuSCN: analysis of pore filling and IV characteristics. Chem. Mater., 2002, 14 (12): 5023～5029.

[75] Bach U, Lupo D, Comte P, et al. Solid-state dye-sensitized mesoporous TiO_2 solar cells with high photon-to-electron conversion efficiencies. Nature, 1998, 395 (6702): 583～585.

[76] Wang P, Dai Q, Zakeeruddin S M, et al. Ambient temperature plastic crystal electrolyte for effi-

cient, all-solid-state dye-sensitized solar CeN. J. Am. Chem. Soc., 2004, 126 (42): 13590, 13591.

[77] Wang H X, Li H, Xue B F, et al. Solid-state composite electrolyte LiI/3-hydroxypropionitrile/SiO_2 for dye-sensitized solar cells. J. Am. Chem. Soc., 2005, 127 (17): 6394~6401.

[78] Fang X M, Ma T L, Guan G Q, et al. Effect of the thickness of the Pt film coated on a counter electrode on the performance of a dye-sensitized solar cell. J. Electroanal. Chem., 2004, 570 (2): 257~263.

[79] Wei T C, Wan C C, Wang Y Y. Poly (N-vinyl-2-pyrrolidone) -capped platinum nanoclusters on indium-tin oxide glass as counterelectrode for dye-sensitized solar cells. Appl. Phys. Lett., 2006, 88 (10): 103122~103124.

[80] Suzuki K, Yamaguchi M, Kumagai M, et al. Application of carbon nanotubes to counter electrodes of dye-sensitized solar cells. Chem. Lett., 2003, 32 (1): 28, 29.

[81] Hino T, Ogawa Y, Kuramoto N. Preparation of functionalized and non-functionalized fullerene thin films on ITO glasses and the application to a counter electrode in a dye-sensitized solar cell. Carbon, 2006, 44 (5): 880~887.

[82] Tang C W. Two-layer organic photovoltaic cell. Appl. Phys. Lett., 1986, 48: 183~185.

[83] Sariciftci N S, Smilowitz L, Heeger A J, et al. Photoinduced electron-transfer from conducting polymer to buckminsterfullerene. Science, 1992, 258: 1474~1476.

[84] Yu G, Gao J, Hummelen J C, et al. Polymer photovoltaic cells-enhanced efficiencies via a network of internal donor-acceptor heterjunctions. Science, 1995, 270: 1789~1791.

[85] Brabec C J. Organic photovoltaics: technology and market. Solar Energy Materials & Solar Cells, 2004, 83: 273~292.

[86] Li G, Shrotriva V, Huang J S, et al. High-efficiency solution processable polymer photovoltaic cells by self-organization of polymer blends. Nat. Mater., 2005, 4: 864~868.

[87] Kim J Y, Lee K, Coates N E, et al. Efficient tandem polymer solar cells fabricated by all-solution processing. Science, 2007, 317: 222~225.

[88] Hou J H, Tan Z A, Yan Y, et al. Synthesis and photovoltaic properties of two-dimensional conjugated polythiophenes with bi (thienylenevinylene) side chains. J. Am. Chem. Soc., 2006, 128: 4911~4916.

[89] Li Y F, Zou Y P. Conjugated polymer photovoltaic materials with broad absorption band and high charge carrier mobility. Adv. Mater., 2008, 20: 2952~2958.

[90] Wang E G, Wang L, Lan L F, et al. High-performance polymer heterojunction solar cells of a polysilafluorene derivative. Appl. Phys. Lett., 2008, 92: 033307.

[91] Peet J, Kim J Y, Coates N E, et al. Efficiency enhancement in low-bandgap polymer solar cells by processing with alkane dithiols. Nat. Mater., 2007, 6: 497~500.

[92] Svensson M, Zhang F L, Veenstar S C, et al. High-performance polymer solar cells of an alternating polyfluorene copolymer and a fullerene derivative. Adv. Mater., 2003, 15: 988~991.

[93] Koppe M, Scharber M, Brabec C, et al. Polyterthiophenes as donors for polymer solar cells. Adv. Funct. Mater., 2007, 17: 1371~1376.

[94] Blouin N, Michaud A, Leclerc M. A low-bandgap poly (2, 7-carbazole) derivative for use in high-performance solar cells. Adv. Mater., 2007, 19: 2295~2300.

[95] Wong W Y, Wang X Z, He Z, et al. Metallated conjugated polymers as a new avenue towards high-

efficiency polymer solar cells. Nat. Mater., 2007, 6: 521～527.

[96] Wienk M M, Turbiez M G R, Struijk M P, et al. Low-band gap poly (di-2-thienylthienopyrazine): fullerene solar cells. Appl. Phys. Lett., 2006, 88: 153511.

[97] Hou J H, Chen H-Y, Zhang S Q, et al. Synthesis, characterization, and photovoltaic properties of a low band gap polymer based on silole-containing polythiophenes and 2, 1, 3-benzothiadiazole. J. Am. Chem. Soc., 2008, 130: 16144, 16145.

[98] He C, He Q G, Yi Y P, et al. Improve the efficiency of solution processable organic photovoltaic devices by a star-shaped molecular geometry. J. Mater. Chem., 2008, 18: 4085～4090.

[99] Tan Z A, Zhou E J, Zhan X W, et al. Efficient all-polymer solar cells based on blend of tris (thienylenevinylene) -substituted polythiophene and poly (perylene diimide-alt-bis (dithienothiophene)). Appl. Phys. Lett., 2008, 93: 073309.

[100] Huynh W U, Dittmer J J, Alivisatos P. Hybrid nanorod-polymer solar cells. Science, 2002, 295: 2425～2427.

[101] Sun B Q, Snaith H J, Dhoot A S, et al. Vertically segregated hybrid blends for photovoltaic devices with improved efficiency. J. Appl. Phys., 2005, 97: 014914.

[102] Moet D J D, Koster L J A, de Boer B, et al. Hybrid polymer solar cells from highly reactive diethylzinc: MDMO-PPV versus P3HT. Chem. Mater., 2007, 19: 5856～5861.

[103] Zhou Y, Li Y C, Zhong H Z, et al. Hybrid nanocrystal-polymer solar cells based on tetrapod-shaped CdSexTe1-x, nanocrystals. Nanotechnology, 2006, 17: 4041～4047.

[104] Shi C W, Dai S Y, Wang K J, et al. Influence of 1-methyl-3-propylimidazolium iodide on I-3 (-) /I-redox behavior and photovoltaic performance of dye-sensitized solar cells. Solar Energy Materials & Solar Cells, 2005, 86 (4): 527～535.

[105] 杨术明，李富有，黄春辉. 染料敏化稀土粒子修饰二氧化钛纳米晶电极的光电化学性质. 中国科学(B辑)，2003，33 (1)：59～65.

[106] Dloczik L, Ileperuma O, Lauermann I, et al. Dynamic response of dye-sensitized nanocrystalline solar cells: characterization by intensity-modulated photocurrent spectroscopy. J. Phys. Chem. B, 1997, 101 (49): 10281～10289.

[107] Kruger J, Plass R, Gratzel M, et al. Charge transport and back reaction in solid-state dye-sensitized solar cells: a study using intensity-modulated photovoltage and photocurrent spectroscopy. J. Phys. Chem. B, 2003, 107 (31): 7536～7539.

[108] Nakade S, Saito Y, Kubo W, et al. Influence of TiO_2 nanoparticle size on electron diffusion and recombination in dye-sensitized TiO_2 solar cells. J. Phys. Chem. B, 2003, 107 (33): 8607～8611.

[109] GB6495—1986. 光伏器件第 1 部分：光伏电流-电压特性的测量. 全国太阳光伏能源系统标准化技术委员会，1996-07-09.

[110] 陈双宏，翁坚，戴松元等. 染料敏化纳米 TiO_2 薄膜太阳电池测试. 太阳能学报，2006，27 (009)：900～904.

[111] Koide N, Chiba Y, Han L. Methods of measuring energy conversion efficiency in dye-sensitized solar cells. Jpn. J. Appl. Phys., 2005, 44 (6A): 4176～4181.

[112] 戴松元，陈双宏，肖尚锋，等. 温度对不同电解质的大面积 DSCs 电池性能的影响. 高等学校化学学报，2005，26 (6)：1102～1105.

[113] 戴松元. 染料敏化纳米薄膜太阳电池的研究. 中国科学院等离子体物理研究所. 博士论文，2000.
[114] Gratzel M. Conversion of sunlight to electric power by nanocrystalline dye-sensitized solar cells. J. Photochem. Photobio. A; Chem.，2004，164 (1～3)：3～14.
[115] 贺宇峰，翁坚，陈双宏，等. 多路 DSCs 伏安特性测试系统的研制和分析. 太阳能学报，2006，27 (002)：126～131.

第 8 章　光伏器件的测试与应用

王斯成　国家发展和改革委员会能源研究所　李长健　南开大学

8.1　光伏器件的测试

太阳电池是利用太阳光发电的半导体器件，其主要性能参数是光电转换效率。太阳电池的测试主要是测量其光电转换效率及与之相关的物理参数。这涉及对入射光源的测试和太阳电池输出特性的测试两个方面。本节内容包括与太阳光有关的太阳常数和大气质量，与入射光强有关的标准条件和标准太阳电池，以及对太阳电池器件本身进行性能测试的方法和原理。

8.1.1　太阳常数和大气质量

太阳常数和大气质量是描述太阳辐射与大气吸收情况的物理量。

8.1.1.1　太阳常数和太阳光谱

在地球大气层上界，距太阳一个天文单位处，与阳光垂直的单位面积上，单位时间所得到的太阳总辐射能量叫一个太阳常数。1981 年 10 月在墨西哥召开的世界气象组织仪器和观测方法委员会第 8 次会议上，通过了太阳常数为 $S_0=1367\text{W/m}^2$ 的标准值。天文单位（astronomical unit，AU）是一个长度单位，约等于地球与太阳的平均距离。当前被接受的天文单位是 14959 万千米。此处把太阳本身看成是一个不变的光源，为避免大气吸收的影响，可利用人造卫星到大气层外的太空测量太阳常数。

太阳辐射的波长包含从 0.15～4μm 的波段范围。实际入射到太阳电池的光能应当是太阳光所包含的各种波长的光能之和，即

$$P_{\text{in}}=\int_0^{\infty}P_{\text{in}}(\lambda)\mathrm{d}\lambda=hc\times10^{-7}\int_0^{\infty}\frac{N_{\text{p}}(\lambda)}{\lambda}\mathrm{d}\lambda \tag{8.1}$$

式中，$P_{\text{in}}(\lambda)$是每秒投射到太阳电池单位面积上的波长为 λ 的光能量；$h=6.62\times10^{-27}\text{erg}\cdot\text{s}=6.62\times10^{-34}\text{J}\cdot\text{s}$ 为普朗克常量；$c=3\times10^{10}\text{cm}\cdot\text{s}^{-1}$ 为光速；λ 为波长，单位为 cm；$N_{\text{p}}(\lambda)$为每秒投射到太阳电池单位面积上的波长为 λ 的光子数，单位为 $\text{cm}^{-2}\cdot\text{s}^{-1}$。

在无大气吸收情况下，$(P_{\text{in}})_0=S_0$，即为一个太阳常数。大气吸收不但影响到达地面的太阳辐射通量而且影响太阳光谱的分布情况，图 8.1 为有大气吸收

(AM1.5) 和无大气吸收 (AM0) 情况太阳的光谱分布曲线。它们分别是依据附录中给出 AM1.5 标准太阳光谱辐照度分布数据[1]以及文献 [2] 给出的 AM0 太阳光谱辐照度分布数据画出。"亦于第 1 章图 1.7 所示，可以看出"，在波长 0.3～1.5μm波段内的太阳辐射能量约占总辐射能量的 90%，而在无大气吸收情况下，光谱峰值约在 0.5μm 附近。

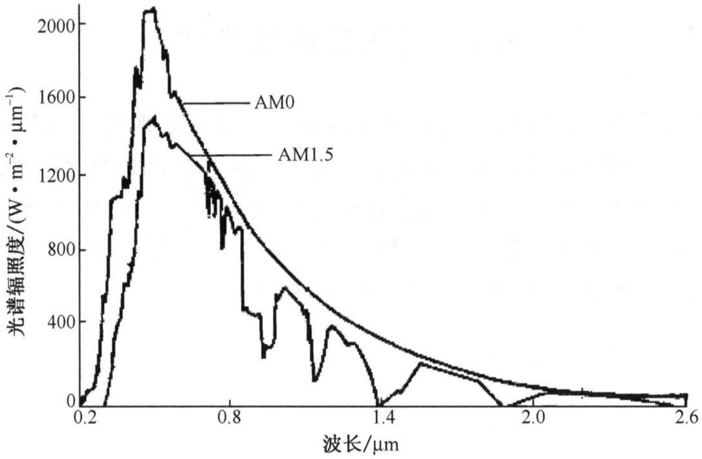

图 8.1 标准 AM0 和 AM1.5 太阳光谱辐照度分布

8.1.1.2 大气质量

在地面上的任何地方都不可能排除大气吸收对太阳辐射的影响。实际测量的太阳光能既和测试的时间、地点有关，也和当时的气象条件有关。为了描述大气吸收对太阳辐射能量及其光谱分布的影响，引入大气质量 (air mass，AM) 的概念。如果把太阳当顶时垂直于海平面的太阳辐射穿过大气的高度作为一个大气质量，则太阳在任意位置时的大气质量定义为从海平面看太阳通过大气的距离与太阳在天顶时通过大气的距离之比。所以平常所说大气质量是指相当于"一个大气质量"的若干倍，大气质量是一个无量纲的量。图 8.2 为大气质量的示意图。A 为地球海平面上一点，当太阳在天顶位置 S 时，太阳辐射穿过大气层到达 A 点的路径为 OA，而太阳位于任一点 S'时，太阳辐射穿过大气层的路径为 $O'A$。则大气质量定义为

$$\mathrm{AM}=\frac{O'A}{OA}=\frac{1}{\sin\theta} \tag{8.2}$$

式中，θ 是直射入射的太阳光线与水平面之间的夹角，叫太阳高度角。

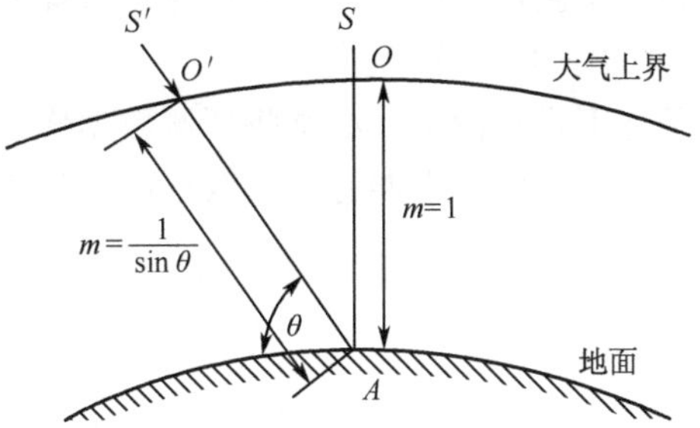

图 8.2　大气质量示意图

考虑到不同地域大气压力的差异即反映阳光通过大气距离的不同，也反映单位面积上大气柱中所含空气质量的不同，如果 A 点不是处于海平面，则大气质量需作如下修正，即

$$AM = \frac{P}{P_0} \cdot \frac{1}{\sin\theta} \tag{8.3}$$

式中，P 为当地的大气压力，P_0＝101.3kPa，为标准大气压力。

可以看出，太阳当顶时海平面处的大气质量为 1，称为 AM1 条件。AM1 的辐照度约为 1000W/m²。在外层空间不通过大气的情况称为 AM0 条件，表示大气质量为 0。太阳常数 S_0 为 AM0 条件下的太阳辐射通量。AM0 光谱主要用于评估太空用光伏电池和组件性能。

随着太阳高度的降低，光通过大气的路径变长，大气质量大于 1。由于大气吸收的增加使到达地面的光辐照度下降。由于地面上 AM1 条件与人类生活地域的实际情况有较大差异，所以通常选择更接近人类生活现实的 AM1.5 条件作为评估地面用太阳电池及组件的标准。此时太阳高度角约为 41.8°，光辐照度约为 963W/m²。后面我们将看到，为使用方便国际标准化组织将 AM1.5 的辐照度定为 1000W/m²。

8.1.2　标准测试条件和标准太阳电池

8.1.2.1　标准测试条件

测量太阳电池和组件的光伏性能，是在稳定的自然光或模拟太阳光下，在恒定温度下，描绘出其输出电流-电压特性曲线，同时测定入射光的辐照度以计算电池的光电转换效率。为了使此测试结果具有可比性，国际电工委员会第 82 技术委员会，即太阳光伏能源系统标准化技术委员会（IEC-TC82）规定了标准测试条件。地面用太阳电池的标准测试条件为：测试温度 25±2℃，光源的光谱辐照度 1000W/m²，并具有标准的 AM1.5 太阳光谱辐照度分布[1]。航天用太阳电池的标准测试条件则为测试温度 25±1℃，光源的光谱辐照度 1367W/m^2，并具有标准的 AM0 太阳光谱辐照度分布[2]。

如果不是在标准条件下进行测试，必须将所测数据修正到标准测试条件。修正方法参见有关国家标准[3]。此法也能将所测数据修正到其他所需的辐照度和温度条件。

8.1.2.2 标准太阳电池

由于太阳电池的响应与入射光的波长有关，入射光的光谱分布将严重地影响所测的电池性能。自然阳光的光谱分布因地理位置、气候、季节和时间而异；太阳模拟器的光谱分布则随其类型及工作状态而不同。如果采用对光谱无选择性的热电堆型辐射计来测量辐照度，由于光谱分布的改变，会给测到的转换效率带来百分之几的误差[1]。

为了减小这种误差，需选用具有与被测电池基本相同光谱响应的标准太阳电池来测量光源的辐照度。这个标准太阳电池的短路电流与待测光源的辐照度的关系称为标定值，其单位是 $A \cdot W^{-1} \cdot m^2$，表示每单位辐照度所产生的短路电流。产生标定值的过程和方法叫做标定。标定必须在具有标准太阳光谱分布的光源下进行[4]。标定方法包括高山标定、地面光谱标定、实验室内光谱标定、飞机标定、航天飞机标定等多种技术。

为保证标准太阳电池与被测太阳电池具有基本相同的光谱响应特性，所选的用作标定的太阳电池必须与被测太阳电池具有相同的材料，有相同的电池结构并且用相同的工艺条件制作。对于新研制的太阳电池，由于其性能和工艺尚未稳定和定型，有时可选用其他稳定的太阳电池，用适当的方法使其光谱响应与被测电池基本一致，亦可作为标准太阳电池。例如，非晶硅太阳电池由于其稳定性不好，有时选用单晶硅电池加滤光片制成模拟的非晶硅标准电池。

标准太阳电池可自动地把光谱分布改变的影响考虑在内。因此，采用标准太阳电池来测量辐照度的方法，用于在户外测量太阳电池的电性能时，对地理位置和气象条件就不必严格要求，而在室内测量时，对所用太阳模拟器的类别要求也不高。此外，由于标准太阳电池和被测电池的时间常数接近，太阳辐照度的不稳定只要不发生在测量过程中，是允许的。

如上所述，标准太阳电池用于在对太阳电池进行 *I-V* 测试时测试光源的辐照度，它的标定值一般只是在标准测试条件下（AM0 或 AM1.5）的短路电流值。在室内进行太阳电池的 *I-V* 测试时，首先用标准太阳电池调整太阳模拟器的辐照度达到指定大气质量下的规定值，然后在此模拟器下进行测试。由于标准电池与待测电池的光谱响应曲线基本相同，此法可弥补所用太阳模拟器的光谱分布与标准 AM1.5 光谱的偏离所造成的误差。

另有一种用于太阳电池光谱响应测试时使用的标准电池，它必须给出各个不同波长的单色光下的短路电流值，也即它必须有一条标准的相对或绝对光谱响应曲线，以使用它来校准在光谱响应测试时单色光的辐照度。此标准电池称为光谱标准太阳电池。

在测量太阳电池组件和方阵的 *I-V* 特性时，要使用标准太阳电池组件来测量太阳光或模拟光源的辐照度。和标准太阳电池一样，标准太阳电池组件本身必须是稳定可靠的，它的光谱响应也要与被测组件基本相同，即由它引起的光谱失配误差要小于±1%。它的标定值必须由相应级别的标准太阳电池进行标定而得到。在涉及的辐照度范围内，它的短路电流应随辐照度呈线性变化。如果此标准太阳电池组件是由单体太阳电池组装而成，这些太阳电池的短路电流和填充因子应当基本相同，差别在±2%以内。标准太阳电池组件不应含有旁路二极管，它的几何尺寸、机械结构和电路应尽量与被测组件一致，以减少由于模拟器不均匀，内部反射和温度分布造成的差异。

以上三种标准光伏器件的标定值或标准光谱响应曲线，必须每年由权威机构标定一次，以确保其准确性。

8.1.3　光伏器件的基本测量

太阳电池是直接把光能转换成电能的光伏器件，对此类光伏器件的测试主要是测量其以光电转换效率为代表的电性能，包括光伏电流-电压特性、光谱响应特性以及光伏器件电流和电压的温度系数。太阳电池应用非常广泛，小到计算器电源，大到兆瓦级并网电站，它们对测试的要求可能各有侧重，但其最基本的核心仍然是电池在其应用条件下的电性能。对于新研制的各种不同材料、不同结构的太阳电池，尽管在研究阶段可能有各种参数需要进行测试分析，但对该电池的最终评估仍然以其光电性能为准。本书只以单体电池和小型组件为例叙述其基本测量原理和方法。

8.1.3.1　光伏电流-电压特性的测量

太阳电池电流电压特性的测量可以在自然太阳光下进行，也可以在室内模拟太阳光下进行。在自然太阳光下测量，要求在一次测量期间内太阳光的总辐照度（直接辐射与天空散射之和）的不稳定度不大于±1%。对于地面应用的光伏器件，若要求测量结果仍以标准测试条件为参照，总辐照度应不低于 $800W/m^2$。室内测试所用的模拟光源称为太阳模拟器，针对地面应用和空间应用的光伏器件测试条件的不同，太阳模拟器的光谱辐照度分布分别为 AM1.5 和 AM0 两种。它们的辐照不均匀度、不稳定度和各个波段光谱失配误差都由相应的国家标准规定[5]。太阳模拟器的总辐照度是连续可调的，在 AM0 条件下，可调范围是0.8～1.2个太阳常数；

在 AM1.5 条件下，可调范围是 800～1200W/m^2。

太阳模拟器一般由短弧氙灯与滤光片组合而成，如图 8.3 所示。氙灯发出的光经过凹面反射镜聚焦，然后通过一组由多层蒸发膜组成的滤光片，去除氙灯特有的在 800～1000nm 内的线状光谱，以使整个出射光谱更接近 AM1.5 或 AM0 的太阳光。然后通过积分器使光的面分布均匀，再通过石英透镜形成平行光，使位于测量平面上的太阳电池受到均匀的模拟太阳光的照射。可以看出模拟光源的光谱是 AM0 还是 AM1.5 取决于多层膜滤光片的设计和组成。

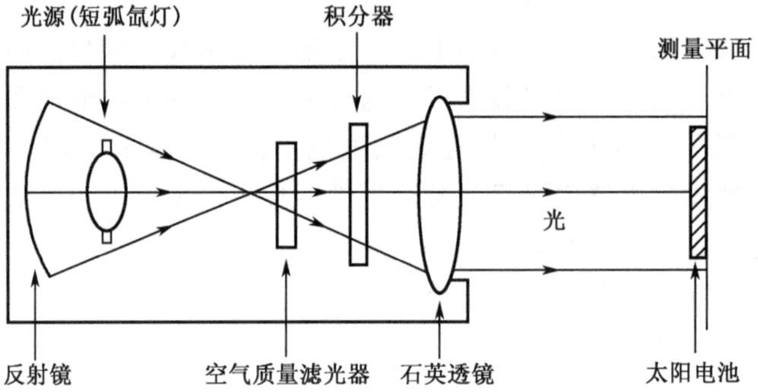

图 8.3 太阳模拟器的基本结构

商业化的太阳模拟器有两类，一类是稳态模拟器，它一般使用滤光氙灯，双色滤光钨灯即 ELH 灯或改进的汞灯作为光源，这类模拟器适用于单体电池和小尺寸的组件的测试。另一类是脉冲模拟器，由一个或两个长弧脉冲氙灯组成，这类模拟器在大面积范围内辐照度均匀性好，能更好地适用于大尺寸组件的测试。脉冲模拟器的另一个优点是被测电池组件受热影响可以忽略，测试过程中被测电池组件不升温而与环境温度保持一致，而环境温度是可以很容易精确测量的。对于对光的响应速度慢的染料敏化太阳电池，一般选用稳态模拟器进行光伏电流电压特性的测量。如果用脉冲模拟器，其脉宽必须大于电池的响应时间。

不论是自然太阳光还是太阳模拟器的辐照度都必须用标准太阳电池来测量。测量光伏器件电流电压特性的同时必须精确测量光伏器件和标准太阳电池的温度。

测试线路图见图 8.4。

图中标准太阳电池用于测量光源的辐照度。测量中标准太阳电池与被测电池应置于均匀光照范围内的同一水平面内。如果光源均匀光照面积不足以同时容纳标准电池和被测电池，则在用标准电池调整光源达到所需辐照度之后，再将被测电池换到原来位置进行电流-电压特性的测量。如果标准太阳电池的实测温度与标准温度之差大于 2℃，则应对其标定值进行校正。

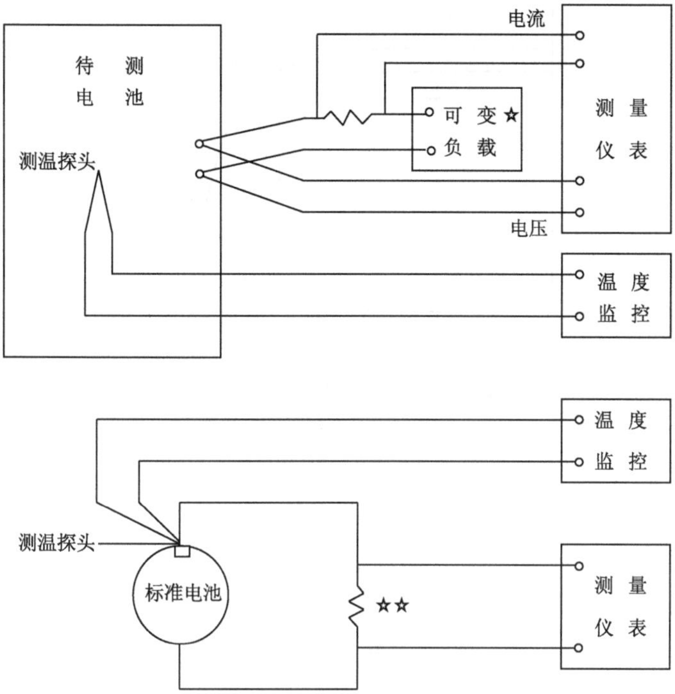

图 8.4　电流-电压特性测试电路框图

☆推荐用电子学方法；☆☆精密电阻

为使测试结果准确可靠，所用仪表应经过认真鉴定，使电压和电流测量准确度达到±0.5%，温度测量准确度达到±1℃。所用电压表内阻应大于 20kΩ。测量电压和电流时应从待测电池分别引出导线。短路电流应在零电压条件下测量，可采用电子学方法加上可变偏压来补偿外部串联电阻的电压降。如果通过测量一个精密的具有四端引线的固定电阻上的电压降来测短路电流，则要求此电阻上的电压降不大于电池开路电压的 3%。这时电流与电压呈线性关系，可把曲线外推到零电压。

图 8.4 中的可变负载和测量仪表可使用 Keithley 仪表代替，用电脑绘出 I-V 曲线。

图 8.5 给出典型电流-电压曲线。从中可以得到该光伏器件的开路电压，短路电流和最大功率点。由最大功率点对应的电流和电压值的乘积与开路电压和短路电流的乘积之比可求出该光伏器件的填充因子

$$\mathrm{FF} = \frac{I_A \cdot V_A}{I_{\mathrm{SC}} \cdot V_{\mathrm{OC}}} \tag{8.4}$$

由最大功率输出与入射总辐照度之比可算出该光伏器件的光电转换效率

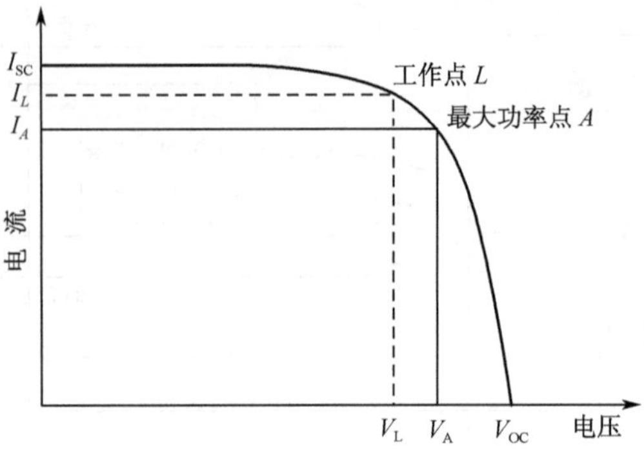

图 8.5 电流-电压特性曲线示例

$$\eta = \frac{I_A \cdot V_A}{P_\lambda} \tag{8.5}$$

可知

$$\eta = \frac{\mathrm{FF} \cdot I_{SC} \cdot V_{OC}}{P_\lambda} \tag{8.6}$$

填充因子 FF 实际上是 I-V 曲线图中 $I_A \cdot V_A$ 表示的面积与 $I_{SC} \cdot V_{OC}$ 表示的面积之比。式（8.6）的意义在于，已知入射辐照度之后，由 I-V 曲线测出 I_{SC} 和 V_{OC}，不必测量输出功率而只需计算出 FF 即可得到其转换效率。

在太阳电池的各种应用中，其光源辐照度可分为以下三个范围：

（1）人造照明灯范围，其辐照度为 0.01～1mW/cm^2；

（2）室外太阳光范围，其辐照度为 1～140mW/cm^2；

（3）聚焦太阳光范围，其辐照度为 140～200 000mW/cm^2，相当于 1 到 2000 个太阳。(标准辐照度称为一个太阳)

平时人们最关注的是室外太阳光范围的情况，此为地面电站、户用电站等太阳光无聚光情况下广泛使用的情况。

人造照明灯范围属于弱光情况，太阳电池用作计算器电源即属此情况。对于这类弱光电池的输出特性，一般采用照度作为光强的量度。即测量不同照度下的电流-电压特性。为避免外界杂散光的干扰，测量应在暗室中进行。由于照度单位 lx（勒克斯）不是描述能量的单位，所以不能用它来求电池的转换效率。只计算一定照度下太阳电池的最大输出功率。

8.1.3.2 光谱响应的测试

在太阳电池电性能测量中，光谱响应是仅次于电流-电压特性的重要特性。太阳电池绝对光谱响应定义为单位辐照度产生的光电流与入射光波长的关系。它实际上反映入射光子被电池吸收后所能产生的电子-空穴对并形成光电流的能力。原则上讲，一个入射光子只能产生一个电子-空穴对。从这个意义上讲，也可称太阳电池的光谱响应为量子效率。为了应用和测试的方便，人们常用绝对光谱响应的最大值进行归一化得到的曲线称为相对光谱响应。

光谱响应特性包含着太阳电池的许多重要信息。不但能反映电池各层材料质量，也反映减反膜质量、辐照损伤和各个界面层的质量。利用给定的太阳光光谱辐照度和绝对光谱响应数据，还可以计算出标准条件下太阳电池的短路电流[6]。

如果太阳电池的绝对光谱响应为 $S_a(\lambda)$（单位为 A/W），$F(\lambda)$为标准光谱辐照度分布数据，单位为 $W \cdot m^{-2} \cdot \mu m^{-1}$。则标准条件下太阳电池的短路电流为

$$I_{SC} = q\int_{\lambda_1}^{\lambda_2} S_a(\lambda)F(\lambda)d\lambda \tag{8.7}$$

式中，λ_1 和 λ_2 分别为该太阳电池光谱响应特性中的最短和最长的波长。

光伏器件相对光谱响应的测量是用其响应范围内一系列不同波长的单色光照射器件并在每一波长下测量其短路电流密度和辐照度[7]得到。

光源必须均匀照射器件而且器件的温度应当可以控制。测出的电流密度除以辐照度或与辐照度成比例的其他参数，并以波长为变量作图，即可得到太阳电池光谱响应曲线。当然，如果测试时通过改变单色光通过的狭缝的宽度使辐照度保持不变，则相对光谱响应可直接由电流密度的读数获得。

辐照度监测器可以是真空热电偶，热释电辐射计或其他合适的探测器，最常用的是标定过的、其相对光谱响应已知的标准太阳电池，即光谱标准太阳电池。这时所测太阳电池的相对光谱响应由下式给出：

$$S_r(\lambda) = \frac{S'_r(\lambda) \cdot j_{SC}}{j'_{SC}} \tag{8.8}$$

式中，$S_r'(\lambda)$是标准太阳电池在波长为 λ 时的相对光谱响应；$S_r(\lambda)$是被测太阳电池在同一波长下的相对光谱响应，$j'_{SC}(\lambda)$是标准太阳电池在波长为 λ 时的短路电流密度（A/cm^2）；$j_{SC}(\lambda)$是被测太阳电池在同一波长下的短路电流密度(A/cm^2)。

若使用真空热电偶作辐照度监测器，则待测电池相对光谱响应 $S_r(\lambda)$按下式计算：

$$S_r(\lambda) = \frac{j_{SC}(\lambda)}{U(\lambda)} \tag{8.9}$$

式中，$U(\lambda)$为真空热电偶波长为 λ 时的开路电压（V）。

图 8.6 是使用单色仪测量光谱响应的原理图。为了模拟太阳电池的实际工作环境，有时要附加一个模拟光源（AM1.5 或 AM0）照射到被测太阳电池表面，此附加光照即为偏置光。偏置光对光谱响应的影响程度随太阳电池类型而异。经过实验证明，偏置光对光谱响应没有明显影响的太阳电池，测量时可以不加偏置光。

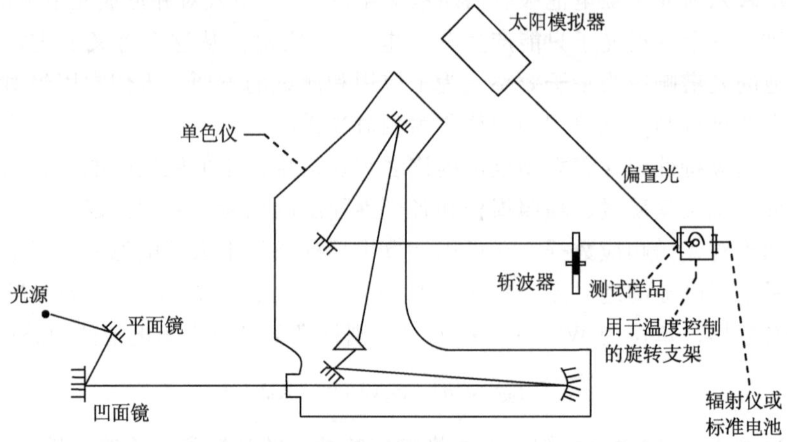

图 8.6　单色仪测量光谱响应原理图

将相对光谱响应曲线的纵坐标用适当方法进行绝对定标，即可得到该太阳电池的绝对光谱响应。常用激光方法定标。一般选用 10～30mW 稳态激光器作为光源，其波长在待测电池光谱响应灵敏度较高的波段内。

用绝对辐射计测量波长为 λ_c 的激光器的辐照度 $W(\lambda_c)$，在激光器辐照度不变的条件下将绝对辐射计换为待测太阳电池，测量该电池的短路电流 $j_{SC}(\lambda_c)$，则待测电池在波长为 λ_c 下的绝对光谱响应为

$$S_a(\lambda_c) = \frac{j_{SC}(\lambda_c)}{W(\lambda_c)} \tag{8.10}$$

由于待测电池在 λ_c 处的相对光谱响应 $S_r(\lambda_c)$ 是已知的。

令

$$k = \frac{S_a(\lambda_c)}{S_r(\lambda_c)} \tag{8.11}$$

得

$$S_a(\lambda_c) = kS_r(\lambda_c) \tag{8.12}$$

由于在 λ_c 下求得的 k 值是适用于各个波长 λ 的，所以待测电池的绝对光谱响应可由式（8.13）给出，单位为 A/W。

$$S_a(\lambda) = kS_r(\lambda) \tag{8.13}$$

应当指出，在测量太阳电池相对光谱响应时，如果使用的标准太阳电池的绝对光谱响应是已知的，则待测太阳电池的绝对光谱响应可由式（8.8）得到，只是将式中 $S_r'(\lambda)$ 改为 $S_a'(\lambda)$ 即可。该式变为

$$S_a(\lambda) = \frac{S'_a(\lambda) \cdot j_{SC}(\lambda)}{j'_{SC}(\lambda)} \tag{8.14}$$

8.1.3.3　温度系数的测试[3]

太阳电池电性能参数如短路电流，开路电压和最大功率等都随它所处环境温度而变。电参数与温度的这种关系可用温度系数来描述。

太阳电池短路电流温度系数 α_c，开路电压温度系数 β_c 和最大功率温度系数 γ_c 都随辐照度而变，而且也随温度范围不同而略有变化。因此测试太阳电池温度系数必须标明辐照度的大小和温度范围。一般说来，人们更关心标准测试条件下的温度系数值。测试方法是用标准太阳电池调整光源使之稳定于标准辐照度下，将被测太阳电池置于温控部件上，将其温度稳定在所关心的温度范围的最低点，测量其 *I-V* 曲线（注意光源辐照度必须保持稳定）。升高电池温度，每隔 10℃测量一次 *I*-V 曲线，直至所关心的温度范围的最高点。

由上述各个 *I-V* 曲线上取出短路电流 I_{SC}，开路电压 V_{OC} 和最大功率 P_{max} 值，并分别作出与温度的函数曲线。由此三条曲线在所关心的温度点的斜率便可求出相应的温度系数。

对于组件和太阳电池的其他组合，可按下式计算出其温度系数：

$$\alpha = n_p \cdot \alpha_c \tag{8.15}$$

$$\beta = n_s \cdot \beta_c \tag{8.16}$$

式中，n_p 和 n_s 分别为并联和串联的单体电池数；α_c 和 β_c 分别为单体电池短路电流和开路电压温度系数。

8.1.3.4　光伏器件 *I-V* 实测特性的温度和辐照度修正方法[3]

如果由于条件限制，对光伏器件进行 *I-V* 特性测量时所用的温度和辐照度不是标准测试条件所规定的数值，可以通过下述公式将实测结果修正到标准条件。如果有必要，也可以用此方法将实测结果修正到其他所需的温度和辐照度条件下。

若实测 *I-V* 特性上的坐标点为 I_1 和 V_1，则将其修正到新 *I-V* 特性上的坐标点为 I_2 和 V_2 的公式为

$$I_2 = I_1 + I_{SC}\left(\frac{I_{SR}}{I_{MR}} - 1\right) + \alpha(T_2 - T_1) \tag{8.17}$$

$$V_2 = V_1 - R_s(I_2 - I_1) - kI_2(T_2 - T_1) + \beta(T_2 - T_1) \tag{8.18}$$

式中，I_{SC} 为待测电池实测的短路电流；I_{MR} 为标准太阳电池实测的短路电流；I_{SR} 为标准太阳电池在标准的或其他想要的辐照度下的短路电流；T_1 为实测温度；T_2 为标准测试温度；α 和 β 为待测电池在标准或其他想要的辐照度下，以及在所关心的温度范围内的短路电流温度系数和开路电压温度系数；R_s 为光伏器件的内部串联电阻；k 为曲线修正系数。

太阳电池的内部串联电阻 R_s 可用太阳模拟器下测试该器件在不同辐照度下的两组 I-V 曲线而得到。如图 8.7 所示。两条 I-V 曲线测试时的辐照度数值不必记录，大致取 900W/m^2 和 1100W/m^2。两次测量的电池温度起伏不应大于 2℃。在曲线最大功率点附近分别选一点 P 和 Q，使其满足 $I_{SC1}-I_P=I_{SC2}-I_Q$，则电池串联电阻为

$$R_{s1}=\frac{V_Q-V_P}{I_{SC1}-I_{SC2}} \tag{8.19}$$

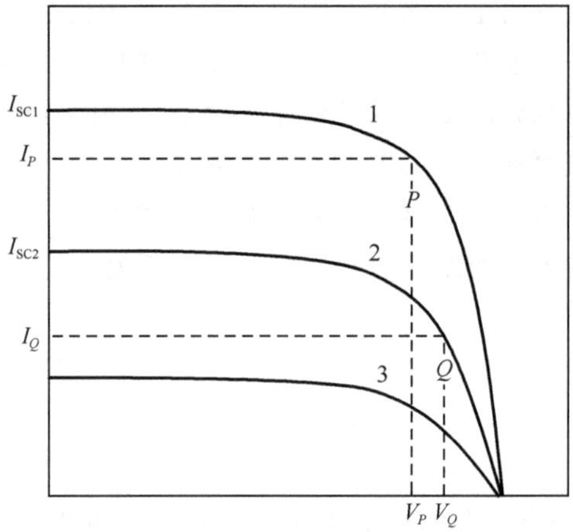

图 8.7　太阳电池内部串联电阻测试原理

在相同温度下再取第三个辐照度，大致在 700W/m^2 左右，再测一条 I-V 曲线。将第三条曲线与前两条线中每一条相配合重复上述计算，可得到 R_{s2} 和 R_{s3}，取它们的算术平均值即为所求的 R_s。

曲线修正系数 k 也用模拟阳光下测其 I-V 特性的方法测定。光源辐照度在选用值的±30％范围内选取，在所关注的温度 30℃范围内选三个不同点，$T_3>T_4>T_5$。用下式把 T_3 下测得的电流、电压换算到 T_4

$$I_4=I_3+\alpha(T_4-T_3) \tag{8.20}$$

$$V_4=V_3-kI_4(T_4-T_3)+\beta(T_4-T_3) \tag{8.21}$$

式中，I_3、V_3 为温度为 T_3 时测得的特性曲线上的坐标点；I_4，V_4 为修正到温度为 T_4 的特性曲线上的坐标点。式中 k 值用试探法确定，把试探值代入式(8.21)，和 T_4 下实测曲线相比较，如相差较大，适当改变试探值，再比较。直至式（8.21）和 T_4 下实测曲线基本吻合，记下这个 k 值为 k_1。对于单晶和多晶硅电池推荐取试探值 $k_0=1.25\times10^{-3}\Omega$/℃。

用此 k 值再将 T_3 和 T_4 下测的特性分别换算到 T_5，并与 T_5 下实测曲线比对和调整 k 值，直至两者较好地重合，得到 k_2 和 k_3。将得到的三个稍有不同的 k

值取算术平均便得到所求的 k 值。

本节所述修正方法只适用于线性器件，或 I-V 特性与温度和辐照度关系的线性部分。

8.1.4 多结叠层太阳电池的测试

8.1.4.1 多结叠层太阳电池

单结太阳电池在实现光电转换的过程中，总是存在固有的损失，禁带宽度窄的太阳电池，虽然能够将更多的光子转变成电子空穴对，短路电流密度高，但由于禁带宽度窄，产生的光生电动势低，造成电池开路电压损失；相反，宽带隙材料制作的太阳电池，虽然开路电压高，但其吸收限波长短，更多的长波光子不能被吸收产生电子空穴对，造成电流损失。解决问题的一种办法是采取多禁带、多结叠层电池结构，分段利用太阳光谱，实现更高的光电转换效率，这一概念早在 1955 年就由 Jackson 提了出来[8]。

多结叠层太阳电池是将不同禁带宽度的子电池，以入射太阳光方向，依照禁带宽度从大到小的顺序串联叠加制作而成，依次吸收太阳光谱的短波、中波及长波部分，实现更高的光电转换效率。图 8.8 为 GaInP/InGaAs/Ge 三结叠层太阳电池示意图[9]。

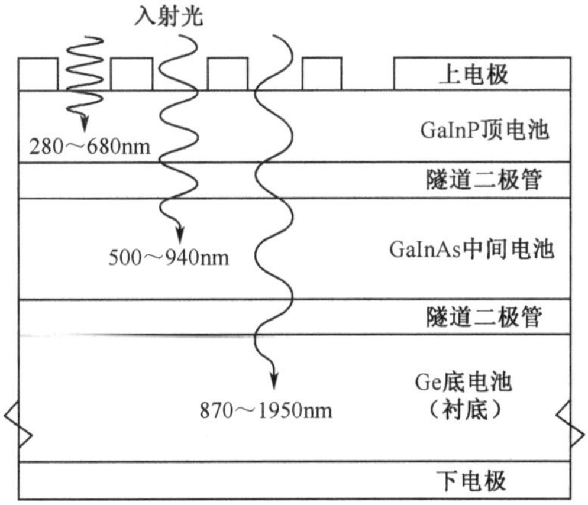

图 8.8　GaInP/InGaAs/Ge 三结叠层太阳电池示意图

由于多结叠层电池在实际太阳光谱下的电性能会受到各个子电池性能参数的影响，因此其光谱响应及 I-V 曲线的测试比单结电池的测试要复杂得多，加之此类电池仍处于研究发展阶段，尚未制定相应的国际和国内标准。本书将概述此类电池测试的基本方法和原理。

8.1.4.2　多结叠层太阳电池光谱响应的测试

多结叠层电池的光谱响应测试需要加多个不同波段的偏置光和偏置电压。

当单色光照射到多结叠层电池上时，因为多个子电池分别响应太阳光谱的不同波段，因此，当其中一个子电池有响应时，另外的子电池由于没有响应而使pn结处于反偏的状态，使整个多结叠层电池没有电流输出，这样就得不到有响应的那个子电池的任何信息。如果当其中一个子电池有响应时，另外的两个子电池处于正向光偏置状态，情况就不同了。

加偏置光的目的有两个：第一个目的与单结电池相同，即使被测子电池的测试条件与实际应用时的工作条件相近；第二个目的是，使被测子电池在偏置光条件下的短路电流低于其他子电池，根据基尔霍夫定律，串联叠层电池的电流将受到最小的被测子电池电流限制，这样光谱响应测试得到的是被测子电池的光谱响应曲线。图 8.9 为外加偏置光源的多结叠层太阳电池光谱响应测试方法的示意图。在进行光谱响应测试时，采用外加偏置光源，使得在测试其中一个子电池时，其他子电池处于不相干扰的偏置光源下，并且保证其他子电池的电流高于需要测试的子电池的电流幅值。

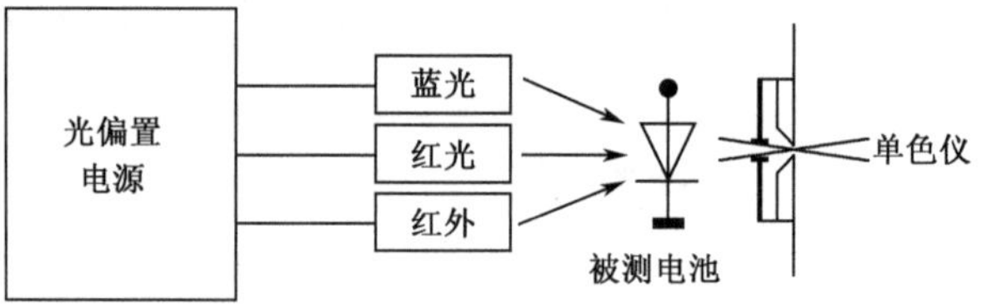

图 8.9　外加偏置光源的多结叠层电池光谱响应测试方法

图 8.10 为测试仪器采用的多通道偏置光源中的光学滤光器的透射光谱，对于多结叠层电池结构，这种偏置光源分别对应各个子电池的响应区域。

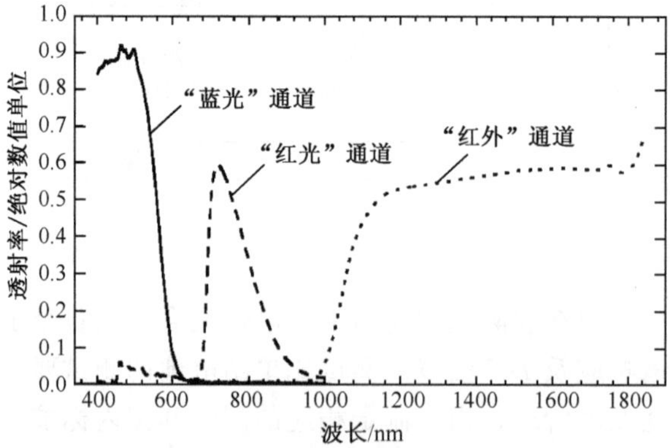

图 8.10　三通道偏置光源中的光学滤光器的透射光谱

由于在偏置光条件下，在测试某个子电池光谱响应时，测试得到的是在叠层电池最大功率点附近的电流，而非短路电流，在被测子电池反向特性差时，两者之间的区别更大。为了使被测子电池的测量点回到短路电流点，需要加偏置电压。

加偏置光和偏置电压后，依照单结电池光谱响应的测试方法，对每一个子电池的光谱响应进行测试，最终得到多结叠层电池的光谱响应曲线，如图 8.11 所示。

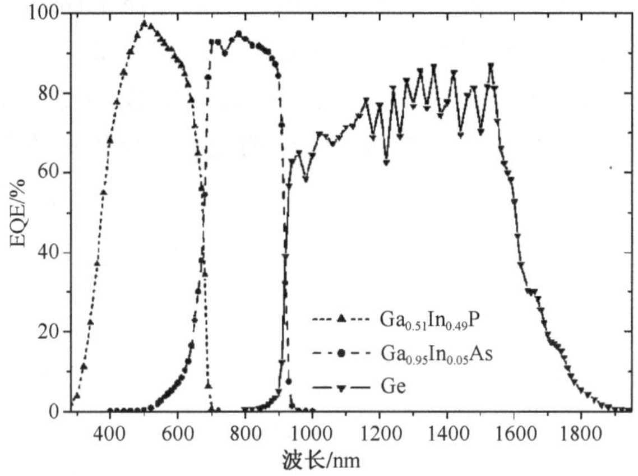

图 8.11　GaInP/InGaAs/Ge 三结叠层太阳电池的光谱响应曲线

8.1.4.3　*I-V* 特性曲线的测试

和单结电池一样，多结叠层太阳电池 *I-V* 特性的准确测量取决于模拟光源的选择和标准电池的制作。对于一个特定的多结叠层电池，各个子电池分别响应光谱的不同波段。由于单光源模拟器的光谱分布与实际应用时的太阳光谱分布存在很大的差别，因此用单光源模拟器已经不能准确测试多结叠层电池的 *I-V* 特性曲线，需要用不同波段可独立调节的多光源模拟器[10]。

对多结叠层太阳电池的各个子电池分别建立相应的标准电池，这些标准电池应与被测电池具有相同材料，相同结构并在相同工艺条件下制作。参照单结太阳电池的方法，对上述标准电池进行航天飞机或光谱标定，以确定它们在 AM0 或 AM1.5 条件下的标定值。

利用各个子电池的标准电池对多光源模拟器的相应波段进行反复调节，使各子电池的标准电池达到其标定值。这时的多光源模拟器便可用来对多结叠层太阳电池进行 *I-V* 测试，测试方法仍如 8.1.3.1 节一样。

这种方法准确度较高，但每改变一次电池结构，都必须做多个标准电池，而且标准电池的性能还要与多结叠层的子电池相一致。

单光源模拟器和室外测试结果只是一种参考，不能反映标准条件下的多结叠层电池的 *I-V* 特性，但可以通过电流平衡因子给出其相对的准确度[10]。

8.2　光伏发电技术及应用

8.2.1　太阳能辐射资源

无论是独立发电系统还是并网发电系统，它们的能量都来自于太阳，也就是说，太阳电池方阵面上所获得的辐射量决定了它的发电量。太阳电池方阵面上所获得辐射量的多少与很多因素有关：当地的纬度，海拔，大气的污染程度或透明程度，一年当中四季的变化，一天当中时间的变化，到达地面的太阳辐射直射、散射分量的比例，地表面的反射率，太阳电池方阵的安装和跟踪太阳的方式或固定方阵的倾角变化以及太阳电池方阵表面的清洁程度等。要想较为准确地推算出太阳电池方阵面上所获得的辐射量，必须对太阳辐射的基本概念有所了解。

我国地处北半球，土地辽阔，幅员广大，国土总面积达 $9.6\times10^6\text{km}^2$。南从北纬 4°的曾母暗沙，北到北纬 52.5°的漠河，西自东经 73°的帕米尔高原，东至东经 135°的黑龙江与乌苏里江汇流处，距离都在 5000km 以上。在我国广阔富饶的土地上，有着丰富的太阳能资源。如图 8.12 所示，图中颜色越深的地区受太阳

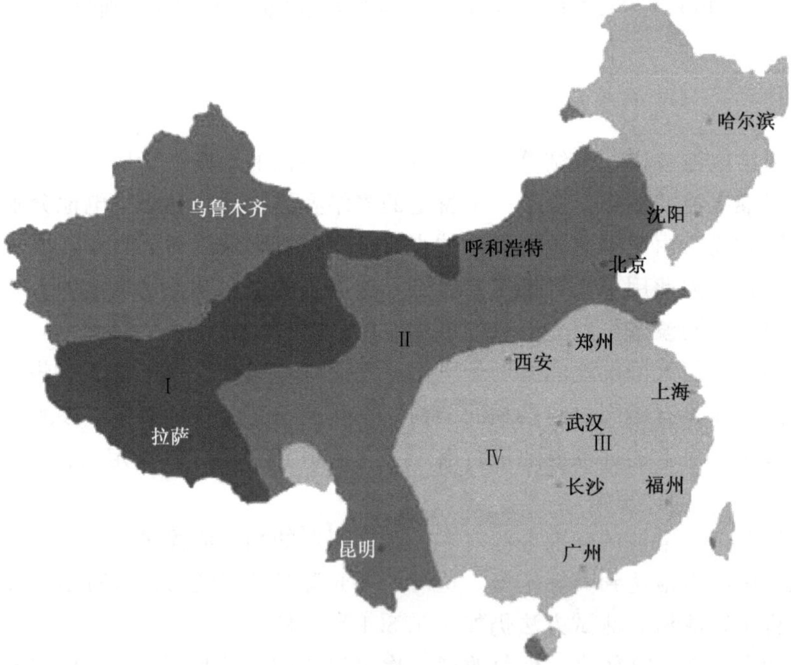

图 8.12　我国太阳辐射资源分布图

辐照度越大。全国各地的年太阳辐射总量为 3340～8400MJ/m²，中值为 5852MJ/m²。从全国太阳年辐射总量的分布来看，青藏高原和西北地区、华北地区、东北大部以及云南、广东、海南等部分低纬度地带的年太阳辐射总量都在 5000MJ/m² 以上，是我国太阳能资源丰富或较丰富的地区。尤其以青藏高原地区最高，达 6000～8000MJ/m²。而长江流流域及四川、贵州等东、中部地区的太阳能资源条件较差，年太阳辐射总量在 5000MJ/m² 以下。特别是四川盆地，只有 3300～4000MJ/m²，是我国太阳能资源最低的地区。

根据图中颜色可将全国划分为四类资源水平，如表 8.1 所示。

表 8.1　中国太阳辐射资源区划

等级	资源带号	年总辐射量/(MJ/ m²)	年总辐射量/(kW·h/ m²)	平均日辐射量/(kW·h/m²)
最丰富带	Ⅰ	≥6300	≥1750	≥4.8
很丰富带	Ⅱ	5040～6300	1400～1750	3.8～4.8
较丰富带	Ⅲ	3780～5040	1050～1400	2.9～3.8
一般	Ⅳ	< 3780	< 1050	< 2.9

太阳能辐射数据可以从县级气象台站取得，也可以从国家气象局取得。从气象局取得的数据是水平面的辐射数据，包括水平面总辐射、水平面直接辐射和水平面散射辐射。

8.2.1.1　太阳辐射的基本定律

太阳辐射的直、散分离原理、布格-朗伯定律（Bouguer-Lambert low）和余弦定律是我们所要了解的三条最基本的定律。

1）直、散分离原理

大地表面（即水平面）和太阳电池方阵面（即倾斜面）上所接收到的辐射量均符合直、散分离原理，即总辐射等于直接辐射与散射辐射之和，只不过大地表面所接收到的辐射量没有地面反射分量，而太阳电池方阵面上所接收到的辐射量应包括地面反射分量。另外，假定散射辐射和地面反射都是各向同性的，太阳电池方阵面上所接收到的散射辐射与太阳电池方阵所对应的视天空（所面对的天空百分比，数学表达式见式（8.28））有关，而太阳电池方阵面所接收到的地面反射与太阳电池方阵所对应的视地表（所面对的地面百分比，数学表达式见式（8.29））有关

$$Q_p = S_p + D_p$$

$$Q_T = S_T + D_T + R_T \tag{8.22}$$

式中，Q_p 为水平地面接收到的总辐射；S_p 为水平地面接收到的直接辐射；D_p 为水平地面接收到的散射辐射；Q_T 为倾斜面接收到的总辐射；S_T 为倾斜面接收到的直

接辐射；D_T 为倾斜面接收到的散射辐射；R_T 为倾斜面接收到的地面反射。

2）布格-朗伯定律

太阳辐射通过某种介质时，会受到介质的吸收和散射而减弱。辐射受介质衰减的一般规律可由布格-朗伯定律确定，在不考虑波长和大气不均匀性的情况下，其近似的数学表达式为

$$S'_D = S_0 F^m \tag{8.23}$$

式中，S_0 为太阳常数，等于 1350W/m²；S'_D 为直接辐射强度；F 为大气透明度（0～1）；m 为大气质量，大气质量 m 可用下式计算：

$$m = \frac{1}{\sin\alpha} \times \frac{P}{P_0} \tag{8.24}$$

式中，α 为太阳高度角，是太阳射线与地平面的夹角（见图 8.14）；P_0 为标准大气压（mbar）；P 为当地大气压（mbar）。从海拔计算大气压力 P 的公式：$P/P_0=(1-\sigma/T_0)^{1/R\sigma}=(1-2.26\times10^{-5}\times\tau)^{5.25}$。其中 τ 为海拔（m），σ 为随高度变化的温度系数（6.5℃/km）。太阳高度角 α 可用下式计算：

$$\sin\alpha = \sin\phi\sin\delta + \cos\phi\cos\delta\cos\omega \tag{8.25}$$

式中，δ 为太阳赤纬角（declination angle），是阳光射线与赤道平面的夹角，太阳照射到北半球时为正，照射到南半球时为负，春秋分时为零。$\delta=23.45\sin[360\times(284+N)/365]$（$N$ 为从 1 月 1 日算起的天数，1 月 1 日的天数为 1）；ϕ 为当地纬度（0°～90°），所在地法线与地心的连线与赤道平面的夹角，有北纬、南纬之分。ω 为地球自转时角（地球自转一周 360°，24h），即 15°/h 或 4min/(°)，正午为零，上午为正，下午为负。一年中太阳赤纬角 δ 的变化规律如图 8.13 所示。

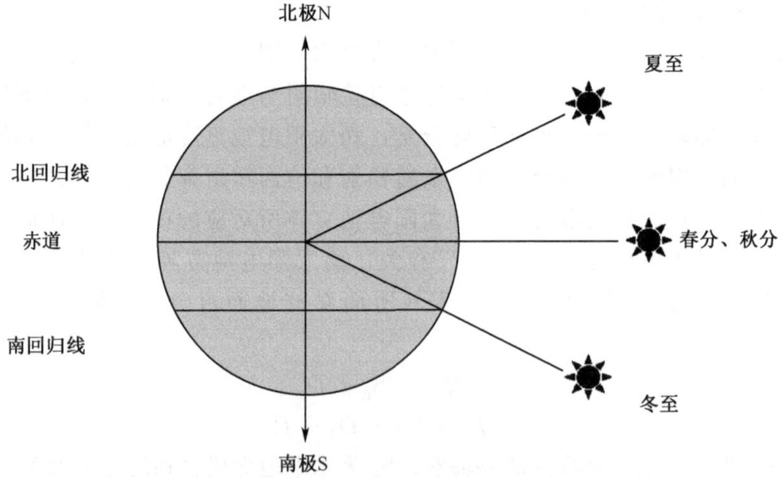

图 8.13　一年中太阳赤纬角的变化规律图

3）余弦定律

任意倾斜面的辐照度同该表面法线与入射线方向之间夹角的余弦成正比，即余弦定律。

$$S'_{\mathrm{p}} = S'_{\mathrm{D}}\sin\alpha, \quad S'_{\mathrm{T}} = S'_{\mathrm{D}}\cos\theta \tag{8.26}$$

式中，S'_{D} 为太阳入射光强；S'_{p} 为垂直水平面的入射光强；它们的夹角 α 为太阳高度角。S'_{T} 为倾斜方阵面法线方向的入射光强；θ 为太阳入射方向与倾斜方阵面法线方向的夹角，各种角度之间的关系可参见图 8.14。

倾斜方阵面上辐射光强 Q'_{T} 可由以下几部分组成：

$$Q'_{\mathrm{T}} = S'_{\mathrm{T}} + D'_{\mathrm{T}} + R'_{\mathrm{T}} \tag{8.27}$$

式中，D'_{T} 为倾斜面上接收的散射光强；R'_{T} 为倾斜面上接收的反射光强。其中 D'_{T} 可用下式计算：

$$D'_{\mathrm{T}} = D'_{\mathrm{p}}(1 + \cos Z')/2 \tag{8.28}$$

式中，D'_{p} 为水平面上的散射光强；Z 为太阳电池方阵向南倾角；Z' 为任意时刻的方阵倾角（见图 8.14）。其中的倾斜面上反射光强 R'_{T} 可用下式计算：

$$R'_{\mathrm{T}} = \rho Q'_{\mathrm{p}} \frac{1 - \cos Z'}{2} \tag{8.29}$$

式中，ρ 为地面反射率；Q'_{p} 为水平面上的总辐射光强。各种角度的关系参见图 8.14。图中太阳方位角的表达式

$$\sin\beta = \cos\delta\sin\omega/\cos\alpha \tag{8.30}$$

$$\cos\beta = (\sin\alpha\sin\phi - \sin\delta)/\cos\alpha\cos\phi \tag{8.31}$$

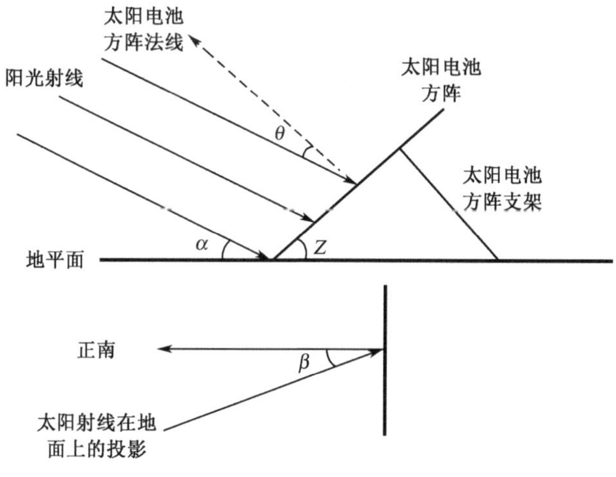

图 8.14　太阳电池方阵与各种参数的相对关系图

不同地面状况的反射率如表 8.2 所示。

表 8.2 不同地面状况的反射率/%

地面类型	反射率	地面类型	反射率	地面类型	反射率
积雪	70～85	浅色草地	25	浅色硬土	35
沙地	25～40	落叶地面	33～38	深色硬土	15
绿草地	16～27	松软地面	12～20	水泥地面	30～40

由上面的公式可知，太阳电池方阵面上所接收到的散射辐射和地面反射认为是各向同性的，与太阳光的入射角度无关。太阳电池方阵所接收到的天空散射与太阳电池方阵面的视天空比例关。方阵水平安装，其倾角 Z 为 0°，视天空为 100%，$D'_T = D'_p$。方阵面水平向下安装，则 Z 为 180°，视天空为 0，$D'_T = 0$。方阵垂直安装则 Z 为 90°，视天空为 50%，$D'_T = 1/2D'_p$。太阳电池方阵所接收到的地面反射与太阳电池方阵面的视地表比例有关，不再赘述。

8.2.1.2 太阳电池方阵不同运行方式的数学模型与计算

1）太阳电池方阵面上辐射量的计算

太阳电池方阵可以固定向南安装，也可以安装成不同的向日跟踪系统，如全跟踪、东西向跟踪、水平轴跟踪、极轴跟踪等。要计算不同运行方式下太阳电池的输出发电量，必须首先建立不同情况下系统的数学模型。

式（8.27）表示了太阳电池方阵倾斜面上所接收到的辐射量 Q_T 是 S_T、D_T、R_T之和，它们的数学表达式讨论如下。

太阳电池方阵接收到的直接辐射 S_T，应用式（8.26）可由如下表达式求出：

$$S_T = 2\int_{\omega_\alpha=\omega_0}^{\infty} S'_T(\omega)\mathrm{d}\omega = 2\int_{\omega_\alpha=\omega_0}^{\infty} S_0(\omega)F^m\cos\theta\mathrm{d}\omega \tag{8.32}$$

式中，S'_T 为倾斜方阵法线方向的入射光强；S_0 为太阳的入射光强。太阳电池方阵接收到的散射辐射 D_T，应用式（8.28）可得到

$$D_T = 2\int_{\omega_\alpha=\omega_0}^{\infty} D'_T(\omega)\mathrm{d}\omega = 2\int_{\omega_\alpha=\omega_0}^{\infty} D'_p(1+\cos Z')/2\mathrm{d}\omega \tag{8.33}$$

太阳电池方阵接收到的地面反射为

$$R_T = 2\int_{\omega_\alpha=\omega_0}^{\infty} R'_T\mathrm{d}\omega = 2\int_{\omega_\alpha=\omega_0}^{\infty} \rho Q'_p(1+\cos Z')/2\mathrm{d}\omega \tag{8.34}$$

从以上公式可知，只要求出太阳电池方阵的不同运行方式下太阳光的入射角 θ 和太阳电池方阵任一时刻的倾角 Z' 随时间变化的函数关系，即可通过辐射强度对时间（或时角）的积分求出太阳电池方阵面上的辐射量。下面推导不同坐标系下太阳光的入射角 θ 和太阳电池方阵任一时刻的倾角 Z' 的数学模型。

2）地平坐标系数学模型

太阳电池的安装可以分为地平坐标和赤道坐标。地平坐标以地平面为参照系，如果是 2 维的跟踪系统，则跟踪两个变量：太阳的高度角 α 和太阳方位角 β。

地平坐标系 $\cos\theta$ 的通式为

$$\cos\theta = \cos Z'\sin\alpha + \sin Z'\cos\alpha\cos(\gamma - \beta) \tag{8.35}$$

式中，γ 为太阳电池方阵任一时刻方位角，是方阵法线在水平面上的投影与正南方向的夹角。

固定安装时，太阳电池方阵向南安放，方阵倾角始终不变，则有 $Z' = Z$，$\gamma=0$，代入式（8.35）可得固定安装时的函数关系

$$\cos\theta = \cos Z\sin\alpha + \sin Z\cos\alpha\cos(-\beta) \tag{8.36}$$

东西跟踪时，太阳电池方阵的倾角 Z 不变，只跟踪太阳的方位角，则有 $Z'=Z$，$\gamma=\beta$，代入式（8.35）得东西跟踪的函数关系

$$\cos\theta = \cos Z\sin\alpha + \sin Z\cos\alpha = \sin(\alpha + Z) \tag{8.37}$$

全跟踪时，太阳电池方阵始终跟踪太阳的高度角和方位角，则有 $Z'=90°-\alpha$，$\gamma=\beta$，代入式（8.35）得全跟踪时的函数关系

$$\cos\theta = \sin^2\alpha + \cos^2\alpha = 1 \tag{8.38}$$

即入射角 $\theta=0$，太阳电池方阵始终准确跟踪太阳。

3）赤道坐标系数学模型

赤道坐标系是以地球贯穿南极和北极的地轴和地球的赤道平面为参照系。太阳电池必须安装在一根与地轴平行的主轴上（主轴的倾角调整到当地纬度即与地轴平行），如果是 2 维跟踪系统，也跟踪两个变量，即太阳的赤纬角和时角。图 8.15 为太阳电池方阵与各种参数的相对关系图。其左图的跟踪是靠调节太阳电池方阵与主轴的夹角（太阳赤纬角）和主轴的旋转角（时角）来实现的。春分至秋分，太阳照射在北半球，太阳电池板向北倾斜，与主轴的北向夹角等于太阳赤纬角；秋分至春分，太阳照射在南半球，太阳电池板向南倾斜，与主轴的南向夹角等于太阳赤纬角；主轴旋转跟踪时角，可以进行全跟踪。右图中的太阳电池板是固定在主轴上，不能进行赤纬角调整，跟踪是通过调节太阳电池方阵主轴的旋转角（时角）来实现的，是旋转主轴对时角进行跟踪，这样的系统称作极轴跟踪系统。无论是全跟踪还是极轴跟踪，主轴均朝向正南，主轴与地面的夹角 Z 都等于当地纬度：$Z=\phi$。

为导出赤道坐标系跟踪系统的数学模型，先给出太阳电池方阵在旋转球面上的定位三角形，见图 8.16。

图 8.16 中 P 为跟踪系统主轴延长线与天球之交点，S 为天顶轴在天球上的交点，A 为太阳电池方阵法线延长线在天球上的交点。有了以上定位三角形，不难从球面三角几何学的基本公式导出赤道坐标系的基本公式

$$\cos Z' = \sin Z\sin z + \cos Z\cos z\cos\Omega \tag{8.39}$$

$$\sin Z'\sin\gamma = \sin\Omega\cos z \tag{8.40}$$

$$\sin Z'\cos\gamma = -\cos Z\sin z + \sin Z\cos z\cos\Omega \tag{8.41}$$

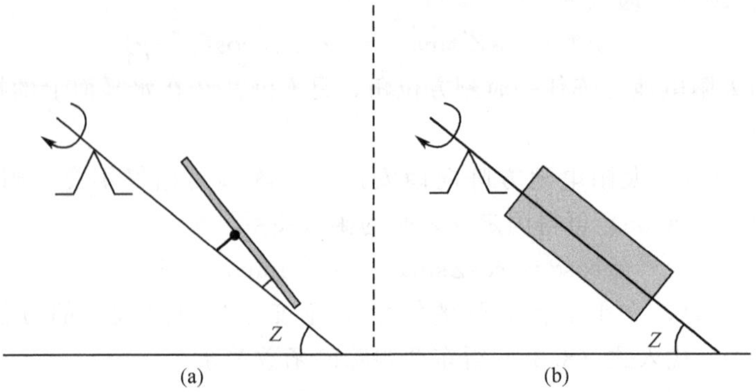

图 8.15　赤道坐标全跟踪（a）和极轴跟踪（b）示意图

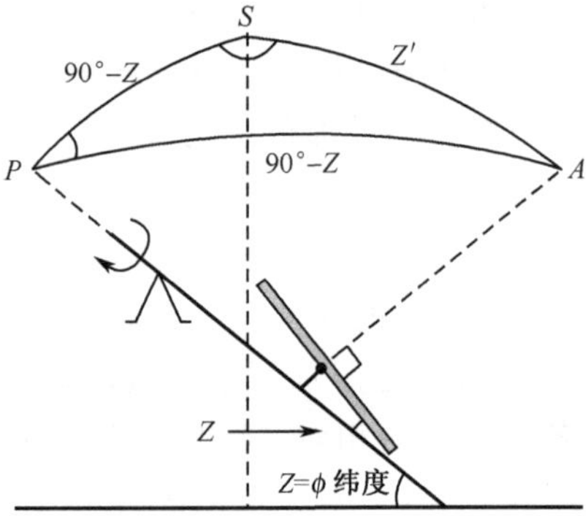

图 8.16　赤道坐标跟踪系统的在天球上的定位三角形

式中，Z 为太阳电池方阵主轴向南的倾角；Z' 为任一时刻太阳电池方阵倾角；Ω 为赤道坐标系中太阳电池方阵主轴的旋转角；z 为太阳电池方阵与主轴的夹角。在赤道坐标跟踪系统中，方阵的主轴总是与地轴平行，即总有 $Z=\phi$，代入上面的公式，得出赤道坐标系统的数学模型通式

$$\cos Z' = \sin\phi\sin z + \cos\phi\cos z\cos\Omega \tag{8.42}$$

$$\sin Z'\sin\gamma = \sin\Omega\cos z \tag{8.43}$$

$$\sin Z'\cos\gamma = -\cos\phi\sin z + \sin\phi\cos z\cos\Omega \tag{8.44}$$

经过坐标变换可以得到赤道坐标系中入射角 $\cos\theta$ 的数学表达式通式：

$$\begin{aligned}\cos\theta = {} & \cos Z'\sin\varphi\sin\delta + \cos Z'\cos\varphi\cos\delta\cos\omega + \cos\delta\sin Z'\sin\gamma\sin\omega \\ & + \cos\delta\sin\varphi\sin Z'\cos\omega\cos\gamma - \sin\delta\cos\varphi\cos\alpha\sin Z'\cos\gamma\end{aligned} \tag{8.45}$$

固定安装时的函数关系。固定安装时，太阳电池方阵向南安放，旋转角 Ω 等于零，方位角 γ 向南等于零，方阵倾角固定，则有 $\Omega=0$；$\gamma=0$；$Z'=Z-z=\phi-z$，进行坐标变换，各参量之间的关系可以写成

$$\begin{aligned}\cos\theta &= \cos Z'\sin\alpha + \sin Z'\cos\alpha\cos\beta \\ &= \cos(Z-z)\sin\alpha + \sin(Z-z)\cos\alpha\cos\beta\end{aligned} \tag{8.46}$$

考虑到地平坐标系中太阳电池方阵的向南倾角 Z 就是赤道坐标系中的 $Z-z$，则固定安装时，地平坐标系和赤道坐标系的 $\cos\theta$ 的数学表达式（8.35）是一致的。

极轴跟踪时的函数关系。极轴跟踪时，太阳电池方阵只跟踪太阳的时角，不跟踪太阳赤纬角。太阳电池方阵与主轴的夹角 $z=0$，太阳电池方阵的旋转角始终等于时角，于是有：$\Omega=\omega$；$Z=\phi$；$z=0$，代入式（8.42）～式（8.44）得

$$\cos Z' = \cos\phi\cos\omega \tag{8.47}$$

$$\sin Z'\sin\gamma = \sin\omega \tag{8.48}$$

$$\sin Z'\cos\gamma = \sin\phi\cos\omega \tag{8.49}$$

将式（8.47）～式（8.49）代入式（8.45）得：$\cos\theta=\cos\delta$，由此可知，赤道坐标极轴跟踪的误差就是赤纬角的误差 $\cos\delta$，误差最大值在夏至和冬至，此时 $\delta=\pm 23.45°$（$\cos 23.45 = 0.92$），与全跟踪相比最大误差仅有 8%，全年的平均误差只有 4%。由于这种跟踪方式很容易控制，只需要主轴按照时钟速度匀速旋转即可，所以许多光热和光伏发电系统都采用此种跟踪方式。

全跟踪时的函数关系，全跟踪时有：$\Omega=\omega$；$Z=\phi$；$z=\delta$，得

$$\cos Z' = \sin\phi\sin\delta + \cos\phi\cos\delta\cos\omega \tag{8.50}$$

实际上，该式就是太阳高度角的正弦表达式（$\sin\alpha$），由此可知全跟踪时有：$Z'=90°-\alpha$，于是通式中的后两式为

$$\sin\gamma = \sin\omega\cos\delta/\cos\alpha \tag{8.51}$$

$$\sin Z'\cos\gamma = -\cos\phi\sin\delta + \sin\phi\cos\delta\cos\omega \tag{8.52}$$

进行坐标变换，得到 $\gamma=\beta$。将式（8.50）～式（8.52）代入式（8.46），得到 $\cos\theta=1$（即 $\theta=0$），阳光的入射角始终与太阳电池方阵的法线重合，太阳电池方阵始终正对阳光。由此可见，无论是地平坐标系还是赤道坐标系都可以做到准确跟踪太阳，只不过跟踪的参数不同而已。

上面介绍的数学模型覆盖了所有太阳电池方阵的安装运行方式，根据这样的数学模型，我们就可以编制计算机辅助设计程序，计算出无论是地平坐标系还是赤道坐标系中太阳电池方阵不同的运行方式下倾斜方阵面上所获得的辐射量，以此作为容量设计的依据。

为方便起见将数学模型中所用的符号和定义总结如下。

α：太阳高度角，是太阳射线与地平面的夹角（0°—90°）；

β：太阳方位角，是太阳射线在地面上的投影与正南方向的夹角，正南方向为零，东为正，西为负；

δ：太阳赤纬角，是太阳光射线与赤道平面的夹角，太阳照射到北半球时为

正，照射到南半球时为负，春秋分时为零；

ϕ：当地纬度（0°—90°），所在地法线与地心的连线与赤道平面的夹角，有北纬、南纬之分；

ω：时角（地球自转一周 360°，24h），即15(°)/h 或4min/(°)，正午为零，上午为正，下午为负；

θ：直射太阳光入射角，即入射阳光与太阳电池方阵法线的夹角；

Z：太阳电池方阵向南倾角，加撇为任意时刻方阵倾角（0°—90°）；

γ：为太阳电池方阵任一时刻方位角，方阵法线在水平面上的投影与正南方向的夹角；

Ω：为赤道坐标系中太阳电池方阵主轴的旋转角（正南为零，左旋为正，右旋为负）；

z：为赤道坐标系中太阳电池方阵与主轴的夹角，与主轴平行时为零，南倾为负，北倾为正。下标：P 为水平面，T 为倾斜面，D 为垂直于阳光。

8.2.1.3　太阳电池方阵面所接收到的太阳辐射的计算

从水平面太阳辐射资料和上述太阳电池方阵不同运行方式的数学模型就可以计算出太阳电池方阵面所接收到的太阳辐射。由于计算过程非常复杂，计算根据数学模型编制计算机程序进行。目前倾斜方阵面上的太阳辐射的计算机辅助设计软件有很多，如北京市计科公司根据上述太阳辐射模型开发的计算机辅助设计软件 PVCAD，上海电力学院开发的辐射量计算软件，以及世界上广泛流行的加拿大环境资源署和美国宇航局（NASA）共同开发的光伏系统设计软件 RetScreen。通过这些软件，可以很方便地计算固定方阵固定倾角、地平坐标东西向跟踪、赤道坐标极轴跟踪以及双轴精确跟踪等多种运行方式下太阳电池方阵面上所接收到的太阳辐射。下面仅以固定方阵固定倾角为例进行介绍。

如果采用计算机辅助设计软件，应当进行太阳电池方阵倾角的优化计算，要求在最佳倾角时冬天和夏天辐射量的差异尽可能小，而全年总辐射量尽可能大，二者应当兼顾。这对于高纬度地区尤为重要，高纬度地区的冬季和夏季水平面太阳辐射差异非常大（如我国黑龙江冬、夏的太阳辐射相差 5 倍）。如果按照水平面辐射量进行设计，则蓄电池的冬季存储量要远远大于阴雨天的存储，造成蓄电池的设计容量和投资都加大。选择了最佳倾角，太阳电池方阵面上的冬夏季辐射量之差就会变小，蓄电池的容量可以减少，系统造价降低，设计更为合理。

在没有计算软件的情况下，也可以根据当地纬度由下列关系粗略确定固定太阳电池方阵的倾角，为了消除冬夏辐射量的差距，一般来讲纬度越高，倾角也越大，如表 8.3 所示。

表 8.3　当地纬度与固定太阳电池方阵的倾角粗略关系

纬　　度	太阳电池方阵倾角
0°～25°	等于纬度
26°～40°	纬度加 5°～10°
41°～55°	纬度加 10°～15°
＞55°	纬度加 15°～20°

1）倾斜面上太阳辐射的软件辅助计算

倾角确定以后，就可以利用专用计算机辅助设计软件进行倾斜面太阳辐射的计算。如图 8.17 是采用 PVCAD 软件计算的西藏自治区阿里地区措勒县太阳辐射的计算结果。

太阳辐射数据报表

地理数据

安装地点：西藏自治区阿里地区措勒县

经度：85°　　纬度：31°　　海拔：4700米

辐射数据

全年12个月总辐射量　单位：MJ/平方米

1月：431.5	7月：783.3		
2月：508.3	8月：718.6		
3月：705.0	9月：697.2		
4月：788.0	10月：642.7		
5月：858.6	11月：517.4		
6月：822.6	12月：437.6		

全年12个月散射辐射量　单位：MJ/平方米

1月：112.4	7月：217.1
2月：119.2	8月：200.0
3月：175.8	9月：117.0
4月：195.6	10月：79.9
5月：216.5	11月：63.6
6月：199.4	12月：81.8

气温数据

全年12个月平均气温　单位：°C

1月：	-6.5	7月：	22.8
2月：	-1.7	8月：	21.4
3月：	5.4	9月：	13.6
4月：	12.1	10月：	10.1
5月：	17.4	11月：	1.7
6月：	20.9	12月：	-5.3

安装数据

安装方式：向南固定安装　　方阵倾角：30°　　地面反射率：03

辐射数据计算结果

水平面总辐射量理论计算值　单位：MJ/m²

1月：431.50	7月：783.30
2月：508.30	8月：718.60
3月：705.00	9月：697.20
4月：788.00	10月：642.70
5月：858.60	11月：517.40
6月：822.60	12月：437.60

全年总辐射量：7910.80

倾斜面总辐射量理论计算值　单位：MJ/m²

1月：698.69	7月：868.56
2月：760.90	8月：845.65
3月：942.76	9月：909.21
4月：953.39	10月：958.95
5月：965.72	11月：871.45
6月：895.12	12月：759.31

全年总辐射量：10429.70

图 8.17　PVCAD 设计软件的倾斜面太阳辐射计算结果

采用 RetScreen 设计软件计算北京太阳辐射的结果如图 8.18 所示。

RETScreen® Solar Resource and System Load Calculation - Photovoltaic Project

当地经纬度和太阳电池方位

地点		北京
纬度	°N	39.9
安装方式	-	Fixed
方阵倾角	°	45.0
方位角	°	0.0

太阳辐射和气候条件

月份	水平面上的月辐射量 (kWh/m²/d)	月平均气温 (°C)	方阵面上的月辐射量 (kWh/m²/d)
一月	2.08	-4.3	3.74
二月	2.89	-1.9	4.25
三月	3.72	5.1	4.36
四月	5.00	13.6	5.02
五月	5.44	20.0	4.85
六月	5.47	24.2	4.65
七月	4.22	25.9	3.69
八月	4.22	24.6	3.98
九月	3.92	19.6	4.27
十月	3.19	12.7	4.22
十一月	2.22	4.3	3.62
十二月	1.81	-2.2	3.35

		每年
水平面太阳辐射量	MWh/m²	1.34
方阵面太阳辐射量	MWh/m²	1.52
平均气温	°C	11.8

图 8.18 RetScreen 设计软件的倾斜面太阳辐射计算结果

2）倾斜面上太阳辐射的估算

倾角确定以后，如果手头没有计算机软件，可以由水平面辐射量估算太阳电池方阵平面上的辐射量。一般来讲，固定倾角太阳电池方阵面上的辐射量要比水平面辐射量高 5%～15%。直射分量越大、纬度越高，倾斜面比水平面增加的辐射量也越大。

8.2.2 光伏系统的工作原理、技术性能及电子学问题

8.2.2.1 太阳电池组件及方阵

太阳电池是利用光生伏特效应原理制成的。太阳电池发电系统是将太阳辐射能转换成电能的系统。它由太阳能电池方阵、控制器、蓄电池组、直流/交流逆变器等部分组成，其系统组成如图 8.19 所示。

太阳电池单体是光电转换的最小单元，尺寸一般为 4cm² 到 200cm² 不等。太阳电池单体的工作电压约为 0.5V，工作电流为 20～25mA/cm²，远低于实际应用所需要的电压，一般不能单独作为电源使用。为了满足实际应用的需要，将太阳电池单体进行串、并联的连接，并封装，就成为太阳电池组件。封装要求组件

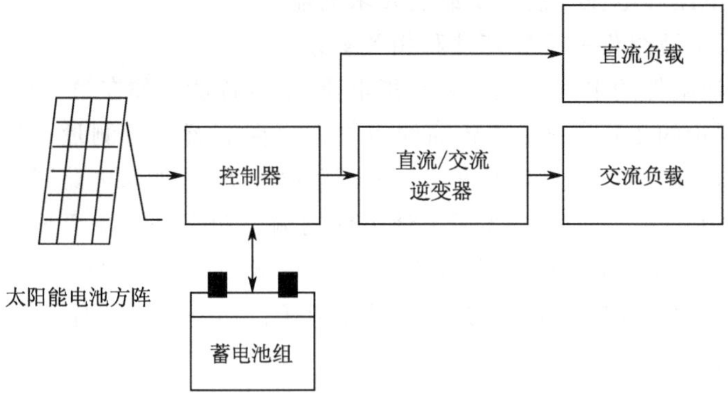

图 8.19　太阳能电池发电系统示意图

具有好的防腐、防风、防雹、防雨等的能力，保证太阳电池组件的可靠性。其潜在的质量问题是边缘的密封以及组件背面的接线盒。这种组件的前面是玻璃板，背面是一层合金薄片。合金薄片的主要功能是防潮、防污。太阳电池也是被镶嵌在一层聚合物中。在这种太阳电池组件中，电池与接线盒之间可直接用导线连接。

图 8.20 所示为太阳电池单体、组件及其方阵的布局示意图。太阳电池组件包含一定数量的太阳电池。一个组件上，太阳电池的标准数量是 36 片（10cm×10cm），这意味着一个太阳电池组件大约能产生 17V 的电压，正好能为一个额定电压为 12V 的蓄电池进行有效充电。其功率一般为几瓦至几十瓦（目前世界上最大的晶体硅太阳电池组件已经做到 200Wp），是可以单独作为电源使用的最小单元。

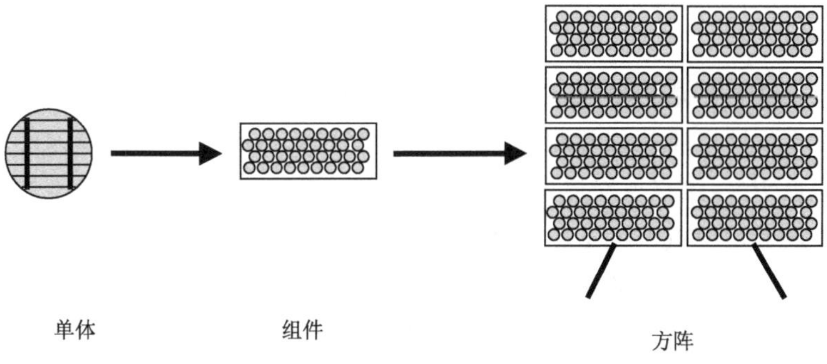

图 8.20　太阳能电池单体、组件和方阵

当应用领域需要较高的电压和电流而单个组件不能满足要求时，可把多个太阳电池组件再经过串、并联的连接并装在支架上，就构成了太阳电池方阵，以获

得所需要的电压和电流，满足负载所要求的输出功率。

1）太阳电池组件的 *I-V* 特性和相关参数

太阳电池组件的电气特性主要是指电流-电压特性，如在第二章所描述过的，为图 8.21 所示的 *I-V* 曲线。*I-V* 曲线可根据电路装置进行测量。如果太阳电池组件电路短路即 $V=0$，此时的电流称为短路电流 I_{SC}；如果电路开路即 $I=0$，此时的电压称为开路电压 V_{oc}。太阳电池组件的输出功率等于流经该组件的电流与电压的乘积，即 $P=V\times I$。太阳电池组件可传送的最大输出电流称 I_m，最大输出电压称 V_m。I_m 与 V_m 的乘积为最大功率点 P_m。它们具体的值与在特定的太阳辐照度下相关。

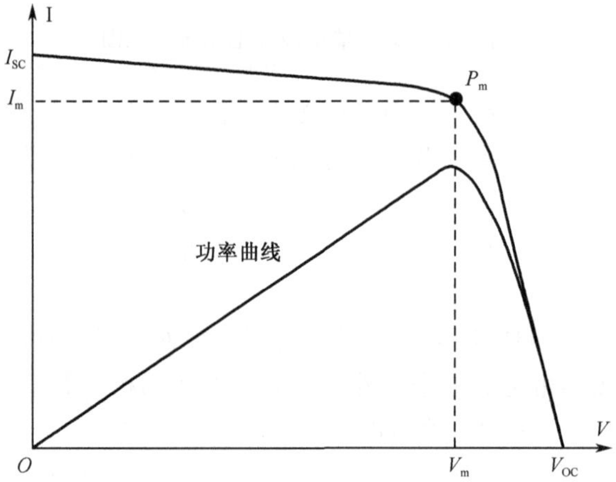

图 8.21　太阳电池的电流-电压-功率特性曲线

当太阳电池组件的电压上升时，例如，通过增加负载的电阻值或组件的电压从零（短路条件下）开始增加时，组件的输出功率亦从 0 开始增加；当电压达到一定值时，功率可达到最大，这时当阻值继续增加时，功率将跃过最大点，并逐渐减少至零，即电压达到开路电压 V_{OC}。在组件的输出功率达到最大的点，称为最大功率点 P_m；该点所对应的电压，称为最大功率点电压 V_m；该点所对应的电流，称为最大功率点电流 I_m；太阳电池组件的填充因子是最大功率点功率与开路电压和短路电流乘积的比值，用 FF 表示：$FF=P_m/(I_{SC}\times V_{OC})$。太阳电池组件的串联电阻和并联电阻都会影响填充因子，填充因子大于 0.7 说明组件的质量优良，填充因子是评判太阳电池组件质量好坏的一个重要参数。

由于太阳电池组件的输出功率取决于太阳辐照度、太阳光谱的分布和太阳电池的温度，因此太阳电池组件的测量在标准条件下（standard test condition，STC）进行，测量条件被欧洲委员会定义为 101 号标准，其条件是，光谱辐照度为 1000W/m²；光谱 AM1.5；电池温度 25℃。在该条件下，太阳电池组件所输出的最大功率被称为峰值功率，表示为 W_p。前面已介绍了太阳电池的测试，通常，组件的峰值功率用太阳模拟器测定并和国际认证机构的标准化的太阳电池进行比较。

在户外测量太阳电池组件的峰值功率是很困难的，因为太阳电池组件所接受到的太阳光的实际光谱取决于大气条件及太阳的位置；此外，在测量的过程中，太阳电池的温度和光强也是不断变化的。在户外测量的误差很容易达到 10%或更大。

2）温度和光强对太阳电池组件输出特性的影响

随着太阳电池温度的增加，开路电压减少，在 20～100℃，对晶体硅太阳电池，大约每升高 1℃每片电池的电压减少 2mV；而光电流随温度的增加略有上升，温度系数为 0.03mA/(cm²·℃)，每升高 1℃电池的光电流约增加千分之一。图 8.22展示了温度对晶体硅电池光电压和光电流的影响。但总的来说，温度升高太阳电池的功率下降。对晶体硅太阳电池，典型的功率温度系数为 −0.35%/℃。非晶硅薄膜太阳电池则不同，根据美国 Uni-Solar 公司的报道，该公司三结非晶硅太阳电池组件的功率温度系数是−0.21%，温度特性比晶体硅电要好。

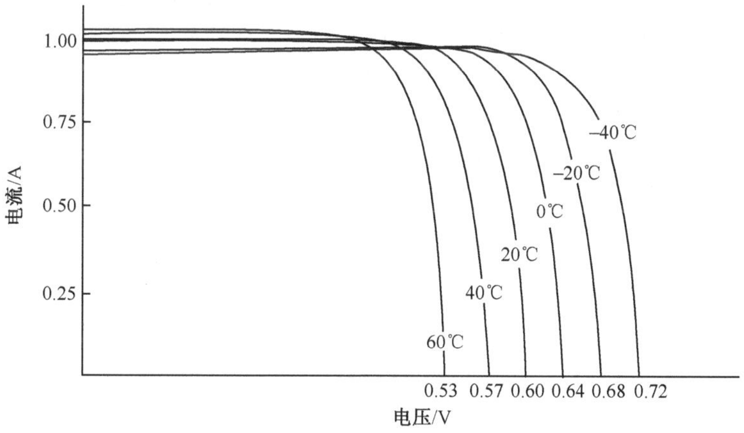

图 8.22　温度对晶体硅电池的光电压和光电流的影响

光强与太阳电池组件的光电流成正比，当光强在 100～1000W/m²，光电流始终随光强的增长而线性增长。而光强对光电压的影响很小，在温度固定的条件下，当光强为 400～1000W/m² 时，太阳电池组件的开路电压基本保持恒定。因此，太阳电池的功率与光强基本成正比。从图 8.23 可以看出，太阳电池的峰值功率随光强的变化几乎呈现一条垂直线。

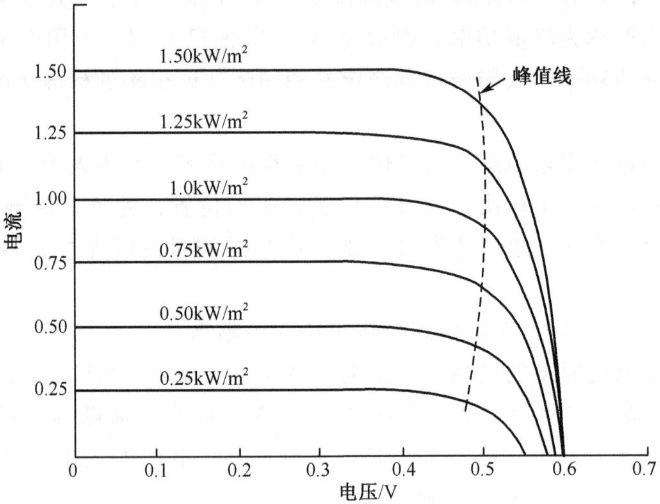

图 8.23　光强对光电流、光电压与峰值功率的影响

3）太阳电池的“热斑效应”

在一定的条件下，在一串联支路中被遮蔽的太阳电池组件将被当作负载，将消耗其他受光照太阳电池组件所产生的能量。被遮挡的太阳电池组件此时就会发热，这个现象就称为“热斑效应”，这种效应能严重地破坏太阳电池的输出。有光照的电池所产生的部分能量或所有的能量，有可能被遮蔽的电池消耗掉。

图 8.24 为太阳电池的串联回路，假定其中一块被部分遮挡，调节负载电阻 R，可使这组太阳电池的工作状态由开路到短路。

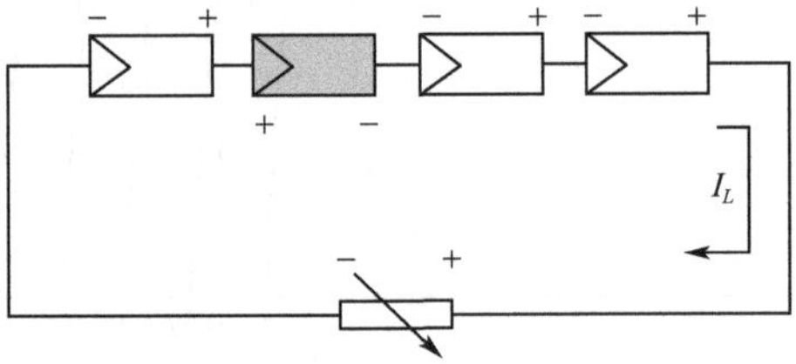

图 8.24　串联回路电池受遮挡示意图

图 8.25 为串联回路受遮挡电池的“热斑效应”分析。受遮挡电池定义为 2 号，用 I-V 曲线 2 表示；其余电池合起来定义为 1 号，由 I-V 曲线 1 表示；两者的串联方阵为组（G），用 I-V 曲线 G 表示

可以从 d、c、b、a 四种工作状态进行分析：

（1）调整太阳电池组的输出阻抗，使其工作在开路（d 点），此时工作电流

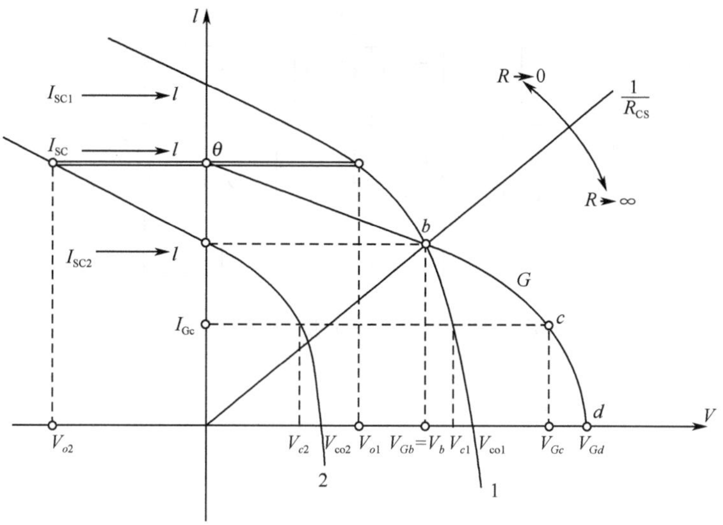

图 8.25　串联回路受遮挡电池的“热斑效应”分析

为零，电池组开路电压 V_{Gd} 等于电池 1 和电池 2 的开路电压之和；

（2）当调整阻抗使电池组工作在 c 点，电池 1 和电池 2 都有正的功率输出；

（3）当电池组工作在 b 点，此时电池 1 仍然工作在正功率输出，而受遮挡的电池 2 已经工作在短路状态，没有功率输出，但也还没有成为功率的接收体，即还没有成为电池 1 的负载；

（4）当电池组工作在短路状态（a 点），此时电池 1 仍然有正的功率输出，而电池 2 上的电压已经反向，电池 2 成为电池 1 的负载，不考虑回路中串联电阻的话，此时电池 1 的功率全部加到了电池 2 上，如果这种状态持续时间很长或电池 1 的功率很大，就会在被遮挡的电池 2 上造成热斑损伤。

（5）应当注意到，并不是仅在电池组处于短路状态才会发生“热斑效应”，从 b 点到 a 点的工作区间，电池 2 都处于接收功率的状态，这在实际工作中会经常发生，如旁路型控制器在蓄电池充满时将通过旁路开关将太阳电池短路，此时就很容易形成热斑。

多组并联的太阳电池也有可能形成热斑，图 8.26 展示了太阳电池的并联回路，假定其中一块被部分遮挡，调节负载电阻 R，可使这组太阳电池的工作状态由开路到短路。

图 8.27 为并联回路受遮挡电池的“热斑效应”分析。受遮挡电池定义为 2 号，用 I-V 曲线 2 表示；其余电池合起来定义为 1 号，由 I-V 曲线 1 表示；两者的并联方阵为组（G），用 I-V 曲线 G 表示。

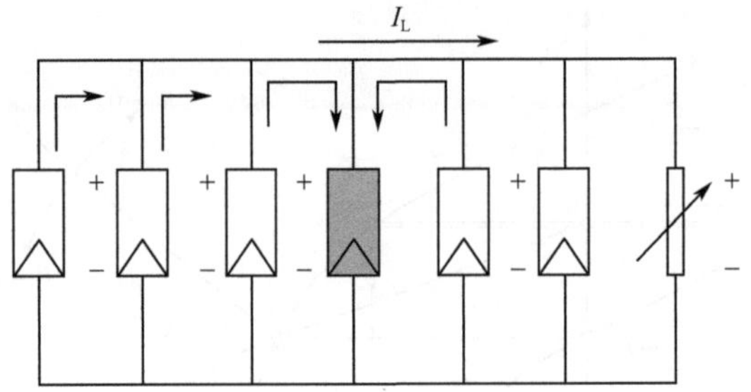

图 8.26　并联回路电池受遮挡示意图

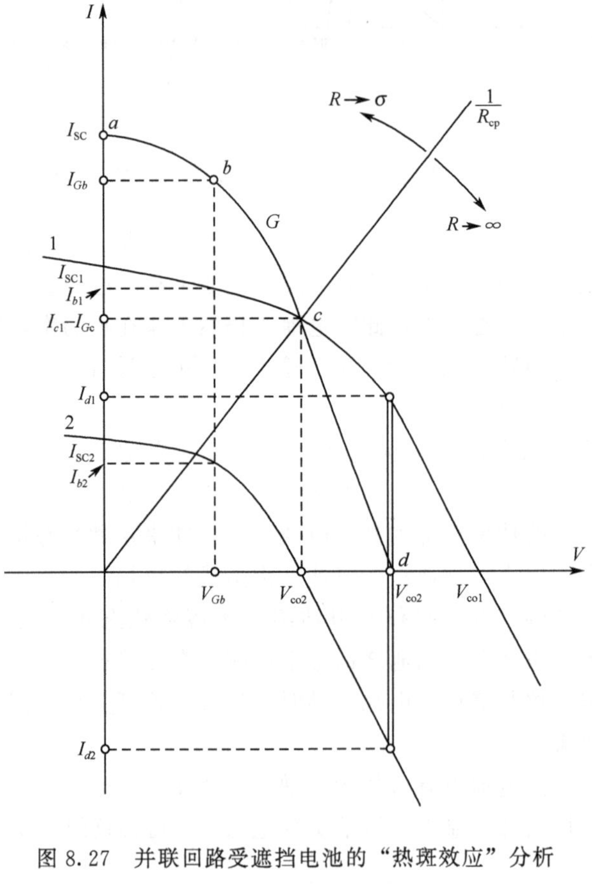

图 8.27　并联回路受遮挡电池的“热斑效应”分析

可以从 a、b、c、d 四种工作进行分析：

(1) 调整太阳电池组的输出阻抗，使其工作在短路状态（a 点），此时电池组的工作电压为零，组短路电流 I_{SC} 等于电池 1 和电池 2 的短路电流之和；

(2) 当调整阻抗使电池组工作在 b 点，电池 1 和电池 2 都有正的功率输出；

(3) 当电池组工作在 c 点，此时电池 1 仍然工作在正功率输出，而受遮挡的电池 2 已经工作在开路状态，没有功率输出，但还没有成为功率的接收体，还没有成为电池 1 的负载；

(4) 当电池组工作在开路状态（d 点），此时电池 1 仍然有正的功率输出，而电池 2 上的电流已经反向，电池 2 成为电池 1 的负载，不考虑回路中其他旁路电流的话，此时电池 1 的功率全部加到了电池 2 上，如果这种状态持续时间很长或电池 1 的功率很大，也会在被遮挡的电池 2 上造成热斑损伤；

(5) 应当注意到，从 c 点到 d 点的工作区间，电池 2 都处于接收功率的状态。并联电池组处于开路或接近开路状态在实际工作中也有可能，对于脉宽调制控制器，要求只有一个输入端，当系统功率较大，太阳电池会采用多组并联，在蓄电池接近充满时，脉冲宽度变窄，开关晶体管处于临近截止状态，太阳电池的工作点向开路方向移动，如果没有在各并联支路上加装阻断二极管，发生热斑效应的概率就会很大。

为防止太阳电池由于热斑效应而被破坏，需要在太阳电池组件的正负极间并联一个旁通二极管，如图 8.28 所示。以避免串联回路中光照组件所产生的能量被遮蔽的组件所消耗。同样，对于每一个并联支路，需要串接一只二极管，以避免并联回路中光照组件所产生的能量被遮蔽的组件所吸收，串接二极管在独立发电系统中可同时起到防止蓄电池在夜间反充电功能。

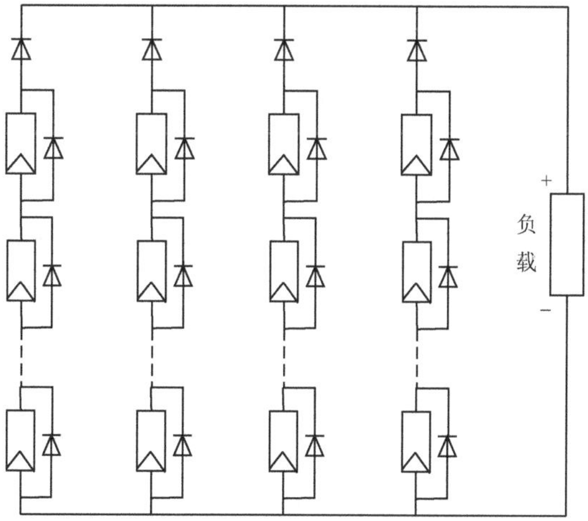

图 8.28　“热斑效应”防护

8.2.2.2 储能蓄电池

蓄电池是通过充电将电能转换为化学能贮存起来，使用时再将化学能转换为电能释放出来的化学电源装置。它是用两个分离的电极浸在电解质中而成。由还原物质构成的电极为负极，由氧化态物质构成的电极为正极。当外电路接通两极时，氧化还原反应就在电极上进行，电极上的活性物质就分别被氧化、还原了，从而释放出电能，这一过程称为放电过程。放电之后，若有反方向电流流入电池时，就可以使两极活性物质回复到原来的化学状态。这种可重复使用的电池，称为二次电池或蓄电池。如果电池反应的可逆变性差，那么放电之后就不能再用充电方法使其恢复初始状态，这种电池称为原电池。

蓄电池是光伏电站的贮能装置，由它将太阳电池方阵从太阳辐射能转换来的直流电转换为化学能储存起来，以供应用。光伏电站中与太阳电池方阵配用的蓄电池组通常是在半浮充电状态下长期工作，考虑到蓄电池的使用寿命和连续阴雨天，蓄电池的设计容量一般是电负荷日耗电量的 5～10 倍，因此，多数时间是处于浅放电状态。目前我国太阳能光伏发电系统配置的蓄电池多数为铅酸蓄电池。

太阳能光伏发电系统对蓄电池的基本要求是：① 自放电率低；② 使用寿命长；③ 深放电能力强；④ 充电效率高；⑤ 少维护或免维护；⑥ 工作温度范围宽；⑦ 价格低廉。目前我国与光伏发电系统配套使用的蓄电池主要是铅酸蓄电池、特别是阀控式密封铅酸蓄电池，下面重点介绍阀控式密封铅酸蓄电池。

1）密封铅酸蓄电池

铅酸蓄电池是 1859 年卡斯通和普兰特（Gaston & Plante）试验了大量的二次电池之后发明的。他们用两片铅片作电极，中间隔以橡皮卷成的细螺旋作隔板，浸在 10％的硫酸（H_2SO_4）溶液（其浓度为 $1.06g/cm^{-3}$。）中，构成一个铅酸蓄电池。他们发现，这种电池可以反复充电和放电，并观察到，这种铅电极装在硫酸溶液中构成的铅酸蓄电池，当切断一次电流（充电电流）后，立即放出强大的电流（二次电流），比试验的其他材料作电极构成的蓄电池明显优越。1906 年，普兰特向法国科学院提交了一个由 9 个单体电池构成的铅酸蓄电池，这是世界上第一个铅蓄电池——普兰特电池。由于它的主要原料是铅和酸，因而称为铅酸蓄电池或简称为铅蓄电池。

1881 年，富尔（Faure）发明了涂膏式极板，但它的一个严重缺陷是铅膏容易从铅板上脱落。为了改善这种情况，1881 年末，有人提出了栅形板栅的设计，即将整体的平面铅板改成多孔板栅，将铅膏塞在小孔中。这种极板在保持活性物质不脱落方面比整体平面铅板好。1882 年，出现了以铅锑合金（Pb-Sb）作板栅，增强了硬度；1889 年，改善了板栅的形状，板栅的外形由铅板改为三角断面的条形，这就增加了铅膏与板栅的接触面积，使铅膏紧密结合在板栅上，大大提高了铅酸蓄电池的性能和使用寿命。铅粉、铅膏、合金板栅作为现代铅酸蓄电池极板结构就此确定下来。

1910 年开始，铅酸蓄电池生产得到充分发展，这主要来源于两个方面：首先是汽车数量的快速增长，带动了用于启动、照明和点火的蓄电池的发展；其次是电话业采用铅酸蓄电池作为备用电源，并要求安全可靠又能使用多年，使得蓄电池开始广泛用于汽车、铁道、通信等工业。随后，1957 年原西德阳光公司制成胶体密封铅酸蓄电池并投入市场，标志着实用的密封铅酸蓄电池的诞生。1971 年美国 Gates 公司生产出玻璃纤维隔板的吸液式电池，这就是阀控式密封铅酸蓄电池（VRLA 电池）。从对铅酸蓄电池的市场调查和预测可以说明，VRLA 电池商业化应用 30 年来，尽管出现过一些问题，如漏液、早期容量损失、寿命短等，曾一度引起人们对 VRLA 电池的怀疑，但经过多年改进，其设计技术有了很大的发展。铅酸蓄电池发展至今已有将近 150 年的历史，仍充满生机和活力。目前的总产值为全部化学电源总产值的一半，在未来 20～30 年这一份额仍将继续保持下去。

2）VRLA 电池的结构和工作原理

（1）结构。

VRLA 电池从结构上看，它不但是全密封的，而且还有一个可控制电池内部气体压力的阀，所以称阀控式密封铅酸蓄电池，电池主要部件由正极板、负极板、隔板、电池槽盖、硫酸电解质等组成。VRIA 电池主要零部件及其作用如下：

板栅　支撑活性物质，传导电流。

极板　正负极板是电化学反应的场所，电池容量的主要制约者。负极板都采用涂膏式。正极板一般有涂膏式（平板式）和管式。管式正极板一般用于传统富液电池和胶体电池中。

隔板储存电解液，气体通道，防止活性物质脱落，防止正负极之间短路。

电解液　铅酸蓄电池一律采用硫酸电解质，是电化学反应产生的必需条件。对于胶体蓄电池，还需要添加胶体，以便与硫酸凝胶形成胶体电解质，此时硫酸不仅是反应电解质，还是胶体所需的凝胶剂。

槽盖盛装极群　槽的厚度及材料直接影响到电池是否鼓胀变形。一般采用塑料槽盖，如 PVC 或 ABS 槽盖。

极柱传导电流。

（2）基本反应原理。

①VRLA 电池反应原理。

正极

$$PbO_2+HSO_4+3H^++2e \underset{充电}{\overset{放电}{\rightleftharpoons}} PbSO_4+2H_2O \tag{8.53}$$

负极

$$Pb+HSO_4-2e \underset{充电}{\overset{放电}{\rightleftharpoons}} PbSO_4+H^+ \quad (8.54)$$

②VRLA 电池密封原理。

铅酸蓄电池充电后期，电极上发生的电化学反应如下。

正极

$$PbSO_4+2H_2O-2e \longrightarrow PbO_2+HSO_4+3H^+ \quad (8.55)$$

$$H_2O-2e \longrightarrow 2H^++1/2O_2\uparrow \quad (8.56)$$

负极

$$PbSO_4+H^++2e \longrightarrow Pb+HSO_4 \quad (8.57)$$

$$2H^++2e \longrightarrow H_2\uparrow \quad (8.58)$$

可以看出，电池充电时将在正负电极处分别放出 H_2 和 O_2，这个反应是不可避免的，而两种气体的再化合只有在催化剂存在的条件下才能进行。

1938 年 A. Dassler 提出的气体复合原理对后来制造密封铅酸蓄电池有重要的指导作用。1971 年美国 Gates 公司提出用玻璃纤维隔板，为氧气复合原理实际应用提供了可行性，实现了“密封”的突破。其复合原理如下：氧循环用于铅酸蓄电池密封困难很多。铅酸蓄电池的平衡电压约为 2V，而水的分解电压（正极上析出氧气，负极上产生氢气）也是 2V 左右，因此热力学上铅酸蓄电池完全不会工作，而且在充电时从硫酸铅生成二氧化铅和铅之前就已经析出氧气和氢气。二氧化铅和铅电极表面上有极高的氧与氢的过电位，因而能使正、负电极在析出大量氢与氧之前被再充电，如果过量的负极活性物质和有限的电液这些原则条件得以满足，就可以将氧气循环应用于铅酸蓄电池。阴极吸附式密封铅酸蓄电池在充电时，正极上析出氧气，在负极上被化合，从而维持负极在部分充电状态，使氢的析出得以抑制。

在氧循环过程中往往发生如下反应：①氧从正极上析出（扩散到负极）；②在负极上氧与海绵状铅反应（氧化反应）生成 PbO；③PbO 与硫酸反应生成硫酸铅和水，在这中间负电极因硫酸铅转化为海绵状铅而被充电。归纳起来有下列反应。

正电极上

$$2H_2O \longrightarrow O_2+4H^++4e \quad (8.59)$$

负电极上

$$2Pb+O_2 \longrightarrow 2PbO \quad (8.60)$$

$$2PbO+2H_2SO_4 \longrightarrow 2PbSO_4+2H_2O \quad (8.61)$$

$$2PbSO_4+4H^++4e \longrightarrow 2Pb+2H_2SO_4 \quad (8.62)$$

$$O_2+4H^++4e \longrightarrow 2H_2O \quad (8.63)$$

综合在正极析氧过程和负极上所有的反应可以得知，负极在消耗氧，在负极上所有各个反应实际上不太可能发生，更可能的是氧的直接与氢复合而生成水。负极上会析出氢并非完全被抑制，因此要设计必要的阀，当电池内压力增大到一定值时，开启阀放气泄压，泄压后又重新关闭，防止大气中气体（氧）进入电池内部，也使电池在遭受滥用时保证安全。

复合式电池在不同负荷下可以广泛应用，性能也特别优越，其主要优点是不必加水。主要应用在获得电能困难或者昂贵的某些应用领域，如作为偏远地区的电源。由于复合式电池实际上并无气体，没有由此而带来的酸雾危害，因此很适合应用于办公室设备。

多孔玻璃棉隔板（孔率大于 90%）在正、负极之间为氧气传递提供了良好的通道，正极析出的氧气在负极以极高的速度被还原。上述反应实现了氧的循环，净结果是没有氧的积累、没有水的损失。氧气的复合使负极去极化，减缓了 H_2 的析出。

（3）VRLA 电池的分类。

按电解质和隔板的不同，可将 VRLA 电池分为 AGM 电池和 GEL 电池。AGM 电池主要采用 AGM（玻璃纤维）隔板，电解液被吸附在隔板孔隙内。GEL 电池主要是采用 PVC-SiO_2 隔板，电解质为已经凝胶的胶体电解质。这两类电池各有优缺点。从发展速度来看，AGM 技术发展较快，目前市场上基本以 AGM 电池为主导。GEL 电池最近几年才逐步有上升的势头，主要是因为前几年 AGM 电池的使用寿命出现较多问题，而 GEL 电池的高循环寿命等优点开始被用户所认可和接受。下面就两类电池结构和性能上的优缺点进行一些比较，如表 8.4、表 8.5 所示。

表 8.4　AGM 电池与 GEL 电池结构比较

内部结构	GEL 电池	AGM 电池
电解液固定方式	电解质由气相二氧化硅和多种添加剂以胶体形式固定，注入时为液态，可充满电池内所有空间，充放电后凝胶	电解液吸附在多孔的玻璃纤维隔板内，而且必须是不饱和状态，隔板内 93% 左右的空间充满电解液
电解液量	准富液设计，电解液容量比 AGM 电池量多	相对于富液电池和 GEL 电池的储液量少，贫液设计
电解液密度	密度为 1.24g/L，对极板腐蚀轻	密度为 1.28～1.31g/L，对极板腐蚀较大
正极板结构	制成管式或涂膏式极板	制成涂膏式极板
隔板	PVC-SiO_2 隔板	普通 AGM 隔板

表 8.5 AGM 电池与 GEL 电池性能比较

性能特点	GEL 电池	AGM 电池
浮充性能	电解质的量富余，其散热性好	散热性差，热失控现象时有发生
循环性能	有热失控事故发生，浮充寿命长	100%DOD 循环寿命 150 次左右
自放电	100%DOD 循环寿命 600 次以上自放电率为 2%/月，电池在常温下	自放电率为（2%～5%）/月，存放期超过 6 个月需补充充电
气体复合效率	初期复合效率较低，但循环数次后可以达到 95%以上，储存 2 年	气体复合效率高达 99%
电解液分层现象	无硫酸浓度分层现象，电池可以竖直和水平安装	有电解液分层现象，高型电池只能水平放置

铅酸蓄电池在充放电过程中的化学反应如下：

$$Pb+pbO_2+2H_2SO_4 \underset{\text{充电}}{\overset{\text{放电}}{\rightleftharpoons}} 2PbSO_4+2H_2O \tag{8.64}$$

铅酸蓄电池充电过程中伴随着的副反应

$$2H_2O \longrightarrow 2H_2\uparrow +O_2\uparrow \tag{8.65}$$

$$2Pb+O_2 \longrightarrow 2PbO \tag{8.66}$$

$$PbO+H_2SO_4 \longrightarrow PbSO_4+H_2O \tag{8.67}$$

该反应使电池中水分逐渐损失，需不断补充纯水才能保持正常使用。对于普通 AGM 玻璃纤维隔板的电池，其隔板内有一定的孔率，在正、负极之间预留气体通道，同时选用特殊合金铸造板栅提高负极的析氢过电位，以抑制氢气的析出；而正极产生的氧气顺着通道扩散到负极，使氧气重新复合成水，保证正极析出的氧扩散到铅负极，完成反应，从而实现正极析出的氧再化合成水。对于采用胶体电解质系列电池，选用 PVC-SiO_2 隔板，氧循环的建立是由于电池内的凝胶以 SiO_2 质点作为骨架构成的三维多孔网络结构，它将电池所需的电解液保藏在里面；灌注胶体后，在电场力的作用下发生凝胶，初期结构并不稳定，骨架要进一步收缩，而使凝胶出现裂缝，这些裂缝存在于整个正、负极板之间，为氧到达负极还原建立通道。两类电池的整个氧循环机理是一样的，只是氧气到达负极的通道方式不同而已。但 GEL 电池氧气循环只有在凝胶出现裂纹之后才建立起来，所以氧气复合效率是逐渐上升的，从而使电池起到密封的效果。

8.2.2.3 充放电控制器

1）控制器的功能

蓄电池，尤其是铅酸蓄电池，要求在充电和放电过程中加以控制，频繁的过充电和过放电都会影响蓄电池的使用寿命。过充电会使蓄电池大量出气（电解水），造成水分散失和活性物质的脱落；过放电则容易加速栅板的腐蚀和不可逆硫酸化。为了保护蓄电池不受过充电和过度放电的损害，则必须要有一套控制系统来防止蓄电池的过充电和过放电，称为充放电控制器。控制器通过检测蓄电池的电压或荷电状态判断蓄电池是否已经达到过充点或过放点，并根据检测结果发出继续充、放电或终止充、放电的指令。

随着光伏发电系统、风力发电系统和光伏/风力互补发电系统容量的不断增加，设计者和用户对系统运行状态及运行方式的合理性的要求越来越高，系统的安全性也更加突出和重要。因此，近年来设计者又赋予控制器具有更多的保护和监测功能，控制器在控制原理和使用的元器件方面已有了很大发展和提高，先进的系统控制器已经使用了微处理器，实现了软件编程和智能控制。光伏发电系统中充放电控制器的功能主要有以下几个方面。

(1) 输入高压（HVD）断开和恢复连接功能，对于 48V 接通/断开式控制器，高压断开和恢复连接的电压设定值如下：HVD 为 56.5V，恢复连接电压为 52V；

(2) 欠电压（LVG）告警和恢复功能：当蓄电池电压降到欠电压告警点 44V 时，控制器应自动发出声光告警信号；恢复点为 49V；

(3) 低压（LVD）断开和恢复功能：通过继电器或电子开关连接负载，可在某给定低压点自动切断负载，防止蓄电池过放电。当电压升到安全运行范围时，负载将自动重新接入或要求手动再接入；

(4) 保护功能：防止任何负载短路和充电控制器内部短路；防止夜间蓄电池通过太阳电池组件反向放电的保护；防止负载、太阳电池组件或蓄电池极性反接的电路保护；防止感应雷的线路防雷等；

(5) 温度补偿功能（仅适用于蓄电池充满电压）：当蓄电池温度低于 25℃时，蓄电池的充满电压应适当提高；相反，高于该温度蓄电池的充满电压的门限应适当降低。通常蓄电池的温度补偿系数为－5～－3mV/(℃ · cell)。

2) 蓄电池充电控制基本原理

目前在光伏发电系统和风光互补发电系统中，使用最多的仍然是铅酸蓄电池，因此这里仅以铅酸蓄电池为例介绍控制器的充电控制基本原理。

铅酸蓄电流充电特性如图 8.29 所示，由充电曲线可以看出，蓄电池充电过程有三个阶段，初期（OA）电压快速上升，中期（AC）电压缓慢上升，延续较长时间，C 点为充电末期，电化学反应接近结束，电压开始迅速上升，接近 D 点时，负极析出氢气，正极析出氧气，水被分解。上述所有迹象表明，D 点电压标志着蓄电池已充满电，应停止充电，否则将给铅酸蓄电池带来损坏。

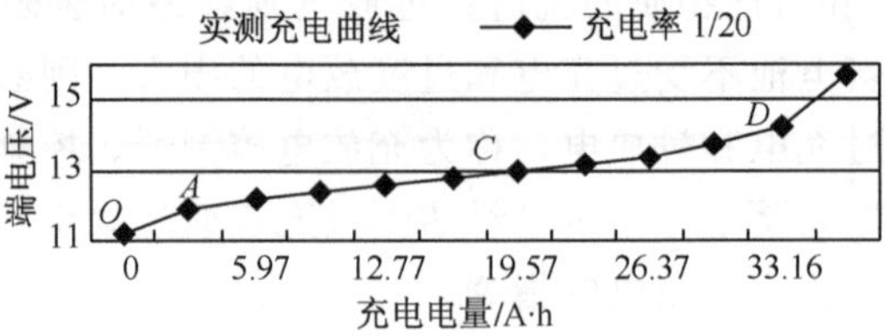

图 8.29 铅酸蓄电池充电特性曲线

通过对铅酸蓄电池充电特性的分析可知，在蓄电池充电过程中，当充电到相当于 D 点的电压出现时就标志着该蓄电池已充满。依据这一原理，在控制器中设置电压测量和电压比较电路，通过对 D 点电压值的监测，即可判断蓄电池是否应结束充电。对于开口式固定型铅酸蓄电池，标准状态（25℃，0.1C 充电率）下的充电终了电压（D 点电压）约为 2.5V；对于阀控密封式铅酸蓄电池，标准状态（25℃，0.1C 充电率）下的充电终了电压约为 2.35V。在控制器里比较器设置的 D 点电压称为“门限电压”或“电压阈值”。由于光伏发电系统的充电率一般都小于 0.1C，因此蓄电池的充满点一般设定在 2.45～2.5V（固定式铅酸电池）和 2.3～2.35V（阀控密封电池）。

蓄电池充电控制的目的是在保证蓄电池被充满的前提下尽量避免电解水。蓄电池充电过程的氧化还原反应和水的电解反应都与温度有关。温度升高，氧化还原反应和水的分解都变得容易，其电化学电位下降，此时应当降低蓄电池的充满门限电压，以防止水的分解。温度降低，氧化还原反应和水的分解都变得困难，其电化学反应电位升高，此时应当提高蓄电池的充满门限电压，以保证将蓄电池被充满，同时又不会发生水的大量分解。在光伏发电系统和风光互补发电系统中，蓄电池的电解液温度有季节性的长周期变化，也有因受局部环境影响的波动，因此要求控制器具有对蓄电池充满门限电压进行自动温度补偿的功能。温度系数一般为单只电池 −5～−3mV/℃（标准条件为 25℃），即当电解液温度（或环境温度）偏离标准条件时，每升高 1℃，蓄电池充满门限电压按照每只电池向下调整 3～5mV；每下降 1℃，蓄电池充满门限电压按照每只电池向上调整 3～5mV。蓄电池的温度补偿系数也可查阅蓄电池技术说明书或向生产厂家查询。对于蓄电池的过放电保护门限电压一般不作温度补偿。

3）蓄电池过放电保护基本原理

下面以铅酸蓄电池为例介绍控制器的过放电保护原理。

（1）铅酸蓄电池放电特性。

铅酸蓄电池放电特性如图 8.30 所示。由放电曲线看出，蓄电池放电过程有三个阶段，开始（OE）阶段电压下降较快，中期（EG）电压缓慢下降，延续较长时间，G 点后放电电压急剧下降。电压随放电过程不断下降的原因主要有三个，首先是随着蓄电池的放电，酸浓度降低，引起电动势降低，其次是活性物质的不断消耗，反应面积减小，使极化不断增加，第三是由于硫酸铅的不断生成，使电池内阻不断增加，内阻压降增大。图上 G 点电压标志着蓄电池电池已接近放电终了，应立即停止放电，否则将给铅酸蓄电池带来不可逆转的损坏。

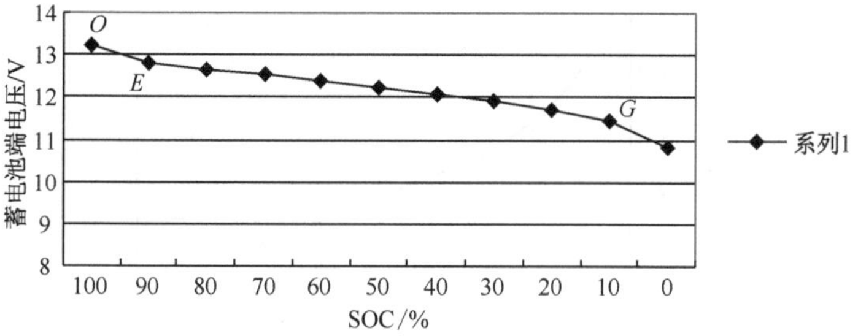

图 8.30　铅酸蓄电池放电曲线

（2）常规过放电保护原理。

通过对蓄电池放电特性的分析可知，在蓄电池放电过程中，当放电到相当于 G 点的电压出现时就标志着该电池已放电终了。依据这一原理，在控制器中设置电压测量和电压比较电路，通过监测出 G 点电压值，即可判断蓄电池是否应结束放电。对于开口式固定型铅酸蓄电池，标准状态（25℃，0.1C 放电率）下的放电终了电压（G 点电压）为 1.75～1.8V。对于阀控密封式铅酸蓄电池，标准状态（25℃，0.1C 放电率）下的放电终了电压为 1.78～1.82V。在控制器里比较器设置的 G 点电压称为“门限电压”或“电压阈值”。

（3）蓄电池剩余容量控制法。

在很多领域，铅酸蓄电池是作为启动电源或备用电源使用，如汽车启动电瓶和 UPS 电源系统。这种情况下，蓄电池大部分时间处于浮充电状态或充满电的状态，运行过程中其剩余容量或荷电状态（state of charge，SOC）始终处于较高的状态（80%～90%），而且有高可靠的、一旦蓄电池过放电就能将蓄电池迅速充满的充电电源。蓄电池在这种使用条件下很不容易被过放电，因此使用寿命较长。在光伏和风力发电系统中，蓄电池的充电电源来自太阳电池和风力发电机组，其保证率远远低于有交流电的场合，气候的变化和用户的过量用电都很容易造成蓄电池的过放电。铅酸蓄电池在使用过程中如果经常深度放电（SOC 低于 20%），则蓄电池的使用寿命将会大大缩短。反之，如果蓄电池在使用过程中一直处于浅放电（SOC 始终大于 50%）状态，则蓄电池使用寿命将会大大延长。

从图 8.31 可以看出，当放电深度（DOD）（SOC＝1－DOD）等于 100%时，循环寿命只有 350 次，如果 DOD＝50%，则循环寿命可以达到 1000 次，当

DOD＝20％时，循环寿命甚至达到 3000 次。剩余容量控制法指的是蓄电池在使用过程中（蓄电池处于放电状态时），系统随时检测蓄电池的剩余容量，并根据蓄电池的荷电状态，自动调整负载的大小或调整负载的工作时间，使负载和蓄电池剩余容量相匹配，以确保蓄电池的剩余容量不低于设定值（如 50％），从而保护蓄电池不被过放电。

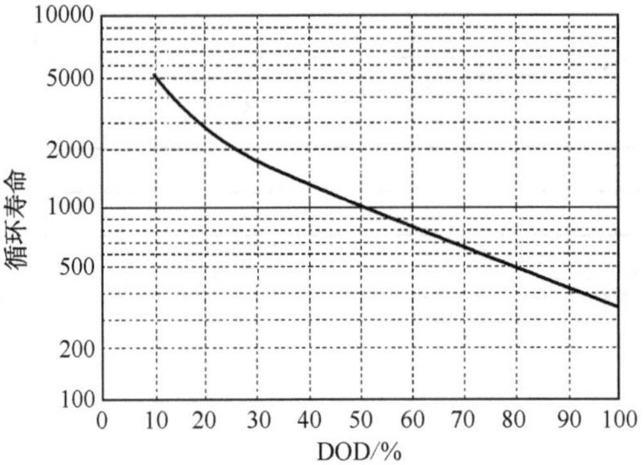

图 8.31　蓄电池循环寿命与 DOD 的关系

要想根据蓄电池的剩余容量对蓄电池的放电过程进行控制，就要求能够准确测量蓄电池的剩余容量。对于蓄电池剩余容量的检测，通常有几种办法，如电液比重法、开路电压法，放电法和内阻法。电液比重法对于阀控密封铅酸蓄电池不适用；开路电压法是基于 Nernst 热力学方程电液比重与开路电压有确定关系的原理，对于新电池尚可采用，蓄电池使用后期，当其容量下降后，开路电压的变化已经无法反映真实剩余容量。此外，开路电压法还无法进行在线测试；内阻法是根据蓄电池内阻与蓄电池的容量有着更为确定的关系，但通常必须先测出某一规格和型号蓄电池的内阻-容量曲线，然后采用比较法通过测量内阻得知同型号、同规格蓄电池的剩余容量，通用性比较差，测量过程也相当复杂。

此外，可以根据铅酸蓄电池的剩余容量与其充放电率、充放电过程中的端电压、电液比重、内阻等各个物理化学参数之间相互影响，建立蓄电池剩余容量的数学模型。要求数学模型能够较为准确地反映出各个物理化学参数的变化对蓄电池剩余容量的影响。有了通用性强的，能够反映各个物理化学参数连续变化对蓄电池荷电状态影响的数学模型，就可以很方便地在线测量蓄电池的剩余容量，从而进一步根据蓄电池的剩余容量对蓄电池的放电过程进行控制。

（4）蓄电池剩余容量的数学模型。

关于铅酸蓄电池的剩余容量与其充放电率、充放电过程中的端电压、电液比重、内阻等各个物理化学参数之间的数学模型只在很少的文献中见到，参考文献

[1] 给出固定式铅酸蓄电池剩余容量的数学模型如下：

蓄电池放电模型

$$U = U_r - I/\mathrm{Ah}(0.189/\mathrm{SOC} + \mathrm{IR}) \tag{8.68}$$

蓄电池充电模型

$$U = U_r + I[0.189/(1.142 - \mathrm{SOC}) + \mathrm{IR}]/\mathrm{Ah} + (\mathrm{SOC} - 0.9) \times \ln[(300 \times (I/\mathrm{Ah}) + 1.0] \tag{8.69}$$

式中，SOC 为蓄电池剩余容量；U 为实测电压；Ah 为标称容量（A · h)；T 为环境温度；I 为充电电流或放电电流；静止电压为 $U_r = 2.094\times(1-0.001\times(T-25℃))$；IR（internal resistance）为蓄电池内阻，与温度有关系，$\mathrm{IR} = 0.15\times(1-0.02\times(T-25℃))$（注：充电模型中最后一项只有当 $U>2.28\mathrm{V}$ 时才有)。

但是上述数学模型并未反映出初始电液比重对于 U_r 的影响，而且计算结果与试验数据差距太大，无法实际使用。为了建立通用性强的蓄电池剩余容量的数学模型，必须综合考虑蓄电池的热力学和动力学特性，才能比较准确地描述蓄电池充放电过程中其端电压、放电率等参数与容量的关系。

电池的热力学 Nernst 方程

$$E = E^\circ + RT/nF \times \ln(a_1/a_2) \tag{8.70}$$

式中，E°为热力学平衡电动势 2.04V；R 为热力学常数，8.314J/(K · mol)；T 为绝对温度，室温下 $T=298\mathrm{K}$；n 为反应金属离子价数，$Pb\text{-}PbSO_2$ 为 2 价，$PbO_2\text{-}PbSO_2$ 为 2 价；F 为法拉第常数，$F=96487\mathrm{C/mol}$；a_1 为产物的浓（活）度；a_2 为反应物的浓（活）度。

铅酸蓄电池由铅电极（负极）和二氧化铅电极（正极）组成，　放电和充电过程的反应由以下方程式表示：

铅电极放电、充电反应

$$Pb + SO_4^{2-} \Longleftrightarrow PbSO_4 + 2e \tag{8.71}$$

铅电极电势

$$\begin{aligned} E_- &= E^\circ_- + 0.0591/2\times\log(\mathrm{Ksp}/SO_4^{2-}) \\ &= -0.356 + 0.0591/2\times\log(1/SO_4^{2-}) \end{aligned} \tag{8.72}$$

二氧化铅电极放电、充电反应

$$PbO_2 + 4H^+ + SO_4^{2-} + 2e^- \Longleftrightarrow PbSO_4 + 2H_2O \tag{8.73}$$

二氧化铅电极电势

$$\begin{aligned} E_+ &= E^\circ_+ + 0.0591/2\times\log[H^+]^4[SO_4^{2-}] \\ &= 1.685 + 0.0591/2\times\log[H^+]^4[SO_4^{2-}] \end{aligned} \tag{8.74}$$

铅酸蓄电池电动势

$$E = E_+ - E_- = 0.4 + 0.0591/2\times\log[H^+]^4[SO_4^{2-}]^2 \tag{8.75}$$

式（8.71）、式（8.73）中，“⟶”为放电反应；“⟵”为充电反应。电液比重对铅酸蓄电池的电动势（即开路电压）有直接的影响，电液比重越高，电动势也越高，电液比重越低，电动势也越低。密封铅酸电池充满电时，电液比重为1.28～1.30，电动势为2.14～2.17V；密封铅酸电池放完电时，电液比重为1.14～1.15，电动势为2.00～2.08V；固定式铅酸蓄电池的比重比密封电池低，充满电时电液比重为1.21～1.25，电动势为2.05～2.10V；放完电时，电液比重为1.08～1.10，电动势为1.90～1.95V。

除了热力学的因素，还要考虑蓄电池充、放电状态下的动力学因素。铅酸蓄电池在充电和放电状态下，热力学平衡被打破，正极和负极都偏离其平衡电位，发生了电极极化。充电时蓄电池的正极向更正的方向偏离，负极向更负的方向偏离，蓄电池的端电压高于静态电压：$U_{充}=U_r+U_\eta$。$U_{充}$ 为实测的蓄电池充电过程中的端电压。放电时蓄电池的正极向负的方向偏离，负极向正的方向偏离，蓄电池的端电压低于静态电压：$U_{放}=U_r-U_\eta$。式中，U_r 为蓄电池充电初始（或放电终了）的静态电压；U_η 为蓄电池充电过程的阴极和阳极极化电位之和。极化电势包括电化学极化，浓差极化和欧姆极化三项

$$U_\eta=\eta_e+\eta_c+\eta_r \tag{8.76}$$

电化学极化符合 Tafel 电极极化方程

$$\eta_e=a+b\times \log i \tag{8.77}$$

式中，i 为电流密度（A/cm^2）；浓差极化 η_c 符合 Nernst 方程规律；欧姆极化由蓄电池的欧姆内阻和非欧姆内阻引起。

$$\eta_r=I\times \mathrm{IR} \tag{8.78}$$

$$\begin{aligned}U_{充}&=U_r+U_\eta+I\cdot \mathrm{IR}\\&=E^\circ+RT/nF\cdot\log(1+\mathrm{SOC}/\mathrm{DOD})\\&\quad+(\eta_e+\eta_c)+I/\mathrm{Ah}\cdot \mathrm{IR}(1-\mathrm{SOC})\end{aligned} \tag{8.79}$$

I/Ah 为蓄电池的充电率；IR 为蓄电池的内阻。实测的蓄电池放电过程中的端电压 $U_{放}$ 为

$$\begin{aligned}U_{放}&=U_r-U_\eta-I\cdot \mathrm{IR}\\&=E^\circ-RT/nF\cdot\log(1+\mathrm{DOD}/\mathrm{SOC})\\&\quad-(\eta_e+\eta_c)-I/\mathrm{Ah}\cdot \mathrm{IR}\cdot(1-\mathrm{SOC})\end{aligned} \tag{8.80}$$

在设计数学模型时，除了要符合上述电化学规律，还应当考虑到以下因素：

①蓄电池在不同的荷电状态下，其电动势（端电压）由于反应物和生成物比例的变化而变化。充电过程中，剩余容量越小，引起的端电压变化越小；放电过程中，SOC 越小，引起的端电压变化越大。

②蓄电池在不同的荷电状态下，对电极极化的影响也不相同。充电过程中，SOC 越小，引起的电极极化越小；放电过程中，剩余容量越小，引起的电极极

化越大。

③蓄电池在不同的荷电状态下，对欧姆极化的影响也不相同。剩余容量低，说明是蓄电池的放电后期（或充电初期），电极表面生成硫酸铅，电液比重也有所降低，欧姆内阻增大；剩余容量高，说明是蓄电池处于放电初期（或充电后期），电极表面的硫酸铅已经大部分转换成了铅和二氧化铅，电液比重也有所增加，欧姆内阻减小。

④蓄电池的充放电率可以近似代表充放电的电流密度；同时将影响到极化超电势和内阻引起的极化电势，不影响平衡电势。

⑤电液比重将影响到蓄电池的电动势和内阻。

⑥温度主要影响蓄电池的实际容量（额定容量）和蓄电池的内阻。温度对实际容量的影响表示为：$\mathrm{Ca}=\mathrm{Cr}\times[1+K(T-25)]$。式中，Ca 为任何温度下的蓄电池实际容量；Cr 为蓄电池在 25℃下的额定容量；T 为实际温度,℃；K 为温度系数，为 0.005～0.008/℃。温度对内阻的影响在 0～30℃，温度每升高 10℃，内阻降低大约 10%；在 −20～0℃，温度每降低 10℃，内阻大约增大 15%。

⑦使用年限主要影响蓄电池的额定容量，使用年限越长，容量损失越大，每年的容量损失依蓄电池类型和使用条件的不同而不同，年容量损失系数为 2%～10%，对于阀控式密封铅酸蓄电池，正常使用条件下大约每年衰降约 5%左右。

⑧蓄电池放电过程的电压变化（2.15～1.80V）小于充电过程的电压变化（1.90～2.45V）。

⑨由上面的分析，得出如下蓄电池剩余容量放电和充电过程的数学模型

$$\begin{aligned}U_{放}=\{&[U_r-a\times\log(1+\mathrm{DOD}/\mathrm{SOC})\\&-b\times\log(1+I/\{\mathrm{Ah}\times[1+K(T-25)]\}\times\mathrm{DOD}\times100)\\&-I/\{\mathrm{Ah}\times[1+K(T-25)]\}\times c[0.01\times(25-T)]\times\mathrm{DOD}\}\end{aligned}\tag{8.81}$$

式中，a 是由于反应物和生成物比例改变引起的电压变化的常数为 0.1～0.2；b 是电化学极化项常数为 0.1～0.15；c 是内阻极化项常数为 0.08～0.15。对于充电过程

$$\begin{aligned}U_{充}=\{&U_r+a\times\log(1+\mathrm{SOC}/\mathrm{DOD})+b\times\\&\log(I/\{\mathrm{Ah}\times[1+K(T-25)]\}\times\mathrm{SOC}\times100)+I/\{\mathrm{Ah}\\&\times[1+K(T-25)]\}\times c\times[0.01\times(25-T)]\times\mathrm{DOD}\}\end{aligned}\tag{8.82}$$

充电过程中的系数符号与放电过程的相同，只是它们的变化范围不同，分别为 a 在 0.1～0.2；b 在 0.2～0.25；c 在 0.15～0.25。

（5）蓄电池剩余容量放电过程控制。

采用蓄电池剩余容量控制法设计的控制器，可以对蓄电池的放电进行全过程控制，主要用于无人值守且允许适当调整工作时间的光伏发电系统，最典型的是

太阳能路灯。以表8.6给出一个太阳能路灯系统在蓄电池不同剩余容量情况下，对路灯工作时间的调整。

表8.6　太阳能路灯系统在不同剩余容量情况下工作时间的调整

SOC/%	负载工作时间/h
SOC＞90%	12
70%＞SOC＞90%	8
50%＜SOC＜70%	6
10%＜SOC＜50%	4

也可以将负载分成不同的等级，控制器根据蓄电池的剩余容量状态，调整负载的功率，也可以达到同样的目的。对于负载时间和功率不允许自动调整的负载，可以将蓄电池的剩余容量在控制器上显示出来，以便用户随时了解蓄电池的荷电状态，采取必要的调整措施。

4）控制器的基本技术参数

（1）太阳电池输入路数：1～12路；

（2）最大充电电流和放电电流：0～200A；

（3）控制器最大自身耗电不得超过其额定充电电流的1%；

（4）输入输出开关器件：继电器或MOSFET模块；

（5）箱体结构：台式、壁挂式、柜式；

（6）工作温度范围：－15～＋55℃，环境湿度：90%。

光伏充放电控制器基本上可分为以下六种类型：

（1）并联型控制器。当蓄电池充满时，利用电子部件把光伏阵列的输出分流到并联电阻器或功率模块上去，然后以热的形式消耗掉。这种方式消耗热能，所以一般用于小型、低功率系统，例如电压在12V、20A以内的系统。这类控制器很可靠，没有串联回路的电压降，也没有如继电器之类的机械部件。这种控制方式虽然简单易行，但由于采用旁路方式，如果太阳电池组件中的个别电池受遮挡或有污渍，容易引起热斑效应。

（2）串联型控制器。利用机械式继电器的开关触点或固态开关器件控制充电过程，开关串接在太阳电池和蓄电池之间。当蓄电池被充满时断开充电回路；串联开关也可用于在夜间切断光伏阵列，替代防反充二极管。

（3）脉宽调制PWM型控制器。它以脉宽调制脉冲方式开关光伏阵列的输入。有关当蓄电池趋向充满时，脉冲的宽度变窄，充电电流减小。当蓄电池电压回落，脉冲宽度变宽，符合蓄电池的充电要求。这种脉宽调制功能的开关器件可以串联在太阳电池和蓄电池之间，也可以与太阳电池并联，形成旁路控制。按照美国桑地亚国家实验室的研究和佛罗里达太阳能研究中心的测试结果，脉宽调制控制器的充电效率比简单断开/恢复式（或叫两点式）控制器高 30%，更有利于蓄电池容量的迅速恢复和蓄电池的总循环寿命的提高。

（4）多路控制器。对于 10kW 以上的光伏电站，普遍采用多路控制技术，即太阳电池分成多组对蓄电池充电。当蓄电池接近充满时，通过控制器将太阳电池逐路断开，而当蓄电池的电压回落，控制器又将太阳电池逐路接通，达到了随蓄电池充满电流渐小，蓄电池亏电电流增大的目的，完全可以达到脉宽调制控制器的效果，符合蓄电池的充电要求。

（5）智能型控制器。采用带 CPU 的单片机对光伏电源系统的运行参数进行高速实时采集，并按照一定的控制规律由软件程序对单路或多路光伏阵列进行切离/接通控制。智能型控制器的最大优势还在于它可以具备对光伏系统运行数据采集和远程数据传输的功能。

（6）最大功率跟踪型控制器。将太阳电池的电压 U 和电流 I 检测后得到功率 P，然后判断太阳电池此时的输出功率是否达到最大，若不在最大功率点运行，则调整脉宽，调制输出占空比 D，改变太阳电池的工作点，再次进行实时采样，并做出是否改变占空比的判断，通过这样寻优过程可保证太阳电池始终运行在最大功率点。这种类型的控制器可使太阳电池方阵始终保持在最大功率点状态，以充分利用太阳电池方阵的输出能量。同时采用脉宽调制方式，使充电电流成为脉冲电流，以减少蓄电池的极化，提高充电效率。最大功率跟踪控制器更多用于没有蓄电池的光伏水泵系统和并网发电系统。

5）控制器的基本电路和工作原理

（1）并联型充放电控制器。

并联型（也叫旁路型）充放电控制器基本电路如图 8.32 所示。电路中的开关器件 T1 是并联在太阳电池方阵的输出端，当蓄电池电压大于“充满切离电压”时，开关器件 T1 导通，同时二极管 D1 截止，则太阳电池方阵的输出电流直接通过 T1 短路泄放，不再对蓄电池进行充电，从而保证蓄电池不会出现过充电，起到“过充电保护”作用。D1 是防“反充电二极管”，只有当太阳电池方阵输出电压大于蓄电池电压时，D1 才能导通，反之 D1 截止，从而保证夜晚或阴雨天气时不会出现蓄电池向太阳电池方阵反向放电，起到“防反向充电保护”作用。

开关器件 T2 为蓄电池放电控制开关。当负载电流大于额定电流出现过载或负载短路时，T2 关断，起到“输出过载保护”和“输出短路保护”作用。同时，当蓄电池电压小于“过放电压”时，T2 也关断，进行蓄电池的“过放电保护”。D2 为“防反接二极管”，当蓄电池极性接反时，D2 导通使蓄电池通过 D2 短路放电，产生很大电流快速将熔丝 BX 烧断，起到“防蓄电池极性反接保护”作用。

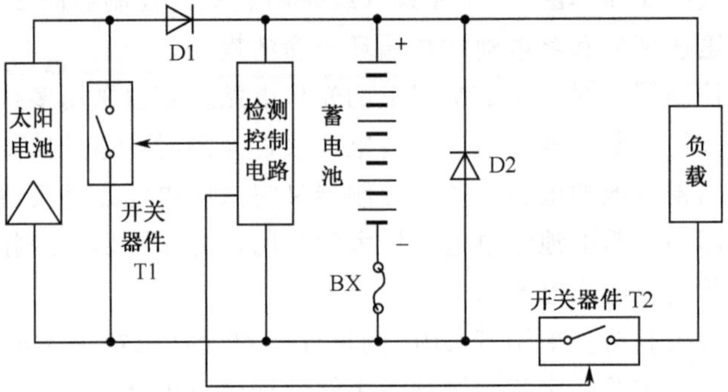

图 8.32　并联型充放电控制器原理图

检测控制电路随时对蓄电池电压进行检测，一般采用施密特回差电路，当电压高于“充满切离电压”时使 T1 导通进行“过充电保护”，当电压回落到某一数值时，T1 断开，恢复充电；放电控制也类似，当电压低于“过放电压”时，T2 关断，切离负载，进行“过放电保护”，而当电压回升到某一数值时，T2 再次接通，恢复放电。

(2) 串联型充放电控制器。

串联型充放电控制器基本电路如图 8.33 所示，该电路和并联型充放电控制器电路结构相似，唯一区别在于开关器件 T1 的接法不同，并联型 T1 并联在太阳电池方阵输出端，而串联型 T1 是串联在充电回路中。当蓄电池电压大于“充满切离电压”时，T1 关断，使太阳电池不再对蓄电池进行充电，起到“过充电保护”作用。其他元件的作用和并联型充放电控制器相同，也属于简单带回差电压的接通/断开型控制器，不再赘述。

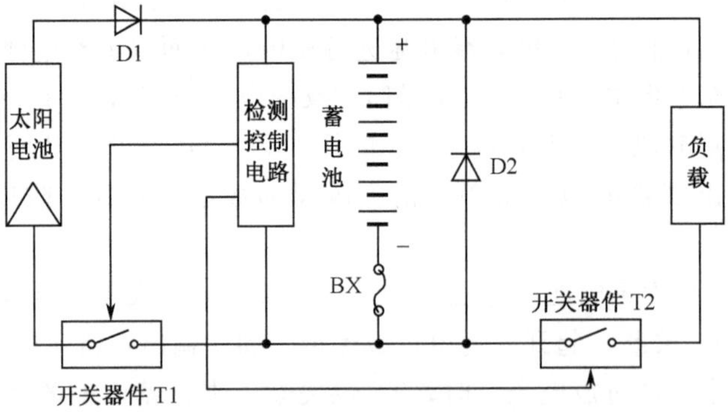

图 8.33　串联型充放电控制器原理图

(3) 检测控制电路的组成和工作原理。

图 8.34 示出的是检测控制电路，是由带回差控制的运算放大器组成。它包括过压检测控制和欠压检测控制两部分。A1 为过压检测控制电路，A1 的同相输入端由 W1 提供对应“过压切离”的基准电压，而反相输入端接被测蓄电池，当蓄电池电压大于“过压切离电压”时，A1 输出端 G1 为低电平，关断开关器件 T1，切断充电回路，起到过压保护作用。当过压保护后蓄电池电压又下降至小于“过压恢复电压”时，A1 的反相输入电位小于同相输入电位，则其输出端 G1 由低电平跳变至高电平，开关器件 T1 由关断变导通，重新接通充电回路。“过压切离门限”和“过压恢复门限”由 W1 和 R1 配合调整。

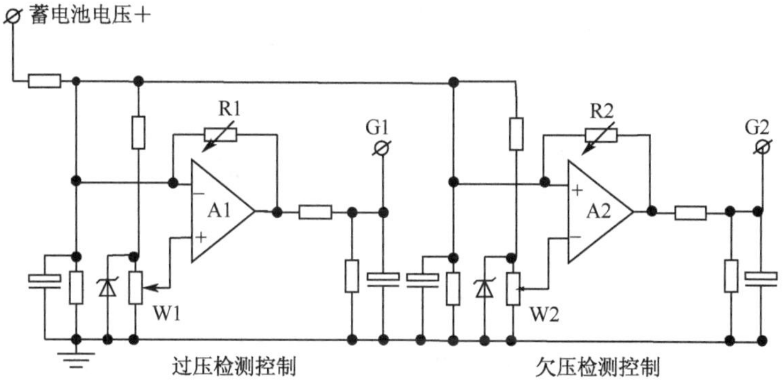

图 8.34　控制器的过、欠压检测电路

A2 为欠压检测控制电路，其反相端接由 W2 提供的欠压基准电压，同相端接蓄电池电压（和过压检测控制电路相反），当蓄电池电压小于“欠压门限电平”时，A2 输出端 G2 为低电平，开关器件 T2 关断，切断控制器的输出回路，实现“欠压保护”。欠压保护后，随着电池电压的升高，当电压又高于“欠压恢复门限”时，开关器件 T2 重新导通，恢复对负载供电。“欠压保护门限”和“欠压恢复门限”由 W2 和 R2 配合调整。

(4) 脉宽调制三阶段充电控制器。

太阳电池的成本很高，占到太阳能路灯总造价的 60%以上，提高太阳电池的利用率和充电效率则能够更有效地利用宝贵的太阳能，使蓄电池处于良好的工作状态。脉宽调制充电方式可以随着蓄电池的充满，电流逐渐减小，符合蓄电池对于充电过程的要求，能够有效地消除极化，有利于完全恢复蓄电池的电量。三阶段充电方式包括均衡充电、快速充电和浮充电。蓄电池没有发生过放电，正常工作时采用浮充电，可以有效防止过充电，减少水分的散失；当蓄电池的 DOD>70%，则实施一次快速充电，有利于完全恢复蓄电池的容量；一旦 DOD>40%，则实施一次均衡充电，不但有利于完全恢复蓄电池的容量，轻微的放气还能够起到搅拌作用防止蓄电池内电解液的分层。

根据美国佛罗里达州太阳能研究中心的测试结果，采用脉宽调制三阶段充电方式的控制器和恒定电压控制器比简单的充满-断开控制器的充电效率要高出30％（见图 8.35）。该充电法可以最大限度地利用昂贵的太阳电池，大大提高充电效率，并保证蓄电池始终处于良好的工作状态。

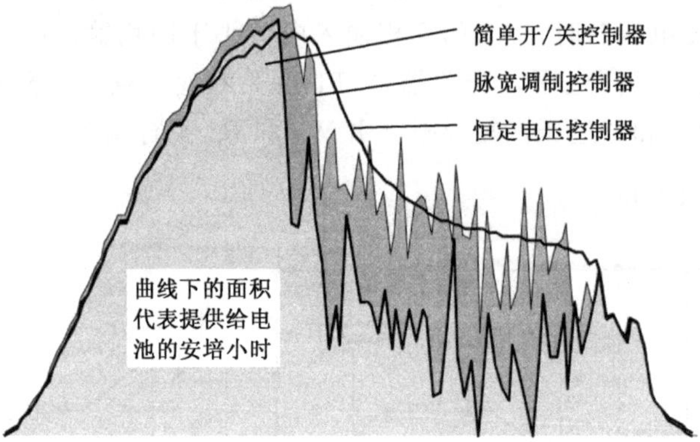

图 8.35 简单充满断开控制器和脉宽调制控制器及恒定电压控制器充电效率比较

脉宽调制三阶段充电控制器的主电路与旁路型和串联型控制器基本一致，只是开关器件一般选用 MOSFET，不能用继电器，控制方式也与简单的接通/断开式控制器大不相同。脉宽调制电路原理如图 8.36 所示。

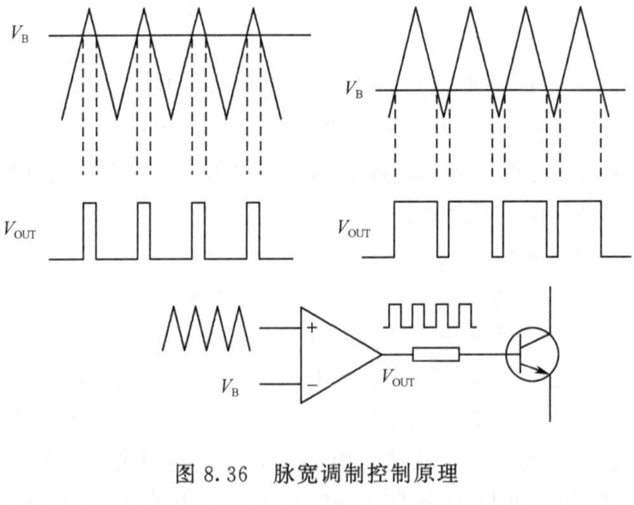

图 8.36 脉宽调制控制原理

比较器的调制波为三角波，从正端输入，蓄电池的直流采样电压从比较器的负端输入，用直流电压切割三角波，在比较器的输出端形成一组脉宽调制波，用这组脉冲控制开关晶体管的导通时间，达到控制充电电流的目的。从图 8.36 可以看出，对于串联型控制器，当蓄电池的电压上升，脉冲宽度变窄，充电电流变小；当蓄电池的电压下降，脉冲宽度变宽，充电电流增大。对于旁路型的控制器，蓄电池的直流采样电压和调制三角波在比较器的输入应当掉过来，以达到随蓄电池电压的升高旁路电流增大（充电电流减小），随电压回落旁路电流减小（充电电流增大）的目的。

（5）多路控制器。

多路型光伏电源控制器主要用于 5kW 以上的太阳能电源系统中，控制器的主电路见图 8.37 所示。

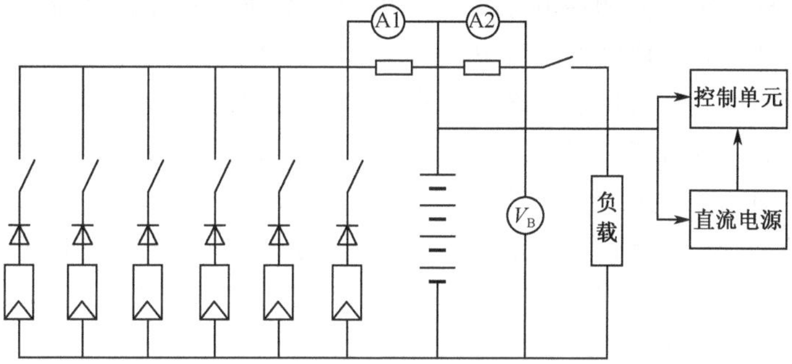

图 8.37　多路控制器原理图

多路控制器的工作特点是：① 太阳电池是分 4～10 个方阵支路输入，每路的最大充电电流为 10～20A。② 当太阳电池不向蓄电池充电时，阻断蓄电池电流倒流向太阳电池。有防反充的功能。③ 当蓄电池电压上升到蓄电池充满电压（对于 48V 系统，充满电电压为 56.4V）时，进行充满控制，将太阳电池方阵逐路切离充电回路，当电压回落到充满恢复电压（48V 系统为 52V）时，逐路接通太阳电池方阵，恢复充电。④ 具有欠电压指示及告警功能。当蓄电池电压下降到欠电压点（48V 系统为 45V）时，进行过放指示并蜂鸣器告警。通知用户应立即给蓄电池充电，否则蓄电池将过放电，从而影响蓄电池的寿命。当电压回升到欠电压恢复电压（48V 系统为 50V）时，解除告警。⑤ 当蓄电池电压下降到过放点（48V 系统为 42V）时，进行过放控制，强迫将负载切离。否则蓄电池将过放电，从而影响蓄电池的寿命。当电压回升到过放恢复电压（48V 系统为 50V）时，恢复对负载供电。

多路控制器的优点是，对于功率较大的系统，多路控制器将电流分散到各个支路，对于元器件的选择很方便。多路控制器在蓄电池接近充满时逐路切断太阳电池的支路，电流是逐渐减小的，符合蓄电池对于充电过程的要求，起到了同脉宽调制控制器同样的效果，但电路简化了很多，可靠性也相应提高了很多。因此，对于充电电流超过 20A 的光伏发电系统，基本都采用多路控制器。

(6) 智能型控制器。

严格意义上讲，凡是采用计算机控制的控制器都应称之为智能控制器。这里所说的智能控制器专指具有充放电控制、运行数据采集、数据显示、存储、打印、远程数据传输，甚至远程控制全套功能的控制器，仅采用计算机进行充放电控制的不包括在此。

智能控制器的主电路同其他控制器一样，可以是并联型、串联型、脉宽调制型和多路型。该控制器采用高速 CPU 微处理器和高精度 A/D 模数转换器，构成一个微机数据采集和监测控制系统。既可快速实时采集光伏系统当前的工作状态，又可详细积累光伏电站的历史数据，为评估光伏系统设计的合理性及检验系统部件质量的可靠性提供了准确而充分的依据。此外，该控制器还具有串行通信数据传输功能，可将多个光伏系统子站进行集中管理和远程控制。智能控制器硬件结构参见图 8.38。智能控制器有如下的主要功能：

①蓄电池充电和过放电控制。采用先进的“强充（BOOST）/递减（TAPER)/浮充（FLOAT）自动转换充电方法”，依据蓄电池组端电压的变化趋势自动调整充电电流，或控制多路太阳电池方阵的依次接通或切离，既可充分利用宝贵的太阳电池资源，又可保证蓄电池组安全而可靠的工作。当蓄电池发生过放电时，自动切断负载，实行蓄电池过放电控制，保护蓄电池。

②数据采集和存储。采用高精度 12 位串行 A/D 转换器，对“状态参数”进行实时快速采集。并存至不丢失数据的 EEPROM 存储器中。该存储器还可保存前 100 天的“历史数据”。“当前数据”、“历史数据”及“控制设置参数”等可由 4×4 矩阵按键选择，并由 16×2 字符液晶显示器显示工作状态及统计数据。

③通信功能。实现主站与每台控制器之间的远距离数据传输。

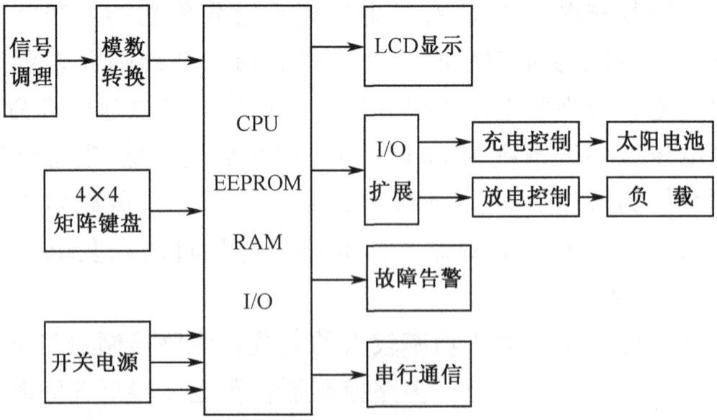

图 8.38　智能控制器控制电路结构

(7) 最大功率跟踪控制器。

从前面对于太阳电池组件和方阵的介绍可以知道，希望太阳电池能够总是工作在最大功率点附近，以充分发挥太阳电池的作用。太阳电池的最大功率点会随着光强和温度的变化而变化，而太阳电池的工作点也会随着负载电压的变化而变化。如果不采取任何控制措施，而是直接将太阳电池与负载连接，则很难保证太阳电池工作在最大功率点附近，太阳电池也不可能发挥出其应有的功率输出。最大功率跟踪控制器的作用就是通过直流变换电路和寻优控制程序，无论光强、温度和负载特性如何变化，始终使太阳电池工作在最大功率点附近，充分发挥太阳电池的效能，这种方法被称为“最大功率点跟踪”，即 MPPT（maximum power point tracking）。

从图 8.23 可知，太阳电池的最大功率点随光强的变化几乎呈现一条垂直线，即保持在同一电压水平上。因此，就提出可以采用恒压控制（constant voltage tracking，CVT）来代替 MPPT。这样的办法只需要保证太阳电池的恒压输出即可，大大简化了控制系统。由于太阳电池工作在阳光下，光强的变化远大于其结温的变化，采用 CVT 代替 MPPT 在大多数情况下是适用的。

对于环境温度变化较大的场合，CVT 控制就很难保证太阳电池工作在最大功率点附近，图 8.39 给出了不同温度下太阳电池最大功率点的变化，可以看出，随着太阳电池结温的变化，最大功率点电压变化较大，如果仍然采用 CVT 代替 MPPT，则会产生很大的误差。为了简化控制方案，又能够兼顾温度对太阳电池电压的影响，可以采用改进 CVT 法，即仍然采用恒压控制，但增加温度补偿。在恒压控制的同时监视太阳电池的结温，对于不同的结温，调整到相应的恒压控制点即可。

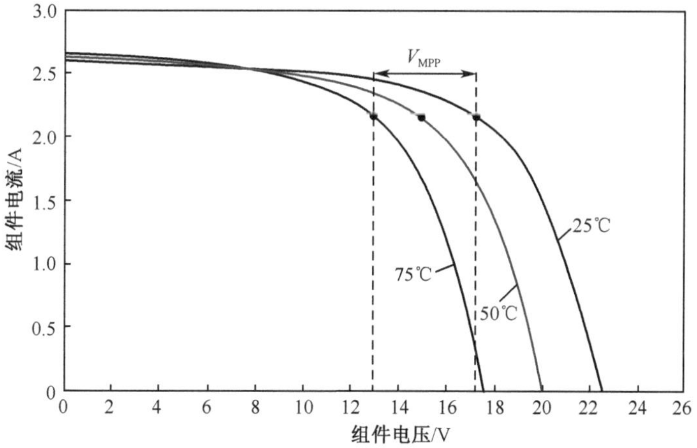

图 8.39　温度对太阳电池最大功率点电压的影响

MPPT 控制器要求始终跟踪太阳电池的最大功率点，需要控制电路同时采样太阳电池的电压和电流，计算太阳电池的功率。然后通过寻优和调整，使太阳电池工作在最大功率点附近。MPPT 的寻优办法有很多，如扰动观察法、导纳增量法、间歇扫描法、模糊控制法等。

太阳电池作为一种直流电源，其输出特性完全不同于常规的直流电源，因此对于不同类型的负载，它的匹配特性也完全不同。负载的类型可以有三种，即电压接受型负载（如蓄电池）、电流接受型负载（如直流电机）和纯阻性负载。

最典型的电压接受型负载是蓄电池，应当是与太阳电池直接匹配最好的负载类型。太阳电池电压随温度的变化大约只有 0.4%/℃（电压随光强的变化就更小），基本可以满足蓄电池的充电要求。但蓄电池充满电压到放电终止电压的变化从＋25%到－10%，如果太阳电池与蓄电池直接连接，失配损失大约平均 20%。因此需采用 MPPT 跟踪控制，可使这样的匹配损失减少到 5%。典型的电流接受型负载是带有恒定转矩的机械负载（如活塞泵）的直流永磁电机。当光强恒定时太阳电池与直流电机有较好的匹配。但当光强变化时，光强与光电流成正比，这类直流电机负载直接与太阳电池连接的失配损失将会很大。采用 MPPT 跟踪控制将会减小失配损失，有效提高系统的能量传输效率。很显然，纯阻性负载与太阳电池的直接匹配特性是最差的。

通常实现 CVT 或 MPPT 的电路通常采用斩波器来完成直流/直流变换，直流/直流变换是将固定的直流电压变换成可变的直流电压，也称为直流斩波。斩波器电路分为降压型变换器（Buck 电路）和升压型变换器（Boost 电路）。

① Buck 电路。图 8.40 为 Buck 电路原理图。Buck 降压斩波电路其输出平均电压 V_o 小于输入电压 V_i，极性相同。Buck 电路实际上是一种电流提升电路，主要用于驱动电流接受型负载。直流变换是通过电感来实现的。

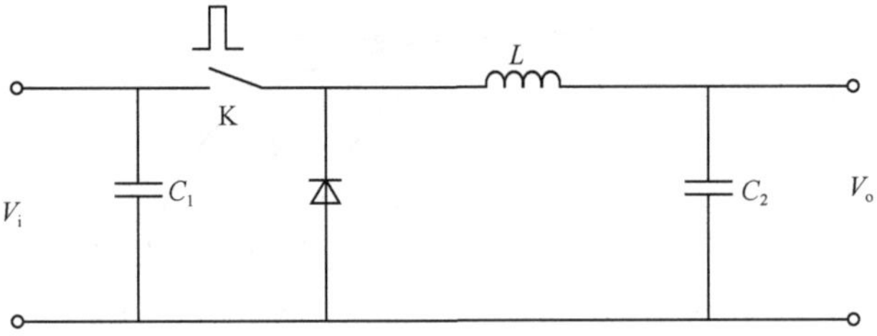

图 8.40　Buck 电路原理图

使开关 K 保持振荡，振荡周期 $T=T_{on}+T_{off}$，T_{on}、T_{off} 分别为开关导通和断开的时间。当 K 接通时

$$V_i = V_o + L \cdot \frac{di_L}{dt} \tag{8.83}$$

假设 T_{on}时间足够短，V_i 和 V_o 保持恒定，于是

$$i_L(T_{on}) - i_L(0) = \frac{(V_i - V_o)}{L} \times T_{on} \tag{8.84}$$

考虑到在开关 K 接通期间电感储存能量，当 K 断开时，电感通过二极管将能量释放到负载。

假设 T_{off}时间足够短，V_o 保持恒定，于是

$$i_L(T_{on} + T_{off}) - i_L(T_{on}) = \frac{-V_o \times T_{off}}{L} \tag{8.85}$$

根据稳态条件可以写成：$i_L(0)=i_L(T_{on}+T_{off})$。于是

$$(V_i - V_o) \times T_{on}/L = V_o \times T_{off}/L \tag{8.86}$$

$$V_o = V_i \times T_{on}/(T_{on} + T_{off}) \tag{8.87}$$

得到 $V_o<V_i$。因为流过电感的电流 i_L 不可能是负的，连续传导条件为 $i_L(0)>0$ 于是

$$-V_o \times T_{off}/L > -i_L(T_{on}) \tag{8.88}$$

得到

$$T_{off} < L \times i_L(T_{on})/V_o \tag{8.89}$$

图 8.41 展示了 Buck 变换器的输出电流变化

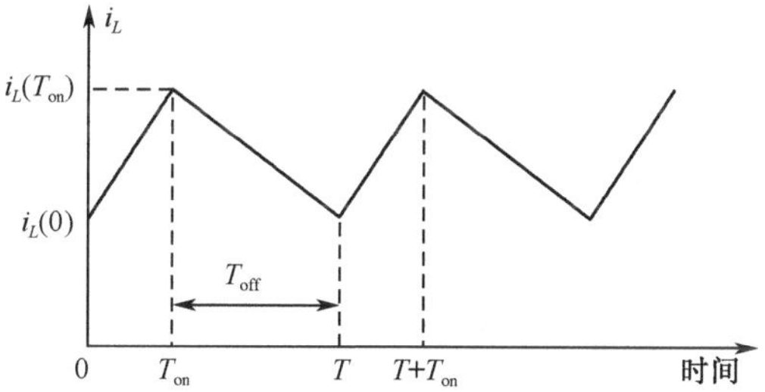

图 8.41　Buck 变换器的输出电流变化

对于给定的开关震荡周期，适当调整 T_{on}就可以调整变换器的输入电压 V_i 等于太阳电池的最大功率点电压。Buck 电路的平均负载电流 I_L 为

$$I_L = \frac{1}{T}\int_0^T i_L \times dt = i_L(T_{on}) - V_o \times T_{off}/2L \tag{8.90}$$

Buck 电路中的 2 只电容的作用是减少电压波动，从而使输出电流得到提升并尽可能平滑。

② Boost 电路。

图 8.42 为 Boost 电路原理图。Boost 升压斩波电路其输出平均电压 V_o 大于输入电压 V_i，极性相同。Boost 升压斩波电路主要用于太阳电池对蓄电池充电的电路中。直流变换也是通过电感来实现的。

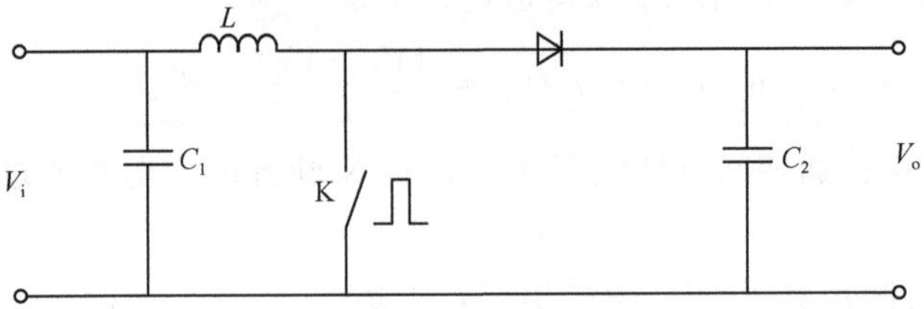

图 8.42　Boost 电路原理图

采用与 Buck 电路相似的方法，从式（8.82）方程出发，假设 V_i 在 T_{on}时间内保持恒定，电流变化可以写成

$$i_L(T_{on}) - i_L(0) = V_i \times T_{on}/L \tag{8.91}$$

同样，在开关 K 接通期间电感储存能量，当 K 断开时，电感通过二极管将能量释放到负载。假设 T_{off}时间足够短，使 V_i 和 V_o 保持恒定，于是

$$i_L(T_{on} + T_{off}) - i_L(T_{on}) = (V_i - V_o) \times T_{off}/L \tag{8.92}$$

稳态条件可以写成

$$i_L(0) = i_L(T_{on} + T_{off})$$

于是

$$V_i \times T_{on}/L = -(V_i - V_o) \times T_{off}/L \tag{8.93}$$

$$V_o = V_i \times (T_{on} + T_{off})/T_{off} \tag{8.94}$$

得到 $V_o > V_i$。于是，对于给定的震荡周期，适当调整 T_{on}就可以调整变换器的输入电压 V_i，使其处于太阳电池的最大功率点电压。

③MPPT 控制的实现。

无论采用哪一种斩波器（Buck 或 Boost），都必须要有闭环电路控制，用于控制开关 K 的导通和断开，从而使太阳电池工作在最大功率点附近。

对于 CVT 或带温度补偿的 CVT，只需要将太阳电池的工作电压信号反馈到控制电路，控制开关 K 的导通时间 T_{on}，使太阳电池的工作电压始终工作在某一恒定电压即可。

对于为蓄电池充电的 Boost 电路，只需要保证充电电流最大，即可达到使太阳电池有最大输出的目的，因此也只需将 Boost 电路的输出电流（即蓄电池的充电电流）信号反馈到控制电路，控制开关 K 的导通时间 T_{on}，使 Boost 电路具有最大的电流输出即可，如图 8.43 所示。

对于真正的 MPPT 控制，则需要对太阳电池的工作电压和工作电流同时采样，经过乘法运算得到功率数值，然后通过一系列寻优过程使太阳电池工作在最大功率点附近。

无论是最大输出电流跟踪还是 MPPT 控制，都要考虑电路的稳定、抗云雾

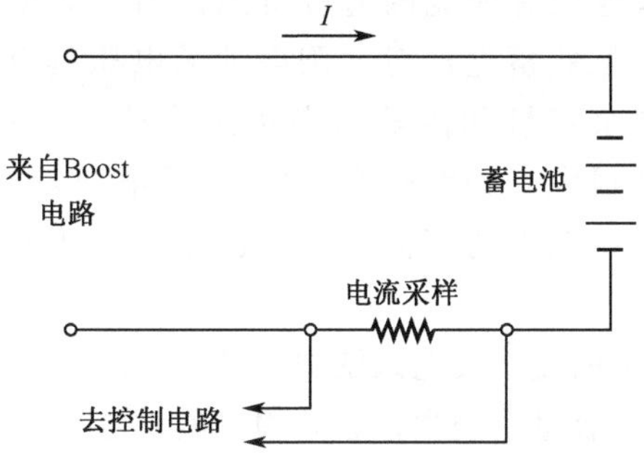

图 8.43　蓄电池充电的控制策略

干扰和误判的问题。现代电子技术和元器件已经可以使 MPPT 控制电路的效率做到 95% 以上。

8.2.2.4　直流-交流独立逆变器

整流器的功能是将 50Hz 的交流电整流成为直流电。而逆变器与整流器恰好相反，它的功能是将直流电转换为交流电。这种对应于整流的逆向过程，被称之为“逆变”。逆变器是电力电子技术的一个重要应用方面。太阳能电池在阳光照射下产生直流电，然而以直流电形式供电的系统有很大的局限性。例如，日光灯、电视机、电冰箱、电风扇等均不能直接用直流电源供电，绝大多数动力机械也是如此。此外，当供电系统需要升高电压或降低电压时，交流系统只需加一个变压器即可，而在直流电系统中升降压技术与装置则要复杂得多。因此，除特殊用户外，在光伏发电系统中都需要配备逆变器。逆变器还具备有自动调压或手动调压功能，可改善光伏发电系统的供电质量。同时，光伏发电最终将实现并网运行，这就必须采用交流系统。综上所述，逆变器已成为光伏发电系统中不可缺少的重要配套设备（见图 8.19）。

1）光伏发电系统对逆变器的技术要求

采用交流电力输出的光伏发电系统，由光伏阵列、充放电控制器、蓄电池和逆变器四部分组成（并网发电系统一般可省去蓄电池），光伏发电系统对逆变器的技术要求如下：

（1）具有较高的逆变效率。可最大限度地利用太阳电池，提高系统效率，降低太阳电池发电成本。

（2）具有较高的可靠性。目前光伏发电系统主要用于边远地区，许多电站无人值守和维护，这就要求逆变器具有合理的电路结构，严格的元器件筛选，并要求逆变器具备各种保护功能，如输入直流极性接反保护，交流输出短路保护，过热、过载保护等。

(3) 对直流输入电压有较宽的适应范围。由于太阳电池的端电压随负载和日照强度而变化，虽然蓄电池对太阳电池的电压具有钳位作用，但因蓄电池的电压随蓄电池剩余容量和内阻的变化而波动，特别是当蓄电池老化时，其端电压的变化范围很大。如对一个 12V 的蓄电池，其端电压为 10～16V，这就要求逆变器必须在较大的直流输入电压范围内正常工作，保证交流输出电压的稳定。

(4) 在中、大容量的光伏发电系统中，逆变器的输出应为失真度较小的正弦波。这是由于在中、大容量系统中，若采用方波供电，则输出将含有较多的谐波分量，高次谐波将产生附加损耗，许多光伏发电系统的负载为通信或仪表设备，这些设备对供电品质有较高的要求。另外，当中、大容量的光伏发电系统并网运行时，为避免对公共电网的电力污染，也要求逆变器输出失真度满足要求的正弦波形。

2) 逆变器的分类和电路结构

有关逆变器分类的原则很多，例如，根据逆变器输出交流电压的相数，可分为单相逆变器和三相逆变器；根据逆变器使用的半导体器件类型不同，又可分为晶体管逆变器、晶闸管逆变器及可关断晶闸管逆变器等；根据逆变器线路原理的不同，还可分为自激振荡型逆变器、阶梯波叠加型逆变器和脉宽调治型逆变器等等。为了便于光伏电站选用逆变器，这里仅以逆变器输出交流电压波形的不同进行分类，并对不同输出波形逆变器的特点做一简要说明。

(1) 方波逆变器。方波逆变器输出的交流电压波形为方波，如图 8.44 所示。此类逆变器所使用的逆变线路也不完全相同，但共同的特点是线路比较简单，使用的功率开关管数量很少。设计功率一般在几十瓦至几百瓦之间。方波逆变器的优点是价格便宜、维修简单。缺点是由于方波电压中含有大量高次谐波，在以变压器为负载的用电器中将产生附加损耗，对收音机和某些通信设备也有干扰。此外，有的调压范围不够宽，有的保护功能不够完善，噪声也比较大。

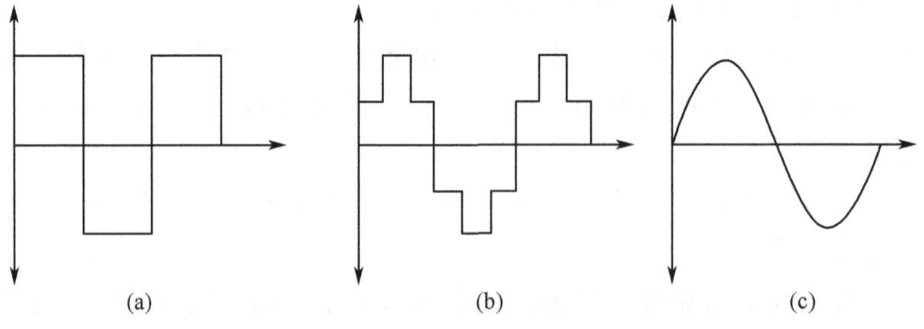

图 8.44 逆变器输出的交流电压波形

(2) 阶梯波逆变器。

此类逆变器输出的交流电压波形为阶梯波，如图 8.44 (b) 所示。逆变器实现阶梯波输出也有多种不同的线路，输出波形的阶梯数目也不一样。阶梯波逆变器的优点是：输出波形比方波有明显的改善，高次谐波含量减少，当阶梯达到 17 个以上时，输出波形可实现准正弦波。采用无变压器输出时，整机效率很高。缺点是：阶梯波叠加线路使用的功率开关管较多，其中有些线路还要求有多组直流电源输入。这给太阳电池方阵的分组与接线和蓄电池组的均衡充电均带来麻烦。此外，阶梯波电压对收音机和某些通讯设备仍有一些高频干扰。

(3) 正弦波逆变器。

这类逆变器输出的交流电压波形为正弦波，正弦波逆变器的优点是：输出波形好，失真度低，对通信设备无干扰，噪声也很低。此外，保护功能齐全，对电感性和电容型性负载适应性强。缺点是线路相对复杂，对维修技术要求高，价格较贵。早期的正弦波逆变器多采用分立电子元件或小规模集成电路组成模拟式波形产生电路，直接用模拟 50Hz 正弦波切割从几千赫兹至几十千赫兹的三角波产生一个正弦脉宽调制，SPWM (pulse width modulation)，的高频脉冲波形，经功率转换电路、升压变压器和 LC 正弦化滤波器得到 220V/50Hz 单相正弦交流电压输出。但是这种模拟式正弦波逆变器电路结构复杂、电子元件数量多、整机工作可靠性低。随着大规模集成微电子技术的发展，专用 SPWM 波形产生芯片 (如 HEF4752、SA838 等) 和智能 CPU 芯片 (如 MCS51、PIC16H INTEL80196 等) 逐渐取代小规模分立元件电路，组成数字式 SPWM 波形逆变器，使正弦波逆变器的技术性能和工作可靠性得到很大提高，已成为当前中、大型正弦波逆变器的优选方案。

上述三种类型逆变器的分类特点，仅供光伏发电系统开发人员和用户在对逆变器进行识别和选型时提供参考。在实际上，波形相同的逆变器在线路原理、使用器件及控制方法等方面仍有很大区别。

(4) 几种功率转换电路的比较。

逆变器的功率转换电路一般有推挽逆变电路、全桥逆变电路和高频升压逆变电路三种，其主电路分别如图 8.45～图 8.47 所示。图 8.45 所示的推挽电路，将升压变压器的中心抽头接于正电源，两只功率管交替工作，输出得到交流电输出。由于功率晶体管共地连接，驱动及控制电路简单，另外由于变压器具有一定的漏感，可限制短路电流，因而提高了电路的可靠性。其缺点是变压器利用率低，带动感性负载的能力较差。

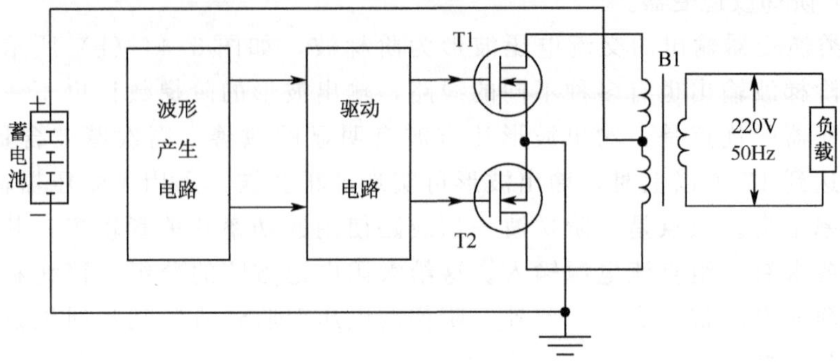

图 8.45　推挽式逆变器电路原理框图

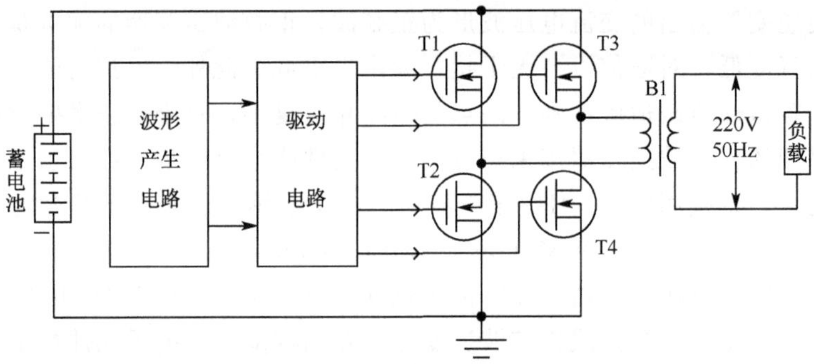

图 8.46　全桥式逆变器电路原理框图

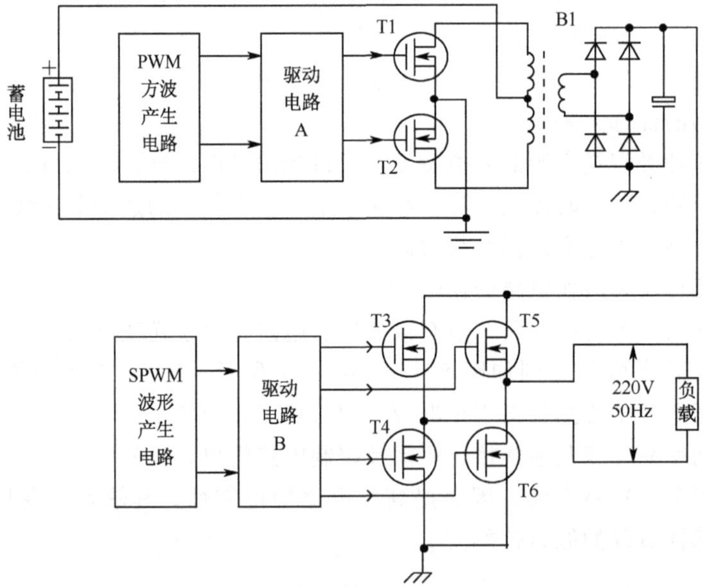

图 8.47　高频升压式逆变器电路原理框图

图 8.46 所示的全桥逆变电路克服了推挽电路的缺点，功率开关管 T3、T6 和 T4、T5 反相，T3 和 T4 相位互差 180°，调节 T3 和 T4 的输出脉冲宽度，输出交流电压的有效值即随之改变。由于该电路具有能使 T5 和 T6 共同导通的功能，因而具有续流回路，即使对感性负载，输出电压波形也不会产生畸变。该电路的缺点是上、下桥臂的功率晶体管不共地，因此必须采用专门驱动电路或采用隔离电源。另外，为防止上、下桥臂发生共态导通，在 T3、T6 及 T4、T6 之间必须设计先关断后导通电路，即必须设置死区时间，其电路结构较复杂。

图 8.47 为高频升压电路，由于推挽电路和全桥电路的输出都必须加升压变压器，而工频升压变压器体积大，效率低，价格也较贵，随着电力电子技术和微电子技术的发展，采用高频升压变换技术实现逆变，可实现高功度逆变。这种逆变电路的前级升压电路采用推挽结构（T1、T2），但工作频率均在 20kHz 以上，升压变压器 B1 采用高频磁芯材料，因而体积小、重量轻，高频逆变后经过高频变压器变成高频交流电，又经高频整流滤波电路得到高压直流电（一般均在 300V 以上），再通过工频全桥逆变电路（T3、T4、T5、T6）实现逆变。采用该电路结构，使逆变电路功率密度大大提高，逆变器的空载损耗也相应降低，效率得到提高。该电路的缺点是电路复杂，可靠性比上述两种电路偏低。

3）逆变器的控制电路与功率器件

逆变器的主电路均需要有控制电路来实现，一般有方波和正弦波两种控制方式。方波输出的逆变器电路简单，成本低，但效率低，谐波成分大。正弦波输出是逆变器的发展趋势，随着微电子技术的发展，具有脉宽调制功能的微处理器也已问世，因此正弦波输出的逆变技术已经成熟。

（1）方波输出的逆变器控制集成电路。方波输出的逆变器目前多采用脉宽调制集成电路，如 SG3525、TL494 等。实践证明，采用 SG3525 集成电路及功率场效应管作为开关功率元件，能实现性能价格比较高的逆变器。SG3525 具有直接驱功率场效应管的能力，并有内部基准源和运算放大器和欠压保护功能，因此其外围电路很简单。

（2）正弦波输出的逆变器控制集成电路。正弦波输出的逆变器，其控制电路可采用微处理器控制，如 Intel 公司的 80C196MC、摩托罗拉公司的 MP16 以及 MicroCHP 公司的 pic16c73 等，这些单片机均具有多路 PWM 发生器，并设定上、下桥臂之间的死区时间。

逆变器的主功率元件的选择至关重要，目前使用较多的有达林顿功率晶体管（GTR），功率场效应管（MOSFET），绝缘栅晶体管（IGBT）和可关断晶闸管（GTO）等。在小容量低压系统中使用较多的器件为 MOSFET，因为它具有较低的通态压降和较高的开关频率。MOSFET 随着电压的升高其通态电阻也随之增大，在高压大容量系统中一般均采用 IGBT 模块，而在特大容量（100kV · A

以上）系统中，一般均采用GTO作为功率元件。

4）逆变器的主要技术性能指标：

（1）额定输出电压。在规定的输入直流电压允许的波动范围内，对输出额定电压值的稳定精度是：在稳态运行时，电压波动偏差不超过额定值的±3%或±5%。在负载突变（额定负载的0%，50%，100%）或有其他干扰因素影响动态情况下，其输出电压偏差不应超过额定值的±8%或±10%。

（2）具有足够的额定输出容量和过载能力。逆变器的选用，首先要考虑具有足够的额定容量，以满足最大负荷下设备对电功率的需求。额定输出容量表征逆变器向负载供电的能力。额定输出容量值高的逆变器可带更多的用电负载。但当逆变器的负载不是纯阻性时，也就是输出功率因数小于1时，逆变器的负载能力将小于所给出的额定输出容量值。对以单一设备为负载的逆变器，其额定容量的取选较为简单，当用电设备为纯阻性负载或功率因数大于0.9时，选取逆变器的额定容量为用电设备容量的1.1～1.15倍即可。在逆变器以多个设备为负载时，逆变器容量的选取要考虑几个用电设备同时工作的可能性，专业术语称为“负载同时系数”。

（3）输出电压稳定度。在独立光伏发电系统中均以蓄电池为储能设备。当标称电压为12V的蓄电池处于浮充电状态时，端电压可达13.5V，短时间过充状态可达15V。蓄电池带负荷放电终了时端电压可降至10.5V或更低。蓄电池端电压起伏可达标称电压的30%左右。这就要求逆变器具有较好的调压性能，才能保证光伏发电系统以稳定的交流电压供电。输出电压稳定度表征逆变器输出的稳压能力。多数逆变器产品给出的是输入直流电压在允许波动范围内该逆变器输出电压的偏差百分数，通常称为电压调整率。高性能的逆变器应同时给出当负载由0%→100%变化时，该逆变器输出电压的偏差百分数，通常称为负载调整率。性能良好的逆变器的电压调整率应不大于±3%，负载调整率应不大于±6%。

（4）输出电压的波形失真度。当逆变器正弦波输出时，规定允许的输出电压的总波形最大失真度（或谐波含量）不应超过5%（单项输出允许10%）。

（5）额定输出频率。交流电压的频率通常为工频50Hz。正常工作条件下其偏差应在±1%以内。

（6）负载功率因数。它是表征逆变器带感性负载或容性负载的能力。在正弦波条件下，负载功率因数为0.7～0.9（滞后），额定值为0.9。

（7）额定输出电流（或额定输出容量），是表示在规定的负载功率因数范围内，逆变器的额定输出电流。有些产品标出的是额定输出容量，定义为当输出功率因数为1（纯阻性负载）时，额定输出电压与额定输出电流的乘积，其单位以V·A或kV·A表示。

（8）额定逆变输出效率。逆变器的效率值表征自身功率损耗的大小，以百分数表示。通常给出满负荷效率值和低负荷下的效率值。整机逆变效率高是光伏发电用逆变器区别于通用型逆变器的一个显著特点。10 千瓦级的通用型逆变器实际效率只有 70%～80%，将其用于光伏发电系统时将带来总发电量 20%～30% 的电能损耗。光伏发电系统专用逆变器，在设计中应特别注意减少自身功率损耗，提高整机效率。这是提高光伏发电系统技术经济指标的一项重要措施。

在整机效率方面对光伏发电专用逆变器的要求是：千瓦级以下逆变器额定负荷效率 80%～85%，低负荷效率 65%～75%；10 千瓦级逆变器额定负荷效率 85%～90%，低负荷效率 70%～80%。可见逆变器效率对光伏发电系统提高有效发电量和降低发电成本有着重要影响。

(9) 保护功能。逆变器对外电路的过电流及短路现象最为敏感，是光伏发电系统中的薄弱环节。因此，在选用逆变器时，必须要求具有良好的①过电压保护。特别是对于没有电压稳定措施的逆变器，应有输出过电压的防护措施。②过电流保护措施。对过电流及短路的自我保护功能，使其免受浪涌电流的损伤。这是提高光伏发电系统安全性及可靠性的关键之一。

(10) 启动特性。它表征逆变器带负载启动的能力和动态工作时的性能。逆变器应保证在额定负载下可靠启动。高性能的逆变器可做到连续多次满负荷启动而不损坏功率器件。小型逆变器为了自身安全，有时采用软启动或限流启动。

(11) 噪声。电力电子设备中的变压器、滤波电感、电磁开关及风扇等部件均会产生噪声。逆变器正常运行时，其噪声应不超过 65dB。

8.2.2.5　并网逆变器

并网逆变器的工作原理如下。

前面所讨论的逆变技术被称之为无源逆变技术，即负载一侧为无源元件。在可再生能源发电系统中，无源逆变技术只能应用于独立的与电网无任何连接的系统。随可再生能源的快速发展，光伏发电系统正在从解决电网延伸困难地区的供电逐渐向与常规发电厂的电网联网发电的方向发展。联网发电系统省去了造价昂贵、寿命不长的蓄电池，从而大大降低了系统的造价，并减少了蓄电池报废后带来的环境污染问题。对于家庭住宅而言，配备光伏发电系统，可缓和白天电力紧张的局面，提高电网功率因素和降低线路损耗。展望未来，联网运行的太阳能光伏发电必将发展成为重要的发电方式之一。

联网光伏发电系统的原理如图 8.48 所示。太阳能电池方阵通过正弦波脉宽调制逆变器向电网输送电能，逆变器馈送给电网的电力由光伏方阵功率和当时当地的日照条件决定。逆变器除了具有直流-交流转换功能外，还必须具有光伏方阵的最大功率跟踪功能和各种保护功能。图 8.48 所示逆变器为电压型逆变器。目前，电压源型逆变器技术已日趋成熟，所需的硬件也容易购得。下面对电压型联网逆变器加以介绍。

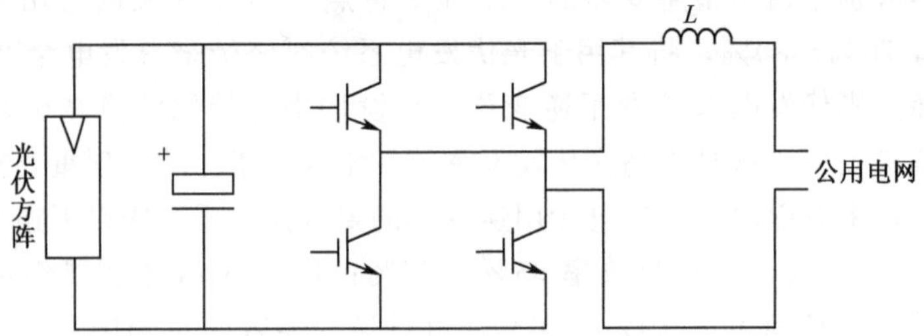

图 8.48　光伏发电并网逆变器原理

光伏电站联网运行，对逆变器提出了较高的要求，主要有以下几个方面：

(1) 逆变器应输出正弦波电流。光伏电站回馈给公用电网的电力，必须满足电网规定的指标，如逆变器的输出电流不能含有直流分量、高次谐波必须尽量减少、不能对电网造成谐波污染等。

(2) 逆变器在负载和日照变化幅度较大的情况下均能高效运行。这是因为太阳辐照度随地理位置、气候条件而变化，故要求逆变器能在不同的日照条件下均能高效运行。

(3) 逆变器能使光伏方阵工作在最大功率点。太阳电池的输出功率与日照、温度、负载等参数的变化有关，其输出特性具有非线性。这就要求逆变器具有最大功率跟踪功能，不论参数如何变化，都能通过逆变器的自动调节实现方阵的最佳运行。

(4) 逆变器应具有体积尽量小、可靠性高等特点。对于家用的光伏系统，其逆变器通常安装在室内或墙上，因此对其体积、重量均有限制。由于太阳能电池的寿命均在 20 年以上，因此对其配套设备的可靠性也有较高的要求，其的寿命也须与其相当。

(5) 逆变器应有防“孤岛”运行的能力。

光伏发电并网运行时的电路原理如图 8.49 所示。其中 U_p 为逆变器输出电压，U_u 为电网电压，R 为线路电阻，L 为串联电抗器，I_z 则为回馈电网的电流。为保证回馈功率因数为 1，回馈电流的相位必须与电网电压的相位一致。以电网电压 U_u 为参考，则 I_z 与 U_u 同相位，其矢量图如图 8.50 所示。

内阻 R 两端的电压 U_R 与电网电压相位一致，电抗器两端电压 U_L 相位则落后于 U_R 90°，由此可以求得 U_p 的相位和幅值

$$U_p = I_z \cdot (R + \omega L) + U_u \tag{8.95}$$

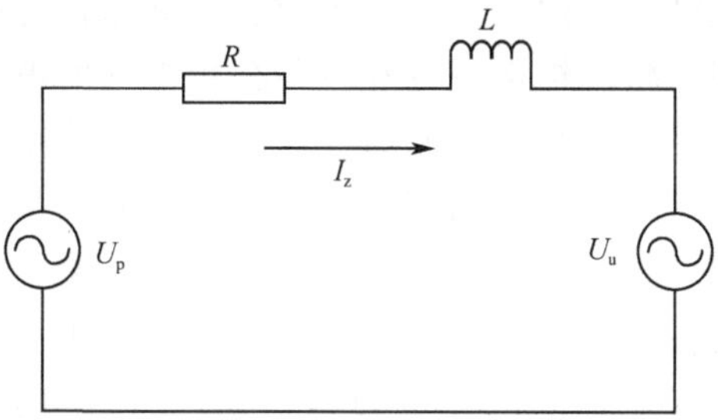

图 8.49　光伏发电并网运行示意图

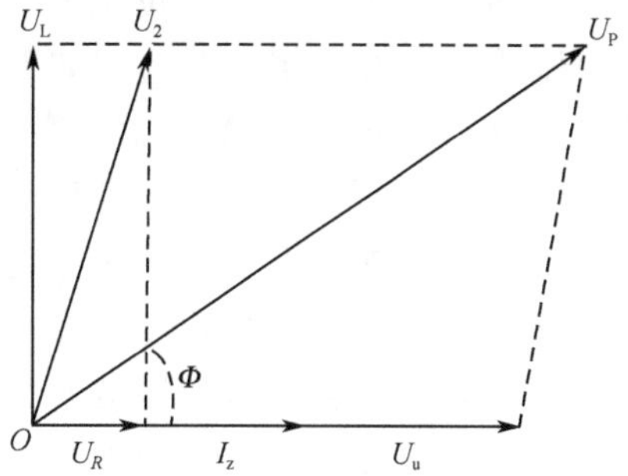

图 8.50　光伏发电并网运行电路矢量图

式中，ω 为公用电网角频率。实际电路中，U_u 的相位、周期和幅值由电压传感器检测得到。由于在实际系统中 R 是很难得到的，因此回馈电流 I_z 的相位必须采用电流负反馈来实现，回馈电流 I_z 的相位角的参考相位即为公用电网相位。用电流互感器随时检测 I_z，确保 I_z 与电网电压相位一致，以实现功率因数为 1 的回馈发电。实用的光伏发电并网运行专用逆变器结构如图 8.51 所示 。

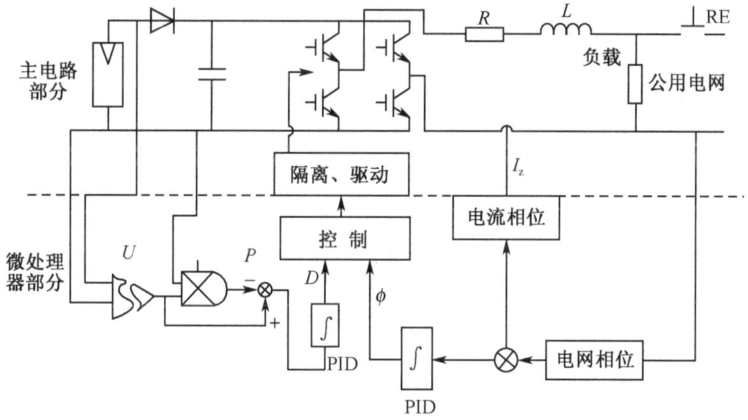

图 8.51　光伏发电并网运行专用逆变器的结构

图中所用逆变器主电路功率管采用 IGBT，容量为 50A、600V，型号为 2MBI50N-060。隔离驱动电路采用东芝公司生产的 TLP250。逆变器的控制部分由微处理器完成。主控芯片采用 INTEL 公司最新推出的逆变或电机驱动专用 16 位微处理器 87C196MC，该芯片除了具有 16 位运算指令外，还具有专用的脉宽调制输出口，包括一个 10 位 A/D 转换器、一个事件处理阵列、两个 16 位定时器和一个三相波形发生器。三相波形发生器的每相均能输出两路死区时间可以设定的脉宽调制信号。这就给逆变应用场合提供了很多便利。微处理器主要完成电网、相位实时检测、电流相位反馈控制、光伏阵列最大功率跟踪以及实时正弦波脉宽调制信号发生，其工作过程如下：公用电网的电压和相位经过霍尔电压传感器送给微处理器的 A/D 转换器，微处理器将回馈电流的相位与公用电网的电压相位作比较，其误差信号通过 PID 调节后送给脉宽调制器，这就完成了功率因数为 1 的电能回馈过程。微处理器完成的另一项主要工作是实现光伏阵列的最大功率输出。光伏阵列的输出电压和电流分别由电压、电流传感器检测并相乘，得到阵列输出功率，然后调节脉宽调制输出占空比。这个占空比的调节实质上就是调节回馈电压大小，从而实现最大功率寻优。从图 8.50 可以得知，当 U_p 的幅值变化时，回馈电流与电网电压之间的相位角 ϕ 也将有一定的变化。由于电流相位已实现了反馈控制，因此自然实现了相位与幅值的解耦控制，使微处理器的处理过程更简便。

(6) 在市电断电状况下，逆变器要有防“孤岛”运行的能力。

正常情况下，并网光伏发电系统是并联在电网上向电网输送有功功率的。但是当光伏系统所并入的局部电网，由于某种原因与光伏之间发生断开现象（称为电网失电），如个别人为断电、跳闸或主电网停电等，而光伏系统并未察觉仍在然继续向所连接的局部电网送电的现象，这种现象称为“孤岛”现象。无论从安全或供电质量的角度考虑，“孤岛”现象都是不允许发生的。

“孤岛”现象是不允许发生的，首先因为当光伏系统与局域电网系统处于断开状态下，逆变器仍持续供电，使相连的局部电网处于带电状态，就可能危及不知道电网仍然带电的用户或维修人员的安全；其次没有主电网的支持，光伏发电系统的电压、频率和谐波指标将会失控，造成用户用电设备的损坏；第三由于局部带电，将影响局部电网向主电网并网的二次合闸。最后，当局部电网二次合闸时，由于孤岛运行的局部电网与主电网不同步，势必会引起很大的浪涌电流，这将损坏电站和负载设备。

正常情况下，局部电网的负荷远大于并网光伏系统的承受能力，当电网失电后，电网则相当于短路，光伏系统中的并网逆变器会因过载而自动保护，从而防止了“孤岛”运行，但当局部电网的负载和阻抗与光伏系统中并网逆变器的输出相匹配，或当局部电网中有多套光伏系统并网时，简单的检测电路就很难判断电网是否已经失电，难于避免发生“孤岛”现象。

为了防止“孤岛”运行，当光伏系统与之连接的局部电网失电时，要求光伏系统立即停止向电网供电，或与局部电网断开。及时检测出“孤岛”现象则是防止“孤岛”运行的关键。“孤岛”现象的检测可以是独立于并网逆变器之外的检测设备，当检测到局部电网失电时，则发出指令，断开连接在该局部电网上的所有发电装置。更为普遍的“孤岛”现象的检测是由并网逆变器本身完成的。检测可以分为被动式和主动式。被动式检测方法实现起来比较简单，一般有“电压频率检测法”、“相位跳变检测法”和“电压谐波检测法”。但当光伏电源的功率与负载的功率的接近，从而导致局部电网的电压、频率、相角和谐波的变化不大时，被动式检测就会失效。为了解决被动式检测不可靠的问题，主动检测“孤岛”现象的办法应运而生。主动检测法是在并网逆变器的控制信号中加入扰动信号，当逆变器正常并网运行时，扰动信号不起作用，而当电网失压后，扰动信号的作用就会显现出来，从而能够有效判断“孤岛”现象的发生。主动式“孤岛”检测法一般有“功率扰动法”、“电压扰动法”和“频率扰动法”。现在分述如下：

被动式“电压频率检测法”。电压频率检测法是最普遍也是最常用的“孤岛”现象的检测法。它通过检测逆变器与电网连接点处（对于分布式发电系统，这一点也是同负载的连接点）的电压幅值和频率来判断电网是否失电。当电网未失电时，并网点处的电压和频率受电网控制而基本保持不变。当电网失电时，如果并网逆变器的输出有功功率与负载需要的有功功率不相匹配，则逆变器的输出电压的幅值将会增大或减小，从而使逆变器输出的有功功率与负载需要的有功功率相等；同样，当逆变器输出的无功功率与负载需要的无功功率不相匹配时，逆变器就要调节输出频率直到实现无功功率平衡。因此，通过检测并网点处的电压幅值和频率的变化，就可以判断电网是否失电，从而防止“孤岛”运行。

被动式“相位跳变检测法”（PJD）。PJD 是通过检测逆变器输出电压与电流的相位差变化来检测是否电网失电。通常并网逆变器的输出电流是与电网电压同步的，即保持单位功率因数输出。当电网失压后，逆变器的输出电流与并网点处电压的相位差由负载决定。当负载是容性或感性时，会有一个瞬间的相角变化，相位跳变检测电路将触发防“孤岛”保护电路，以阻止“孤岛”运行。如果负载是纯阻性的，那么当电网失电时，并网逆变器的输出电压和输出电流的相位就不会有变化，则相位跳变检测法就会失效。

被动式“电压谐波检测法”。电压谐波检测法是通过检测并网点的电压谐波含量来判断电网是否已经失压。当电网未失压时，逆变器的输出电压受电网控制不会有太大的谐波，而当电网失压时，如果并网逆变器带有隔离变压器，由于隔离变压器的非线性特性，则光伏系统注入变压器的电流可能会引起较大的电压谐波，因此检测并网点电压谐波的变化也可以判断“孤岛”现象是否发生。

主动式“功率扰动法”。被动式检测“孤岛”现象也可能失败，其原因是由于负载功率与逆变器的输出功率相当，因此周期性地改变光伏系统的输出功率就可能破坏负载与逆变器的功率平衡，从而检测“孤岛”现象，并防止“孤岛”运行。这种方法对于局部电网只有一套并网系统是有效的，但对于局部电网中有多套并网系统，就很难奏效。

主动式“电压扰动法”。电压扰动法是对并网逆变器的输出电压施加一定的扰动，通过观察并网点电压的变化来判断“孤岛”是否发生。电网正常时，并网点的电压被网压所控制，电网失压时，当扰动出现时，并网点的电压将发生偏离，从而使逆变器检测到“孤岛”现象。

主动式“频率扰动法”。频率扰动法是较常用的“孤岛”检测方法。频率扰动法通过使并网逆变器输出一个变形的正弦电流信号，从而使电流基波与电网电压产生一个相位差，电网未失压时，电流频率始终被电网频率控制，相位差不起作用。当电网失压时，逆变器要消除这个相位差就会改变输出电流的频率，没有了网压的控制，逆变器输出电压的频率也会随之改变，这样通过频率的检测就可以判断电网已经失压。

8.2.2.6 交流配电系统

交流配电设备是用来接受和分配交流电能的电力设备。设备中主要包括控制电器（断路器、隔离开关、负荷开关）、保护电器（熔断器、继电器、避雷器）、测量电器（电流互感器、电压互感器、电压表、电流表、电度表、功率因数表等）以及母线和载流导体等组成。

交流配电装置按照设备所处的场所，可分为户内配电装置和户外配电装置；按照电压等级，可分为高压配电装置和低压配电装置；按照结构形式可分为装配式配电装置和成套式配电装置。中小型光伏电站一般供电范围较小，采用低压交流供电基本可以满足用电需要，因此低压配电装置在光伏电站中就成为连接逆变器和交流负载的非常必要的、用于接受和分配电能的电力设备。

光伏电站规模由于投资的限制，还都不能完全满足当地用电需求。为了增加光伏电站系统的供电可靠性，同时减少蓄电池的容量，降低系统成本，各电站都配有备用柴油发电机组作为后备电源。后备电源的作用是：① 当蓄电池亏电，而太阳电池阵列又无法充电时，由后备柴油发电机组电源经整流充电设备给蓄电池组充电，同时，通过交流配电装置直接向负载供电，保证供电系统正常运行；② 当逆变器或者其他部分发生故障，光电系统无法供电时，启动应急电源柴油发电机，经交流配电系统直接为用户供电。因此交流配电系统除在正常情况下将逆变器输出电力提供给负载外，还应具有能够将后备应急电源输出的电力，在特殊情况下直接向用户供电的功能。

由上可见，独立运行光伏电站交流配电系统至少应有 2 路电源输入，分别用于主逆变器输入和后备柴油发电机组输入。在配有备用逆变器的光伏系统中，其交流配电装置还应考虑增加 1 路输入。为了确保逆变器和柴油发电机的安全，杜绝逆变器与柴油发电机同时供电的极端危险局面出现，交流配电系统对两种输入电源切换的功能，必须有绝对可靠的互锁装置，只要逆变器供电操作步骤没有完全排除干净，柴油机供电便不可能进行。同样，在柴油发电机组通过交流配电装置向负载供电的时候，也必须确保逆变器绝对不能接入交流配电装置。

交流配电装置的输出，一般可根据用户实际需要情况进行设计。通常独立运行的光伏电站，其供电保障率很难做到百分之百，为了确保某些特殊负载的供电需求，交流配电装置至少应有 2 路输出，这样就可以在蓄电池电量不足的情况下，切断一路普通负载，确保向主要负载继续供电。在某些情况下，交流配电装置的输出还可以是 3 路或 4 路，以满足不同的需求。例如，有的地方需要远程送电，进行高压输配电；有的地方需要为政府机要、银行、通信等重要单位设立供电专线等。

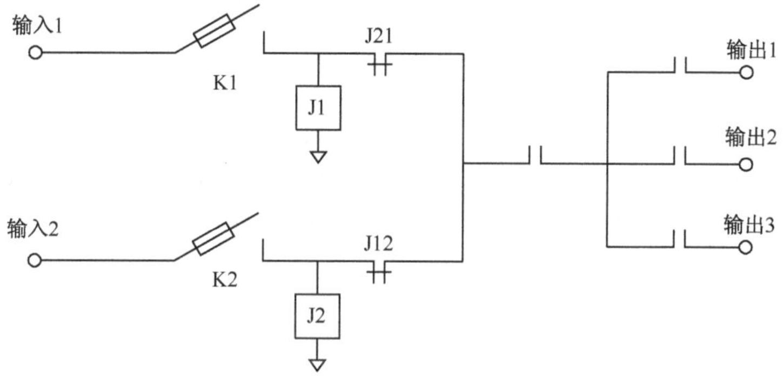

图 8.52　光伏电站交流配电装置主电路基本原理结构

通常光伏电站交流配电装置主电路基本原理结构如图 8.52 所示。图中所示为 2 路输入、3 路输出配电结构。其中 K1、K2 是隔离开关。接触器 J1 和 J2 用于 2 路输入的互锁控制，即当输入 1 有电并闭合 K1 时接触器 J1 线圈有电、吸合，其触头 J2 将输入 2 断开；同理，当输入 2 有电并闭合 K2 时，接触器 J2 自动断开输入 1，起到互锁保护的作用。另外，配电装置的 3 路输出分别由 3 个接触器进行控制，可根据实际情况及各路负载的重要程度分别进行控制操作。

对通用交流配电装置，总的要求是，动作准确，运行可靠；发生故障时，能够准确、迅速地切断事故电流，避免事故扩大；在一定的操作频率工作时具有较高的机械寿命和电气寿命；电器元件之间在电气、绝缘和机械等各方面性能配合协调；工作安全，操作方便，维修容易；体积小，质量轻，工艺好，制造成本低；设备自身能耗小。

对交流配电装置的技术要求：如下：

(1) 选择成熟可靠的设备和技术。交流配电柜选用符合国家技术标准的 PGL 型低压配电屏，它是用于发电厂、变电站交流 50Hz，额定工作电压不超过

380V 低压配电照明之用的统一设计产品。为保证可靠性，一次配电和二次控制回路均采用成熟可靠的电子线路。

(2) 根据高原地区的自然环境条件选择电气设备。按照对电器产品的技术规定，通常低压电气设备的使用环境都限定在海拔 2000m 以下。对于高海拔地区，地理环境主要气候特征是气压低，相对湿度大，温差大，太阳光及紫外线的辐射强，空气密度低。随着海拔高度增加，大气压力、相对密度下降，电气设备的外绝缘强度将随之下降，因此，在设计配电系统时，必须充分考虑当地恶劣环境对于电气设备的不利影响。按照国家标准 GB311－64 的规定，安装在海拔高度超过 1000m（但未超过 3500m）的电气设备，在平地进行试验时，其外部绝缘的冲击和工频试验电压 U 应当等于国家标准规定的标准状态下的试验电压 U_0 再乘以一定的系数。广州电器科学研究所总结了在高海拔地区实际试验数据和模拟高海拔地区人工试验箱中所得数据，提出经验公式

$$U = U_0[1 + 0.1(H - 1)] \tag{8.96}$$

式中，H(km)安装地区海拔高度。我国低压电器耐压试验电压通常取 2000V，用在海拔 5000m 处低压电器设备的耐压试验电压应当取为 2800～3333V。

绝缘试验电压之所以要求增高，是因为高海拔处空气相对密度 δ 要下降，而击穿电压

$$U = \frac{K_d}{K_n}U_0 \tag{8.97}$$

式中，U_0 为标准状态下外绝缘击穿电压；U 为实际状态下外绝缘击穿电压；K_d 为空气密度校正系数 $K_d=\delta^m$，m 通常取 1；K_n 为湿度校正系数，K_n 随高度变化不大，通常是 0.9～1.1。统计资料表明中国海拔地区 5000m 处，平均气压为 415mmHg，相当于 0.54 大气压，平均空气密度为 0.594，故 $U=0.594U_0$。这表明在海拔 5000m 高的地区，电气设备的绝缘强度下降 40%，绝缘试验电压须提高 50%～60%，因此，配电系统中的所有电气元件必须严格考核绝缘耐压而且彼此间应有足够的绝缘距离以免击穿。

(3) 交流配电柜。交流配电柜的前面板应能显示：电流、监测各相电压、功率因数表-测量逆变器/柴油机输出功率因数。交流配电柜应有电度表，分别记录光电供电电量、柴油发电机供电电量，应具有所有输入、输出通断指示。查电度表时应注意，实际电量应等于电度表的读数乘以互感器变比才是真正的电量值。例如，互感器变比为 200∶5，电度表读数为 222，则实际计测的电量为222×40＝888kW·h

交流配电柜的结构，除了通常的要求，如好的接地，维修方便外。在海拔高，气压低，空气密度小，散热条件差的地区，充分考虑到高原地区环境，设计容量时须留有较大的余地以降低电气工作时的温升，确保系统的可靠性。

此外，配电柜需具有多种线路故障保护功能。输出过载、短路保护，输入欠压保护；当输入电压降到电源额定电压的 70%～35%时，自动跳闸断电。蓄电池欠压保护：蓄电池放电达到一定深度时，由控制器发出切断负载信号，控制配电柜中的负载继电器动作，切断相应的负载。

光伏电站交流配电柜最重要的保护是两路输入的继电器及断路器开关双重互锁保护。互锁保护功能是当逆变器输入或柴油发电输入只要有一路有电，另一路继电器就不能闭合，按钮操作失灵。断路器开关互锁保护，是只允许一路开关合闸通电，此时如果另一路也合闸、有电，则两路都将同时掉闸断电。

总之一旦发生保护性跳闸，用户应根据情况进行处理，排除故障，恢复供电。

8.2.3 光伏发电应用

8.2.3.1 光伏发电应用的分类

光伏发电可以分为独立光伏发电系统和并网光伏发电系统，如图 8.53 所示。

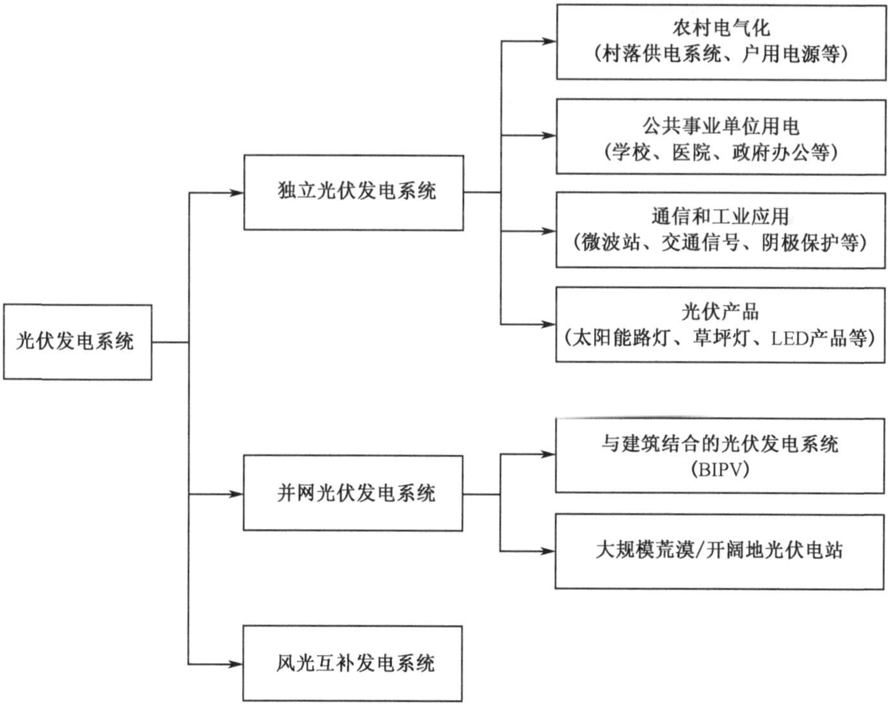

图 8.53 光伏发电系统

独立光伏发电系统在通信和工业应用目前有：
(1) 微波中继站；
(2) 光缆通信系统；
(3) 无线寻呼台站；
(4) 卫星通信和卫星电视接收系统；
(5) 农村程控电话系统；
(6) 部队通信系统；铁路和公路信号系统；
(7) 灯塔和航标灯电源；
(8) 气象、地震台站；
(9) 水文观测系统；
(10) 水闸阴极保护和石油管道阴极保护。
在农村和边远地区应用：
(1) 独立光伏电站（村庄供电系统，农村社团）；
(2) 小型风光互补发电系统；
(3) 太阳电池户用系统；
(4) 太阳电池照明灯 ；
(5) 太阳电池水泵 ；
(6) 农村社团（学校、医院、饭馆、旅社、商店等）。

并网光伏发电系统包括城市与建筑结合的并网光伏发电系统（BIPV）和大型荒漠光伏电站。目前这类应用在国内尚处于试验示范阶段，到 2005 年底，此类应用的装机容量大约仅有 2MWp。

太阳电池商品及其他应用
(1) 太阳电池路灯，庭院灯，草坪灯；
(2) 太阳电池钟；
(3) 太阳电池城市景观、喷泉、信号标识、广告灯箱等；
(4) 太阳电池帽；
(5) 太阳电池充电器；
(6) 太阳电池手表、计算器；
(7) 汽车电池换气扇；
(8) 太阳电池电动汽车，游艇和玩具。

8.2.3.2 典型的光伏发电应用案例

1) 光伏直流照明系统（见图 8.54、表 8.7）

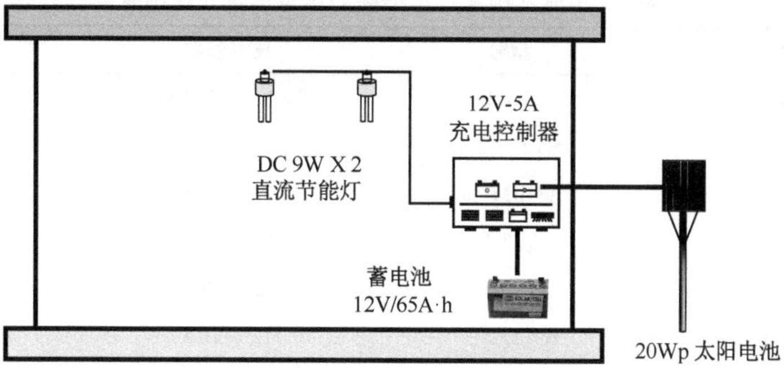

图 8.54　典型的太阳能直流照明系统

表 8.7　太阳能照明系统的设备配置和技术参数

设备	型号	技术参数	数量
太阳电池	S-50D	17V/2.95A/50Wp	1
支架	SS-50-1.5	1.5m（高）	1
阀控密封蓄电池	6GFM-65	12V/65A·h	1
直流节能灯	DC12-9	12V/9W	3（1 只备用）
充电控制器	JK-12/5-5	12V/5A	1

2）光伏交流户用电源（见图 8.55、表 8.8）

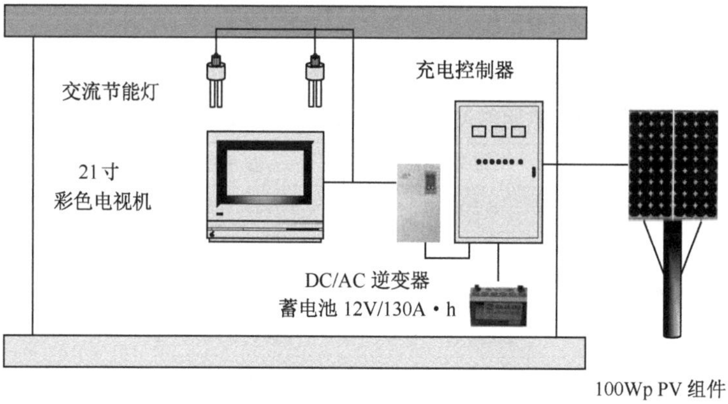

图 8.55　典型的交流太阳能户用电源系统

表 8.8　交流太阳能户用电源的设备配置和技术参数

设备	型号	技术参数	数量
太阳电池	S-50D	17V/2.95A/50Wp	2
支架	SS-100-1.5	1.5m（高）	1
阀控密封蓄电池	6GFM-65	12V/65A·h	2
逆变器	SQ12-100	12V/100V·A	1
交流节能灯	AC-9W	220V/9W	3（1只备用）
充电控制器	JK-12/10-10	12V/10A	1

3）光伏卫星电视系统（见图 8.56、表 8.9）

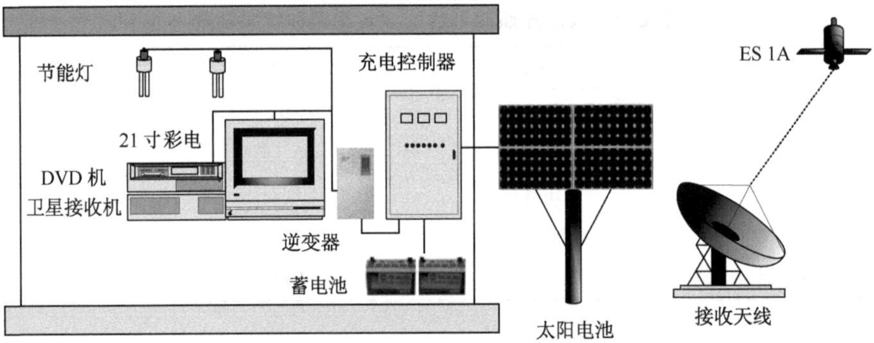

图 8.56　典型的太阳能卫星电视系统

表 8.9　太阳能卫星电视系统的设备配置和技术参数

设备	型号	技术参数	数量
晶体硅太阳电池	S-50D	17V/2.9A/50Wp	4
支架	SS-200-1.8	1.8m高	1
阀控密封蓄电池	6GFM-65	12V/65A·h	4
逆变器	SQ24-500	24V/500V·A	1
交流节能灯	AC-9W	220V/9W	3（1只备用）
充电控制器	JK-24/10-10	24V/10A	1
卫星接收系统	1.5m天线，馈源，高频头，卫星接收机，21in彩电，录像机		1套

4）集中型光伏村落电站（见图 8.57、表 8.10）

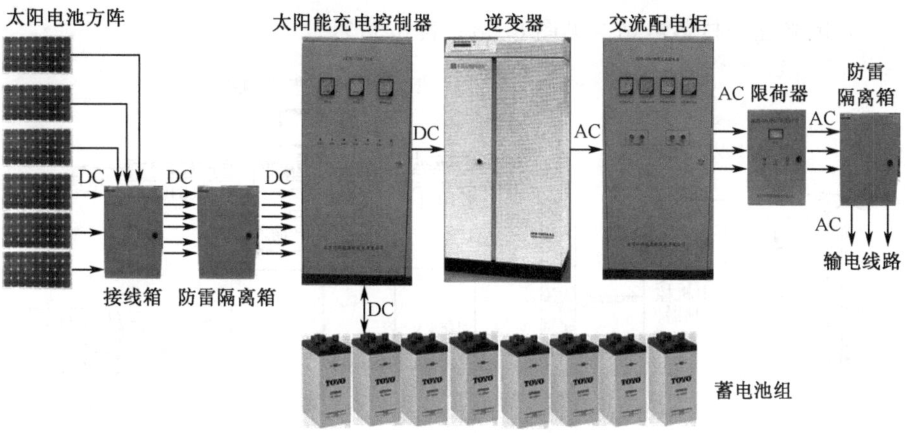

图 8.57　典型的太阳能村落电站

表 8.10　30kW 独立光伏电站设备配置和技术参数

土建工程			
项目	技术特性	数量	备注
机房	被动式太阳房	135m²	
方阵场	水泥基础＋电缆沟	450m²	
长途话路	拨号	1 条	
柴油机房	普通砖混结构	50m²	
厕所	土坯房	15m²	
水井	20～30m	1 眼	
围墙	网围栏	400m	
接地	接地电阻＜10Ω	10 个方阵	
输电线路	干线 35mm² 支线 16mm²	干线 1000m 支线 2000m	干线 3 相 4 线， 支线单相
进户线和电表箱		150 户	
机电设备			
项目	型号	技术参数	数量
太阳电池（含支架）	S80D	80Wp（17V）	252 块（18 串，14 并）
蓄电池	GFM800	2V/800A·h	220 只（110 只串联，2 组并联）
充电控制器	JKCK-220V/100A	220V/100A	1
逆变器	SN220-20K	220V/20kV·A	1
交流配电系统	JKPD380/100-3CH	3 相 100A	1
方阵接线箱	JKJX-2-1	2 路入/1 路出	7 个
电子限电装置	JKXB-50A3CH	3 相 50A	1 只
防雷隔离箱	JKFL-7	7 路	2 只（输入/输出）
高效节能灯	AC-9W	220V/9W	2400 盏
计算机数据采集系统	JKSC-II	Fix 平台	1
备用柴油机	闭式水冷	55kW	1（可选）
整流充电系统	JKZL-60K-3CH	60kW	1（可选）
电缆			若干
电站用工具、仪表			一套

5）风光互补村落电站（见图 8.58、表 8.11）

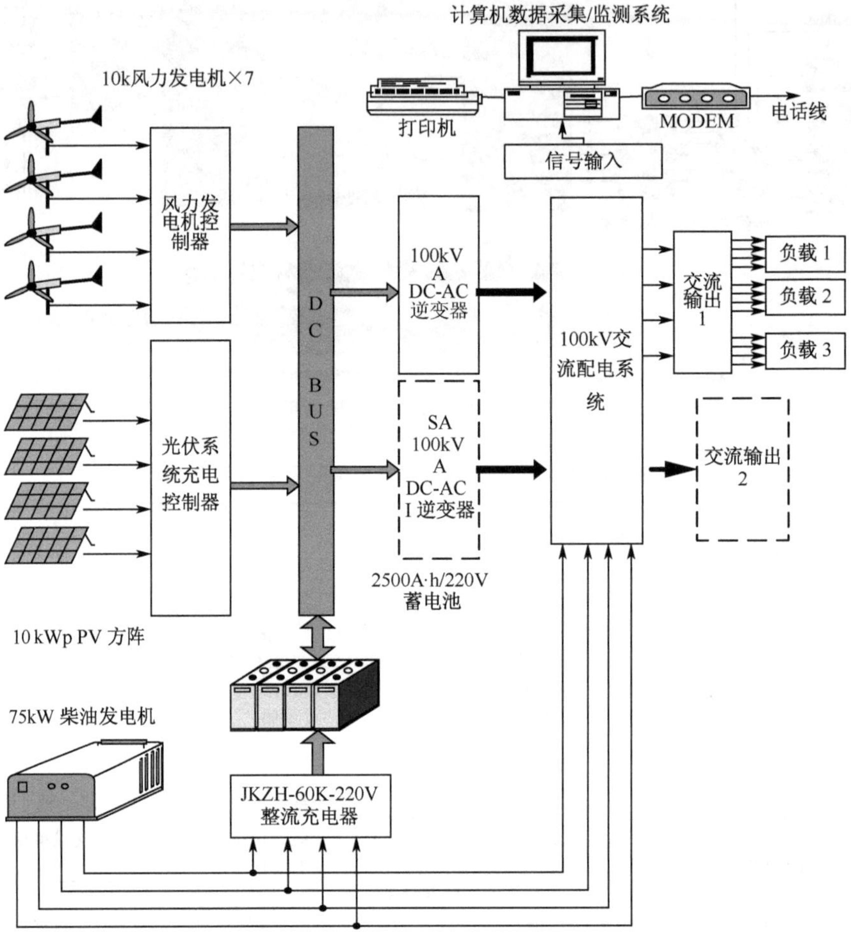

图 8.58　风-光-柴混合发电系统

表 8.11　典型的 55kW 风光互补发电系统

设备	技术特性	数量	说明
控制室和蓄电池室	被动式太阳房	$80m^2$	
柴油机房	砖混结构	$50m^2$	
风力发电机机座和电缆沟道	混凝土结构	5 个机座，600m 电缆沟	
太阳电池方阵基础和电缆沟道	混凝土结构	10kWp 方阵基础，120m 电缆沟	
防雷接地	接地电阻小于 10Ω	7 套	5 台风机塔架，太阳电池方阵和控制室

续表

设备	技术特性	数量	说明
输电线路	干线 $35mm^2$ 支线 $16mm^2$	干线 1000m，支线 2000m	干线三相 4 线，2 个方向，支线单相
用户配电箱及进户线	进户线 $4mm^2$，进户电表 2.5A	120 户	
风力发电机	10kW/台	5 台	XBWL F10a-R220
风机塔架	钢制	5 个	
太阳能电池	进口组件	10 kWp	ASE-300-DGF/50
太阳能电池支架	镀锌铁架	6 组	3A
蓄电池	固定型铅酸蓄电池	220V/1000Ah	GGM-1000×110 只
风机控制器	10kW	5 台	XBWL VCS-10
光伏控制器和直流总线	光伏控制器 10kW 直流总线 60kW	1 台	JKZK-5K-220V
DC/AC 逆变器	80kV·A（三相、正弦）	1 台	SA80K
整流充电器	60kV·A	1 台	JKZH-60K-220V
交流配电系统	60kW	1 台	JKJP-60K-3CH
输出配电箱	60kW（双路）	1 台	JKJPX-60K-3CH
风速风向测试系统		1 套	EL15，ENR，HYA-W，Pole，Cable
微机监控系统	Fix 平台	1 套	PII 300
柴油发电机	75kW（闭式水冷）	1 台	R4100D-75GF
电缆		若干	
专用工具、仪表		1 套	

6）直流光伏水泵系统（见图 8.59、表 8.12）

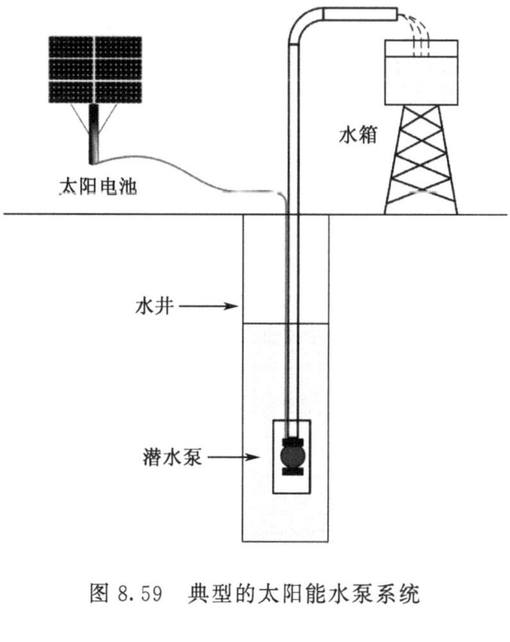

图 8.59　典型的太阳能水泵系统

表 8.12 直流太阳能水泵技术参数

设备	技术参数	设备	技术参数
太阳电池/Wp	1100	流量（m^3/d）	20
水泵功率/W	750	水箱体积（m^3）	30
水泵特点	直流 MPPT	对应日照资源	5kWh/(m^2·d)
扬程/m	30	设计日供水	20m^3

注：MPPT 为太阳电池最大功率跟踪功能。

7）交流光伏水泵系统（见图 8.60、表 8.13）

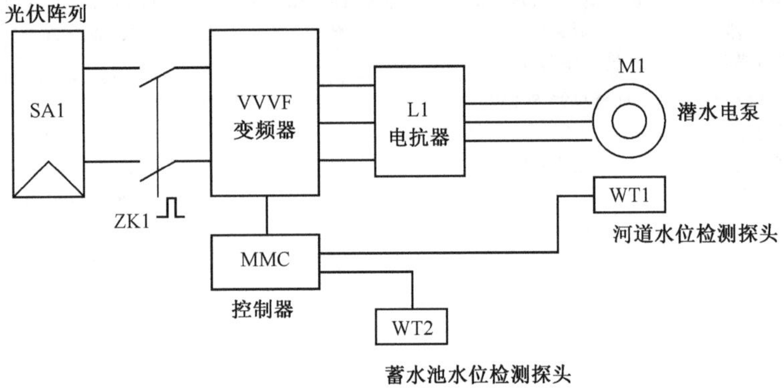

图 8.60 交流光伏水泵系统

表 8.13 交流光伏水泵系统设备与技术参数

设备	技术参数
太阳电池	共 96 块 75Wp 组件，其中 32 块串联（工作电压 545V），三组并联（额定工作电流 13.2A）；总功率 7200Wp
水泵	万事达 R95-VC-55 水泵，电机 5.5kW，额定电流 13.7A，扬程 3m^3/280m，4m^3/255m，5m^3/180m
变频器	西门子 MICROMASTER Eco 变频器：额定功率：7.5kW，额定输出电压：三相 380V_{ac}，额定输出电流：18A
电抗器	配置电抗器主要是因为电缆线较长（150m 左右，总扬程为 120m），以防输出电路存在的分布电容对变频器造成损坏。在短距离时可以不配（小于 50m）
控制器	主要负责变频器的稳定运行和机泵打干保护，其可根据日照强度的变化自动改变频率给定，以稳定阵列电压
水位探头	水箱装满水位探头，防止水箱装满仍在泵水；机井水位下限探头，防止水泵无水干打
水箱体积/m^3	40m^3
当地日照资源	6kW·h/d
设计日供水	120m 扬程，30m^3/d

8）太阳能路灯（见图 8.61、表 8.14）

图 8.61　北京郊区安装的太阳能路灯和村庄灯

表 8.14　太阳能路灯（庭院灯）系统配置

太阳能路灯		太阳能庭院灯	
太阳电池	140～160W	太阳电池	70～80W
蓄电池	24V/(80～100A·h)	蓄电池	12V/(80～100A·h)
控制器	24V/10A	控制器	12V/10A
灯具（光源）	35W 高压钠灯或金卤灯	灯具（光源）	18W 节能灯
灯杆	6～8m	灯杆	4～5m
每日工作时间	8h	每日工作时间	8h

9）与建筑结合的并网光伏发电系统（BIPV）（见图 8.62）

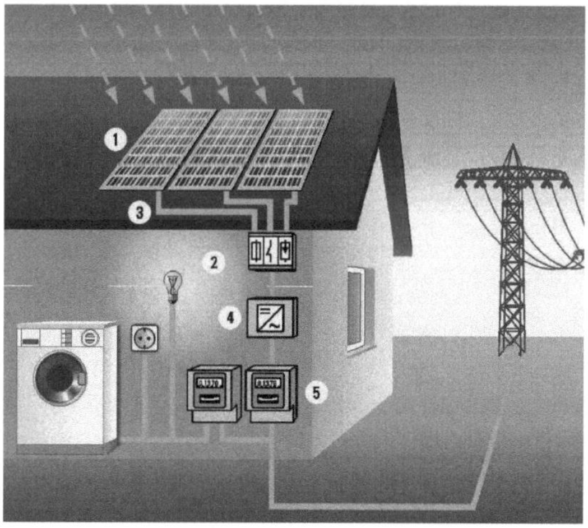

图 8.62　典型的与建筑结合的并网光伏发电系统

①太阳能电池组件；②保护装置；③线缆；④并网逆变器；⑤用电、发电计量表

10）大型并网光伏电站（LS-PV）（见图 8.63、表 8.15）

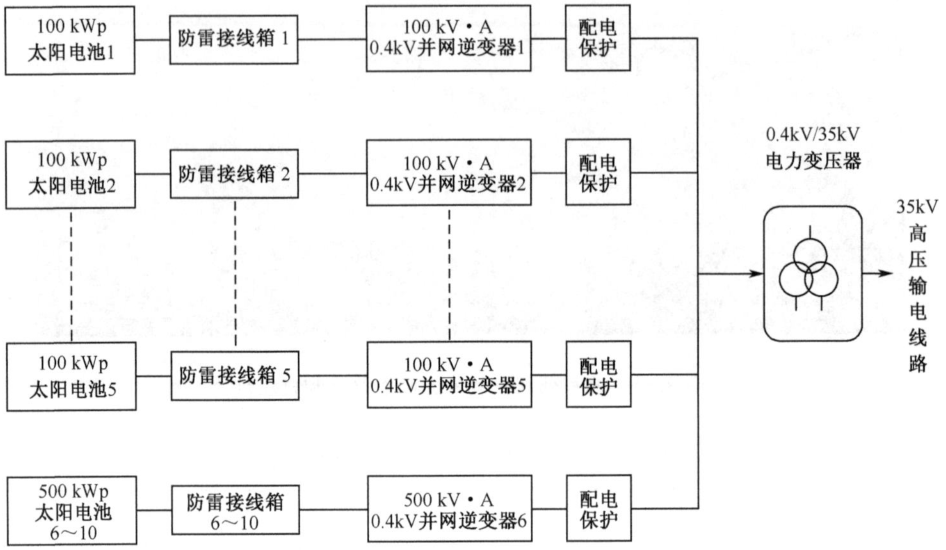

图 8.63 典型的大型与高压并网的荒漠光伏电站

表 8.15 1MW 高压并网光伏电站的设备配置

编号	项目	技术参数
1	太阳电池	S-165DJ-T 12 块串联为一组，额定工作电压 420V，52 组并联为 100kWp 子阵，共 10 个子阵。
2	方阵接线箱	每 4 组一个接线箱，共 130 个接线箱。
3	100kW 自动跟踪系统	9 个子阵为固定方阵，1 个子阵为跟踪方阵。
4	并网逆变器	100kV · A×5 台，加一台 500kV · A 逆变器。
5	配电设备	汇流、检测单元。
6	变压器	1000kV · A（0.4kV/35kV）三相全密封电力变压器一台。
7	电网接入系统	开关、断路器及保护装置
8	电站占地	42000m² （63 亩）征地 100 亩
9	数据采集、显示和远程通信系统	一套
10	机房	500m²。也可以不建机房，全部采用户外安装的设备，做到无人值守。
11	围栏（或围墙）、大门	高 1.8～2.0m，全长 1200m；大门一座
12	方阵基础	混凝土太阳电池方阵基础
13	电缆	若干

8.2.4 光伏发电应用系统的设计

光伏发电系统的设计分为如下几个步骤：

(1) 当地气象地理和当地水平面辐射数据的收集；
(2) 太阳电池方阵面所接收的太阳辐射计算；
(3) 独立系统需要收集负载数据；
(4) 并网发电系统需要收集建设地点及其电网的数据；
(5) 计算或确定太阳电池的用量；
(6) 确定系统的其他硬件配置和工程要求；
(7) 发电系统的工程设计和部件设计；
(8) 项目概算书；
(9) 项目的发电量预测和财务分析。

如果是编织可行性研究报告，还需要增加项目的背景材料、目的、意义，还要进行系统的投入产出预测和经济、环境效益评估等。下面仅就不同光伏发电系统的技术设计进行描述。

8.2.4.1 独立光伏发电系统设计

1) 独立光伏系统的设计步骤

独立光伏发电系统包括太阳能户用电源、村落集中电站、通信电源系统以及大部分光伏应用产品。设计步骤如下：

(1) 从当地气象站取得水平面 10 年平均月总辐射量、直接辐射量和散射辐射量的数据，当地经、纬度和海拔的数据；

(2) 采用辐射量计算专用软件，从水平面的辐射数据计算出太阳电池倾斜方阵面上实际接收到的辐射量 (kW · h/m^2) 的统计平均年值、月值和日值；

(3) 统计负载的种类、功率、电压、电流和每日工作时间，并根据负载需求计算负载日平均总耗电量 (kW · h)；

(4) 根据负载的电压要求或负载的功率要求确定系统的直流侧电压；

(5) 根据当地气象特点、负载的种类和负载对于供电保证率的要求，确定蓄电池的类型和存储天数；

(6) 根据系统直流侧电压、负载的平均日耗电量、蓄电池的储存天数和 DOD 确定蓄电池的容量(电压(V)和容量(A · h))；

(7) 根据太阳电池方阵面接收到的平均日辐射量和负载日耗电量，计算太阳电池的电流需求 (A)；

(8) 根据系统电压和太阳电池组件的工作电压确定太阳电池的串联数，根据太阳电池的电流需求和组件工作电流确定太阳电池组件的并联数，并计算出太阳电池的总的功率需求；

(9) 根据系统的特点和容量确定系统的硬件配置，绘制系统单线电原理图；

(10) 根据系统的硬件配置，确定各个系统部件的选型和技术参数；

(11) 根据设计结果做出项目概算；

(12) 用专用软件模拟系统运行，得出全年能量平衡图。

2) 独立光伏系统的设计实例

项目地点：北京市郊区

项目内容：家用别墅独立光伏系统

纬度：39.8°

经度：116.5°

海拔：32m

地面状态：平原

连续最长阴雨天和雨季所在月份：8月

全年最高气温及其所在月份：25.0 ℃　7月

全年最低气温及其所在月份：−4.3 ℃　1月

(1) 倾斜方阵面辐射量的计算。首先从气象站取得水平面上的各月太阳总辐射数据，然后利用辐射量计算软件计算倾斜太阳电池方阵面上的辐射量：得到倾斜面辐射量比水平面辐射量全年增加13.4％（见图8.64）。

当地经纬度和太阳电池方位			
地点		北京	
纬度	°N	39.9	
安装方式	—	Fixed	
方阵倾角	°	45.0	
方位角	°	0.0	
太阳辐射和气候条件			
月份	水平面上的月辐射量 (kW·h/m²/d)	月平均气温 (℃)	方阵面上的月辐射量 (kW·h/m²/d)
一月	2.08	−4.3	3.74
二月	2.89	−1.9	4.25
三月	3.72	5.1	4.36
四月	5.00	13.6	5.02
五月	5.44	20.0	4.85
六月	5.47	24.2	4.65
七月	4.22	25.9	3.69
八月	4.22	24.6	3.98
九月	3.92	19.6	4.27
十月	3.19	12.7	4.22
十一月	2.22	4.3	3.62
十二月	1.81	−2.2	3.35
			每年
水平面太阳辐射量	MW·h/m²		1.34
方阵面太阳辐射量	MW·h/m²		1.52
平均气温	℃		11.8

图8.64　北京地区倾斜方阵面辐射量

（2）测算负载耗电见表 8.16

表 8.16　测算负载耗电

名称	数量	负载/W	合计负载/W	工作时间/（h/d）	功耗/Wh	备注
照明	8	11	88	5.00	440	
电视接收机	1	25	25	5.00	125	
彩色电视	1	95	95	5.00	475	
水泵	1	750	750	1.00	750	
电冰箱	1	100	100	10.00	1000	
洗衣机	1	300	300	1.00	300	
微波炉	1	1000	1000	0.50	500	
电脑	2	100	200	6.00	1200	
打印机	1	250	250	0.50	125	
传真机	1	150	150	1.00	150	
合计			2958		5065	

（3）系统直流电压的确定。根据负载功率确定系统的直流电压（即蓄电池的电压），对于上述系统选用 48V 电压。确定的原则是，在条件允许的情况下，尽量提高系统电压，以减少线路损失；

①直流电压的选择要符合我国直流电压的标准等级为 12V、24V、48V 等；

②直流电压的上限最好不要超过 300V，以便于选择元器件和充电电源。

（4）确定蓄电池的存储天数和 DOD。这里确定电池储存天数为 3 天，蓄电池 DOD 为 50％。

（5）太阳电池功率计算。

①太阳电池选用秦皇岛华美光伏电源系统有限公司的组件

型号为：S-70D

开路电压：21.5V

短路电流：4.55A

峰值电压：17V

峰值电流：4.14A

峰值功率：70 Wp

②全年峰值日照时数为：1520h（1520kW · h/m^2/a），平均峰值日照时数为：4.16h/d

③根据系统 48V 电压要求，每块标准组件为 12V 电瓶充电，则太阳电池的串联数为 4 块。

④每日负载耗电量为：105.5A · h

⑤所需太阳电池的总充电电流105.5A · h×1.02/(4.16h×0.9×0.8)＝

35.93A。蓄电池的充电效率为0.9，逆变器效率为0.8。1.02是20年内太阳电池衰降，方阵组合损失，尘埃遮挡等综合系数。

⑥根据总充电电流要求，确定太阳电池的并联数为35.93A ÷ 4.14A/块＝8.7块。取9块太阳电池板。按每块太阳电池板提供70峰瓦，太阳电池的总功率为(9× 4)×70＝2520峰瓦。

(6) 蓄电池的容量计算。

蓄电池选用江苏双登全密封阀控式工业用铅酸蓄电池（引进美国GNB公司全套设备)。蓄电池的容量＝日负载耗电量×蓄电池储存天数/DOD。选用前面的数据，计算电池容量为633A·h，取600A·h。因此选用GFM-600型蓄电池(10h放电率的额定容量为600A·h)

3) 太阳电池方阵前后间距的计算

当光伏电站功率较大时，需要前后排布太阳电池方阵，或太阳电池方阵附近有高大建筑物或树木。这种情况下，需要计算建筑物或前排方阵的阴影，以确定方阵间的距离或太阳电池方阵与建筑物的距离。一般确定原则是：冬至当天早9:00至下午3:00太阳电池方阵不应被遮挡。太阳电池方阵布局如图8.65所示。该图也给出一些参量及角度的定义。

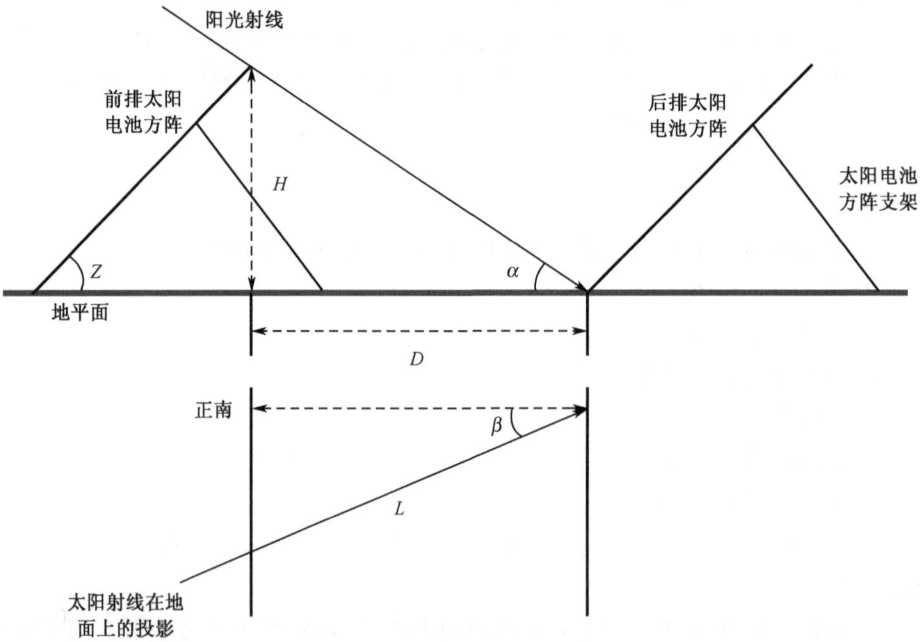

图8.65 太阳电池方阵前后间距布局图示

计算太阳电池方阵间距 D，可以从下面 4 个公式求得：

$$D = L \times \cos\beta \tag{8.98}$$

$$L = H / \tan\alpha \tag{8.99}$$

$$\alpha = \arcsin(\sin\phi\sin\delta + \cos\phi\cos\delta\cos\omega) \tag{8.100}$$

$$\beta = \arcsin(\cos\delta\ \sin\omega/\cos\alpha) \tag{8.101}$$

式中参数的定义如前。首先计算冬至上午 9：00 太阳高度角和太阳方位角，冬至时的赤纬角 δ 是 $-23.45°$，上午 9：00 的时角 ω 是 $45°$，于是

$$\alpha = \arcsin(0.648\cos\phi - 0.399\sin\phi) \tag{8.102}$$

$$\beta = \arcsin(0.917 \times 0.707/\cos\alpha) \tag{8.103}$$

随后即可求出太阳光在方阵后面的投影长度 L，再将 L 折算到前后两排方阵之间的垂直距离 D。举例，北京地区太阳电池方阵前后的间距。北京地区的纬度 $\phi = 39.8°$。如太阳电池方阵高 2m，当 $\delta = -23.45$，$\omega = 45$，代入式（8.102）和式（8.103），求出 $\alpha = 14.04$，$\beta = 42.0$，太阳电池的方阵间距为，应用式（8.98）$D = H \times \cos\beta / \tan\alpha = 5.94\text{m}$。

4）不同类型负载的特点

设计光伏发电系统和进行设备选型之前，要求充分了解负载的特性。负荷最为重要的特性包括：直流/交流、冲击性/非冲击性、重要/一般；不同类型的交流负载具有不同的特性。对于电阻性负载，如白炽灯泡、电子节能灯、电加热器等。电流与电压是同相，无冲击电流。而对于如电动机、电冰箱、水泵等这类电感性负载，电压超前于电流，电流有冲击性。对于电力电子类负载，如荧光灯(带电子镇流器的)、电视机、计算机等。也有冲击电流。其中电感性负载，如电动机的浪涌电流是额定电流的 5～8 倍，时间为 50～150ms。电冰箱的浪涌电流是额定电流的 5～10 倍，时间为 100～200ms。彩电的消磁线圈和显示器的浪涌电流是额定电流的 2～5 倍，时间为 20～100ms。

关于负荷参数和对电源的要求，有电压、电流、功率、功率因数、波形、频率等。逆变器的波形一般有三种，即正弦波、准正弦波和方波。一般方波逆变器或准正弦波逆变器大多用于 1kW 以下的小功率系统，1kW 以上的大功率系统多数采用正弦波逆变器。电力电子类负载的峰值电流（振幅系数大于 1）和工作波形如图 8.66 所示

5）光伏发电系统的设备配置和选型

控制器：根据系统功率、电压、方阵路数、蓄电池组数和用户特殊要求来确定控制器的类型。通常，太阳能户用电源一般采用单路脉宽调制控制器，大功率光伏电站一般采用多路控制器，通信电源和工业领域系统一般采用带有通信功能的智能控制器。上述独立电源系统实例中的太阳电池用量为 2520Wp，负载约为 3000W，控制器选 48V 多路控制，输入/输出的最大允许电流为 100A。

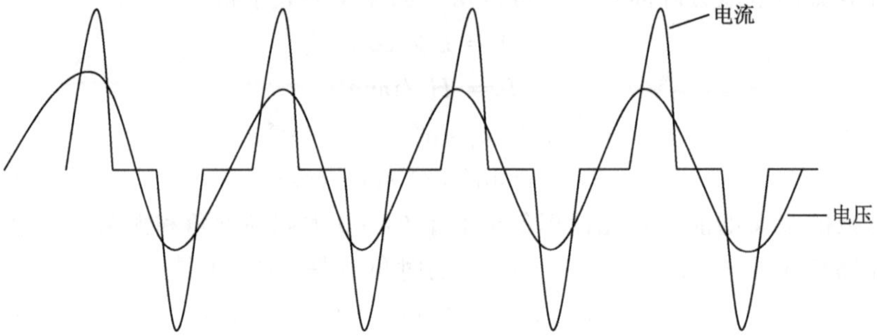

图 8.66　电力电子类负载的工作波形

逆变器：根据系统的直流电压确定逆变器的直流输入，根据负载类型确定逆变器的功率和相数，根据负载的冲击性决定逆变器的功率余量。一般来说，独立光伏村庄供电系统的负载种类是不可能完全预知的，因此选用逆变器的时候一定要留有充分的余量，以保证系统的耐冲击性和可靠性。上述独立发电系统中负载为 3000W，考虑到有计算机、电视机等冲击性负载，选用 48V/5kV · A 正弦波逆变器。

备用电源：独立光伏发电系统的备用电源一般是柴油发电机组，备用电源的功能主要是 2 个：当阴雨天过长或负荷过重造成蓄电池亏电时，通过整流充电设备为蓄电池补充充电；另一个作用是当光伏发电系统发生故障，如逆变器故障导致无法送电时，由备用电源直接向负载供电。一般来说，只有 20kW 以上的大型光伏电站和不允许断电的通信系统才考虑配有备用柴油机，柴油发电机的容量应当与负载相匹配。

数据采集系统：数据采集系统用于采集、记录、存储、显示系统所在地的太阳能辐射、环境温度和系统运行数据，同时具有数据传输的功能。一般数据采集系统也只在大型光伏试验电站和无人值守的通信台站配备。

6）光伏发电系统的防雷接地设计

（1）雷击的危害。

雷电是一种大气物理现象，是大气与雷云之间或雷云之间的放电。雷云对地的闪击产生很大的危害。描述雷击的主要特征是雷电流和伴随雷电流产生雷击电磁脉冲（lighting electromagnetic pulse，LEMP），即感应雷。雷电流和 LEMP 是雷击放电的两种形式。雷电流通过电流脉冲波形式出现，LEMP 以辐射电磁场的形式出现。当有通路时表现为雷电流脉冲波，同时伴随产生 LEMP 辐射电磁场。通常把雷电流产生的影响叫直击雷。把 LEMP 产生的影响叫感应雷。

①直击雷的危害。雷电放电主要通道通过被保护物，被保护物被直击雷击中。太阳电池方阵或机房建筑物被雷电直接击中会造成设备及人员伤亡等极大

危害。

②感应雷的危害。雷电放电主通道不是经过被保护物，闪电过程中产生强大的瞬变电磁场在附近的导体上电磁脉冲，即感应雷。LEMP 可通过两种感应方式侵入导体。一是静电感应，在雷云中电荷积聚时，就近的导体会感应相反的电荷，当雷击放电时，雷云中电荷迅速释放，而导体中的静电荷在失去雷云电场束缚后也会沿导体流动寻找释放通道，就会在电路中形成 LEMP。二是电磁感应，在雷云放电时，迅速变化的雷电流在其周围产生强大的瞬变电磁场，附近的导体中就会产生很高的感生电动势，在电路中形成 LEMP。LEMP 沿导体传播，损坏电路中的设备或设备中的器件。光伏发电系统中电缆多，线路长，给 LEMP 的产生，耦合和传播提供了良好环境。而光伏发电系统设备随着科技的发展，智能化程度越来越高，低压电路和集成电路也用得很普遍，抗过电压能力越来越差，极易受 LEMP 的袭击，并且损害的往往是集成度较高的系统核心器件，所以更不能掉以轻心。由于 LEMP 可以来自云中放电，也可以来自对地雷击。而光伏发电系统与外界连接有各种长距离电缆可在更大范围内产生 LEMP，并沿电缆传入机房和设备。所以防感应雷是光伏发电系统防雷的重点。

（2）光伏发电系统的防雷措施。

①直击雷的防护。为了尽量减少 LEMP 的产生，一般采用抑制型或屏蔽型的直击雷保护措施，如避雷带，避雷网和避雷针等，以减小直击雷击中的概率。并尽量采用多根均匀布置的引下线，因为多根引下线的分流作用可降低引下线沿线压降，减少侧击的危险，并使引下线泻流产生的磁场强度减小。引下线的均匀布置可使引下线泻流产生的电磁场在建筑物内空间内部部分抵消，也可以抑制 LEMP 的产生强度。接地体宜采用环型地网，引下线宜连接在环型地网的四周，这样有利于雷电流的散流和内部电位的均衡。

②感应雷的防护。LEMP 一般通过电力电缆和通信电缆的金属外皮和天馈线侵入系统。所以对于进出电缆防雷防护的主要措施是：一是，进出电缆必须带金属屏蔽层，进出户外电缆的金属外屏蔽层需与联合接地体等电位联结；二是，在电源上逐级加装避雷器，实行多级防护，使 LEMP 在经过多级泄流后的残压小于电站设备的耐压值；三是，在建筑物内的设备综合布线保护管采用金属管避雷器的防雷能力与安装方式有密切关系，主要是引线阻抗会产生额外的残压。应尽可能地缩短电力线与避雷器间的连线以及避雷器与接地汇流排板间连线的长度。多级布置避雷器可减小引线阻抗产生的额外残压，因为前级避雷器已将大部分雷电流泄放入地，在后级避雷器中泄放的雷电流较小。一般来说，后级泄放的雷电流 I2 为前级 I1 的 20%左右，所以必然导致引线上的附加残压减小。

（3）光伏发电系统的接地要求。

电气设备的任何部分，都须与大地通过金属接地线有良好的电气连接，实现接地。埋入地中与大地直接接触的金属体或金属体组，称为接地体或接地极。通常埋在地下的钢管、角钢或钢筋混凝土基础等都可作为接地极使用。

①接地体。接地体宜采用热镀锌钢材，其规格要求如下：钢管的直径50mm，壁厚不应小于3.5mm。角钢不小于$(50\times50\times5)mm^3$。扁钢不小于$(40\times4)mm^2$。

垂直接地体长度宜为1.5～2.5m，它们之间的间距为其自身长度的1.5～2倍。在土壤电阻率不均匀的地方，下层的土壤电阻率低，可以适当加长。当垂直接地体埋设有困难时，可设多根环形水平接地体，彼此间隔为1～1.5m，且应每隔3～5m相互焊接连通一次。接地体之间所有焊接点，除浇注在混凝土中的以外，均应进行防腐处理。接地装置的焊接长度：对扁钢为宽边的2倍，对圆钢为其直径的10倍。接地体的上端距地面不应小于0.7m，在寒冷地区，接地体应埋设在冻土层以下在沿海盐碱腐蚀性较强或大地电阻率较高难以达到接地电阻要求的地区，接地体宜采用具有耐腐，保湿性能好的金属接地体。

②接地线和接地引入线。接地线宜短直，截面积为$35\sim95mm^2$，材料为多股铜线。接地引入线长度不宜超过30m，材料为镀锌扁钢，截面积不宜小于$40\times4mm$或不小于$95mm^2$的多股铜线。接地引入线应作防腐，绝缘处理，并不得在暖气地沟内布放，埋设时应避开污水管理和水沟，裸露在地面以上部分，应有防止机械损伤的措施。

③接地电阻。如果采用地网，地网的接地电阻值应小于5Ω，对于年雷暴日小于20d的地区，接地电阻值可小于10Ω。采用架空避雷线和避雷针的接地电阻值应小于10Ω。采用避雷器的接地电阻值应小于10Ω。

8.2.4.2　交流总线独立混合发电系统介绍

交流（AC）总线的独立混合发电系统适合于边远地区多种发电装置联合供电的、用户居住分散的较大型村落电站，更适合于24h连续供电。

AC总线需要有一个由以蓄电池为基础的直流总线建立起来的可再生能源发电系统，直流总线通过双向逆变器，建立起三相交流微电网，即交流总线。其他发电装置可以就近安装在各个负载群附近，以并网方式与交流总线连接，扩容非常方便，连接新的负载也非常方便，整体运行效率远高于DC总线。如图8.67所示。

AC总线由与蓄电池连接的双向逆变器建立，当白天日照很强或风力很大时，AC总线上的负荷不足以消耗AC总线上发电设备的电力，多余的电力将通过双向逆变器为蓄电池充电；当负载需求大于AC总线上发电设备的出力时，如夜间太阳电池不发电时，蓄电池将通过双向逆变器向AC总线供电。

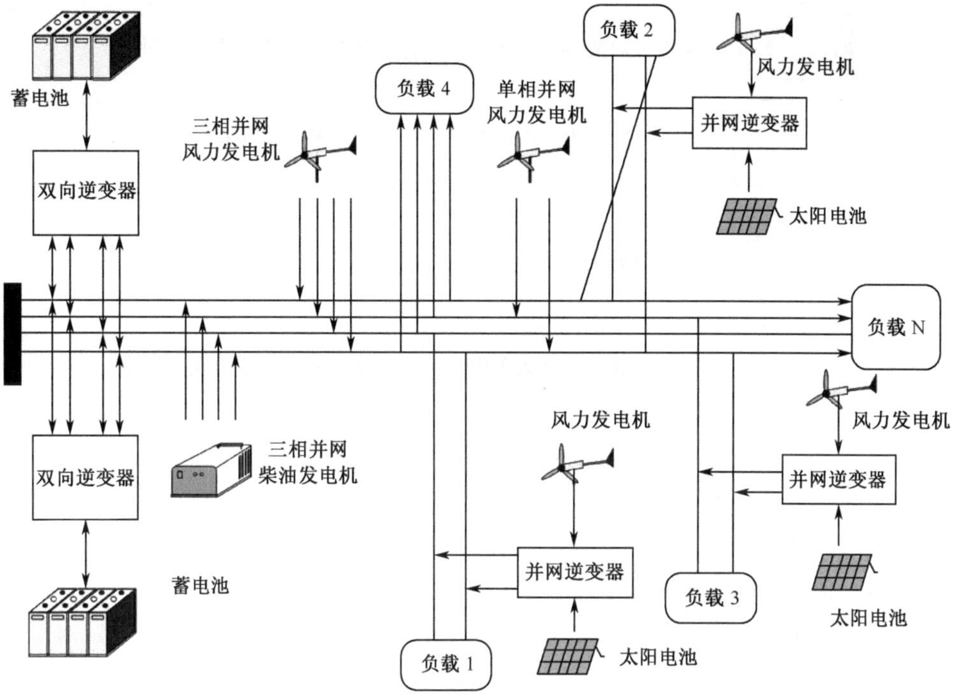

图 8.67　AC 总线混合发电系统

8.2.4.3　并网光伏发电系统设计

与建筑结合的并网光伏发电系统（BIPV）的建筑形式，有如下几种安装方式。

采用普通太阳电池组件，安装在倾斜屋顶原来的建筑材料之上。

采用特殊的太阳电池组件，作为建筑材料安装在倾斜屋顶上。

采用普通太阳电池组件，安装在平屋顶原来的建筑材料之上。

采用特殊的太阳电池组件，作为建筑材料安装在平屋顶上。

采用普通或特殊太阳电池组件，作为幕墙安装在南立面上。

采用特殊的太阳电池组件，作为建筑幕墙安装在南立面上。

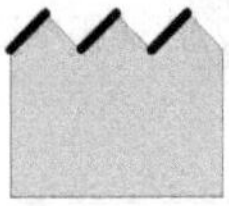

采用特殊的太阳电池组件，作为天窗材料安装在天窗上。

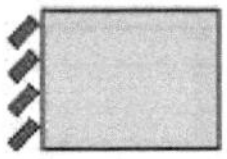

采用普通或特殊太阳电池组件，作为遮阳板安装在建筑上。

1）BIPV 的专用太阳电池组件

太阳电池与建筑相结合不同于单独作为发电装置使用，作为建筑的一部分，除了发电，还要考虑其他的功能。

（1）使室内与室外隔离；

（2）防雨；抗风；遮阳；

（3）隔热；隔噪声；

（4）美观；能够作为建筑材料共建筑设计师选择。

太阳电池还可以与各种不同的玻璃结合制作成特殊的玻璃幕墙或天窗，如：隔热玻璃组件，隔音玻璃组件；防紫外线玻璃组件；夹层安全玻璃组件，防盗或防弹玻璃组件；防火组件等。

2）BIPV 对太阳电池提出了一些特殊要求

（1）颜色的要求。

当太阳电池作为南立面的幕墙或天窗时，就会对太阳电池的颜色提出要求。对于单晶硅电池，可以用腐蚀绒面的办法将其表面变成黑色，安装在屋顶或南立面显得庄重，而且基本不反光，没有光污染的问题。对于多晶硅太阳电池，不能采用腐蚀绒面的办法，但可以在蒸镀减反射膜的时候加入一些微量元素，来改变太阳电池表面的颜色，可以变成黄色、粉红色、淡绿色等多种颜色。对于非晶硅太阳电池，其本色已经同茶色玻璃的颜色一样，很适合做玻璃幕墙和天窗玻璃。

（2）透光的要求。

当太阳电池用作天窗、遮阳板和幕墙时，对于它的透光性就有了一定的要求。

一般来讲，晶体硅太阳电池本身是不透光的，当需要透光时，只能将组件用双层玻璃封装，通过调整电池片之间的空隙来调整透光量。由于电池片本身不透光，作为玻璃幕墙或天窗时其投影呈现不均匀的斑状。当然晶硅电池也可以做成透光型，即在晶体硅太阳电池上打上很多细小的孔，但是制作工艺复杂，成本昂贵，目前还没有达到商业化的程度。

非晶硅太阳电池可以制作成茶色玻璃一样的效果，透光效果好，投影也十分均匀柔和。如果是将太阳电池用作玻璃幕墙和天窗，选非晶硅太阳电池更为适合。

(3) 尺寸和形状的要求。

因为太阳电池要与建筑结合，在一些特殊应用场合会对太阳电池组件的形状提出要求，不再只是常规的方形。如圆形屋顶要求太阳电池呈圆带状，带有斜边的建筑要求太阳电池组件也要有斜边，拱形屋顶要求太阳电池组件能够有一定的弯曲度等等。

3) 开展 BIPV 应当注意的一些问题

德国虽然已经完成了 10 万光伏屋顶计划，全国光伏建筑的累计安装量已经超过 400MWp（是我国太阳电池累计安装量的 8 倍）。取得了丰富的经验，但也发现了不少的问题。德国大多数光伏建筑都是由专业建筑师设计的，在外观上，在建筑功能上以及在透光性和与建筑和谐一致上的确设计得无可挑剔。但是这些建筑师也忽略了或者说不了解太阳电池的发电特性，如太阳电池的朝向、被遮挡和温升等问题。

(1) 太阳电池安装的朝向。

太阳电池与建筑相结合有时不能自由选择安装的朝向，不同朝向的太阳电池的发电量是不同的，不能按照常规方法进行发电量计算。假定向南倾斜纬度角安装的太阳电池发电量为 100，其他朝向全年发电量均有不同程度的减少。可以根据图 8.68 对不同朝向太阳电池的发电量进行基本估计。

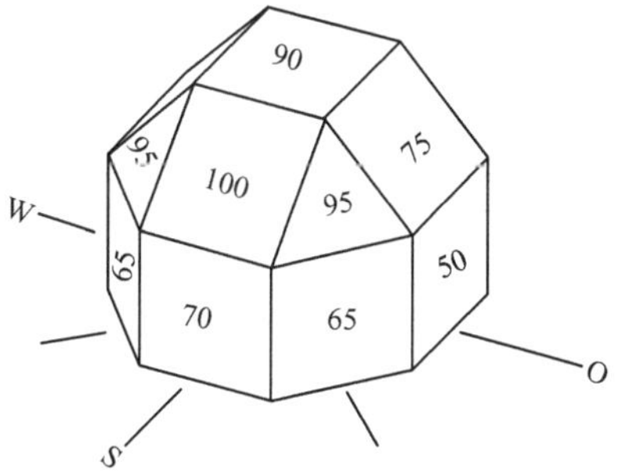

图 8.68　太阳电池不同朝向的相对发电量

(2) 太阳电池的遮挡。

太阳电池与建筑相结合，有时也不可避免地会受到遮挡。遮挡对于晶体硅太阳电池的发电量影响很大，若晶体硅电池组件被遮挡了十分之一的面积，功率损失将达到 50%。对于非晶硅的影响会小得多，受到同样的遮挡，功率损失只有10%（见图 8.69）。如果太阳电池不可避免会被遮挡，应当尽量选用非晶硅太阳电池。

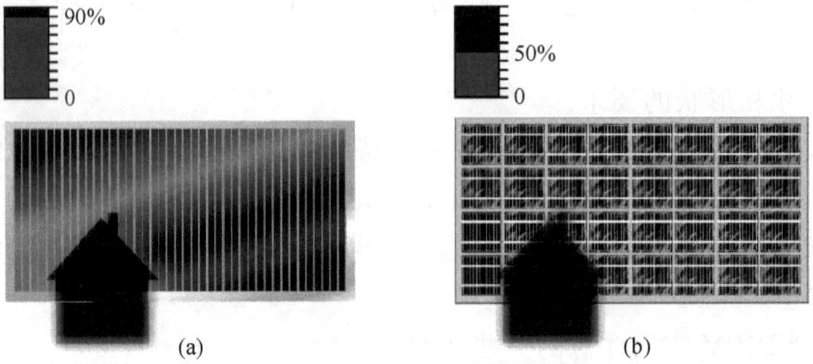

图 8.69　非晶硅（a）和晶体硅（b）太阳电池被遮挡时的功率损失

（3）太阳电池的温升和通风。

太阳电池与建筑相结合还应当注意太阳电池的通风设计，以避免太阳电池温度过高造成发电效率降低（晶体硅太阳电池的结温超过 25℃时，每升高一度功率损失大约千分之四）。太阳电池的温升与安装位置和通风情况有关，德国太阳能学会就此种情况专门进行了测试，以下给出不同安装方式和不同通风条件下太阳电池的实测温升情况：

 作为立面墙体材料，没有通风，温升非常高，功率损失9%；

 作为屋顶建筑材料，没有通风，温升很高，功率损失5.4%；

 安装在南立面，通风较差，温升很高，功率损失4.8%；

 安装在倾斜屋顶，通风较差，温升很高，功率损失3.6%；

 安装在倾斜屋顶，有较好的通风，温升很高，功率损失2.6%；

 安装在平屋顶，通风较好，温升很高，功率损失2.1%；

 普通方式安装在屋顶，有很大的通风间隙，几乎没有温升。

4）BIPV 的电气连接方式

德国和荷兰的光伏屋顶计划大多数是安装在居民建筑上的分散系统，功率一般为 1～50kWp。由于光伏发电补偿电价不同于用户的用电电价，所以采用双表制，一块表记录太阳电池馈入电网的电量，另一块记录用户的用电量（见图 8.70）。也有一些功率很大的系统，如德国慕尼黑展览中心屋顶 2MWp 的 BIPV 系统和柏林火车站 200kWp 的系统。对于小系统，一般只用一台并网逆变器，对于大系统，一般采用多台逆变器。柏林火车站 200kWp 的 BIPV 系统分为 12 个太阳电池方阵，每个方阵由 60 块 300W 的太阳电池组件构成，每个方阵连接一台 15kV・A 的逆变器，分别并网发电。慕尼黑 2MWp 的 BIPV 项目则不同，2MWp 由 2 个 1MWp 的系统分一期、二期建成。每个 1MWp 的系统采用公共直流母线，3 台 300kV・A 的逆变器按照主从方式工作，当光强较弱时只有一台逆变器工作，阳光最强时三台逆变器都工作，这样就使逆变器工作在高负荷状态，具有更高的转换效率。

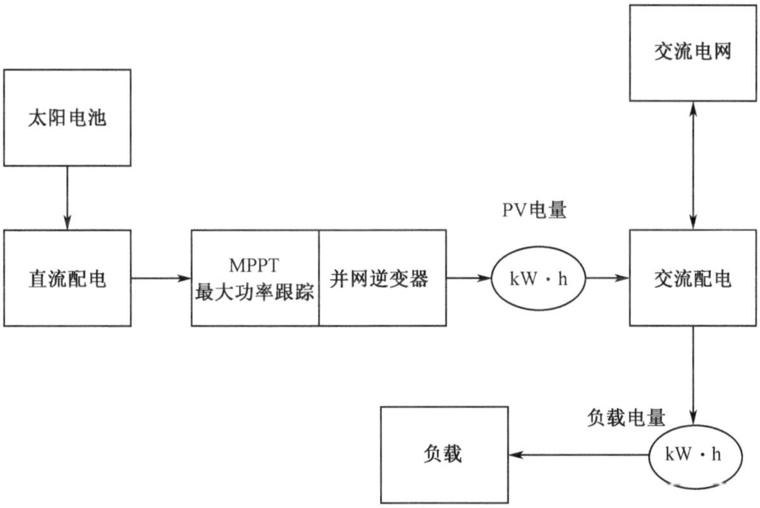

图 8.70　并网光伏发电图示（双电价接线方式）

并网光伏发电可以采用发电、用电分开计价的接线方式，也可以采用“净电表”计价的接线方式。德国和欧洲大部分国家都采用双价制，电力公司高价收购太阳能发电的电量（平均 0.55 欧元/kW・h），用户用电则仅支付常规的低廉电价（0.06～0.1 欧元/kW・h），这种政策称之为“上网电价”政策。这样的情况下，光伏发电系统应当在用户电表之前并入电网。美国和日本采用初投资补贴，运行时对光伏发电不再支付高电价，但是允许用光伏发电的电量抵消用户从电网的用电量，电力公司按照用户电表的净值收费，称之为“净电表”计量制度。此时，光伏发电系统应当在用户电表之后接入电网。

由于中国目前还没有实行光伏发电的高电价，因此，本项目采用“净电表”配电方式。双价制接线方式和“净电表”制接线方式的示意图如图 8.71 所示。

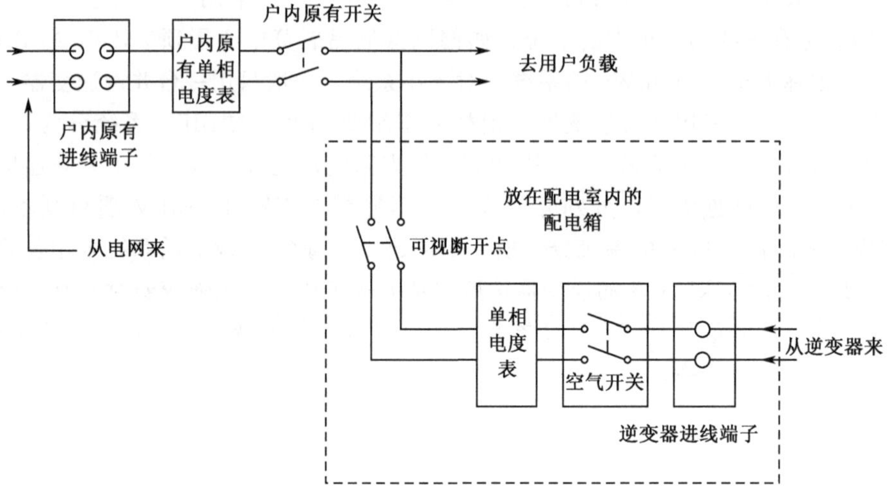

图 8.71　净电表计量单相线路连接图

如果系统是三相线路，原理也是一致的，净电表计量连接如图 8.72 所示。

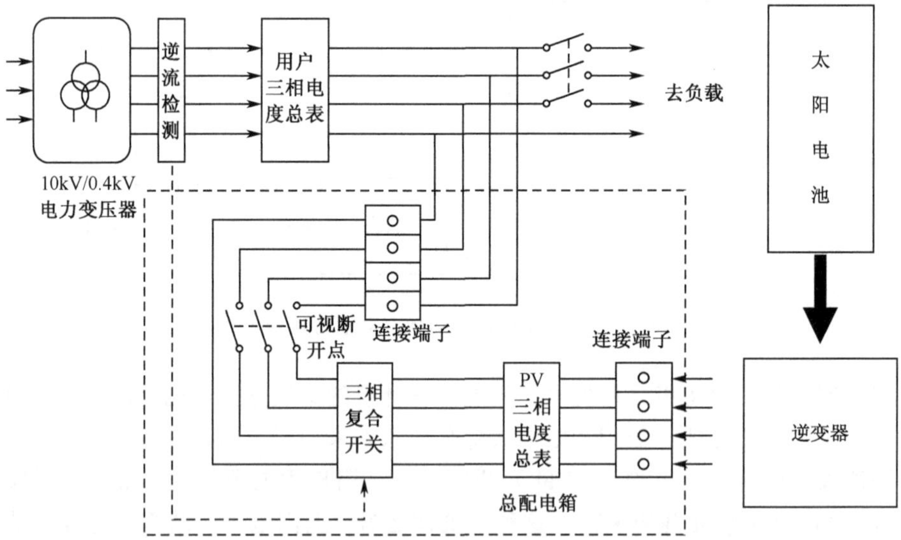

图 8.72　净电表计量三相线路连接图

8.2.4.4　光伏水泵系统设计

1）太阳能水泵的基本概念

光伏水泵既不属于并网光伏系统，也不属于常规独立光伏电源，而是属于不带蓄电池的直接连接（directly coupled）光伏系统。光伏水泵由于其安装方便、不带蓄电池、不受电源和地点限制以及可移动性，已经广泛用于人畜饮水和移动灌溉。不同的抽水用途应当采用不同的水泵，水泵的参数总结于表 8.17。

表 8.17　水泵参数

参数＼泵型	手压泵	地面自吸泵	直流潜水泵	交流潜水泵（多级离心泵）
扬程/m	<20	<5	20～50	50～400
流量/(m^3/d)	<50	25～100	10～100	10～100

光伏水泵基本结构如图 8.73 所示。设计一套光伏水泵，首先需要知道对于水的需求和水泵系统的特点。

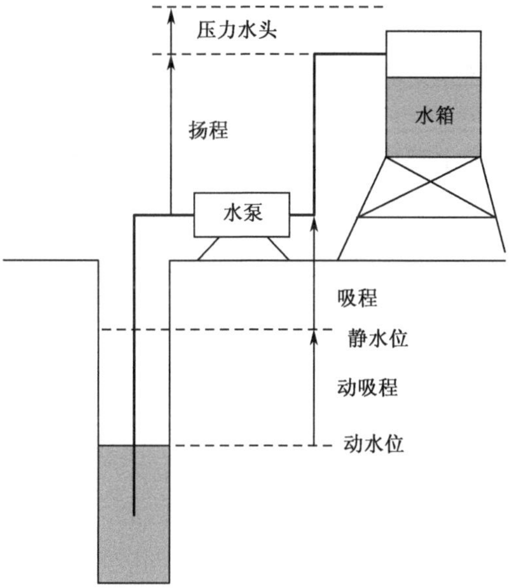

图 8.73　水泵的基本特征

吸程：包括净吸程（净水位以上）和动吸程（动水位到净水位的吸程），离心泵靠形成真空后的大气压力吸水，最高理论吸程是 10.33m，但实际设计吸程还要考虑气蚀余量和安全量。吸程＝标准大气压（10.33m）－汽蚀余量－安全量（0.5m）。一般离心泵的设计吸程应当在1～5m。

扬程：单位重量液体通过泵所获得的能量叫扬程，在设计时是指从水泵中心线提升到出水点或者蓄水箱的水面之间总的垂直距离来表征的，单位是米。

压力水头：对于密闭的出水系统或需要加压的系统应当由用户提出数据，而对于一般的敞开系统，压力水头为零；

总水头（总扬程）：总水头 ＝ 动吸程 ＋ 净吸程 ＋ 扬程 ＋ 压力水头，单位是m。

流量：是泵在单位时间内输送出去的液体量（体积或质量），用Q表示，单位是m^3/s，m^3/h，m^3/d，L/s等。

太阳能水泵的设计步骤，可以有两种办法计算太阳电池的用量，第一个办法是从水泵的功率测算太阳电池的用量，而第二个办法则是从总耗能来推算水泵功率和太阳电池的用量：

2）从水泵功率测算太阳电池用量

（1）收集用户信息：确切知道井深、动水位、净水位、水箱高度或扬水高度、每日需水量、太阳能资源等；

（2）根据用户提供的信息计算出水泵的总水头（或总扬程）和流量；

（3）根据总水头（或总扬程）、流量和水泵厂家的水泵参数选择水泵的功率，并确定采用直流水泵还是交流水泵。如果是交流水泵还应当选择合适的逆变器或变频器；

（4）根据所选定的水泵功率和根据流量测算出的每日工作时间，计算总的耗电量。计算耗电量时还要考虑系统效率；

（5）根据耗电量确定太阳电池的用量。

表8.18、表8.19及图8.74给出了Grundfos公司SP14A和广东万事达水泵流量、扬程和功率的对应参数，可计算出太阳电池用量

表8.18　Grundfos公司SP14A水泵系列技术参数

水泵型号	电机功率/kW	流量/(m^3/h)	扬程/m
SP 14A-5	1.5	2～18	16～34
SP 14A-7	2.2	2～18	18～48
SP 14A-10	3.0	2～18	25～66
SP 14A-13	4.0	2～18	34～88
SP 14A-18	5.5	2～18	45～120
SP 14A-25	7.5	2～18	80～160

表 8.19　广东万事达水泵流量、扬程和功率的对应参数

水泵型号	电机功率/kW	流量/扬程 $(m^3/h)/(m)$		
150QJ12-25/2	1.5	$8m^3/30m$	$12m^3/25m$	$16m^3/18m$
150QJ12-38/3	2.2	$8m^3/45m$	$12m^3/38m$	$16m^3/27m$
150QJ12-51/4	3.0	$8m^3/60m$	$12m^3/51m$	$16m^3/36m$
150QJ12-76/6	4.0	$8m^3/89m$	$12m^3/76m$	$16m^3/54m$
150QJ12-102/8	5.5	$8m^3/119m$	$12m^3/102m$	$16m^3/72m$
150QJ12-140/11	7.5	$8m^3/164m$	$12m^3/140m$	$16m^3/100m$

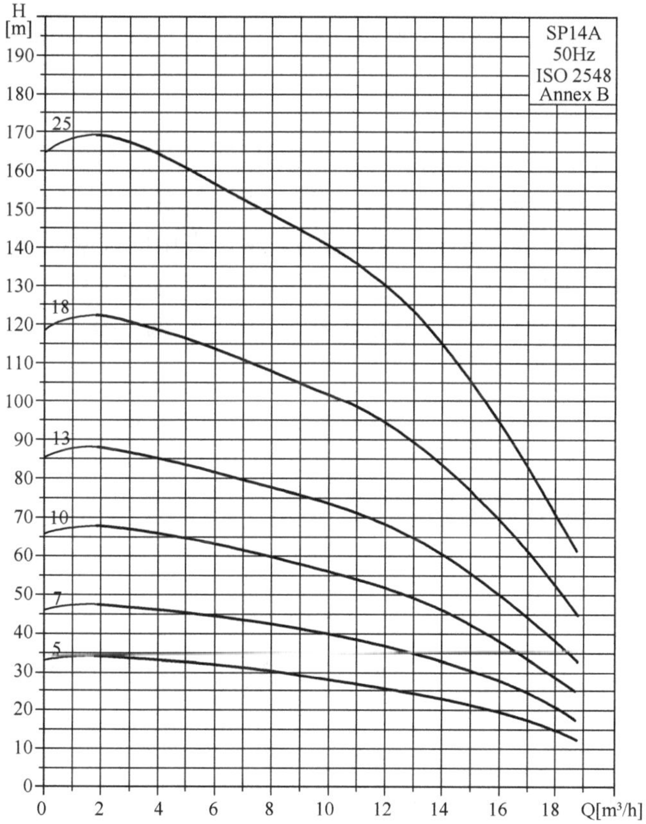

图 8.74　SP14A 系列水泵参数图

假如流量为 $8m^3/h$（大约 $30m^3/d$），扬程 30m，从图中的扬程(纵坐标)-流量(横坐标)交叉点可知应当选 SP 14A-5 型水泵，水泵功率为 1.5kW，则太阳电池应选大约 2kWp。

按照流量为 $8m^3/h$（大约 $30m^3/d$），扬程 30m，从图中可知应当选 150QJ12-25/2 型水泵，水泵功率也是 1.5kW，则太阳电池应选大约 2kWp。

3）从能量需求推算水泵的功率和太阳电池的用量

在手头没有水泵手册的时候，也可以直接从所需的扬程和流量推算水泵的功率和太阳电池的用量。这种方法对于编制太阳能水泵的设计软件是必不可少的。

（1）计算每日提水需要的能量

$$E_{pump} = 86400\rho g Q h(1+f)/3600/1000(\mathrm{kW \cdot h}) \tag{8.104}$$

其中，ρ 为水的密度（$1000kg/m^3$）；g 为重力加速度（$9.81m/s^2$）；Q 每天流量或需求量（m^3/d）；h 是总扬程（m）；f 是水管摩擦损失系数（5%～10%）。将小时换算成秒，一天等于 86400s。

例如，一个村庄每天需水 $30m^3$，总扬程 30m，摩擦系数取 7%，则E_{pump}= 2.6kW·h

（2）计算系统所需总能量

有了能量需求，还要考虑系统部件的效率。如水泵、电机、逆变器等，光伏提水系统的效率，即“电-水”效率，是提升水所需要的机械能与电动机的输入电能之比。表 8.20 列出了不同类型水泵的效率。表中的效率值是对匹配好的系统而言的。如果水泵与水头匹配差，其效率要降低。如果太阳电池在低光强情况下工作或提水系统与控制器类型不相匹配，其效率也低。据报道，一些新的水泵效率可以高达 75%。

表 8.20　不同水泵的效率（含电机效率）

水泵类型	水头	水泵效率/%
地面安装的离心泵	0～5	10～25
多级潜水泵	5～20	20～40
排水泵	20～100	30～45

如果采用的是交流水泵，则还要考虑逆变器或变频器的效率，于是，光伏水泵系统的最终能量需求 E_{sys}（kW·h）按如下计算：

$$E_{sys} = E_{pump}/(\eta_{pump} \times \eta_{inverter} \times \eta_{vol} \times \eta_{other}) \tag{8.105}$$

其中，E_{pump}是抽水能量需求；η_{pump}为水泵系统效率（含电机效率）（10%～50%）；$\eta_{inverter}$是逆变器（或变频器）效率（80%～90%）；η_{vol}为太阳电池的匹配效率（90%）；η_{other}是包括其他损失的效率（90%～95%）。用上面的参数为例，计算 E_{sys}= 2.6kW·h/(0.4×0.85×0.9×0.9)=9.44kW·h

（3）计算倾斜太阳电池方阵面上的辐射量：

一般来讲，太阳电池倾斜方阵面上的辐射量要比水平面辐射量大 10%～15%，如果水平面太阳辐射是每天 4 个峰值小时，则太阳电池方阵面上的辐射量则大约为 4.5 峰值小时（相当于太阳辐射资源为每日 4.5kW·h/m^2）。

（4）推算太阳电池用量，P_s=总能量/峰值小时/天=E_{sys}/4.5=2.1kW

（5）推算水泵功率：

水泵功率可按照太阳电池功率的 70%选取，上例大约 1.5kW，然后根据这样的功率确定合适的扬程和流量，上例扬程 30m，流量 30m^3/d（大约 8m^3/h）。查水泵手册，也选择 Grundfos 的 SP 14A-5 型水泵。

8.2.4.5　太阳能路灯的设计

1）太阳能路灯的容量需求

（1）太阳能路灯的负载需求由表 8.21 所示。

表 8.21　太阳能路灯（庭院灯）的基本要求

太阳能路灯		太阳能庭院灯	
灯具（光源）	35W 金卤灯	灯具（光源）	18W 节能灯
灯杆	6～8m	灯杆	4～5m
每日工作时间	8h	每日工作时间	8h
每日耗电	280W·h	每日耗电	144W·h
连续阴雨天	3 天	连续阴雨天	3 天

（2）太阳能路灯部件的容量设计。

太阳能路灯属于没有备用电源的独立供电系统，所有的能量全部来自太阳。因此，太阳能路灯的容量匹配和设计就显得十分重要。太阳电池的用量主要同使用地点的太阳能资源和负载耗电有关，容量设计如下。

2）太阳能路灯的容量设计

首先应当从当地气象局拿到水平面上的各月总辐射量，然后采用专用软件，如加拿大环境资源部和美国宇航局（NASA）联合开发的 RETScreen 进行倾斜太阳电池方阵面上的辐射量的计算，以北京地区为例。倾斜面辐射量比水平面辐射量全年增加 13.4%。见图 8.75。

负载的耗电（按 8 小时/日）计算，太阳能路灯日耗电为 35W×8 =280W·h，村庄灯日耗电 144W·h。系统直流电压的确定：太阳能路灯用 24V，村庄灯是 12V。蓄电池的存储天数为 3 天和 DOD=50%

3）太阳电池容量设计

（1）依上海太阳能科技有限公司的太阳电池组件为例。

型号为：S-70D，

开路电压：21.5V

短路电流：4.55A

RETScreen® Solar Resource and System Load Calculation-Photovoltaic Project			
当地经纬度和太阳电池方位			
地点		北京	
纬度	°N	39.9	
安装方式	—	Fixed	
方阵倾角	°	45.0	
方位角	°	0.0	
太阳辐射和气候条件			
月份	水平面上的月辐射量 (kW·h/m²/d)	月平均气温 (℃)	方阵面上的月辐射量 (kW·h/m²/d)
一月	2.08	−4.3	3.74
二月	2.89	−1.9	4.25
三月	3.72	5.1	4.36
四月	5.00	13.6	5.02
五月	5.44	20.0	4.85
六月	5.47	24.2	4.65
七月	4.22	25.9	3.69
八月	4.22	24.6	3.98
九月	3.92	19.6	4.27
十月	3.19	12.7	4.22
十一月	2.22	4.3	3.62
十二月	1.81	−2.2	3.35
			每年
水平面太阳辐射量	MW·h/m²		1.34
方阵面太阳辐射量	MW·h/m²		1.52
平均气温	℃		11.8

图 8.75

峰值电压：17V

峰值电流：4.14A

峰值功率：70Wp

(2) 全年峰值日照时数为 1520h，平均每日峰值日照时数为：1520 ÷ 365＝4.16 (h)

(3) 每块标准组件设计为 12V 电瓶充电，2 块组件串联为 24V 蓄电池充电，1 块组件为 12V 蓄电池充电。

(4) 每日负载耗电量，应是耗电/蓄电池电压。对于路灯为280W·h/ 24V＝11.7A·h，村庄灯 144W·h ÷ 12V ＝ 12.0 A·h

(5) 所需太阳电池的总充电电流按例计算出 11.7A·h×1.02/ (4.16h×0.9) ＝3.28A。其中 0.9 是蓄电池的充电效率。考虑太阳电池衰降，功率偏差，尘埃遮挡等综合损失为 5％ 。应有系数 1.05：

(6) 所需太阳电池的并联数为 3.28A÷4.14A/块＝0.8 块，选定 1 块 S-70D 太阳电池并联。

(7) 所需太阳电池的串联数，太阳能路灯是 24V/12V ＝ 2 块，村庄灯是 1 块。

(8) 所需太阳电池的总功率为

太阳能路灯：(2×1) 块×70 峰瓦/块＝140 峰瓦

太阳能村庄灯：(1×1) 块×70 峰瓦/块＝70 峰瓦

(9) 蓄电池的容量设计

太阳能路灯：11.7A·h/d×3d÷0.5＝70.2A·h

太阳能村庄灯：12.0A·h/d×3d÷0.5＝72.0A·h

0.5：蓄电池放电深度。太阳能路灯选用 6GFM-80 型蓄电池 2 只 (24V/80A·h)；太阳能村庄灯选用 6GFM-80 型蓄电池 1 只 (12V/80A·h)。

(10) 控制器的选型：太阳能路灯控制器选用 24V/10A。村庄灯控制器选用 12V/10A

4) 光源的选型

光源并不是太阳能路灯配置中最贵的部件，但却是最为关键的部件，从目前的故障率来看，光源的故障率是所有太阳能路灯部件中最高的，因此光源的选型、设计和安装是非常重要的。以表 8.22 列出了不同光源的一些基本特性。

表 8.22　不同光源的基本特性

单位	白炽灯	白光 LED	直管型荧光灯	直流紧凑型荧光灯	交流紧凑型荧光灯
功率范围/W	10～200	0.04～10*	8～65	5～40	3～55
平均光效/(Lm/W)	15	30～50	60	60	60
额定寿命/h	1000	100000 (50%光衰)	6000	6000	6000
色温/K	2500	＞5000	2500～6500	2500～6500	2500～6500
显色指数/Ra	96	75	80	80	80
单位	低压钠灯	高压钠灯	高压汞灯	无极气体灯	金卤灯
功率范围/W	18～200	35～400	50～500	5～50	35～1600
平均光效/(Lm/W)	60～80	60～80	45	60	60～80
额定寿命/h	12000	12000	10000	＞20000	8000
色温/K	2100	2800	5500	5000	4000～6000
显色指数/Ra	30	30	50	80	60～80

* 为单颗 LED 灯功率。

目前已经用于北京市“亮起来”工程的光源有：白光 LED，直流荧光灯，低压钠灯，高压钠灯，无极灯和金卤灯。表 8.23 列出现有各种光源的优缺点如下：

表 8.23　各种光源的优缺点比较

光源	优点	缺点
白光 LED	理论寿命长，色温合适，无冲击电流，低压工作，安全性好	定向性强，照度不均匀；光效偏低；作为照明用时需要多颗并联使用；必须采用恒流源；如果恒流源或散热不好将严重影响寿命；价格昂贵
直流荧光灯	价格便宜，色温合适，光效可以接受，照度均匀	属于紧凑型，不易散热，夏季极容易损坏，寿命偏低
低压钠灯	光效高，穿透力强，照度均匀，寿命长	价格偏贵，色温偏低，小功率光效偏低，直流电子镇流器时有故障
高压钠灯	光效高，照度均匀，寿命长	价格稍贵，色温偏低，小功率光效偏低，直流电子镇流器时有故障
无极灯	超长寿命，色温合适，光效可以接受，照度均匀	价格稍贵，安装的不多，可靠性有待观察
金卤灯	寿命长，色温合适，光效高，照度均匀	价格偏贵，透雾性不强，光源的可靠性有待观察

综合考虑价格、寿命、可靠性、光效、功率范围、均匀度和色温，村庄灯以直流节能灯和无极灯为首选，路灯则以金卤灯、无极灯和高压钠灯为宜。为了解决好直流节能灯的故障率问题，也可以考虑采用分体式灯具，将直流电子镇流器和灯管分开安装，便于散热。

对于新光源，高亮度的 LED（light emission device），作为景观和显示光源已经表现出很好的节能效果和高可靠性。但是作为以照明为目的的太阳能路灯，如果要达到同其他高光效光源相同的照明效果，LED 并不能节能，其光效无优势。对于某些只要“灯下亮”就可以接受的照明场合，可以采用比其他光源功率低的 LED 光源，从而达到节能的效果，如某些区县采用 10W LED 光源（50W 太阳电池）作为村庄灯，就是一个例子。LED 光源目前最大的优势在于其超长的寿命，在采取一定措施的条件下，如增加反光板和适当调整 LED 灯条的照射角度，也可以弥补 LED 自身的缺点，达到较好的照明效果，但真正要做到 LED 光源的高可靠和长寿命，灯具的散热和恒流驱动一定要过关。

5）太阳能路灯控制器

除了光源，路灯控制器也是非常重要的部件。路灯控制器的作用包括光控开关机，路灯工作定时，控制蓄电池的充放电，单/双灯模式控制，蓄电池容量监测，以及短路、过流、防极性反接、防反充、线路防雷等各种保护功能。控制器的设计和质量直接关系到路灯的工作效率和可靠性。

（1）控制器的主要功能。

一台高质量的路灯控制器应当具有如下功能：

① 光控自动开、关机。光控开机，定时开、关机（2h、4h、6h、8h、10h、12h）手动开、关机；

② 脉宽调制三段充电控制（带温度补偿功能）；

③ 单/双灯工作模式选择，交/直流灯具选择和12V/24V选择；

④ 蓄电池SOC放电过程自动控制，蓄电池过放电保护；

⑤ 防反充保护，防反接保护，过流和短路保护和手动程序复位；

（2）充电控制和放电过程控制模式。

提高充电效率，如何有效地防止蓄电池的过放电，则是设计控制器的关键。充电过程控制模式是采用脉宽调制三阶段充电方法，前面已详细介绍了脉宽调制三阶段充电方式的控制器，它比简单的充满-断开控制器的充电效率要高出30%。

三阶段充电方式包括：均衡充电，快速充电和浮充电。蓄电池没有发生过放电，正常工作时采用浮充电，可以有效防止过充电，减少水分的散失；当蓄电池的DOD>70%，则实施一次快速充电，有利于完全恢复蓄电池的容量；一旦DOD>40%，则实施一次均衡充电，不但有利于完全恢复蓄电池的容量，轻微的放气还能够起到搅拌作用防止蓄电池内电解液的分层。该方法可以最大限度地利用太阳电池，大大提高充电效率，还能够保证蓄电池始终处于良好的工作状态。

（3）硬件设计方案。

根据系统的功能要求，采用单片机设计了太阳能路灯控制器，电路原理图如图8.76所示。

① 控制器的核心是一片AT89S52单片，此单片机低成本，低功耗，高性能，易扩充，但此芯片不带有脉宽调制口，因此，在本方案中实现脉宽调制充电方式采用软件来实现。

② 温度检测采用DALLAS TO-92封装的DS18B20。此芯片和CPU的连接简单，仅仅通过一个管脚和单片机进行通信，测量温度为－55～125℃。

③ 太阳电池在白天有太阳时给蓄电池充电，另一方面作为光敏元件，可从太阳电池两端的电压大小，即可判断天黑还是天亮，能使太阳能路灯具备天黑灯自动点亮的功能。

④ 蓄电池电压检测和太阳电池电压检测采用LM331作为A/D转换模块，其动态范围宽，可达100dB；线性度好，最大非线性失真小于0.01%，工作频

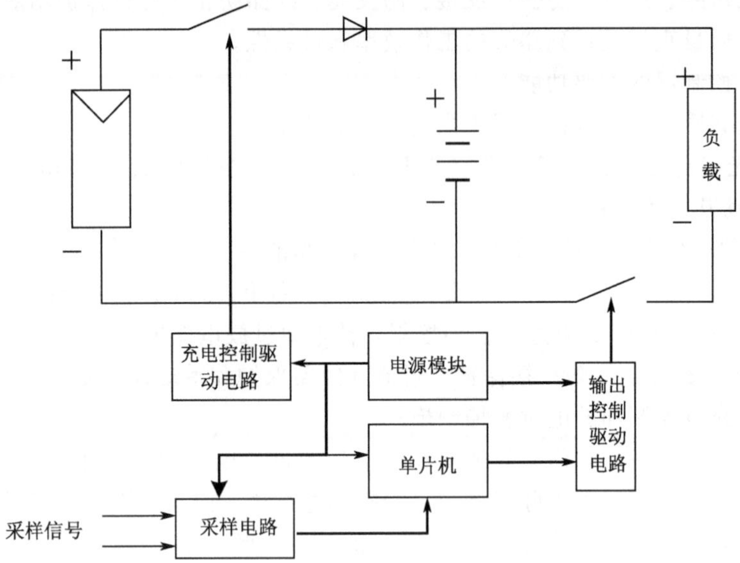

图 8.76 太阳能路灯控制器原理图

率低到 0.1Hz 时尚有较好的线性；变换精度高，数字分辨率可达 12 位。

⑤ 控制通道的设计，单片机对充电和放电功率 MOFFET 管的控制电路采用了光耦芯片 TLP250，同时两个交流灯的开关采用双向可控硅来作为开关元件，可控硅和单片机之间采用光耦芯片作为隔离和驱动，输出通道由于采用了光隔离技术使系统的可靠性和抗干扰能力得到提高。

6）太阳能路灯的安装和施工

太阳能路灯的硬件固然重要，太阳能路灯的安装施工、工程管理和质量控制也是非常重要的。太阳能路灯安装在室外，应当注意的问题很多。图 8.77 是较为典型的太阳能路灯安装结构，应兼顾下述各项功能：

（1）太阳能路灯所有外露部分的防腐和连接部件的抗风；

（2）太阳电池板的防鸟，防盗；

（3）路灯进出线和控制室的防雨；

（4）蓄电池的冬季保温和夏季降温；

（5）蓄电池室的透气、防水和防盗；

（6）灯具的防雨、防虫、防雹和便于维修和更换；

（7）控制器要便于维修和检测。

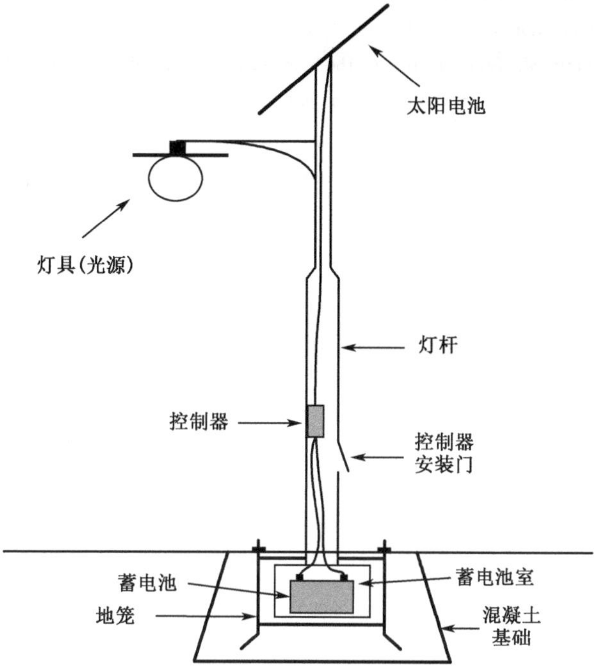

图 8.77　太阳能路灯安装示意图

参 考 文 献

[1] GB/T 6495.3—1996. 光伏器件. 第 3 部分：地面用光伏器件的测量原理及标准光谱辐照度数据. *In*：电池标准汇编. 太阳电池卷. 北京：中国标准出版社，2003：75～85.

[2] GB 6494—86，航天用太阳电池电性能测试方法. *In*：电池标准汇编. 太阳电池卷. 北京：中国标准出版社，2003：58，59.

[3] GB/T 6495.4—1996，晶体硅光伏器件的 I-V 实测特性的温度和辐照度修正方法. *In*：电池标准汇编. 太阳电池卷. 北京：中国标准出版社，2003：88～91.

[4] GB/T 6495.2—1996，光伏器件. 第 2 部分：标准太阳电池的要求. 电池标准汇编. 太阳电池卷. 北京：中国标准出版社，2003：69～72.

[5] 郭增良，仲跻功，贾堤，等，中华人民共和国国家标准，GB/T 6495.9－2006/IEC60904—9：1995，光伏器件. 第 9 部分：太阳模拟器性能要求. 北京：中国标准出版社. 2007.

[6] Hovel H J. Solar cells. *In*：Semiconductors and Semimetals. Vol. 11. New York：Academic Press，1975：37.

[7] 李长健，周耀宗. 中华人民共和国国家标准，GB/T 6495.8—2002，光伏器件. 第 8 部分：光伏器件光谱响应的测量. 北京：中国标准出版社，2003.

[8] Jackson E D. Areas for improvement of the semiconductor solar energy converter. *In*：Transactions of the Conference on the Use of Solar Energy. Tucson：University of Arizona Press，1955.

[9] Meusel M，Baur C，Letay G，et al. Spectral response measurements of monolithic GaInP/Ga (In) As/

Ge triple-junction solar cells: measurement artifacts and their explanation. Progress in Photovoltaics: Research and Applications, 2003, 11: 499～514.

[10] A S T M International. Standard test methods for measurement of electrical performance and spectral response of nonconcentrator multijunction photovoltaic cells and modules. Designation: 2003, E2236-02.

第9章 高效电池新概念

朱美芳 中国科学院研究生院

9.1 引 言

前面几章介绍了不同类型太阳电池的结构、主要性能及产业化发展前景等，它们都是目前作为可持续发展洁净能源的主要太阳电池。在目前严峻的能源形势和改进生态环境的推动下，太阳电池的产业化高速增长，近5年的年平均增长率高达49.5%。但是，要实现光伏发电社会化应用的要求，太阳电池成为能源的主要组成部分，目前仍有很大的难度，主要困难是现有太阳电池的价格与常规能源相比过于昂贵（目前国际太阳电池发电的消费价格是常规电网价格的5～8倍）。太阳电池的高价限制了它的应用和发展。只有光伏发电的价格与常规商用电价可比拟，太阳电池才能进入家庭，才有可能实现太阳电池的大规模应用。光伏发电的成本中，从并网发电而言，电池的成本是主要的，因此提供廉价的或高性价比的太阳电池是光伏发电应用和发展的基本要求和关键。

除了通过现有电池产品生产的标准化、自动化和规模化来降低电池成本外，从研发的角度主要通过两个途径解决：一是降低现有电池生产成本，主要是降低原材料与能耗的成本，如占光伏市场约90%的晶体硅电池，其硅衬底成本约占了电池成本的60%～70%。因此发展低成本硅材料的制备技术。正是目前硅材料产业界发展的重要方向。同时发展薄的晶硅衬底电池的制备技术。通过减薄晶硅衬底的厚度来降低材料成本，是一直在进行着的低成本技术途径。硅衬底的厚度从20世纪80年代的400～450μm，90年代的350～400μm到目前的180～280μm，期待2010年晶片的厚度为150～220μm，2020年晶硅片的厚度为100～150μm。这涉及工艺的改进，是一个长期的研发课题。降低成本的另一个途径是要发展低温的低成本制备的薄膜电池技术。可以在廉价的玻璃衬底或柔性衬底（不锈钢、塑料）上的制备各类薄膜电池：如硅基薄膜（非晶硅、微晶硅）电池、铜铟（镓）硒电池、碲化镉电池和染料敏化电池，及最近受到关注的有机太阳电池等，这类电池都具有低能耗和省材质的特点，具有降低制备工艺成本的潜力，目前正从实验室到产业化的不同阶段得到了迅速的发展。

实现廉价太阳电池的另一思路是提高太阳电池的光电转换效率，即电池有高的性能价格比。Martin A. Green 分析及估算了光伏电池效率与成本的关系如图9.1所示[1]，该图表示各类电池转换效率与成本的对应关系。其中晶体硅电池为第一代电池，薄膜电池为第二代电池，而将在本章讨论的为第三代高效电池。晶体硅电池工艺成熟，它是目前太阳电池市场的主角，该图显示，它的成本高。近二十多年发展起来的第二代薄膜电池，虽然其转换效率较低，但是低温工艺，耗材少，具有制备成本低的优势，成本明显降低，有可能降到 1 美元/W 以下。该图清晰表明，如果电池转换效率能提高到 20%以上，电池成本就有大幅度下降的可能。因此进一步提高效率成为降低成本的关键途径。表 9.1 总结了目前不同类型太阳电池的实验室效率和组件效率。从表中可看出电池的组件效率低于实验室的效率，薄膜电池的情况更是如此。对于目前产业化的电池，通过改进工艺，产业化技术的不断开发和创新，提高不同类型太阳电池的产业化效率。缩小两者的差距是现实的，必要的。

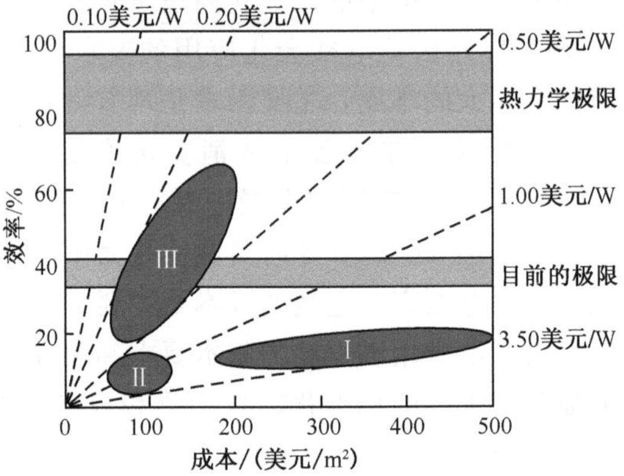

图 9.1 不同光伏技术制备太阳电池的成本与太阳电池转换效率的关系

Ⅰ硅片技术（第一代电池）；Ⅱ 薄膜技术（第二代电池）；Ⅲ 高效薄膜技术（第三代电池）[1]

表 9.1 截至 2007 年以前光伏电池实验室最高效率及产业化组件效率[2]

电池	实验室效率/%	组件效率/%
多晶硅（p-Si）	20.3±0.5[3]	15.3±0.4[4]
单晶硅（c-Si）	24.7±0.5[5]	22.7±0.6（HIT）[6]
非晶硅（a-Si）	9.5±0.3[7]	
（a-Si/μc-Si）	11.7±0.4[8]	
（a-Si/ a-Si/a-GeSi）	12.1±0.7[9]	10.4±0.5[10]
铜铟镓硒（CIGS）	18.8±0.5[11]	13.4±0.7[12]
碲化镉（CdTe）	16.5±0.5[13]	10.7±0.5[14]
染料敏化（DSC）	10.4±0.3[15]	6.3±0.2[16]

表 9.1 中不同类型太阳电池大都是建立在双能级模型下的光电转换机制。1960 年 Shockley 和 Queisser 发表了理想太阳电池极限转换效率的文章[17]。他们第一次计算了单结太阳电池转换效率的极限值是 31%，(采用温度为 6000K 的黑体辐射作光源)。相对于光谱如此丰富的太阳光照射，这结果并不高。在 Shockley-Queisser 模型中，明显的局限是，电池不吸收能量小于材料禁带宽度 E_g 的光子，而能量大于 E_g 的光子，不论它们的能量与 E_g 差别的大小，输出电压是相同的，是由材料的禁带宽度决定，在这样的光电转换过程中低能量和高能量光子的能量损失是显而易见的。而转换效率是与一个光子入射到电池上所产生的电子空穴对并输送到外电路的能量有关，目前的电池结构无论是对太阳光谱的吸收及能量的输出都是有限的。因此通过提出光电转换的新模型、新概念，期待有更高光电转换效率电池的出现，从而降低电池成本，成为我们另一个新的期待。

前几章全面讨论了多种材料、各类电池、相关工艺以及目前已达到的水平之后，可总结限制效率进一步提高的因素，使我们能认清目标，有效地发展更高效率的电池。本章将不讨论提高效率所涉及的制备工艺的相关问题，将从理论上分析电池所能达到的最高效率。主要讨论如何充分吸收太阳光，并尽可能地将每个光子的能量转换成输出到外电路做功，以获得更高的光电转换效率，得到人们从材料、结构、工艺上发展的努力方向。提出高效光伏转换的新构思，新模型，发展所谓第三代高效光伏电池[18,19]。

本章将从讨论细致平衡原理出发，分析单能隙（双能级）条件下光电转换的理论极限。进一步根据热力学基本原理，讨论光伏电池的理论极限。在以上讨论基础上，结合对现有电池结构光电转换损失机制的分析，提出具有高转换效率的一些新概念电池：包括充分吸收太阳光谱的多结叠层电池（tandem cell)、中间带和多能带光伏转换（intermediate band and multiple band solar cell)、上转换及下转换（up-and down-conversion)；提高开路电压的热载流子电池（hot electronic solar cell)、增加电流输出的碰撞离化电池（impact ionization solar cell)、热光伏与热光子转换（thermophotovoltaic and thermophotonic conversion）等。

9.2　Shockley-Queisser 光伏转换效率理论极限

一个太阳电池的运作涉及电池、太阳辐照及电池所处的周围环境三者之间的能量交换。对于电池原理已有了介绍，要深刻地了解及分析太阳电池的极限转换效率，还需要了解和分析太阳及电池环境两个部分。

太阳是电池运作的驱动力，太阳能量的来源是其核聚变反应。如在第 8 章中所述，太阳每秒大约有 7×10^8t 的氢原子被转化为大约 6.95×10^6t 的氦，释放能量为 3.86×10^{33}erg/s（即 3.86×10^{20}MW)，核心温度为 1.56×10^7℃，太阳中心的伽马射线向球体表面以各向同性的方式辐射出去，其能量不断地被吸收和散射，温度不断降低，最终在太阳的外表面的温度约为 5758K[20]。太阳表面的功率密度为 62MW/ m^2，由于辐射过程中的吸收、散射等，太阳辐射到达地球表面的功率密度降为 1.352kW/m^2。地球大气上层太阳辐射光谱的 99%以上在波长 0.15～4.0μm，在可见光波段辐射最强。

我们知道，黑体辐射是物体由于自身温度产生的向外辐射电磁波的现象，一定温度的热辐射体可看做黑体辐射。测量结果表明，太阳的光谱类似于温度为 5758K 的黑体辐射光谱，因此通常把太阳作为黑体来处理，这样已有黑体辐射的一系列表征可应用于描述太阳辐射光子流的基本性质，正是在后续计算中用到的。

9.2.1 黑体辐射

黑体是能完全吸收照射到它上面的各种电磁辐射频率的物体。它不反射任何光线，因而呈现黑色，黑体是一个理想的模型。黑体也是最佳的辐射体。黑体的吸收与辐射是 共存的两个方面。实验证明吸收能力越强的物体，辐射能力也越强。实验也证明不同温度的物体，电子从高能态向低能态跃迁时释放的能量以电磁波方式向外辐射。这种能量的频率分布随温度的差异而不同的电磁辐射叫做热辐射。黑体辐射可看成为热辐射，是由于自身温度产生的向外辐射电磁波的现象。绝对黑体的辐射能量按波长的分布仅与温度有关，而与物体的性质无关。

据黑体辐射的理论，黑体辐射能量按波长分布服从普朗克定律，对于一个温度为 T 的球面辐射黑体，在单位时间内、在黑体表面 r 点附近的面积元 dS 处、沿 P 发射方向（θ，φ）、立体角 $\Omega \rightarrow \Omega + \mathrm{d}\Omega$、光子能量为 $E \rightarrow E + \mathrm{d}E$ 辐射的光子数可表示为

$$P(E,r,\theta,\varphi)\mathrm{d}\Omega\mathrm{d}S\mathrm{d}E = \frac{2}{h^3C^2}\left(\frac{E^2}{\mathrm{e}^{E/k_\mathrm{B}T}-1}\right)\mathrm{d}\Omega\mathrm{d}S\mathrm{d}E \tag{9.1}$$

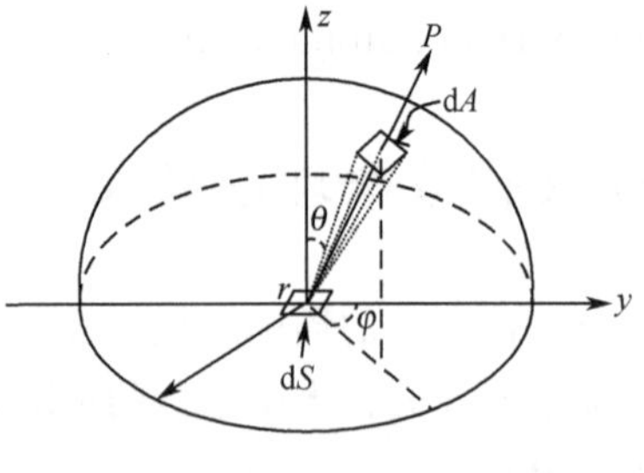

图 9.2 黑体表面辐射示意图

立体角定义为球面上的给定面积对球心所张的球面角，其大小用该面积除以球面半径的平方来计算. $\mathrm{d}\Omega = \mathrm{d}A/R^2$

式中，k_B 为玻尔兹曼常量；h 为普朗克常量。P（E，r，θ，φ）为辐射方向（θ，φ）的光子流谱密度，是光子数谱密度与光子群速度之积，它代表单位时间通过单位面积、单位立体角能量为 E 的（θ，φ）方向的光子数，如图 9.2 所示。考虑到垂直于表面的光子流，将式（9.1）对立体角积分，得到在黑体表面 r 点附近面单位时间内，光子能量为 $E \rightarrow E + \mathrm{d}E$ 辐射的光子数可写成

$$Q(E,r)\mathrm{d}S\mathrm{d}E=\int_{\Omega}\frac{2}{h^3C^2}\left(\frac{E^2}{\mathrm{e}^{E/k_\mathrm{B}T}-1}\right)\cos\theta\mathrm{d}\Omega\mathrm{d}S\mathrm{d}E$$
$$=\frac{2F_\mathrm{r}}{h^3C^2}\left(\frac{E^2}{\mathrm{e}^{E/k_\mathrm{B}T}-1}\right)\mathrm{d}S\mathrm{d}E \tag{9.2}$$

式中，$Q(E, r)$ 是垂直表面的光子流谱密度；F_r 是与立体角积分范围相关的几何因子，$F_\mathrm{r}=\pi\sin^2\theta_\mathrm{d}$，$\theta_\mathrm{d}$ 为从辐照点观察黑体的观察半角。以太阳与地球之间的辐射几何关系为例，如图 9.3 给出了位于地球表面某一点的平面电池（为被辐照点，温度为 T_c）对于黑体（太阳）的观察半角 θ_s 由 $\sin\theta_\mathrm{s}=d_\mathrm{r}/d_\mathrm{s}$ 确定，d_r 是黑体（太阳）的半径，d_s 是黑体与辐照点的距离。电池接受太阳的辐照在 $\theta<\theta_\mathrm{s}$ 范围。若太阳光被聚焦，则相当于 θ_s 角增大。又如，温度为 T_c 的电池亦可看做黑体向半球空间发射，一个平面电池辐照在 $\theta<\theta_\mathrm{d}(\pi/2)$。如果对黑体表面半球积分 $\theta_\mathrm{d}=\pi/2$，$F_\mathrm{r}=\pi$。

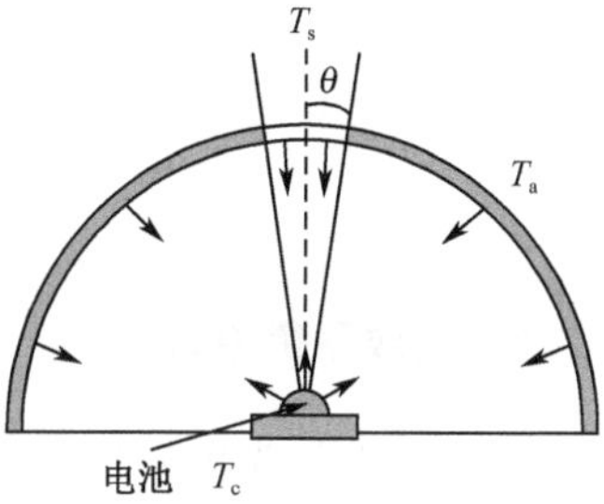

图 9.3　电池在 $\theta<\theta_\mathrm{s}$ 的角范围接受太阳光，若太阳光被聚焦，θ_s 角增大

进一步考虑当黑体表面各点的温度相等，式（9.2）将与 r 无关。黑体表面的光子流谱密度为

$$Q(E,T)=\frac{2F_\mathrm{r}}{h^3C^2}\left(\frac{E^2}{\mathrm{e}^{E/k_\mathrm{B}T}-1}\right) \tag{9.3}$$

相应地，式（9.3）乘上能量就是黑体辐射的能量流谱密度

$$M(E,T)=EQ(E,T) \tag{9.4}$$

黑体上单位面积对上半球发射光子，对上半球的积分则 $F_\mathrm{r}=\pi$，发射能量范围为 $E_1\rightarrow E_2$ 的总能量（取 $F_\mathrm{r}=n$）为

$$W(T)=\frac{2\pi}{h^3C^2}\int_{E_1}^{E_2}\left(\frac{E^3}{\mathrm{e}^{E/k_\mathrm{B}T}-1}\right)\mathrm{d}E \tag{9.5}$$

若对所有光子能量积分，可给出总的功率密度

$$W(T)=\int_0^{\infty}M(E,T)\mathrm{d}E=\sigma T^4$$
$$\sigma=\frac{2\pi^5k^4}{15c^2h^3}=5.67\times10^{-8}\mathrm{W/(m^2\cdot K^4)} \tag{9.6}$$

这就是斯蒂芬-玻尔兹曼（Stefan-Boltzmann）定律；σ 为斯蒂芬常数或称绝对黑体辐射常数。由此可根据黑体温度，求出黑体辐射总的功率密度。

太阳可看成 $T_\mathrm{s}=5758\mathrm{K}$ 的黑体，以太阳辐照地球为例，具体计算几何因子，$F_\mathrm{s}=\pi\sin^2\theta_\mathrm{sun}$。$\theta_\mathrm{sun}$ 为太阳的观察半角。根据定义 $\sin\theta_\mathrm{sun}=d_\mathrm{r}/d_\mathrm{s}$，太阳的半径 $d_\mathrm{r}=695\ 990\mathrm{km}$，太阳到地球的平均距离 $d_\mathrm{s}=149\ 597\ 871\mathrm{km}$，太阳到地球的距离

远大于太阳的半径，由此确定 θ_{sun} 为 0.267°[21]，这说明从地球观察太阳的角度是很小很小的。如考虑地球轨道的不确定性为 1.67%，θ_{sun} 则有相应的变化。太阳与地球之间的辐射几何因子 $F_s = 2.1646 \times 10^{-5}\pi$ 是一个很小的数。由此，太阳表面温度为 T_s，太阳辐射的光子流谱密度及能量流谱密度表示为

$$Q_s(E) = \frac{2F_s}{h^3 C^2}\left(\frac{E^2}{e^{E/k_B T_s} - 1}\right) \tag{9.7}$$

$$M_s(E) = \frac{2F_s}{h^3 C^2}\left(\frac{E^3}{e^{E/k_B T_s} - 1}\right) \tag{9.8}$$

9.2.2 细致平衡原理

太阳电池的光电转换过程，涉及由太阳、电池周围环境及电池三部分组成系统中各子系统之间的能量的交换。这里电池环境通常认为是地球环境。在这系统里各子系统之间能量的交换是相互的，不仅有太阳的辐射、电池与环境的吸收，也有电池及地球环境光的发射，只是电池及地球环境的温度较低，发射光子的波长较长。最终三部分组成的宏观体系处于平衡态。在此我们将从一个由太阳、地球环境及电池三个子系统组成的宏观体系所满足的平衡条件出发来讨论太阳电池光电转换的率极限。统计理论指出一个系统宏观平衡的充分必要条件是细致平衡条件，细致平衡是讨论宏观体系的基础。

9.2.2.1 热平衡态

热平衡态是指无外场（电、光、热、磁）条件下的稳定状态。对电池而言这里主要是指无太阳光照条件，此时只有光伏电池子系统（标记为 c）和周围环境子系统（标记为 a）之间的相互作用。若把太阳电池与周围环境看成分别具有温度为 T_c 和 T_a 的黑体，电池与环境处于热平衡状态的条件是 $T_c = T_a$。在此条件下，太阳电池从周围环境子系统的光吸收率将与电池辐射到周围环境的光发射率平衡，或周围环境辐射到太阳电池的光发射率与周围环境从太阳电池的光吸收率平衡。

首先讨论环境的光子发射，根据式（9.3）、式（9.4），当环境温度为 T_a，环境辐射几何因子为 F_a，环境辐射到太阳电池表面的光子流谱密度为

$$Q_a(E) = \frac{2F_a}{h^3 C^2}\left(\frac{E^2}{e^{E/k_B T_a} - 1}\right) \tag{9.9}$$

能量流谱密度为

$$M_a(E) = \frac{2F_a}{h^3 C^2}\left(\frac{E^3}{e^{E/k_B T_a} - 1}\right) \tag{9.10}$$

为区别太阳的高能量光子的发射，由于环境温度低，称从环境辐射到电池表面的光子为热光子。若一个光子产生一个电子空穴对，且设电池中光生载流子的

分离及输运到电接触端的过程都没有载流子的损失，在此理想情况下，电池从环境吸收的热光子所产生的等效电流密度可表示为

$$J_a(E) = q[1 - R(E)]\alpha(E)Q_a(E) \tag{9.11}$$

式中，$R(E)$ 是电池的反射系数，$\alpha(E)$ 是电池对光子能量为 E 的吸收系数。在具体计算电流时，由于环境对电池的辐照是双面的，吸收面积应是电池面积的两倍。电池从环境吸收热光子产生的等效电流应是 $2Aq[1-R(E)]\alpha(E)Q_a(E)$。如电池背面材料是折射率为 n_s 的材料，电池相应的等效电流是 $A(1+n_s)^2q[1-R(E)]\alpha(E)Q_a(E)$。然而若光照从电池正面入射，在电池背面有一个理想的反射镜，吸收面积则与电池面积相同。等效电流密度由式（9.11）表示。

随后考虑电池对环境的辐射作用。固体中电子从高能态到低能态的跃迁，有两种能量的释放方式，一是电声子相互作用，能量转化为晶格的热运动，为非辐射跃迁或非辐射复合；另一是电子与空穴复合发射光子，为辐射跃迁或辐射复合。鉴于光发射有自发发射和受激发射两种模式，那些不受外来因素影响的辐射复合从而释放能量的方式为自发发射（跃迁），自发发射是材料的固有性质是随机性的。而受激发射是固体在外界光的作用下的光发射，它与激发光的强度有关。电池的受激光发射主要是与其周边环境的自发发射（热光子的发射）相联系的。电池的这种受激光发射是可忽略的。原因是，虽然电池接受环境的热光子的辐射，环境所辐射的热光子强度是很弱的。此外，在热平衡下电池内处于激发态的电子数极少，故可不考虑电池的受激光发射。

当电池与环境处于热平衡条件，$T_a = T_c$，温度为 T_c 的电池向环境发射的光子流谱密度具有与温度为 T_a 的环境辐射相同的特征，谱密度表示为

$$Q_c(E) = \frac{2F_c}{h^3C^2}\left(\frac{E^2}{e^{E/k_BT_c} - 1}\right) \tag{9.12}$$

与式（9.9）相比的差别是几何因子 F_c，几何因子的确定将在后面讨论。相应地，电池表面光发射到环境的相应的等效电流密度为

$$J_c(E) = q[1 - R(E)]\varepsilon(E)Q_c(E) \tag{9.13}$$

式中，$\varepsilon(E)$ 是能量为 E 的光子的发射概率。应用热平衡条件，$T_a = T_c$，电流密度平衡，结合式（9.11），得到以下的关系：

$$J_a(E) = J_c(E), \quad Q_a(E) = Q_c(E)$$

$$\alpha(E) = \varepsilon(E) \tag{9.14}$$

这就是所谓的细致平衡原理，在热平衡条件下，环境辐射到太阳电池表面的光子流谱密度或能量流谱密度与电池向环境发射的光子流谱密度或能量流谱密度是相等的。电池从环境的吸收率和对环境的发射率是相等的。

9.2.2.2　光照态

太阳光照射到电池，讨论的系统包括太阳、电池和环境。电池的光吸收来自

太阳的光子及周围环境的热光子的辐射，其等效电流密度可表示为

$$J_{吸收}(E)=q[1-R(E)]\alpha(E)[Q_s(E)+(1-F_s/F_c)Q_a(E)] \tag{9.15}$$

式中，第一项代表从太阳的吸收；第二项代表从环境的吸收，这一项的系数扣除了环境辐射被太阳辐射替代的一部分，由它们的几何因子之比来表征。

另一方面，受光照的电池，有一部分载流子跃迁到高的能态，增加了处于高激发态的电子和空穴密度及它们的电化学势 $\Delta\mu$。在此情况下，光生载流子从高能态跃迁到低能态自发发射一个光子的辐射复合成为重要的过程。

电子从高能态 E_a 跃迁到低能态 E_b 的自发发射率可表示为

$$R_{a\to b}^{sp,em}(h\nu)=N(h\nu)\iint_{E_aE_b} B_{E_a\to E_b}n(E_a)n'(E_b)\delta(E_a-E_b-h\nu)\mathrm{d}E_a\mathrm{d}E_b \tag{9.16}$$

式中，$N(h\nu)$ 是光子态密度；B 是电子从高能态 E_a 自发发射到低能态 E_b 的发射概率；$n(E_a)$ 与 $n'(E_b)$ 分别代表处于高能态的电子浓度及处于低能态的空穴浓度。此处假设，在理想条件下非辐射复合是忽略的。

由电池向环境的光子发射，需要考虑光子所通过的电池材料的折射率 n_s。根据式（9.1），从温度为 T_c 化学势为 $\Delta\mu$ 的电池向（θ，φ）方向、单位面积、单位立体角发射的光子流谱密度表示为

$$P_{ce}(E,r,\theta,\varphi,\Delta\mu)=\frac{2n_s^2}{h^3C^2}\left[\frac{E^2}{e^{(E-\Delta\mu)/k_BT_c}-1}\right] \tag{9.17}$$

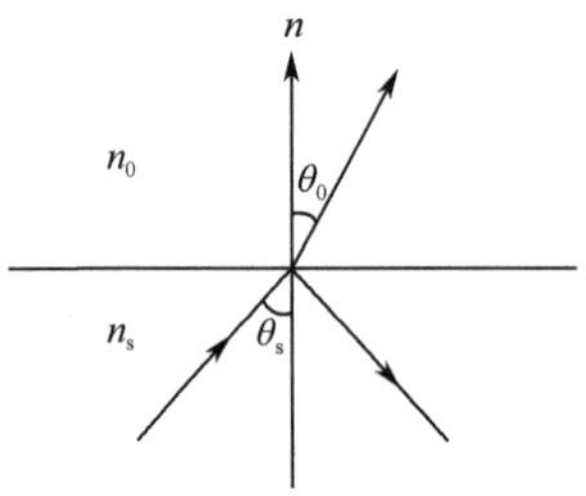

图 9.4　光的折射

电池的光发射是由折射率为 n_s 的光密介质射入到折射率为 n_0 的光疏介质（这里是大气）。在它们的界面处入射光有反射与折射，它们的反射角与折射角由 Snell 定律（光的折射定律）确定，$n_s\sin\theta_s=n_0\sin\theta_0$，参见图 9.4。如果入射角 θ_s 大于某一值临界角 θ_c，折射角的正弦将大于 1。此时不存在折射光，只存在反射光。称 θ_c 为全反射临界角，θ_c 值由 $\sin\theta_c=n_0/n_s$ 决定。因此电池光发射的角度 θ 应在 $0<\theta<\theta_c$ 范围内才可能发射到周围环境。另一方面，考虑到电池体内光子发射后逸出表面前，有可能被电池再吸收，由此实际上只有离表面距离为 $1/\alpha$ 范围内的电子才能离开电池发射出去，α 是电池对辐射光子的吸收系数。对 $0<\theta<\theta_c$ 立体角积分，导出垂直于电池表面向环境发射的光子流谱密度及等效电流密度[22]

$$Q_{ce}(E,\Delta\mu)=\frac{2n_s^2F_c}{h^3C^2}\left[\frac{E^2}{e^{(E-\Delta\mu)/k_BT_c}-1}\right] \tag{9.18}$$

$$J_{辐射}(E)=q[1-R(E)]\varepsilon(E)Q_{ce}(E,\Delta\mu) \tag{9.19}$$

F_c 是电池光发射的几何因子，由 $F_c=\pi\sin^2\theta_c$ 确定。在太阳电池中，若电池表面环境是空气，则 $n_0=1$，$F_c=\pi(1/n_s)^2$，$F_a=F_cn_s^2=\pi$。

考虑了电池的光发射后，电池实际的等效电流密度应是它从太阳及环境的吸收式（9.15）与电池光发射式（9.19）的差。应用细致平衡条件 $\alpha(E)=\varepsilon(E)$，电池的等效电流密度为

$$J(E)=q[1-R(E)]\alpha(E)[Q_s(E)+(1-F_s/F_c)Q_a(E)-Q_{ce}(E,\Delta\mu)] \tag{9.20}$$

该式有两部分组成，一是净吸收

$$J_{吸收}(E)=q[1-R(E)]\alpha(E)[Q_s(E)-(F_s/F_c)Q_a(E)] \tag{9.21}$$

另一部分是净发射

$$J_{净辐射}(E)=q[1-R(E)]\alpha(E)[Q_{ce}(E,\Delta\mu)-Q_{ce}(E,0)] \tag{9.22}$$

这里应用了热平衡条件 $Q_{ce}(E,0)=Q_a(E)$。

9.2.3　理想光伏电池的转换效率

1961 年 Shockley 和 Queisser 在发表太阳电池转换极限效率计算的文章中认为[17]，根据热力学细致平衡原理的要求，辐射复合是不可避免的，在所建立的双能级转换的模型下，他们计算了简单 pn 结太阳电池转换效率的极限。

9.2.3.1　光伏电池的双能级转换模型

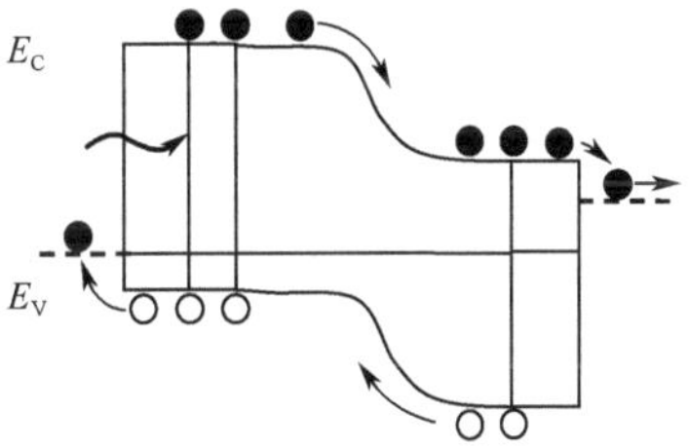

图 9.5　单结太阳电池能带图

前面各章讨论的各类半导体太阳电池都是建立在单结的模型下运作的。半导体中的价带与导带两能级之差为带隙宽度 $E_g=E_C-E_V$，（$E_g>k_BT_a$，T_a 为环境温度）。对单结电池系统有如图 9.5 所示的载流子产生与输运的基本过程。电池吸收了能量 $E>E_g$ 的入射光子，电子从基态（价带）激发到高能态（导带）形成电子空穴对。处于导带中能量为 E 的高能态电子（或价带中空穴）通过与晶格相互作用释放出多余的能量 $E-E_C$、E_V-E（近似地认为电子和空穴高能态的能量是相同的），最终电子与空穴分别回落到导带低和价带顶，这过程称之为热化过程（thermorlization），这过程在 10^{-7} s 内完成。最终电子的电化学势增加 $\Delta\mu=\mu_C-\mu_V$，其中 μ_V、μ_C 分别为电子基态（价带）和激发态（导带）的电化学势。光生电子和空穴在被收集前实现电荷的完全分离，随后光生载流子输运到无损失的电接触，形成电池对外电路的电压与电流的输出。对于一个理想的光电转换过程，因 $\Delta\mu\neq0$，电子与空穴有可能通过辐射复合发射一个光子回到基态的过程，但没有非辐射复合过程。为计算理想条件下光伏电池的极限效率，暂不考虑实际光电转换过程中可能的能量损失机制，以后的讨论是建立在下面的理想假设和条件下的：

（1）电池材料的能隙宽度 $E_g > k_B T_a$，T_a 为环境温度，电池有足够厚度来吸收光子能量范围为 $E_g \to \infty$ 的全部光子。

（2）电池仅吸收光子能量 $E > E_g$ 的光子，一个光子产生一个电子-空穴对的概率必须是 1。导带与价带的光生载流子与环境温度处于准热平衡状态。

（3）电池中光生载流子可实现完全的分离。载流子迁移率为无限大，即载流子可无损失地输运并被输出端收集。

（4）系统满足细致平衡原理，因此辐射复合是电池的唯一复合机制。辐射复合发射的光子的能量通常略大于 E_g，导致电池有个再吸收的过程，因此，只有净辐射复合对效率有影响。

（5）电池具有理想的电接触，即表面复合为零。

电池功率转换效率是电池从太阳吸收的能量后输出到匹配负载的功率与太阳入射到电池功率之比。电池输出功率是电池的输出电压和输出电流之积。在理想条件下，根据细致平衡原理以及载流子迁移率无限大和无损失地被输出端收集的假设，化学势 $\Delta\mu$ 在器件内各处是恒定的，输出电压 V 由 $\Delta\mu = qV$ 确定[23]。电池电流的输出应是电池通过吸收产生的光生载流子等效电流密度 J_{ph} 与电池的自发发射（这是向电池以外的发射，看成是光能量未被利用的部分）的等效电流密度 J_{re} 之差。光电流密度为 $J(E) = J_{ph} - J_{re}$。

首先定义 $N(E_1, E_2, T, \mu)$ 为在能量范围 $E_1 \sim E_2$ 的最大的吸收的或发射的光子流密度，T 为辐射体温度，μ 为化学势

$$N(E_1, E_2, T, \mu) = \int_{E_1}^{E_2} Q(E, T, \Delta\mu)\,\mathrm{d}E = \frac{2F_s}{h^3 C^2}\int_{E_g}^{\infty}\left[\frac{E^2}{\mathrm{e}^{(E-qV)/k_B T} - 1}\right]\mathrm{d}E \tag{9.23}$$

代表净吸收的式（9.21）中第二项 F_s 比 F_c 小很多，可忽略。等效电流密度是光子流密度与电子电荷的乘积。在电子-空穴对产生率为 1 的假设下，设表面无反射（$R=0$），结合能量吸收范围，从式（9.21）可得相应的等效光电流密度

$$J_{ph}(V) = qN_s = q\int_{E_g}^{\infty} Q_s(E)\,\mathrm{d}E = q\,\frac{2F_s}{h^3 C^2}\int_{E_g}^{\infty}\left[\frac{E^2}{\mathrm{e}^{(E-qV)/k_B T_s} - 1}\right]\mathrm{d}E \tag{9.24}$$

式（10.22）表示的是与净发射相关的等效电流密度，根据细致平衡原理，由辐射复合贡献的电流就是电池在无光照条件下的暗电流

$$J_{re}(E) = qN_r = q\int [Q_{ce}(E, \Delta\mu) - Q_{ce}(E, 0)]\,\mathrm{d}E \tag{9.25}$$

应用式（9.18）

$$J_{re}(V) = qN_r = q\,\frac{2n_s F_c}{h^3 C^2}\int_{E_g}^{\infty}\left[\frac{E^2}{\mathrm{e}^{(E-qV)/k_B T_c} - 1} - \frac{E^2}{\mathrm{e}^{E/k_B T_c} - 1}\right]\mathrm{d}E \tag{9.26}$$

太阳入射的到电池功率由式（9.6）给出，电池转换效率可表示为

$$\eta = \frac{V[J_{ph}(V) - J_{re}(V)]}{\sigma T_s^4} \tag{9.27}$$

将式（9.27）对 V 求极值可获得极限效率。式（9.27）中含有 Bose-Einstein 函数的积分，标准解是 Gamma 函数与 Riemann zeta 函数。其数学关系可参见有关文献［24］。

具体计算时，还要考虑电池与辐射源之间的几何结构关系，即各种辐射情况下的几何因子，主要是电池与入射光的角范围。图 9.3 给出的是，对于没有聚焦的太阳光入射到平面电池的情况，其角 $0<\theta<\theta_s$。环境对电池辐射的角 $\theta_s<\theta<\pi/2$。电池的受激发射，在平面电池背面有理想的反射器的情况下，向上半球辐射的角 $0<\theta<\pi/2$。入射光的聚焦对观察角有明显的影响，图 9.6 比较了不同聚光条件下的观察角的差别，图 9.6（a）表明聚光使观察角从 θ_s 增大到 θ_X，提高了入射光子流密度。另外，聚光器使用的同时，电池的发射角也受到限制，见图 9.6（b）。当电池发射角范围与入射光的角范围相等时，则是完全聚焦条件。

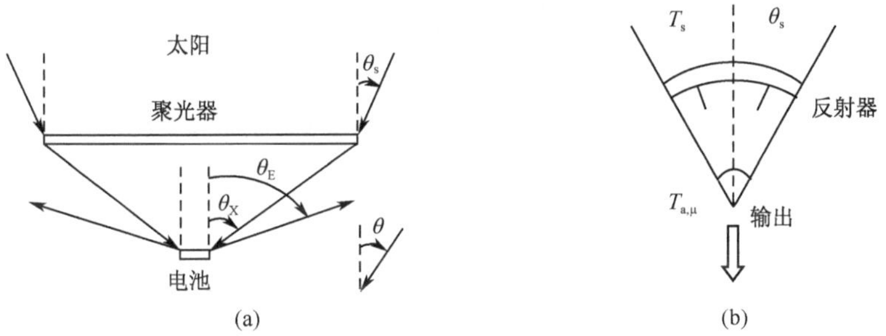

图 9.6　平面电池几何因子计算示意图

（a）聚光对观察半角的影响，$\theta_X>\theta_s$；（b）电池发射角范围限制后与入射角范围相同，属于全聚焦情况

太阳的光谱精确地类似于温度为 5758K 的黑体辐射光谱，但在计算中通常设太阳的温度 $T_s=6000$K，环境温度 $T_a=300$K。根据式（9.25）、式（9.27）和式（9.28）计算电池效率，分析式表明，电池效率是太阳表面温度、材料能隙宽度及几何因子的函数。对于一定的电池结构，在确定辐射光谱条件下（太阳表面温度和几何因子固定）电池效率仅与能隙宽度有关。图 9.7 给出了不同条件下电池光电转换效率 η 对能隙宽度 E_g 的函数关系。它们之间的依赖关系是明显的，如第 1 章分析可知，小的 E_g 可有较宽的吸收光谱，但电池的输出电压是由能隙宽度确定，小的 E_g 电池输出电压低。而过高的能隙宽度，材料的吸收光谱变窄则会降低载流子的激发，减少电流的输出，因此能隙宽度太窄或太宽都会引起效率的损失，存在一优化值。图 9.7 中曲线 a 给出 AM1.5 的无聚光条件下单结电池 S-Q 理论极限效率与材料带隙宽度之间关系。给出当 $E_g=1.3$eV 左右[17]，单结电池效率极值为 31%。应该说这极值效率并不算高，主要原因是单结电池只吸收光谱中能量大于 E_g 光子，同时不管吸收

的光子能量比 E_g 大出有多少，仅产生一个电子空穴对。而且处于不同能量的光生载流子，它们都通过与晶格作用回落到导带底或价带顶，输出电压是一样的，因此对所吸收的高能光子的能量转换是不充分的，相当一部分能量传递给晶格，转换成热能而损失了。

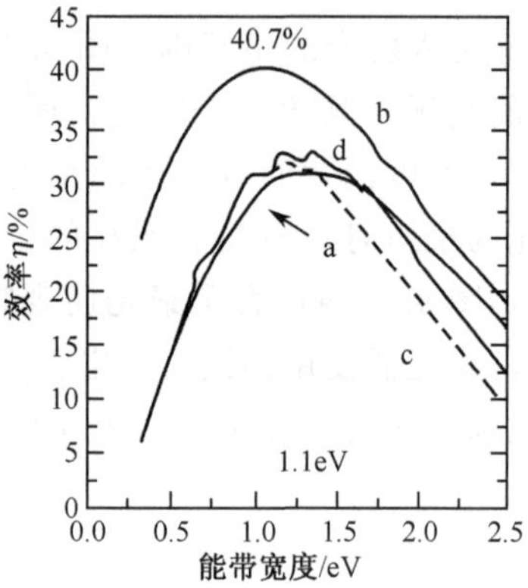

图 9.7　理想电池 S-Q 极限效率与能隙宽度的依赖关系[25]

a. 未聚焦，6000K 黑体辐照（1595.9W/m^2）；b. 全聚焦，6000K 黑体辐照（7349.0×10^4W/m^2）；c. 未聚焦，AM1.5-直射（767.2W/m^2）；d. 未聚焦，AM1.5-全球（962.5W/m^2）

讨论几何因子 F 对效率的影响。图 9.7 表明，全聚焦条件下的计算结果曲线 b 明显高于未聚焦的曲线 c，这差异反映了光子流谱密度中几何因子 F 的作用。式（9.7）中太阳光子流谱密度的几何因子 $F_s = f_s\pi = 2.1646\times10^{-5}\pi$ 是一个很小的数，电池仅吸收太阳光的极少部分。如果技术上采用如图 9.6 所示的聚光方法，相当于加大几何因子 F_s，提高单位面积的入射光子密度，短路电流随光强线性增加，开路电压也随光强呈对数增加，由此效率将提高。设一个聚光器的聚光因子为 X，计算中聚光电池的几何因子应是 $F_x = XF_s = Xf_s\pi$。不仅增加了式（9.28）分子中的光吸收，另一方面也可约束电池的发射。采用图 9.6（a）所示的聚光器结构，可使太阳到电池的最大观察半角 θ_x 达 90°，即 $F_x = F_c = \pi$，F_c 是电池发射的几何因子。$X = 1/f_s$，即全聚焦条件。另一个途径是电池接收光和发射光在相同的角度范围（见图 9.6（b））。聚光电池可获得更高的效率。Henry[26] 计算了一个聚光因子 $X = 1000$ 的电池，当 $E_g = 1.1$eV，极限效率约为 37%。图 9.7 曲线 b 给出全聚光理想电池效率与 E_g 的关系，计算中 $f_s = 1$，用 6000K 黑体辐射光谱，电池最大效率为 40.7%，极大值在 $E_g = 1.1$eV 左右。注意在聚光电池效率的计算中没有考虑高聚光条件下电池受热的温升效应。在此条件下电池发射也会提高，电池效率将降低。

考虑在 $T_a \to 0$ 的极端情况，电池的光发射为零，效率简单地表示为

$$\eta = \frac{E_g \int_{E_g}^{\infty} Q_s(E)\mathrm{d}E}{\int_0^{\infty} EQ_s(E)\mathrm{d}E} \tag{9.28}$$

采用 $T_s = 6000\mathrm{K}$ 条件，最大效率在 $E_g = 2.2\mathrm{eV}$ 时为 44%[17]。在实验上降低电池及环境温度需要外界做功，由此净效率小于 44%。

9.2.3.2 热力学极限效率

热力学基础知识如下。

建立在热力学细致平衡原理基础上的 S-Q 极限效率分析是基于单个 pn 结的双能级模型，它包含了两个基本的物理过程：一是吸收，电池只吸收能量等于或大于 E_g 的光子，不吸收能量小于 E_g 的光子。二是载流子的产生与输运，即吸收的一个光子可产生一个电子空穴对，处于高能量的电子空穴对通过热化过程 (thermolization) 把能量交给晶格然后弛豫到导带低和价带顶，最后通过电极输出电流。

这里不从 pn 结模型出发，而根据热力学的基本定律来讨论光电转换的理论极限效率。热力学的第一定律是能量守恒定律：系统从外界吸收的热量 Q 相当于内能的增加 $(E_2 - E_1)$ 及对外做的功 W，是能量守恒的原则

$$Q = E_2 - E_1 + W \tag{9.29}$$

描述熵变化的热力学第二定律认为一切宏观过程都是不可逆的，系统自发的物理及化学过程总是朝着熵增加的方向。与能量不同，熵不是那么一个具体的参量，它可表示成热量与温度之比，在某种意义上熵代表有序的程度，当系统较有序时熵较低，变得较无序时熵增加。通常认为，宇宙处于从较有序向较无序的方向发展。若在一个孤立的系统中进行的是一个可逆过程，系统的熵保持不变。而对一个不可逆过程，系统的熵总是增加的。以下将热力学第一、第二定律，应用到太阳与太阳转换器的循环系统中讨论其转换极限效率。

太阳与电池之间的能量转换是两个有明显的温度差别的物体之间通过辐射的能量传递，将按照熵增原理进行。温度为 T_s 的太阳向温度为 T_a 光电转换器发射的能量流为 E'_s，熵流为 $S'_s = E'_s / T_s$。若光电转换器输出做的功为 W'，转换器反射给环境 (T_a) 的热流为 Q'_c 及与此相联系的熵流为 $S' = Q'_c / T_a$ 能量转换过程中熵的增加为 S'_G，如图 9.8 所示[18]。

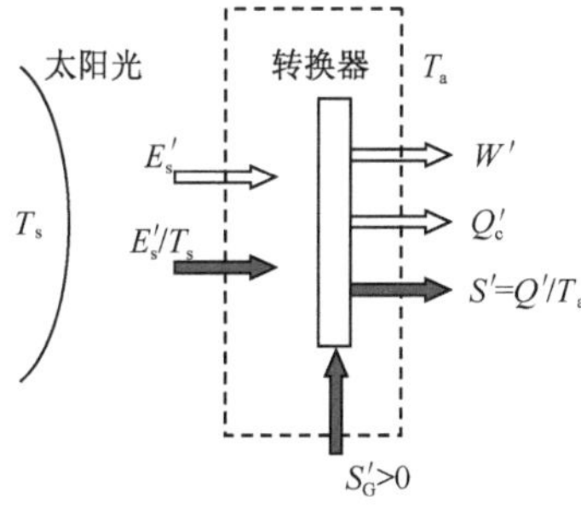

图 9.8　卡诺效率计算示意图

根据热力学第一定律与第二定律，上述参量

间的关系表示为

$$E'_s = W' + Q'_c \tag{9.30}$$

$$S'_s + S'_G = S = Q'_c / T_a \tag{9.31}$$

能量和熵的方程通过 Q_c 连接可得

$$E'_s = W' + T_a(S'_G + S'_s) \tag{9.32}$$

对于这样一个系统的能量转换效率

$$\eta = W'/E'_s = \left(1 - \frac{T_a}{T_s}\right) - T_a S'_G / E'_s \tag{9.33}$$

如果讨论的能量转换过程是不可逆的，$S_G \neq 0$，对可逆过程 $S_G = 0$。卡诺在 1824 年提出，工作于两个温度之间（高温 T_1，低温 T_2）的热机效率称为卡诺效率，表示为

$$\eta = 1 - \frac{T_2}{T_1} \tag{9.34}$$

此处 $T_1 \neq \infty$，$T_2 \neq 0$，因此 $\eta < 1$。比较式（9.33）与式（9.34），如果讨论的能量转换是可逆过程，$S_G = 0$ 则式（9.33）与式（9.34）相同，由此定义的电池极限效率也称卡诺效率。设参量 $T_a = 300\text{K}$，$T_s = 6000\text{K}$，电池的卡诺效率高达 95%[27]。

在上述讨论的系统中，没有对转换器的结构和性质作任何假设及限制，仅要求在光发射、吸收及能量转换的过程中没有熵的产生，$S_G = 0$。这个要求即使在概念上也难于满足，更不用说实验上。无论是早期 Planck[28] 及较近期 De Vos 和 Pauwels[29] 都认为，在两个黑体之间，除非它们的温度是相同的，或者说转换器的光发射与入射光有相同光谱、相同强度，否则它们在能量转换过程中熵的产生是不可避免的。这条件意味着绝大部分的光在太阳光与电池之间循环，只有无限小的功输出。由此卡诺效率是不可能实现的。

Landsberg 等[30] 提出了较严格、较接近实际的模型（见图 9.9）。计算中除

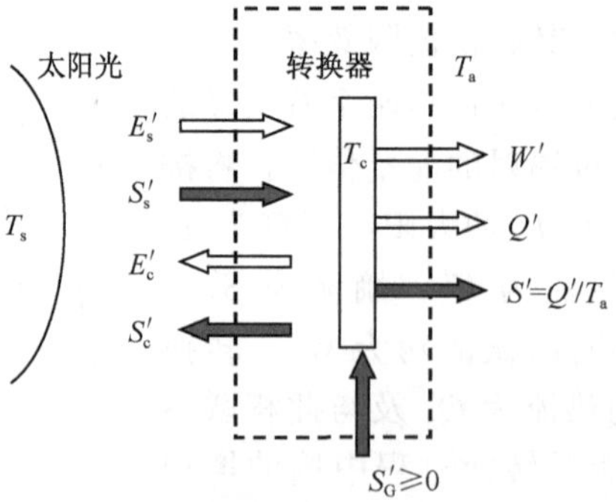

图 9.9 Landsberg 极限效率计算示意图

了同样考虑太阳向转换器发射的能量流 E'_s 和熵流 S'_s、转换器输出功 W'、转换器反射给环境的热流 Q'_c 及与此相联系的熵流 $S'=Q'_c/T_a$、过程中熵的增加 S'_G 外，也考虑电池发射的能量流 E'_c 及与它相联系的熵流 S'_c，热力学的基本方程

$$E'_s = W' + Q'_c + E'_c \tag{9.35}$$

$$S'_s + S'_G - S'_c = Q'_c/T_a \tag{9.36}$$

$$\eta = W'/E'_s = \left(1-\frac{4T_a}{3T_s}\right)+\left(\frac{4T_a}{3T_c}-1\right)\left(\frac{T_c}{T_s}\right)^4 - T_a S'_G/E'_s \tag{9.37}$$

T_s、T_c、T_a 分别对应于太阳、电池及环境的温度。对于一个可逆过程，熵流 S'_G 的极小值为零，$T_c=T_a$ 条件下可得到效率的极大值，称为 Landsberg 极限效率

$$\eta_L = \frac{W}{E_s} = \left(1-\frac{4T_a}{3T_s}\right)+\frac{1}{3}\left(\frac{T_a}{T_s}\right)^4 \tag{9.38}$$

设 $T_s=6000\text{K}$，$T_a=300\text{K}$，Landsberg 极限效率是 93.3%[30]。这极限效率也是基于熵流 $S'_G=0$ 的假设前提。在实际吸收光的过程中熵的产生是不可避免的[29]，因此即使是一个理想的器件，上述极限效率也是达不到，这个数据仅表明了光电转换的上限。

通过上述对极限效率的讨论，开阔了思路，结合分析 pn 结电池损失机制，有可能提出新一代的高效光电转换器件的设想。图 9.10 为电池能量损失分析示意图。光电转换主要有以下过程：① 电池吸收能量大于 E_g 的光子，能量小于 E_g 的光子不被吸收。图 9.11 示意地给出了单个 pn 结电池吸收光谱与太阳光谱的比较，可看到相当大的一部分光谱未被利用，显然影响电池的效率。电池吸收光谱与太阳光谱的失配是效率损失主要原因之一。② 被吸收的一个光子可产生一个电子空穴对，不论电子空穴被激发到离导带低和价带顶有多远，它们与声子相互作用后均热化到导带底和价带顶，很快地与晶格热平衡。电池电压输出是由材料的准费米能级差 $\Delta\mu < E_g$ 确定的，高能量光子的光电转换作用受到抑制。③ 电子与

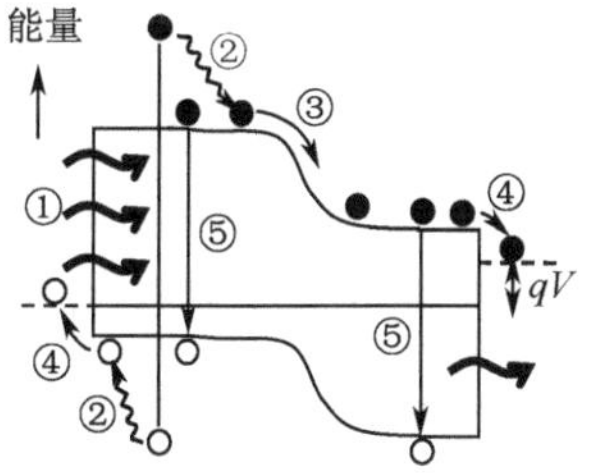

图 9.10　典型 pn 结电池光电转换及能量损失分析

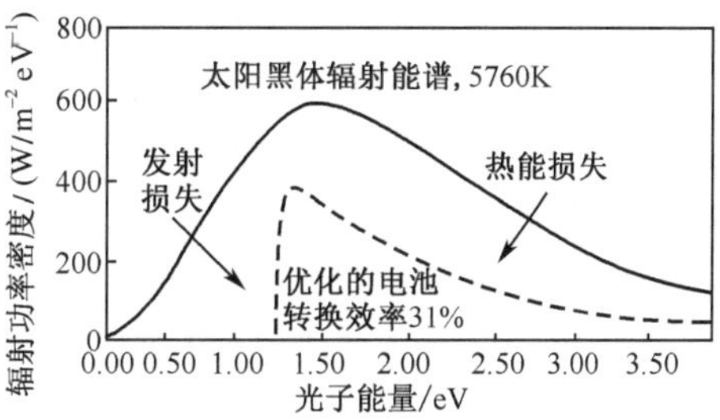

图 9.11　太阳光谱与单结电池吸收谱比较示意图

空穴分离后，分别向 n 区和 p 区输运。④ 结压降和接触电极上的压降。⑤ 有限迁移率引起输运过程中的复合损失。上述过程③～⑤是与材料性质有关的，而过程①和②主要与器件设计相关。以下仅从电池设计概念上展开讨论。

通过对光电转换极限效率理论计算，结合对单结电池效率损失的分析，提出光伏转换不再局域在单一的基态到单一激发态的光吸收过程，提高效率的基本出发点是：① 充分吸收太阳光谱，尽可能地实现电池吸收光谱与太阳光谱的匹配。② 充分利用每个光子的能量，提高每一个光子所做的输出功。③ 通过光子能量的再分布，拓宽电池吸收光谱范围。基于上述基本考虑，高效光电转换的新思路新概念被广泛地提出，形成研发新一代或称第三代电池的创新领域，目前提出的新概念的光伏器件可分以下几类：以充分吸收太阳光谱为主的多能带电池，包括多结叠层电池、中间带电池，通过光子能量的上转换和下转换改变入射光子的能量分布以利于电池对光的充分吸收；另一类新概念电池的宗旨是提高每个光子的转换功率，如以提高输出电压为特点的热载流子太阳电池，及以提高输出电流为目的的碰撞离化电池等；再一类电池是建立在热光电和热光子基础上的光电转换器。以下主要仅从电池设计概念上逐一展开讨论。

9.3 多结太阳电池

建立在细致平衡原理基础上，对单结电池已有充分的了解和分析。多结太阳电池就是在上述分析基础上提出改善电池效率的一个示例。基本思想是，采用不同禁带宽度的电池组合成新的结构来拓展电池对太阳光谱的吸收范围，以实现电池的高效率。多结太阳电池组合的概念最早是在 1955 年由 Jackson[31] 提出的，但当时未引起足够的重视。直到 1978 年，Moon 等[32]首次报道了他们在AlGaAs 和 Si 多结叠层电池获得高效率的实验结果，才引起了关注和重视，至今已发展成为第三代电池理论和实验研究的重要方向。

以具有两个不同带隙宽度的电池组合为例来说明其提高转换效率的基本原理。图 9.12 给出了单结电池与双带隙组合的双结电池光吸收过程的差别。单结电池不吸收能量小于带隙宽度的光子，仅吸收能量大于带隙宽度的光子，处于高能态电子由于热弛豫而损失能量，回落到带边。对于一个双带隙组合的双结电池，窄带隙的电池可使吸收波长红移，而较宽带隙的电池，吸收高能量的光子，降低了高能电子的能量损失，拓展了电池的吸收光谱。被组合的电池数目越多，电池组合的吸收光谱越接近太阳光谱如图 9.13 所示。

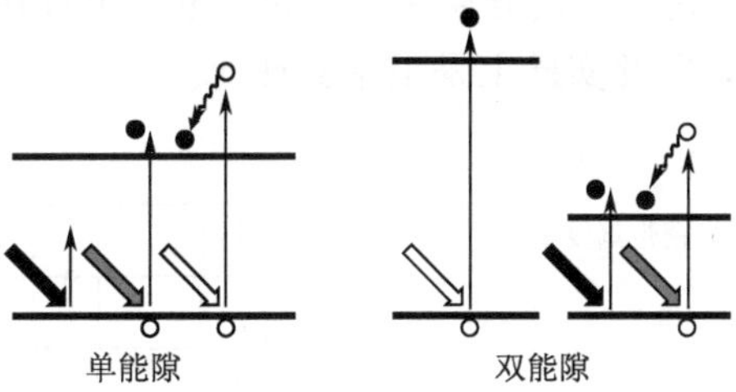

图 9.12　单能隙与双能隙光吸收过程示意图

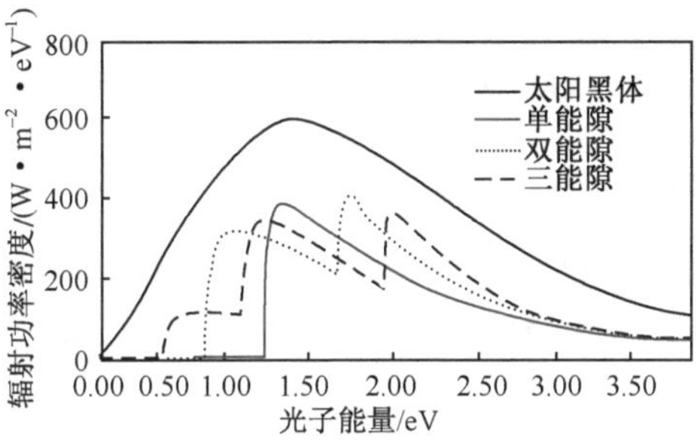

图 9.13　太阳光谱与多结电池吸收谱比较示意图

如此可以推论，如果太阳光谱的光子都能分别被具有相应带隙宽度的理想电池吸收，电池组的吸收光谱与太阳光谱将有好的匹配，每个电池高能态载流子的能量损失可降低到最小，电化学势的输出接近光子的能量，电池将有高的转换效率。

不同带隙宽度电池的组合方式有两种。一是光谱分离模式，实现光谱分离最简单的方法是通过一个棱镜，将入射光在空间上分裂成不同的波长，并被具有相应能隙宽度的电池吸收。另一方法是入射的太阳光被一组具有不同反射波长的二相色镜所反射和透射，如图 9.14 (a) 所示。第 i 个二相色镜可反射能量大于 E_{gi} 的光子到带隙宽度为 E_{gi} 的电池 i，所透射的光子能量小于 E_{gi}。

能量小于 E_{gi} 的透射光将入射到相邻的第 $i+1$ 个二相色镜，并被该二相色镜反射到带隙宽度为 E_{gi+1} 的电池 $i+1$，$E_{gi+1}<E_{gi}$。将二相色镜组按反射波长由小到大依次排列，入射光依次按能量由大到小，被反射及透射。图 9.14 (a) 给出了它们的结构原理图。图 9.14 (b) 是由三个二相色镜组对应的反射谱。二相色镜个数越多，反射的光谱范围越宽。它们的反射光相应地被具有不同带隙宽度的电池吸收，每个电池有独立的输出负载回路。电池的组合扩大了对太阳光谱的吸收范围。由于每个电池是独立输出，理想情况下开路电压应接近入射光子的能量，具有高带隙宽度的电池输出高的开路电压，总体提高了它们的电流电压输

出，提高了电池效率。这种光谱分离模式的光伏电池组合在概念上是简单的，但光学上是十分复杂的，因此实验上是很难实现的。

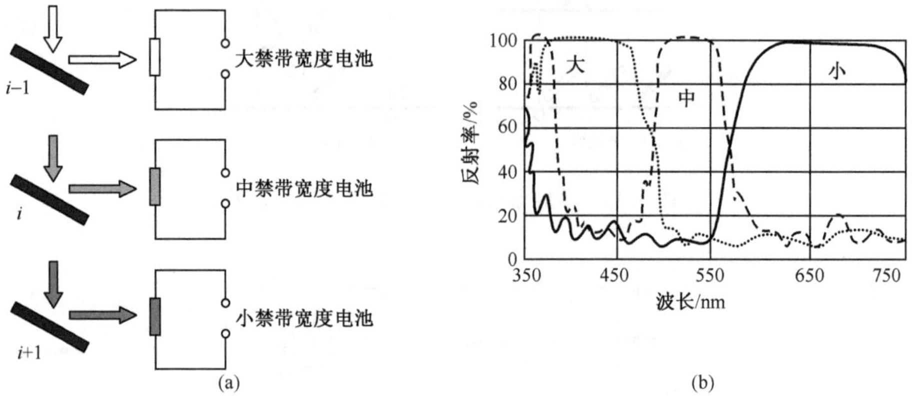

图 9.14　光入射到二相色镜，分别反射到不同能带宽度的电池（a）和经过二相色镜后的不同反射光谱的叠加（b）

不同带隙宽度电池组合的另一种较实际的方式是电池的叠层连接，或者说串接。光直接照射到电池表面，沿光路方向，电池以带隙宽度逐渐由宽到窄叠层连接，如图 9.15 所示。太阳光首先照到具有高带隙宽度 E_{g1} 的电池 1，低于该带隙宽度的光子透过电池 1 入射到带隙宽度为 E_{g2} 的电池 2，电池 2 吸收 $E_{g2} < h\nu < E_{g1}$ 的光子。透过电池 2 光子入射到具更窄带隙宽度的电池 3，以此类推 4，5，…在最末一个电池的背面有一个理想的反射器，防止在该方向的光发射损失。

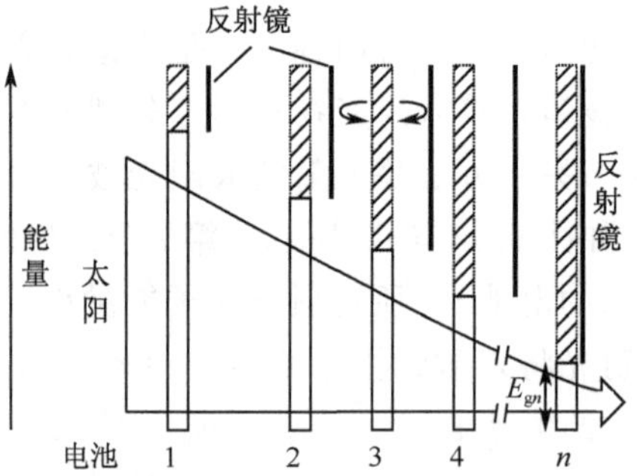

图 9.15　叠层电池间的辐射耦合与隔离，自左向右能隙宽度逐渐减小

特别要注意的是，这种叠层连接，组合电池之间较容易有光学上的相互作用。考虑光路时，除了上述光吸收的关系外。根据细致平衡原理，还需考虑每个电池有向外的自发发射。如图 9.15 中电池 2 的光发射可被相邻的电池 3 所吸收

及电池 1 部分地吸收（由于 $E_{g2} < E_{g1}$），而电池 3 的光发射可被相邻的 2，4 电池所吸收。这就是所谓的电池间的辐射耦合，它有利于光子循环，但是有一部分能量被相邻电池部分地吸收而损失了，这不利于转换效率[33]。改进的结构是，在每个电池背面插入一个理想的反射器（见图 9.15），分配给每个电池波段的光发射仍被反射回来，这就隔离了相邻电池间的辐射耦合，避免了电池的发射损失。Marti 等计算和比较了叠层电池有和没有插入反射镜的电池效率，发现对一个有限电池数的叠层系统，与无反射镜的系统相比，插入反射镜的叠层电池可得到稍高的效率。然而，随着电池数的增加，有或无反射镜的系统的效率之间的差别减少，当电池数趋于无穷，有和无反射镜叠层电池系统的极限效率几乎相同[34]。

叠层电池的输出有不同的方式，一种是每个电池分别输出，以两个电池的叠层结构为例，有如图 9.16 所示的两端输出、三端输出和四端输出。对于四端输出结构，每个电池可分别优化获得最大的输出功率，但实际执行上有很大困难，特别当电池数较多的情况，称这种结构为不受约束（unconstrained）的情况。另一种是电池直接的串联连接，电压由两端输出，为受约束（constrained）的情况。串联连接试验上容易实现，输出电压是各电池电压之和，但单一电流流经各电池，要求各电池的电流匹配，在光照条件下电流匹配较难满足，难以优化每个电池，输出电流受各电池中最小的电流约束，这将损失一些效率。

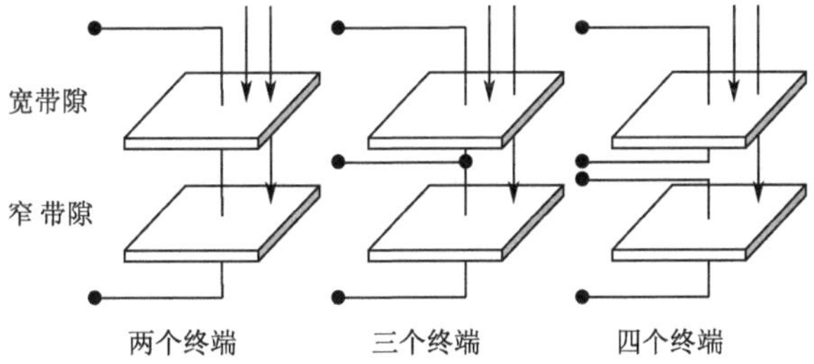

图 9.16　叠层电池的输出方式

多能隙电池组合系统极限效率的计算可建立在单结电池的 S-Q 细致平衡理论基础上。设太阳光谱完全地被每个电池分别利用，每个电池是独立输出（如两个电池的四端输出），则电池组合系统总的功率输出是每个电池效率的叠加。这种计算较直接，已成功地计算了从有限数量电池组合到无穷个电池组成的叠层电池系统的最大效率。Henry[35] 计算了在 $T_s = 6000\text{K}$，$T_a = 300\text{K}$ 条件下具有 1、2、3 和 36 个电池组系统，它们的最大效率分别为 37%、50%、56%和 72%。在无穷多个电池情况下，计算光谱分离模式电池组合系统的效率，把入射到电池的光看成是单色光，设每个电池 i 有独立的单色光的转换效率 $\eta_i(E)$，对无穷多

个电池组合系统的效率

$$\eta=\frac{\int_0^{\infty}\eta_i(E)M(E)\mathrm{d}E}{\int_0^{\infty}M(E)\mathrm{d}E} \tag{9.39}$$

此处 $M(E)$ 为太阳辐射能量流谱密度，设 $T_s=6000\mathrm{K}$，$T_a=300\mathrm{K}$，在全聚光条件下，转换极限效率为 86.8%[36]。

Brown 和 Green[37] 及 Tobias 和 Luque[38] 分别计算了串联连接叠层电池的转换效率，很有意义的发现，当电池数趋于无穷时，全聚光条件下极限效率与光谱分离模式电池组合系统的极限效率式（9.39）计算结果相同，也是 86.8%。而且与电池之间是否采用反射镜无关。表 9.2 总结了多能带系统不同电池数量叠层电池的极限效率及相应优化的带隙宽度。

表 9.2　不同电池数量的叠层电池优化设计及其极限效率[33]

电池数量	测量条件	优化带隙宽度/eV						转换效率/%
		E_1	E_2	E_3	E_4	E_5	E_6	
1	黑体	1.31						31.0
	聚光	1.11						40.8
2	黑体 串联	0.97	1.70					42.5
	聚光 串联	0.77	1.55					55.5
3	黑体 串联	0.82	1.30	1.95				48.6
	聚光 串联	0.61	1.15	1.82				63.2
4	黑体 串联	0.72	1.10	1.53	2.14			52.5
	聚光 串联	0.51	0.94	1.39	2.02			67.9
5	黑体 串联	0.66	0.97	1.30	1.70	2.29		55.1
	聚光 串联	0.44	0.81	1.16	1.58	2.18		71.1
6	黑体 串联	0.61	0.89	1.16	1.46	1.84	2.41	57.0
	聚光 串联	0.38	0.71	1.01	1.33	1.72	2.31	73.4
∞	黑体 串联 两个终端							68.2
	聚光 串联 两个终端							86.8

叠层的电池的概念已成功地应用于不同材料的电池制备。叠层电池的设计和制备需要考虑电流的连续性和电池间的连接。虽然电池数量的增加可提高电池效率，但伴随的是复杂的工艺及成本的增加，因此在实际中目前仅用了 3～4 个电

池的叠层组合，当然 5～6 个电池的叠层组合也在设计和研发中。实验中要选择较容易调节带隙宽度的电池材料，电池材料之间有好的晶格常数及热胀的匹配等。通常Ⅱ-Ⅵ，Ⅲ-Ⅴ族化合物能较好地满足上述要求。

目前Ⅲ-Ⅴ族化合物半导体电池叠层电池的研究已取得了重要的进展，详细的讨论请参见第 4 章。图 9.17 是目前由 Spectrolab 制备的 GaInP/GaInAs/Ge 三结叠层电池结构示意图，电池之间通过隧道结连接。该电池在 240 太阳下（24.0W/cm^2）效率达 40.7%。为目前各类电池纪录之冠[39]。

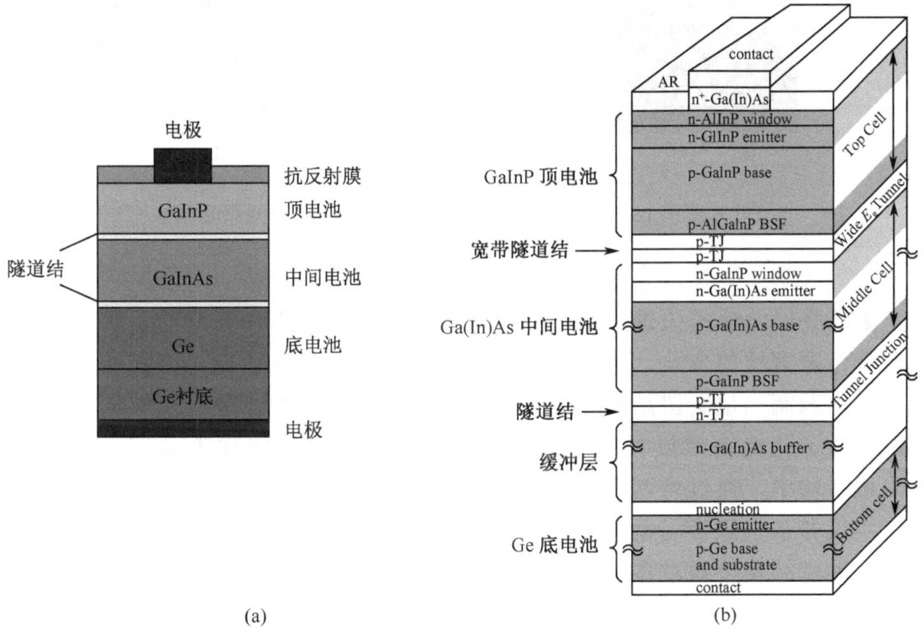

图 9.17　GaInP/GaInAs/Ge 三结叠层电池

（a）结构示意图；（b）电池结构

叠层电池的概念不仅应用于制备昂贵的Ⅲ-Ⅴ族化合物电池也应用于相对廉价的非晶硅和非晶锗硅合金薄膜电池。一种三叠层电池结构的示例是，非晶硅池/非晶锗硅/非晶锗硅电池（a-Si/a-SiGe/a-SiGe）。非晶硅顶电池有较大的能隙宽度，中间电池和底电池采用锗硅合金，通过改变锗硅合金中的 Ge 含量调节电池的能隙宽度，图 9.18 为其结构示意图，美国联合太阳能公司 United Solar 在不锈钢衬底上制备 a-Si/a-Si/a-SiGe 三叠层结构电池，稳定转换效率为 12.1%±0.7%[9]。并成功地实现具有高的功率重量比的 a-Si/a-Si/a-SiGe 三叠层电池的产业化生产，905cm^2 电池组件效率为 10.4%±0.5%[10]。图 9.18（b）显示叠层电池的量子效率的光谱分布是三个子电池量子效率谱的叠加，表明大大扩展了光谱响应范围。最近该公司又报道了高效 a-Si：H/a-SiGe：H/μc-Si：H 三结电池，电池效率达 15.39%[41]

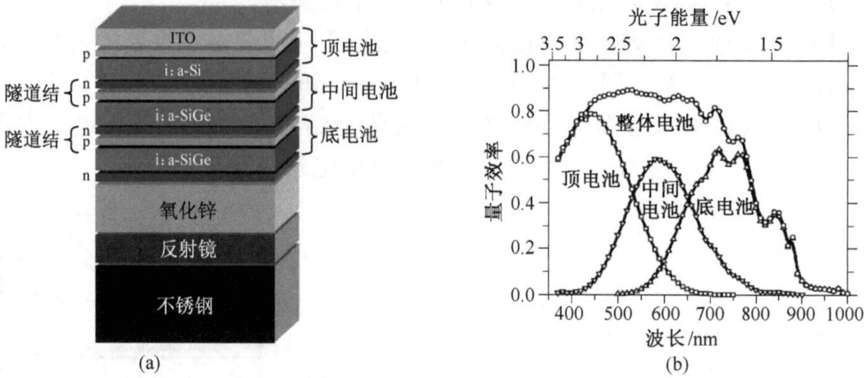

图 9.18　非晶硅基薄膜 NIP 结三叠层结构示意图（a）和典型的非晶硅基薄膜三叠层电池量子效率曲线（b）[40]

多结叠层电池的关键点是不同带隙宽度的组合，上面介绍的是采用不同材料实现带隙宽度的变化。可设想采用能带工程、用量子阱超晶格结构来实现带隙宽度的调制。量子阱结构中能级是量子化的，当势垒层厚度足够薄，相邻量子阱中量子化能级形成共有化的子能带（sub band），或称为微带。在每一个超晶格结构中，通过调制阱宽可实现不同的量子限制效应，改变能级分裂的距离，实现导带中微带与价带中微带能量差的调节，形成不同带隙宽度。因此原则上多能带结构可通过多量子阱超晶格来实现。如图 9.19 所示的量子阱超晶格的叠层结构。

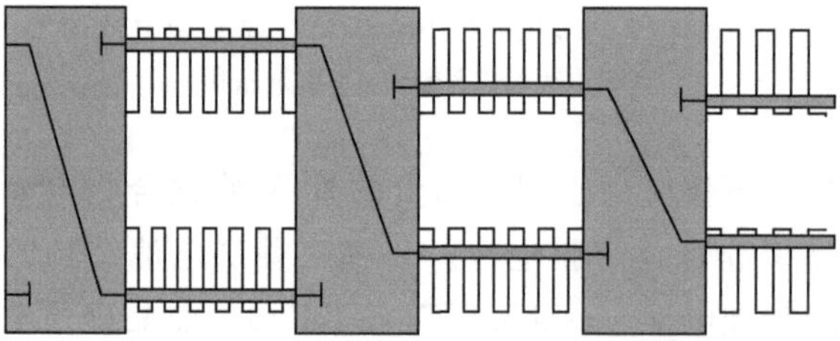

图 9.19　建立在量子阱超晶格概念基础上的叠层电池示意图

实验上可有采用不同生长周期的 Si/SiO_2 或 Si/SiN 超晶格量子阱结构，如图 9.19 左边量子阱的周期最短，相应的带隙宽度最大，右边量子阱的周期较长，相应的带隙宽度最小，这种结构有望形成带隙宽度调制的叠层电池。

9.4　热载流子太阳电池

前面分析单结电池时提到一种重要的能量损失机制，就是高能量光子激发产生的热载流子的热化损失。光生热电子在很短的时间内与晶格相互作用，发射声子，失去能量 ΔE_e 和 ΔE_h，热化弛豫到带边，热载流子冷却，如图 9.20 所示。因此不论入射光子能量有多大，由带隙宽度决定的输出电压是一样的。即使能量大于带隙宽度 2 倍甚至 3 倍的入射光子也仅产生一电子空穴对，能量的损失是显而易见的。前面讨论的，采用不同带隙的电池组合来抽取不同能量的光生载流子以获得最大的电压输出是减少能量损失的一种方案。另一个新思路是，热载流子的直接输出，以充分利用热载流子能量，获得高的电压输出，这要求热载流子在其冷却之前就被电极收集。实际上这是载流子的热化时间与抽出时间快慢的竞争。因此如果设法加快载流子的抽出，或减缓载流子与声子相互作用的热化过程，载流子就有可能仍处在较高能态时就被抽出，此时电池就可能有较高的开路电压。还有一个可能性就是较高能量的热载流子与晶格碰撞电离，产生量子效率大于 1 的离化结果，有较大的电流输出。为此首先需要了解热载流子的弛豫过程。

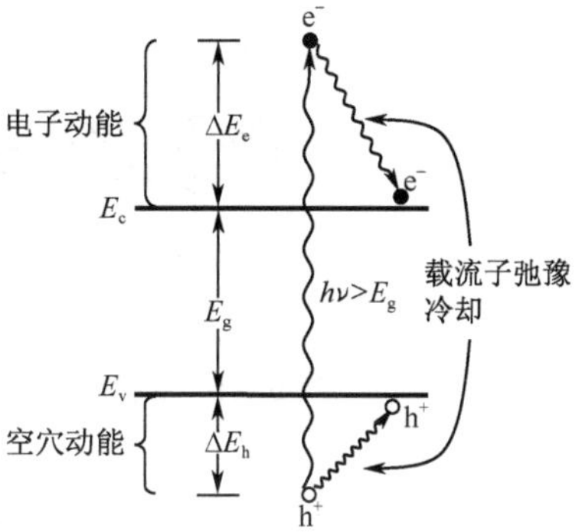

图 9.20　高能量光子激发热载流子的冷却过程

9.4.1　光生载流子热弛豫过程

光入射到一固体产生非平衡载流子破坏了材料的热平衡，系统处于一个非平衡状态，形成光电导，当光照结束，非平衡载流子复合，系统又回到起始的热平衡状态。对于光生载流子的产生过程及其衰减过程已有大量的研究。我们感兴趣的是光生载流子的激发行为，图 9.21 给出了非平衡载流子产生的时间分辩过程。其中：

(1) $t=0$ 时的热平衡状态，导带与价带边有少量的载流子，载流子分布由玻尔兹曼分布表征。

(2) 光激发的瞬间 $t=0^+$ 载流子分布。它应该是热平衡载流子与光生载流子分布的叠加，光生载流子的浓度和分布是与入射光的光谱、强度及材料吸收有关，在第 2 章已有讨论。这里主要是了解光生载流子产生后的物理过程，若用强度高、能量大于 E_g 的、脉冲单色光作为入射光，光生载流子被激发到价带和导带高能态的分布情况如图 9.21②中的第二个峰所示。价带空穴有效质量比导带

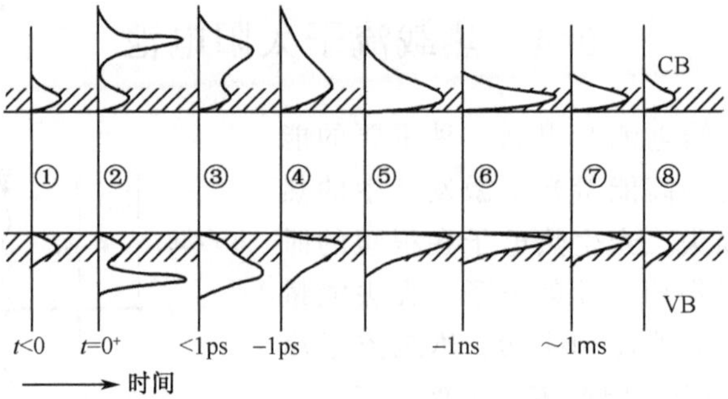

图 9.21　脉冲单色光照下电子和空穴分布随时间的变化[18]

电子的有效质量要大，因此导带中电子分布的峰值能量离导带底的距离要比价带空穴峰值能量离价带顶距离要大。

(3) $0<t<1\text{ps}$，约经几百飞秒的时间间隔，同一带内的非平衡载流子之间的弹性散射使它们处于一个自平衡态，这一过程中能量没损失。光生载流子的分布也可用玻尔兹曼分布来表征，只是用有效载流子温度 T_H 来代替热平衡温度 T_a。$T_H>T_a$，对应的化学势为 μ_H。通常称这样的载流子为热载流子。原则上描述电子和空穴分布的有效温度应是不同的。

(4) 当 $t\sim 1\text{ps}$ 时，热载流子开始与声子碰撞并发射声子而逐渐损失能量。最初热载流子温度较高，主要发射光学声子，随后以发射能量低的声学声子为主。在这过程中电子与空穴总数量基本不变，只是电子空穴的有效温度逐渐下降，形成了电子、声子相互作用下热载流子的热化弛豫过程，一直到光生载流与晶格达到热平衡。在这过程中，高能电子与空穴的分布，分别向导带底和价带顶弛豫（见图 9.2①④），这个过程的完成约为几十皮秒量级。如 GaAs 材料中热载流子的冷却时间约为 10ps。在这过程中，一部分光子能量转换成热能，系统的熵是增加的。

(5) 随着时间进一步增加，光生载流子的复合过程将成为主要的，复合过程通常发生在光照后纳秒～微秒范围。电子空穴主要以辐射光子的方式复合（理想情况下非辐射复合可忽略不计），此时电子、空穴的密度将随时间的增加而下降。其宏观表现是光电导的衰退，整个系统逐渐向热平衡过渡。载流子温度与晶格、环境温度趋向一致，费米能级回到热平衡态。

太阳电池在一个恒定的光照条件下，电池中非平衡载流子进入一个新的稳态。电池的运作包含了光生载流子的三个主要动态过程，首先是光生载流子的热化过程（冷却），二是辐射复合，三是光电流的收集。它们分别对应的热弛豫时间、辐射复合寿命和收集时间，这三个参量之间的关系将影响电池的转换效率。

光生载流子分解成的复合流与收集电流之间的关系在常规电池的介绍中已有分析，复合率与收集率之间的竞争决定电池的输出功率。高效的收集要求载流子寿命长，收集时间比复合寿命要短，载流子在复合前就被收集。另一个关系是热载流子能否当它们处于高能态时就被直接收集输出，或具有高能量的光生载流子碰撞电离产生两个电子空穴对。前者要求热载流子收集时间比热化过程要短，热载流子在高能态时直接输出，由此提出热载流子太阳电池的概念。后者要求碰撞电离的时间比热化过程要短，热载流子通过碰撞电离产生多个电子空穴对释放能量，再回到导带底，由此提出碰撞电离太阳电池的概念。这两种情况下，都希望载流子的冷却时间要长。

本节主要讨论热载流子太阳电池的概念，高效热载流子太阳电池的基本思想是将热载子在它们冷却之前被收集，也就是载流子抽出时间要小于它的冷却时间。解决的方法从两方面入手，一是提高载流子抽出速度，也就是提高材料的迁移率。同时减少热载流子抽出时间，这可通过减少载流子抽出的距离来实现。根据载流子热化时间可得到热化距离，设热化时间为 50ps，电子在半导体中的漂移速度为 10^4cm/s，热化距离约 50nm，从结构上要求的抽出距离不大于 50nm。另一主要的途径是减慢载流子的热化速率，因此在结构上考虑如何增加热载流子的热化时间，是实现热载流子太阳电池的重要课题。

9.4.2　热载流子太阳电池的理论效率极限

理想条件下，热载流子太阳电池极限效率的分析，仍采用前面的主要假设，即只有能量大于 E_g 的光子被吸收，一个光子产生一电子空穴对，光生载流子不与晶格相互作用，没有热化过程引起的能量损失，辐射复合是电池的唯一的复合机制或是能量损失机制等。Ross 和 Nozik[42] 首先分析了热载流子太阳电池的极限效率。之后 Würfel[43] 结合碰撞电离过程对热载流子电池的极限效率进一步讨论。

这里主要介绍 Würfel[43] 的分析途径与结果。图 9.21 中过程③是通过各种相互作用使非平衡载流子趋向新的平衡的过程。相互作用包括了载流子之间的散射作用、碰撞电离和它的逆过程俄歇复合，用有效温度 T_H 表征此状态下热载流子的新平衡分布。需要指出的是，以下讨论是建立在载流子与晶格是绝热的假设条件下的，亦即电子和声子之间无互作用，没有能量交换；另外要求载流子之间散射率、碰撞电离率和俄歇复合率比电子-空穴对的辐射复合率大许多，以保证电池从太阳吸收的能量保持在电子-空穴系统内。以下先讨论与热载流子电池有关的载流子间的散射问题，9.5 节再详细讨论碰撞电离和俄歇复合过程。

首先讨论了由于热载流子之间的散射，建立起非平衡载流子新平衡的描述。考虑吉布斯（Gibbs）自由能 F 及在稳态条件下 Gibbs 自由能最小要求，它们有

$$F = \sum_i \mu'_i \mathrm{d}n_i \tag{9.40}$$

$$dF = i\sum \mu'_i dn_i = dn_{e1}\mu'_{e1} + dn_{e2}\mu'_{e2} + dn_{e3}\mu'_{e3} + dn_{e4}\mu'_{e4} + \cdots = 0 \quad (9.41)$$

式中，μ'_i 为第 i 类粒子的电化学势；dn_i 为其粒子数。具体到电子，若具有能量为 ε_{e1}、ε_{e2}，的电子分别处于状态 1 和 2，被散射后电子处于状态 3 和 4，能量分别为 ε_{e3}、ε_{e4}。这里 dn_{ei} 为状态 i 的电子数，μ'_{ei} 为电子 i 的电化学势（费米能级），对载流子 $dn_i=1$ 满足

$$\mu'_{e1} + \mu'_{e2} = \mu'_{e3} + \mu'_{e4} \quad (9.42)$$

电子的电化学势是电子能量的线性函数，可表示为

$$\mu'_{ei} - \mu'_{e0} = \alpha_e \varepsilon_{ei}, \quad \mu'_{hi} - \mu'_{h0} = \alpha_h \varepsilon_{hi} \quad (9.43)$$

式（9.43）也给出了空穴电化学势与其能量的关系。原则上系数 $\alpha_e \neq \alpha_h$。若设 $\alpha_e = \alpha_h = \alpha$，且 $\alpha = 0$，则 $\mu'_i = \mu'_0$，μ'_0，载流子处于热平衡时的电化学势。因不考虑载流子与声子的相互作用，光照条件下电子（空穴）的分布仅与光子的入射能量 ε_e 有关，电子的准费米分布函数为

$$f = \frac{1}{e^{(\varepsilon_e - \mu'_e)/kT_a} + 1} \quad (9.44)$$

式（9.44）表明，电子在导带的分布可用晶格温度 T_a 及与能量有关的电化学势 μ'_e 来描述。将式（9.43）代入式（9.44）得

$$f = \frac{1}{e^{[\varepsilon_e(1-\alpha) - \mu'_{e0}]/k_B T_a} + 1} = \frac{1}{e^{(\varepsilon_e - \mu_{eH})/k_B T_H} + 1} \quad (9.45)$$

$$T_H = \frac{T_a}{1-\alpha}, \quad \mu_{eH} = \frac{\mu'_{e0}}{1-\alpha} \quad (9.46)$$

式（9.45）表明，热电子在导带的分布也可用由式（9.45）确定的有效温度 T_H 及电化学势 μ_{eH} 来描述。设导带和价带的载流子处于同一个平衡温度 T_H，热载流子有效温度 $T_H > T_a$。结合式（9.43），给出电子-空穴对化学势与能量的关系

$$\Delta\mu = \mu_{eh} = \mu'_e + \mu'_h = (\mu'_{e0} + \mu'_{h0}) + \alpha(\varepsilon_e + \varepsilon_h) \quad (9.47)$$

如果用入射光子能量 $E = E_g + \varepsilon_e + \varepsilon_h$ 来表示，其中 ε_e 及 ε_h 分别代表电子和空穴离导带底和价带顶的距离

$$\Delta\mu = \mu_0 + \alpha E$$
$$\mu_0 = \mu'_{e0} + \mu'_{h0} - \alpha E_g \quad (9.48)$$

另一个实现热载流子电池运作的重要问题是如何实现热载流子的直接输出。电流总是要通过接触电极引出到外电路，具有温度为 T_H 热载流子，若与通常的电极接触，热载流子很快就被温度为 T_a 的电极冷却，就不再是热载流子了。与电极接触过程中有熵的产生，能量损失。须防止热载流子由于电极原因损失能量，希望热载流子输出是个等熵的过程。Würfel[43] 提出了实现等熵输出的电池结构。将光电转换器的两端分别用一个能隙宽度大，但其导带及价带的带宽均很

窄的半导体作为电极引出材料，载流子仅在窄的范围内输出。图 9.22 画出具有等熵输出的电池结构的能带示意图。半导体 1 具有窄的价带，它可收集电池价带中能量在 E_h 附近的热空穴。而半导体 2 具有窄的导带，可收集电池导带中能量中心为 E_e 的热电子。要求半导体 1 的价带与导体 2 的导带的能带宽度 $\Delta E \ll kT$。在此结构下，热载流子通过接触电极 1 和 2 输出，基本上避免能量的损失，有高的开路电压，称这种接触为能量选择性接触（energy selective contacts，ESC ）。只要具备上述功能的结构均可在这里应用。

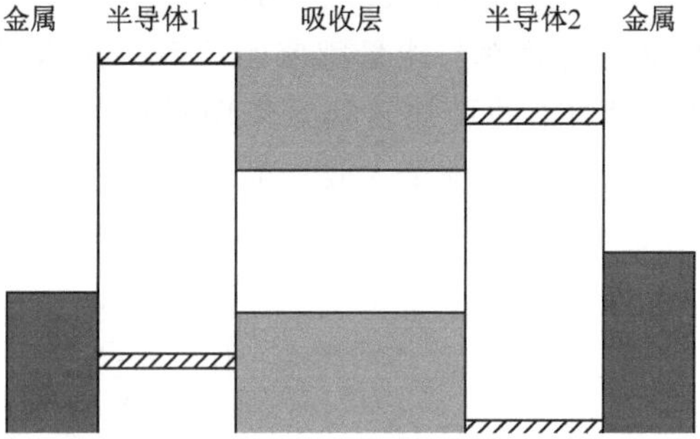

图 9.22　热载流子电池结构示意图

有了通过理想的能量选择接触实现等熵输出，就可讨论与输出电压相关的化学势。根据式（9.46）和式（9.48）可推导出

$$\mu_e = \varepsilon_e\left(1-\frac{T_a}{T_H}\right)+\mu_{eH}\frac{T_a}{T_H} \tag{9.49}$$

$$\mu_h = \varepsilon_h\left(1-\frac{T_a}{T_H}\right)+\mu_{hH}\frac{T_a}{T_H} \tag{9.50}$$

总的化学势

$$\Delta\mu = \mu_e+\mu_h = \varepsilon\left(1-\frac{T_a}{T_H}\right)+\mu_H\frac{T_a}{T_H} \tag{9.51}$$

式中，$\varepsilon=\varepsilon_e+\varepsilon_h$。电子与空穴分别从理想的能量接触输出，输出载流子的化学势为

$$\mu_{输出} = \varepsilon_{输出}\left(1-\frac{T_a}{T_H}\right)+\mu_H\frac{T_a}{T_H} \tag{9.52}$$

$\varepsilon_{输出}$是电子与空穴选择性电接触的能量差。从式（10.52）及输出电压$V=\mu_{输出}/q$，看出热载流子电池中 T_H对电化学势（输出电压）的影响是直接的、重要的。

采用与前面相似的处理，讨论聚光条件下对电池电流有贡献的粒子流密度应是式（9.53），其中第 1 项代表从太阳吸收的粒子流、第 3 项为环境对电池的辐射流，第 2 项为电池的辐射流

$$J(V) = q\{Xf_sN(E_g,\infty,T_s,0)-N(E_g,\infty,T_H,\mu_H)$$

$$+(1-Xf_s)N(E_g,\infty,T_a,0)\}\qquad(9.53)$$

其中，X 为聚光因子。在全聚光条件下 $X\ f_s=1$，式（9.53）中环境对电池的辐射流为零。这里不去详说数学的描述过程，给出典型的计算结果。图 9.23（a）给出了 Würfel 的计算结果，在 AM0 条件下，电池效率极值约为 52%（曲线 b），对应的带隙宽度约为 0.8eV 。在全聚光及电子温度 $T_H=2470K$ 条件下，最大电池效率约为 85%（曲线 a），对应的 $E_g\approx0.2eV$[43]。显然热载流子温度 T_H 将直接影响电池转换效率。Ross 和 Nozik 计算了不同 T_H 条件下热载流子太阳电池随阈值能量（带隙宽度）的变化（见图 9.23（b））。其中 $T_H=300K$ 的曲线是对应载流子完全热化后的电池的效率与能量阈值的关系，其峰值约为 33%，与前面 S-Q 计算的基本一致。随 T_H 的增加转换效率明显增加，在 AM 1.5 光照条件下，$T_a=300K$，$T_H=3000K$，电池最大效率可达 66%[42]。

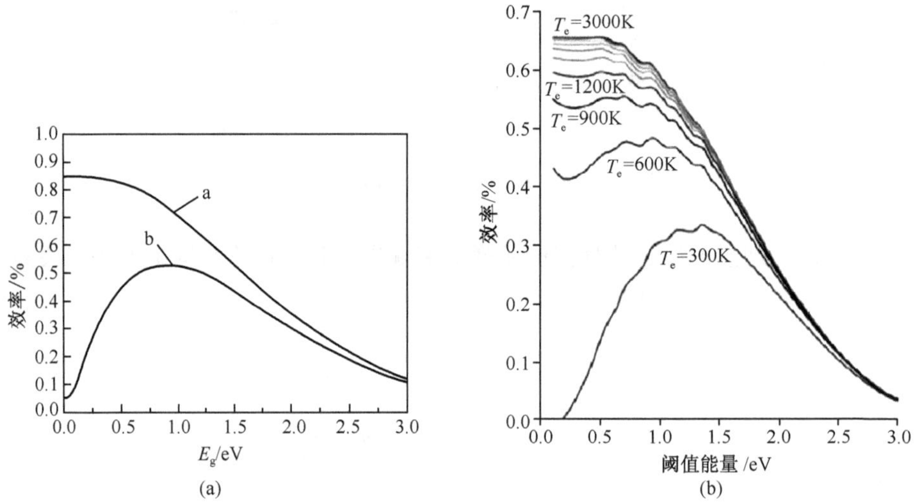

图 9.23

（a）热载流子电池极限效率随能隙宽度的变化（a）全聚光条件（b）未聚光 AM0 条件[43]；（b）不同载流子有效温度 T_H 下，理想的热载流子太阳电池转换效率随阈值能量的变化[42]

9.4.3 热载流子太阳电池的实验研究与进展

以上分析表明高效热载流子太阳电池在运作上的关键是热载流子的产生、分离、输运及收集的时间必须小于它的热化时间（或冷却时间）[44,45]，保证载流子尚处在“热”的状态下完成被收集的效果。现有的太阳电池电流收集时间为纳秒量级，远大于冷却时间（小于 10ps），不能满足上述要求。另外为防止热载流子与电极的相互作用、使热载流子很快地冷却，希望是等熵的输出过程。由此必须提出新的增加热化时间的电池设计概念，实现载载流子的直接抽出。

9.4.3.1　热载流子热化时间的增加

载流子的热化过程是通过热载流子与声子的非弹性散射进行的。在体材料中，载流子冷却速率是与载流子弛豫“通道”以及与声子的能量和数量有关的。处于高能态的热载流子主要以发射较高能量的纵光学声子（几十毫电子伏特）为主，虽然也发射声学声子，但因声子发射主要发生在布里渊区中心，声学声子（几毫电子伏特）散射引起的能量损失是很小的。当弛豫到较低的能态之后，再以发射声学声子的方式继续弛豫到更低的能态。体材料的电子态是连续分布的，不论声子能量有多大，都可以帮助电子释放能量后回落到适当的能级。也就是说，连续的电子态能量分布为电子提供快速弛豫的“通道”。通常在 10ps 的时间内热载流子就冷却到带边。要减慢这过程目前可从以下方面去考虑：

(1) 改变电子态的连续分布“通道”。前面已提及，超晶格量子阱中的电子态具有量子化分离的子带结构，如图 9.19 所示。在这样的结构中，虽然子带中的电子能级是连续分布的，但子带的带宽很窄，电子在子带内与声子散射引起电子能量的损失是很小的；而当两个子带之间的能量差大于声子的能量时，热载流子在子带间通过与单声子作用的弛豫变得概乎不可能；而通过多个声子过程弛豫到下一个能带的概率是很低的[44]。这就是所谓声子瓶颈效应（phonon bottleneck ）。因此在超晶格量子阱材料中热载流子的冷却时间将减慢[45,46]。

(2) 另一个可能的途径是强光注入。如一束很强的光（如 250～2500 太阳）入射到吸收材料，将产生浓度很高的光生载流子。在一定温度下，声子是服从 Blank 分布的，数量是一定的，此时材料中没有足够的声子使高浓度的载流子有充分的弛豫。同时载流子热化过程主要是热电子与布里渊区中心光学声子的散射作用，高能量的声子与热载流子的相互作用可改变声子的平衡分布，使声子本身会变热，产生热声子群体，热声子的持续存在可使热载流子冷却过程减慢，抑制热光学声子的衰减，将有利于增加热载流子的冷却时间，降低载流子的冷却速率[47～49]。

9.4.3.2　电流的等熵输出

电流的输出，除了在器件结构上要求短的收集距离以降低它的渡越时间外，还要有适当的电极能在高能量处收集载流子，要求电极仅通过能量范围很窄的载流子，电极能带宽度越窄，载流子输出过程中能量损失越小，当电极能带宽度远小于 kT，就有可能实现热载流子的等熵输出[50]，这就是前面提到的能量选择接触（ESC）。实验上有可能实现的 ESC 结构是超晶格量子点作为输出电极。如图 9.22 所示，量子点的分裂能级仅有很窄的带宽，只要分裂能级的间距远大于声子的能量，且量子点的基态能级与电池热载流子能量相对应，热电子或热空穴就可通过量子点分裂能级的共振隧穿输出，再与金属电极接触。量子点作为能量选择性接触有潜在的应用价值。需要注意的是，过程中要求载流子的抽出速率要快、但又要慢于载流子之间的散射速率，以保证载流子之间的平衡状态不受载流子抽出的影响。

热载流子电池及其相关过程的理论和实验的研究，特别是低维系统中的热载流子冷却过程和机制及能量选择电极等已有大量的报道[51~53]。减慢冷却的过程也已在量子阱及量子点中观察到。Y. Rosenwaks 等报道了 GaAs 体材料及 $GaAs/Al_xGa_{1-x}As$ 量子阱中热载流子能量损失时间常数 τ_{av} 的实验研究结果[45]，图 9.24 给出了在不同光强下这两种材料的 τ_{av} 与电子温度的关系。在低光强条件下，$GaAs/Al_xGa_{1-x}As$ 量子阱比 GaAs 体材料的能量损失时间常数大，如电子温度为 400K 的电子，在 $GaAs/Al_xGa_{1-x}As$ 量子阱中能量损失时间常数 τ_{av} 与 GaAs 体材料 τ_{av} 之比大于 1。在高光强照射下，材料结构对 τ_{av} 的影响更为明显。光照强度增加 5 倍，上述比值增加两个量级。τ_{av} 从 GaAs 的约 10ps 增加到 $GaAs/Al_xGa_{1-x}As$ 的 1000ps。该实验证实了低维结构有利于增加冷却时间，也支持了高的光生载流子浓度可增加电子冷却时间的论据。

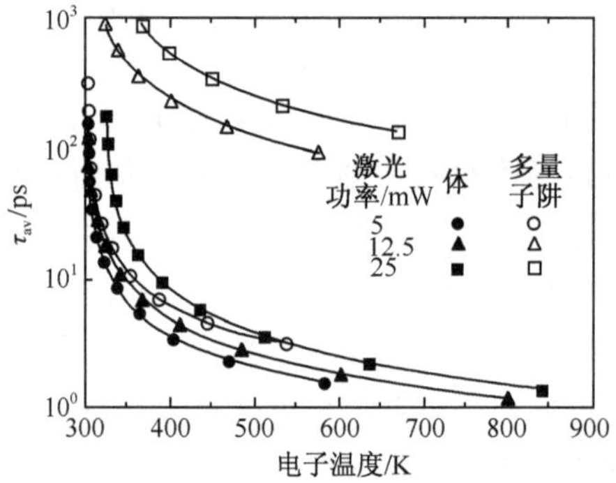

图 9.24　不同光强强度条件下，GaAs 和 $GaAs/Al_xGa_{1-x}As$ 冷却时间常数随电子温度的变化[45]

9.5　碰撞电离太阳电池

9.5.1　碰撞电离基本概念

碰撞电离是热载流子可能提供高转换效率的另一物理过程。与我们熟悉的，在外电场作用下碰撞电离引起的载流子倍增效应不同，热载流子碰撞电离是指光激发的高能粒子碰撞晶格原子使其离化产生第二个电子空穴对，增加光生载流子密度，提高电池的电流输出。光激载流子倍增现象在 Si、Ge、InSb 等 pn 结中已观察到[54~56]，但对它的研究和了解还较少。Deb 和 Saha 在 1972 年提出高能量光子的量子效率可能大于 1 的设想[57]。之后 1993 Landsberg 等[58]和 Kolodinski 等[59]又重新提出，认为如果一个入射光子的能量大于 mE_g（$m>2$），原则上可能产生 $m>1$ 的电子空穴对，产生载流子的倍增效应。

碰撞电离是俄歇复合的逆过程。如第 2 章中讨论到的，俄歇复合是半导体中的基本复合过程之一。俄歇复合是指电子空穴对复合过程中释放出的能量交给第二个电子使其被激发到较高的能态（见图 2.19）。俄歇复合的逆过程，碰撞电离是指处于高能态的一个电子激发出第二个电子空穴对，而该高能电子释放出能量后回落到较低的能态，图 9.25 演示了这样的过程。吸收一个光子后产生第一个电子-空穴对（电子 1，空穴 1），处于高能态的能量为 E_{e1} 动量为 K_{e1} 的电子 1 与晶格碰撞电离产生第二个电子-空穴对，能量为 E_{e2} 动量为 K_{e2} 的电子 2 与能量为 E_{h2} 动量为 K_{h2} 的空穴 2，电子 1 的能量与动量分别降为 E'_{e1} 和 K'_{e1}，这个过程要求能量及动量的守恒

$$E_{e1} = E_{e2} + E_{h2} + E'_{e1} \tag{9.54}$$

$$K_{e1} = K_{e2} + K_{h2} + K'_{e1} \tag{9.55}$$

满足上述方程要求的碰撞电离，就有可能使光子的量子效率大于 1。

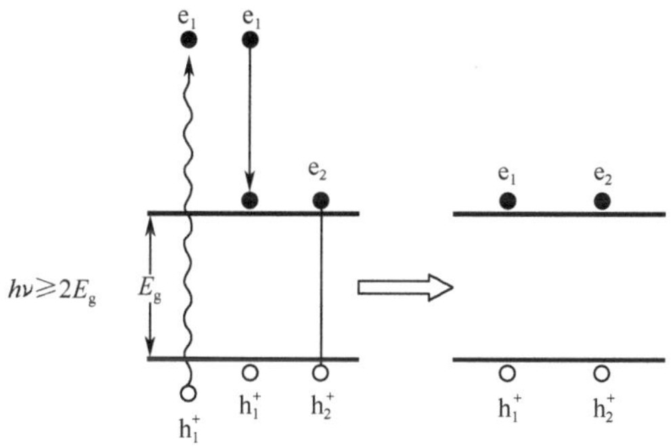

图 9.25　吸收一个光子产生第一个电子空穴对，（c_1/h_1）高能态电子与晶格碰撞电离产生第二个电子空穴对（e_2/h_2），电子 e_1 弛豫到带底，实现量子效率大于 1

9.5.2　碰撞电离太阳电池极限效率

基于上述光子量子效率有可能大于 1 的分析，讨论以碰撞电离载流子倍增为主要机理的太阳电池极限效率。分析中，除了有与前面极限效率计算相同的假设外，还必须了解碰撞电离电池运作中所包含的动力学过程：电子空穴对的倍增率、热载流子的冷却率、电子的输运及俄歇复合率，载流子的收集率等及其这些速率之间的关系。实现热载流子的倍增，最重要的是，要求这些过程中碰撞电离产生电子空穴对的倍增速率远大于热载流子的冷却速率、热电子的转移率和俄歇

复合率，使热载流子在冷却前完成碰撞电离。也要求冷电子的输运速率大于电池的辐射复合率和俄歇复合率，实现电流的输出。上述动力学关系是产生电子-空穴对倍增的条件。

Würfel 等[43]和 Werner 等[60]报道了关于碰撞电离太阳电池极限效率计算的代表性工作。他们的计算途径有所不同。这里主要介绍 Würfel 和 Nelson 的分析途径[43, 61]。由于碰撞电离过程是与热载流子相关的，因此采用与热载流子电池相似的方法。只是要注意，碰撞电离是俄歇复合的逆过程，根据细致平衡原理要求，在计算中需包括俄歇复合过程。Würfel 认为电子与空穴通过碰撞电离与俄歇复合的相互作用，将改变光生载流子的数量与能量，但过程同时还应该满足能量和动量守恒。若能量为 $\varepsilon_{eh,1}$、数量为 $dn_{eh,1}$ 的电子-空穴对，对应的化学势为 $\mu_{eh,1}$, 经与晶格碰撞后转换成为能量为 $\varepsilon_{eh,2}$、数量为 $dn_{eh,2}$ 的电子-空穴对，对应的化学势为 $\mu_{eh,2}$，满足能量守恒

$$dn_{eh1}\varepsilon_{eh1} + dn_{eh2}\varepsilon_{eh2} = 0 \tag{9.56}$$

通过载流子之间的散射、碰撞电离及复合等过程后建立一个新的稳态，由自由能最小原理要求：

$$dF = dn_{eh1}\mu_{eh1} + dn_{eh2}\mu_{eh2} + \cdots = 0 \tag{9.57}$$

结合式（9.56）和式（9.57），可得到不同电子-空穴对化学势 μ_{eh} 与能量 ε_{eh} 之间的关系

$$\mu_{eh2} = \frac{\varepsilon_{eh2}}{\varepsilon_{eh1}}\mu_{eh1} \tag{9.58}$$

处于碰撞电离-俄歇复合平衡态的电子-空穴对，其化学势正比于载流子的能量，如式（9.47）所示，其中 μ_{e0}、μ_{h0} 是参考能级，应用式（9.51）和式（9.52）并认为，对于粒子数不守恒的热平衡分布 $\mu_H=0$，可得

$$\mu_{输出} = \varepsilon_{输出}\left(1-\frac{T_a}{T_H}\right) \tag{9.59}$$

对电池电流有贡献的电流密度由以下式（9.60）表示，其中第 1 项代表从太阳吸收的粒子流，第 3 项为环境对电池的辐射流，这两项与第 2 项电池辐射流达到平衡

$$J(V) = q\{Xf_sQ(E_g,\infty,T_s,0) - Q(E_g,\infty,T_H,0) + (1-Xf_s)Q(E_g,\infty,T_a,0)\} \tag{9.60}$$

虽碰撞电离的粒子数不守恒但能量是守恒的，因此式（9.60）与式（9.53）表述是等价的，输出电压

$$V = \frac{\mu_{输出}}{q} = u_{输出}\left(1-\frac{T_a}{T_H}\right) \tag{9.61}$$

$u_{输出}$是电子和空穴选择性电接触的电势差。图 9.26 给出了采用不同方法计算得到碰撞电离电池极限效率随能隙宽度的变化。该图表明，在全聚光及 $T_H=2470K$ 条件下，当 E_g 趋于零最大效率可达 85%。这个结果与全聚焦下的优化的热载流子电池的极限效率一致，相当于热力学卡诺效率，这是由于当 E_g 趋于零，电池几乎吸收所有波长的光，可作为黑体来处理。在未聚焦太阳黑体辐照下，最大效率为 55%。特别要提及的是 Werner 等[60]的计算是建立在电子和空穴是与晶格热平衡的假设，这与我们前面提及的热载流子不与声子相互作用是完全不同的，这里不作介绍。

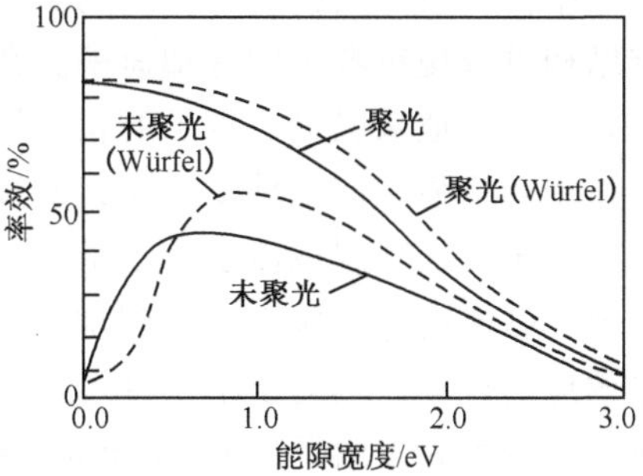

图 9.26　具有图 9.22 选择性电接触的碰撞电离太阳电池的转换效率随 E_g 的变化

实线为 M. Green 的结果[18]，虚线为 Würfel 的结果[43]

9.5.3　碰撞电离电池的实验研究

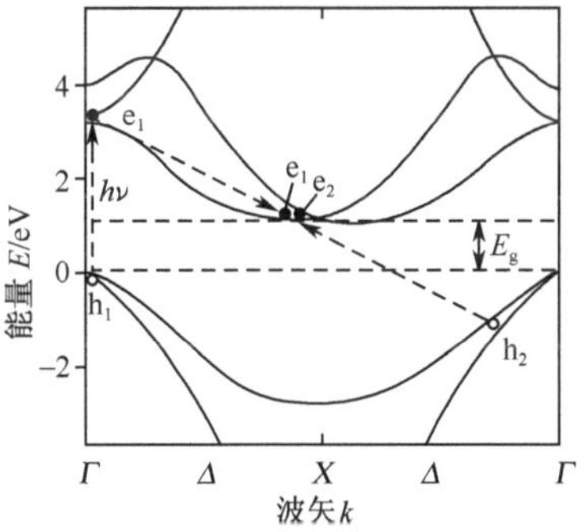

图 9.27　硅的电子结构

碰撞电离太阳电池是建立在热载流子基础上，它除了有与热载流子电池相同的要求，如较慢的冷却时间及有选择性的电接触外，电子-空穴对的倍增效应还需满足能量和动量守恒。Werner 等[62]讨论了对材料的要求：为有利于碰撞电离的产生，希望是间接带隙的材料，其能带结构中的直接带隙至少是间接带隙能量的两倍，以便提供载流子倍增的能量条件；同时要求导带与价带在 k 空间较宽的范围内是平行的，有利于满足动量守恒条件；此外还要求有强的光吸收，以利于俄歇效应的产生。图 9.27 给出了硅的电子结构，并显示了在能量和动量守恒条件下激发的可能过程。在布里渊区中心 Γ 点的直接带隙（3.4eV）是间接带隙（1.12eV）能量的两倍多。在晶体 Si 中，当光子能量超过 3.4eV，Γ 点的电子可能被激发到直接带的导带，形成 e_1 和 h_1，随之 e_1 与原子碰撞通过间接带跃迁再激发出一个新的电子空穴对，e_1 回到导带极小值，图中虚线表示了能量和动量守恒的整个过程。Si 的碰撞电离实验研究表明倍增效率是较低的，如能量为 4eV（相当于 $3.6E_g$）的入射光子，其碰撞电离效率只有 5%，即量子效率为 105%，仅稍大于 1。入射光子能量为 4.8eV（$4.4E_g$）光子的碰撞电离效率为 25%[63,64]。低的量子效率仍是由于实验材料中热电子的快速冷却。在热载流子太阳电池中已提到低维结构可减慢热电子的冷却速率。在量子点中三维限制效应形成分裂的量子化能级，能有效地减缓电、声子的相互作用。载流子的限制效应及伴随的电子空穴库仑作用的增强，使俄歇复合及其逆过程俄歇产生（倍增效应）将有明显的增加。此外对于三维限制载流子，动量不再是一个好量子数，跃迁过程不必要满足动量守恒，碰撞电离效应也可得到增强。图 9.28（a）画出了在量子点中碰撞电离增强效应的过程。热电子不仅可产生第二个电子空穴对，还可能产生多个电子空穴对，故可称为多激子产生（multiple exciton generation，MEG）。上述的分析已在实验中得到了证实。图 9.28（b）即为实验观察到的 PbSe、PbS 及 PbTe 量子点量子产额随入射光子能量 $E_{h\nu}$ 与量子点能隙宽度 E_g 之比的变化关系，其中 PbSe 量子点直径分别为 3.9nm、4.7nm、5.4nm，PbS 和 PbTe 量子点直径均为 5.5nm。它们对应的能隙宽度分别为 0.91eV、0.82eV、0.73eV、0.85eV 和 0.91eV。从图看出量子产额随 $E_{h\nu}/E_g$ 的增加逐渐上升，当 $E_{h\nu} \geqslant 4E_g$，量子产额有明显的增加，可达 300%，即一个光子可产生 3 个激子。Schaller 等在文献［67］中，给出了在 CdSe 量子点中用能量 $E_{h\nu}=7E_g$ 的光子激发，可产生 7 个激子的报道。量子点多激子产生增强效应的机制还不是很清楚，一个可能的机制是多激子态的相干叠加效应，即吸收高能光子后立刻产生多个激子[66]，是个正在研究的问题。上述结果表明碰撞电离电池中量子效率大于 1，在实验上是可实现的。

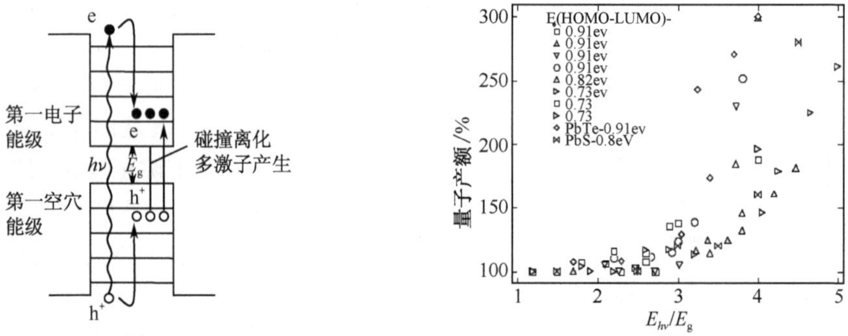

(a)　　(b)

图 9.28　量子点中碰撞电离热电子可产生二个以上电子空穴对（a）和 PbSe 和 PbTe 量子点，量子产额随入射光子能量与量子点能隙宽度之比的变化[64,65]（b）

9.6　中间带及多能带太阳电池

充分吸收太阳光谱是提高电池转换效率的基本思想。在 9.3 节中给出了采用多结叠层结构使电池的吸收光谱与太阳光谱尽可能地匹配以获得高效率的输出的概念。如对未聚光的电池，最高理论效率可从单结的 31%提升到三结的 49%、或六结的 57%。然而，随结数目的增加，电池设计的复杂性、工艺难度及制备成本都将急剧上升。如目前成功制备的三结叠层电池内含有 12～17 层，高成本将限制它们的大规模应用。如果能将多能带的结构在一个 pn 结内实现，就有利于设计成本及工艺成本的降低。

基于多光谱吸收的基本设想，Kettemann 等[68]、Luque 等[69]提出图 9.29 所示的中间带电池（intermediate band）的概念。它不是由不同能隙宽度材料组成的电池，而是在单一材料的价带、导带能隙之中引入一个中间能带 E_i。这中间带或能级可以是杂质带、孤对电子带或低维超晶格形成的多能带结构[70,71]。中间带的作用是提供光子的多个吸收通道，除了通常的从价带到导带能量 $h\nu_1>E_g$ 的光吸收外，如图 9.29（a）所示，电子还可以吸收一个能量为 $h\nu_2$（$h\nu_1>h\nu_2>E_i-E_V$）的光子从价带跃迁到第 i 个中间带，该中间带内的电子吸收一个能量为 $h\nu_3$（$h\nu_2>h\nu_3>E_C-E_i$）的光子后再激发到导带。这样二个低能的光子通过“接力”的跃迁方式，使一个电子从价带激发到导带，扩展了电池的红外吸收，增加电流输出。

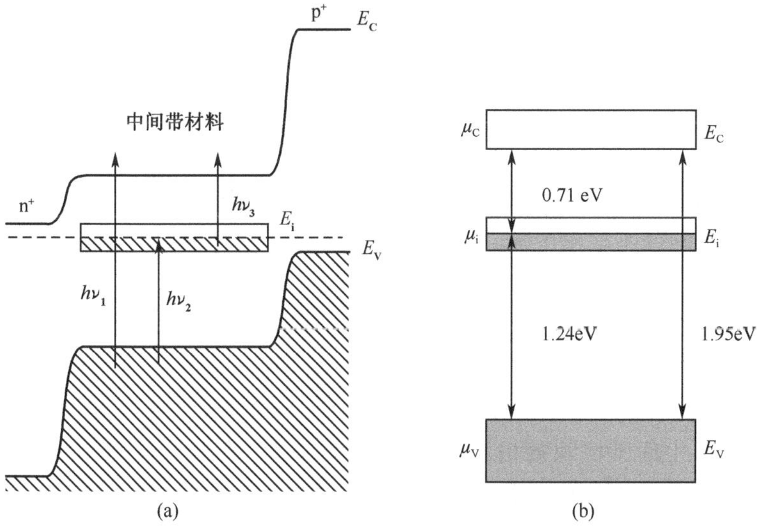

图 9.29　中间带电池能带结构示意图（a）和理论计算优化的中间带能量位置（b）

可见，中间带电池可在太阳光谱中的不同波段具有多个吸收边。通常价带与中间带的能量差比导带与中间带能量差要大。分析中间带太阳电池的极限效率，除了有与前面理想电池相同的假设外，对中间带电池还有其他特别的要求[69, 72]。

首先要求载流子在导带、价带与中间带内均处于准热平衡态。导带、价带与中间带分别有独立的准费米能级 μ_C、μ_V、μ_i。导带、价带与中间带三个带的能量间距应大于最大的声子能量，避免三个带中任意两个带之间的非辐射复合。其次，要求形成中间带的材料（如杂质）在空间是周期排列的。中间带是扩展态，有利于载流子输运。另外，还要求中间带是半填满的，这样电子从价带到中间带，从中间带到导带的跃迁才是“畅通”的。中间带与导带、价带之间仅通过光跃迁相联系，没有热耦合。此外，载流子通过选择性接触收集，导带仅收集电子，价带仅收集空穴，没有任何载流子可从中间带输出；在结构上，要求电池足够厚，以吸收可能吸收的全部光子。

关于中间带太阳电池极限效率的计算。该电池的光吸收是在三个带之间进行的，光子能量 $E>E_g=E_C-E_V=E_C-E_I+E_I-E_V=E_{CI}+E_{VI}$是价带到导带的吸收，光子能量 $E_g>E>E_{VI}=E_i-E_V$ 是价带到中间带的吸收，光子能量 $E_{VI}>E>E_{CI}=E_C-E_i$ 是中间带到导带的吸收。为了使光子能有最大的能量输出，具有一定能量的光子，应首先被相应的最宽的能隙先吸收（避免高能量的光子被窄能隙先吸收），同时要求价带到导带的吸收系数比价带到中间带的吸收系数大，价带到中间带的吸收系数比中间带到导带的吸收系数大。此外，要根据细致平衡原理分析三个带之间的辐射复合。用与前面相似的方法可以计算出在全聚光条件下电池的电流密度，应由以下几项组成：

$$J(V)=q\{Q(E_g,\infty,T_s,0)-Q(E_g,\infty,T_a,\mu_C-\mu_V)+Q(E_{VI},E_g,T_s,0)-Q(E_{VI},E_g,T_a,\mu_i-\mu_V)\} \quad (9.62)$$

其中，第 1，3 项分别代表电池从太阳吸收能量为 $E>E_g$ 及 $E_{VI}<E<E_g$ 的光子流的贡献、第 2，4 项分别代表电池从导带到价带，从中间带到价带光发射流的贡献。由于中间带不输出电流，稳态条件下从价带与中间带光跃迁贡献的净电流应等于中间带与导带的净电流，其中化学势 $\mu_V+\mu_i=\mu_C$。

$$q\{Q(E_{CI},E_{VI},T_s,0)-Q(E_{CI},E_{VI},T_a,\mu_C-\mu_i)\}=q\{Q(E_{VI},E_g,T_s,0)-Q(E_{VI},E_g,T_a,\mu_I-\mu_I)\} \quad (9.63)$$

Luque 和 Marti 计算了全聚光条件下（$T_s=6000\text{K}$，$T_a=300\text{K}$）具有不同中间带位置的中间带电池的极限效率[69]。图 9.30 给出了他们的计算结果，图中横坐标代表不同电池中的最小带隙。对于中间带电池，最小带隙为中间带离导带的位置 E_{CI}，曲线上各点标记的是电池的能隙宽度，对于中间带电池，当其结构为 $E_g=1.95\text{eV}$，中间带 $E_{CI}=0.71\text{eV}$，最大效率为 63.2%，如图 9.29（b）所示。

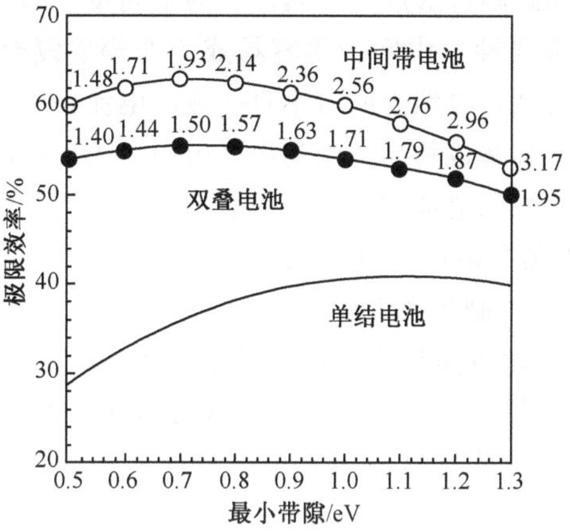

图 9.30　电池最大效率随最小能隙宽度的变化

为比较，单结电池和串联连接的双叠层电池的结果也示于图中[69]

为了比较，图 9.30 中也给出了单结电池及双叠层电池最大效率的计算结果。对双叠层电池，横坐标代表窄带隙电池的能隙宽度，双叠层电池的最大效率为 55.4%。中间带太阳电池的运作与叠层串联电池有相似之处，它们都是扩展对太阳光谱的响应。但从图看出，中间带电池的转换效率比双叠层电池的转换效率普遍要高。其主要原因是，虽然中间带太阳电池是在一块材料中形成，实际上是有三个带隙，有三个光吸收阈值，可认为是“三叠层”电池（最高效率为 63.2%）比较更合理。另一方面在双串联叠层电池结构中，电流是连续的，需要两个光子分别激发窄带隙电池和宽带隙电池，以提供一个电子到外电路。对于中间带电池，要提供一个电子到外电路，根据光子能量的大小，可只需一个光子（从导带到价带）或两个光子（从导带到中间带，及从中间带到价带），因此总的量子效率要大一些。

中间带太阳电池的实验研究是目前第三代太阳电池研究的活跃领域之一[73,74]，已有大量理论工作[69,75～77]见诸报道。虽然与叠层电池相比中间带太阳电池有潜在的优点，但中间带太阳电池的概念成为现实，需要解决几个基本问题，其中最关键的如光的有效吸收问题。前面提到，具有一定能量的光子应首先被它相应的最宽的带隙吸收，避免高能量的光子被窄能隙先吸收；每个光子的吸收应发生在与它对应的最大能隙，或者说不同的能隙主要吸收与能隙宽度相近的光子，从而使载流子的热化损失最小[77]，而优化不同带间的光吸收在实验上是不容易解决的。其次，是对中间带的要求。前面提到中间带应是半填满的，应有足够的电子与空穴浓度，能满足电子从价带到中间带的跃迁和从中间带到导带跃迁的要求，这样通过中间带载流子的跃迁才可能是通畅的、充分的、“金属性”的[77]。实验上引入高浓度的金属

(如过渡金属)、杂质和缺陷可形成“金属性”的中间带，满足中间带具有强的光吸收系数的要求，但“金属性”中间带很容易成为非辐射复合中心[78,79]，不利于基质材料的电学性质。再者，虽然中间带不直接输出电流，中间带的宽度会影响热化效应，而且中间带的迁移率也将与电池的串联电阻有关，因此，寻找适当的中间带材料是实现高效中间带太阳电池的关键之一。

实验上，Ⅲ-Ⅴ族化合物量子点结构可被作为中间带（能级）材料和应用于“量子点-中间带”电池的制备[80,81]。正如在 9.3 节中关于叠层电池结构的讨论中提到的，通过调制阱宽可实现不同的量子限制效应，改变能级分裂的距离，形成不同带隙宽度。因此原则上中间带可通过尺寸为纳米量级的半导体量子点周期地三维镶嵌在宽带隙半导体的材料中来实现。如图 9.31（a）所示，此处的量子点作为势阱，宽带隙半导体为势垒。量子点中能级是量子化的，量子点的紧密排列使势垒区很窄，使电子具有共有化运动特征，继而形成子带（sub band），其能带结构如图 9.31（b）所示。这子带就有可能起中间带的作用。前面提到中间带应该是半填满的，有足够的电子与空穴浓度，因此量子点是掺施主杂质的，这样的结构基本满足中价带的要求。

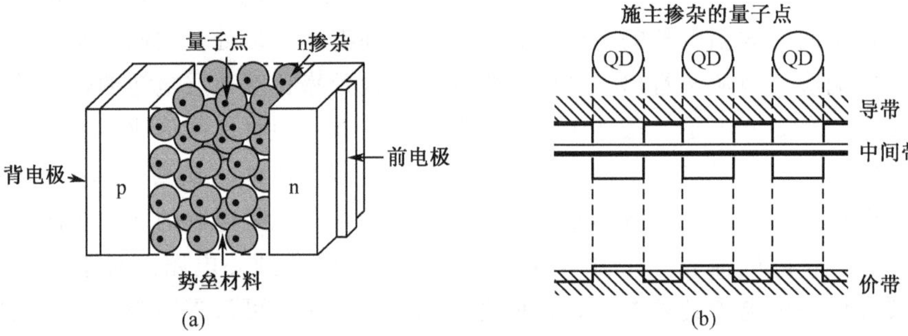

图 9.31　具有量子点结构的电池（a）和量子点中子带结构-中间带形成（b）[81]

Martí 等[80]所观察到的量子点结构中价带、导带及中间带准费米能级的分裂，为量子点结构应用于中间带太阳电池提供了实验依据。然而，用量子点制备中间带电池，至今仍面临着许多来自实际问题的挑战：量子点中间带，要求量子点的规则排列才能得到一致的能级；强的光吸收要求高的量子点密度；并且还要求部分量子点处于耗尽区等[82]，因此面对如此严格的制备要求，尚需进行不懈的探索和研究。

体材料的中间带材料已有不少的探索，如Ⅲ-Ⅴ族化合物 GaAs 或 GaP 中掺入过渡金属元素形成 $\mathrm{Ga}X_3M$，这里 X 是 As 或 P，M 是替代式的过渡金属。计算表明，在一些 $\mathrm{Ga}X_3M$ 化合物中，在带隙中可形成窄的及各向同性的中间带。但发现它们的合金在热力学上并不稳定[78,83,84]，且过渡金属元素易成为非辐射复合中心，对于高效电池是不利的。最近研究发现，在一类半导体材料中引入很小部分的（几个百分点）等电子的、不同电负性的、不同大小的原子替代基质原子，形成高失配合金（highly mismatched alloys，HMAs），有望明显地调制带结构，形成多带材料。例如，Ⅲ-Ⅴ族化合物材料中Ⅴ族原子被少量具有不同电负性的 N 原子替代形成Ⅲ-N_x-V_{1-x}合金。Ⅱ-Ⅵ族化合物材料中Ⅵ族原子被 O 原子替代形成 $Zn_{1-y}Mn_yO_xTe_{1-x}$，有可能形成在材料中中间带。目前在 HMAs 材料中观察到了中间带的形成[85~87]。

与前面介绍的多结电池及中间带太阳电池一样，上转换及下转换器的主要思想也是扩展光谱响应，减少低能光子透过电池导致的损失和高能量光子的热化损失[18,88,89]。转换器中光子激发电子的跃迁过程如图 9.32（a）所示。上、下转换器是包含了价带、导带和一个中间能级的光致发光器件。上转换器可置于电池背面，转换器背面是一个全反光镜。上转换器的能隙宽度应等于或大于太阳电池的能隙宽度，其带隙内包含一个中间能级 E_i。与中间带电池吸收过程相似，光子激发上转换器价带的电子跃迁到 E_i，随之另一个光子将它从 E_i 激发到导带形成电子-空穴对。该电子-空穴对再通过辐射复合的方式发射光子，该光子的波长将短于射入的光的波长（对实际应用而言，选择转换波长短于电池长波限的上转换材料），这相当于吸收两个红光光子，发射一个能量大于电池带隙的光子。因上转换器的背面是一个全反射的反光镜，因此上转换器发射的光子可被上部的电池所吸收。这过程相当于拓展了电池对红光的响应，可提高电池的光电流[89,90]。

下转换器通常位于电池的上面，电池的下面也有一个全反射的反光镜。下转换器的功能不是一般意义上的光子能量的 Stokes 红移。而是高能光子激发出具有高能量的电子，电子先从导带跃迁到中间能级然后再跃迁到价带，这是辐射复合的过程。通过辐射复合发射出能量等于或大于太阳电池能带宽度的两个光子，再被电池吸收。下转换器吸收太阳光谱中大于电池能带宽度的高能量光子，一个光子产生两个电子-空穴对，增加了电池的吸收。这相当于提高了高能量光子的光电转换效率。

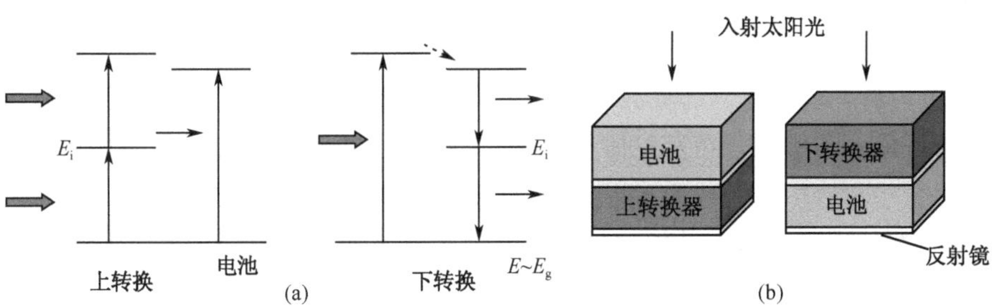

图 9.32　上转换及下转换的光子过程（a）和上转换器及下转换器与电池的连接（b）

这种上转换和下转换电池结构虽与中间带电池有类似之处。但它有明显的特点，转换器与电池之间仅有光学上的耦合，在电学上是完全隔离的，因此，转换器与电池之间没有附加的复合通道。转换器与电池可独立地优化，例如，在电池中载流子输运性质是一个很重要的问题，但对于转换器而言，主要是提高发光效率减少无辐射复合，而不必考虑输运问题等。

理论上计算具有上转换器电池的最高效率。如上转换器带宽为 1.955 eV，中间能级 E_i=0.713eV，与能隙宽度为 E_g=1.95 eV 电池的匹配，全聚光条件下最大效率为 63.17%。预测在非聚光条件下上转换太阳电池最大效率可达 47.6%[69,89]。T. Trupke 等预测[88]，在非聚焦条件下，下转换太阳电池最大效率可达 38.6%，并发现最优化的电池能带宽度约为 1.1eV，这适用于 Si 电池。目前的实验工作主要集中在上转换和下转换材料的探索研究[91]。对这材料的要求是，不仅能实现光子能量的上、下转换，也要求有高的发光强度的输出。

9.7　热光电及热光子转换器

9.7.1　热光伏电池

前面分析了实际太阳电池达不到极限效率的原因之一是，太阳光照下，能量低于 E_g 的光子不能被吸收，而高能量光子的能量大部分给晶格“浪费”掉了。

最初由 Wedlock[92]、后由 Swanson[93] 及 Würfel 等[94] 提出了有效地利用太阳光谱的另一新思路，这就是所谓的热光伏电池（thermophotovoltaic，TPV）。它的基本思想是，太阳并不直接辐照到电池上，而是辐照到一个吸收体，这吸收体受热后，依一定的波长再发射到电池，实现光电转换。这吸收体既被加热同时又发射光子，称它为受热吸收/发射体。此时太阳（也可是其他热源）与电池之间能量是通过一个受热吸收/发射体传递的。图 9.33 画出了 TPV 工作原理图。该受热发射体吸收能量流密度为 E_s 的太阳能而被加热、温度升高，并以黑体辐射的方式发射光子。热吸收/发射体的温度比太阳温度低，因此其发射光子的平均能量下降，电池吸收较低能量的光子可减少高能载流子的热化损失，即使能量低于电池带隙宽度的光子不能被电池吸收，这些低能光子可被电池全部反射回热吸收/发射体，可望提高转换效率。为了使发射体光谱与电池吸收有更好的能量匹配，可进一步考虑，在发射体与电池之间加一个适当的窄带通的滤光片或光谱控制器（spectral control device）。该滤光片仅允许能量为 $E_g+\Delta E$ 光子通过，ΔE 是很窄的能量范围，其他能量的光子则全被反射回发射体，入射光谱与电池的吸收光谱将有好的匹配。与常规直接吸收太阳光的电池相比，TPV 主要的优点是，设计发射体发射光子的能量略大于电池的带隙宽度，可减少和避免常规电池中的载流子热化损失。未被电池吸收的光子及电池辐射复合发射的光子是没有损失的，它们可被吸收/发射体再吸收，保持热发射体的温度，再发射到电池，实现了光子的循环[18]。

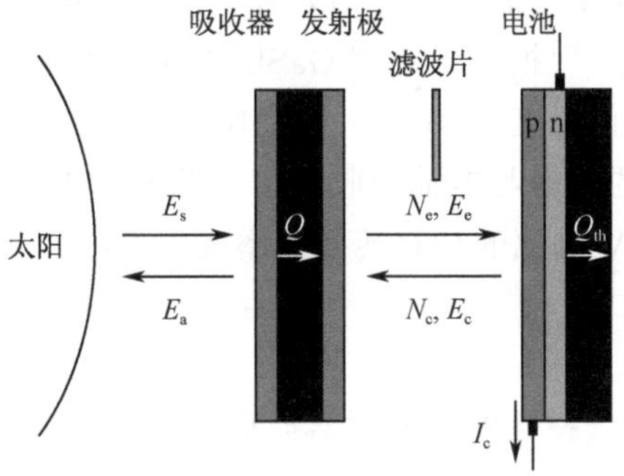

图 9.33　太阳热光伏转换示意图

N，E，Q 分别代表粒子流，能量流及热流[18]

此外，通过选择发射体温度或增加理想的窄带滤光片，可调节发射体的发射光谱，使其与电池光谱匹配。已有不少关于 TPV 的理论工作结果的报道[18, 95~97]。例如，当 $T_s = 6000K$，$T_a = 300K$，全聚光条件下，对于一个温度为 2544K 受热/发射体，优化设计的 TPV 热光伏转换系统的极限效率可达 85.4%[98]。

由于辐射源除太阳外，也可以是燃料加热，不同 TPV 结构系统的实验工作也已有许多的报道[99,100,102]。对于由太阳加热的系统称太阳 TPV。图 9.34 是太阳 TPV 系统结构示意图[101]，太阳光通过一个菲涅尔（Fresnel）棱镜聚焦到第

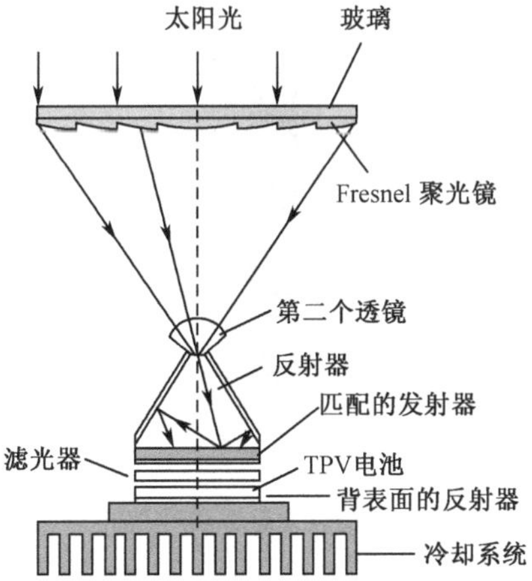

图 9.34　具有两次聚焦的太阳 TPV 系统示意图

电池背面有水冷或风冷装置[101]

二个棱镜，第二个棱镜的出射光，光在此腔内被完全反射并集中照射到匹配的受热体/发射体上，通过一个理想的窄带滤光片，再照射到电池上，电池背面有反射镜。为保持电池的温度，需要有冷却装置。若增加第三个聚光镜，辐射体的温度将更高。Andreev 等[103]报道了采用 GaSb 电池为基础的 TPV 实验结果，其中钨为吸收/发射体，工作温度为 1600～2000K，电池转换效率达 19 %。TPV 电池转换效率与发射体的光谱与电池吸收光谱的匹配有十分重要的关系，如钨辐射波长 $\lambda<1800$nm，TPV 电池的计算转换效率大于 26%。

9.7.2 热光子转换器

在 TPV 系统中，选择性的光发射器或理想的窄带滤光片及强的光发射是获得高效率的关键因素。根据这个光谱的要求，Green[18,104,105] 提出了热光子(thermophotonics，TPX) 转换的概念，将热光子应用到 TPV 系统中形成 TPX 系统。它与 TPV 系统的差别是，热的太阳与冷的电池之间能量的传递不是通过受热吸收/发射体，而是通过被太阳光加热的发光二极管实现的。图 9.35 给出了 TPX 系统结构示意图。电池与环境保持热平衡。加热的光发射二极管 (light emission diode，LED) 具有与电池带隙宽度匹配的发光光谱，避免了在 TPV 系统中构建精确滤光器的困难。理论上预言[106]，一个正向偏置的发光二极管输入功率等于 I_LV，I_L和 V 分别是 LED 的电流及外加偏压。理想条件下，发光二极管中一个电子-空穴对由辐射复合所发射的光子，其能量为 E_g+kT，该能量比外加偏压的能量 qV 略大，发射功率是 I_LE_g/q。如果 $V<E_g/q$，LED 的发光功率输出比输入电功率大。

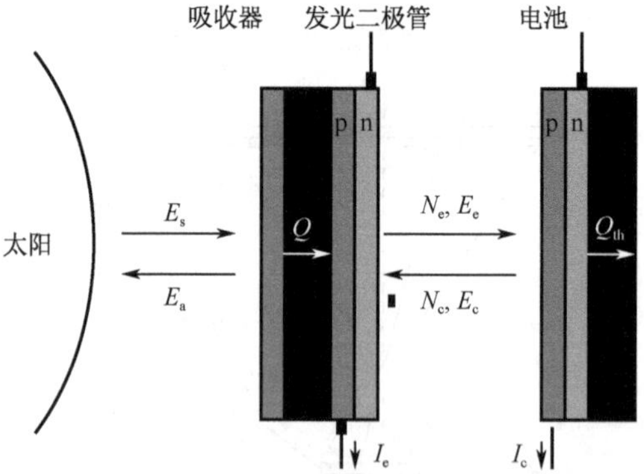

图 9.35 热光子在热光伏系统中光电转换示意图

N，E，Q 分别代表粒子流，能量流及热流[18]

TPX 转换器有明显的优点：LED 的热发射与偏置是无关的。而 LED 光发射强度比相同温度的黑体光辐射的强度要高。这不仅是因为 LED 光发射随偏置电压指数增加，也因为 LED 中电子空穴对的激发与温度呈指数关系，它们的辐射复合发光也指数地增加。如果电池与 LED 的 E_g 是相同的，电池将是非常有效的单色光的光电转换器。此外，从结构上看，LED 与光伏电池两个器件之间是热隔离的，仅有光学上的耦合。在 TPX 系统中，发光器件的性能是实现高效 TPX 的关键。发射光子的能量为 E_g+kT，比外加偏压的能量 qV 大，要求发光器件有非常高的外量子效率[107]。不难发现，如将图 9.35 中发光二极管短路，TPX 就成为 TPV，因此 TPV 具有更普遍的概念。

TPX 转换器效率的计算，采用与前面相同的假设及与 Shockley-Queisser 相似的细致平衡分析方法[18,108,109]。在 N. P. Harder 等[108]的计算中，采用接近实际的系统结构，发光二极管与电池的面积相等，并设两个器件的能隙宽度均为 Si 的 1.124eV。计算比较了 TPV 和 TPX 系统的转换效率，对于相同的几何结构，TPX 最大转换效率比 TPV 的最大效率高。为达到最大效率，吸收/发射体所需的温度比 TPX 系统低。在未聚光条件下，对于单色发射器（单色滤光片）TPX 最大转换效率与 TPV 的相近，约为 54 %。Tobías 等[106]计算了在 100～1000 个太阳光照条件下，发光器件温度 300℃ 的条件下，TPX 转换器最高效率可达 40%。他们指出，LED 的量子效率是 TPX 系统获得高效率的关键，只有 LED 的外量子效率接近 1，TPX 系统的高转换效率才有可能。然而，在高温下保持高的发光效率是相当困难的。

9.8 小　　结

本章介绍了建立在细致平衡原理上的 Shockley-Queisser 光伏转换极限效率的理论计算及热力学卡诺效率。Shockley-Queisser 计算结果，一个单结理想电池（黑体温度 6000K，电池温度为 300K）的极限效率为 31%，全聚焦条件下极限效率为 40.8%。从热力学第二定律，一个可逆引擎，工作在热库温度 6000K 及冷库温度 300K 时的卡诺效率为 95.5%。采用较接近实际的 Landsberg 模型计算的电池极限效率，最高为 93.3%。无论是卡诺效率还是 Landsberg 效率，计算中都有熵变化为零的假设前提，Pawell 等[110]及 Marti 等[111]指出，在实际的光电转换过程中熵的产生是不可避免的，因此即使是一个理想的器件，上述极限效率也是很难达到，这些数据仅表明了光电转换的上限。

通过分析单结电池效率的损失机制，扩展了人们设想的空间，提出了旨在获得高光电转换效率的电池新概念，本章计算和描述了各种新概念电池的工作原理及其极限效率。

在这些新概念电池中，基本思想都是希望对太阳光能全光谱地吸收，通过不同能隙宽度的材料组合使电池吸收光谱尽可能地与太阳光谱匹配，如叠层电池，中间带电池，上转换器，下转换器等。另外，完全地充分地利用每个光子的能量是高效电池的另一思路，如快速收集光生载流子、减少热化损失的热载流子电池；量子效率大于 1 的碰撞电离电池；通过光热过程调制电池的辐射源，实现与电池吸收的匹配如 TPV 及 TPX 转换器等，在理想条件下它们都可能有 85% 以上的效率。

这些新概念新思维激励人们新的期望、新的努力、新的成功。高效第三代电池的实现需要大量的理论分析和实验的工作。上述电池的研究工作仅处于起步阶段，新概念电池的原理性实验；探索适合电池的电子结构及光学性质的新材料，电池结构的创新设计及可实现技术的开发等。虽然高效电池的实现还有很长的路，已在光伏领域激起了很大的热情。在这些新概念电池中，目前叠层的电池有重要的进展，Ⅲ-Ⅴ族化合物 GaInP/GaInAs/Ge 三结叠层电池在 240 太阳条件下 (24.0 W/cm^2) 效率达 40.7%。

研究表明低维材料及低维结构在实现新概念电池中有独特的作用[19,112,113]，如前面提到的超晶格量子阱、量子点电子态的量子限制效应有可能减缓热电子的冷却速率，量子点的隧穿作用可应用于选择性接触电极，将有助于热载流子电池的实现。量子阱中电声子相互作用满足能量守恒，动量已不是一个好量子数，碰撞电离将得到增强。量子阱超晶格中的子带结构有可能应用于多能带（级）太阳电池，这需要相应的能带工程，大量的研究工作正在进行。

同轴纳米棒径向太阳电池（radial p-n junction nanorod solar cells）是针对扩散长度比较低的廉价光伏材料提出的低维新结构[114~116]。在平面结电池中，希望有源层有足够的层厚度来充分吸收光，获得较高的光电流。但对低成本的光伏材料，通常杂质浓度、缺陷态密度比较高，扩散长度比较短，长距离的输运，载流子的复合损失大，是不可取的。同轴径向 pn 结电池克服了平面电池对光吸收和载流子收集难以兼顾的矛盾，其结构如图 9.36 所示。纳米棒的中轴和外围分别是 p 和 n 型材料，是一个径向 pn 结。光从纳米棒顶部入射，而载流子的分离和收集沿着纳米棒的径向，这使得光吸收和载流子的收集分别在相互正交的两个方向。因此，电池在沿纳米棒长度的方向可以尽量厚，保证有效的光吸收。而径向 pn 结的 n 区很薄，小于或接近少子的扩散长度（如微晶硅的扩散长度约几百纳米)，这样光生载流子在空间电荷区分离后，可很快地被收集，降低非平衡载流子的复合损失，有高的载流子收集效率。这种电池结构有望采用低少子扩散长度的廉价材料获得较高的转换效率，从而降低成本。2007 年哈佛大学的 Tian Bozhi 等[114]在 Nature 上报道了采用 VLS（气态-液态-固态）技术制备同轴 p-i-n Si 纳米棒电池的研究结果，单根纳米棒获得 3.4%的转换效率。基于同轴硅纳米棒径向 pn 结太阳电池具有明确的应用前景，成为目前研究的热点之一。

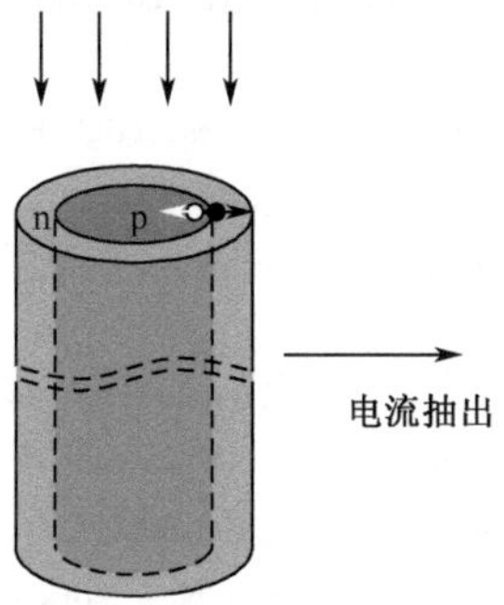

图 9.36　同轴径向 pn 结电池结构

由此看出，低维材料及低维结构，在新概念电池中有明确的应用前景。

参 考 文 献

[1] Green M A. Proceedings of 19th European PVSEC，2004.

[2] Green M A，Emery K，King D L，et al. Progress in Photovoltaics：Research and Applications，2007，15：35.

[3] Schultz O，Glunz S W，Willeke G P. Progress in Photovoltaics：Research and Applications，2004，12：553.

[4] King D L ，Schubert W K，Hund T D. 1st World Conf. on Photovoltaic Energy Conversion，1994：1660.

[5] Zhao J，Wang A，Green M A，et al. Appl. Phys. Lett.，1998，73：1991.

[6] Zhao J，Wang A，Yun F，et al. Progress in Photovoltaics，1997，5：269.

[7] Meier J，Sitznagel J，Kroll U，et al. Thin Solid Films，2004，451，452：518.

[8] Yoshimi M，Sasaki T，Sawada T，et al. 3rd World Conference on Photovoltaic Energy Conversion，2003：1566.

[9] Yang J，Banerjee A，Sugiyama S，et al. 26th IEEE Photovoltaic Specialists Conference，1997：563.

[10] Yang J，Banerjee A，Glatfelter T，et al. 1st World Conference on Photovoltaic Energy Conversion，1994：380.

[11] Contreras M A，Egass B，Ramanathan K，et al. Progress in Photovoltaics：Research and Applications，1999，7：311.

[12] Tanaka Y，Akema N，Morishita T，et al. Proc. 17th European PVSEC，2001：989.

[13] Wu X，Keane J C，Dhere R G，et al. Proc. 17th European PVSEC，2001：995.

[14] Cunningham D，Davies K，Grammond L，et al. 28th IEEE Photovoltaic Specialists Conference，2000：13.

[15] Chiba Y，Islam A，Kakutani K，et al. Technical Digest，15th Inter. Photovoltaic Science and Engineering Conference，2005：665.

[16] Han L，Fukui A，Fuke N，et al. 4th World Conf. on Photovoltaic Energy Conversion，2006.

[17] Shockley W，Queisser H J. J. Appl. Phys.，1961，32：510.

[18] Green M A. Third Generation Photovoltaics: Advanced Solar Energy Conversion. Berlin, Heidelberg: Springer-Verlag, 2003.
[19] Martí A. Luque A. Next Generation Photovoltaics: High Efficiency through Full Spectrum Utilization. Bristol: Institute. of Physics Publishing, 2003.
[20] De Vos A. Endeoreversible Thermodynamics of Solar Energy Conversion. Chap. 2. Oxford: Oxford University Publishing, 1992.
[21] Campbell P, Green M A. IEEE Trans. Elec. Dev., 1986, 33: 234.
[22] Würfel P. J. Phys., 1982, C15: 3697.
[23] Araujo G L, Marti A. Solar Energy Materials and Solar Cells, 1994, 33: 213.
[24] Blakemore J S. Semiconductor Statistics. Denver, New York: Denver Publications, 1987.
[25] Hulstrom R, Bird R, Riordan C. Sol. Cells, 1985, 15: 365.
[26] Henry C H. J. Appl. Phys., 1980, 51: 4494.
[27] Callen H B. Termodina'mica. Madrid: Editorial A C, 1981.
[28] Planck M. The theory of heat radiation English translation of Planck M, New York: Dover Publications, 1913.
[29] De Vos A, Pauwels H. J. Phys C: Solid State Phys., 1983, 16: 6897.
[30] Landsberg P T, Tonge G. J. Appl. Phys., 1980, 51: R1.
[31] Jackson E D. Trans. Conf. on Use of Solar Energy, Tuscon, Arozona, 1955, 122.
[32] Moon R L, James L W, Vander Plas H A, et al. 13th IEEE Photovoltaic Specialists Conference, Washington, DC, 1978: 859.
[33] Marti A, Araujo G. Solar Energy Materials and Solar Cells, 1996, 43: 203.
[34] Martí A, Cuadra L, Luque A. Proc. of the 28th IEEE Photovoltaic Specialist Conference, 2000: 940.
[35] Henry C H. J. Appl. Phys., 1980, 51: 4494.
[36] De Vos A, Pauwels H. Appl. Phys., 1981, 25: 119.
[37] Browns A, Green M A. Prog. in Photovolt.: Sol. Cells Res. Appl., 2002, 10: 299.
[38] Tobias I., Luque A. Prog. in Photovolt.: Sol. Cells Res. Appl., 2002, 10: 223.
[39] King R R, Law D C, Edmondson K M, et al. 22nd European PVSEC,. 2007: 11.
[40] Wang W, Povolny H, Du W, et al. The 29th IEEE Photovoltaic Specialists Conference, 2002: 1082.
[41] Yan B, Yue G, Yan Y, et al. Mater. Res. Soc. Symp. Proc., 2008, 1066, A3. 3.
[42] Ross R T, Nozik A J. J. Appl. Phys., 1982, 5: 53.
[43] Würfel P. Solar Energy Materials and Solar Cells, 1997, 46: 43.
[44] Boudereaux D S, Williams F, Nozik A J. J. Appl. Phys., 1980, 51: 2158.
[45] Rosenwaks Y, Hanna M C, Levi D H, et al. Phys., Rev. 1993, B 48: 14675.
[46] Pelouch W S, Ellingson R J, Powers P E, et al. Phys. Rev., 1992, B45: 1450.
[47] Nozik A J, Parsons C A, Dunlary D J, et al. Solid State Comm. 1990, 75: 247.
[48] Conibeer G J, Guillemoles J F, König D, et al. 21st European PVSEC, 2006: 90.
[49] Klemens P G. Phys. Rev., 1966, 148: 845.
[50] Conibeer G, Ekins-Dauke N, Jean-François Guillemoles, et al. Technical Digest of the International PVSEC-17, 2007.
[51] Bockelmann U, Bastard G. Phys. Rev., 1990, B 42: 8947.
[52] Benisty H. Phys. Rev., 1995, B 51: 13281.

[53] Sotomayor-Torres C M , Weisbuch C. Phys. Rev, 1991 B, 44: 10945.
[54] Vavilov V S. J. Phys. Chem. Solids, 1959, 8: 223.
[55] Hodgkinson R J. Proc. Phys. Soc. , 1963, 82: 1010.
[56] Christensen O J. Appl. Phys. , 1976, 47: 690.
[57] Deb S , Saha H. Solid Stete Electronics, 1972, 15: 89.
[58] Landsberg P T, Nussbaumer H , Willek G. J. Appl. Phys. , 1993, 74: 1451.
[59] Kolodinski S, Werner J H, Wittchen T, et al. Appl. Phys. Lett. , 1993, 63: 2405.
[60] Werner J H, Brendel R , Queisser H J. Appl. Phys. Lett. , 1995, 67: 1028.
[61] Nelson J. The Physics of Solar Cells. London: Imperial College Press, 2003: 311.
[62] Werner J H, Kodolinski S, Queisser H J. Phys. Rev. Lett. , 1994, 72: 3851.
[63] Christensen O. J. Appl. Phys. , 1976, 47: 690.
[64] Wolf M, Brendel R, Werner J H, et al. J. Appl. Phys. , 1998, 83: 4213.
[65] Ellingson R J, Beard M C, Johnson J C, et al. Nano Lett. , 2005, 5: 865.
[66] Murphy J E, Beard M C, Norman A G, et al. J. Am. Chem. Soc. , 2006, 128: 3241.
[67] Schaller R D, Petruska M A, Klimov V I. Appl. Phys. Lett. , 2005, 87: 1.
[68] Kettemann S , Guillemoles J F. 13th European PVSEC, 1995: 119.
[69] Luque A , Marti A. Phys. Rev. Lett. , 1997, 78: 5014.
[70] Boer K W. Survey of Semiconductor Physics. New York: Van Nostrand Reinhold, 1990: 201, 249, 617.
[71] Green. M A. Progr. Photovoltaic, 2001, 9: 137.
[72] Nelson J. The Physics of Solar Cells. London: Imperial College Press, 2003: 303.
[73] Kettemann S, Guillemoles J F. Proc. of the 13th Photovolt. Sol. Energy, Confer. , 1995.
[74] Cuadra L R , Marti A, Luque A. Physica E, 2002: 14.
[75] Tomic S, Sunderland A G , Bych I J. J. Mat. Chem. , 2006, 16: 1963.
[76] Keevers M J, Green M A. Solar Energy Materials and Solar Cells, 1996, 41/42: 195.
[77] Tablero C, Wahno P. Appl. Phys. Lett. , 2003, 82: 151.
[78] Wahnón P, Tablero C. Phys. Rev. , 2002, B65: 165115.
[79] Wahnón P, Palacios P, Fernández J J, et al. Proc. 20th European PVSEC, 2005: 34.
[80] Martí A, López N, Antolín E, et al. Appl. Phys. Lett. , 2005, 87: 083505.
[81] Martí A, Cuadra L , Luque A. Proc. of the 28th IEEE Photovoltaic Specialist Conference, 2000: 940.
[82] Martí A, Antolín E, Cánovas E, et al. 21st European PVSEC, 2006.
[83] Tablero C. Phys. Rev. , 2005, B 72: 035213.
[84] Palacios P, Fernández J J, Sánchez K, et al. Phys. Rev. , 2006, B73: 085206.
[85] Shan W, Walukiewicz W, Ager Ⅲ J W, et al. Phys. Rev. Lett. , 1999, 82: 1221.
[86] Yu K M, Walukiewicz W, Wu J, et al. Phys. Rev. Lett. , 2003, 91: 246403.
[87] Yu K M, Alberi K, Reichertz L A, et al. 5, 22nd European PVSEC, Milan, Italy, 2007.
[88] Trupke T, Green M A , Würfel P. J. Appl. Phys. , 2002, 92: 1668.
[89] Trupke T, Green M A , Würfel P. J. Appl. Phys. , 2002, 92: 4117.
[90] Ekins-Daukes N J, Ballard I, Calder C D J, et al. Appl. Phys. Lett. , 2003, 82: 1974.
[91] Shalav A, Richards B, Kramer K, et al. IEEE, 2006: 45.
[92] Wedlock B D. Proc. IEEE, 1963, 51: 694.

[93] Swanson R M. Proc. 67th IEEE Conf. , 1979：446.
[94] Würfel P , Ruppel W. IEEE Trans. Elec. Dev. , 1980, 27：745.
[95] Spirkl W, Ries H. J. Appl. Phys. , 1985, 57 (9)：4409.
[96] Davies P A, Luque A. Solar Energy Materials and solar Cells, 1994, 33：11.
[97] Harder N P, Würfel P. Semicond. Sci. Technol. , 2003, 18：S151.
[98] Castañs M. Revista Geofísica, 1976, 35：227.
[99] Stone K W , Fatemi N S, Garverick L. 25th IEEE Photovoltaic Specialist Conference, 1996：1421.
[100] Yugami H et al. 28th IEEE Photovoltaic Specialist Conference, Anchorage, 2000：1214.
[101] Bitnar B, Durisch W, Mayor J C, et al. Solar Energy Mat. and Solar Cells, 2002, 73：221.
[102] van der Heide J, Posthuma N E , Flamand G, et al. 21st European Photovoltaic Solar Energy Conference, 2006：43.
[103] Andreev V M, Vlasov A S, Khvostikov V P, et al. 21st European PVSEC, 2006：35.
[104] Green M A. Proc. 16th European PVSEC, 2000：51.
[105] Green M A. Prog. Photovoltaic, 2001, 9：123.
[106] Pankove J I. Optical Processes in Semiconductors. New York：Dover, 1975.
[107] Lin Kuolung, Catchpole K R, Trupke T, et al. Proc. of 3rd World Conference on Photovoltaic Energy Conversion, 2003, 1：59.
[108] Harder N P, Neuhaus D H, Würfel P, et al. 17th European PVSEC, Munich, 2001.
[109] Tobías I , Luque A. IEEE Transactions on Electron Devices, 2002, 49：2024.
[110] Pawell H , De Vos A. Solid State Electronics, 1981, 24：835～843.
[111] Marti A , Araujo G. Solar Energy Materials and Solar Cells, 1996, 43：202.
[112] Green M A, Conibeer G E C, König D, Huang S J, Scardera G Y-H, Hao X J, Fang Suwannara K T, Park S W, Perez Wurfl I, Huang Y, Cheng S, Pink E, Bellet D, Bellet-Amalric, Puzzer T. 22nd European Photovoltaic Solar Energy Conference, 2007, Christiana. B：Honsberg；Allen M. Barnett, Douglas Kirkpatrick, IEEE, 2006：2565.
[113] Nozika A J, Soga T. Nanostrustured Materials for solar energy. Conversion. 2006：485.
[114] Tian B Z, Zheng X L, Kempa T J, et al. Nature, 2007, 885.
[115] Kayes B M , Atwatera H A, Lewisb N S. J. Appl. Phys. , 2005, 97：114302～114313.
[116] Tsakalakos L, Balch A J, Fronheiser J, et al. Appl. Phys. Lett. , 2007, 91：233117

附　　录

附录A　标准AM1.5太阳光谱辐照度数据

附表A.1　标准AM1.5太阳光谱辐照度数据

波长/μm	光谱辐照度 /(W·m^{-2}·$μm^{-1}$)	光谱光子辐照度 /(cm^{-2}·s^{-1}·$μm^{-1}$)	累计积分辐照度 /(W·m^{-2})
0.3050	9.5	1.459×10^{15}	0.06
0.3100	42.3	6.602×10^{15}	0.19
0.3150	107.8	1.710×10^{16}	0.57
0.3200	181.0	2.916×10^{16}	1.29
0.3250	246.8	4.038×10^{16}	2.36
0.3300	395.3	6.567×10^{16}	3.97
0.3350	390.1	6.579×10^{16}	5.93
0.3400	435.3	7.451×10^{16}	7.99
0.3450	438.9	7.623×10^{16}	10.18
0.3500	483.7	8.523×10^{16}	12.49
0.3600	520.3	9.430×10^{16}	17.51
0.3700	666.2	1.241×10^{17}	23.44
0.3800	712.5	1.363×10^{17}	30.33
0.3900	720.7	1.415×10^{17}	37.50
0.4000	1013.1	2.040×10^{17}	46.17
0.4100	1158.2	2.391×10^{17}	57.02
0.4200	1184.0	2.504×10^{17}	68.74
0.4300	1071.9	2.320×10^{17}	80.01
0.4400	1302.0	2.884×10^{17}	91.88
0.4500	1526.0	3.457×10^{17}	106.02
0.4600	1599.6	3.704×10^{17}	121.65
0.4700	1581.0	3.741×10^{17}	137.55
0.4800	1628.3	3.935×10^{17}	153.60
0.4900	1539.2	3.797×10^{17}	169.44

续表

波长/μm	光谱辐照度 /(W·m^{-2}·μm^{-1})	光谱光子辐照度 /(cm^{-2}·s^{-1}·μm^{-1})	累计积分辐照度 /(W·m^{-2})
0.5000	1548.7	3.898×10^{17}	184.88
0.5100	1586.5	4.074×10^{17}	200.55
0.5200	1484.9	3.887×10^{17}	215.91
0.5300	1572.4	4.196×10^{17}	231.20
0.5400	1550.7	4.216×10^{17}	246.81
0.5500	1561.5	4.324×10^{17}	262.38
0.5700	1501.5	4.309×10^{17}	293.01
0.5900	1395.5	4.145×10^{17}	321.98
0.6100	1485.3	4.561×10^{17}	350.78
0.6300	1434.1	4.549×10^{17}	379.98
0.6500	1419.9	4.647×10^{17}	408.52
0.6700	1392.3	4.696×10^{17}	436.64
0.6900	1130.0	3.925×10^{17}	461.86
0.7100	1316.7	4.707×10^{17}	486.33
0.7180	1010.3	3.652×10^{17}	495.64
0.7244	1043.2	3.805×10^{17}	502.21
0.7400	1211.2	4.512×10^{17}	519.79
0.7525	1193.9	4.523×10^{17}	534.82
0.7575	1175.5	4.483×10^{17}	540.75
0.7625	643.1	2.469×10^{17}	545.29
0.7675	1030.7	3.983×10^{17}	549.48
0.7800	1131.1	4.442×10^{17}	562.99
0.8000	1081.6	4.356×10^{17}	585.12
0.8160	849.2	3.489×10^{17}	600.56
0.8237	785.0	3.255×10^{17}	606.85
0.8315	916.4	3.836×10^{17}	613.49
0.8400	959.9	4.059×10^{17}	621.46
0.8600	978.9	4.238×10^{17}	640.85
0.8800	933.2	4.134×10^{17}	659.97
0.9050	748.5	3.410×10^{17}	680.99
0.9150	667.5	3.075×10^{17}	688.07

续表

波长/μm	光谱辐照度 /($W \cdot m^{-2} \cdot \mu m^{-1}$)	光谱光子辐照度 /($cm^{-2} \cdot s^{-1} \cdot \mu m^{-1}$)	累计积分辐照度 /($W \cdot m^{-2}$)
0.9250	690.3	3.215×10^{17}	694.86
0.9300	403.6	1.890×10^{17}	697.60
0.9370	258.3	1.218×10^{17}	699.91
0.9480	313.6	1.497×10^{17}	703.06
0.9650	526.8	2.559×10^{17}	710.20
0.9800	646.4	3.189×10^{17}	719.00
0.9935	746.8	3.735×10^{17}	728.41
1.0400	690.5	3.615×10^{17}	761.82
1.0700	637.5	3.434×10^{17}	781.74
1.1000	412.6	2.285×10^{17}	797.49
1.1200	108.9	6.140×10^{16}	802.71
1.1300	189.1	1.076×10^{17}	804.20
1.1370	132.2	7.567×10^{16}	805.32
1.1610	339.0	1.981×10^{17}	810.98
1.1800	460.0	2.733×10^{17}	818.57
1.2000	423.6	2.559×10^{17}	827.40
1.2350	480.5	2.988×10^{17}	843.22
1.2900	413.1	2.683×10^{17}	867.80
1.3200	250.2	1.663×10^{17}	877.75
1.3500	32.5	2.209×10^{16}	881.99
1.3950	1.6	1.124×10^{15}	882.75
1.4425	55.7	4.045×10^{16}	884.11
1.4625	105.1	7.738×10^{16}	885.72
1.4770	105.5	7.845×10^{16}	887.25
1.4970	182.1	1.372×10^{17}	890.12
1.5200	262.6	2.010×10^{17}	895.24
1.5390	274.2	2.125×10^{17}	900.34
1.5580	275.0	2.157×10^{17}	905.56
1.5780	244.6	1.943×10^{17}	910.75
1.5920	247.4	1.983×10^{17}	914.19
1.6100	228.7	1.854×10^{17}	918.48

续表

波长/μm	光谱辐照度 /(W·m⁻²·μm⁻¹)	光谱光子辐照度 /(cm⁻²·s⁻¹·μm⁻¹)	累计积分辐照度 /(W·m⁻²)
1.6300	244.5	2.006×10^{17}	923.21
1.6460	234.8	1.946×10^{17}	927.05
1.6780	220.5	1.863×10^{17}	934.33
1.7400	171.5	1.502×10^{17}	946.48
1.8000	30.7	2.782×10^{16}	952.55
1.8600	2.0	1.873×10^{15}	953.53
1.9200	1.2	1.160×10^{15}	953.63
1.9600	21.2	2.092×10^{16}	954.07
1.9850	91.1	9.104×10^{16}	955.48
2.0050	26.8	2.705×10^{16}	956.66
2.0350	99.5	1.019×10^{17}	958.55
2.0650	60.4	6.279×10^{16}	960.95
2.1000	89.1	9.420×10^{16}	963.57
2.1480	82.2	8.889×10^{16}	967.68
2.1980	71.5	7.912×10^{16}	971.52
2.2700	70.2	8.023×10^{16}	976.62
2.3600	62.0	7.367×10^{16}	982.57
2.4500	21.2	2.615×10^{16}	986.32
2.4940	18.5	2.323×10^{16}	987.19
2.5370	3.2	4.087×10^{15}	987.66
2.9410	4.4	6.515×10^{15}	989.19
2.9730	7.6	1.138×10^{16}	989.38
3.0050	6.5	9.834×10^{15}	989.60
3.0560	3.2	4.923×10^{15}	989.85
3.1320	5.4	8.515×10^{15}	990.18
3.1560	19.4	3.082×10^{16}	990.48
3.2040	1.3	2.097×10^{15}	990.98
3.2450	3.2	5.228×10^{15}	991.07
3.3170	13.1	2.188×10^{16}	991.66
3.3440	3.2	5.387×10^{15}	991.88
3.4500	13.3	2.310×10^{16}	992.75
3.5730	11.9	2.141×10^{16}	994.30
3.7650	9.8	1.858×10^{16}	996.38
4.0450	7.5	1.527×10^{16}	998.79
∞			1000.00

注：累计积分辐照度值系采用改良的梯形积分技术求得。

附录 B　铅酸蓄电池的分类、命名和表征

B.1　铅酸蓄电池的分类

（1）按照电解液数量和电池槽结构不同，可分为传统开口铅酸蓄电池和阀控式密封铅酸蓄电池。前者为开口半密封式结构，电解液是处于富液状态，使用过程中需要加水调节酸密度。后者为全密封式结构，电解液为贫液状态，使用过程中不需要进行加水或加酸维护，简称 VR-LA 电池。

（2）按照电池的用途不同，可循环使用电池和浮充使用电池。浮充电池主要是后备电池。循环和启动使用的电池有铁路电池、汽车电池、太阳能蓄电池、电动车电池、牵引电池等类型。

（3）按电池的使用环境不同，可分为固定型电池和移动型电池。固定型电池主要用于后备电源，广泛用于邮电、电站和医院等，要求安全和可靠，因是固定使用，重量不是关键问题。目前固定型的电池，主要应用是密封型 VRLA 电池和传统富液电池。移动型电池主要有内燃机车用电池、铁路客车用电池、摩托车用电池、电动汽车及牵引车用电池等。

B.2　蓄电池的命名方法、型号组成及其代表意义

蓄电池名称由单体蓄电池格数、型号、额定容量、电池功能或形状等组成。当单体蓄电池格数为 1 时（2V）省略，6V、12V 分别为 3 和 6。各公司的产品型号有不同的解释，但产品型号中的基本含义不会改变。附表 B.1 为常用字母的含义。

附表 B.1　蓄电池常用字母的含义

代号	拼音	汉字	全称
G	Gu	固	固定型
F	Fa	阀	阀控式
M	Mi	密	密封
J	Jiao	胶	胶体
D	Dong	动	动力型
N	Nei	内	内燃机车用
T	Tie	铁	铁路客车用
D	Dian	电	电力机车用

例如，GFM-500，G 为固定型；F 为阀控式，M 为密封，500 为 10 小时率的额定容量；6-GFMJ-100 ，6 为 6 个单体、电压 12V，G 为固定型，F 为阀控

式，M 为密封，J 为胶体，100 为 20 小时率的额定容量。

B.3　电池的表征参量

1）蓄电池电压

蓄电池每单格的标称电压为 2V，实际电压随充放电的情况而变化。充电结束时，电压为 2.5～2.7V，以后慢慢地降至 2.05V 左右的稳定状态。

如用蓄电池做电源，开始放电时电压很快降至 2V 左右，以后缓慢下降，保持在 1.9～2.0V。当放电接近结束时，电压很快降到 1.7V；当电压低于 1.7V 时，便不应再放电，否则要损坏极板。停止使用后，蓄电池电压自己能回升到 1.98V。

2）电池的容量

电池容量的概念是，处于完全充电状态的铅酸蓄电池在一定放电条件下，放电到规定的终止电压时所能给出的电量称为电池容量，以符号 C 表示。常用单位为安培小时，简称安时（A·h）。通常在 C 的下角处标明放电时率，如 C10 表明 10 小时率的放电容量，C120 表明 120 小时率的放电容量。

电池容量分为理论容量、实际容量和额定容量。理论容量是根据活性物质的质量按照法拉第定律计算而得的最高容量值。实际容量是指电池在一定放电条件下所能输出的电量。由于组成电池时，除电池的主反应外，还有副反应发生，加之其他种种原因，活性物质利用率不可能为 100%，因此远低于理论容量。额定容量国外也称标称容量，是按照国家或有关部门颁布的标准，在电池设计时要求电池在一定的放电条件下（通信电池一般规定在 25℃环境下以 10 小时率电流放电至终止电压）应该放出的最低限度的电量值。

影响实际容量的因素。电池的实际容量主要与电池正、负极活性物质的数量及利用率有关等因素有关。活性物质利用率主要受放电制度、电极结构、制造工艺影响。使用过程中影响实际容量的是放电率、放电制度、终止电压和温度。

3）放电率

根据蓄电池放电电流的大小，分为时间率和电流率。时间率是指一定放电条件下，放电至电压下降到终止电压的时间长短。常用时率和倍率表示。根据 IEC 标准，放电的时间率有 20、10、5、3、1、0.5 小时率，放电倍率是指按照该时间率放电的电流值，分别标识为 20h、10h、5h、3h、1h、0.5h 等。电池放电倍率越高，放电电流越大，放电时间就越短，放出的相应容量越少。

4）终止电压

终止电压指电池放电时电压下降到不宜再放电时（至少能再反复充电使用）的最低工作电压。为了防止电池不过度放电而损害极板，在不同放电倍率和温度下放电时，各种标准中都规定了电池的终止电压。后备电源系列电池 10 小时率和 3 小时率放电的终止电压为 1.80V/单体，1 小时率终止电压为 1.75V/单体。由于铅酸蓄电池本身的特性，即使放电的终止电压继续降低，电池也不会放出太多的容量，但终止电压过低对电池的损伤极大，尤其当放电压达到 0V 而又不能及时充电时将大大缩短电池的寿命。对于太阳能用蓄电池，针对不同型号和用途，放电终止电压设计也不一样。终止电压视放电速率和需要而规定。通常，小于 10h 的小电流放电，终止电压取值稍高；大于 10h 的大电流放电，终止电压取值稍低。

5）循环寿命

蓄电池经历一次充电和放电，称为一次循环（一个周期）。在一定放电条件下，电池使用至某一容量规定值之前，电池所能承受的循环次数，称为循环寿命。后备电源一般采用浮充寿命来衡量电池的使用寿命，例如阀控式密封铅酸蓄电池的浮充寿命一般在 10 年以上，但也可采用电池的循环寿命来衡量。影响电池循环寿命的主要因素是产品的性能和质量，其次是维护工作的质量。对于后备电源，100%DOD 放电，其循环寿命一般为 100～200 次，即电池进行 100%容量放电，电池放电到终止电压为 1.8V/只。当循环充、放电 100～200 次后，电池放电到终止电压 1.8V，放电容量低于额定容量的 80%，此时电池寿命终止。影响蓄电池寿命的因素是综合的，不仅是极板的内在因素，如活性物质的组成、晶型（高温固化或常温固化）、极板尺寸和板栅材料结构等，而且也取决于外在因素，如放电倍率和深度、工作使用条件（温度和压力等）和使用维护状况等。

6）电池内阻

电池的内阻不是常数，在充放电过程中随时间不断地变化，因为活性物质的组成、电解液浓度和温度都在不断变化。铅酸蓄电池内阻很小，在小电流放电时可以忽略，但在大电流放电时，电压降损失可达数百毫伏，必须引起重视。

电池内阻有欧姆内阻和极化内阻两部分。欧姆内阻主要由电极材料、隔膜、电解液、接线柱等构成，也与电池尺寸、结构及装配因素有关。极化内阻是由电化学极化和浓差极化引起的，是电池放电或充电过程中两电极进行化学反应时极化产生的内阻。极化电阻除与电池制造工艺、电极结构及活性物质有关外，还与电池工作电流大小和温度等因素有关。电池内阻严重影响电池工作电压、工作电流和输出能量，因而内阻愈小的电池性能愈好。

附录 C　典型的单片机及外围电路

C.1　CPU、EEPROM、RAM、I/O 单片微处理器

可以采用 ATMEL 公司的 89C55 单片机，较之常用的 Intel8051 8 位微处理器，前者具有集成度高（内含 CPU、ROM、RAM、I/O 口等），内存容量大

(内有 20K 字节在线可编程电擦除闪速存储器 EEPROM)，宽工作电压范围(2.7～6V)，运行速度快（时钟可高至 24MHz)，低功耗（闲置模式时为 1.7～5mA，掉电模式仅 5～50UA）等独特优点。它不需增加外围芯片即可独立构成一个完整的 8 位微处理器单片机，是近年来新推出的很有推广价值的新型芯片。

C.2　LCD 液晶显示器

可以采用 MDLS 16 位×2 行带背光字符型液晶显示器模块，具有字符显示清晰、屏幕显示格式可灵活编程、背光亮度、对比度可控、耗电小等优点。为避免平时不需观察屏幕也一直开亮度显示，本控制器可定时查询，如果超过 10min 无按键操作，将自动关闭 LCD 显示器，以节约功耗，当需要显示时，按任意键可自动恢复显示。

C.3　自定义 4×4 矩阵键盘

由于控制器采集当前数据、存储历史数据和控制设置参数较多，而 LCD 显示只有两行，每行显示 16 个字符，所以设计有 4×4 矩阵键盘，分别定义 16 个按键，通过选择不同的按键，可使 LCD 显示器分屏显示蓄电池电压、负载电压、6 路太阳电池方阵电压、充电电流、放电电流等参数，前 32 天的历史数据浏览和控制设置参数的改变，也可选择对应按键进行操作。该键盘设计为防潮型薄膜键盘，厚度薄、尺寸小、密封性能好、按键通断可靠性高。

C.4　RS232 异步串行通信接口

对于偏远地区（高山、海岛、边疆等）的光伏电站，由于交通不便，技术和经济力量薄弱，为保证光伏系统长期可靠运行，本控制器设计有 RS232 异步串行通信接口，可将下位机采集存储的“当前数据”、“历史数据”、“控制设置参数”串行传输至上位机。

C.5　多路模拟开关和串行 A/D 模数转换器

对于不同类型的模拟信号，不论是正负极性的直流电压，高至 100A 的直流电流，还是微弱信号的温度传感器，经信号调理后统一变成 5V 的标准信号。如果采用 12 位串行 A/D 模数转换器，每一时刻只能处理一路模拟输入信号，因此需经多路模拟开关，由 CPU 发出选通地址，经串行 A/D 转换器依次转换为对应的 12 位二进制数字信号，送 CPU 进行数据处理。因该控制器输出输入的开关量较多，占用大量的 I/O 口线，所以采用串行 A/D 只占用少量 I/O 口线，以便节省出口线供其他开关量使用。此外，采用 12 位 A/D，可提高采样信号的测量精度。

附录 D　脉宽调制方波逆变器产品实例

D.1　概述

JKFN-2430 型方波逆变器为 24V/300W 方波逆变器，其功能是将蓄电池的 24V 直流电压变换为 220V 单相交流电输出，作为太阳能光伏电源系统的配套电子设备用来对交流负载（照明灯具和黑白、彩色电视机）进行供电。尽管方波逆变器谐波失真大且带电感性负载能力差，但由于它电路结构简单、产品价格低，所以当前在交流户用光伏系统中仍有很大市场。

D.2　技术指标

（1）额定输出功率：300W

（2）逆变输出电压：220V±10%

（3）逆变输出频率：50Hz±1Hz

（4）直流输入电压：24V（DC）（21～28V（DC））

（5）逆变转换效率：≥80%

（6）环境温度：0～+50℃

环境湿度：<90%

D.3　方波逆变器的电路结构和工作原理

方波逆变器的电路原理框图见附图 D.1

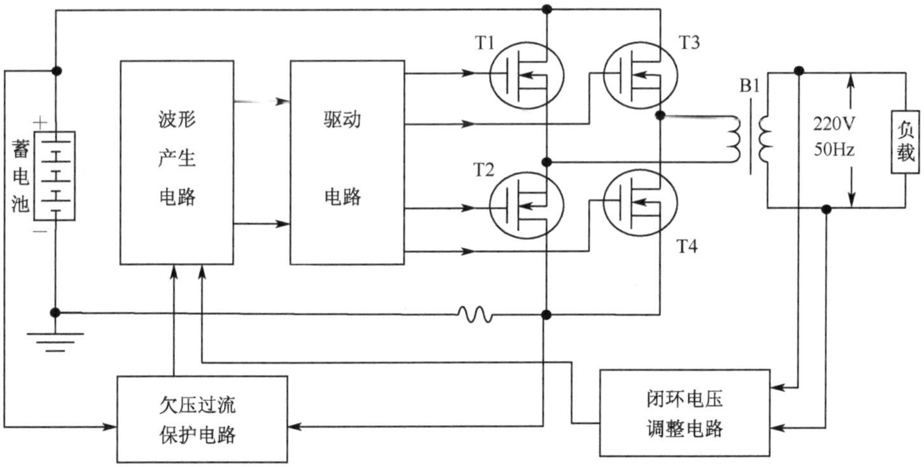

附图 D.1　方波逆变器的电路原理框图

1）波形产生电路

目前方波逆变器通常采用固定频率的脉宽调制技术产生一组频率为 50Hz 脉冲宽度可变的方波脉冲，经驱动电路送全桥功率转换电路 T1～T4 进行功率放大，再由升压变压器 B1 输出 220V、50Hz 的交流电供各种交流负载使用。波形产生电路采用美国硅通用公司生产的 SG3525A 单片脉宽调制控制芯片，它包括双端输出逆变器所需的各种基本电路，并且有工业型电路的全部特点。SG3525A 是专用于驱动 MOSFET 场效应功率开关器件的大规模集成电路，内部电路功能齐全，包括脉宽调制脉冲产生电路、欠压锁定电路、慢启动电路、输出限流关断电路、基准电压源、防止“共态导通”的死区控制电路等，是当前方波逆变器波形产生电路最广泛使用的优选芯片。

2）功率驱动电路

尽管功率开关器件采用电压控制型 MOSFET 功率模块，但对几百瓦以上的方波逆变器仍需增加功率驱动电路。过去通常使用的驱动模块（如 M57919L、EXB840 等）由悬浮供电、隔离变压器和若干集成电路组成，电路结构复杂、工作可靠性较差。采用国际整流器公司生产的 IR2130 单片式智能功率驱动集成电路，集控制电路、电平转换、低阻抗输出和识别保护等为一体，不仅能承受两倍的正常母线电压，而且能允许地线瞬时达 5V。该驱动集成电路只需几个外围分立元件，即可使桥式功率转换电路的逻辑控制信号与 MOS 栅极器件完整连接，采用它可使功率系统的设计时间缩短、尺寸减小、成本降低、可靠性提高。该驱动电路采用了 600V BCD MOS 工艺，集成了低压模拟电路和高压功率器件的数字电路，其源极耐压为 600V，可用于任何使用交流输入电压有效值为 300V 的系统。此外，它能将功率部分与控制部分隔离开，使得操作系统需要的数字和模拟集成电路能够使用不同的逻辑电平。

3）功率转换电路

逆变器的功率转换电路可分为双管推挽、双管半桥和四管全桥三种电路。本机采用四管全桥式功率转换电路，具有较强的驱动和过载能力，若功率管选用适当，电路可承受 5～7 倍的冲击电流，而且变压器初级只需一个绕组，所以桥式电路尤其适用于驱动电冰箱、水泵等感性负载。

功率开关器件采用 MOSFET 场效应模块，它具有高输入阻抗、低驱动电流（驱动电流在数百纳安数量级时，输出电流可达数十或数百安培）、开关速度快、高频特性好（无少数载流子存储延时效应）、负电流温度系数（有良好的电流自动调节和温度均匀分布的能力，不会形成局部热斑，可避免热电恶循环和二次击穿）、安全工作区域大、理想的线性特性（在绝大部分工作范围内，器件的增益保持不变，放大信号的失真很小）等优点。所以目前大多数逆变器定型产品均采用 MOSFET 模块作为功率开关器件。

4）闭环电压调整电路

输出电压稳定度是逆变器的主要技术指标之一，它表征逆变器输出电压的稳压能力。性能良好的逆变器要求电压调整率应≤±3％，负载调整率应≤±6％。本机采用取样变压器和 CMOS 运算放大器对输出交流电压进行取样，并和给定的基准电压相比较后，控制 SG3525A 的 9 脚改变输出方波的脉冲宽度，达到稳定输出交流电压的目的。使逆变器满足输出电压稳定度的技术要求。

欠压过流保护电路：当蓄电池单体电压小于 1.8V 或输出电流超过额定值时，逆变器必须停止工作，以保护蓄电池和逆变器功率器件不受损坏。本机通过对蓄电池电压和输出电流进行取样，和给定值比较后经运算放大器控制 SCR 不可恢复可控硅器件的导通，关断 SG3525A 的脉宽调制脉冲输出，逆变器停止工作。

《半导体科学与技术丛书》已出版书目

（按出版时间排序）

1. 窄禁带半导体物理学	褚君浩	2005 年 4 月
2. 微系统封装技术概论	金玉丰 等	2006 年 3 月
3. 半导体异质结物理（第二版）	虞丽生	2006 年 5 月
4. 高速 CMOS 数据转换器	杨银堂 等	2006 年 9 月
5. 光电子器件微波封装和测试	祝宁华	2007 年 7 月
6. 半导体科学与技术	何杰，夏建白	2007 年 9 月
7. 半导体的检测与分析（第二版）	许振嘉 等	2007 年 8 月
8. 微纳米 MOS 器件可靠性与失效机理	郝跃，刘红侠	2008 年 4 月
9. 半导体自旋电子学	夏建白，葛惟昆，常凯	2008 年 10 月
10. 金属有机化合物气相外延基础及应用	陆大成，段树坤	2009 年 5 月
11. 共振隧穿器件及其应用	郭维廉	2009 年 6 月
12. 太阳能电池基础与应用	**熊绍珍，朱美芳 等**	**2009 年 10 月**
13. 半导体材料测试与分析	杨德仁 等	2010 年 4 月
14. 半导体中的自旋物理学（翻译书）	M. I. Dyakonov 著 姬扬 译	2010 年 7 月